中国
县城建设统计年鉴

中华人民共和国住房和城乡建设部　编
Ministry of Housing and Urban-Rural Development, P.R.CHINA

2015

China
County Seat
Construction
Statistical
Yearbook

中国统计出版社
China Statistics Press

图书在版编目（CIP）数据

中国县城建设统计年鉴. 2015：汉英对照 / 中华人民共和国住房和城乡建设部编. -- 北京 ：中国统计出版社, 2016.10
ISBN 978-7-5037-7956-5

Ⅰ. ①中… Ⅱ. ①中… Ⅲ. ①县－城市建设－统计资料－中国－2015－年鉴－汉、英 Ⅳ. ①F299.21-66

中国版本图书馆 CIP 数据核字(2016)第 213806 号

中国县城建设统计年鉴—2015

作　　者/中华人民共和国住房和城乡建设部
责任编辑/佘竞雄 邢玥
封面设计/张　冰
出版发行/中国统计出版社
通信地址/北京市丰台区西三环南路甲 6 号　邮政编码/100073
电　　话/邮购（010）63376909　书店（010）68783171
网　　址/http://www.zgtjcbs.com/
印　　刷/河北鑫宏源印刷包装有限责任公司
经　　销/新华书店
开　　本/880mm×1230mm　1/16
字　　数/1560 千字
印　　张/66.25
版　　别/2016 年 10 月第 1 版
版　　次/2016 年 10 月第 1 次印刷
定　　价/410.00 元

本书附同版本 CD-ROM 一张，光盘内容以书面文字为准。
如有印装差错，由本社发行部调换。

《中国县城建设统计年鉴—2015》

编委会和编辑工作人员

China County Seat Construction Statistical Yearbook - 2015

Editorial Board and Editorial Staff

编辑说明

一、为贯彻落实科学发展观和城乡统筹精神，全面反映我国城乡市政公用设施建设与发展状况，方便国内外各界了解中国城乡建设全貌，我们编辑了《中国城乡建设统计年鉴》、《中国城市建设统计年鉴》和《中国县城建设统计年鉴》中英文对照本，每年公开出版一次，供社会广大读者作为资料性书籍使用。

二、《中国县城建设统计年鉴 2015》为首次公开出版，根据各省、自治区和直辖市建设行政主管部门上报的 2015 年及历年县城建设统计数据编辑。全书共分 12 个部分，包括县城市政公用设施水平、县城人口和建设用地、县城维护建设财政性资金收支、县城市政公用设施固定资产投资、县城供水、县城节约用水、县城燃气、县城集中供热、县城道路和桥梁、县城排水和污水处理、县城园林绿化、县城市容环境卫生。每部分均包含分年度、分地区、分县城数据。

三、本年鉴统计范围为县城：(1)县政府驻地的镇、乡或街道办事处地域（城关镇）；(2)县城公共设施、居住设施和市政公用设施等连接到的其他镇（乡）地域；（3）常住人口在 3000 人以上独立的工矿区、开发区、科研单位、大专院校等特殊区域。

四、2015 年底全国 31 个省、自治区、直辖市（不含台湾省），共有县 1568 个。本年鉴统计了 1553 个县，以及 7 个新撤销县、14 个特殊区域以及 149 个新疆生产建设兵团师团部驻地。15 个县没有统计，包括上海市崇明县因与城市分不开，数据含在城市部分；河北省邯郸县、邢台县、宣化县、沧县，山西省泽州县，辽宁省抚顺县、盘山县、铁岭县、朝阳县，河南省许昌县、安阳县，新疆维吾尔自治区乌鲁木齐县、和田县等 13 个县，因与所在城市市县同城，数据含在所在城市部分；福建省金门县暂无数据资料。

黑龙江省东宁县、安徽省铜陵县、湖南省望城县、广西壮族自治区武鸣县、四川省双流县、云南省江川县、陕西省横山县 7 个县，因新撤销县，改区或改市，本年鉴中仍按县城单独统计。

14 个特殊区域包括河北省曹妃甸区，黑龙江省加格达奇区，江西省庐山风景区，湖南省南岳区、大通湖区、洪江区，海南省洋浦开发区，云南省昆明阳宗海风景名胜区、昆明倘甸产业园区和昆明轿子山旅游开发区，宁夏回族自治区红寺堡开发区，青海省海北州府西海镇、茫崖行委、大柴旦行委、冷湖行委。

西藏自治区部分县的数据资料不完整。

五、本年鉴数据不包括香港特别行政区、澳门特别行政区以及台湾省。

六、县城统计分组

分类一（按自然地理位置）：

（1）东部地区：天津、河北、辽宁、江苏、浙江、福建、山东、广东、广西和海南10个省、自治区的城市和直辖市；

（2）中部地区：山西、内蒙古、吉林、黑龙江、安徽、江西、河南、湖北和湖南9个省和自治区的城市；

（3）西部地区：重庆、四川、贵州、云南、西藏、陕西、甘肃、宁夏、青海和新疆10个省、自治区的城市和直辖市，及新疆生产建设兵团。

分类二（按区域经济带1）：

（1）东部地区：天津、河北、辽宁、江苏、浙江、福建、山东、广东和海南9个省的城市和直辖市；

（2）中部地区：山西、吉林、黑龙江、安徽、江西、河南、湖北和湖南8个省的城市；

（3）西部地区：内蒙古、广西、重庆、四川、贵州、云南、西藏、陕西、甘肃、宁夏、青海和新疆12个省、自治区的城市和直辖市，及新疆生产建设兵团。

分类三（按区域经济带2）：

（1）东部地区：天津、河北、江苏、浙江、福建、山东、广东和海南8个省的城市和直辖市；

（2）中部地区：山西、安徽、江西、河南、湖北和湖南6个省的城市；

（3）西部地区：内蒙古、广西、重庆、四川、贵州、云南、西藏、陕西、甘肃、宁夏、青海和新疆12个省、自治区的城市和直辖市，及新疆生产建设兵团；

（4）东北三省：辽宁、吉林、黑龙江3个省的城市。

七、本年鉴中“—”表示本数据不足本表最小单位数。

八、本年鉴中部分数据合计数或相对数由于单位取舍不同而产生的计算误差，均没有进行机械调整。

九、由于县城建设统计工作基础比较薄弱，年鉴数据难免存在问题，欢迎读者提出改进意见，共同促进县城建设统计发展。

EDITOR'S NOTES

1. Under the guideline of the Scientific Outlook on Development and in line with the efforts to promote the coordinated urban and rural development, *China Urban-Rural Construction Statistical Yearbook*, *China Urban Construction Statistical Yearbook* and *China County Seat Construction Statistical Yearbook* are published annually in both Chinese and English languages to provide comprehensive information on urban and rural service facilities development in China. Being the source of facts, the yearbooks help to facilitate the understanding of people from all walks of life at home and abroad on China's urban and rural development.

2. *2015 China County Seat Construction Statistical Yearbook* is published for the first time. The book is complied based on statistical data on County Seat construction in year 2015 and past years that were reported by construction authorities of provinces, autonomous regions and municipalities directly under the central government. This yearbook is composed of 12 parts, including 1.Level of County Seat Service Facilities, 2.County Seat Population and Construction Land, 3.Revenue and Expenditure of County Seat Maintenance and Construction Fund, 4. Fixed Assets Investment in County Seat Service Facilities, 5.County Seat Water Supply, 6.County Seat Water Conservation, 7.County Seat Gas, 8.County Seat Central Heating, 9. County Seat Roads and Bridges, 10.County Seat drainage and Waste Water Treatment, 11.County Seat landscaping, and 12.County Seat Environmental Sanitation. In each part, the data is classified by year, by region and by county.

3. Scope of the data collected from the survey covers county seat areas: (1) towns and townships where county governments are situated and areas under the jurisdiction of neighborhood administration; (2) other towns (townships) connected to county seat public facilities, residential facilities and municipal utilities; (3) special areas like independent industrial and mining districts, development zones, research institutes, and universities and colleges with permanent residents of 3000 and above.

4. There were a total of 1568 counties in all the 31 provinces, autonomous regions and municipalities (excluding Taiwan Province) across China by the end of 2015. In the Yearbook, data are from 1553 counties, as well as 7 newly removed counties, 14 special zones and 149 stations of Xinjiang Production and Construction Corps. Data of 15 counties are not included, for example, data from Chongming County in Shanghai are included in the statistics of Shanghai, as it cannot be separated from Shanghai; data from 13 counties including Handan, Xingtai, Xuanhua, and Cangxian County in Hebei Province, Zezhou County in Shanxi Province, Fushun, Panshan, Tieling, and Chaoyang County in Liaoning Province, Xuchang and Anyang County in Henan Province, and Urumqi and Hetian County in Xinjiang Uygur Autonomous Region are included in the statistics of the respective cities administering the above counties due to the identity of the location between the county seats and the cities; data on Jinmen County in Fujian Province has not been available at the moment.

Data from 7 counties including Dongning County in Heilongjiang Province, Tongling County in Anhui Province, Wangcheng County in Hunan Province, Wuming County in Guangxi Autonomous Region, Shuangliu County in Sichuan Province, Jiangchuan County in Yunnan Province and Hengshan County in Shanxi Province are still included in the Part of Count Seats as these counties have been newly removed to become districts or cities.

14 special zones include Caofeidian in Hebei Province, Jiagedaqi in Heilongjiang Province, Mount Lushan Scenic Spot in Jiangxi Province, Nanyue District, Datong Lake District and Hongjiang District in Hunan Province, Yangpu Development Zone in Hainan Province, Kunming Yangzonghai Scenic Spot, Kunming Tangdian Industrial Park and Kunming Mount Jiaozi Tourism Development Zone in Yunnan Province, Honngsibao Development Zone in Ningxia Autonomous Region, and Xihai Town and Mangya, Dachaidan and Lenghu Administrative Commission in Haibei Prefecture of Qinghai Province.

Data on some counties in Tibet Autonomous Region are incomplete.

5. This Yearbook does not include data of Hong Kong Special Administrative Region, Macao Special Administrative Region as well as Taiwan Province.

6. Grouping of cities

Group one: (by geographic location)

East China: Cities in 12 provinces, autonomous regions and municipalities, which are Beijing, Tianjin, Hebei, Liaoning, Shanghai, Jiangsu, Zhejiang, Fujian, Shandong, Guangdong, Guangxi, and Hainan

Central China: Cities in 9 provinces and autonomous regions which are Shanxi, Inner Mongolia, Jilin, Heilongjiang, Anhui, Jiangxi, Henan, Hubei, and Hunan

West China: Cities in 10 provinces, autonomous regions and municipalities which are Chongqing, Sichuan, Guizhou, Yunnan, Tibet, Shaanxi, Gansu, Ningxia, Qinghai, and Xinjiang

Group two: (by regional economic zone 1)

East China: Cities in 11 provinces and municipalities which are Beijing, Tianjin, Hebei, Liaoning, Shanghai, Jiangsu, Zhejiang, Fujian, Shandong, Guangdong, and Hainan

Central China: Cities in 8 provinces which are Shanxi, Jilin, Heilongjiang, Anhui, Jiangxi, Henan, Hubei, and Hunan

West China: Cities in 12 provinces, autonomous regions and municipalities which are Inner Mongolia, Guangxi , Chongqing, Sichuan, Guizhou, Yunnan, Tibet, Shaanxi, Gansu, Ningxia, Qinghai, and Xinjiang

Group three: (by regional economic zone 2)

East China: Cities in 10 provinces and municipalities which are Beijing, Tianjin, Hebei, Shanghai, Jiangsu, Zhejiang, Fujian, Shandong, Guangdong, and Hainan

Central China: Cities in 6 provinces which are Shanxi, Anhui, Jiangxi, Henan, Hubei, and Hunan

West China: Cities in 12 provinces, autonomous regions and municipalities which are Inner Mongolia, Guangxi , Chongqing, Sichuan, Guizhou, Yunnan, Tibet, Shaanxi, Gansu, Ningxia, Qinghai, and Xinjiang

Northeast China : Cities in 3 provinces which are Liaoning, Jilin, and Heilongjiang

7. In this yearbook, "—" indicates that the figure is not large enough to be measured with the smallest unit in the table.

8. The calculation errors of the total or relative value of some data in this Yearbook arising from the use of different measurement units have not been mechanically aligned.

9. Faults inevitable exist in the data of the Yearbook due to the weak foundation of the data-collection work on county construction. Reader's comments on how to make improvement are welcomed in order to jointly promote the work related to county construction statistics.

目　录
Contents

综合数据
General Data

专业数据
Sectorial Data

2015 年县城建设统计概述

概况 2015 年末，全国有县城 1568 个，据对 1553 个县，以及 7 个新撤销县、14 个特殊区域及 149 个新疆生产建设兵团师团部驻地统计汇总，县城人口 1.40 亿人，暂住人口 0.16 亿人，建成区面积 2.00 万平方公里。

县城市政公用设施固定资产投资 2015 年，县城完成市政公用设施固定资产投资 3099.8 亿元。其中：道路桥梁、园林绿化、排水分别占县城市政公用设施固定资产投资的 53.7%、15.5%和 8.6%。

县城供水和节水 2015 年，全年供水总量 106.9 亿立方米，其中生产运营用水 27.2 亿立方米，公共服务用水 11.7 亿立方米，居民家庭用水 49.1 亿立方米。用水人口 1.40 亿人，用水普及率 89.96%，人均日生活用水量 119.43 升。2015 年，县城节约用水 3.2 亿立方米，节水措施总投资 3.8 亿元。

县城燃气和集中供热 2015 年，人工煤气供应总量 8.2 亿立方米，天然气供气总量 102.6 亿立方米，液化石油气供气总量 230.0 万吨。用气人口 1.19 亿人，燃气普及率 75.90%。2015 年末，蒸汽供热能力 1.4 万吨/小时，热水供热能力 12.6 万兆瓦，集中供热面积 12.3 亿平方米。

县城道路桥梁 2015 年末，县城道路长度 13.4 万公里，道路面积 24.9 亿平方米，其中人行道面积 6.2 亿平方米，人均城市道路面积 15.98 平方米。

县城排水与污水处理 2015 年末，全国县城共有污水处理厂 1599 座，污水厂日处理能力 2999 万立方米，排水管道长度 16.8 万公里。县城全年污水处理总量 78.9 亿立方米，污水处理率 85.22%，其中污水处理厂集中处理率 83.46%。

县城园林绿化 2015 年末，县城建成区绿化覆盖面积 61.7 万公顷，建成区绿化覆盖率 30.78%；建成区绿地面积 54.2 万公顷，建成区绿地率 27.05%；公园绿地面积 16.4 万公顷，人均公园绿地面积 10.47 平方米。

县城市容环境卫生 2015 年末，全国县城道路清扫保洁面积 23.7 亿平方米，其中机械清扫面积 10.3 亿平方米，机械清扫率 43.5%。全年清运生活垃圾、粪便 0.71 亿吨。全国县城共有生活垃圾无害化处理厂（场）1187 座，日处理能力 18.1 万吨，处理量 0.53 亿吨，县城生活垃圾无害化处理率 79.04%。

Overview

General situation There were 1568 counties across the country at the end of 2015. Based on 1553 counties statistics, 7 counties that have been newly removed, 14 special regions and 149 Xinjiang Production and Construction Corps stations with a total population of 140 million and temporary residents of 16 million. Built-up areas in county seats accounted for 20 thousand square kilometers.

The fixed assets investment in municipal utilities In 2015, The fixed assets investment in the county seat municipal utilities reached 309.98 billion. Among this fixed assets investment in the municipal utilities, the investment in roads and bridges, greening and landscaping, drainage accounted for 53.7%, 15.5%, 8.6% of the total fixed assets investment in municipal utilities respectively.

County Seat water supply and water conservation In 2015, the total quantity of County Seat water supplied was 10.69 billion cubic meters. The total quantity of water used for industrial production and operation was 2.72 billion cubic meters. The quantity of water used for public service was 1.17 billion cubic meters. The quantity of domestic water use came to 4.91 billion cubic meters. County Seat water coverage rate was 89.96%, supplying a total population of 140 million. Daily per capita water consumption was 119.43 liter. 320 million cubic meters of county seat water was saved in the year with total investment in water saving measures reaching RMB 380 million yuan.

County Seat gas and centralized heating In 2015, the total quantity of man-made coal gas supply was 820 million cubic meters, natural gas supply was 10.26 billion cubic meters, and LPG supply was 2.3 million tons. County Seat population supplied with gas was 119 million with coverage rate registering 75.9%. By the end of 2015, the supply capacity of heating from steam and hot water reached 14 thousand tons per hour and 126 thousand megawatts respectively. The centrally heated area extended to reach 1230 million square meters.

County Seat roads and bridge At the end of 2015, the country claimed a total length of County Seat road of 134 thousand kilometers whose surface area was 2.49 billion square meters with sidewalks 0.62 billion square meters, and per capita road surface area is 15.98 square meters.

County Seat drainage and wastewater treatment At the end of 2015, there were a total of 1599 wastewater treatment plants in cities with daily treatment capacity of 29.99 million cubic meters. The length of drainage pipelines reached 168 thousand kilometers. The total quantity of county seat wastewater treated within the year was 7.89 billion cubic meters with treatment rate of 85.22% and central treatment rate of 83.46%.

County Seat greening and landscaping By the end of 2015, the area in built-up district covered by greenery totaled 617 thousand hectare. The coverage rate increased to 30.78%. The total green space in built-up areas amounted to 542 thousand hectares with coverage rate of 27.05%. The country claimed 164 thousand hectares of public green space with public green space per capita was 10.47 square meters.

The County Seat environmental sanitation By the end of 2015, the total surface area of road cleaned and maintained was 2.37 billion square meters, of which mechanically cleaned area was 1030 million square meters with a mechanical cleaning rate of 43.5%. The total amount of domestic garbage and night soil cleared and transported throughout the year was 71 million tons. There are 1187 non-hazardous treatment facilities for domestic solid waste in county seat across the country, handling a treatment volume of 53 million tons with daily treatment capacity of 181 thousand tons. The non-hazardous treatment rate for county seat domestic solid waste is 79.04%.

综 合 数 据

General Data

一、县城市政公共设施水平

1. Level of County Seat Service Facilities

简要说明

本部分反映县城市政公用设施水平，均为相对指标。主要包括人口密度、用水普及率、燃气普及率 、人均拥有道路面积、污水处理率、人均公园绿地、建成区绿地率、建成区绿化覆盖率、每万人拥有公厕等内容。

从2006年起，人均水平（除人均日生活用水量）和普及率水平均以县城人口和县城暂住人口合计数为分母计算。

Brief Introduction

This section demonstrates the level of county seat service facilities in a comparative way. Main indicators include population density, water coverage rate, gas coverage rate, surface area of roads per capita, wastewater treatment rate, public green space per capita, green space rate of built-up areas, green coverage rate of built up area, number of latrines owned by every 10,000 people etc.

Since 2006, figure in terms of per capita and coverage rate, excluding domestic water use per capita have been calculated based on denominator which combines both permanent and temporary residents in county seat areas.

1 全国历年县城市政公用设施水平(2000–2015)
Level of National County Seat Service Facilities in Past Years(2000-2015)

年份 Year	用水普及率 (%) Water Coverage Rate (%)	燃气普及率 (%) Gas Coverage Rate (%)	每万人拥有公共交通车辆 (标台) Motor Vehicle for Public Transport Per 10,000 Persons (standard unit)	人均道路面积 (平方米) Road Surface Area Per Capita (m^2)	污水处理率 (%) Wastewater Treatment Rate (%)	园林绿化 Landscaping 人均公园绿地面积 (平方米) Public Recreational Green Space Per Capita (m^2)	建成区绿化覆盖率 (%) Green Coverage Rate of Built District (%)	建成区绿地率 (%) Green Space Rate of Built District (%)	每万人拥有公厕 (座) Number of Public Lavatories Per 10,000 Persons (unit)
2000	84.83	54.41	2.64	11.20	7.55	5.71	10.86	6.51	2.21
2001	76.45	44.55	1.89	8.51	8.24	3.88	13.24	9.08	3.54
2002	80.53	49.69	2.51	9.37	11.02	4.32	14.12	9.78	3.53
2003	81.57	53.28	2.52	9.82	9.88	4.83	15.27	10.79	3.59
2004	82.26	56.87	2.77	10.30	11.23	5.29	16.42	11.65	3.54
2005	83.18	57.80	2.86	10.80	14.23	5.67	16.99	12.26	3.46
2006	76.43	52.45	2.59	10.30	13.63	4.98	18.70	14.01	2.91
2007	81.15	57.33	3.07	10.70	23.38	5.63	20.20	15.41	2.90
2008	81.59	59.11	3.04	11.21	31.58	6.12	21.52	16.90	2.90
2009	83.72	61.66		11.95	41.64	6.89	23.48	18.37	2.96
2010	85.14	64.89		12.68	60.12	7.70	24.89	19.92	2.94
2011	86.09	66.52		13.42	70.41	8.46	26.81	22.19	2.80
2012	86.94	68.50		14.09	75.24	8.99	27.74	23.32	2.09
2013	88.14	70.91		14.86	78.47	9.47	29.06	24.76	2.77
2014	88.89	73.24		15.39	82.12	9.91	29.80	25.88	2.76
2015	89.96	75.90		15.98	85.22	10.47	30.78	27.05	2.78

注：1.自2006年起，人均和普及率指标按县城人口和县城暂住人口合计为分母计算，以公安部门的户籍统计和暂住人口统计为准。
2.“人均公园绿地面积”指标2005年及以前年份为“人均公共绿地面积”。
3.自2009年起，县城公共交通内容不再统计。

Note:1.Since 2006,figure in tems of per capita and coverage rate have been calculated based on denominater which combines both permanent and temporary residents in county seat areas. And the population should come from statistics of police.
2.Since 2006, Public Green Space Per Capita is changed to be Public Recreational Green Space Per Capita.
3.Since 2009,statistics on county seat public transport have been removed.

1-1 2015年全国县城市政公用设施水平分组资料

地区名称 Name of Regions		人口密度（人/平方公里）Population Density (person/square kilometer)	人均日生活用水量（升）Daily Water Consumption Per Capita (liter)	用水普及率（%）Water Coverage Rate (%)	燃气普及率（%）Gas Coverage Rate (%)	建成区供水管道密度（公里/平方公里）Density of Water Supply Pipelines in Built District (kilometer/square kilometer)	人均道路面积（平方米）Road Surface Area Per Capita (m^2)	建成区排水管道密度（公里/平方公里）Density of Sewers in Built District (kilometer/square kilometer)
全国	**National Total**	**2076**	**119.43**	**89.96**	**75.90**	**10.71**	**15.98**	**8.38**
分类一	**Group one**							
东部地区	East China	1671	136.68	95.36	89.57	11.98	18.25	9.39
中部地区	Central China	2418	111.82	86.55	71.69	9.86	16.03	8.45
西部地区	West China	2208	110.04	89.03	67.14	10.49	13.44	7.17
分类二	**Group two**							
东部地区	East China	1607	134.37	96.01	91.06	12.11	18.87	9.38
中部地区	Central China	2849	115.23	85.86	70.82	9.83	15.21	8.61
西部地区	West China	1954	111.36	89.66	69.59	10.47	14.56	7.38
分类三	**Group three**							
东部地区	East China	1611	136.72	96.68	92.45	12.08	19.39	9.61
中部地区	Central China	2854	117.63	86.57	72.27	9.78	15.63	8.98
西部地区	West China	1954	111.36	89.66	69.59	10.47	14.56	7.38
东北地区	Northeast China	2220	92.96	81.58	61.83	10.94	11.36	5.88

Level of National County Seat Service Facilities (2015)

污水处理率 (%) Wastewater Treatment Rate (%)	污水处理厂集中处理率 Centralized Treatment Rate of Wastewater Treatment Plants	人均公园绿地面积 (平方米) Public Recreational Green Space Per Capita (m^2)	建成区绿化覆盖率 (%) Green Coverage Rate of Built District (%)	建成区绿地率 (%) Green Space Rate of Built District (%)	生活垃圾处理率 (%) Domestic Garbage Treatment Rate (%)	生活垃圾无害化处理率 Domestic Garbage Harmless Treatment Rate	地区名称 Name of Regions
85.22	**83.46**	**10.47**	**30.78**	**27.05**	**89.66**	**79.04**	**全国**
							分类一
88.98	87.28	12.06	35.71	31.97	95.33	90.35	东部地区
87.37	86.03	10.64	30.44	26.70	86.08	75.51	中部地区
74.45	71.88	8.51	25.85	22.13	88.31	71.33	西部地区
							分类二
89.32	87.91	12.57	36.49	32.72	95.15	89.86	东部地区
87.14	85.70	9.84	30.08	26.23	85.15	73.75	中部地区
77.51	74.92	9.52	27.05	23.47	89.76	75.51	西部地区
							分类三
89.16	87.69	12.82	37.72	33.84	95.94	92.71	东部地区
87.46	85.9	9.87	31.21	27.35	88.68	78.45	中部地区
77.51	74.92	9.52	27.05	23.47	89.76	75.51	西部地区
86.75	86.75	9.38	20.52	17.20	67.53	43.59	东北地区

1-2 2015年全国县城市政公用设施水平(按省分列)

地区名称 Name of Regions	人口密度(人/平方公里) Population Density (person/square kilometer)	人均日生活用水量(升) Daily Water Consumption Per Capita (liter)	用水普及率(%) Water Coverage Rate (%)	燃气普及率(%) Gas Coverage Rate (%)	建成区供水管道密度(公里/平方公里) Density of Water Supply Pipelines in Built District (kilometer/square kilometer)	人均道路面积(平方米) Road Surface Area Per Capita (m^2)	建成区排水管道密度(公里/平方公里) Density of Sewers in Built District (kilometer/square kilometer)
全国	**2076**	**119.43**	**89.96**	**75.90**	**10.71**	**15.98**	**8.38**
天津	2055	106.91	100.00	100.00	22.44	20.01	9.76
河北	2356	111.73	96.79	88.41	8.67	21.67	7.53
山西	3430	83.94	97.42	76.08	11.53	14.81	8.88
内蒙古	906	77.55	94.19	81.25	10.07	25.04	7.29
辽宁	1541	96.24	86.30	70.92	12.66	11.28	5.99
吉林	2903	107.07	76.37	73.16	11.14	9.74	6.50
黑龙江	2767	83.78	80.80	49.66	9.80	12.23	5.57
江苏	1930	134.91	99.48	99.06	16.03	19.23	12.32
浙江	882	172.04	99.96	98.68	24.61	20.60	15.17
安徽	1711	124.43	92.44	84.29	11.95	19.86	10.78
福建	2408	167.30	97.76	96.68	11.95	14.07	10.36
江西	4631	116.77	93.86	85.78	10.36	17.61	9.60
山东	1257	126.87	97.25	92.28	7.66	22.69	9.66
河南	2473	115.04	70.99	48.56	6.32	14.01	7.67
湖北	3156	132.83	91.08	83.51	8.90	16.33	7.34
湖南	4217	130.40	88.11	75.69	11.47	12.77	9.33
广东	1778	155.48	88.15	85.11	17.34	10.48	6.52
广西	2413	155.66	90.42	78.08	10.82	13.49	9.42
海南	3102	165.20	95.33	90.40	8.17	20.59	4.96
重庆	2207	102.81	94.82	90.97	13.17	8.62	12.72
四川	1260	136.92	86.09	76.45	12.98	10.63	7.97
贵州	2463	98.48	87.66	55.23	8.17	10.46	5.43
云南	3899	108.88	89.81	46.55	12.97	12.69	10.17
西藏	1966	205.98	55.65	29.74	3.84	13.35	2.76
陕西	3932	86.32	89.59	75.07	6.87	12.98	6.66
甘肃	4959	64.82	91.11	56.13	8.48	13.04	6.18
青海	1942	101.93	95.35	49.55	9.76	16.19	6.00
宁夏	3059	96.70	94.16	71.52	8.21	30.21	6.45
新疆	3110	117.46	93.65	83.62	10.24	19.98	6.14
新疆生产建设兵团	2162	142.81	89.57	61.58	12.98	29.58	6.01

Level of National County Seat Service Facilities by Province(2015)

污水处理率 (%) Wastewater Treatment Rate (%)	污水处理厂集中处理率 Centralized Treatment Rate of Wastewater Treatment Plants	人均公园绿地面积 (平方米) Public Recreational Green Space Per Capita (m^2)	建成区绿化覆盖率 (%) Green Coverage Rate of Built District (%)	建成区绿地率 (%) Green Space Rate of Built District (%)	生活垃圾处理率 (%) Domestic Garbage Treatment Rate (%)	生活垃圾无害化处理率 Domestic Garbage Harmless Treatment Rate	地区名称 Name of Regions
85.22	**83.46**	**10.47**	**30.78**	**27.05**	**89.66**	**79.04**	**全 国**
96.21	96.21	15.43	45.95	40.26	100.00	100.00	天 津
93.71	93.66	11.43	35.49	31.44	95.00	90.65	河 北
88.71	88.71	11.25	37.93	33.35	70.07	64.81	山 西
90.60	90.60	19.51	32.97	30.10	95.73	93.79	内蒙古
93.28	93.28	8.99	18.11	16.09	84.69	52.02	辽 宁
80.32	80.32	8.15	24.53	19.96	82.04	71.73	吉 林
85.35	85.35	10.27	20.42	16.80	49.34	25.12	黑龙江
82.38	78.27	11.99	41.11	38.31	100.00	96.84	江 苏
87.74	84.85	13.24	39.75	36.14	100.00	99.45	浙 江
92.00	90.90	10.94	33.37	29.10	96.14	83.31	安 徽
85.46	85.24	13.83	42.15	38.89	93.33	88.30	福 建
81.19	80.83	14.02	40.03	36.44	99.33	66.57	江 西
95.10	95.04	14.92	38.19	33.33	99.62	99.62	山 东
86.10	86.10	6.85	20.32	17.08	83.44	83.44	河 南
82.62	77.50	9.49	26.62	23.77	83.69	61.24	湖 北
90.75	87.61	9.02	35.33	30.72	98.49	98.49	湖 南
83.53	78.51	11.66	33.07	30.60	83.93	74.78	广 东
85.90	81.59	8.10	28.96	25.46	97.17	95.35	广 西
61.37	61.37	8.81	32.19	27.87	99.39	99.39	海 南
95.13	95.13	11.46	38.27	34.62	99.83	99.83	重 庆
70.48	67.44	9.04	30.63	26.44	88.56	82.10	四 川
77.84	77.84	5.76	19.04	15.71	75.44	74.19	贵 州
76.22	76.02	8.34	29.31	25.78	95.43	77.62	云 南
		5.21	5.23	4.63	19.48		西 藏
84.12	84.12	9.24	30.58	26.25	93.38	90.63	陕 西
76.88	76.88	7.48	17.43	14.13	94.72	69.62	甘 肃
47.25	47.25	3.85	13.94	9.59	93.15	63.52	青 海
71.16	53.24	14.70	34.90	30.40	86.32	51.35	宁 夏
75.78	65.96	10.85	31.20	28.52	91.58	35.88	新 疆
62.21	59.50	5.29	14.82	10.25	56.44	1.03	新疆生产建设兵团

1–3 2015年全国县城市政公用设施水平(按县分列)

县名称 Name of Counties	人口密度(人/平方公里) Population Density (person/square kilometer)	人均日生活用水量(升) Daily Water Consumption Per Capita (liter)	用水普及率(%) Water Coverage Rate (%)	燃气普及率(%) Gas Coverage Rate (%)	建成区供水管道密度(公里/平方公里) Density of Water Supply Pipelines in Built District (kilometer/square kilometer)	人均道路面积(平方米) Road Surface Area Per Capita (m^2)	建成区排水管道密度(公里/平方公里) Density of Sewers in Built District (kilometer/square kilometer)
全国	**2076**	**119.43**	**89.96**	**75.90**	**10.71**	**15.98**	**8.38**
天津	**2055**	**106.91**	**100.00**	**100.00**	**22.44**	**20.01**	**9.76**
蓟　县	2055	106.91	100.00	100.00	22.44	20.01	9.76
河北	**2356**	**111.73**	**96.79**	**88.41**	**8.67**	**21.67**	**7.53**
井陉县	1544	71.13	98.32	88.42	5.43	18.08	8.38
正定县	2558	92.26	98.98	96.27	4.74	14.25	9.38
行唐县	2345	136.05	96.84	94.37	20.05	25.75	8.72
灵寿县	1700	129.14	97.76	100.00	7.10	30.16	6.11
高邑县	1519	149.45	99.13	98.61	11.60	23.58	11.39
深泽县	3420	176.51	86.96	92.39	10.99	18.05	5.41
赞皇县	1074	97.17	87.04	74.07	10.23	22.72	5.31
无极县	2804	148.34	98.05	92.09	8.23	11.20	10.23
平山县	1127	171.79	100.00	98.53	12.70	12.12	12.38
元氏县	2948	131.07	97.94	97.94	6.18	17.32	5.80
赵　县	6933	108.01	100.00	92.13	3.79	18.90	6.23
滦　县	1667	73.89	100.00	98.04	11.08	15.25	2.36
滦南县	1330	156.56	94.79	90.90	9.99	20.04	6.40
乐亭县	1422	121.19	97.08	91.67	13.42	19.13	7.26
迁西县	982	125.34	91.74	99.08	12.01	15.10	6.15
玉田县	1778	167.48	100.00	97.19	6.83	9.32	3.70
曹妃甸区	309	125.67	100.00	100.00	2.36	74.15	3.41
青龙满族自治县	2971	75.34	89.03	97.50	4.72	8.25	7.17
昌黎县	6205	72.96	100.00	99.19	13.05	20.49	7.97
卢龙县	1438	81.77	100.00	100.00	7.11	29.59	7.72
临漳县	1467	115.56	96.97	88.03	4.69	29.78	7.18
成安县	1916	143.23	97.19	85.31	7.06	27.89	5.41
大名县	2842	93.33	100.00	90.22	5.33	24.09	10.95
涉　县	2235	78.21	100.00	93.27	4.84	25.53	5.24
磁　县	2729	83.42	100.00	88.79	3.20	33.18	5.36
肥乡县	1515	145.45	100.00	89.43	5.58	20.49	8.99
永年县	2125	161.88	100.00	91.45	14.55	34.19	15.68
邱　县	2331	76.68	95.24	88.97	4.63	27.09	8.52
鸡泽县	4917	116.29	100.00	86.08	14.64	20.98	8.17
广平县	7134	199.76	100.00	93.00	9.21	26.25	10.47
馆陶县	1749	135.29	100.00	92.48	13.20	26.55	10.49
魏　县	3122	100.82	100.00	96.00	12.86	27.51	14.53
曲周县	4427	177.14	100.00	93.79	16.48	21.70	8.44
临城县	1259	104.83	100.00	75.44	13.05	20.32	8.84
内丘县	2053	134.25	100.00	100.00	13.25	20.77	9.04
柏乡县	688	106.14	99.40	69.25	17.19	28.97	8.75
隆尧县	3161	88.55	100.00	81.38	8.79	25.06	7.68
任　县	1572	108.03	90.44	97.40	8.54	32.93	17.81
南和县	9158	77.87	87.36	91.49	20.95	20.11	12.13
宁晋县	8148	81.10	100.00	95.91	12.81	16.32	11.08

Level of National County Seat Service Facilities by County (2015)

污水处理率 (%) Wastewater Treatment Rate (%)	污水处理厂集中处理率 Centralized Treatment Rate of Wastewater Treatment Plants	人均公园绿地面积 (平方米) Public Recreational Green Space Per Capita (m^2)	建成区绿化覆盖率 (%) Green Coverage Rate of Built District (%)	建成区绿地率 (%) Green Space Rate of Built District (%)	生活垃圾处理率 (%) Domestic Garbage Treatment Rate (%)	生活垃圾无害化处理率 Domestic Garbage Harmless Treatment Rate	县名称 Name of Counties
85.22	**83.46**	**10.47**	**30.78**	**27.05**	**89.66**	**79.03**	**全国**
96.21	**96.21**	**15.43**	**45.95**	**40.26**	**100.00**	**100.00**	**天津**
96.21	96.21	15.43	45.95	40.26	100.00	100.00	蓟　县
93.71	**93.66**	**11.43**	**35.49**	**31.44**	**95.01**	**90.65**	**河北**
91.75	91.75	9.66	44.71	38.21	92.18	92.18	井陉县
97.67	97.67	12.01	45.02	39.94	81.09	81.09	正定县
92.20	92.20	13.16	43.53	40.79	100.00	100.00	行唐县
98.85	98.85	12.72	42.35	37.65	98.01	98.01	灵寿县
97.64	97.64	11.07	41.20	36.20	96.58	96.58	高邑县
97.60	97.60	9.78	35.91	28.73	96.05	96.05	深泽县
99.69	99.69	10.93	38.31	31.69	95.20	95.20	赞皇县
100.00	100.00	6.99	27.28	20.78	100.00	100.00	无极县
99.50	99.50	9.28	40.63	34.69	100.00	100.00	平山县
95.41	95.41	9.50	33.69	34.94	91.67	91.67	元氏县
97.97	97.97	9.36	37.10	32.27	92.75	92.75	赵　县
93.05	93.05	11.79	40.17	35.24	99.73	99.73	滦　县
95.97	95.97	10.34	38.14	33.32	100.00	100.00	滦南县
95.08	95.08	15.97	37.02	32.83	100.00	100.00	乐亭县
95.64	95.64	19.31	51.66	45.39	94.38	94.38	迁西县
98.92	98.92	7.53	35.60	32.10	100.00	100.00	玉田县
100.00	96.50	27.64	11.47	10.54	100.00	100.00	曹妃甸区
97.18	97.18	13.81	38.23	36.41	98.80	98.80	青龙满族自治县
95.69	95.69	10.22	38.27	33.69	90.03	90.03	昌黎县
97.34	97.34	12.77	40.28	36.59	100.00	100.00	卢龙县
98.53	98.53	15.19	46.41	39.11	100.00	100.00	临漳县
98.00	98.00	8.63	39.00	14.82	100.00	100.00	成安县
81.54	81.54	12.80	42.09	38.64	95.04	95.04	大名县
90.05	90.05	19.27	47.55	45.05	92.93	92.93	涉　县
98.60	98.60	10.49	38.60	35.32	100.00	100.00	磁　县
95.82	95.82	14.23	42.54	38.19	93.69	93.69	肥乡县
97.80	97.80	10.75	38.72	34.86	100.00	100.00	永年县
93.96	93.96	12.19	43.12	39.52	93.16	93.16	邱　县
95.79	95.79	10.26	38.78	34.62	100.00	100.00	鸡泽县
98.55	98.55	17.49	46.39	39.82	91.54	91.54	广平县
97.93	97.93	11.84	43.17	36.97	90.56		馆陶县
92.14	92.14	14.31	48.31	43.31	100.00	100.00	魏　县
98.15	98.15	11.52	42.28	37.29	99.28	99.28	曲周县
85.14	85.14	9.56	36.95	32.25	90.40	90.40	临城县
100.00	100.00	11.67	34.13	30.25	100.00	100.00	内丘县
95.95	95.95	12.82	32.50	25.00	100.00	100.00	柏乡县
100.00	100.00	46.26	35.80	54.63	100.00	100.00	隆尧县
100.00	100.00	9.88	40.95	36.93	100.00	100.00	任　县
92.08	92.08	10.92	40.63	36.53	100.00	100.00	南和县
100.00	100.00	11.20	40.02	33.19	100.00	100.00	宁晋县

1-3 续表 1

县名称 Name of Counties	人口密度(人/平方公里) Population Density (person/square kilometer)	人均日生活用水量(升) Daily Water Consumption Per Capita (liter)	用水普及率(%) Water Coverage Rate (%)	燃气普及率(%) Gas Coverage Rate (%)	建成区供水管道密度(公里/平方公里) Density of Water Supply Pipelines in Built District (kilometer/square kilometer)	人均道路面积(平方米) Road Surface Area Per Capita (m^2)	建成区排水管道密度(公里/平方公里) Density of Sewers in Built District (kilometer/square kilometer)
巨鹿县	5248	58.22	100.00	98.09	6.35	19.61	5.93
新河县	2240	200.59	100.00	73.21	8.86	30.71	3.34
广宗县	1446	64.70	100.00	68.49	5.86	21.03	11.17
平乡县	1425	75.29	88.14	97.82	5.39	26.55	6.96
威　县	6186	100.00	99.47	98.34	17.35	30.26	18.27
清河县	4878	73.84	100.00	87.64	6.52	22.88	10.57
临西县	5506	109.43	100.00	98.85	9.68	24.30	7.30
涞水县	4169	127.28	94.35		15.57	18.03	6.79
阜平县	9583	94.01	83.62	62.75	7.47	9.42	3.01
定兴县	6234	158.50	97.92	91.15	5.25	23.96	8.93
唐　县	2296	153.68	74.36	36.87	6.32	15.24	5.25
高阳县	4285	195.79	63.01	70.01	5.30	8.76	6.41
容城县	5048	159.60	97.17	90.57	7.65	23.35	10.24
涞源县	2747	115.61	65.47	82.73	7.27	9.82	6.56
望都县	5213	58.17	99.21	99.21	1.63	35.01	5.34
安新县	3268	242.29	90.50	30.92	2.63	22.71	9.20
易　县	6138	153.08	94.55	71.58	15.17	21.54	4.54
曲阳县	4029	232.50	79.94	41.37	2.38	11.72	3.97
蠡　县	6083	128.45	83.56	93.15	9.14	23.03	8.32
顺平县	2700	83.57	99.11	91.85	1.68	19.71	8.74
博野县	3292	70.61	99.32	90.10	2.12	8.58	7.49
雄　县	2086	128.98	100.00	98.53	14.63	24.65	5.29
张北县	2308	65.80	100.00	71.43	8.18	15.12	3.58
康保县	1853	70.35	100.00	80.70	16.15	15.82	6.13
沽源县	3024	94.47	100.00	83.07	15.53	11.36	4.27
尚义县	2781	120.31	100.00	87.98	9.25	11.88	4.61
蔚　县	2573	58.09	100.00	77.84	10.54	9.09	5.54
阳原县	2717	71.45	100.00	83.20	9.43	15.58	5.39
怀安县	2711	101.06	100.00	99.18	8.23	12.85	10.03
万全县	2717	50.17	100.00	91.20	9.70	14.53	6.95
怀来县	3546	112.45	100.00	97.00	6.87	21.93	8.66
涿鹿县	2593	51.03	100.00	83.15	3.43	10.79	6.88
赤城县	7766	66.57	100.00	92.36	5.54	12.52	5.69
崇礼县	1338	108.14	100.00	98.79	27.44	11.14	11.55
承德县	3008	109.74	99.60	99.34	7.89	20.21	5.32
兴隆县	3000	103.75	95.07	96.13	12.62	21.20	6.73
平泉县	6192	80.27	97.52	99.69	5.27	15.53	4.85
滦平县	3131	134.81	95.31	90.77	10.79	17.46	7.91
隆化县	1957	121.45	100.00	95.44	8.26	12.90	6.07
丰宁满族自治县	5459	101.74	98.96	97.12	10.45	18.62	6.98
宽城满族自治县	1865	188.71	99.86	88.40	9.45	24.59	7.97
围场满族蒙古族自治县	4450	103.48	93.26	94.49	13.18	10.11	7.95
青　县	5509	120.81	100.00	96.95	14.46	24.90	6.43
东光县	3660	111.93	89.62	26.23	13.33	18.52	5.73
海兴县	3400	99.68	98.67	87.48	13.25	32.08	8.88

continued 1

污水处理率 (%) Wastewater Treatment Rate (%)	污水处理厂集中处理率 Centralized Treatment Rate of Wastewater Treatment Plants	人均公园绿地面积 (平方米) Public Recreational Green Space Per Capita (m^2)	建成区绿化覆盖率 (%) Green Coverage Rate of Built District (%)	建成区绿地率 (%) Green Space Rate of Built District (%)	生活垃圾处理率 (%) Domestic Garbage Treatment Rate (%)	生活垃圾无害化处理率 Domestic Garbage Harmless Treatment Rate	县名称 Name of Counties
93.28	93.28	9.01	36.92	32.36	100.00	100.00	巨鹿县
86.60	86.60	7.46	23.57	12.54	100.00	100.00	新河县
99.19	99.19	8.10	31.64	31.86	100.00	100.00	广宗县
95.12	95.12	7.56	36.61	30.96	92.50	92.50	平乡县
87.53	87.53	18.31	38.89	37.00	98.04	98.04	威　县
100.00	100.00	9.10	38.10	33.32	100.00	100.00	清河县
99.78	99.78	15.16	44.38	39.68	100.00	100.00	临西县
95.02	95.02	10.21	27.41	24.57	100.00	100.00	涞水县
92.43	92.43	6.23	25.00	16.39	100.00	100.00	阜平县
42.35	42.35	7.40	35.60	20.11	100.00	100.00	定兴县
90.36	90.36	8.44	30.15	26.38	100.00	100.00	唐　县
95.24	95.24	5.98	30.29	29.68	95.52	95.52	高阳县
96.08	96.08	8.57	44.02	39.19	100.00	100.00	容城县
63.82	63.82	6.19	25.94	16.08	78.15	78.15	涞源县
99.64	99.64	13.78	40.71	38.39	100.00	100.00	望都县
88.58	88.58	9.97	36.87	29.79	100.00	100.00	安新县
100.00	100.00	10.19	35.80	30.30	100.00	100.00	易　县
84.18	84.18	8.38	36.91	34.44	100.00	100.00	曲阳县
90.88	90.88	10.81	36.76	35.21	100.00	100.00	蠡　县
100.00	100.00	9.67	33.89	31.03	88.89	88.89	顺平县
85.07	85.07	8.46	38.16	33.64	100.00		博野县
95.12	95.12	12.80	30.41	27.32	100.00		雄　县
86.98	86.98	12.86	38.29	36.19	90.19	90.19	张北县
86.96	86.96	8.39	7.04	5.63	90.14	90.14	康保县
86.98	86.98	3.29	10.00	12.40	90.00	90.00	沽源县
87.02	87.02	3.67	9.62	9.62	90.08	90.08	尚义县
87.08	87.08	8.07	33.54	31.53	90.36	90.36	蔚　县
86.96	86.96	11.39	26.93	23.77	90.08	90.08	阳原县
87.05	87.05	12.34	37.12	31.99	90.06	90.06	怀安县
86.71	86.71	7.04	35.26	30.53	90.00	90.00	万全县
96.04	96.04	12.45	44.07	38.99	90.09	90.09	怀来县
87.04	87.04	11.20	34.35	36.15	90.00	90.00	涿鹿县
86.72	86.72	10.16	39.38	35.37	90.12	90.12	赤城县
86.74	86.74	7.26	38.14	32.40	90.24	90.24	崇礼县
94.12	94.12	12.68	39.06	34.65	90.32	90.32	承德县
93.91	93.91	12.97	44.50	40.86	91.04	91.04	兴隆县
92.21	92.21	9.55	44.38	39.42	96.97	96.97	平泉县
91.04	91.04	10.21	48.75	45.96	98.57	98.57	滦平县
92.76	92.76	9.33	37.43	32.83	98.46	98.46	隆化县
90.14	90.14	14.52	40.32	36.53	97.92	97.92	丰宁满族自治县
94.99	94.99	11.40	42.00	37.00	94.25	94.25	宽城满族自治县
80.14	80.14	8.93	27.53	23.97	93.59	93.59	围场满族蒙古族自治县
99.22	99.22	10.76	37.57	32.79	100.00	100.00	青　县
95.01	95.01	7.65	34.60	33.80	90.91	90.91	东光县
100.00	100.00	14.37	31.12	28.80	95.89	95.89	海兴县

1-3 续表 2

县名称 Name of Counties	人口密度（人/平方公里） Population Density (person/ square kilometer)	人均日生活用水量（升） Daily Water Consumption Per Capita (liter)	用水普及率（%） Water Coverage Rate (%)	燃气普及率（%） Gas Coverage Rate (%)	建成区供水管道密度（公里/平方公里） Density of Water Supply Pipelines in Built District (kilometer/ square kilometer)	人均道路面积（平方米） Road Surface Area Per Capita (m^2)	建成区排水管道密度（公里/平方公里） Density of Sewers in Built District (kilometer/ square kilometer)
盐山县	2345	90.30	95.56	95.69	6.95	23.07	6.11
肃宁县	3071	94.07	100.00	100.00	7.03	19.84	8.17
南皮县	3182	111.15	100.00	100.00	6.08	25.71	5.02
吴桥县	3288	58.47	100.00	100.00	7.38	26.99	7.03
献　县	3272	120.95	100.00	100.00	7.95	20.47	12.58
孟村回族自治县	1876	115.85	100.00	97.72	14.16	22.25	9.55
固安县	2770	76.03	88.41	76.56	6.87	14.78	6.87
永清县	2009	151.86	100.00	83.33	8.48	38.95	5.25
香河县	1658	88.78	100.00	93.96	18.23	10.59	4.40
大城县	1835	198.30	94.31	80.84	20.89	14.97	6.12
文安县	2493	64.40	100.00	68.81	6.35	17.61	5.28
大厂回族自治县	1372	42.41	100.00	83.10	6.01	30.27	8.48
枣强县	4277	201.66	100.00	90.05	8.54	17.08	8.85
武邑县	3355	112.72	95.92	97.86	6.33	38.06	9.61
武强县	715	93.70	94.75	87.17	14.88	25.26	8.25
饶阳县	1016	55.00	100.00	66.41	15.50	40.25	21.91
安平县	5692	110.60	99.32	99.32	7.46	17.29	11.22
故城县	5091	145.89	97.02	70.83	14.49	36.67	14.33
景　县	6899	123.35	99.17	97.25	6.46	44.26	9.94
阜城县	1630	113.88	100.00	95.28	9.42	28.72	8.41
山西	**3430**	**83.94**	**97.42**	**76.08**	**11.53**	**14.81**	**8.88**
清徐县	2389	76.50	100.00	100.00	21.37	19.00	15.96
阳曲县	3106	62.59	100.00	100.00	16.73	15.48	14.60
娄烦县	5483	137.64	100.00	33.57	6.74	11.67	22.05
阳高县	5056	67.21	99.76	44.62	13.74	13.43	7.57
天镇县	4563	70.65	99.73	40.41	6.16	13.88	8.95
广灵县	1324	95.04	99.76	51.83	5.39	13.59	2.30
灵丘县	11525	83.77	99.67	49.57	22.50	14.63	4.75
浑源县	5000	63.79	99.50	45.00	11.50	12.42	11.58
左云县	6129	69.99	99.65	45.09	22.41	16.51	14.95
大同县	6659	66.51	99.82	59.89	21.22	19.58	11.89
平定县	13240	106.28	100.00	88.37	21.73	5.36	7.05
盂　县	10025	94.97	100.00	76.81	26.55	5.36	9.38
长治县	2627	111.51	100.00	91.95	12.44	15.25	6.50
襄垣县	4467	105.54	99.02	90.04	32.81	33.64	10.03
屯留县	5865	89.58	97.34	86.50	7.08	18.18	10.47
平顺县	3390	163.68	98.03	80.06	28.31	19.40	11.39
黎城县	8700	137.53	96.93	85.06	13.59	9.08	20.09
壶关县	2150	87.84	97.04	85.63	6.62	15.21	3.53
长子县	10556	72.07	98.24	85.82	14.97	21.93	10.83
武乡县	1447	103.55	97.50	87.52	4.52	12.50	4.18
沁　县	1950	64.00	97.07	78.94	18.05	7.46	9.36
沁源县	8819	123.44	98.27	79.91	20.95	23.90	8.40
沁水县	9167	50.53	81.82	83.64	5.92	13.88	12.05
阳城县	6182	67.43	93.14	98.04	18.48	16.57	6.40
陵川县	5046	62.89	91.76	92.31	32.84	12.53	14.29

continued 2

污水处理率 (%) Wastewater Treatment Rate (%)	污水处理厂集中处理率 Centralized Treatment Rate of Wastewater Treatment Plants	人均公园绿地面积 (平方米) Public Recreational Green Space Per Capita (m^2)	建成区绿化覆盖率 (%) Green Coverage Rate of Built District (%)	建成区绿地率 (%) Green Space Rate of Built District (%)	生活垃圾处理率 (%) Domestic Garbage Treatment Rate (%)	生活垃圾无害化处理率 Domestic Garbage Harmless Treatment Rate	县名称 Name of Counties
100.00	100.00	15.13	34.53	29.30	99.77	99.77	盐山县
97.05	97.05	10.21	38.87	33.89	100.00	100.00	肃宁县
98.18	98.18	10.00	37.03	32.01	100.00	100.00	南皮县
94.20	94.20	12.37	43.13	38.58	100.00	100.00	吴桥县
97.00	97.00	11.76	42.94	36.63	97.20	97.20	献　县
97.22	97.22	9.90	39.03	33.19	100.00	100.00	孟村回族自治县
95.21	95.21	11.56	34.61	29.54	91.85	91.85	固安县
97.30	97.30	8.33	35.16	33.71			永清县
89.05	89.05	9.48	36.66	31.64	100.00	100.00	香河县
97.10	97.10	7.17	34.56	30.06	100.00	100.00	大城县
81.07	81.07	11.85	39.11	35.68	96.90	96.90	文安县
91.10	91.10	13.57	39.91	35.86	100.00	100.00	大厂回族自治县
98.37	98.37	10.56	39.92	33.73	97.50	97.50	枣强县
97.14	97.14	8.45	32.42	37.19			武邑县
85.87	85.87	14.72	37.18	36.24	88.40	88.40	武强县
100.00	100.00	12.17	37.46	31.20	95.24	95.24	饶阳县
93.03	93.03	5.74	36.00	29.09	100.00	100.00	安平县
70.71	70.71	12.08	38.48	34.80	99.47		故城县
95.62	95.62	7.98	40.82	28.34	100.00	100.00	景　县
98.72	98.72	7.64	32.91	28.22	99.77	99.77	阜城县
88.71	**88.71**	**11.25**	**37.93**	**33.35**	**70.07**	**64.81**	**山西**
92.07	92.07	9.65	40.24	35.33	100.00	100.00	清徐县
82.41	82.41	14.50	43.10	48.14	100.00	100.00	阳曲县
80.08	80.08	6.24	49.55	38.96	26.35	26.35	娄烦县
87.74	87.74	3.06	16.64	13.26	42.89	42.89	阳高县
91.08	91.08	10.74	31.74	32.45			天镇县
85.76	85.76	8.37	40.07	39.64	91.25	91.25	广灵县
83.71	83.71	3.82	30.98	12.78			灵丘县
85.04	85.04	7.81	40.10	35.93	73.10		浑源县
81.12	81.12	14.95	38.35	33.69	16.58	16.58	左云县
83.33	83.33	7.60	21.95	14.66			大同县
85.01	85.01	6.38	39.14	34.29			平定县
97.46	97.46	4.36	32.17	20.00	100.00	100.00	盂　县
84.96	84.96	36.16	47.02	44.57	100.00		长治县
88.28	88.28	17.84	44.10	34.02	100.00	100.00	襄垣县
82.35	82.35	10.48	41.65	37.47	100.00	100.00	屯留县
85.71	85.71	10.35	47.13	41.36	100.00	100.00	平顺县
94.27	94.27	16.09	42.58	37.39	100.00	100.00	黎城县
82.06	82.06	28.59	48.46	44.23	100.00		壶关县
92.33	92.33	12.55	47.58	42.95	100.00	100.00	长子县
95.97	95.97	19.83	44.26	39.42	100.00	100.00	武乡县
94.72	94.72	15.75	44.33	36.90	100.00		沁　县
91.04	91.04	23.64	44.09	40.38	100.00	100.00	沁源县
100.00	100.00	13.82	44.10	36.85	100.00	100.00	沁水县
97.56	97.56	12.35	41.36	36.82	98.80	98.80	阳城县
69.66	69.66	6.59	40.18	31.23	38.68		陵川县

1-3 续表 3

县名称 Name of Counties	人口密度 (人/平方公里) Population Density (person/ square kilometer)	人均日生活用水量 (升) Daily Water Consumption Per Capita (liter)	用 水普及率 (%) Water Coverage Rate (%)	燃 气普及率 (%) Gas Coverage Rate (%)	建成区供水管道密度 (公里/平方公里) Density of Water Supply Pipelines in Built District (kilometer/ square kilometer)	人均道路面积 (平方米) Road Surface Area Per Capita (m^2)	建成区排水管道密度 (公里/平方公里) Density of Sewers in Built District (kilometer/ square kilometer)
山阴县	3935	94.78	97.33	78.14	17.00	13.70	10.38
应　县	7843	89.74	99.54	86.89	7.75	16.39	11.72
右玉县	4047	83.52	89.98	54.92	10.94	13.85	10.54
怀仁县	2239	102.18	98.21	81.18	18.39	26.96	15.51
榆社县	4856	78.81	100.00	72.08	18.27	14.60	11.47
左权县	8899	95.37	100.00	68.24	11.40	15.50	8.97
和顺县	4642	88.64	100.00	68.22	12.17	24.64	10.69
昔阳县	5741	99.23	100.00	90.00	25.14	14.10	14.08
寿阳县	4832	63.09	100.00	93.95	4.18	17.67	7.25
太谷县	10192	58.96	100.00	90.57	5.99	15.02	7.38
祁　县	5086	69.85	100.00	60.00	11.57	12.99	8.21
平遥县	7767	69.42	100.00	98.87	6.12	22.23	1.71
灵石县	7701	107.31	100.00	97.50	18.28	12.03	9.10
临猗县	1852	104.98	99.00	95.00	4.89	18.85	7.89
万荣县	10000	62.23	98.00	91.04	9.78	17.53	7.32
闻喜县	3142	76.44	93.90	91.45	4.56	15.60	3.46
稷山县	5244	61.99	89.99	89.99	6.35	14.32	10.52
新绛县	7371	59.26	100.00	89.55	12.76	13.94	4.85
绛　县	9028	225.15	95.08	90.00	8.08	16.00	11.56
垣曲县	1187	60.46	93.75	86.98	4.72	10.12	7.72
夏　县	7925	92.63	100.00	95.24	10.62	21.83	12.05
平陆县	1863	77.82	95.00	90.00	10.76	17.00	14.21
芮城县	1100	46.70	100.00	90.00	5.49	17.00	7.29
定襄县	1355	83.42	96.12	81.00	13.59	13.45	14.75
五台县	2090	100.72	98.33	81.82	10.62	20.81	17.16
代　县	3622	72.01	99.83	81.54	12.36	16.05	11.80
繁峙县	6905	83.08	98.62	72.18	9.77	11.40	11.02
宁武县	1257	110.92	98.92	72.04	20.06	8.95	3.34
静乐县	9776	107.75	100.00	20.67	10.23	18.52	16.73
神池县	2286	71.16	91.85		21.74	10.91	15.14
五寨县	1179	86.75	98.87	87.84	5.58	20.45	5.66
岢岚县	1142	77.57	100.00	75.43	10.25	16.46	16.27
河曲县	1155	64.18	99.85		8.30	23.12	12.05
保德县	1796	70.21	100.00	57.94	6.09	12.96	7.37
偏关县	1934	73.68	98.94	88.98	9.79	9.76	10.97
曲沃县	5667	53.33	98.82	63.29	19.06	9.36	9.90
翼城县	5215	140.08	98.94	75.29	4.40	13.79	4.97
襄汾县	1157	94.30	98.57	94.71	4.42	21.42	10.66
洪洞县	5913	112.65	97.79	96.62	9.19	8.29	4.83
古　县	7343	189.17	100.00	96.50	1.36	16.32	18.48
安泽县	6818	110.73	99.33	94.67	8.75	10.00	10.92
浮山县	4167	127.08	99.47	68.80	8.80	10.53	10.33
吉　县	10132	75.46	100.00	45.65	17.33	7.11	14.40
乡宁县	4143	99.15	98.62	82.24	10.14	12.92	9.78
大宁县	5642	85.61	100.00	71.76	3.03	9.25	11.00
隰　县	5952	48.48	99.60	63.60	6.62	14.24	7.99

continued 3

污水处理率 (%) Wastewater Treatment Rate (%)	污水处理厂集中处理率 Centralized Treatment Rate of Wastewater Treatment Plants	人均公园绿地面积 (平方米) Public Recreational Green Space Per Capita (m^2)	建成区绿化覆盖率 (%) Green Coverage Rate of Built District (%)	建成区绿地率 (%) Green Space Rate of Built District (%)	生活垃圾处理率 (%) Domestic Garbage Treatment Rate (%)	生活垃圾无害化处理率 Domestic Garbage Harmless Treatment Rate	县名称 Name of Counties
95.76	95.76	12.20	44.30	37.87	100.00	100.00	山阴县
98.05	98.05	9.93	35.23	34.68	100.00	100.00	应　县
97.69	97.69	10.18	45.17	44.67			右玉县
96.73	96.73	14.52	38.94	35.88	100.00	100.00	怀仁县
96.26	96.26	12.01	37.00	26.95	97.60	97.60	榆社县
95.12	95.12	9.97	39.25	36.21	85.38	85.38	左权县
91.24	91.24	11.53	39.58	34.92	86.67	86.67	和顺县
97.16	97.16	14.24	39.57	37.26	93.13	93.13	昔阳县
83.75	83.75	10.17	44.42	42.63	87.27	87.27	寿阳县
95.15	95.15	6.14	39.44	34.92	100.00	100.00	太谷县
94.65	94.65	9.55	39.00	35.91	100.00	100.00	祁　县
81.89	81.89	9.36	39.33	35.47	100.00	100.00	平遥县
94.10	94.10	10.28	39.56	34.67	92.50	92.50	灵石县
97.00	97.00	10.52	39.48	34.82	92.07	92.07	临猗县
92.94	92.94	3.48	38.70	32.78			万荣县
85.99	85.99	11.43	36.32	26.57			闻喜县
89.54	89.54	5.31	37.60	29.31			稷山县
95.28	95.28	4.21	36.68	22.29	100.00	100.00	新绛县
90.00	90.00	12.62	37.13	26.78	24.30	24.30	绛　县
92.11	92.11	9.69	38.67	31.91			垣曲县
93.36	93.36	8.16	41.42	35.15			夏　县
90.00	90.00	6.65	36.55	32.62	85.03		平陆县
89.96	89.96	10.51	40.40	36.24	86.89	86.89	芮城县
92.11	92.11	4.72	34.77	32.19			定襄县
98.43	98.43	17.72	37.35	37.33	78.37	78.37	五台县
97.01	97.01	19.41	36.19	31.27	100.00	100.00	代　县
97.58	97.58	29.50	37.08	33.59	100.00	100.00	繁峙县
94.34	94.34	35.62	36.84	36.82	100.00	100.00	宁武县
90.98	90.98	12.63	50.22	44.96	100.00	100.00	静乐县
93.55	93.55	5.91	28.96	27.06	100.00	100.00	神池县
94.50	94.50	30.66	33.91	30.93	100.00	100.00	五寨县
93.46	93.46	10.09	39.64	36.13	100.00	100.00	岢岚县
90.50	90.50	10.58	37.52	37.38	100.00	100.00	河曲县
82.56	82.56	9.51	28.21	25.18	100.00	100.00	保德县
95.49	95.49	16.64	34.48	33.95	61.64	61.64	偏关县
79.59	79.59	10.35	37.33	31.96	21.30	21.30	曲沃县
81.49	81.49	4.00	34.65	31.03			翼城县
84.46	84.46	9.86	41.47	31.58	100.00	100.00	襄汾县
90.88	90.88	15.34	44.37	42.87	100.00	100.00	洪洞县
82.14	82.14	12.06	42.13	37.30	100.00	100.00	古　县
73.55	73.55	10.33	37.84	32.50			安泽县
72.13	72.13	6.93	38.03	33.18	71.06	71.06	浮山县
71.54	71.54	7.53	15.52	15.34	100.00	100.00	吉　县
78.77	78.77	13.79	41.22	38.16	100.00	100.00	乡宁县
68.87	68.87	7.57	21.09	19.41	100.00	100.00	大宁县
78.50	78.50	12.00	34.06	31.18	100.00	100.00	隰　县

1-3 续表 4

县名称 Name of Counties	人口密度 (人/平方公里) Population Density (person/ square kilometer)	人均日生活用水量 (升) Daily Water Consumption Per Capita (liter)	用水普及率 (%) Water Coverage Rate (%)	燃气普及率 (%) Gas Coverage Rate (%)	建成区供水管道密度 (公里/平方公里) Density of Water Supply Pipelines in Built District (kilometer/ square kilometer)	人均道路面积 (平方米) Road Surface Area Per Capita (m^2)	建成区排水管道密度 (公里/平方公里) Density of Sewers in Built District (kilometer/ square kilometer)
永和县	4160	42.54	100.00	67.79	8.66	9.20	5.65
蒲　县	2308	51.44	99.33	83.33	5.47	21.75	8.33
汾西县	5580	46.71	100.00	27.20	10.19	15.90	13.82
文水县	2874	70.68	90.54	82.19	9.78	14.83	5.63
交城县	12543	75.48	91.60	72.09	13.95	11.91	8.47
兴　县	3344	68.61	97.39	64.77	3.90	13.29	6.09
临　县	8510	71.26	90.25	66.69	3.75	7.37	6.11
柳林县	6250	75.14	96.88	85.52	4.63	8.24	4.52
石楼县	6240	68.31	97.65	57.26	8.86	11.59	7.09
岚　县	3813	83.32	93.01	62.06	6.81	14.19	6.10
方山县	4740	114.45	97.26	61.81	6.52	14.48	6.12
中阳县	1883	77.49	91.78	60.96	8.05	9.28	5.07
交口县	3950	53.70	90.72	60.97	17.12	14.58	11.79
内蒙古	**906**	**77.55**	**94.19**	**81.25**	**10.07**	**25.04**	**7.29**
土默特左旗	3389	49.08	66.39	18.20	11.06	10.70	10.20
托克托县	1465	56.62	99.50		17.50	23.22	7.98
和林格尔县	1509	79.15	87.72	77.97	13.08	7.70	3.32
清水河县	3786	67.37	80.57	91.51	12.04	5.66	1.97
武川县	2565	47.30	99.77	45.87	7.75	32.11	8.42
土默特右旗	3421	64.20	92.69	85.77	5.26	21.21	7.03
固阳县	2941	51.50	88.23	59.70	5.33	36.45	10.11
达尔罕茂明安联合旗	4400	93.71	95.45	51.82	12.77	12.57	10.10
阿鲁科尔沁旗	918	81.74	93.38	93.19	17.13	23.23	10.52
巴林左旗	1267	79.94	93.08	93.01	17.62	21.31	4.21
巴林右旗	411	63.16	93.12	93.12	5.78	21.49	3.31
林西县	271	103.84	95.63	93.10	16.02	22.79	5.74
克什克腾旗	1168	75.73	97.12	93.11	16.55	21.72	3.76
翁牛特旗	920	84.10	94.98	93.28	9.55	27.79	5.89
喀喇沁旗	705	71.21	93.03	93.17	17.79	17.16	12.58
宁城县	1887	44.85	93.10	93.32	3.14	17.75	3.02
敖汉旗	3838	68.59	93.46	94.91	8.18	19.07	5.82
科尔沁左翼中旗	4198	50.09	92.62	90.00	3.99	13.21	5.37
科尔沁左翼后旗	2773	53.59	96.00	95.29	3.10	17.75	7.18
开鲁县	6858	109.52	98.18	90.77	22.93	24.00	14.17
库伦旗	1167	48.94	95.92	93.82	5.44	14.45	6.15
奈曼旗	6364	57.10	95.05	90.00	4.27	18.90	5.43
扎鲁特旗	5375	91.59	96.00	88.84	34.32	9.56	8.13
达拉特旗	1796	103.46	99.20	77.10	6.64	24.97	5.50
准格尔旗	2189	60.69	96.51	54.03	7.41	19.05	11.62
鄂托克前旗	1228	55.50	99.24	97.96	18.14	60.05	9.62
鄂托克旗	1652	75.53	99.74	93.95	11.92	36.28	11.49
杭锦旗	1173	51.77	99.41	97.04	29.18	31.62	13.10
乌审旗	1422	56.40	98.75	98.75	10.81	57.50	10.15
伊金霍洛旗	1398	121.49	99.85	98.96	9.06	163.74	11.49
阿荣旗	1803	74.94	95.05	96.85	7.44	30.63	1.22

continued 4

污水处理率(%) Wastewater Treatment Rate (%)	污水处理厂集中处理率 Centralized Treatment Rate of Wastewater Treatment Plants	人均公园绿地面积(平方米) Public Recreational Green Space Per Capita (m^2)	建成区绿化覆盖率(%) Green Coverage Rate of Built District (%)	建成区绿地率(%) Green Space Rate of Built District (%)	生活垃圾处理率(%) Domestic Garbage Treatment Rate (%)	生活垃圾无害化处理率 Domestic Garbage Harmless Treatment Rate	县名称 Name of Counties
66.99	66.99	16.01	15.94	15.26	100.00	100.00	永和县
77.46	77.46	21.63	44.62	40.90	100.00	100.00	蒲　县
72.10	72.10	5.92	11.86	10.88	100.00	100.00	汾西县
88.35	88.35	13.37	33.92	31.15	100.00	100.00	文水县
85.25	85.25	8.31	36.03	32.17	100.00	100.00	交城县
88.89	88.89	13.13	31.60	28.80	88.39	88.39	兴　县
25.15	25.15	5.23	24.50	22.88	40.00	40.00	临　县
78.04	78.04	9.91	38.46	34.46	95.69	95.69	柳林县
80.56	80.56	8.12	17.50	13.69			石楼县
86.86	86.86	12.59	40.38	36.61	98.46	98.46	岚　县
72.90	72.90	14.64	37.76	35.87			方山县
85.04	85.04	9.80	32.53	28.65			中阳县
85.19	85.19	11.60	40.67	38.50	100.00	100.00	交口县
90.60	**90.60**	**19.51**	**32.97**	**30.10**	**95.73**	**93.79**	**内蒙古**
83.33	83.33	6.72	24.33	24.11	98.95	98.95	土默特左旗
100.00	100.00	13.63	33.58	32.42	100.00	100.00	托克托县
85.43	85.43	24.95	35.19	31.24	99.10	99.10	和林格尔县
65.71	65.71	11.87	24.61	22.83	97.78	97.78	清水河县
93.00	93.00	22.94	35.83	34.25	100.00	100.00	武川县
88.89	88.89	15.50	37.70	35.70	95.86	95.86	土默特右旗
85.59	85.59	4.64	19.00	18.31	91.25	91.25	固阳县
86.18	86.18	14.55	13.64	13.02	98.39	98.39	达尔罕茂明安联合旗
89.08	89.08	18.04	35.22	34.61	100.00	100.00	阿鲁科尔沁旗
89.57	89.57	17.90	35.29	30.84	100.00	100.00	巴林左旗
86.22	86.22	16.92	41.22	36.84	100.00	100.00	巴林右旗
87.37	87.37	16.44	35.21	34.24	100.00	100.00	林西县
87.00	87.00	16.49	40.33	36.60	100.00	100.00	克什克腾旗
89.70	89.70	17.99	36.42	30.40	100.00	100.00	翁牛特旗
87.52	87.52	16.30	36.04	32.99	100.00	100.00	喀喇沁旗
84.60	84.60	8.53	24.48	23.87	100.00	45.62	宁城县
89.11	89.11	14.35	33.00	30.68	100.00	100.00	敖汉旗
92.20	92.20	18.00	27.77	24.87	91.99	91.99	科尔沁左翼中旗
100.00	100.00	17.85	36.14	31.48	95.30	95.30	科尔沁左翼后旗
90.04	90.04	10.39	35.04	33.81	95.80	95.80	开鲁县
90.38	90.38	13.77	34.80	33.17	92.88	92.88	库伦旗
100.00	100.00	19.05	37.50	34.00	100.00	100.00	奈曼旗
97.90	97.90	19.70	38.05	35.00	97.00	97.00	扎鲁特旗
87.68	87.68	20.85	40.90	38.65	94.24	94.24	达拉特旗
92.59	92.59	16.65	40.12	36.79	95.42	95.42	准格尔旗
87.88	87.88	26.21	42.44	37.85	95.05	95.05	鄂托克前旗
86.46	86.46	54.74	41.70	36.90	95.80	95.80	鄂托克旗
92.59	92.59	8.89	24.52	21.99	95.56	95.56	杭锦旗
92.39	92.39	28.28	47.20	43.85	97.14	97.14	乌审旗
96.47	96.47	107.43	47.24	46.09	97.72	97.72	伊金霍洛旗
94.50	94.50	14.99	40.74	36.01	95.74	95.74	阿荣旗

1–3 续表 5

县名称 Name of Counties	人口密度 (人/平方公里) Population Density (person/ square kilometer)	人均日生活用水量 (升) Daily Water Consumption Per Capita (liter)	用水普及率 (%) Water Coverage Rate (%)	燃气普及率 (%) Gas Coverage Rate (%)	建成区供水管道密度 (公里/平方公里) Density of Water Supply Pipelines in Built District (kilometer/ square kilometer)	人均道路面积 (平方米) Road Surface Area Per Capita (m^2)	建成区排水管道密度 (公里/平方公里) Density of Sewers in Built District (kilometer/ square kilometer)
莫力达瓦达斡尔族自治旗	865	91.37	95.14	86.37	4.52	19.78	9.73
鄂伦春自治旗	1628	103.36	93.62	77.66	1.83	17.55	2.05
鄂温克族自治旗	235	60.37	93.61	87.22	4.28	50.49	11.96
陈巴尔虎旗	490	129.05	93.97	85.43	9.36	36.30	10.45
新巴尔虎左旗	168	52.31	93.48	88.04	1.19	28.80	3.49
新巴尔虎右旗	152	51.29	97.81	91.67	18.57	35.07	6.21
五原县	297	71.07	95.95	81.08	14.05	24.19	7.28
磴口县	120	68.95	98.68	71.95	11.64	19.89	5.25
乌拉特前旗	327	88.45	99.07	80.37	11.71	20.57	9.28
乌拉特中旗	956	119.60	97.82	80.61	8.97	38.48	10.23
乌拉特后旗	2734	104.87	98.31	80.34	32.28	57.63	10.00
杭锦后旗	569	82.90	96.16	89.85	14.65	22.50	12.71
卓资县	3477	81.92	91.03	73.62	10.71	37.78	6.44
化德县	3563	88.40	96.82	81.69	1.52	21.57	4.07
商都县	2238	88.17	92.40	68.27	9.57	25.75	6.14
兴和县	1842	111.20	94.08	84.40	4.39	27.18	6.45
凉城县	2696	92.06	87.97	76.58	4.76	26.80	6.98
察哈尔右翼前旗	3368	111.86	94.73	79.49	15.46	35.25	2.91
察哈尔右翼中旗	1261	55.18	95.36	85.36	3.79	14.25	4.51
察哈尔右翼后旗	4643	85.67	96.77	77.27	4.65	22.80	2.35
四子王旗	1955	91.86	98.31	74.12	6.77	28.82	5.86
科尔沁右翼前旗	3600	129.38	100.00	97.22	8.47	75.00	8.73
科尔沁右翼中旗	4795	44.63	94.47	95.60	3.64	23.24	7.66
扎赉特旗	3954	114.11	79.39	90.53	6.47	15.34	10.00
突泉县	985	67.22	96.30	75.56	6.91	16.94	8.02
阿巴嘎旗	953	64.54	83.96	37.31	15.45	29.33	6.25
苏尼特左旗	2125	92.98	94.12	58.82	5.91	22.81	5.11
苏尼特右旗	1628	117.66	97.54	50.37	7.47	33.72	4.28
东乌珠穆沁旗	1961	112.65	98.30	90.65	15.09	25.37	11.27
西乌珠穆沁旗	1407	62.29	99.48	77.72	12.19	24.58	10.92
太仆寺旗	665	59.66	93.23	60.15	4.67	14.98	5.60
镶黄旗	1084	54.79	89.34	86.46	13.64	25.13	9.18
正镶白旗	2375	63.21	98.25	70.18	11.72	16.54	4.95
正蓝旗	1836	63.76	95.54	84.90	7.75	27.60	9.61
多伦县	2240	88.55	99.29	80.36	8.00	21.21	12.35
阿拉善左旗	131	111.43	95.85	78.34	14.31	22.00	4.41
阿拉善右旗	2429	120.24	100.00	44.44	9.66	19.33	6.44
额济纳旗	567	124.53	79.14	44.24	8.51	33.97	8.09
辽宁	**1541**	**96.24**	**86.30**	**70.92**	**12.66**	**11.28**	**5.99**
辽中县	1215	125.77	98.78	96.99	11.06	17.18	7.40
康平县	1567	53.13	85.30	37.17	14.01	17.09	6.73
法库县	4140	103.81	89.37	70.53	3.27	15.80	3.98
长海县	1373	51.88	96.57	57.14	68.91	8.29	4.85
台安县	869	91.66	80.12	23.89	14.83	11.06	3.44
岫岩满族自治县	5111	53.07	81.48	79.59	10.35	7.92	4.00

continued 5

污水处理率 (%) Wastewater Treatment Rate (%)	污水处理厂集中处理率 Centralized Treatment Rate of Wastewater Treatment Plants	人均公园绿地面积 (平方米) Public Recreational Green Space Per Capita (m^2)	建成区绿化覆盖率 (%) Green Coverage Rate of Built District (%)	建成区绿地率 (%) Green Space Rate of Built District (%)	生活垃圾处理率 (%) Domestic Garbage Treatment Rate (%)	生活垃圾无害化处理率 Domestic Garbage Harmless Treatment Rate	县名称 Name of Counties
92.64	92.64	16.87	37.04	32.64	94.85	94.85	莫力达瓦达斡尔族自治旗
92.75	92.75	26.60	36.24	28.53	99.00	99.00	鄂伦春自治旗
		23.35	35.50	32.60	95.91	95.91	鄂温克族自治旗
90.43	90.43	14.57	33.93	31.66	93.27	93.27	陈巴尔虎旗
		15.76	29.79	25.93	94.12	94.12	新巴尔虎左旗
90.91	90.91	14.04	31.30	28.35	99.44	99.44	新巴尔虎右旗
97.10	97.10	15.86	37.43	33.97	93.92	93.92	五原县
100.00	100.00	15.34	32.60	30.84	90.00	90.00	磴口县
100.00	100.00	18.04	35.59	31.61	94.74	94.74	乌拉特前旗
95.76	95.76	15.97	35.90	30.90	100.00	100.00	乌拉特中旗
96.77	96.77	48.74	37.56	34.14	100.00	100.00	乌拉特后旗
94.09	94.09	19.62	38.39	34.90	93.45	93.45	杭锦后旗
94.88	94.88	24.59	35.02	30.44	91.43	91.43	卓资县
95.07	95.07	21.33	37.43	32.30	96.89	96.89	化德县
94.44	94.44	25.81	38.65	38.56	94.28	94.28	商都县
95.50	95.50	30.01	36.73	32.94	92.33	92.33	兴和县
95.59	95.59	17.85	31.81	26.76	92.12	92.12	凉城县
94.44	94.44	28.91	24.83	21.52	97.50	97.50	察哈尔右翼前旗
94.55	94.55	19.27	35.11	30.15	92.24	92.24	察哈尔右翼中旗
95.02	95.02	21.37	26.08	21.47	92.27	92.27	察哈尔右翼后旗
94.31	94.31	20.26	26.44	25.43	92.51	92.51	四子王旗
100.00	100.00	29.17	46.50	42.25	97.50	97.50	科尔沁右翼前旗
97.32	97.32	12.06	27.21	26.54	98.81	98.81	科尔沁右翼中旗
94.51	94.51	19.59	35.59	31.97	97.48	97.48	扎赉特旗
90.29	90.29	8.59	12.43	11.30	96.30	96.30	突泉县
84.88	84.88	10.82	14.00	13.25	98.57	98.57	阿巴嘎旗
85.92	85.92	11.76	7.68	7.68	69.44	69.44	苏尼特左旗
89.44	89.44	11.30	10.50	9.92	91.98	91.98	苏尼特右旗
95.10	95.10	11.51	14.10	13.60	48.87	48.87	东乌珠穆沁旗
85.40	85.40	13.73	27.02	20.96	90.91	90.91	西乌珠穆沁旗
92.31	92.31	2.71	9.19	9.12	100.00	100.00	太仆寺旗
84.85	84.85	10.49	13.10	10.85	79.78	79.78	镶黄旗
85.71	85.71	4.56	5.53	5.41	60.47	60.47	正镶白旗
89.19	89.19	83.74	36.37	35.91	100.00	100.00	正蓝旗
88.95	88.95	37.68	21.08	19.38	100.00	100.00	多伦县
80.00	80.00	37.97	34.53	28.77	97.16	97.16	阿拉善左旗
80.00	80.00	41.61	34.20	31.67	96.77	96.77	阿拉善右旗
80.00	80.00	15.83	15.60	13.14	97.32	97.32	额济纳旗
93.28	**93.28**	**8.99**	**18.11**	**16.09**	**84.69**	**52.01**	**辽宁**
90.09	90.09	14.13	24.00	23.82	100.00	100.00	辽中县
94.69	94.69	5.96	17.78	14.54	100.00	100.00	康平县
55.64	55.64	13.62	15.47	12.92	100.00	100.00	法库县
91.18	91.18	11.00	7.91	7.00			长海县
88.71	88.71	7.57	9.91	9.84	100.00		台安县
96.25	96.25	3.62	11.20	10.33	60.57		岫岩满族自治县

1-3 续表 6

县名称 Name of Counties	人口密度（人/平方公里）Population Density (person/square kilometer)	人均日生活用水量（升）Daily Water Consumption Per Capita (liter)	用水普及率（%）Water Coverage Rate (%)	燃气普及率（%）Gas Coverage Rate (%)	建成区供水管道密度（公里/平方公里）Density of Water Supply Pipelines in Built District (kilometer/square kilometer)	人均道路面积（平方米）Road Surface Area Per Capita (m^2)	建成区排水管道密度（公里/平方公里）Density of Sewers in Built District (kilometer/square kilometer)
新宾满族自治县	1522	101.52	95.62	87.59	11.21	8.36	5.64
清原满族自治县	4064	143.33	91.72	83.89	15.27	10.14	3.51
本溪满族自治县	1822	117.32	100.00	94.37	10.37	10.12	5.45
桓仁满族自治县	2584	108.98	90.87	85.14	7.72	12.15	6.82
宽甸满族自治县	3260	104.57	80.37	87.64	16.72	8.06	2.80
黑山县	4762	74.58	90.00	80.00	32.21	7.00	6.64
义　县	6684	87.53	97.16	97.85	13.50	9.94	5.63
阜新蒙古族自治县	1991	79.37	77.63	61.42	14.13	10.46	5.63
彰武县	2108	139.84	63.91	70.97	9.86	7.44	3.95
辽阳县	1383	79.87	99.07	84.11	5.76	13.94	11.24
大洼县	453	108.63	61.28	61.21	5.38	11.68	5.32
西丰县	4394	110.53	100.00	77.36	26.03	11.95	7.81
昌图县	1090	90.39	92.52	86.08	10.18	11.29	7.99
建平县	653	125.36	62.41	36.78	10.43	4.83	3.29
喀喇沁左翼蒙古族自治县	2602	68.16	95.78	95.00	11.42	28.88	9.93
绥中县	6905	91.89	94.13	37.73	12.48	7.27	5.14
建昌县	7059	86.93	91.67	90.56	21.32	12.36	12.88
吉林	**2903**	**107.07**	**76.37**	**73.16**	**11.14**	**9.74**	**6.50**
农安县	9314	66.80	63.23	57.78	18.24	8.94	3.91
永吉县	8540	104.36	94.02	85.30	8.77	9.30	8.43
梨树县	2993	100.69	80.81	37.88	3.49	6.20	6.28
伊通满族自治县	10259	79.59	62.35	94.71	7.25	12.75	6.45
东丰县	6497	109.85	92.90	54.64	7.43	5.62	6.31
东辽县	6050	188.30	84.57	58.95	4.35	12.61	5.43
通化县	4586	130.16	100.00	93.93	22.37	13.76	12.97
辉南县	5072	96.26	50.22	74.96	7.40	5.77	5.78
柳河县	3018	140.80	97.71	83.21	20.06	4.44	2.50
抚松县	1917	69.68	80.00	73.74	8.80	11.63	10.30
靖宇县	2162	127.68	97.09	73.62	27.44	12.89	5.90
长白朝鲜族自治县	1347	186.45	94.06	24.75	11.71	7.77	12.28
前郭尔罗斯蒙古族自治县	3624			96.26		14.70	15.14
长岭县	1476	79.71	79.96	66.47	18.33	15.05	8.15
乾安县	1833	81.61	93.97	76.63	16.22	12.78	11.39
镇赉县	1098	87.41	73.00	88.30	5.65	11.27	4.15
通榆县	2502	107.90	83.64	68.77	7.59	7.50	3.09
汪清县	1764	120.85	96.26	97.86	11.82	11.09	9.32
安图县	1636	177.10	76.09	81.52	8.79	10.19	9.02
黑龙江	**2767**	**83.78**	**80.80**	**49.66**	**9.80**	**12.23**	**5.57**
依兰县	4153	70.95	99.36	64.97	11.07	24.42	8.90
方正县	1096	83.41	72.00	64.00	5.56	13.74	6.30
宾　县	6120	55.67	69.15	59.48	9.38	11.31	4.27
巴彦县	5220	62.09	78.46	44.73	6.63	12.79	3.29
木兰县	849	73.57	82.07	72.95	4.79	15.20	3.80
通河县	9301	62.13	79.43	28.37	15.84	13.21	4.52

continued 6

污　水处理率 (%) Wastewater Treatment Rate (%)	污水处理厂集中处理率 Centralized Treatment Rate of Wastewater Treatment Plants	人均公园绿地面积 (平方米) Public Recreational Green Space Per Capita (m^2)	建成区绿化覆盖率 (%) Green Coverage Rate of Built District (%)	建成区绿地率 (%) Green Space Rate of Built District (%)	生活垃圾处 理 率 (%) Domestic Garbage Treatment Rate (%)	生活垃圾无害化处理率 Domestic Garbage Harmless Treatment Rate	县名称 Name of Counties
86.59	86.59	3.42	7.23	7.09	100.00	100.00	新宾满族自治县
99.26	99.26	12.80	21.19	20.28	100.00	100.00	清原满族自治县
97.22	97.22	11.90	36.81	34.71	100.00	100.00	本溪满族自治县
87.46	87.46	13.67	36.35	34.23	100.00	100.00	桓仁满族自治县
99.78	99.78	11.04	13.55	9.70	54.67	54.67	宽甸满族自治县
100.00	100.00	7.00	8.19	7.30			黑山县
100.00	100.00	7.24	10.33	9.61	100.00		义　县
100.00	100.00	5.94	9.13	8.57	100.00	100.00	阜新蒙古族自治县
100.00	100.00	6.39	6.85	5.66	100.00		彰武县
100.00	100.00	5.42	9.31	9.15	100.00	100.00	辽阳县
98.00	98.00	3.74	6.17	5.84	69.09		大洼县
100.00	100.00	10.34	38.61	34.06	100.00	100.00	西丰县
97.64	97.64	10.37	39.59	34.88	100.00	100.00	昌图县
77.79	77.79	8.84	9.43	8.95	60.52		建平县
100.00	100.00	12.66	38.85	34.08	100.00	100.00	喀喇沁左翼蒙古族自治县
99.67	99.67	6.08	15.34	8.27	95.56		绥中县
93.79	93.79	12.78	22.80	18.65	100.00		建昌县
80.32	**80.32**	**8.15**	**24.53**	**19.96**	**82.03**	**71.72**	**吉林**
96.24	96.24	4.26	41.38	28.80	100.00	100.00	农安县
85.37	85.37	4.19	6.28	6.28			永吉县
85.08	85.08	2.38	8.57	8.49	49.50		梨树县
94.91	94.91	1.18	25.30	3.70	100.00	100.00	伊通满族自治县
60.33	60.33	11.12	20.88	19.35	100.00	100.00	东丰县
69.35	69.35	2.75	9.00	7.83	100.00	100.00	东辽县
98.70	98.70	21.40	33.04	30.08	100.00	100.00	通化县
97.07	97.07	10.13	18.97	16.62	97.91	97.91	辉南县
80.95	80.95	13.89	20.72	21.09	89.68	89.68	柳河县
28.57	28.57	28.35	39.54	38.20	98.68	98.68	抚松县
70.84	70.84	13.96	28.74	25.56	100.00	100.00	靖宇县
90.00	90.00	10.69	36.82	30.63	100.00	100.00	长白朝鲜族自治县
		0.32	18.39	14.13			前郭尔罗斯蒙古族自治县
100.00	100.00	6.16	29.69	28.54	100.00	100.00	长岭县
96.00	96.00	6.70	24.21	20.32	95.00	95.00	乾安县
94.19	94.19	12.60	22.92	19.71	36.18	36.18	镇赉县
63.16	63.16	1.39	15.48	10.93	100.00	100.00	通榆县
90.07	90.07	12.06	37.30	32.16	100.00		汪清县
44.88	44.88	14.54	37.71	34.65	100.00	100.00	安图县
85.35	**85.35**	**10.27**	**20.42**	**16.80**	**49.34**	**25.12**	**黑龙江**
100.00	100.00	10.57	17.63	16.44	100.00		依兰县
94.79	94.79	24.96	30.27	15.90	70.59	70.59	方正县
100.00	100.00	9.02	12.38	9.77	100.00	100.00	宾　县
95.26	95.26	5.77	4.78	3.09			巴彦县
100.00	100.00	4.41	4.62	4.62	100.00		木兰县
100.00	100.00	11.21	22.35	14.66	0.14	0.14	通河县

1-3 续表 7

县名称 Name of Counties	人口密度 (人/平方公里) Population Density (person/ square kilometer)	人均日生活用水量 (升) Daily Water Consumption Per Capita (liter)	用水普及率 (%) Water Coverage Rate (%)	燃气普及率 (%) Gas Coverage Rate (%)	建成区供水管道密度 (公里/平方公里) Density of Water Supply Pipelines in Built District (kilometer/ square kilometer)	人均道路面积 (平方米) Road Surface Area Per Capita (m^2)	建成区排水管道密度 (公里/平方公里) Density of Sewers in Built District (kilometer/ square kilometer)
延寿县	1171	102.42	76.47	44.00	8.49	21.17	7.84
龙江县	716	72.82	78.38	42.04	8.13	13.89	6.03
依安县	1653	112.78	86.08	27.29	6.21	14.73	3.67
泰来县	1674	120.42	85.14	42.36	5.10	9.56	4.34
甘南县	2715	55.08	64.96	22.32	10.13	9.62	4.50
富裕县	1510	81.42	83.73	23.58	13.99	10.42	9.76
克山县	1466	56.68	100.00	49.26	13.33	7.32	4.09
克东县	3167	51.75	78.95	35.26	29.11	9.72	6.33
拜泉县	1942	61.09	84.63	44.78	16.56	10.93	9.54
鸡东县	7220	154.72	81.27	34.68	9.39	8.24	7.81
萝北县	2696	83.68	81.57	82.95	18.03	21.73	6.64
绥滨县	3969	52.71	81.59	26.74	11.56	13.33	6.00
集贤县	3049	135.46	77.42	44.84	9.51	12.25	4.39
友谊县	3925	151.93	90.41	68.49	20.88	22.58	4.75
宝清县	4776	122.70	96.95	96.95	16.93	12.26	8.23
饶河县	5314	59.68	98.12	81.18	26.67	16.96	7.62
肇州县	5341	65.52	72.52	95.33	4.54	5.38	2.58
肇源县	6545	117.08	73.23	97.26	6.94	10.31	5.91
林甸县	4685	58.71	98.85	88.97	4.32	22.06	4.50
杜尔伯特蒙古自治县	1155	62.39	86.61	30.58	7.17	19.39	3.96
嘉荫县	553	202.90	98.51	99.01	23.77	25.31	12.85
桦南县	6753	93.81	82.07	12.31	6.99	8.47	6.33
桦川县	2200	146.43	65.91	37.50	11.63	9.61	7.72
汤原县	5634	117.49	86.67	57.83	16.85	20.52	8.95
抚远县	3373	143.51	98.82	70.59	10.71	29.27	6.46
勃利县	3760	50.88	92.95	40.65	10.33	9.77	5.30
东宁县	4256	75.88	96.83	14.86	6.45	18.86	5.44
林口县	3757	68.83	98.55	84.54	10.55	19.15	4.82
嫩江县	4912	58.17	92.86	64.29	13.25	14.74	4.93
逊克县	4608	72.64	56.17	8.51	10.19	10.00	3.67
孙吴县	1221	80.31	91.33	19.52	13.34	10.56	6.82
望奎县	5517	50.07	76.09	12.68	6.38	8.68	6.38
兰西县	10572	126.09	60.00	43.12	8.83	6.06	5.29
青冈县	10430	52.51	44.16	24.98	6.10	4.13	5.81
庆安县	10852	127.18	87.72	40.63	11.07	5.41	13.75
明水县	7751	61.75	98.07	16.30	5.54	8.11	7.34
绥棱县	7426	73.73	100.00	59.69	6.61	9.57	5.48
呼玛县	4701	93.05	81.85	14.29	10.17	13.13	8.15
塔河县	2857	67.64	73.06	36.53	6.04	10.47	2.11
漠河县	4436	74.65	90.62	95.31	18.25	12.82	2.46
加格达奇区	3634	58.62	60.20	91.74	2.72	9.47	3.64
江苏	**1930**	**134.91**	**99.48**	**99.06**	**16.03**	**19.23**	**12.32**
丰　县	2783	128.62	96.30	95.12	10.09	19.67	11.10
沛　县	2939	155.43	99.40	99.70	23.18	31.50	19.01

continued 7

污水处理率 (%) Wastewater Treatment Rate (%)	污水处理厂集中处理率 Centralized Treatment Rate of Wastewater Treatment Plants	人均公园绿地面积 (平方米) Public Recreational Green Space Per Capita (m^2)	建成区绿化覆盖率 (%) Green Coverage Rate of Built District (%)	建成区绿地率 (%) Green Space Rate of Built District (%)	生活垃圾处理率 (%) Domestic Garbage Treatment Rate (%)	生活垃圾无害化处理率 Domestic Garbage Harmless Treatment Rate	县名称 Name of Counties
100.00	100.00	10.95	26.83	24.33			延寿县
37.50	37.50	9.89	31.86	24.84	100.00	100.00	龙江县
62.32	62.32	6.55	10.84	6.37	17.79	17.79	依安县
75.96	75.96	14.44	33.48	28.31	100.00		泰来县
100.00	100.00	14.11	18.61	16.63			甘南县
64.65	64.65	13.68	37.70	30.05	100.00	100.00	富裕县
81.25	81.25	20.63	28.42	27.24			克山县
69.89	69.89	7.54	15.70	14.94			克东县
100.00	100.00	7.69	11.13	12.03			拜泉县
99.00	99.00	4.39	24.77	12.18	91.17	91.17	鸡东县
94.44	94.44	2.76	16.67	10.40	9.00	9.00	萝北县
100.00	100.00	13.95	36.06	31.54	100.00	100.00	绥滨县
		5.81	22.61	19.90			集贤县
98.18	98.18	12.33	36.14	30.53			友谊县
100.00	100.00	9.95	21.71	18.15	100.00	100.00	宝清县
100.00	100.00	16.40	25.54	21.00	100.00	100.00	饶河县
93.22	93.22	8.32	9.56	5.33	97.79	97.79	肇州县
94.44	94.44	7.69	44.54	34.72	98.32		肇源县
100.00	100.00	4.27	7.09	4.15	100.00		林甸县
100.00	100.00	13.65	7.39	5.35	100.00		杜尔伯特蒙古自治县
100.00	100.00	37.04	53.67	53.03			嘉荫县
35.83	35.83	6.98	18.86	11.79			桦南县
94.81	94.81	13.14	23.67	21.86			桦川县
100.00	100.00	8.42	17.62	10.17	89.02	89.02	汤原县
56.00	56.00	10.52	13.75	12.47			抚远县
80.97	80.97	14.86	22.96	17.87			勃利县
100.00	100.00	9.99	18.16	17.01	100.00		东宁县
100.00	100.00	15.36	24.64	29.73	100.00		林口县
99.78	99.78	13.43	16.39	16.18	100.00		嫩江县
100.00	100.00	2.98	8.12	5.09			逊克县
97.14	97.14	14.46	22.75	16.27	100.00		孙吴县
100.00	100.00	8.24	29.58	26.59			望奎县
97.53	97.53	5.87	21.02	15.59			兰西县
60.61	60.61	5.00	11.53	9.47	91.59	91.59	青冈县
98.48	98.48	6.46	34.44	16.39	100.00	100.00	庆安县
100.00	100.00	11.42	16.82	16.09			明水县
100.00	100.00	9.42	40.20	38.96	76.00		绥棱县
100.00	100.00	25.10	17.51	17.51	100.00		呼玛县
		11.11	11.87	12.53			塔河县
90.00	90.00	4.20	21.45	8.41	83.54	83.54	漠河县
100.00	100.00	14.58	20.68	16.88			加格达奇区
82.38	**78.27**	**11.99**	**41.11**	**38.31**	**100.00**	**96.84**	**江苏**
83.27	83.27	13.09	40.63	37.27	100.00	100.00	丰　县
87.01	87.01	11.34	41.90	39.30	100.00	100.00	沛　县

1-3 续表 8

县名称 Name of Counties	人口密度(人/平方公里) Population Density (person/square kilometer)	人均日生活用水量(升) Daily Water Consumption Per Capita (liter)	用水普及率(%) Water Coverage Rate (%)	燃气普及率(%) Gas Coverage Rate (%)	建成区供水管道密度(公里/平方公里) Density of Water Supply Pipelines in Built District (kilometer/square kilometer)	人均道路面积(平方米) Road Surface Area Per Capita (m^2)	建成区排水管道密度(公里/平方公里) Density of Sewers in Built District (kilometer/square kilometer)
睢宁县	2269	135.15	99.57	98.86	16.45	19.14	6.97
海安县	1486	167.60	100.00	100.00	50.58	26.75	21.90
如东县	2954	129.67	100.00	100.00	51.30	24.25	23.60
东海县	1463	72.93	100.00	99.24	19.72	23.52	14.95
灌云县	4621	101.63	99.20	99.20	20.16	16.74	9.06
灌南县	1626	112.44	99.65	99.18	11.58	15.48	8.78
涟水县	1609	152.45	100.00	99.65	20.97	14.70	9.98
洪泽县	1106	130.43	96.33	94.61	6.81	17.38	12.97
盱眙县	2430	130.04	100.00	99.60	10.43	17.71	7.49
金湖县	1967	175.76	100.00	99.85	9.53	19.87	14.15
响水县	2528	151.74	100.00	100.00	12.05	16.35	11.16
滨海县	3229	125.88	100.00	100.00	9.07	15.04	10.89
阜宁县	1788	160.01	100.00	99.72	6.49	15.46	13.60
射阳县	3906	136.10	100.00	100.00	9.09	14.96	11.22
建湖县	2418	142.59	100.00	100.00	23.03	16.76	14.84
宝应县	2194	143.71	100.00	98.24	18.53	17.16	7.79
沭阳县	1436	111.58	100.00	98.00	6.72	18.19	10.43
泗阳县	1821	137.46	100.00	99.47	6.04	16.32	8.61
泗洪县	949	160.81	97.21	99.26	9.22	23.14	14.21
浙江	**882**	**172.04**	**99.96**	**98.68**	**24.61**	**20.60**	**15.17**
桐庐县	827	176.17	100.00	100.00	26.78	15.62	18.42
淳安县	281	184.03	98.80	99.80	20.54	21.39	10.68
象山县	1800	187.03	100.00	100.00	34.49	38.79	19.97
宁海县	2109	258.59	100.00	100.00	20.40	28.86	17.83
永嘉县	1560	133.36	100.00	97.30	29.76	11.12	7.34
平阳县	2699	144.00	100.00	100.00	29.53	8.08	6.53
苍南县	1947	169.04	100.00	100.00	26.82	14.92	17.14
文成县	2042	169.52	100.00	100.00	15.08	9.58	10.45
泰顺县	2065	147.73	100.00	100.00	7.09	10.64	6.63
嘉善县	930	196.84	100.00	94.95	8.08	26.29	10.89
海盐县	1455	184.00	100.00	100.00	17.90	28.84	22.25
德清县	553	154.21	100.00	100.00	28.40	40.35	12.09
长兴县	1329	183.86	100.00	100.00	24.46	29.47	14.78
安吉县	977	128.47	100.00	100.00	7.50	23.92	11.91
新昌县	1078	195.01	99.66	99.95	79.38	12.43	11.38
武义县	640	173.21	100.00	99.25	26.03	25.73	25.87
浦江县	1293	173.93	100.00	100.00	38.87	15.10	13.33
磐安县	508	148.06	100.00	100.00	27.18	14.51	10.85
常山县	480	199.92	100.00	91.99	25.05	25.22	19.56
开化县	885	106.40	100.00	75.02	11.90	11.28	11.28
龙游县	940	132.62	100.00	99.36	38.98	11.81	21.91
岱山县	1482	105.15	100.00	99.60	14.27	21.46	15.21
嵊泗县	2281	128.09	100.00	99.48	30.07	6.79	16.81
玉环县	1210	225.04	100.00	100.00	23.08	12.72	24.55
三门县	699	169.36	100.00	100.00	26.32	24.04	20.85

continued 8

污 水 处理率 (%) Wastewater Treatment Rate (%)	污水处理厂集中处理率 Centralized Treatment Rate of Wastewater Treatment Plants	人均公园绿地面积 (平方米) Public Recreational Green Space Per Capita (m^2)	建成区绿化覆盖率 (%) Green Coverage Rate of Built District (%)	建成区绿地率 (%) Green Space Rate of Built District (%)	生活垃圾处 理 率 (%) Domestic Garbage Treatment Rate (%)	生活垃圾无害化处理率 Domestic Garbage Harmless Treatment Rate	县名称 Name of Counties
67.03	67.03	12.80	40.42	37.58	100.00	100.00	睢宁县
81.83	75.73	12.84	40.63	37.40	100.00	100.00	海安县
82.29	78.02	9.36	41.46	40.01	100.00	100.00	如东县
86.62	86.62	10.95	40.76	38.33	100.00	100.00	东海县
80.00	80.00	11.61	40.33	36.87	100.00	100.00	灌云县
71.36	57.88	11.82	40.38	36.34	100.00	100.00	灌南县
83.03	83.03	12.50	40.93	38.62	100.00	100.00	涟水县
83.18	83.18	9.84	40.11	36.98	100.00	100.00	洪泽县
79.62	62.97	13.23	41.91	40.03	100.00		盱眙县
82.26	70.53	10.79	41.50	38.51	100.00	100.00	金湖县
82.75	64.96	13.17	40.89	36.77	100.00	100.00	响水县
84.29	71.33	11.84	41.02	37.00	100.00	100.00	滨海县
80.95	80.95	13.51	41.14	38.86	100.00	100.00	阜宁县
82.59	82.59	14.83	41.02	37.18	100.00	100.00	射阳县
85.86	85.86	15.04	40.75	38.12	100.00	100.00	建湖县
86.15	81.12	10.50	41.92	39.53	100.00	100.00	宝应县
84.86	84.86	9.95	41.39	38.71	100.00	100.00	沭阳县
84.32	84.32	11.01	41.54	39.26	100.00	100.00	泗阳县
82.21	75.60	12.80	41.49	39.29	100.00	100.00	泗洪县
87.74	**84.85**	**13.24**	**39.75**	**36.14**	**100.00**	**99.44**	**浙江**
89.14	89.14	12.20	43.10	41.02	100.00	96.99	桐庐县
81.97	81.97	14.02	41.40	38.69	100.00	100.00	淳安县
79.38	79.38	14.36	31.77	30.95	100.00	100.00	象山县
88.48	88.48	13.32	40.49	37.61	100.00	100.00	宁海县
80.42	65.78	14.58	35.99	34.99	100.00	98.54	永嘉县
83.38	83.38	9.72	34.20	33.68	100.00	98.43	平阳县
87.88	87.88	12.65	39.50	37.31	100.00	100.00	苍南县
82.12	82.12	15.83	37.19	32.23	100.00	100.00	文成县
83.56	83.56	14.98	44.51	39.36	100.00	100.00	泰顺县
90.56	90.56	15.01	37.94	33.30	100.00	100.00	嘉善县
91.20	91.20	15.59	44.94	40.87	100.00	96.92	海盐县
90.99	90.99	15.25	42.93	37.90	100.00	100.00	德清县
91.11	91.11	15.86	46.04	42.04	100.00	100.00	长兴县
90.30	90.30	14.45	40.62	38.59	100.00	100.00	安吉县
85.47	85.47	12.88	42.10	39.72	100.00	100.00	新昌县
84.80	71.00	13.09	42.09	37.65	100.00	100.00	武义县
89.60	89.60	8.21	36.75	32.02	100.00	100.00	浦江县
87.87	87.87	14.08	38.76	34.85	100.00	100.00	磐安县
88.35	83.94	12.46	39.83	34.34	100.00	100.00	常山县
86.97	37.39	12.85	42.04	39.94	100.00	100.00	开化县
84.52	72.12	10.85	39.84	34.53	100.00	100.00	龙游县
85.22	79.95	16.87	41.36	37.60	100.00	100.00	岱山县
88.10	88.10	17.83	37.27	37.07	100.00	100.00	嵊泗县
90.11	90.11	10.60	39.30	34.99	100.00	96.99	玉环县
89.95	89.95	12.49	36.34	31.76	100.00	100.00	三门县

1-3 续表 9

县名称 Name of Counties	人口密度 (人/平方公里) Population Density (person/ square kilometer)	人均日生活用水量 (升) Daily Water Consumption Per Capita (liter)	用 水普及率 (%) Water Coverage Rate (%)	燃 气普及率 (%) Gas Coverage Rate (%)	建成区供水管道密度 (公里/平方公里) Density of Water Supply Pipelines in Built District (kilometer/ square kilometer)	人均道路面积 (平方米) Road Surface Area Per Capita (m^2)	建成区排水管道密度 (公里/平方公里) Density of Sewers in Built District (kilometer/ square kilometer)
天台县	620	191.34	100.00	100.00	13.08	19.92	9.30
仙居县	584	198.47	100.00	100.00	17.76	18.69	13.11
青田县	731	195.31	100.00	93.56	16.06	11.23	16.07
缙云县	606	172.42	100.00	100.00	16.45	22.12	14.01
遂昌县	1049	131.01	100.00	99.46	33.54	18.30	18.18
松阳县	619	178.71	100.00	100.00	38.74	19.10	14.12
云和县	448	113.06	100.00	100.00	23.11	24.40	13.58
庆元县	738	124.88	100.00	99.22	14.65	12.80	10.51
景宁县	283	119.42	100.00	100.00	19.71	18.85	18.02
安徽	**1711**	**124.43**	**92.44**	**84.29**	**11.95**	**19.86**	**10.78**
长丰县	4386	75.53	93.92	91.21	13.62	9.06	5.48
肥西县	5643	83.22	98.68	96.63	13.28	13.54	8.87
肥东县	3267	303.85	99.89	98.83	27.54	9.75	6.40
庐江县	1423	67.37	99.57	99.40	6.42	12.76	7.17
芜湖县	698	160.91	98.10	96.14	23.25	28.57	6.57
繁昌县	809	117.55	100.00	98.48	18.53	31.47	11.84
南陵县	3933	135.93	82.15	83.13	9.77	17.52	11.15
无为县	1827	100.11	91.79	79.92	11.17	12.48	8.52
怀远县	1964	119.98	98.13	95.52	8.63	13.26	8.07
五河县	2671	126.01	83.35	99.45	8.17	18.66	9.40
固镇县	1151	124.87	95.14	97.28	11.63	17.25	13.98
凤台县	5615	167.38	98.30	99.06	8.60	15.44	6.39
当涂县	4003	98.68	100.00	100.00	4.36	19.26	3.70
含山县	4411	148.41	94.17	91.50	4.83	21.46	10.19
和　县	4800	80.21	97.33	66.80	17.85	10.81	9.99
濉溪县	3803	124.65	98.96	92.47	9.50	28.93	4.25
铜陵县	1696	245.54	100.00	100.00	14.29	18.86	5.53
怀宁县	3100	162.06	94.62	93.55	20.96	36.52	10.71
枞阳县	1266	91.88	98.01	93.92	10.38	23.68	10.97
潜山县	1094	100.79	100.00	88.14	12.54	22.02	11.52
太湖县	2310	81.17	91.53	72.97	32.60	12.72	15.90
宿松县	585	142.02	92.97	98.92	28.62	43.57	8.02
望江县	2464	98.42	100.00	88.61	22.69	20.79	12.65
岳西县	1239	98.67	91.79	75.00	16.78	2.79	5.50
歙　县	2882	136.99	100.00	100.00	14.98	16.33	8.86
休宁县	428	207.54	100.00	100.00	8.73	20.27	8.29
黟　县	2474	92.08	100.00	100.00	22.92	36.42	18.43
祁门县	258	141.60	100.00	100.00	15.57	11.09	13.81
来安县	3528	128.03	85.17	87.81	14.97	26.04	21.91
全椒县	5314	96.54	93.31	94.20	9.36	23.36	15.25
定远县	3160	127.31	89.72	90.05	7.38	30.61	24.82
凤阳县	4239	81.90	86.36	89.09	8.09	20.79	16.39
临泉县	3474	91.09	82.50	37.14	5.16	11.74	7.46
太和县	2104	109.19	90.51	50.00	5.37	23.06	14.29
阜南县	1738	154.71	90.33	45.70	4.29	17.17	9.85

continued 9

污水处理率 (%) Wastewater Treatment Rate (%)	污水处理厂集中处理率 Centralized Treatment Rate of Wastewater Treatment Plants	人均公园绿地面积 (平方米) Public Recreational Green Space Per Capita (m^2)	建成区绿化覆盖率 (%) Green Coverage Rate of Built District (%)	建成区绿地率 (%) Green Space Rate of Built District (%)	生活垃圾处理率 (%) Domestic Garbage Treatment Rate (%)	生活垃圾无害化处理率 Domestic Garbage Harmless Treatment Rate	县名称 Name of Counties
90.12	90.12	13.56	39.24	34.10	100.00	100.00	天台县
90.56	90.56	13.04	40.00	34.84	100.00	100.00	仙居县
88.16	56.72	11.45	34.83	33.36	100.00	100.00	青田县
86.05	86.05	12.60	37.57	35.29	100.00	100.00	缙云县
88.02	41.61	12.53	36.45	31.44	100.00	100.00	遂昌县
89.84	89.84	11.94	36.30	30.84	100.00	100.00	松阳县
84.59	80.29	13.50	36.35	31.60	100.00	100.00	云和县
85.23	85.23	12.52	30.24	23.45	100.00	100.00	庆元县
86.38	77.78	18.79	28.78	29.12	100.00	100.00	景宁县
92.00	**90.90**	**10.94**	**33.37**	**29.10**	**96.14**	**83.31**	**安徽**
97.52	97.52	14.34	36.40	31.23	100.00	100.00	长丰县
98.87	98.87	12.48	41.66	37.77	100.00	100.00	肥西县
97.37	97.37	10.81	22.01	17.71	100.00	100.00	肥东县
83.37	83.37	10.30	44.27	36.03	97.35	97.35	庐江县
88.57	88.57	12.67	38.90	37.20	100.00	100.00	芜湖县
88.58	88.58	14.38	38.50	36.39	95.16	95.16	繁昌县
92.18	92.18	7.30	24.00	22.32	87.41	87.41	南陵县
90.72	90.72	10.99	37.43	36.61	86.10	86.10	无为县
91.35	91.35	10.68	37.38	34.43	100.00	100.00	怀远县
95.53	92.63	11.04	35.32	29.72	100.00	100.00	五河县
85.21	85.21	12.45	38.20	35.80	91.16	91.16	固镇县
95.62	95.62	8.97	34.67	24.58	94.85	94.85	凤台县
91.61	91.61	10.93	30.45	25.64	100.00	100.00	当涂县
88.48	88.48	10.30	42.51	33.46	100.00	100.00	含山县
86.78	86.78	13.39	35.95	30.34	90.08	90.08	和　县
98.29	90.48	11.77	39.20	30.85	100.00	100.00	濉溪县
92.91	92.91	8.25	43.05	38.91	100.00	100.00	铜陵县
98.33	98.33	8.17	31.46	28.36	100.00	100.00	怀宁县
69.76	69.76	13.45	32.44	32.17	100.00	100.00	枞阳县
94.43	94.43	16.48	33.15	26.20	100.00	100.00	潜山县
93.75	93.75	6.82	33.65	35.42	100.00	100.00	太湖县
91.55	91.55	8.65	18.86	15.75	100.00	100.00	宿松县
92.20	71.20	3.04	33.93	28.54	100.00		望江县
89.08	89.08	4.26	13.33	13.46	100.00	100.00	岳西县
86.47	86.47	13.67	42.92	37.77	100.00	100.00	歙　县
94.97	94.97	11.24	33.50	29.15	100.00	100.00	休宁县
84.77	84.77	14.54	38.08	34.46	100.00	100.00	黟　县
91.64	91.64	13.30	35.19	30.93	100.00	100.00	祁门县
97.96	97.96	7.98	32.52	29.88	100.00	100.00	来安县
98.11	98.11	14.32	37.18	36.46	84.79	84.79	全椒县
98.32	98.32	9.16	24.76	19.49	93.32	93.32	定远县
95.15	95.15	8.58	37.84	36.34	78.11		凤阳县
93.64	86.97	2.96	11.48	9.22	100.00	100.00	临泉县
85.90	85.90	11.03	29.49	25.41	100.00		太和县
90.00	90.00	9.30	23.93	19.03	100.00		阜南县

1-3 续表 10

县名称 Name of Counties	人口密度 (人/平方公里) Population Density (person/ square kilometer)	人均日生活用水量 (升) Daily Water Consumption Per Capita (liter)	用水普及率 (%) Water Coverage Rate (%)	燃气普及率 (%) Gas Coverage Rate (%)	建成区供水管道密度 (公里/平方公里) Density of Water Supply Pipelines in Built District (kilometer/ square kilometer)	人均道路面积 (平方米) Road Surface Area Per Capita (m^2)	建成区排水管道密度 (公里/平方公里) Density of Sewers in Built District (kilometer/ square kilometer)
颍上县	3074	84.70	82.99	44.28	9.80	23.69	14.60
砀山县	1955	157.73	74.64	71.97	7.67	23.54	8.74
萧　县	714	135.17	89.60	93.37	9.32	36.17	7.85
灵璧县	6550	165.91	95.86	84.62	6.96	23.46	11.26
泗　县	846	182.57	74.31	65.87	3.10	21.68	7.01
寿　县	2788	161.59	89.48	64.75	17.47	14.46	10.75
霍邱县	3617	150.27	97.39	86.77	10.14	11.21	6.43
舒城县	1870	101.88	98.39	97.38	5.63	15.83	7.02
金寨县	1810	86.59	98.07	91.16	11.06	22.68	19.12
霍山县	1144	133.27	86.80	90.42	13.42	22.02	12.22
涡阳县	6750	160.44	97.78	94.44	7.00	21.07	9.82
蒙城县	5000	71.32	93.94	92.42	6.57	21.91	10.13
利辛县	4520	166.12	83.85	78.81	18.34	17.91	18.57
东至县	269	152.55	85.23	86.29	12.66	16.13	18.94
石台县	137	185.63	94.96	78.68	11.81	16.36	17.83
青阳县	822	138.48	94.36	95.38	13.27	23.11	18.40
郎溪县	7048	103.04	92.16	94.26	11.87	23.22	12.08
广德县	4063	96.34	100.00	99.70	19.25	29.38	13.54
泾　县	465	170.60	95.94	96.45	16.47	18.87	14.34
绩溪县	4170	147.91	97.34	93.89	24.17	24.08	10.21
旌德县	1680	129.60	96.36	50.11	20.04	16.98	14.76
福建	**2408**	**167.30**	**97.76**	**96.68**	**11.95**	**14.07**	**10.36**
闽侯县	3367	204.98	99.88	99.75	19.02	9.90	6.51
连江县	6443	118.73	98.67	98.12	6.41	7.89	11.37
罗源县	1944	281.34	99.84	98.71	15.70	17.02	7.87
闽清县	4885	139.60	99.21	99.21	17.96	5.51	5.85
永泰县	2561	129.20	94.32	97.04	10.74	8.01	4.59
仙游县	4418	183.88	99.94	92.06	9.07	14.23	11.21
明溪县	2952	180.41	99.73	90.86	16.12	16.86	14.14
清流县	1267	223.06	95.00	91.32	17.63	25.79	16.69
宁化县	2190	170.77	99.20	99.20	20.27	20.68	16.12
大田县	2729	155.38	95.26	91.38	16.16	9.17	9.54
尤溪县	4981	225.85	97.71	96.94	14.81	10.28	8.78
沙　县	791	169.33	98.57	94.52	8.27	26.89	9.63
将乐县	1434	154.22	94.97	92.92	13.64	18.77	17.72
泰宁县	1343	269.29	97.77	98.26	30.28	17.42	11.94
建宁县	3389	238.64	96.25	95.55	27.27	15.86	19.80
惠安县	4919	265.42	94.05	99.85	7.73	26.73	4.80
安溪县	4794	151.16	92.05	99.64	6.00	10.84	5.77
永春县	1157	116.09	98.80	86.96	7.86	11.61	12.30
德化县	1457	143.82	97.79	97.99	9.63	12.30	10.31
云霄县	8372	167.53	100.00	100.00	13.85	14.82	12.36
漳浦县	6215	157.05	99.36	98.95	10.80	16.14	11.96
诏安县	5104	229.27	99.61	91.74	9.26	18.01	8.34
长泰县	3160	175.40	99.57	99.13	17.86	20.78	23.27

continued 10

污水处理率 (%) Wastewater Treatment Rate (%)	污水处理厂集中处理率 Centralized Treatment Rate of Wastewater Treatment Plants	人均公园绿地面积 (平方米) Public Recreational Green Space Per Capita (m^2)	建成区绿化覆盖率 (%) Green Coverage Rate of Built District (%)	建成区绿地率 (%) Green Space Rate of Built District (%)	生活垃圾处理率 (%) Domestic Garbage Treatment Rate (%)	生活垃圾无害化处理率 Domestic Garbage Harmless Treatment Rate	县名称 Name of Counties
93.54	80.46	14.60	30.00	27.94	100.00	100.00	颍上县
86.62	86.62	7.36	26.43	22.08	96.21	96.21	砀山县
71.96	71.96	7.77	29.70	25.59	96.92	96.92	萧　县
82.54	82.54	13.61	39.27	32.86	91.34	91.34	灵璧县
79.81	79.81	7.70	30.04	21.80	100.00		泗　县
95.12	95.12	14.92	30.96	30.53	52.20	52.20	寿　县
90.41	90.41	14.92	19.54	15.63	100.00	100.00	霍邱县
95.89	95.89	4.87	26.18	24.33	94.97	94.97	舒城县
95.80	95.80	19.01	41.09	38.51	90.63	90.63	金寨县
96.37	88.74	22.49	40.37	35.42	100.00	100.00	霍山县
95.00	95.00	11.04	39.02	30.00	98.53	98.53	涡阳县
91.40	91.40	11.24	42.79	39.96	100.00	100.00	蒙城县
95.08	95.08	13.72	39.06	35.57	88.25	88.25	利辛县
96.63	96.63	12.08	38.10	32.41	99.54	99.54	东至县
88.32	88.32	18.99	42.14	38.46	89.74		石台县
93.89	93.89	10.56	40.60	30.74	97.06	97.06	青阳县
98.72	98.72	12.24	36.92	26.67	100.00	100.00	郎溪县
97.98	97.98	13.00	39.10	35.70	100.00	100.00	广德县
94.57	94.57	6.97	32.98	21.82	99.16	99.16	泾　县
96.55	96.55	12.15	40.57	37.47	100.00	100.00	绩溪县
92.13	92.13	14.28	35.38	28.72	100.00	100.00	旌德县
85.46	**85.24**	**13.83**	**42.15**	**38.89**	**93.34**	**88.30**	**福建**
84.99	84.99	12.39	42.68	40.16	28.10	28.10	闽侯县
84.71	84.71	14.97	55.15	48.49	100.00	100.00	连江县
87.90	87.90	14.68	35.45	32.94	98.95	98.95	罗源县
80.85	80.85	13.39	37.64	32.50	97.15	97.15	闽清县
64.91	64.91	16.60	36.65	34.06	100.00	100.00	永泰县
87.84	87.84	12.23	39.89	38.71	99.03	99.03	仙游县
86.23	86.23	11.09	43.98	39.97	98.69	98.69	明溪县
56.49	56.49	14.46	40.13	36.11	98.66	98.66	清流县
85.08	85.08	13.96	39.62	38.14	98.54	98.54	宁化县
85.98	85.98	14.55	42.58	38.16	98.40	98.40	大田县
86.06	86.06	14.98	44.98	39.12	98.35	98.35	尤溪县
85.62	85.62	13.78	41.90	37.53	98.52	98.52	沙　县
85.49	69.01	14.94	43.73	39.97	98.36	98.36	将乐县
83.05	83.05	17.50	40.56	36.91	98.36	98.36	泰宁县
82.02	82.02	14.75	44.15	38.73	98.39	98.39	建宁县
86.02	86.02	13.10	42.33	39.09	98.54	98.54	惠安县
86.61	86.61	13.91	43.80	39.88	97.99	97.99	安溪县
87.50	87.50	14.02	42.33	39.79	98.71	98.71	永春县
86.96	86.96	13.70	43.22	39.70	98.59	98.59	德化县
89.71	89.71	14.58	40.92	39.22	98.99	98.99	云霄县
89.15	89.15	14.88	42.68	39.95	99.22	99.22	漳浦县
83.02	83.02	15.60	41.21	39.73	97.00	97.00	诏安县
86.09	86.09	14.89	42.27	39.59	98.04	98.04	长泰县

1-3 续表 11

县名称 Name of Counties	人口密度(人/平方公里) Population Density (person/square kilometer)	人均日生活用水量(升) Daily Water Consumption Per Capita (liter)	用水普及率(%) Water Coverage Rate (%)	燃气普及率(%) Gas Coverage Rate (%)	建成区供水管道密度(公里/平方公里) Density of Water Supply Pipelines in Built District (kilometer/square kilometer)	人均道路面积(平方米) Road Surface Area Per Capita (m^2)	建成区排水管道密度(公里/平方公里) Density of Sewers in Built District (kilometer/square kilometer)
东山县	6614	190.23	98.92	97.19	10.79	21.44	17.95
南靖县	7012	174.89	99.65	97.36	11.62	18.46	15.15
平和县	5991	217.51	98.68	99.28	15.79	20.09	17.92
华安县	6250	168.27	98.41	99.68	8.57	15.49	9.96
顺昌县	3609	140.11	94.23	95.50	20.43	9.39	7.64
浦城县	3715	118.08	97.52	99.69	9.43	8.23	8.65
光泽县	927	170.59	95.56	95.77	8.78	6.90	11.07
松溪县	2816	132.88	96.16	99.23	9.59	12.90	10.21
政和县	3718	101.23	99.31	97.24	12.04	7.79	16.22
长汀县	4758	153.69	98.22	98.22	8.68	8.94	6.67
上杭县	1604	167.62	98.35	98.79	17.42	12.22	6.88
武平县	1578	149.07	98.41	98.26	10.40	22.66	14.66
连城县	1904	199.67	98.21	94.64	7.77	13.12	11.62
霞浦县	803	165.08	98.11	95.58	11.03	10.29	10.73
古田县	5667	216.24	99.76	97.18	25.09	12.38	11.86
屏南县	3936	158.11	98.85	98.38	14.95	14.97	12.90
寿宁县	5247	122.92	95.93	95.50	24.11	7.47	20.76
周宁县	2537	149.53	98.61	94.27	12.98	14.90	16.53
柘荣县	3546	160.76	91.90	91.14	12.62	9.85	14.44
平潭县	5845	159.08	99.80	99.80	13.61	20.65	6.57
江西	**4631**	**116.77**	**93.86**	**85.78**	**10.36**	**17.61**	**9.60**
南昌县	3799	104.96	96.17	93.26	6.66	20.28	3.01
安义县	7915	261.15	60.74	93.48	8.04	11.97	3.27
进贤县	5806	132.65	75.60	76.56	2.85	10.41	2.22
浮梁县	2588	210.05	86.96	62.80	20.65	30.38	14.73
莲花县	2705	151.97	99.61	81.71	20.68	22.72	8.54
上栗县	6236	152.88	81.08	57.66	11.31	26.62	5.98
芦溪县	6956	185.46	99.24	96.18	14.87	27.61	18.92
九江县	3310	161.33	100.00	94.31	3.30	25.54	14.97
武宁县	1815	81.92	98.92	96.10	11.89	36.90	27.15
修水县	1294	109.35	98.80	98.01	12.05	15.68	10.87
永修县	4276	144.94	91.77	94.00	6.40	18.94	5.57
德安县	3921	160.85	99.73	97.32	13.74	26.97	13.57
星子县	6200	116.35	99.06	93.82	8.63	31.18	8.42
都昌县	7450	73.24	95.06	84.32	4.51	13.11	8.88
湖口县	4935	91.03	95.01	97.96	20.35	23.73	12.03
彭泽县	6056	167.81	99.21	84.02	10.01	20.88	14.74
庐山风景区	3489	261.76	100.00	100.00	31.78	21.27	7.09
分宜县	3343	123.57	99.57	93.08	9.95	16.41	8.73
余江县	2667	113.96	95.83	90.28	8.44	17.50	16.13
赣　县	1184	113.49	98.04	93.87	11.53	17.76	10.17
信丰县	9827	100.43	98.37	71.95	4.42	9.54	4.14
大余县	6347	114.29	99.02	99.02	8.34	11.55	6.91
上犹县	7413	113.59	89.93	80.94	14.42	14.30	20.00
崇义县	5530	107.09	92.22	61.12	11.59	14.29	10.67

continued 11

污水处理率 (%) Wastewater Treatment Rate (%)	污水处理厂集中处理率 Centralized Treatment Rate of Wastewater Treatment Plants	人均公园绿地面积 (平方米) Public Recreational Green Space Per Capita (m^2)	建成区绿化覆盖率 (%) Green Coverage Rate of Built District (%)	建成区绿地率 (%) Green Space Rate of Built District (%)	生活垃圾处理率 (%) Domestic Garbage Treatment Rate (%)	生活垃圾无害化处理率 Domestic Garbage Harmless Treatment Rate	县名称 Name of Counties
82.76	82.76	13.93	42.46	38.42	96.84	96.84	东山县
89.93	89.93	14.79	43.77	39.93	98.31	98.31	南靖县
88.82	88.82	13.84	40.79	39.84	99.36	99.36	平和县
80.75	80.75	13.33	39.95	38.81	97.86	97.86	华安县
85.48	85.48	12.52	42.33	39.77	90.13	90.13	顺昌县
86.62	86.62	9.48	43.16	41.01	100.00	100.00	浦城县
89.49	89.49	13.11	42.37	39.65	98.96	98.96	光泽县
88.54	88.54	13.24	41.96	36.08	100.00	100.00	松溪县
84.40	84.40	14.21	39.07	33.31	99.68	99.68	政和县
88.52	88.52	14.88	43.40	40.16	99.48	99.48	长汀县
88.48	88.48	14.97	42.37	39.99	99.60	99.60	上杭县
87.11	87.11	14.76	42.42	39.84	99.41	99.41	武平县
84.58	84.58	14.73	42.44	39.21	99.12	99.12	连城县
83.62	83.62	12.51	40.77	36.99	95.79	95.79	霞浦县
83.54	83.54	14.20	42.86	39.29	96.01	96.01	古田县
83.43	83.43	13.07	42.02	39.43	94.94	94.94	屏南县
81.72	81.72	14.21	43.47	39.77	94.85	94.85	寿宁县
83.26	83.26	13.89	40.75	36.38	94.81	94.81	周宁县
83.95	83.95	11.90	42.89	39.22	96.13	96.13	柘荣县
83.16	83.16	11.14	38.25	35.55	66.08		平潭县
81.19	**80.83**	**14.02**	**40.03**	**36.44**	**99.33**	**66.57**	**江西**
82.14	82.14	11.66	37.87	34.12	100.00	100.00	南昌县
79.84	79.84	9.10	35.24	28.66	100.00	100.00	安义县
90.92	90.92	13.68	44.65	39.03	100.00	100.00	进贤县
97.79	97.79	15.22	51.77	48.06	100.00		浮梁县
72.65	72.65	14.79	35.25	35.59	100.00	100.00	莲花县
71.24	71.24	9.91	36.74	32.21	100.00	100.00	上栗县
85.14	85.14	14.91	43.07	40.64	100.00	100.00	芦溪县
50.24	50.24	23.93	37.06	36.94	100.00	100.00	九江县
87.50	87.50	19.17	58.89	58.92	100.00	100.00	武宁县
99.78	83.18	13.37	47.00	42.86	100.00	100.00	修水县
56.90	56.90	21.86	36.15	32.25	100.00	100.00	永修县
88.17	88.17	15.52	47.10	43.45	100.00	100.00	德安县
91.59	91.59	15.05	44.26	38.98	100.00	100.00	星子县
93.36	93.36	12.93	47.32	41.59	100.00		都昌县
78.02	78.02	16.32	49.75	49.34	100.00	100.00	湖口县
73.21	73.21	16.51	41.20	36.89	100.00	52.44	彭泽县
89.45	89.45	31.85	76.00	50.44	100.00	100.00	庐山风景区
86.11	86.11	14.31	46.13	43.11	100.00	100.00	分宜县
84.66	84.66	13.75	45.00	39.17	100.00	100.00	余江县
56.73	56.73	17.88	40.16	35.56	100.00	100.00	赣　县
84.17	84.17	8.68	21.05	20.02	100.00		信丰县
98.03	98.03	14.93	41.59	39.85	100.00		大余县
82.71	82.71	11.87	42.63	38.56	100.00	100.00	上犹县
79.92	79.92	9.76	28.41	27.39	100.00		崇义县

1-3 续表 12

县名称 Name of Counties	人口密度（人/平方公里）Population Density (person/square kilometer)	人均日生活用水量（升）Daily Water Consumption Per Capita (liter)	用水普及率（%）Water Coverage Rate (%)	燃气普及率（%）Gas Coverage Rate (%)	建成区供水管道密度（公里/平方公里）Density of Water Supply Pipelines in Built District (kilometer/square kilometer)	人均道路面积（平方米）Road Surface Area Per Capita (m^2)	建成区排水管道密度（公里/平方公里）Density of Sewers in Built District (kilometer/square kilometer)
安远县	5261	102.71	92.19	99.89	10.91	12.91	12.74
龙南县	6703	126.22	78.94	71.69	9.59	17.92	11.30
定南县	1792	144.69	89.30	93.12	19.55	19.34	13.95
全南县	7167	126.71	99.22	98.60	10.06	14.23	15.63
宁都县	5683	116.57	84.47	82.71	7.69	13.09	8.28
于都县	7127	126.74	96.26	99.91	14.67	12.61	5.08
兴国县	5194	70.87	90.75	57.84	4.46	14.07	6.08
会昌县	4197	87.24	99.69	83.20	7.44	15.68	8.63
寻乌县	6885	153.42	89.63	76.16	7.73	13.68	7.73
石城县	8400	143.23	92.52	86.17	14.01	10.91	10.33
吉安县	7433	129.89	89.69	88.34	11.96	24.93	17.31
吉水县	8765	95.15	91.16	94.12	15.41	10.38	8.40
峡江县	1152	174.80	90.06	67.96	8.41	44.78	13.48
新干县	3900	100.76	90.36	90.36	17.02	23.15	14.63
永丰县	7950	76.99	95.03	60.38	10.39	16.25	12.52
泰和县	3197	74.65	85.85	87.02	11.70	12.31	6.06
遂川县	5454	95.25	94.78	91.60	16.48	18.03	10.63
万安县	7443	73.65	90.69	85.51	9.79	20.95	8.10
安福县	5550	79.24	97.97	97.97	9.91	17.10	9.15
永新县	7244	105.49	97.39	85.89	18.74	26.36	6.68
奉新县	6711	115.69	88.52	88.52	4.59	18.57	13.17
万载县	7650	117.71	97.46	91.50	8.63	10.54	9.92
上高县	10382	121.21	98.81	41.31	6.11	12.74	13.10
宜丰县	5914	138.84	98.78	91.21	14.12	7.13	7.23
靖安县	6369	118.50	94.21	87.85	16.71	34.82	12.74
铜鼓县	4007	176.40	97.35	85.84	5.87	29.55	11.41
南城县	9323	125.50	96.09	94.41	9.21	19.16	9.15
黎川县	5618	124.50	95.81	95.81	19.83	14.16	14.82
南丰县	5450	142.06	99.08	97.25	9.15	19.04	9.54
崇仁县	8416	83.05	97.97	98.07	11.04	23.81	8.70
乐安县	7867	124.38	97.46	94.07	8.05	15.45	10.65
宜黄县	4077	98.93	96.23	95.91	9.45	30.97	11.69
金溪县	4606	123.39	99.06	93.85	9.20	20.22	7.99
资溪县	1073	166.85	97.20	96.89	9.70	13.63	9.69
东乡县	5252	162.02	97.19	99.13	8.26	17.18	6.84
广昌县	5360	147.70	97.01	94.53	29.75	16.62	13.57
上饶县	8636	102.68	91.88	95.49	17.72	19.40	14.27
玉山县	5640	104.24	94.44	94.56	17.76	23.36	9.90
铅山县	5074	89.99	98.51	96.85	11.39	17.84	10.23
横峰县	5600	104.13	95.20	89.29	7.73	11.98	11.01
弋阳县	4687	106.11	98.95	84.38	8.82	21.70	11.01
余干县	7960	133.08	89.05	72.86	4.97	18.78	13.24
鄱阳县	4997	139.79	100.00	85.05	6.21	19.30	3.78
万年县	10116	114.55	95.43	57.14	10.73	17.84	13.19
婺源县	6800	147.69	99.12	99.80	14.63	19.98	8.68

continued 12

污水处理率 (%) Wastewater Treatment Rate (%)	污水处理厂集中处理率 Centralized Treatment Rate of Wastewater Treatment Plants	人均公园绿地面积 (平方米) Public Recreational Green Space Per Capita (m^2)	建成区绿化覆盖率 (%) Green Coverage Rate of Built District (%)	建成区绿地率 (%) Green Space Rate of Built District (%)	生活垃圾处理率 (%) Domestic Garbage Treatment Rate (%)	生活垃圾无害化处理率 Domestic Garbage Harmless Treatment Rate	县名称 Name of Counties
80.38	80.38	12.76	36.13	33.00	65.82	65.82	安远县
90.97	90.97	11.37	39.55	34.90	100.00	100.00	龙南县
85.62	85.62	11.53	40.02	34.89	100.00		定南县
91.17	91.17	13.30	45.47	40.00	100.00	100.00	全南县
92.29	92.29	12.47	38.31	35.34	100.00		宁都县
86.98	86.98	13.42	39.17	35.35	100.00		于都县
69.71	69.71	9.52	31.89	25.97	96.95	96.95	兴国县
76.11	76.11	11.95	43.10	37.36	100.00	100.00	会昌县
76.20	76.20	7.66	41.43	39.54	100.00	100.00	寻乌县
80.86	80.86	13.04	34.13	32.73	100.00		石城县
84.87	84.87	19.73	40.56	36.33	100.00	100.00	吉安县
82.26	82.26	15.12	42.15	35.47	97.59	97.59	吉水县
84.98	84.98	13.49	38.29	34.20	100.00	100.00	峡江县
87.57	87.57	14.53	44.76	40.08	100.00	100.00	新干县
88.69	88.69	14.50	42.15	39.80	93.69	93.69	永丰县
79.94	79.94	13.94	43.47	38.97	100.00	100.00	泰和县
73.68	73.68	13.95	40.99	36.44	100.00	100.00	遂川县
88.48	88.48	14.40	35.71	30.21	100.00	100.00	万安县
88.12	88.12	15.09	41.15	37.23	100.00	100.00	安福县
80.43	80.43	14.42	41.01	38.84	100.00	100.00	永新县
89.75	89.75	15.44	39.32	36.52	100.00	100.00	奉新县
80.48	80.48	14.97	30.70	30.54	100.00	100.00	万载县
90.48	90.48	14.98	40.32	37.39	100.00	100.00	上高县
79.57	79.57	14.57	39.56	38.01	100.00		宜丰县
90.03	90.03	14.95	42.63	39.63	100.00		靖安县
73.33	73.33	28.02	42.79	35.57	100.00	100.00	铜鼓县
90.13	90.13	17.57	45.08	40.18	100.00	100.00	南城县
75.49	75.49	13.94	43.50	39.89	100.00	100.00	黎川县
88.49	88.49	9.17	38.03	35.63	100.00		南丰县
87.18	87.18	9.71	33.79	33.43	100.00		崇仁县
79.58	79.58	11.75	42.30	38.26	100.00		乐安县
52.99	52.99	10.00	27.70	25.96	100.00		宜黄县
42.00	42.00	12.82	46.18	39.24	100.00		金溪县
81.78	81.78	14.52	37.14	33.31	100.00	100.00	资溪县
80.08	80.08	13.72	32.16	29.20	100.00	100.00	东乡县
81.33	81.33	12.06	40.12	38.31	100.00		广昌县
78.39	78.39	17.59	44.88	42.56	100.00	100.00	上饶县
81.40	81.40	17.99	43.39	41.53	100.00	100.00	玉山县
80.65	80.65	18.60	40.60	31.43	100.00	100.00	铅山县
85.86	85.86	18.77	49.09	46.09	100.00		横峰县
81.13	81.13	12.40	40.37	39.17	100.00	100.00	弋阳县
76.29	76.29	13.62	29.18	29.82	100.00	100.00	余干县
72.93	72.93	16.51	39.89	37.26	100.00		鄱阳县
79.33	79.33	15.75	47.88	43.58	94.73		万年县
68.43	68.43	15.39	48.78	44.08	100.00	100.00	婺源县

1-3 续表 13

县名称 Name of Counties	人口密度 (人/平方公里) Population Density (person/ square kilometer)	人均日生活用水量 (升) Daily Water Consumption Per Capita (liter)	用水普及率 (%) Water Coverage Rate (%)	燃气普及率 (%) Gas Coverage Rate (%)	建成区供水管道密度 (公里/平方公里) Density of Water Supply Pipelines in Built District (kilometer/ square kilometer)	人均道路面积 (平方米) Road Surface Area Per Capita (m^2)	建成区排水管道密度 (公里/平方公里) Density of Sewers in Built District (kilometer/ square kilometer)
山东	**1257**	**126.87**	**97.25**	**92.28**	**7.66**	**22.69**	**9.66**
平阴县	2525	116.14	98.91	99.31	7.44	21.46	6.20
济阳县	3050	138.63	79.68	71.71	3.78	14.26	5.18
商河县	824	110.61	91.97	61.89	4.95	14.01	8.23
桓台县	1670	144.66	100.00	100.00	13.92	24.45	11.71
高青县	823	136.63	100.00	100.00	8.36	28.79	12.16
沂源县	922	120.42	100.00	100.00	9.09	27.29	7.16
垦利县	305	125.18	100.00	100.00	9.00	41.90	10.84
利津县	705	279.89	100.00	99.79	2.85	23.87	12.53
广饶县	1240	142.98	100.00	100.00	5.86	21.91	10.31
长岛县	1703	93.73	100.00	95.87	15.89	18.59	8.78
临朐县	1100	191.48	100.00	100.00	7.46	32.71	11.61
昌乐县	893	90.70	100.00	100.00	7.49	32.99	13.10
微山县	958	189.09	100.00	80.00	5.70	19.67	11.12
鱼台县	1813	159.66	100.00	95.57	7.26	24.22	5.97
金乡县	2296	107.92	100.00	96.20	13.98	27.86	11.71
嘉祥县	1661	141.31	94.28	99.34	4.04	20.64	14.89
汶上县	2011	354.74	98.09	98.91	2.54	13.71	5.51
泗水县	1292	109.24	95.00	92.13	9.53	15.02	15.03
梁山县	1657	167.49	98.81	81.02	11.57	17.43	19.18
宁阳县	2442	117.59	100.00	100.00	10.14	25.49	9.86
东平县	1338	121.30	100.00	100.00	9.46	23.29	6.51
五莲县	771	81.04	99.22	99.22	7.28	20.30	18.20
莒　县	2320	128.88	98.70	92.22	6.86	25.65	9.32
沂南县	1519	116.64	100.00	98.90	3.52	23.63	9.92
郯城县	1070	92.31	100.00	98.71	6.46	17.55	10.21
沂水县	875	134.96	100.00	100.00	8.15	22.72	10.59
兰陵县	1425	132.67	83.21	81.40	7.74	13.88	9.60
费　县	835	83.57	100.00	100.00	7.64	12.34	6.58
平邑县	1295	89.33	100.00	95.01	8.74	15.07	10.27
莒南县	1204	145.87	100.00	98.02	12.12	19.28	10.64
蒙阴县	643	172.17	100.00	97.57	5.24	10.83	7.85
临沭县	979	100.41	100.00	97.67	8.18	11.23	8.85
宁津县	2827	145.60	85.85	37.89	16.35	17.69	12.05
庆云县	3928	162.66	72.51	84.01	4.12	16.45	14.22
临邑县	2759	85.70	88.84	56.86	7.57	19.34	5.82
齐河县	647	75.13	99.11	99.29	6.14	24.91	6.33
平原县	2198	127.01	97.87	97.00	9.39	24.91	8.75
夏津县	1848	159.70	87.12	66.94	6.92	26.18	6.74
武城县	1337	127.46	95.58	95.66	7.82	27.77	9.76
阳谷县	1178	141.09	98.46	98.78	8.35	33.47	11.60
莘　县	1114	125.27	98.76	98.76	8.76	25.73	13.19
茌平县	832	107.84	100.00	99.45	8.86	26.44	11.53
东阿县	987	128.78	98.03	98.54	6.31	19.90	8.07
冠　县	1063	197.33	99.10	99.16	9.69	27.10	10.19

continued 13

污水处理率 (%) Wastewater Treatment Rate (%)	污水处理厂集中处理率 Centralized Treatment Rate of Wastewater Treatment Plants	人均公园绿地面积（平方米） Public Recreational Green Space Per Capita (m^2)	建成区绿化覆盖率 (%) Green Coverage Rate of Built District (%)	建成区绿地率 (%) Green Space Rate of Built District (%)	生活垃圾处理率 (%) Domestic Garbage Treatment Rate (%)	生活垃圾无害化处理率 Domestic Garbage Harmless Treatment Rate	县名称 Name of Counties
95.10	**95.04**	**14.92**	**38.19**	**33.33**	**99.63**	**99.63**	**山东**
75.95	75.95	14.06	39.53	33.71	100.00	100.00	平阴县
97.03	97.03	19.52	36.33	31.44	100.00	100.00	济阳县
97.14	97.14	14.75	36.70	34.15	100.00	100.00	商河县
95.82	95.82	25.89	44.97	41.81	100.00	100.00	桓台县
96.96	96.96	26.77	43.78	40.32	100.00	100.00	高青县
96.97	96.97	23.18	44.95	37.10	100.00	100.00	沂源县
97.10	97.10	13.27	38.70	37.31	100.00	100.00	垦利县
97.02	97.02	12.47	40.38	33.37	100.00	100.00	利津县
97.01	97.01	15.94	44.96	40.63	100.00	100.00	广饶县
53.42	53.42	26.61	43.51	33.82	100.00	100.00	长岛县
97.00	97.00	21.11	39.69	33.11	100.00	100.00	临朐县
97.02	97.02	19.20	44.11	35.32	100.00	100.00	昌乐县
95.96	95.96	14.48	36.98	34.51	100.00	100.00	微山县
95.93	95.93	14.58	32.28	22.76	100.00	100.00	鱼台县
96.96	96.96	15.21	38.27	32.05	100.00	100.00	金乡县
95.03	95.03	14.95	39.36	34.47	100.00	100.00	嘉祥县
97.04	97.04	16.58	31.78	26.86	100.00	100.00	汶上县
95.39	95.39	17.48	44.32	40.00	100.00	100.00	泗水县
95.96	95.96	10.94	34.43	25.44	100.00	100.00	梁山县
96.97	96.97	15.18	43.67	37.40	100.00	100.00	宁阳县
94.05	94.05	20.73	35.14	32.69	100.00	100.00	东平县
96.92	96.92	12.96	39.08	34.20	100.00	100.00	五莲县
96.08	96.08	13.85	42.11	38.63	100.00	100.00	莒　县
89.90	89.90	16.70	42.00	38.84	100.00	100.00	沂南县
95.71	95.71	15.24	41.29	34.90	100.00	100.00	郯城县
97.01	97.01	17.91	42.41	36.91	100.00	100.00	沂水县
92.26	92.26	10.16	38.48	33.10	100.00	100.00	兰陵县
96.34	91.65	16.78	44.46	38.00	100.00	100.00	费　县
92.70	92.70	18.53	38.13	34.00	100.00	100.00	平邑县
96.21	96.21	23.95	44.06	41.29	100.00	100.00	莒南县
95.61	95.61	15.60	40.45	37.13	100.00	100.00	蒙阴县
96.48	96.48	12.74	43.85	40.92	100.00	100.00	临沭县
97.00	97.00	5.16	24.41	21.47	100.00	100.00	宁津县
91.21	91.21	12.48	23.13	11.20	90.36	90.36	庆云县
94.02	94.02	6.47	28.08	21.72	100.00	100.00	临邑县
81.96	81.96	9.64	39.63	33.48	100.00	100.00	齐河县
97.00	97.00	14.34	38.51	33.12	100.00	100.00	平原县
85.04	85.04	11.14	28.71	24.79	89.03	89.03	夏津县
95.27	95.27	11.84	26.21	24.25	100.00	100.00	武城县
96.98	96.98	14.97	38.49	29.93	100.00	100.00	阳谷县
93.46	93.46	14.84	38.50	34.52	100.00	100.00	莘　县
97.01	97.01	14.90	38.60	35.44	100.00	100.00	茌平县
96.99	96.99	13.55	38.20	33.24	100.00	100.00	东阿县
94.79	94.79	13.73	38.32	30.44	100.00	100.00	冠　县

1-3 续表 14

县名称 Name of Counties	人口密度 (人/平方公里) Population Density (person/ square kilometer)	人均日生活用水量 (升) Daily Water Consumption Per Capita (liter)	用 水普及率 (%) Water Coverage Rate (%)	燃 气普及率 (%) Gas Coverage Rate (%)	建成区供水管道密度 (公里/平方公里) Density of Water Supply Pipelines in Built District (kilometer/ square kilometer)	人均道路面积 (平方米) Road Surface Area Per Capita (m^2)	建成区排水管道密度 (公里/平方公里) Density of Sewers in Built District (kilometer/ square kilometer)
高唐县	922	103.90	99.62	99.49	6.27	28.44	8.51
惠民县	2238	76.46	100.00	100.00	9.90	31.56	12.97
阳信县	2228	113.48	100.00	100.00	21.33	34.83	7.12
无棣县	923	125.39	100.00	100.00	8.52	31.24	10.49
博兴县	1889	113.05	100.00	100.00	5.14	22.96	9.69
邹平县	1890	114.64	100.00	100.00	5.07	29.60	7.22
曹　县	1810	133.04	98.72	98.21	5.60	16.82	6.55
单　县	1722	135.22	100.00	98.16	10.55	22.58	12.64
成武县	1406	113.99	95.06	87.94	5.65	22.40	12.23
巨野县	2339	98.85	99.02	98.98	7.38	23.83	8.05
郓城县	1290	107.26	99.62	75.19	7.38	25.89	9.53
鄄城县	2003	78.70	97.81	63.66	7.25	18.03	8.64
定陶县	1398	97.46	98.16	91.03	4.34	21.32	8.30
东明县	1421	113.78	95.99	89.88	4.76	21.27	8.69
河南	**2473**	**115.04**	**70.99**	**48.56**	**6.32**	**14.01**	**7.67**
中牟县	3501	179.21	97.91	91.63	4.94	26.44	10.92
杞　县	10906	93.87	84.30	18.34	4.74	13.24	6.82
通许县	4277	133.07	75.37	31.42	6.03	17.18	9.98
尉氏县	6247	128.18	76.09	18.43	3.49	21.35	8.62
兰考县	1425	62.19	96.38	95.08	19.18	23.12	16.11
孟津县	3079	114.05	78.90	77.06	10.45	11.19	6.62
新安县	2097	166.77	85.89	37.58	6.51	7.22	3.75
栾川县	546	117.83	96.26		18.09	13.64	8.61
嵩县	1118	166.88	49.69	26.62	4.43	7.39	9.33
汝阳县	931	117.16	96.91	56.37	12.04	19.15	7.23
宜阳县	1502	86.72	97.88	4.78	9.12	6.15	2.41
洛宁县	1680	144.26	46.50	45.00	3.01	8.00	4.14
伊川县	2319	102.54	51.45		5.36	9.40	6.18
宝丰县	6263	138.07	51.45	67.54	4.64	11.05	6.82
叶　县	1706	254.17	31.57	76.30	1.96	26.92	4.17
鲁山县	7208	96.37	98.27	42.31	8.00	9.21	7.48
郏　县	3606	108.18	71.43	62.61	10.87	17.46	12.55
汤阴县	5582	104.24	98.71	94.58	6.61	34.57	15.91
滑　县	1719	85.74	87.02	76.65	4.30	19.78	8.79
内黄县	943	106.03	99.09	89.85	7.09	10.92	18.86
浚　县	1197	107.84	35.73	18.30	3.27	11.90	5.27
淇　县	1770	179.18	35.86	40.81	4.48	15.63	6.59
新乡县	2160	118.64	59.97	74.20	6.00	19.11	4.89
获嘉县	11153	206.36	79.10	50.04	14.98	24.34	9.47
原阳县	5131	194.91	74.81	57.57	16.30	13.24	4.93
延津县	4175	129.73	67.86	64.17	6.20	25.13	14.37
封丘县	4854	119.55	94.42	51.50	6.97	22.28	7.14
长垣县	7366	138.71	82.40	72.95	9.30	16.02	10.71
修武县	5113	101.25	88.27	35.07	13.11	32.54	25.04
博爱县	3357	84.73	82.53	71.01	5.98	18.96	7.77

continued 14

污水处理率(%) Wastewater Treatment Rate (%)	污水处理厂集中处理率 Centralized Treatment Rate of Wastewater Treatment Plants	人均公园绿地面积(平方米) Public Recreational Green Space Per Capita (m^2)	建成区绿化覆盖率(%) Green Coverage Rate of Built District (%)	建成区绿地率(%) Green Space Rate of Built District (%)	生活垃圾处理率(%) Domestic Garbage Treatment Rate (%)	生活垃圾无害化处理率 Domestic Garbage Harmless Treatment Rate	县名称 Name of Counties
95.00	95.00	14.77	39.02	32.13	100.00	100.00	高唐县
94.29	94.29	14.19	38.67	33.46	100.00	100.00	惠民县
97.02	97.02	9.91	38.62	35.52	100.00	100.00	阳信县
97.02	97.02	14.41	37.20	32.32	100.00	100.00	无棣县
97.00	97.00	12.00	39.68	38.79	100.00	100.00	博兴县
97.00	97.00	15.15	39.03	37.82	100.00	100.00	邹平县
85.03	85.03	18.61	35.32	28.01	100.00	100.00	曹　县
87.98	87.98	11.83	39.76	38.27	100.00	100.00	单　县
96.94	96.94	12.14	38.60	27.22	100.00	100.00	成武县
96.98	96.98	14.90	38.00	36.01	100.00	100.00	巨野县
88.99	88.99	9.69	37.03	30.74	100.00	100.00	郓城县
97.00	97.00	14.86	37.50	33.48	97.41	97.41	鄄城县
97.01	97.01	7.87	27.91	24.61	100.00	100.00	定陶县
95.38	95.38	20.93	39.00	37.72	100.00	100.00	东明县
86.10	**86.10**	**6.85**	**20.32**	**17.08**	**83.45**	**83.45**	**河南**
90.32	90.32	16.04	16.88	15.50	87.54	87.54	中牟县
91.32	91.32	0.29	10.48	9.47	82.06	82.06	杞　县
90.50	90.50	6.09	13.71	8.80	100.00	100.00	通许县
91.04	91.04	2.05	7.99	5.46	90.25	90.25	尉氏县
99.16	99.16	10.23	38.02	35.34	100.00	100.00	兰考县
99.27	99.27	1.42	6.76	3.75	89.29	89.29	孟津县
92.58	92.58	14.90	26.63	22.96	92.94	92.94	新安县
90.19	90.19	12.90	43.50	37.73	98.26	98.26	栾川县
97.11	97.11	4.69	13.93	8.57	90.21	90.21	嵩县
95.30	95.30	9.29	21.32	19.71	80.57	80.57	汝阳县
99.44	99.44	7.97	26.32	22.67	61.24	61.24	宜阳县
90.39	90.39	12.28	38.10	34.60	98.96	98.96	洛宁县
90.12	90.12	14.68	39.95	36.24	99.82	99.82	伊川县
96.04	96.04	13.34	48.83	42.81	99.80	99.80	宝丰县
94.49	94.49	3.85	5.55	4.07	100.00	100.00	叶　县
92.99	92.99	8.67	40.20	34.97	100.00	100.00	鲁山县
94.44	94.44	7.41	28.36	24.52	92.02	92.02	郏　县
90.71	90.71	3.34	12.00	11.81			汤阴县
91.42	91.42	11.92	38.18	33.20	100.00	100.00	滑　县
91.75	91.75	3.63	14.00	8.27	100.00	100.00	内黄县
94.19	94.19	12.06	19.51	17.09	88.32	88.32	浚　县
95.46	95.46	1.65	10.79	8.47	76.11	76.11	淇　县
		9.57	21.94	17.46	100.00	100.00	新乡县
99.49	99.49	1.45	8.24	3.75	69.23	69.23	获嘉县
76.05	76.05	2.32	16.15	11.61	100.00	100.00	原阳县
96.65	96.65	5.29	25.58	23.54	99.08	99.08	延津县
89.05	89.05	3.50	10.35	6.38	100.00	100.00	封丘县
90.04	90.04	10.25	38.03	33.15	92.03	92.03	长垣县
95.03	95.03	14.08	38.40	34.30	86.07	86.07	修武县
96.02	96.02	3.22	9.89	8.72	96.49	96.49	博爱县

1-3 续表 15

县名称 Name of Counties	人口密度（人/平方公里）Population Density (person/ square kilometer)	人均日生活用水量（升）Daily Water Consumption Per Capita (liter)	用水普及率(%) Water Coverage Rate (%)	燃气普及率(%) Gas Coverage Rate (%)	建成区供水管道密度（公里/平方公里）Density of Water Supply Pipelines in Built District (kilometer/ square kilometer)	人均道路面积（平方米）Road Surface Area Per Capita (m^2)	建成区排水管道密度（公里/平方公里）Density of Sewers in Built District (kilometer/ square kilometer)
武陟县	2617	78.69	55.29	22.62	6.68	10.76	8.10
温　县	3062	126.99	98.12	61.56	6.69	29.80	12.93
清丰县	5160	151.62	81.23	97.91	6.30	17.28	6.93
南乐县	2747	66.78	97.68	49.69	6.87	25.18	10.04
范　县	4847	114.81	97.22	94.81	11.52	25.85	22.83
台前县	4322	138.68	87.19	21.24	4.98	14.73	10.87
濮阳县	4310	118.65	85.31	98.22	8.75	20.78	12.40
鄢陵县	1555	82.94	67.63	80.27	6.67	14.41	3.96
襄城县	1556	88.04	81.89	60.72	5.75	8.65	6.46
舞阳县	2727	234.29	87.53	31.89	3.37	21.29	6.51
临颍县	5912	110.29	89.48	34.10	6.00	8.87	7.21
渑池县	9841	69.98	96.77	40.32	4.89	9.65	5.64
卢氏县	4745	96.05	76.60	56.69	5.50	9.77	5.70
南召县	3390	94.01	82.99	56.05	4.70	12.83	8.74
方城县	8435	133.09	74.38	81.96	12.85	12.22	12.29
西峡县	1438	95.51	78.80	69.02	9.72	19.06	10.32
镇平县	1572	80.31	91.81	32.39	8.14	18.60	8.78
内乡县	4833	114.61	72.21	52.14	7.59	12.15	12.32
淅川县	690	108.09	71.59	18.32	6.86	6.34	5.71
社旗县	3499	106.26	92.05	18.07	6.47	18.03	9.37
唐河县	5319	138.49	52.47	28.13	3.48	11.48	6.88
新野县	6533	78.24	91.22	90.56	3.84	12.05	6.76
桐柏县	901	102.70	80.16	35.77	10.29	19.67	10.12
民权县	4434	121.70	81.89	98.45	4.94	22.86	5.12
睢　县	6440	135.29	90.31	42.61	8.09	19.93	3.31
宁陵县	7917	137.27	83.71	35.02	7.03	17.23	3.31
柘城县	3429	86.99	69.36	41.72	5.34	9.96	9.78
虞城县	5813	137.81	89.25	46.24	5.03	10.94	6.80
夏邑县	6194	97.44	78.92	49.33	3.13	10.13	2.05
罗山县	1235	131.12	73.80	53.24	3.27	12.87	3.88
光山县	7322	151.08	79.02	34.88	8.51	6.95	4.04
新　县	2706	103.04	98.37	50.86	3.97	15.01	6.67
商城县	5913	104.63	69.12	36.40	6.77	10.76	5.37
固始县	3015	99.89	59.71	51.84	2.13	11.32	4.33
潢川县	3285	107.57	59.03	69.82	0.92	8.06	2.60
淮滨县	2043	71.92	75.26	36.44	4.55	11.51	11.47
息　县	1598	140.66	56.04	36.59	8.70	9.58	5.76
扶沟县	659	140.32	37.82	45.40	2.71	5.17	3.51
西华县	8025	140.30	48.90	21.06	3.04	12.91	9.82
商水县	10233	119.57	22.67	57.98	3.32	5.32	2.86
沈丘县	7519	91.65	91.49	37.41	28.24	10.60	13.51
郸城县	13971	123.60	18.22	18.90	5.91	7.75	8.44
淮阳县	7243	78.59	82.01	70.02	9.49	14.25	8.18
太康县	2617	130.19	49.05	66.16	7.44	10.54	6.28
鹿邑县	3227	98.07	80.28	81.69	3.61	14.49	8.60

continued 15

污水处理率 (%) Wastewater Treatment Rate (%)	污水处理厂集中处理率 Centralized Treatment Rate of Wastewater Treatment Plants	人均公园绿地面积 (平方米) Public Recreational Green Space Per Capita (m^2)	建成区绿化覆盖率 (%) Green Coverage Rate of Built District (%)	建成区绿地率 (%) Green Space Rate of Built District (%)	生活垃圾处理率 (%) Domestic Garbage Treatment Rate (%)	生活垃圾无害化处理率 Domestic Garbage Harmless Treatment Rate	县名称 Name of Counties
96.80	96.80	7.03	35.91	33.90	95.88	95.88	武陟县
95.03	95.03	14.70	24.11	24.04	85.67	85.67	温　县
96.34	96.34	9.68	40.29	35.85	98.42	98.42	清丰县
89.17	89.17	9.04	38.71	33.95	97.06	97.06	南乐县
95.12	95.12	9.26	38.25	33.60	95.91	95.91	范　县
94.87	94.87	1.61	10.36	6.15	97.50	97.50	台前县
98.03	98.03	9.51	12.84	9.61			濮阳县
83.17	83.17	4.88	19.34	14.81	84.45	84.45	鄢陵县
80.07	80.07	2.25	18.12	13.26	90.15	90.15	襄城县
98.27	98.27	3.02	7.80	6.59			舞阳县
72.97	72.97	3.31	13.29	10.10			临颍县
94.34	94.34	1.53	9.70	5.75	96.64	96.64	渑池县
78.39	78.39	10.90	14.59	11.04	100.00	100.00	卢氏县
85.10	85.10	3.09	4.17	3.43	85.06	85.06	南召县
85.38	85.38	2.47	6.82	5.77	92.31	92.31	方城县
98.64	98.64	15.00	39.60	35.96	99.18	99.18	西峡县
71.03	71.03	3.77	9.78	8.48	82.81	82.81	镇平县
85.00	85.00	1.76	7.16	6.53	91.96	91.96	内乡县
43.04	43.04	15.93	33.14	26.53	75.89	75.89	淅川县
88.24	88.24	13.62	39.24	34.36	91.70	91.70	社旗县
65.84	65.84	1.83	8.77	6.14	66.95	66.95	唐河县
85.21	85.21	2.35	7.11	4.06	91.05	91.05	新野县
76.17	76.17	11.70	38.30	26.50	95.27	95.27	桐柏县
92.66	92.66	5.93	7.44	5.94	85.69	85.69	民权县
95.05	95.05	14.78	40.16	37.47	93.57	93.57	睢　县
75.57	75.57	4.67	9.08	8.38	95.92	95.92	宁陵县
58.40	58.40	8.95	31.39	29.38	85.85	85.85	柘城县
86.71	86.71	7.26	12.29	9.00	90.56	90.56	虞城县
78.03	78.03	9.57	10.99	10.00	94.37	94.37	夏邑县
81.36	81.36	4.74	11.98	7.02	79.48	79.48	罗山县
84.79	84.79	10.82	3.20	1.43	55.04	55.04	光山县
76.78	76.78	3.13	7.92	4.97	100.00	100.00	新　县
96.15	96.15	1.73	5.33	2.64	60.44	60.44	商城县
72.71	72.71	9.21	39.54	35.91	67.96	67.96	固始县
96.91	96.91	1.42	8.19	3.91	40.36	40.36	潢川县
89.90	89.90	2.28	15.62	11.74	90.21	90.21	淮滨县
84.26	84.26	0.75	3.83	3.46	80.14	80.14	息　县
99.07	99.07	2.07	5.27	2.15	92.16	92.16	扶沟县
98.21	98.21	0.16	5.73	3.42	80.25	80.25	西华县
		0.29	1.31	0.92	74.08	74.08	商水县
65.94	65.94	9.46	38.55	34.14	92.59	92.59	沈丘县
45.40	45.40	0.21	4.55	3.91	72.41	72.41	郸城县
96.53	96.53	10.34	17.97	13.23	73.00	73.00	淮阳县
95.42	95.42	0.95	3.46	2.10	69.16	69.16	太康县
95.55	95.55	9.45	37.72	34.14	99.56	99.56	鹿邑县

1-3 续表 16

县名称 Name of Counties	人口密度(人/平方公里) Population Density (person/square kilometer)	人均日生活用水量(升) Daily Water Consumption Per Capita (liter)	用水普及率(%) Water Coverage Rate (%)	燃气普及率(%) Gas Coverage Rate (%)	建成区供水管道密度(公里/平方公里) Density of Water Supply Pipelines in Built District (kilometer/square kilometer)	人均道路面积(平方米) Road Surface Area Per Capita (m^2)	建成区排水管道密度(公里/平方公里) Density of Sewers in Built District (kilometer/square kilometer)
西平县	3139	96.16	66.67	21.31	2.32	15.19	4.34
上蔡县	1452	165.92	39.76	13.71	2.91	22.17	8.60
平舆县	2027	153.69	52.12	41.21	3.78	11.03	15.06
正阳县	1489	139.35	47.54	36.19	5.69	11.83	8.93
确山县	660	142.66	57.58	26.49	2.88	34.00	4.34
泌阳县	2415	142.39	58.86	32.17	5.69	18.59	8.05
汝南县	3866	108.21	63.60	9.69	4.02	12.13	12.89
遂平县	1430	95.57	64.86	35.44	4.17	15.86	5.51
新蔡县	2582	83.03	84.86	73.54	6.39	14.68	9.85
湖北	**3156**	**132.83**	**91.08**	**83.51**	**8.90**	**16.33**	**7.34**
阳新县	1188	58.57	95.39	97.37	5.06	17.11	2.53
郧西县	4500	105.63	97.98	95.96	2.80	12.12	6.54
竹山县	3400	129.14	100.00	82.35	8.43	8.33	7.50
竹溪县	2402	225.61	77.83	82.67	8.36	11.40	10.16
房　县	3035	101.29	91.35	92.26	4.55	10.49	3.28
远安县	664	158.27	92.28	92.08	15.82	21.31	11.42
兴山县	11289	122.19	93.70	78.74	12.63	12.96	30.37
秭归县	15316	145.40	82.64	78.60	18.88	9.36	11.34
长阳土家族自治县	4805	177.73	60.87	95.32	12.63	8.04	5.10
五峰土家族自治县	5521	81.12	69.73	74.44	7.07	4.96	5.03
南漳县	6050	85.84	95.36	93.45	18.34	12.17	10.69
谷城县	2930	122.99	94.69	95.46	6.84	13.84	5.35
保康县	3430	123.06	100.00	81.36	8.44	6.20	8.03
京山县	5079	117.12	100.00	100.00	10.76	41.93	12.09
沙洋县	7179	91.25	100.00	92.22	9.03	16.50	8.24
孝昌县	5250	135.15	86.31	86.31	11.14	11.89	8.76
大悟县	3956	204.17	77.41	61.22	4.17	21.09	4.86
云梦县	10545	221.65	74.02	67.82	8.82	12.18	5.67
公安县	7867	118.82	93.68	73.21	5.58	9.83	4.50
监利县	1791	135.83	100.00	92.80	7.42	21.22	4.86
江陵县	4277	185.18	98.89	96.12	12.97	19.51	11.66
团风县	1604	217.25	98.34	83.10	7.25	26.59	5.38
红安县	4752	144.99	98.07	89.48	11.14	19.40	10.06
罗田县	2058	168.65	98.79	86.64	7.63	29.64	11.90
英山县	2358	112.92	94.88	88.37	3.98	26.32	8.32
浠水县	1444	136.33	96.25	84.09	7.73	25.18	10.36
蕲春县	2567	159.65	88.78	96.35	6.33	22.58	4.65
黄梅县	2569	141.14	89.19	85.95	5.54	28.18	7.48
嘉鱼县	4074	86.99	94.27	98.98	7.86	9.51	6.87
通城县	9780	118.34	73.88	71.91	6.81	11.51	6.63
崇阳县	2826	220.03	98.46	58.46	9.24	14.62	5.48
通山县	4783	116.84	95.26	63.62	28.16	13.09	5.14
随　县	5473	225.51	67.40	24.82	3.36	25.21	4.31
建始县	1429	110.35	98.08	85.78	20.35	12.04	11.05
巴东县	7106	136.29	89.71	52.24	11.26	7.63	7.22

continued 16

污水处理率 (%) Wastewater Treatment Rate (%)	污水处理厂集中处理率 Centralized Treatment Rate of Wastewater Treatment Plants	人均公园绿地面积 (平方米) Public Recreational Green Space Per Capita (m^2)	建成区绿化覆盖率 (%) Green Coverage Rate of Built District (%)	建成区绿地率 (%) Green Space Rate of Built District (%)	生活垃圾处理率 (%) Domestic Garbage Treatment Rate (%)	生活垃圾无害化处理率 Domestic Garbage Harmless Treatment Rate	县名称 Name of Counties
100.00	100.00	1.93	10.47	7.49	100.00	100.00	西平县
80.24	80.24	6.39	12.61	11.01	95.89	95.89	上蔡县
80.99	80.99	11.31	37.22	31.16	94.17	94.17	平舆县
86.45	86.45	5.97	12.97	7.46	90.47	90.47	正阳县
80.21	80.21	8.21	33.10	27.37	100.00	100.00	确山县
85.95	85.95	11.08	36.90	34.51	100.00	100.00	泌阳县
88.58	88.58	4.82	14.19	11.20	90.28	90.28	汝南县
100.00	100.00	8.67	20.94	16.57	100.00	100.00	遂平县
91.86	91.86	14.04	38.00	33.01	93.49	93.49	新蔡县
82.62	**77.50**	**9.49**	**26.62**	**23.77**	**83.69**	**61.24**	**湖北**
100.00	100.00	11.18	10.13	7.17			阳新县
88.89	88.89	10.00	15.45	12.96	100.00		郧西县
85.05	85.05	9.42	38.74	33.38	100.00	100.00	竹山县
83.64	83.64	3.89	3.24	2.39	90.91		竹溪县
90.78	90.78	10.50	35.35	30.01	100.00	100.00	房　县
90.12	90.12	11.31	39.29	34.11	100.00	100.00	远安县
100.00	100.00	7.87	36.57	36.57	100.00	100.00	兴山县
94.42	94.42	8.91	35.06	33.77	99.12	99.12	秭归县
100.00	100.00	9.16	40.12	35.47	100.00	100.00	长阳土家族自治县
97.52	97.52	0.30	0.62	0.62	13.78	13.78	五峰土家族自治县
84.90	84.90	9.09	36.48	30.78			南漳县
80.27	80.27	7.54	19.74	26.87			谷城县
100.00	100.00	9.93	23.95	20.98	100.00	100.00	保康县
83.06	83.06	14.36	36.04	31.56	100.00	100.00	京山县
83.05	83.05	9.35	36.14	31.45	100.00	100.00	沙洋县
80.37	80.37	7.86	34.34	29.51	99.14	99.14	孝昌县
53.24	53.24	9.48	21.28	18.12	87.83	87.83	大悟县
85.75	85.75	8.19	38.79	38.76	100.00	100.00	云梦县
85.23	85.23	9.67	35.63	31.29	91.30	91.30	公安县
85.84	85.84	13.50	24.16	21.22	100.00		监利县
85.12	85.12	18.30	23.62	20.86	100.00	100.00	江陵县
87.77	56.90	9.42	29.12	25.27	91.30		团风县
89.13	89.13	10.45	38.26	35.03	86.31	86.31	红安县
98.17	98.17	12.96	26.93	29.33	100.00	100.00	罗田县
99.84	94.70	11.06	19.22	18.57	95.45	95.45	英山县
91.97	74.08	10.41	32.69	26.14	98.23		浠水县
96.82	52.35	11.22	31.87	30.42	88.85		蕲春县
77.56	46.79	9.74	29.48	26.24	78.61		黄梅县
88.45	88.45	11.08	33.66	32.02	99.80	99.80	嘉鱼县
68.23	68.23	1.40	12.16	10.25	69.31	69.31	通城县
31.67	31.67	6.31	12.88	10.68	100.00	100.00	崇阳县
50.38	50.38	19.02	21.98	20.61	96.23	96.23	通山县
27.78	27.78	5.63	11.68	11.27			随　县
86.16	86.16	8.59	39.14	31.98	100.00	100.00	建始县
91.15	91.15	5.20	25.00	15.34	81.94	81.94	巴东县

1-3 续表 17

县名称 Name of Counties	人口密度 (人/平方公里) Population Density (person/square kilometer)	人均日生活用水量 (升) Daily Water Consumption Per Capita (liter)	用水普及率 (%) Water Coverage Rate (%)	燃气普及率 (%) Gas Coverage Rate (%)	建成区供水管道密度 (公里/平方公里) Density of Water Supply Pipelines in Built District (kilometer/square kilometer)	人均道路面积 (平方米) Road Surface Area Per Capita (m^2)	建成区排水管道密度 (公里/平方公里) Density of Sewers in Built District (kilometer/square kilometer)
宣恩县	7699	130.14	92.53	88.97	7.10	7.86	5.83
咸丰县	3646	99.92	97.14	96.00	6.89	8.20	7.75
来凤县	8571	65.31	93.33	83.33	10.73	9.95	9.82
鹤峰县	5078	97.79	100.00	62.31	7.48	7.98	6.37
神农架林区	737	112.08	72.85	66.23	5.57	13.64	0.76
湖南	**4217**	**130.40**	**88.11**	**75.69**	**11.47**	**12.77**	**9.33**
长沙县	5440	292.16	93.53	90.86	8.91	18.73	9.76
望城县	6511	147.64	89.68	96.78	11.20	35.20	11.24
宁乡县	7760	92.71	99.45	71.39	10.33	16.52	8.18
株洲县	1164	141.55	84.99	83.93	35.49	20.01	18.72
攸　县	2481	84.38	96.40	91.40	11.89	14.45	12.16
茶陵县	1592	123.60	84.10	42.58	22.44	9.11	5.34
炎陵县	1173	161.41	92.74	53.83	22.89	8.73	11.58
湘潭县	1735	126.39	87.31	66.01	10.67	18.24	10.47
衡阳县	9917	119.13	91.22	77.50	4.57	15.32	11.75
衡南县	4286	82.49	74.23	53.23	17.86	27.57	17.04
衡山县	2891	184.35	79.43	72.25	17.65	13.97	12.31
衡东县	3720	222.01	93.55	97.10	7.86	24.38	7.28
祁东县	8333	89.43	81.76	61.28	5.53	14.13	5.13
南岳区	3336	184.21	79.66	67.09	14.79	52.89	14.57
邵东县	10479	129.38	83.31	68.77	18.29	15.09	12.12
新邵县	9813	112.57	79.89	80.16	6.48	12.36	2.64
邵阳县	6181	162.36	83.09	69.18	6.69	6.92	7.84
隆回县	5723	153.64	78.85	60.48	4.83	7.71	4.27
洞口县	6162	112.08	92.46	59.65	7.77	15.33	15.42
绥宁县	4480	129.56	74.35	69.35	16.19	14.79	7.12
新宁县	8491	154.76	68.55	66.98	11.76	9.94	12.17
城步苗族自治县	8449	129.06	77.32	72.73	9.82	8.60	3.61
岳阳县	7550	92.97	99.34	99.34	12.65	16.23	19.73
华容县	7591	96.10	97.31	99.40	11.00	11.44	16.80
湘阴县	4127	97.43	99.27	97.74	10.58	20.23	15.61
平江县	8465	92.24	98.83	96.78	17.08	17.25	15.00
安乡县	1541	157.57	89.94	87.50	11.35	13.53	9.98
汉寿县	1347	217.68	88.78	93.62	25.00	11.93	7.20
澧　县	3528	174.44	73.42	79.37	6.61	16.44	8.04
临澧县	5410	87.24	98.59	83.63	13.23	16.96	11.30
桃源县	2161	132.23	100.00	81.82	1.54	11.71	3.53
石门县	2930	135.60	86.53	65.87	10.28	9.58	2.60
慈利县	9667	149.42	94.97	90.41	7.68	8.59	3.91
桑植县	6176	94.71	97.01	90.18	4.49	6.83	5.92
南　县	8511	146.69	81.25	75.69	18.88	7.16	5.63
桃江县	4580	122.11	94.93	94.93	8.71	18.08	11.71
安化县	10360	107.28	79.79	52.45	11.08	3.50	13.03
大通湖区	10403	164.73	96.53	61.22	15.04	7.88	12.89
桂阳县	3944	121.46	87.76	85.32	9.93	9.25	4.37

continued 17

污水处理率 (%) Wastewater Treatment Rate (%)	污水处理厂集中处理率 Centralized Treatment Rate of Wastewater Treatment Plants	人均公园绿地面积 (平方米) Public Recreational Green Space Per Capita (m^2)	建成区绿化覆盖率 (%) Green Coverage Rate of Built District (%)	建成区绿地率 (%) Green Space Rate of Built District (%)	生活垃圾处理率 (%) Domestic Garbage Treatment Rate (%)	生活垃圾无害化处理率 Domestic Garbage Harmless Treatment Rate	县名称 Name of Counties
72.94	72.94	13.35	36.11	31.91	100.00	100.00	宣恩县
81.11	81.11	8.80	22.46	13.41	100.00	100.00	咸丰县
98.21	90.63	5.67	28.67	25.78	100.00	100.00	来凤县
87.46	87.46	4.92	17.94	10.32	100.00	100.00	鹤峰县
		2.65	3.04	8.61			神农架林区
90.75	**87.61**	**9.02**	**35.33**	**30.72**	**98.49**	**98.49**	**湖南**
99.77	99.77	9.09	40.20	37.16	100.00	100.00	长沙县
94.02	94.02	11.90	19.88	19.84	100.00	100.00	望城县
87.38	87.38	8.30	35.89	33.62	100.00	100.00	宁乡县
90.58	90.58	4.79	33.15	33.03	100.00	100.00	株洲县
91.34	91.34	18.75	36.23	32.58	100.00	100.00	攸　县
91.71	91.71	19.02	29.98	28.75	100.00	100.00	茶陵县
90.58	90.58	19.15	38.64	37.62	100.00	100.00	炎陵县
92.64	92.64	11.89	23.47	20.03	100.00	100.00	湘潭县
94.82	90.99	7.95	35.89	34.44	100.00	100.00	衡阳县
80.00	75.86	6.80	40.60	37.31	32.19	32.19	衡南县
90.04	84.14	11.58	40.49	23.57	100.00	100.00	衡山县
92.05	92.05	14.96	41.60	35.30	100.00	100.00	衡东县
89.99	82.66	8.76	34.76	29.77	100.00	100.00	祁东县
84.29	84.29	8.39	39.00	27.89	100.00	100.00	南岳区
84.54	84.54	5.45	36.10	31.21	96.70	96.70	邵东县
85.01	85.01	7.60	31.20	27.32	95.53	95.53	新邵县
85.77	85.77	12.85	42.69	25.91	97.47	97.47	邵阳县
86.97	59.79	5.38	31.21	26.00	96.04	96.04	隆回县
86.22	75.19	11.40	39.01	30.92	94.98	94.98	洞口县
85.38	42.37	9.03	27.80	26.61	96.73	96.73	绥宁县
88.26	59.70	11.99	42.82	29.37	94.98	94.98	新宁县
91.67	91.67	7.57	42.16	28.75	100.00	100.00	城步苗族自治县
88.08	88.08	7.42	38.94	36.28	100.00	100.00	岳阳县
88.02	88.02	8.32	42.00	39.53	100.00	100.00	华容县
89.01	89.01	11.15	44.46	38.99	100.00	100.00	湘阴县
88.04	88.04	7.02	38.50	35.58	100.00	100.00	平江县
97.42	97.42	6.90	43.13	37.08	94.81	94.81	安乡县
88.03	88.03	4.84	33.25	28.83	100.00	100.00	汉寿县
85.00	85.00	6.72	36.30	31.80	100.00	100.00	澧　县
90.03	72.06	7.75	46.54	31.72	100.00	100.00	临澧县
85.68	85.68	9.26	34.96	30.82	100.00	100.00	桃源县
85.16	85.16	7.19	31.78	19.08	100.00	100.00	石门县
82.17	82.17	9.66	30.41	28.67	100.00	100.00	慈利县
82.30	82.30	9.34	32.11	26.53	100.00	100.00	桑植县
91.91	91.91	5.46	34.70	33.45	100.00	100.00	南　县
92.06	92.06	9.69	38.90	35.33	100.00	100.00	桃江县
86.92	86.92	7.65	31.58	28.42	100.00	100.00	安化县
48.16		7.76	31.11	30.02	100.00	100.00	大通湖区
94.62	94.62	11.25	35.20	33.00	100.00	100.00	桂阳县

1-3 续表 18

县名称 Name of Counties	人口密度（人/平方公里） Population Density (person/ square kilometer)	人均日生活用水量（升） Daily Water Consumption Per Capita (liter)	用水普及率（%） Water Coverage Rate (%)	燃气普及率（%） Gas Coverage Rate (%)	建成区供水管道密度（公里/平方公里） Density of Water Supply Pipelines in Built District (kilometer/ square kilometer)	人均道路面积（平方米） Road Surface Area Per Capita (m^2)	建成区排水管道密度（公里/平方公里） Density of Sewers in Built District (kilometer/ square kilometer)
宜章县	8786	164.29	75.20	80.49	13.38	7.05	7.26
永兴县	3834	144.29	89.42	41.51	13.54	8.80	11.45
嘉禾县	9322	90.41	84.23	69.37	12.26	9.62	12.61
临武县	7857	116.96	84.85	85.86	10.84	9.33	4.98
汝城县	3696	107.66	91.76	70.59	8.33	10.47	16.33
桂东县	1625	142.62	99.44	79.00	6.45	12.88	10.32
安仁县	7818	50.29	76.80	62.79	9.12	6.86	7.14
祁阳县	2675	110.33	99.96	82.92	14.02	15.16	10.57
东安县	6791	147.24	95.55	87.67	11.17	11.09	6.33
双牌县	6514	124.99	97.61	67.61	8.38	13.27	5.24
道　县	4870	149.61	98.91	97.21	9.70	19.53	9.23
江永县	7557	185.10	97.92	85.07	17.12	16.64	6.14
宁远县	7516	157.12	98.54	63.09	16.53	15.92	12.76
蓝山县	6890	107.66	95.90	87.63	15.01	12.58	10.34
新田县	3679	154.22	81.06	67.99	14.10	9.89	6.18
江华瑶族自治县	4445	123.09	98.98	88.45	8.32	13.73	5.97
中方县	4622	74.22	88.14	56.73	13.73	26.80	4.96
沅陵县	10288	108.63	86.88	94.78	23.62	5.88	7.06
辰溪县	11152	70.43	89.10	48.82	9.09	4.82	8.63
溆浦县	10853	105.85	75.55	52.83	4.48	4.94	8.14
会同县	16840	103.93	58.99	42.76	14.12	6.61	11.09
麻阳苗族自治县	10645	109.29	71.04	49.30	12.80	6.12	9.40
新晃侗族自治县	8720	141.82	77.98	55.05	23.26	7.05	10.97
芷江侗族自治县	10406	81.89	73.11	51.18	8.19	6.82	7.46
通道侗族自治县	4504	109.06	78.18	67.74	18.58	30.93	13.21
靖州苗族侗族自治县	7114	112.30	85.85	62.26	10.68	9.73	6.18
洪江区	3713	107.18	98.20	68.22	24.98	14.52	8.21
双峰县	6433	170.40	88.94	95.44	13.10	14.08	11.75
新化县	11480	97.53	93.38	97.74	11.32	6.70	9.04
泸溪县	5212	124.92	93.80	63.52	14.60	2.88	15.70
凤凰县	8049	132.07	82.13	76.92	8.80	8.78	7.16
花垣县	988	121.84	95.06	74.44	9.17	14.35	7.25
保靖县	8225	116.11	86.07	69.13	10.07	3.45	7.35
古丈县	757	105.44	94.53	72.89	18.00	5.22	22.84
永顺县	1088	103.93	96.19	73.33	8.40	4.10	11.37
龙山县	1947	182.30	87.84	67.57	5.21	5.74	16.51
广东	**1778**	**155.48**	**88.15**	**85.11**	**17.34**	**10.48**	**6.52**
始兴县	3013	172.14	65.22	88.02	6.58	6.05	4.82
仁化县	957	218.26	100.00	83.96	22.89	14.85	6.87
翁源县	4577	157.82	99.75	65.95	3.22	7.01	0.85
乳源瑶族自治县	5917	157.64	91.55	67.61	16.70	25.07	4.35
新丰县	6688	153.06	83.64	74.77	8.74	7.57	10.43
南澳县	4716	179.29	93.75	94.64	80.93	77.65	12.53
遂溪县	5143	156.07	98.50	93.33	11.51	8.00	7.84

continued 18

污水处理率 (%) Wastewater Treatment Rate (%)	污水处理厂集中处理率 Centralized Treatment Rate of Wastewater Treatment Plants	人均公园绿地面积 (平方米) Public Recreational Green Space Per Capita (m^2)	建成区绿化覆盖率 (%) Green Coverage Rate of Built District (%)	建成区绿地率 (%) Green Space Rate of Built District (%)	生活垃圾处理率 (%) Domestic Garbage Treatment Rate (%)	生活垃圾无害化处理率 Domestic Garbage Harmless Treatment Rate	县名称 Name of Counties
96.42	96.42	7.80	38.03	35.34	100.00	100.00	宜章县
92.55	92.55	6.26	38.17	32.33	100.00	100.00	永兴县
93.51	93.51	11.58	34.82	33.16	100.00	100.00	嘉禾县
90.43	90.43	10.71	33.50	28.87	100.00	100.00	临武县
91.37	91.37	10.71	41.10	36.45	100.00	100.00	汝城县
90.15	90.15	18.42	40.26	23.26	100.00	100.00	桂东县
95.29	95.29	8.17	3.28	38.40	100.00	100.00	安仁县
96.02	96.02	11.44	42.77	38.05	100.00	100.00	祁阳县
85.99	85.99	9.12	40.50	35.96	100.00	100.00	东安县
96.88	96.88	8.59	39.63	34.79	100.00	100.00	双牌县
88.15	88.15	8.11	36.24	31.16	100.00	100.00	道　县
94.37	94.37	5.29	40.20	35.95	100.00	100.00	江永县
95.40	95.40	8.09	41.03	36.65	98.46	98.46	宁远县
85.15	85.15	11.01	40.20	35.27	97.99	97.99	蓝山县
94.21	94.21	6.25	40.60	36.42	98.01	98.01	新田县
95.62	95.62	11.91	41.37	37.60	100.00	100.00	江华瑶族自治县
96.38	96.38	17.15	39.13	35.22	100.00	100.00	中方县
85.55	85.55	8.05	35.40	32.65	100.00	100.00	沅陵县
86.72	86.46	12.65	35.94	32.21	100.00	100.00	辰溪县
89.97	89.97	6.66	36.05	30.72	100.00	100.00	溆浦县
90.11	90.11	3.96	41.10	11.60	100.00	100.00	会同县
90.66	90.66	8.39	39.67	26.28	100.00	100.00	麻阳苗族自治县
85.09	85.09	12.07	31.40	30.57	100.00	100.00	新晃侗族自治县
91.06	91.06	4.05	33.06	28.81	100.00	100.00	芷江侗族自治县
88.20	88.20	12.33	30.75	28.49	100.00	100.00	通道侗族自治县
87.96	87.96	8.73	26.06	23.86	100.00	100.00	靖州苗族侗族自治县
92.01	45.80	6.82	33.70	29.47	100.00	100.00	洪江区
91.08	91.08	4.76	36.00	25.41	100.00	100.00	双峰县
89.47	89.47	9.15	30.50	26.01	100.00	100.00	新化县
93.06	93.06	6.10	38.38	19.98	100.00	100.00	泸溪县
86.58	86.58	8.44	22.79	18.17	95.77	95.77	凤凰县
91.00	91.00	7.90	39.33	25.67	91.10	91.10	花垣县
86.30	86.30	6.91	15.50	14.25	100.00	100.00	保靖县
90.09	90.09	4.07	18.49	17.32	96.10	96.10	古丈县
94.78	94.78	7.05	18.78	14.09	100.00	100.00	永顺县
91.85	91.85	4.46	27.43	24.47	91.68	91.68	龙山县
83.53	**78.51**	**11.66**	**33.07**	**30.60**	**83.93**	**74.78**	**广东**
77.76	30.10	10.82	18.48	11.43	82.82	82.82	始兴县
45.05	45.05	19.84	39.68	39.36	100.00	100.00	仁化县
100.00	50.00	10.88	42.78	23.60	100.00	100.00	翁源县
51.48	36.76	4.51	25.83	25.57	100.00	100.00	乳源瑶族自治县
41.84	41.84	14.67	23.20	22.72	100.00	100.00	新丰县
96.14	96.14	8.20	43.91	39.87	100.00	100.00	南澳县
94.28	94.28	12.39	35.17	29.35	100.00	100.00	遂溪县

1-3 续表 19

县名称 Name of Counties	人口密度(人/平方公里) Population Density (person/ square kilometer)	人均日生活用水量(升) Daily Water Consumption Per Capita (liter)	用 水普及率(%) Water Coverage Rate (%)	燃 气普及率(%) Gas Coverage Rate (%)	建成区供水管道密度(公里/平方公里) Density of Water Supply Pipelines in Built District (kilometer/ square kilometer)	人均道路面积(平方米) Road Surface Area Per Capita (m^2)	建成区排水管道密度(公里/平方公里) Density of Sewers in Built District (kilometer/ square kilometer)
徐闻县	8554	136.23	88.70	79.00	50.80	11.00	4.13
广宁县	8703	164.77	96.42	95.75	32.47	11.21	4.54
怀集县	6280	136.94	92.23	94.01	13.88	9.41	6.27
封开县	4248	153.76	100.00	91.98	12.06	8.48	7.38
德庆县	2244	162.00	100.00	99.83	4.98	17.16	4.16
博罗县	527	145.30	97.05	87.81	7.21	8.31	16.69
惠东县	1406	130.45	95.50	85.95	10.64	10.03	6.10
龙门县	1087	197.57	85.23	85.95	13.15	11.07	2.83
大埔县	2359	150.93	95.70	99.02	16.41	12.12	10.30
丰顺县	889	264.42	89.72	88.17	37.15	4.73	7.04
五华县	765	174.66	60.81	100.00	5.66	5.43	8.23
平远县	594	127.58	70.73	93.09	8.82	9.19	4.59
蕉岭县	2889	198.23	89.66	85.94	48.59	5.95	9.11
海丰县	8766	136.13	91.95	91.95	23.25	13.82	9.00
陆河县	6414	84.56	87.10	86.02	9.33	12.37	3.47
紫金县	6577	118.15	74.85	93.57	9.56	11.81	0.76
龙川县	3640	119.77	79.56	82.42	10.57	10.95	2.51
连平县	8300	69.16	84.34	97.59	8.49	16.24	0.77
和平县	4523	263.24	76.87	28.92	9.14	14.10	1.01
东源县	1315	231.31	41.88	12.04	5.63	15.59	6.45
阳西县	4335	298.20	94.16	90.40	15.48	24.91	17.90
佛冈县	428	226.57	89.24	96.32	5.76	11.40	7.80
阳山县	3837	273.22	94.64	88.72	21.26	19.96	13.05
连山壮族瑶族自治县	1277	275.55	92.31	59.76	16.02	29.49	11.69
连南瑶族自治县	1473	238.87	90.91	85.51	30.02	12.36	8.72
饶平县	2561	139.10	92.71	74.45	21.60	2.78	1.68
揭西县	2275	59.00	82.42	65.93	18.36	4.84	3.18
惠来县	844	67.70	99.51	89.27	4.20	1.71	0.75
新兴县	2022	317.53	90.11	98.92	46.67	6.48	4.43
郁南县	2636	152.79	87.54	78.56	10.14	10.00	11.79
广西	**2413**	**155.66**	**90.42**	**78.08**	**10.82**	**13.49**	**9.42**
武鸣县	4977	278.97	98.73	86.05	10.83	22.92	4.89
隆安县	3333	203.42	100.00	81.25	15.00	21.73	11.84
马山县	1608	235.98	92.59	80.69	11.46	18.57	3.30
上林县	5214	160.68	77.83	82.27	5.21	9.76	6.29
宾阳县	1453	210.71	71.23	97.59	4.34	13.49	9.32
横　县	2395	159.60	65.34	94.13	12.47	23.09	7.67
柳江县	3359	161.50	86.39	79.78	6.34	13.31	6.58
柳城县	7453	166.33	83.33	45.83	12.08	10.14	3.51
鹿寨县	3788	151.53	89.87	47.72	10.50	6.51	6.87
融安县	5512	86.87	92.46	36.46	11.17	6.60	7.46
融水苗族自治县	6815	97.73	99.72	57.94	9.95	4.57	6.03
三江侗族自治县	10553	148.10	99.49	59.12	62.92	9.25	8.10
阳朔县	4930	224.93	90.75	75.47	12.89	19.28	14.08
灵川县	6870	159.28	93.35	94.94	8.11	12.43	5.18

continued 19

污水处理率 (%) Wastewater Treatment Rate (%)	污水处理厂集中处理率 Centralized Treatment Rate of Wastewater Treatment Plants	人均公园绿地面积 (平方米) Public Recreational Green Space Per Capita (m^2)	建成区绿化覆盖率 (%) Green Coverage Rate of Built District (%)	建成区绿地率 (%) Green Space Rate of Built District (%)	生活垃圾处理率 (%) Domestic Garbage Treatment Rate (%)	生活垃圾无害化处理率 Domestic Garbage Harmless Treatment Rate	县名称 Name of Counties
100.00	100.00	7.22	33.20	28.50	100.00	100.00	徐闻县
98.23	40.37	14.28	36.00	31.58	98.25	98.25	广宁县
63.79	63.79	14.37	34.25	32.30	96.08	96.08	怀集县
39.72	39.72	15.89	36.98	25.91	95.36	95.36	封开县
97.02	86.08	17.25	33.48	29.49	100.00	100.00	德庆县
94.96	94.96	10.94	43.58	41.43	100.00	100.00	博罗县
91.80	91.80	11.28	23.95	24.64	100.00	100.00	惠东县
90.03	90.03	13.46	41.26	40.83	100.00	100.00	龙门县
92.36	92.20	16.03	37.36	34.75	100.00	100.00	大埔县
93.14	93.14	21.85	24.56	24.56	100.00	100.00	丰顺县
96.90	96.90	18.87	35.57	49.67	100.00	100.00	五华县
93.04	93.04	20.00	29.57	28.72	100.00	100.00	平远县
95.83	95.83	20.48	47.05	43.37	100.00	100.00	蕉岭县
94.48	94.48	8.59	23.55	28.68			海丰县
80.00	80.00	4.84	34.27	32.67	100.00	100.00	陆河县
78.59	78.59	3.85	32.00	28.01	100.00	100.00	紫金县
65.71	65.71	8.96	38.99	31.73	100.00	100.00	龙川县
59.09	59.09	13.05	42.14	37.98			连平县
85.35	75.58	23.67	64.75	52.95	1.03	1.03	和平县
87.22	87.22	9.10	21.67	16.80	100.00	100.00	东源县
96.62	96.62	12.88	37.30	30.25	100.00	100.00	阳西县
89.84	89.84	15.20	41.49	37.04	96.35		佛冈县
86.31	86.31	12.01	42.34	37.45			阳山县
92.96	92.96	14.02	43.64	42.62	100.00	100.00	连山壮族瑶族自治县
90.08	90.08	13.92	42.01	34.43			连南瑶族自治县
80.00	80.00	8.46	30.11	28.67	40.44		饶平县
92.47	92.47	4.51	39.00	38.50	100.00	100.00	揭西县
65.30	65.30	2.10	12.86	11.29	100.00	1.70	惠来县
60.52	60.52	13.49	25.52	24.87	100.00	100.00	新兴县
100.00	91.40	17.41	33.22	39.48	100.00	100.00	郁南县
85.90	**81.59**	**8.10**	**28.96**	**25.46**	**97.17**	**95.35**	**广西**
72.11	72.11	9.30	32.41	28.68	96.64	96.64	武鸣县
91.41	91.41	7.75	38.09	32.82	97.45	97.45	隆安县
65.30	65.30	9.95	29.81	28.06	34.81	34.81	马山县
58.46	58.46	0.82	5.01	5.14	100.00	100.00	上林县
73.81	73.81	7.44	27.70	23.31	83.06	83.06	宾阳县
99.55	99.55	3.49	17.30	16.95	95.60	95.60	横　县
82.40	60.07	8.04	19.96	18.96	100.00	100.00	柳江县
88.49	88.49	0.83	22.25	20.10	100.00	100.00	柳城县
71.14	25.84	9.63	38.54	33.76	100.00	100.00	鹿寨县
100.00	100.00	13.06	22.19	18.44	94.01	94.01	融安县
100.00	100.00	5.08	20.62	16.18	100.00	100.00	融水苗族自治县
72.14	72.14	11.99	32.44	27.63	100.00	100.00	三江侗族自治县
95.87	95.87	10.20	32.90	29.43	100.00	100.00	阳朔县
85.37	85.37	1.03	6.88	6.88	98.18	98.18	灵川县

1-3 续表 20

县名称 Name of Counties	人口密度(人/平方公里) Population Density (person/ square kilometer)	人均日生活用水量(升) Daily Water Consumption Per Capita (liter)	用水普及率(%) Water Coverage Rate (%)	燃气普及率(%) Gas Coverage Rate (%)	建成区供水管道密度(公里/平方公里) Density of Water Supply Pipelines in Built District (kilometer/ square kilometer)	人均道路面积(平方米) Road Surface Area Per Capita (m^2)	建成区排水管道密度(公里/平方公里) Density of Sewers in Built District (kilometer/ square kilometer)
全州县	1204	127.84	99.83	73.84	5.48	14.07	15.03
兴安县	2680	193.41	98.26	97.99	11.70	18.16	12.02
永福县	2600	200.25	95.60	87.36	5.20	9.07	15.51
灌阳县	5508	127.48	68.93	39.55	5.68	16.95	18.44
龙胜各族自治县	3975	163.83	99.38	96.89	9.99	6.21	8.16
资源县	6109	149.89	79.36	71.17	9.12	16.49	22.73
平乐县	8408	114.01	66.53	55.69	18.35	6.11	8.24
荔浦县	2284	199.49	92.12	95.10	17.57	14.15	12.17
恭城瑶族自治县	3304	168.88	72.41	57.47	5.71	10.34	8.51
苍梧县	2800	113.65	96.43	72.50	2.56	4.91	2.44
藤　县	3505	148.67	99.28	99.28	11.11	15.93	9.25
蒙山县	6259	153.55	98.62	98.82	12.80	16.42	22.64
合浦县	2929	161.24	91.38	83.99	10.29	15.05	8.98
上思县	2941	193.76	81.72	67.61	14.20	12.41	16.17
灵山县	5135	99.14	99.56	94.94	9.84	9.77	11.31
浦北县	3122	188.48	99.22	93.02	11.54	10.95	5.30
平南县	2939	124.22	95.57	27.52	7.83	6.42	4.01
容　县	1050	80.08	85.10	94.55	7.02	13.88	10.50
陆川县	1225	130.44	99.87	95.54	8.99	17.34	11.87
博白县	1693	81.14	89.76	97.14	12.05	11.66	5.87
兴业县	794	109.97	90.82	93.46	8.80	16.26	8.97
田阳县	2995	214.34	100.00	65.53	16.30	18.46	11.85
田东县	2319	215.45	100.00	72.09	12.79	20.50	12.19
平果县	4662	181.27	100.00	94.51	7.67	17.87	6.71
德保县	4341	214.95	100.00	46.68	19.85	12.70	14.52
那坡县	2629	162.64	91.04	59.54	43.37	10.19	25.92
凌云县	4283	157.67	92.70	64.91	8.61	13.50	29.80
乐业县	5305	162.51	91.44	53.48	9.65	11.71	32.69
田林县	3188	174.35	87.50	70.45	13.68	12.87	11.82
西林县	4611	187.27	100.00	60.24	22.69	11.63	12.11
隆林各族自治县	6343	131.03	95.83	66.46	6.56	16.25	10.22
昭平县	5748	140.50	67.40	95.05	10.65	7.85	5.66
钟山县	1546	239.74	52.93	83.83	11.90	15.47	6.28
富川瑶族自治县	2168	218.49	73.80	66.42	4.80	16.10	8.13
南丹县	3140	201.88	100.00	91.24	9.04	22.38	9.07
天峨县	1214	150.49	90.64	85.32	9.57	11.00	22.58
凤山县	4843	140.50	90.49	71.93	10.47	10.93	15.63
东兰县	2786	191.80	98.95	77.19	15.29	9.59	15.96
罗城仫佬族自治县	5945	194.04	94.19	96.90	17.42	16.56	14.78
环江毛南族自治县	664	130.50	94.36	86.98	9.66	15.66	9.63
巴马瑶族自治县	4209	181.55	75.16	69.76	3.10	15.11	11.99
都安瑶族自治县	4091	157.14	100.00	86.24	19.26	11.82	11.98
大化瑶族自治县	844	128.10	97.01	88.49	5.81	13.11	6.29
忻城县	3456	172.86	89.69	92.41	39.29	7.07	7.27
象州县	5695	104.61	90.53	72.98	5.46	6.34	4.33

continued 20

污水处理率 (%) Wastewater Treatment Rate (%)	污水处理厂集中处理率 Centralized Treatment Rate of Wastewater Treatment Plants	人均公园绿地面积 (平方米) Public Recreational Green Space Per Capita (m^2)	建成区绿化覆盖率 (%) Green Coverage Rate of Built District (%)	建成区绿地率 (%) Green Space Rate of Built District (%)	生活垃圾处理率 (%) Domestic Garbage Treatment Rate (%)	生活垃圾无害化处理率 Domestic Garbage Harmless Treatment Rate	县名称 Name of Counties
92.66	92.66	5.06	24.71	20.35	100.00	100.00	全州县
97.96	97.96	18.93	27.98	26.97	100.00	100.00	兴安县
82.19	82.19	6.51	18.86	17.29	100.00	100.00	永福县
94.84	94.84	3.01	4.35	4.07	100.00	100.00	灌阳县
87.68	87.68	4.41	16.31	9.64	100.00	100.00	龙胜各族自治县
77.27	77.27	4.63	25.41	21.27	100.00	100.00	资源县
76.32	76.32	2.33	5.95	4.83	91.44		平乐县
91.16	91.16	13.19	13.32	10.97	100.00	100.00	荔浦县
77.18	77.18	7.66	15.00	13.54	100.00	100.00	恭城瑶族自治县
		0.07	12.84	11.92	100.00		苍梧县
82.68	82.68	5.62	35.18	30.76	100.00	100.00	藤　县
98.48	98.48	12.08	38.02	33.04	100.00	100.00	蒙山县
81.07	81.07	7.34	34.69	30.18	100.00	100.00	合浦县
85.10	85.10	10.48	21.90	15.60	96.64	96.64	上思县
95.00	95.00	5.74	26.63	21.99	95.99	95.99	灵山县
98.78	98.78	12.33	22.03	20.10	100.00	100.00	浦北县
76.51	76.51	4.78	26.00	22.76	100.00	100.00	平南县
99.01	99.01	11.13	40.07	33.48	100.00	100.00	容　县
89.57	89.57	11.20	39.62	34.68	100.00	100.00	陆川县
92.14	92.14	9.48	38.37	34.40	100.00	100.00	博白县
94.94	94.94	9.70	38.14	34.53	100.00	100.00	兴业县
88.85	88.85	3.65	27.31	21.45	100.00	100.00	田阳县
93.20	93.20	5.44	27.42	23.03	100.00	100.00	田东县
95.76	95.76	9.78	38.92	33.81	100.00	100.00	平果县
95.00	95.00	6.94	29.10	25.41	100.00	100.00	德保县
80.35	80.35	7.12	34.14	30.92	100.00	100.00	那坡县
92.64	92.64	11.16	40.00	35.00	100.00	100.00	凌云县
90.77	90.77	13.53	38.83	35.00	100.00	100.00	乐业县
94.94	94.94	6.14	18.42	11.75	100.00	100.00	田林县
90.00	90.00	6.47	34.19	33.16	100.00	100.00	西林县
87.59	87.59	7.09	34.94	27.21	100.00	100.00	隆林各族自治县
91.96	91.96	8.99	30.11	28.50	100.00	100.00	昭平县
80.92	80.92	8.86	35.70	31.46	100.00	100.00	钟山县
99.29	99.29	13.47	38.92	34.19	100.00	100.00	富川瑶族自治县
98.03	98.03	9.42	38.48	33.19	100.00	100.00	南丹县
100.00	100.00	7.45	35.61	30.12	100.00	100.00	天峨县
93.88	93.88	8.97	33.12	32.48	86.58	86.58	凤山县
87.50	87.50	14.04	31.84	28.27	100.00	100.00	东兰县
75.64	75.64	14.32	29.89	29.08	97.66	97.66	罗城仫佬族自治县
98.28	98.28	10.24	26.36	23.49	100.00	100.00	环江毛南族自治县
96.19	96.19	10.69	15.05	14.05	100.00	100.00	巴马瑶族自治县
80.36	80.36	4.87	11.49	8.52	76.03	76.03	都安瑶族自治县
84.00	84.00	12.37	24.49	20.23	98.03	98.03	大化瑶族自治县
97.10	97.10	10.67	35.11	34.06	100.00	100.00	忻城县
80.30	80.30	3.20	27.92	24.26	86.36	86.36	象州县

1–3 续表 21

县名称 Name of Counties	人口密度(人/平方公里) Population Density (person/ square kilometer)	人均日生活用水量(升) Daily Water Consumption Per Capita (liter)	用水普及率(%) Water Coverage Rate (%)	燃气普及率(%) Gas Coverage Rate (%)	建成区供水管道密度(公里/平方公里) Density of Water Supply Pipelines in Built District (kilometer/ square kilometer)	人均道路面积(平方米) Road Surface Area Per Capita (m^2)	建成区排水管道密度(公里/平方公里) Density of Sewers in Built District (kilometer/ square kilometer)
武宣县	3035	169.31	98.08	97.82	12.77	11.98	14.92
金秀瑶族自治县	1844	154.98	100.00	93.22	26.81	13.47	12.34
扶绥县	5793	258.73	92.06	63.98	3.34	17.06	7.26
宁明县	3220	138.34	88.20	75.16	10.89	21.17	8.29
龙州县	3156	245.43	100.00	82.14	12.53	5.10	11.88
大新县	2119	274.85	91.69	78.65	18.08	29.82	7.65
天等县	747	151.05	100.00	30.13	9.11	19.57	9.86
海南	**3102**	**165.20**	**95.33**	**90.40**	**8.17**	**20.59**	**4.96**
定安县	4144	137.40	95.02	90.50	3.53	20.66	9.33
屯昌县	2880	88.58	92.36	84.72	3.65	23.19	5.38
澄迈县	7982	125.38	97.70	91.95	19.54	14.16	7.24
临高县	5144	141.85	93.21	91.88	12.23	17.36	4.10
洋浦开发区	1010	229.22	99.17	93.39	1.54	48.46	3.28
白沙黎族自治县	6053	169.52	92.75	90.14	11.95	12.58	5.61
昌江黎族自治县	5677	154.07	93.58	91.74	17.50	20.44	5.26
乐东黎族自治县	2429	187.17	96.91	90.91	10.80	18.14	1.02
陵水黎族自治县	5204	279.76	98.04	87.15	23.50	24.72	7.05
保亭黎族苗族自治县	3495	205.48	95.61	92.68	5.57	16.93	8.30
琼中黎族苗族自治县	1631	100.02	93.61	90.64	6.40	7.67	9.06
重庆	**2207**	**102.81**	**94.82**	**90.97**	**13.17**	**8.62**	**12.72**
梁平县	1761	102.99	95.30	95.69	11.90	14.17	11.38
城口县	690	67.44	76.92	52.22	24.97	5.08	17.10
丰都县	1554	102.00	87.96	85.01	11.62	7.08	12.49
垫江县	1772	150.77	100.00	100.00	8.13	13.06	14.34
武隆县	650	112.76	97.94	98.54	7.74	6.40	30.53
忠　县	3712	90.92	98.04	98.69	10.92	7.38	11.53
开　县	2649	98.80	91.01	81.41	12.21	6.28	8.11
云阳县	931	76.26	100.00	96.12	17.02	7.64	6.46
奉节县	7088	134.34	99.10	99.20	18.15	8.76	16.88
巫山县	12379	89.46	93.74	94.43	9.93	6.81	17.77
巫溪县	10882	92.18	87.18	86.97	7.71	8.69	17.48
石柱土家族自治县	7909	91.16	97.90	98.78	51.76	7.94	16.42
秀山土家族苗族自治县	9170	96.59	95.42	77.59	9.04	13.71	14.80
酉阳土家族自治县	8315	181.74	91.02	92.26	7.42	10.35	11.10
彭水苗族土家族自治县	14750	64.61	99.66	95.76	8.54	5.78	12.08
四川	**1260**	**136.92**	**86.09**	**76.45**	**12.98**	**10.63**	**7.97**
金堂县	1973	131.82	97.13	95.40	32.10	11.67	7.02
双流县	4376	266.84	95.58	77.82	30.03	13.76	9.69
郫　县	2873	271.37	94.07	86.21	18.82	17.73	8.94
大邑县	1707	170.13	96.85	82.06	4.94	10.08	12.20
蒲江县	555	116.20	94.36	87.71	93.24	13.25	12.10
新津县	2505	171.23	87.91	79.68	11.78	13.46	8.25
荣　县	1202	117.26	89.29	95.24	15.52	10.99	11.29
富顺县	1975	94.90	94.42	95.54	8.31	11.33	8.08
米易县	404	240.68	59.73	38.79	16.95	8.59	10.22

continued 21

污水处理率 (%) Wastewater Treatment Rate (%)	污水处理厂集中处理率 Centralized Treatment Rate of Wastewater Treatment	人均公园绿地面积 (平方米) Public Recreational Green Space Per Capita (m^2)	建成区绿化覆盖率 (%) Green Coverage Rate of Built District (%)	建成区绿地率 (%) Green Space Rate of Built District (%)	生活垃圾处理率 (%) Domestic Garbage Treatment Rate (%)	生活垃圾无害化处理率 Domestic Garbage Harmless Treatment Rate	县名称 Name of Counties
79.39	64.74	7.10	34.62	31.95	99.40	99.40	武宣县
79.07	79.07	7.63	9.31	7.59	100.00	100.00	金秀瑶族自治县
90.56	90.56	11.00	43.88	39.41	100.00	100.00	扶绥县
81.66	49.00	4.19	34.01	31.18	100.00	100.00	宁明县
80.10	80.10	11.80	41.47	36.30	91.97	91.97	龙州县
90.36	90.36	18.45	47.23	46.95	84.48	84.48	大新县
86.54	81.73	9.75	36.48	29.51	83.09	83.09	天等县
61.37	**61.37**	**8.81**	**32.19**	**27.87**	**99.41**	**99.41**	**海南**
67.65	67.65	9.05	31.83	29.20	100.00	100.00	定安县
68.75	68.75	6.94	26.53	23.31	100.00	100.00	屯昌县
100.00	100.00	6.84	34.96	30.15	100.00	100.00	澄迈县
39.16	39.16	5.46	29.93	25.35	97.58	97.58	临高县
79.97	79.97	13.55	28.37	23.97	100.00	100.00	洋浦开发区
77.36	77.36	12.99	38.00	29.93	99.45	99.45	白沙黎族自治县
43.70	43.70	6.71	40.36	35.47	100.00	100.00	昌江黎族自治县
70.16	70.16	6.83	34.34	29.67	95.83	95.83	乐东黎族自治县
24.38	24.38	14.16	33.57	29.84	100.00	100.00	陵水黎族自治县
83.91	83.91	14.63	47.02	42.98	100.00	100.00	保亭黎族苗族自治县
40.20	40.20	4.68	35.00	31.30	100.00	100.00	琼中黎族苗族自治县
95.13	**95.13**	**11.46**	**38.27**	**34.62**	**99.83**	**99.83**	**重庆**
100.00	100.00	13.60	32.72	28.99	100.00	100.00	梁平县
92.81	92.81	4.73	27.97	27.27	96.15	96.15	城口县
100.00	100.00	9.54	37.38	33.44	100.00	100.00	丰都县
99.01	99.01	8.83	35.71	31.54	100.00	100.00	垫江县
100.00	100.00	9.03	38.08	33.45	100.00	100.00	武隆县
98.16	98.16	10.88	42.11	38.47	100.00	100.00	忠　县
95.92	95.92	14.73	38.37	36.97	100.00	100.00	开　县
99.80	99.80	13.02	40.11	36.06	100.00	100.00	云阳县
93.92	93.92	8.62	38.56	33.72	100.00	100.00	奉节县
96.28	96.28	17.13	46.57	37.34	100.00	100.00	巫山县
88.80	88.80	8.82	39.27	35.04	98.11	98.11	巫溪县
97.44	97.44	8.92	41.20	35.71	100.00	100.00	石柱土家族自治县
79.91	79.91	14.45	39.36	36.39	100.00	100.00	秀山土家族苗族自治县
87.06	87.06	13.18	42.71	38.98	100.00	100.00	酉阳土家族自治县
84.33	84.33	9.10	29.50	27.00	100.00	100.00	彭水苗族土家族自治县
70.48	**67.44**	**9.04**	**30.63**	**26.44**	**88.55**	**82.10**	**四川**
72.23	72.23	9.59	41.84	36.69	61.51	61.51	金堂县
85.80	85.80	6.77	32.60	28.09	100.00	100.00	双流县
90.80	90.80	11.46	43.82	40.81	100.00	100.00	郫　县
79.41	79.41	9.24	40.89	36.42	100.00	100.00	大邑县
85.12	85.12	10.03	40.79	37.18	100.00	100.00	蒲江县
50.44	50.44	9.51	35.77	32.56	100.00	100.00	新津县
83.68	83.68	11.43	34.54	30.22	100.00	100.00	荣　县
53.93	53.93	2.85	13.08	12.56			富顺县
84.39	84.39	9.66	36.98	33.24	98.63	98.63	米易县

1-3 续表 22

县名称 Name of Counties	人口密度(人/平方公里) Population Density (person/square kilometer)	人均日生活用水量(升) Daily Water Consumption Per Capita (liter)	用水普及率(%) Water Coverage Rate (%)	燃气普及率(%) Gas Coverage Rate (%)	建成区供水管道密度(公里/平方公里) Density of Water Supply Pipelines in Built District (kilometer/square kilometer)	人均道路面积(平方米) Road Surface Area Per Capita (m^2)	建成区排水管道密度(公里/平方公里) Density of Sewers in Built District (kilometer/square kilometer)
盐边县	370	213.94	85.37	42.52	17.28	10.88	4.94
泸　县	1089	133.35	58.06	55.69	7.34	10.90	9.63
合江县	1266	178.51	87.09	70.24	7.42	5.72	5.95
叙永县	635	135.87	80.50	36.13	6.70	3.97	5.87
古蔺县	435	103.23	90.54	45.11	19.77	7.74	6.21
中江县	2912	174.41	92.60	83.02	5.28	11.83	5.28
罗江县	1984	169.84	81.07	81.33	15.13	13.10	10.79
三台县	11064	83.78	94.89	72.63	11.01	10.71	9.35
盐亭县	7231	148.16	82.43	86.01	7.78	7.72	9.72
安　县	8510	105.40	96.05	100.00	11.54	18.49	15.35
梓潼县	2927	104.11	79.73	88.84	12.85	19.61	16.13
北川羌族自治县	8620	136.82	74.25	88.17	12.40	15.08	20.80
平武县	7700	102.42	67.53	92.47	26.71	7.30	16.87
旺苍县	1967	121.77	83.90	86.02	9.53	11.77	7.65
青川县	1389	180.37	98.77	96.71	17.72	17.24	20.24
剑阁县	1886	126.03	95.24	96.19	9.19	18.49	8.96
苍溪县	1974	123.64	98.36	94.00	9.01	11.79	8.43
蓬溪县	6720	76.63	70.83	76.19	4.28	14.65	10.13
射洪县	2887	102.77	87.35	76.20	3.75	15.07	8.80
大英县	4791	120.47	92.52	92.52	13.49	12.49	9.24
威远县	3557	118.04	95.01	87.41	12.62	13.82	12.52
资中县	2175	142.77	58.10	43.47	3.63	6.02	2.73
隆昌县	3772	74.20	96.00	93.02	12.25	22.11	4.91
犍为县	3332	152.75	91.56	91.96	9.36	10.73	11.19
井研县	4427	111.30	96.39	88.25	19.49	12.53	4.25
夹江县	2494	154.77	77.62	77.62	7.73	14.09	6.96
沐川县	6971	95.16	75.50	57.05	5.19	12.72	5.17
峨边彝族自治县	9395	89.52	87.87		7.06	3.22	4.12
马边彝族自治县	2110	156.56	89.97	44.73	7.07	9.74	6.79
南部县	2700	133.41	96.30	94.81	6.65	10.11	7.27
营山县	2262	121.61	94.74	90.53	6.56	9.89	7.11
蓬安县	2302	127.26	95.17	90.34	6.62	9.66	7.24
仪陇县	2308	131.24	95.33	92.00	6.53	10.00	7.27
西充县	2113	146.62	96.67	94.00	6.63	10.93	7.38
仁寿县	7137	91.39	90.09	99.10	11.65	11.76	5.83
洪雅县	1311	129.60	94.97	95.24	5.72	9.26	7.23
丹棱县	6524	103.81	90.88	96.72	9.96	10.73	5.77
青神县	6500	197.80	89.23	94.23	9.57	8.08	6.22
宜宾县	9810	103.91	73.64	93.33	6.55	7.13	6.50
江安县	7187	81.28	76.75	77.51	6.27	4.37	4.09
长宁县	11487	108.66	75.22	84.07	8.83	15.48	10.52
高　县	5843	120.59	66.15	77.41	9.58	6.62	10.12
珙　县	8386	77.67	82.11	79.13	5.80	6.40	2.50
筠连县	2437	88.36	83.42	67.36	3.94	3.08	7.74
兴文县	1257	53.76	58.83	66.77	4.66	3.41	5.95

continued 22

污　水处理率 (%) Wastewater Treatment Rate (%)	污水处理厂集中处理率 Centralized Treatment Rate of Wastewater Treatment Plants	人均公园绿地面积 (平方米) Public Recreational Green Space Per Capita (m^2)	建成区绿化覆盖率 (%) Green Coverage Rate of Built District (%)	建成区绿地率 (%) Green Space Rate of Built District (%)	生活垃圾处 理 率 (%) Domestic Garbage Treatment Rate (%)	生活垃圾无害化处理率 Domestic Garbage Harmless Treatment Rate	县名称 Name of Counties
51.74	51.74	8.84	20.42	16.93	100.00	100.00	盐边县
76.20	42.03	5.78	34.18	31.54	100.00	100.00	泸　县
71.02	21.35	12.18	37.31	24.47	100.00	100.00	合江县
86.86	80.03	8.64	34.66	27.52	84.87	84.87	叙永县
43.75	43.75	11.88	38.02	34.65			古蔺县
64.07	31.86	12.44	35.18	33.65	100.00	100.00	中江县
63.64	63.64	7.07	31.91	29.56	92.11	92.11	罗江县
69.94	69.94	7.43	43.83	34.20	85.87	85.87	三台县
47.06	47.06	6.83	14.59	15.40	100.00	100.00	盐亭县
95.86	95.86	8.36	37.12	32.02	100.00	100.00	安　县
65.75	65.75	7.86	36.63	33.38	100.00	100.00	梓潼县
98.25	98.25	11.83	47.30	44.00	100.00	100.00	北川羌族自治县
86.27	86.27	11.17	38.51	38.51	100.00	100.00	平武县
93.30	93.30	12.43	35.02	33.78	93.87	93.87	旺苍县
71.33	71.33	10.40	31.21	24.22	93.50	93.50	青川县
97.37	97.37	23.81	40.30	38.17	96.30	96.30	剑阁县
86.08	86.08	31.88	38.27	35.82	92.27	92.27	苍溪县
54.03	54.03	9.40	41.90	36.33	100.00	100.00	蓬溪县
78.32	78.32	9.26	31.99	28.58	91.60	91.60	射洪县
87.69	87.69	3.94	32.72	29.67	57.93	57.93	大英县
79.73	79.73	8.24	32.23	30.43	94.69	94.69	威远县
86.67	86.67	6.25	24.23	13.75	93.30	93.30	资中县
97.01	97.01	10.85	39.00	35.56	100.00	100.00	隆昌县
67.65	67.65	13.77	32.95	25.83	96.67	96.67	犍为县
99.21	99.21	5.34	18.13	14.63	82.58	82.58	井研县
93.39	93.39	9.57	18.52	16.83	100.00		夹江县
55.74	55.74	8.89	35.19	31.92	100.00		沐川县
52.80	52.80	1.49	10.59	10.59	82.03	82.03	峨边彝族自治县
70.71	70.71	5.27	17.41	16.52	82.31		马边彝族自治县
82.99	82.99	8.70	37.82	33.02	90.21	90.21	南部县
76.04	76.04	8.53	37.56	32.61	84.93	84.93	营山县
76.32	76.32	8.69	36.62	32.14	85.07	85.07	蓬安县
83.01	83.01	9.00	36.87	32.60	86.83	86.83	仪陇县
85.06	85.06	9.00	37.38	33.06	85.98	85.98	西充县
79.96	79.96	11.33	30.12	20.98	73.13	73.13	仁寿县
82.77	82.77	9.56	40.79	36.10	98.08		洪雅县
48.67	48.67	12.34	42.74	31.43	100.00	100.00	丹棱县
62.50	62.50	14.35	31.49	25.19	73.26	73.26	青神县
83.37	83.37	8.42	36.89	31.75	100.00	100.00	宜宾县
89.64	89.64	12.51			100.00	100.00	江安县
35.83	35.83	2.21	4.57	13.47	100.00	100.00	长宁县
15.09	15.09	8.09	36.55	29.64	80.48	80.48	高　县
100.00	100.00	9.25	27.13	24.49	100.00	100.00	珙　县
80.61	80.61	8.23	36.30	31.82	100.00	100.00	筠连县
88.10	88.10	8.20	36.10	30.45	94.22	94.22	兴文县

1-3 续表 23

县名称 Name of Counties	人口密度(人/平方公里) Population Density (person/ square kilometer)	人均日生活用水量(升) Daily Water Consumption Per Capita (liter)	用水普及率(%) Water Coverage Rate (%)	燃气普及率(%) Gas Coverage Rate (%)	建成区供水管道密度(公里/平方公里) Density of Water Supply Pipelines in Built District (kilometer/ square kilometer)	人均道路面积(平方米) Road Surface Area Per Capita (m^2)	建成区排水管道密度(公里/平方公里) Density of Sewers in Built District (kilometer/ square kilometer)
屏山县	6896	146.26	68.27	86.53	8.18	14.70	12.81
岳池县	2938	89.53	100.00	100.00	18.45	11.79	10.74
武胜县	1728	119.24	93.42	94.26	8.65	8.81	6.33
邻水县	1087	69.45	100.00	97.82	10.79	4.12	9.50
宣汉县	3274	130.68	92.36	83.02	6.45	15.58	10.78
开江县	7818	90.51	91.65	93.29	10.19	8.27	10.45
大竹县	10992	104.36	80.83	75.94	6.16	8.09	5.08
渠　县	6378	93.51	72.12	56.44	6.59	0.76	4.76
荥经县	2767	168.60	99.74	72.49	5.93	23.71	5.72
汉源县	2783	205.04	96.88	27.19	15.63	18.65	23.75
石棉县	274	231.35	100.00	22.22	11.97	13.20	8.41
天全县	1025	163.19	85.56	82.67	13.28	12.34	24.69
芦山县	800	129.09	96.72	81.97	8.33	11.91	5.00
宝兴县	80	140.55	73.65	59.88	7.14	9.52	4.23
通江县	1723	125.50	75.45	75.45	9.72	8.37	3.21
南江县	8077	106.24	51.13	33.96	21.83	1.97	4.62
平昌县	1966	71.94	89.61	59.22	13.70	11.22	5.47
安岳县	758	101.73	75.56	80.54	7.50	8.10	3.98
乐至县	944	98.85	82.66	82.89	7.85	17.29	7.07
汶川县	130	142.28	99.18	82.19	15.34	5.34	8.84
理　县	63	150.68	99.26		6.50	5.88	2.26
茂　县	77	195.67	99.75	63.29	5.36	14.43	11.36
松潘县	1768	218.14	97.54	54.68	14.28	23.44	15.28
九寨沟县	767	122.09	99.65	83.57	5.29	12.08	9.29
金川县	195	123.76	94.81	71.43	4.69	9.56	11.06
小金县	322	178.87	99.43	57.14	16.48	8.12	6.38
黑水县	14	164.38	96.88	62.50	1.82	6.88	3.27
壤塘县	3176	253.30	98.15	74.07	12.59	6.30	1.18
阿坝县	231	134.16	99.21	84.25	8.12	15.80	4.80
若尔盖县	15	134.35	92.86	85.71	10.71	11.21	5.11
红原县	19	51.10	99.25	76.69	26.16	27.83	8.00
泸定县	3194	273.32	72.41	90.69	10.70	18.43	6.96
丹巴县	1587	117.04	54.21	81.58	5.24	10.87	2.37
九龙县	1810	61.36	56.47	70.59	13.16	4.06	5.26
雅江县	1809	149.09	48.00	96.00	10.45	24.70	8.33
道孚县	1806	112.99	56.50	96.05	3.30	8.47	1.56
炉霍县	896	173.76	78.35	75.26	14.23	23.07	5.17
甘孜县	2766	71.50	37.64	66.67	7.42	5.78	0.46
新龙县	1520	272.65	87.63	87.63	39.02	10.06	13.17
德格县	858	181.29	55.95	95.24	38.33	8.33	31.67
白玉县	1366	275.34	74.07	56.79	11.94	8.15	4.33
石渠县	543	59.66	70.73	63.41	9.44	30.49	15.62
色达县	891	205.13	84.93	89.04	10.12	22.47	10.00
理塘县	1301	180.93	70.67	32.00	9.55	7.66	2.73
巴塘县	2070	56.80	76.53	78.06	10.55	18.37	0.92

continued 23

污水处理率 (%) Wastewater Treatment Rate (%)	污水处理厂集中处理率 Centralized Treatment Rate of Wastewater Treatment Plants	人均公园绿地面积 (平方米) Public Recreational Green Space Per Capita (m^2)	建成区绿化覆盖率 (%) Green Coverage Rate of Built District (%)	建成区绿地率 (%) Green Space Rate of Built District (%)	生活垃圾处理率 (%) Domestic Garbage Treatment Rate (%)	生活垃圾无害化处理率 Domestic Garbage Harmless Treatment Rate	县名称 Name of Counties
95.34	95.34	8.12	33.36	30.33	100.00		屏山县
85.52	85.52	12.31	38.03	33.22	100.00	100.00	岳池县
100.00	100.00	8.50	50.87	38.33	100.00	100.00	武胜县
76.97	76.97	5.29	18.53	23.40	100.00	100.00	邻水县
83.04	83.04	10.08	14.57	13.01	100.00	100.00	宣汉县
69.53	69.53	13.34	30.91	29.73	100.00	100.00	开江县
100.00	100.00	6.50	30.79	27.73	100.00	100.00	大竹县
69.45	69.45	8.84			100.00	100.00	渠　县
64.56	64.56	16.67	36.17	32.69	100.00	100.00	荥经县
67.53	67.53	14.38	38.13	35.63	96.30	96.30	汉源县
87.30	87.30	11.36	37.95	33.08	100.00	100.00	石棉县
100.00	100.00	5.11	10.63	10.31	100.00	100.00	天全县
75.40	75.40	13.11	26.90	24.29	100.00		芦山县
86.76	86.76	8.56	41.38	37.14	96.77	96.77	宝兴县
84.91	84.91	16.91	35.80	30.47	91.09		通江县
49.65	49.65	8.24	26.23	12.39	78.90	78.90	南江县
95.08		11.22	25.62	20.86	92.37	92.37	平昌县
76.70	76.70	6.41	18.46	15.61	100.00	100.00	安岳县
80.52	80.52	10.71	41.09	34.85	52.03	52.03	乐至县
		9.86	22.72	11.11	97.50	97.50	汶川县
88.24	88.24	3.68	8.47	7.34	77.19	77.19	理　县
74.14	74.14	0.76	22.45	15.31	96.52		茂　县
		9.85	19.15	17.59	94.59	94.59	松潘县
60.10	60.10	12.18	14.29	12.15	98.51	98.51	九寨沟县
		3.90	4.78	2.59	92.45		金川县
		5.83	4.55	3.81	85.71		小金县
		3.75	2.65	1.82	96.49		黑水县
		7.41	3.53	2.35	95.00	95.00	壤塘县
		10.24	7.21	4.09	98.00	98.00	阿坝县
		1.79	25.36	23.21	97.22		若尔盖县
		1.80	28.68	25.63	97.62		红原县
23.41	23.41	2.41	5.65	5.22	97.47	97.47	泸定县
			1.90		3.54		丹巴县
		1.18	2.11	2.63	58.82	58.82	九龙县
		1.60	4.76	3.57	100.00		雅江县
		1.13	1.22	0.78	51.00	51.00	道孚县
		8.25	4.34	5.67	21.31		炉霍县
		1.44	2.09	1.04	95.52	95.52	甘孜县
		2.06	2.44	4.88	21.57	21.57	新龙县
		6.08	3.33	3.33	68.97		德格县
		1.23	1.11	2.83			白玉县
		0.37	0.83	0.22	31.43		石渠县
		5.62	1.76	1.24	76.92		色达县
		2.00	1.79	1.04	100.00		理塘县
		1.02	7.80	6.42	94.83	94.83	巴塘县

1–3 续表 24

县名称 Name of Counties	人口密度 (人/平方公里) Population Density (person/ square kilometer)	人均日生活用水量 (升) Daily Water Consumption Per Capita (liter)	用水普及率 (%) Water Coverage Rate (%)	燃气普及率 (%) Gas Coverage Rate (%)	建成区供水管道密度 (公里/平方公里) Density of Water Supply Pipelines in Built District (kilometer/ square kilometer)	人均道路面积 (平方米) Road Surface Area Per Capita (m^2)	建成区排水管道密度 (公里/平方公里) Density of Sewers in Built District (kilometer/ square kilometer)
乡城县	4941	106.23	14.58	89.29	3.95	6.70	1.16
稻城县	938	258.49	94.29	85.71	7.32	29.60	1.60
得荣县	1057	162.10	75.00	89.58	12.31	14.58	1.69
木里藏族自治县	8067	160.36	73.14	45.45	15.83	7.73	9.11
盐源县	13693	130.95	100.00	14.19	10.82	8.50	7.99
德昌县	3876	214.79	88.97	51.60	20.40	18.61	21.79
会理县	4595	106.06	99.66	99.66	21.47	5.50	9.31
会东县	5964	115.72	85.33	30.09	14.11	5.46	5.57
宁南县	6167	263.34	90.54	54.05	13.58	0.99	11.17
普格县	6939	125.10	95.63	43.67	32.50	3.32	2.08
布拖县	7300	147.76	91.44	17.47	9.63	9.25	8.00
金阳县	8727	138.47	100.00	57.29	7.24	4.58	4.09
昭觉县	7080	103.76	85.03	28.25	9.67	6.50	6.37
喜德县	9246	262.31	73.67		13.27	9.72	8.46
冕宁县	5427	121.77	85.34	21.55	13.69	7.79	7.59
越西县	5789	210.51	99.09	22.73	4.61	6.09	3.72
甘洛县	10180	135.68	83.22	22.08	12.24	4.42	20.27
美姑县	12087	109.38	89.21	34.53	14.87	3.96	6.84
雷波县	10000	205.05	74.42	51.16	5.33	8.02	2.28
贵州	**2463**	**98.48**	**87.66**	**55.23**	**8.17**	**10.46**	**5.43**
开阳县	4043	102.28	97.97	61.40	11.75	11.58	2.12
息烽县	5685	88.11	85.62	85.89	13.24	9.94	5.56
修文县	10703	80.03	84.96	65.69	9.51	12.41	13.09
水城县	2046	137.57	98.16	49.21	8.07	15.22	9.04
盘　县	5200	72.58	95.58	38.46	17.71	16.57	3.89
六枝特区	2374	65.53	91.19	54.71	5.01	5.32	3.24
遵义县	1688	111.20	98.28	93.30	11.51	15.80	4.04
桐梓县	1323	130.20	92.13	83.46	7.27	7.95	5.93
绥阳县	1074	90.88	90.80	49.62	8.82	6.02	6.71
正安县	1333	83.76	93.75	83.33	5.33	7.63	3.33
道真仡佬族苗族自治县	1093	100.54	90.98	58.82	5.40	9.15	4.32
务川仡佬族苗族自治县	1009	99.89	90.09	31.53	4.29	13.42	3.14
凤冈县	899	119.60	84.55	57.46	4.07	16.36	1.42
湄潭县	1320	102.05	71.30	28.52	6.21	8.47	2.64
余庆县	1042	172.60	84.32	60.80	5.12	19.14	9.04
习水县	1541	111.54	95.00	50.88	8.50	9.04	5.04
普定县	5010	99.03	85.89	22.26	10.79	7.10	5.61
镇宁布依族苗族自治县	2394	82.36	97.67	30.71	15.37	9.00	7.67
关岭布依族苗族自治县	3505	85.77	67.65	39.22	4.48	8.24	3.50
紫云苗族布依族自治县	5711	65.41	78.70	24.91	14.88	5.49	2.93
江口县	5506	88.62	87.29	63.55	14.52	12.04	5.23
玉屏侗族自治县	5818	96.90	83.33	46.13	11.94	13.54	6.46
石阡县	5060	83.24	85.21	88.05	9.77	10.35	5.17
思南县	1780	83.89	83.48	67.42	6.10	10.56	2.78
印江土家族苗族自治县	7087	130.14	87.91	69.23	11.20	7.58	10.11

continued 24

污水处理率 (%) Wastewater Treatment Rate (%)	污水处理厂集中处理率 Centralized Treatment Rate of Wastewater Treatment	人均公园绿地面积 (平方米) Public Recreational Green Space Per Capita (m^2)	建成区绿化覆盖率 (%) Green Coverage Rate of Built District (%)	建成区绿地率 (%) Green Space Rate of Built District (%)	生活垃圾处理率 (%) Domestic Garbage Treatment Rate (%)	生活垃圾无害化处理率 Domestic Garbage Harmless Treatment Rate	县名称 Name of Counties
		0.36			18.29		乡城县
30.41	30.41	32.86	7.28	19.78	71.83	71.83	稻城县
		5.00	3.08	6.46	86.67		得荣县
		5.79	16.11	16.11			木里藏族自治县
					96.83		盐源县
23.74	23.74	10.85	44.25	31.61	100.00	100.00	德昌县
87.84	87.84	8.25	38.99	32.86	100.00	100.00	会理县
		14.97	52.83	38.59	91.00	91.00	会东县
		12.43	25.52	26.67	88.28		宁南县
		10.92	20.83	14.58			普格县
		6.85	32.00	38.00	85.05	85.05	布拖县
		8.41	28.32	12.93			金阳县
		5.65	27.33	17.33			昭觉县
		6.27	28.85	13.85			喜德县
		5.50	28.49	25.30	97.53	97.53	冕宁县
		8.18	33.02	27.21	94.74	94.74	越西县
		11.04	52.36	39.09	100.00	100.00	甘洛县
		1.83					美姑县
		2.37			96.77	96.77	雷波县
77.84	**77.84**	**5.76**	**19.04**	**15.71**	**75.42**	**74.17**	**贵州**
98.66	98.66	10.96	36.94	35.79	80.15	80.15	开阳县
69.06	69.06	10.82	19.86	11.86	72.51	72.51	息烽县
86.07	86.07	13.43	18.39	33.57	80.14	80.14	修文县
65.50	65.50	11.32	34.14	31.21	80.00	80.00	水城县
91.20	91.20	9.15	35.00	33.60	90.40	90.40	盘　县
80.06	80.06	1.06	20.82	6.24	76.17	76.17	六枝特区
97.36	97.36	12.01	22.19	25.79	82.98	82.98	遵义县
85.27	85.27	6.30	12.00	5.33	83.33	83.33	桐梓县
95.24	95.24	1.20	4.24	3.53	80.11	80.11	绥阳县
82.21	82.21	7.08	17.06	13.54	80.10	80.10	正安县
89.72	89.72	0.65	10.64	3.98	80.15	80.15	道真仡佬族苗族自治县
83.18	83.18	4.50	11.43	10.14	81.30	81.30	务川仡佬族苗族自治县
98.48	98.48	3.93	6.34	3.09	78.91	78.91	凤冈县
61.47	61.47	9.15	29.79	28.91	80.16	80.16	湄潭县
64.50	64.50	15.20	36.66	22.94	81.29	81.29	余庆县
85.66	85.66	9.65	16.92	14.69	80.04	80.04	习水县
51.00	51.00	6.55	37.50	36.13	79.94	79.94	普定县
61.82	61.82	2.10	14.16	13.25	80.12	80.12	镇宁布依族苗族自治县
84.09	84.09	2.65	19.63	2.52	81.43	81.43	关岭布依族苗族自治县
60.42	60.42	14.25	25.69	21.77	77.80	77.80	紫云苗族布依族自治县
71.77	71.77	14.55	15.60	19.64	72.00	72.00	江口县
56.50	56.50	4.46	19.84	19.18	55.43	55.43	玉屏侗族自治县
80.46	80.46	0.83	15.14	14.22	59.93	59.93	石阡县
84.84	84.84	3.37	17.36	16.22	80.00	80.00	思南县
53.81	53.81	0.88	19.57	21.09	56.67	56.67	印江土家族苗族自治县

1-3 续表 25

县名称 Name of Counties	人口密度（人/平方公里）Population Density (person/square kilometer)	人均日生活用水量（升）Daily Water Consumption Per Capita (liter)	用水普及率（%）Water Coverage Rate (%)	燃气普及率（%）Gas Coverage Rate (%)	建成区供水管道密度（公里/平方公里）Density of Water Supply Pipelines in Built District (kilometer/square kilometer)	人均道路面积（平方米）Road Surface Area Per Capita (m^2)	建成区排水管道密度（公里/平方公里）Density of Sewers in Built District (kilometer/square kilometer)
德江县	930	100.94	95.00	53.00	4.68	12.92	3.49
沿河土家族自治县	5338	115.90	91.27	83.54	3.66	17.47	3.28
松桃苗族自治县	4231	65.97	92.27	54.55	3.16	6.19	3.06
兴仁县	2691	110.35	79.02	69.00	11.81	11.51	3.78
普安县	1115	99.87	86.94	68.52	13.23	5.48	6.18
晴隆县	7576	66.74	92.22	26.67	10.52	10.30	8.49
贞丰县	7409	89.08	92.37	35.97	13.60	16.31	6.33
望谟县	3667	92.20	89.30	37.79	6.98	8.56	4.09
册亨县	4250	71.88	77.49	53.71	6.36	5.75	4.24
安龙县	4199	113.25	93.74	42.12	7.04	12.37	5.68
大方县	4606	64.83	97.89	24.59	3.18	6.95	4.09
黔西县	7895	116.69	99.00	43.67	13.92	13.61	7.40
金沙县	6113	120.94	71.64	47.51	5.06	8.33	11.21
织金县	3312	113.01	80.00	37.27	7.88	5.82	5.50
纳雍县	897	89.38	85.11	47.87	3.29	10.74	8.86
威宁彝族回族苗族自治县	1065	81.85	67.08	44.72	3.31	14.23	2.46
赫章县	686	56.86	84.42	48.31	6.08	11.22	5.63
黄平县	4736	59.94	83.94	44.51	7.00	8.34	18.61
施秉县	11564	81.71	93.44	43.03	6.25	8.67	4.25
三穗县	1356	100.52	85.41	54.07	7.87	12.51	5.84
镇远县	7400	81.62	90.27	55.41	3.15	9.13	3.48
岑巩县	5294	79.97	88.43	76.39	7.35	8.07	6.28
天柱县	6875	118.96	85.09	38.18	4.38	6.18	4.76
锦屏县	2982	91.50	87.10	63.42	8.90	6.22	6.34
剑河县	8404	63.04	87.41	92.91	13.38	10.47	13.05
台江县	7786	68.22	95.21	66.13	8.53	11.99	6.57
黎平县	6149	111.20	98.90	78.24	21.59	9.27	3.46
榕江县	5767	189.11	69.49	71.19	3.45	17.97	4.06
从江县	3353	99.22	93.67	53.16	11.37	11.34	11.94
雷山县	6438	98.52	97.09	74.43	17.39	13.39	8.06
麻江县	3872	90.36	97.68	80.13	16.99	19.30	7.11
丹寨县	5281	94.65	91.70	58.72	4.37	7.15	5.89
荔波县	5871	177.83	79.85	40.30	5.30	14.30	5.98
贵定县	5222	118.43	98.94	59.57	6.13	10.54	6.87
瓮安县	7441	74.45	84.15	59.76	5.85	7.20	6.96
独山县	6010	130.96	98.34	84.86	12.41	16.14	9.13
平塘县	4306	155.59	77.42	43.01	5.67	7.15	5.22
罗甸县	5072	72.30	76.67	36.67	10.62	7.33	0.95
长顺县	9577	104.16	81.12	62.25	4.42	9.44	9.08
龙里县	5773	83.69	90.01	88.28	9.18	11.29	6.63
惠水县	9076	125.06	74.56	42.54	10.78	6.40	7.05
三都水族自治县	5079	93.88	95.55	55.68	18.68	12.38	5.79
云南	**3899**	**108.88**	**89.81**	**46.55**	**12.97**	**12.69**	**10.17**
晋宁县	2682	196.02	67.48	26.64	6.21	15.79	10.48
富民县	1818	78.84	75.44	14.15	8.81	13.85	9.23

continued 25

污水处理率 (%) Wastewater Treatment Rate (%)	污水处理厂集中处理率 Centralized Treatment Rate of Wastewater Treatment Plants	人均公园绿地面积 (平方米) Public Recreational Green Space Per Capita (m^2)	建成区绿化覆盖率 (%) Green Coverage Rate of Built District (%)	建成区绿地率 (%) Green Space Rate of Built District (%)	生活垃圾处理率 (%) Domestic Garbage Treatment Rate (%)	生活垃圾无害化处理率 Domestic Garbage Harmless Treatment Rate	县名称 Name of Counties
70.46	70.46	14.00	11.74	9.25	82.75	82.75	德江县
80.00	80.00	2.15	10.94	10.76	80.00	80.00	沿河土家族自治县
95.42	95.42	8.64	20.22	16.04	71.21	71.21	松桃苗族自治县
65.71	65.71	6.26	31.21	29.66	69.05	69.05	兴仁县
62.50	62.50	14.56	29.09	27.86	80.00	80.00	普安县
45.08	45.08	10.07	16.67	15.11	66.67	66.67	晴隆县
55.10	55.10	6.31	21.83	21.64	80.06	80.06	贞丰县
59.46	59.46	6.06	32.20	30.64	68.18	68.18	望谟县
85.87	85.87	4.30	11.66	11.17	67.92	67.92	册亨县
46.58	46.58	2.91	33.51	31.86	80.11	80.11	安龙县
93.38	93.38	13.47	5.65	5.39	80.00	80.00	大方县
65.57	65.57	7.47	32.40	32.07	80.06	80.06	黔西县
86.09	86.09	2.27	4.85	2.06	80.05	80.05	金沙县
80.77	80.77	0.91	8.67	8.33	80.00	80.00	织金县
80.60	80.60	9.11	10.59	9.63	80.05	80.05	纳雍县
88.89	88.89	2.66	6.85	5.64	80.99	80.99	威宁彝族回族苗族自治县
69.68	69.68	1.30	14.68	13.92	72.46		赫章县
88.51	88.51	0.14	12.96	13.33	80.00	80.00	黄平县
93.57	93.57	5.77	18.90	15.75	79.78	79.78	施秉县
76.80	76.80	0.46	6.41	5.88	77.22	77.22	三穗县
95.24	95.24	0.68	21.11	20.50	80.00	80.00	镇远县
94.58	94.58	3.47	7.26	3.43	80.10	80.10	岑巩县
66.67	66.67	1.97	10.84	7.87	25.11	25.11	天柱县
84.00	84.00	5.71	9.02	7.07	80.10	80.10	锦屏县
75.95	75.95	1.14	17.31	17.31	80.00	80.00	剑河县
90.09	90.09	0.64	3.43	0.57	80.31	80.31	台江县
76.14	76.14	2.53	14.62	13.08	84.88	84.88	黎平县
82.06	82.06	1.32	5.17	5.38	24.02	24.02	榕江县
96.30	96.30	1.27	7.79	7.48	68.18	68.18	从江县
79.65	79.65	2.59	2.57	2.29	69.86	69.86	雷山县
82.76	82.76	0.99	1.17	1.37	80.25	80.25	麻江县
75.34	75.34	0.30	4.88	4.88	66.67	66.67	丹寨县
79.73	79.73	7.09	22.05	15.54	72.73	72.73	荔波县
86.67	86.67	4.15	26.99	6.75	80.00	80.00	贵定县
84.47	84.47	3.66	18.46	13.38	78.47	78.47	瓮安县
78.47	78.47	6.16	24.32	15.14	56.86	56.86	独山县
91.16	91.16	5.38	22.33	11.24	80.08	80.08	平塘县
97.50	97.50	4.50	30.49	12.72	41.27	41.27	罗甸县
84.11	84.11	1.41	23.08	4.23	67.57	67.57	长顺县
64.10	64.10	5.35	33.67	32.45	79.75	79.75	龙里县
48.04	48.04	3.60	37.57	21.55	79.37	79.37	惠水县
87.79	87.79	13.36	21.64	15.85	46.98	46.98	三都水族自治县
76.22	**76.02**	**8.34**	**29.31**	**25.78**	**95.42**	**77.61**	**云南**
87.18	87.18	12.67	39.58	34.60	100.00	100.00	晋宁县
89.33	89.33	12.13	44.46	41.53	97.97		富民县

1-3 续表 26

县名称 Name of Counties	人口密度 (人/平方公里) Population Density (person/ square kilometer)	人均日生活用水量 (升) Daily Water Consumption Per Capita (liter)	用水普及率 (%) Water Coverage Rate (%)	燃气普及率 (%) Gas Coverage Rate (%)	建成区供水管道密度 (公里/平方公里) Density of Water Supply Pipelines in Built District (kilometer/ square kilometer)	人均道路面积 (平方米) Road Surface Area Per Capita (m^2)	建成区排水管道密度 (公里/平方公里) Density of Sewers in Built District (kilometer/ square kilometer)
宜良县	5200	97.49	93.72	58.16	14.39	12.35	8.41
石林彝族自治县	1130	104.96	97.98	42.93	4.28	16.46	12.37
禄劝彝族苗族自治县	7463	112.17	88.78	88.78	7.90	12.91	8.53
寻甸回族彝族自治县	6094	121.81	93.69	68.72	29.49	15.17	16.53
阳宗海风景名胜区	3052					21.81	10.10
倘甸产业园区和轿子山旅游开发区	424	80.16	97.12	26.44	33.29	7.02	7.38
嵩明县	13016	144.40	83.50	77.27	56.47	8.42	23.43
马龙县	3586	86.61	92.63	63.75	10.83	18.32	9.33
陆良县	8873	88.72	84.66	44.17	12.66	14.91	10.78
师宗县	8571	78.80	87.50	48.33	4.42	13.58	8.19
罗平县	5367	101.14	98.21	97.83	12.23	22.81	7.05
富源县	9094	80.82	82.84	49.70	5.52	6.29	7.99
会泽县	3556	60.37	92.19	14.69	10.52	16.04	6.51
沾益县	5801	96.82	100.00	41.57	9.05	24.01	12.99
江川县	8014	91.10	88.25	21.55	19.61	5.99	4.88
澄江县	2952	159.58	91.94	64.52	52.33	30.57	24.59
通海县	2846	87.33	90.79	50.73	10.28	13.99	8.17
华宁县	1094	117.80	100.00	27.52	33.91	23.65	13.59
易门县	3573	180.65	94.67	94.67	18.79	24.56	21.53
峨山县	3641	152.05	100.00	76.73	19.57	20.46	11.34
新平县	2168	154.31	100.00	18.90	25.88	17.94	8.77
元江县	3720	183.42	95.16	26.88	23.65	17.03	19.04
施甸县	4559	138.63	90.42	47.02	10.71	13.65	13.20
龙陵县	3582	133.41	90.69	56.94	10.67	10.08	3.71
昌宁县	4344	99.04	90.65	41.29	9.13	11.79	8.11
鲁甸县	9146	100.16	96.80	42.67	19.55	9.57	16.75
巧家县	6554	103.39	99.56	29.54	7.55	8.02	9.07
盐津县	8916	93.95	98.48	30.40	11.25	3.36	20.31
大关县	6588	97.39	97.15	38.14	3.69	4.74	9.32
永善县	6868	70.14	98.02	60.91	5.42	5.01	6.70
绥江县	7748	118.13	98.40	32.49	22.84	13.16	17.27
镇雄县	8767	88.41	92.59	18.71	10.20	3.56	8.27
彝良县	3875	97.11	93.29	40.13	6.93	5.13	7.82
威信县	11925	109.05	99.84	49.53	14.08	7.59	17.97
水富县	3288	144.83	100.00	94.10	13.44	10.09	4.70
玉龙纳西族自治县	1858	55.63	100.00	89.85	2.73	101.22	18.11
永胜县	6000	174.88	94.44	88.89	15.96	13.38	8.25
华坪县	5000	191.78	100.00	86.67	44.30	14.57	9.05
宁蒗县	8267	171.65	89.25	80.65	6.89	3.76	4.85
宁洱哈尼族彝族自治县	3689	112.18	95.05	90.29	20.06	13.19	11.47
墨江哈尼族自治县	5977	88.59	93.99	48.08	9.91	9.19	6.30
景东彝族自治县	5653	125.22	97.79	73.71	11.81	15.09	11.54
景谷傣族彝族自治县	5261	156.90	100.00	38.34	5.79	13.46	7.64
镇沅彝族哈尼族拉祜族自治县	5860	145.43	67.58	70.99	14.66	9.99	13.91

continued 26

污水处理率 (%) Wastewater Treatment Rate (%)	污水处理厂集中处理率 Centralized Treatment Rate of Wastewater Treatment Plants	人均公园绿地面积 (平方米) Public Recreational Green Space Per Capita (m^2)	建成区绿化覆盖率 (%) Green Coverage Rate of Built District (%)	建成区绿地率 (%) Green Space Rate of Built District (%)	生活垃圾处理率 (%) Domestic Garbage Treatment Rate (%)	生活垃圾无害化处理率 Domestic Garbage Harmless Treatment Rate	县名称 Name of Counties
82.27	82.27	10.83	39.47	35.71	98.92		宜良县
80.11	80.11	16.23	38.49	34.90	98.59		石林彝族自治县
90.30	90.30	14.81	46.33	41.56	100.00	100.00	禄劝彝族苗族自治县
78.99	78.99	8.57	37.24	32.04	85.62		寻甸回族彝族自治县
66.49	66.49	9.05	22.38	21.55			阳宗海风景名胜区
		3.99	19.62	14.27			倘甸产业园区和轿子山旅游开发区
77.02	72.13	6.97	43.18	39.05	94.61	94.61	嵩明县
90.14	90.14	10.22	38.48	33.65	100.00	100.00	马龙县
86.16	86.16	9.07	37.00	34.69	100.00		陆良县
73.30	73.30	9.92	32.61	31.45	100.00	100.00	师宗县
83.16	83.16	11.80	41.59	36.15	100.00		罗平县
85.06	85.06	8.30	36.80	32.11	100.00	100.00	富源县
91.67	91.67	10.55	34.07	30.07	100.00	100.00	会泽县
87.05	87.05	9.21	37.86	34.41	100.00	100.00	沾益县
67.01	67.01	5.17	26.21	24.73	100.00	100.00	江川县
82.28	82.28	9.63	38.74	34.82	95.00		澄江县
85.41	85.41	19.54	38.27	33.19	98.65	98.65	通海县
85.03	85.03	8.90	40.46	36.66	100.00	100.00	华宁县
88.93	88.93	17.46	40.04	35.01	100.00	100.00	易门县
85.65	85.65	9.46	39.76	34.70	100.00	100.00	峨山县
85.00	85.00	15.12	39.23	34.61	100.00	100.00	新平县
85.03	85.03	9.05	39.17	33.98	96.73		元江县
86.58	86.58	4.16	26.06	25.89	100.00	100.00	施甸县
59.39	59.39	6.62	34.03	31.34	99.26	99.26	龙陵县
93.10	93.10	8.35	31.18	29.78	100.00	100.00	昌宁县
89.13	89.13	6.67	17.31	13.54	100.00	100.00	鲁甸县
58.93	58.93	2.36	6.79	2.74	100.00		巧家县
34.89	34.89	0.46	6.09	3.13	100.00	100.00	盐津县
50.00	50.00	2.47	10.26	5.61	100.00		大关县
65.67	65.67	0.85	19.00	13.66	100.00	100.00	永善县
67.08	67.08	11.95	43.38	38.81	100.00	100.00	绥江县
77.50	77.50	3.35	14.92	8.34	100.00	100.00	镇雄县
53.47	53.47	2.32	6.39	3.50	100.00		彝良县
86.72	86.72	1.90	8.50	4.91	100.00		威信县
69.83	69.83	12.59	30.90	25.24	100.00	100.00	水富县
		18.38	32.82	31.00	100.00	100.00	玉龙纳西族自治县
90.96	90.96	7.22	20.25	20.08	96.24	96.24	永胜县
78.67	78.67	16.17	38.71	35.47	100.00	100.00	华坪县
83.33	83.33	2.15	13.77	10.95	91.67	91.67	宁蒗县
97.01	97.01	13.93	38.67	33.81	95.62	95.62	宁洱哈尼族彝族自治县
91.30	91.30	5.29	9.96	7.41	95.09	95.09	墨江哈尼族自治县
87.43	87.43	12.99	10.84	8.22	96.18	96.18	景东彝族自治县
42.74	42.74	8.20	30.56	30.15	97.00	97.00	景谷傣族彝族自治县
85.19	85.19	12.97	40.50	35.19	95.21	95.21	镇沅彝族哈尼族拉祜族自治县

1-3 续表 27

县名称 Name of Counties	人口密度(人/平方公里) Population Density (person/ square kilometer)	人均日生活用水量(升) Daily Water Consumption Per Capita (liter)	用水普及率(%) Water Coverage Rate (%)	燃气普及率(%) Gas Coverage Rate (%)	建成区供水管道密度(公里/平方公里) Density of Water Supply Pipelines in Built District (kilometer/ square kilometer)	人均道路面积(平方米) Road Surface Area Per Capita (m^2)	建成区排水管道密度(公里/平方公里) Density of Sewers in Built District (kilometer/ square kilometer)
江城哈尼族彝族自治县	4242	93.81	96.43	53.57	7.88	7.93	6.63
孟连傣族拉祜族佤族自治县	7076	83.73	95.29	44.97	7.53	9.67	9.51
澜沧拉祜族自治县	2457	68.90	87.16	50.51	12.51	6.57	6.47
西盟佤族自治县	2900	80.73	85.34	56.03	10.05	14.83	15.34
凤庆县	7607	263.71	87.70	57.28	8.67	6.09	7.16
云　县	4804	181.99	82.51	51.62	19.82	9.60	6.33
永德县	12075	77.96	83.44	4.53	11.27	6.36	7.85
镇康县	6882	98.51	79.77	11.40	19.69	21.74	16.68
双江拉祜族佤族布朗族傣族自治县	10317	115.06	64.30	32.47	10.57	11.11	8.34
耿马傣族佤族自治县	6734	127.24	87.69	63.43	12.71	15.75	12.41
沧源佤族自治县	4853	62.87	73.93	22.47	15.86	15.38	18.99
双柏县	5563	86.51	97.32	86.61	24.39	11.88	12.46
牟定县	2338	94.75	100.00	59.36	13.58	14.47	9.33
南华县	4743	72.15	87.86	62.30	18.60	15.14	12.65
姚安县	2200	116.74	100.00	69.70	12.04	17.29	10.56
大姚县	5144	132.78	99.65	78.98	6.56	19.89	8.80
永仁县	1280	130.84	85.94	65.63	17.36	4.91	13.71
元谋县	6589	62.10	96.77	48.39	14.19	12.04	10.59
武定县	1558	103.77	98.90	46.59	23.33	7.56	6.92
禄丰县	1834	131.44	100.00	62.62	8.58	18.67	9.15
屏边苗族自治县	4213	137.21	95.59	29.41	9.87	7.84	9.56
建水县	6482	94.37	93.51	19.24	8.23	10.14	10.16
石屏县	6298	121.63	86.57	75.75	8.44	12.26	13.98
泸西县	7692	76.17	78.25	25.80	17.93	19.42	15.23
元阳县	1563	189.33	98.40	10.40	6.36	33.77	19.37
红河县	6617	75.72	94.96	22.67	10.43	9.62	10.41
金平苗族瑶族傣族自治县	10180	62.97	98.73	53.16	6.38	8.60	15.40
绿春县	6798	126.55	76.09	36.23	6.49	7.41	4.26
河口县	10244	131.32	81.71	53.68	7.50	10.34	8.57
砚山县	7829	121.46	82.09	60.95	10.03	19.57	4.02
西畴县	4541	142.12	95.24	60.12	17.32	17.52	18.14
麻栗坡县	8844	58.38	86.14	65.35	12.18	6.47	6.55
马关县	4268	83.38	65.29	27.20	9.06	8.11	12.62
丘北县	2048	78.22	68.49	27.05	5.91	8.55	7.52
广南县	5685	82.80	100.00	44.44	12.04	15.34	4.10
富宁县	5775	98.15	99.57	86.87	5.85	10.50	5.18
勐海县	1258	122.34	100.00	64.90	16.17	8.78	6.45
勐腊县	1026	100.34	100.00	91.56	12.61	9.14	4.51
漾濞彝族自治县	6135	74.48	83.70	31.66	9.86	4.08	4.74
祥云县	4243	73.22	98.72	32.34	11.08	13.94	7.20
宾川县	2646	132.33	96.00	25.80	37.98	21.35	14.18

continued 27

污水处理率(%) Wastewater Treatment Rate (%)	污水处理厂集中处理率 Centralized Treatment Rate of Wastewater Treatment Plants	人均公园绿地面积(平方米) Public Recreational Green Space Per Capita (m^2)	建成区绿化覆盖率(%) Green Coverage Rate of Built District (%)	建成区绿地率(%) Green Space Rate of Built District (%)	生活垃圾处理率(%) Domestic Garbage Treatment Rate (%)	生活垃圾无害化处理率 Domestic Garbage Harmless Treatment Rate	县名称 Name of Counties
81.37	81.37	11.43	39.50	33.38	90.48	90.48	江城哈尼族彝族自治县
90.63	90.63	2.14	12.55	12.36	93.90	93.90	孟连傣族拉祜族佤族自治县
82.24	82.24	2.89	12.68	8.51	96.58	96.58	澜沧拉祜族自治县
88.24	88.24	12.93	41.27	39.00	92.86	92.86	西盟佤族自治县
40.55	40.55	6.86	31.85	30.35	85.05	85.05	凤庆县
48.42	48.42	5.18	36.37	31.46	66.27	66.27	云　县
80.24	80.24	8.50	35.12	30.14	91.49	91.49	永德县
85.89	85.89	29.91	42.19	37.42	90.15	90.15	镇康县
96.02	96.02	8.64	41.17	36.53	91.04	91.04	双江拉祜族佤族布朗族傣族自治县
92.16	92.16	7.59	40.50	35.50	91.80	91.80	耿马傣族佤族自治县
88.89	88.89	8.84	39.92	34.53	92.59	92.59	沧源佤族自治县
76.52	76.52	15.00	32.50	27.18	96.15	96.15	双柏县
88.64	88.64	10.16	32.27	28.60	96.09	96.09	牟定县
82.22	82.22	10.39	33.23	28.45	94.85	94.85	南华县
77.42	77.42	14.85	30.77	26.45	92.37	92.37	姚安县
91.13	91.13	16.85	38.38	34.49	95.88	95.88	大姚县
87.50	62.50	14.69	36.28	33.28	94.87	94.87	永仁县
81.40	81.40	1.61	28.15	26.52	90.87	90.87	元谋县
86.12	86.12	10.44	32.90	32.36	93.58	93.58	武定县
70.07	70.07	10.75	33.18	30.39	92.19	92.19	禄丰县
80.00	80.00	7.55	13.33	12.68	100.00	100.00	屏边苗族自治县
88.83	88.83	9.42	39.00	34.15	100.00	100.00	建水县
85.67	85.67	10.82	37.04	32.59	87.01	87.01	石屏县
76.97	76.97	14.19	38.75	35.38	90.82	90.82	泸西县
85.05	85.05	12.80	33.46	30.60	89.92	89.92	元阳县
42.55	42.55	1.34	8.70	5.27	100.00	100.00	红河县
71.72	71.72	3.04	17.05	13.23	86.13		金平苗族瑶族傣族自治县
60.66	60.66	3.30	25.53	20.96	100.00	100.00	绿春县
79.86	79.86	11.73	35.24	31.90	92.91	92.91	河口县
66.15	66.15	14.59	20.11	19.89	93.89	93.89	砚山县
41.86	41.86	3.54	3.58	2.00	80.83	80.83	西畴县
84.26	84.26	5.15	9.43	9.30	88.82	88.82	麻栗坡县
100.00	100.00	3.16	6.83	6.63	93.84	93.84	马关县
55.08	55.08	10.36	16.77	10.12	92.50	92.50	丘北县
85.90	85.90	3.33	11.11	9.91	92.05	92.05	广南县
75.16	75.16	3.54	8.16	7.63	91.83	91.83	富宁县
64.91	64.91	8.89	36.55	30.90	100.00	100.00	勐海县
85.00	85.00	10.95	36.41	32.02	100.00	100.00	勐腊县
87.64	87.64	9.40	16.23	14.78	88.89		漾濞彝族自治县
91.96	91.96	1.87	30.86	26.77	94.89	94.89	祥云县
82.97	82.97	9.20	37.66	33.24	100.00	100.00	宾川县

1-3 续表 28

县名称 Name of Counties	人口密度 (人/平方公里) Population Density (person/ square kilometer)	人均日生活用水量 (升) Daily Water Consumption Per Capita (liter)	用　水普及率 (%) Water Coverage Rate (%)	燃　气普及率 (%) Gas Coverage Rate (%)	建成区供水管道密度 (公里/平方公里) Density of Water Supply Pipelines in Built District (kilometer/ square kilometer)	人均道路面积 (平方米) Road Surface Area Per Capita (m^2)	建成区排水管道密度 (公里/平方公里) Density of Sewers in Built District (kilometer/ square kilometer)
弥渡县	6943	149.00	81.65	24.54	12.84	14.18	16.75
南涧彝族自治县	4089	165.65	94.20	36.23	21.67	11.36	9.46
巍山彝族回族自治县	5375	81.55	90.91	25.37	6.77	6.41	3.97
永平县	5200	98.93	86.54	19.23	12.29	14.39	5.54
云龙县	2585	189.00	87.59	72.99	26.95	40.01	26.60
洱源县	2520	109.82	64.02	55.56	10.89	9.15	12.11
剑川县	3979	240.56	89.13	43.48	47.55	25.53	17.36
鹤庆县	2053	165.20	99.26	37.17	18.98	23.26	21.51
梁河县	6025	72.23	91.29	10.37	4.25	11.49	12.65
盈江县	5208	104.80	100.00	41.73	24.59	13.29	11.98
陇川县	3777	54.11	87.53	22.76	10.18	15.69	10.68
泸水县	6399	74.36	91.62	39.27	8.86	14.65	7.78
福贡县	7880	163.54	51.27	51.27	6.42	11.17	10.36
贡山独龙族怒族自治县	4905	118.90	58.25	60.19	11.26	17.74	10.76
兰坪白族普米族自治县	2010	200.82	95.02	54.73	10.90	37.22	15.23
德钦县	2280	173.73	60.71	35.71	11.04	13.00	8.83
维西傈僳族自治县	5293	117.03	77.84	77.32	7.73	9.73	7.76
西藏	**1966**	**205.98**	**55.65**	**29.74**	**3.84**	**13.35**	**2.76**
林周县	1073	213.70	82.47	35.05	3.07	38.76	1.55
当雄县	1067	105.21	62.50	51.79	4.19	41.95	3.86
尼木县	989	201.93	30.34	35.96	3.25	14.08	0.64
曲水县	1465	158.73	100.00	71.43	3.66	23.67	3.22
达孜县	742	251.79	63.64	9.09	3.58	16.35	0.09
墨竹工卡县	1966	148.36	50.48	95.24	3.48	9.70	1.87
江达县	4182	160.73	65.22	21.74	3.13	3.28	3.50
贡觉县	4545	255.55	72.50	25.00	2.27	3.38	2.39
类乌齐县	750	217.97	75.56	22.22	2.88	3.36	0.61
丁青县	3388	363.72	70.73	31.71	1.82	4.02	2.48
察雅县	3415	304.90	73.81	35.71	1.64	4.00	1.64
八宿县	5341	415.38	65.96	19.15	1.52	2.79	3.79
左贡县	3462	402.12	68.89	66.67	2.00	4.00	2.73
芒康县	1400	179.50	69.05	35.71	2.87	4.00	1.91
洛隆县	2826	375.53	74.36	51.28	2.00	3.79	2.00
边坝县	9833	245.56	22.88	22.03	4.21	1.71	2.63
乃东县	3206	318.59	74.47		0.89	20.21	
扎囊县	2432	96.80	66.67		2.16		
贡嘎县	2896	157.81	80.00		3.36	8.55	4.21
桑日县	1025	273.97	73.17	73.17	1.95	6.34	2.50
琼结县	2700	141.26	95.06	70.37	3.80	20.00	3.04
曲松县	2275	82.33	52.63	60.53	5.19	48.95	11.69
措美县	857	273.97	83.33		11.50	14.58	8.33
洛扎县	31818		85.71		7.50	25.71	
加查县	1050	205.48	95.24		1.20		
隆子县	786	295.05	70.91		10.95	18.55	23.81
错那县	1893	214.38	12.50		12.87	21.88	7.13

continued 28

污水处理率(%) Wastewater Treatment Rate (%)	污水处理厂集中处理率 Centralized Treatment Rate of Wastewater Treatment Plants	人均公园绿地面积(平方米) Public Recreational Green Space Per Capita (m^2)	建成区绿化覆盖率(%) Green Coverage Rate of Built District (%)	建成区绿地率(%) Green Space Rate of Built District (%)	生活垃圾处理率(%) Domestic Garbage Treatment Rate (%)	生活垃圾无害化处理率 Domestic Garbage Harmless Treatment Rate	县名称 Name of Counties
84.07	84.07	10.53	37.46	32.73	92.23	92.23	弥渡县
64.00	64.00	9.06	30.00	28.33	100.00	100.00	南涧彝族自治县
48.95	48.95	7.64	14.43	13.20	100.00	100.00	巍山彝族回族自治县
72.55	72.55	2.95	10.89	9.34	100.00	100.00	永平县
80.88	80.88	14.60	37.23	35.82	100.00	100.00	云龙县
58.82	58.82	2.55	21.33	16.95	99.45	99.45	洱源县
85.99	85.99	10.26	36.12	33.53	100.00	100.00	剑川县
84.29	84.29	7.15	11.06	9.59	100.00		鹤庆县
96.33	96.33	4.07	22.07	18.50	100.00	100.00	梁河县
68.29	68.29	3.07	25.23	19.85	100.00	100.00	盈江县
66.50	66.50	8.53	39.27	32.10	100.00		陇川县
43.71	43.71	12.32	20.36	17.26	92.01	92.01	泸水县
51.00	51.00	1.02	20.61	20.00			福贡县
63.89	63.89	9.71	16.56	6.62	69.44		贡山独龙族怒族自治县
57.86	57.86	3.48	31.25	27.15	100.00	100.00	兰坪白族普米族自治县
75.00	75.00	3.57	10.74	10.12	100.00		德钦县
49.32	49.32	2.06	4.44	3.23	97.12		维西傈僳族自治县
		5.21	**5.23**	**4.63**	**19.52**		**西藏**
		1.03	0.22	0.17			林周县
		1.79	0.94	0.94			当雄县
		5.39	1.00	0.29	34.48		尼木县
		8.52	6.34	6.34			曲水县
							达孜县
		0.95	3.18	0.56			墨竹工卡县
		32.61	43.75	41.25			江达县
		7.50	14.77	7.95			贡觉县
		28.89	9.39	7.27			类乌齐县
		24.39	12.40	15.70			丁青县
		47.62	20.49	36.89			察雅县
		53.19	54.55	72.73			八宿县
		26.67	11.82	13.64			左贡县
		47.62	13.40	18.18			芒康县
		51.28	22.00	42.00			洛隆县
		3.39	10.53	7.37			边坝县
					100.00		乃东县
							扎囊县
		3.23	7.43	3.71			贡嘎县
		38.02	8.23	15.98			桑日县
			31.65	31.65	100.00		琼结县
		76.32	14.29	28.57			曲松县
							措美县
							洛扎县
							加查县
		0.91	0.48		100.00		隆子县
					100.00		错那县

1-3 续表 29

县名称 Name of Counties	人口密度（人/平方公里）Population Density (person/ square kilometer)	人均日生活用水量（升）Daily Water Consumption Per Capita (liter)	用水普及率（%）Water Coverage Rate (%)	燃气普及率（%）Gas Coverage Rate (%)	建成区供水管道密度（公里/平方公里）Density of Water Supply Pipelines in Built District (kilometer/ square kilometer)	人均道路面积（平方米）Road Surface Area Per Capita (m^2)	建成区排水管道密度（公里/平方公里）Density of Sewers in Built District (kilometer/ square kilometer)
浪卡子县	3000			75.00		10.63	4.50
南木林县	3753	227.99	100.00		9.43	10.61	3.72
江孜县	3527	623.36	30.65	49.81	10.13	9.77	8.86
定日县	1429			85.71	3.10	75.50	5.49
萨迦县	7000	309.32	14.76		2.27	1.52	1.60
昂仁县	6500	108.81	64.42	43.27	35.00	7.02	19.17
谢通门县	2834				3.70	5.04	5.36
白朗县	1380	86.53	100.00	26.53	3.54	14.29	4.96
仁布县	1346	176.13	80.00	85.71	3.75	21.63	1.87
康马县	995	243.19	40.48	59.52	5.51	11.19	4.56
定结县	4123	129.99	100.00		9.45	31.91	7.45
仲巴县	2282	121.54	80.88	47.06	3.33	22.35	8.93
亚东县	1750	84.93	92.86		3.23	13.57	1.21
吉隆县	1197	80.37	88.24	14.71	1.26	9.71	0.86
聂拉木县	2292	16.44	100.00		2.67	2.95	4.67
萨嘎县	1290	127.36	67.31	94.23	6.22	7.63	5.03
岗巴县	2531	120.37	57.32	15.85	2.68	4.76	4.62
嘉黎县	1821	136.23	30.51		4.09	10.02	4.38
聂荣县	1886	33.58	93.94	78.79	4.00	8.92	0.86
申扎县	12200	88.51	42.62	17.21	11.11	3.03	23.17
索　县	2944	443.57	39.62		6.67	9.25	
班戈县	6293					13.56	
尼玛县	625	403.35	90.00		9.50	43.00	2.50
普兰县	1438					19.57	3.16
札达县	1200				16.67	25.97	0.98
噶尔县	1847	208.85	66.06	93.86	4.79	19.86	2.56
日土县	967			68.18		45.45	0.88
革吉县	1620	212.67	49.38	9.88	4.00	4.32	5.33
改则县	1000					7.40	
措勤县	3154			97.56		8.59	
工布江达县	3281	81.99	81.93		14.92	3.20	3.41
米林县	1809	107.12	41.32	3.31	1.35	29.45	1.84
墨脱县	500	118.72	91.30		1.67	29.50	0.72
波密县	2495	109.69	15.54	30.79	1.19	3.33	0.82
察隅县	1597	110.00	86.84	84.21	9.24	14.47	3.78
朗　县	734	328.77	86.21	25.86	8.29	3.28	5.09
陕西	**3932**	**86.32**	**89.59**	**75.07**	**6.87**	**12.98**	**6.66**
蓝田县	5215	81.55	100.00	67.21	10.40	8.91	7.23
周至县	7200	178.67	100.00	93.47	5.60	11.71	4.75
户　县	4661	169.25	100.00	99.34	3.63	29.29	6.26
宜君县	1850	51.33	94.05	86.49	8.49	17.19	7.46
凤翔县	4663	54.71	90.02	87.82	7.51	11.55	5.63
岐山县	5550	147.48	81.61	95.00	7.22	16.94	5.19
扶风县	3200	164.72	84.90	80.73	9.09	14.42	8.09
眉　县	7779	113.44	98.49	95.46	13.11	23.65	18.32

continued 29

污水处理率 (%) Wastewater Treatment Rate (%)	污水处理厂集中处理率 Centralized Treatment Rate of Wastewater Treatment Plants	人均公园绿地面积 (平方米) Public Recreational Green Space Per Capita (m^2)	建成区绿化覆盖率 (%) Green Coverage Rate of Built District (%)	建成区绿地率 (%) Green Space Rate of Built District (%)	生活垃圾处理率 (%) Domestic Garbage Treatment Rate (%)	生活垃圾无害化处理率 Domestic Garbage Harmless Treatment Rate	县名称 Name of Counties
							浪卡子县
		2.44	1.26	1.26	22.22		南木林县
		5.75	0.63	0.63			江孜县
		4.76	4.57	3.96	92.31		定日县
		0.15	0.77	0.77	14.10		萨迦县
		1.92	2.50	2.50	100.00		昂仁县
			33.60	20.24			谢通门县
		17.35	66.16	21.21			白朗县
		8.57	8.00	4.00			仁布县
							康马县
		15.49	17.42	17.42			定结县
							仲巴县
							亚东县
		1.47	0.68	0.68			吉隆县
		4.55	0.67	0.67	100.00		聂拉木县
					55.56		萨嘎县
							岗巴县
			0.63	1.88			嘉黎县
							聂荣县
							申扎县
							索　县
							班戈县
							尼玛县
		6.52	22.11	22.11	27.78		普兰县
					100.00		札达县
			1.58	1.58	0.87		噶尔县
		4.55	7.76	8.20	100.00		日土县
		12.85	6.94	6.94			革吉县
							改则县
							措勤县
		1.20	1.98	1.19			工布江达县
			1.35	0.75	100.00		米林县
			0.17	0.17	100.00		墨脱县
		0.15	1.15	1.15	32.00		波密县
			8.10	3.36			察隅县
			25.71	19.14	100.00		朗　县
84.12	**84.12**	**9.24**	**30.58**	**26.25**	**93.37**	**90.63**	**陕西**
77.54	77.54	4.34	34.55	29.56	100.00		蓝田县
77.51	77.51	15.00	25.20	21.40	100.00	100.00	周至县
77.61	77.61	9.71	40.74	36.01	100.00	100.00	户　县
87.88	87.88	11.81	41.58	35.85	96.00	96.00	宜君县
93.11	93.11	9.66	31.93	28.65	99.31	99.31	凤翔县
90.73	90.73	9.50	40.19	35.30	99.52	99.52	岐山县
92.96	92.96	7.47	32.70	29.50	96.03	96.03	扶风县
87.81	87.81	9.87	40.31	34.75	99.02	99.02	眉　县

1-3 续表 30

县名称 Name of Counties	人口密度（人/平方公里）Population Density (person/square kilometer)	人均日生活用水量（升）Daily Water Consumption Per Capita (liter)	用水普及率（%）Water Coverage Rate (%)	燃气普及率（%）Gas Coverage Rate (%)	建成区供水管道密度（公里/平方公里）Density of Water Supply Pipelines in Built District (kilometer/square kilometer)	人均道路面积（平方米）Road Surface Area Per Capita (m^2)	建成区排水管道密度（公里/平方公里）Density of Sewers in Built District (kilometer/square kilometer)
陇　县	5148	118.45	76.46	51.14	7.76	11.03	8.83
千阳县	7210	62.35	84.42	65.07	7.05	5.46	15.95
麟游县	3733	53.67	86.79	41.07	3.83	18.01	10.90
凤　县	5600	91.32	96.43	95.71	10.97	12.47	8.64
太白县	1393	96.46	96.64	88.59	16.60	17.09	13.43
三原县	8586	75.59	87.60	91.10	6.48	11.97	6.71
泾阳县	5500	80.74	88.48	95.15	4.02	15.44	4.58
乾　县	6428	83.68	99.37	81.03	4.93	14.57	5.38
礼泉县	4511	98.29	93.50	90.25	3.62	16.90	3.13
永寿县	4826	65.69	99.00	71.69	7.38	13.66	6.42
彬　县	4556	62.18	100.00	38.81	5.54	12.91	6.66
长武县	4433	64.79	97.37	53.01	8.02	17.08	8.59
旬邑县	4513	56.26	91.41	54.02	3.77	14.57	3.62
淳化县	4150	55.37	100.00	83.43	5.64	15.91	9.45
武功县	6347	83.35	97.16	69.64	6.27	18.74	9.65
潼关县	4517	72.61	98.15	35.06	10.71	28.69	7.43
大荔县	2386	111.99	91.43	52.38	7.90	20.37	5.22
合阳县	1985	118.53	98.35	91.58	14.98	17.86	9.16
澄城县	6263	90.89	95.80	82.77	3.31	10.85	6.56
蒲城县	2367	108.88	96.98	75.26	11.31	24.68	4.16
白水县	4792	102.00	94.78	93.04	5.30	18.22	4.15
富平县	2070	69.95	94.10	88.46	6.33	6.78	4.15
延长县	5350	59.21	91.21	53.64	3.34	5.55	6.80
延川县	7990	53.08	72.73	93.94	3.13	3.37	3.19
子长县	7333	52.61	70.91	69.55	9.58	5.32	3.64
安塞县	7618	54.89	93.49	94.14	13.07	9.84	7.17
志丹县	4247	85.80	81.21	89.09	10.57	12.99	14.03
吴起县	2886	56.68	98.03	89.44	7.85	12.48	4.76
甘泉县	2133	58.86	90.63	99.06	4.35	6.56	4.35
富　县	3788	64.01	76.13	69.98	5.07	6.36	2.47
洛川县	2996	56.31	93.05	68.98	11.61	7.25	4.07
宜川县	2594	52.92	99.78	84.36	14.19	7.61	9.94
黄龙县	2657	85.81	93.55	93.55	8.65	13.05	10.25
黄陵县	5048	75.90	81.84	86.08	14.49	8.00	11.00
南郑县	4814	115.41	92.49	90.02	8.92	14.90	11.88
城固县	5523	98.66	88.28	65.61	1.88	14.71	4.72
洋　县	5003	84.70	74.61	72.85	3.45	8.52	7.23
西乡县	1840	113.05	97.44	95.38	8.89	15.29	10.69
勉　县	3950	125.97	95.97	85.16	6.39	10.06	3.50
宁强县	7387	83.05	69.87	68.41	8.29	9.71	6.77
略阳县	6833	96.06	96.34	21.95	7.58	6.08	3.08
镇巴县	9474	67.74	92.59	77.04	4.17	10.00	5.15
留坝县	1464	70.87	93.17	30.43	6.64	11.01	25.19
佛坪县	3185	114.22	97.67	23.26	15.66	16.00	22.98
神木县	7224	124.14	95.47	90.69	8.62	20.56	3.94

continued 30

污水处理率(%) Wastewater Treatment Rate (%)	污水处理厂集中处理率 Centralized Treatment Rate of Wastewater Treatment Plants	人均公园绿地面积(平方米) Public Recreational Green Space Per Capita (m^2)	建成区绿化覆盖率(%) Green Coverage Rate of Built District (%)	建成区绿地率(%) Green Space Rate of Built District (%)	生活垃圾处理率(%) Domestic Garbage Treatment Rate (%)	生活垃圾无害化处理率 Domestic Garbage Harmless Treatment Rate	县名称 Name of Counties
85.91	85.91	6.69	26.24	21.88	96.79	96.79	陇　县
92.72	92.72	9.16	45.00	42.57	97.51	97.51	千阳县
86.00	86.00	19.64	36.07	31.42	97.54	97.54	麟游县
86.61	86.61	18.11	32.77	28.49	94.49	94.49	凤　县
84.21	84.21	11.93	43.83	39.63	92.31	92.31	太白县
89.11	89.11	4.41	29.34	26.18	89.51	89.51	三原县
90.71	90.71	6.22	25.05	21.40	94.18	94.18	泾阳县
91.89	91.89	9.74	36.56	31.66	95.18	95.18	乾　县
90.45	90.45	10.84	11.58	7.17	98.39	98.39	礼泉县
88.96	88.96	7.29	17.54	12.70	93.58	93.58	永寿县
82.00	82.00	14.49	30.16	26.98	92.59	92.59	彬　县
88.20	88.20	11.58	30.96	27.36	94.82	94.82	长武县
79.37	79.37	11.48	39.20	36.12	82.58	82.58	旬邑县
88.89	88.89	14.13	38.62	34.10	97.33	97.33	淳化县
88.64	88.64	6.13	21.46	16.57	91.89	91.89	武功县
82.76	82.76	12.73	35.89	33.32	96.96	96.96	潼关县
77.03	77.03	14.48	33.89	30.06	97.83	97.83	大荔县
85.19	85.19	9.42	39.13	34.90	92.50	92.50	合阳县
84.67	84.67	7.21	19.33	15.27	93.28	93.28	澄城县
85.21	85.21	6.98	25.94	20.08	99.03	99.03	蒲城县
81.09	81.09	12.52	37.10	33.40	94.46	94.46	白水县
87.30	87.30	9.72	25.00	21.65	92.03	92.03	富平县
76.23	76.23	12.22	32.30	26.37	91.78	91.78	延长县
80.00	80.00	6.18	25.56	21.46	91.78	91.78	延川县
81.72	81.72	11.03	41.10	37.74	94.63	94.63	子长县
82.73	82.73	10.18	34.60	30.36	86.40	86.40	安塞县
84.69	84.69	7.27	41.11	37.55	96.54	96.54	志丹县
86.62	86.62	11.69	35.33	31.39	96.14	96.14	吴起县
76.19	76.19	8.50	37.09	31.65	90.71	90.71	甘泉县
75.14	75.14	7.23	33.68	30.23	92.98	92.98	富　县
78.62	78.62	9.35	36.05	31.44	94.67	94.67	洛川县
72.03	72.03	13.22	39.40	34.80	92.96	92.96	宜川县
77.63	77.63	13.30	38.50	33.10	92.50	92.50	黄龙县
31.86	31.86	11.79	38.57	34.90	93.91	93.91	黄陵县
91.34	91.34	26.19	38.18	33.93	98.60	98.60	南郑县
84.64	84.64	10.53	34.25	27.04	98.59	98.59	城固县
84.62	84.62	2.28	23.85	16.96	98.39	98.39	洋　县
78.59	78.59	8.17	12.42	9.41	98.57	98.57	西乡县
87.43	87.43	10.20	37.84	28.44	81.35	81.35	勉　县
87.08	87.08	8.15	29.15	24.27	98.41	98.41	宁强县
88.67	88.67	4.02	11.38	8.04	93.59	93.59	略阳县
87.22	87.22	9.83	37.74	35.02	97.81	97.81	镇巴县
88.06	88.06	3.95	30.80	23.43	96.00	96.00	留坝县
72.55	72.55	21.70	42.73	39.70	95.00	95.00	佛坪县
86.46	86.46	11.11	38.90	33.92	92.78	92.78	神木县

1-3 续表 31

县名称 Name of Counties	人口密度 (人/平方公里) Population Density (person/ square kilometer)	人均日生活用水量 (升) Daily Water Consumption Per Capita (liter)	用水普及率 (%) Water Coverage Rate (%)	燃气普及率 (%) Gas Coverage Rate (%)	建成区供水管道密度 (公里/平方公里) Density of Water Supply Pipelines in Built District (kilometer/ square kilometer)	人均道路面积 (平方米) Road Surface Area Per Capita (m^2)	建成区排水管道密度 (公里/平方公里) Density of Sewers in Built District (kilometer/ square kilometer)
府谷县	8872	85.31	91.30	80.71	3.28	4.18	4.43
横山县	11220	50.31	66.55	76.05	5.16	6.35	3.61
靖边县	2222	82.97	92.92	95.69	4.12	17.67	12.33
定边县	4200	67.14	95.71	93.33	2.24	19.98	3.30
绥德县	8026	58.26	92.08	81.77	10.38	10.59	3.34
米脂县	1595	95.31	88.09	43.89	7.07	5.72	9.67
佳　县	920	50.18	76.00	76.40	5.30	9.56	6.68
吴堡县	8250	51.83	98.18	34.85	19.67	21.03	9.90
清涧县	12563	53.12	85.32	67.16	4.27	8.28	3.21
子洲县	8758	52.09	76.64	76.64	7.76	7.79	2.70
汉阴县	4318	70.20	90.48	30.95	6.06	13.33	13.49
石泉县	5418	67.00	93.24	61.03	5.20	10.00	6.89
宁陕县	2884	65.51	95.07	93.60	8.48	9.59	11.51
紫阳县	7979	79.54	97.04	84.87	3.85	12.34	7.31
岚皋县	1810	83.35	99.47	58.42	19.29	8.34	8.92
平利县	2090	73.65	89.47	78.95	5.07	6.27	4.16
镇坪县	993	104.15	94.41	81.12	46.49	9.29	32.43
旬阳县	1546	67.51	85.03	63.12	8.48	15.94	6.42
白河县	3560	85.58	100.00	91.29	17.75	13.83	14.78
洛南县	2813	63.20	71.62	45.12	3.22	4.75	3.03
丹凤县	6385	78.21	74.10	48.19	5.28	10.71	4.90
商南县	3170	51.86	90.69	72.87	5.37	13.10	6.42
山阳县	4528	63.58	63.93	53.74	11.69	11.72	13.18
镇安县	5920	75.53	63.18	69.26	12.90	14.56	6.95
柞水县	4800	73.53	99.80	45.63	10.15	28.30	15.02
甘肃	**4959**	**64.82**	**91.11**	**56.13**	**8.48**	**13.04**	**6.18**
永登县	4952	61.64	97.32		8.51	10.29	3.18
皋兰县	3253	80.48	95.54	6.25	9.49	17.66	8.39
榆中县	6450	70.92	89.61		7.83	18.00	8.80
永昌县	6512	72.85	100.00	19.10	6.41	11.16	6.83
靖远县	7705	73.43	100.00	58.95	17.25	13.50	6.15
会宁县	8438	44.94	97.85	81.48	7.13	15.73	3.27
景泰县	4831	54.72	100.00	79.56	6.44	14.42	2.42
清水县	6678	86.29	95.93		5.51	8.89	3.49
秦安县	8038	42.11	94.02	23.23	4.73	11.60	2.04
甘谷县	8625	35.64	88.34	8.97	3.21	8.92	1.52
武山县	7429	72.58	89.29	16.48	3.95	10.58	1.96
张家川回族自治县	5573	66.42	66.53		2.47	12.22	3.04
民勤县	6476	131.20	95.48	84.93	30.23	29.79	13.31
古浪县	7470	155.10	85.35	77.80	7.72	9.56	5.40
天祝藏族自治县	8377	61.87	88.56	77.49	9.08	7.93	9.36
肃南裕固族自治县	1985	67.43	100.00	100.00	16.30	12.74	10.15
民乐县	5992	57.06	100.00	100.00	21.95	14.36	4.36
临泽县	4617	71.26	100.00	100.00	10.04	23.90	10.55
高台县	6519	70.60	100.00	100.00	13.22	20.30	6.57

continued 31

污　水 处理率 (%) Wastewater Treatment Rate (%)	污水处理厂 集中处理率 Centralized Treatment Rate of Wastewater Treatment Plants	人均公园 绿地面积 (平方米) Public Recreational Green Space Per Capita (m^2)	建成区绿 化覆盖率 (%) Green Coverage Rate of Built District (%)	建成区 绿地率 (%) Green Space Rate of Built District (%)	生活垃圾 处 理 率 (%) Domestic Garbage Treatment Rate (%)	生活垃圾无 害化处理率 Domestic Garbage Harmless Treatment Rate	县名称 Name of Counties
74.05	74.05	10.14	38.58	34.62	90.69	90.69	府谷县
82.72	82.72	5.17	14.48	11.57	88.02	88.02	横山县
81.79	81.79	8.96	27.76	25.15	82.05	82.05	靖边县
86.36	86.36	8.73	14.90	9.80	85.00	85.00	定边县
74.20	74.20	1.28	6.58	3.00	92.40	92.40	绥德县
81.50	81.50	8.78	31.80	28.80	86.30	86.30	米脂县
78.57	78.57	7.20	11.95	8.83	92.92	92.92	佳　县
78.00	78.00	8.73	30.00	25.60	86.43	86.43	吴堡县
85.29	85.29	1.49	11.39	7.59	87.60	87.60	清涧县
87.67	87.67	12.11	14.18	11.35	87.74	87.74	子洲县
81.50	81.50	12.52	39.72	34.57	95.70	95.70	汉阴县
90.95	90.95	9.71	43.36	39.72	97.74	97.74	石泉县
91.84	91.84	13.03	40.99	36.70	100.00	100.00	宁陕县
86.44	86.44	8.33	32.28	26.32	99.55	99.55	紫阳县
84.14	84.14	13.68	40.89	36.06	95.78	95.78	岚皋县
87.06	87.06	11.28	40.14	36.79	94.61	94.61	平利县
87.76	87.76	6.29	34.20	30.38	98.28	98.28	镇坪县
90.64	90.64	9.15	39.67	36.28	99.52	99.52	旬阳县
82.98	82.98	9.27	43.50	37.64	94.07	94.07	白河县
91.00	91.00	6.27	30.08	25.61	96.91	96.91	洛南县
60.79	60.79	6.02	13.82	10.88	66.67	66.67	丹凤县
80.00	80.00	11.83	40.53	34.42	98.25	98.25	商南县
81.34	81.34	6.93	35.30	29.57	83.98	83.98	山阳县
79.55	79.55	8.95	37.42	34.19	95.26	95.26	镇安县
87.95	87.95	6.75	31.76	27.94	75.91	75.91	柞水县
76.88	**76.88**	**7.48**	**17.43**	**14.13**	**94.73**	**69.62**	**甘肃**
99.10	99.10	20.60	28.81	13.84	93.07	93.07	永登县
62.03	62.03	7.44	6.57	6.17	93.49	93.49	皋兰县
69.93	69.93	5.50	12.67	10.55	96.68	96.68	榆中县
95.08	95.08	4.56	7.98	7.60	54.39		永昌县
78.68	78.68	6.50	17.27	15.77	100.00	100.00	靖远县
100.00	100.00	5.93	9.47	9.00	90.32	90.32	会宁县
100.00	100.00	6.53	11.36	9.51	100.00	100.00	景泰县
100.00	100.00	3.25	11.40	10.24	100.00		清水县
97.06	97.06	3.15	5.39	5.15	100.00		秦安县
52.05	52.05	3.22	11.73	11.49	100.00	100.00	甘谷县
91.25	91.25	3.85	13.67	5.63	100.00		武山县
100.00	100.00	2.82	3.62	2.54	100.00		张家川回族自治县
91.38	91.38	7.25	13.66	11.68	97.96	97.96	民勤县
86.67	86.67	0.92	6.19	5.31	90.91	90.91	古浪县
91.53	91.53	5.65	14.57	12.91	90.25	90.25	天祝藏族自治县
93.91	93.91	11.36	27.60	25.10	100.00		肃南裕固族自治县
100.00	100.00	13.22	28.59	22.37	100.00	100.00	民乐县
95.10	95.10	23.85	39.36	38.49	100.00	100.00	临泽县
90.00	90.00	27.74	36.38	34.10	100.00	100.00	高台县

1-3 续表 32

县名称 Name of Counties	人口密度（人/平方公里）Population Density (person/square kilometer)	人均日生活用水量（升）Daily Water Consumption Per Capita (liter)	用水普及率（%）Water Coverage Rate (%)	燃气普及率（%）Gas Coverage Rate (%)	建成区供水管道密度（公里/平方公里）Density of Water Supply Pipelines in Built District (kilometer/square kilometer)	人均道路面积（平方米）Road Surface Area Per Capita (m^2)	建成区排水管道密度（公里/平方公里）Density of Sewers in Built District (kilometer/square kilometer)
山丹县	5820	57.11	100.00	100.00	8.11	7.92	4.13
泾川县	4552	57.02	99.89	54.97	11.97	9.88	11.83
灵台县	6618	56.08	99.73	37.91	13.93	21.45	16.28
崇信县	1765	64.16	98.58	43.06	9.03	18.36	4.24
华亭县	4860	75.73	98.97	35.06	2.55	10.20	4.68
庄浪县	4704	77.75	99.66	61.39	4.80	16.63	6.99
静宁县	8989	49.72	98.74	60.79	5.94	10.01	11.85
金塔县	3900	93.67	100.00	100.00	12.37	14.77	8.89
瓜州县	3443	83.74	100.00	100.00	9.68	21.03	5.92
肃北蒙古族自治县	3333	101.37	100.00	100.00	19.72	32.88	7.59
阿克塞哈萨克自治县	3605	82.59	100.00	100.00	7.73	37.35	8.77
庆城县	6098	90.34	96.19	86.24	9.88	8.58	7.90
环　县	8838	82.83	97.40	70.80	10.35	10.51	4.34
华池县	5446	74.93	98.26	73.45	13.42	14.54	5.55
合水县	6035	53.50	99.03	88.89	12.50	12.51	9.01
正宁县	5173	62.70	95.54	78.57	12.12	21.42	4.41
宁　县	4060	63.75	96.31	82.02	4.29	23.69	7.31
镇原县	4078	82.86	97.55	73.57	2.80	23.36	5.29
通渭县	4622	50.58	83.33	70.83	9.29	7.67	4.02
陇西县	3636	50.68	99.57	56.90	8.66	7.99	4.18
渭源县	2025	51.62	98.25	91.55	9.17	15.71	7.56
临洮县	8791	51.17	93.38	90.06	5.03	9.37	9.07
漳　县	4433	51.57	98.87	40.23	11.52	8.77	4.94
岷　县	2837	51.35	80.16	62.94	5.18	7.52	1.79
成　县	2377	54.68	99.30	75.74	3.03	9.16	8.44
文　县	11886	62.68	93.51	76.92	6.86	3.52	8.29
宕昌县	3460	102.53	95.38	61.56	12.42	21.04	9.83
康　县	4133	63.83	77.78	77.06	23.17	14.76	19.01
西和县	3457	50.38	70.14	21.01	7.51	4.64	6.04
礼　县	4079	78.89	90.02	45.53	11.44	16.43	7.38
徽　县	3471	72.25	88.14	49.15	8.15	14.57	10.00
两当县	1813	87.71	94.85	35.29	8.22	28.59	5.79
临夏县	4560	50.17	62.88	23.86	2.66	34.85	2.56
康乐县	4922	53.89	86.62	17.41	7.59	9.03	4.36
永靖县	3491	129.24	70.92	83.38	7.86	22.68	9.59
广河县	6222	60.27	79.08	17.60	5.57	14.32	6.90
和政县	4946	67.88	78.68	20.00	7.36	18.05	7.84
东乡县	10180	50.82	75.66	12.39	15.66	17.06	6.50
积石山县	8967	50.70	75.49	12.25	5.36	7.03	5.29
临潭县	4466	54.30	52.76	36.50	15.26	4.46	5.24
卓尼县	4612	59.52	58.95	38.60	16.18	39.91	4.87
舟曲县	14678	56.52	40.42	81.29	0.61	3.56	1.36
迭部县	6426	75.95	66.89	68.87	25.87	11.61	11.29
玛曲县	6538	61.94	42.28	40.07	5.61	11.72	7.01
碌曲县	3053	101.37	64.22	95.41	6.23	15.87	9.16
夏河县	2876	74.58	64.52	39.43	6.86	4.66	10.86

continued 32

污水处理率 (%) Wastewater Treatment Rate (%)	污水处理厂集中处理率 Centralized Treatment Rate of Wastewater Treatment Plants	人均公园绿地面积 (平方米) Public Recreational Green Space Per Capita (m^2)	建成区绿化覆盖率 (%) Green Coverage Rate of Built District (%)	建成区绿地率 (%) Green Space Rate of Built District (%)	生活垃圾处理率 (%) Domestic Garbage Treatment Rate (%)	生活垃圾无害化处理率 Domestic Garbage Harmless Treatment Rate	县名称 Name of Counties
94.76	94.76	6.90	27.96	26.53	100.00	100.00	山丹县
69.90	69.90	8.69	38.13	30.32	100.00	100.00	泾川县
70.42	70.42	7.97	38.04	29.07	100.00	100.00	灵台县
31.00	31.00	8.22	29.93	25.07	100.00	100.00	崇信县
83.03	83.03	8.49	30.18	25.61	100.00	100.00	华亭县
27.27	27.27	8.84	28.40	25.25	100.00	100.00	庄浪县
45.24	45.24	8.04	32.80	26.65	100.00	100.00	静宁县
68.60	68.60	12.14	38.76	33.43	100.00	100.00	金塔县
46.84	46.84	14.78	31.76	28.61	100.00	100.00	瓜州县
46.15	46.15	23.50	28.97	22.97	100.00	100.00	肃北蒙古族自治县
45.45	45.45	12.04	31.42	21.68	100.00	100.00	阿克塞哈萨克自治县
62.88	62.88	7.17	15.93	11.36	97.25	97.25	庆城县
67.19	67.19	12.31	22.21	17.06	94.50		环　县
68.81	68.81	8.69	15.60	10.80	87.97		华池县
37.50	37.50	11.42	19.89	15.13	90.55		合水县
27.01	27.01	6.06	19.84	17.05	87.73		正宁县
30.00	30.00	8.74	17.69	12.44	93.05		宁　县
12.43	12.43	11.04	16.66	13.45	90.24		镇原县
63.86	63.86	3.84	8.46	8.47	97.56	97.56	通渭县
89.12	89.12	10.43	12.25	10.64	100.00	100.00	陇西县
96.23	96.23	9.48	13.52	11.48	98.00	98.00	渭源县
95.22	95.22	9.08	25.44	20.42	91.81		临洮县
58.89	58.89	13.87	26.71	24.12	58.08	58.08	漳　县
87.41	87.41	3.93	8.97	6.90	100.00		岷　县
100.00	100.00	3.37	6.84	6.12	100.00	100.00	成　县
29.41	29.41	3.75	9.86	6.50	100.00	100.00	文　县
11.68	11.68	9.44	10.67	8.98	100.00	100.00	宕昌县
96.43	96.43	10.75	23.48	21.48	100.00	100.00	康　县
98.91	98.91	2.61	3.43	2.79	100.00	100.00	西和县
64.12	64.12	5.70	14.59	9.48	100.00	100.00	礼　县
97.02	97.02	2.75	5.46	5.23	100.00		徽　县
94.23	94.23	28.98	28.36	27.40	100.00	100.00	两当县
54.84	54.84	7.01	10.13	4.43	91.75	91.75	临夏县
76.39	76.39	0.84	8.27	3.98	83.92	83.92	康乐县
86.27	86.27	1.08	24.61	13.20	90.46	90.46	永靖县
67.69	67.69	5.74	13.61	9.53	80.62	80.62	广河县
62.67	62.67	1.32	9.77	4.42	80.14	80.14	和政县
60.00	60.00	2.48	7.98	8.32	87.88	87.88	东乡县
74.55	74.55	3.43	6.81	3.22	91.46	91.46	积石山县
100.00	100.00	0.25	8.16	6.53	100.00		临潭县
90.00	90.00		10.40	9.73	97.96	97.96	卓尼县
97.04	97.04	3.23	8.14	6.78	100.00	100.00	舟曲县
98.00	98.00	0.01	10.47	6.50	100.00		迭部县
100.00	100.00	1.54	10.99	8.59	98.32	98.32	玛曲县
92.59	92.59	11.93	9.84	6.82	100.00	100.00	碌曲县
100.00	100.00	0.18	6.00	3.86	90.08	90.08	夏河县

1–3 续表 33

县名称 Name of Counties	人口密度(人/平方公里) Population Density (person/square kilometer)	人均日生活用水量(升) Daily Water Consumption Per Capita (liter)	用水普及率(%) Water Coverage Rate (%)	燃气普及率(%) Gas Coverage Rate (%)	建成区供水管道密度(公里/平方公里) Density of Water Supply Pipelines in Built District (kilometer/square kilometer)	人均道路面积(平方米) Road Surface Area Per Capita (m^2)	建成区排水管道密度(公里/平方公里) Density of Sewers in Built District (kilometer/square kilometer)
青海	**1942**	**101.93**	**95.35**	**49.55**	**9.76**	**16.19**	**6.00**
大通县	3489	106.42	99.61	61.30	13.10	4.54	4.43
湟中县	3604	137.35	99.17	30.83	10.65	9.53	3.79
湟源县	4600	87.70	99.86	81.59	19.61	12.57	3.78
民和县	3617	86.36	96.56	87.30	21.52	12.04	6.46
互助县	824	100.67	99.38	60.76	8.87	17.28	7.15
化隆县	3393	64.30	96.27	20.04	12.17	19.29	13.18
循化县	3054	91.56	98.74	17.63	13.96	12.87	10.29
门源县	5956	55.73	99.25	27.24	14.62	9.50	3.73
祁连县	3484	84.23	98.21	44.84	5.50	9.87	7.12
海晏县	2352	74.32	100.00	20.65	4.56	16.75	5.00
刚察县	2817	155.31	98.22	59.17	14.64	22.51	6.04
西海镇	693	67.32	100.00	49.04	12.75	18.78	7.33
同仁县	1724	137.36	98.64	27.17	4.53	13.07	5.29
尖扎县	3032	71.88	98.94	53.19	4.67	16.77	8.07
泽库县	754	105.13	97.73	56.82	4.92	12.27	3.28
河南县	2262	116.87	97.28	68.03	3.65	6.80	6.86
共和县	1000	132.84	97.14	41.02	7.57	33.48	11.58
同德县	1647	78.01	84.29	67.14	3.67	28.86	13.40
贵德县	502	95.94	97.09	67.27	14.07	29.59	9.08
兴海县	2224	66.00	80.73	45.87	6.67	13.78	4.78
贵南县	1237	77.39	89.79	42.98	5.54	38.62	13.77
玛沁县	1683	119.88	93.56	44.55	6.67	12.72	5.13
班玛县	873	158.90	87.27	54.55	5.48	28.33	4.95
甘德县	1491	184.62	95.12	75.61	13.84	14.63	2.68
达日县	1873	170.56	81.13	30.19	20.00	30.26	5.14
久治县	1075	195.08	90.70	58.14	6.34	30.70	0.55
玛多县	780	186.05	84.62	51.28	16.88	37.69	4.44
杂多县	5422	68.08	81.97	24.59	4.29	6.64	0.48
称多县	1953	96.60	80.00	81.60	9.37	20.52	9.14
治多县	2534	74.55	100.00	69.39	3.85	21.70	2.51
囊谦县	6077	67.34	80.17	23.63	10.56	17.00	3.33
曲麻莱县	4486	74.10	56.05	65.61	7.81	16.21	16.72
乌兰县	948	96.86	100.00	94.56	2.04	16.24	2.38
都兰县	1810	124.92	94.48	67.40	5.25	25.18	1.25
天峻县	3050	162.74	100.00	2.73	17.41	46.89	6.73
茫崖行委	5178	178.12	91.91	38.73	10.95	17.86	2.97
大柴旦行委	8080	98.37	75.69		8.13	20.00	5.36
冷湖行委	433	186.93	100.00	92.31	10.36	51.15	4.54
宁夏	**3059**	**96.70**	**94.16**	**71.52**	**8.21**	**30.21**	**6.45**
永宁县	3876	116.89	99.23	96.15	14.12	51.11	5.08
贺兰县	1822	247.99	89.18	96.65	3.99	28.40	4.88
平罗县	6102	92.78	96.18	88.55	7.28	40.91	4.90
盐池县	6354	101.21	100.00	95.30	17.77	26.45	7.65

continued 33

污水处理率(%) Wastewater Treatment Rate (%)	污水处理厂集中处理率 Centralized Treatment Rate of Wastewater Treatment Plants	人均公园绿地面积(平方米) Public Recreational Green Space Per Capita (m^2)	建成区绿化覆盖率(%) Green Coverage Rate of Built District (%)	建成区绿地率(%) Green Space Rate of Built District (%)	生活垃圾处理率(%) Domestic Garbage Treatment Rate (%)	生活垃圾无害化处理率 Domestic Garbage Harmless Treatment Rate	县名称 Name of Counties
47.25	**47.25**	**3.85**	**13.94**	**9.59**	**93.13**	**63.48**	**青海**
93.06	93.06	3.17	38.17	18.80	93.45	93.45	大通县
72.55	72.55	8.53	34.38	19.42	91.84	91.84	湟中县
87.59	87.59	11.59	17.37	16.31	92.19	92.19	湟源县
76.09	76.09	1.72	21.77	12.62	97.42	97.42	民和县
89.08	89.08	5.54	27.57	25.89	95.77	95.77	互助县
		1.18	16.21	9.48	95.85		化隆县
87.59	87.59	6.55	31.11	25.37	75.37		循化县
60.00	60.00	2.71	14.58	11.02	94.51	94.51	门源县
		2.33	22.50	10.83	96.91	96.91	祁连县
75.71	75.71	3.48	17.64	8.02	100.00	100.00	海晏县
56.98	56.98	7.40	9.45	8.86	96.77	96.77	刚察县
74.63	74.63	4.42	18.00	6.33	98.55	98.55	西海镇
86.96	86.96	1.09	3.20	1.60	98.51	98.51	同仁县
91.07	91.07	3.35	3.56	2.73	98.75	98.75	尖扎县
		1.70	1.43	1.23	96.77		泽库县
		2.04	1.28	1.09	100.00	100.00	河南县
85.26	85.26	3.88	17.10	9.79	91.71	91.71	共和县
79.07	79.07	0.84	9.50	7.43	91.53	91.53	同德县
94.26	94.26	11.91	36.53	31.23	91.67	91.67	贵德县
		1.44	8.39	7.84	81.54		兴海县
		0.92	12.67	10.40	90.43	90.43	贵南县
65.52	65.52				92.86		玛沁县
		7.95	2.08	1.54	91.30		班玛县
					77.78		甘德县
					81.82		达日县
		2.60	1.67	0.58	82.35		久治县
					100.00		玛多县
		3.00	3.87	3.87	92.44		杂多县
		0.02	1.11	1.09	72.73		称多县
			0.38	0.25	90.00		治多县
		0.95	2.33	1.64	96.19		囊谦县
		0.45	0.63	0.55	91.67		曲麻莱县
		5.44	5.77	3.13	95.31	95.31	乌兰县
		1.10	6.38	5.50	98.73	98.73	都兰县
			1.06	1.03	93.51	93.51	天峻县
		0.49	4.50	4.49	87.71	87.71	茫崖行委
		7.18	13.91	8.93	96.20	96.20	大柴旦行委
			1.57	1.57	90.91	90.91	冷湖行委
71.16	**53.24**	**14.70**	**34.90**	**30.40**	**86.38**	**51.40**	**宁夏**
100.00	38.66	21.31	42.13	39.09	100.00	100.00	永宁县
38.89	15.48	24.89	33.50	30.92			贺兰县
89.66	89.66	8.32	36.35	35.46	98.11	98.11	平罗县
86.73	86.73	10.27	39.72	37.34	98.60	98.60	盐池县

1-3 续表 34

县名称 Name of Counties	人口密度（人/平方公里） Population Density (person/ square kilometer)	人均日生活用水量（升） Daily Water Consumption Per Capita (liter)	用水普及率 (%) Water Coverage Rate (%)	燃气普及率 (%) Gas Coverage Rate (%)	建成区供水管道密度（公里/平方公里） Density of Water Supply Pipelines in Built District (kilometer/ square kilometer)	人均道路面积（平方米） Road Surface Area Per Capita (m^2)	建成区排水管道密度（公里/平方公里） Density of Sewers in Built District (kilometer/ square kilometer)
同心县	1977	70.39	99.48	32.24	9.11	22.22	3.58
红寺堡开发区	2284	68.12	100.00	81.08	7.92	83.99	10.11
西吉县	2351	76.06	90.74	18.34	13.69	11.63	8.79
隆德县	3600	79.66	94.95	53.03	10.74	17.04	9.66
泾源县	4046	110.29	68.66	26.41	6.53	13.06	3.87
彭阳县	2836	54.44	100.00	85.74	12.33	29.44	15.50
中宁县	5384	80.82	96.47	92.53	6.00	21.01	1.97
海原县	1933	48.38	83.04	47.45	3.57	39.11	9.07
新疆	**3110**	**117.46**	**93.65**	**83.62**	**10.24**	**19.98**	**6.14**
鄯善县	1361	245.54	98.97	88.70	12.12	43.70	3.98
托克逊县	3806	90.52	98.98	90.51	6.86	14.65	2.75
巴里坤哈萨克自治县	1100	145.88	98.05	92.21	13.33	25.84	6.95
伊吾县	923	143.61	100.00	100.00	8.96	48.37	4.78
呼图壁县	3954	118.79	99.22	99.42	12.12	44.54	13.68
玛纳斯县	3191	119.32	99.50	99.67	5.71	28.67	11.18
奇台县	2465	122.99	99.42	88.75	2.98	14.23	4.98
吉木萨尔县	7344	151.72	99.21	88.93	11.18	33.40	10.74
木垒县	2530	93.23	99.05	95.24	8.14	30.22	5.81
精河县	5735	56.08	97.92	67.92	8.03	10.73	5.26
温泉县	2021	152.31	94.90	97.96	15.39	20.71	16.47
轮台县	2495	144.61	98.90	98.90	15.15	28.58	6.50
尉犁县	3556	143.12	94.37	94.37	26.80	19.98	4.64
若羌县	2399	154.69	99.44	96.65	13.17	79.63	8.67
且末县	4111	129.82	97.60	96.40	13.46	10.23	10.53
焉耆县	2893	88.48	96.31	99.31	4.23	10.72	4.97
和静县	2855	139.84	99.20	98.89	6.06	18.09	3.03
和硕县	2913	127.46	98.71	99.14	15.06	29.58	14.63
博湖县	6102	124.55	98.89	98.89	7.07	17.91	10.17
温宿县	3829	82.71	98.88	95.52	5.38	42.53	4.64
库车县	5580	253.67	95.19	87.86	17.86	21.28	4.93
沙雅县	5891	99.93	98.46	90.12	16.33	23.88	11.26
新和县	8627	51.69	93.41	98.86	7.95	27.84	4.44
拜城县	4567	120.43	99.64	99.82	5.76	40.61	6.76
乌什县	7442	140.61	96.88	93.44	7.41	21.83	12.00
阿瓦提县	7342	54.02	85.34	98.62	14.70	12.41	4.18
柯坪县	3389	128.93	93.41	87.91	24.44	15.55	8.96
阿克陶县	2767	109.46	99.04	98.07	11.67	17.07	6.17
阿合奇县	4140	162.27	98.73	98.73	23.36	20.78	12.74
乌恰县	2530	114.03	97.04	96.45	12.41	15.62	13.62
疏附县	2522	82.44	98.23	92.92	5.77	12.48	5.84
疏勒县	1607	70.17	88.05	96.99	6.55	13.96	3.45
英吉沙县	3544	144.13	97.98	91.91	8.21	18.82	8.11
泽普县	6099	157.80	91.23	91.07	15.56	20.82	10.11
莎车县	7602	87.40	95.17	74.06	2.24	20.47	2.60
叶城县	5891	120.38	97.42	95.20	8.52	9.86	3.26

continued 34

污　水处理率 (%) Wastewater Treatment Rate (%)	污水处理厂集中处理率 Centralized Treatment Rate of Wastewater Treatment Plants	人均公园绿地面积 (平方米) Public Recreational Green Space Per Capita (m^2)	建成区绿化覆盖率 (%) Green Coverage Rate of Built District (%)	建成区绿地率 (%) Green Space Rate of Built District (%)	生活垃圾处 理 率 (%) Domestic Garbage Treatment Rate (%)	生活垃圾无害化处理率 Domestic Garbage Harmless Treatment Rate	县名称 Name of Counties
85.10	85.10	8.81	19.72	18.90	98.68	98.68	同心县
86.05	86.05	17.86	39.00	35.17	95.31	95.31	红寺堡开发区
91.25	91.25	11.53	23.63	14.71	93.43		西吉县
95.24	95.24	25.76	30.32	26.77	96.34	96.34	隆德县
100.00	100.00	37.52	35.48	26.87	90.43		泾源县
81.51	81.51	19.98	36.78	33.72	93.18		彭阳县
91.94	91.94	9.37	34.31	30.53	91.93		中宁县
99.40	99.40	13.64	43.31	31.06	95.89	95.89	海原县
75.78	**65.96**	**10.85**	**31.20**	**28.52**	**91.59**	**35.88**	**新疆**
90.36	90.36	11.17	38.20	35.26	90.08	90.08	鄯善县
80.00	80.00	11.68	38.30	31.70	80.00	80.00	托克逊县
58.40	46.40	12.99	28.81	25.00	98.61		巴里坤哈萨克自治县
86.73	71.43	15.02	31.48	29.74	94.74	94.74	伊吾县
99.19	99.19	12.92	38.58	35.62	92.10	92.10	呼图壁县
97.88	97.88	23.67	42.68	38.96	91.19	91.19	玛纳斯县
92.42	92.42	8.68	24.73	24.43	96.72	96.72	奇台县
92.31	92.31	13.24	36.28	34.98	98.63	98.63	吉木萨尔县
83.33	83.33	20.10	32.18	34.35	97.22	97.22	木垒县
86.61	86.61	9.17	34.87	33.99	70.67	70.67	精河县
92.19	92.19	25.51	46.05	44.43	84.75	84.75	温泉县
98.13	98.13	14.54	40.48	35.22	90.48	90.48	轮台县
97.83	97.83	8.92	40.07	34.71	89.92	89.92	尉犁县
98.18	98.18	14.53	40.41	36.13	90.20	90.20	若羌县
96.77	96.77	14.41	39.97	38.11	90.07	90.07	且末县
92.65	92.65	10.74	36.18	33.77	90.48	90.48	焉耆县
93.02	93.02	14.33	40.57	37.57	97.50	97.50	和静县
98.55	98.55	14.81	42.66	39.59	89.84	89.84	和硕县
97.54	97.54	31.63	42.69	38.07	90.14	90.14	博湖县
		11.31	28.02	26.00	94.78		温宿县
56.01	56.01	9.81	31.77	31.04	95.11		库车县
85.04	85.04	14.97	43.91	38.83	97.55		沙雅县
97.30	97.30	13.02	21.29	20.98	82.26		新和县
78.17	78.17	17.04	34.80	32.89	97.92		拜城县
69.70	69.70	10.00	61.07	40.27	91.67		乌什县
90.91	90.91	8.97	32.92	29.25	74.64		阿瓦提县
79.35	79.35	14.07	34.23	33.69	97.22		柯坪县
88.89	88.89	11.57	41.19	38.33	97.73	97.73	阿克陶县
96.76	96.76	5.51	38.00	37.57	95.62	95.62	阿合奇县
98.36	98.36	28.64	37.91	37.00	98.46		乌恰县
82.25		4.96	9.01	8.46	96.77		疏附县
78.74	10.41	15.50	35.85	30.11	95.10		疏勒县
81.85	81.85	13.05	35.68	35.56	75.13	75.13	英吉沙县
88.59	88.59	14.12	41.61	34.42	97.21		泽普县
99.09	99.09	9.91	24.24	20.83	96.84		莎车县
90.30	90.30	5.76	8.78	6.74	95.00		叶城县

1-3 续表 35

县名称 Name of Counties	人口密度（人/平方公里） Population Density (person/square kilometer)	人均日生活用水量（升） Daily Water Consumption Per Capita (liter)	用水普及率（%） Water Coverage Rate (%)	燃气普及率（%） Gas Coverage Rate (%)	建成区供水管道密度（公里/平方公里） Density of Water Supply Pipelines in Built District (kilometer/square kilometer)	人均道路面积（平方米） Road Surface Area Per Capita (m^2)	建成区排水管道密度（公里/平方公里） Density of Sewers in Built District (kilometer/square kilometer)
麦盖提县	4940	132.88	97.17	93.79	6.81	16.48	6.37
岳普湖县	2625	75.49	95.24	80.95	9.10	21.85	6.08
伽师县	2369	102.98	84.44	73.58	10.40	8.75	2.22
巴楚县	3312	81.70	93.88	64.96	3.15	12.82	1.33
塔什库尔干县	1229	90.56	87.21	75.58	7.67	34.13	4.50
墨玉县	2671	102.43	95.48	68.02	9.50	24.90	4.34
皮山县	3691	61.02	84.64	85.20	16.44	21.17	7.64
洛浦县	4836	103.50	89.24	86.40	16.72	14.40	2.81
策勒县	2642	84.76	91.07	75.36	14.98	17.93	6.55
于田县	4518	98.69	90.07	83.46	25.76	12.96	13.85
民丰县	3533	51.25	89.62	74.32	11.78	20.55	11.46
伊宁县	4231	102.47	90.91	54.55	12.96	16.59	5.84
察布查尔县	2058	209.32	74.77	69.72	16.78	21.65	15.21
霍城县	1932	122.71	89.65	50.51	4.17	7.01	3.54
巩留县	2360	73.06	81.36	67.80	37.16	22.35	8.11
新源县	2930	98.34	73.45	62.86	12.86	13.09	5.84
昭苏县	1649	226.48	88.76	31.66	9.10	20.23	8.16
特克斯县	1722	142.15	84.54	55.50	22.51	15.16	6.87
尼勒克县	2643	60.68	92.93	36.38	8.06	23.12	7.43
额敏县	2043	56.90	96.81	99.15	10.20	14.53	7.44
沙湾县	2668	99.48	97.32	87.33	13.29	14.73	7.73
托里县	2022	103.25	98.17	84.98	17.06	23.03	9.43
裕民县	1693	176.87	97.53	86.42	7.07	23.70	2.76
和布克赛尔蒙古自治县	1252	198.88	93.75	87.50	10.72	26.65	4.52
布尔津县	3944	86.57	94.25	90.27	3.11	25.55	5.00
富蕴县	3133	96.24	94.79	89.58	7.12	16.76	7.58
福海县	3000	62.54	69.70	60.61	16.17	17.91	3.48
哈巴河县	4278	152.75	97.84	96.97	12.22	32.19	11.31
青河县	1933	133.38	87.36	79.89	7.37	15.11	7.41
吉木乃县	1392	59.54	89.81	68.15	7.77	20.38	3.72
新疆生产建设兵团	**2162**	**142.81**	**89.57**	**61.58**	**12.98**	**29.58**	**6.01**
第一师	2845	148.08	92.79	87.82	7.62	23.71	5.28
第二师	1453	140.43	93.81	56.45	12.69	21.49	5.71
第三师	2893	172.54	92.49	36.48	31.07	37.85	7.70
第四师	2852	173.37	92.13	23.72	18.18	41.45	7.46
第五师	4055	169.41	53.24	69.72	8.54	22.99	5.30
第六师	1643	171.99	87.77	45.35	19.00	21.94	6.81
第七师	2932	95.82	99.21	95.63	6.91	47.28	5.67
第八师	1834	119.17	98.40	66.29	12.85	22.96	6.22
第九师	2557	132.90	87.62	75.37	13.28	20.70	7.90
第十师	1590	113.58	75.63	34.43	7.97	23.89	5.94
第十二师	1819	191.45	87.75	79.55	8.91	32.86	2.58
第十三师	2518	115.62	96.53	42.16	8.50	35.46	6.26
第十四师	1075	130.96	83.62	75.33	5.97	21.11	4.50

continued 35

污水处理率(%) Wastewater Treatment Rate (%)	污水处理厂集中处理率 Centralized Treatment Rate of Wastewater Treatment Plants	人均公园绿地面积(平方米) Public Recreational Green Space Per Capita (m^2)	建成区绿化覆盖率(%) Green Coverage Rate of Built District (%)	建成区绿地率(%) Green Space Rate of Built District (%)	生活垃圾处理率(%) Domestic Garbage Treatment Rate (%)	生活垃圾无害化处理率 Domestic Garbage Harmless Treatment Rate	县名称 Name of Counties
73.67	63.54	13.90	35.27	31.76	98.07		麦盖提县
79.67	10.57	4.29	11.73	9.28	94.30		岳普湖县
85.84		11.34	23.75	23.13	95.48		伽师县
80.74		8.00	12.50	8.72	95.01		巴楚县
80.19		23.26	18.33	11.83	94.67		塔什库尔干县
		2.34	18.12	10.83	70.73		墨玉县
56.70	56.70	5.87	14.37	12.26	86.61		皮山县
47.37	47.37	3.40	25.69	25.17	76.91		洛浦县
24.80	24.80	3.57	26.85	26.30	63.68		策勒县
66.48	66.48	1.38	26.99	22.26	83.33		于田县
		2.02	13.89	11.32	80.36		民丰县
84.81	84.81	5.45	32.01	29.29	94.05	94.05	伊宁县
60.85	60.85	18.32	39.14	35.24	87.27	87.27	察布查尔县
32.62	32.62	5.87	42.54	40.26	92.50		霍城县
94.00	94.00	11.53	41.57	39.90	97.44	97.44	巩留县
63.56	63.56	5.33	40.20	33.22	84.55		新源县
		2.96	38.78	36.70	85.88	85.88	昭苏县
90.67	90.67	12.51	40.65	37.88	99.42	99.42	特克斯县
81.67	81.67	9.35	45.22	39.90	96.57		尼勒克县
75.24	75.24	10.64	31.29	30.36	97.43		额敏县
73.38	73.38	7.96	33.70	30.96	95.92	95.92	沙湾县
60.00	60.00	17.47	33.84	32.28	96.15		托里县
57.32	57.32	13.95	39.83	39.88	96.17		裕民县
60.00	60.00	45.83	41.00	35.60	97.35		和布克赛尔蒙古自治县
96.15		19.91	56.12	49.60	100.00		布尔津县
97.35		17.00	32.61	32.31	90.65		富蕴县
98.46		7.58	19.24	18.61	99.32		福海县
96.64		12.31	41.51	38.53	95.58		哈巴河县
79.55		15.52	27.63	27.35	90.28		青河县
95.45		21.66	22.98	27.51	94.44		吉木乃县
62.21	**59.50**	**5.29**	**14.82**	**10.25**	**56.43**	**1.04**	**新疆生产建设兵团**
83.58	83.58	8.69	24.98	21.04	90.55		第一师
57.26	57.14	6.41	13.31	7.54	35.25		第二师
45.79	44.06	5.66	2.59	5.71	38.74		第三师
76.01	74.13	2.79	20.90	12.59	89.60		第四师
33.33	19.05	4.06	5.46	4.64	12.73		第五师
53.23	52.12	1.71	4.83	2.99	32.36	3.61	第六师
75.96	75.96	8.14	20.83	16.74	99.15	5.50	第七师
71.14	68.86	7.73	24.90	10.64	69.62		第八师
25.59	23.75	4.98	13.68	12.78	6.15		第九师
48.21	16.92	3.93	19.51	18.03	28.33		第十师
45.64	35.68	3.77	17.04	9.98	38.58		第十二师
54.86	54.86	2.28	7.79	5.09	70.78		第十三师
78.58	78.58	3.06		4.79	27.61		第十四师

二、县城人口和建设用地

2.County Seat Population and Construction Land

简要说明

本部分主要反映县城规模，包括人口规模和用地规模。人口规模主要包括县人口、县城人口、县城暂住人口，用地规模主要包括县面积、县城面积、建成区面积以及各类建设用地面积、本年征用土地面积等内容。

Brief Introduction

This section is mainly about size of county seat, including size of population and usable land. The size of population mainly covers county permanent population in county seats and county areas as well as county seat temporary population. The size of usable land mainly covers county areas, county seat areas, areas of built-up districts, areas of various types of land for construction purposes, and areas of land acquired during the year.

2 全国历年县数量及人口、面积情况（2000–2015）
National Changes in Number of Counties, County Seat Population and County Seat Area in Past Years (2000-2015)

面积计量单位：平方公里　　Area Measurement Unit: Square Kilometer
人口计量单位：万人　　Population Measurement Unit:10,000 persons

年份 Year	县个数 Number of Counties	县城人口 Couty Seat Population	县城暂住人口 Couty Seat Temporary Population	县城面积 Couty Seat Area	建成区面积 Area of Built District	城市建设用地面积 Area of Urban Construction Land
2000	1674	14157		53197	13135	8788
2001	1660	9012		57651	10427	9157
2002	1649	8874		56138	10496	9455
2003	1642	9235		53197	11115	10180
2004	1636	9641		53649	11774	11106
2005	1636	10030		63382	12383	12383
2006	1635	10963	934	76508	13229	13456
2007	1635	11581	1011	93887	14260	14680
2008	1635	11947	1079	130813	14776	15534
2009	1636	12259	1120	154603	15558	15671
2010	1633	12637	1236	175926	16585	16405
2011	1627	12946	1393	93567	17376	16151
2012	1624	13406	1514	94834	18740	17437
2013	1613	13701	1566	86225	19503	17935
2014	1596	14038	1615	79946	20111	18694
2015	1568	14017	1598	75204	20043	18718

2–1 2015年全国县城人口和建设用地分组资料

面积计量单位：平方公里
人口计量单位：万人

地区名称 Name of Regions	县面积 County District Area	县人口 County District Population	县暂住人口 County District Temporary Population	县城面积 County Seat Area	县城人口 County Seat Population	县城暂住人口 County Seat Temporary Population	建成区面积 Area of Built District	城市建设用地面积 小计 Subtotal	居住用地 Residential
全国 National Total	**7654262**	**68793.3**	**3110.3**	**75204.21**	**14017.10**	**1598.14**	**20043.07**	**18718.37**	**6316.84**
分类一 Group one									
东部地区 East China	734975	21051.9	966.0	28754.43	4364.23	440.11	6352.20	6146.82	2014.99
中部地区 Central China	2133605	27575.0	1109.7	26390.57	5758.14	622.94	7917.22	7362.15	2437.87
西部地区 West China	4785683	20166.5	1034.6	20059.21	3894.73	535.09	5773.65	5209.40	1863.98
分类二 Group two									
东部地区 East China	560763	17664.3	877.8	26467.89	3867.22	385.28	5692.93	5532.94	1804.2
中部地区 Central China	1083097	26033.7	990.2	20533.32	5291.98	558.71	6950.40	6481.77	2141.20
西部地区 West China	6010402	25095.4	1242.3	28203.00	4857.90	654.15	7399.74	6703.66	2371.44
分类三 Group three									
东部地区 East China	476770	16424.3	840.8	24683.04	3613.77	363.73	5334.41	5211.79	1666.01
中部地区 Central China	745369	23804.7	931.3	18481.81	4746.90	527.10	6139.54	5740.57	1825.48
西部地区 West China	6010402	25095.4	1242.3	28203.00	4857.90	654.15	7399.74	6703.66	2371.44
东北地区 Northeast China	421721	3468.9	95.9	3836.36	798.53	53.16	1169.38	1062.35	453.91

National County Seat Population and Development Land (2015)

Area Measurement Unit: Square Kilometer
Population Measurement Unit:10,000 persons

Area of Urban Construction Land							本年征用土地面积 Area of Land Requisition This Year		
公共管理与公共服务用地 Administration and Public Services	商业服务业设施用地 Commercial and Business Facilities	工业用地 Industrial Manufac-turing	物流仓储用地 Logistics and Warehouse	道路交通设施用地 Road, Street and Transportation	公用设施用地 Municipal Utilities	绿地与广场用地 Green Space and Square		耕地 Arable Land	地区名称 Name of Regions
1832.29	**1407.54**	**2536.69**	**642.97**	**2474.99**	**974.46**	**2532.59**	**904.32**	**393.39**	**全国**
									分类一
553.30	448.22	1066.80	208.17	748.94	277.59	828.81	335.35	164.62	东部地区
709.18	549.85	966.56	264.04	1080.22	391.09	963.34	287.33	92.72	中部地区
569.81	409.47	503.33	170.76	645.83	305.78	740.44	281.64	136.05	西部地区
									分类二
498.61	409.09	977.41	188.43	649.6	250.78	754.82	311.11	154.58	东部地区
621.58	486.97	882.37	236.61	926.21	347.39	839.44	273.40	88.54	中部地区
712.10	511.48	676.91	217.93	899.18	376.29	938.33	319.81	150.27	西部地区
									分类三
476.78	388.27	926.45	180.25	621.94	230.16	721.93	304.42	152.39	东部地区
562.40	434.99	781.46	202.80	832.21	317.84	783.39	258.20	83.06	中部地区
712.10	511.48	676.91	217.93	899.18	376.29	938.33	319.81	150.27	西部地区
81.01	72.80	151.87	41.99	121.66	50.17	88.94	21.89	7.67	东北地区

2-2 2015年全国县城人口和建设用地(按省分列)

面积计量单位：平方公里
人口计量单位：万人

地区名称 Name of Regions	县面积 County District Area	县人口 County District Population	县暂住人口 County District Temporary Population	县城面积 County Seat Area	县城人口 County Seat Population	县城暂住人口 County Seat Temporary Population	建成区面积 Area of Built District	城市建设用地面积 小计 Subtotal	居住用地 Residential
全 国	**7654262**	**68793.3**	**3110.3**	**75204.21**	**14017.10**	**1598.14**	**20043.07**	**18718.37**	**6316.84**
天 津	1590	85.7	1.5	77.17	14.96	0.90	30.65	30.43	14.96
河 北	145652	4309.8	200.9	4458.71	954.23	96.36	1533.47	1518.36	482.87
山 西	127699	2071.4	80.8	1824.78	578.38	47.58	698.22	640.74	237.50
内蒙古	1050508	1541.2	119.5	5857.25	466.16	64.23	966.82	880.38	296.67
辽 宁	83993	1240.0	37.0	1784.85	253.45	21.55	358.52	321.15	138.19
吉 林	86558	748.6	25.0	662.18	182.36	9.87	230.18	218.32	89.83
黑龙江	251170	1480.4	33.9	1389.33	362.72	21.74	580.68	522.88	225.89
江 苏	35579	2121.3	46.1	2798.17	512.37	27.79	667.83	647.23	218.77
浙 江	50221	1504.8	232.0	4812.33	348.47	76.21	549.64	572.10	177.34
安 徽	100935	4549.7	166.4	5206.86	794.10	96.71	1182.73	1136.16	338.76
福 建	77864	1773.7	134.8	1634.12	339.77	53.71	460.80	436.44	150.86
江 西	132344	3100.1	99.2	1821.20	780.91	62.51	983.36	938.42	286.68
山 东	71119	4120.5	104.9	8035.57	946.64	63.79	1483.95	1405.33	424.00
河 南	120748	7068.5	227.9	5676.34	1283.24	120.69	1638.76	1530.22	493.04
湖 北	99097	2256.1	98.7	1479.02	415.39	51.42	555.63	508.43	153.86
湖 南	164546	4759.1	258.3	2473.61	894.88	148.19	1080.84	986.60	315.64
广 东	77329	2195.4	98.4	2621.06	427.57	38.45	476.49	474.48	167.34
广 西	174212	3387.6	88.2	2286.54	497.01	54.83	659.27	613.88	210.79
海 南	17417	313.2	22.4	245.91	69.76	6.52	131.58	127.42	29.87
重 庆	47883	1260.0	77.2	1156.36	209.02	46.21	199.70	185.27	62.03
四 川	413823	5488.0	249.7	9598.07	1078.82	130.78	1332.18	1244.75	405.38
贵 州	150797	3253.6	125.5	2253.63	496.20	58.85	669.77	612.13	234.12
云 南	311737	3342.9	146.4	1601.44	546.35	78.13	711.89	647.28	230.80
西 藏	1205568	262.6	44.8	265.58	37.86	14.36	168.38	138.72	52.33
陕 西	172793	2411.1	104.3	1545.24	533.27	74.35	716.15	656.76	217.07
甘 肃	371869	1856.2	98.9	762.40	329.97	48.14	462.81	416.07	152.90
青 海	549157	398.2	29.3	569.53	96.29	14.29	181.05	136.10	51.37
宁 夏	39501	330.1	19.5	314.12	83.89	12.21	175.17	157.07	61.77
新 疆	1461755	1355.1	107.6	1160.86	324.40	36.59	642.85	578.00	235.04
新疆生产建设兵团	60798	208.7	31.5	831.98	158.66	21.18	513.70	437.25	161.17

National County Seat Population and Construction Land by Province (2015)

Area Measurement Unit: Square Kilometer
Population Measurement Unit:10,000persons

Area of Urban Construction Land							本年征用土地面积 Area of Land Requisition This Year		地区名称 Name of Regions
公共管理与公共服务用地 Administration and Public Services	商业服务业设施用地 Commercial and Business Facilities	工业用地 Industrial, Manufac-turing	物流仓储用地 Logistics and Warehouse	道路交通设施用地 Road, Street and Transp-ortation	公用设施用地 Municipal Utilities	绿地与广场用地 Green Space and Square		耕地 Arable Land	
1832.29	**1407.54**	**2536.69**	**642.97**	**2474.99**	**974.46**	**2532.59**	**904.32**	**393.39**	**全　国**
3.01	2.01	2.55	0.59	5.13	0.93	1.25	3.95	0.97	天　津
136.35	114.06	235.43	66.13	210.64	52.16	220.72	116.70	79.93	河　北
65.79	35.41	48.82	15.91	102.74	30.32	104.25	16.02	2.88	山　西
87.60	62.88	84.19	27.43	154.01	43.70	123.90	13.93	4.18	内蒙古
21.83	20.82	50.96	8.18	27.66	20.62	32.89	6.69	2.19	辽　宁
17.79	15.93	30.19	11.28	26.77	7.79	18.74	4.89	0.52	吉　林
41.39	36.05	70.72	22.53	67.23	21.76	37.31	10.31	4.96	黑龙江
57.74	49.03	128.76	17.59	65.44	32.18	77.72	35.32	21.40	江　苏
49.94	34.64	129.85	17.12	63.36	27.82	72.03	33.45	18.49	浙　江
89.78	85.02	198.19	44.17	158.83	55.54	165.87	93.26	30.76	安　徽
38.64	31.53	63.15	12.85	63.02	18.50	57.89	44.70	12.80	福　建
88.23	74.42	149.50	29.86	141.36	43.68	124.69	53.43	14.92	江　西
127.23	104.75	285.85	42.92	140.28	63.21	217.09	49.83	15.87	山　东
149.06	114.96	194.39	53.33	246.80	84.56	194.08	30.09	15.39	河　南
57.93	42.06	64.15	16.01	82.30	28.24	63.88	15.15	5.94	湖　北
111.61	83.12	126.41	43.52	100.18	75.50	130.62	50.25	13.17	湖　南
53.83	45.44	53.46	17.51	48.66	30.97	57.27	16.65	2.12	广　东
54.69	39.13	89.39	19.74	99.34	26.81	73.99	24.24	10.04	广　西
10.04	6.81	27.40	5.54	25.41	4.39	17.96	3.82	0.81	海　南
14.76	11.75	20.85	3.40	26.55	10.92	35.01	19.48	11.39	重　庆
123.57	95.93	170.65	48.63	145.14	69.79	185.66	62.09	33.39	四　川
68.60	49.50	52.60	23.71	67.08	40.17	76.35	48.06	21.75	贵　州
81.82	48.74	53.54	16.38	95.53	34.42	86.05	34.61	17.43	云　南
21.02	14.62	9.92	3.39	18.04	8.73	10.67	14.90	9.40	西　藏
55.51	45.97	50.27	15.92	95.69	38.39	137.94	12.88	6.23	陕　西
56.22	32.75	30.73	12.99	51.21	29.97	49.30	14.28	8.60	甘　肃
19.44	10.54	13.25	4.63	10.90	10.97	15.00	3.57	1.43	青　海
17.77	13.83	12.74	1.27	23.83	8.70	17.16	7.73	3.94	宁　夏
59.10	44.80	54.16	23.10	64.20	25.89	71.71	52.21	17.92	新　疆
52.00	41.04	34.62	17.34	47.66	27.83	55.59	11.83	4.57	新疆生产建设兵团

2–3 2015年全国县城人口和建设用地(按县分列)

面积计量单位：平方公里
人口计量单位：万人

县名称 Name of Counties	县面积 County District Area	县人口 County District Population	县暂住人口 County District Temporary Population	县城面积 County Seat Area	县城人口 County Seat Population	县城暂住人口 County Seat Temporary Population	建成区面积 Area of Built District	城市建设用地面积 小计 Subtotal	居住用地 Residential
全　国	**7654262**	**68793.3**	**3110.3**	**75204.21**	**14017.10**	**1598.14**	**20043.07**	**18718.37**	**6316.84**
天　津	**1590**	**85.7**	**1.5**	**77.17**	**14.96**	**0.90**	**30.65**	**30.43**	**14.96**
蓟县	1590	85.7	1.5	77.17	14.96	0.90	30.65	30.43	14.96
河　北	**145652**	**4309.8**	**200.9**	**4458.71**	**954.23**	**96.36**	**1533.47**	**1518.36**	**482.87**
井陉县	1381	33.0	2.0	65.40	9.20	0.90	10.50	10.40	4.67
正定县	468	49.6	1.2	57.70	14.16	0.60	17.00	16.90	3.80
行唐县	961	43.2	0.4	31.05	7.14	0.14	8.28	7.32	3.69
灵寿县	1069	34.1	2.0	42.00	6.24	0.90	10.70	12.82	2.98
高邑县	222	20.1	0.1	37.91	5.72	0.04	8.32	8.14	2.80
深泽县	296	26.7	3.5	26.90	8.30	0.90	10.72	8.24	3.46
赞皇县	832	26.6	0.8	50.30	4.85	0.55	6.50	6.17	1.75
无极县	520	60.0	0.3	32.92	9.10	0.13	9.60	7.64	3.42
平山县	2613	50.3	0.6	109.00	11.98	0.30	10.60	10.38	1.09
元氏县	681	42.7	0.4	31.28	9.13	0.09	11.82	11.79	4.40
赵　县	675	61.3	0.0	17.05	11.78	0.04	15.55	15.55	4.60
滦　县	1027	56.2	5.9	140.80	17.70	5.77	26.04	25.68	9.85
滦南县	1270	57.4	1.5	108.30	13.10	1.30	20.08	18.99	8.17
乐亭县	1308	49.6	1.2	101.25	13.70	0.70	17.90	17.89	5.71
迁西县	1439	40.0	1.5	111.00	9.81	1.09	15.10	13.60	5.17
玉田县	1165	68.0	0.6	90.00	15.50	0.50	20.00	19.86	6.84
曹妃甸区	929	16.9	3.1	250.61	4.91	2.84	136.80	195.64	6.47
青龙满族自治县	3510	56.5	0.3	31.00	9.07	0.14	9.54	9.51	3.30
昌黎县	1210	56.2	0.6	20.00	12.10	0.31	15.30	15.46	7.30
卢龙县	961	42.5	0.7	45.20	6.50		10.55	9.30	2.51
临漳县	744	70.0	0.4	83.14	11.80	0.40	22.46	18.22	5.39
成安县	485	44.7	0.1	48.33	9.20	0.06	17.00	16.55	8.00
大名县	1052	92.0	2.2	60.10	16.28	0.80	22.70	16.92	4.93
涉　县	1509	42.3	4.2	91.81	17.01	3.51	33.02	33.02	9.63
磁　县	994	66.3	5.7	81.70	22.30		25.00	23.10	7.73
肥乡县	502	39.3	1.2	81.20	11.10	1.20	13.80	13.60	4.50
永年县	903	96.5	6.5	97.40	17.00	3.70	26.20	26.00	10.20
邱　县	448	26.0	0.9	34.23	7.60	0.38	12.90	15.31	3.59
鸡泽县	337	33.0	2.0	20.46	8.53	1.53	12.16	12.16	3.40
广平县	320	30.2	2.1	12.42	8.18	0.68	12.42	12.42	4.07
馆陶县	456	36.4	0.6	60.10	10.11	0.40	15.00	15.00	5.50
魏　县	864	104.5	6.5	96.10	26.00	4.00	24.00	23.80	4.51
曲周县	667	51.4	0.2	26.20	11.60		12.70	12.67	4.97
临城县	797	20.8	0.8	54.00	6.00	0.80	7.55	7.27	1.87
内丘县	775	26.5	1.4	38.00	7.00	0.80	8.00	7.52	4.25
柏乡县	268	19.5	0.1	73.30	4.98	0.06	6.40	6.38	1.40
隆尧县	749	52.0	1.4	31.10	9.03	0.80	14.82	14.82	7.90
任　县	431	42.2	0.1	53.88	8.40	0.07	12.47	9.38	4.04
南和县	405	38.3	2.0	9.50	7.90	0.80	9.50	8.58	2.58
宁晋县	1046	73.0	8.6	27.00	18.00	4.00	21.50	16.48	3.21

National County Seat Population and Construction Land by County (2015)

Area Measurement Unit: Square Kilometer

Population Measurement Unit:10,000persons

Area of Urban Construction Land							本年征用土地面积		
公共管理与公共服务用地 Administration and Public Services	商业服务业设施用地 Commercial and Business Facilities	工业用地 Industrial, Manufacturing	物流仓储用地 Logistics and Warehouse	道路交通设施用地 Road, Street and Transportation	公用设施用地 Municipal Utilities	绿地与广场用地 Green Space and Square	Area of Land Requisition This Year	耕地 Arable Land	县名称 Name of Counties
1832.29	**1407.54**	**2536.69**	**642.97**	**2474.99**	**974.46**	**2532.59**	**904.32**	**393.39**	**全　国**
3.01	**2.01**	**2.55**	**0.59**	**5.13**	**0.93**	**1.25**	**3.95**	**0.97**	**天　津**
3.01	2.01	2.55	0.59	5.13	0.93	1.25	3.95	0.97	蓟县
136.35	**114.06**	**235.43**	**66.13**	**210.64**	**52.16**	**220.72**	**116.70**	**79.93**	**河　北**
1.29	0.50	2.00	0.50	0.47	0.16	0.81			井陉县
2.50	2.10	2.00	1.60	3.00	0.50	1.40	0.67	0.38	正定县
1.48	0.61	0.02	0.26	0.50	0.27	0.49			行唐县
1.75	2.19	0.30	0.78	2.25	0.29	2.28	0.05		灵寿县
0.52	0.64	0.82	0.05	1.55	0.14	1.62			高邑县
0.80	0.96	0.89	0.07	1.67	0.10	0.29			深泽县
0.45	0.35	0.18	0.50	0.95	0.33	1.66	0.13		赞皇县
1.60	0.45	0.20	0.03	1.20	0.07	0.67			无极县
1.74	0.04	1.34	0.13	1.48	2.56	2.00	0.30		平山县
1.07	0.53	1.96	0.62	1.48	0.33	1.40	0.63	0.46	元氏县
1.29	1.02	3.03	0.35	2.74	0.18	2.34			赵　县
4.20	4.24	0.39	0.35	2.92	0.50	3.23			滦　县
1.07	1.69	3.87		2.66	0.05	1.48	0.22	0.09	滦南县
1.36	0.93	0.70	0.33	2.66	0.32	5.88			乐亭县
0.52	0.81	0.80	0.12	0.32	1.95	3.91	0.70	0.10	迁西县
2.37	0.25	2.32	0.50	3.20	2.18	2.20			玉田县
14.84	8.87	85.23	27.29	45.03	3.90	4.01			曹妃甸区
0.50	0.67	0.50	0.27	0.97	0.10	3.20	0.44	0.07	青龙满族自治县
1.61	1.86	1.35	0.16	2.55	0.15	0.48			昌黎县
0.63	1.85	0.33	0.16	1.95	0.73	1.14	0.75		卢龙县
1.21	3.85	2.84	0.17	0.79	0.55	3.42	0.46	0.44	临漳县
2.60	4.80	0.06		0.10	0.10	0.89			成安县
1.96	0.62	2.65	1.13	4.01	1.62				大名县
2.13	2.49	8.82	0.60	3.15	0.88	5.32			涉　县
5.09	0.89	2.50	2.17	2.24	1.29	1.19			磁　县
2.10	0.85	0.35	0.30	0.20	0.50	4.80	0.20		肥乡县
2.50	3.35	4.00	0.44	0.26	1.85	3.40			永年县
0.44	0.22	5.80	0.20	3.05	0.67	1.34			邱　县
0.37	0.24	1.46	0.35	1.92	0.21	4.21	0.22	0.22	鸡泽县
1.10	1.40	2.00	0.19	0.10	0.46	3.10			广平县
1.40	0.58	1.15	0.45	3.35	0.77	1.80	0.34	0.30	馆陶县
1.94	1.80	2.00	0.35	2.40	0.60	10.20			魏　县
0.87	1.40	1.30	0.10	2.16	0.12	1.75	0.67	0.50	曲周县
0.91	0.71	0.37	0.09	1.96	0.15	1.21	0.12		临城县
0.56	0.08	0.80	0.66	0.24	0.56	0.37			内丘县
0.62	0.02	1.93	0.01	1.01	0.18	1.21			柏乡县
0.67	1.10	2.45	0.10	1.80	0.02	0.78			隆尧县
0.41	0.58	2.18	0.23	1.24	0.09	0.61			任　县
0.60	0.90	1.76	0.01	0.75	0.18	1.80	84.43	66.83	南和县
1.56	1.30	2.67	0.30	1.22	0.60	5.62			宁晋县

2-3 续表 1

面积计量单位：平方公里
人口计量单位：万人

县名称 Name of Counties	县面积 County District Area	县人口 County District Population	县暂住人口 County District Temporary Population	县城面积 County Seat Area	县城人口 County Seat Population	县城暂住人口 County Seat Temporary Population	建成区面积 Area of Built District	城市建设用地面积 小计 Subtotal	居住用地 Residential
巨鹿县	623	38.4	0.7	23.00	11.40	0.67	16.00	16.00	6.02
新河县	367	17.0	0.8	25.00	4.80	0.80	7.00	6.40	3.80
广宗县	500	32.9	0.9	50.50	6.95	0.35	8.75	8.67	3.11
平乡县	406	35.0	3.2	64.50	7.07	2.12	11.50	11.50	5.77
威　县	1012	63.7	0.1	21.45	13.20	0.07	16.20	21.36	6.65
清河县	502	43.0	4.7	37.80	15.22	3.22	25.00	25.00	7.65
临西县	542	34.7	1.5	15.80	8.20	0.50	12.50	10.75	2.20
涞水县	1662	35.7	0.0	16.12	6.70	0.02	13.59	13.55	6.96
阜平县	2494	23.6	2.6	7.20	6.20	0.70	7.20	7.00	2.10
定兴县	714	58.2	0.5	15.40	9.21	0.39	11.80	10.80	5.60
唐　县	1414	60.0	0.6	42.30	9.47	0.24	10.78	10.78	7.51
高阳县	495	31.7	1.5	20.00	7.62	0.95	14.70	12.33	5.20
容城县	311	27.3	0.7	10.50	5.01	0.29	8.50	7.81	3.50
涞源县	2431	29.5	0.4	50.60	13.70	0.20	14.30	13.74	7.54
望都县	357	26.0	0.2	12.18	6.30	0.05	9.80	6.19	2.80
安新县	724	48.6		19.00	6.21		9.57	9.20	2.44
易　县	2535	57.8	0.5	15.25	9.01	0.35	13.25	4.86	0.69
曲阳县	1076	55.1	1.9	24.00	8.11	1.56	14.50	14.50	6.04
蠡　县	653	46.8	0.8	12.00	6.50	0.80	10.50	10.00	3.39
顺平县	712	32.0	0.1	25.00	6.69	0.06	8.70	8.70	4.72
博野县	331	27.6	0.0	17.80	5.84	0.02	7.07	7.07	2.43
雄　县	513	39.2	0.6	32.64	6.55	0.26	12.10	9.80	1.38
张北县	3863	38.3	5.0	72.80	12.90	3.90	35.00	34.48	9.38
康保县	3465	31.2	1.3	34.10	5.72	0.60	10.65	4.25	0.52
沽源县	3654	22.5	3.0	21.10	4.56	1.82	7.50	7.17	3.98
尚义县	2649	22.8	3.6	24.52	6.70	0.12	9.56	9.35	3.68
蔚　县	3220	50.3	0.7	34.20	8.44	0.36	14.25	13.42	4.25
阳原县	1849	28.6	1.2	23.00	6.20	0.05	13.57	13.56	4.45
怀安县	1706	24.7	1.3	22.50	5.50	0.60	9.20	9.20	4.19
万全县	1161	22.5	0.2	23.00	6.20	0.05	9.50	7.34	2.85
怀来县	1801	35.8	1.9	28.20	9.80	0.20	16.62	16.62	6.93
涿鹿县	2802	39.0	0.8	34.78	8.67	0.35	8.88	8.88	2.80
赤城县	5284	29.8	29.8	7.25	5.23	0.40	6.50	7.22	4.64
崇礼县	2334	10.7	0.9	30.86	3.24	0.89	4.30	4.26	1.63
承德县	3648	42.7	0.7	25.00	7.22	0.30	9.50	8.52	2.00
兴隆县	3116	32.9	0.4	25.00	7.22	0.28	8.32	8.32	1.21
平泉县	3296	48.0	1.4	26.00	15.30	0.80	16.50	16.43	5.22
滦平县	2993	31.1	0.2	21.11	6.50	0.11	7.46	7.19	3.00
隆化县	5475	45.4	0.3	39.20	7.57	0.10	10.00	9.54	4.94
丰宁满族自治县	8739	41.0	0.7	15.90	8.48	0.20	9.50	9.46	3.50
宽城满族自治县	1936	26.0	0.7	38.83	6.92	0.32	11.00	9.60	2.83
围场满族蒙古族自治县	9037	54.2	0.8	20.00	8.30	0.60	7.30	6.90	3.37
青　县	968	42.0	2.0	19.06	9.80	0.70	19.06	17.26	10.16
东光县	701	36.3	0.9	25.00	8.30	0.85	15.00	12.26	3.80

continued 1

Area Measurement Unit: Square Kilometer
Population Measurement Unit:10,000persons

Area of Urban Construction Land							本年征用土地面积 Area of Land Requisition This Year		县名称 Name of Counties
公共管理与公共服务用地 Administration and Public Services	商业服务业设施用地 Commercial and Business Facilities	工业用地 Industrial, Manufacturing	物流仓储用地 Logistics and Warehouse	道路交通设施用地 Road, Street and Transportation	公用设施用地 Municipal Utilities	绿地与广场用地 Green Space and Square		耕地 Arable Land	
1.06	2.50	0.29	0.09	4.60	0.29	1.15	0.53	0.20	巨鹿县
0.10	0.80	1.00		0.10	0.10	0.50			新河县
0.89	0.74	0.72		0.90	0.41	1.90	0.42	0.03	广宗县
0.86	0.41	2.55	0.05	0.94	0.10	0.82	0.59	0.31	平乡县
1.53	2.36	4.49	0.49	3.00	0.31	2.53			威　县
3.03	0.45	4.44	0.52	5.25	0.31	3.35			清河县
1.05	0.05	0.40	0.30	1.40	0.55	4.80			临西县
0.53	0.96	1.22	0.02	2.52	0.15	1.19			涞水县
1.30	0.40	0.40	0.20	0.20	0.40	2.00	1.00		阜平县
0.10	1.25	0.15		0.50	2.00	1.20	0.41	0.25	定兴县
0.77	0.66	0.33	0.03	1.18	0.11	0.19	0.23	0.10	唐　县
0.88	1.67	2.45	0.85	0.84	0.06	0.38			高阳县
0.55	0.50	0.60	0.10	0.50	0.20	1.86	0.23	0.14	容城县
1.10	1.25	0.09	0.05	2.20	0.08	1.43			涞源县
0.38	0.40	0.30	0.50	0.40	0.50	0.91			望都县
0.73	0.72	0.68	0.65	0.68	0.75	2.55			安新县
1.00	0.89	0.16	1.42	0.08	0.62		0.21	0.16	易　县
2.46	0.09	2.48	0.34	1.34	0.25	1.50	0.51	0.23	曲阳县
0.98	0.83	1.61	0.02	1.66	0.13	1.38	0.05		蠡　县
0.74	0.83	0.10		1.21	0.09	1.01			顺平县
0.42	0.47	1.21	0.01	0.22	0.07	2.24	0.03	0.02	博野县
1.43	1.10	1.58	0.83	1.18	1.35	0.95	0.36	0.26	雄　县
2.19	0.84	1.02	2.32	2.69	2.61	13.43			张北县
0.50	0.35	0.03	1.08	1.20	0.32	0.25			康保县
0.50	0.68	0.36		1.12	0.16	0.37			沽源县
2.17	0.72	0.38	0.66	0.96	0.40	0.38			尚义县
2.18	2.10	0.90	0.90	2.27	0.40	0.42			蔚　县
1.95	2.09	0.13	0.40	2.01	0.55	1.98			阳原县
0.65	0.77	0.82	0.34	1.27	0.10	1.06			怀安县
1.01	0.68	0.28	0.57	1.27	0.16	0.52			万全县
0.40	0.37	0.31	0.20	2.04	0.12	6.25			怀来县
0.62	0.37	0.52	0.04	2.36	0.18	1.99			涿鹿县
0.68	0.54	0.32	0.05	0.80	0.04	0.15	0.30	0.07	赤城县
0.10	0.49	0.03	0.02	0.46	0.18	1.35	0.40	0.22	崇礼县
0.66	0.55	1.80	0.15	1.60	0.16	1.60			承德县
0.47	0.39	1.11	0.12	1.59	0.04	3.39			兴隆县
1.03	0.65	0.80	0.68	2.53	1.32	4.20			平泉县
0.40	0.50	0.50	0.20	1.59	0.20	0.80	0.20		滦平县
0.87	0.66	1.00	0.33	1.41	0.17	0.16			隆化县
0.76	0.33	0.55	0.02	1.62	0.08	2.60	11.82	4.50	丰宁满族自治县
0.82	0.65	1.99	0.07	1.80	0.11	1.33	1.79	0.61	宽城满族自治县
0.55	0.50	0.50	0.08	0.90	0.20	0.80			围场满族蒙古族自治县
0.92	0.71	0.98	0.41	1.67	0.75	1.66			青　县
1.55	0.05	2.54	0.52	2.54	0.16	1.10	0.37	0.30	东光县

2-3 续表 2

面积计量单位：平方公里
人口计量单位：万人

县名称 Name of Counties	县面积 County District Area	县人口 County District Population	县暂住人口 County District Temporary Population	县城面积 County Seat Area	县城人口 County Seat Population	县城暂住人口 County Seat Temporary Population	建成区面积 Area of Built District	城市建设用地面积 小计 Subtotal	居住用地 Residential
海兴县	960	24.2	0.2	15.50	5.20	0.07	8.30	8.30	3.39
盐山县	795	49.3	0.4	31.68	7.23	0.20	15.54	10.84	4.93
肃宁县	497	36.5	0.3	28.00	8.39	0.21	16.00	16.00	6.57
南皮县	794	39.0	0.2	22.00	6.95	0.05	14.15	10.49	3.49
吴桥县	603	30.0	0.7	29.50	9.00	0.70	12.80	12.80	4.50
献　县	1191	57.1	2.9	34.20	9.09	2.10	13.20	13.15	3.43
孟村回族自治县	393	19.5	1.5	21.00	3.42	0.52	9.25	9.25	4.52
固安县	697	50.0	8.8	56.06	12.58	2.95	29.40	29.40	10.34
永清县	774	40.5	0.2	22.70	4.40	0.16	8.96	8.96	3.34
香河县	458	36.2	7.1	76.90	9.55	3.20	16.14	16.14	8.12
大城县	910	51.9	0.6	36.40	6.64	0.04	9.52	9.52	4.55
文安县	980	53.8	0.4	22.50	5.18	0.43	9.60	9.60	3.52
大厂回族自治县	176	12.9	3.3	52.64	6.32	0.90	17.46	17.46	10.72
枣强县	903	40.6	1.7	31.00	12.41	0.85	15.80	15.73	3.92
武邑县	830	36.8	4.0	30.70	8.10	2.20	12.80	12.47	3.87
武强县	445	21.6	1.1	96.00	6.16	0.70	7.80	7.12	2.06
饶阳县	573	28.1	0.9	63.00	5.80	0.60	10.01	9.69	3.20
安平县	495	28.6	5.0	26.00	11.00	3.80	15.09	15.09	3.00
故城县	937	47.9	3.1	33.00	13.70	3.10	17.10	17.10	4.41
景　县	1183	54.0	4.7	15.80	6.35	4.55	15.80	15.80	6.29
阜城县	697	36.4	0.7	65.04	10.02	0.58	15.77	15.73	4.22
山　西	**127699**	**2071.4**	**80.8**	**1824.78**	**578.38**	**47.58**	**698.22**	**640.74**	**237.50**
清徐县	609	35.0	1.2	36.00	8.10	0.50	8.18	8.70	3.05
阳曲县	2078	15.1	0.7	13.81	3.69	0.60	4.90	4.99	1.83
娄烦县	1289	12.6	0.1	7.66	4.10	0.10	4.51	4.40	1.20
阳高县	1668	29.0	1.0	16.18	7.59	0.59	7.00	6.99	3.90
天镇县	1635	21.9	2.3	16.00	6.30	1.00	9.48	8.73	3.05
广灵县	1285	18.5	0.9	64.12	7.79	0.70	7.85	7.81	3.02
灵丘县	2730	25.5	0.6	8.00	9.02	0.20	8.00	6.90	1.40
浑源县	1966	34.9	0.0	24.00	11.98	0.02	10.00	8.54	4.17
左云县	1314	16.5	0.4	9.30	5.60	0.10	7.29	7.28	3.00
大同县	1498	17.5	1.7	8.50	5.24	0.42	5.39	5.38	3.01
平定县	1396	31.6	0.4	10.00	12.99	0.25	9.80	9.73	4.08
盂　县	2523	30.6	0.1	8.00	7.92	0.10	6.00	5.87	2.58
长治县	483	34.6	0.3	26.00	6.62	0.21	9.00	9.00	4.15
襄垣县	1179	26.6	0.5	18.20	7.73	0.40	15.01	13.73	5.92
屯留县	1042	27.6	0.3	9.60	5.41	0.22	5.90	5.82	2.10
平顺县	1550	15.4	0.1	10.50	3.47	0.09	3.40	3.32	0.12
黎城县	1166	16.6	0.1	6.00	5.15	0.07	4.45	4.40	1.89
壶关县	990	29.7	0.1	31.40	6.69	0.06	13.00	8.98	1.95
长子县	1060	36.2	0.2	7.55	7.80	0.17	7.55	7.55	3.15
武乡县	1571	21.0	0.2	36.00	5.04	0.17	10.00	6.00	2.55
沁　县	1297	17.4	0.0	28.00	5.42	0.04	5.91	5.91	2.66
沁源县	2594	15.9	0.4	5.25	4.38	0.25	5.25	4.15	1.58
沁水县	2691	21.0	1.0	6.00	4.50	1.00	5.52	5.10	2.69

continued 2

Area Measurement Unit: Square Kilometer

Population Measurement Unit:10,000persons

Area of Urban Construction Land							本年征用土地面积 Area of Land Requisition This Year		县名称 Name of Counties
公共管理与公共服务用地 Administr-ation and Public	商业服务业设施用地 Commercial and Business Facilities	工业用地 Industrial, Manufact-uring	物流仓储用地 Logistics and Warehouse	道路交通设施用地 Road, Street and Trans-portation	公用设施用地 Munici-pal Utilities	绿地与广场用地 Green Space and Square		耕地 Arable Land	
0.84	0.75	1.27	0.02	1.38	0.02	0.63			海兴县
0.41	0.64	2.79	0.06	1.77	0.05	0.19	0.20	0.10	盐山县
2.01	2.45	0.20	0.42	2.30	0.25	1.80	0.03	0.02	肃宁县
1.00	0.30	1.21	0.36	0.42	0.18	3.53			南皮县
1.00	0.70	1.40	0.30	2.00	0.20	2.70	0.30		吴桥县
0.25	0.36	2.70	0.38	2.39	1.87	1.77	0.32		献　县
0.20	0.10	0.28	0.13	2.57	0.79	0.66	0.04	0.04	孟村回族自治县
4.26	1.17	6.20	0.69	2.01	1.23	3.50	3.13	1.46	固安县
0.83	2.05	0.26	0.60	1.20	0.48	0.20	0.07		永清县
0.58	1.60	1.60	1.02	1.98	0.28	0.96			香河县
0.96	1.25	0.69	0.05	1.61	0.15	0.26			大城县
0.92	0.35	0.39	0.37	0.76	0.18	3.11			文安县
0.91	1.06	1.61		1.83	0.21	1.12	0.21	0.08	大厂回族自治县
1.95	0.90	2.10	0.21	2.38	0.40	3.87			枣强县
0.42	1.73	0.56	0.46	1.64	0.04	3.75	0.49	0.46	武邑县
0.50	0.21	1.46	0.25	0.09	0.10	2.45			武强县
0.56	0.52	2.60	0.05	1.51	0.08	1.17			饶阳县
0.70	1.22	1.52	0.50	2.55	0.50	5.10	1.09	0.36	安平县
0.19	1.00	0.30	2.40	0.80	0.80	7.20	0.11		故城县
1.79	2.42	4.02		0.49	0.36	0.43			景　县
2.57	1.22	2.83	0.31	0.86	0.54	3.18	0.93	0.62	阜城县
65.79	**35.41**	**48.82**	**15.91**	**102.74**	**30.32**	**104.25**	**16.02**	**2.88**	**山　西**
0.51	0.54	1.54	0.08	1.70	0.47	0.81			清徐县
1.17	0.44	0.18		0.70	0.15	0.52			阳曲县
0.60	0.20	0.10		0.50	0.10	1.70			娄烦县
0.88	0.23	0.40	0.05	1.10	0.07	0.36	0.43	0.15	阳高县
0.69	0.44	0.75	0.27	1.02	0.09	2.42	0.04	0.02	天镇县
0.41	1.10	0.44	0.49	1.16	0.18	1.01			广灵县
0.76	0.58	0.85	0.56	1.35	0.24	1.16			灵丘县
0.64	0.32	1.52	0.07	1.50	0.22	0.10			浑源县
0.90	0.23	0.27	0.02	0.95	0.20	1.71			左云县
0.45	0.39	0.10	0.01	1.11	0.13	0.18			大同县
1.05	0.23	1.65	0.52	0.82	0.84	0.54	0.33	0.03	平定县
0.50	1.10	0.02	0.01	1.20	0.22	0.24			盂　县
0.70	0.85	0.50	0.21	1.28	0.11	1.20	0.23		长治县
1.41	0.91	0.95	0.21	2.72	0.17	1.44	3.60		襄垣县
0.55	0.35	0.49		1.48	0.05	0.80			屯留县
0.45	0.05	0.27	0.07	0.19	0.01	2.16	0.01		平顺县
0.80	0.20	0.16	0.04	0.14	0.40	0.77			黎城县
0.91	0.33	3.93	0.06	0.82	0.16	0.82			壶关县
1.00	0.10	0.20	0.20	0.60	0.50	1.80			长子县
0.43	0.49	0.94	0.13	0.54	0.74	0.18	0.02		武乡县
0.39	0.21	0.05	0.04	1.95	0.06	0.55			沁　县
0.79	0.25	0.28	0.01	0.45	0.01	0.78			沁源县
0.70	0.25	0.03	0.10	1.01	0.10	0.22			沁水县

2-3 续表 3

面积计量单位：平方公里
人口计量单位：万人

县名称 Name of Counties	县面积 County District Area	县人口 County District Population	县暂住人口 County District Temporary Population	县城面积 County Seat Area	县城人口 County Seat Population	县城暂住人口 County Seat Temporary Population	建成区面积 Area of Built District	城市建设用地面积 小计 Subtotal	居住用地 Residential
阳城县	1968	38.3	1.0	16.50	9.20	1.00	16.50	16.04	6.50
陵川县	1751	25.5	2.1	10.82	5.01	0.45	5.45	5.24	2.91
山阴县	1651	24.3	0.4	20.00	7.57	0.30	15.00	13.32	5.31
应　县	1708	33.5	2.2	14.00	8.88	2.10	12.00	9.21	2.71
右玉县	1967	11.4	0.7	14.80	5.39	0.60	7.23	7.10	2.70
怀仁县	1232	33.4	4.0	80.00	17.12	0.79	25.94	25.94	6.32
榆社县	1681	14.5	0.0	9.00	4.36	0.01	7.50	6.66	1.61
左权县	2028	16.5	1.8	7.36	4.83	1.72	6.05	6.05	2.45
和顺县	2250	14.1	0.5	12.00	5.33	0.24	6.90	6.73	3.17
昔阳县	1952	23.6	1.0	10.80	5.78	0.42	5.80	5.76	3.01
寿阳县	2108	21.4	0.7	15.73	7.07	0.53	10.72	9.26	4.68
太谷县	1050	31.7	5.2	15.60	10.80	5.10	13.90	13.89	3.59
祁　县	854	27.1	0.5	16.91	8.06	0.54	11.95	11.95	4.23
平遥县	1260	53.7	0.7	17.06	13.00	0.25	15.36	15.36	8.16
灵石县	1206	26.3	1.0	9.35	6.90	0.30	6.75	6.75	2.40
临猗县	1339	58.5	2.2	81.00	13.10	1.90	15.10	15.06	1.45
万荣县	900	47.2	2.0	11.50	9.80	1.70	10.80	10.62	1.80
闻喜县	1167	40.2	0.5	28.68	8.62	0.39	17.80	13.08	4.04
稷山县	686	34.9		19.05	9.99		8.87	8.83	1.91
新绛县	593	33.6	1.3	17.00	11.25	1.28	14.50	13.06	6.85
绛　县	993	28.9	1.5	7.20	6.10	0.40	6.00	5.99	2.07
垣曲县	1618	22.9		80.90	9.60		8.90	8.83	1.60
夏　县	1352	36.2	0.7	5.30	3.60	0.60	5.30	5.29	2.70
平陆县	1117	26.0	1.3	36.50	6.00	0.80	5.65	5.38	0.56
芮城县	1179	39.0	0.8	80.00	8.30	0.50	10.50	10.34	2.50
定襄县	865	22.1	2.4	53.21	5.76	1.45	5.55	5.51	1.61
五台县	2868	31.0	1.0	20.00	3.86	0.32	4.47	3.49	1.60
代　县	1649	21.5	0.5	16.15	5.35	0.50	5.00	4.88	1.19
繁峙县	2368	27.7	2.0	12.60	6.70	2.00	8.43	8.37	4.64
宁武县	1968	16.4	0.2	37.00	4.50	0.15	7.80	6.85	2.20
静乐县	2056	16.0	1.3	4.90	3.97	0.82	4.40	4.19	1.74
神池县	1472	10.9	2.1	22.00	3.55	1.48	4.10	4.10	3.00
五寨县	1391	11.6	1.0	37.66	4.23	0.21	6.60	5.85	2.10
岢岚县	1984	8.7	0.2	36.00	4.01	0.10	4.39	3.66	0.93
河曲县	1323	14.4		59.20	6.84		8.00	7.78	2.00
保德县	980	15.9	4.8	47.00	5.13	3.31	9.50	5.69	2.68
偏关县	1685	11.0	1.1	24.40	4.32	0.40	4.20	4.18	1.83
曲沃县	438	23.1	0.4	15.00	8.14	0.36	7.00	5.66	2.60
翼城县	1160	32.0	0.7	16.30	8.15	0.35	14.76	11.99	4.30
襄汾县	1034	50.0	3.0	60.50	6.20	0.80	9.50	8.43	3.75
洪洞县	1563	74.6	2.9	23.00	12.70	0.90	14.60	14.19	5.87
古　县	1191	9.1	0.7	3.50	2.40	0.17	2.20	1.91	0.82
安泽县	1967	8.1	0.6	4.40	2.82	0.18	4.00	2.97	1.53
浮山县	946	13.0	1.6	9.00	3.50	0.25	4.00	3.80	2.26
吉　县	1780	11.3	0.9	4.54	4.20	0.40	4.50	2.93	1.92

continued 3

Area Measurement Unit: Square Kilometer
Population Measurement Unit:10,000persons

Area of Urban Construction Land							本年征用土地面积 Area of Land Requisition This Year		县名称 Name of Counties
公共管理与公共服务用地 Administration and Public Services	商业服务业设施用地 Commercial and Business Facilities	工业用地 Industrial, Manufacturing	物流仓储用地 Logistics and Warehouse	道路交通设施用地 Road, Street and Transportation	公用设施用地 Municipal Utilities	绿地与广场用地 Green Space and Square		耕地 Arable Land	
1.70	1.20	2.30	0.40	1.69	0.25	2.00			阳城县
0.88	0.10	0.37	0.04	0.69	0.18	0.07	0.07	0.04	陵川县
0.80	0.14	0.91	0.10	1.85	0.22	3.99			山阴县
0.73	0.36	0.77	0.11	1.98	0.36	2.19			应　县
0.90	0.80	0.75	0.30	0.85	0.30	0.50			右玉县
2.02	2.03	0.40	0.30	4.85	1.87	8.15	0.94		怀仁县
0.58	0.58	0.75	0.10	0.64	0.63	1.77	0.38	0.01	榆社县
0.39	0.25	0.20	0.14	1.10	0.25	1.27			左权县
0.46	0.59	0.59	0.12	1.38	0.11	0.31			和顺县
0.42	0.36	0.12	0.10	0.88	0.38	0.49	0.14	0.08	昔阳县
0.89	0.76	0.15	0.86	1.63	0.05	0.24			寿阳县
0.27	1.12	1.30	0.43	2.60	1.10	3.48			太谷县
2.89	0.01	1.78		1.12	0.42	1.50			祁　县
1.13	1.04	0.69	0.07	3.10	0.17	1.00			平遥县
0.54	0.28	0.92	0.30	1.06	0.62	0.63	0.64	0.06	灵石县
1.80	0.01	1.82	1.00	2.83	0.90	5.25			临猗县
0.28	0.75	0.85	0.20	2.02	1.18	3.54	4.00	0.60	万荣县
0.80	0.60	0.77	0.95	1.42	0.24	4.26			闻喜县
0.36	0.65	1.70	0.04	1.44	0.12	2.61			稷山县
1.02	0.62	0.27	0.15	2.05	0.28	1.82			新绛县
0.15	0.47	0.60		1.05	0.15	1.50			绛　县
0.51	0.50	0.10	0.80	1.54	1.27	2.51			垣曲县
0.77	0.01	0.66	0.01	0.92	0.01	0.21			夏　县
0.31	0.05	0.35	0.23	1.16	0.86	1.86			平陆县
0.71	0.84	1.22	0.13	1.18	0.13	3.63			芮城县
0.44	0.24	0.01	0.04	1.69	0.02	1.46	0.11	0.03	定襄县
0.41	0.04	0.26	0.12	0.91	0.08	0.07			五台县
0.16	0.35	0.89	0.21	0.96	0.61	0.51			代　县
0.95	0.22	0.60	0.02	1.12	0.13	0.69			繁峙县
0.80	0.28	0.98	0.10	0.43	0.06	2.00			宁武县
0.31	0.25	0.08	0.24	0.89	0.29	0.39	0.14	0.09	静乐县
0.24	0.01	0.13	0.04	0.57	0.07	0.04			神池县
0.80	1.30	0.40	0.10	0.92	0.13	0.10			五寨县
0.33	0.22	0.47	0.18	0.68	0.06	0.79	1.70	0.29	岢岚县
0.93	0.23	0.89	0.06	1.93	0.50	1.24	0.63	0.30	河曲县
0.59	0.07	0.06	0.05	1.12	0.16	0.96			保德县
0.80	0.23	0.04	0.15	0.48	0.20	0.45			偏关县
0.20	0.46	0.20	0.20	0.80	0.80	0.40	0.30	0.05	曲沃县
1.52	0.31	0.24	0.85	1.47	1.30	2.00	0.32	0.26	翼城县
0.96	0.72	0.34	0.05	1.55	0.16	0.90	0.67		襄汾县
3.00	1.02	0.22		2.40	1.00	0.68	0.53	0.32	洪洞县
0.45	0.15	0.05	0.01	0.42	0.01				古　县
0.30	0.15	0.11	0.31	0.30	0.12	0.15	0.20	0.13	安泽县
0.50	0.19	0.24	0.02	0.40	0.13	0.06			浮山县
0.25	0.14	0.01		0.33	0.25	0.03	0.40	0.34	吉　县

2-3 续表 4

面积计量单位：平方公里
人口计量单位：万人

县名称 Name of Counties	县面积 County District Area	县人口 County District Population	县暂住人口 County District Temporary Population	县城面积 County Seat Area	县城人口 County Seat Population	县城暂住人口 County Seat Temporary Population	建成区面积 Area of Built District	城市建设用地面积 小计 Subtotal	居住用地 Residential
乡宁县	2029	23.6	1.5	14.00	5.58	0.22	6.90	6.11	1.00
大宁县	960	7.1	0.6	4.52	2.05	0.50	3.50	3.31	1.46
隰　县	1415	12.5	1.1	8.40	4.50	0.50	7.60	5.53	2.09
永和县	1212	6.4	0.4	5.00	2.00	0.08	5.00	3.77	1.12
蒲　县	1511	11.3	0.9	13.00	2.82	0.18	8.00	4.36	1.51
汾西县	880	14.1	2.0	8.96	4.70	0.30	4.11	4.02	1.42
文水县	1068	42.9	0.2	50.00	14.21	0.16	15.46	13.07	4.34
交城县	1822	23.0	0.5	9.40	11.25	0.54	8.12	8.11	4.76
兴　县	3165	28.2	0.3	30.98	10.08	0.28	8.00	7.92	3.97
临　县	2979	59.0	0.3	20.00	16.75	0.27	12.00	11.61	4.61
柳林县	1287	32.4	0.3	20.00	12.19	0.31	14.65	14.39	4.87
石楼县	1808	11.3	0.1	7.50	4.56	0.12	4.40	4.35	1.40
岚　县	1514	17.6	0.3	15.00	5.51	0.21	6.31	5.86	0.53
方山县	1434	14.5	0.2	10.00	4.55	0.19	6.00	5.95	2.92
中阳县	1441	14.2	0.2	46.53	8.54	0.22	6.73	6.48	2.55
交口县	1260	12.1	0.2	12.00	4.57	0.17	4.58	4.45	2.10
内蒙古	**1050508**	**1541.2**	**119.5**	**5857.25**	**466.16**	**64.23**	**966.82**	**880.38**	**296.67**
土默特左旗	2780	35.8	2.0	36.00	10.60	1.60	14.10	14.02	3.94
托克托县	1439	20.6	0.8	41.17	5.93	0.10	14.00	18.50	3.60
和林格尔县	3436	20.5	2.1	34.00	4.58	0.55	21.00	17.44	5.15
清水河县	2859	14.9	1.3	14.00	4.85	0.45	7.60	4.17	2.32
武川县	4885	17.3	1.0	17.00	3.95	0.41	12.00	8.04	3.27
土默特右旗	2368	36.0	3.9	38.00	9.60	3.40	19.00	19.00	5.50
固阳县	5025	17.9	0.8	20.50	5.60	0.43	9.00	9.00	2.76
达尔罕茂明安联合旗	17410	12.0	0.8	10.00	3.60	0.80	4.84	3.35	2.08
阿鲁科尔沁旗	14277	25.9	1.3	120.00	10.01	1.01	15.00	14.35	2.00
巴林左旗	6458	31.6	0.8	119.69	14.54	0.63	22.42	19.64	9.90
巴林右旗	10256	18.2	0.5	222.80	8.93	0.23	14.80	14.68	6.21
林西县	3933	18.2	2.1	320.90	7.04	1.66	14.10	13.47	3.20
克什克腾旗	20456	24.8	1.0	98.10	10.83	0.63	12.00	10.92	1.80
翁牛特旗	11882	40.5	1.5	186.00	16.31	0.81	15.10	18.67	2.65
喀喇沁旗	3050	33.4	1.6	203.60	13.14	1.21	8.20	7.26	0.58
宁城县	4317	59.7	1.9	143.60	26.00	1.10	24.90	21.99	11.00
敖汉旗	8316	60.2	0.8	59.35	22.18	0.60	15.00	11.85	3.08
科尔沁左翼中旗	9811	53.3	1.0	14.53	5.80	0.30	14.53	8.72	5.41
科尔沁左翼后旗	11570	40.9	1.5	30.65	7.70	0.80	20.02	12.75	3.95
开鲁县	4488	39.8	0.5	12.00	8.08	0.15	11.98	11.98	5.31
库伦旗	4650	23.5	1.6	73.53	7.66	0.92	9.92	9.92	5.03
奈曼旗	8120	44.5	2.0	16.50	9.41	1.09	16.40	15.75	3.40
扎鲁特旗	17193	31.6	1.3	20.00	9.95	0.80	14.00	13.96	3.60
达拉特旗	8188	36.5	5.1	98.00	13.40	4.20	29.83	29.83	14.18
准格尔旗	7539	24.0	3.2	93.00	18.53	1.83	26.77	26.77	9.09
鄂托克前旗	12180	7.8	2.5	32.00	3.40	0.53	8.27	8.27	2.50
鄂托克旗	20064	9.8	5.6	23.00	3.10	0.70	10.00	10.00	4.00

continued 4

Area Measurement Unit: Square Kilometer

Population Measurement Unit:10,000persons

Area of Urban Construction Land							本年征用土地面积 Area of Land Requisition This Year		县名称 Name of Counties
公共管理与公共服务用地 Administration and Public Services	商业服务业设施用地 Commercial and Business Facilities	工业用地 Industrial, Manufacturing	物流仓储用地 Logistics and Warehouse	道路交通设施用地 Road, Street and Transportation	公用设施用地 Municipal Utilities	绿地与广场用地 Green Space and Square		耕地 Arable Land	
1.81	0.13	0.10	0.20	0.75	1.12	1.00	0.03		乡宁县
0.47	0.01	0.02		0.29	0.30	0.76	0.06	0.06	大宁县
1.20	0.10	0.10		0.80	0.32	0.92	0.03	0.02	隰　县
0.71	0.10	0.10	0.11	0.20	0.80	0.63			永和县
0.25	0.48	0.08		0.83	0.04	1.17			蒲　县
0.50	0.10	0.40		0.80	0.30	0.50			汾西县
1.61	1.02	0.72	0.34	2.81	0.41	1.82			文水县
0.51	0.11	0.61	0.05	1.60	0.14	0.33			交城县
0.57	0.25	0.07	0.16	1.50	0.08	1.32			兴　县
1.47	1.59	0.42	0.44	1.82	0.74	0.52			临　县
1.63	0.12	1.65	0.53	2.68	0.56	2.35	0.07		柳林县
0.70	0.20	0.05		0.80	0.60	0.60			石楼县
0.31	0.29	0.24	0.92	1.20	0.63	1.74			岚　县
0.36	0.18	0.10	0.10	0.81	0.46	1.02			方山县
0.29	0.18	1.92	0.24	0.90	0.18	0.22			中阳县
1.46	0.06	0.06	0.04	0.26	0.29	0.18			交口县
87.60	**62.88**	**84.19**	**27.43**	**154.01**	**43.70**	**123.90**	**13.93**	**4.18**	**内蒙古**
1.20	1.45	0.60	0.47	0.82	1.20	4.34			土默特左旗
3.84	2.15	1.50	0.50	1.16	0.67	5.08			托克托县
2.12	1.01	4.60	0.15	3.41	0.48	0.52			和林格尔县
0.05	0.68	0.58		0.31	0.19	0.04			清水河县
0.88	0.66	0.82	0.08	1.70	0.17	0.46			武川县
0.81	1.20	3.36	0.98	3.00	1.20	2.95			土默特右旗
2.62	0.81	0.18	0.05	2.20	0.18	0.20			固阳县
0.28	0.10	0.01	0.08	0.56	0.05	0.19			达尔罕茂明安联合旗
1.90	1.50	1.50	0.40	3.50	0.60	2.95	0.77	0.40	阿鲁科尔沁旗
2.10	0.50	1.00	0.30	3.46	0.48	1.90			巴林左旗
1.22	1.22	0.76		2.67	0.58	2.02	0.54		巴林右旗
1.32	1.49	1.85	0.69	2.12	0.41	2.39			林西县
1.69	1.04	1.31	0.18	2.67	0.55	1.68	1.08	0.25	克什克腾旗
1.24	1.33	2.30	2.80	5.30	2.50	0.55			翁牛特旗
0.68	0.03	0.02	0.92	2.04	0.99	2.00	0.10		喀喇沁旗
1.67	0.73	2.52	0.51	4.91	0.48	0.17			宁城县
1.00	1.00	0.50	0.40	4.35	1.32	0.20			敖汉旗
1.39	0.20	0.24	0.19	1.07	0.17	0.05			科尔沁左翼中旗
0.90	1.41	0.40	0.30	2.45	0.24	3.10	0.41		科尔沁左翼后旗
0.72	1.15	0.78	0.43	2.47	0.24	0.88	0.52	0.04	开鲁县
1.27	0.67	1.11		1.22	0.15	0.47			库伦旗
1.33	0.60	4.24	1.89	1.70	0.38	2.21			奈曼旗
0.84	0.04	3.46	0.91	3.34	0.67	1.10	0.50		扎鲁特旗
1.67	4.36	4.05	0.39	3.80	0.41	0.97			达拉特旗
2.78	2.11	3.48		7.49	0.52	1.30			准格尔旗
0.78	0.50	0.19		2.57	0.07	1.66	0.02		鄂托克前旗
0.87	1.02	0.70	0.33	1.46	0.25	1.37			鄂托克旗

2–3 续表 5

面积计量单位：平方公里
人口计量单位：万人

县名称 Name of Counties	县面积 County District Area	县人口 County District Population	县暂住人口 County District Temporary Population	县城面积 County Seat Area	县城人口 County Seat Population	县城暂住人口 County Seat Temporary Population	建成区面积 Area of Built District	城市建设用地面积 小计 Subtotal	居住用地 Residential
杭锦旗	18900	14.2	1.2	43.12	4.35	0.71	9.87	9.55	3.74
乌审旗	11645	11.2	5.4	45.00	3.70	2.70	20.00	13.88	2.58
伊金霍洛旗	5600	17.4	9.0	48.14	3.59	3.14	48.14	47.55	9.32
阿荣旗	12063	33.9	0.6	37.00	6.10	0.57	14.80	14.80	4.67
莫力达瓦达斡尔族自治旗	10500	32.2	0.4	97.56	8.37	0.07	12.50	12.20	4.21
鄂伦春自治旗	59880	26.2	0.0	28.87	4.70		14.79	10.07	5.60
鄂温克族自治旗	19111	14.6	1.5	113.00	2.51	0.15	10.00	10.00	2.77
陈巴尔虎旗	18600	5.7	0.8	40.60	1.83	0.16	6.19	6.19	4.20
新巴尔虎左旗	22000	4.3	0.3	109.20	1.53	0.31	6.21	6.08	1.70
新巴尔虎右旗	25116	3.5	0.7	150.00	1.94	0.34	5.75	4.75	2.80
五原县	2493	23.0	1.4	373.40	10.05	1.05	14.10	12.82	3.66
磴口县	4166	13.6	1.7	506.00	5.11	0.95	13.00	10.49	5.10
乌拉特前旗	7476	33.3	1.8	327.00	8.90	1.80	19.33	17.98	7.13
乌拉特中旗	23096	14.5	1.9	48.00	3.91	0.68	7.80	7.39	2.00
乌拉特后旗	24925	7.1	0.7	10.79	2.67	0.28	7.90	7.90	2.90
杭锦后旗	1767	29.6	1.4	206.00	10.82	0.90	15.50	15.50	8.58
卓资县	3119	22.6	1.2	16.68	4.74	1.06	6.50	6.42	1.59
化德县	2527	17.8	1.1	18.55	6.32	0.29	14.80	14.58	5.00
商都县	4304	35.4	0.6	40.00	8.40	0.55	12.50	12.50	4.48
兴和县	3518	32.3	3.7	55.00	8.10	2.03	18.09	18.09	4.00
凉城县	3451	24.8	3.6	29.30	4.80	3.10	10.50	7.08	2.76
察哈尔右翼前旗	2430	20.6	1.4	15.20	4.58	0.54	11.77	8.39	2.73
察哈尔右翼中旗	4200	20.4	1.8	44.40	4.40	1.20	13.50	13.42	6.10
察哈尔右翼后旗	3803	22.0	10.2	14.02	5.82	0.69	13.02	12.96	4.92
四子王旗	24106	29.6	2.9	45.26	8.12	0.73	19.76	11.96	6.51
科尔沁右翼前旗	19375	33.9	1.5	10.00	2.10	1.50	10.00	5.85	1.25
科尔沁右翼中旗	15613	26.1	0.6	16.60	7.46	0.50	12.20	11.81	3.56
扎赉特旗	11837	39.2	0.9	18.16	6.30	0.88	15.06	15.06	7.60
突泉县	4800	31.9	0.6	68.50	6.20	0.55	16.33	13.15	0.88
阿巴嘎旗	27494	4.7	0.5	28.13	2.26	0.42	8.00	6.42	2.22
苏尼特左旗	34251	3.5	0.3	8.00	1.50	0.20	5.09	4.33	1.25
苏尼特右旗	22461	6.9	0.9	25.00	3.42	0.65	13.80	12.89	4.27
东乌珠穆沁旗	47259	6.3	0.9	18.00	2.91	0.62	10.50	10.50	3.76
西乌珠穆沁旗	22435	8.8	1.1	27.44	3.22	0.64	10.40	10.26	4.82
太仆寺旗	3479	21.2	0.4	100.00	6.29	0.36	14.03	12.97	3.70
镶黄旗	5144	3.7	0.5	32.00	3.17	0.30	7.25	6.50	2.50
正镶白旗	6229	7.2	0.5	12.00	2.70	0.15	8.50	4.88	1.69
正蓝旗	10278	9.2	0.9	22.00	3.15	0.89	13.70	11.50	2.90
多伦县	3863	10.9	1.7	25.00	3.90	1.70	13.00	9.86	2.15
阿拉善左旗	80412	14.8	2.1	830.00	8.80	2.05	42.50	42.50	15.00
阿拉善右旗	75226	2.7	0.5	7.41	1.42	0.38	4.86	4.62	2.33
额济纳旗	114606	1.8	2.4	49.00	1.28	1.50	10.50	10.43	2.23
辽　宁	**83993**	**1240.0**	**37.0**	**1784.85**	**253.45**	**21.55**	**358.52**	**321.15**	**138.19**
辽中县	1457	46.2	1.2	101.28	11.48	0.83	23.26	18.58	7.76

continued 5

Area Measurement Unit: Square Kilometer

Population Measurement Unit:10,000persons

Area of Urban Construction Land							本年征用土地面积	耕地	县名称
公共管理与公共服务用地 Administration and Public Services	商业服务业设施用地 Commercial and Business Facilities	工业用地 Industrial, Manufacturing	物流仓储用地 Logistics and Warehouse	道路交通设施用地 Road, Street and Transportation	公用设施用地 Municipal Utilities	绿地与广场用地 Green Space and Square	Area of Land Requisition This Year	Arable Land	Name of Counties
3.22	0.50	0.13	0.17	1.14	0.32	0.33			杭锦旗
0.30	1.50	0.20	0.06	3.70	3.20	2.34	0.06	0.02	乌审旗
5.67	0.74	3.93		11.91	1.13	14.85			伊金霍洛旗
0.71	0.73	3.18	0.18	2.20	0.49	2.64			阿荣旗
1.20	0.43	2.53	0.32	1.54	0.26	1.71			莫力达瓦达斡尔族自治旗
0.80	0.30	1.00	0.72	0.80	0.31	0.54			鄂伦春自治旗
1.20	1.09	1.44		1.99	0.07	1.44			鄂温克族自治旗
0.10	0.50	0.08	0.09	0.72	0.25	0.25			陈巴尔虎旗
0.10	0.48	0.10	0.01	1.51	0.20	1.98			新巴尔虎左旗
0.49	0.25	0.15	0.03	0.58	0.25	0.20			新巴尔虎右旗
1.15	1.26	1.82	0.26	2.15	1.19	1.33	0.15	0.15	五原县
1.08	0.80	1.60	0.50	1.23	0.12	0.06	0.12	0.06	磴口县
0.97	0.65	1.53	2.03	2.39	1.05	2.23			乌拉特前旗
1.00	0.10	0.50	0.13	1.84	1.65	0.17			乌拉特中旗
0.19	0.50	0.53	0.18	1.50	0.73	1.37			乌拉特后旗
1.22	1.00	0.91	0.42	2.26	0.43	0.68	4.54	2.49	杭锦后旗
0.37	0.68	0.86	0.18	2.17	0.19	0.38	0.20		卓资县
0.60	0.40	3.10	1.00	1.46	0.50	2.52			化德县
1.61	2.39	0.34	0.10	2.25	0.12	1.21			商都县
1.15	2.00	1.60	1.00	2.00	1.00	5.34	1.00	0.50	兴和县
1.00	0.50	0.45	0.02	1.73	0.12	0.50			凉城县
0.72	0.56	0.56		1.82	0.56	1.44			察哈尔右翼前旗
4.50	0.30	0.20		1.31	0.58	0.43			察哈尔右翼中旗
1.00	1.35	0.47	0.43	1.80	0.26	2.73			察哈尔右翼后旗
0.96	0.82	0.99	0.11	1.84	0.18	0.55	0.53	0.27	四子王旗
0.46	0.22	0.07	0.02	2.94	0.12	0.77			科尔沁右翼前旗
0.20	0.50	0.70	1.00	2.35	2.58	0.92			科尔沁右翼中旗
1.32	0.42	0.55	0.02	1.10	0.22	3.83			扎赉特旗
3.50	3.96	0.16	0.18	2.00	0.40	2.07	0.05		突泉县
1.00	0.42	0.31	0.50	1.50	0.30	0.17			阿巴嘎旗
0.32	0.20	0.33	0.20	0.80	0.99	0.24	0.12		苏尼特左旗
1.75	1.05	2.12	0.50	1.35	0.52	1.33			苏尼特右旗
1.01	1.12	1.59	0.10	1.64	0.38	0.90	1.57		东乌珠穆沁旗
1.42	0.72	0.94	0.06	0.68	0.25	1.37			西乌珠穆沁旗
1.15	1.04	3.20	0.32	1.08	0.50	1.98			太仆寺旗
0.15	0.04	0.40	0.35	1.36	0.70	1.00			镶黄旗
0.51	0.45	0.37	0.41	0.53	0.58	0.34	0.12		正镶白旗
0.57	0.90	0.38	0.32	1.27	0.82	4.34	1.53		正蓝旗
1.20	0.30	0.54	0.51	2.43	0.90	1.83			多伦县
1.94	0.43	1.99	1.74	5.00	3.65	12.75			阿拉善左旗
0.80	0.44	0.24	0.01	0.41	0.25	0.14			阿拉善右旗
1.82	1.88	0.04	0.30	1.98	0.23	1.95			额济纳旗
21.83	**20.82**	**50.96**	**8.18**	**27.66**	**20.62**	**32.89**	**6.69**	**2.19**	**辽　宁**
0.43	0.27	3.72	0.41	2.27	0.03	3.69	1.00	0.63	辽中县

2-3 续表 6

面积计量单位：平方公里
人口计量单位：万人

县名称 Name of Counties	县面积 County District Area	县人口 County District Population	县暂住人口 County District Temporary Population	县城面积 County Seat Area	县城人口 County Seat Population	县城暂住人口 County Seat Temporary Population	建成区面积 Area of Built District	城市建设用地面积 小计 Subtotal	居住用地 Residential
康平县	2175	39.2	2.7	92.00	13.39	1.03	23.20	20.18	4.26
法库县	2320	47.0	6.2	50.00	18.90	1.80	34.90	34.40	11.60
长海县	120	7.2	2.1	25.50	2.80	0.70	5.50	5.11	2.52
台安县	1388	38.1	3.8	157.96	10.00	3.73	14.73	9.24	2.45
岫岩满族自治县	4502	51.0	0.5	27.04	13.60	0.22	15.00	9.00	5.25
抚顺县	1648	19.5							
新宾满族自治县	4287	30.1	0.5	45.00	6.68	0.17	8.30	8.25	2.68
清原满族自治县	3921	33.3	1.8	22.00	8.44	0.50	10.62	10.62	4.74
本溪满族自治县	3344	28.9	2.0	65.38	11.04	0.87	13.33	13.13	4.67
桓仁满族自治县	3547	30.8	1.5	50.00	12.20	0.72	13.66	8.52	5.33
宽甸满族自治县	6194	42.8	0.1	35.00	11.33	0.08	14.02	13.55	6.51
黑山县	2487	66.0	0.9	21.00	9.50	0.50	11.30	11.27	4.58
义　县	2476	44.0	3.5	17.40	8.14	3.49	12.61	12.61	4.37
阜新蒙古族自治县	6246	74.0	0.9	44.00	7.88	0.88	12.60	6.80	3.67
彰武县	3623	40.8	0.3	35.62	7.31	0.20	20.08	20.08	8.92
辽阳县	2511	47.3	1.0	77.37	10.23	0.47	18.32	18.32	6.06
大洼县	1402	31.7	2.7	330.60	14.20	0.78	15.40	12.75	8.60
盘山县	4291	56.3							
铁岭县	2231	38.7							
西丰县	2686	34.7	0.5	19.80	8.20	0.50	9.22	9.22	3.10
昌图县	4317	102.4	0.5	184.00	19.55	0.50	20.83	20.83	12.44
朝阳县	3757	56.6							
建平县	4865	60.0	2.0	324.00	19.15	2.00	23.01	21.69	12.06
喀喇沁左翼蒙古族自治县	2238	42.6	0.2	24.60	6.33	0.07	14.80	13.70	5.12
绥中县	2765	64.9	1.8	20.00	12.60	1.21	12.73	12.73	7.00
建昌县	3195	66.1	0.4	15.30	10.50	0.30	11.10	10.57	4.50
吉　林	**86558**	**748.6**	**25.0**	**662.18**	**182.36**	**9.87**	**230.18**	**218.32**	**89.83**
农安县	5400	120.2	2.8	28.00	24.08	2.00	26.92	26.01	9.39
永吉县	2625	41.5	1.7	13.70	10.50	1.20	13.70	10.16	4.86
梨树县	4209	76.8	1.3	39.69	11.44	0.44	14.47	14.43	9.77
伊通满族自治县	2526	48.2	0.4	12.35	12.31	0.36	11.50	11.16	6.00
东丰县	2522	41.2	0.8	16.90	10.20	0.78	15.89	14.83	4.23
东辽县	2396	3.9	0.4	6.00	3.30	0.33	6.00	4.65	1.90
通化县	3726	24.7	9.2	14.00	6.22	0.20	5.00	4.73	1.77
辉南县	2247	35.8	0.7	26.30	12.82	0.52	17.55	12.92	6.44
柳河县	3348	39.1	1.2	43.40	13.10		10.62	8.90	4.21
抚松县	6148	30.8	1.0	30.00	5.35	0.40	5.21	5.21	2.14
靖宇县	3094	14.2	0.6	30.16	6.16	0.36	9.00	8.95	5.10
长白朝鲜族自治县	2496	8.2	0.7	30.00	3.72	0.32	3.99	3.94	1.45
前郭尔罗斯蒙古族自治县	6890	57.7	0.5	25.80	9.12	0.23	4.60	4.51	1.76
长岭县	5728	66.1	1.3	69.33	8.92	1.31	13.00	12.90	3.08
乾安县	3617	31.3	0.6	56.95	9.92	0.52	9.50	9.50	4.35

continued 6

Area Measurement Unit: Square Kilometer
Population Measurement Unit:10,000persons

Area of Urban Construction Land							本年征用土地面积 Area of Land Requisition This Year	耕地 Arable Land	县名称 Name of Counties
公共管理与公共服务用地 Administration and Public Services	商业服务业设施用地 Commercial and Business Facilities	工业用地 Industrial, Manufacturing	物流仓储用地 Logistics and Warehouse	道路交通设施用地 Road, Street and Transportation	公用设施用地 Municipal Utilities	绿地与广场用地 Green Space and Square			
2.28	2.10	3.00	0.60	0.64	0.71	6.59	0.53	0.24	康平县
2.00	4.30	3.00		3.50	7.00	3.00	1.50		法库县
0.70	0.20	0.10	0.05	0.07	0.35	1.12	1.03		长海县
0.99	0.36	2.47	0.04	1.26	0.31	1.36			台安县
0.54	0.78	1.30	0.42	0.42	0.13	0.16	0.22	0.16	岫岩满族自治县
									抚顺县
0.85	0.48	1.42	0.29	0.67	0.42	1.44			新宾满族自治县
0.33	0.61	2.55	0.27	1.56	0.12	0.44	0.12	0.07	清原满族自治县
1.15	0.63	2.00	0.20	1.56	0.22	2.70	0.36		本溪满族自治县
0.78	0.13	0.87	0.16	0.05	0.68	0.52			桓仁满族自治县
0.35	0.62	2.29	0.28	1.27	1.70	0.53	0.25	0.04	宽甸满族自治县
1.71	1.46	1.17	0.29	1.23	0.23	0.60			黑山县
0.45	0.75	4.29	0.18	0.84	0.24	1.49			义　县
0.71	0.48	0.94	0.20	0.56	0.18	0.06	1.20	0.90	阜新蒙古族自治县
1.71	3.65	2.10	0.86	1.81	0.43	0.60			彰武县
0.41	0.31	5.11	0.17	3.32	0.95	1.99	0.03		辽阳县
1.66	0.15	0.17	0.28	1.49	0.10	0.30			大洼县
									盘山县
									铁岭县
0.50	0.62	3.05	0.50	0.50	0.75	0.20			西丰县
0.79	0.93	3.09	0.74	0.24	2.28	0.32			昌图县
									朝阳县
0.79	0.38	3.56	0.72	1.96	2.00	0.22			建平县
1.30	0.41	2.35	0.35	1.83	0.34	2.00	0.45	0.15	喀喇沁左翼蒙古族自治县
0.50	0.40	1.71	0.65	0.13	0.50	1.84			绥中县
0.90	0.80	0.70	0.52	0.48	0.95	1.72			建昌县
17.79	**15.93**	**30.19**	**11.28**	**26.77**	**7.79**	**18.74**	**4.89**	**0.52**	**吉　林**
2.33	0.19	9.34	1.34	2.10	0.80	0.52			农安县
0.67	1.37	0.60	0.13	1.11	1.05	0.37			永吉县
0.82	0.62	1.67	0.36	0.84	0.09	0.26	0.40	0.25	梨树县
0.60	0.23	0.67	1.03	1.90	0.13	0.60	0.35		伊通满族自治县
0.65	0.90	2.89	0.44	2.43	0.68	2.61			东丰县
0.12	0.53	0.23		0.50	0.10	1.27			东辽县
0.11	0.19	0.65	0.08	0.89	0.66	0.38			通化县
0.74	1.90	0.07	0.21	1.56	0.20	1.80	0.02		辉南县
1.33	1.88	0.21	0.20	0.93	0.10	0.04			柳河县
0.41	0.05	0.32	0.15	0.92	0.04	1.18			抚松县
1.04	0.45	0.04	0.21	0.86	1.22	0.03			靖宇县
0.10	0.10	0.24	0.10	0.33	0.01	1.61			长白朝鲜族自治县
0.55	0.58	0.05	0.04	0.20	0.75	0.58			前郭尔罗斯蒙古族自治县
1.53	1.90	1.55	0.72	0.02	0.29	3.81			长岭县
0.98	0.46	0.72	0.37	1.20	0.32	1.10			乾安县

2-3 续表 7

面积计量单位：平方公里
人口计量单位：万人

县名称 Name of Counties	县面积 County District Area	县人口 County District Population	县暂住人口 County District Temporary Population	县城面积 County Seat Area	县城人口 County Seat Population	县城暂住人口 County Seat Temporary Population	建成区面积 Area of Built District	城市建设用地面积	
								小计 Subtotal	居住用地 Residential
镇赉县	4734	27.5	0.5	78.60	8.30	0.33	26.45	19.94	5.73
通榆县	8496	36.7	0.4	43.00	10.50	0.26	16.81	27.34	9.34
汪清县	8918	22.7	0.8	53.00	9.10	0.25	12.12	12.09	5.33
安图县	7438	22.0	0.3	45.00	7.30	0.06	7.85	6.15	2.98
黑龙江	**251170**	**1480.4**	**33.9**	**1389.33**	**362.72**	**21.74**	**580.68**	**522.88**	**225.89**
依兰县	4616	40.4	0.1	18.90	7.76	0.09	12.65	12.45	4.54
方正县	2969	23.2	0.4	57.00	6.02	0.23	8.99	7.58	3.66
宾　县	3850	62.9	0.6	25.00	14.95	0.35	14.13	16.98	7.09
巴彦县	3138	69.7	0.3	20.90	10.65	0.26	20.73	10.51	4.75
木兰县	3600	27.6	0.2	77.50	6.43	0.15	13.64	13.64	4.51
通河县	5675	19.5	0.4	7.58	6.80	0.25	6.63	7.58	3.88
延寿县	3150	26.1	0.9	72.60	8.10	0.40	12.60	10.64	3.30
龙江县	6175	59.5	0.5	186.00	13.09	0.23	19.53	19.53	5.78
依安县	3685	49.4	0.3	44.35	7.12	0.21	14.76	14.76	4.15
泰来县	3996	31.3	0.3	43.00	7.00	0.20	16.00	10.80	5.46
甘南县	4792	38.6	0.1	33.00	8.89	0.07	15.00	12.06	3.86
富裕县	4060	29.0	0.4	56.17	8.32	0.16	12.81	12.47	5.35
克山县	3186	50.7	2.0	55.40	8.02	0.10	18.60	14.33	3.43
克东县	2080	29.0	0.2	18.00	5.54	0.16	7.90	6.20	3.71
拜泉县	3597	57.6	0.1	34.50	6.60	0.10	11.68	9.33	4.63
鸡东县	3243	28.4	0.2	11.98	8.46	0.19	7.75	7.75	5.37
萝北县	6784	22.2	0.7	16.10	3.76	0.58	7.98	7.63	4.01
绥滨县	3344	19.6	0.2	13.00	5.00	0.16	6.50	6.50	4.03
集贤县	2283	31.3	0.5	30.50	8.90	0.40	13.62	13.62	6.53
友谊县	1872	14.0	0.9	9.30	3.30	0.35	8.91	8.91	3.10
宝清县	10001	30.8	0.8	26.76	12.39	0.39	16.50	16.50	5.80
饶河县	6765	15.5	1.0	7.00	3.22	0.50	6.50	6.46	3.52
肇州县	2455	45.3	1.4	18.46	9.65	0.21	18.20	14.32	9.00
肇源县	3873	47.0	2.0	14.50	9.44	0.05	10.80	12.09	5.34
林甸县	3493	26.9	0.2	14.90	6.79	0.19	14.90	11.43	3.63
杜尔伯特蒙古自治县	6594	25.4	1.2	66.00	6.52	1.10	23.00	10.35	4.27
嘉荫县	6739	7.6	0.0	36.50	2.00	0.02	3.58	3.58	1.71
桦南县	4415	43.0	0.3	16.60	10.97	0.24	16.17	14.58	7.03
桦川县	2268	22.6	0.8	40.00	8.20	0.60	10.52	8.50	3.85
汤原县	4320	27.2	0.5	10.65	5.60	0.40	8.60	10.65	3.57
抚远县	6262	11.4	0.4	12.60	4.20	0.05	5.60	5.60	2.98
勃利县	2576	29.3	0.5	26.04	9.31	0.48	13.88	14.21	5.97
东宁县	7139	21.0	0.3	19.29	8.12	0.09	14.70	11.77	7.40
林口县	6688	35.4	0.2	22.04	8.16	0.12	14.00	13.85	5.40
嫩江县	15109	50.0	1.5	28.50	12.50	1.50	19.53	20.13	10.15
逊克县	17344	10.5	1.3	10.20	3.40	1.30	9.48	6.35	2.83
孙吴县	4318	10.7	0.7	34.00	3.67	0.48	7.00	6.21	1.83
望奎县	2320	48.6	2.0	20.01	9.24	1.80	12.07	11.72	5.29
兰西县	2400	52.0	1.0	10.31	10.00	0.90	10.31	10.31	4.30

continued 7

Area Measurement Unit: Square Kilometer

Population Measurement Unit:10,000persons

Area of Urban Construction Land							本年征用土地面积 Area of Land Requisition This Year		县名称 Name of Counties
公共管理与公共服务用地 Administration and Public	商业服务业设施用地 Commercial and Business Facilities	工业用地 Industrial, Manufacturing	物流仓储用地 Logistics and Warehouse	道路交通设施用地 Road, Street and Transportation	公用设施用地 Municipal Utilities	绿地与广场用地 Green Space and Square		耕地 Arable Land	
1.39	1.16	2.88	3.70	2.82	0.60	1.66	0.34		镇赉县
2.93	1.76	4.68	1.73	6.14	0.29	0.47	3.42		通榆县
0.92	0.78	3.05	0.33	1.27	0.36	0.05	0.26	0.26	汪清县
0.57	0.88	0.33	0.14	0.75	0.10	0.40	0.10	0.01	安图县
41.39	**36.05**	**70.72**	**22.53**	**67.23**	**21.76**	**37.31**	**10.31**	**4.96**	**黑龙江**
0.51	0.55	1.40	0.62	1.95	1.78	1.10	0.01		依兰县
0.38	0.75	0.96	0.23	0.86	0.16	0.58			方正县
0.96	0.82	2.00		2.68	1.00	2.43			宾　县
1.89	0.25	0.69	0.25	1.82	0.38	0.48			巴彦县
0.98	1.29	1.18	0.86	2.89	1.35	0.58			木兰县
0.58	0.42	1.06	0.34	0.81	0.11	0.38			通河县
0.71	1.00	1.50	0.30	1.82	0.01	2.00	0.03	0.03	延寿县
1.87	2.32	2.43	1.46	2.80	0.43	2.44	0.13		龙江县
1.50	2.78	0.76	1.29	2.15	0.25	1.88			依安县
0.97	0.55	2.47	0.30	0.78	0.10	0.17	0.75	0.46	泰来县
1.10	0.75	1.74	0.71	1.81	0.28	1.81			甘南县
0.82	0.42	1.87	0.34	1.15	1.80	0.72	3.02	2.28	富裕县
1.24	1.46	2.90	0.77	2.31	0.26	1.96	0.46	0.45	克山县
0.20	0.10	0.58	0.57	0.37	0.27	0.40			克东县
0.48	0.49	1.68	0.29	1.02	0.09	0.65			拜泉县
0.45	0.32	0.36	0.17	0.82	0.08	0.18			鸡东县
0.56	0.80	0.37	0.29	0.49	0.16	0.95	1.36		萝北县
0.64	0.03	0.58	0.11	0.47	0.49	0.15			绥滨县
0.52	0.49	2.44	0.83	1.92	0.43	0.46			集贤县
0.62	0.27	1.78	0.19	1.46	0.63	0.86			友谊县
1.30	1.30	1.50	1.50	2.25	0.35	2.50			宝清县
0.52	0.25	0.15	0.23	0.88	0.25	0.66	0.11	0.11	饶河县
1.34	0.43	2.31	0.18	0.58	0.32	0.16			肇州县
2.34	0.92	0.87	0.33	1.57	0.59	0.13	0.02		肇源县
1.78	0.38	1.15	0.32	1.70	2.38	0.09			林甸县
1.24	0.58	0.42	0.81	2.15	0.21	0.67	0.67	0.09	杜尔伯特蒙古自治县
0.55	0.43	0.47	0.15	0.08	0.04	0.15			嘉荫县
1.03	0.51	3.62	0.46	1.42	0.29	0.22	0.79	0.62	桦南县
0.36	0.26	2.06	0.22	1.13	0.26	0.36	0.31		桦川县
0.95	0.74	1.52	0.67	2.27	0.35	0.58			汤原县
1.05	0.46	0.28	0.01	0.49	0.19	0.14			抚远县
0.84	0.65	4.85	0.62	0.96	0.25	0.07	0.15	0.12	勃利县
0.68	0.22	1.34	0.33	1.56	0.09	0.15	0.01	0.01	东宁县
0.86	0.85	2.07	0.36	0.86	1.77	1.68			林口县
1.00	3.80	2.10		2.07	0.06	0.95	0.12		嫩江县
0.30	0.58	0.36	1.00	0.50	0.70	0.08			逊克县
0.53	0.41	1.53	0.50	1.18	0.14	0.09			孙吴县
0.52	0.91	2.32	0.27	1.62	0.22	0.57	0.70	0.35	望奎县
0.01	0.01	1.71	1.52	1.56	0.30	0.90			兰西县

2-3 续表 8

面积计量单位：平方公里

人口计量单位：万人

县名称 Name of Counties	县面积 County District Area	县人口 County District Population	县暂住人口 County District Temporary Population	县城面积 County Seat Area	县城人口 County Seat Population	县城暂住人口 County Seat Temporary Population	建成区面积 Area of Built District	城市建设用地面积	
								小计 Subtotal	居住用地 Residential
青冈县	2686	47.1	4.7	15.35	12.31	3.70	15.00	9.86	4.02
庆安县	2300	37.0	1.6	9.98	9.60	1.23	7.20	9.98	3.37
明水县	2313	35.2	0.5	10.05	7.29	0.50	9.51	9.33	5.16
绥棱县	4238	33.0	0.1	12.86	9.50	0.05	12.86	12.45	5.10
呼玛县	14262	5.6	0.4	5.51	2.32	0.27	5.31	5.29	2.88
塔河县	14219	8.5	0.6	23.00	6.47	0.10	15.00	14.91	9.10
漠河县	18432	8.8	0.6	9.13	3.69	0.36	6.90	6.03	2.34
加格达奇区	1545	15.0	0.5	38.31	13.45	0.47	23.15	23.15	8.91
江　苏	**35579**	**2121.3**	**46.1**	**2798.17**	**512.37**	**27.79**	**667.83**	**647.23**	**218.77**
丰　县	1446	120.7	2.0	98.00	25.31	1.96	30.00	27.84	16.10
沛　县	1349	113.4	2.2	114.00	33.20	0.30	36.50	36.50	11.90
睢宁县	1767	138.3	2.9	112.00	24.50	0.91	33.00	33.00	8.00
海安县	1108	94.0	1.4	168.00	23.62	1.35	31.90	30.70	9.21
如东县	1873	105.4	3.2	83.41	23.50	1.14	24.85	24.85	7.93
东海县	2037	122.9	2.5	188.00	25.00	2.50	28.70	27.27	11.00
灌云县	1543	103.6	4.0	54.10	24.00	1.00	27.50	36.80	13.50
灌南县	1041	79.0	2.2	142.60	21.05	2.13	26.50	25.00	8.71
涟水县	1676	115.0	0.7	177.30	27.92	0.60	34.94	33.28	11.44
洪泽县	1394	39.7	0.6	115.69	12.18	0.62	18.20	18.19	6.18
盱眙县	2483	80.1	3.4	93.00	21.90	0.70	34.50	31.56	8.02
金湖县	1327	36.0	2.1	66.00	10.99	1.99	22.91	20.60	5.91
响水县	1474	62.4	1.2	51.98	12.14	1.00	21.70	19.61	5.50
滨海县	1950	121.3	2.0	69.89	21.75	0.82	32.74	32.39	10.05
阜宁县	1439	112.5	2.7	180.00	30.33	1.86	44.00	36.56	14.26
射阳县	2606	96.3	2.7	63.00	23.39	1.22	24.50	24.49	9.61
建湖县	1157	77.6	1.0	98.00	23.00	0.70	27.00	26.45	9.00
宝应县	1462	91.2	2.6	116.70	23.30	2.30	32.04	30.75	10.90
沭阳县	2298	195.4	3.3	317.20	43.71	1.85	65.00	63.15	20.99
泗阳县	1418	106.8	1.4	206.30	36.43	1.14	36.55	33.58	14.90
泗洪县	2731	110.1	2.1	283.00	25.15	1.70	34.80	34.66	5.66
浙　江	**50221**	**1504.8**	**232.0**	**4812.33**	**348.47**	**76.21**	**549.64**	**572.10**	**177.34**
桐庐县	1780	40.9	7.4	194.34	11.95	4.13	18.77	18.77	4.52
淳安县	4427	45.9	1.8	356.00	8.20	1.82	14.60	14.60	4.03
象山县	1382	54.4	13.5	114.37	12.09	8.50	30.00	39.89	10.43
宁海县	1843	62.8	8.7	89.87	14.94	4.01	36.40	41.19	12.07
永嘉县	2674	96.5	18.5	66.40	10.01	0.35	10.84	10.22	4.46
平阳县	1042	88.1	13.9	53.20	11.75	2.61	8.73	10.78	4.20
苍南县	1253	133.1	7.1	86.50	16.21	0.63	16.00	16.90	5.83
文成县	1296	39.6	0.5	25.37	4.97	0.21	4.84	4.68	3.11
泰顺县	1768	36.9	0.6	33.70	6.47	0.49	11.85	6.84	2.95
嘉善县	507	38.8	31.2	162.00	12.56	2.50	34.50	34.50	7.73
海盐县	585	37.9	14.4	86.00	9.90	2.61	17.20	17.20	6.35
德清县	936	44.0	11.8	255.00	11.70	2.40	29.00	28.89	7.07
长兴县	1430	62.9	13.2	194.00	20.19	5.60	48.00	48.00	14.40
安吉县	1886	46.4	14.1	240.17	16.04	7.42	27.99	27.99	10.00

continued 8

Area Measurement Unit: Square Kilometer

Population Measurement Unit:10,000persons

Area of Urban Construction Land							本年征用土地面积 Area of Land Requisition This Year		县名称 Name of Counties
公共管理与公共服务用地 Administration and Public Services	商业服务业设施用地 Commercial and Business Facilities	工业用地 Industrial, Manufacturing	物流仓储用地 Logistics and Warehouse	道路交通设施用地 Road, Street and Transportation	公用设施用地 Municipal Utilities	绿地与广场用地 Green Space and Square		耕地 Arable Land	
0.46	0.29	3.37	0.08	1.28	0.10	0.26	0.78	0.44	青冈县
0.55	0.59	2.96	0.60	1.00	0.58	0.33			庆安县
1.38	1.35	0.13	0.04	0.70	0.07	0.50			明水县
0.87	0.97	0.72	0.41	2.12	0.41	1.85	0.89		绥棱县
0.54	0.46	0.35	0.01	0.63	0.01	0.41			呼玛县
1.00	0.50	0.90	0.50	1.70	0.30	0.91			塔河县
0.68	0.30	1.19	0.21	0.86	0.07	0.38			漠河县
1.73	2.04	1.72	1.28	3.73	1.40	2.34			加格达奇区
57.74	**49.03**	**128.76**	**17.59**	**65.44**	**32.18**	**77.72**	**35.32**	**21.40**	**江　苏**
2.73	2.09	2.69	1.51	0.90	0.20	1.62			丰　县
6.60	1.40	11.58	0.20	0.93	3.23	0.66			沛　县
4.00	4.10	1.30	1.40	4.50	3.70	6.00			睢宁县
2.56	1.81	5.93	2.07	3.07	1.45	4.60	1.00	0.40	海安县
1.52	1.09	4.65	0.66	0.82	1.95	6.23			如东县
4.30	0.87	4.50	1.88	0.67	0.75	3.30	1.82	1.72	东海县
1.90	4.10	3.30	0.90	6.40	0.20	6.50			灌云县
2.86	3.75	6.78	0.58	0.60	0.68	1.04	1.12	0.54	灌南县
3.20	1.44	12.02	0.39	2.72	0.33	1.74	3.51	1.78	涟水县
0.87	0.73	6.26	0.40	2.52	0.33	0.90			洪泽县
1.82	2.59	6.21	0.43	5.27	0.42	6.80	3.12	1.76	盱眙县
1.01	1.25	2.20	0.45	3.92	3.81	2.05	2.87	1.39	金湖县
2.17	2.32	0.58	0.79	5.06	1.18	2.01	0.33	0.26	响水县
0.32	2.34	6.82	0.69	3.03	2.16	6.98	0.89	0.35	滨海县
2.17	2.60	9.36	0.10	4.99	0.19	2.89	2.75	1.82	阜宁县
2.54	2.81	4.23	1.33	0.62	2.02	1.33	3.77	2.00	射阳县
2.20	5.00	0.70	0.55	3.00	2.50	3.50	0.90	0.30	建湖县
1.80	1.05	7.38	0.41	5.75	0.97	2.49	2.74	1.85	宝应县
7.56	5.33	13.92	1.66	3.26	3.64	6.79	3.42	1.63	沭阳县
3.26	0.16	9.74	0.05	0.38	1.18	3.91	3.28	2.10	泗阳县
2.35	2.20	8.61	1.14	7.03	1.29	6.38	3.80	3.50	泗洪县
49.94	**34.64**	**129.85**	**17.12**	**63.36**	**27.82**	**72.03**	**33.45**	**18.49**	**浙　江**
1.85	1.51	4.75	0.39	2.84	1.21	1.70	1.50	0.85	桐庐县
1.88	2.52	0.02	0.38	3.39	0.28	2.10			淳安县
4.55	2.48	10.40	0.80	5.05	2.47	3.71	5.75	3.02	象山县
1.93	1.35	15.02	1.36	4.98	0.76	3.72	1.12	1.01	宁海县
1.45	0.45	0.01	0.04	0.63	1.07	2.11			永嘉县
1.21	0.05	4.33	0.03	0.22	0.39	0.35	0.36	0.26	平阳县
2.62	0.38	3.60	0.14	1.12	1.37	1.84	0.26	0.25	苍南县
0.83	0.11	0.06	0.18	0.24	0.07	0.08	0.11		文成县
1.34	0.41	0.29	0.03	0.51	0.07	1.24	1.15	0.37	泰顺县
2.75	5.43	11.30	0.91	2.96	0.83	2.59	1.96	1.52	嘉善县
2.73	1.26	4.26	0.35	0.22	0.99	1.04	1.68	0.93	海盐县
1.30	1.69	7.83	0.03	2.97	2.00	6.00	0.88	0.35	德清县
2.26	2.65	10.20	0.48	6.45	0.66	10.90	0.72	0.50	长兴县
2.22	2.30	6.35	0.03	3.49	0.30	3.30	1.60	0.54	安吉县

2–3 续表 9

面积计量单位：平方公里
人口计量单位：万人

县名称 Name of Counties	县面积 County District Area	县人口 County District Population	县暂住人口 County District Temporary Population	县城面积 County Seat Area	县城人口 County Seat Population	县城暂住人口 County Seat Temporary Population	建成区面积 Area of Built District	城市建设用地面积 小计 Subtotal	居住用地 Residential
新昌县	1213	43.7	3.8	189.00	17.37	3.00	20.00	19.51	6.20
武义县	1577	34.2	11.1	271.90	11.71	5.69	19.45	18.89	5.14
浦江县	915	39.8	16.7	168.56	16.16	5.64	23.62	23.37	4.77
磐安县	1195	21.0	3.3	95.00	3.51	1.32	4.85	4.83	1.78
常山县	1096	34.2	1.1	187.20	8.51	0.48	14.21	20.08	4.46
开化县	2228	35.8	0.8	128.00	10.69	0.64	12.45	14.93	3.66
龙游县	1144	40.5	2.7	116.70	9.56	1.41	14.42	14.42	4.84
岱山县	327	18.7	1.1	50.80	6.42	1.11	8.13	8.04	3.37
嵊泗县	86	7.8	0.6	16.75	3.26	0.56	2.28	2.03	0.74
玉环县	378	45.5	2.0	158.20	18.55	0.60	17.71	17.71	7.54
三门县	1072	44.3	6.9	145.00	9.15	0.98	13.01	12.99	4.07
天台县	1426	58.4	1.3	215.30	12.12	1.23	19.70	18.29	9.14
仙居县	1992	50.9	2.0	217.60	12.42	0.28	17.60	17.60	7.08
青田县	2493	58.4	4.0	131.60	8.57	1.05	5.80	5.77	2.77
缙云县	1494	46.4	4.6	140.60	6.27	2.25	10.16	10.10	4.10
遂昌县	2539	23.2	1.8	70.00	6.19	1.15	7.49	7.46	2.50
松阳县	1406	24.1	4.0	115.00	6.10	1.02	9.89	12.61	1.99
云和县	984	12.0	4.7	141.00	3.20	3.12	6.85	6.75	1.22
庆元县	1898	20.6	1.4	104.00	7.35	0.32	8.40	8.36	2.65
景宁县	1949	17.2	1.5	193.20	4.38	1.08	4.90	7.91	2.17
安　徽	**100935**	**4549.7**	**166.4**	**5206.86**	**794.10**	**96.71**	**1182.73**	**1136.16**	**338.76**
长丰县	1841	75.8	8.7	21.00	8.65	0.56	13.60	13.87	5.30
肥西县	1695	81.2	14.4	53.66	22.18	8.10	49.16	49.00	17.49
肥东县	2200	105.3	2.0	57.60	17.85	0.97	27.20	24.00	6.40
庐江县	2352	119.8	6.8	163.00	16.48	6.72	30.20	28.24	11.32
芜湖县	670	34.6	1.7	219.00	13.58	1.71	31.70	24.06	3.68
繁昌县	586	28.0	1.3	138.00	10.48	0.68	15.83	15.63	3.51
南陵县	1264	55.8	3.1	52.00	17.45	3.00	27.00	26.51	8.51
无为县	2083	120.1	11.5	124.00	20.80	1.86	24.50	24.39	6.70
怀远县	2212	131.0	1.4	117.00	21.60	1.38	26.00	25.26	5.34
五河县	1428	71.5	3.1	75.10	17.40	2.66	22.85	17.20	5.10
固镇县	1363	73.0	3.8	121.50	13.13	0.85	15.00	14.80	7.30
凤台县	848	61.9	0.9	18.86	10.09	0.50	16.50	18.36	5.34
当涂县	1002	47.5	2.3	35.65	12.55	1.72	29.72	29.61	8.50
含山县	1025	45.4	1.0	28.00	11.63	0.72	15.45	21.66	8.51
和　县	1318	54.9	2.4	32.00	12.98	2.38	18.80	16.97	4.03
濉溪县	1987	112.1	1.1	38.08	13.90	0.58	34.80	34.80	8.58
铜陵县	763	29.0	1.4	25.00	3.35	0.89	5.32	4.11	1.59
怀宁县	1276	69.8	3.6	30.00	8.00	1.30	17.70	17.70	4.84
枞阳县	1808	96.3	0.3	79.30	9.87	0.17	14.58	14.58	3.89
潜山县	1686	58.4	5.9	107.83	11.20	0.60	18.10	15.96	6.81
太湖县	2031	60.1	3.7	70.00	13.00	3.17	13.96	13.60	3.85
宿松县	2394	86.0	0.4	158.00	9.10	0.15	16.70	14.60	4.95
望江县	1357	63.4	0.1	48.10	11.80	0.05	18.57	17.28	5.58
岳西县	2398	40.8	4.0	113.00	10.00	4.00	15.60	10.99	2.95

continued 9

Area Measurement Unit: Square Kilometer

Population Measurement Unit:10,000persons

Area of Urban Construction Land							本年征用土地面积 Area of Land Requisition This Year	耕地 Arable Land	县名称 Name of Counties
公共管理与公共服务用地 Administration and Public Services	商业服务业设施用地 Commercial and Business Facilities	工业用地 Industrial, Manufacturing	物流仓储用地 Logistics and Warehouse	道路交通设施用地 Road, Street and Transportation	公用设施用地 Municipal Utilities	绿地与广场用地 Green Space and Square			
1.60	0.90	2.95	0.78	3.16	0.80	3.12	1.55	1.25	新昌县
2.05	0.18	5.55	0.27	2.69	0.25	2.76	0.71	0.25	武义县
1.85	0.66	10.97	0.08	1.60	0.91	2.53	0.63	0.34	浦江县
0.38	0.35	0.58	0.13	0.71	0.22	0.68	0.34	0.31	磐安县
1.37	0.94	1.47	7.10	0.65	2.44	1.65	1.65	0.61	常山县
0.98	0.67	4.83	0.41	1.86	0.25	2.27	1.52	0.48	开化县
0.37	1.46	3.52	0.36	1.86	0.78	1.23	1.15	0.59	龙游县
0.62	0.51	0.95	0.11	1.42	0.12	0.94	0.84	0.01	岱山县
0.06	0.03	0.05	0.06	0.70	0.31	0.08	0.52	0.01	嵊泗县
2.10	1.55	2.47	0.30	1.89	0.69	1.17	0.36	0.22	玉环县
0.96	0.08	2.39	0.10	0.67	2.54	2.18	0.03		三门县
2.12	0.18	3.10	0.16	0.98	0.96	1.65	1.77	1.21	天台县
2.05	0.21	2.83	0.05	0.59	2.71	2.08			仙居县
0.13	0.31	1.08	0.06	0.90	0.10	0.42			青田县
0.23	0.31	0.13	0.10	1.30	0.38	3.55	0.28	0.06	缙云县
0.70	2.51	0.16	0.35	0.56	0.18	0.50	0.14	0.09	遂昌县
1.46	0.36	4.13	0.21	3.03	0.20	1.23	1.07	0.96	松阳县
0.35	0.12	1.24	0.12	1.60	0.88	1.22	1.62	1.62	云和县
0.84	0.32	2.23	0.42	1.13	0.35	0.42	1.41	0.88	庆元县
0.80	0.40	0.80	0.80	0.99	0.28	1.67	0.77		景宁县
89.78	**85.02**	**198.19**	**44.17**	**158.83**	**55.54**	**165.87**	**93.26**	**30.76**	**安　徽**
0.80	2.00	0.30	0.50	0.60	1.20	3.17			长丰县
7.68	3.75	1.85	8.40	6.44	0.83	2.56	6.10	3.40	肥西县
2.21	2.39	5.40	0.33	2.62	0.33	4.32	0.46	0.32	肥东县
1.95	1.52	4.18	1.36	2.48	3.27	2.16			庐江县
0.23	1.04	2.40	0.05	4.37	0.95	11.34	16.10	0.80	芜湖县
0.07	0.15	2.49	0.10	3.41	2.95	2.95			繁昌县
2.89	2.51	5.17	0.45	3.65	0.40	2.93	0.21	0.04	南陵县
2.05	3.20	1.20	0.56	2.90	0.45	7.33	3.53	2.26	无为县
2.23	1.65	7.98	0.75	3.10	1.75	2.46	1.25	0.36	怀远县
0.50	1.50	2.40	0.80	3.75	1.25	1.90	1.10		五河县
0.63	0.80	0.54	0.22	2.76	0.52	2.03	0.78	0.67	固镇县
1.20	0.60	3.94	1.20	1.64	3.94	0.50	2.37	0.81	凤台县
0.80	2.66	7.43	0.70	3.66	2.36	3.50	4.35	1.60	当涂县
4.35	0.84	3.12	0.94	1.67	0.18	2.05			含山县
2.12	3.52	0.76	1.14	2.15	0.69	2.56	0.37		和　县
0.10	5.32	12.33	0.76	0.38	0.53	6.80			濉溪县
0.50	0.02	0.50	0.32	0.58	0.01	0.59	2.99		铜陵县
1.39	1.29	4.65	0.34	3.73	0.19	1.27	0.86	0.37	怀宁县
1.31	1.80	0.60	1.30	3.22	1.36	1.10	0.44	0.16	枞阳县
1.91	0.20	4.35	0.05	0.47	0.35	1.82	2.04	0.65	潜山县
0.57	0.82	3.51	0.20	0.28	0.39	3.98	0.50	0.13	太湖县
0.26	1.23	3.00	0.80	0.75	0.56	3.05	3.00		宿松县
1.28	1.10	5.06	0.20	2.06	0.50	1.50	0.78	0.57	望江县
0.89	1.12	2.58	0.63	0.87	0.65	1.30			岳西县

2–3 续表 10

面积计量单位：平方公里
人口计量单位：万人

县名称 Name of Counties	县面积 County District Area	县人口 County District Population	县暂住人口 County District Temporary Population	县城面积 County Seat Area	县城人口 County Seat Population	县城暂住人口 County Seat Temporary Population	建成区面积 Area of Built District	城市建设用地面积 小计 Subtotal	居住用地 Residential
歙　县	2122	48.0	0.2	34.00	9.70	0.10	10.67	10.04	3.10
休宁县	2151	27.6	0.5	132.03	5.42	0.23	10.00	6.16	2.51
黟　县	957	9.5	0.3	19.60	4.64	0.21	5.79	5.53	2.40
祁门县	2257	18.8	0.9	230.12	5.46	0.48	5.40	5.28	2.14
来安县	1481	48.9	2.1	45.10	14.78	1.13	21.10	21.10	6.28
全椒县	1568	46.5	1.3	36.00	18.00	1.13	22.38	29.61	6.03
定远县	2998	97.9	2.7	58.20	16.57	1.82	26.00	28.60	10.20
凤阳县	1950	76.9	10.2	51.90	18.02	3.98	27.80	27.63	7.74
临泉县	1818	224.0	3.5	80.60	27.50	0.50	28.30	26.05	5.80
太和县	1820	173.0	2.6	129.30	26.40	0.80	32.62	32.52	7.82
阜南县	1688	169.7	1.7	108.30	18.40	0.42	30.00	23.33	6.91
颍上县	1859	173.8	4.3	87.80	24.66	2.33	31.60	29.83	6.30
砀山县	1193	99.5	0.7	120.80	23.00	0.62	33.00	32.68	9.50
萧　县	1885	152.1	5.0	283.00	15.40	4.80	26.30	26.10	13.00
灵璧县	2054	125.9	3.5	25.80	13.40	3.50	21.85	21.77	8.98
泗　县	1787	95.1	2.4	197.40	14.50	2.20	25.50	22.00	6.50
寿　县	2986	139.2	1.9	71.63	18.11	1.86	23.16	22.36	4.20
霍邱县	3493	171.7	4.3	56.20	17.83	2.50	28.50	26.48	9.21
舒城县	2092	99.5	0.8	106.00	19.51	0.31	26.72	24.55	7.57
金寨县	3814	67.4	2.6	100.00	16.35	1.75	18.05	17.30	3.60
霍山县	2043	36.6	3.5	96.70	7.78	3.28	17.70	16.58	4.57
涡阳县	2107	178.5	3.0	40.00	26.20	0.80	30.50	28.17	7.80
蒙城县	2091	132.0	8.0	66.00	28.00	5.00	36.00	35.43	8.99
利辛县	1950	165.8	1.6	50.00	21.00	1.60	23.50	23.50	7.50
东至县	3256	55.2	3.4	388.10	8.01	2.42	8.96	8.93	2.47
石台县	1403	11.0	0.1	189.00	2.54	0.04	2.99	4.16	1.07
青阳县	1181	29.0	2.3	118.62	8.15	1.60	10.00	9.66	3.56
郎溪县	1105	35.6	2.6	21.00	13.30	1.50	19.50	19.41	6.45
广德县	2165	51.9	3.4	40.88	13.56	3.05	29.80	28.78	7.82
泾　县	2055	35.4	0.8	254.00	11.14	0.68	13.10	12.91	3.87
绩溪县	1116	17.6	1.2	15.30	5.28	1.10	10.60	10.37	2.60
旌德县	904	15.0	0.5	27.80	4.42	0.25	6.50	6.16	2.20
福　建	**77864**	**1773.7**	**134.8**	**1634.12**	**339.77**	**53.71**	**460.80**	**436.44**	**150.86**
闽侯县	2136	66.5	30.6	24.00	4.66	3.42	7.62	7.62	2.38
连江县	1168	66.5	8.6	28.00	14.31	3.73	15.00	14.82	8.01
罗源县	1187	26.5	4.7	32.00	5.56	0.66	6.51	6.51	2.51
闽清县	1469	31.0	0.1	13.00	6.30	0.05	7.20	7.05	3.71
永泰县	2241	38.0	0.7	33.00	7.80	0.65	9.50	7.52	3.06
仙游县	1835	113.2	2.6	38.50	15.41	1.60	18.60	18.53	7.01
明溪县	1708	11.8	1.2	12.60	3.17	0.55	5.33	5.17	1.52
清流县	1825	15.6	0.6	30.00	3.46	0.34	5.53	5.53	2.27
宁化县	2368	37.7	0.7	40.00	8.19	0.57	9.02	9.01	2.52
大田县	2294	39.2	2.7	34.00	6.68	2.60	8.09	8.09	2.41
尤溪县	3463	42.5	2.2	13.13	5.82	0.72	8.05	8.04	2.40
沙　县	1815	26.7	6.6	150.00	10.02	1.85	27.95	27.60	6.37

continued 10

Area Measurement Unit: Square Kilometer

Population Measurement Unit:10,000persons

Area of Urban Construction Land							本年征用土地面积 Area of Land Requisition This Year	耕地 Arable Land	县名称 Name of Counties
公共管理与公共服务用地 Administr-ation and Public Services	商业服务业设施用地 Commercial and Business Facilities	工业用地 Industrial, Manufact-uring	物流仓储用地 Logistics and Warehouse	道路交通设施用地 Road, Street and Trans-portation	公用设施用地 Munici-pal Utilities	绿地与广场用地 Green Space and Square			
0.51	2.01	2.00	0.01	1.84	0.02	0.55	0.10	0.05	歙　县
0.10	1.21	0.43	0.01	1.18	0.12	0.60	0.30	0.10	休宁县
0.60	0.11	0.06	0.08	1.85	0.20	0.23	0.01	0.01	黟　县
0.18	0.49	0.85	0.22	0.74	0.20	0.46			祁门县
1.34	1.72	5.54	0.63	3.29	0.33	1.97	2.01	1.29	来安县
1.53	1.35	7.00	0.05	5.03	0.18	8.44			全椒县
3.42	1.56	1.96	0.51	5.10	0.80	5.05	0.82	0.50	定远县
2.62	1.77	6.88	1.30	3.95	1.44	1.93	2.22	1.62	凤阳县
1.87	1.23	4.70	1.45	3.75	4.65	2.60	1.30	1.30	临泉县
3.98	1.38	4.98	1.06	5.86	5.28	2.16	4.73	1.18	太和县
2.51	0.22	6.77	0.70	4.22	0.89	1.11	1.80	1.14	阜南县
1.45	1.15	3.80	1.67	5.95	1.16	8.35	1.70		颍上县
2.70	3.95	1.50	1.93	5.80	0.57	6.73	1.74	0.23	砀山县
2.10	1.90	2.50	1.00	2.00	0.80	2.80	4.50	0.60	萧　县
1.85	0.38	2.65	0.49	1.05	3.25	3.12	1.45	0.71	灵璧县
0.80	0.95	6.80	1.98	1.11	0.77	3.09	0.40		泗　县
1.90	0.50	2.30	0.08	3.00	0.09	10.29	9.51	5.69	寿　县
1.73	2.97	4.10	1.70	2.97	0.88	2.92	1.00		霍邱县
3.92	3.52	1.91	0.61	3.05	1.10	2.87			舒城县
1.25	1.44	3.80	0.38	4.10	0.38	2.35	4.80	2.52	金寨县
1.51	3.46	0.40	1.92	2.40	0.22	2.10	2.30	0.90	霍山县
1.20	1.40	6.92	1.25	6.10	1.10	2.40	2.00		涡阳县
4.49	1.15	6.52	0.55	7.08	2.13	4.52	1.00		蒙城县
0.80	1.30	6.20	0.45	2.85	0.30	4.10	0.42		利辛县
0.80	0.72	1.00	0.25	1.73	0.43	1.53	0.08	0.02	东至县
0.53	0.78	0.58	0.07	0.26	0.48	0.39	0.40	0.22	石台县
0.40	0.68	2.36	0.25	2.00	0.06	0.35	0.20		青阳县
1.91	0.69	2.13	0.15	3.48	0.80	3.80	0.05	0.05	郎溪县
1.53	2.48	7.65	0.78	5.25	0.41	2.86	0.55	0.10	广德县
0.97	0.65	3.50	0.09	1.73	0.54	1.56	0.23	0.06	泾　县
0.79	0.38	3.20	0.40	1.52	0.23	1.25	0.28	0.20	绩溪县
0.57	0.49	1.46	0.05	1.05	0.12	0.22	0.13	0.13	旌德县
38.64	**31.53**	**63.15**	**12.85**	**63.02**	**18.50**	**57.89**	**44.70**	**12.80**	**福　建**
0.65	0.10	0.49	0.01	0.80	0.18	3.01			闽侯县
0.85	0.38	2.60	0.37	1.85	0.38	0.38	3.17	3.17	连江县
1.03	0.22	0.18	0.02	1.06	0.95	0.54			罗源县
0.62	0.57	0.97	0.40	0.40	0.08	0.30	0.35		闽清县
0.51	0.63	0.98	0.52	0.68	0.25	0.89	1.40	0.43	永泰县
2.21	2.15	2.22	0.18	2.45	0.21	2.10	0.26		仙游县
0.30	0.26	0.18	0.02	0.63	0.13	2.13	0.10	0.02	明溪县
0.67	0.55	0.28	0.03	1.31	0.10	0.32	0.19	0.05	清流县
0.73	1.15	0.25	0.34	1.82	0.38	1.82	1.33	0.43	宁化县
0.30	0.76	2.33	0.07	0.75	1.10	0.37	0.20		大田县
0.83	0.17	1.81	0.15	0.68	0.86	1.14	0.20		尤溪县
2.31	2.11	5.87	3.43	3.20	1.44	2.87	3.66	0.57	沙　县

2–3 续表 11

面积计量单位：平方公里

人口计量单位：万人

县名称 Name of Counties	县面积 County District Area	县人口 County District Population	县暂住人口 County District Temporary Population	县城面积 County Seat Area	县城人口 County Seat Population	县城暂住人口 County Seat Temporary Population	建成区面积 Area of Built District	城市建设用地面积 小计 Subtotal	居住用地 Residential
将乐县	2246	17.0	0.9	44.35	5.46	0.90	6.63	6.62	1.89
泰宁县	1537	13.7	0.6	30.00	3.55	0.48	6.55	6.04	1.65
建宁县	1718	15.6	0.5	12.60	3.81	0.46	4.07	4.02	1.51
惠安县	720	108.0	12.0	27.00	11.40	1.88	26.56	19.68	8.30
安溪县	3057	118.4	5.6	46.20	18.04	4.11	25.00	22.96	10.24
永春县	1468	59.1	4.5	173.00	16.01	4.00	21.00	20.48	8.20
德化县	2232	33.2	2.6	140.00	17.89	2.51	26.00	25.98	8.53
云霄县	1068	45.8	4.0	18.43	13.96	1.47	13.88	13.83	4.95
漳浦县	1981	89.8	3.3	20.00	11.23	1.20	16.80	16.18	6.46
诏安县	1215	65.1	0.8	14.95	7.40	0.23	14.90	11.30	2.50
长泰县	960	21.0	3.3	14.62	3.92	0.70	4.85	4.85	2.01
东山县	197	21.2	2.5	7.00	3.57	1.06	5.70	5.54	0.90
南靖县	1962	36.0	2.1	8.10	4.90	0.78	6.80	5.83	1.66
平和县	2328	62.0	0.9	13.87	7.41	0.90	7.38	7.35	3.38
华安县	1315	17.0	0.5	5.04	2.82	0.33	4.20	4.00	0.95
顺昌县	1985	23.8	1.4	19.70	6.13	0.98	7.04	6.62	1.73
浦城县	3378	43.3	6.7	26.00	9.33	0.33	9.50	9.50	3.39
光泽县	2240	16.6	1.0	51.00	4.22	0.51	5.24	5.24	1.74
松溪县	1043	16.7	0.5	18.50	4.80	0.41	7.15	7.14	3.07
政和县	1749	24.1	1.4	19.50	6.40	0.85	4.07	4.07	1.55
长汀县	3100	52.7	1.9	33.00	13.80	1.90	18.20	15.75	5.48
上杭县	2879	51.9	2.9	72.00	9.56	1.99	13.40	12.49	4.01
武平县	2630	39.1	1.7	43.80	6.03	0.88	7.52	7.52	1.10
连城县	2596	34.3	1.2	35.29	6.15	0.57	7.46	7.11	3.45
霞浦县	1490	54.4	2.1	197.40	14.75	1.10	12.14	12.14	3.68
古田县	2378	43.7	1.2	15.00	7.83	0.67	6.95	6.84	2.70
屏南县	1470	19.1	0.5	11.00	4.03	0.30	5.13	5.11	2.18
寿宁县	1424	27.5	0.7	8.90	4.19	0.48	3.01	1.77	0.34
周宁县	1046	21.1	0.7	22.70	5.19	0.57	6.38	6.16	1.88
柘荣县	553	12.0	0.2	11.14	3.78	0.17	4.50	4.44	1.75
平潭县	391	55.6	5.5	25.80	10.83	4.25	24.39	24.39	5.51
江　西	**132344**	**3100.1**	**99.2**	**1821.20**	**780.91**	**62.51**	**983.36**	**938.42**	**286.68**
南昌县	1670	104.0	6.2	63.23	19.20	4.82	44.14	26.59	11.58
安义县	666	30.1	0.9	10.65	7.71	0.72	7.98	7.83	2.29
进贤县	1971	85.8	0.7	36.00	20.20	0.70	25.24	25.24	8.22
浮梁县	2847	30.8	0.7	16.00	3.71	0.43	6.20	7.09	2.80
莲花县	1062	27.8	0.9	19.00	4.41	0.73	5.90	6.38	0.35
上栗县	725	45.6	0.2	8.90	5.40	0.15	8.60	8.32	3.25
芦溪县	968	29.4	0.1	5.65	3.91	0.02	5.65	5.65	1.67
九江县	873	33.4	0.6	25.50	7.86	0.58	16.00	14.35	4.61
武宁县	3506	39.6	1.6	50.85	8.93	0.30	8.32	10.60	2.33
修水县	4504	87.0	2.7	128.45	15.17	1.45	14.85	14.33	4.60
永修县	2035	41.5	2.6	23.01	9.03	0.81	15.60	15.07	3.77
德安县	863	17.7	0.3	19.00	7.15	0.30	12.00	12.91	2.14
星子县	780	28.9	1.5	12.00	6.51	0.93	10.80	11.71	4.21

continued 11

Area Measurement Unit: Square Kilometer

Population Measurement Unit:10,000persons

Area of Urban Construction Land							本年征用土地面积		
公共管理与公共服务用地 Administr-ation and Public Services	商业服务业设施用地 Commercial and Business Facilities	工业用地 Industrial, Manufact-uring	物流仓储用地 Logistics and Warehouse	道路交通设施用地 Road, Street and Trans-portation	公用设施用地 Munici-pal Utilities	绿地与广场用地 Green Space and Square	Area of Land Requisition This Year	耕地 Arable Land	县名称 Name of Counties
0.72	1.35	0.34	0.14	1.20	0.26	0.72	0.21	0.12	将乐县
0.65	0.55	0.74	0.20	0.72	0.60	0.93	0.95	0.31	泰宁县
0.62	0.38	0.54	0.05	0.56	0.10	0.26	0.81	0.17	建宁县
0.38	2.24	0.83	0.40	4.29	1.88	1.36	1.20		惠安县
2.20	1.44	2.96	0.20	2.50	0.27	3.15	1.55	0.32	安溪县
1.65	0.54	4.80	0.03	2.35	0.25	2.66	1.39	0.41	永春县
1.55	1.65	4.46	0.43	3.88	1.41	4.07	3.54	0.77	德化县
0.70	1.05	1.25	0.41	2.30	0.22	2.95	0.60		云霄县
0.97	0.69	3.91	0.11	3.32	0.21	0.51	1.85	0.39	漳浦县
1.00	0.93	2.23	1.10	3.20	0.23	0.11	0.90	0.18	诏安县
0.36	0.28	0.01	0.01	0.96	0.02	1.20	0.42	0.02	长泰县
0.50	0.33	0.41	0.45	1.00	0.45	1.50	1.64	0.17	东山县
0.46	0.74	0.44	0.07	1.06	0.04	1.36	0.68	0.13	南靖县
0.48	0.40	0.73	0.34	0.88	0.34	0.80	0.68	0.42	平和县
0.24	0.14	0.24	0.15	0.49	0.24	1.55	0.14		华安县
0.22	0.17	0.90	0.09	0.73	2.06	0.72	0.11		顺昌县
1.07	0.03	1.92	0.34	1.19	0.50	1.06	0.05		浦城县
0.46	0.14	1.49	0.19	0.35	0.12	0.75	0.58	0.30	光泽县
0.56	0.40	1.07	0.21	0.69	0.24	0.90			松溪县
0.25	0.23	0.48	0.15	0.59	0.11	0.71			政和县
1.20	0.30	3.94	0.92	2.65	0.58	0.68	0.10		长汀县
1.74	0.52	3.18	0.05	1.55	0.28	1.16	1.95	0.57	上杭县
0.40	0.30	0.60	0.30	1.57	0.60	2.65	2.30	0.10	武平县
0.17	0.96	0.11	0.08	0.89	0.12	1.33	0.41	0.34	连城县
1.84	0.85	1.75	0.08	1.83	0.29	1.82	0.50	0.11	霞浦县
0.72	1.15	0.16	0.34	1.06	0.28	0.43	3.87	1.00	古田县
0.48	0.45	0.75	0.05	0.65	0.09	0.46	3.45	0.98	屏南县
0.31	0.21	0.23	0.03	0.35	0.13	0.17	0.29		寿宁县
1.79	0.63	0.21	0.24	0.86	0.27	0.28	0.73	0.19	周宁县
0.61	0.42	0.67	0.05	0.55	0.05	0.34	0.52		柘荣县
3.33	3.01	3.64	0.10	3.17	0.20	5.43	2.42	1.13	平潭县
88.23	**74.42**	**149.50**	**29.86**	**141.36**	**43.68**	**124.69**	**53.43**	**14.92**	**江　西**
1.42	0.80	7.31	0.01	5.08	0.28	0.11	6.00	2.60	南昌县
1.21	1.24	0.27	0.47	1.12	0.26	0.97	0.65	0.10	安义县
2.81	3.52	5.38	1.35	2.20	0.38	1.38	2.30	1.25	进贤县
0.07	0.10	0.50	0.10	0.90	0.10	2.52			浮梁县
1.19	0.62	0.36	0.01	1.18	0.20	2.47	0.03		莲花县
1.13	0.24	0.10	0.18	1.00	0.22	2.20			上栗县
0.19	0.02	1.00	0.06	1.08	0.71	0.92			芦溪县
1.05	1.26	1.40	0.40	1.53	2.60	1.50	2.99	1.35	九江县
0.75	1.35	1.40	0.05	3.50	0.12	1.10	0.82	0.16	武宁县
1.14	2.00	1.17	0.28	2.92	0.22	2.00	1.58	0.90	修水县
2.19	1.25	1.42	0.23	2.71	0.31	3.19	0.04		永修县
0.42	0.51	1.18	0.28	2.10	1.12	5.16	1.70	0.39	德安县
0.77	0.66	2.18	0.17	2.33	0.12	1.27			星子县

2–3 续表 12

面积计量单位：平方公里
人口计量单位：万人

县名称 Name of Counties	县面积 County District Area	县人口 County District Population	县暂住人口 County District Temporary Population	县城面积 County Seat Area	县城人口 County Seat Population	县城暂住人口 County Seat Temporary Population	建成区面积 Area of Built District	城市建设用地面积	
								小计 Subtotal	居住用地 Residential
都昌县	2670	82.2	2.6	22.00	14.30	2.09	15.29	16.03	3.30
湖口县	669	31.6	1.2	19.90	8.80	1.02	11.30	11.14	1.54
彭泽县	1558	38.8	0.8	12.50	7.54	0.03	8.35	8.11	2.97
庐山风景区	37	1.5	0.3	4.50	1.27	0.30	4.50	4.48	2.80
分宜县	1389	33.7	0.5	35.00	11.21	0.49	13.60	13.60	4.45
余江县	940	38.9	0.3	27.00	7.10	0.10	9.60	9.60	3.38
赣　县	2993	63.2	5.1	164.00	15.12	4.30	22.00	21.43	6.31
信丰县	2878	76.2	3.8	30.00	25.90	3.58	30.00	27.51	10.30
大余县	1368	31.3	0.9	14.40	8.35	0.79	11.71	11.71	4.15
上犹县	1544	32.2	0.5	15.00	11.04	0.08	11.80	11.75	3.15
崇义县	2208	21.6	0.3	10.00	5.39	0.14	6.90	6.19	1.97
安远县	2375	39.9	0.7	18.00	8.81	0.66	10.08	9.48	2.88
龙南县	1642	36.5	3.4	25.72	13.89	3.35	17.90	17.85	4.90
定南县	1319	24.6	0.9	60.00	9.88	0.87	11.32	11.30	2.91
全南县	1521	19.5	1.2	9.00	5.80	0.65	8.80	8.09	1.76
宁都县	4053	80.9	1.7	40.00	21.40	1.33	20.10	16.54	5.38
于都县	2893	109.8	0.8	30.00	20.58	0.80	25.43	24.95	7.18
兴国县	3215	83.6	2.5	51.60	25.24	1.56	25.79	25.79	11.98
会昌县	2722	52.6	2.0	30.50	11.30	1.50	13.50	13.50	4.44
寻乌县	2352	32.6	1.0	14.99	9.64	0.68	10.09	9.67	4.01
石城县	1582	32.8	1.5	10.50	8.37	0.45	8.60	8.12	2.25
吉安县	2117	52.0	2.8	15.00	10.05	1.10	12.40	12.35	3.09
吉水县	2509	55.7	1.1	20.00	17.00	0.53	17.20	16.22	5.50
峡江县	1287	18.6	0.0	31.42	3.60	0.02	6.30	6.22	1.78
新干县	1248	33.2		25.54	9.96		14.00	13.74	3.48
永丰县	2695	48.9	3.6	20.00	13.95	1.95	14.82	14.72	4.13
泰和县	2665	58.8	3.6	61.46	18.64	1.01	19.50	19.18	6.40
遂川县	3144	58.0	1.3	22.48	12.19	0.07	12.32	11.41	2.61
万安县	2037	30.9	2.8	14.00	9.12	1.30	14.00	13.79	2.30
安福县	2796	41.6	1.6	16.90	8.78	0.60	12.20	12.14	4.61
永新县	2195	49.8	0.5	18.00	12.61	0.43	12.70	14.06	5.21
奉新县	1645	33.5	2.1	18.82	11.18	1.45	16.76	14.61	3.33
万载县	1718	55.8	2.1	18.00	13.50	0.27	16.10	14.66	4.10
上高县	1350	38.7	1.3	20.96	20.77	0.99	20.81	20.68	6.65
宜丰县	1935	30.0	0.1	15.20	8.88	0.11	12.80	10.88	2.91
靖安县	1378	15.4	0.2	8.40	5.18	0.17	8.00	7.35	2.03
铜鼓县	1566	14.0	0.1	8.46	3.35	0.04	5.96	5.50	1.68
南城县	1698	33.9	2.2	19.20	16.10	1.80	18.90	18.87	4.50
黎川县	1729	24.8	2.5	17.00	9.17	0.38	9.38	9.38	2.81
南丰县	1909	32.0	1.5	20.00	9.40	1.50	14.20	14.10	4.70
崇仁县	1520	38.2	4.0	23.99	18.42	1.77	16.75	16.75	3.61
乐安县	2413	41.3	0.7	15.00	11.50	0.30	10.26	10.26	3.19
宜黄县	1994	23.9	2.6	15.60	4.90	1.46	11.01	10.34	2.41
金溪县	1358	31.6	1.3	25.40	10.45	1.25	14.40	14.40	5.18
资溪县	1251	11.7	0.2	30.00	3.02	0.20	5.00	4.47	1.55

continued 12

Area Measurement Unit: Square Kilometer

Population Measurement Unit:10,000persons

Area of Urban Construction Land							本年征用土地面积 Area of Land Requisition This Year		县名称 Name of Counties
公共管理与公共服务用地 Administration and Public Services	商业服务业设施用地 Commercial and Business Facilities	工业用地 Industrial, Manufacturing	物流仓储用地 Logistics and Warehouse	道路交通设施用地 Road, Street and Transportation	公用设施用地 Municipal Utilities	绿地与广场用地 Green Space and Square		耕地 Arable Land	
1.35	1.25	1.35	0.22	2.15	1.52	4.89	0.30		都昌县
1.06	0.13	3.72	0.24	1.58	0.11	2.76			湖口县
0.81	0.48	2.25	0.07	1.24	0.10	0.19			彭泽县
0.20	0.15	0.10	0.28	0.25	0.50	0.20			庐山风景区
2.38	0.58	1.22	0.38	2.38	0.82	1.39	0.06	0.01	分宜县
0.41	1.07	1.27	0.17	1.85	0.30	1.15	0.96	0.80	余江县
1.42	2.35	4.36	0.96	1.75	2.12	2.16	7.30		赣　县
2.40	1.12	6.80	1.90	2.08	0.25	2.66	2.60	1.42	信丰县
0.58	0.38	3.05	0.34	1.60	0.29	1.32	0.82	0.19	大余县
0.67	1.68	0.60	0.11	1.20	0.29	4.05	0.71	0.31	上犹县
1.06	1.00	0.25	0.55	0.66	0.40	0.30	0.72	0.39	崇义县
1.94	0.20	0.77	0.12	2.07	0.35	1.15	0.13	0.13	安远县
1.30	0.45	5.40	0.35	3.10	0.44	1.91	2.21	0.56	龙南县
1.71	0.67	2.58	0.42	1.56	0.26	1.19			定南县
0.19	0.09	1.70	0.03	0.66	0.42	3.24	0.20	0.12	全南县
1.28	1.70	3.10	0.30	2.40	0.43	1.95	0.80		宁都县
2.27	0.74	5.85	0.29	4.95	0.67	3.00	0.91	0.47	于都县
2.75	2.22	1.57	2.03	3.32	0.40	1.52	2.65		兴国县
1.43	1.28	0.71	0.20	1.60	0.30	3.54	1.49	0.78	会昌县
1.24	0.29	0.16	0.20	0.62	0.24	2.91	0.84		寻乌县
1.31	1.12	0.29	0.10	0.89	0.35	1.81	0.16		石城县
1.21	2.25	0.74	0.51	2.79	0.30	1.46	0.30	0.10	吉安县
3.00	2.70	0.62	0.54	3.00	0.41	0.45	2.30		吉水县
0.36	0.10	1.12	0.24	1.65	0.47	0.50			峡江县
1.19	1.23	2.61	0.93	2.15	0.33	1.82			新干县
1.10	1.30	2.51	0.45	2.34	0.46	2.43	1.55	0.30	永丰县
1.80	1.23	4.20	0.82	2.01	0.32	2.40			泰和县
0.78	0.63	1.62	0.55	1.87	1.53	1.82			遂川县
1.58	0.95	2.60	0.45	2.26	0.79	2.86	0.20		万安县
1.40	0.23	3.20	0.16	1.68	0.18	0.68	0.36	0.18	安福县
0.91	0.98	2.28	0.21	3.44	0.31	0.72	0.32		永新县
1.32	1.52	2.65	0.37	2.42	1.59	1.41	0.39	0.16	奉新县
0.60	1.05	3.40	0.15	1.39	1.32	2.65	0.10	0.06	万载县
0.68	0.71	5.20	0.52	3.18	1.06	2.68			上高县
1.20	0.52	0.48	0.49	1.20	1.10	2.98	0.26		宜丰县
0.60	0.02	1.67	0.03	1.50	0.22	1.28			靖安县
0.76	0.63	0.46	0.08	1.02	0.26	0.61	0.75	0.48	铜鼓县
2.09	1.16	4.92	1.12	2.50	1.33	1.25	0.60	0.14	南城县
0.55	0.59	2.43	0.27	0.98	0.26	1.49			黎川县
0.70	2.30	1.65	0.58	1.80	0.75	1.62	1.56	0.32	南丰县
2.39	0.92	4.96	0.90	1.87	0.98	1.12			崇仁县
1.29	0.53	0.61	0.26	1.67	1.64	1.07			乐安县
0.75	0.63	0.96	0.81	1.50	0.32	2.96	0.04	0.02	宜黄县
1.30	1.36	1.18	0.27	2.20	0.36	2.55	2.45	0.20	金溪县
0.35	0.18	0.05		0.42	0.32	1.60	0.05		资溪县

2-3 续表 13

面积计量单位：平方公里
人口计量单位：万人

县名称 Name of Counties	县面积 County District Area	县人口 County District Population	县暂住人口 County District Temporary Population	县城面积 County Seat Area	县城人口 County Seat Population	县城暂住人口 County Seat Temporary Population	建成区面积 Area of Built District	城市建设用地面积 小计 Subtotal	居住用地 Residential
东乡县	1275	46.9	1.0	39.30	19.88	0.76	29.47	29.47	7.43
广昌县	1612	25.9	0.1	15.00	7.94	0.10	8.30	8.12	2.95
上饶县	2117	77.1	0.5	15.40	13.00	0.30	13.88	15.18	4.72
玉山县	1731	60.0	0.0	30.00	16.91	0.01	18.30	18.30	3.01
铅山县	2177	48.9	0.2	23.75	11.90	0.15	15.00	14.45	4.90
横峰县	655	19.0	0.5	16.00	8.64	0.32	11.00	10.80	2.65
弋阳县	1592	42.1	1.1	26.50	11.50	0.92	16.20	13.47	4.70
余干县	2331	108.0	1.2	25.00	18.80	1.10	20.70	19.40	4.95
鄱阳县	4215	156.1	2.2	36.00	17.16	0.83	27.00	21.91	9.56
万年县	1140	43.0	2.3	15.57	13.91	1.84	15.10	15.00	4.83
婺源县	2947	35.7	1.3	15.00	9.43	0.77	14.70	13.33	5.39
山　东	**71119**	**4120.5**	**104.9**	**8035.57**	**946.64**	**63.79**	**1483.95**	**1405.33**	**424.00**
平阴县	827	37.4	0.4	40.00	9.70	0.40	17.00	17.00	6.32
济阳县	1076	57.6	2.8	41.15	10.55	2.00	23.95	22.47	5.37
商河县	1163	63.7	1.1	148.03	11.50	0.70	18.80	17.54	5.67
桓台县	509	50.2	0.9	77.00	12.71	0.15	17.10	16.36	4.97
高青县	831	36.8	0.3	98.09	7.82	0.25	17.17	14.76	3.15
沂源县	1636	56.8	0.4	152.55	13.87	0.20	25.96	24.70	7.39
垦利县	2231	22.8	1.3	289.00	7.72	1.10	22.70	22.68	8.86
利津县	1666	30.4	0.7	133.00	8.75	0.63	24.00	14.74	5.90
广饶县	1166	51.7	4.4	129.00	14.70	1.30	25.00	24.60	6.70
长岛县	56	4.2	0.2	12.80	2.15	0.03	5.47	4.13	1.23
临朐县	1831	89.7	2.2	239.90	25.90	0.50	35.00	34.80	8.90
昌乐县	1101	62.4	9.7	280.20	24.20	0.82	26.30	23.93	6.20
微山县	1790	72.2	2.0	156.03	14.90	0.05	23.45	23.45	11.80
鱼台县	654	47.2	0.6	56.00	9.80	0.35	16.42	15.12	4.90
金乡县	872	65.6	4.9	71.00	15.80	0.50	22.00	22.00	7.55
嘉祥县	963	91.3	1.9	91.50	14.30	0.90	18.80	17.61	5.15
汶上县	876	80.4	2.6	72.90	13.00	1.66	23.60	21.75	6.95
泗水县	1118	63.3	0.4	123.90	15.91	0.10	17.87	17.87	5.56
梁山县	960	82.0	0.4	96.00	15.70	0.21	14.00	12.33	3.82
宁阳县	1125	83.2	0.5	56.10	13.30	0.40	21.50	19.55	6.04
东平县	1340	80.2	1.5	150.99	18.95	1.25	27.06	26.95	12.41
五莲县	1497	51.1	0.9	199.13	14.48	0.88	19.60	19.60	6.21
莒　县	1819	111.2	3.2	79.74	15.37	3.13	30.73	29.13	9.82
沂南县	1719	93.8	0.5	107.56	16.09	0.25	31.00	31.00	9.96
郯城县	1195	97.8	1.4	195.96	20.85	0.12	21.63	21.63	8.28
沂水县	2414	115.1	1.2	273.62	23.43	0.52	39.00	38.33	11.55
兰陵县	1724	137.5	5.6	178.45	19.83	5.60	21.20	21.17	8.70
费　县	1660	86.5	1.5	261.09	20.60	1.20	29.64	29.64	9.19
平邑县	1823	105.4	4.5	201.09	21.81	4.23	31.00	31.00	15.08
莒南县	1387	84.0	0.5	167.83	19.70	0.50	22.50	21.87	5.88
蒙阴县	1602	56.9	0.2	256.28	16.30	0.17	21.41	21.30	5.48
临沭县	1010	65.3	0.2	209.99	20.36	0.20	22.60	22.60	5.50
宁津县	833	48.8	2.6	59.00	14.10	2.58	17.00	16.21	4.04

continued 13

Area Measurement Unit: Square Kilometer

Population Measurement Unit:10,000persons

Area of Urban Construction Land							本年征用土地面积 Area of Land Requisition This Year	耕地 Arable Land	县名称 Name of Counties
公共管理与公共服务用地 Administration and Public Services	商业服务业设施用地 Commercial and Business Facilities	工业用地 Industrial, Manufacturing	物流仓储用地 Logistics and Warehouse	道路交通设施用地 Road, Street and Transportation	公用设施用地 Municipal Utilities	绿地与广场用地 Green Space and Square			
2.33	2.47	7.26	1.86	3.08	2.06	2.98	0.44		东乡县
0.73	1.25	0.17	0.36	1.20	0.18	1.28			广昌县
2.90	3.10	0.65	0.02	2.45	0.04	1.30			上饶县
1.30	0.76	5.30	0.03	5.50	1.60	0.80			玉山县
0.90	0.85	2.52	0.48	2.05	0.65	2.10	0.50	0.20	铅山县
0.67	0.98	2.90	0.07	1.95	0.25	1.33			横峰县
0.55	0.56	2.46	0.44	2.70	0.86	1.20			弋阳县
3.15	2.80	1.50	1.70	1.90	2.80	0.60			余干县
2.40	0.50	1.63	0.86	4.58	0.63	1.75	1.06	0.30	鄱阳县
2.21	2.75	0.16	0.48	2.84	0.35	1.38	0.18	0.12	万年县
1.08	2.16	2.06		0.71	0.45	1.48	1.05	0.41	婺源县
127.23	**104.75**	**285.85**	**42.92**	**140.28**	**63.21**	**217.09**	**49.83**	**15.87**	**山　东**
1.30	1.56	4.47	0.15	1.81	0.27	1.12	0.27	0.18	平阴县
2.97	3.07	4.82	1.17	1.11	0.48	3.48			济阳县
2.88	2.97	0.81	0.07	2.13	0.63	2.38	0.41	0.22	商河县
1.86	0.06	3.22	0.45	1.00	2.40	2.40			桓台县
1.55	1.03	4.32	0.46	0.76	0.86	2.63	0.17		高青县
1.47	1.37	6.98	0.09	3.61	0.18	3.61	0.97	0.64	沂源县
1.62	1.58	4.40	0.90	1.10	1.22	3.00	1.57	1.26	垦利县
1.58	0.12	3.13	0.26	0.48	1.54	1.73	1.25	1.00	利津县
1.15	2.24	4.10	0.81	3.52	1.59	4.49	3.68	2.37	广饶县
0.41	0.35	0.41	0.06	0.69	0.10	0.88			长岛县
3.70	2.60	6.70	0.80	5.50	1.90	4.70			临朐县
3.09	5.20	1.25	0.52	3.26	0.31	4.10			昌乐县
2.22	0.80	2.82	0.40	3.25	0.42	1.74	1.00	0.87	微山县
1.58	0.61	3.10	0.37	2.46	0.30	1.80			鱼台县
2.82	1.76	2.48	0.40	2.30	0.60	4.09			金乡县
2.15	2.84	1.00	0.25	1.11	2.81	2.30	1.70	0.60	嘉祥县
2.72	1.40	3.50	1.68	2.30	1.10	2.10			汶上县
1.30	0.30	2.00	0.46	0.52	1.01	6.72	0.80		泗水县
2.07	2.00	1.55	0.33	0.17	1.46	0.93			梁山县
1.27	1.80	4.20	0.65	2.92	0.17	2.50			宁阳县
2.10	2.34	8.70	0.07	0.18	0.20	0.95			东平县
1.33	1.51	5.62	0.52	2.75	0.63	1.03	1.20		五莲县
3.62	4.67	1.00	0.19	3.51	0.80	5.52	0.17		莒　县
2.73	2.04	8.31	1.24	3.35	0.65	2.72	1.94	1.35	沂南县
2.51	2.98	3.59	0.33	0.55	2.49	0.90	0.96	0.45	郯城县
4.52	3.01	12.00	0.73	1.04	1.21	4.27	2.54	1.23	沂水县
2.32	1.71	3.63	0.40	2.55	0.26	1.60	0.89	0.76	兰陵县
3.42	0.37	6.40	0.50	0.70	4.35	4.71			费　县
2.17	1.43	5.53	0.21	3.53	0.38	2.67	0.88	0.49	平邑县
1.70	0.46	3.57	0.40	1.99	0.15	7.72			莒南县
1.95	3.02	1.46	0.38	1.45	0.49	7.07	0.85	0.61	蒙阴县
2.80	2.50	1.30	0.43	2.80	1.50	5.77	1.30	0.35	临沭县
2.38	2.80	4.40	0.70	0.61	0.68	0.60			宁津县

2-3 续表 14

面积计量单位：平方公里
人口计量单位：万人

县名称 Name of Counties	县面积 County District Area	县人口 County District Population	县暂住人口 County District Temporary Population	县城面积 County Seat Area	县城人口 County Seat Population	县城暂住人口 County Seat Temporary Population	建成区面积 Area of Built District	城市建设用地面积 小计 Subtotal	居住用地 Residential
庆云县	502	33.1	3.9	41.40	15.21	1.05	31.52	30.00	8.62
临邑县	1007	54.7	2.6	102.00	26.20	1.94	33.02	22.28	4.20
齐河县	1411	63.7	4.9	433.00	23.70	4.30	48.70	45.70	9.40
平原县	1045	47.2	0.8	68.20	14.41	0.58	31.76	22.99	5.80
夏津县	871	54.3	2.0	118.00	20.26	1.55	25.51	25.51	9.12
武城县	748	39.5	0.4	94.79	12.24	0.43	20.41	19.51	7.04
阳谷县	1066	81.4	0.2	131.95	15.54		25.00	22.86	5.80
莘　县	1416	105.4	0.8	145.10	15.97	0.20	22.25	22.25	8.91
茌平县	1003	55.9	1.8	238.82	18.17	1.71	31.40	30.42	8.50
东阿县	729	40.4	0.4	118.00	11.35	0.30	20.47	17.89	4.95
冠　县	1161	85.3	0.7	167.64	17.35	0.47	25.00	24.63	4.72
高唐县	949	50.6	0.5	170.86	15.35	0.40	34.67	34.67	7.75
惠民县	1363	64.9	5.2	57.63	9.74	3.16	20.74	20.73	3.00
阳信县	798	46.4	1.9	79.00	16.00	1.60	29.00	26.91	10.10
无棣县	1586	47.6	1.3	120.00	10.59	0.48	27.46	27.45	6.52
博兴县	900	49.6	1.5	99.00	17.25	1.45	34.00	32.53	9.40
邹平县	1250	73.6	5.8	207.00	33.40	5.72	59.00	58.90	12.50
曹　县	1974	167.5	2.5	142.00	24.40	1.30	40.50	36.61	9.07
单　县	1670	125.4	0.9	126.00	20.90	0.80	25.50	25.46	5.00
成武县	998	72.0	0.4	82.00	11.38	0.15	11.97	11.97	6.20
巨野县	1308	107.4	0.8	109.00	25.20	0.30	29.00	28.04	6.66
郓城县	1643	127.0	1.1	165.00	21.00	0.28	30.65	26.90	9.63
鄄城县	1032	90.9	2.2	89.00	15.72	2.11	29.36	28.97	9.50
定陶县	846	69.3	0.6	97.30	13.40	0.20	21.50	20.07	7.45
东明县	1370	85.5	0.4	128.00	17.76	0.43	25.10	24.26	9.63
河　南	**120748**	**7068.5**	**227.9**	**5676.34**	**1283.24**	**120.69**	**1638.76**	**1530.22**	**493.04**
中牟县	1417	53.6	1.1	30.02	10.01	0.50	23.01	16.89	4.10
杞　县	1243	113.6	2.1	16.00	15.85	1.60	15.41	15.31	3.90
通许县	767	68.7	1.9	22.40	8.07	1.51	15.12	14.08	4.85
尉氏县	1308	92.4	3.2	30.40	16.17	2.82	29.70	27.12	9.99
兰考县	1116	92.8	0.4	108.50	15.05	0.41	18.60	15.84	6.30
孟津县	667	46.8	3.5	35.40	8.60	2.30	10.72	10.08	3.20
新安县	1160	54.0		76.40	16.02		12.80	11.42	3.85
栾川县	2365	36.0	3.6	196.00	8.20	2.50	10.39	10.38	4.20
嵩　县	2866	60.6	2.5	100.80	10.83	0.44	8.26	8.26	3.50
汝阳县	1360	48.4	1.8	83.50	7.22	0.55	8.60	8.58	1.32
宜阳县	1617	70.6	1.5	135.10	20.03	0.26	28.18	28.18	13.75
洛宁县	2394	49.5	1.1	71.44	11.00	1.00	14.50	14.46	4.35
伊川县	1243	90.0	2.9	88.00	17.56	2.85	19.42	17.01	7.50
宝丰县	722	53.8	0.2	24.30	15.10	0.12	19.60	19.27	6.81
叶　县	1387	85.1	1.5	76.65	12.64	0.44	20.00	17.29	4.40
鲁山县	2407	85.6	2.4	24.00	16.80	0.50	15.30	15.10	5.32
郏　县	737	65.3	1.1	33.00	11.77	0.13	16.24	15.85	5.50
安阳县	1202	104.6							
汤阴县	646	48.8	1.1	19.51	10.54	0.35	16.50	15.90	3.94

continued 14

Area Measurement Unit: Square Kilometer

Population Measurement Unit:10,000persons

Area of Urban Construction Land							本年征用土地面积 Area of Land Requisition This Year		县名称 Name of Counties
公共管理与公共服务用地 Administration and Public Services	商业服务业设施用地 Commercial and Business Facilities	工业用地 Industrial, Manufacturing	物流仓储用地 Logistics and Warehouse	道路交通设施用地 Road, Street and Transportation	公用设施用地 Municipal Utilities	绿地与广场用地 Green Space and Square		耕地 Arable Land	
3.78	0.41	5.34	2.21	1.70	0.84	7.10			庆云县
2.10	0.38	10.70	0.80	1.00	1.60	1.50			临邑县
3.00	4.00	14.70	2.00	5.78	1.82	5.00	1.47	0.91	齐河县
2.33	2.84	5.00	1.19	2.93	0.49	2.41	1.09	0.64	平原县
1.97	0.90	6.64	0.60	3.64	0.60	2.04			夏津县
2.42	0.10	3.05	0.70	3.51	0.78	1.91	2.00		武城县
3.75	2.70	3.73	1.70	1.68	0.83	2.67			阳谷县
0.67	0.32	7.03	0.60	0.89	2.46	1.37	0.20	0.16	莘　县
1.58	1.82	12.63	0.40	4.50	0.28	0.71			茌平县
1.57	1.37	3.05	0.20	2.69	0.28	3.78	0.44	0.20	东阿县
1.21	1.64	4.95	0.35	3.71	0.44	7.61	1.16		冠　县
2.08	1.45	14.35	0.50	6.04	0.50	2.00			高唐县
3.27	1.08	3.31	0.17	2.16	0.51	7.23			惠民县
1.31	1.20	6.40	2.50	1.10	2.20	2.10	0.50		阳信县
4.60	0.02	4.63	0.27	3.42	2.84	5.15			无棣县
4.10	6.00	4.50	0.70	3.80	1.00	3.03	1.00		博兴县
1.90	2.74	16.05	1.06	10.56	3.30	10.79			邹平县
1.75	0.92	2.97	2.03	6.20	2.40	11.27	0.86	0.54	曹　县
0.62	3.50	0.50	1.00	1.75	1.20	11.89			单　县
1.68	1.80	0.35	0.44	0.30	0.38	0.82			成武县
0.90	4.15	3.50	0.64	0.80	0.54	10.85			巨野县
2.60	0.23	5.12	0.62	4.47	0.85	3.38			郓城县
1.80	0.30	9.85	0.51	0.81	0.90	5.30			鄄城县
2.50	2.05	1.53	4.90	0.96	0.68		17.35		定陶县
0.48	0.33	5.20	0.45	0.87	2.35	4.95	1.21	1.04	东明县
149.06	**114.96**	**194.39**	**53.33**	**246.80**	**84.56**	**194.08**	**30.09**	**15.39**	**河　南**
3.10	0.79	2.19	0.85	4.19	0.81	0.86			中牟县
0.90	0.75	2.65	0.80	3.27	1.30	1.74	0.70	0.70	杞　县
0.28	0.62	2.94	0.38	2.37	1.32	1.32	1.10	1.10	通许县
0.68	1.90	6.99	0.70	4.02	0.51	2.33			尉氏县
0.88	1.01	1.04	0.20	4.32	0.62	1.47	3.95	3.24	兰考县
1.71	1.20	0.20	0.08	2.16	0.12	1.41			孟津县
1.34	1.00	1.02	0.21	1.72	0.28	2.00			新安县
1.66	0.09	0.40	0.02	1.98	0.30	1.73			栾川县
0.35	0.72	0.42	0.02	1.10	0.25	1.90			嵩　县
1.11	0.65	0.39	0.50	1.82	0.79	2.00			汝阳县
1.65	2.70	1.60	1.20	2.50	3.00	1.78	1.45	1.12	宜阳县
1.42	2.15	1.15	0.24	2.20	1.00	1.95			洛宁县
1.40	1.10	0.50	0.50	2.00	1.37	2.64	0.90	0.17	伊川县
0.93	0.97	1.98	0.80	3.12	0.47	4.19			宝丰县
1.22	1.03	2.85	0.15	3.53	0.19	3.92			叶　县
0.60	0.80	2.10	0.51	3.56	0.51	1.70			鲁山县
1.52	0.36	1.65	0.59	2.66	0.58	2.99			郏　县
									安阳县
1.17	0.45	2.50	1.50	4.56	0.70	1.08			汤阴县

2-3 续表 15

面积计量单位：平方公里
人口计量单位：万人

县名称 Name of Counties	县面积 County District Area	县人口 County District Population	县暂住人口 County District Temporary Population	县城面积 County Seat Area	县城人口 County Seat Population	县城暂住人口 County Seat Temporary Population	建成区面积 Area of Built District	城市建设用地面积 小计 Subtotal	居住用地 Residential
滑　县	1814	147.2	0.3	129.00	21.98	0.20	31.85	28.62	9.27
内黄县	1161	80.6	0.8	117.00	10.48	0.55	11.00	10.96	3.48
浚　县	922	74.9	0.4	146.16	17.06	0.43	17.73	17.73	5.87
淇　县	581	29.8	0.9	68.52	11.23	0.90	16.50	12.87	5.92
新乡县	365	35.6	2.0	33.20	6.37	0.80	15.50	15.50	5.20
获嘉县	473	43.7	0.9	12.40	13.30	0.53	12.30	12.30	4.90
原阳县	1340	101.5	1.2	26.00	12.14	1.20	19.63	19.63	7.55
延津县	947	52.5	2.0	24.00	8.70	1.32	14.58	14.58	4.88
封丘县	1220	81.2	1.6	24.00	10.03	1.62	18.80	18.80	6.50
长垣县	1051	97.4	2.5	42.97	30.25	1.40	38.79	37.97	8.52
修武县	633	28.3	0.7	15.00	6.99	0.68	10.00	10.00	1.43
博爱县	435	39.5	2.7	37.00	10.10	2.32	17.90	17.83	4.30
武陟县	833	72.5	4.0	92.91	21.31	3.00	22.86	20.88	7.30
温　县	462	46.0	2.0	26.00	7.51	0.45	14.60	11.42	2.52
清丰县	826	97.2	2.4	25.91	12.20	1.17	17.00	16.98	5.08
南乐县	620	57.8	0.1	29.81	8.15	0.04	11.73	11.73	3.56
范　县	590	51.9	0.2	11.14	5.30	0.10	6.50	6.46	1.92
台前县	393	37.5	0.3	25.82	10.90	0.26	9.75	8.88	3.87
濮阳县	1444	108.9	2.1	30.00	12.72	0.21	15.50	15.50	4.87
许昌县	1002	74.7	0.4						
鄢陵县	872	70.4	0.1	87.00	13.48	0.05	25.80	17.17	7.17
襄城县	920	86.6	0.4	71.35	10.70	0.40	18.10	13.00	4.00
舞阳县	776	64.8	0.0	36.45	9.90	0.04	15.00	14.77	4.01
临颍县	821	78.0	0.4	28.13	16.43	0.20	17.00	16.39	4.14
渑池县	1421	37.4	0.9	12.60	12.10	0.30	11.65	11.61	3.35
卢氏县	4004	38.0	1.0	14.50	5.89	0.99	11.54	10.27	3.57
南召县	2811	61.5	4.9	30.00	9.45	0.72	17.80	14.55	3.80
方城县	2534	120.8	7.5	23.00	14.90	4.50	22.80	22.68	8.20
西峡县	3447	45.8	3.5	128.00	17.60	0.80	17.17	17.10	3.60
镇平县	1490	108.3	2.2	108.00	16.50	0.48	19.73	19.27	4.02
内乡县	2301	71.8	2.5	30.00	13.00	1.50	16.69	14.51	4.76
淅川县	2818	70.2	2.2	387.50	25.15	1.60	20.88	17.92	4.51
社旗县	1152	75.2	0.7	50.30	17.00	0.60	22.70	22.00	5.66
唐河县	2473	136.4	14.7	59.48	18.04	13.60	25.30	25.20	6.00
新野县	1055	76.5	9.8	30.00	16.00	3.60	22.00	19.16	4.45
桐柏县	1915	46.5	0.9	136.50	11.50	0.80	15.56	13.23	3.42
民权县	1222	99.5	1.1	35.00	14.91	0.61	29.96	29.70	10.20
睢　县	924	95.0	1.3	25.00	15.40	0.70	24.17	23.16	8.37
宁陵县	786	67.7	2.2	14.50	10.50	0.98	13.55	13.45	3.82
柘城县	1042	103.3	3.2	62.90	20.11	1.46	18.50	18.23	6.25
虞城县	1558	123.0	7.0	32.00	17.10	1.50	21.00	20.67	6.50
夏邑县	1481	120.1	1.9	36.00	20.45	1.85	34.20	33.24	13.10
罗山县	2077	78.2	2.0	153.60	17.70	1.27	20.46	20.03	5.26
光山县	1835	90.1	1.8	28.90	19.80	1.36	22.30	22.22	9.45
新　县	1546	38.2	0.3	38.50	10.25	0.17	16.91	14.49	4.80

continued 15

Area Measurement Unit: Square Kilometer

Population Measurement Unit:10,000persons

Area of Urban Construction Land							本年征用土地面积 Area of Land Requisition This Year	耕地 Arable Land	县名称 Name of Counties
公共管理与公共服务用地 Administr-ation and Public Services	商业服务业设施用地 Commercial and Business Facilities	工业用地 Industrial, Manufact-uring	物流仓储用地 Logistics and Warehouse	道路交通设施用地 Road, Street and Trans-portation	公用设施用地 Munici-pal Utilities	绿地与广场用地 Green Space and Square			
3.00	2.00	4.13	0.85	5.12	0.75	3.50			滑　县
1.65	0.41	2.40	0.32	1.60	0.48	0.62			内黄县
1.01	1.47	2.77	0.65	2.00	1.00	2.96			浚　县
1.23	1.84	0.59	0.46	2.18	0.09	0.56	0.35	0.24	淇　县
0.42	1.75	2.52	0.22	1.60	0.44	3.35			新乡县
1.00	0.30	0.20	0.08	3.57	0.10	2.15			获嘉县
1.26	1.28	2.82	0.81	1.90	1.16	2.85			原阳县
2.65	0.33	0.62	0.21	2.52	0.29	3.08			延津县
3.30	2.06	0.30	0.20	2.50	2.31	1.63			封丘县
4.42	1.02	4.55	1.24	7.67	1.79	8.76			长垣县
0.79	0.10	0.35	0.53	2.50	1.30	3.00	1.99	1.53	修武县
2.33	0.31	3.30	0.22	3.64	0.63	3.10			博爱县
1.37	0.20	5.61	0.70	3.10	0.35	2.25	0.97	0.59	武陟县
2.31	0.03	0.82	0.60	2.86	0.86	1.42	0.10		温　县
1.70	0.50	3.45	0.42	2.65	0.15	3.03	1.60	1.60	清丰县
0.40	1.00	1.77	1.00	1.90	0.60	1.50	1.88		南乐县
0.31	0.41	0.60	0.10	1.66	0.61	0.85	0.20	0.10	范　县
1.00	0.10	0.80	0.65	1.40	0.16	0.90			台前县
1.15	0.10	1.80	0.60	2.64	2.04	2.30	2.68		濮阳县
									许昌县
1.79	1.59	3.00	0.08	2.27	0.28	0.99			鄢陵县
2.00	1.00	2.00	0.42	2.38	0.30	0.90			襄城县
0.88	2.31	0.72	0.56	3.74	1.01	1.54			舞阳县
0.70	1.50	3.30	0.30	1.90	2.95	1.60			临颍县
3.23	0.30	1.77	0.35	1.30	0.62	0.69	0.97		渑池县
1.82	2.04	0.22	0.29	0.70	0.37	1.26	0.11		卢氏县
0.56	0.18	6.93	0.25	1.40	0.58	0.85			南召县
2.05	2.30	4.20	0.30	2.50	1.25	1.88	0.36	0.26	方城县
3.04	2.00	0.89	1.81	3.60	0.65	1.51	0.03		西峡县
3.74	0.86	3.31	0.46	3.18	1.36	2.34			镇平县
1.45	1.56	2.72	0.34	1.60	1.02	1.06	0.32	0.21	内乡县
1.55	1.52	2.02	0.66	2.01	4.10	1.55	0.12		淅川县
2.27	5.16	0.97	0.99	3.30	1.60	2.05	0.18	0.15	社旗县
2.17	1.80	5.39	0.68	4.50	3.65	1.01			唐河县
2.21	0.90	4.82	0.98	2.94	0.86	2.00			新野县
2.00	0.22	1.13	0.20	2.42	1.08	2.76			桐柏县
3.88	0.98	1.75	0.75	5.08	1.18	5.88			民权县
0.56	0.46	1.50	0.60	3.63	3.23	4.81			睢　县
1.41	1.33	1.62	0.35	2.12	0.70	2.10			宁陵县
2.50	1.56	0.23	0.26	2.50	2.10	2.83			柘城县
2.30	1.68	1.15	0.33	2.80	0.80	5.11			虞城县
1.23	1.38	1.29	1.68	2.75	1.65	10.16			夏邑县
1.20	1.70	4.12	0.92	4.06	0.88	1.89			罗山县
1.65	1.70	2.87	1.10	2.80	0.45	2.20			光山县
1.19	1.15	2.85	0.50	1.56	1.10	1.34	1.56	0.33	新　县

2-3 续表 16

面积计量单位：平方公里
人口计量单位：万人

县名称 Name of Counties	县面积 County District Area	县人口 County District Population	县暂住人口 County District Temporary Population	县城面积 County Seat Area	县城人口 County Seat Population	县城暂住人口 County Seat Temporary Population	建成区面积 Area of Built District	城市建设用地面积 小计 Subtotal	居住用地 Residential
商城县	2117	76.8	3.2	23.00	11.20	2.40	18.02	16.21	5.38
固始县	2946	173.6	14.2	135.00	39.50	1.20	41.86	41.90	13.60
潢川县	1635	96.0	15.0	115.98	34.60	3.50	46.50	37.00	14.80
淮滨县	1192	81.3	0.9	69.85	13.62	0.65	9.85	9.41	2.80
息　县	1835	110.3	2.8	124.82	17.53	2.42	23.23	21.92	8.57
扶沟县	1173	106.0	0.2	264.00	17.20	0.20	20.00	17.87	5.20
西华县	1194	96.5	1.1	15.80	12.60	0.08	15.80	15.69	6.21
商水县	1314	121.0	10.9	30.00	27.50	3.20	27.58	27.16	9.40
沈丘县	1081	134.0	5.0	28.90	21.23	0.50	15.20	14.23	5.60
郸城县	1472	151.3	1.2	20.90	28.00	1.20	19.80	19.74	7.45
淮阳县	1468	137.6	3.2	35.00	22.70	2.65	33.50	29.65	8.14
太康县	1360	149.9	2.3	100.50	24.20	2.10	24.30	24.23	6.90
鹿邑县	1245	121.0	6.5	110.00	31.50	4.00	40.00	34.26	6.68
西平县	1098	94.7	1.4	58.29	17.00	1.30	29.60	26.69	13.47
上蔡县	1517	152.1	1.5	110.00	14.56	1.41	18.08	18.08	5.42
平舆县	1285	99.0	2.7	122.08	22.50	2.25	18.00	18.00	3.41
正阳县	1903	81.1	1.2	90.00	12.50	0.90	11.80	11.70	3.65
确山县	1541	53.9	5.1	155.00	8.93	1.30	15.80	14.40	3.21
泌阳县	2350	92.0	4.8	78.50	15.10	3.86	18.40	17.80	5.30
汝南县	1502	87.1	5.2	59.55	18.33	4.69	21.60	18.94	6.12
遂平县	1062	56.6	2.9	92.70	11.22	2.04	19.20	18.50	4.60
新蔡县	1442	115.0	4.9	89.00	19.68	3.30	25.00	23.16	11.00
湖　北	**99097**	**2256.1**	**98.7**	**1479.02**	**415.39**	**51.42**	**555.63**	**508.43**	**153.86**
阳新县	2778	128.2	0.7	128.00	14.50	0.70	23.70	22.70	5.30
郧西县	3507	50.3	2.1	22.00	8.70	1.20	16.05	13.04	3.25
竹山县	3580	46.3	1.6	30.00	8.60	1.60	10.20	8.50	2.70
竹溪县	3306	38.1	1.6	35.30	7.20	1.28	17.00	8.07	2.98
房　县	5118	48.7	4.5	40.00	8.78	3.36	17.00	14.54	5.07
远安县	1740	19.5	1.2	76.00	4.66	0.39	8.60	8.60	2.83
兴山县	2317	17.0	2.0	4.50	4.18	0.90	3.70	3.67	0.33
秭归县	2274	39.1	3.0	7.90	10.05	2.05	7.90	7.80	2.53
长阳土家族自治县	3420	39.9	0.4	20.00	9.23	0.38	8.60	8.58	2.70
五峰土家族自治县	2369	23.0	1.5	7.30	2.68	1.35	7.30	6.71	2.10
南漳县	3859	60.0	2.3	26.00	14.23	1.50	15.27	15.27	6.28
谷城县	2553	57.5	1.8	66.90	17.80	1.80	17.00	14.52	4.20
保康县	3225	26.9	1.3	17.20	4.70	1.20	8.00	7.20	2.69
京山县	3538	64.4	3.5	34.00	13.84	3.43	24.75	24.73	6.22
沙洋县	2147	61.4	1.6	17.90	12.10	0.75	17.46	17.38	4.31
孝昌县	1191	68.7	1.3	32.00	15.50	1.30	18.20	18.20	5.56
大悟县	1982	64.5	0.4	32.00	12.30	0.36	25.00	17.48	2.30
云梦县	604	59.0	1.8	16.50	15.80	1.60	16.50	12.33	3.79
公安县	2258	102.1	2.7	24.15	17.50	1.50	21.50	20.16	5.75
监利县	3238	147.3	7.3	86.02	13.54	1.87	27.94	29.86	8.10
江陵县	1049	42.5	0.4	12.65	5.16	0.25	12.50	12.20	4.19
团风县	832	40.3	0.5	45.00	6.70	0.52	9.10	8.62	2.68

continued 16

Area Measurement Unit: Square Kilometer
Population Measurement Unit:10,000persons

Area of Urban Construction Land							本年征用土地面积		
公共管理与公共服务用地 Administr-ation and Public Services	商业服务业设施用地 Commercial and Business Facilities	工业用地 Industrial, Manufact-uring	物流仓储用地 Logistics and Warehouse	道路交通设施用地 Road, Street and Trans-portation	公用设施用地 Munici-pal Utilities	绿地与广场用地 Green Space and Square	Area of Land Requisition This Year	耕地 Arable Land	县名称 Name of Counties
1.24	4.64	1.20	0.32	1.55	0.55	1.33	0.18		商城县
4.90	1.90	7.20	2.30	6.60	3.10	2.30			固始县
4.10	3.80	2.40	1.80	3.80	3.30	3.00	0.08		潢川县
0.20	0.28	1.44	0.46	1.95	0.98	1.30			淮滨县
3.48	2.09	1.13	1.78	2.19	0.85	1.83	0.41	0.41	息　县
2.70	0.60	4.10	0.33	3.15	1.00	0.79			扶沟县
1.63	0.94	1.96	0.39	3.09	0.84	0.63	0.38	0.33	西华县
4.00	3.30	4.70	0.90	2.40	1.93	0.53	0.95	0.55	商水县
1.00	0.80	1.20	0.46	2.89	0.50	1.78			沈丘县
2.10	3.80	0.80	0.52	3.70	0.55	0.82			郸城县
2.84	2.80	2.10	1.77	4.60	0.54	6.86	0.42	0.26	淮阳县
2.78	2.65	2.30	1.10	4.30	1.00	3.20			太康县
3.15	1.85	9.15	2.20	4.91	1.20	5.12			鹿邑县
1.54	1.07	4.40	0.49	3.38	0.63	1.71			西平县
2.01	2.13	0.61	0.97	4.63	1.16	1.15	1.22		上蔡县
3.00	2.50	2.50	0.90	3.16	0.82	1.71			平舆县
1.06	2.08	1.89	0.22	1.84	0.38	0.58			正阳县
0.75	1.28	0.45	0.71	3.50	0.60	3.90			确山县
2.20	2.00	0.91	0.16	4.40	0.33	2.50	0.92		泌阳县
1.29	1.22	4.96	0.58	2.93	0.58	1.26	0.69		汝南县
1.15	2.05	3.75	0.40	3.20	0.60	2.75	3.32	2.50	遂平县
1.34	0.50	2.50	0.30	3.50	0.12	3.90			新蔡县
57.93	**42.06**	**64.15**	**16.01**	**82.30**	**28.24**	**63.88**	**15.15**	**5.94**	**湖　北**
4.90	3.40	2.40	1.50	2.62	1.38	1.20			阳新县
0.55	0.04	0.98	0.18	1.73	1.11	5.20			郧西县
0.77	0.04	0.70	0.12	0.86	0.08	3.23			竹山县
1.80	1.20	0.31		0.98	0.10	0.70	0.03	0.01	竹溪县
1.30	1.16	0.80	0.08	1.28	0.91	3.94	0.41		房　县
0.77	1.26	1.48	0.05	1.10	0.35	0.76			远安县
0.71	0.20	0.53	0.17	0.70	0.48	0.55	0.10		兴山县
0.46	0.60	1.49	0.06	1.26	0.35	1.05			秭归县
0.63	0.67	1.70	0.05	1.30	0.46	1.07	0.10	0.06	长阳土家族自治县
0.60	0.35	0.48	0.35	1.18	0.40	1.25			五峰土家族自治县
1.90	0.17	3.02	0.36	1.92	1.12	0.50	1.57	1.53	南漳县
2.32	2.32	0.68	0.73	2.72	0.53	1.02			谷城县
0.88	0.64	0.04	0.01	1.30	0.21	1.43			保康县
0.89	0.53	5.32	0.79	7.25	1.61	2.12			京山县
2.11	2.75	2.91	0.34	2.20	0.24	2.52			沙洋县
3.02	0.86	2.16	0.69	1.22	2.05	2.64	1.18	0.65	孝昌县
4.00	1.20	2.60	0.50	2.68	2.60	1.60	0.42	0.11	大悟县
1.00	2.69	0.55	0.34	2.29	0.32	1.35			云梦县
1.46	1.19	7.30	0.14	2.10	0.18	2.04			公安县
4.30	4.95	2.25	1.85	3.65	1.51	3.25	0.25		监利县
0.71	0.02	3.64	0.25	1.10	0.15	2.14			江陵县
0.81	0.70	0.90	0.06	1.92	0.83	0.72			团风县

2-3 续表 17

面积计量单位：平方公里
人口计量单位：万人

县名称 Name of Counties	县面积 County District Area	县人口 County District Population	县暂住人口 County District Temporary Population	县城面积 County Seat Area	县城人口 County Seat Population	县城暂住人口 County Seat Temporary Population	建成区面积 Area of Built District	城市建设用地面积	
								小计 Subtotal	居住用地 Residential
红安县	1791	66.1	1.2	29.40	12.87	1.10	16.70	13.40	3.60
罗田县	2130	63.3	1.7	60.00	10.75	1.60	15.00	15.00	4.10
英山县	1439	40.4	1.0	51.40	11.28	0.84	15.40	15.40	5.01
浠水县	1951	109.6	2.8	90.50	12.69	0.38	14.96	14.96	3.01
蕲春县	2398	105.6	3.1	84.34	19.27	2.38	23.47	23.47	10.50
黄梅县	1708	102.5	3.8	72.00	16.40	2.10	18.49	18.49	4.80
嘉鱼县	1020	37.0	1.9	31.25	11.38	1.35	13.40	12.59	2.91
通城县	1131	50.5	2.6	18.20	15.50	2.30	16.30	15.05	5.68
崇阳县	1959	49.5	0.5	46.00	12.50	0.50	14.60	13.30	4.80
通山县	2421	46.9	0.9	30.00	13.67	0.68	15.91	15.63	5.45
随　县	5543	98.1	19.0	7.51	3.37	0.74	6.55	3.95	0.91
建始县	2665	51.4	3.9	62.00	6.85	2.01	8.06	7.92	3.73
巴东县	3352	53.0	5.0	16.00	8.23	3.14	7.48	7.47	1.80
宣恩县	2737	36.4	0.6	7.30	5.20	0.42	6.48	5.14	2.07
咸丰县	2523	38.6	1.9	24.00	8.50	0.25	9.50	7.55	3.13
来凤县	1344	32.4	3.3	14.00	10.80	1.20	10.20	10.15	3.28
鹤峰县	2868	22.3	2.2	12.80	5.40	1.10	5.91	5.90	2.22
神农架林区	3233	7.9	0.2	41.00	2.98	0.04	3.95	2.90	1.00
湖　南	**164546**	**4759.1**	**258.3**	**2473.61**	**894.88**	**148.19**	**1080.84**	**986.60**	**315.64**
长沙县	1756	74.3	30.8	68.79	13.50	23.92	51.95	45.58	13.32
望城县	969	57.8	11.7	26.20	11.66	5.40	24.90	22.76	8.20
宁乡县	2905	141.9	18.2	49.37	35.41	2.90	49.20	49.37	9.96
株洲县	1055	34.9	1.2	64.70	6.40	1.13	9.27	9.27	3.21
攸　县	2682	79.9	6.0	112.06	22.80	5.00	32.98	32.98	12.03
茶陵县	2496	64.3	1.6	95.58	14.42	0.80	16.00	10.06	3.80
炎陵县	2033	20.0	4.0	42.27	4.38	0.58	7.07	6.90	2.90
湘潭县	2135	98.0	6.3	99.00	12.32	4.86	22.50	22.07	6.00
衡阳县	2558	122.7	0.8	18.15	17.20	0.80	17.95	16.75	7.98
衡南县	2688	112.0	7.3	22.00	6.78	2.65	9.80	9.70	2.90
衡山县	940	47.5	4.1	49.60	11.40	2.94	10.48	10.18	3.33
衡东县	1926	74.7	3.8	25.00	7.50	1.80	11.20	8.74	3.45
祁东县	1872	109.1	5.0	30.00	21.98	3.02	25.66	24.56	4.26
南岳区	182	6.6	0.8	14.30	3.98	0.79	6.00	5.30	1.62
邵东县	1768	133.2	11.2	31.50	25.80	7.21	21.70	21.65	5.95
新邵县	1763	82.2	6.0	15.00	11.50	3.22	13.28	12.87	4.45
邵阳县	1996	104.8	1.1	21.05	11.96	1.05	12.95	11.81	3.96
隆回县	2866	123.8	8.0	39.00	19.05	3.27	20.65	20.44	5.29
洞口县	2224	78.5	3.5	18.50	9.65	1.75	12.00	9.79	4.65
绥宁县	2926	35.7	2.1	13.84	5.10	1.10	5.90	5.52	1.50
新宁县	2812	57.4	6.1	18.76	11.26	4.67	10.93	10.44	3.24
城步苗族自治县	2647	35.4	3.0	13.67	8.95	2.60	10.04	9.92	6.34
岳阳县	3144	73.1	3.5	20.00	13.00	2.10	11.30	11.30	2.10
华容县	1606	73.0	2.0	22.00	15.20	1.50	15.00	14.93	4.20
湘阴县	1582	76.0	1.2	30.00	11.26	1.12	13.90	13.69	2.76
平江县	4130	110.0	3.0	20.20	16.10	1.00	12.00	12.00	2.20

continued 17

Area Measurement Unit: Square Kilometer

Population Measurement Unit:10,000persons

Area of Urban Construction Land							本年征用土地面积 Area of Land Requisition This Year		县名称 Name of Counties
公共管理与公共服务用地 Administr-ation and Public Services	商业服务业设施用地 Commercial and Business Facilities	工业用地 Industrial, Manufact-uring	物流仓储用地 Logistics and Warehouse	道路交通设施用地 Road, Street and Trans-portation	公用设施用地 Munici-pal Utilities	绿地与广场用地 Green Space and Square		耕地 Arable Land	
1.30	1.25	1.64	0.40	2.71	1.20	1.30	1.00	0.20	红安县
2.10	1.45	1.29	0.90	3.66	0.85	0.65			罗田县
1.10	1.00	1.10	0.30	3.19	1.50	2.20			英山县
1.40	1.41	1.44	0.58	3.30	0.91	2.91	0.25		浠水县
1.68	0.92	2.15	1.08	4.88	0.26	2.00	3.01	0.57	蕲春县
1.20	1.15	1.60	0.80	5.22	1.05	2.67	1.00		黄梅县
2.22	0.01	2.00	0.05	2.00	1.30	2.10	0.50	0.50	嘉鱼县
1.41	0.78	3.23	0.34	2.14	0.24	1.23			通城县
1.25	2.10	1.30	0.50	2.00	0.25	1.10	0.90	0.80	崇阳县
2.10	0.79	2.40	0.26	2.82	0.69	1.12	0.53	0.41	通山县
0.28	0.53	0.50	0.26	1.13	0.17	0.17	0.90	0.25	随　县
1.04	0.43	0.71	0.18	1.07	0.31	0.45	0.13	0.11	建始县
0.80	0.38	0.50	0.49	1.60	0.95	0.95	0.60	0.33	巴东县
1.19	0.21	0.37	0.19	0.50	0.14	0.47			宣恩县
0.75	1.15	0.47	0.22	0.72	0.09	1.02	1.33	0.40	咸丰县
0.90	0.80	0.80	0.02	1.20	0.64	2.51	0.80		来凤县
1.22	0.26	0.31	0.32	0.70	0.22	0.65	0.14	0.01	鹤峰县
0.10	0.50	0.10	0.50	0.10	0.50	0.10			神农架林区
111.61	**83.12**	**126.41**	**43.52**	**100.18**	**75.50**	**130.62**	**50.25**	**13.17**	**湖　南**
7.12	4.62	11.82	0.89	6.40	1.18	0.23	8.03	3.67	长沙县
0.60	2.20	5.20	2.20	2.60	1.10	0.66			望城县
4.50	6.32	5.23	3.13	7.11	4.13	8.99	4.54	2.17	宁乡县
0.78	0.61	2.43	0.18	1.45	0.34	0.27	1.69	0.63	株洲县
1.31	0.15	7.08	0.70	2.09	2.02	7.60	2.04		攸　县
2.51	0.30	1.20	0.71	0.80	0.62	0.12			茶陵县
0.60	0.50	0.90	0.10	1.70	0.10	0.10			炎陵县
0.92	2.60	6.20	0.85	3.30	0.60	1.60	1.10	0.30	湘潭县
1.56	1.33	1.09	0.45	0.35	0.93	3.06			衡阳县
1.00	1.40	0.60	0.70	1.20	0.30	1.60			衡南县
0.85	0.25	1.00	0.75	1.65	1.85	0.50			衡山县
0.58	0.56	1.68	0.25	1.04	0.36	0.82			衡东县
2.62	1.46	2.33	1.15	2.66	1.42	8.66	4.66		祁东县
0.88	0.68	0.56	0.19	0.30	0.75	0.32	0.40	0.10	南岳区
5.37	3.92	0.19	1.33	2.31	0.15	2.43	0.65		邵东县
1.82	1.67	1.74	0.45	0.22	1.02	1.50	0.45		新邵县
1.59	1.22	0.34	0.09	1.70	0.65	2.26	0.64	0.11	邵阳县
1.73	1.41	2.57	1.73	2.67	3.09	1.95	0.85	0.10	隆回县
0.65	1.39	0.30	0.50	0.30	0.50	1.50	0.60		洞口县
1.20	0.60	0.20	0.50	0.20	0.32	1.00			绥宁县
1.32	0.56	0.85	0.23	0.68	1.91	1.65			新宁县
1.27	0.46	0.28	0.15	0.29	0.18	0.95			城步苗族自治县
0.90	1.54	2.00	1.00	1.06	0.80	1.90			岳阳县
2.58	1.38	2.40	0.27	1.90	0.60	1.60			华容县
1.21	0.89	3.70	1.27	1.68	1.02	1.16	2.00		湘阴县
1.00	1.00	2.00	0.60	1.00	1.20	3.00			平江县

2-3 续表 18

面积计量单位：平方公里
人口计量单位：万人

县名称 Name of Counties	县面积 County District Area	县人口 County District Population	县暂住人口 County District Temporary Population	县城面积 County Seat Area	县城人口 County Seat Population	县城暂住人口 County Seat Temporary Population	建成区面积 Area of Built District	城市建设用地面积 小计 Subtotal	居住用地 Residential
安乡县	1086	56.2	2.5	109.00	15.20	1.60	15.21	15.21	4.14
汉寿县	2091	80.8	3.8	92.00	10.49	1.90	12.00	11.81	4.10
澧　县	2075	92.5	1.1	61.00	20.42	1.10	24.50	23.46	7.00
临澧县	1203	45.7	1.5	21.00	10.91	0.45	11.00	10.86	4.20
桃源县	4458	97.1	0.8	56.00	11.59	0.51	19.50	19.35	10.24
石门县	3973	72.7	2.7	57.00	15.50	1.20	25.00	17.60	3.40
慈利县	3480	70.8	0.9	15.00	14.00	0.50	13.81	8.98	4.86
桑植县	3455	46.9	2.4	13.52	7.68	0.67	11.80	8.34	4.16
南　县	1065	70.2	2.1	18.80	14.90	1.10	16.80	14.24	4.50
桃江县	2045	90.0	3.1	25.00	10.06	1.39	15.03	15.03	1.76
安化县	4944	104.0	4.9	15.00	12.65	2.89	8.79	8.04	3.18
大通湖区	386	13.9	0.8	4.71	4.08	0.82	4.50	4.41	1.10
桂阳县	2954	90.3	0.6	52.00	20.00	0.51	25.00	14.24	2.40
宜章县	2315	62.7	3.0	14.00	9.50	2.80	10.60	10.60	2.98
永兴县	1980	69.6	3.8	35.00	12.42	1.00	13.00	11.70	3.40
嘉禾县	696	42.4	2.7	14.01	11.08	1.98	14.01	13.97	4.28
临武县	1386	39.0	1.7	12.60	8.78	1.12	10.15	8.97	3.14
汝城县	2401	42.0	2.5	23.00	7.50	1.00	9.00	7.73	3.05
桂东县	1452	23.3	2.1	33.10	4.93	0.45	7.75	7.67	4.75
安仁县	1478	46.6	0.5	22.00	16.84	0.36	13.27	13.27	4.64
祁阳县	2675	107.8	2.8	100.00	26.10	0.65	25.10	25.10	10.39
东安县	2220	65.4	0.7	21.50	14.05	0.55	19.20	17.93	5.33
双牌县	1751	20.4	0.9	10.90	6.40	0.70	8.20	7.90	3.00
道　县	2448	80.2	0.4	33.80	16.31	0.15	30.00	23.21	6.86
江永县	1585	27.5	0.5	7.00	4.98	0.31	6.78	6.69	4.40
宁远县	2632	86.5	1.8	25.52	18.78	0.40	22.10	21.73	6.80
蓝山县	1807	40.0	0.5	17.01	11.26	0.46	13.99	13.95	3.66
新田县	1022	42.9	1.3	28.70	9.32	1.24	11.00	10.98	2.05
江华瑶族自治县	2908	52.0	3.2	22.00	7.30	2.48	14.90	12.76	4.80
中方县	1536	28.5	0.9	13.50	5.53	0.71	5.50	5.50	0.80
沅陵县	5825	67.2	2.1	16.00	14.36	2.10	10.00	9.96	3.80
辰溪县	1990	53.0	1.9	9.46	9.00	1.55	7.54	6.63	2.51
溆浦县	3438	91.5	1.0	15.00	15.28	1.00	13.52	13.46	5.30
会同县	2414	36.9	2.9	7.50	9.98	2.65	7.20	5.28	0.72
麻阳苗族自治县	1568	41.0	13.0	12.10	11.58	1.30	12.10	8.54	2.46
新晃侗族自治县	1511	27.1	2.3	10.00	6.77	1.95	6.88	6.88	1.62
芷江侗族自治县	2095	39.0	2.1	11.83	10.30	2.01	11.13	10.80	3.00
通道侗族自治县	2225	24.0	1.7	11.70	4.30	0.97	5.30	4.19	1.55
靖州苗族侗族自治县	2200	27.5	2.4	14.90	9.00	1.60	12.14	9.80	3.82
洪江区	115	7.1	0.4	15.00	5.51	0.06	6.38	5.40	2.36
双峰县	1715	96.5	1.8	21.50	12.35	1.48	14.05	13.68	3.81
新化县	3642	142.0	6.5	25.00	24.00	4.70	24.00	23.22	6.14
泸溪县	1566	31.4	1.3	12.99	5.97	0.80	4.83	3.32	1.30
凤凰县	1745	43.1	2.2	15.02	9.93	2.16	11.67	11.62	3.00

continued 18

Area Measurement Unit: Square Kilometer

Population Measurement Unit:10,000persons

Area of Urban Construction Land							本年征用土地面积 Area of Land Requisition This Year	耕地 Arable Land	县名称 Name of Counties
公共管理与公共服务用地 Administration and Public Services	商业服务业设施用地 Commercial and Business Facilities	工业用地 Industrial, Manufacturing	物流仓储用地 Logistics and Warehouse	道路交通设施用地 Road, Street and Transportation	公用设施用地 Municipal Utilities	绿地与广场用地 Green Space and Square			
0.48	0.70	0.89	0.09	0.81	0.96	7.14	0.80	0.05	安乡县
1.36	0.94	0.13	0.27	2.44	0.82	1.75	0.24		汉寿县
3.00	0.41	5.89	0.76	1.95	2.56	1.89	0.15	0.12	澧　县
1.84	0.19	2.20	0.42	0.68	0.95	0.38	0.54		临澧县
2.35	1.20	1.27	0.42	2.20	0.32	1.35	0.78	0.55	桃源县
1.70	2.50	2.80	1.20	2.00	1.50	2.50			石门县
0.90	0.30	1.22		0.78	0.12	0.80	0.50	0.20	慈利县
0.59	0.68	0.72	0.11	0.85	0.23	1.00	0.70	0.30	桑植县
0.68	2.26	2.63	0.84	1.95	0.53	0.85			南　县
1.02	1.01	0.02	2.03	2.35	2.12	4.72			桃江县
0.91	0.55	0.55	0.31	0.83	0.91	0.80	0.21	0.15	安化县
0.62	0.03	0.68	0.40	0.48	0.40	0.70	0.82	0.28	大通湖区
4.60	1.80	0.40	0.10	0.12	2.82	2.00			桂阳县
0.60	0.80	1.12	0.60	0.90	0.60	3.00			宜章县
0.51	0.76	0.77	0.75	2.08	0.55	2.88	1.50	0.60	永兴县
0.31	2.39	2.33	0.35	1.98	0.60	1.73	1.20	0.40	嘉禾县
1.08	0.05	0.80		0.30	1.60	2.00			临武县
0.69	0.35	0.22	0.80	1.14	0.72	0.76	0.01		汝城县
1.40	0.30	0.07		0.70	0.25	0.20	0.31	0.21	桂东县
1.32	0.66	1.99	0.53	2.39	0.30	1.44			安仁县
1.32	2.19	4.36	0.16	1.26	4.13	1.29			祁阳县
2.12	0.91	3.07	0.60	1.99	1.10	2.81	0.50	0.22	东安县
0.70	0.76	0.80	0.30	0.80	0.78	0.76	0.65	0.15	双牌县
2.45	3.52	3.58	0.90	1.86	1.14	2.90	6.86		道　县
0.26	0.23	0.38	0.05	0.61	0.43	0.33	0.31	0.03	江永县
2.10	1.14	3.47	1.18	2.56	0.62	3.86	0.50		宁远县
2.41	1.08	1.67	0.63	0.68	1.95	1.87	1.05	1.02	蓝山县
1.74	2.10	1.44	1.21	0.50	0.50	1.44	0.52	0.16	新田县
1.34	1.32	0.82	0.60	1.13	0.95	1.80	0.40	0.01	江华瑶族自治县
0.60	0.50	0.90	0.60	0.60	0.50	1.00			中方县
0.98	1.20	1.48	0.17	1.25	0.18	0.90	0.61	0.32	沅陵县
0.60	0.01	0.10	0.30	0.71	0.48	1.92			辰溪县
1.90	1.60	1.70	0.50	0.32	0.24	1.90			溆浦县
1.60	0.19	0.50	0.07	1.09	0.30	0.81	0.77	0.45	会同县
0.65	0.56	1.15	0.77	0.98	1.17	0.80	0.45	0.27	麻阳苗族自治县
0.80	1.09	1.20	0.12	1.04	0.31	0.70	0.80	0.08	新晃侗族自治县
1.90	1.08	0.40	0.50	1.60	0.92	1.40	0.70	0.50	芷江侗族自治县
0.90	0.03	0.04	0.07	0.05	0.04	1.51	0.05		通道侗族自治县
1.56	1.01	0.23	0.17	1.33	1.10	0.58			靖州苗族侗族自治县
0.57	0.02	0.69	0.16	0.48	0.57	0.55	0.01		洪江区
2.08	1.78	2.26	0.35	2.68	0.31	0.41	0.08	0.02	双峰县
5.78	1.23	1.20	3.06	0.42	3.99	1.40			新化县
0.18	0.03	0.03	0.03	0.07	0.97	0.71	0.06		泸溪县
1.10	1.02	0.43	0.13	1.18	1.76	3.00			凤凰县

2-3 续表 19

面积计量单位：平方公里
人口计量单位：万人

县名称 Name of Counties	县面积 County District Area	县人口 County District Population	县暂住人口 County District Temporary Population	县城面积 County Seat Area	县城人口 County Seat Population	县城暂住人口 County Seat Temporary Population	建成区面积 Area of Built District	城市建设用地面积 小计 Subtotal	居住用地 Residential
花垣县	1109	31.1	0.7	82.00	7.50	0.60	12.00	6.76	1.82
保靖县	1746	32.1	1.4	8.90	6.04	1.28	6.00	5.26	2.56
古丈县	1286	14.6	1.3	58.00	3.09	1.30	3.40	3.06	1.50
永顺县	4058	56.4	2.8	96.50	9.80	0.70	6.60	6.50	2.30
龙山县	3131	63.6	2.1	76.00	13.00	1.80	14.00	12.43	7.10
广　东	**77329**	**2195.4**	**98.4**	**2621.06**	**427.57**	**38.45**	**476.49**	**474.48**	**167.34**
始兴县	2174	25.1	0.5	23.00	6.58	0.35	8.66	8.16	3.74
仁化县	2223	24.3		56.00	5.36		6.26	4.15	2.31
翁源县	2245	40.2	0.1	26.50	12.10	0.03	12.88	12.84	4.10
乳源瑶族自治县	2299	21.9	0.7	12.00	6.65	0.45	11.50	10.53	2.20
新丰县	2015	26.0	4.0	16.00	9.20	1.50	9.20	8.88	2.50
南澳县	109	7.2	1.2	9.50	4.33	0.15	4.30	3.96	1.48
遂溪县	1887	113.4	5.9	35.00	15.49	2.51	15.81	15.80	4.00
徐闻县	1980	76.6	4.3	23.38	17.74	2.26	17.30	18.56	5.25
广宁县	2458	58.0	0.9	13.80	11.69	0.32	13.80	12.65	4.80
怀集县	3573	107.0	0.2	25.00	15.48	0.22	16.26	16.25	8.58
封开县	2723	50.7	0.3	16.15	6.65	0.21	7.68	6.86	1.93
德庆县	2003	39.0	0.1	26.60	5.93	0.04	13.80	13.50	3.51
博罗县	2858	85.4	13.3	328.40	14.86	2.45	19.36	13.18	3.98
惠东县	3535	87.1	12.8	230.88	30.63	1.83	36.65	36.65	16.36
龙门县	2267	36.2	0.5	76.60	8.13	0.20	6.42	6.23	2.85
大埔县	2642	58.8	1.9	43.36	9.95	0.28	7.28	7.37	2.65
丰顺县	2710	71.6	1.1	175.00	14.46	1.10	11.50	9.86	0.17
五华县	3238	146.4	0.2	309.45	23.60	0.08	15.20	15.20	7.00
平远县	1381	26.3	0.2	156.00	9.14	0.12	12.80	11.60	4.60
蕉岭县	960	23.6	1.0	28.80	7.46	0.86	7.60	7.60	2.50
海丰县	1750	84.5	4.6	39.70	32.00	2.80	23.78	23.78	7.33
陆河县	1013	36.0	2.0	14.50	8.10	1.20	7.50	6.58	2.00
紫金县	3635	83.8	0.3	26.00	16.80	0.30	8.89	25.79	11.24
龙川县	3089	97.9	3.8	50.00	15.48	2.72	13.43	14.76	4.99
连平县	2365	41.0	1.2	10.00	8.00	0.30	8.40	8.00	3.34
和平县	2310	58.0	6.4	18.35	6.45	1.85	10.17	10.29	4.21
东源县	4070	57.4	2.8	43.56	4.21	1.52	15.75	13.27	3.04
阳西县	1435	53.5	0.4	24.50	10.26	0.36	16.50	16.50	4.74
佛冈县	1293	33.4	1.6	165.00	6.43	0.63	15.89	15.89	5.82
阳山县	296	54.0	1.6	14.10	5.02	0.39	14.10	14.10	5.85
连山壮族瑶族自治县	1218	12.1	0.6	13.23	1.42	0.27	3.32	2.52	1.10
连南瑶族自治县	1241	17.1	0.5	23.90	3.21	0.31	4.88	4.82	1.20
饶平县	2228	110.4	5.8	90.00	21.98	1.07	23.61	22.71	9.71
揭西县	1365	98.0	8.0	80.00	15.20	3.00	11.00	11.00	3.00
惠来县	1253	133.0	8.4	288.00	18.14	6.18	15.94	15.85	6.78
新兴县	1522	49.1	1.1	55.00	10.54	0.58	20.65	20.45	6.10
郁南县	1966	51.8	0.3	33.80	8.90	0.01	8.42	8.34	2.38

continued 19

Area Measurement Unit: Square Kilometer
Population Measurement Unit:10,000persons

Area of Urban Construction Land							本年征用土地面积 Area of Land Requisition This Year	耕地 Arable Land	县名称 Name of Counties
公共管理与公共服务用地 Administration and Public Services	商业服务业设施用地 Commercial and Business Facilities	工业用地 Industrial, Manufacturing	物流仓储用地 Logistics and Warehouse	道路交通设施用地 Road, Street and Transportation	公用设施用地 Municipal Utilities	绿地与广场用地 Green Space and Square			
1.01	0.58	2.05	0.26	0.74	0.25	0.05			花垣县
1.32	0.09	0.76	0.01	0.15	0.28	0.09	0.50		保靖县
0.40	0.35	0.10	0.05	0.10	0.33	0.23	0.02		古丈县
0.65	0.24	0.06	0.02	0.23	0.90	2.10			永顺县
0.16	0.36	0.95	0.20	0.18	3.30	0.18			龙山县
53.83	**45.44**	**53.46**	**17.51**	**48.66**	**30.97**	**57.27**	**16.65**	**2.12**	**广　东**
0.46	0.88	0.44	0.23	0.50	0.13	1.78	3.53		始兴县
0.51	0.14	0.21	0.22	0.33	0.15	0.28			仁化县
2.88	2.20	0.01		0.75	1.00	1.90	0.42	0.04	翁源县
1.19	1.83	1.21	0.58	1.45	0.75	1.32			乳源瑶族自治县
1.56	1.70	1.35	0.26	0.31	0.20	1.00			新丰县
0.64	0.04	0.38	0.06	0.41	0.47	0.48			南澳县
3.00	1.00	1.40	0.40	1.60	0.30	4.10	0.20	0.10	遂溪县
3.72	0.70	0.63	1.52	2.19	1.10	3.45	0.25		徐闻县
1.95	0.20	0.12	0.04	3.60	1.42	0.52			广宁县
1.07	0.06	2.55	0.16	1.48	1.07	1.28	0.13	0.08	怀集县
0.45	0.81	0.40	0.32	0.70	0.55	1.70			封开县
1.19	0.74	4.00	0.50	1.74	0.04	1.78	0.73	0.09	德庆县
1.66	0.22	2.13	0.05	1.32	2.28	1.54			博罗县
2.32	2.63	9.29	0.37	1.50	0.95	3.23			惠东县
0.72	0.56	0.75	0.10	0.79	0.08	0.38	4.14	0.34	龙门县
0.78	0.73	0.25	0.05	0.30	0.99	1.62			大埔县
0.05	0.47	0.47	2.30	1.80	2.10	2.50	0.65	0.37	丰顺县
1.87	0.87	0.82	0.63	1.43	1.17	1.41			五华县
1.00	0.50	1.70	0.10	0.50	0.30	2.90			平远县
0.83	0.38	1.16	0.22	1.50	0.18	0.83	0.16	0.14	蕉岭县
2.38	3.97	0.50	1.28	3.49	2.68	2.15	2.15	0.38	海丰县
0.58	0.50	0.50		1.50	1.00	0.50	1.00		陆河县
1.79	1.80	5.80	0.63	1.70	0.34	2.49			紫金县
2.03	1.49	0.18	2.06	1.00	1.20	1.81	1.43		龙川县
0.10	0.40	0.97	0.16	0.95	1.00	1.08	0.05	0.05	连平县
1.11	2.01	0.65	0.11	1.21	0.23	0.76	0.20		和平县
1.70	1.00	6.10	0.36	0.94	0.04	0.09			东源县
1.57	3.91	0.48	0.95	1.67	1.59	1.59			阳西县
3.04	3.52	0.48	0.07	1.02	0.40	1.54	0.08	0.08	佛冈县
1.24	0.35	0.90	0.46	1.98	1.12	2.20	0.74	0.15	阳山县
0.15	0.15	0.05	0.05	0.40	0.10	0.52			连山壮族瑶族自治县
0.57	0.01	0.01	0.04	0.81	0.52	1.66			连南瑶族自治县
3.05	3.76	0.45	1.17	1.76	0.93	1.88	0.33		饶平县
1.20	2.00	1.40		1.78	0.22	1.40			揭西县
1.16	0.49	1.27	0.68	2.35	1.92	1.20	0.08		惠来县
3.23	2.42	2.36	1.18	0.82	2.14	2.20	0.10	0.10	新兴县
1.08	1.00	2.09	0.20	1.08	0.31	0.20	0.28	0.20	郁南县

2-3 续表 20

面积计量单位：平方公里
人口计量单位：万人

县名称 Name of Counties	县面积 County District Area	县人口 County District Population	县暂住人口 County District Temporary Population	县城面积 County Seat Area	县城人口 County Seat Population	县城暂住人口 County Seat Temporary Population	建成区面积 Area of Built District	城市建设用地面积 小计 Subtotal	居住用地 Residential
广　西	**174212**	**3387.6**	**88.2**	**2286.54**	**497.01**	**54.83**	**659.27**	**613.88**	**210.79**
武鸣县	3378	70.8	0.3	22.18	10.80	0.24	20.00	16.55	4.12
隆安县	2264	41.8	0.5	12.00	3.60	0.40	6.80	4.92	2.00
马山县	2366	56.3	0.4	23.51	3.47	0.31	5.15	5.13	2.10
上林县	1890	49.6	6.5	11.68	5.19	0.90	7.98	7.98	1.96
宾阳县	2314	105.1	5.0	100.00	14.20	0.33	20.00	19.43	2.10
横　县	3464	126.0	0.5	75.40	17.88	0.18	19.94	19.09	4.98
柳江县	2539	61.0	2.8	37.39	10.01	2.55	18.14	17.14	6.46
柳城县	2124	40.9	0.3	9.66	7.05	0.15	6.98	6.98	2.50
鹿寨县	3019	41.0	0.8	35.96	13.00	0.62	13.10	10.69	4.81
融安县	2490	33.4		20.70	11.41		10.41	9.93	6.32
融水苗族自治县	4624	50.1	2.1	15.70	9.06	1.64	9.15	7.80	3.13
三江侗族自治县	2429	39.6	0.7	5.61	5.20	0.72	5.61	4.49	1.84
阳朔县	1428	32.6	1.0	10.75	4.72	0.58	5.81	5.76	2.94
灵川县	2257	37.1	0.5	9.20	5.87	0.45	9.13	9.01	4.65
全州县	4021	83.6	1.3	98.43	11.19	0.66	17.00	16.14	7.62
兴安县	2348	38.1	0.8	27.80	6.65	0.80	14.10	13.72	4.08
永福县	2806	28.8	0.6	14.00	3.37	0.27	7.69	6.60	4.31
灌阳县	1863	32.0	1.8	9.64	3.98	1.33	7.22	7.13	2.65
龙胜各族自治县	2538	17.8	0.2	8.10	3.01	0.21	2.25	2.14	0.83
资源县	1995	18.2	1.5	4.60	2.20	0.61	3.62	3.02	0.92
平乐县	1919	47.6	2.0	8.67	6.29	1.00	8.05	6.04	4.30
荔浦县	1759	38.6	0.7	25.00	5.26	0.45	9.62	7.13	2.71
恭城瑶族自治县	2149	30.2	0.1	15.80	5.12	0.10	7.00	4.73	1.56
苍梧县	2753	40.2	0.1	10.00	2.79	0.01	9.50	3.86	1.50
藤　县	3946	107.7	3.0	47.30	14.25	2.33	17.00	16.60	5.01
蒙山县	1279	21.4	0.7	8.10	4.55	0.52	5.00	4.60	2.26
合浦县	2380	107.0		60.98	17.86		32.57	29.93	9.83
上思县	2816	24.6	0.3	25.30	7.19	0.25	6.12	6.11	1.57
灵山县	3559	163.5	4.3	40.00	16.32	4.22	18.85	18.83	6.87
浦北县	2517	92.7	2.9	20.66	4.38	2.07	10.21	7.67	2.20
平南县	2988	148.1	1.7	89.00	25.00	1.16	25.00	25.00	8.00
容　县	2253	85.4	3.2	178.30	15.65	3.07	17.90	16.70	4.00
陆川县	1551	108.7	0.5	128.20	15.58	0.13	14.69	14.63	3.26
博白县	3836	184.2	9.8	180.00	21.82	8.65	29.45	27.97	9.68
兴业县	1487	75.8	0.9	129.00	9.54	0.70	10.75	10.74	2.35
田阳县	2394	35.4	1.4	28.38	7.10	1.40	8.46	8.46	3.58
田东县	2816	43.4	0.8	37.08	7.95	0.65	12.90	11.19	3.45
平果县	2485	52.4	2.7	34.00	13.79	2.06	24.00	23.77	5.94
德保县	2575	36.7	0.5	12.83	5.12	0.45	6.00	5.99	1.62
那坡县	2231	21.4	0.2	13.16	3.36	0.10	2.49	2.49	1.10
凌云县	2053	22.2	0.4	11.51	4.83	0.10	3.60	3.60	1.13
乐业县	2617	17.7	0.3	7.05	3.56	0.18	3.14	3.14	0.98
田林县	5577	26.4	2.5	13.80	3.40	1.00	4.75	4.65	2.41
西林县	3020	15.9	0.3	5.40	2.20	0.29	3.10	2.92	0.79
隆林各族自治县	3551	41.7	1.1	10.20	5.61	0.86	6.40	6.40	2.50

continued 20

Area Measurement Unit: Square Kilometer

Population Measurement Unit:10,000persons

Area of Urban Construction Land							本年征用土地面积 Area of Land Requisition This Year	耕地 Arable Land	县名称 Name of Counties
公共管理与公共服务用地 Administr-ation and Public Services	商业服务业设施用地 Commercial and Business Facilities	工业用地 Industrial, Manufact-uring	物流仓储用地 Logistics and Warehouse	道路交通设施用地 Road, Street and Trans-portation	公用设施用地 Munici-pal Utilities	绿地与广场用地 Green Space and Square			
54.69	**39.13**	**89.39**	**19.74**	**99.34**	**26.81**	**73.99**	**24.24**	**10.04**	**广　西**
0.62	4.64	3.46	0.47	2.68	0.06	0.50	1.51		武鸣县
0.39	0.01	1.14	0.05	0.87	0.43	0.03			隆安县
1.10	0.31	0.14	0.28	0.74	0.14	0.32			马山县
1.12	1.11	0.69	0.16	1.74	0.39	0.81	0.28	0.22	上林县
0.14	1.46	1.20	0.15	12.00	1.40	0.98			宾阳县
1.79	0.78	2.63	0.11	3.41	1.67	3.72			横　县
0.65	0.24	1.86	0.35	4.16	1.26	2.16			柳江县
1.48	0.14	0.52	0.20	0.77	0.17	1.20			柳城县
1.20	0.10	2.26	0.32	0.94	0.37	0.69			鹿寨县
0.69	0.33	0.84	0.27	0.99	0.35	0.14			融安县
1.34	0.74	0.63	0.43	0.77	0.24	0.52			融水苗族自治县
0.85	0.17	0.25	0.08	0.58	0.16	0.56			三江侗族自治县
0.47	0.40	0.10		1.17	0.08	0.60			阳朔县
0.96	0.05	1.80	0.35	0.79	0.28	0.13	0.13		灵川县
1.00	2.00	1.61	0.88	1.75	0.58	0.70			全州县
1.09	0.10	3.13	0.59	1.50	0.88	2.35	0.33	0.06	兴安县
0.26	0.37	0.14	0.10	0.59	0.16	0.67	0.51	0.04	永福县
0.05	0.02	2.70		0.93	0.12	0.66			灌阳县
0.21	0.43	0.05	0.10	0.22	0.07	0.23	0.47	0.18	龙胜各族自治县
0.16	1.26	0.01	0.10	0.47	0.02	0.08	0.09	0.01	资源县
0.01	0.32	0.32	0.16	0.46	0.06	0.41	0.02		平乐县
0.71	0.63	1.49	0.17	0.96	0.11	0.35	0.33		荔浦县
0.80	0.51	0.79	0.21	0.66	0.04	0.16			恭城瑶族自治县
0.09	0.03	0.11	0.03	1.50	0.10	0.50			苍梧县
1.00	0.97	4.26	0.36	2.98	0.23	1.79			藤　县
0.10	0.23	0.16	0.10	1.10	0.20	0.45	0.61	0.29	蒙山县
2.12	0.36	4.78	0.86	3.19	0.28	8.51	1.08		合浦县
0.32	0.27	0.83	0.21	0.93	0.20	1.78	0.25	0.04	上思县
2.46	1.20	3.45	0.01	2.20	0.50	2.14	2.83	2.22	灵山县
0.90	0.80	0.40	0.10	1.45	0.42	1.40	0.18	0.08	浦北县
1.23	1.78	8.00	0.50	2.05	0.40	3.04	1.80	0.59	平南县
1.80	0.70	4.00	0.60	3.20	1.00	1.40	0.60	0.11	容　县
1.45	1.26	1.99	1.97	2.97	0.34	1.39	0.60		陆川县
1.48	2.02	4.65	1.28	3.67	2.82	2.37	2.15	1.50	博白县
1.22	2.80	0.50	0.54	1.70	0.33	1.30	0.60	0.60	兴业县
0.51	0.03	0.92	0.20	1.81	0.61	0.80			田阳县
0.82	0.48	2.40	0.17	2.26	0.18	1.43	0.42		田东县
1.95	0.90	6.26	1.70	3.96	0.67	2.39			平果县
0.62	0.08	0.94	0.05	0.77	0.05	1.86			德保县
0.29	0.16	0.27	0.02	0.36	0.06	0.23			那坡县
0.05	0.10	0.11	0.03	0.84	0.08	1.26	0.30	0.30	凌云县
0.28	0.05	0.07	0.05	0.62	0.01	1.08	0.07	0.07	乐业县
0.33	0.01	0.15	0.07	0.66	0.12	0.90	0.11		田林县
0.33	0.06	0.14	0.03	0.29	0.24	1.04	0.26	0.04	西林县
0.70	0.20	0.60	0.15	1.30	0.75	0.20	0.70	0.10	隆林各族自治县

2-3 续表 21

面积计量单位：平方公里
人口计量单位：万人

县名称 Name of Counties	县面积 County District Area	县人口 County District Population	县暂住人口 County District Temporary Population	县城面积 County Seat Area	县城人口 County Seat Population	县城暂住人口 County Seat Temporary Population	建成区面积 Area of Built District	城市建设用地面积	
								小计 Subtotal	居住用地 Residential
昭平县	3273	44.3	1.1	15.10	8.30	0.38	9.30	8.02	2.46
钟山县	1519	44.3	2.3	54.00	6.65	1.70	11.54	11.54	4.29
富川瑶族自治县	1572	33.0	0.4	25.00	5.00	0.42	9.30	9.28	3.23
南丹县	3916	31.8	4.5	17.45	4.86	0.62	7.13	7.12	2.06
天峨县	3169	17.5	0.2	38.70	4.49	0.21	3.22	3.22	0.91
凤山县	1738	21.7	0.5	8.90	3.96	0.35	4.30	4.26	2.01
东兰县	2415	31.0	0.2	10.23	2.67	0.18	2.06	2.06	0.95
罗城仫佬族自治县	2658	38.5	0.3	8.68	4.89	0.27	6.09	6.08	1.50
环江毛南族自治县	4560	38.1	0.3	69.38	4.40	0.21	6.78	6.76	3.07
巴马瑶族自治县	1971	28.7	3.0	11.00	3.78	0.85	6.80	6.80	1.90
都安瑶族自治县	4095	71.0	0.6	23.10	8.95	0.50	7.92	7.87	3.40
大化瑶族自治县	2176	46.8	0.1	111.20	9.29	0.09	12.86	12.50	5.79
忻城县	2541	43.0	0.7	16.00	5.22	0.31	6.01	6.00	1.39
象州县	1898	37.1	3.1	12.80	5.65	1.64	7.20	7.09	2.80
武宣县	1739	44.9	0.6	25.70	7.35	0.45	9.10	9.10	3.55
金秀瑶族自治县	2518	15.6	0.5	6.40	1.15	0.03	1.45	1.08	0.48
扶绥县	2836	54.2	0.6	15.00	8.24	0.45	11.83	11.81	4.31
宁明县	3698	44.0	0.4	25.00	7.72	0.33	9.00	8.05	3.06
龙州县	2318	27.0	0.3	19.87	6.00	0.27	7.38	7.20	2.47
大新县	2757	37.8	0.7	21.00	3.95	0.50	7.95	6.53	0.93
天等县	2175	45.1	0.5	60.00	4.11	0.37	5.42	4.71	1.31
海　南	**17417**	**313.2**	**22.4**	**245.91**	**69.76**	**6.52**	**131.58**	**127.42**	**29.87**
定安县	1189	27.9	8.1	16.00	6.42	0.21	9.11	8.48	2.37
屯昌县	1232	30.9	0.3	25.00	6.99	0.21	9.66	9.66	3.52
澄迈县	2079	15.9	1.1	10.90	7.69	1.01	6.91	6.67	2.17
临高县	1331	51.6	0.6	14.60	7.43	0.08	9.39	8.69	3.55
洋浦开发区	110	8.3	1.3	59.88	5.04	1.01	50.54	50.54	4.76
白沙黎族自治县	2117	20.1	0.4	5.70	3.30	0.15	4.10	3.72	1.30
昌江黎族自治县	1618	27.0	1.5	19.20	10.00	0.90	14.00	12.34	4.14
乐东黎族自治县	2747	54.5	2.4	24.00	5.30	0.53	7.87	7.53	2.18
陵水黎族自治县	1128	37.7	1.8	17.64	8.86	0.32	10.30	10.24	2.90
保亭黎族苗族自治县	1161	15.8	2.0	11.73	3.00	1.10	4.70	4.68	1.48
琼中黎族苗族自治县	2706	23.4	3.0	41.26	5.73	1.00	5.00	4.87	1.50
重　庆	**47883**	**1260.0**	**77.2**	**1156.36**	**209.02**	**46.21**	**199.70**	**185.27**	**62.03**
梁平县	1888	92.5	5.1	104.00	14.81	3.50	18.49	18.49	5.09
城口县	3290	25.3	2.8	98.00	5.33	1.43	2.86	2.84	0.83
丰都县	2899	82.9	6.1	141.60	17.81	4.20	16.00	15.39	4.65
垫江县	1518	97.2	2.9	92.00	14.00	2.30	17.50	16.61	5.00
武隆县	2892	55.8	4.9	179.00	9.70	1.93	5.83	4.76	1.68
忠　县	2188	100.5	7.4	53.50	15.85	4.01	15.65	15.48	5.88
开　县	3964	171.0	5.7	128.90	30.10	4.05	32.81	29.80	11.11
云阳县	3637	134.6	7.5	249.30	19.04	4.16	17.75	16.72	4.58
奉节县	4100	106.4	9.1	26.51	12.35	6.44	12.81	12.78	3.92

continued 21

Area Measurement Unit: Square Kilometer

Population Measurement Unit:10,000persons

Area of Urban Construction Land							本年征用		
公共管理与公共服务用地 Administr-ation and Public Services	商业服务业设施用地 Commercial and Business Facilities	工业用地 Industrial, Manufact-uring	物流仓储用地 Logistics and Warehouse	道路交通设施用地 Road, Street and Trans-portation	公用设施用地 Munici-pal Utilities	绿地与广场用地 Green Space and Square	土地面积 Area of Land Requisition This Year	耕地 Arable Land	县名称 Name of Counties
1.33	0.86	1.05	0.13	1.28	0.50	0.41	1.65		昭平县
1.20	0.74	1.93	0.39	1.41	0.11	1.47	0.49	0.12	钟山县
0.22	0.01	1.06	0.33	1.00	1.95	1.48	0.20	0.02	富川瑶族自治县
0.55	0.51	0.19	0.07	1.23	0.15	2.36			南丹县
0.25	0.01	0.13	0.03	0.57	0.08	1.24			天峨县
1.05	0.04	0.22	0.05	0.48	0.21	0.20	0.71	0.71	凤山县
0.03	0.03	0.34	0.20	0.31	0.11	0.09	0.01		东兰县
0.69	0.67	0.47	0.44	1.03	0.30	0.98			罗城仫佬族自治县
0.81	0.33	1.21	0.06	0.75	0.20	0.33	0.56		环江毛南族自治县
1.26	0.76	0.38	0.93	0.99	0.43	0.15	0.61	0.35	巴马瑶族自治县
0.50	0.42	0.80	0.43	1.35	0.45	0.52	0.30	0.10	都安瑶族自治县
1.70	0.63	0.75	0.28	1.50	0.15	1.70	0.04	0.03	大化瑶族自治县
0.59	0.30	0.22	0.16	0.65	0.06	2.63	0.21	0.21	忻城县
1.20	0.24	1.20	0.20	0.65	0.50	0.30	0.60	0.01	象州县
0.18	0.58	1.18	0.33	1.05	1.19	1.04	2.51	1.96	武宣县
0.08	0.05	0.04	0.01	0.16	0.16	0.10	0.05	0.02	金秀瑶族自治县
1.80	0.60	2.18	0.08	1.63	0.13	1.08			扶绥县
0.64	0.52	0.87	0.60	1.73	0.08	0.55			宁明县
1.26	1.07	0.32	0.32	0.40	0.94	0.42			龙州县
1.30	0.02	1.52		1.33	0.23	1.20			大新县
0.91	0.13	0.58	0.14	0.88	0.25	0.51	0.07	0.06	天等县
10.04	**6.81**	**27.40**	**5.54**	**25.41**	**4.39**	**17.96**	**3.82**	**0.81**	**海　南**
0.89	0.33	0.61	0.23	1.38	0.15	2.52			定安县
0.71	0.67	0.48	0.08	3.80	0.20	0.20			屯昌县
0.55	0.59	0.92	0.28	1.43	0.16	0.57			澄迈县
0.81	1.20	0.34	0.38	1.46	0.33	0.62			临高县
1.27	0.61	23.27	3.52	9.38	0.96	6.77	0.61	0.32	洋浦开发区
1.10	0.30	0.02	0.10	0.20	0.20	0.50			白沙黎族自治县
1.00	0.70	0.90	0.70	2.30	2.00	0.60			昌江黎族自治县
1.61	0.94	0.09		1.75	0.28	0.68	0.64	0.27	乐东黎族自治县
1.00	0.96	0.74	0.13	2.27	0.04	2.20			陵水黎族自治县
0.40	0.01	0.01	0.02	0.74	0.02	2.00			保亭黎族苗族自治县
0.70	0.50	0.02	0.10	0.70	0.05	1.30	2.57	0.22	琼中黎族苗族自治县
14.76	**11.75**	**20.85**	**3.40**	**26.55**	**10.92**	**35.01**	**19.48**	**11.39**	**重　庆**
0.88	1.13	2.77	0.23	2.52	0.29	5.58	0.68	0.54	梁平县
0.40	0.13	0.32	0.14	0.72	0.09	0.21	0.30		城口县
1.26	0.67	2.66	0.40	1.45	2.00	2.30	0.79	0.39	丰都县
3.40	1.40	1.90	0.51	2.80	0.60	1.00	3.30	2.00	垫江县
0.70	0.53	0.20	0.14	0.75	0.36	0.40			武隆县
0.03	0.86	1.05	0.10	1.50	0.03	6.03	2.96	1.42	忠　县
1.17	1.37	4.17	0.31	4.81	2.30	4.56	3.10	1.39	开　县
1.25	0.72	3.42	0.30	1.96	1.39	3.10			云阳县
0.73	0.87	0.22	0.32	2.03	0.55	4.14	3.21	3.21	奉节县

2-3 续表 22

面积计量单位：平方公里

人口计量单位：万人

县名称 Name of Counties	县面积 County District Area	县人口 County District Population	县暂住人口 County District Temporary Population	县城面积 County Seat Area	县城人口 County Seat Population	县城暂住人口 County Seat Temporary Population	建成区面积 Area of Built District	城市建设用地面积 小计 Subtotal	居住用地 Residential
巫山县	2957	63.8	0.7	9.29	11.00	0.50	7.15	6.98	2.38
巫溪县	4017	54.4	3.1	8.96	8.40	1.35	6.85	4.88	2.61
石柱土家族自治县	3014	54.6	4.7	18.70	13.27	1.52	8.01	8.01	3.41
秀山土家族苗族自治县	2453	66.2	4.9	20.00	14.52	3.82	18.19	14.42	5.38
酉阳土家族自治县	5169	85.0	5.6	14.60	8.24	3.90	11.80	10.85	2.51
彭水苗族土家族自治县	3898	69.8	6.6	12.00	14.60	3.10	8.00	7.26	3.00
四　川	**413823**	**5488.0**	**249.7**	**9598.07**	**1078.82**	**130.78**	**1332.18**	**1244.75**	**405.38**
金堂县	1156	89.2	7.4	120.00	17.50	6.18	22.21	22.21	9.34
双流县	1631	108.0	0.2	191.99	83.81	0.20	144.61	129.86	37.09
郫　县	438	55.9	52.4	115.07	26.45	6.61	40.21	40.10	13.95
大邑县	1284	51.2	5.9	91.07	12.76	2.79	20.16	20.16	5.64
蒲江县	583	26.8	0.5	159.90	8.37	0.50	8.58	7.79	1.86
新津县	330	31.2	5.6	50.50	10.20	2.45	39.04	39.04	9.76
荣　县	1599	70.0	1.6	139.73	15.84	0.96	16.30	16.09	5.54
富顺县	1366	122.2	1.0	118.00	22.60	0.70	21.10	21.10	10.00
米易县	2110	22.0	1.5	167.78	5.58	1.20	5.47	5.47	1.44
盐边县	3275	20.9	1.3	79.50	2.47	0.47	5.73	2.98	1.31
泸　县	1532	107.3	4.7	155.00	14.88	2.00	14.50	14.46	3.30
合江县	2414	89.9	3.5	162.20	17.21	3.32	19.50	19.50	5.59
叙永县	2977	72.3	1.8	240.60	13.68	1.60	13.30	13.30	4.23
古蔺县	3184	86.1	2.0	284.66	11.84	0.53	8.60	7.98	2.95
中江县	2199	141.3	2.0	90.00	25.71	0.50	26.15	24.77	7.57
罗江县	448	26.0	2.7	37.80	6.80	0.70	8.90	8.54	2.02
三台县	2661	145.9	4.6	25.10	25.80	1.97	20.50	20.50	5.72
盐亭县	1645	59.8	2.3	12.75	8.46	0.76	6.17	6.17	2.70
安　县	1189	44.8	0.5	10.40	8.50	0.35	10.40	9.94	3.40
梓潼县	1442	38.5	1.0	30.00	8.18	0.60	8.00	5.95	1.90
北川羌族自治县	3084	23.9	1.1	5.00	3.20	1.11	5.00	4.80	0.88
平武县	5974	18.2	1.3	5.00	3.71	0.14	3.22	3.00	1.55
旺苍县	2976	45.7	0.6	60.00	11.23	0.57	12.85	12.85	3.32
青川县	3269	23.5	0.0	17.50	2.39	0.04	2.86	2.75	1.42
剑阁县	3204	66.4	0.1	16.70	3.06	0.09	7.51	6.78	1.41
苍溪县	2330	77.3	0.3	65.00	12.60	0.23	15.10	15.10	3.64
蓬溪县	1251	78.0	1.2	25.00	15.60	1.20	15.80	14.50	4.60
射洪县	1500	101.0	3.0	115.00	30.20	3.00	42.20	42.20	8.50
大英县	703	55.6	0.8	31.81	14.51	0.73	18.00	17.70	4.88
威远县	1289	72.9	0.5	46.22	16.14	0.30	19.70	16.26	7.18
资中县	1734	128.1	2.6	99.30	19.03	2.57	26.70	21.19	6.50
隆昌县	794	77.9	8.9	57.00	16.57	4.93	25.00	24.44	6.84
犍为县	1375	56.7	1.6	29.50	8.31	1.52	9.56	9.56	2.99
井研县	841	41.1	0.2	15.00	6.41	0.23	8.59	8.59	2.65
夹江县	749	35.1	0.4	31.00	7.37	0.36	12.42	11.80	4.35
沐川县	1401	25.6	0.8	8.55	5.66	0.30	5.20	4.87	1.04

continued 22

Area Measurement Unit: Square Kilometer

Population Measurement Unit:10,000persons

Area of Urban Construction Land							本年征用土地面积		县名称
公共管理与公共服务用地 Administr-ation and Public Services	商业服务业设施用地 Commercial and Business Facilities	工业用地 Industrial, Manufact-uring	物流仓储用地 Logistics and Warehouse	道路交通设施用地 Road, Street and Trans-portation	公用设施用地 Munici-pal Utilities	绿地与广场用地 Green Space and Square	Area of Land Requisition This Year	耕地 Arable Land	Name of Counties
0.46	0.42	0.97	0.17	1.11	0.26	1.21	0.94	0.60	巫山县
0.21	0.24	0.14	0.05	0.82	0.14	0.67	0.48		巫溪县
1.21	0.52	0.57	0.01	1.23	0.38	0.68	1.78	0.62	石柱土家族自治县
1.40	1.04	2.00	0.62	2.35	0.18	1.45	0.75	0.62	秀山土家族苗族自治县
1.30	1.34	0.33	0.10	1.40	1.57	2.30	0.69	0.53	酉阳土家族自治县
0.36	0.51	0.13		1.10	0.78	1.38	0.50	0.07	彭水苗族土家族自治县
123.57	**95.93**	**170.65**	**48.63**	**145.14**	**69.79**	**185.66**	**62.09**	**33.39**	**四　川**
2.05	2.19	2.80	0.21	2.57	0.14	2.91	0.16	0.09	金堂县
15.88	19.68	9.53	8.43	19.10	6.30	13.85			双流县
6.23	0.50	11.18	0.09	4.28	0.59	3.28	0.78	0.52	郫　县
1.77	0.73	7.20	0.36	3.96	0.22	0.28	2.82	1.41	大邑县
0.80	0.23	3.44	0.02	0.66	0.05	0.73	0.91	0.65	蒲江县
1.56	3.90	8.59	1.95	5.86	0.39	7.03	3.66	1.93	新津县
1.43	0.14	1.83	0.26	2.21	0.41	4.27	1.52	1.05	荣　县
1.21	0.60	0.62	2.20	0.65	1.20	4.62	1.20	0.80	富顺县
0.84	0.21	0.44	0.11	0.62	0.02	1.79	0.35	0.30	米易县
0.58	0.24	0.01	0.02	0.01	0.45	0.36			盐边县
1.21	0.63	4.60	0.58	1.82	0.58	1.74	1.87	1.26	泸　县
1.29	0.44	3.61	0.39	2.20	0.98	5.00	1.20	0.84	合江县
1.18	0.69	1.17	0.63	0.75	0.90	3.75	0.80	0.30	叙永县
0.47	0.18	0.11	0.10	1.60	0.50	2.07	0.36	0.17	古蔺县
1.29	1.97	3.66	0.76	3.24	3.68	2.60	0.30	0.20	中江县
1.06	0.32	1.98	0.45	1.04	1.03	0.64			罗江县
3.00	0.23	3.76	0.58	4.66	0.67	1.88			三台县
0.90	1.10	0.14		0.20	0.40	0.73	0.76	0.42	盐亭县
1.10	0.56	1.62	0.15	0.65	0.64	1.82			安　县
1.16	0.71	0.70	0.04	0.50	0.81	0.13	0.43	0.13	梓潼县
0.30	0.20	0.60		1.30	0.80	0.72			北川羌族自治县
1.23	0.03	0.03	0.03	0.03	0.06	0.04			平武县
0.60	0.34	4.60	0.31	1.24	0.63	1.81			旺苍县
0.46	0.27	0.01	0.03	0.38	0.04	0.14			青川县
0.85	0.78	0.68	0.08	0.45	0.67	1.86	0.55	0.35	剑阁县
1.18	0.05	1.42	0.40	0.96	2.04	5.41	1.81	1.12	苍溪县
0.39	0.52	1.56	0.10	0.91	0.59	5.83	0.50	0.25	蓬溪县
2.50	5.60	8.80	0.60	3.50	2.20	10.50			射洪县
1.59	0.96	2.81	0.56	1.22	0.53	5.15	1.30	0.15	大英县
0.76	0.36	3.25	0.11	2.39	0.36	1.85	0.18	0.12	威远县
2.10	2.10	3.89	1.80	2.30	1.40	1.10	1.50	1.50	资中县
3.78	1.07	4.04	1.15	1.30	3.68	2.58			隆昌县
0.78	0.52	1.43	0.33	1.61	0.35	1.55			犍为县
1.33	0.16	1.49	0.23	1.50	0.86	0.37	0.82	0.48	井研县
0.74	1.35	1.39	0.40	2.51	0.04	1.02			夹江县
0.30	0.50	1.02	0.10	0.15	0.10	1.66			沐川县

2-3 续表 23

面积计量单位：平方公里

人口计量单位：万人

县名称 Name of Counties	县面积 County District Area	县人口 County District Population	县暂住人口 County District Temporary Population	县城面积 County Seat Area	县城人口 County Seat Population	县城暂住人口 County Seat Temporary Population	建成区面积 Area of Built District	城市建设用地面积	
								小计 Subtotal	居住用地 Residential
峨边彝族自治县	2395	14.9	0.4	4.30	3.69	0.35	3.40	2.98	1.00
马边彝族自治县	2383	21.5	0.6	18.44	3.76	0.13	5.80	5.80	1.61
南部县	2229	127.3	3.7	100.00	23.60	3.40	27.50	27.50	8.70
营山县	1633	93.7	4.0	84.00	16.00	3.00	18.00	18.00	6.00
蓬安县	1334	69.6	2.0	63.00	12.80	1.70	14.50	14.50	4.76
仪陇县	1771	108.9	2.5	65.00	13.00	2.00	15.00	15.00	5.47
西充县	1108	62.3	2.3	71.00	13.20	1.80	16.00	16.00	5.18
仁寿县	2606	157.0	16.5	43.55	15.73	15.35	35.45	35.45	8.86
洪雅县	1896	35.1	0.2	57.65	7.39	0.17	11.57	11.12	4.37
丹棱县	449	17.9	0.2	8.40	5.30	0.18	8.40	7.60	1.60
青神县	387	20.6	0.7	8.00	4.60	0.60	7.40	6.92	2.36
宜宾县	2946	102.7	4.0	13.15	9.10	3.80	12.73	8.68	3.30
江安县	894	57.5	3.5	18.13	10.00	3.03	11.00	10.96	2.66
长宁县	1000	46.6	1.3	7.87	8.57	0.47	7.87	7.87	2.36
高　县	1323	53.4	0.1	24.32	14.18	0.03	12.01	12.00	4.41
珙　县	1150	45.4	5.2	17.60	12.25	2.51	11.50	11.32	3.22
筠连县	1254	42.6	1.2	39.35	9.13	0.46	8.67	8.65	4.27
兴文县	1374	48.0	1.7	98.20	11.24	1.10	8.84	8.26	3.40
屏山县	1514	31.3	0.3	7.86	5.31	0.11	5.50	3.86	0.40
岳池县	1457	118.0	2.9	66.60	17.68	1.89	20.80	20.80	7.42
武胜县	966	84.9	1.9	75.60	12.50	0.56	15.00	15.00	4.80
邻水县	1919	104.1	3.1	185.80	18.10	2.10	22.70	22.70	8.10
宣汉县	4271	131.9	1.2	50.00	15.51	0.86	17.98	13.65	4.71
开江县	1033	60.3	1.5	15.63	11.42	0.80	11.00	11.00	3.85
大竹县	2075	111.1	4.4	24.20	24.10	2.50	24.20	22.21	10.11
渠　县	2018	149.0	3.0	50.00	29.89	2.00	18.50	12.59	0.96
荥经县	1779	15.0	0.1	13.66	3.77	0.01	5.40	4.86	1.16
汉源县	2388	33.9	2.1	11.50	2.80	0.40	3.20	3.20	1.55
石棉县	2678	12.5	0.6	148.05	3.65	0.40	3.90	3.73	1.39
天全县	2467	16.5	1.0	43.90	4.00	0.50	3.20	3.00	2.09
芦山县	1347	13.0	0.2	38.13	2.85	0.20	4.20	3.90	1.44
宝兴县	3143	6.0	0.6	210.00	1.23	0.44	1.89	1.86	0.78
通江县	4125	83.3	2.8	100.00	15.05	2.18	16.50	13.00	4.55
南江县	3384	66.4	5.3	31.72	22.02	3.60	17.04	16.70	5.95
平昌县	2227	108.0	2.9	129.70	23.30	2.20	16.20	16.20	6.30
安岳县	2690	160.8	5.4	358.00	27.13		28.50	28.50	9.99
乐至县	1424	83.7	8.2	233.30	18.69	3.34	21.78	21.47	6.90
汶川县	4083	9.8	0.2	280.00	3.54	0.11	4.05	2.65	1.05
理　县	4318	4.5	0.2	217.19	1.18	0.18	1.77	1.59	0.34
茂　县	4075	11.2	0.7	514.10	3.77	0.18	4.90	4.87	1.90
松潘县	8486	7.5	0.3	11.48	1.87	0.16	4.49	4.16	2.00
九寨沟县	5286	6.8	1.4	37.27	2.39	0.47	4.20	3.04	0.98
金川县	5524	7.2	0.3	79.12	1.46	0.08	3.20	3.20	1.57
小金县	5571	8.0	0.5	54.32	1.52	0.23	3.52	1.63	0.45
黑水县	4154	6.1	0.2	1176.40	1.50	0.10	4.95	2.60	1.21

continued 23

Area Measurement Unit: Square Kilometer

Population Measurement Unit:10,000persons

Area of Urban Construction Land							本年征用土地面积 Area of Land Requisition This Year	耕地 Arable Land	县名称 Name of Counties
公共管理与公共服务用地 Administration and Public Services	商业服务业设施用地 Commercial and Business Facilities	工业用地 Industrial, Manufacturing	物流仓储用地 Logistics and Warehouse	道路交通设施用地 Road, Street and Transportation	公用设施用地 Municipal Utilities	绿地与广场用地 Green Space and Square			
0.34	0.10	0.43	0.15	0.24	0.12	0.60			峨边彝族自治县
0.74	0.09	2.00	0.35	0.06	0.20	0.75			马边彝族自治县
2.97	1.82	3.37	1.22	3.95	1.41	4.06			南部县
1.80	1.27	2.22	0.96	2.28	0.77	2.70	1.00	0.30	营山县
1.52	1.04	1.69	0.68	2.21	0.60	2.00	0.50		蓬安县
1.51	1.00	1.53	0.66	1.97	0.67	2.19	1.30	0.50	仪陇县
1.46	1.50	2.00	0.66	2.05	0.65	2.50	1.00	0.50	西充县
2.84	4.25	4.25	2.83	3.21	2.83	6.38	1.70		仁寿县
0.70	0.75	2.53	0.30	1.22	0.20	1.05	0.67	0.60	洪雅县
1.08	1.20	0.75	0.40	0.90	0.22	1.45	0.40	0.30	丹棱县
0.83	0.14	2.52	0.03	0.84	0.05	0.15			青神县
0.45	0.21	0.99	1.09	1.40	0.15	1.09			宜宾县
0.79	0.26	1.56	0.34	1.22	1.38	2.75	1.92	1.30	江安县
1.02	0.25	1.45	0.16	2.13	0.39	0.11	17.50	12.50	长宁县
0.85	0.90	1.16	0.17	1.34	0.18	2.99			高　县
0.89	0.75	0.69	0.50	0.47	0.82	3.98	0.37	0.09	珙　县
0.55	0.44	1.66	0.24	0.93	0.15	0.41			筠连县
0.31	0.97	0.98	0.43	1.24	0.76	0.17	0.18	0.14	兴文县
0.05	0.10	1.24	0.29	0.64	0.07	1.07			屏山县
1.16	2.10	0.49	0.49	2.20	0.16	6.78			岳池县
1.20	1.80	1.50	0.50	2.40	0.80	2.00			武胜县
1.37	4.00	2.20	0.45	2.43	1.60	2.55	0.50	0.20	邻水县
1.15	0.95	1.82	0.45	1.87	0.35	2.35	0.60		宣汉县
0.89	0.05	1.56	0.25	0.80	0.30	3.30			开江县
1.49	1.10	3.12	0.95	2.24	1.15	2.05	0.55	0.40	大竹县
0.88	2.95	0.70	1.70	0.08	2.02	3.30			渠　县
0.90	0.11	0.40	0.06	0.48	0.77	0.98	0.10	0.02	荥经县
0.62	0.03	0.08		0.62	0.06	0.24			汉源县
0.52	0.25	0.36	0.05	0.50	0.14	0.52			石棉县
0.07	0.38	0.16	0.02	0.02	0.04	0.22	0.06	0.03	天全县
0.53	0.38	0.17	0.03	0.92	0.06	0.37	1.20	0.60	芦山县
0.13	0.22	0.02	0.01	0.02	0.19	0.49	0.02		宝兴县
3.54	0.90	0.45	1.65	0.56	0.68	0.67	0.70	0.33	通江县
1.67	0.45	1.40	0.57	1.79	3.23	1.64	0.13	0.08	南江县
1.60	0.60	0.90	0.80	2.80	1.70	1.50			平昌县
1.93	2.22	6.68	1.10	3.98	0.29	2.31	2.31		安岳县
0.13	0.65	5.90	0.40	0.96	3.75	2.78	0.60		乐至县
0.47	0.04	0.01	0.15	0.34	0.14	0.45			汶川县
0.02	0.51	0.01	0.20	0.21	0.10	0.20			理　县
0.80	0.42	0.18	0.02	0.70	0.10	0.75			茂　县
0.80	0.01	0.15	0.12	0.40	0.20	0.48			松潘县
0.38	0.60	0.02	0.01	0.48	0.06	0.51	0.18		九寨沟县
0.73	0.03	0.42	0.04	0.05	0.32	0.04	0.32	0.30	金川县
0.22	0.10	0.15	0.02	0.28	0.13	0.28			小金县
0.48	0.06	0.01	0.06	0.35	0.09	0.34			黑水县

2-3 续表 24

面积计量单位：平方公里

人口计量单位：万人

县名称 Name of Counties	县面积 County District Area	县人口 County District Population	县暂住人口 County District Temporary Population	县城面积 County Seat Area	县城人口 County Seat Population	县城暂住人口 County Seat Temporary Population	建成区面积 Area of Built District	城市建设用地面积 小计 Subtotal	居住用地 Residential
壤塘县	6836	4.3	0.3	1.70	0.49	0.05	1.70	0.72	0.30
阿坝县	10435	8.0	0.2	55.00	1.12	0.15	4.16	3.34	1.14
若尔盖县	10620	7.9	0.2	766.00	1.04	0.08	2.80	2.80	0.87
红原县	8398	4.7	0.2	699.99	1.29	0.04	3.04	3.02	0.74
泸定县	2165	9.2	0.9	9.08	2.37	0.53	2.30	2.26	0.90
丹巴县	4657	6.3	0.2	11.97	1.70	0.20	2.10	2.10	1.20
九龙县	6766	6.8	0.3	9.39	1.41	0.29	1.90	1.78	0.04
雅江县	7558	5.2	0.2	6.91	1.22	0.03	0.84	0.48	0.21
道孚县	7053	6.3	0.4	9.80	1.38	0.39	5.76	4.16	1.56
炉霍县	4601	4.8	0.2	10.82	0.89	0.08	3.00	3.00	2.20
甘孜县	7306	6.9	1.4	12.58	2.70	0.78	4.31	4.31	1.33
新龙县	8570	5.2	0.5	6.38	0.90	0.07	0.82	0.65	0.05
德格县	11025	8.9	0.5	9.79	0.68	0.16	0.60	2.13	0.23
白玉县	10386	5.5	0.4	5.93	0.60	0.21	1.80	0.75	0.60
石渠县	24949	12.0	0.2	15.11	0.78	0.04	1.62	1.22	0.52
色达县	9332	5.3	0.1	8.19	0.68	0.05	1.70	1.45	0.58
理塘县	13677	6.8	0.5	11.53	1.02	0.48	6.70	6.25	3.38
巴塘县	7852	5.4	0.9	9.47	1.56	0.40	2.18	2.18	1.36
乡城县	5016	3.4	0.2	6.80	3.12	0.24	4.30	2.52	1.10
稻城县	7323	3.4	0.2	7.46	0.58	0.12	2.50	1.39	0.65
得荣县	2916	2.7	0.1	4.54	0.43	0.05	0.65	0.46	0.24
木里藏族自治县	13222	13.9	0.7	3.00	1.77	0.65	1.80	1.59	0.75
盐源县	8408	39.6	3.5	5.66	4.89	2.86	5.66	5.66	2.69
德昌县	2284	21.3	1.5	14.50	5.08	0.54	5.22	4.96	1.50
会理县	4522	46.3	1.0	19.00	8.40	0.33	9.13	9.13	4.19
会东县	3228	43.3	2.3	11.20	5.56	1.12	6.53	4.42	1.97
宁南县	1667	19.4	0.4	6.00	3.30	0.40	6.00	4.04	1.67
普格县	1905	19.8	0.2	3.30	2.19	0.10	2.40	2.16	0.50
布拖县	1686	17.9	0.2	4.00	2.80	0.12	2.50	2.49	1.08
金阳县	1588	20.4		2.20	1.92		2.20	1.28	0.75
昭觉县	2698	31.5	0.5	5.00	3.10	0.44	3.00	2.31	1.17
喜德县	2206	21.7	1.2	3.45	2.79	0.40	2.60	2.50	1.65
冕宁县	4423	39.6	0.7	8.55	4.30	0.34	5.58	3.10	1.40
越西县	2257	35.0	0.6	7.60	3.90	0.50	4.30	4.18	2.00
甘洛县	2156	23.1	1.0	4.45	4.31	0.22	2.96	2.95	1.53
美姑县	2732	26.0	0.3	2.30	2.55	0.23	1.17	1.14	0.64
雷波县	2932	29.0	0.7	4.30	3.60	0.70	3.00	2.99	0.15
贵　州	**150797**	**3253.6**	**125.5**	**2253.63**	**496.20**	**58.85**	**669.77**	**612.13**	**234.12**
开阳县	2023	44.8	0.6	28.00	10.95	0.37	13.86	12.14	4.36
息烽县	1037	26.3	0.9	12.84	6.90	0.40	7.00	6.79	1.98
修文县	1071	34.1	1.7	6.40	5.90	0.95	5.60	5.48	2.50
水城县	3589	89.3	5.0	37.14	6.00	1.60	11.95	11.32	4.00
盘　县	4057	119.0	3.6	30.00	12.40	3.20	15.60	21.17	7.65
六枝特区	1792	71.8	1.4	69.30	15.55	0.90	24.59	22.56	9.67
遵义县	4093	125.9	6.1	114.00	18.14	1.10	22.76	22.76	8.64

continued 24

Area Measurement Unit: Square Kilometer

Population Measurement Unit:10,000persons

Area of Urban Construction Land							本年征用土地面积 Area of Land Requisition This Year		县名称 Name of Counties
公共管理与公共服务用地 Administr-ation and Public Services	商业服务业设施用地 Commercial and Business Facilities	工业用地 Industrial, Manufact-uring	物流仓储用地 Logistics and Warehouse	道路交通设施用地 Road, Street and Trans-portation	公用设施用地 Munici-pal Utilities	绿地与广场用地 Green Space and Square		耕地 Arable Land	
0.15	0.02	0.01	0.06	0.02	0.08	0.08			壤塘县
0.84	0.20	0.07	0.24	0.43	0.23	0.19			阿坝县
0.62	0.35	0.10	0.07	0.65	0.10	0.04			若尔盖县
0.59	0.36	0.42	0.03	0.45	0.19	0.24	0.47		红原县
0.50	0.11	0.10		0.25	0.08	0.32			泸定县
0.20	0.20	0.10	0.10	0.08	0.20	0.02	1.00		丹巴县
1.20	0.22	0.04		0.20	0.01	0.07			九龙县
0.04	0.05	0.03	0.03	0.06	0.02	0.04	0.02		雅江县
0.47	0.42	0.09	0.06	0.54	0.09	0.93	0.13	0.05	道孚县
0.30	0.04	0.04	0.02	0.19	0.05	0.16			炉霍县
0.85	0.25	0.10	0.05	0.70	0.18	0.85	0.35		甘孜县
0.12	0.11	0.05	0.01	0.16	0.03	0.12			新龙县
0.11	0.03	0.02		0.74	0.14	0.86			德格县
0.11	0.01	0.01		0.01	0.01				白玉县
0.25	0.03	0.04	0.02	0.27	0.02	0.07	0.05		石渠县
0.23	0.14	0.03	0.10	0.12	0.24	0.01			色达县
0.59	0.50	0.70	0.01	0.52	0.06	0.49	0.67		理塘县
0.31	0.09	0.05	0.01	0.25	0.07	0.04			巴塘县
0.70	0.39	0.09	0.04	0.08	0.05	0.07	0.17	0.07	乡城县
0.23	0.07	0.04	0.02	0.18	0.10	0.10	0.20	0.06	稻城县
0.01	0.02	0.01	0.09	0.05	0.01	0.03			得荣县
0.14	0.11	0.02	0.06	0.08	0.13	0.30			木里藏族自治县
0.68	0.23	0.55	0.22	0.47	0.34	0.48			盐源县
0.99	0.90	0.22	0.05	0.50	0.17	0.63	0.27	0.25	德昌县
0.84	0.93	0.50	0.23	0.68	0.90	0.86			会理县
0.60	0.20	0.17	0.17	0.53	0.36	0.42			会东县
0.52	0.30	0.33	0.22	0.48	0.27	0.25	0.60	0.20	宁南县
0.41	0.14	0.01	0.82	0.16	0.05	0.07	0.07	0.03	普格县
0.39	0.10	0.14	0.15	0.30	0.04	0.29			布拖县
0.19	0.08	0.03	0.03	0.07	0.01	0.12			金阳县
0.10	0.10	0.05	0.04	0.09	0.15	0.61			昭觉县
0.25	0.14	0.14	0.01	0.23	0.02	0.06			喜德县
0.05	0.14	0.03	0.20	0.24	0.04	1.00			冕宁县
0.60	0.26	0.10	0.11	0.50	0.21	0.40			越西县
0.23	0.10	0.15	0.22	0.26	0.14	0.32			甘洛县
0.13	0.08	0.08	0.02	0.04	0.04	0.11			美姑县
0.75	0.50	0.10		0.45	0.60	0.44	0.50	0.50	雷波县
68.60	**49.50**	**52.60**	**23.71**	**67.08**	**40.17**	**76.35**	**48.06**	**21.75**	**贵　州**
0.92	0.42	0.51	0.08	0.58	1.71	3.56	1.30	0.93	开阳县
1.29	0.64	0.80	0.23	0.35	0.20	1.30			息烽县
0.50	0.50	1.00	0.30	0.20	0.30	0.18	2.20	1.20	修文县
1.00	1.80	1.00	0.15	1.00	0.11	2.26	0.67	0.63	水城县
1.45	0.93	1.59	0.21	3.50	0.34	5.50			盘　县
4.87	5.17	0.17		1.16	0.66	0.86	0.08	0.06	六枝特区
2.05	1.32	2.50	1.80	3.50	1.53	1.42	4.73	3.15	遵义县

2-3 续表 25

面积计量单位：平方公里
人口计量单位：万人

县名称 Name of Counties	县面积 County District Area	县人口 County District Population	县暂住人口 County District Temporary Population	县城面积 County Seat Area	县城人口 County Seat Population	县城暂住人口 County Seat Temporary Population	建成区面积 Area of Built District	城市建设用地面积 小计 Subtotal	居住用地 Residential
桐梓县	3189	73.0	1.5	96.00	12.00	0.70	15.00	14.36	4.50
绥阳县	2566	56.0	1.8	85.00	8.10	1.03	8.50	6.18	3.25
正安县	2595	65.8	1.3	72.00	8.90	0.70	12.00	11.90	4.00
道真仡佬族苗族自治县	2156	37.1	1.8	70.00	7.30	0.35	8.10	8.05	4.20
务川仡佬族苗族自治县	2773	46.4	1.0	66.00	5.95	0.71	7.00	6.44	3.50
凤冈县	1883	46.0	2.0	85.00	6.86	0.78	12.30	11.00	6.00
湄潭县	1845	55.0	3.0	85.00	10.00	1.22	14.00	13.68	6.97
余庆县	1630	30.5	2.7	60.00	5.25	1.00	12.50	8.48	4.22
习水县	3128	74.7	3.5	74.00	10.20	1.20	13.00	12.17	4.45
普定县	1091	46.6	1.5	20.80	9.00	1.42	8.80	7.49	3.10
镇宁布依族苗族自治县	1720	40.0	0.9	34.00	7.61	0.53	7.22	7.21	2.05
关岭布依族苗族自治县	1468	36.7	1.7	14.55	4.56	0.54	8.00	7.01	2.55
紫云苗族布依族自治县	2284	40.0	0.7	14.06	7.93	0.10	7.50	7.43	2.00
江口县	1869	24.0	0.7	10.86	5.47	0.51	8.40	8.27	2.53
玉屏侗族自治县	518	15.5	1.3	11.55	5.57	1.15	7.56	7.06	2.56
石阡县	2173	41.8	2.1	16.70	7.00	1.45	10.90	7.02	2.70
思南县	2231	68.0	2.4	50.00	8.00	0.90	20.16	12.48	1.86
印江土家族苗族自治县	1962	46.0	2.1	12.84	8.20	0.90	9.20	9.18	3.00
德江县	2072	55.0	5.6	107.50	9.00	1.00	14.05	13.80	3.90
沿河土家族自治县	2468	66.4	5.9	14.80	7.00	0.90	10.97	10.97	6.83
松桃苗族自治县	2861	71.3	1.6	26.00	9.58	1.42	13.40	13.31	3.96
兴仁县	1785	54.5	1.5	40.40	9.92	0.95	15.50	11.82	3.83
普安县	1429	34.6	1.4	41.90	4.07	0.60	6.50	6.49	0.63
晴隆县	1327	34.0	1.9	5.94	4.10	0.40	4.50	4.08	2.00
贞丰县	1511	42.3	1.8	9.38	6.00	0.95	6.50	5.89	2.93
望谟县	3006	31.7	1.0	15.30	4.70	0.91	6.35	5.11	1.75
册亨县	2598	23.9	0.7	9.20	3.52	0.39	4.72	4.70	3.10
安龙县	2238	48.0	1.5	19.79	8.01	0.30	14.20	11.91	3.70
大方县	3502	95.0	1.7	22.60	9.50	0.91	15.40	8.43	3.70
黔西县	2554	92.4	1.8	19.00	14.10	0.90	15.00	12.75	5.50
金沙县	2528	68.2	3.5	22.38	11.60	2.08	16.50	9.85	1.50
织金县	2868	116.1	1.0	33.21	10.19	0.81	9.00	8.07	1.00
纳雍县	2448	98.0	3.0	104.80	8.50	0.90	14.00	13.07	7.53
威宁彝族回族苗族自治县	6295	143.1	4.9	168.00	15.50	2.39	23.69	23.69	10.88
赫章县	3245	82.1	1.3	112.26	6.87	0.83	7.90	7.90	3.83
黄平县	1668	39.3	3.4	14.99	5.98	1.12	5.40	5.27	2.66
施秉县	1544	17.1	0.4	4.22	4.50	0.38	4.00	3.96	2.12
三穗县	1036	22.1	1.2	48.00	5.81	0.70	8.74	8.18	3.68

continued 25

Area Measurement Unit: Square Kilometer

Population Measurement Unit:10,000persons

Area of Urban Construction Land							本年征用土地面积 Area of Land Requisition This Year		县名称 Name of Counties
公共管理与公共服务用地 Administration and Public Services	商业服务业设施用地 Commercial and Business Facilities	工业用地 Industrial, Manufacturing	物流仓储用地 Logistics and Warehouse	道路交通设施用地 Road, Street and Transportation	公用设施用地 Municipal Utilities	绿地与广场用地 Green Space and Square		耕地 Arable Land	
1.12	0.85	3.85	0.53	0.42	1.17	1.92			桐梓县
0.73	0.03	0.35	0.35	0.35	1.02	0.10			绥阳县
2.00	0.76	1.00	0.12	1.58	1.44	1.00			正安县
0.98	0.30	0.55	0.20	0.42	0.75	0.65	1.80	0.70	道真仡佬族苗族自治县
1.00	0.50	0.20	0.20	0.30	0.15	0.59	0.80	0.20	务川仡佬族苗族自治县
2.00	0.70	0.50	0.28	0.44	0.75	0.33	3.00		凤冈县
2.43	0.83	0.51	0.66	0.45	1.28	0.55			湄潭县
2.00	0.38	0.32	0.06	1.07	0.02	0.41			余庆县
1.28	0.70	0.65	0.49	2.50	0.40	1.70	1.25	0.70	习水县
1.50	0.60	1.15	0.14	0.25	0.40	0.35	1.60	1.50	普定县
0.43	0.42	1.04	0.25	0.91	0.32	1.79	0.43	0.31	镇宁布依族苗族自治县
0.11	0.36	0.33	0.80	0.99	0.88	0.99			关岭布依族苗族自治县
0.90	0.60	0.93	0.15	1.00	0.35	1.50	0.07	0.07	紫云苗族布依族自治县
1.03	1.48	0.01	0.01	1.68	0.08	1.45	0.43	0.12	江口县
0.71	0.87	1.15	0.42	0.90	0.30	0.15	2.50		玉屏侗族自治县
1.22	0.13	0.77	0.21	0.39	0.40	1.20	2.57	2.01	石阡县
0.30	2.00	2.30	0.60	2.30	1.50	1.62	0.80		思南县
1.10	1.08	0.60	0.50	0.70	1.50	0.70	3.00		印江土家族苗族自治县
1.40	1.00	0.70	0.50	2.30	1.00	3.00			德江县
0.72	0.08	0.65	0.05	1.52	1.12		0.95	0.65	沿河土家族自治县
1.98	2.38	2.40	0.42	0.52	1.00	0.65	0.10	0.07	松桃苗族自治县
1.25	0.68	1.60	0.48	1.60	0.17	2.21	2.84	1.30	兴仁县
3.65	0.06	0.02	0.60	0.83	0.45	0.25	0.55	0.50	普安县
0.45	0.24	0.43	0.23	0.21	0.18	0.34	1.24		晴隆县
0.60	0.45	0.60	0.03	0.85	0.08	0.35	1.28		贞丰县
0.60	0.53	0.26	0.23	0.81	0.22	0.71	1.60	0.70	望谟县
0.30	0.22	0.12	0.16	0.23	0.30	0.27			册亨县
1.10	2.00	1.50	1.32	0.50	0.20	1.59	2.30	2.10	安龙县
1.30	0.58	0.13	0.52	0.90	0.20	1.10			大方县
1.00	1.00	0.50	0.30	1.35	1.10	2.00			黔西县
0.80	0.60	1.85	1.30	1.50	1.20	1.10	0.50		金沙县
1.00	0.30	0.80	1.00	2.50	1.00	0.47			织金县
0.71	0.64	0.72	0.19	1.51	0.46	1.31			纳雍县
1.72	2.65	2.28	1.29	1.68	0.99	2.20			威宁彝族回族苗族自治县
0.42	0.38	0.95	0.12	1.66	0.18	0.36	1.25	1.23	赫章县
0.52	0.13	0.86		0.46	0.02	0.62	0.61	0.08	黄平县
0.30	0.29	0.04	0.02	0.54	0.02	0.63	0.04	0.02	施秉县
0.53	0.22	0.68	0.32	0.92	0.90	0.93			三穗县

2-3 续表 26

面积计量单位：平方公里
人口计量单位：万人

县名称 Name of Counties	县面积 County District Area	县人口 County District Population	县暂住人口 County District Temporary Population	县城面积 County Seat Area	县城人口 County Seat Population	县城暂住人口 County Seat Temporary Population	建成区面积 Area of Built District	城市建设用地面积 小计 Subtotal	居住用地 Residential
镇远县	1878	27.6	1.7	10.00	6.90	0.50	9.95	9.47	5.58
岑巩县	1487	22.9	1.3	8.16	3.46	0.86	6.89	5.64	2.37
天柱县	2201	42.7	2.9	16.00	9.30	1.70	10.50	9.83	3.60
锦屏县	1597	22.9	1.8	15.86	3.52	1.21	4.10	4.06	2.06
剑河县	2176	26.0	1.7	5.20	3.81	0.56	3.64	3.53	1.45
台江县	1108	16.2	0.3	4.02	2.97	0.16	3.50	3.46	1.60
黎平县	4441	55.8	2.0	14.80	7.85	1.25	10.40	10.04	4.54
榕江县	3315	36.4	0.6	10.23	5.61	0.29	8.70	8.68	5.00
从江县	3244	35.5	0.8	11.78	3.28	0.67	3.21	3.21	1.81
雷山县	1219	15.5	0.6	4.80	2.93	0.16	3.50	2.81	0.87
麻江县	1222	13.0	0.3	7.80	2.80	0.22	5.12	4.07	1.60
丹寨县	938	17.5	1.1	8.90	3.70	1.00	7.30	6.48	2.90
荔波县	2441	17.6	0.7	9.13	4.98	0.38	6.53	6.45	2.07
贵定县	1631	29.8	0.7	18.00	9.00	0.40	8.15	8.15	1.80
瓮安县	1966	48.5	3.2	22.04	13.50	2.90	19.50	18.82	6.63
独山县	2445	36.1	2.0	10.00	5.42	0.59	7.40	7.34	1.01
平塘县	2838	32.5	0.5	10.80	4.20	0.45	5.50	5.39	1.00
罗甸县	3013	33.5	1.2	11.83	5.00	1.00	8.10	7.90	2.20
长顺县	1543	27.1	1.5	5.20	4.35	0.63	5.20	5.20	1.20
龙里县	1521	23.9	2.0	11.97	6.51	0.40	9.80	10.03	2.52
惠水县	2470	47.4	2.2	12.56	10.60	0.80	10.30	10.30	3.58
三都水族自治县	2380	36.2	0.3	8.84	4.32	0.17	4.66	4.39	1.46
云　南	**311737**	**3342.9**	**146.4**	**1601.44**	**546.35**	**78.13**	**711.89**	**647.28**	**230.80**
晋宁县	1337	28.3	3.1	33.60	8.32	0.69	11.59	9.12	3.50
富民县	993	15.2	0.9	28.00	4.50	0.59	7.00	4.84	1.92
宜良县	1626	37.5	1.7	24.50	11.68	1.06	12.60	12.60	2.75
石林彝族自治县	1725	25.8	1.8	87.60	8.40	1.50	15.32	9.73	3.09
禄劝彝族苗族自治县	3680	41.4	3.7	8.00	5.77	0.20	6.94	6.83	2.37
寻甸回族彝族自治县	2833	42.6	0.9	11.70	6.68	0.45	6.31	6.31	1.63
阳宗海风景名胜区	546	9.8	2.0	7.24	1.51	0.70	7.24	7.24	0.90
倘甸产业园区和轿子山旅游开发区	1838	25.4	1.6	98.00	4.10	0.06	4.50	4.27	2.70
嵩明县	850	30.3	4.4	7.03	7.11	2.04	7.03	6.90	4.09
马龙县	1600	20.8	0.5	14.00	4.70	0.32	6.00	5.95	1.60
陆良县	2010	67.7	1.4	18.37	14.90	1.40	16.37	14.46	3.60
师宗县	2742	42.8	0.3	14.00	11.70	0.30	13.80	13.70	3.30
罗平县	3025	62.6	0.5	24.00	12.57	0.31	20.70	19.17	10.93
富源县	3236	76.4	6.0	11.15	8.35	1.79	11.09	7.98	0.81
会泽县	5884	103.5	0.5	36.00	12.50	0.30	13.50	10.10	1.50
沾益县	2801	44.6	1.6	12.48	7.13	0.11	12.22	10.80	5.34
江川县	850	28.5	1.1	11.58	8.30	0.98	5.50	5.50	2.49
澄江县	773	17.0	0.5	10.50	2.80	0.30	3.75	3.74	1.15
通海县	721	28.6	2.2	26.32	6.70	0.79	8.70	8.62	3.83

continued 26

Area Measurement Unit: Square Kilometer

Population Measurement Unit:10,000persons

Area of Urban Construction Land							本年征用土地面积 Area of Land Requisition This Year		县名称 Name of Counties
公共管理与公共服务用地 Administration and Public Services	商业服务业设施用地 Commercial and Business Facilities	工业用地 Industrial, Manufacturing	物流仓储用地 Logistics and Warehouse	道路交通设施用地 Road, Street and Transportation	公用设施用地 Municipal Utilities	绿地与广场用地 Green Space and Square		耕地 Arable Land	
1.12	0.11	0.24	0.07	0.19	0.06	2.10			镇远县
0.59	0.61	0.65	0.07	0.36	0.09	0.90			岑巩县
0.60	0.61	1.30	0.14	0.76	1.30	1.52	1.15	0.13	天柱县
0.26	0.05	0.21		0.30	0.68	0.50	1.18	0.61	锦屏县
0.28	0.02	0.05	0.03	0.46	0.30	0.94			剑河县
0.33	0.20	0.05	0.10	0.40	0.08	0.70			台江县
0.47	1.23	0.76	0.23	1.11	0.15	1.55	0.30		黎平县
0.12	0.08	1.20		1.32	0.08	0.88			榕江县
0.71	0.07	0.02		0.03	0.12	0.45	0.08	0.06	从江县
0.52	0.28	0.28	0.02	0.48	0.02	0.34			雷山县
0.02	0.05	1.00	0.30	0.14	0.35	0.61	1.65	0.80	麻江县
0.90	0.03	0.07	1.10	0.36	0.26	0.86	0.88	0.53	丹寨县
0.77	0.91	0.20	0.15	1.25	0.92	0.18	1.18	0.65	荔波县
0.35	0.85	0.65	0.04	1.47	1.59	1.40			贵定县
2.73	0.57	0.59	1.37	2.15	0.78	4.00			瓮安县
0.43	1.66	0.29	1.01	0.27	1.27	1.40			独山县
1.00	0.70	0.05	0.09	1.20	0.05	1.30	0.56	0.45	平塘县
0.23	1.02	1.23		1.55	0.80	0.87			罗甸县
0.60	0.80	0.80		0.80	0.50	0.50			长顺县
1.42	0.51	1.02	0.48	0.92	1.20	1.96			龙里县
1.13	1.06	0.97	0.69	1.78	0.22	0.87			惠水县
0.75	0.28	0.10		0.45	1.00	0.35	0.59	0.29	三都水族自治县
81.82	**48.74**	**53.54**	**16.38**	**95.53**	**34.42**	**86.05**	**34.61**	**17.43**	**云　南**
0.63	1.05	0.20		1.45	0.02	2.27			晋宁县
0.06	0.18	0.97	0.02	0.22	0.15	1.32	0.82		富民县
6.32	0.06	0.94	0.15	0.12	1.01	1.25			宜良县
0.55	0.54	0.01		1.62	0.46	3.46	0.05	0.01	石林彝族自治县
1.00	0.65	0.87	0.24	1.28	0.22	0.20	0.40	0.22	禄劝彝族苗族自治县
0.86	0.60	0.48	0.09	0.53	0.08	2.04	0.50	0.38	寻甸回族彝族自治县
0.35	0.66	3.67	0.19	1.01	0.36	0.10	0.63	0.04	阳宗海风景名胜区
0.33	0.32	0.20		0.40	0.12	0.20	1.50	1.50	倘甸产业园区和轿子山旅游开发区
0.52	0.52	0.32	0.01	1.01	0.21	0.22			嵩明县
0.65	0.13	1.24	0.60	1.08	0.15	0.50	0.41	0.34	马龙县
2.30	1.27	2.00	0.10	2.45	2.30	0.44			陆良县
0.90	1.00	1.50	0.30	2.70	0.40	3.60	2.30	0.60	师宗县
1.06	0.36	1.66	0.35	2.52	0.17	2.12	0.20	0.06	罗平县
0.60	0.35	0.65	0.28	0.98	0.37	3.94	1.49	0.42	富源县
3.00	1.00	1.00	0.20	2.10	0.50	0.80	0.30	0.30	会泽县
1.04	0.91	1.17	0.23	1.63	0.07	0.41	0.85	0.57	沾益县
0.32	0.56	1.00		0.85	0.02	0.26			江川县
0.17	0.08	0.01	0.10	0.95	0.15	1.13	0.87	0.87	澄江县
0.59	0.90	0.31	0.52	0.93	0.20	1.34	0.10		通海县

2-3 续表 27

面积计量单位：平方公里
人口计量单位：万人

县名称 Name of Counties	县面积 County District Area	县人口 County District Population	县暂住人口 County District Temporary Population	县城面积 County Seat Area	县城人口 County Seat Population	县城暂住人口 County Seat Temporary Population	建成区面积 Area of Built District	城市建设用地面积	
								小计 Subtotal	居住用地 Residential
华宁县	1248	21.1	0.4	33.56	3.49	0.18	4.71	4.26	1.14
易门县	1571	16.7	1.2	9.46	2.79	0.59	4.97	4.97	0.70
峨山县	1972	15.5	0.5	10.74	3.54	0.37	4.15	4.03	1.00
新平县	4223	27.5	1.4	24.40	5.01	0.28	6.27	6.27	1.96
元江县	2858	22.7	1.6	10.00	2.94	0.78	3.75	3.75	1.42
施甸县	2009	34.4	0.7	12.13	5.00	0.53	7.00	6.30	2.73
龙陵县	2884	29.8	0.8	17.70	5.60	0.74	6.70	5.27	2.10
昌宁县	3889	38.2	3.5	16.00	6.14	0.81	9.30	9.30	3.83
鲁甸县	1487	45.6	2.5	8.20	6.70	0.80	6.24	6.24	2.98
巧家县	3245	60.3	1.2	10.33	6.15	0.62	7.66	7.13	2.92
盐津县	2092	38.8	1.4	7.38	5.60	0.98	3.20	3.18	1.60
大关县	1692	28.8	1.0	8.00	4.66	0.61	6.24	5.36	2.85
永善县	2789	46.8	3.3	10.28	4.96	2.10	6.70	6.66	2.50
绥江县	746	16.8	1.2	5.64	3.90	0.47	5.56	3.44	1.63
镇雄县	3696	157.0	10.1	30.00	18.80	7.50	14.51	14.37	8.30
彝良县	2800	60.1	2.6	20.00	6.73	1.02	7.20	6.74	3.22
威信县	1400	43.8	3.7	5.30	4.97	1.35	4.12	4.39	1.72
水富县	440	11.9	0.7	17.00	4.89	0.70	10.42	8.18	2.90
玉龙纳西族自治县	6393	22.0	0.4	10.60	1.72	0.25	8.44	4.91	1.73
永胜县	5099	40.2	0.4	7.50	4.20	0.30	6.10	5.99	2.50
华坪县	2266	15.8	0.5	6.00	2.60	0.40	3.95	3.86	1.06
宁蒗县	6026	27.7	0.5	4.50	3.36	0.36	3.63	3.48	0.31
宁洱哈尼族彝族自治县	3670	19.5	0.7	14.80	5.10	0.36	7.50	7.01	1.98
墨江哈尼族自治县	5320	37.5	1.2	6.96	3.78	0.38	5.30	5.03	2.80
景东彝族自治县	4532	36.4	0.5	7.20	3.61	0.46	6.03	4.63	1.50
景谷傣族彝族自治县	7550	32.8	1.6	11.90	5.36	0.90	8.90	8.66	1.85
镇沅彝族哈尼族拉祜族自治县	4137	23.9	0.9	5.00	2.40	0.53	3.20	3.19	1.33
江城哈尼族彝族自治县	3544	11.7	0.9	6.60	2.10	0.70	4.00	2.03	0.75
孟连傣族拉祜族佤族自治县	1894	13.8	1.1	6.60	3.82	0.85	5.18	4.35	1.15
澜沧拉祜族自治县	8807	55.0	1.9	28.20	6.53	0.40	6.23	6.23	1.31
西盟佤族自治县	1354	9.3	0.3	4.00	0.99	0.17	1.89	1.51	0.43
凤庆县	3451	48.2	2.0	14.00	9.58	1.07	12.00	10.30	2.00
云　县	3659	46.1	1.6	25.00	10.89	1.12	9.10	8.60	4.02
永德县	3220	35.8	2.0	5.30	5.92	0.48	5.20	5.20	2.22
镇康县	2529	18.3	0.8	5.10	2.97	0.54	3.84	3.80	1.65
双江拉祜族佤族布朗族傣族自治县	2110	18.3	0.9	6.00	5.54	0.65	5.66	5.46	0.83
耿马傣族佤族自治县	3837	30.6	1.6	7.96	5.18	0.18	4.72	4.68	1.60
沧源佤族自治县	2539	18.7	0.7	9.17	4.20	0.25	5.20	4.33	1.37

continued 27

Area Measurement Unit: Square Kilometer

Population Measurement Unit:10,000persons

Area of Urban Construction Land							本年征用土地面积 Area of Land Requisition This Year		县名称 Name of Counties
公共管理与公共服务用地 Administration and Public Services	商业服务业设施用地 Commercial and Business Facilities	工业用地 Industrial, Manufacturing	物流仓储用地 Logistics and Warehouse	道路交通设施用地 Road, Street and Transportation	公用设施用地 Municipal Utilities	绿地与广场用地 Green Space and Square		耕地 Arable Land	
0.18	0.45	0.02	0.04	0.72	0.03	1.68	0.10	0.10	华宁县
0.46	0.04	1.06	0.22	0.60	0.44	1.45	0.06		易门县
0.05	0.57	0.08		0.82	0.09	1.42			峨山县
1.03	0.10	0.04		0.95	0.26	1.93			新平县
0.52	0.21	0.61	0.02	0.64	0.14	0.19	3.85		元江县
0.74	0.27	0.04	0.02	1.20	0.70	0.60	0.72	0.72	施甸县
0.65	0.63	0.50		0.83	0.11	0.45	0.50	0.49	龙陵县
1.17	0.59	1.34	0.06	1.16	0.63	0.52	0.13	0.10	昌宁县
0.70	0.89	0.44	0.25	0.48	0.22	0.28	0.80	0.33	鲁甸县
0.20	0.40	0.90	0.95	0.46	0.61	0.69			巧家县
1.29	0.01	0.03		0.23	0.01	0.01	0.79	0.51	盐津县
1.80	0.01	0.23	0.06	0.25	0.06	0.10	0.06	0.02	大关县
1.26	1.56	0.19	0.03	0.60	0.03	0.49	0.35	0.02	永善县
0.51	0.07	0.05	0.01	0.58	0.04	0.55			绥江县
2.01	0.86	0.65	0.45	1.25	0.05	0.80	0.78	0.54	镇雄县
0.32	0.50	0.52	0.32	1.10	0.50	0.26	0.70		彝良县
1.60	0.01	0.10	0.03	0.48	0.03	0.42	0.14	0.05	威信县
2.20	1.00	0.80	0.10	0.75	0.15	0.28			水富县
0.25	0.25	0.10		2.36	0.12	0.10	0.71	0.14	玉龙纳西族自治县
0.22	0.25	0.20	0.20	0.60	1.00	1.02	0.01	0.01	永胜县
0.21	0.25	1.00	0.17	0.40	0.23	0.54			华坪县
0.80	0.24	0.10	0.10	1.00	0.30	0.63			宁蒗县
0.46	0.71	0.11	0.56	1.36	0.22	1.61	0.02	0.02	宁洱哈尼族彝族自治县
0.26	0.80	0.25	0.01	0.44	0.22	0.25	0.04		墨江哈尼族自治县
0.56	0.03	0.33	0.05	0.60	0.23	1.33	2.08	1.52	景东彝族自治县
1.20	2.15	0.56	0.01	0.96	0.27	1.66	0.28	0.28	景谷傣族彝族自治县
0.20	0.61	0.25		0.24	0.01	0.55			镇沅彝族哈尼族拉祜族自治县
0.39	0.20	0.03	0.03	0.27	0.06	0.30	0.20	0.20	江城哈尼族彝族自治县
0.64	0.68	0.35	0.15	0.44	0.42	0.52	0.11		孟连傣族拉祜族佤族自治县
0.79	0.84	0.83	0.15	0.95	0.12	1.24			澜沧拉祜族自治县
0.38	0.12	0.01		0.18	0.02	0.37			西盟佤族自治县
2.00	1.20	1.00	0.60	1.00	1.00	1.50	0.80	0.45	凤庆县
0.06	0.09	0.88	0.52	1.51	0.59	0.93			云　县
0.65	0.20	0.24	0.11	0.42	0.25	1.11			永德县
0.20	0.34	0.15	0.02	0.80	0.14	0.50			镇康县
0.67	0.13	0.31	0.14	0.67	1.39	1.32			双江拉祜族佤族布朗族傣族自治县
0.40	0.90	0.02		0.76	0.50	0.50			耿马傣族佤族自治县
0.38	0.76	0.06	0.12	1.00	0.20	0.44	0.09		沧源佤族自治县

2–3 续表 28

面积计量单位：平方公里

人口计量单位：万人

县名称 Name of Counties	县面积 County District Area	县人口 County District Population	县暂住人口 County District Temporary Population	县城面积 County Seat Area	县城人口 County Seat Population	县城暂住人口 County Seat Temporary Population	建成区面积 Area of Built District	城市建设用地面积 小计 Subtotal	居住用地 Residential
双柏县	4045	15.5	0.8	6.04	2.71	0.65	3.80	3.71	1.29
牟定县	1464	20.3	0.4	16.00	3.41	0.33	5.98	5.05	2.70
南华县	2343	24.1	0.2	13.03	6.02	0.16	7.80	7.75	3.26
姚安县	1803	21.5	0.6	15.00	3.00	0.30	3.64	3.41	1.30
大姚县	4146	28.4	0.7	11.10	5.28	0.43	7.52	6.84	3.20
永仁县	2198	10.6	0.3	15.00	1.66	0.26	4.25	2.72	1.10
元谋县	2021	21.6	0.3	9.41	5.98	0.22	6.52	6.52	2.49
武定县	3322	27.4	0.8	29.20	4.29	0.26	4.20	4.00	0.14
禄丰县	3536	42.4	0.7	35.00	5.79	0.63	8.86	8.86	2.57
屏边苗族自治县	1906	16.3	0.3	8.07	3.25	0.15	3.56	2.90	0.75
建水县	3789	53.9	2.2	26.86	15.75	1.66	19.00	18.90	7.12
石屏县	3037	31.5	0.4	8.51	5.06	0.30	6.75	6.31	2.92
泸西县	1674	43.7	0.9	15.12	11.12	0.51	12.00	11.87	3.51
元阳县	2190	44.3	0.6	8.00	0.95	0.30	2.10	1.59	0.38
红河县	2057	33.5	0.3	6.00	3.77	0.20	4.60	3.99	1.46
金平苗族瑶族傣族自治县	3677	38.7	0.8	3.88	3.55	0.40	3.87	3.34	1.55
绿春县	3097	24.0	0.6	4.06	2.38	0.38	1.88	1.68	0.70
河口县	1327	9.4	1.2	4.91	4.34	0.69	4.20	4.13	1.30
砚山县	3827	49.6	1.2	10.27	7.24	0.80	9.50	9.05	2.85
西畴县	1506	26.1		3.70	1.68		2.98	2.89	1.50
麻栗坡县	2334	29.5	0.9	5.71	4.35	0.70	5.09	4.53	1.70
马关县	2676	38.0	4.0	21.53	6.77	2.42	6.74	6.39	2.70
丘北县	4997	49.6	7.4	57.02	6.60	5.08	12.70	10.82	5.02
广南县	7983	80.2	2.0	15.83	7.00	2.00	10.80	10.80	2.60
富宁县	5352	42.5	1.9	12.00	5.08	1.85	9.35	7.07	4.10
勐海县	5349	32.6	2.8	60.00	5.75	1.80	7.41	7.41	2.25
勐腊县	6861	23.9	3.6	54.30	4.33	1.24	5.70	5.70	1.94
漾濞彝族自治县	1957	10.5	0.3	5.20	3.03	0.16	3.45	2.25	1.35
祥云县	2425	48.4	1.1	27.69	10.97	0.78	17.60	17.50	3.18
宾川县	2563	36.2	0.7	18.90	4.62	0.38	6.40	6.40	2.54
弥渡县	1523	32.6	0.5	6.28	4.01	0.35	5.10	4.76	1.11
南涧彝族自治县	1732	22.3	0.4	6.75	2.46	0.30	3.00	2.99	1.75
巍山彝族回族自治县	2200	31.9	0.2	8.80	4.59	0.14	5.28	5.27	2.56
永平县	2884	18.6	0.4	10.00	5.00	0.20	5.94	4.58	2.40
云龙县	4400	20.8	0.2	5.30	1.35	0.02	2.82	2.05	0.68
洱源县	2533	30.2	0.4	15.00	3.46	0.32	4.50	4.50	1.40
剑川县	2250	18.1	0.6	5.78	2.10	0.20	3.30	3.24	1.24
鹤庆县	2395	27.8	0.8	13.10	2.34	0.35	5.41	5.41	1.64
梁河县	1159	16.9	2.7	4.00	2.20	0.21	4.00	3.99	0.84
盈江县	4429	30.0	1.8	14.40	6.10	1.40	8.52	9.52	2.30
陇川县	1872	19.4	0.6	12.10	4.24	0.33	6.70	6.10	2.18
泸水县	3204	17.8	2.9	11.94	5.30	2.34	8.35	7.73	3.50
福贡县	2805	10.3	0.7	2.50	1.51	0.46	1.65	1.63	0.75

continued 28

Area Measurement Unit: Square Kilometer

Population Measurement Unit:10,000persons

Area of Urban Construction Land							本年征用土地面积 Area of Land Requisition This Year		县名称 Name of Counties
公共管理与公共服务用地 Administration and Public Services	商业服务业设施用地 Commercial and Business Facilities	工业用地 Industrial, Manufacturing	物流仓储用地 Logistics and Warehouse	道路交通设施用地 Road, Street and Transportation	公用设施用地 Municipal Utilities	绿地与广场用地 Green Space and Square		耕地 Arable Land	
0.51	0.43	0.21	0.10	0.85	0.16	0.16	0.03	0.02	双柏县
0.50	0.05	0.20	0.10	0.60	0.40	0.50	0.03	0.03	牟定县
0.78	0.33	0.57	0.62	1.42	0.11	0.66			南华县
0.30	0.10	0.37	0.05	0.68	0.36	0.25	0.44	0.44	姚安县
0.63	0.55	0.25	0.03	1.08	0.08	1.02			大姚县
0.60	0.04	0.15	0.01	0.12	0.10	0.60			永仁县
0.44	0.32	0.31	0.33	2.30	0.18	0.15	0.35	0.35	元谋县
0.17	0.01	3.10		0.31	0.22	0.05	0.05	0.05	武定县
0.63	0.59	0.47	0.46	1.51	0.67	1.96	0.08	0.05	禄丰县
0.76	0.15	0.16	0.01	0.35	0.20	0.52	1.40		屏边苗族自治县
2.92	1.15	2.72	0.12	2.20	1.37	1.30	0.03	0.03	建水县
0.30	0.01	0.20	0.02	0.61	1.07	1.18	0.10	0.03	石屏县
1.50	0.70	0.65	0.19	2.26	0.55	2.51	0.04	0.04	泸西县
0.44	0.06	0.05	0.04	0.43	0.03	0.16	0.10	0.08	元阳县
0.63	0.55	0.37	0.33	0.27	0.10	0.28			红河县
0.38	0.15	0.03	0.02	0.65	0.12	0.44	0.10		金平苗族瑶族傣族自治县
0.25	0.10	0.01	0.01	0.31	0.06	0.24	0.46		绿春县
0.80	0.06	0.38	0.06	0.97	0.06	0.50			河口县
1.70	0.30	0.40	0.30	2.00	0.30	1.20	1.30	1.20	砚山县
0.60	0.26	0.10	0.01	0.32	0.02	0.08			西畴县
0.83	0.31	0.18	0.15	0.53	0.31	0.52	0.05	0.04	麻栗坡县
0.77	0.47	0.73	0.08	0.69	0.13	0.82	0.12	0.11	马关县
1.30	1.13	1.02	0.09	1.76	0.14	0.36			丘北县
1.55	1.20	0.70	0.74	1.50	0.96	1.55	2.05	2.01	广南县
0.62	0.40	0.46	0.21	0.68	0.09	0.51			富宁县
1.12	1.31	0.18	0.11	1.00	0.05	1.39			勐海县
0.87	0.81	0.15	0.12	0.96	0.10	0.75			勐腊县
0.12	0.05	0.01		0.12	0.10	0.50	0.70		漾濞彝族自治县
2.05	1.96	2.51	2.02	1.63	1.19	2.96	1.60	1.20	祥云县
0.08	0.34	0.08	0.03	1.11	1.75	0.47			宾川县
0.50	0.10	0.20	0.30	0.85	0.11	1.59	0.02	0.02	弥渡县
0.33	0.21	0.07	0.02	0.40	0.01	0.20			南涧彝族自治县
0.54	0.62	0.03	0.04	0.31	0.55	0.62	0.31	0.20	巍山彝族回族自治县
0.53	0.25	0.20	0.03	0.76	0.07	0.34	0.40	0.40	永平县
0.20	0.14	0.07	0.10	0.55	0.02	0.29			云龙县
0.75	0.15	0.15		1.00	0.05	1.00			洱源县
1.00	0.13	0.11	0.03	0.60	0.07	0.06			剑川县
0.90	0.63	0.48	0.09	0.76	0.07	0.84			鹤庆县
0.02	0.12	0.09	0.03	2.00	0.54	0.35	0.35		梁河县
0.22	0.90	1.80	0.15	1.56	2.00	0.59	0.25	0.12	盈江县
0.77	0.56	0.54	0.04	0.80	0.12	1.09	0.19	0.19	陇川县
1.85	0.25	0.20	0.02	0.75	0.20	0.96	0.30		泸水县
0.22	0.05	0.06	0.08	0.27	0.15	0.05			福贡县

2–3 续表 29

面积计量单位：平方公里

人口计量单位：万人

县名称 Name of Counties	县面积 County District Area	县人口 County District Population	县暂住人口 County District Temporary Population	县城面积 County Seat Area	县城人口 County Seat Population	县城暂住人口 County Seat Temporary Population	建成区面积 Area of Built District	城市建设用地面积 小计 Subtotal	居住用地 Residential
贡山独龙族怒族自治县	4506	3.7	0.8	2.10	0.83	0.20	1.51	1.11	0.20
兰坪白族普米族自治县	4387	21.4	1.0	10.00	1.51	0.50	4.80	2.63	1.17
德钦县	7291	5.8	0.5	6.14	1.10	0.30	1.63	1.63	0.62
维西傈僳族自治县	4661	15.4	1.5	7.33	3.08	0.80	6.20	4.81	1.60
西　藏	**1205568**	**262.6**	**44.8**	**265.58**	**37.86**	**14.36**	**168.38**	**138.72**	**52.33**
林周县	4512	5.9	0.2	9.04	0.80	0.17	9.04	7.16	3.40
当雄县	10234	5.2	0.1	5.25	0.46	0.10	3.74	3.74	1.02
尼木县	3266	3.5	0.2	9.00	0.70	0.19	3.11	3.03	1.31
曲水县	1624	3.7	0.4	4.30	0.43	0.20	3.90	2.20	0.50
达孜县	1373	3.4	0.2	8.90	0.42	0.24	4.47	4.46	1.42
墨竹工卡县	5492	4.9	1.2	5.34	0.70	0.35	5.34	5.34	1.78
江达县	13164	8.0	1.6	1.10	0.33	0.13	0.80	0.79	0.28
贡觉县	6244	5.2	1.4	0.88	0.30	0.10	0.88	0.88	0.31
类乌齐县	5876	5.0	1.3	6.00	0.35	0.10	3.30	3.30	0.35
丁青县	11547	5.1	1.0	1.21	0.30	0.11	1.21	1.21	0.50
察雅县	8281	5.0	1.4	1.23	0.32	0.10	1.22	1.22	0.70
八宿县	12512	5.2	1.7	0.88	0.32	0.15	0.66	0.60	0.35
左贡县	11707	4.8	1.3	1.30	0.33	0.12	1.10	0.59	0.32
芒康县	11635	8.0	1.6	3.00	0.30	0.12	2.09	2.09	0.90
洛隆县	8098	5.1	1.0	1.38	0.30	0.09	1.00	0.53	0.30
边坝县	8882	4.3	0.9	1.20	0.28	0.90	0.95	0.90	0.30
乃东县	2000	10.9	10.9	14.66	2.70	2.00	14.66	14.20	9.60
扎囊县	2173	3.9	0.3	3.70	0.70	0.20	3.70	0.08	0.02
贡嘎县	2386	5.0	0.2	2.59	0.60	0.15	1.40	2.59	0.78
桑日县	2634	1.8	0.2	4.00	0.32	0.09	2.00	2.00	0.39
琼结县	1030	1.9	0.7	3.00	0.49	0.32	2.63	2.29	0.04
曲松县	1967	1.7	0.1	1.67	0.30	0.08	1.54	1.15	0.16
措美县	4549	1.5	0.0	5.60	0.46	0.02	1.20	3.77	2.53
洛扎县	5570	1.9	0.1	0.11	0.30	0.05	1.00	0.60	0.20
加查县	4430	2.4		4.00	0.42		2.00	1.59	0.48
隆子县	10566	3.6	0.1	7.00	0.50	0.05	2.10	1.50	0.31
错那县	34979	1.6	1.2	1.69	0.20	0.12	1.01	0.47	0.11
浪卡子县	8500	3.7	0.2	1.60	0.36	0.12	1.60	1.60	0.20
南木林县	8848	8.5	0.4	3.97	1.29	0.20	1.59	1.08	0.36
江孜县	3800	7.4	0.3	7.40	2.40	0.21	3.16	3.16	1.42
定日县	13908	5.9	0.1	2.94	0.34	0.08	1.64	1.06	0.95
萨迦县	8126	5.2	0.2	3.00	2.05	0.05	3.00	1.08	0.36
拉孜县	4400	6.0							
昂仁县	39600	5.5	0.6	1.60	0.54	0.50	1.20	0.54	0.25
谢通门县	13960	4.9	0.1	2.47	0.67	0.03	2.47	2.47	0.80
白朗县	2806	4.4	0.0	7.10	0.94	0.04	1.98	1.68	0.28
仁布县	2124	3.6	0.1	2.60	0.30	0.05	1.50	0.54	0.25
康马县	7453	2.3	0.0	4.22	0.40	0.02	1.36	1.36	0.76

continued 29

Area Measurement Unit: Square Kilometer

Population Measurement Unit:10,000persons

Area of Urban Construction Land							本年征用土地面积		县名称
公共管理与公共服务用地 Administr-ation and Public Services	商业服务业设施用地 Commercial and Business Facilities	工业用地 Industrial, Manufact-uring	物流仓储用地 Logistics and Warehouse	道路交通设施用地 Road, Street and Trans-portation	公用设施用地 Munici-pal Utilities	绿地与广场用地 Green Space and Square	Area of Land Requisition This Year	耕地 Arable Land	Name of Counties
0.18	0.10		0.18	0.23	0.19	0.03	0.02	0.01	贡山独龙族怒族自治县
0.25	0.19	0.22	0.03	0.15	0.58	0.04			兰坪白族普米族自治县
0.15	0.19	0.01		0.43	0.06	0.17			德钦县
0.60	0.20	0.01		2.00	0.30	0.10			维西傈僳族自治县
21.02	**14.62**	**9.92**	**3.39**	**18.04**	**8.73**	**10.67**	**14.90**	**9.40**	**西　藏**
0.80	1.10	0.60		0.36	0.50	0.40	1.00		林周县
0.77	0.73	0.33	0.12	0.17	0.14	0.46			当雄县
0.50	0.11	0.01		0.30	0.50	0.30			尼木县
0.10	0.10	0.40	0.70	0.20	0.20				曲水县
0.54	0.37	1.61	0.08	0.27	0.04	0.13	2.60		达孜县
0.20	0.40	0.01		2.40	0.10	0.45			墨竹工卡县
0.05	0.04	0.02	0.02	0.20	0.02	0.16			江达县
0.03	0.07	0.10		0.12	0.10	0.15			贡觉县
0.20	0.50	0.60	0.50	0.10	0.05	1.00			类乌齐县
0.10	0.10	0.10	0.10	0.11	0.10	0.10			丁青县
0.02	0.25	0.02		0.15	0.08				察雅县
0.01	0.10	0.01		0.11	0.02				八宿县
0.10	0.01	0.01	0.01	0.10	0.01	0.03			左贡县
0.50	0.20	0.10	0.10	0.11	0.08	0.10			芒康县
0.05	0.01	0.05	0.01	0.01	0.10				洛隆县
0.10	0.10	0.05		0.15	0.10	0.10			边坝县
1.00	1.57	0.49	0.20	1.00	0.09	0.25			乃东县
	0.03	0.01				0.02			扎囊县
0.44	0.19	0.05	0.24	0.47	0.10	0.32			贡嘎县
0.22	0.10	0.31	0.20	0.56	0.12	0.10	0.05	0.05	桑日县
0.02	0.07	0.15		0.83	0.32	0.86	0.03	0.03	琼结县
0.13	0.05	0.01		0.13	0.02	0.65			曲松县
0.01	0.56	0.53	0.03	0.10	0.01				措美县
0.20	0.10	0.03		0.03	0.04				洛扎县
0.36	0.09	0.07	0.02	0.27	0.06	0.24	0.65		加查县
0.65	0.07	0.01	0.01	0.23	0.12	0.10			隆子县
0.17	0.02	0.02		0.08	0.02	0.05			错那县
0.30	0.60	0.10		0.10	0.30				浪卡子县
0.44	0.07	0.01	0.02	0.11	0.03	0.04			南木林县
0.86	0.47	0.10	0.05	0.03	0.06	0.17	0.31	0.29	江孜县
0.01	0.01	0.01		0.01	0.05	0.02	0.20	0.10	定日县
0.44	0.07	0.01	0.02	0.11	0.03	0.04	8.26	7.80	萨迦县
									拉孜县
0.14	0.04	0.02	0.02	0.02	0.04	0.01			昂仁县
0.50	0.20	0.15	0.16	0.32	0.07	0.27			谢通门县
0.16	0.13	0.18	0.07	0.06	0.49	0.31			白朗县
0.18	0.02	0.01	0.01	0.03	0.04		0.01		仁布县
0.25	0.02	0.17	0.01	0.01	0.10	0.04	0.03	0.01	康马县

2–3 续表 30

面积计量单位：平方公里

人口计量单位：万人

县名称 Name of Counties	县面积 County District Area	县人口 County District Population	县暂住人口 County District Temporary Population	县城面积 County Seat Area	县城人口 County Seat Population	县城暂住人口 County Seat Temporary Population	建成区面积 Area of Built District	城市建设用地面积 小计 Subtotal	居住用地 Residential
定结县	7566	2.3	0.1	1.14	0.38	0.09	0.62	0.62	0.28
仲巴县	45949	2.3	0.1	2.98	0.55	0.13	1.50	1.66	0.34
亚东县	4240	1.3	1.2	8.00	0.27	1.13	6.20	6.01	1.00
吉隆县	9009	1.6	0.2	5.68	0.53	0.15	2.94	2.94	0.59
聂拉木县	7903	1.9	0.1	0.96	0.20	0.02	1.50	0.91	0.47
萨嘎县	12411	1.5	0.0	4.03	0.50	0.02	1.23	1.23	0.37
岗巴县	4204	1.1	1.2	3.24	0.65	0.17	2.25	2.25	0.60
那曲县	15305	11.0							
嘉黎县	13244	3.7	0.1	3.24	0.57	0.02	1.60	2.36	0.76
比如县	11429	7.0							
聂荣县	21400	3.5	0.2	3.50	0.52	0.14	3.50	3.00	1.30
安多县	22000	4.0							
申扎县	25520	2.0	0.1	1.00	0.52	0.70	0.63	0.64	0.19
索　县	5600	5.1	4.2	1.80	0.28	0.25	1.80	1.80	0.20
班戈县	30100	4.0	0.1	1.16	0.71	0.02	0.55	0.55	0.06
巴青县	10301	5.0							
尼玛县	75000	3.2	0.1	3.20	0.12	0.08	1.20	1.02	0.60
双湖县	116637	1.0							
普兰县	13179	0.9	0.1	3.20	0.42	0.04	0.95	0.73	0.30
札达县	24700	0.8	0.1	3.00	0.27	0.09	0.90	0.22	0.09
噶尔县	17670	1.4	2.3	15.00	0.97	1.80	8.60	5.67	1.60
日土县	80003	1.1	0.1	4.55	0.35	0.09	4.55	4.52	3.79
革吉县	55700	1.7	0.1	5.00	0.73	0.08	1.50		
改则县	135000	2.5		5.00	0.50		4.80	4.80	1.00
措勤县	22374	1.5	1.4	2.60	0.42	0.40	2.40	1.01	0.32
工布江达县	12960	3.5	0.2	2.53	0.68	0.15	2.52	2.52	0.64
米林县	9471	2.6	0.5	6.69	0.86	0.35	6.69	2.79	0.57
墨脱县	34000	1.3	0.1	9.20	0.33	0.13	1.80	0.54	0.11
波密县	16578	3.5	0.6	13.67	2.80	0.61	6.72	2.54	0.74
察隅县	31659	3.2	0.2	2.38	0.35	0.03	2.38	2.38	1.22
朗　县	4200	1.4	0.1	7.90	0.46	0.12	3.50	3.16	1.20
陕　西	**172793**	**2411.1**	**104.3**	**1545.24**	**533.27**	**74.35**	**716.15**	**656.76**	**217.07**
蓝田县	2006	65.2	0.3	29.30	15.00	0.28	12.01	11.25	4.21
周至县	2946	60.5	0.9	10.00	7.10	0.10	10.00	9.96	4.07
户　县	1281	60.8	0.3	35.85	16.46	0.25	26.00	18.76	4.05
宜君县	1508	9.3	1.1	10.00	1.85		4.15	2.11	0.39
凤翔县	1229	52.5	3.0	21.49	7.10	2.92	10.40	10.39	3.23
岐山县	855	47.7	1.9	10.09	5.00	0.60	5.40	5.40	1.53
扶风县	745	45.3	0.4	18.00	5.59	0.17	5.40	5.38	1.27
眉　县	858	32.7	0.3	6.80	5.08	0.21	6.50	6.49	2.20
陇　县	2279	27.3	1.6	16.26	6.80	1.57	8.50	8.50	1.53
千阳县	999	13.4	0.2	8.10	5.61	0.23	4.10	3.80	0.47
麟游县	1708	8.8	0.5	7.50	2.30	0.50	3.66	3.28	0.86
凤　县	3148	9.6	0.7	5.00	2.35	0.45	3.50	3.49	1.10
太白县	2716	4.9	0.2	10.70	1.32	0.17	2.35	1.98	0.47

continued 30

Area Measurement Unit: Square Kilometer
Population Measurement Unit:10,000persons

Area of Urban Construction Land							本年征用土地面积		县名称
公共管理与公共服务用地 Administration and Public Services	商业服务业设施用地 Commercial and Business Facilities	工业用地 Industrial, Manufacturing	物流仓储用地 Logistics and Warehouse	道路交通设施用地 Road, Street and Transportation	公用设施用地 Municipal Utilities	绿地与广场用地 Green Space and Square	Area of Land Requisition This Year	耕地 Arable Land	Name of Counties
0.21	0.04	0.01		0.06	0.02				定结县
0.34	0.06	0.70	0.02	0.11	0.05	0.04	0.03	0.03	仲巴县
1.00	1.00	0.01		1.00	1.00	1.00			亚东县
0.70	0.33	0.38		0.40	0.24	0.30	0.32	0.32	吉隆县
0.08	0.18	0.10	0.03	0.01	0.03	0.01			聂拉木县
0.24	0.02	0.01		0.25	0.32	0.02			萨嘎县
0.32	0.48	0.32	0.03	0.12	0.35	0.03	0.01	0.01	岗巴县
									那曲县
0.34	0.19	0.21	0.01	0.38	0.06	0.41			嘉黎县
									比如县
0.90	0.20	0.03	0.03	0.49	0.05				聂荣县
									安多县
0.16	0.10			0.16	0.01	0.02			申扎县
0.20	0.20	0.15	0.30	0.35	0.20	0.20	0.25	0.01	索　县
0.05	0.01	0.02	0.01	0.08	0.31	0.01			班戈县
									巴青县
0.08	0.01	0.01	0.09	0.10	0.09	0.04			尼玛县
									双湖县
0.10	0.01	0.02	0.01	0.10	0.10	0.09	0.03	0.03	普兰县
0.01	0.02	0.01	0.01	0.03	0.02	0.03			札达县
1.70	0.20	0.02	0.03	1.70	0.02	0.40			噶尔县
0.42	0.24	0.02	0.01	0.01	0.02	0.01			日土县
									革吉县
0.50	1.20	0.60		1.00	0.50				改则县
0.11	0.13	0.05		0.30	0.10				措勤县
0.45	0.28	0.15	0.03	0.45	0.11	0.41			工布江达县
0.34	0.39	0.15	0.04	0.64	0.40	0.26			米林县
0.15	0.06	0.06		0.08	0.05	0.03			墨脱县
0.45	0.29	0.41	0.02	0.43	0.06	0.14	0.23		波密县
0.82	0.02	0.01	0.01	0.13	0.02	0.15	0.89	0.72	察隅县
0.80	0.29	0.01	0.01	0.30	0.35	0.20			朗　县
55.51	**45.97**	**50.27**	**15.92**	**95.69**	**38.39**	**137.94**	**12.88**	**6.23**	**陕　西**
0.91	0.59	1.29	0.13	1.62	0.26	2.24	1.81	1.55	蓝田县
0.93	1.00	0.90	0.25	0.85	0.26	1.70			周至县
0.55	0.44	2.85	0.51	4.91	3.25	2.20			户　县
0.05	0.01	0.01	0.03	0.32	0.02	1.28			宜君县
0.88	0.63	1.18	0.04	1.21	0.42	2.80	0.08		凤翔县
0.27	0.59	0.24	0.04	1.16	0.26	1.31			岐山县
0.39	0.65	0.25	0.03	0.84	0.35	1.60	0.59	0.59	扶风县
0.35	0.46	0.55	0.05	1.48	0.10	1.30	0.71	0.22	眉　县
0.90	1.04	0.65	0.65	1.06	0.56	2.11	0.79	0.79	陇　县
0.32	0.29	0.40	0.21	0.51	0.30	1.30			千阳县
0.38	0.21	0.06	0.01	0.51	0.14	1.11			麟游县
0.36	0.09	0.04	0.04	0.37	0.19	1.30			凤　县
0.30	0.07	0.05	0.05	0.26	0.17	0.61	0.16	0.12	太白县

2-3 续表 31

面积计量单位：平方公里
人口计量单位：万人

县名称 Name of Counties	县面积 County District Area	县人口 County District Population	县暂住人口 County District Temporary Population	县城面积 County Seat Area	县城人口 County Seat Population	县城暂住人口 County Seat Temporary Population	建成区面积 Area of Built District	城市建设用地面积 小计 Subtotal	居住用地 Residential
三原县	577	41.6	0.8	16.62	13.47	0.80	16.60	16.17	6.61
泾阳县	777	53.8	1.1	15.00	7.88	0.37	13.25	12.22	4.31
乾　县	1000	59.7	0.5	17.30	10.89	0.23	16.30	16.05	6.55
礼泉县	1011	48.3	1.0	22.50	9.64	0.51	15.98	12.83	5.15
永寿县	888	20.7	0.8	10.32	4.31	0.67	6.30	6.18	2.51
彬　县	1181	36.8	4.2	25.00	9.39	2.00	9.45	9.45	3.45
长武县	570	18.7	2.0	12.00	4.24	1.08	7.65	7.50	3.88
旬邑县	1774	29.4	0.7	8.00	3.06	0.55	6.10	5.33	1.50
淳化县	983	19.7	0.3	8.00	3.09	0.23	5.80	4.96	1.80
武功县	392	44.8	3.3	15.00	7.42	2.10	8.22	8.21	2.36
潼关县	429	15.5	0.5	12.00	5.36	0.06	5.60	5.49	0.50
大荔县	1696	73.5	0.7	44.00	10.00	0.50	18.00	15.69	4.00
合阳县	1308	45.2	0.6	27.50	5.32	0.14	7.55	7.50	2.90
澄城县	1123	39.3	0.4	19.00	11.55	0.35	15.00	11.64	2.40
蒲城县	1582	78.8	0.5	49.00	11.40	0.20	16.20	16.20	3.80
白水县	988	28.8	0.2	12.00	5.57	0.18	10.00	8.51	2.60
富平县	1246	79.4	3.5	77.00	15.44	0.50	20.00	19.80	7.10
延长县	2362	15.6	0.9	10.00	4.87	0.48	5.00	4.44	1.66
延川县	1987	19.0	1.6	8.26	5.50	1.10	8.00	6.55	1.50
子长县	2393	26.9	0.3	15.00	10.86	0.14	11.00	10.77	4.77
安塞县	2951	19.6	0.4	8.06	5.84	0.30	4.20	4.13	1.55
志丹县	3790	16.0	1.1	15.54	5.50	1.10	5.06	5.04	1.36
吴起县	3789	14.3	1.5	24.60	5.96	1.14	6.60	6.54	1.20
甘泉县	2276	8.9	0.6	15.00	3.10	0.10	4.60	4.14	1.43
富　县	4180	15.7	0.8	14.60	4.81	0.72	8.70	7.92	0.69
洛川县	1791	22.3	1.9	24.00	6.13	1.06	7.83	7.80	3.50
宜川县	2937	12.4	0.6	17.50	4.15	0.39	3.20	3.20	1.24
黄龙县	2751	5.0	0.2	7.00	1.76	0.10	4.00	3.05	1.17
黄陵县	2287	12.6	0.1	8.40	4.16	0.08	4.90	3.93	1.54
南郑县	2808	56.4	0.6	21.02	9.77	0.35	11.00	10.66	2.95
城固县	2217	53.6	4.9	25.80	13.19	1.06	20.80	20.77	12.01
洋　县	3194	44.7	1.2	19.29	8.70	0.95	11.32	11.32	3.90
西乡县	3229	42.6	0.2	53.00	9.60	0.15	11.65	11.65	5.50
勉　县	2390	43.8	0.8	41.47	15.60	0.78	16.12	15.63	4.33
宁强县	3256	32.7	0.4	9.30	6.69	0.18	8.20	7.72	2.32
略阳县	2826	20.3	0.5	12.00	7.93	0.27	6.59	5.43	1.52
镇巴县	3407	28.9	1.2	5.70	4.55	0.85	4.60	3.98	0.46
留坝县	1951	4.3	0.4	11.00	1.59	0.02	1.22	1.22	0.54
佛坪县	1269	3.4	0.1	2.70	0.83	0.03	0.99	0.98	0.31
神木县	7481	43.7	4.0	29.00	17.15	3.80	27.30	27.20	7.07
府谷县	3202	24.8	8.7	18.00	9.68	6.29	10.60	10.47	2.43
横山县	4299	37.5	7.5	15.00	9.33	7.50	14.78	14.77	6.71
靖边县	4975	34.7	4.1	96.00	17.32	4.01	29.90	28.53	12.23
定边县	6821	34.7	6.2	25.00	5.00	5.50	18.41	15.72	7.70
绥德县	1853	35.8	3.3	15.10	8.82	3.30	12.00	10.57	2.00

continued 31

Area Measurement Unit: Square Kilometer

Population Measurement Unit:10,000persons

Area of Urban Construction Land							本年征用土地面积 Area of Land Requisition This Year		县名称 Name of Counties
公共管理与公共服务用地 Administration and Public Services	商业服务业设施用地 Commercial and Business Facilities	工业用地 Industrial, Manufacturing	物流仓储用地 Logistics and Warehouse	道路交通设施用地 Road, Street and Transportation	公用设施用地 Municipal Utilities	绿地与广场用地 Green Space and Square		耕地 Arable Land	
1.17	1.56	1.84	0.08	2.39	0.79	1.73			三原县
0.92	0.61	0.65	0.12	1.60	1.10	2.91	0.28	0.13	泾阳县
1.16	0.92	2.59	0.40	1.75	0.87	1.81	0.10		乾　县
0.39	0.25	1.04	0.41	1.75	1.65	2.19			礼泉县
0.75	0.41	0.81	0.07	0.73	0.36	0.54	0.02	0.02	永寿县
0.75	0.25	0.82	0.40	1.60	0.57	1.61	0.30	0.30	彬　县
0.08	0.16	0.73	0.11	1.01	0.53	1.00	0.06	0.05	长武县
0.55	0.56	0.23	0.02	0.63	0.20	1.64			旬邑县
0.20	0.25	0.50	0.10	0.53	0.20	1.38			淳化县
0.34	0.83	0.82	0.40	2.04	0.58	0.84	0.30	0.20	武功县
0.98	0.10	0.09	0.07	1.56	0.80	1.39			潼关县
2.00	1.80	1.00	0.50	2.14	1.00	3.25			大荔县
0.57	0.46	1.23	0.01	0.98	0.16	1.19			合阳县
1.00	1.00	2.00	0.60	1.40	1.00	2.24			澄城县
2.32	1.98	1.65	0.37	2.87	1.10	2.11	0.87		蒲城县
1.20	0.50	0.40	0.28	1.15	1.03	1.35	0.30	0.26	白水县
1.36	2.62	1.18	0.48	3.80	0.16	3.10			富平县
0.41	0.03	0.43	0.11	0.40	0.58	0.82			延长县
0.80	1.00	0.30	0.20	0.80	0.50	1.45			延川县
1.78	0.08	0.03	0.03	0.69	0.04	3.35			子长县
0.11	0.29	0.13	0.01	0.84	0.15	1.05			安塞县
0.12	0.42	0.12		1.15	0.28	1.59			志丹县
0.20	0.40	0.05	0.29	1.20	1.30	1.90			吴起县
0.59	0.10	0.21	0.04	0.58	0.13	1.06	0.13	0.13	甘泉县
0.69	0.85	0.05		0.36	2.85	2.43			富　县
0.29	0.62	0.52	0.61	0.57	0.19	1.50			洛川县
0.01	0.47	0.01		0.54	0.01	0.92			宜川县
0.37	0.15	0.01		0.38	0.08	0.89			黄龙县
0.37	0.10	0.05	0.04	0.56	0.10	1.17	0.37		黄陵县
1.00	0.77	1.58	0.05	1.51	0.20	2.60	0.26	0.12	南郑县
1.03	1.20	0.10	0.10	2.23	0.10	4.00	0.17	0.16	城固县
1.65	0.46	0.58	0.30	2.30	0.37	1.76	1.03	0.93	洋　县
0.55	0.50	0.10	0.70	3.10	0.20	1.00			西乡县
1.89	1.58	1.77	0.72	1.76	0.86	2.72	0.37	0.15	勉　县
0.24	0.64	1.60	0.05	0.81	0.35	1.71			宁强县
0.39	0.76	0.83	0.02	0.66	0.05	1.20			略阳县
0.25	0.05	0.20	0.12	0.56	0.60	1.74	0.42		镇巴县
0.13	0.01	0.01		0.18	0.02	0.33			留坝县
0.06	0.03	0.01		0.16	0.08	0.33			佛坪县
2.90	1.41	1.45	0.39	4.33	0.39	9.26			神木县
1.31	1.01	0.53	0.30	0.75	0.38	3.76			府谷县
1.06	2.33	0.19	0.41	1.50	0.97	1.60			横山县
1.20	0.21	2.90	0.04	3.77	1.10	7.08	0.43		靖边县
1.20	1.68	1.20	0.40	2.10	0.13	1.31			定边县
0.20	1.82	0.17		1.80	2.65	1.93			绥德县

2-3 续表 32

面积计量单位：平方公里
人口计量单位：万人

县名称 Name of Counties	县面积 County District Area	县人口 County District Population	县暂住人口 County District Temporary Population	县城面积 County Seat Area	县城人口 County Seat Population	县城暂住人口 County Seat Temporary Population	建成区面积 Area of Built District	城市建设用地面积 小计 Subtotal	居住用地 Residential
米脂县	1168	22.2	0.9	40.00	5.63	0.75	15.00	5.69	0.06
佳　县	2029	26.8	0.8	27.18	2.19	0.31	3.85	3.70	1.20
吴堡县	421	8.4	0.5	4.00	2.80	0.50	3.00	2.71	0.53
清涧县	1850	21.6	0.8	3.20	3.20	0.82	3.16	3.16	2.12
子洲县	2027	30.3	2.3	6.60	3.63	2.15	5.64	5.35	3.58
汉阴县	1365	31.3	0.5	18.48	7.45	0.53	7.25	7.03	2.48
石泉县	1516	18.3	1.0	12.55	6.07	0.73	7.15	5.96	2.00
宁陕县	3664	7.4	0.2	7.04	1.93	0.10	3.50	2.56	0.70
紫阳县	2244	34.0	0.2	7.62	5.95	0.13	5.80	5.79	2.55
岚皋县	1957	16.8	0.1	21.00	3.70	0.10	4.50	4.37	1.46
平利县	2648	23.2	0.7	30.00	6.15	0.12	7.20	7.19	1.85
镇坪县	1502	5.9	0.0	14.40	1.40	0.03	1.00	0.95	0.38
旬阳县	3541	45.7	0.2	70.00	10.63	0.19	11.52	9.02	2.86
白河县	1454	21.2	0.1	10.00	3.43	0.13	4.00	3.32	0.61
洛南县	2833	46.7	3.0	55.00	12.44	3.03	18.00	14.80	5.30
丹凤县	2407	31.2	1.4	13.00	7.00	1.30	9.19	9.09	4.20
商南县	2314	24.1	1.0	20.00	5.34	1.00	9.50	9.45	1.80
山阳县	3531	47.4	0.7	18.00	7.63	0.52	5.35	5.32	1.40
镇安县	3488	30.3	1.7	10.00	5.20	0.72	6.20	5.99	0.89
柞水县	2363	16.6	2.2	10.50	3.52	1.52	6.80	6.66	0.71
甘　肃	**371869**	**1856.2**	**98.9**	**762.40**	**329.97**	**48.14**	**462.81**	**416.07**	**152.90**
永登县	5652	53.6	0.7	16.60	7.54	0.68	11.00	9.46	2.38
皋兰县	2556	18.9	0.1	10.33	3.28	0.08	6.53	6.53	2.04
榆中县	3246	44.7	3.3	10.00	4.90	1.55	8.20	8.20	2.36
永昌县	7440	24.9	2.3	8.20	3.98	1.36	7.98	6.96	2.04
靖远县	5809	47.8	2.6	12.33	7.50	2.00	8.00	7.87	5.00
会宁县	6439	60.3	10.8	16.00	8.70	4.80	15.00	11.40	3.10
景泰县	5483	23.9	1.0	16.00	6.75	0.98	13.20	9.64	3.97
清水县	2003	33.6	0.8	9.21	6.02	0.13	7.80	6.21	1.42
秦安县	1602	62.6	2.7	15.80	11.80	0.90	12.90	12.85	2.57
甘谷县	1573	64.7	5.5	16.80	12.89	1.60	12.79	12.79	3.65
武山县	2011	47.3	0.9	9.80	6.78	0.50	8.10	7.86	3.17
张家川回族自治县	1312	33.5	0.7	8.90	4.52	0.44	6.90	6.68	2.40
民勤县	15907	24.1	0.1	8.20	5.19	0.12	7.32	7.32	1.43
古浪县	5103	38.8	0.8	5.85	3.65	0.72	5.65	5.15	3.13
天祝藏族自治县	7149	20.9	3.7	6.47	4.52	0.90	6.47	6.47	1.81
肃南裕固族自治县	23887	3.4	0.0	6.65	1.30	0.02	1.92	1.59	0.98
民乐县	3687	22.0	0.4	12.50	7.26	0.23	7.80	7.77	4.50
临泽县	2730	12.8	0.8	12.00	4.80	0.74	5.50	5.44	1.24
高台县	4425	13.8	0.7	8.56	4.88	0.70	6.68	6.62	1.23
山丹县	5402	16.3	0.4	12.20	6.70	0.40	9.80	6.17	3.21
泾川县	1409	36.9	0.9	19.66	8.24	0.71	7.20	6.50	1.54
灵台县	2038	23.9	1.9	5.50	3.34	0.30	4.60	4.11	1.16
崇信县	850	10.4	0.2	20.00	3.32	0.21	7.20	7.12	2.10
华亭县	1182	18.9	1.6	17.90	7.20	1.50	15.40	11.82	4.95

continued 32

Area Measurement Unit: Square Kilometer

Population Measurement Unit:10,000persons

Area of Urban Construction Land							本年征用土地面积 Area of Land Requisition This Year		县名称 Name of Counties
公共管理与公共服务用地 Administration and Public Services	商业服务业设施用地 Commercial and Business Facilities	工业用地 Industrial, Manufacturing	物流仓储用地 Logistics and Warehouse	道路交通设施用地 Road, Street and Transportation	公用设施用地 Municipal Utilities	绿地与广场用地 Green Space and Square		耕地 Arable Land	
4.00	0.01	0.01	0.01	0.37	0.11	1.12	0.05		米脂县
0.33	0.38	0.06	0.21	0.26	0.03	1.23			佳　县
0.30	0.13	0.10	0.13	0.70	0.30	0.52			吴堡县
0.19	0.13	0.12	0.06	0.34	0.06	0.14			清涧县
0.20	0.20	0.10	0.10	0.50	0.10	0.57			子洲县
1.04	0.28	0.11	0.15	1.09	0.15	1.73	0.22		汉阴县
0.46	0.48	0.25	0.13	0.70	0.10	1.84			石泉县
0.37	0.16	0.02	0.01	0.42	0.04	0.84	0.01	0.01	宁陕县
0.42	0.50	0.11	0.05	0.86	0.15	1.15	0.03	0.01	紫阳县
0.76	0.01	0.10		0.32	0.01	1.71	0.45	0.35	岚皋县
0.90	0.50	0.40	0.06	0.53	0.50	2.45			平利县
0.14	0.04	0.08	0.09	0.14	0.02	0.06			镇坪县
0.42	0.75	1.43	0.18	1.74	0.24	1.40	0.26	0.14	旬阳县
0.02	0.30	0.10	0.04	0.81	0.50	0.94			白河县
0.60	0.50	3.50	1.50	1.60	0.20	1.60	0.08		洛南县
0.10	0.79	0.85	0.20	1.30	0.20	1.45	0.90		丹凤县
0.90	0.20	0.20	0.60	1.75	1.00	3.00			商南县
0.25	0.38	0.51	0.18	0.97	0.53	1.10			山阳县
0.41	0.53	0.54	0.33	0.88	0.21	2.20			镇安县
0.57	0.40	0.50	0.50	1.79	0.90	1.29	1.33		柞水县
56.22	**32.75**	**30.73**	**12.99**	**51.21**	**29.97**	**49.30**	**14.28**	**8.60**	**甘　肃**
0.25	1.19	1.46	0.38	1.75	0.25	1.80			永登县
0.45	0.93	0.19		1.32	0.40	1.20	2.11	2.11	皋兰县
1.44	0.10	0.27	0.24	1.45	0.08	2.26	3.03	2.75	榆中县
0.52	0.34	1.07	0.11	1.08	0.78	1.02			永昌县
0.10	0.81	0.08	0.04	1.29	0.25	0.30	0.14		靖远县
1.10	1.40	0.50	0.70	2.20	0.30	2.10			会宁县
1.55	0.67	0.76	0.50	1.12	0.65	0.42			景泰县
2.20	0.53	0.44	0.29	0.55	0.39	0.39			清水县
3.02	2.23	0.90	1.30	0.68	1.80	0.35			秦安县
1.10	2.04	1.00	0.30	1.91	0.89	1.90			甘谷县
1.80	2.00	0.40	0.05	0.18	0.20	0.06			武山县
1.62	0.21	0.31		0.61	1.29	0.24	0.50	0.40	张家川回族自治县
1.15	0.36	1.60	0.24	0.25	1.59	0.70	0.39	0.39	民勤县
0.52	0.01	0.28	0.01	0.97	0.15	0.08			古浪县
0.66	0.66	0.10	0.05	1.11	0.24	1.84			天祝藏族自治县
0.01	0.01	0.23	0.07	0.17	0.01	0.11	0.27		肃南裕固族自治县
0.22	0.61	0.17	0.04	1.28	0.25	0.70			民乐县
0.71	0.42	1.47	0.09	0.80	0.05	0.66			临泽县
0.89	0.70	1.95	0.20	1.14	0.07	0.44			高台县
0.06	0.01	1.01	0.38	0.57	0.04	0.89			山丹县
1.19	0.87	0.27	0.67	0.27	1.21	0.48	0.05		泾川县
0.92	0.56	0.30	0.31	0.25	0.17	0.44	0.07	0.01	灵台县
1.46	0.26	0.40	0.20	0.15	1.00	1.55			崇信县
2.35	0.05	0.48	0.52	2.20	0.82	0.45	0.01	0.01	华亭县

2–3 续表 33

面积计量单位：平方公里

人口计量单位：万人

县名称 Name of Counties	县面积 County District Area	县人口 County District Population	县暂住人口 County District Temporary Population	县城面积 County Seat Area	县城人口 County Seat Population	县城暂住人口 County Seat Temporary Population	建成区面积 Area of Built District	城市建设用地面积 小计 Subtotal	居住用地 Residential
庄浪县	1553	44.9	1.5	12.50	4.51	1.37	12.50	12.43	3.53
静宁县	2193	49.8	1.6	13.25	10.70	1.21	10.00	9.82	3.45
金塔县	17434	14.9	0.4	15.00	5.79	0.06	7.00	6.56	2.33
瓜州县	24100	14.8	2.2	13.36	2.50	2.10	7.62	7.62	1.80
肃北蒙古族自治县	66720	1.3	0.2	2.40	0.72	0.08	1.45	1.42	0.60
阿克塞哈萨克自治县	31375	0.9	0.5	3.80	0.89	0.48	2.61	2.05	0.51
庆城县	2693	31.0	2.5	11.20	6.40	0.43	8.10	8.09	3.12
环　县	9250	36.0	3.6	7.40	6.06	0.48	7.34	6.79	2.65
华池县	3776	14.2	0.8	7.40	3.27	0.76	5.70	5.10	2.30
合水县	2942	18.9	0.7	8.50	4.58	0.55	4.80	4.71	1.30
正宁县	852	25.1	3.3	8.66	3.51	0.97	5.80	4.88	0.87
宁　县	2654	55.4	0.6	10.00	3.58	0.48	7.35	5.05	1.09
镇原县	3508	55.0	7.3	9.00	2.98	0.69	8.10	5.46	1.51
通渭县	2899	45.5	5.0	13.50	5.62	0.62	8.75	8.37	2.60
陇西县	2657	51.9	2.0	58.00	19.09	2.00	23.11	23.06	9.14
渭源县	2034	34.7	0.9	16.94	3.33	0.10	5.40	5.11	2.70
临洮县	2851	49.7	1.3	17.86	14.66	1.04	13.72	13.69	4.86
漳　县	2164	19.6	0.9	12.00	4.52	0.80	4.68	4.07	2.40
岷　县	3500	48.7	1.4	35.00	8.88	1.05	12.26	12.25	7.95
成　县	1700	27.1	1.9	30.00	6.21	0.92	9.00	6.65	2.66
文　县	4994	24.8	1.2	3.50	3.65	0.51	3.50	1.93	0.74
宕昌县	3331	32.3	1.3	10.00	3.16	0.30	6.00	5.36	2.00
康　县	2958	19.9	0.6	6.75	2.19	0.60	2.10	1.86	0.57
西和县	1861	41.0	1.8	19.96	5.41	1.49	9.50	6.89	3.50
礼　县	4264	53.6	2.7	14.00	4.41	1.30	6.65	6.49	3.13
徽　县	2722	22.4	1.0	17.00	4.90	1.00	6.50	6.41	2.84
两当县	1374	5.0	0.2	7.50	1.13	0.23	2.58	2.56	0.75
临夏县	1212	40.7	0.5	5.79	2.46	0.18	3.95	3.95	1.75
康乐县	1083	27.3	0.4	9.57	4.37	0.34	4.23	3.86	2.18
永靖县	1894	21.0	2.6	18.62	5.40	1.10	8.50	8.48	4.72
广河县	538	26.7	1.0	6.30	3.25	0.67	3.93	3.75	1.63
和政县	960	21.5	0.1	9.20	4.48	0.07	7.88	4.82	1.69
东乡县	1476	29.7	0.7	2.22	1.61	0.65	2.13	2.12	0.11
积石山县	910	26.8	1.0	4.55	3.93	0.15	4.35	3.22	1.11
临潭县	1558	17.1	0.1	7.30	3.20	0.06	3.80	2.51	1.55
卓尼县	5420	11.1	0.4	6.18	2.51	0.34	2.98	2.04	0.62
舟曲县	2885	14.0	1.1	2.95	3.90	0.43	2.95	2.92	1.09
迭部县	5108	5.6	0.1	2.35	1.42	0.09	2.01	1.96	0.50
玛曲县	10000	6.1	0.6	4.16	2.20	0.52	4.10	4.06	1.92
碌曲县	5298	3.7	0.2	3.57	1.05	0.04	2.44	1.80	0.70
夏河县	6274	9.1	0.3	9.70	2.48	0.31	3.50	3.37	1.05
青　海	**549157**	**398.2**	**29.3**	**569.53**	**96.29**	**14.29**	**181.05**	**136.10**	**51.37**
大通县	3090	48.1	1.6	37.03	12.43	0.49	9.85	9.23	2.53
湟中县	2700	52.5	4.5	16.65	5.02	0.98	6.34	5.70	1.35
湟源县	1509	6.7	0.2	15.00	6.70	0.20	7.54	7.47	2.18

continued 33

Area Measurement Unit: Square Kilometer
Population Measurement Unit:10,000persons

Area of Urban Construction Land							本年征用土地面积 Area of Land Requisition This Year		县名称 Name of Counties
公共管理与公共服务用地 Administr-ation and Public Services	商业服务业设施用地 Commercial and Business Facilities	工业用地 Industrial, Manufact-uring	物流仓储用地 Logistics and Warehouse	道路交通设施用地 Road, Street and Trans-portation	公用设施用地 Munici-pal Utilities	绿地与广场用地 Green Space and		耕地 Arable Land	
1.70	0.35	0.31	0.42	0.47	1.91	3.74			庄浪县
1.56	0.35	0.54	0.42	0.49	0.35	2.66	0.34	0.15	静宁县
0.34	0.25	0.15	0.15	0.88	0.11	2.35	1.00		金塔县
0.72	0.50	1.73	0.10	1.00	0.12	1.65			瓜州县
0.10	0.08	0.09	0.02	0.27	0.05	0.21			肃北蒙古族自治县
0.10	0.15	0.11	0.12	0.52	0.14	0.40			阿克塞哈萨克自治县
1.91	0.01	1.21	0.20	0.60	0.74	0.30			庆城县
2.56	0.33	0.02	0.02	0.69	0.37	0.15	0.18	0.02	环　县
0.23	0.16	0.03	0.01	0.59	0.26	1.52			华池县
1.25	0.22	0.30	0.10	1.00	0.34	0.20	1.00	0.80	合水县
0.54	0.32	0.28	0.09	0.96	1.21	0.61	0.20	0.20	正宁县
0.01	0.46	0.40		0.97	2.00	0.12	1.00	1.00	宁　县
2.01	0.63	0.32	0.05	0.86	0.05	0.03	0.31	0.07	镇原县
0.54	0.96	0.37	0.31	0.60	0.31	2.68	0.21	0.14	通渭县
1.40	1.15	4.50	1.14	2.90	0.98	1.85	1.20		陇西县
0.80	0.01	0.20	0.03	0.14	0.63	0.60	0.30	0.03	渭源县
1.52	2.35	0.63	0.42	0.95	0.31	2.65			临洮县
0.31	0.35	0.08	0.05	0.55	0.09	0.24			漳　县
0.87	0.40	0.62	0.59	0.39	0.82	0.61			岷　县
0.25	1.25	0.70	0.11	0.88	0.26	0.54	0.02	0.02	成　县
0.17	0.14	0.09	0.08	0.28	0.11	0.32	0.06	0.03	文　县
0.40	0.40	0.01	0.50	0.80	1.00	0.25			宕昌县
0.50	0.04	0.08	0.09	0.42	0.03	0.13	0.17	0.07	康　县
1.37	0.50	0.16	0.02	0.40	0.04	0.90			西和县
0.56	0.46	0.43	0.22	0.90	0.48	0.31			礼　县
1.13	0.62	0.15	0.05	1.23	0.19	0.20			徽　县
0.46	0.18	0.12	0.11	0.42	0.15	0.37			两当县
0.40	0.27	0.07	0.21	0.95	0.20	0.10			临夏县
0.43	0.19	0.10	0.01	0.43	0.47	0.05			康乐县
1.01	0.75	0.08	0.10	1.49	0.20	0.13	1.44	0.18	永靖县
0.90	0.25	0.21	0.06	0.59	0.08	0.03	0.05	0.05	广河县
1.60	0.08	0.51	0.04	0.83	0.03	0.04			和政县
0.40	0.01	0.01	0.03	0.48	1.06	0.02			东乡县
0.67	0.12	0.03		0.42	0.22	0.65	0.12	0.12	积石山县
0.32	0.10	0.02	0.03	0.15	0.09	0.25			临潭县
0.20	0.04	0.01		0.18	0.70	0.29			卓尼县
0.38	0.23	0.01	0.02	0.59	0.01	0.59	0.09	0.05	舟曲县
0.39	0.40	0.03	0.32	0.24	0.06	0.02			迭部县
0.53	0.34	0.15	0.04	0.62	0.11	0.35			玛曲县
0.24	0.03	0.01	0.02	0.18	0.31	0.31	0.01		碌曲县
0.15	0.35	0.22		0.60	0.50	0.50	0.01		夏河县
19.44	**10.54**	**13.25**	**4.63**	**10.90**	**10.97**	**15.00**	**3.57**	**1.43**	**青　海**
1.47	1.33	1.87	0.23	0.42	1.16	0.22			大通县
0.89	0.38	0.30	0.20	1.49	0.35	0.74			湟中县
1.68	1.02	0.58	0.44	0.20	0.34	1.03			湟源县

2-3 续表 34

面积计量单位：平方公里
人口计量单位：万人

县名称 Name of Counties	县面积 County District Area	县人口 County District Population	县暂住人口 County District Temporary Population	县城面积 County Seat Area	县城人口 County Seat Population	县城暂住人口 County Seat Temporary Population	建成区面积 Area of Built District	城市建设用地面积 小计 Subtotal	居住用地 Residential
民和县	1780	43.1	0.6	20.90	7.26	0.30	7.90	7.68	3.90
互助县	3321	39.9	4.6	98.65	7.20	0.93	11.55	11.55	3.11
化隆县	2740	28.8	0.2	15.00	4.96	0.13	3.27	2.71	0.89
循化县	1749	13.8	0.2	13.00	3.81	0.16	5.40	2.67	0.60
门源县	6902	15.9	1.2	9.00	4.15	1.21	5.90	5.88	3.30
祁连县	13886	5.2	1.2	6.40	1.43	0.80	4.00	3.74	1.62
海晏县	4853	2.8	1.5	10.50	1.37	1.10	5.00	3.00	0.76
刚察县	8138	5.2	0.8	6.00	1.27	0.42	2.20	2.16	1.04
西海镇	30	1.5	0.8	30.00	1.38	0.70	4.00	3.59	1.38
同仁县	3275	9.4	0.6	21.34	3.36	0.32	7.50	5.68	3.15
尖扎县	7100	6.0	0.7	6.20	1.42	0.46	4.50	3.70	1.70
泽库县	6658	6.1	0.3	11.67	0.70	0.18	2.44	2.25	0.65
河南县	6997	4.0	0.7	6.50	0.87	0.60	2.74	2.44	0.67
共和县	17209	13.6	1.0	49.00	4.25	0.65	10.35	7.75	2.47
同德县	5001	6.2	0.5	8.50	1.13	0.27	3.00	2.09	1.28
贵德县	3504	10.9	0.8	54.79	2.17	0.58	5.40	4.02	1.85
兴海县	12182	8.0	0.4	9.80	1.93	0.25	4.50	1.87	0.55
贵南县	6650	8.0	0.1	19.00	2.23	0.12	3.00	2.07	0.53
玛沁县	13536	4.7	0.1	12.00	1.95	0.07	8.50	3.60	1.52
班玛县	6432	2.7	0.1	6.30	0.50	0.05	2.83	2.45	1.21
甘德县	7143	2.8	0.0	2.75	0.37	0.04	1.12	1.11	0.40
达日县	14542	2.7	0.1	2.83	0.48	0.05	1.75	1.75	0.74
久治县	8346	2.3	0.1	4.00	0.40	0.03	1.83	1.84	0.59
玛多县	24500	1.5	0.0	5.00	0.37	0.02	1.60	1.37	0.39
杂多县	35520	6.1	0.5	4.50	2.23	0.21	2.10	1.64	1.00
称多县	14615	6.2	0.1	6.40	1.20	0.05	3.72	3.71	2.04
治多县	80648	3.2	0.4	5.80	1.27	0.20	2.60	1.03	0.24
囊谦县	12061	9.7	0.8	3.90	2.15	0.22	2.70	2.43	1.86
曲麻莱县	46634	3.3	0.8	3.50	0.95	0.62	1.28	1.09	0.23
乌兰县	12256	3.7	0.8	15.50	1.16	0.31	9.60	3.34	1.60
都兰县	45027	6.7	1.3	10.00	1.60	0.21	8.00	2.41	0.88
天峻县	25989	2.3	0.4	6.00	1.63	0.20	5.80	4.45	1.44
茫崖行委	31173	3.4	0.7	7.88	3.41	0.67	6.24	3.52	1.16
大柴旦行委	34000	1.4	0.5	2.24	1.37	0.44	2.24	2.17	0.37
冷湖行委	17460	0.3	0.1	6.00	0.21	0.05	2.76	0.94	0.19
宁　夏	**39501**	**330.1**	**19.5**	**314.12**	**83.89**	**12.21**	**175.17**	**157.07**	**61.77**
永宁县	934	23.4	0.2	16.77	6.45	0.05	11.89	11.89	5.64
贺兰县	1198	22.5	1.8	50.70	8.17	1.07	31.76	30.37	13.80
平罗县	2086	30.8	2.6	21.47	11.30	1.80	16.89	16.79	6.24
盐池县	8377	17.0	1.6	14.40	9.01	0.14	13.47	13.45	2.92
同心县	4433	37.1	0.0	38.60	7.59	0.04	16.00	11.08	6.11
红寺堡开发区	3523	17.1	0.8	16.20	3.50	0.20	12.60	8.24	1.61
西吉县	3135	49.6	3.3	45.00	7.24	3.34	10.98	9.20	4.15
隆德县	1269	17.7	0.2	11.00	3.79	0.17	6.20	5.02	1.51
泾源县	1443	10.0	0.5	7.02	2.34	0.50	6.20	5.04	1.33

continued 34

Area Measurement Unit: Square Kilometer
Population Measurement Unit:10,000persons

Area of Urban Construction Land							本年征用土地面积 Area of Land Requisition This Year		县名称 Name of Counties
公共管理与公共服务用地 Administration and Public Services	商业服务业设施用地 Commercial and Business Facilities	工业用地 Industrial, Manufacturing	物流仓储用地 Logistics and Warehouse	道路交通设施用地 Road, Street and Transportation	公用设施用地 Municipal Utilities	绿地与广场用地 Green Space and Square		耕地 Arable Land	
0.50	0.37	1.32	0.22	0.50	0.25	0.62	0.64	0.64	民和县
1.34	0.96	0.98	0.18	1.57	0.34	3.07	0.22		互助县
0.47	0.15	0.15	0.08	0.29	0.10	0.58	0.50		化隆县
0.12	0.08	0.07	0.10	0.13	0.39	1.18	0.30	0.30	循化县
0.26	0.20	0.84	0.13	0.07	0.42	0.66			门源县
0.80	0.02	0.30	0.08	0.11	0.46	0.35	0.13	0.13	祁连县
0.43	0.20	0.64	0.34	0.12	0.34	0.17			海晏县
0.33	0.34	0.01	0.02	0.20	0.16	0.06			刚察县
0.12	0.32	1.20	0.02	0.30	0.13	0.12			西海镇
1.17	0.05	0.38	0.07	0.04	0.40	0.42			同仁县
0.59	0.01	0.15	0.05	0.19	0.31	0.70			尖扎县
0.34	0.01	0.18	0.07	0.10	0.30	0.60			泽库县
0.50	0.30	0.19	0.11	0.11	0.26	0.30			河南县
0.80	1.00	1.19	0.26	0.70	0.70	0.63	0.62	0.14	共和县
0.15	0.13	0.09	0.06	0.18	0.07	0.13			同德县
0.93	0.28	0.09	0.10	0.38	0.14	0.25	0.45	0.22	贵德县
0.18	0.24	0.05	0.13	0.20	0.43	0.09			兴海县
0.44	0.21	0.09	0.04	0.32	0.04	0.40			贵南县
0.55	0.24	0.24	0.16	0.22	0.51	0.16			玛沁县
0.47	0.18	0.01	0.02	0.20	0.11	0.25			班玛县
0.27	0.01	0.18	0.06	0.08	0.09	0.02			甘德县
0.32	0.11	0.01		0.25	0.20	0.12			达日县
0.24	0.19	0.19	0.14	0.24	0.14	0.11			久治县
0.34	0.10	0.17	0.04	0.15	0.10	0.08			玛多县
0.10	0.10	0.10		0.10	0.14	0.10			杂多县
0.20	0.22	0.03	0.01	0.50	0.11	0.60			称多县
0.21	0.21	0.10		0.16	0.01	0.10			治多县
0.20	0.02	0.09	0.02	0.02	0.20	0.02			囊谦县
0.17	0.10	0.02	0.20	0.12	0.15	0.10			曲麻莱县
0.59	0.30	0.16	0.06	0.34	0.10	0.19	0.48		乌兰县
0.64	0.11	0.31	0.03	0.03	0.24	0.17			都兰县
0.65	0.13	0.44	0.15	0.46	1.09	0.09			天峻县
0.35	0.70	0.45	0.50	0.08	0.02	0.26			茫崖行委
0.33	0.15	0.05	0.30	0.20	0.50	0.27	0.23		大柴旦行委
0.30	0.07	0.03	0.01	0.13	0.17	0.04			冷湖行委
17.77	**13.83**	**12.74**	**1.27**	**23.83**	**8.70**	**17.16**	**7.73**	**3.94**	**宁　夏**
0.82	0.43	1.95	0.02	2.48	0.05	0.50	0.42	0.26	永宁县
4.02	0.59	1.87	0.18	4.12	2.17	3.62	2.80	1.50	贺兰县
1.80	2.50	0.05	0.07	3.50	1.02	1.61	0.10	0.08	平罗县
2.00	1.53	1.89	0.20	1.80	0.26	2.85			盐池县
1.06	0.56	0.79	0.05	0.78	1.24	0.49	1.62		同心县
1.00	1.32	1.20		2.17	0.28	0.66			红寺堡开发区
0.48	1.01	1.09	0.14	1.09	0.46	0.78	1.36	1.36	西吉县
1.06	0.16	0.28	0.03	0.69	0.06	1.23	0.38	0.38	隆德县
0.80	0.20	0.05	0.09	0.80	0.42	1.35	0.24	0.21	泾源县

2-3 续表 35

面积计量单位：平方公里
人口计量单位：万人

县名称 Name of Counties	县面积 County District Area	县人口 County District Population	县暂住人口 County District Temporary Population	县城面积 County Seat Area	县城人口 County Seat Population	县城暂住人口 County Seat Temporary Population	建成区面积 Area of Built District	城市建设用地面积 小计 Subtotal	居住用地 Residential
彭阳县	2533	25.2	3.6	22.00	3.76	2.48	6.81	6.81	3.21
中宁县	4193	34.5	3.1	27.36	13.91	0.82	17.87	17.87	8.20
海原县	6378	45.2	1.7	43.60	6.83	1.60	24.50	21.31	7.05
新　疆	**1461755**	**1355.1**	**107.6**	**1160.86**	**324.40**	**36.59**	**642.85**	**578.00**	**235.04**
鄯善县	39548	20.7	1.9	57.24	7.69	0.10	26.15	25.14	5.34
托克逊县	16600	11.9	6.2	18.00	4.75	2.10	10.00	9.22	3.14
巴里坤哈萨克自治县	38400	9.5	1.4	14.00	1.42	0.12	4.20	2.09	0.80
伊吾县	19529	2.3	0.7	6.50	0.44	0.16	4.50	3.15	0.44
呼图壁县	9722	21.5	3.6	13.00	4.32	0.82	12.00	11.47	3.32
玛纳斯县	10196	25.6	7.0	18.80	5.30	0.70	14.76	13.80	5.32
奇台县	19300	22.0	3.9	63.09	13.53	2.02	30.00	29.73	11.46
吉木萨尔县	8145	14.1	1.0	6.89	4.46	0.60	6.89	5.07	2.74
木垒县	22171	8.8	1.1	8.30	1.75	0.35	8.05	7.81	2.43
精河县	11275	13.9	1.6	8.37	3.30	1.50	7.60	7.52	3.75
温泉县	5894	6.6	0.4	4.85	0.84	0.14	3.80	3.73	2.20
轮台县	14184	12.1	2.1	18.20	2.95	1.59	8.05	6.80	2.46
尉犁县	60000	10.3	0.4	5.99	2.01	0.12	2.72	2.69	0.86
若羌县	202300	3.4	4.4	7.46	0.91	0.88	6.00	2.53	0.75
且末县	140250	6.6	2.4	8.10	1.90	1.43	4.18	4.17	2.08
焉耆县	2570	13.5	3.1	30.00	6.48	2.20	9.95	9.60	5.01
和静县	39686	18.4	3.3	22.00	4.80	1.48	14.55	13.93	6.00
和硕县	12800	7.8	3.0	8.00	2.13	0.20	4.67	4.67	2.30
博湖县	3579	6.1	0.7	2.95	1.51	0.29	2.95	2.86	1.14
温宿县	14569	26.1	0.2	14.00	5.31	0.05	10.60	10.60	3.87
库车县	15007	48.9	2.4	35.00	17.37	2.16	31.80	31.50	10.05
沙雅县	31973	27.7	0.4	11.00	6.10	0.38	7.32	7.31	3.42
新和县	5559	17.8	6.0	10.20	7.20	1.60	8.55	8.55	2.56
拜城县	15033	23.8	1.3	12.00	4.67	0.81	9.38	9.28	3.47
乌什县	8889	22.9	0.3	4.30	3.00	0.20	3.75	2.26	1.00
阿瓦提县	13259	31.0	4.7	7.90	5.60	0.20	6.00	6.00	3.25
柯坪县	8912	5.6	0.0	5.37	1.80	0.02	2.79	2.57	0.92
阿克陶县	25247	21.0	0.2	15.00	4.00	0.15	6.00	5.41	3.10
阿合奇县	16797	4.5	0.5	5.70	1.95	0.41	4.50	4.00	1.43
乌恰县	22000	6.2	1.3	6.68	1.39	0.30	6.68	6.17	2.96
疏附县	2624	27.8	0.8	22.40	5.30	0.35	16.20	8.03	2.76
疏勒县	2395	36.9	0.6	57.81	9.04	0.25	16.00	13.24	3.03
英吉沙县	3223	30.0	0.3	15.35	5.23	0.21	9.50	9.50	2.50
泽普县	986	22.4	2.1	10.10	5.63	0.53	9.30	8.92	5.40
莎车县	8284	85.2	1.2	34.28	25.26	0.80	34.28	27.11	12.91
叶城县	28370	51.9	0.8	23.00	13.00	0.55	23.00	20.43	6.65
麦盖提县	15200	27.2	2.4	15.00	6.91	0.50	13.10	11.12	4.47
岳普湖县	2700	20.7	0.4	24.00	5.90	0.40	9.38	9.38	2.81
伽师县	7040	43.4	0.7	35.00	7.92	0.37	12.02	12.02	6.00

continued 35

Area Measurement Unit: Square Kilometer

Population Measurement Unit:10,000persons

Area of Urban Construction Land							本年征用土地面积 Area of Land Requisition This Year		县名称 Name of Counties
公共管理与公共服务用地 Administration and Public Services	商业服务业设施用地 Commercial and Business Facilities	工业用地 Industrial, Manufacturing	物流仓储用地 Logistics and Warehouse	道路交通设施用地 Road, Street and Transportation	公用设施用地 Municipal Utilities	绿地与广场用地 Green Space and Square		耕地 Arable Land	
0.41	0.19	0.39	0.03	0.53	0.81	1.24	0.29	0.15	彭阳县
2.40	1.62	0.40	0.39	3.05	1.10	0.71	0.52		中宁县
1.92	3.72	2.78	0.07	2.82	0.83	2.12			海原县
59.10	**44.80**	**54.16**	**23.10**	**64.20**	**25.89**	**71.71**	**52.21**	**17.92**	**新　疆**
1.62	1.81	8.32	0.24	4.84	0.55	2.42			鄯善县
0.95	0.28	1.48	0.02	0.14	0.37	2.84	19.50		托克逊县
0.52	0.10	0.01	0.10	0.14	0.24	0.18	2.00		巴里坤哈萨克自治县
0.28	0.12	0.01	0.02	0.12	0.18	1.98	0.08		伊吾县
0.66	1.49	2.10	0.16	1.78	0.18	1.78	1.93		呼图壁县
0.86	0.49	3.31	0.26	1.58	0.38	1.60			玛纳斯县
2.04	4.13	4.24	0.13	4.33	0.55	2.85			奇台县
0.90	0.34	0.65	0.09	0.11	0.11	0.13			吉木萨尔县
0.62	0.86	0.24	0.03	1.70	0.13	1.80			木垒县
0.49	0.42	0.32	0.20	1.20	0.20	0.94	1.00	0.29	精河县
0.50	0.21	0.06	0.03	0.06	0.07	0.60			温泉县
0.54	0.58	0.48	0.09	0.08	0.48	2.09	0.60		轮台县
0.70	0.35	0.01	0.02	0.38	0.14	0.23	0.20		尉犁县
0.50	0.20	0.03	0.02	0.43	0.03	0.57			若羌县
0.82	0.40	0.02	0.05	0.30	0.20	0.30	0.14		且末县
1.12	0.93	0.79	0.13	0.11	1.14	0.37			焉耆县
1.49	0.44	2.52	1.11	1.04	0.41	0.92			和静县
0.95	0.04	0.42	0.05	0.51	0.15	0.25			和硕县
0.53	0.30	0.10	0.03	0.40	0.10	0.26			博湖县
1.27	0.80	0.32	1.33	1.05	0.70	1.26			温宿县
0.97	6.11	1.13	2.79	7.13	1.46	1.86			库车县
0.93	0.52	0.62	0.20	0.14	0.11	1.37			沙雅县
0.50	0.62	0.45	0.60	1.40	0.50	1.92	1.40	0.40	新和县
1.09	0.12	0.03	0.10	1.85	0.83	1.79			拜城县
0.30	0.37	0.05	0.01	0.01	0.02	0.50			乌什县
0.90	0.22	0.31	0.15	0.62	0.08	0.47			阿瓦提县
0.15	0.14	0.10	0.01	0.10	0.50	0.65			柯坪县
0.66	0.33	0.06	0.20	0.80	0.10	0.16			阿克陶县
0.80	0.90	0.03	0.06	0.21	0.07	0.50			阿合奇县
0.86	0.20	0.49	0.01	0.66	0.10	0.89			乌恰县
1.20	0.63	0.48	0.12	1.30	0.12	1.42	14.71	14.71	疏附县
2.04	0.96	4.54	0.02	0.49	0.36	1.80			疏勒县
1.20	0.20	0.10	0.10	2.00	0.04	3.36			英吉沙县
1.16	0.39	0.39	0.10	0.23	0.15	1.10	0.05	0.05	泽普县
3.21	0.89	0.23	5.75	1.56	1.35	1.21	0.03	0.01	莎车县
4.96	5.93	0.62	0.50	0.01	1.35	0.41	0.80	0.02	叶城县
0.36	0.94	1.07	0.47	1.52	1.33	0.96	0.14	0.09	麦盖提县
1.92	1.30	0.19	0.43	1.83	0.20	0.70			岳普湖县
0.73	0.46	2.16	1.26	1.09	0.04	0.28			伽师县

2-3 续表 36

面积计量单位：平方公里

人口计量单位：万人

县名称 Name of Counties	县面积 County District Area	县人口 County District Population	县暂住人口 County District Temporary Population	县城面积 County Seat Area	县城人口 County Seat Population	县城暂住人口 County Seat Temporary Population	建成区面积 Area of Built District	城市建设用地面积 小计 Subtotal	城市建设用地面积 居住用地 Residential
巴楚县	21741	35.0	1.8	36.02	11.62	0.31	26.39	23.65	8.50
塔什库尔干县	25000	4.1	0.5	14.00	1.32	0.40	6.00	6.00	1.93
和田县	41036	32.3							
墨玉县	25608	57.7	0.7	24.00	5.89	0.52	10.30	10.30	3.71
皮山县	39464	27.7	0.1	9.70	3.53	0.05	5.22	3.37	0.64
洛浦县	14114	25.4	0.2	7.30	3.40	0.13	5.80	4.25	1.91
策勒县	31592	16.7	0.1	10.60	2.70	0.10	5.40	3.73	1.64
于田县	39033	28.2	0.5	12.04	4.95	0.49	4.39	4.13	2.48
民丰县	56703	4.0	1.6	5.18	1.70	0.13	3.42	2.96	1.50
伊宁县	4486	45.7	1.4	13.00	4.75	0.75	9.42	9.08	3.50
察布查尔县	4485	19.8	3.1	26.00	4.00	1.35	7.69	7.69	3.30
霍城县	3052	31.2	1.4	41.00	7.50	0.42	10.30	10.30	4.48
巩留县	4528	20.4	1.1	25.00	5.60	0.30	10.00	9.80	4.02
新源县	10000	32.6	3.8	37.40	10.81	0.15	10.00	9.93	7.00
昭苏县	11000	19.1	0.5	20.50	3.01	0.37	9.20	7.99	5.54
特克斯县	8352	16.9	0.2	24.80	4.20	0.07	9.24	6.37	3.02
尼勒克县	11700	19.0	0.5	18.20	4.78	0.03	7.90	7.90	3.89
额敏县	9146	17.9	0.4	23.00	4.45	0.25	14.00	7.01	2.65
沙湾县	13110	21.9	7.2	40.51	9.91	0.90	15.31	14.79	6.43
托里县	20097	9.7	1.7	13.50	2.47	0.26	8.00	8.00	5.00
裕民县	6222	5.6	0.4	9.57	1.49	0.13	5.80	5.80	3.40
和布克赛尔蒙古自治县	30589	5.5	1.9	11.50	1.25	0.19	5.00	4.45	3.00
布尔津县	10540	7.2	0.2	5.73	2.05	0.21	4.85	4.77	2.22
富蕴县	32237	9.8	2.0	9.80	2.36	0.71	6.66	6.21	3.30
福海县	32400	6.9	0.6	11.00	2.90	0.40	5.75	5.73	2.74
哈巴河县	7349	8.7	0.5	5.40	1.90	0.41	5.08	5.04	1.90
青河县	15735	6.5	0.3	9.00	1.59	0.15	4.38	4.38	1.67
吉木乃县	8222	4.0	0.5	11.28	1.20	0.37	6.18	4.99	1.57
新疆生产建设兵团	**60798**	**208.7**	**31.5**	**831.98**	**158.66**	**21.18**	**513.70**	**437.25**	**161.17**
第一师	4799	19.1	2.1	56.56	14.58	1.51	35.42	31.45	9.46
第二师	6390	15.1	3.0	91.22	11.37	1.88	48.99	46.73	21.36
第三师	7330	20.5	2.2	49.74	12.78	1.61	34.74	29.98	10.51
第四师	4487	18.6	1.8	56.18	14.79	1.23	44.72	41.05	13.01
第五师	3334	15.6	2.4	35.76	12.17	2.33	30.75	28.96	11.35
第六师	8262	25.4	3.9	122.42	17.62	2.49	61.01	29.49	14.58
第七师	3955	20.9	3.3	68.76	18.71	1.45	56.01	55.03	27.64
第八师	6081	33.2	4.2	146.53	24.03	2.85	68.08	59.15	16.67
第九师	4855	8.3	0.8	29.06	6.72	0.71	21.38	17.78	7.61
第十师	3587	5.9	2.7	32.51	4.30	0.87	29.19	23.64	7.65
第十二师	403	9.9	3.2	58.34	7.73	2.88	37.02	32.34	8.46
第十三师	7037	11.7	1.8	42.30	9.45	1.20	29.93	27.12	11.66
第十四师	278	4.8	0.3	42.60	4.41	0.17	16.46	14.53	1.21

continued 36

Area Measurement Unit: Square Kilometer
Population Measurement Unit:10,000persons

Area of Urban Construction Land							本年征用土地面积 Area of Land Requisition This Year		县名称 Name of Counties
公共管理与公共服务用地 Administr-ation and Public Services	商业服务业设施用地 Commercial and Business Facilities	工业用地 Industrial, Manufact-uring	物流仓储用地 Logistics and Warehouse	道路交通设施用地 Road, Street and Trans-portation	公用设施用地 Munici-pal Utilities	绿地与广场用地 Green Space and Square		耕地 Arable Land	
1.62	0.11	2.70	2.66	0.88	2.63	4.55			巴楚县
1.60	0.61	0.01	0.02	0.44	0.11	1.28	0.10		塔什库尔干县
									和田县
0.57	1.13	1.18	0.18	1.86	1.09	0.58	3.96		墨玉县
0.36	0.08	0.98	0.04	0.76	0.18	0.33	0.45		皮山县
0.36	0.13	0.25	0.41	0.77	0.14	0.28			洛浦县
0.61	0.34	0.12	0.06	0.48	0.05	0.43			策勒县
0.43	0.17	0.06	0.03	0.70	0.03	0.23	0.30		于田县
0.52	0.12	0.20	0.01	0.40	0.10	0.11			民丰县
0.33	0.28	0.79	0.06	1.14	0.10	2.88	0.56	0.56	伊宁县
0.83	0.15	0.47	0.06	2.15	0.11	0.62			察布查尔县
0.32	0.46	0.15	0.60	1.30	0.45	2.54			霍城县
0.51	0.60	0.43	0.06	2.20	0.21	1.77	0.08		巩留县
0.51	0.02	0.36	0.02	0.30	1.05	0.67			新源县
0.60	0.16	0.58		0.75	0.25	0.11			昭苏县
0.60	0.66	0.01	0.12	0.87	0.77	0.32			特克斯县
0.89	0.10	0.20	0.15	0.51	1.25	0.91			尼勒克县
0.85	0.80	1.25	0.50	0.14	0.17	0.65	0.15	0.12	额敏县
1.80	1.05	3.10	0.16	0.22	0.03	2.00	4.01	1.67	沙湾县
0.87	0.36	0.29	0.15	0.32	0.24	0.77			托里县
0.47	0.20	0.21	0.04	0.70	0.09	0.69			裕民县
0.39	0.20	0.10	0.01	0.01	0.54	0.20			和布克赛尔蒙古自治县
1.23	0.30	0.26	0.03	0.10	0.24	0.39			布尔津县
0.30	0.48	0.73	0.07	0.49	0.62	0.22	0.02		富蕴县
0.29	0.53	0.27	0.07	1.17	0.06	0.60			福海县
0.10	0.10	0.10	0.02	0.69	0.15	1.98			哈巴河县
0.34	0.13	0.08	0.18	1.32	0.19	0.47			青河县
0.50	0.01	0.80	0.40	0.28	0.02	1.41			吉木乃县
52.00	**41.04**	**34.62**	**17.34**	**47.66**	**27.83**	**55.59**	**11.83**	**4.57**	**新疆生产建设兵团**
3.11	2.01	3.50	1.51	4.32	2.60	4.94	3.81	0.99	第一师
5.16	4.14	2.10	0.64	3.56	2.34	7.43	0.29	0.03	第二师
3.40	3.63	1.23	1.84	3.64	3.64	2.09	0.45	0.22	第三师
4.71	3.46	4.18	2.59	4.07	1.83	7.20	0.81	0.02	第四师
3.55	3.68	1.71	0.60	4.09	0.65	3.33	1.34	1.33	第五师
2.65	2.61	1.44	0.63	3.43	1.52	2.63	0.48		第六师
3.64	4.94	4.46	1.61	3.19	1.50	8.05	0.20	0.10	第七师
10.30	5.48	7.45	2.23	7.12	5.37	4.53	2.15	0.85	第八师
1.52	1.04	1.09	0.47	1.87	1.21	2.97	0.21		第九师
4.48	1.06	2.08	0.46	3.62	2.01	2.28	0.32	0.06	第十师
4.67	3.21	3.21	3.28	2.81	2.45	4.25	1.62	0.88	第十二师
4.05	1.57	0.76	0.60	4.75	1.15	2.58			第十三师
0.76	4.21	1.41	0.88	1.19	1.56	3.31	0.15	0.09	第十四师

三、县城维护建设财政性资金收支

3．Revenue and Expenditure of County Seat Maintenance and Construction Fund

简要说明

县城维护建设资金指用于县城维护和建设的财政性资金。本部分主要包括县城维护建设财政性资金的收入和支出两方面的内容，收入包括组成收入的各项来源，包括城市维护建设税、城市公用事业附加、中央和地方预算资金、国有土地使用权出让收入、国家和省规定收取的用于城市维护建设的行政事业性收费及其他收入，支出包括城市维护建设资金用于市政公用设施各行业的建设和维护资金。

2013 年，维护建设资金的收支范围和口径进行了调整。

Brief Introduction

County Seat maintenance and construction fund is the fund used for county seat maintenance and construction. This section mainly includes two parts: one is revenue from the fund, and the other is expenditure of the fund. Revenue consists of various capital sources, including urban maintenance and construction tax, extra-charge for urban utilities, budgetary funds by central and local governments, income generated from the transfer of state-owned land-use right, administrative charges for urban maintenance and construction prescribed by the central and provincial governments and other revenues. Expenditure covers funds used for construction and maintenance of public facilities in the municipal service facilities sector.

Revenue and expenditure scope as well as definition of urban maintenance and construction fund has been adjusted in 2013.

3 全国历年县城维护建设资金收支(2000–2015)

计量单位：万元

年份 Year	收入合计 Completed of Revenue	城市维护建设税 Urban Maintenance and Construction Tax	公用事业附加 Extra-Charges for Municipal Utilities	中央财政拨款 Financial Allocation from Central Government Budget	地方财政拨款 Financial Allocation from Local Government Budget	水资源费 Water Resource Fee
2000	1475288	218874	45849	83404	209840	5421
2001	2339413	284380	47428	68460	378484	7807
2002	3165232	319198	49195	163717	552206	9087
2003	4703331	418992	52225	249529	829818	14283
2004	5178923	482254	58156	159856	1080049	13112
2005	6043627	562226	66971	173570	1405247	16618
2006	5280388	624690	87843	281139	121727	30201
2007	7218834	827944	115565	255958	2022760	55081
2008	9736493	1109612	217957	647527	2927932	59435
2009	13820241	1272267	165937	1125862	5319207	88990
2010	20582038	1520894	215283	1410514	5465372	116924
2011	26240827	1989632	393902	1878689	7259456	267072
2012	31833379	2529027	403033	2937679	9382874	283277
2013	36096026	2840257	523755	2811897		
2014	42036116	2984908	488213	2469729		
2015	36400093	2818465	479671	2199425		

注：自2006年起，县城维护建设资金收入仅包含财政性资金，不含社会融资。地方财政拨款中包括省、市(县)财政专项拨款和县级以下财政资金；其他收入中包括市政公用设施配套费、市政公用设施有偿使用费、土地出让转让金、资产置换收入及其他财政性资金。

National Revenue and Expenditure of County Seat Maintenance and Construction Fund in Past Years（2000-2015）

Measurement Unit:10,000 RMB

国内贷款 Domestic Loan	利用外资 Foreign Investment	企事业单位自筹资金 Self-Raised Funds by Enterprises and Institutions	其他收入 Other Revenues	支出合计 Completed of Expenditure	维护支出 Maintenance Expenditure	固定资产投资支出 Expenditure from Investment in Fixed Assets	其他支出 Other Expenditures
177939	52215	243841	437904	1543701	1224032	280838	38831
261940	65162	535359	690393	2336929	1746365	333699	256865
374804	76792	775543	844690	3196841	2529827	389298	277716
603166	131672	1261785	1141861	4661734	3907547	459527	294660
645288	134733	1203808	1401667	5077874	4221092	559888	296894
698906	158159	1440598	1521332	5927238	4831130	659689	436419
			4134788	4971017	3660147	858483	452387
			3941526	6806308	4796581	1207586	802141
			4774030	9192126	6722788	1434309	1020577
			5847978	13182941	10266437	1773499	1322453
			11853051	20451108	16006075	2348570	2096535
			14452076	24246084	18101051	3240910	2904123
			16297489	33299318	23820534	3899428	5579356
				29418982			
				29798372			
				27900620			

Note: Since 2006, national revenue of county seat maintenance and construction fund includes the fund fiscal budget, not including social funds. Local Financail Allocation include province and city special finacial allocation, and Other Revenues include fee for expansion of municipal utilites capacity, fee for use of municaipal utilities,land drainage facilities, water resource fee, property displace fee and so on.

3-1 2015年全国县城维护建设资金(财政性资金)收支分组资料

计量单位：万元

地区名称 Name of Regions		县城市政公用设施建设维护管理财政性资金收入 Revenue of County Seat Construction, Maintenance and Management of Municipal Public Utilities Facilities Fund								
		合计 Completed of Revenue	中央预算资金 Central Budgetary Fund	省级预算资金 Provincial Budgetary Fund	县级预算资金 County-Level Budgetary Fund					
					小计 Subtotal	城市维护建设税 Urban Maintenance and Construction Tax	公用事业附加 Extra-Charges for Municipal Utilities	基础设施配套费 Fees for Supporting Infrastructure	国有土地使用权出让收入 Income Generated from The Transfer of State-owned Land-use Right	市政公用设施有偿使用费 Fee for Use of Municipal Utilities
全国	**National Total**	**36400093**	**2199425**	**1464014**	**31373032**	**2818465**	**479671**	**2030657**	**15843148**	**809782**
分类一	**Group one**									
东部地区	East China	10650584	195453	279103	9904189	1233938	208710	628532	5493965	344357
中部地区	Central China	15925939	526865	311241	14370520	979832	121599	717527	7725583	253237
西部地区	West China	9823570	1477107	873670	7098323	604695	149362	684598	2623600	212188
分类二	**Group two**									
东部地区	East China	9865349	161719	196634	9238505	1167173	197817	581384	5193242	294732
中部地区	Central China	14551914	476029	258486	13209366	834187	114225	667738	7427609	236957
西部地区	West China	11982830	1561677	1008894	8925161	817105	167629	781535	3222297	278093
分类三	**Group three**									
东部地区	East China	9489036	158009	181671	8880865	1132168	195649	529636	4963055	288712
中部地区	Central China	13869301	417876	230514	12627254	734071	106756	620492	7235351	230121
西部地区	West China	11982830	1561677	1008894	8925161	817105	167629	781535	3222297	278093
东北地区	Northeast China	1058926	61863	42935	939752	135121	9637	98994	422445	12856

National Revenue and Expenditure of County Seat Maintenance and Construction Fund (Fiscal Budget) (2015)

Measurement Unit:10,000 RMB

污水处理费 Wastewater Treatment Fee	垃圾处理费 Garbage Treatment Fee	其他财政资金 Others	县城市政公用设施建设维护管理财政性资金支出 Expenditure of County Seat Construction, Maintenance and Management of Municipal Public Utilities Facilities Fund: 合计 Completed of Expenditure	城乡社区规划与管理 Planning and Management of Urban and Rural Communities	市政公用行业市场监管 Market Supervision of Municipal Public Utilities Industry	市政公用设施建设维护与管理 Construction, Maintenance and Management of Municipal Public Utilities Facilities	风景名胜区规划与保护 Planning and Protection of National Parks	其他 Others	地区名称 Name of Regions
459931	**205871**	**1363622**	**27900620**	**1839878**	**1046339**	**18833668**	**546229**	**5634506**	**全国**
									分类一
218345	89468	271839	8354613	543477	274489	5483906	202847	1849894	东部地区
140524	60203	717313	11507200	718801	395570	8389980	195444	1807405	中部地区
101062	56200	374470	8038807	577600	376280	4959782	147938	1977207	西部地区
									分类二
187124	74921	268491	7587221	496221	251556	4860096	194376	1784972	东部地区
131037	54833	608033	10307547	687303	368434	7369200	195394	1687216	中部地区
141770	76117	487098	10005852	656354	426349	6604372	156459	2162318	西部地区
									分类三
184380	74599	268491	7349802	474363	232637	4695974	194054	1752774	东部地区
125883	54156	593657	9716108	636379	339437	6912605	191162	1636525	中部地区
141770	76117	487098	10005852	656354	426349	6604372	156459	2162318	西部地区
7898	999	14376	828858	72782	47916	620717	4554	82889	东北地区

3-2 2015年全国县城维护建设资金(财政性资金)收支(按省分列)

计量单位：万元

地区名称 Name of Regions	县城市政公用设施建设维护管理财政性资金收入 Revenue of County Seat Construction, Maintenance and Management of Municipal Public Utilities Facilities Fund								
	合计 Completed of Revenue	中央预算资金 Central Budgetary Fund	省级预算资金 Provincial Budgetary Fund	县级预算资金 County-Level Budgetary Fund					
				小计 Subtotal	城市维护建设税 Urban Maintenance and Construction Tax	公用事业附加 Extra-Charges for Municipal Utilities	基础设施配套费 Fees for Supporting Infrastructure	国有土地使用权出让收入 Income Generated from The Transfer of State-owned Land-use Right	市政公用设施有偿使用费 Fee for Use of Municipal Utilities
全　国	**36400093**	**2199425**	**1464014**	**31373032**	**2818465**	**479671**	**2030657**	**15843148**	**809782**
天　津	13724			13724	3382				
河　北	2274488	502988	16395	2065671	247172	56406	65713	1112517	56101
山　西	545346	26019	11080	502988	111442	12810	59421	119303	10524
内蒙古	1374025	50836	52755	1161154	145645	7374	49789	297974	16280
辽　宁	376313	3710	14963	357640	35005	2168	51748	230187	6020
吉　林	263130	14146	7210	235549	59515	3911	17412	79121	2199
黑龙江	419483	44007	20762	346563	40601	3558	29834	113137	4637
江　苏	1362291	22454	11616	1293114	240990	32536	66264	448186	37494
浙　江	1295964	14775	29936	1240427	187806	12125	65782	553510	57353
安　徽	4459659	179600	27449	4006694	163043	18116	270220	2279633	42737
福　建	1007953	59324	57640	879141	82514	19692	48985	540263	45710
江　西	4312916	56710	77860	4052997	159974	22340	56363	2122960	44231
山　东	2408749	23349	22449	2319780	256524	47950	188244	1583189	67237
河　南	1468623	21698	16837	1429938	100776	27225	137935	886486	45537
湖　北	692805	34465	27596	610948	55684	4744	40063	284251	23901
湖　南	2389952	99384	69692	2023689	143152	21521	56490	1542718	63191
广　东	650249	2930	16299	622505	57635	24594	45997	427467	21702
广　西	785235	33734	82469	665684	66765	10893	47148	300723	49625
海　南	475618	1702	27336	446503	56145	2346	48651	297923	3115
重　庆	393013	39358	10868	339174	35247	1994	142024	116444	11964
四　川	2883095	181927	366272	2201126	117635	18698	184296	1126715	40533
贵　州	1582045	108440	51838	1405067	86745	19713	25885	693572	25381
云　南	702646	104495	54044	515457	76327	12521	67308	185936	34465
西　藏	366795	274068	44368	47906	24346	746	6916	2281	260
陕　西	1572264	191948	121288	1192825	121876	35176	68803	167537	54631
甘　肃	446278	82124	39328	311770	36292	4848	24056	85908	11987
青　海	212536	99442	24078	88621	14289	3195	3111	49832	4058
宁　夏	504102	40354	85893	375855	22420	6446	33102	49460	1595
新　疆	679324	105235	40582	456695	56482	22978	56572	131351	19849
新疆生产建设兵团	481472	249716	35111	163827	13036	23047	72525	14564	7465

National Revenue and Expenditure of County Seat Maintenance and Construction Fund (Fiscal Budget) by Province (2015)

Measurement Unit: 10,000 RMB

			县城市政公用设施建设维护管理财政性资金支出 Expenditure of County Seat Construction, Maintenance and Management of Municipal Public Utilities Facilities Fund						
污水处理费 Wastewater Treatment Fee	垃圾处理费 Garbage Treatment Fee	其他财政资金 Others	合计 Completed of Expenditure	城乡社区规划与管理 Planning and Management of Urban and Rural Communities	市政公用行业市场监管 Market Supervision of Municipal Public Utilities Industry	市政公用设施建设维护与管理 Construction, Maintenance and Management of Municipal Public Utilities Facilities	风景名胜区规划与保护 Planning and Protection of National Parks	其他 Others	地区名称 Name of Regions
459931	**205871**	**1363622**	**27900620**	**1839878**	**1046339**	**18833668**	**546229**	**5634506**	**全　国**
			13724			13724			天　津
34935	11896	158947	1679458	142916	14743	1037348	23959	460492	河　北
6524	2751	5259	577177	15783	25621	442260	6108	87405	山　西
9487	5370	109280	1199653	31498	27136	1020780	50	120189	内蒙古
2744	322		237419	21858	18919	164122	322	32198	辽　宁
1448	541	6225	188537	20799	8360	145062	4024	10292	吉　林
3706	136	8151	402902	30125	20637	311533	208	40399	黑龙江
22061	12878	35107	1155735	124070	39979	633181	102847	255658	江　苏
40900	11878	10826	975819	53164	12188	771730	22417	116320	浙　江
24723	8868	245916	2794103	61681	51289	2407431	24678	249024	安　徽
24380	12965	11848	1048864	69722	16653	865618	17459	79412	福　建
23805	5690	125349	2159857	237856	145561	1321558	76726	378156	江　西
45608	16945	43171	1648244	45685	124669	1049442	22753	405695	山　东
25078	12945	150	1329307	109007	49792	1008687	33233	128588	河　南
14608	7574	19796	692447	38215	12669	526940	5277	109346	湖　北
31145	16328	197187	2163217	173837	54505	1205729	45140	684006	湖　南
14855	6627	8515	330830	23205	11045	143988	2040	150552	广　东
31221	14547	3348	767392	47256	22933	623810	8471	64922	广　西
1641	1410	77	497128	15601	13360	180943	2579	284645	海　南
5782	4664	3613	389926	7410	1627	368690	2354	9845	重　庆
26873	10738	133770	1981851	213657	95771	860051	48690	763682	四　川
11888	7545	16700	762477	59758	63941	517790	42253	78735	贵　州
20954	10307	28650	456807	29521	38095	292478	10894	85819	云　南
15	144	453	37238	4705	1468	27537	1857	1671	西　藏
20283	10052	66203	2360842	114556	102949	1845256	22876	275205	陕　西
5599	3899	13056	440823	12136	13286	287807	8533	119061	甘　肃
1756	2144	395	209084	11662	40220	156754	408	40	青　海
988	589	2000	613747	57449	30	145509		410759	宁　夏
5599	4769	76812	545596	38454	13583	319794	5468	168297	新　疆
1325	1349	32818	240416	28292	5310	138116	4605	64093	新疆生产建设兵团

3–3 2015年全国县城维护建设资金(财政性资金)收入(按县分列)

计量单位：万元

县名称 Name of Counties	县城市政公用设施建设维护管理财政性资金收入 Revenue of urban Construction, Maintenance and Management of Municipal Public Utilities Facilities Fund								
	合计 Completed of Revenue	中央预算资金 Central Budgetary Fund	省级预算资金 Provincial Budgetary Fund	县级预算资金 County-Level Budgetary Fund					
				小计 Subtotal	城市维护建设税 Urban Maintenance and Construction Tax	公用事业附加 Extra-Charges for Municipal Utilities	基础设施配套费 Fees for Supporting Infrastructure	国有土地使用权出让收入 Income Generated from The Transfer of State-owned Land-use Right	市政公用设施有偿使用费 Fee for Use of Municipal Utilities
全　国	**36400093**	**2199425**	**1464014**	**31373032**	**2818465**	**479671**	**2030657**	**15843148**	**809782**
天　津	**13724**			**13724**	**3382**				
蓟　县	13724			13724	3382				
河　北	**2274488**	**33475**	**16395**	**2065671**	**247172**	**56406**	**65713**	**1112517**	**56101**
井陉县	16000			16000	2000	620	1500	990	270
正定县	15685		1280	14405	3895	662	375	8585	888
行唐县	21349	275		21074	13585	210	330	856	496
灵寿县	4006			2006	180	485	155	1030	156
高邑县	9628			9628	3400	1133	1385	3423	221
深泽县	1391			1391	631	273	119		184
赞皇县	4020			4020	40		106		365
无极县	5500			5500	765	305	1435		1516
平山县	27159			25717	4116	1555	1017	18753	276
元氏县	10045			10045	2171		690	6600	584
赵　县	23760			13510	2060				1200
滦　县	78710			78710	4688	1809	541	69928	872
滦南县	12021		1000	11021	3049	781	577	6423	191
乐亭县	21334			21334	4003	1349	422	15356	204
迁西县	33853			27300	8720	3460	530	2300	3970
玉田县	87297			87297	3232	2161	758	8705	234
曹妃甸区	88866			88866	14667	6155	683	63862	3499
青龙满族自治县	30050			30050	1085		48	28576	341
昌黎县	52169			52169	4237	984	897	45700	351
卢龙县	12138	1289		8849	2500	1695	450	3603	246
临漳县	7630			7630	360		120	7132	18
成安县	16627			16627	1073			15554	
大名县	20943			20350	2270	1560	2893	9843	2014
涉　县	12540			12540	10595	1645	300		
磁　县	7800			7800	5734	780	155	780	351
肥乡县	32605			19405	1047		57	18055	47
邱　县	24063	2200		21863	305	1031	326		460
鸡泽县	5658			5278	1190	720	1178	1650	540
广平县	29050		1500	27550	4210		254		
馆陶县	8920			8920	410	200	400	6760	
魏　县	98029	1493		24705	5281	3098	2804		1025
曲周县	10926			10926	777		140	4074	
临城县	2832			2832	593	100	99	2033	7
内丘县	39013			39013	1295	1685	935	20301	
柏乡县	10695			10695	415	149	54	9907	170

National Revenue and Expendiyure of County Seat Maintenance and Construction Fund (Fiscal Budget) by County (2015)

Measurement Unit: 10,000 RMB

			县城市政公用设施建设维护管理财政性资金支出 Expenditure of urban Construction, Maintenance and Management of Municipal Public Utilities Facilities Fund						
污水处理费 Waste-water Treat-ment Fee	垃圾处理费 Garbage Treat-ment Fee	其他财政资金 Others	合计 Comple-ted of Expend-iture	城乡社区规划与管理 Planning and Management of Urban and Rural Communities	市政公用行业市场监管 Market Sup-ervision of Municipal Public Utilities Industry	市政公用设施建设维护与管理 Construction, Maintenance and Management of Municipal Public Utilities Facilities	风景名胜区规划与保护 Planning and Protection of National Parks	其他 Others	县名称 Name of Counties
459931	**205871**	**1363622**	**27900620**	**1839878**	**1046339**	**18833668**	**546229**	**5634506**	**全　国**
			13724			**13724**			**天　津**
			13724			13724			蓟　县
34935	**11896**	**158947**	**1679458**	**142916**	**14743**	**1037348**	**23959**	**460492**	**河　北**
200	70		15260	700	300	11600	200	2460	井陉县
888			5035		3895		1140		正定县
436	60		21601	442	103	21056			行唐县
156		2000	4006	640		1366		2000	灵寿县
121	66		9745	830	715	8200			高邑县
178	6								深泽县
188	177		4020					4020	赞皇县
1310	160		16545			16545			无极县
260	16	1442	9699	56	270	9373			平山县
35	210		8977	573	414	7990			元氏县
1200		10250	13510	1150		6825		5535	赵　县
634	238		26950	1044		25906			滦　县
143	48		12452	294		12158			滦南县
159	45		21334			21334			乐亭县
2650	602	6553	38383	6782	653	30578	200	170	迁西县
54	180		24878	556		300		24022	玉田县
1962	1537								曹妃甸区
257	84								青龙满族自治县
351			52169	414		4479		47276	昌黎县
201	45	2000	12138			12138			卢龙县
6	6								临漳县
			4810				4810		成安县
1165	515	593	13350	420	172	12665		93	大名县
			12540	200	300	11310	730		涉　县
82	127		7800			7800			磁　县
26	21	13200	27135	1550		12495		13090	肥乡县
460			24086	86		24000			邱　县
85	75	380	5658			3230		2428	鸡泽县
									广平县
			8920			8920			馆陶县
718	306	71831							魏　县
			10926	164		10762			曲周县
	7		2832		507	2305		20	临城县
			2525	87	18	2420			内丘县
126	44		30	30					柏乡县

3–3 续表 1

计量单位：万元

县名称 Name of Counties	县城市政公用设施建设维护管理财政性资金收入 Revenue of urban Construction, Maintenance and Management of Municipal Public Utilities Facilities Fund								
	合计 Completed of Revenue	中央预算资金 Central Budgetary Fund	省级预算资金 Provincial Budgetary Fund	县级预算资金 County-Level Budgetary Fund					
				小计 Subtotal	城市维护建设税 Urban Maintenance and Construction Tax	公用事业附加 Extra-Charges for Municipal Utilities	基础设施配套费 Fees for Supporting Infrastructure	国有土地使用权出让收入 Income Generated from The Transfer of State-owned Land-use Right	市政公用设施有偿使用费 Fee for Use of Municipal Utilities
隆尧县	21513		20	21493	1991	1031	518	17874	79
任　县	13349			13349	932		128		109
南和县	30434			30434	798		302	28878	456
宁晋县	33574			33574	3348	1043	558	28625	
巨鹿县	25465			25465	813		118	24360	174
新河县	9721			9721	595	135			
广宗县	10300			10300	485		143		27
平乡县	15000		2200	12800	2910	780	1800	550	4000
威　县	21349			21349	894		215	9469	
清河县	9723			9723	2980	320	339	5844	240
临西县	35000			18000	300		500		
涞水县	24457			24457	1635	420	719	21622	61
阜平县	12448	10208	1445	795	12	9			556
定兴县	115235			115235	2645	241	1132	56385	213
唐　县	32614			32614	929	268	1047	30370	
高阳县	8376	1000		7376	2039	971	226		4140
容城县	8862			8862	1053	155	535	6856	263
涞源县	6684			6684	1769	515	2	4325	73
望都县	16879			16879	516	184	1092	14055	1032
安新县	15356			15356	100		616	200	500
易　县	13748			13748	6796	463	286	3705	2498
曲阳县	9678			9678	85	18	560	5600	32
蠡　县	8416			8416	1099	398	280	6639	
顺平县	2933			2933	955				1978
博野县	6701	600		6101	552	190	75	4845	100
雄　县	15092			15092	1556	1114	986	11436	
张北县	32045			30295	1776	90	1370	26168	891
康保县	13242			13242	261	30	3360	4922	240
沽源县	5985			5985	700	60	760	4225	240
尚义县	2297			2297	577		290	1430	
蔚　县	6256			6256	800	65	122	4969	300
阳原县	7005			7005	2589	60	500	1500	220
怀安县	3592			3592	620	90	52	2550	280
万全县	5713			5713	450	50	130	2261	200
怀来县	112501			112501	3774		1869	106258	600
涿鹿县	6920			6920	2755	75	240	3550	300
赤城县	6120			6120	253	70	185	4325	172
崇礼县	10138			10138	75	680	280	8850	253
承德县	13500			13500	2500				
兴隆县	734			734	4		151		579

continued 1

Measurement Unit: 10,000 RMB

			县城市政公用设施建设维护管理财政性资金支出 Expenditure of urban Construction, Maintenance and Management of Municipal Public Utilities Facilities Fund						
污水处理费 Waste-water Treat-ment Fee	垃圾处理费 Garbage Treat-ment Fee	其他财政资金 Others	合计 Comple-ted of Expend-iture	城乡社区规划与管理 Planning and Management of Urban and Rural Communities	市政公用行业市场监管 Market Sup-ervision of Municipal Public Utilities Industry	市政公用设施建设维护与管理 Construction, Maintenance and Management of Municipal Public Utilities Facilities	风景名胜区规划与保护 Planning and Protection of National Parks	其他 Others	县名称 Name of Counties
	79		12906	58		837		12011	隆尧县
109									任　县
106	350		175			175			南和县
									宁晋县
119	55		16391					16391	巨鹿县
			9721			155		9566	新河县
6	21		10300			10300			广宗县
850	810								平乡县
			21349	223	102	21024			威　县
240			2889	262		2627			清河县
		17000	35000	31500		2500		1000	临西县
61			7084	345		6739			涞水县
227			795			795			阜平县
213			51287	39718		11569			定兴县
			9796	880		8916			唐　县
3960	180								高阳县
	263		3715	234		3481			容城县
73			1843	238		1511	94		涞源县
612	420		4005	260		3700		45	望都县
500			15356	115		2541		12700	安新县
578	192		239	239					易　县
23	6		9678	210	210	8560		698	曲阳县
			8705			8705			蠡　县
1501	77		282			282			顺平县
55	40		491	32		459			博野县
			9243	429				8814	雄　县
252	542	1750	29437	1500	385	27052	500		张北县
130	100		10867	521	322	8522	1002	500	康保县
130	95		5080	220	60	4200	600		沽源县
			2202	102		2100			尚义县
176	90		4390	90	75	3225	1000		蔚　县
130	80		6020	750	170	4500	600		阳原县
255	25		3026			3026			怀安县
120	70		5449	5038	85	326			万全县
310	200		239428	17739				221689	怀来县
175	100		4005	950	120	2235	700		涿鹿县
90	81		5191	711	680	3500	300		赤城县
120	65		10076	3855		6221			崇礼县
			120500	500		120000			承德县
520	59								兴隆县

3-3 续表 2

计量单位：万元

县名称 Name of Counties	县城市政公用设施建设维护管理财政性资金收入 Revenue of urban Construction, Maintenance and Management of Municipal Public Utilities Facilities Fund								
	合计 Completed of Revenue	中央预算资金 Central Budgetary Fund	省级预算资金 Provincial Budgetary Fund	县级预算资金 County-Level Budgetary Fund					
				小计 Subtotal	城市维护建设税 Urban Mainten-ance and Cons-truction Tax	公用事业附加 Extra-Charges for Municipal Utilities	基础设施配套费 Fees for Supp-orting Infrast-ructure	国有土地使用权出让收入 Income Generated from The Transfer of State-owned Land-use Right	市政公用设施有偿使用费 Fee for Use of Muni-cipal Utilities
平泉县	6180			6180	2700	450	400		430
滦平县	36222			36222	3000	3000	50		172
隆化县	10045			10045	269		423		444
丰宁满族自治县	52870			52870	1959		52	50813	46
宽城满族自治县	44397			44397	3447	2095	221		266
围场满族蒙古族自治县	15335	1617		1672	1165		47		460
青　县	17540			17540	412	90	700		900
东光县	3235			3235	85	48	345		715
海兴县	22000			22000	850	400	620	1100	450
盐山县	14299			14299	1746	136	1116	10415	886
肃宁县	7185			4153	3900	159	94		
南皮县	12010			1010	195	65	635		115
吴桥县	31300	6600		23650	1300	200	1800	18000	1200
献　县	24377			24377	1798	358	610	20449	1162
孟村回族自治县	6558			6558	858		51	5649	
固安县	56120			56120	7032		580	48023	485
永清县	4748			4748	2405		1024	1234	85
香河县	64262			64262	10926	509	3000	47754	2073
大城县	9500			9500	2209	1272	402	5377	240
文安县	8741	200		8541	2386	237	2065	3660	193
大厂回族自治县	19923			19923	9218	399	6032	3938	336
枣强县	29329			29329	854				202
武邑县	24155	3200		20955	15200	420		5200	80
武强县	10022			10022	1625	585	293	298	768
饶阳县	21631	3368	8950	9313	516	138	254	8360	45
安平县	38179			38179	643	575	448	36276	236
故城县	27588			22988	120	70	520	1500	460
景　县	19750	1425		18325	54	520	132	8446	1590
阜城县	5720			5500	800	550	580	2600	560
山　西	**545346**	**26019**	**11080**	**502988**	**111442**	**12810**	**59421**	**119303**	**10524**
清徐县	4137			4137	1845	383	1664	127	118
阳曲县	2720			2720	330		899		
娄烦县	4358			4358	3		20		
阳高县	2589			2589	624	207	350	1311	97
天镇县	6935			6935	1575		185	5175	
广灵县	1113			1113	180		200	293	440
灵丘县	5421	266	355	4800	1450	66	165	1600	460
浑源县	1186			1186	645	90	451		
左云县	9466			8538	1264	189	160	4792	162

continued 2

Measurement Unit: 10,000 RMB

			县城市政公用设施建设维护管理财政性资金支出 Expenditure of urban Construction, Maintenance and Management of Municipal Public Utilities Facilities Fund						
污水处理费 Waste-water Treat-ment Fee	垃圾处理费 Garbage Treat-ment Fee	其他财政资金 Others	合计 Comple-ted of Expend-iture	城乡社区规划与管理 Planning and Management of Urban and Rural Communities	市政公用行业市场监管 Market Sup-ervision of Municipal Public Utilities Industry	市政公用设施建设维护与管理 Construction, Maintenance and Management of Municipal Public Utilities Facilities	风景名胜区规划与保护 Planning and Protection of National Parks	其他 Others	县名称 Name of Counties
280	150		8560	360		8200			平泉县
132	40		53500	400		33000		20100	滦平县
444			10434	230		1045		9159	隆化县
32	14		6892	80		6789		23	丰宁满族自治县
266			36055			36055			宽城满族自治县
200	260	12046	12675	520		10655		1500	围场满族蒙古族自治县
750	150		17540	560		16980			青　县
480	235		3235			3235			东光县
230	62		19500	4000	1500	14000			海兴县
586	300		14299	416	617	13266			盐山县
		3032	7185			6195		990	肃宁县
83	32	11000	12010			1010		11000	南皮县
900	200	1050	31300	620	400	29780		500	吴桥县
880	282		24377	5217	700	12540	5700	220	献　县
			1182	50		862		270	孟村回族自治县
485			56120			56120			固安县
85			4748	3224		1524			永清县
1200	873		64262			64262			香河县
150	90		9500	537		8963			大城县
174			8741			8741			文安县
260	76		19923	435		16167		3321	大厂回族自治县
100	102		29329			28836		493	枣强县
80			24155	685	230	19520		3720	武邑县
			11658	385	850	8500	1923		武强县
45			6841	60		6781			饶阳县
201	35		38179	940		25000		12239	安平县
370	90	4600	27588			15696		11892	故城县
510	80		19750	1200	410	13208	4410	522	景　县
320	180	220	5685	260	480	4880	50	15	阜城县
6524	**2751**	**5259**	**577177**	**15783**	**25621**	**442260**	**6108**	**87405**	**山　西**
96	22		4137		9	3048		1080	清徐县
			2720	50		2620		50	阳曲县
			4108			3650		458	娄烦县
27	70		2589			1575	1014		阳高县
			6935			6935			天镇县
280	160		1081		38	1043			广灵县
420			7500			7500			灵丘县
			1080	82			998		浑源县
153	9	928	14791	130	86	5516		9059	左云县

3-3 续表 3

计量单位：万元

县名称 Name of Counties	县城市政公用设施建设维护管理财政性资金收入 Revenue of urban Construction, Maintenance and Management of Municipal Public Utilities Facilities Fund								
	合计 Completed of Revenue	中央预算资金 Central Budgetary Fund	省级预算资金 Provincial Budgetary Fund	县级预算资金 County-Level Budgetary Fund					
				小计 Subtotal	城市维护建设税 Urban Mainten-ance and Cons-truction Tax	公用事业附加 Extra-Charges for Municipal Utilities	基础设施配套费 Fees for Supp-orting Infrast-ructure	国有土地使用权出让收入 Income Generated from The Transfer of State-owned Land-use Right	市政公用设施有偿使用费 Fee for Use of Muni-cipal Utilities
大同县	1999		189	1810	1100		110		600
平定县	4557	577		3980	2167	435	516	256	303
盂　县	5872			5872	500	500	4872		
长治县	7491			7491	6235		896	330	30
襄垣县	3403			3403	70		1000		900
屯留县	4914	2000	1500	1414	350	750	114		105
平顺县	11126			11126	35		11037		54
黎城县	700			700	112		348		15
壶关县	704			704	35		637		32
长子县	2586			2541	140	57	2259		85
武乡县	4614			4564	550	15	120	62	62
沁　县	863		110	753	324		100	239	90
沁源县	1694			1694	800	201	150	226	287
沁水县	3467			3467	7		600		667
阳城县	11917			11917	4481		1000	6339	97
陵川县	2638			2638	492	150	431	1565	
山阴县	4459			4459	388	660	1800		
应　县	9416		217	9199	788	57	9	7431	914
右玉县	7772			7772	1706		812	5254	
怀仁县	8417			8417	2100	117	4500	1700	
榆社县	5673			5673	1364	538	623	3136	12
左权县	15379	1078	301	14000	1267		256		50
和顺县	12681	9210		3471	854	391	95	1999	66
昔阳县	11334			11334	1839	795	228	8343	129
寿阳县	2453			2453	1400	513	369		171
太谷县	12600			12600	1049	271	200	9462	771
祁　县	23648			23648	1294	205	741	21408	
平遥县	43252			43252	1972	184	495	2638	251
灵石县	16396			16396	4196		658	11471	71
临猗县	12075	1592	97	10386	350	162	57	961	23
万荣县	3164	780		2384	772	45	587		
闻喜县	4293			3998	40	430	528		
稷山县	6970			6970	500		65		
新绛县	6779	754	731	4743	210	530	643	456	62
绛　县	8955			8335	100	100	200		
垣曲县	3125			3125	1832	35	648	610	
夏　县	2200	684	629	887	350		219		21
平陆县	11181	2805	417	7959	50	200	491		
芮城县	18634	4245	286	14103	9412	12	572	4023	84

continued 3

Measurement Unit: 10,000 RMB

污水处理费 Waste-water Treat-ment Fee	垃圾处理费 Garbage Treat-ment Fee	其他财政资金 Others	县城市政公用设施建设维护管理财政性资金支出 Expenditure of urban Construction, Maintenance and Management of Municipal Public Utilities Facilities Fund: 合计 Comple-ted of Expend-iture	城乡社区规划与管理 Planning and Management of Urban and Rural Communities	市政公用行业市场监管 Market Sup-ervision of Municipal Public Utilities Industry	市政公用设施建设维护与管理 Construction, Maintenance and Management of Municipal Public Utilities Facilities	风景名胜区规划与保护 Planning and Protection of National Parks	其他 Others	县名称 Name of Counties
265	280		2440			2200	240		大同县
303			4363	1195	12	2106	1050		平定县
			5872		5000	872			盂　县
30			6872	107		6765			长治县
500	400		3589	200		3203	186		襄垣县
25			6475		20	1348		5107	屯留县
15	39		11212	30	11037	145			平顺县
10	5		700	60		600	40		黎城县
32			704	27		637	40		壶关县
85		45	2574	63	150	2316		45	长子县
62		50	4368	992	4	3308	14	50	武乡县
90			1233	50	40	1143			沁　县
100	187		1694			800		894	沁源县
387	280								沁水县
97			10905	1725	2196	6984			阳城县
			2022	10		2012			陵川县
			4459			4459			山阴县
540	374		9416	275	20	142	1354	7625	应　县
			7772			7772			右玉县
			8417			8417			怀仁县
12			5317		117	4150		1050	榆社县
50			14043	23	20	14000			左权县
66									和顺县
129			11334	40	45	4060		7189	昔阳县
171			2453	40	37	2376			寿阳县
300	205		11508	219		11289			太谷县
			23648	901		18221		4526	祁　县
251			43252	421	20	42811			平遥县
50	21		15634	4	30	15600			灵石县
23			12069	600	2586	8883			临猗县
			3135	15	760	2360			万荣县
		295	4200	180	980	3040			闻喜县
			6970	1050	520	5400			稷山县
62		551	6780	164		6616			新绛县
		620	8920			7800	1000	120	绛　县
			8800			8800			垣曲县
21			2190	270	120	1800			夏　县
			11180	50		11000		130	平陆县
84			18634	642	11	5109	42	12830	芮城县

3–3 续表 4

计量单位：万元

县名称 Name of Counties	县城市政公用设施建设维护管理财政性资金收入 Revenue of urban Construction, Maintenance and Management of Municipal Public Utilities Facilities Fund								
	合计	中央预算资金	省级预算资金	县级预算资金 County-Level Budgetary Fund					
				小计	城市维护建设税	公用事业附加	基础设施配套费	国有土地使用权出让收入	市政公用设施有偿使用费
	Completed of Revenue	Central Budgetary Fund	Provincial Budgetary Fund	Subtotal	Urban Maintenance and Construction Tax	Extra-Charges for Municipal Utilities	Fees for Supporting Infrastructure	Income Generated from The Transfer of State-owned Land-use Right	Fee for Use of Municipal Utilities
定襄县	8617	210	1405	7002	385	235	118		32
五台县	9788			9788	1020		43		
代　县	5364		2731	2401	767	340	696	228	370
繁峙县	1324			1324	712	33	429		150
宁武县	7237			7237	1		1		
静乐县	1032			1032	14	9	1	974	34
神池县	721			721	280		147		
五寨县	4460		760	3700	810	75	280		
岢岚县	3163			3163	540		169	2429	25
河曲县	3323	344	27	2952	2940	1	10		
保德县	1876			1876	1218		565	46	47
偏关县	5012	290	240	4482	242		152		
曲沃县	4624			4624	2103	814	51		2
翼城县	6540	201	71	6268	5000	416	728		124
襄汾县	4034	331		3703	2361		1144		198
洪洞县	8414		905	7509	4435	674	1066		282
古　县	2800			1932	1200	140	450		142
安泽县	5721			4601	3401		1200		
浮山县	2816			2816	1450	220	620		526
吉　县	7325			7325	3325		4000		
乡宁县	13021			13021	12000		501		
大宁县	3154	565		2589	1505	215	200	553	116
隰　县	5733			5733	392	109	144	223	
永和县	835	87		748	237		355		156
蒲　县	3465			3465	1908		35	1522	
汾西县	1539		15	1524	288		958		278
文水县	10949			10939	60	1140	571	48	38
交城县	22200			22200	2716	85	1056	11454	406
兴　县	1123			1123	28		235		24
临　县	5321			5321	162		135		36
柳林县	13583			13043	213		102		105
石楼县	503		94	409	31	16	22		16
岚　县	2770			2770	115		50		40
方山县	3200			3200	114		56		17
中阳县	2305			2305	110		22	619	80
交口县	4128			4128	212		29		51
内蒙古	**1374025**	**50836**	**52755**	**1161154**	**145645**	**7374**	**49789**	**297974**	**16280**
土默特左旗	5000			5000	540	950	500		460
托克托县	6921			6921	6191		430		300

continued 4

Measurement Unit: 10,000 RMB

污水处理费 Wastewater Treatment Fee	垃圾处理费 Garbage Treatment Fee	其他财政资金 Others	县城市政公用设施建设维护管理财政性资金支出 Expenditure of urban Construction, Maintenance and Management of Municipal Public Utilities Facilities Fund						县名称 Name of Counties
			合计 Completed of Expenditure	城乡社区规划与管理 Planning and Management of Urban and Rural Communities	市政公用行业市场监管 Market Supervision of Municipal Public Utilities Industry	市政公用设施建设维护与管理 Construction, Maintenance and Management of Municipal Public Utilities Facilities	风景名胜区规划与保护 Planning and Protection of National Parks	其他 Others	
12	20		8162			8162			定襄县
			9788	445	180	9163			五台县
140	230	232	5374	340		4003		1031	代　县
150			1271	116	150	940	65		繁峙县
			7237					7237	宁武县
17	17		943			943			静乐县
			721			721			神池县
									五寨县
19	6		13442	60		13382			岢岚县
			383			383			河曲县
47			1876			1876			保德县
			5012	200	80	695		4037	偏关县
2			4624	73	20	4531			曲沃县
	124		6540	200	820	5520			翼城县
198			4034			4034			襄汾县
282			8414	290		8124			洪洞县
		868	2800			2800			古　县
		1120	5721			1933		3788	安泽县
			2816	200	320	1860		436	浮山县
			7315			6520		795	吉　县
			13021			3000		10021	乡宁县
			3154	80	116	1924		1034	大宁县
			5733	531	50	5152			隰　县
106	50		748	156		592			永和县
			40396	30		40168		198	蒲　县
173	105		1596	67		1236	15	278	汾西县
38		10	10490			7537		2953	文水县
238	147		22619	1102	27	21490			交城县
24			1039	357		682			兴　县
36			4937	419		3961		557	临　县
105		540	13422			13422			柳林县
16			498	498					石楼县
40			3560	500		3060			岚　县
17			3170					3170	方山县
77			2294	298		1996			中阳县
51			3932	206		2019	50	1657	交口县
9487	**5370**	**109280**	**1199653**	**31498**	**27136**	**1020780**	**50**	**120189**	**内蒙古**
300			70490	380	110	70000			土默特左旗
210			6621	100	430	6091			托克托县

3-3 续表 5

计量单位：万元

县名称 Name of Counties	县城市政公用设施建设维护管理财政性资金收入 Revenue of urban Construction, Maintenance and Management of Municipal Public Utilities Facilities Fund								
	合计 Completed of Revenue	中央预算资金 Central Budgetary Fund	省级预算资金 Provincial Budgetary Fund	县级预算资金 County-Level Budgetary Fund					
				小计 Subtotal	城市维护建设税 Urban Mainten-ance and Cons-truction Tax	公用事业附加 Extra-Charges for Municipal Utilities	基础设施配套费 Fees for Supp-orting Infrast-ructure	国有土地使用权出让收入 Income Generated from The Transfer of State-owned Land-use Right	市政公用设施有偿使用费 Fee for Use of Muni-cipal Utilities
和林格尔县	17805	2729	76	15000	650	100	520		200
清水河县	10635	2509	1584	6542	577		50		210
武川县	3250		40	3210	567		68	2293	100
土默特右旗	12310			12310	50	50	80		60
固阳县	2839		1060	1779	1128		100	384	90
达尔罕茂明安联合旗	570			570	30	20	263		80
阿鲁科尔沁旗	6202	1800	746	3656	800		140		200
巴林左旗	47899	6840	300	40759	1500		50		200
巴林右旗	52485	2513	2646	18826	500		50		200
林西县	58276	1360	1179	6737	500		80		150
克什克腾旗	3629	260	500	2869	120		115		400
翁牛特旗	21145	980	82	20083	300		89		200
喀喇沁旗	26296		554	5742	500		100		200
宁城县	19978	2630	900	16448	1500		115		800
敖汉旗	16389	216	879	6794	1000		110		200
科尔沁左翼中旗	44525			44525	540		252		20
科尔沁左翼后旗	17086			17086	1322		168	15546	50
开鲁县	1510	180	260	1070	49		80		10
库伦旗	12761			12761	1280		25	447	482
奈曼旗	5500			5500	780	240	55	580	120
扎鲁特旗	23407			23407	1983		270	15400	76
达拉特旗	21588		518	21070	5311	1056	81	14341	281
准格尔旗	128693	2588	685	125000	30199	526	47	7195	252
鄂托克前旗	3508			3508	106		92	2833	477
鄂托克旗	5951			5951	5037		54	382	244
杭锦旗	122980			122980	1253		31	17493	61
乌审旗	11344			11344	10182		200		962
伊金霍洛旗	117485	800	60	116625	27321		12962	76232	110
阿荣旗	39852		2000	37852	727		1057	35828	240
莫力达瓦达斡尔族自治旗	8369	770	1828	5771	468		600	4569	134
鄂伦春自治旗	26061	4102	551	20150	4990	300	405	4285	318
鄂温克族自治旗	14457	2103		12354	368		690	8205	20
陈巴尔虎旗	7631	512	1746	5373	859	1715	166	1997	351
新巴尔虎左旗	319			319	151		168		
新巴尔虎右旗	14484			14484	180		100		84
五原县	23191			23191	1123	47	100	21879	42
磴口县	3747			3747	150		1955		100

continued 5

Measurement Unit: 10,000 RMB

			县城市政公用设施建设维护管理财政性资金支出 Expenditure of urban Construction, Maintenance and Management of Municipal Public Utilities Facilities Fund						
污水处理费 Waste-water Treat-ment Fee	垃圾处理费 Garbage Treat-ment Fee	其他财政资金 Others	合计 Comple-ted of Expend-iture	城乡社区规划与管理 Planning and Management of Urban and Rural Communities	市政公用行业市场监管 Market Sup-ervision of Municipal Public Utilities Industry	市政公用设施建设维护与管理 Construction, Maintenance and Management of Municipal Public Utilities Facilities	风景名胜区规划与保护 Planning and Protection of National Parks	其他 Others	县名称 Name of Counties
120			19411	3125	31	11153		5102	和林格尔县
100									清水河县
50	20		765		135	270		360	武川县
30	15		11000	1300	700	9000			土默特右旗
67	15								固阳县
52	15								达尔罕茂明安联合旗
150			6202			6202			阿鲁科尔沁旗
120			47899			42699		5200	巴林左旗
120		28500	52485			52485			巴林右旗
110		49000	58276			58276			林西县
300	80		3629			3629			克什克腾旗
150			20083			20083			翁牛特旗
120		20000	26296			26296			喀喇沁旗
650			19978			19978			宁城县
115	50	8500	16389			16389			敖汉旗
20			44525	713		10099		33713	科尔沁左翼中旗
50			2573	1232		1341			科尔沁左翼后旗
10									开鲁县
405	77								库伦旗
60	55		14768		1700	13068			奈曼旗
36	40		7116	662		4930		1524	扎鲁特旗
281			25921	334	12769	12818			达拉特旗
252		420	128693	354		109303		19036	准格尔旗
477			20296	18129		2167			鄂托克前旗
61	140		1728			1728			鄂托克旗
42	19		8082	23		8059			杭锦旗
346	616		130	130					乌审旗
110			194586			194586			伊金霍洛旗
90	150		39612	195	800	22650		15967	阿荣旗
134			3150	945		2205			莫力达瓦达斡尔族自治旗
30	230	1258	8075			7990		85	鄂伦春自治旗
20			42404			42404			鄂温克族自治旗
265			10837	449	328	9662		398	陈巴尔虎旗
									新巴尔虎左旗
84			14484					14484	新巴尔虎右旗
42			4184	370		3814			五原县
100			3747			3747			磴口县

3-3 续表 6

计量单位：万元

县名称 Name of Counties	县城市政公用设施建设维护管理财政性资金收入 Revenue of urban Construction, Maintenance and Management of Municipal Public Utilities Facilities Fund								
	合计 Completed of Revenue	中央预算资金 Central Budgetary Fund	省级预算资金 Provincial Budgetary Fund	县级预算资金 County-Level Budgetary Fund					
				小计 Subtotal	城市维护建设税 Urban Mainten-ance and Cons-truction Tax	公用事业附加 Extra-Charges for Municipal Utilities	基础设施配套费 Fees for Supp-orting Infrast-ructure	国有土地使用权出让收入 Income Generated from The Transfer of State-owned Land-use Right	市政公用设施有偿使用费 Fee for Use of Muni-cipal Utilities
乌拉特前旗	97305			97305	1685	448	100	3036	208
乌拉特中旗	11982		1100	10882	2144	252	6682	1704	100
乌拉特后旗	5650		303	5347	2530	319	496	1939	63
杭锦后旗	64070		1185	62885	1749	32	100	6896	100
卓资县	8389	1000		7389	343		412		995
化德县	5763	3663		2100	120	160	100		200
商都县	7600			7600	110	50	200	2000	400
兴和县	2145	780	560	805	37	9	31		471
凉城县	7700			7700	2527		125	4832	195
察哈尔右翼前旗	11955			11955	921	7	5247		280
察哈尔右翼中旗	27672		12068	15604	822		535		120
察哈尔右翼后旗	1352		50	1302	85	50	55		200
四子王旗	2810		1280	1530	779		97		230
科尔沁右翼前旗	10193			10193	684		7481	1978	50
科尔沁右翼中旗	12525	3463	922	8053	740		78	1450	100
扎赉特旗	16512			16512	534		499	15429	50
突泉县	19870		10870	9000	120	60	70	4000	50
阿巴嘎旗	1271			1271	512		74	619	66
苏尼特左旗	6990	700	90	6200	453		178	967	36
苏尼特右旗	5010			5010	280		55		81
东乌珠穆沁旗	8402		240	8162	1074		341	6658	78
西乌珠穆沁旗	14356			14356	5339		22	8896	99
太仆寺旗	1824	358		1466	656	203	172		78
镶黄旗	11795	5330	530	5935	388		1971	750	50
正镶白旗	2440	620	510	1310	223	780	120		50
正蓝旗	3818			3318	300		700	2233	85
多伦县	7135	1230	3709	2196	605		1250	239	102
阿拉善左旗	20132			20132	8197		50		382
阿拉善右旗	6421	800	111	4495	294		50	1473	2678
额济纳旗	4860		1033	3827	562		80	2986	199
辽　宁	**376313**	**3710**	**14963**	**357640**	**35005**	**2168**	**51748**	**230187**	**6020**
辽中县	8157			8157	164		3145	4698	150
康平县	19730			19730	1753		543	17234	200
法库县	56537			56537	2150		1330	46230	132
长海县	6500			6500	530		1020		45
台安县	15820			15820	1700	1250	2850	9850	170
岫岩满族自治县	11126		400	10726	1801	98	1049	783	
新宾满族自治县	26750		6470	20280	1126		101	18879	174
清原满族自治县	5488			5488	970		1020	3438	60

continued 6

Measurement Unit: 10,000 RMB

污水处理费 Waste-water Treat-ment Fee	垃圾处理费 Garbage Treat-ment Fee	其他财政资金 Others	县城市政公用设施建设维护管理财政性资金支出 Expenditure of urban Construction, Maintenance and Management of Municipal Public Utilities Facilities Fund 合计 Comple-ted of Expend-iture	城乡社区规划与管理 Planning and Management of Urban and Rural Communities	市政公用行业市场监管 Market Sup-ervision of Municipal Public Utilities Industry	市政公用设施建设维护与管理 Construction, Maintenance and Management of Municipal Public Utilities Facilities	风景名胜区规划与保护 Planning and Protection of National Parks	其他 Others	县名称 Name of Counties
205			41305	197		41108			乌拉特前旗
100			13193	337		9484		3372	乌拉特中旗
63			297			297			乌拉特后旗
100			4371	188		4183			杭锦后旗
468	524		6889					6889	卓资县
200			5300	530	620	4150			化德县
175	157								商都县
237	218								兴和县
195			2266			2266			凉城县
280									察哈尔右翼前旗
120			27672			27672			察哈尔右翼中旗
200			510			510			察哈尔右翼后旗
230			1312	52		1260			四子王旗
50			10127			10127			科尔沁右翼前旗
50		87							科尔沁右翼中旗
50			2232	242		1990			扎赉特旗
50			15200			15200			突泉县
66			7488		160	7328			阿巴嘎旗
36			6962	15		6947			苏尼特左旗
81			5026			5026			苏尼特右旗
78			8402			8402			东乌珠穆沁旗
99			20576	7	366	19803		400	西乌珠穆沁旗
78			5532			5532			太仆寺旗
50			10251	1479	8772				镶黄旗
50			2620			1820		800	正镶白旗
85		500	17129			17129			正蓝旗
102			24295			24295			多伦县
100	282		20398			7545		12853	阿拉善左旗
100	2578	1015	1151			1095	50	6	阿拉善右旗
110	89		4714	10	215	4489			额济纳旗
2744	**322**		**237419**	**21858**	**18919**	**164122**	**322**	**32198**	**辽　宁**
150			8157	114		8043			辽中县
147			3986	55	2869	836		226	康平县
130			51210	13500	8890	28820			法库县
			6500			6500			长海县
170			15800			15800			台安县
			10766	452		8264		2050	岫岩满族自治县
174			5458	254	25	5179			新宾满族自治县
	60		2176		2137	39			清原满族自治县

3–3 续表 7

计量单位：万元

县名称 Name of Counties	县城市政公用设施建设维护管理财政性资金收入 Revenue of urban Construction, Maintenance and Management of Municipal Public Utilities Facilities Fund								
	合计 Completed of Revenue	中央预算资金 Central Budgetary Fund	省级预算资金 Provincial Budgetary Fund	县级预算资金 County-Level Budgetary Fund					
				小计 Subtotal	城市维护建设税 Urban Maintenance and Construction Tax	公用事业附加 Extra-Charges for Municipal Utilities	基础设施配套费 Fees for Supporting Infrastructure	国有土地使用权出让收入 Income Generated from The Transfer of State-owned Land-use Right	市政公用设施有偿使用费 Fee for Use of Municipal Utilities
本溪满族自治县	22140	750		21390	1859		3592	15821	118
桓仁满族自治县	13000		5000	8000	2200		2480		500
宽甸满族自治县	30633			30633	1102		400	28887	80
黑山县	5672	1500	115	4057	980	105	1140	1832	
义　县	5126			5126	1336		3681		109
阜新蒙古族自治县	48796			48796	1783		6499	40428	76
彰武县	6400			6400	1161		2971		
辽阳县	7551			7551	5230		1670		651
大洼县	6059		1267	4792	3162		1630		
西丰县	5200	800	1691	2709	642	109	637	1254	67
昌图县	8740			8740	903	141	2064		93
建平县	6611	660		5951	285	175	5231		245
喀喇沁左翼蒙古族自治县	3831		20	3811	820		130		100
绥中县	51746			51746	2748		7565	40853	550
建昌县	4700			4700	600	290	1000		2500
吉　林	**263130**	**14146**	**7210**	**235549**	**59515**	**3911**	**17412**	**79121**	**2199**
农安县	60123			60123	4851		914	54355	
永吉县	5267	1415	1028	2824	1756	140	318	320	
梨树县	21776			19157	1353	115	170	1700	36
伊通满族自治县	8575			8575	1444			7047	84
东丰县	8520			8520	807		256	7314	143
东辽县	2075	1700	280	95	25	40			30
通化县	23497			23491	20912		1965	609	
辉南县	9048	4708		4340	740	1200	100		
柳河县	26482			26482	12574		681	1850	270
抚松县	10598			10598	1520	1090	1800		
靖宇县	12304	640	350	11314	987	1	8724		151
长白朝鲜族自治县	5873	383		1890	69		1023		680
前郭尔罗斯蒙古族自治县	2085			2085	15	156	240	101	
长岭县	16970		4120	12850	6860	1020	380		
乾安县	2098			2098	1997		101		
镇赉县	22760		332	22428	1080	54	200		325
通榆县	7113			7113	1168		120	5825	
汪清县	9850	5300	1100	3450	1350	95	360		430
安图县	8116			8116	7		60		50
黑龙江	**419483**	**44007**	**20762**	**346563**	**40601**	**3558**	**29834**	**113137**	**4637**
依兰县	7766			7766	1617	350	1311	3373	770

continued 7

Measurement Unit: 10,000 RMB

			县城市政公用设施建设维护管理财政性资金支出 Expenditure of urban Construction, Maintenance and Management of Municipal Public Utilities Facilities Fund						
污水处理费 Waste-water Treat-ment Fee	垃圾处理费 Garbage Treat-ment Fee	其他财政资金 Others	合计 Comple-ted of Expend-iture	城乡社区规划与管理 Planning and Management of Urban and Rural Communities	市政公用行业市场监管 Market Sup-ervision of Municipal Public Utilities Industry	市政公用设施建设维护与管理 Construction, Maintenance and Management of Municipal Public Utilities Facilities	风景名胜区规划与保护 Planning and Protection of National Parks	其他 Others	县名称 Name of Counties
118			22140	53	1313	20774			本溪满族自治县
			13000	1000		12000			桓仁满族自治县
			30633	822	105	5066	322	24318	宽甸满族自治县
			5672	2475		914		2283	黑山县
59	50		5126	201	135	4790			义　县
76			4852	313	1739	2800			阜新蒙古族自治县
			2536	455	160	1921			彰武县
651			7953		983	6970			辽阳县
			4531	951		3580			大洼县
	67		5200	1	293	4906			西丰县
33	60		8740			8740			昌图县
215	30		6611			6611			建平县
100			3831			3831			喀喇沁左翼蒙古族自治县
481	55		8076	1212	270	3273		3321	绥中县
240			4465			4465			建昌县
1448	**541**	**6225**	**188537**	**20799**	**8360**	**145062**	**4024**	**10292**	**吉　林**
			24442	49		24393			农安县
			3765			3373		392	永吉县
36		2619	3181	125		1931		1125	梨树县
84									伊通满族自治县
143			2526	2526					东丰县
			2075	40	30	80		1925	东辽县
		6	22386	128	1475	20783			通化县
			9096	535	202	3035	524	4800	辉南县
180	90		26057	4862	624	20571			柳河县
			10598			10298		300	抚松县
	151		11866			10886		980	靖宇县
300	200	3600	1561	38		1523			长白朝鲜族自治县
			2085	2085					前郭尔罗斯蒙古族自治县
			21160	7860	4800	5200	3300		长岭县
			2098	98	1200	400	200	200	乾安县
325			20730	1023		19707			镇赉县
			7113			7113			通榆县
330	100		9682	1430		8252			汪清县
50			8116		29	7517		570	安图县
3706	**136**	**8151**	**402902**	**30125**	**20637**	**311533**	**208**	**40399**	**黑龙江**
770			14674	93	2915	11666			依兰县

3-3 续表 8

计量单位：万元

县名称 Name of Counties	县城市政公用设施建设维护管理财政性资金收入 Revenue of urban Construction, Maintenance and Management of Municipal Public Utilities Facilities Fund								
	合计 Completed of Revenue	中央预算资金 Central Budgetary Fund	省级预算资金 Provincial Budgetary Fund	县级预算资金 County-Level Budgetary Fund					
				小计 Subtotal	城市维护建设税 Urban Mainten-ance and Cons-truction Tax	公用事业附加 Extra-Charges for Municipal Utilities	基础设施配套费 Fees for Supp-orting Infrast-ructure	国有土地使用权出让收入 Income Generated from The Transfer of State-owned Land-use Right	市政公用设施有偿使用费 Fee for Use of Muni-cipal Utilities
方正县	18482			18482	595		24		208
宾　县	8765			8765	2932	1417	93	4323	
巴彦县	4603	500	1168	2935	681	168	650		
木兰县	19845	915	230	18700	365		226	15394	
通河县	4533			4533	300		1381	2642	210
延寿县	11009		600	10409	732		120	2200	72
龙江县	13478			13478	1322	14	21	11994	127
依安县	11779		450	11329	826	10	1000		252
泰来县	14500	6408	897	7195	710	20	255	6093	117
甘南县	6354	328		6026	1027		148	4844	7
富裕县	14135	243		13892	901			3077	72
克山县	10664	696	396	9572	696		72		
克东县	12766			12766	1574		38	11114	40
拜泉县	6389	2420	358	3611	438	61	60	3010	
鸡东县	2324	728		1596	616			105	515
萝北县	2060			1555	375	129	208	762	81
绥滨县	4938	486	384	4068	326		117		
集贤县	2274	600		1674	500	350			
友谊县	5939			5939	440		67		
宝清县	21052	600		20452	520	325	110	3356	
饶河县	14935			14935	448	58	360	536	
肇州县	3726			3726	3726				
肇源县	2685			2685	2362	100	3		220
林甸县	11829			11829	638	65	26		
杜尔伯特蒙古自治县	5056		3255	1801	150		1311	230	110
嘉荫县	891			891	214			567	110
桦南县	8961	1230		7731	940				
桦川县	14006			14006	602		85	6230	304
汤原县	6593			6593	841	48	5466		238
抚远县	13443	1300	6722	5421	392	190			200
勃利县	6294	3025		3269	827		123	2319	
东宁县	17146	13367		3779	758		693	2203	125
林口县	6896		1400	3177	616	63		2488	10
嫩江县	7475			7475	1254		242	5779	200
逊克县	13012	3100	312	9600	230	25	710	3000	10
孙吴县	3171	1195	372	1604	276		465	626	8
望奎县	9775	600	338	8837	647		8190		
兰西县	7599	2600	280	4719	890	65	2350	1150	264

continued 8

Measurement Unit: 10,000 RMB

			县城市政公用设施建设维护管理财政性资金支出 Expenditure of urban Construction, Maintenance and Management of Municipal Public Utilities Facilities Fund						
污水处理费 Waste-water Treat-ment Fee	垃圾处理费 Garbage Treat-ment Fee	其他财政资金 Others	合计 Comple-ted of Expend-iture	城乡社区规划与管理 Planning and Management of Urban and Rural Communities	市政公用行业市场监管 Market Sup-ervision of Municipal Public Utilities Industry	市政公用设施建设维护与管理 Construction, Maintenance and Management of Municipal Public Utilities Facilities	风景名胜区规划与保护 Planning and Protection of National Parks	其他 Others	县名称 Name of Counties
33			18482	864		2330		15288	方正县
			8765	670	127	7440		528	宾　县
			4603	167	422	500		3514	巴彦县
			19845	2413		17432			木兰县
210			4533	450	83	4000			通河县
72			11009	59	2758	7592		600	延寿县
127			13478	680	9491	3307			龙江县
252			11329	251	656	9431		991	依安县
117			7818	153		7665			泰来县
7			9798	697		9101			甘南县
72			14135	230	74	2149		11682	富裕县
			10268	1140		9128			克山县
40			8956	363		8593			克东县
			6389	1887	554	3740	208		拜泉县
125			2316			2316			鸡东县
65	16	505	2060			2022		38	萝北县
			4938	73		4865			绥滨县
			1674			1674			集贤县
			5939			5939			友谊县
			21052	50		21002			宝清县
			14935	98		14837			饶河县
			3726			3726			肇州县
			2465			2465			肇源县
			11829		92	11737			林甸县
	110		5056	110		4716		230	杜尔伯特蒙古自治县
110			891			891			嘉荫县
			8961	62	164	8735			桦南县
304			14006	5530		8476			桦川县
238			6593			6593			汤原县
200			14443	1200		13243			抚远县
			6294	199		6095			勃利县
125			17146	292		16854			东宁县
		2319	6896	237		6659			林口县
200			7475	282	771	6422			嫩江县
	10		12290	1900	2010	5780		2600	逊克县
8			3171	36	114	3021			孙吴县
			9775			8837		938	望奎县
264									兰西县

3-3 续表 9

计量单位：万元

县名称 Name of Counties	县城市政公用设施建设维护管理财政性资金收入 Revenue of urban Construction, Maintenance and Management of Municipal Public Utilities Facilities Fund			县级预算资金 County-Level Budgetary Fund					
	合计 Completed of Revenue	中央预算资金 Central Budgetary Fund	省级预算资金 Provincial Budgetary Fund	小计 Subtotal	城市维护建设税 Urban Mainten-ance and Cons-truction Tax	公用事业附加 Extra-Charges for Municipal Utilities	基础设施配套费 Fees for Supp-orting Infrast-ructure	国有土地使用权出让收入 Income Generated from The Transfer of State-owned Land-use Right	市政公用设施有偿使用费 Fee for Use of Muni-cipal Utilities
青冈县	8865		3000	5865	1465	100			
庆安县	6282			6282	652		491	5139	
明水县	16289	1000		9962	764			3871	
绥棱县	9650	600		9050	550		700	3500	
呼玛县	305			305	225				80
塔河县	5426	2066	600	2760	760		2000		
漠河县	9128			9128	498		210		
加格达奇区	6390			6390	2383		508	3212	287
江　苏	**1362291**	**22454**	**11616**	**1293114**	**240990**	**32536**	**66264**	**448186**	**37494**
丰　县	83836			83836	862	35	1500		2336
沛　县	259388			259388	20242	1686	4331	37914	1188
睢宁县	82450			82450	18200	3675	13460	25780	6630
海安县	76504			70055	20264	1618	3500	40975	3698
如东县	71961		853	44412	26380	3694	4060		2206
东海县	26988		378	26610	2448		4730	17010	1696
灌云县	65200			65200	3300	330	2500		310
灌南县	42595			42595	11609	1591	6699	21652	874
涟水县	20904	752		20152	14044	730	1846		1766
洪泽县	27411		1692	25719	7768	870	1087	15593	401
盱眙县	13995	1700	2700	9595	7470	1380			745
金湖县	43913	10331	2031	31551	6204	1598	1560	14926	1125
响水县	53801		50	53104	13182	2518	501	36348	555
滨海县	28000			28000	1642	850	4800	13245	800
阜宁县	65396			64616	13484	1778	3276	44300	1778
射阳县	95362			95047	456	853	815	966	1983
建湖县	37020			36800	27500	2500	600	500	2450
宝应县	98461		697	97764	4803	2580	2469	85417	2495
沭阳县	45668	2000		43668	18956	2000	1100	20202	1390
泗阳县	64768	7671	3215	53882	12060	1310	5536	29400	1306
泗洪县	58670			58670	10116	940	1894	43958	1762
浙　江	**1295964**	**14775**	**29936**	**1240427**	**187806**	**12125**	**65782**	**553510**	**57353**
桐庐县	14954	1800	3973	6137	972	534	900	824	2907
淳安县	27650			27650	6440		120		
象山县	203333	2959		196755	6855		6806	8484	7978
宁海县	15503			14817	1211		5406	4000	3222
永嘉县	16450	2350	2100	12000	541	324	2000	8323	641
平阳县	9101			9101	1520		800	1315	5466
苍南县	18395	550	300	17545	3566		2400	9485	2094
文成县	18086			18086	309		300	17227	250

continued 9

Measurement Unit: 10,000 RMB

污水处理费 Wastewater Treatment Fee	垃圾处理费 Garbage Treatment Fee	其他财政资金 Others	县城市政公用设施建设维护管理财政性资金支出 Expenditure of urban Construction, Maintenance and Management of Municipal Public Utilities Facilities Fund: 合计 Completed of Expenditure	城乡社区规划与管理 Planning and Management of Urban and Rural Communities	市政公用行业市场监管 Market Supervision of Municipal Public Utilities Industry	市政公用设施建设维护与管理 Construction, Maintenance and Management of Municipal Public Utilities Facilities	风景名胜区规划与保护 Planning and Protection of National Parks	其他 Others	县名称 Name of Counties
			2865			2865			青冈县
			5763	2800		2963			庆安县
		5327	15962	6326		9636			明水县
			9050	700	350	8000			绥棱县
80			305	70		235			呼玛县
			5426			5426			塔河县
			9128	43	56	9029			漠河县
287			6390			2400		3990	加格达奇区
22061	**12878**	**35107**	**1155735**	**124070**	**39979**	**633181**	**102847**	**255658**	**江　苏**
1809	527		83619	2510	3980	74479	1000	1650	丰　县
56	1132		66549	117	7725	34160		24547	沛　县
3050	3280		80560	7580	12500	48700	11200	580	睢宁县
2479	1219	6449	76504	1730		4719		70055	海安县
2031	175	26696	86113	2606	1746	79761		2000	如东县
1272	416		24415	24415					东海县
162	145		56990	9900	6500	31000	9000	590	灌云县
522	352		43647	18843	2075	22729			灌南县
1331	435		19655	1000	320	14572	641	3122	涟水县
194	207		21962	451	193	7026		14292	洪泽县
425	320		8285	740	322	5723	1500		盱眙县
614	460		42650	16780	200	18210	1860	5600	金湖县
395	160	647	32807	2397	580	14230	300	15300	响水县
380	350		34500	2500	600	31400			滨海县
569	477	780	69382	11870	1120	45670	4789	5933	阜宁县
1051	617	315	112730	1680	315	19280	72497	18958	射阳县
1900	460	220	38630	480	90	38000	60		建湖县
1639	856		98461	2582	333	4865		90681	宝应县
560	830		63403	420	1200	61623		160	沭阳县
90	230		37688	14439		22879		370	泗阳县
1532	230		57185	1030	180	54155		1820	泗洪县
40900	**11878**	**10826**	**975819**	**53164**	**12188**	**771730**	**22417**	**116320**	**浙　江**
1300	1607	3044	15024	518	177	10779	6	3544	桐庐县
			27650			27650			淳安县
4005		3619	190454	6799	82	167563		16010	象山县
3142	80	686	14940	45		13170		1725	宁海县
367	274		7524	584	490	6450			永嘉县
1966	3500		5383	285	192	4650	256		平阳县
1474	620		17266	21	152	15605	1488		苍南县
250			18619			9339	9280		文成县

3-3 续表 10

计量单位：万元

县名称 Name of Counties	县城市政公用设施建设维护管理财政性资金收入 Revenue of urban Construction, Maintenance and Management of Municipal Public Utilities Facilities Fund								
	合计 Completed of Revenue	中央预算资金 Central Budgetary Fund	省级预算资金 Provincial Budgetary Fund	县级预算资金 County-Level Budgetary Fund					
				小计 Subtotal	城市维护建设税 Urban Maintenance and Construction Tax	公用事业附加 Extra-Charges for Municipal Utilities	基础设施配套费 Fees for Supporting Infrastructure	国有土地使用权出让收入 Income Generated from The Transfer of State-owned Land-use Right	市政公用设施有偿使用费 Fee for Use of Municipal Utilities
泰顺县	16731			16731	1006	150	1111	13845	619
嘉善县	61106	500		60055	11234	1600	9213	31190	6818
海盐县	33666		1351	32315	23528		1753		7034
德清县	15624		1460	14164				14164	
长兴县	50837		411	50401	18246	2127	2420	24928	2680
安吉县	10770			10770	3550	3030	970	750	1500
新昌县	116303	1170	200	114933	13516	733	2157	65487	1140
武义县	26664		140	26524	9731	790	11	600	1302
浦江县	15177		2877	12300	2321	985	5	4200	3426
磐安县	13153		2030	11123	3546		187	7000	390
常山县	21139	3011	2306	15822	3035	163	710	10967	947
开化县	21255		2350	18905	2586		318	13567	713
龙游县	28433		2300	26133	5042	600	1603	18755	133
岱山县	31018		150	28840	3408	274	2629	22209	320
嵊泗县	3940			3940	1433	130	352	275	
玉环县	215373			215373	21160		7414	186799	
三门县	16952		771	16008	5930	50	3096	6096	836
天台县	12789	844	34	11911	7398		3513		1000
仙居县	49766			49766	4657	485	2500	12920	1500
青田县	12000			12000	6500	150	2200	410	1240
缙云县	45503	41		45462	2929		251		720
遂昌县	56472			56472	1738		1993	39938	420
松阳县	25235	1550	5183	18502	1835		1397	14628	642
云和县	10899		2000	8199	5563		423	124	712
庆元县	19362			19362	500		230		451
景宁县	42325			42325	6000		594	15000	252
安　徽	**4459659**	**179600**	**27449**	**4006694**	**163043**	**18116**	**270220**	**2279633**	**42737**
长丰县	52032			52032	1800	50	9448	40314	210
肥西县	28607	300		28307	15296	1590	9938	390	1088
肥东县	281077			281077	7066	310	10701	261670	1330
庐江县	63347			63347	4878	94	3991	39143	1245
芜湖县	26574			26574	3900	1800	1487	18150	680
繁昌县	130772		4621	126151	8149	618	753	116325	153
南陵县	46570			45214	4490	175	3020	37057	472
无为县	79131	44505		34626	766		869	23905	1345
怀远县	175145			175145	5630		3740	165400	375
五河县	35757			35757	2657		2438	30362	300
固镇县	127709	208		127501	2770		2063	121667	1001
凤台县	88784			88784	9161	72	550	78454	387

continued 10

Measurement Unit: 10,000 RMB

			县城市政公用设施建设维护管理财政性资金支出 Expenditure of urban Construction, Maintenance and Management of Municipal Public Utilities Facilities Fund						
污水处理费 Wastewater Treatment Fee	垃圾处理费 Garbage Treatment Fee	其他财政资金 Others	合计 Completed of Expenditure	城乡社区规划与管理 Planning and Management of Urban and Rural Communities	市政公用行业市场监管 Market Supervision of Municipal Public Utilities Industry	市政公用设施建设维护与管理 Construction, Maintenance and Management of Municipal Public Utilities Facilities	风景名胜区规划与保护 Planning and Protection of National Parks	其他 Others	县名称 Name of Counties
459	160		1307	270		208	85	744	泰顺县
6818		551	69229	1452		66101		1676	嘉善县
7034			5296	354		4942			海盐县
			14630	316		7903		6411	德清县
2231	449	25	50837	8796		7694		34347	长兴县
400	1570		10770	5462				5308	安吉县
1140			116303	3445		112858			新昌县
1122	180		26059	1000		24919	140		武义县
1381	1920		15005	480	1250	12667	608		浦江县
320	70		12673	80		7853	4700	40	磐安县
			20390	2726		16864		800	常山县
646	67		5996	603	28	5365			开化县
133			25596	1789	2595	6186		15026	龙游县
317	3	2028	4345	212		3246	887		岱山县
			5293	2142	1562	1589			嵊泗县
			38251	5991	325	9683	1492	20760	玉环县
650	186	173	15926	988	510	14255		173	三门县
1000			10908	6067			925	3916	天台县
1500			21386		176	15370		5840	仙居县
720	520		11890		980	10910			青田县
625	95		45492	1022		41970	2500		缙云县
311	109		56249	551		55698			遂昌县
609	33		23307	300	119	22888			松阳县
390	322	700	10155	486	3000	6669			云和县
379	72		19341	380	550	18361	50		庆元县
211	41		42325			42325			景宁县
24723	**8868**	**245916**	**2794103**	**61681**	**51289**	**2407431**	**24678**	**249024**	**安　徽**
150	60		52032			25026		27006	长丰县
103	308		36653	1569		19518		15566	肥西县
1177	153		21185	665	500	19870	150		肥东县
1055	190		14458	895		13273		290	庐江县
557			12119	605		9624		1890	芜湖县
153			11233	573		10660			繁昌县
400	72	1356	46242	2190	407	41050	450	2145	南陵县
1084	253		44786	281		44505			无为县
375			157860	560		153000		4300	怀远县
300			120903	585		120318			五河县
476	462		75374	1374		74000			固镇县
241	146		48030	134		40		47856	凤台县

3-3 续表 11

计量单位：万元

县名称 Name of Counties	县城市政公用设施建设维护管理财政性资金收入 Revenue of urban Construction, Maintenance and Management of Municipal Public Utilities Facilities Fund								
	合计 Completed of Revenue	中央预算资金 Central Budgetary Fund	省级预算资金 Provincial Budgetary Fund	县级预算资金 County-Level Budgetary Fund					
				小计 Subtotal	城市维护建设税 Urban Maintenance and Construction Tax	公用事业附加 Extra-Charges for Municipal Utilities	基础设施配套费 Fees for Supporting Infrastructure	国有土地使用权出让收入 Income Generated from The Transfer of State-owned Land-use Right	市政公用设施有偿使用费 Fee for Use of Municipal Utilities
当涂县	23980			23980	2540	230	2450	6600	870
含山县	30942			30942	1850	395	1920	13650	820
和　县	92356	220	3000	61982	3580	460	5590	51370	982
濉溪县	41475			41475	6855		1240	31506	297
铜陵县	104861			104861	4069	40	3583	96424	745
怀宁县	32815			32815	2505	387	2742	26661	520
枞阳县	53001		1103	51898	1654		1878	46187	267
潜山县	15840	820		6820	2890	120	2500	740	570
太湖县	7500			7500	1050	150	225	635	515
宿松县	410			410	10		400		
望江县	16297	2383		13914	1247		800	11567	300
岳西县	30051		1150	28901	1221	100	409	27171	
歙　县	14435			13186	4	10	150	12400	409
休宁县	14780	2420		12360	790	70	80	10330	489
黟　县	12400			12400	380	21	161	2612	210
祁门县	15048			15048	115		14648		285
来安县	42948		850	42098	3590	68	1923	35799	718
全椒县	95666	1650	2090	91926	3799	448	4100	66493	1226
定远县	110905			106285	2493	3260	2700	95372	2460
凤阳县	144865	8765	7640	128460	4046	2496	1870	71653	1722
临泉县	9950	350		9600	80	80	280	4000	850
太和县	45256	3025		28572	5522		2707	2281	319
阜南县	4376	1300		3076	933		723	600	410
颍上县	98114			98114	3890		9868	83978	378
砀山县	150000			150000	500	220	129128	19260	892
萧　县	169805	4895	2000	162695	1300	1800	3500	560	880
灵璧县	152762	75650	920	76192	1122	155	2599	71481	835
泗　县	107783	3571	300	103912	216	175	1191	100200	1920
寿　县	46669	2405	1104	43160	2263	591	2370	12887	3645
霍邱县	862142			862142	2977		1635	55412	672
舒城县	44648			36995	160	140	1153	34442	1100
金寨县	263108	14640	1421	65847	1942		830	62783	292
霍山县	54724	3500		51224	5281	174	1100	43375	1294
涡阳县	88500	2000		86500	1400	200	4000	30000	2400
蒙城县	58510			58510	800	500	3000	53010	600
利辛县	56437			56437	4585		987	50023	842
东至县	14260	3000		11060	100	60	1000	1000	240
石台县	5100			5100	120	55	130		115
青阳县	16253	253		16000	500	200	2000	1500	

continued 11

Measurement Unit: 10,000 RMB

			县城市政公用设施建设维护管理财政性资金支出 Expenditure of urban Construction, Maintenance and Management of Municipal Public Utilities Facilities Fund						
污水处理费 Waste-water Treat-ment Fee	垃圾处理费 Garbage Treat-ment Fee	其他财政资金 Others	合计 Comple-ted of Expend-iture	城乡社区规划与管理 Planning and Management of Urban and Rural Communities	市政公用行业市场监管 Market Sup-ervision of Municipal Public Utilities Industry	市政公用设施建设维护与管理 Construction, Maintenance and Management of Municipal Public Utilities Facilities	风景名胜区规划与保护 Planning and Protection of National Parks	其他 Others	县名称 Name of Counties
420			24100	880	1590	17550	790	3290	当涂县
610	210		32110	14500	7320	8150		2140	含山县
506	476	27154	90879	2580	3519	84780			和　县
262	35		9807	345		9462			濉溪县
295	450		16054	4322		11415	317		铜陵县
344	176		12010	110	900	11000			怀宁县
263			5115	2553			2562		枞阳县
310	260	8200	17000	3000	2800	9500	1700		潜山县
305	210		7150	200	100	6700	150		太湖县
			400	150		200		50	宿松县
170	130		14736			14736			望江县
			12777	229	200	10848	1500		岳西县
165	244	1249	1530			1530			歙　县
390	99		13860			13180	680		休宁县
120	80		12400	280	80	12040			黟　县
156	123		15048	198		14850			祁门县
718			34897	3208	542	31147			来安县
500	375		76952	1000	833	75119			全椒县
1082	300	4620	114663	533	1632	107238		5260	定远县
686	92		189600	2660	3960	148760	5360	28860	凤阳县
850			9950	750	20	9080		100	临泉县
319		13659	45231			32809		12422	太和县
410			4376			4376			阜南县
373			92165			2100		90065	颍上县
600	292		150000			150000			砀山县
375	155	215	161490	4895	1300	152000	3295		萧　县
60			78349	937	1612	75800			灵璧县
1920			100521	2650	620	97251			泗　县
365	200		46293	1398	20365	21569	1985	976	寿　县
500	160		87496	296		87200			霍邱县
770	330	7653	44648	238		43671	739		舒城县
264	28	181200	263080	95	1174	261811			金寨县
710	584		54724	810	910	47084	820	5100	霍山县
1000	700		27179	400	200	26579			涡阳县
150	450		48351	500	400	47451			蒙城县
602	240		51186			51186			利辛县
150	90	200	47465	600	100	45765	200	800	东至县
115			6060	150	80	5710	120		石台县
			17157	300		15957	400	500	青阳县

3–3 续表 12

计量单位：万元

县名称 Name of Counties	县城市政公用设施建设维护管理财政性资金收入 Revenue of urban Construction, Maintenance and Management of Municipal Public Utilities Facilities Fund								
	合计 Completed of Revenue	中央预算资金 Central Budgetary Fund	省级预算资金 Provincial Budgetary Fund	县级预算资金 County-Level Budgetary Fund					
				小计 Subtotal	城市维护建设税 Urban Mainten-ance and Cons-truction Tax	公用事业附加 Extra-Charges for Municipal Utilities	基础设施配套费 Fees for Supp-orting Infrast-ructure	国有土地使用权出让收入 Income Generated from The Transfer of State-owned Land-use Right	市政公用设施有偿使用费 Fee for Use of Muni-cipal Utilities
郎溪县	45373			45373	3743	206	705	39583	568
广德县	50810	3700	1200	45500	7750	372	435	4560	1620
泾　县	28914			28914	3644		2122	22740	408
绩溪县	27250			27250	1700	141	141	24923	345
旌德县	22835	40	50	22745	1264	83	249	21028	121
福　建	**1007953**	**59324**	**57640**	**879141**	**82514**	**19692**	**48985**	**540263**	**45710**
闽侯县	7287			7287	4159	493	2011		624
连江县	10845			9385	730	500	160	3935	2600
罗源县	21989		305	21684	2236	1844	2107	13377	2120
闽清县	17797	157	72	17568	648	421	510	15574	415
永泰县	38605			38605	1663	1179	1838	6468	625
仙游县	10900		920	9980	930	60	2000	3470	1260
明溪县	10773	750		10023	516	223	104	3306	278
清流县	11639	850	2296	7106	654	40	36	5036	311
宁化县	31337	850	1344	29143	1114	305	1363	17842	727
大田县	27711	200		27511	1200	354	542	18522	6214
尤溪县	42000			42000	1864	850	508	36393	812
沙　县	22306			22301	2301	199	1935	16843	1023
将乐县	33867			30894	1628	170	620	26527	604
泰宁县	18842	750	140	17952	722	254	243	16136	597
建宁县	12019	1350	1752	8917	521	231	80	2900	520
惠安县	14186			14186	3260	1246	4189	1836	3655
安溪县	11836			11550	600	1822	2064	1500	2000
永春县	27711	3406	2305	22000	300	400	789	8000	2000
德化县	22292	3666	879	15193	3361	1163	500	2782	1187
云霄县	56275	850	2055	53370	1342	532	2919	47406	1171
漳浦县	48856	400		48456	4087		1979	41361	1029
诏安县	10385	1600		8785	227		850	6800	855
长泰县	16988	1000		14500	3836	520	1450	6290	950
东山县	11270		555	10715	4635	794	796	2832	1618
南靖县	26364		100	26264	6500	500	1200	17600	464
平和县	32130	550	3960	27620	705	72	1796	9740	290
华安县	46745	100	80	46565	1403		670	11209	152
顺昌县	16654	900	4790	10964	1240	414	257	8375	339
浦城县	9492	1150	492	7025	1552	491	236	216	691
光泽县	8431	1350	300	6781	833	337	313	4915	383
松溪县	10730	1020	950	8760	496	145	190	245	493
政和县	15661		6421	8590	95	198	550		340
长汀县	10121		2837	7284	1403		558	3760	1563

continued 12

Measurement Unit: 10,000 RMB

			县城市政公用设施建设维护管理财政性资金支出 Expenditure of urban Construction, Maintenance and Management of Municipal Public Utilities Facilities Fund						
		其他财政资金	合计	城乡社区规划与管理	市政公用行业市场监管	市政公用设施建设维护与管理	风景名胜区规划与保护	其他	县名称
污水处理费 Waste-water Treat-ment Fee	垃圾处理费 Garbage Treat-ment Fee	Others	Comple-ted of Expend-iture	Planning and Management of Urban and Rural Communities	Market Sup-ervision of Municipal Public Utilities Industry	Construction, Maintenance and Management of Municipal Public Utilities Facilities	Planning and Protection of National Parks	Others	Name of Counties
373	195		15982			15982			郎溪县
725	385	410	48300			47850	450		广德县
316	92		21912			21912			泾　县
345			16668	1020	125	12323	3000	200	绩溪县
58	63		13557	463		12876	10	208	旌德县
24380	**12965**	**11848**	**1048864**	**69722**	**16653**	**865618**	**17459**	**79412**	**福　建**
573	51		7776	375	258	725		6418	闽侯县
1752	750	1460	13527	27		13300	200		连江县
542	600		21989	6129		2951		12909	罗源县
289	126		14588	278	90	14062		158	闽清县
412	213		35097	5324	112	16311		13350	永泰县
630	630		10900	2400	1120	4690	1400	1290	仙游县
153	125		9658	383	111	9164			明溪县
190	121	1387	9940	162	36	9371	371		清流县
460	267		30725	158	238	30086	243		宁化县
499	180		38881	100	150	37913		718	大田县
480	332		47467	968	260	46239			尤溪县
550	375	5	21599	158	75	21256	110		沙　县
339	265	2973	31091	165	50	30226	280	370	将乐县
519	78		14582	1937	529	11576	110	430	泰宁县
360	160		12013	510	80	10613	750	60	建宁县
1538	2117		13064	2010		11054			惠安县
800	950	286	11386	150		8095		3141	安溪县
484	288		20810	15500	5000	200	10	100	永春县
975	212	2554	38990	1500	200	36452	688	150	德化县
748	326		50770	886	485	49399			云霄县
809	220		63997	1838		62159			漳浦县
692	155		1272	370		902			诏安县
801	130	1488	19171	415	32	18724			长泰县
1028	590		18246	1239	749	636	1761	13861	东山县
264	200		26165	500		25665			南靖县
165	125		7656	2756		4800	100		平和县
122	29		45565			45565			华安县
262	77		15605	2605		13000			顺昌县
457	234	825	8255	62	198	1205	2870	3920	浦城县
209	171		7916			5650		2266	光泽县
313	180		9960			9960			松溪县
210	130	650	14970	320	5520	6300	2000	830	政和县
913	650		10047	2072		1112		6863	长汀县

3-3 续表 13

计量单位：万元

县名称 Name of Counties	县城市政公用设施建设维护管理财政性资金收入 Revenue of urban Construction, Maintenance and Management of Municipal Public Utilities Facilities Fund								
	合计 Completed of Revenue	中央预算资金 Central Budgetary Fund	省级预算资金 Provincial Budgetary Fund	县级预算资金 County-Level Budgetary Fund					
				小计 Subtotal	城市维护建设税 Urban Maintenance and Construction Tax	公用事业附加 Extra-Charges for Municipal Utilities	基础设施配套费 Fees for Supporting Infrastructure	国有土地使用权出让收入 Income Generated from The Transfer of State-owned Land-use Right	市政公用设施有偿使用费 Fee for Use of Municipal Utilities
上杭县	50650	2661	3126	44863	3406	657	277	39491	1032
武平县	44824	2406	2377	39821	896	723	2189	35236	777
连城县	26962	850	322	25790	738	630	590	23229	603
霞浦县	7591	650	179	6762	1888	5	670	2880	1319
古田县	11540			11540	1494		870	8526	650
屏南县	34770		224	34546	7748	948	1446	24204	200
寿宁县	6192			6192	667	100	150	5265	10
周宁县	6777		1959	4818	874	100	259	3310	275
柘荣县	9250	1200	3374	4676	1610	209	240	2261	356
平潭县	95353	30658	13526	51169	6432	563	6931	34665	2578
江　西	**4312916**	**56710**	**77860**	**4052997**	**159974**	**22340**	**56363**	**2122960**	**44231**
南昌县	43567			43567	10418	7025	569	12410	
安义县	96136			96136	4862		921	88867	788
进贤县	23417			23417	3318		100	18659	1340
浮梁县	8560			5800	24		613	2240	
莲花县	31789		14865	16924	1092	1451	498	1121	364
上栗县	21170		491	20679	1930	254	475	6170	181
芦溪县	23880			22680	1110		2500	12100	800
九江县	258632			258632	650		650	170504	638
武宁县	99117			99117	2091		458	96483	
修水县	80096		50	80046	2587	39	404	75480	780
永修县	26370		260	26110	2970	146	573	21420	463
德安县	52920			52920	2063		690	49509	658
星子县	117580	2000	8500	107080	1978	120	650	104332	
都昌县	75377			22917	1334	390	1121	18620	419
湖口县	70110			44915	225	24	381	43080	
彭泽县	46523			46523	1200		2123	43200	
庐山风景区	7316	3658		3658	2230	385	817		116
分宜县	24348			24348	7738		520	14650	819
余江县	24300			24300	550		500	20370	270
赣　县	67398		3332	64066	3421	2377	1086	40101	1093
信丰县	548621			548621	2131	1456	410	103188	1620
大余县	3774			3774	1500		162	2112	
上犹县	41166	970	626	39570	1474		42	15500	279
崇义县	3002			3002	1587	43	680	334	358
安远县	18235	1088		17147	1080		59	15685	323
龙南县	44148		3035	41113	3213		288	36595	
定南县	14770			14595	1295	11	820	1320	1383
全南县	28859		520	28339	1338	230	5	5246	820

continued 13

Measurement Unit: 10,000 RMB

污水处理费 Waste-water Treatment Fee	垃圾处理费 Garbage Treatment Fee	其他财政资金 Others	县城市政公用设施建设维护管理财政性资金支出 Expenditure of urban Construction, Maintenance and Management of Municipal Public Utilities Facilities Fund: 合计 Completed of Expenditure	城乡社区规划与管理 Planning and Management of Urban and Rural Communities	市政公用行业市场监管 Market Supervision of Municipal Public Utilities Industry	市政公用设施建设维护与管理 Construction, Maintenance and Management of Municipal Public Utilities Facilities	风景名胜区规划与保护 Planning and Protection of National Parks	其他 Others	县名称 Name of Counties
772	260		44450	1417		42912		121	上杭县
569	208	220	44752	6951	954	31231	2616	3000	武平县
450	153		26964	120	30	26673	141		连城县
888	431		6840	382	50	6288	120		霞浦县
500	150		11796	153		7923		3720	古田县
130	70		36724	1610	30	35084			屏南县
	10		6454	2091	23	4340			寿宁县
200	75		7001	182	15	4656		2148	周宁县
206	100		10062	452	18	5568	435	3589	柘荣县
2127	451		150143	5067	240	141582	3254		平潭县
23805	**5690**	**125349**	**2159857**	**237856**	**145561**	**1321558**	**76726**	**378156**	**江　西**
			63578	4838	4622	52506	1612		南昌县
697			462		462				安义县
1340									进贤县
		2760	17120	8560	12	28	4500	4020	浮梁县
161	186		41535	1112	6872	28961	976	3614	莲花县
51	29		90010	12730	4550	37400	22890	12440	上栗县
416		1200	327			327			芦溪县
484	154		28191	214		2969		25008	九江县
			26761	23650	255	1650	656	550	武宁县
575	181		157308	24540	23320	86588	15000	7860	修水县
398			26924	143		26781			永修县
364	292		26090		110	25980			德安县
			72860	2200	600	68560	1500		星子县
419		52460	75377			75377			都昌县
		25195	25632			25195		437	湖口县
			4440			4440			彭泽县
	110		995			995			庐山风景区
429	390		24351	42	53	24256			分宜县
220	40		23480	530	250	22400		300	余江县
754	339		69206	23542	14616	28883		2165	赣　县
1210	380								信丰县
			6707	29	175	6503			大余县
279			41169	5878	580	23969	7200	3542	上犹县
285	73		1840			1840			崇义县
323			15735	2728		5507		7500	安远县
			26364	2220		6041		18103	龙南县
1076	250	175	11598	1135	157	9845	51	410	定南县
598	180		28102	20	320	1776		25986	全南县

3–3 续表 14

计量单位：万元

县名称 Name of Counties	县城市政公用设施建设维护管理财政性资金收入 Revenue of urban Construction, Maintenance and Management of Municipal Public Utilities Facilities Fund								
	合计 Completed of Revenue	中央预算资金 Central Budgetary Fund	省级预算资金 Provincial Budgetary Fund	县级预算资金 County-Level Budgetary Fund					
				小计 Subtotal	城市维护建设税 Urban Maintenance and Construction Tax	公用事业附加 Extra-Charges for Municipal Utilities	基础设施配套费 Fees for Supporting Infrastructure	国有土地使用权出让收入 Income Generated from The Transfer of State-owned Land-use Right	市政公用设施有偿使用费 Fee for Use of Municipal Utilities
宁都县	66700			66700	1350	65	350	55000	500
于都县	19183	1000	2884	15299	2205		332	11457	1305
兴国县	655678			655678	3141	52	241	61395	749
会昌县	47634		306	47328	1602		698	44363	665
寻乌县	13282		160	13122	220		170	12067	665
石城县	26972		20	26952	999	60	261	25011	621
吉安县	24384	5000	3000	15884	4500	45	1289	9500	350
吉水县	21780	1500	145	20135	1630	50	820	3550	720
峡江县	18226			18226	2837		194	13482	210
新干县	11873	130	1020	10723	1251		422	8489	561
永丰县	29630			29630	1800	55	320	26800	655
泰和县	15317			13557	4297		505		
遂川县	42881			42881	893	55	871	7335	439
万安县	55360			55360	1300	1000	3500	10000	530
安福县	53752			13330	2617		1093	9235	385
永新县	16471		2800	13671	920	155	254	8057	285
奉新县	15216		1372	13844	4715		406	8693	30
万载县	159642		11251	148391	3246	288	445	143612	410
上高县	42500		500	42000	450	220	1200	11000	1000
宜丰县	28168			28168	3290		754	22354	356
靖安县	20010			20010	851	10	326	16520	224
铜鼓县	12590	2680	1820	8090	1356		28	6540	166
南城县	57575	6489	1230	49856	1986	73	460	43215	380
黎川县	45740	650	950	44140	1524	271	564	40036	869
南丰县	29710		12520	17190	765	173	495	12629	805
崇仁县	86678			86678	2223		175	42603	
乐安县	57330			57330	2000		230	55100	
宜黄县	19541			19541	633	216	182	17260	728
金溪县	35206			35206	1940	43	449	32517	257
资溪县	8761		920	7041	95	170	130	6585	61
东乡县	130610	10020	2820	117693	9356	3850	15279	70037	2568
广昌县	82100	16632	1020	64448	2347		300	16369	
上饶县	50134			50134	4256		1534	26348	1398
玉山县	67580			67580	4349		96	16900	629
铅山县	14480	790	690	13000	750	350	350	3750	480
横峰县	36027	2903	200	32924	2969		122	29133	400
弋阳县	63494	1200	175	62119	1733		65	59671	650
余干县	125400			125400	7520	965	700	57700	280
鄱阳县	22724		138	22586	1953		588	19395	650
万年县	33506		240	33266	1131		305	5605	218
婺源县	47890			47890	1565	223	1745	34351	9520

continued 14

Measurement Unit: 10,000 RMB

			县城市政公用设施建设维护管理财政性资金支出 Expenditure of urban Construction, Maintenance and Management of Municipal Public Utilities Facilities Fund						
污水处理费 Waste-water Treatment Fee	垃圾处理费 Garbage Treatment Fee	其他财政资金 Others	合计 Completed of Expenditure	城乡社区规划与管理 Planning and Management of Urban and Rural Communities	市政公用行业市场监管 Market Supervision of Municipal Public Utilities Industry	市政公用设施建设维护与管理 Construction, Maintenance and Management of Municipal Public Utilities Facilities	风景名胜区规划与保护 Planning and Protection of National Parks	其他 Others	县名称 Name of Counties
296	120		5600	630	1260	3650	60		宁都县
988	317		19808	1245	450	16779	1334		于都县
567	182								兴国县
465	200		21837	20335		1442	60		会昌县
535	130		13122	186	486	12450			寻乌县
361	160		26972	985	718	24889	380		石城县
296		500	23984	95	2000	19489		2400	吉安县
445	207		21772	320	1680	14000	1000	4772	吉水县
127			16413	17	102	957		15337	峡江县
410	151								新干县
350	130		43580	3200	19530	20500	350		永丰县
		1760	15317	1415	5017	8885			泰和县
326			42898	5931	8197	21336	983	6451	遂川县
280	250		5100	3000	300	1800			万安县
385		40422	53752	1937	414	39205	2870	9326	安福县
285			16480	1150	960	11020		3350	永新县
30			16864	2135		9539	3089	2101	奉新县
410			159860	6320	8543	143677		1320	万载县
600			36800	800	3000	30000		3000	上高县
356			28168			2956		25212	宜丰县
224			15973			15973			靖安县
121	45		10398	415	186	9062	632	103	铜鼓县
190	156		107275	2356	2864	2655	750	98650	南城县
786	83		29613	2964	2547	20046	4056		黎川县
203	181								南丰县
			8704			8704			崇仁县
			60295			60295			乐安县
454	68		32743	13567	4636	5058	2567	6915	宜黄县
257			17373	16112	403	551	307		金溪县
	4	800	8469	55	14	8135	145	120	资溪县
713	388	77	16882	186	357	15879	431	29	东乡县
			20120			20120			广昌县
									上饶县
584	45								玉山县
450			17930	380	210	17200	50	90	铅山县
300			49369	200	100	43762	60	5247	横峰县
578	59		58694	1968	65	2025		54636	弋阳县
	210		125400	33800	23900	49000		18700	余干县
650			22724	324		22400			鄱阳县
218			35516	832	55	28708	2989	2932	万年县
486			47890	885	613	40634	228	5530	婺源县

3-3 续表 15

计量单位：万元

县名称 Name of Counties	县城市政公用设施建设维护管理财政性资金收入 Revenue of urban Construction, Maintenance and Management of Municipal Public Utilities Facilities Fund								
	合计 Completed of Revenue	中央预算资金 Central Budgetary Fund	省级预算资金 Provincial Budgetary Fund	县级预算资金 County-Level Budgetary Fund					
				小计 Subtotal	城市维护建设税 Urban Mainten-ance and Cons-truction Tax	公用事业附加 Extra-Charges for Municipal Utilities	基础设施配套费 Fees for Supp-orting Infrast-ructure	国有土地使用权出让收入 Income Generated from The Transfer of State-owned Land-use Right	市政公用设施有偿使用费 Fee for Use of Muni-cipal Utilities
山　东	**2408749**	**23349**	**22449**	**2319780**	**256524**	**47950**	**188244**	**1583189**	**67237**
平阴县	14328			14328	6470	753	4516	2190	399
济阳县	20392			20392	5330	605	12922	1500	35
商河县	19070		1288	17782	2547		9729	5287	219
桓台县	15699		4540	11159	4374	1166	3165		2454
高青县	16318	255	405	15658	20		950	8415	5061
沂源县	24088			24088	3048	1280	2356	10276	2110
垦利县	34600			34600	1860	1910	850		560
利津县	27201			27201	2200	2145	750		1049
广饶县	52709			52709	17433	2475	8591	12603	5899
长岛县	18741			18741	463	62	6927	11289	
临朐县	24560			24560	3000	550		17433	3577
昌乐县	180816			180816	9302	350	1222	167142	1400
微山县	92829			92829	8131		1700	82998	
鱼台县	56228	261	100	31567	3368	722	2518	24679	280
金乡县	57135	4893	3708	48534	4486	1237	1635	33437	1408
嘉祥县	19000	700	800	17500	700	1950	55	11000	1200
汶上县	17406			17406	5102		7615		4689
泗水县	62653			62653	2806	461	1358	57175	853
梁山县	45228	1839	440	42949	3620	842	1607	33475	1737
宁阳县	56165	643	171	52351	5175		3291	39231	1654
东平县	70638	238	1000	69400	3993	2228	6348	56331	500
五莲县	12758	2073	1563	9122	2601		3305	467	2357
莒　县	35000			35000	2600	2800	2400	26450	750
沂南县	25721	1618	1660	22443	4359	2170	5087	10107	720
郯城县	79246			79046	3406	1451	3800	69282	1107
沂水县	21796	1647		20149	7474	2200	3523	3906	3046
兰陵县	55845			55845	4643	3165	3661	44376	
费　县	24240			24240	7834		2762	13131	507
平邑县	24674	3144		21530	4671	637	3295	12297	310
莒南县	114699			114699	5660	1685	11723	94967	664
蒙阴县	6262			6062	600	200	3000	1000	1262
临沭县	20135			20135	2058	300	6630		1420
宁津县	28922	47	445	28430	2354		1661	24270	145
庆云县	47344		500	46844	1582		5641	38351	1270
临邑县	19355		1000	18355	2000	430	2200	13200	517
齐河县	64409			56232	7678	10	812	46800	932

continued 15

Measurement Unit: 10,000 RMB

污水处理费 Wastewater Treatment Fee	垃圾处理费 Garbage Treatment Fee	其他财政资金 Others	县城市政公用设施建设维护管理财政性资金支出 Expenditure of urban Construction, Maintenance and Management of Municipal Public Utilities Facilities Fund: 合计 Completed of Expenditure	城乡社区规划与管理 Planning and Management of Urban and Rural Communities	市政公用行业市场监管 Market Supervision of Municipal Public Utilities Industry	市政公用设施建设维护与管理 Construction, Maintenance and Management of Municipal Public Utilities Facilities	风景名胜区规划与保护 Planning and Protection of National Parks	其他 Others	县名称 Name of Counties
45608	**16945**	**43171**	**1648244**	**45685**	**124669**	**1049442**	**22753**	**405695**	**山　东**
399			14328	39	2960	11329			平阴县
35			20279	389	12000	7290		600	济阳县
194	25		10650	4266		5527		857	商河县
1436	1018		15699	364		10978		4357	桓台县
2385	2548		16318	320	90	15830		78	高青县
1510	525		23836	921	270	20404	480	1761	沂源县
560			48000	6800	3400	37800			垦利县
1034			14751	1752		12999			利津县
4565	1334		4225			4225			广饶县
			1824	877		910		37	长岛县
3436	141		24560			19560	5000		临朐县
1400			180816	199	58	12792		167767	昌乐县
			75175	162		11350		63663	微山县
280		24300	38793	152		38641			鱼台县
468	922		35654	380		32600	1821	853	金乡县
850	300		12020	1200		10320		500	嘉祥县
2562	2127		10376	23		1353		9000	汶上县
703	150		30715	344	465	29314	292	300	泗水县
1430	238		11757	107	760	9860	710	320	梁山县
930	135	3000	29800			29800			宁阳县
238	240		48620	1060	1200	26500	12000	7860	东平县
392			42270	329		41941			五莲县
350	300		35680	300	28930	6300	150		莒　县
487	221		25721			25721			沂南县
282	825	200	77939	7809		70130			郯城县
2145	901		21796	240	1251	20305			沂水县
			13874	260		13614			兰陵县
507			24240	160		16374		7706	费　县
236	74		33072	134		32938			平邑县
	664		43100	2100	5200	26000	1200	8600	莒南县
1100	162	200	6062	500	300	4762	300	200	蒙阴县
803	617		20135			20135			临沭县
145			18175	2110	15000	1065			宁津县
942	328		47344	1390	45954				庆云县
517			5650	150		5500			临邑县
554	378	8177	64409	911		63498			齐河县

3-3 续表 16

计量单位：万元

县名称 Name of Counties	县城市政公用设施建设维护管理财政性资金收入 Revenue of urban Construction, Maintenance and Management of Municipal Public Utilities Facilities Fund								
	合计 Completed of Revenue	中央预算资金 Central Budgetary Fund	省级预算资金 Provincial Budgetary Fund	县级预算资金 County-Level Budgetary Fund					
				小计 Subtotal	城市维护建设税 Urban Maintenance and Construction Tax	公用事业附加 Extra-Charges for Municipal Utilities	基础设施配套费 Fees for Supporting Infrastructure	国有土地使用权出让收入 Income Generated from The Transfer of State-owned Land-use Right	市政公用设施有偿使用费 Fee for Use of Municipal Utilities
平原县	41821		500	41321	3040	469	1785	35229	399
夏津县	37500	900		36600	2367	400	6000	7000	1980
武城县	11408			11408	2600	71	1076	6330	631
阳谷县	50360			50360	3690	1488	718	44178	286
莘　县	39583	54		39529	2736	795	2691	32772	535
茌平县	52446	985	50	51411	10399	747	2145	37825	295
东阿县	31326			31326	5055	1248	1633	22248	1142
冠　县	39205			32701	3324	1261	1535	19712	365
高唐县	14422	564		13858	3610	450	564	9016	218
惠民县	17656	1359		15997	2000	2100	1700	7000	1350
阳信县	39309	869	195	37755	8032	2450	5301	7500	1690
无棣县	47250			47250	3927		500	20791	420
博兴县	40262			40262	7710	35	3200	190	3200
邹平县	28738			28738	12773		1963	13520	482
曹　县	87128			87128	7067	400	1536	77928	197
单　县	79753			79753	2701	605	2501	73111	835
成武县	29425	939		28486	2720		879	24566	321
巨野县	9942	100	4084	5758	1500	800	1050	2100	158
郓城县	11513			11513	6670		4396		447
鄄城县	58757			58757	2961		3809	51927	60
定陶县	79336			79336	1947	40	4796	72026	527
东明县	55399	221		55178	6747	807	861	45155	1608
河　南	**1468623**	**21698**	**16837**	**1429938**	**100776**	**27225**	**137935**	**886486**	**45537**
中牟县	13863			13863	426		11271	1210	492
杞　县	7649			7649	1873	70	1800	3320	586
通许县	33916			33916	1029			32745	142
尉氏县	59087			59087	2612	197	164	55696	213
兰考县	67833		582	67251	1879		1100	62496	1776
孟津县	6682			6682	4014	1197	1141		330
新安县	5498			5498	2746		651		1163
栾川县	2831			2831	1294	390	49		1090
嵩　县	2660			2660	1600	10	160		540
汝阳县	3010			3010	250		1519		580
宜阳县	1800			1800	320		190		334
洛宁县	1114			1114	270		220		292
伊川县	6190			6190	3184	287	1951		507
宝丰县	10100			10100	220	110	3210	2010	510
叶　县	30520			30520	1409	425	1223	27224	239
鲁山县	24754			24754	915	200	1502	22026	111

continued 16

Measurement Unit: 10,000 RMB

			县城市政公用设施建设维护管理财政性资金支出 Expenditure of urban Construction, Maintenance and Management of Municipal Public Utilities Facilities Fund						
污水处理费 Waste-water Treat-ment Fee	垃圾处理费 Garbage Treat-ment Fee	其他财政资金 Others	合计 Comple-ted of Expend-iture	城乡社区规划与管理 Planning and Management of Urban and Rural Communities	市政公用行业市场监管 Market Sup-ervision of Municipal Public Utilities Industry	市政公用设施建设维护与管理 Construction, Maintenance and Management of Municipal Public Utilities Facilities	风景名胜区规划与保护 Planning and Protection of National Parks	其他 Others	县名称 Name of Counties
399			41822	311				41511	平原县
1113	595								夏津县
531	100		11401	2701		8700			武城县
286			1439	1435	4				阳谷县
242	293		39583	418	392	38773			莘　县
295			13061	463		4926		7672	茌平县
922	220		11922	222		11700			东阿县
365		6504	35975	237		35264		474	冠　县
218			12582	365		12217			高唐县
730	335	300	17656	300	500	16656	200		惠民县
418	330	490	39309	1370	4285	28309	600	4745	阳信县
228	120		47250	163		450		46637	无棣县
2836	302		40262	1300	1550	37412			博兴县
482			28738	91		28647			邹平县
197			33327			33327			曹　县
835			20000			20000			单　县
321			1289	124		1165			成武县
150			9642	202	100	9340			巨野县
447			12037			12037			郓城县
60			21975	178		21797			鄄城县
68	459		5912			5912			定陶县
1590	18		55399	57		25145		30197	东明县
25078	**12945**	**150**	**1329307**	**109007**	**49792**	**1008687**	**33233**	**128588**	**河　南**
381	83		13884	4934		8929		21	中牟县
442	144		7990	280	120	7590			杞　县
58	72		19082			130		18952	通许县
128	85		1363	31		932		400	尉氏县
1656	120		42535	985	1600	37650		2300	兰考县
265	65								孟津县
800	363								新安县
630	460		2090		584	1506			栾川县
450	90		1600			1600			嵩　县
282	129		528			528			汝阳县
213	121		1730			430		1300	宜阳县
180	112		220			220			洛宁县
272	235								伊川县
330	180		9980			9980			宝丰县
186	53		29297	1121	816	23004	416	3940	叶　县
70	41		11957			11957			鲁山县

3-3 续表 17

计量单位：万元

县名称 Name of Counties	县城市政公用设施建设维护管理财政性资金收入 Revenue of urban Construction, Maintenance and Management of Municipal Public Utilities Facilities Fund								
	合计 Completed of Revenue	中央预算资金 Central Budgetary Fund	省级预算资金 Provincial Budgetary Fund	县级预算资金 County-Level Budgetary Fund					
				小计 Subtotal	城市维护建设税 Urban Maintenance and Construction Tax	公用事业附加 Extra-Charges for Municipal Utilities	基础设施配套费 Fees for Supporting Infrastructure	国有土地使用权出让收入 Income Generated from The Transfer of State-owned Land-use Right	市政公用设施有偿使用费 Fee for Use of Municipal Utilities
郏 县	26422		215	26207	1248	390	670	23571	328
汤阴县	6291	1591		4700	1200	300	1200		1200
滑 县	18690	549		18141	1886	676	2560	12296	723
内黄县	4850			4850	1008	720	832	1500	316
浚 县	70074			70074	1273	256	804	67273	468
淇 县	3281	587	729	1965	750	150	920		145
新乡县	13629	277		13352	2722	449	553	9606	22
获嘉县	17462			17462	948	252	808	15224	230
原阳县	2802	960		1842	500	95	900		270
延津县	7684			7684	265	320	153	6648	298
封丘县	1991			1991	737		688		307
长垣县	73717			73717	4319	348	1503	66477	1070
修武县	2414			2414	1438	400	235	41	300
博爱县	4531			4531	1873	487	620	1250	301
武陟县	24341		2797	21544	2591	639	653	16501	580
温 县	15188	1010		14178	510	380	765	12000	523
清丰县	13414			13414	932	7	1350	10987	138
南乐县	48626			48626	832		335	45629	830
范 县	4015			4015	77	127	38	1000	425
台前县	36344	9133	1644	25567	510	150	408	9000	212
濮阳县	15500			15500	1556	315	1200	10126	300
鄢陵县	9950			9950	1978		510	7250	205
襄城县	33700			33700	2600		2021	28752	300
舞阳县	8500			8500	500	500	6500		150
临颍县	15014			15014	1000	9000	4014		1000
渑池县	2676			2676	480	1264	465		422
卢氏县	2505			2505	260	100	310	1324	511
南召县	15500			15500	150		400		305
方城县	33286		6000	27286	1375		2100	23099	365
西峡县	5520		720	4800	78	32	42	3095	160
镇平县	18176			18176	539	201	242		880
内乡县	24475	3961		20514	1711	145	1245	16523	445
淅川县	10510	420		10090	1410	29	210		980
社旗县	16380			16380	1110	120	2850	5755	495
唐河县	33020		1700	31320	500	438	280		460
新野县	22339			22339	500	78	5300	1400	450
桐柏县	19694		20	19674	2147	220	160	3687	460
民权县	8526			8526	2103		5896		527
睢 县	5473			5473	1059	130	825	2675	394

continued 17

Measurement Unit: 10,000 RMB

污水处理费 Wastewater Treatment Fee	垃圾处理费 Garbage Treatment Fee	其他财政资金 Others	县城市政公用设施建设维护管理财政性资金支出 Expenditure of urban Construction, Maintenance and Management of Municipal Public Utilities Facilities Fund: 合计 Completed of Expenditure	城乡社区规划与管理 Planning and Management of Urban and Rural Communities	市政公用行业市场监管 Market Supervision of Municipal Public Utilities Industry	市政公用设施建设维护与管理 Construction, Maintenance and Management of Municipal Public Utilities Facilities	风景名胜区规划与保护 Planning and Protection of National Parks	其他 Others	县名称 Name of Counties
260	68		17271	50		17221			郏　县
650	300		6040	380	660	5000			汤阴县
385	338		23858	1642	650	21566			滑　县
160	85		4573	385	152	4036			内黄县
360	108		63052	17610		44025		1417	浚　县
57	35								淇　县
	22		13288			13288			新乡县
114	116		24008	78	480			23450	获嘉县
17	60		28120	400	220	27500			原阳县
197	101		26875			26875			延津县
270	32		6677	256	6158	263			封丘县
554	516		17424	500		16924			长垣县
220	43		4998	271		3527		1200	修武县
236	65		4016	316		3700			博爱县
482	98		9110	282		8828			武陟县
273	250		4634	147	233	4254			温　县
93	45		12920	560	302	12058			清丰县
450	180		46349	111		46238			南乐县
66	28		3936	680	360	2896			范　县
127	85		35668	400	6	35262			台前县
208	92		15550	350		15200			濮阳县
82	98		9310	3750	590	4970			鄢陵县
80	120		32198	2651	750	28797			襄城县
100	30		8500		1500	7000			舞阳县
500	300		15014	5014	5000	5000			临颍县
340	45		3140	80	370	2690			渑池县
363	148		2765	20	331	2414			卢氏县
160	145		14500	13900	500	100			南召县
180	185		33286	7264		26022			方城县
70	72		5463	545	85	4800	16	17	西峡县
608	272		18176	112	114	17950			镇平县
177	268		24475	4041	650	18877	742	165	内乡县
510	460		9700	2400	2410	2480	2410		淅川县
138	125		16380	2120	1010	13200		50	社旗县
168	89		33020	2030	2870	28120			唐河县
30	20		22339	3684	6339	12316			新野县
260	200		19694	691	210	18333	460		桐柏县
400	127		8526			8526			民权县
336	58		39837			14430	25407		睢　县

3-3 续表 18

计量单位：万元

县名称 Name of Counties	县城市政公用设施建设维护管理财政性资金收入 Revenue of urban Construction, Maintenance and Management of Municipal Public Utilities Facilities Fund								
	合计 Completed of Revenue	中央预算资金 Central Budgetary Fund	省级预算资金 Provincial Budgetary Fund	县级预算资金 County-Level Budgetary Fund					
				小计 Subtotal	城市维护建设税 Urban Mainten-ance and Cons-truction Tax	公用事业附加 Extra-Charges for Municipal Utilities	基础设施配套费 Fees for Supp-orting Infrast-ructure	国有土地使用权出让收入 Income Generated from The Transfer of State-owned Land-use Right	市政公用设施有偿使用费 Fee for Use of Muni-cipal Utilities
宁陵县	7621			7621	925	672	816	1382	398
柘城县	10850			10850	937	1263	1670	2831	803
虞城县	6340			6190	700	350	400	2020	850
夏邑县	52704			52704	1621		1871	48944	268
罗山县	7150			7150	335	49	2092	3776	450
光山县	8378			8378	1246	95	4320	930	800
新　县	17132	1292		15840	330	310	1200	12000	2000
商城县	26000			26000	220	240	2900	20000	1580
固始县	13847			13847	1160	310	3072	8020	1285
潢川县	10614			10614	677	140	722	7613	740
淮滨县	8251	1918		6333	215	92	5544	170	312
息　县	6293			6293	256	288	1565	2885	1299
扶沟县	2730			2730	137	162	338		350
西华县	13953			13953	700		1028	12000	225
商水县	10200		1200	9000	80	20	2000	6500	200
沈丘县	25913			25913	320	50	80		180
郸城县	3989			3989	1487		944		1558
淮阳县	18544			18544	1139		2500	14746	159
太康县	9504			9504	1300	186	4500	1000	1600
鹿邑县	65000			65000	1767	65	1941	18557	307
西平县	20485			20485	8532	205	10402	1125	221
上蔡县	17342			17342	440	230	505	7300	410
平舆县	32391			32391	1226		8636	21329	1200
正阳县	5865			5865	648	135	127		522
确山县	25314			25314	512	61	632	23815	294
泌阳县	3200			3200	810	280	270	1200	560
汝南县	12274			12274	482	33	226	11000	267
遂平县	20145			20145	875	385	84	18591	105
新蔡县	32577		1230	31347	983		834	29336	194
湖　北	**692805**	**34465**	**27596**	**610948**	**55684**	**4744**	**40063**	**284251**	**23901**
阳新县	580			570	10		10		550
郧西县	4190		314	3684	788		532	1474	698
竹山县	6442		50	6392	1203	386	328	3627	848
竹溪县	35000			35000	330	20	800		400
房　县	29839		12209	16020	1839		1510		946
远安县	12584	2150		10434	2296	400	95	230	240
兴山县	8802	530		520	30	100	20	100	100
秭归县	11913	7525		4388	1963		776		355
长阳土家族自治县	9008		4632	3990	3045		431		514

continued 18

Measurement Unit: 10,000 RMB

			县城市政公用设施建设维护管理财政性资金支出 Expenditure of urban Construction, Maintenance and Management of Municipal Public Utilities Facilities Fund						
污水处理费 Waste-water Treat-ment Fee	垃圾处理费 Garbage Treat-ment Fee	其他财政资金 Others	合计 Comple-ted of Expend-iture	城乡社区规划与管理 Planning and Management of Urban and Rural Communities	市政公用行业市场监管 Market Sup-ervision of Municipal Public Utilities Industry	市政公用设施建设维护与管理 Construction, Maintenance and Management of Municipal Public	风景名胜区规划与保护 Planning and Protection of National Parks	其他 Others	县名称 Name of Counties
226	119		8856			8856			宁陵县
650	70		14285			14285			柘城县
340	320	150	34120	1000	120	33000			虞城县
92	176		9716	1209		8507			夏邑县
301	147		7194	713	514	5817	150		罗山县
400	400		8487	161	553	7773			光山县
1080	360		16589	1350	200	15039			新　县
490	165		25992	380	792	24820			商城县
480	540		11616	1590	1056	3620	1500	3850	固始县
333	377		12693	1246	1936	9511			潢川县
230	82		8343	255	210	7846		32	淮滨县
611	311		25543	1076	667	23800			息　县
167	92		5509			5509			扶沟县
175	50		13920		220	13700			西华县
70	60		10078	1800	298	6800	600	580	商水县
60	92		25913			25913			沈丘县
298	91		3989			3045		944	郸城县
37	122		18503	723		3026		14754	淮阳县
811	136		9504			9504			太康县
207	100		59085	683	179	8200	100	49923	鹿邑县
70	151		12312			12312			西平县
220	80		19520	8820	3280	4300		3120	上蔡县
700	500		32391	200	500	29691		2000	平舆县
96	257		5768	2665	987	1943		173	正阳县
190	100		27972	50	26	27896			确山县
360	60		2770	980		830	960		泌阳县
216	50		22088	750	354	20552	432		汝南县
55	50		19540	50		19450	40		遂平县
89	105		30065	3235	2830	24000			新蔡县
14608	**7574**	**19796**	**692447**	**38215**	**12669**	**526940**	**5277**	**109346**	**湖　北**
	550	10	580			580			阳新县
252	446	192	4190			1276		2914	郧西县
338	510		6442	720	714	5008			竹山县
250	150		35190	30	20	35000	20	120	竹溪县
481	465	1610	29682	2150	2510	16245		8777	房　县
217	23		12584	404	50	2180	30	9920	远安县
60	40	7752	8802	1000	50	7752			兴山县
100	255		10220	634		9586			秭归县
326	188	386	9008	179	564	8265			长阳土家族自治县

3-3 续表 19

计量单位：万元

县名称 Name of Counties	县城市政公用设施建设维护管理财政性资金收入 Revenue of urban Construction, Maintenance and Management of Municipal Public Utilities Facilities Fund								
	合计 Completed of Revenue	中央预算资金 Central Budgetary Fund	省级预算资金 Provincial Budgetary Fund	县级预算资金 County-Level Budgetary Fund					
				小计 Subtotal	城市维护建设税 Urban Mainten-ance and Cons-truction Tax	公用事业附加 Extra-Charges for Municipal Utilities	基础设施配套费 Fees for Supp-orting Infrast-ructure	国有土地使用权出让收入 Income Generated from The Transfer of State-owned Land-use Right	市政公用设施有偿使用费 Fee for Use of Muni-cipal Utilities
五峰土家族自治县	450			450	60		295		95
南漳县	9362		761	7573	2194		831	3849	699
谷城县	8508			8508	2387	66	435	5128	435
保康县	5622	1344	10	4268	1650	320	100	2000	198
京山县	63561			59961	357		1829	13280	1215
沙洋县	17347		4726	12621	1605		443	8131	2442
孝昌县	24700	2706	1103	20891	325	17	9003	7596	252
大悟县	8300	2000	1000	5300	320	240	160	4000	580
云梦县	12690			12690	850	620	740	5900	900
公安县	22300			22300	3000		2400	14000	1200
监利县	28207			27857	1685	789	615	20100	1500
江陵县	6439			6439	1700		139	4600	
团风县	11620	986	730	9904	280		512	8750	362
红安县	19396	6500	466	12030	6850		700		1250
罗田县	17662			17662	600		800	15662	600
英山县	9540			9540	610		620	8000	310
浠水县	8663			6767	130	253	1450	1363	580
蕲春县	80423	1943	1131	77349	1040	140	730	73839	1600
黄梅县	10790			10590	730	260	750	8200	650
嘉鱼县	15320	120	200	15000	1100		1000	9845	500
通城县	9800	2000		6550	3500	600	400	1400	650
崇阳县	15000			15000	610		300	10000	600
通山县	18488			18488	1095	218	699	15878	598
随　县	21000			21000	530		2300		144
建始县	31699	3121		27456	2521	225	2237	20683	523
巴东县	4460	940		3520	1760		650		278
宣恩县	7597			7597	643		15	6852	87
咸丰县	10344	1800	264	8280	530	90	230	6950	480
来凤县	70203	800		69403	4200		4566		310
鹤峰县	4456			4456	1035		395	2814	212
神农架林区	500			500	283		217		
湖　南	**2389952**	**99384**	**69692**	**2023689**	**143152**	**21521**	**56490**	**1542718**	**63191**
长沙县	652417			652417	29428	2311	2040	612795	5843
望城县	39288			39288	966	1035	350	1900	780
宁乡县	253757	5935	150	247672	11922	927	11000	220000	3823
株洲县	4039	400	175	3464	1818	291	957		398
攸　县	46761			46761	636	430	2360	31256	12079
茶陵县	20336			20336	2563	71	969	15100	134
炎陵县	9051			9051	1040		118	6735	808

continued 19

Measurement Unit: 10,000 RMB

			县城市政公用设施建设维护管理财政性资金支出 Expenditure of urban Construction, Maintenance and Management of Municipal Public Utilities Facilities Fund						
污水处理费 Wastewater Treatment Fee	垃圾处理费 Garbage Treatment Fee	其他财政资金 Others	合计 Completed of Expenditure	城乡社区规划与管理 Planning and Management of Urban and Rural Communities	市政公用行业市场监管 Market Supervision of Municipal Public Utilities Industry	市政公用设施建设维护与管理 Construction, Maintenance and Management of Municipal Public Utilities Facilities	风景名胜区规划与保护 Planning and Protection of National Parks	其他 Others	县名称 Name of Counties
55	40		395	80		300	15		五峰土家族自治县
450	249	1028	9362	437		7465		1460	南漳县
305	97		45578	2953	267	37266	2352	2740	谷城县
126	72		3993	393	500	2000		1100	保康县
780	435	3600	50326	1550	120	3996	1060	43600	京山县
1881	561		19693	180		17321		2192	沙洋县
218			24700	918	623	23159			孝昌县
430	90		8220	600	120	7500			大悟县
			10900	1600	950	8350			云梦县
1200			8300	2200		3500		2600	公安县
970	78	350	27857	420	82	240		27115	监利县
			6439	139		6300			江陵县
262	100		11620	2210	420	8990			团风县
650	600	400	19396	290	976	17980		150	红安县
600			17662	400	300	16962			罗田县
310			9540	310	350	8880			英山县
545	35	1896	8663	1066	80	7517			浠水县
718	882		80423	1350	580	77593	900		蕲春县
450	200	200	10790	200		10590			黄梅县
310	180		13925	4200	1940	7630		155	嘉鱼县
400	250	1250	9800			9800			通城县
330	70		11100	1100		10000			崇阳县
300	298		18530	2880	650	14350	200	450	通山县
58	86		21000			21000			随　县
355	168	1122	29977	71		29906			建始县
188	80		4850	4122		352	120	256	巴东县
8	79		7502	1517		188		5797	宣恩县
270	190		10344	1300	320	8644	80		咸丰县
270	40		69403			69403			来凤县
145	67		4961	612	483	3866			鹤峰县
			500				500		神农架林区
31145	**16328**	**197187**	**2163217**	**173837**	**54505**	**1205729**	**45140**	**684006**	**湖　南**
5700	59		652417	11568	3900	339100		297849	长沙县
350	350		47290	31250	1150	1990	3650	9250	望城县
1432	2391		253757	2824		100984	751	149198	宁乡县
273	125		4145	158	484	3503			株洲县
670	680		45285		1263	36920	1002	6100	攸　县
25			20218	265		13777		6176	茶陵县
114	694		21918			15904		6014	炎陵县

3–3 续表 20

计量单位：万元

县名称 Name of Counties	县城市政公用设施建设维护管理财政性资金收入 Revenue of urban Construction, Maintenance and Management of Municipal Public Utilities Facilities Fund								
	合计 Completed of Revenue	中央预算资金 Central Budgetary Fund	省级预算资金 Provincial Budgetary Fund	县级预算资金 County-Level Budgetary Fund					
				小计 Subtotal	城市维护建设税 Urban Maintenance and Construction Tax	公用事业附加 Extra-Charges for Municipal Utilities	基础设施配套费 Fees for Supporting Infrastructure	国有土地使用权出让收入 Income Generated from The Transfer of State-owned Land-use Right	市政公用设施有偿使用费 Fee for Use of Municipal Utilities
湘潭县	8221			8221	3256	587	71	3474	833
衡阳县	22200	8000	1500	12500	3700	650	150	650	300
衡南县	52946		120	52826	2220	260	680	49666	
衡山县	7950	1000	1500	5380	600	650	750	850	680
衡东县	11000			11000	2732	264	1037	6226	730
祁东县	6537		1060	5388	1600	130	2160		960
南岳区	12115	3500	1000	7170	62	85	245	670	377
邵东县	15460	1650	1500	12310	2715	408	700	4500	2490
新邵县	10850			10850	625	650	163	8800	592
邵阳县	37210	15899	1327	19984	383	123	52	10688	725
隆回县	6674	302	218	6048	560	286	102	4856	138
洞口县	14046			14046	650		650	11971	775
绥宁县	6560	3100	2400	1060	630	80	127		223
新宁县	15335	3400	2700	9000	750	295	160	5200	460
城步苗族自治县	9545	3963	2796	2786	870	85	117	625	278
岳阳县	30700	800	1900	18500	250	160	320	14500	1320
华容县	57300	800	1200	39500	1500	113	1476	35491	920
湘阴县	54320	270	750	47800	10000	220	450	35500	650
平江县	74690	600	1000	28090	1800	500	700	23800	780
安乡县	4709	1109		3600	356	59	310	2100	55
汉寿县	10533			10533	2466	675	606	4000	2786
澧　县	37036			5111	3650	421	120	120	800
临澧县	10470	837		9633	1850		1800	5500	251
桃源县	42726	4826		37900	6555	223	334	30242	546
石门县	5300			5300	100	350	400		800
慈利县	5087	800	500	3787	1200	35	182	1800	470
桑植县	3170	800	500	1570	600		320	300	350
南　县	11934	380		11554	1216	105	96	9128	1009
桃江县	18985			18985	1798	378	138	12284	613
安化县	5851			4975	1200	252	381	1800	1200
大通湖区	4500			2900	300	5	410	2090	31
桂阳县	44228	543		43685	3546		1196	10378	1281
宜章县	7085	3098	121	2366	1517	230	360		63
永兴县	12883	2560	1623	8620	4295	186	2163	150	1720
嘉禾县	13842		160	13682	1984	133	300	10325	470
临武县	9775	6645		3130	380	291	519	645	451
汝城县	6461	300		4511	2200	5	289	1867	150
桂东县	9970			9970	490		1200		420
安仁县	21149		6634	14515	983	800	62	11663	807

continued 20

Measurement Unit: 10,000 RMB

			县城市政公用设施建设维护管理财政性资金支出 Expenditure of urban Construction, Maintenance and Management of Municipal Public Utilities Facilities Fund						
污水处理费 Waste-water Treat-ment Fee	垃圾处理费 Garbage Treat-ment Fee	其他财政资金 Others	合计 Comple-ted of Expend-iture	城乡社区规划与管理 Planning and Management of Urban and Rural Communities	市政公用行业市场监管 Market Sup-ervision of Municipal Public Utilities Industry	市政公用设施建设维护与管理 Construction, Maintenance and Management of Municipal Public Utilities Facilities	风景名胜区规划与保护 Planning and Protection of National Parks	其他 Others	县名称 Name of Counties
833			9154	9154					湘潭县
75	80	200	21336	3500	3900	9936	4000		衡阳县
			25609	928		24681			衡南县
230	380	70	7600	850	650	4830	400	870	衡山县
270	304		11000	170	80	10210	400	140	衡东县
489	360	89	11260			11260			祁东县
312	65	445	11372	545	79	9912	467	369	南岳区
1120	920		16031	620	6	5800	800	8805	邵东县
370	210		10738	110	470	9200	328	630	新邵县
172	109		43458	127	2945	39406		980	邵阳县
10	11	106	6468	903	840	3675	840	210	隆回县
775			13458	10	18	13210	20	200	洞口县
160	61		6190	3010	2150	880	150		绥宁县
235	165	235	15970	1100	340	12860	1050	620	新宁县
278			9602	772	331	4768	1193	2538	城步苗族自治县
700	620	9500	30700	4500	2100	22300		1800	岳阳县
522	350	15800	59275	114	1250	26094	48	31769	华容县
450	200	5500	54320	1250	890	9970	500	41710	湘阴县
600	150	45000	73800	6200	2000	60000	600	5000	平江县
40	15		4536		156	2690		1690	安乡县
1385	1401								汉寿县
420	380	31925	35996			4627		31369	澧　县
251			10470	280	70	10000	120		临澧县
546			42293	367	2100	35000		4826	桃源县
500	300								石门县
350	120								慈利县
200	150	300							桑植县
437	472		11694	541	490	9800		863	南　县
211	402		18006	256	210	16310		1230	桃江县
440	62	876	5709	1969		1590		2150	安化县
	30	1600							大通湖区
884			42123	1696	1698	35392	3337		桂阳县
40	23	1500	7209	3687	1156	2366			宜章县
1150	460	80	12591	2658	1980	7638	130	185	永兴县
50	420		13365	653	596	9663	2453		嘉禾县
199	126		9020	39	1000	4047	622	3312	临武县
150		1650	6727	1130	250	4647	550	150	汝城县
			9610		390	8700		520	桂东县
327	480								安仁县

3-3 续表 21

计量单位：万元

县名称 Name of Counties	县城市政公用设施建设维护管理财政性资金收入 Revenue of urban Construction, Maintenance and Management of Municipal Public Utilities Facilities Fund								
	合计 Completed of Revenue	中央预算资金 Central Budgetary Fund	省级预算资金 Provincial Budgetary Fund	县级预算资金 County-Level Budgetary Fund					
				小计 Subtotal	城市维护建设税 Urban Mainten-ance and Cons-truction Tax	公用事业附加 Extra-Charges for Municipal Utilities	基础设施配套费 Fees for Supp-orting Infrast-ructure	国有土地使用权出让收入 Income Generated from The Transfer of State-owned Land-use Right	市政公用设施有偿使用费 Fee for Use of Muni-cipal Utilities
祁阳县	71442	630	1990	18574	2390	1167	1168	12937	910
东安县	5401			5401	165	98	291	4576	271
双牌县	11596	2448	2148	7000	580	200	300	3980	600
道　县	40733		4213	36520	602	28	100	900	580
江永县	5270	1802	2483	985	412	31	193	201	22
宁远县	33553		1694	23934	1452	339	2783	18150	1210
蓝山县	124887			124887	893		360	122710	462
新田县	6500			6500	260	136	2500	136	280
江华瑶族自治县	44598	845	160	43593	130	23	2595	40363	482
中方县	8525	3000	3000	2380	50	140	325	1240	480
沅陵县	37961	1800	1200	34961	2738	50	1104	30491	578
辰溪县	24950	150		24800	1850		320	3150	852
溆浦县	39593		9120	30473	1543	2068	580	25462	410
会同县	3346	884	345	2117	710	150	267	680	310
麻阳苗族自治县	10632			10632	657	25	600	8943	407
新晃侗族自治县	1959			1959	640		580	448	291
芷江侗族自治县	20000	4000	3000	13000	760	400	600	10000	400
通道侗族自治县	6584	345	190	6049	509		656	4730	154
靖州苗族侗族自治县	10170		170	10000	723	49	123	6607	185
洪江区	21268			21268	1045	148	132	19514	227
双峰县	43400	3200	1300	18800	1450	325	265	1060	604
新化县	2355	345		810	200	200	180		230
泸溪县	3700		1200	2500	450	425	300	890	350
凤凰县	9875	1500		5900	60	60	160	236	185
花垣县	3849			3849	2106	430	365		432
保靖县	19565	1810	1230	16525	679	85	324	15295	142
古丈县	6207	4210	915	864	55	135	60	24	590
永顺县	231	98		133	36		19		58
龙山县	6800	800	4500	1500	45	50	150	350	120
广　东	**650249**	**2930**	**16299**	**622505**	**57635**	**24594**	**45997**	**427467**	**21702**
始兴县	11070		470	10590	300	250	614	9037	386
仁化县	15008			15008	2605	1160	558	10525	160
翁源县	13310		143	13167	1534		1523	9865	245
乳源瑶族自治县	3856			3856	240	795	1365	600	655
新丰县	3706			3706	484	76	896		1448
南澳县	3343			3343	122	284	1701	400	302
遂溪县	1984			1874	580	4	400		890
徐闻县	2760			2760	160	1020	1580		

continued 21

Measurement Unit: 10,000 RMB

污水处理费 Waste-water Treatment Fee	垃圾处理费 Garbage Treatment Fee	其他财政资金 Others	县城市政公用设施建设维护管理财政性资金支出 Expenditure of urban Construction, Maintenance and Management of Municipal Public Utilities Facilities Fund: 合计 Completed of Expenditure	城乡社区规划与管理 Planning and Management of Urban and Rural Communities	市政公用行业市场监管 Market Supervision of Municipal Public Utilities Industry	市政公用设施建设维护与管理 Construction, Maintenance and Management of Municipal Public Utilities Facilities	风景名胜区规划与保护 Planning and Protection of National Parks	其他 Others	县名称 Name of Counties
910		50248	71442	54665	401	3650	1126	11600	祁阳县
271									东安县
300	120								双牌县
			40690	1500	860	35080		3250	道　县
			31346	47		31278	21		江永县
847	363	7925	33493	11882	3461	12705	5445		宁远县
336	126								蓝山县
200	80								新田县
314	168		42819	100	263	31256	2000	9200	江华瑶族自治县
300	180	145	8285	800	62	6900	123	400	中方县
343	235		37210	3605	3075	25000	530	5000	沅陵县
210	380		253	253					辰溪县
230	180		37830		210	13620		24000	溆浦县
225	85		8840		650	1427	6763		会同县
210	197		10087	492	263	7963		1369	麻阳苗族自治县
220	71		1959	588		646		725	新晃侗族自治县
400			17700	2600	1800	10500	1400	1400	芷江侗族自治县
154			6494	635		5859			通道侗族自治县
87	98		9942	1887	1036	4089	2930		靖州苗族侗族自治县
202			674			674			洪江区
444	160	20100	45250	800	750	42800	600	300	双峰县
70	50	1200	1910		160	1650	100		新化县
210	130		3620		230	2990		400	泸溪县
185		2475	9811		270	6541		3000	凤凰县
432			3849	312	1047	2490			花垣县
142			18520	60	45	13215		5200	保靖县
40	550	218	6207	259	4760	1098	90		古丈县
58			211	13		138	21	39	永顺县
60	30		3055	135	220	520	580	1600	龙山县
14855	**6627**	**8515**	**330830**	**23205**	**11045**	**143988**	**2040**	**150552**	**广　东**
286	98	10							始兴县
17	143		4481	2107		2338		36	仁化县
245			373	373					翁源县
295	360		3750	560	580	2300	310		乳源瑶族自治县
612	836		2148			1278		870	新丰县
267	35		1213	30		1181		2	南澳县
500	390	110	1874		10	1528		336	遂溪县
			2755	640		2065		50	徐闻县

3-3 续表 22

计量单位：万元

县名称 Name of Counties	县城市政公用设施建设维护管理财政性资金收入 Revenue of urban Construction, Maintenance and Management of Municipal Public Utilities Facilities Fund								
	合计 Completed of Revenue	中央预算资金 Central Budgetary Fund	省级预算资金 Provincial Budgetary Fund	县级预算资金 County-Level Budgetary Fund					
				小计 Subtotal	城市维护建设税 Urban Maintenance and Construction Tax	公用事业附加 Extra-Charges for Municipal Utilities	基础设施配套费 Fees for Supporting Infrastructure	国有土地使用权出让收入 Income Generated from The Transfer of State-owned Land-use Right	市政公用设施有偿使用费 Fee for Use of Municipal Utilities
广宁县	4005	800		2973	45	1769	600		559
怀集县	20572	210	2198	18164	2094	697	4636	9668	1069
封开县	3136			3028	800		1530		560
德庆县	17617		3	15103	1713		1084	5871	
博罗县	226916			226916	14074	3057	6532	202656	597
惠东县	32131			32130	38	1351	1079		7439
龙门县	10211			8611	1293	58	742	2141	285
大埔县	492			492	196		186	110	
丰顺县	18816		5000	13816	2201			11095	520
五华县	60130			60070	2026	236	1937	55127	744
平远县	620			620	5		615		
蕉岭县	2893		163	2730	1075		830		465
海丰县	5285			5285	174	1280	3480		351
陆河县	520			520					520
紫金县	5615		3035	2580	129		1767		684
龙川县	11530	480	220	10830	2712	950	2009	700	
连平县	11787		3935	7852	2238	950	34	4630	
和平县	2955	1100	600	1255	135	80	120	150	190
东源县	38588		182	38406	3721	732		33873	80
佛冈县	25146			25146	4196	5357	4399	9300	1894
阳山县	27148			27148	1302		1312	24102	432
连山壮族瑶族自治县	1824			1824	1424	120			280
连南瑶族自治县	3020			3020	692	456	589	1178	105
饶平县	7376		226	7090	3829	1160		1333	384
揭西县	1000			1000	35				
惠来县	7954			4131	1		307		
新兴县	42989		124	42865	4199	1372	3421	33779	94
郁南县	4936	340		4596	1263	1380	151	1327	364
广　西	**785235**	**33734**	**82469**	**665684**	**66765**	**10893**	**47148**	**300723**	**49625**
武鸣县	47645		930	46715	872	372	1223	42698	1550
隆安县	12148	400	2225	9523	822	157	279	2860	183
马山县	3165			2955	781	150	107	1350	567
上林县	10215			10215	828	103	913	7932	439
宾阳县	15608	2169	8037	5402	672	1300	1800		1630
横　县	9470		1147	7970	3743	279	512	1026	2058
柳江县	6682			6682	360		1348		1539
柳城县	4336			4336	1194	25	396	2261	460
鹿寨县	4493	423	685	3385	1720	130	760		775

continued 22

Measurement Unit: 10,000 RMB

			县城市政公用设施建设维护管理财政性资金支出 Expenditure of urban Construction, Maintenance and Management of Municipal Public Utilities Facilities Fund						
污水处理费 Waste-water Treat-ment Fee	垃圾处理费 Garbage Treat-ment Fee	其他财政资金 Others	合计 Comple-ted of Expend-iture	城乡社区规划与管理 Planning and Management of Urban and Rural Communities	市政公用行业市场监管 Market Sup-ervision of Municipal Public Utilities Industry	市政公用设施建设维护与管理 Construction, Maintenance and Management of Municipal Public Utilities Facilities	风景名胜区规划与保护 Planning and Protection of National Parks	其他 Others	县名称 Name of Counties
559		232	1958	950	17	991			广宁县
427	642		14848	168	39	14641			怀集县
410	150	108	1573			1283		290	封开县
		2511	17617	157	26	13714		3720	德庆县
597			73183	1263		6852	68	65000	博罗县
6492	947	1	19286			18728	250	308	惠东县
	285	1600	5997			4254		1743	龙门县
									大埔县
520			5519	410	86	1863	460	2700	丰顺县
634	110	60							五华县
			52			52			平远县
465			2781	186	220	2180	173	22	蕉岭县
	351		8958			8958			海丰县
	520								陆河县
684									紫金县
			11530	953	527	5797	150	4103	龙川县
			11753	2864		8039		850	连平县
4	50		5200			2600		2600	和平县
80			38588	191		17240		21157	东源县
997	897		9505	77		9078		350	佛冈县
212	220		27148	10140	9540	1998	629	4841	阳山县
	280		257			257			连山壮族瑶族自治县
74	31		3020	15		2711		294	连南瑶族自治县
384		60	7376	47		1644		5685	饶平县
			1035	1000		35			揭西县
		3823	4025	1010		3015			惠来县
94			42989	26		7368		35595	新兴县
	282		38	38					郁南县
31221	**14547**	**3348**	**767392**	**47256**	**22933**	**623810**	**8471**	**64922**	**广西**
1248	302		43701	330		3398		39973	武鸣县
183			12148			11946	202		隆安县
315	252	210	3165	286	189	2690			马山县
314	125		20374	1041		16605		2728	上林县
373	270		15608	277		15316	15		宾阳县
1134	923	353	9470	3408		6062			横县
1139	400		6082	250	333	5499			柳江县
312	148		4005	165		3840			柳城县
511	264		4422	360	780	1920	900	462	鹿寨县

3-3 续表 23

计量单位：万元

县名称 Name of Counties	县城市政公用设施建设维护管理财政性资金收入 Revenue of urban Construction, Maintenance and Management of Municipal Public Utilities Facilities Fund								
	合计 Completed of Revenue	中央预算资金 Central Budgetary Fund	省级预算资金 Provincial Budgetary Fund	县级预算资金 County-Level Budgetary Fund					
				小计 Subtotal	城市维护建设税 Urban Mainten-ance and Cons-truction Tax	公用事业附加 Extra-Charges for Municipal Utilities	基础设施配套费 Fees for Supp-orting Infrast-ructure	国有土地使用权出让收入 Income Generated from The Transfer of State-owned Land-use Right	市政公用设施有偿使用费 Fee for Use of Muni-cipal Utilities
融安县	1031			1031	68	117	82	131	633
融水苗族自治县	19195		1120	18075	567	63	284	3623	1126
三江侗族自治县	2967		255	2712	642		790	920	360
阳朔县	4988			4988	933	1553	128		555
灵川县	6240			6240	1000		1700		1800
全州县	4923	2210		2713	450	100	32	1500	631
兴安县	7322	1477	270	5575	1230	118	500	2550	508
永福县	1818			1818	476	76	62	850	354
灌阳县	21954	13618		8336	200	10	70	7622	434
龙胜各族自治县	3188	550	1472	1166	120	50	470	300	226
资源县	7030	2210		4820	200	135	128	4087	270
平乐县	1854			1854	544		159		282
荔浦县	7840	440		7400	600		560	500	810
恭城瑶族自治县	9787			9787	720	50	350	7640	650
苍梧县	2323			2251	852	376	873		150
藤　县	48002			48002	2420	366	1132		1219
蒙山县	4180			4180	421		314	2911	335
合浦县	46280		3810	42390	569	430	646	27072	1783
上思县	36399		1506	34890	1484	18	78	32300	540
灵山县	29609	1500	753	27356	645	386	463		1417
浦北县	6170	1957		4213	1350	126	181		746
平南县	27176	1100	1530	24546	4230	600	290	17800	1626
容　县	14255		1170	13085	1688	197	365	9509	616
陆川县	19980		5080	14700	2880	540	400	2470	970
博白县	17082	2380	1350	13352	3152	569	1268	2135	2258
兴业县	17955		1400	16555	682		1256	600	705
田阳县	31971		320	31651	1096		1103	24660	1510
田东县	26633		2925	23708	1670	100	287	19111	1089
平果县	10527		4200	6327	14		908	287	5118
德保县	12980		680	12300	712	106	325	958	438
那坡县	4545		560	3555	347	115	343	2530	220
凌云县	4381		1575	2806	241		33		326
乐业县	5947		3967	1980	136		15		159
田林县	6857		857	6000	534	63	350	4667	386
西林县	5731		1700	4031	535		293		163
隆林各族自治县	10863		1430	9433	396		8749		288
昭平县	3636		2060	1576	982		285		309
钟山县	17076		2575	14501	1232		336		386
富川瑶族自治县	4730		2150	2580	900		260	980	440

continued 23

Measurement Unit: 10,000 RMB

污水处理费 Waste-water Treatment Fee	垃圾处理费 Garbage Treatment Fee	其他财政资金 Others	县城市政公用设施建设维护管理财政性资金支出 Expenditure of urban Construction, Maintenance and Management of Municipal Public Utilities Facilities Fund: 合计 Completed of Expenditure	城乡社区规划与管理 Planning and Management of Urban and Rural Communities	市政公用行业市场监管 Market Supervision of Municipal Public Utilities Industry	市政公用设施建设维护与管理 Construction, Maintenance and Management of Municipal Public Utilities Facilities	风景名胜区规划与保护 Planning and Protection of National Parks	其他 Others	县名称 Name of Counties
515	118		2439	345	204	1890			融安县
951	132		18914	412		18123	379		融水苗族自治县
202	90		6173	105	45	5035	988		三江侗族自治县
412	143		4961	3543	643	675		100	阳朔县
1580	160		6000			6000			灵川县
475	156		4973	150	200	4573		50	全州县
508			7032	1165		5867			兴安县
306	48		1744	260	602	882			永福县
216	218		20026	30	30	13754		6212	灌阳县
164	62		2988	500	300	1688	300	200	龙胜各族自治县
150	120		6875	130	240	5915	590		资源县
180	102		3683	10		3673			平乐县
610	200		7950	550	50	7350			荔浦县
227	150		9103	200	105	8798			恭城瑶族自治县
	11	72	2232	291	233	608		1100	苍梧县
1053	166		47732	1192		46540			藤　县
217	116		4114	50	100	3964			蒙山县
1418	365	80	47851	5086		42765			合浦县
280	260	3	32627	675	1060	30890		2	上思县
1010	407		27431	642	956	25435	398		灵山县
493	244		6142	220	379	4963	38	542	浦北县
1276	350		23915	350		22885		680	平南县
407	193		12765			12765			容　县
635	220	200	16368	1433	635	14300			陆川县
1526	427		16073	5239	1621	8863	350		博白县
140	48		15747	725	552	13605	865		兴业县
1060	350		30501	70		29451		980	田阳县
301	242		26603	235		26368			田东县
1450	3668		10327			10327			平果县
368	70		13171	24	230	12199		718	德保县
173	47	430	4325	302		4023			那坡县
247	36		4301		250	4051			凌云县
100	59		5871	256		4347		1268	乐业县
254	93		6538			6538			田林县
114	49		5731	891	8	4460		372	西林县
141	147		9848	194		9654			隆林各族自治县
178	131		3589	77	982	925	1605		昭平县
213	173		15583			15583			钟山县
285	155		4400	800		3500	100		富川瑶族自治县

3-3 续表 24

计量单位：万元

县名称 Name of Counties	县城市政公用设施建设维护管理财政性资金收入 Revenue of urban Construction, Maintenance and Management of Municipal Public Utilities Facilities Fund								
	合计 Completed of Revenue	中央预算资金 Central Budgetary Fund	省级预算资金 Provincial Budgetary Fund	县级预算资金 County-Level Budgetary Fund					
				小计 Subtotal	城市维护建设税 Urban Maintenance and Construction Tax	公用事业附加 Extra-Charges for Municipal Utilities	基础设施配套费 Fees for Supporting Infrastructure	国有土地使用权出让收入 Income Generated from The Transfer of State-owned Land-use Right	市政公用设施有偿使用费 Fee for Use of Municipal Utilities
南丹县	10793			10793	1854	445	155	7720	619
天峨县	2466			2466	1851	44	56		515
凤山县	1872		931	941	180		218	310	214
东兰县	9392	300	5600	3492	1290	43	12	1880	267
罗城仫佬族自治县	12571	1000	2625	8946	559	97	198	3662	339
环江毛南族自治县	12212		950	11262	615	165	580	9206	426
巴马瑶族自治县	13907	1000	2984	9923	489		69	7935	465
都安瑶族自治县	4110			4110	135	42	650	2500	783
大化瑶族自治县	9104		1413	7691	1888	107	62	4970	664
忻城县	5241		788	4453	1039	88	162	2922	242
象州县	13330		830	12500	190		320	216	820
武宣县	11014		2097	8917	1254	112	320	5827	702
金秀瑶族自治县	2662		1547	1115	344		70		65
扶绥县	14022			14022	2450	60	502	10210	800
宁明县	20858		4600	14258	2600	700	9800	500	658
龙州县	2095	1000		1095	178		306		611
大新县	4881			4881	1813	210	408	2345	105
天等县	5518		365	5153	126		54	4680	293
海 南	**475618**	**1702**	**27336**	**446503**	**56145**	**2346**	**48651**	**297923**	**3115**
定安县	15680		501	15179	302	1611	7001	3002	
屯昌县	5690		169	5521	810	220	2487	1525	479
澄迈县	123429			123352	6471		4037	112398	446
临高县	55683			55683	1093		4632	36203	256
洋浦开发区	52068		331	51737	32400				
白沙黎族自治县	12291	1702	1320	9269	2165	365	2237	4210	292
昌江黎族自治县	7010			7010	4900	150	1400		560
乐东黎族自治县	67974			67974	1552		2002	64060	360
陵水黎族自治县	118375		25015	93360	4998		21900	66200	262
保亭黎族苗族自治县	7918			7918	784		2141	3525	280
琼中黎族苗族自治县	9500			9500	670		814	6800	180
重 庆	**393013**	**39358**	**10868**	**339174**	**35247**	**1994**	**142024**	**116444**	**11964**
梁平县	38990	3097	3226	32667	3405	600	21965		1362
城口县	8110			8110	2360	154	2010	2566	98
丰都县	26500	4930		21570	2808	380	16142		1175
垫江县	33458			33458	3000	200	13000	16735	523
武隆县	19690			19640	500		6200	8000	884
忠 县	24800		3000	18377	2922		8711	5653	1091

continued 24

Measurement Unit: 10,000 RMB

污水处理费 Wastewater Treatment Fee	垃圾处理费 Garbage Treatment Fee	其他财政资金 Others	县城市政公用设施建设维护管理财政性资金支出 Expenditure of urban Construction, Maintenance and Management of Municipal Public Utilities Facilities Fund 合计 Completed of Expenditure	城乡社区规划与管理 Planning and Management of Urban and Rural Communities	市政公用行业市场监管 Market Supervision of Municipal Public Utilities Industry	市政公用设施建设维护与管理 Construction, Maintenance and Management of Municipal Public Utilities Facilities	风景名胜区规划与保护 Planning and Protection of National Parks	其他 Others	县名称 Name of Counties
451	168		10116	1601	15	8500			南丹县
454	61		2433	35	2398				天峨县
171	43		1872			1872			凤山县
225	42		9350	55	2800	6495			东兰县
268	70		12571	2894	148	9085		444	罗城仫佬族自治县
325	101		12212	232	141	10037	500	1302	环江毛南族自治县
362	103		13695	4580	3688	1628		3799	巴马瑶族自治县
484	299		4005	20		3985			都安瑶族自治县
551	113		9031	131		8900			大化瑶族自治县
181	61		4969	1056		3825		88	忻城县
106	121		12343	1050	850	8793	900	750	象州县
568	134		10863	762	365	7876		1860	武宣县
33	32		2662			2321	341		金秀瑶族自治县
500	300		13034	755	140	12139			扶绥县
438	220	2000	20834	1390	175	18759		510	宁明县
491	120		2065			2065			龙州县
41	64		4635	185	870	3580			大新县
208	85		5081	241	616	3442		782	天等县
1641	**1410**	**77**	**497128**	**15601**	**13360**	**180943**	**2579**	**284645**	**海　南**
			15825					15825	定安县
278	201		5063	183	1	1606	79	3194	屯昌县
212	234	77	123406	315	625	4066	1000	117400	澄迈县
66	190		55683	512	1665	4532		48974	临高县
			84468	92		84376			洋浦开发区
137	155		11962	3168	8669	125			白沙黎族自治县
320	240		6810	910		5900			昌江黎族自治县
255	96		67974	317		22536		45121	乐东黎族自治县
172	84		109023	1741		54854		52428	陵水黎族自治县
128	141		7414	3563		2748		1103	保亭黎族苗族自治县
73	69		9500	4800	2400	200	1500	600	琼中黎族苗族自治县
5782	**4664**	**3613**	**389926**	**7410**	**1627**	**368690**	**2354**	**9845**	**重　庆**
576	374		38990	2382		35858		750	梁平县
82	14		8110	355		7755			城口县
662	403		26500			21035	650	4815	丰都县
103	220		33458		227	33231			垫江县
415	227	50	19690			19690			武隆县
630	461	3423	24170			24160	10		忠　县

3–3 续表 25

计量单位：万元

县名称 Name of Counties	县城市政公用设施建设维护管理财政性资金收入 Revenue of urban Construction, Maintenance and Management of Municipal Public Utilities Facilities Fund								
	合计 Completed of Revenue	中央预算资金 Central Budgetary Fund	省级预算资金 Provincial Budgetary Fund	县级预算资金 County-Level Budgetary Fund					
				小计 Subtotal	城市维护建设税 Urban Mainten-ance and Cons-truction Tax	公用事业附加 Extra-Charges for Municipal Utilities	基础设施配套费 Fees for Supp-orting Infrast-ructure	国有土地使用权出让收入 Income Generated from The Transfer of State-owned Land-use Right	市政公用设施有偿使用费 Fee for Use of Muni-cipal Utilities
开　县	32603			32463	1742	660	14860	14082	790
云阳县	31995	9579		22416	1800		10000	2000	968
奉节县	35049			35049	3083		14178	16300	1008
巫山县	34031	20172	2571	11288	716		3862	569	728
巫溪县	24139		1711	22428	1400		7494	12990	544
石柱土家族自治县	16857			16857	2399		5578	8000	880
秀山土家族苗族自治县	28246			28246	2224		7513	16885	812
酉阳土家族自治县	17904	1580	360	15964	3874		6718	4853	519
彭水苗族土家族自治县	20641			20641	3014		3793	7811	582
四　川	**2883095**	**181927**	**366272**	**2201126**	**117635**	**18698**	**184296**	**1126715**	**40533**
金堂县	47214			47214	5580	1663	8137	1380	2429
双流县	73609			73609			23943	45440	4226
郫　县	220314	1056	14	219244	12656	2364	46701	153115	4408
大邑县	80190			73523	5819	1040	8726	57503	435
蒲江县	10518			10518	2044	188	2755	5531	
新津县	404406			404406	4698	751	4282	214671	579
荣　县	17373			17373	605		715	15853	200
富顺县	8000			8000	1200	290	1650	4860	
米易县	20747			7747	708		1424	5386	229
盐边县	7470			7470	1368		363		
泸　县	90703	661	17762	72280	2148		9230		786
合江县	16031			16031	305	150	850	9311	977
叙永县	149295			149295	1457		575	146492	771
古蔺县	13882	4715	998	7995	865		270	799	288
中江县	14109		2318	11791	2336	3301	2584	3285	285
罗江县	14032			14032	332	360	625	1230	1049
三台县	20724	3142	5760	11822	3185		3817	3118	1700
盐亭县	6151	1245	876	3430	600	120	626	1902	182
安　县	2510			2410	1060	450	900		
梓潼县	7904	2269		5635	576	100	288		311
北川羌族自治县	3080			3080	711		900		
平武县	9293	6724		1291	12		120		150
旺苍县	15634		10422	5212	300		4910		
青川县	2583			2583	2429	19	25		110
剑阁县	5998	2536		3462	251	482	682	1400	647
苍溪县	29349	3995		23116	1682	158	512	20350	414
蓬溪县	6264	1700	354	4210	1230	85	214		350

continued 25

Measurement Unit: 10,000 RMB

			县城市政公用设施建设维护管理财政性资金支出 Expenditure of urban Construction, Maintenance and Management of Municipal Public Utilities Facilities Fund						
污水处理费 Waste-water Treatment Fee	垃圾处理费 Garbage Treatment Fee	其他财政资金 Others	合计 Completed of Expenditure	城乡社区规划与管理 Planning and Management of Urban and Rural Communities	市政公用行业市场监管 Market Supervision of Municipal Public Utilities Industry	市政公用设施建设维护与管理 Construction, Maintenance and Management of Municipal Public Utilities Facilities	风景名胜区规划与保护 Planning and Protection of National Parks	其他 Others	县名称 Name of Counties
386	380	140	32603	377		32226			开　县
500	468		31995	1000	1400	28895	500	200	云阳县
200	280		35008	597		34411			奉节县
298	430		34031	45		33986			巫山县
235	309		24082	43		23274	50	715	巫溪县
500	380		16857	546		12946		3365	石柱土家族自治县
500	312		27018	926		26092			秀山土家族苗族自治县
343	176		17904	1139		15621	1144		酉阳土家族自治县
352	230		19510			19510			彭水苗族土家族自治县
26873	**10738**	**133770**	**1981851**	**213657**	**95771**	**860051**	**48690**	**763682**	**四　川**
1619	810		47214	3299		38236		5679	金堂县
3934	292		377	377					双流县
4408			159213	1833		157380			郫　县
252	183	6667	80190	67383	337	7991	849	3630	大邑县
			16121	618	7782	267		7454	蒲江县
322	257		536153	584				535569	新津县
200			17373	695				16678	荣　县
			678	92		586			富顺县
229		13000	12605	600	320	11685			米易县
			5574	772		210		4592	盐边县
395	391		90703	5635	15	54303	30750		泸　县
977			15360	1960	1559	1007	10029	805	合江县
621	150		2665	734	430	1267	234		叙永县
288		174	13896	3449	1300	9020	127		古蔺县
			14109	620		13389		100	中江县
			18113	10	540	17563			罗江县
1200	500								三台县
62	120	600	6151	800	600	4300	200	251	盐亭县
		100	2310	430	160	1640	80		安　县
134	177		7904			1905		5999	梓潼县
			3080	350	650	1600		480	北川羌族自治县
40	70	1278	8901	270	297	670	934	6730	平武县
			15634		8756	6206		672	旺苍县
			2583	2454	129				青川县
167	380		1662	52	1125	134	51	300	剑阁县
334	80	2238	21694	1180	19464	1050			苍溪县
160	140		6264	4160	610	1105	380	9	蓬溪县

3-3 续表 26

计量单位：万元

县名称 Name of Counties	县城市政公用设施建设维护管理财政性资金收入 Revenue of urban Construction, Maintenance and Management of Municipal Public Utilities Facilities Fund								
	合计 Completed of Revenue	中央预算资金 Central Budgetary Fund	省级预算资金 Provincial Budgetary Fund	县级预算资金 County-Level Budgetary Fund					
				小计 Subtotal	城市维护建设税 Urban Mainten-ance and Cons-truction Tax	公用事业附加 Extra-Charges for Municipal Utilities	基础设施配套费 Fees for Supp-orting Infrast-ructure	国有土地使用权出让收入 Income Generated from The Transfer of State-owned Land-use Right	市政公用设施有偿使用费 Fee for Use of Muni-cipal Utilities
射洪县	43562	2300	1200	40062	2566	1354	3287	27860	4995
大英县	8612	500	4300	1312	390		662		260
威远县	15662			15662	299		1462	500	
资中县	6525			6525	1980		1250	2980	315
隆昌县	8169			8169	1650		1132	5387	
犍为县	6630			6630	300	210	550	5140	430
井研县	5500			5500	800	500	880	2500	
夹江县	6997			6997	3740		1258	797	1202
沐川县	3382			3382	100	200	500		
峨边彝族自治县	2629	1451		1178	1006				
马边彝族自治县	3474			3300	425		170		
南部县	31700	1000	600	30100	370	200	3800	23384	1173
营山县	39400	850	300	38250	260	180	3100	5900	1000
蓬安县	17300	700	300	16300	210	150	1550	7300	710
仪陇县	16800	800	300	15700	565	360	2650	10500	520
西充县	19400	1000	500	17900	245	170	710	9200	1074
仁寿县	37568			37568	3015	913	1812	30496	1332
洪雅县	27092			27092	2242		669	24181	
丹棱县	6319	4866	306	1147	695		452		
青神县	12264	282	127	11855	220	249	796	10590	
宜宾县	483000		293000	190000	2850		2966	33396	116
江安县	39455			34500	28	280	177	1	475
长宁县	929			909	50		593		265
高　县	5672	2470		3202	1175		1781	131	115
珙　县	5860			5860	2152		652		181
筠连县	17222			17222	2375		685	14042	120
兴文县	4552			4552	183	20	420	3750	179
屏山县	34376	20	301	21590	3881	77	155	753	228
岳池县	44172	8538		13548	1		3170	10377	
武胜县	57969	4513	980	3621			1463		708
邻水县	19905			19905	1981	197	2382	14248	1097
宣汉县	25706	500	284	24863	5991	110	2342	15438	491
开江县	11059	1228		9831	673	30	465		265
大竹县	17241	1078	284	15879	200		120		
渠　县	23550			23550	750		1456	21344	
荥经县	3497		1040	2457	691		78		72
汉源县	572			572	500		72		
石棉县	7200	1500	300	5400	750	110	25		40
天全县	2132	72		2060	702		79	183	145

continued 26

Measurement Unit: 10,000 RMB

			县城市政公用设施建设维护管理财政性资金支出 Expenditure of urban Construction, Maintenance and Management of Municipal Public Utilities Facilities Fund						县名称 Name of Counties
污水处理费 Waste-water Treat-ment Fee	垃圾处理费 Garbage Treat-ment Fee	其他财政资金 Others	合计 Comple-ted of Expend-iture	城乡社区规划与管理 Planning and Management of Urban and Rural Communities	市政公用行业市场监管 Market Sup-ervision of Municipal Public Utilities Industry	市政公用设施建设维护与管理 Construction, Maintenance and Management of Municipal Public Utilities Facilities	风景名胜区规划与保护 Planning and Protection of National Parks	其他 Others	
3600	670		43562	40365	319	1650	860	368	射洪县
	260	2500	9518	891	92	8500	35		大英县
			15662	60		2650		12952	威远县
	275		6195	1610	845	2460	200	1080	资中县
			8169	675	5112	2352	30		隆昌县
300	130		6630			6630			犍为县
			5600			4500	500	600	井研县
762	440		5800	536		5264			夹江县
			3382			3382			沐川县
			1414	47		701		666	峨边彝族自治县
		174	3329	2363		656		310	马边彝族自治县
560	613		44200	600	14850	28620	130		南部县
590	410		53340	1350	3500	48410	80		营山县
394	311		29000	440	6710	21750	100		蓬安县
279	241		21300	370	8220	12450	260		仪陇县
545	529		24400	380	7600	16340	80		西充县
800	532		37568	2002		35566			仁寿县
			27092	1330		2995		22767	洪雅县
			5172	819				4353	丹棱县
			11990	427		9703		1860	青神县
116			1504	225		1279			宜宾县
344	130	4955	7768	256	684	1873		4955	江安县
145	120	20	50			50			长宁县
115			17086	177	198	16701	10		高　县
181			5860	75		5785			珙　县
120			12815	1627		3728	641	6819	筠连县
152	27		2220			1810	410		兴文县
160	68	12465	13694	133	500	13061			屏山县
		22086	22086	225		21861			岳池县
330	378	48855	57969	513		3793		53663	武胜县
577	520		4772	960		3812			邻水县
253	238	59	25706	423		25283			宣汉县
240	25		12215	950	903	10362			开江县
			17241	120		15763		1358	大竹县
			23028	9486		13542			渠　县
72			3497	1588		1909			荥经县
			702			572	60	70	汉源县
	40		3840	1200	180	1000	260	1200	石棉县
	145								天全县

3–3 续表 27

计量单位：万元

县名称 Name of Counties	县城市政公用设施建设维护管理财政性资金收入 Revenue of urban Construction, Maintenance and Management of Municipal Public Utilities Facilities Fund								
	合计 Completed of Revenue	中央预算资金 Central Budgetary Fund	省级预算资金 Provincial Budgetary Fund	县级预算资金 County-Level Budgetary Fund					
				小计 Subtotal	城市维护建设税 Urban Maintenance and Construction Tax	公用事业附加 Extra-Charges for Municipal Utilities	基础设施配套费 Fees for Supporting Infrastructure	国有土地使用权出让收入 Income Generated from The Transfer of State-owned Land-use Right	市政公用设施有偿使用费 Fee for Use of Municipal Utilities
芦山县	53227	51920	439	868	6				
宝兴县	12150			12150	380			11770	
通江县	8849		1823	7026	895		2012	900	
南江县	1435			1435	1	165	726	543	
平昌县	35500			35500	450	260	2800	31990	
安岳县	26202			26202	1559		1607		978
乐至县	85954			85954	832	407	952	81562	220
汶川县	3380	1100		1780	195	98	60		45
理　县	482	434		48	20				
茂　县	1876			776	748				28
松潘县	8448	6804	80	1564	18		45	1036	65
九寨沟县	4760	1630	1000	2130	912		158	1059	
金川县	3487	3445	30	12	12				
小金县	3165	500		2665	10		20		
黑水县	9893	8806		1087	7	10	1050	15	5
阿坝县	3894	2840		554	34	75	216		
若尔盖县	4086	2970	820	296	20	5	100	171	
红原县	14271	11026	2567	678	290		45	324	19
泸定县	13550			13400	1070	680	494	3500	300
丹巴县	590			590	349		69	172	
九龙县	240			240	10		120		
雅江县	2166	600		283	20		8		11
道孚县	23634			13328	128				
炉霍县	3187	2111	180	96	3				
甘孜县	105			105	17	22	31	16	16
新龙县	4581	1500		3081	31		42	103	180
德格县	120			120	73				
白玉县	280			280	280				
石渠县	7800	5500	2100	200	10	12	71	65	
色达县	1580			1580	58	23	182	358	106
理塘县	8292	3110		1552	2		35		
巴塘县	261			261	131		130		
乡城县	180			180	140	17		11	
稻城县	42500	12900	12600	17000	580		213		320
得荣县	490	200	150	110	6		20	5	2
木里藏族自治县	194		90	104	5		30	20	
盐源县	6379			6379	1080		145	842	
德昌县	23314			23314	1036		200	16665	
会理县	14305		678	13627	1082		210	2836	

continued 27

Measurement Unit: 10,000 RMB

			县城市政公用设施建设维护管理财政性资金支出 Expenditure of urban Construction, Maintenance and Management of Municipal Public Utilities Facilities Fund						
污水处理费 Waste-water Treat-ment Fee	垃圾处理费 Garbage Treat-ment Fee	其他财政资金 Others	合计 Comple-ted of Expend-iture	城乡社区规划与管理 Planning and Management of Urban and Rural Communities	市政公用行业市场监管 Market Sup-ervision of Municipal Public Utilities Industry	市政公用设施建设维护与管理 Construction, Maintenance and Management of Municipal Public Utilities Facilities	风景名胜区规划与保护 Planning and Protection of National Parks	其他 Others	县名称 Name of Counties
			39815					39815	芦山县
			7943	197	86	6840	820		宝兴县
									通江县
			1269			1269			南江县
			35500	34000		1500			平昌县
496	482								安岳县
220			85696			85696			乐至县
	35	500	3172	250	275	2627		20	汶川县
			766	47	150	527	12	30	理　县
	28	1100	1528	120		1408			茂　县
	65		7433			7433			松潘县
			4736	2096	350	2290			九寨沟县
			1360			1360			金川县
			2100	1500		600			小金县
	5		850	200	150	350	150		黑水县
		500	3859			3859			阿坝县
			4086			4086			若尔盖县
	19		15341			15341			红原县
		150	7410	995	500	5915			泸定县
			277	118		159			丹巴县
			240			240			九龙县
	11	1283	186		28	158			雅江县
		10306	200	200					道孚县
		800	685	274		411			炉霍县
			94	60		34			甘孜县
	180		4581	230		4155		196	新龙县
			120			120			德格县
			280			280			白玉县
			108	75	11	22			石渠县
			256	78	56	122			色达县
		3630	8292			8292			理塘县
			200			40		160	巴塘县
			111			111			乡城县
180	140		318	30		210	78		稻城县
		30	186	20		136		30	得荣县
			134	6	8	60	60		木里藏族自治县
									盐源县
			13619			5199		8420	德昌县
			14305	190		2957		11158	会理县

3-3 续表 28

计量单位：万元

县名称 Name of Counties	县城市政公用设施建设维护管理财政性资金收入 Revenue of urban Construction, Maintenance and Management of Municipal Public Utilities Facilities Fund								
	合计 Completed of Revenue	中央预算资金 Central Budgetary Fund	省级预算资金 Provincial Budgetary Fund	县级预算资金 County-Level Budgetary Fund					
				小计 Subtotal	城市维护建设税 Urban Mainten-ance and Cons-truction Tax	公用事业附加 Extra-Charges for Municipal Utilities	基础设施配套费 Fees for Supp-orting Infrast-ructure	国有土地使用权出让收入 Income Generated from The Transfer of State-owned Land-use Right	市政公用设施有偿使用费 Fee for Use of Muni-cipal Utilities
会东县	1042			1042	964		15		63
宁南县	12706			12706	2541		161		83
普格县	774			774	296		21	457	
布拖县	85			85	65		20		
金阳县	417	72		345	331			14	
昭觉县	262			262	10		40		
喜德县	254			254	13		15		
冕宁县	2267	217		2050	230	22	460	272	58
越西县	2759		800	1959	367	44	18		
甘洛县	220			220	90	20	60	5	
美姑县	4265	2531	289	1445	40				
雷波县	2800			2500	20	7	100		
贵　州	**1582045**	**108440**	**51838**	**1405067**	**86745**	**19713**	**25885**	**693572**	**25381**
开阳县	24162			24162	3595	267	53	19890	357
息烽县	5500		600	4900	2000	20	30	240	360
修文县	12050		5200	6850	1400	1380	190	1400	330
水城县	206961			206961	179			24811	
盘　县	8000			8000	90		1369	5612	400
六枝特区	37398	5671	2105	29542	2010	1612	654	1103	420
遵义县	6344			6344	4984				1360
桐梓县	6244			6244	40	645			742
绥阳县	2170			2170	900				281
正安县	2607			2607	6		106		
道真仡佬族苗族自治县	1027			1027	92				200
务川仡佬族苗族自治县	1500			1500	65				305
凤冈县	2000			2000	204				
湄潭县	72840			72840	1735	287		70762	56
余庆县	2217			2217	1828				355
习水县	35200			35200	4100	401	582	27666	520
普定县	68900			68900	1578		714	66223	350
镇宁布依族苗族自治县	12293		2703	9590	1329		175	7909	177
关岭布依族苗族自治县	6882		476	6326	2420	950	736	90	410
紫云苗族布依族自治县	18514	14768	3167	579	201		263		115
江口县	53769	32053	5680	15951	3250	480	510	11253	373

continued 28

Measurement Unit: 10,000 RMB

			县城市政公用设施建设维护管理财政性资金支出 Expenditure of urban Construction, Maintenance and Management of Municipal Public Utilities Facilities Fund						
污水处理费 Waste-water Treat-ment Fee	垃圾处理费 Garbage Treat-ment Fee	其他财政资金 Others	合计 Comple-ted of Expend-iture	城乡社区规划与管理 Planning and Management of Urban and Rural Communities	市政公用行业市场监管 Market Sup-ervision of Municipal Public Utilities Industry	市政公用设施建设维护与管理 Construction, Maintenance and Management of Municipal Public Utilities Facilities	风景名胜区规划与保护 Planning and Protection of National Parks	其他 Others	县名称 Name of Counties
	63		1638	57		1581			会东县
			4235			4235			宁南县
			2750	1622				1128	普格县
									布拖县
			417	60		357			金阳县
			262	25		237			昭觉县
			181			181			喜德县
	58		2030	600	320	580	280	250	冕宁县
									越西县
									甘洛县
			1129	27		596		506	美姑县
		300	250		50	200			雷波县
11888	**7545**	**16700**	**762477**	**59758**	**63941**	**517790**	**42253**	**78735**	**贵　州**
292	65		1615	38		1577			开阳县
160	200		1210	350	10	250	600		息烽县
300			9180	8650		180	150	200	修文县
			7573	7573					水城县
400			9612	6017	89	420		3086	盘　县
235	185	80	1395	210	230	940		15	六枝特区
720	640		6344			6344			遵义县
415	327		6244	300	50	5894			桐梓县
160	121		2048		26	1996		26	绥阳县
			2607			2607			正安县
100	100		1027	130	120	777			道真仡佬族苗族自治县
140	165		1560					1560	务川仡佬族苗族自治县
			2000			2000			凤冈县
	56		2390			2390			湄潭县
260	95		2217		77	608		1532	余庆县
400	120		24930	130	20	3500	300	20980	习水县
	183		10900	100		10500		300	普定县
138	39		4529	5		3115		1409	镇宁布依族苗族自治县
30	120	80	46342	1590	930	42352	750	720	关岭布依族苗族自治县
100	15		455	125		330			紫云苗族布依族自治县
205	168	85	3461	285	150	2056	520	450	江口县

3–3 续表 29

计量单位：万元

县名称 Name of Counties	县城市政公用设施建设维护管理财政性资金收入 Revenue of urban Construction, Maintenance and Management of Municipal Public Utilities Facilities Fund								
	合计 Completed of Revenue	中央预算资金 Central Budgetary Fund	省级预算资金 Provincial Budgetary Fund	县级预算资金 County-Level Budgetary Fund					
				小计 Subtotal	城市维护建设税 Urban Maintenance and Construction Tax	公用事业附加 Extra-Charges for Municipal Utilities	基础设施配套费 Fees for Supporting Infrastructure	国有土地使用权出让收入 Income Generated from The Transfer of State-owned Land-use Right	市政公用设施有偿使用费 Fee for Use of Municipal Utilities
玉屏侗族自治县	1200			1200	800				200
石阡县	4966		714	4252	947		68		464
思南县	7038	400	2108	4510	1332	420	1560	1000	45
印江土家族苗族自治县	54343	3000	1200	50143	4000	1200	1000	20000	343
德江县	5798			5798	612			5162	24
沿河土家族自治县	2120			2022	1200		503		200
兴仁县	61690	100	1035	60555	2566		1450	50380	160
普安县	25900			24657	1765	2688	326	16200	500
晴隆县	8363			8233	501	210	230	6700	150
贞丰县	50			50	10		20		20
望谟县	4800	3800		1000	50	15	25	600	120
册亨县	4617	1760	2357	500	394		106		
安龙县	13600		100	13500	6		120	11025	716
大方县	94598	930		93668	1010			50248	420
黔西县	107891	5000	1000	101891	2766		3000	95325	800
金沙县	4391			4391	143	20	50		853
织金县	18120			18120	8482	1870	2165		1710
纳雍县	255072		150	254922	6601	1280	920	75631	4308
威宁彝族回族苗族自治县	8970		550	8420	1311	551	2270		971
赫章县	5765			5765	1398	50	500		370
黄平县	18415		3824	939	538	159	25		168
施秉县	1068			1068	26	80	562	150	125
三穗县	3200			3200	1380	320		820	
镇远县	23726			23726	1154	127	322	22123	
岑巩县	3200			3200	65	32	15		162
天柱县	16620		320	16300	90	32	230	7200	250
锦屏县	4226			4226	928		56	2624	338
剑河县	13650	800	200	12530	50	80	625	4740	382
台江县	1572			1572	10				32
黎平县	7780	700	850	6230	2230	800	500	600	650
榕江县	15942	7903	5939	2100	617	240	480	587	176
从江县	9677			9677	613	100	105	8467	392
雷山县	1915	410		1505	4				80
麻江县	31060	3275	230	27555	3656	160	235	22910	365
丹寨县	1460	350		1110	200	23	655		232
荔波县	62880	5880	2000	55000	838	875	450	16950	283
贵定县	38600	20000	5000	12600	1755	1690	260	850	600

continued 29

Measurement Unit: 10,000 RMB

污水处理费 Waste-water Treatment Fee	垃圾处理费 Garbage Treatment Fee	其他财政资金 Others	县城市政公用设施建设维护管理财政性资金支出 Expenditure of urban Construction, Maintenance and Management of Municipal Public Utilities Facilities Fund						县名称 Name of Counties
			合计 Completed of Expenditure	城乡社区规划与管理 Planning and Management of Urban and Rural Communities	市政公用行业市场监管 Market Supervision of Municipal Public Utilities Industry	市政公用设施建设维护与管理 Construction, Maintenance and Management of Municipal Public Utilities Facilities	风景名胜区规划与保护 Planning and Protection of National Parks	其他 Others	
200			1050	40	10	1000			玉屏侗族自治县
300	164		4982			4966	16		石阡县
20	25	20	900	300		600			思南县
80	153		20700	5000	1200	14000	500		印江土家族苗族自治县
24			569	13	24	532			德江县
47	153	98	1250	35	75	1140			沿河土家族自治县
160			4158	50		4108			兴仁县
40	50	1243	23250	8750	13200	1300			普安县
80	70	130	445	125	30	210	50	30	晴隆县
	17		18			18			贞丰县
70	50		11200	50	100	11050			望谟县
									册亨县
290	405		1186			1156	30		安龙县
230	96		62295	3720	38947	6323	5232	8073	大方县
500	300		121800	300	200	102318		18982	黔西县
300	538		2680			2450		230	金沙县
1403	307		8959	1710	100	7004	45	100	织金县
534	63		168802	860	660	158741	8541		纳雍县
281	605		7173	64		6028	1081		威宁彝族回族苗族自治县
250	120		6502	2032	44	4334		92	赫章县
120		13652							黄平县
120	5								施秉县
			3200	360	680	2160			三穗县
			11709	1000		87	82	10540	镇远县
80	82		2850	300	150	2200		200	岑巩县
140	100		16620	1050	280	12290		3000	天柱县
232	106		2096	1048	258	790			锦屏县
100	100	120	12690	1200	1500	3850	4620	1520	剑河县
20			1568	172	1070	326			台江县
550	100		7132	800	552	4500	1230	50	黎平县
146	30		4749					4749	榕江县
222	107		2193	170		1652		371	从江县
	80		1915			1915			雷山县
116	48		6126	675	350	4751	350		麻江县
192	40		2500			2500			丹寨县
185	98		46110	1685	980	26855	16070	520	荔波县
201	381	1000	42802	1956	900	38400	1546		贵定县

3-3 续表 30

计量单位：万元

县名称 Name of Counties	县城市政公用设施建设维护管理财政性资金收入 Revenue of urban Construction, Maintenance and Management of Municipal Public Utilities Facilities Fund								
	合计 Completed of Revenue	中央预算资金 Central Budgetary Fund	省级预算资金 Provincial Budgetary Fund	县级预算资金 County-Level Budgetary Fund					
				小计 Subtotal	城市维护建设税 Urban Mainten-ance and Cons-truction Tax	公用事业附加 Extra-Charges for Municipal Utilities	基础设施配套费 Fees for Supp-orting Infrast-ructure	国有土地使用权出让收入 Income Generated from The Transfer of State-owned Land-use Right	市政公用设施有偿使用费 Fee for Use of Muni-cipal Utilities
瓮安县	14700	500	4000	10200	3000		300	6700	200
独山县	25041	1140		23901	1317		182	22102	300
平塘县	7874			7874	245	100	10	7519	
罗甸县	1255		250	1005	5		736		264
长顺县	1074		80	802	23		442		307
龙里县	662			662	89	189			384
惠水县	190			190					190
三都水族自治县	388			388	12	360			16
云　南	**702646**	**104495**	**54044**	**515457**	**76327**	**12521**	**67308**	**185936**	**34465**
晋宁县	2437			2292	380				918
富民县	16865	1630	636	14599	1025		1139	11435	
宜良县	489			489	2				
石林彝族自治县	2372			2372	70		50		
禄劝彝族苗族自治县	16032		400	15632	2132		42	13354	104
寻甸回族彝族自治县	637			637	637				
阳宗海风景名胜区	25051			25051	1959		1872	21220	
倘甸产业园区和轿子山旅游开发区	10854			10854	241			9284	
嵩明县	1730			1730	1510	110	110		
马龙县	9233	1452		4922	530	200	86	3896	210
陆良县	11317			5089	2984		135	1600	305
师宗县	8700	4900	2000	1800	800		100		600
罗平县	5220			5220	4587		243	190	200
富源县	9848	4720	1823	3305	2	3	133	2367	800
会泽县	3285			3285	1993	910			382
沾益县	5573		20	5553	2000		336		892
江川县	8788	3142	451	5195	4923				272
澄江县	9520	1700	550	6875	392	50		100	557
通海县	8056	600		5325	1161	1160		1299	1705
华宁县	1721	664		863	400				269
易门县	10905	3005	1010	6890	419				415
峨山县	3555			3555	859				297
新平县	9488	1726	326	7436	1100				293
元江县	10255			10255	594			8954	387
施甸县	17560	5556	2959	9045	110		68	846	277
龙陵县	2730	1010		1720	120		900		700
昌宁县	25278			25278	1429		61	23626	162

continued 30

Measurement Unit: 10,000 RMB

		其他财政资金 Others	县城市政公用设施建设维护管理财政性资金支出 Expenditure of urban Construction, Maintenance and Management of Municipal Public Utilities Facilities Fund						县名称 Name of Counties
污水处理费 Waste-water Treat-ment Fee	垃圾处理费 Garbage Treat-ment Fee		合计 Comple-ted of Expend-iture	城乡社区规划与管理 Planning and Management of Urban and Rural Communities	市政公用行业市场监管 Market Sup-ervision of Municipal Public Utilities Industry	市政公用设施建设维护与管理 Construction, Maintenance and Management of Municipal Public Utilities Facilities	风景名胜区规划与保护 Planning and Protection of National Parks	其他 Others	
	150		730			230	500		瓮安县
300			1079	400	469	170	40		独山县
			460		460				平塘县
117	147								罗甸县
30	85	192							长顺县
145	163								龙里县
									惠水县
8	8		390	390					三都水族自治县
20954	**10307**	**28650**	**456807**	**29521**	**38095**	**292478**	**10894**	**85819**	**云　南**
226	692	145	2104			2104			晋宁县
			1473	40		742		691	富民县
			638	363		275			宜良县
			2372	785		1587			石林彝族自治县
104			4354	86		4268			禄劝彝族苗族自治县
			637	320		317			寻甸回族彝族自治县
			134	134					阳宗海风景名胜区
			9423		342	3386	5532	163	倘甸产业园区和轿子山旅游开发区
			1730			1660	70		嵩明县
130	80	2859	9223			9223			马龙县
60	245	6228	11182	23	10434		725		陆良县
300	100								师宗县
200			4977	630		4347			罗平县
800			9848	20	108	3600		6120	富源县
257	125		17203	1993	910	14300			会泽县
549	343		5573	930		4643			沾益县
272			555	555					江川县
264	293	395	9520	320	650	7896		654	澄江县
307	160	2131	7388	1120	1662	1782	424	2400	通海县
269		194	2129	50		2079			华宁县
318	97		10905	150		10755			易门县
255	42		4460	3300		1160			峨山县
293			9488	1550		7938			新平县
320	67		3586	100		3022		464	元江县
217	60		12453	9	799	3443		8202	施甸县
145	555		2610			700		1910	龙陵县
108	54		1302	186		788	328		昌宁县

3-3 续表 31

计量单位：万元

县名称 Name of Counties	县城市政公用设施建设维护管理财政性资金收入 Revenue of urban Construction, Maintenance and Management of Municipal Public Utilities Facilities Fund								
	合计 Completed of Revenue	中央预算资金 Central Budgetary Fund	省级预算资金 Provincial Budgetary Fund	县级预算资金 County-Level Budgetary Fund					
				小计 Subtotal	城市维护建设税 Urban Mainten-ance and Cons-truction Tax	公用事业附加 Extra-Charges for Municipal Utilities	基础设施配套费 Fees for Supp-orting Infrast-ructure	国有土地使用权出让收入 Income Generated from The Transfer of State-owned Land-use Right	市政公用设施有偿使用费 Fee for Use of Muni-cipal Utilities
鲁甸县	1685			1685	329				310
巧家县	1629			1629	1120	249			210
盐津县	4024	2790		1234	210	264	423		55
大关县	1688	750		938	417	302		54	165
永善县	10337	3922		5604	12	5		50	248
绥江县	753			753	485		128		140
镇雄县	17796	500	9360	7936	178	6766		292	700
彝良县	383			383	10				373
威信县	3827	360		3467	23			60	240
水富县	3582			3582	3372				210
玉龙纳西族自治县	6442		485	5957	3180				
永胜县	5800			5800	82	60	150	100	100
华坪县	2481			2481	300		118		348
宁蒗县	3700		600	3000	100	10	40	100	140
宁洱哈尼族彝族自治县	7107		50	7057	600				402
墨江哈尼族自治县	2745	1200	880	665	200			185	280
景东彝族自治县	9059	2706	164	6189	760		5208	89	132
景谷傣族彝族自治县	1118			927	250				677
拉祜族自治县									
镇沅彝族哈尼族	2073			2073	400		1500		173
江城哈尼族彝族自治县	4475		300	4175	200	15		3275	80
孟连傣族拉祜族佤族自治县	1135		55	1080	367		294	72	347
澜沧拉祜族自治县	731		100	631	235				396
西盟佤族自治县	5145		621	2524	30			414	118
凤庆县	22809	8348	4683	9778	2252		829		100
云　县	914			914	506		82		326
永德县	5338		320	2857	650		83	2076	48
镇康县	7697			7697	667		92		203
双江拉祜族佤族布朗族傣族自治县	6980			6980	5		57		2890
耿马傣族佤族自治县	3610	110		3500	380	200	2298		622
沧源佤族自治县	3653	1925		1728	420		22	1246	40
双柏县	2549	308	1236	1005	379	25			600
牟定县	492		25	467	15		300		

continued 31

Measurement Unit: 10,000 RMB

			县城市政公用设施建设维护管理财政性资金支出 Expenditure of urban Construction, Maintenance and Management of Municipal Public Utilities Facilities Fund						
污水处理费 Waste-water Treat-ment Fee	垃圾处理费 Garbage Treat-ment Fee	其他财政资金 Others	合计 Comple-ted of Expend-iture	城乡社区规划与管理 Planning and Management of Urban and Rural Communities	市政公用行业市场监管 Market Sup-ervision of Municipal Public Utilities Industry	市政公用设施建设维护与管理 Construction, Maintenance and Management of Municipal Public Utilities Facilities	风景名胜区规划与保护 Planning and Protection of National Parks	其他 Others	县名称 Name of Counties
310			1679			1679			鲁甸县
210			949			929		20	巧家县
55			3627	120		129		3378	盐津县
110	55		762	556		206			大关县
191	57	811	10337			10337			永善县
140			2980	614		2366			绥江县
700			17626		17626				镇雄县
350	23		632	162		470			彝良县
240									威信县
210			3048			3048			水富县
			6442	302	125	6015			玉龙纳西族自治县
78	18		3588	150	88	2850		500	永胜县
247	101		4162	143		568		3451	华坪县
40	100	100	3080	90	100	2500	390		宁蒗县
288	114		7057	210		6847			宁洱哈尼族彝族自治县
160	120								墨江哈尼族自治县
92	40		7193	189		1888		5116	景东彝族自治县
391	286	191	1118	85		927		106	景谷傣族彝族自治县
									拉祜族自治县
105	68		12410	550	80	480	300	11000	镇沅彝族哈尼族
60	20		390	50	280	60			江城哈尼族彝族自治县
150	197		927	192		444	291		孟连傣族拉祜族佤族自治县
273	123		529	100		129		300	澜沧拉祜族自治县
80	38	2000	1645	165		30		1450	西盟佤族自治县
100			19045			18367		678	凤庆县
321	5		1099	453		646			云　县
30	18	2161	5338	14		3102	2	2220	永德县
159	44		620	46		574			镇康县
2610	278		6782	45		6737			双江拉祜族佤族布朗族傣族自治县
471	151		3500	360	60	580	1500	1000	耿马傣族佤族自治县
40			3522			3488		34	沧源佤族自治县
400	200		1318	619	50	540		109	双柏县
			492	192		300			牟定县

3–3 续表 32

计量单位：万元

县名称 Name of Counties	县城市政公用设施建设维护管理财政性资金收入 Revenue of urban Construction, Maintenance and Management of Municipal Public Utilities Facilities Fund								
	合计 Completed of Revenue	中央预算资金 Central Budgetary Fund	省级预算资金 Provincial Budgetary Fund	县级预算资金 County-Level Budgetary Fund					
				小计 Subtotal	城市维护建设税 Urban Maintenance and Construction Tax	公用事业附加 Extra-Charges for Municipal Utilities	基础设施配套费 Fees for Supporting Infrastructure	国有土地使用权出让收入 Income Generated from The Transfer of State-owned Land-use Right	市政公用设施有偿使用费 Fee for Use of Municipal Utilities
南华县	5107			5107	95		4700		248
姚安县	10393			10393	338		5540	4326	189
大姚县	21792	950		20842	663		16590	2432	633
永仁县	4960			4960	360			4365	235
元谋县	9992		483	9472	493	17		8471	491
武定县	2555		730	1825	430	90	5	480	610
禄丰县	7758			7758	1889	1643	1942	1989	295
屏边苗族自治县	2444	995		1449	152		233		82
建水县	4590			4590	150		2700	850	890
石屏县	11593	5600	4508	1485	852		200		433
泸西县	3466	1800	150	1501	173		586		631
元阳县	2610	1500		1110	125		160		62
红河县	6838	4406	930	1502	320	6	962		214
金平苗族瑶族傣族自治县	1832			1832	297		51		1235
绿春县	2582	820	295	1467	250		910	29	278
河口县	14397	1000	50	13347	612		943	11570	222
砚山县	2904			2904	2345		263	296	
西畴县	4307		128	3216	299		734	1207	13
麻栗坡县	5406	2452	260	2694	750		60	1592	292
马关县	3429		600	2615	111		107	280	744
丘北县	583			583	203		120		
广南县	3800		300	3500	180	280	250	232	550
富宁县	13552			13552	1357		32	4526	540
勐海县	8397	30	50	8317	2716		163	5204	234
勐腊县	8236		80	8156	1037		75	6600	444
漾濞彝族自治县	1575	200		1375	305	60	300		116
祥云县	9188		370	8818	1677		292	6390	459
宾川县	15626	4311	3661	7654	600	14	472		247
弥渡县	14623		10	14613	463		150	11765	292
南涧彝族自治县	8871	5414	775	2682	300		150		292
巍山彝族回族自治县	1262			1262	909		168		185
永平县	845			845	42		655		148
云龙县	1066			1066	850		80		136
洱源县	2470		10	2460	5		310		139
剑川县	3821			3821	460		2902		459
鹤庆县	13752	9144	749	3859	656		12	414	198
梁河县	3617	446	970	2201	254		174	42	19

continued 32

Measurement Unit: 10,000 RMB

污水处理费 Waste-water Treat-ment Fee	垃圾处理费 Garbage Treat-ment Fee	其他财政资金 Others	县城市政公用设施建设维护管理财政性资金支出 Expenditure of urban Construction, Maintenance and Management of Municipal Public Utilities Facilities Fund						县名称 Name of Counties
			合计 Comple-ted of Expend-iture	城乡社区规划与管理 Planning and Management of Urban and Rural Communities	市政公用行业市场监管 Market Sup-ervision of Municipal Public Utilities Industry	市政公用设施建设维护与管理 Construction, Maintenance and Management of Municipal Public Utilities Facilities	风景名胜区规划与保护 Planning and Protection of National Parks	其他 Others	
148	100		5117	81				5036	南华县
108	61		509	258	7	244			姚安县
307	59		18589	250		18298	10	31	大姚县
119	116		1085	231		514		340	永仁县
353	138	37	3374	79	1346	201	890	858	元谋县
160	50		1462	50	5	185	22	1200	武定县
237			7758	145	207	7406			禄丰县
50	20		1260			1260			屏边苗族自治县
537	353		4926	65		4669	192		建水县
263	170		1773	29	131	1613			石屏县
405	226	15	739	438		301			泸西县
56	6		1910	350		1560			元阳县
130	84								红河县
159	90		1832			1583		249	金平苗族瑶族傣族自治县
84	194		2255			2255			绿春县
67	155		10869	1768	156	4876		4069	河口县
			2902	62		2840			砚山县
	13	963	3344	20		1110		2214	西畴县
132	160		2600	220		240		2140	麻栗坡县
	744	214	3405	620		1678		1107	马关县
			463			407		56	丘北县
360	180		3288	950	550	1520	68	200	广南县
261	279		294	30		264			富宁县
109	125		5379	4589		790			勐海县
293	151		2437			2437			勐腊县
96	20		634	100		200	50	284	漾濞彝族自治县
329	130		2907	20	1550	1337			祥云县
112	135		14887	30	47	14810			宾川县
196	96		4825	311		4514			弥渡县
150	142		5577			5577			南涧彝族自治县
104	81								巍山彝族回族自治县
135	13		668			668			永平县
80	56		10			10			云龙县
39	100		2016	21		1995			洱源县
214	245								剑川县
101	97		9849	200		8549	100	1000	鹤庆县
19			3677	82		1839		1756	梁河县

3-3 续表 33

计量单位：万元

县名称 Name of Counties	县城市政公用设施建设维护管理财政性资金收入 Revenue of urban Construction, Maintenance and Management of Municipal Public Utilities Facilities Fund			县级预算资金 County-Level Budgetary Fund					
	合计 Completed of Revenue	中央预算资金 Central Budgetary Fund	省级预算资金 Provincial Budgetary Fund	小计 Subtotal	城市维护建设税 Urban Mainten-ance and Cons-truction Tax	公用事业附加 Extra-Charges for Municipal Utilities	基础设施配套费 Fees for Supp-orting Infrast-ructure	国有土地使用权出让收入 Income Generated from The Transfer of State-owned Land-use Right	市政公用设施有偿使用费 Fee for Use of Muni-cipal Utilities
盈江县	25660	9237	3240	13183	1292		6755	4539	597
陇川县	12407		370	1831	671			875	285
泸水县	14574	1482		13092	602		119	1100	354
福贡县	280			280	100				180
贡山独龙族怒族自治县	8424	1200	1000	6224	125	32	24		6
兰坪白族普米族自治县	1040			1040	1		520		120
德钦县	10441	484	5271	4686	225			178	75
维西傈僳族自治县	325			325	100	50			175
西　藏	**366795**	**274068**	**44368**	**47906**	**24346**	**746**	**6916**	**2281**	**260**
林周县	365			355	50		300		5
当雄县	330			330	330				
尼木县	65			65	4	1			
曲水县	150			150	120	30			
达孜县	2433			2433	1853			580	
墨竹工卡县	100			100	7				
江达县	15955	13000	2900	55	50	2			
贡觉县	25060	18562	6300	198	50	2		100	
类乌齐县	23908	18359	5249	200	50		50		
丁青县	24929	19361	4356	1162	110	12			
察雅县	17098	13452	3336	310	50	10	100		
八宿县	22147	18336	3256	555	120	10			
左贡县	21945	17556	3539	850	750	100			
芒康县	26637	20007	5228	1402	120	15			
洛隆县	21189	18123	2358	708	698	10			
边坝县	22192	19453	2429	310	150	10			
乃东县	450	300		150	150	35		115	
贡嘎县	26			26	1		25		
桑日县	1623			1623			1523	2	8
琼结县	450	300		150	150	35		115	
曲松县	160			160	2		28		
洛扎县	40			20					
加查县									
隆子县									
错那县	112	97			97	18		64	
浪卡子县	21			21	1		20		
南木林县	173			173	170	2	1		
江孜县	3793	3326		467	177	2	1		

continued 33

Measurement Unit: 10,000 RMB

			县城市政公用设施建设维护管理财政性资金支出 Expenditure of urban Construction, Maintenance and Management of Municipal Public Utilities Facilities Fund						
污水处理费 Waste-water Treat-ment Fee	垃圾处理费 Garbage Treat-ment Fee	其他财政资金 Others	合计 Comple-ted of Expend-iture	城乡社区规划与管理 Planning and Management of Urban and Rural Communities	市政公用行业市场监管 Market Sup-ervision of Municipal Public Utilities Industry	市政公用设施建设维护与管理 Construction, Maintenance and Management of Municipal Public Utilities Facilities	风景名胜区规划与保护 Planning and Protection of National Parks	其他 Others	县名称 Name of Counties
385	212		22235			8692		13543	盈江县
150	135	10206	12187	30	67	10487		1603	陇川县
120	234		680	30		650			泸水县
100	80		100			100			福贡县
			710	250		460			贡山独龙族怒族自治县
120			520	40		480			兰坪白族普米族自治县
41	33		10441	101	715	9458		167	德钦县
120	55		150			150			维西傈僳族自治县
15	**144**	**453**	**37238**	**4705**	**1468**	**27537**	**1857**	**1671**	**西　藏**
	5	10	365	50	68	239	8		林周县
			469	10	10	439	10		当雄县
			60		8	52			尼木县
			170	37	80	13	20	20	曲水县
			72	72					达孜县
			66			66			墨竹工卡县
			46	30	16				江达县
			458	200	120	24	100	14	贡觉县
		100	850	200	100	150	200	200	类乌齐县
		50	730	250	200	80	200		丁青县
			750	200	100	100	200	150	察雅县
			590	200	120	150	120		八宿县
			215	150	65				左贡县
			750	200	100	150	300		芒康县
			850	200	100	150	200	200	洛隆县
			960	200	150	150	260	200	边坝县
			150	50		100			乃东县
			25			25			贡嘎县
	6		130			130			桑日县
			150	50		100			琼结县
			130			130			曲松县
		20	20			20			洛扎县
			100			100			加查县
			147			147			隆子县
15		15							错那县
									浪卡子县
									南木林县
			3790	56		3584		150	江孜县

3-3 续表 34

计量单位：万元

县名称 Name of Counties	县城市政公用设施建设维护管理财政性资金收入 Revenue of urban Construction, Maintenance and Management of Municipal Public Utilities Facilities Fund 合计 Completed of Revenue	中央预算资金 Central Budgetary Fund	省级预算资金 Provincial Budgetary Fund	县级预算资金 County-Level Budgetary Fund 小计 Subtotal	城市维护建设税 Urban Mainten-ance and Cons-truction Tax	公用事业附加 Extra-Charges for Municipal Utilities	基础设施配套费 Fees for Supp-orting Infrast-ructure	国有土地使用权出让收入 Income Generated from The Transfer of State-owned Land-use Right	市政公用设施有偿使用费 Fee for Use of Muni-cipal Utilities
定日县	12			12	2		10		
萨迦县	163			163	160	2	1		
拉孜县	86			86	2		84		
昂仁县	1204			1204	66				
白朗县	17407			17407	17146	46	1		
仁布县	16		12	4	1	1			2
康马县	68			68	53			15	
定结县	829	420	385	24	10	9	1		
亚东县	13000	12000		1000	147	231	307	179	89
吉隆县	10			10	1	1		6	
聂拉木县	1215			1079	74		1000	5	
萨嘎县	75			75	13	31	31		
岗巴县	156			156	103	47	6		
嘉黎县	38			38	38				
聂荣县	3			3	3				
索　县	50			50	10				
尼玛县	30			30	15	8	1		
普兰县	623		621	2	1				
札达县	6694	3357		3337	59		2239		
噶尔县	4027		2547	1480	331		1149		
日土县	27917	26514		1403	56				23
革吉县	244			122	100	2	20		
改则县	299			299	299				
措勤县	54			54		38	16		
工布江达县	40446	34207		6239	176				
米林县	15005	13062	1852	91	1				90
墨脱县	88			88	1				17
波密县	1303			1303	203			1100	
察隅县	71			71	6	36	2		
朗　县	4311	4276		35	9				26
陕　西	**1572264**	**191948**	**121288**	**1192825**	**121876**	**35176**	**68803**	**167537**	**54631**
蓝田县	11074			11074	1154	100	514	9083	223
周至县	25878			16875	654	100	350	5088	420
户　县	30019	6680		11468	4256	20	6800		392
宜君县	7727			4000	300	20	1000		10
凤翔县	12496		706	11660	5070	6	956	1613	11
岐山县	20280		600	18080	625	30	160		175
扶风县	8209	3530	785	3894	975	108	257	2444	60
眉　县	35805	2020	2505	31280	1642	550	380	520	604

continued 34

Measurement Unit: 10,000 RMB

			县城市政公用设施建设维护管理财政性资金支出 Expenditure of urban Construction, Maintenance and Management of Municipal Public Utilities Facilities Fund						
污水处理费 Waste-water Treat-ment Fee	垃圾处理费 Garbage Treat-ment Fee	其他财政资金 Others	合计 Comple-ted of Expend-iture	城乡社区规划与管理 Planning and Management of Urban and Rural Communities	市政公用行业市场监管 Market Sup-ervision of Municipal Public Utilities Industry	市政公用设施建设维护与管理 Construction, Maintenance and Management of Municipal Public Utilities Facilities	风景名胜区规划与保护 Planning and Protection of National Parks	其他 Others	县名称 Name of Counties
			12	3	3	6			定日县
									萨迦县
									拉孜县
			33		3		30		昂仁县
			7147	102	77	6920	48		白朗县
			7	2		2	3		仁布县
									康马县
			384	380		4			定结县
									亚东县
			13		2	8		3	吉隆县
		136	1215			1215			聂拉木县
									萨嘎县
			271	192	11	20	48		岗巴县
			38			38			嘉黎县
			25			25			聂荣县
									索　县
			30			30			尼玛县
			1	1					普兰县
			1651		12	1039		600	札达县
			9830	210		9510	110		噶尔县
			188	188					日土县
		122							革吉县
									改则县
			80	3		77			措勤县
			398		123	141		134	工布江达县
	90		3691	1463		2228			米林县
	17		34			34			墨脱县
			141			141			波密县
			6	6					察隅县
	26								朗　县
20283	**10052**	**66203**	**2360842**	**114556**	**102949**	**1845256**	**22876**	**275205**	**陕　西**
108			26910	3251		16928	200	6531	蓝田县
217	105	9003	25878	336	505	22295		2742	周至县
277	115	11871	30019	190	980	18751		10098	户　县
10		3727	7727	100	60	6617	450	500	宜君县
11		130	13444	103	450	6138	800	5953	凤翔县
130	17	1600	42090	610	2100	2270	600	36510	岐山县
10	40		13509	37	199	7915		5358	扶风县
390			56178	205	3260	48405		4308	眉　县

3-3 续表 35

计量单位：万元

县名称 Name of Counties	县城市政公用设施建设维护管理财政性资金收入 Revenue of urban Construction, Maintenance and Management of Municipal Public Utilities Facilities Fund			县级预算资金 County-Level Budgetary Fund					
	合计 Completed of Revenue	中央预算资金 Central Budgetary Fund	省级预算资金 Provincial Budgetary Fund	小计 Subtotal	城市维护建设税 Urban Maintenance and Construction Tax	公用事业附加 Extra-Charges for Municipal Utilities	基础设施配套费 Fees for Supporting Infrastructure	国有土地使用权出让收入 Income Generated from The Transfer of State-owned Land-use Right	市政公用设施有偿使用费 Fee for Use of Municipal Utilities
陇　县	6930	2630	1300	3000	60	6	65	50	1300
千阳县	2168	1350	210	608	105	28	98		140
麟游县	3825	980	150	2695	68	2	44		63
凤　县	6500			6500	690	630	96		55
太白县	4984	300	1684	3000	223	5	70	1040	90
三原县	47938	5478	100	42360	1320	1600	8009	600	1727
泾阳县	20306			20306	1978	650	4890	3238	342
乾　县	14790	800	30	13960	4810	2750	621	3830	385
礼泉县	5080	400		4680	320	28	187		535
永寿县	9291		670	8621	330	240	160		31
彬　县	32603			32603	1256	70	3320	600	320
长武县	9070	2440	290	6340	80	60	5700		60
旬邑县	11772			11772	616	38	280		65
淳化县	9081	1548	971	6562	930	852	620		230
武功县	9016	1368	10	7638	349	25	600	2995	100
潼关县	891			891	480	31	120		260
大荔县	8642		200	8442	4230	110	390	3485	227
合阳县	12977	1500	930	10277	2890	95	380	92	967
澄城县	40347	14959	2933	22455	280	50	200		260
蒲城县	13396	1218	300	11878	5358	120	130		18
白水县	24740	15810		8930	17	140	703	6824	246
富平县	15580	580		15000	115	115	300		150
延长县	13741	3013	920	5208	878	4	1		15
延川县	4222			4220	220	92	150		350
子长县	6285			6285	1831	100	38		199
安塞县	24649		6838	17811	7550	680	230		5476
志丹县	40906			40906	998	35	10		332
吴起县	21325			19203	1220	185	310		1693
甘泉县	694			694	100	1	3		57
富　县	3591		2100	201	43	102	3		20
洛川县	5214	3107		2107	118	39	655		668
宜川县	21350			21350	329	20	48		81
黄龙县	11080	1890	450	8740	255	1	775		23
黄陵县	5832	230		5602	215	3	8		35
南郑县	60159	8898	2631	48630	45	50	500	1800	110
城固县	2056			1990	373	1055	118		215
洋　县	6925	800	100	6025	996	50	500	600	627
西乡县	1822			1822	80	60	702		880
勉　县	6720	800	600	5320	510	160	530	2102	1270

continued 35

Measurement Unit: 10,000 RMB

			县城市政公用设施建设维护管理财政性资金支出 Expenditure of urban Construction, Maintenance and Management of Municipal Public Utilities Facilities Fund						
污水处理费 Wastewater Treatment Fee	垃圾处理费 Garbage Treatment Fee	其他财政资金 Others	合计 Completed of Expenditure	城乡社区规划与管理 Planning and Management of Urban and Rural Communities	市政公用行业市场监管 Market Supervision of Municipal Public Utilities Industry	市政公用设施建设维护与管理 Construction, Maintenance and Management of Municipal Public Utilities Facilities	风景名胜区规划与保护 Planning and Protection of National Parks	其他 Others	县名称 Name of Counties
600	700		36248	200	1000	28500	128	6420	陇　县
70	51		8500	350	650	7500			千阳县
45	17		3825	260	60	3505			麟游县
22	30		13917	1000	1083	11834			凤　县
50	28		4984	30	60	4894			太白县
600	600		56279	6745	3204	46330			三原县
77	191		62610	7210	8846	43796		2758	泾阳县
220	165		69069	1530	3870	62569		1100	乾　县
380	155		11682	520	183	10924		55	礼泉县
31			25804	3482	3440	15131		3751	永寿县
150			31880	1200	220	29560		900	彬　县
60			43403	200		43183		20	长武县
65			10976	794		8884		1298	旬邑县
95	130		19976	8352	1200	9604		820	淳化县
100			41439	1200	6320	33269		650	武功县
260			11600			11600			潼关县
227			25582			25582			大荔县
476	124	270	12977	938	990	8859	1380	810	合阳县
130			39500			28850		10650	澄城县
18			60324	380	500	59444			蒲城县
85			22800	790	138	21872			白水县
150			113480	1000		112480			富平县
10		4600	12717	200		11462		1055	延长县
290	38	2	4319	1042	1312	1965			延川县
114	85		6285	606	261	5418			子长县
47			24649	20016	408	4225			安塞县
32	300		42900		700	42200			志丹县
1693		2122	23096			21158		1938	吴起县
57			694			694			甘泉县
20		1290	3578			188		3390	富　县
166	107		5049	500	320	4229			洛川县
31	50		21350	635	17207	1408	2100		宜川县
10	13		11080			11080			黄龙县
35			5602	490	52	1114		3946	黄陵县
100			59012	610	420	57782	200		南郑县
190		66	80275	18250	22600	27425	6300	5700	城固县
557	70		43053	600	438	40125		1890	洋　县
480	400		14069	1919		11000	450	700	西乡县
870	210		57250	3030	290	51220	1910	800	勉　县

3-3 续表 36

计量单位：万元

县名称 Name of Counties	县城市政公用设施建设维护管理财政性资金收入 Revenue of urban Construction, Maintenance and Management of Municipal Public Utilities Facilities Fund								
	合计 Completed of Revenue	中央预算资金 Central Budgetary Fund	省级预算资金 Provincial Budgetary Fund	县级预算资金 County-Level Budgetary Fund					
				小计 Subtotal	城市维护建设税 Urban Maintenance and Construction Tax	公用事业附加 Extra-Charges for Municipal Utilities	基础设施配套费 Fees for Supporting Infrastructure	国有土地使用权出让收入 Income Generated from The Transfer of State-owned Land-use Right	市政公用设施有偿使用费 Fee for Use of Municipal Utilities
宁强县	2374			2374	662	60	133		105
略阳县	4700	500	200	4000	40	50	500	400	90
镇巴县	5500	800	700	4000	421	64	159		100
留坝县	5393	710		4683	354	70	41	390	17
佛坪县	2825			2825	195	20	59	123	516
神木县	93229			93229	650	1	152		1607
府谷县	59260			59260	1950	1700	3300	1400	2850
横山县	30895			30895	3624	3912	16	23124	122
靖边县	41950			36690	6520	6	575	27183	1406
定边县	15131	5448	3075	6608	886	98	1168		507
绥德县	8430			8430	792	175	145		285
米脂县	6767			6767	150	200	270		85
佳　县	6545	3776	1993	776	43	29	10		38
吴堡县	2994			2694	260	280	310		230
清涧县	26716			26716	4020	980	180		1100
子洲县	13343	2300	2000	3043	300	2000	150	400	193
汉阴县	28159	6860	4051	15032	173	61	186	4700	194
石泉县	23079	2695	9860	10524	870	400	3028	3654	2376
宁陕县	20453	7102	2000	11351	64	16	32		510
紫阳县	23970	8000	7000	8970	2800	300	4800	900	100
岚皋县	10400	3800	2600	4000	356	550	930	953	110
平利县	21170	5762	120	15288	20	18	515	105	15
镇坪县	5105	3990	34	1081	168	34	3	775	49
旬阳县	54769	15326	7483	31960	4960	710	560	1946	1893
白河县	10341		2609	4216	426	74	130		3516
洛南县	117300	31200	38350	47750	2800	3980	300	230	3600
丹凤县	33050	5850		27200	1000	132	1300	5000	1600
商南县	84000			84000	18500	1500	800	30000	500
山阳县	56240			44510	9620	5880	6240	16350	5390
镇安县	35700			33200	1810	360	480	3200	210
柞水县	24490	5500	11200	7790	500	300	350	700	3800
甘　肃	**446278**	**82124**	**39328**	**311770**	**36292**	**4848**	**24056**	**85908**	**11987**
永登县	7332		812	6520	2149		906	3341	124
皋兰县	13848	3461	787	9600	1815	22	1570	6043	150
榆中县	5697	1338	863	3496	2214		1021	92	169
永昌县	15587		5610	9977	1606		108	3561	50
靖远县	14273	3864	1359	9050	709		1220	6652	235
会宁县	12442	2350	1166	8926	229		258	100	195
景泰县	1871			1871	16		188		140

continued 36

Measurement Unit: 10,000 RMB

			县城市政公用设施建设维护管理财政性资金支出 Expenditure of urban Construction, Maintenance and Management of Municipal Public Utilities Facilities Fund						
污水处理费 Waste-water Treat-ment Fee	垃圾处理费 Garbage Treat-ment Fee	其他财政资金 Others	合计 Comple-ted of Expend-iture	城乡社区规划与管理 Planning and Management of Urban and Rural Communities	市政公用行业市场监管 Market Sup-ervision of Municipal Public Utilities Industry	市政公用设施建设维护与管理 Construction, Maintenance and Management of Municipal Public Utilities Facilities	风景名胜区规划与保护 Planning and Protection of National Parks	其他 Others	县名称 Name of Counties
33	72		29154	1370	543	13956		13285	宁强县
90			28090	150	150	26750	1000	40	略阳县
52	48		28129	350	859	21070		5850	镇巴县
11	6		7312	98		6722		492	留坝县
504	12		2673	25	11	2517		120	佛坪县
1360	247		100429	500	400	93229	5500	800	神木县
715	150		59260	3150	460	55650			府谷县
19	103		35277	589		34688			横山县
346	1060	5260	38690			32110		6580	靖边县
307	200		20445	451		19994			定边县
165	120		16540	50	90	16400			绥德县
75	10		9074	324	100	8500		150	米脂县
10	28		6069	535	217	5256	38	23	佳　县
20	210	300	2994	300		2694			吴堡县
98	51		26716	206	830	22420		3260	清涧县
122	61	6000	12507	200	200	12087		20	子洲县
61	132	2216	34986	1857	1657	30687		785	汉阴县
60	580		25191	1271	2186	21734			石泉县
12	15		20453	96		20357			宁陕县
20	50		24010	3050	1900	9860		9200	紫阳县
20	90		12920	670		11250	1000		岚皋县
15			25935	556	790	24589			平利县
37	12		4897		669	1937		2291	镇坪县
317	386		53313	1320	360	51023		610	旬阳县
3178	338	3516	9729	1037	226	4098		4368	白河县
1440	1350		117300	1500	5960	58200		51640	洛南县
700	600		53461	2000	605	50856			丹凤县
100	20		80200	700		35000		44500	商南县
270	170	11730	58000	1590	630	49720	120	5940	山阳县
150	60	2500	35700	1200	580	32320		1600	镇安县
210	130		23800	500	200	19400	700	3000	柞水县
5599	**3899**	**13056**	**440823**	**12136**	**13286**	**287807**	**8533**	**119061**	**甘　肃**
124			6946			678		6268	永登县
			10401		37	320		10044	皋兰县
112	57		5795	110	109	2832		2744	榆中县
50			15587	200		8613		6774	永昌县
150	85		11766			7020		4746	靖远县
120	75		12200		20	12180			会宁县
140			1871			1871			景泰县

3-3 续表 37

计量单位：万元

县名称 Name of Counties	县城市政公用设施建设维护管理财政性资金收入 Revenue of urban Construction, Maintenance and Management of Municipal Public Utilities Facilities Fund								
	合计 Completed of Revenue	中央预算资金 Central Budgetary Fund	省级预算资金 Provincial Budgetary Fund	县级预算资金 County-Level Budgetary Fund					
				小计 Subtotal	城市维护建设税 Urban Mainten-ance and Cons-truction Tax	公用事业附加 Extra-Charges for Municipal Utilities	基础设施配套费 Fees for Supp-orting Infrast-ructure	国有土地使用权出让收入 Income Generated from The Transfer of State-owned Land-use Right	市政公用设施有偿使用费 Fee for Use of Muni-cipal Utilities
清水县	5858	2007	1078	2773	30		1116		
秦安县	4535	505		4030	630	140	55	75	225
甘谷县	4158		35	4123	3816		43		83
武山县	1868	1420	50	398	50	30	260		38
张家川回族自治县	6426	2100		4326	166		40	4100	20
民勤县	4976	3000	303	1673	98		1404		171
古浪县	2204		50	1894	914		116		140
天祝藏族自治县	14292	11360	260	2672	30		387	2100	155
肃南裕固族自治县	2200		1780	420	26		75		
民乐县	1490		50	1440	400		610	233	197
临泽县	3622	741	433	2448	170		2014		264
高台县	4345		1234	3111	721		840	1368	182
山丹县	11904		220	11684	420	30	670		1500
泾川县	3043	338		2410	228	257	757	482	383
灵台县	4514		28	4456	320	58	424	362	252
崇信县	6430		430	6000	300		106		
华亭县	7326	222	1780	4824	3261		383	500	306
庄浪县	1040			1040	200	180	20		640
静宁县	30320	900	260	26960	1686	180	720	5640	312
金塔县	8215		1737	6234	410	240	102	4962	520
瓜州县	12953		1819	11134	1861		1042		426
肃北蒙古族自治县	11739	500	419	10820	421		6		52
阿克塞哈萨克自治县	3270		202	2951	370		153	2370	58
庆城县	8610			7860	1686	18	620		530
环　县	3185	1500	500	1185	380	265	200	130	210
华池县	3014		50	2827	983		77	1523	107
合水县	6821			6741	141		20	3540	224
正宁县	4459			4459	120	30	180	250	395
宁　县	4076			4076	443		13	3500	120
镇原县	7285			7285	270	85	200	600	268
通渭县	5350	4230		1120	263	61	41	183	101
陇西县	26000	4000	8000	14000	250	85	1000	8000	310
渭源县	17000	3653	2000	11347	508	46	203	7080	170
临洮县	7590		130	7460	2025	2600	600	1680	280
漳　县	7167	530	170	317	139	23	10		145
岷　县	210			210	7	32	84		83
成　县	13184	5200	408	6496	300	10	187	3980	115
文　县	14603	2000	150	12453	127	60	20	300	

continued 37

Measurement Unit: 10,000 RMB

			县城市政公用设施建设维护管理财政性资金支出 Expenditure of urban Construction, Maintenance and Management of Municipal Public Utilities Facilities Fund						
污水处理费 Waste-water Treat-ment Fee	垃圾处理费 Garbage Treat-ment Fee	其他财政资金 Others	合计 Comple-ted of Expend-iture	城乡社区规划与管理 Planning and Management of Urban and Rural Communities	市政公用行业市场监管 Market Sup-ervision of Municipal Public Utilities Industry	市政公用设施建设维护与管理 Construction, Maintenance and Management of Municipal Public Utilities Facilities	风景名胜区规划与保护 Planning and Protection of National Parks	其他 Others	县名称 Name of Counties
			5858		301	5357		200	清水县
			4465	50	30	4385			秦安县
			4158		2537	1621			甘谷县
35	3		1868	25	43	1800			武山县
20			6426		130	6296			张家川回族自治县
171			4726			3908		818	民勤县
		260	2111	57		2054			古浪县
100	55		13106		6	13100			天祝藏族自治县
			2320			2320			肃南裕固族自治县
197			1450	50		1400			民乐县
134	130		3622	68		3500	54		临泽县
117	65		4448	250		4198			高台县
230	80		11073	160	1360	8000	300	1253	山丹县
131	252	295	5022	841	463	2529		1189	泾川县
50	198	30	5264	496	342	4231		195	灵台县
			7552			7525	27		崇信县
306		500	7406	256	125	4600	125	2300	华亭县
210	430		960	360	170	230	200		庄浪县
90	204	2200	31918	775	473	29500	20	1150	静宁县
320	100	244	7892	580		3982		3330	金塔县
286	140		12930			12930			瓜州县
			11030	30				11000	肃北蒙古族自治县
24	34	117	4780	38		3147		1595	阿克塞哈萨克自治县
	220	750	8524	1150	1554	5820			庆城县
90	65		2985	600	135	2000	150	100	环　县
84	23	137	2755	20	11	2516	208		华池县
97	58	80	8741	300		2140		6301	合水县
300	95		4459	28	30	4401			正宁县
24	80		5235		70	5160	5		宁　县
143	115		7285			7205		80	镇原县
51	48		5270	452	67	801	1600	2350	通渭县
200	110		23818	250	850	1200		21518	陇西县
50	120		9479	450	450	651	2900	5028	渭源县
140	135		7590	300	40	7150	100		临洮县
85	60	6150	6695	120		825		5750	漳　县
83			202	50	12	120	20		岷　县
105	10	1080	13592			8392		5200	成　县
			14603	100		14503			文　县

3-3 续表 38

计量单位：万元

县名称 Name of Counties	县城市政公用设施建设维护管理财政性资金收入 Revenue of urban Construction, Maintenance and Management of Municipal Public Utilities Facilities Fund								
	合计 Completed of Revenue	中央预算资金 Central Budgetary Fund	省级预算资金 Provincial Budgetary Fund	县级预算资金 County-Level Budgetary Fund					
				小计 Subtotal	城市维护建设税 Urban Mainten-ance and Cons-truction Tax	公用事业附加 Extra-Charges for Municipal Utilities	基础设施配套费 Fees for Supp-orting Infrast-ructure	国有土地使用权出让收入 Income Generated from The Transfer of State-owned Land-use Right	市政公用设施有偿使用费 Fee for Use of Muni-cipal Utilities
宕昌县	9233	1842		6582	213	16	366		20
康　县	3302		1353	1949	421	20	33	1463	12
西和县	9219	7038		2181	340	150	134		109
礼　县	8680		1060	7620	523		310	203	
徽　县	4493	1465	300	2728	243		540	768	170
两当县	3371	1050	253	1685	277	157	69		20
临夏县	16366		50	16316	236	7	625	3000	
康乐县	1350			1350	15	5	41		22
永靖县	4922	500	370	4052	68	3	60	1700	682
广河县	6352			6352	325		10	6017	
和政县	320		37	262	26	5	6		11
东乡县	540			540	28	15	15		205
积石山县	1250	800		450	80	10	320		
临潭县	460			460	25		285		150
卓尼县	533			533	300		18		215
舟曲县	846	471		375	20		20		78
迭部县	8161	7010	20	1131	11		260		26
玛曲县	3150	1630	820	700	78		18		10
碌曲县	2500	1000	500	1000	5	8	780	10	32
夏河县	4898	4099	392	407	150		77		180
青　海	**212536**	**99442**	**24078**	**88621**	**14289**	**3195**	**3111**	**49832**	**4058**
大通县	1768		980	788	283	170	120	20	195
湟中县	2261		420	1841	994	253	188	173	233
湟源县	13460	1606	600	11254	407	650	180	2690	280
民和县	14430	1600	2313	10517	987	245	659	7956	670
互助县	14784		1534	13250	1963	830	270	9544	643
化隆县	24061		4993	19068	777	234	270	17641	146
循化县	8630	5280	1521	1829	557	102	201	761	208
门源县	3299	3118		181	37	35	30		60
祁连县	639	558		81	29	12	13		27
海晏县	620	380		120	74	10	8		28
刚察县	2555	2253		137	47	12	10		68
西海镇	308	222		86	30	14	10		32
同仁县	8807	5979	2396	432	232	65	35		100
尖扎县	5955	4800	925	230	53	75	20		82
泽库县	4183	4018		165	30	20	15		100
河南县	1662	1530		132	35	12	15		70
共和县	15165	6253		8912	1942	20	240	6249	461
同德县	400	170		230	170	6	35		19

continued 38

Measurement Unit: 10,000 RMB

			县城市政公用设施建设维护管理财政性资金支出 Expenditure of urban Construction, Maintenance and Management of Municipal Public Utilities Facilities Fund						
污水处理费 Waste-water Treat-ment Fee	垃圾处理费 Garbage Treat-ment Fee	其他财政资金 Others	合计 Comple-ted of Expend-iture	城乡社区规划与管理 Planning and Management of Urban and Rural Communities	市政公用行业市场监管 Market Sup-ervision of Municipal Public Utilities Industry	市政公用设施建设维护与管理 Construction, Maintenance and Management of Municipal Public Utilities Facilities	风景名胜区规划与保护 Planning and Protection of National Parks	其他 Others	县名称 Name of Counties
	10	809	9203	50		7676	300	1177	宕昌县
12			1568	440	20	1108			康　县
	109		9219	96	2100	7023			西和县
			8693	1280	528	6885			礼　县
132			4493	100	365	3841	10	177	徽　县
	20	383	3833	330	73	1426	1803	201	两当县
			16275	75		400		15800	临夏县
22			1350			1350			康乐县
275	407		4660	426		4234			永靖县
			5820			5610		210	广河县
	11	21	330			157	36	137	和政县
135	70		980	80	60	650	70	120	东乡县
			4660	90	20	4550			积石山县
150			435	100		230		105	临潭县
140	75		533			533			卓尼县
	78		769			769			舟曲县
	26		9595	120		8814		661	迭部县
			3138	428	750	840	580	540	玛曲县
14	16		4235	205	5	4000	25		碌曲县
150	30		4850	150		4700			夏河县
1756	**2144**	**395**	**209084**	**11662**	**40220**	**156754**	**408**	**40**	**青　海**
70	125		1768	300	100	1148	220		大通县
113	120		2062	270	154	1638			湟中县
60	134		12838	208	230	12400			湟源县
346	324		14430	1098	9763	3569			民和县
324	319		13250	2798	7590	2862			互助县
	146		24061	3420	15720	4921			化隆县
110	98		8630	1905	4355	2370			循化县
22	19		3299	91	90	3118			门源县
10	17		639	41	40	558			祁连县
10	18	120	620	80	40	500			海晏县
42	26	165	2555	55	75	2425			刚察县
20	12		308	46	40	222			西海镇
60	40		8807	140	292	8375			同仁县
50	32		5955	100	130	5725			尖扎县
60	40		4183	70	95	4018			泽库县
30	40		1662	60	72	1530			河南县
375	86		14277	120	170	13987			共和县
4	15		376	10	8	358			同德县

3-3 续表 39

计量单位：万元

县名称 Name of Counties	县城市政公用设施建设维护管理财政性资金收入 Revenue of urban Construction, Maintenance and Management of Municipal Public Utilities Facilities Fund								
	合计 Completed of Revenue	中央预算资金 Central Budgetary Fund	省级预算资金 Provincial Budgetary Fund	县级预算资金 County-Level Budgetary Fund					
				小计 Subtotal	城市维护建设税 Urban Maintenance and Construction Tax	公用事业附加 Extra-Charges for Municipal Utilities	基础设施配套费 Fees for Supporting Infrastructure	国有土地使用权出让收入 Income Generated from The Transfer of State-owned Land-use Right	市政公用设施有偿使用费 Fee for Use of Municipal Utilities
贵德县	9467	2630		6837	2110	16	335	4284	92
兴海县	1946	1135		811	765	15	19		12
贵南县	4490	3901		589	444	22	89		34
玛沁县	6472	6305	77	90	42	10	14		11
班玛县	3508	3145	314	49	21	5	7		8
甘德县	2343	2329		14	2	4	5		3
达日县	8789	2880	4382	1527	4	4	10		4
久治县	8019	6672	1325	22	5	3	9		5
玛多县	3331	3313		18	5	3	5		5
杂多县	1200	1000		190	10	30	15		10
称多县	3091	2311		780	35	15	8		8
治多县	2084	1704		300	66	12	46		13
囊谦县	7720	7550		150	50	30	40		5
曲麻莱县	6249	6167		82	60	5	4		12
乌兰县	2476	1686		790	135	105	40	350	40
都兰县	250		104	146	30	45	30		40
天峻县	11515	5397	1394	4724	1032	50	43		196
茫崖行委	1817	1380		437	60	20	30		30
大柴旦行委	2382	1270		1112	705	25	31	164	97
冷湖行委	2400	900	800	700	61	11	12		11
宁　夏	**504102**	**40354**	**85893**	**375855**	**22420**	**6446**	**33102**	**49460**	**1595**
永宁县	65007			63007	4251	320	6520	247	550
贺兰县	180859		83	180776	4150	400	918	21382	
平罗县	38392	2900		35492	3210	3912	752		
盐池县	19244	540	5000	13704	7104	337	200		21
同心县	28087	4005	11252	12830	688			4655	
红寺堡开发区	22273	2389	15256	4628	418	395		3780	35
西吉县	30370	3212	10550	16608	320	15	180	1806	390
隆德县	34585	23508	560	10517	204		7124	406	126
泾源县	10040		5385	4655	383	15		4257	
彭阳县	58153	3800	37807	16546	37		16455		27
中宁县	13153			13153	920	1052	953	9733	436
海原县	3939			3939	735			3194	10
新　疆	**679324**	**105235**	**40582**	**456695**	**56482**	**22978**	**56572**	**131351**	**19849**
鄯善县	37193	198	1712	30083	3578		271		520
托克逊县	14471		286	13926	235		389	708	214
巴里坤哈萨克自治县	5040			5040	1285		244	3511	
伊吾县	4906			4906	1749	163	38	2950	6

continued 39

Measurement Unit: 10,000 RMB

污水处理费 Wastewater Treatment Fee	垃圾处理费 Garbage Treatment Fee	其他财政资金 Others	县城市政公用设施建设维护管理财政性资金支出 Expenditure of urban Construction, Maintenance and Management of Municipal Public Utilities Facilities Fund 合计 Completed of Expenditure	城乡社区规划与管理 Planning and Management of Urban and Rural Communities	市政公用行业市场监管 Market Supervision of Municipal Public Utilities Industry	市政公用设施建设维护与管理 Construction, Maintenance and Management of Municipal Public Utilities Facilities	风景名胜区规划与保护 Planning and Protection of National Parks	其他 Others	县名称 Name of Counties
50	42		10906	210	22	10624	50		贵德县
	12		1929	15	6	1908			兴海县
	34		4440	20	15	4325	80		贵南县
	11		6374	4	20	6350			玛沁县
	8		3512	5	7	3500			班玛县
	3		2337	2	5	2330			甘德县
	4		8608	2	6	8600			达日县
	5		8019	3	5	8011			久治县
	5		3332	3	5	3324			玛多县
	10	10	1217	16	11	1190			杂多县
	5		2363	20	32	2311			称多县
	12	80	1752	45	83	1624			治多县
	5	20	7720	30	50	7600		40	囊谦县
	11		6217	18	32	6167			曲麻莱县
	30		2416	35	95	2228	58		乌兰县
	30		250	95	110	45			都兰县
	176		11515	40	82	11393			天峻县
	30		1744	50	94	1600			茫崖行委
	90		2313	167	496	1650			大柴旦行委
	10		2400	70	80	2250			冷湖行委
988	**589**	**2000**	**613747**	**57449**	**30**	**145509**		**410759**	**宁　夏**
449	83	2000	58	58					永宁县
			19561	1384		18177			贺兰县
			3754	50		3704			平罗县
	21		19244	230		19014			盐池县
			28087	465		20769		6853	同心县
	35								红寺堡开发区
310	80		30370			202		30168	西吉县
126			33978			28560		5418	隆德县
			6101			6101			泾源县
27			47392			47392			彭阳县
76	360		13153	30	30	1590		11503	中宁县
	10		412049	55232				356817	海原县
5599	**4769**	**76812**	**545596**	**38454**	**13583**	**319794**	**5468**	**168297**	**新　疆**
350	170	5200	37193			21695	498	15000	鄯善县
85	129	259	14471	31		13300		1140	托克逊县
			1645	1053		592			巴里坤哈萨克自治县
	6		4462	137	63	750		3512	伊吾县

3-3 续表 40

计量单位：万元

县名称 Name of Counties	县城市政公用设施建设维护管理财政性资金收入 Revenue of urban Construction, Maintenance and Management of Municipal Public Utilities Facilities Fund								
	合计 Completed of Revenue	中央预算资金 Central Budgetary Fund	省级预算资金 Provincial Budgetary Fund	县级预算资金 County-Level Budgetary Fund					
				小计 Subtotal	城市维护建设税 Urban Mainten-ance and Cons-truction Tax	公用事业附加 Extra-Charges for Municipal Utilities	基础设施配套费 Fees for Supp-orting Infrast-ructure	国有土地使用权出让收入 Income Generated from The Transfer of State-owned Land-use Right	市政公用设施有偿使用费 Fee for Use of Muni-cipal Utilities
呼图壁县	30513			30513	1603	813	503	25696	949
玛纳斯县	14795	3034		4288	1847	1755	271		415
奇台县	43814			33848	35		1390		
吉木萨尔县	22295			22295	270	365	21331		329
木垒县	12567	2680	35	5052	428		46		21
精河县	14694		30	14664	795		97	13772	
温泉县	6673	2556		4117	214		78		
轮台县	9168			9168	4593		261	3957	357
尉犁县	15311	119	709	14483	874		16	1291	180
若羌县	23381			23381	200	13336	1017	160	168
且末县	9697		2093	5208	1527		3	3184	152
焉耆县	13124	8937	2237	1950	1486		30		
和静县	1980			1980	1218		116	396	250
和硕县	5428			5028	300				
博湖县	2171		227	1944	620				104
温宿县	9701		5136	4565	1281		231	3053	
库车县	8235			8235	289	15	58		2035
沙雅县	13927			5410	4805		24		111
新和县	8380		1830	6550	2845	280	400	1500	300
拜城县	1076		30	1046	30		306	600	110
乌什县	3654	2543		1111	115	20	376		
阿瓦提县	3449			3449	349		100	3000	
柯坪县	180			180	20		160		
阿克陶县	5139	1560		3579	635		1324		1620
阿合奇县	2600			2600	350	300	150	1400	150
乌恰县	9142	2846	4183	2103	930		30	993	150
疏附县	19701	7919	2552	9230	433		52	5214	120
疏勒县	12219		30	4590	110		210		310
英吉沙县	5350	2050	700	2600	585		50	1800	149
泽普县	4790	585		4205	1158		58	1723	
莎车县	12626			3317	20		1081	1871	345
叶城县	8841	2000	110	6731	294	2480	310	448	3199
麦盖提县	41312	26437	2596	12279	381		20	2899	157
岳普湖县	13258	2025	220	11013	45		10252		483
伽师县	22848	10209	7992	4647	29	11	1720	1900	609
巴楚县	9301	3000		6056	79	75	4500	650	750
塔什库尔干县	6856	1921		4935	40		1302	100	1500
墨玉县	5560			5560	50	5	397	4896	212
皮山县	4137	3157		980	449		26	436	69

continued 40

Measurement Unit: 10,000 RMB

			县城市政公用设施建设维护管理财政性资金支出 Expenditure of urban Construction, Maintenance and Management of Municipal Public Utilities Facilities Fund						县名称 Name of Counties
污水处理费 Waste-water Treat-ment Fee	垃圾处理费 Garbage Treat-ment Fee	其他财政资金 Others	合计 Comple-ted of Expend-iture	城乡社区规划与管理 Planning and Management of Urban and Rural Communities	市政公用行业市场监管 Market Sup-ervision of Municipal Public Utilities Industry	市政公用设施建设维护与管理 Construction, Maintenance and Management of Municipal Public Utilities Facilities	风景名胜区规划与保护 Planning and Protection of National Parks	其他 Others	
949			26609			26609			呼图壁县
288	124	7473	11836					11836	玛纳斯县
		9966	43814			42424		1390	奇台县
220	104		21713			21061		652	吉木萨尔县
	21	4800	8550		2639	5911			木垒县
			1115	15	132	938	30		精河县
									温泉县
174	183		9108			4298	160	4650	轮台县
84	96		15289	168		325		14796	尉犁县
40	24		23381	16298	7083				若羌县
120	32	2396	9697	171		7226		2300	且末县
			1277			1277			焉耆县
91	159		7528			7528			和静县
		400	5428	2458	642	176		2152	和硕县
40	64		2519	93		2426			博湖县
			9700	63		9637			温宿县
	71		6364	479	178	601		5106	库车县
	46	8517	13725	130		13595			沙雅县
			2960	800	410	1600	150		新和县
	110		1085			1085			拜城县
			3654	1177	1060	1417			乌什县
			3490			600		2890	阿瓦提县
			52	52					柯坪县
150	66		4299	450		3129		720	阿克陶县
50	70		2400	2300		100			阿合奇县
60	90	10	8563			5225	3338		乌恰县
90	30		3531	1		3530			疏附县
200	110	7599	12219			4620		7599	疏勒县
104	45		450	100		350			英吉沙县
			4790	150		4490	150		泽普县
	345	9309	12352	2234	100	709		9309	莎车县
140	60								叶城县
136	21		41309	979		1945		38385	麦盖提县
123	360		12542	216	90	12236			岳普湖县
219	286		20248		27	6842		13379	伽师县
437	285	245	9300			9300			巴楚县
500	500		4935	1000	600	2000	500	835	塔什库尔干县
104	108		1555	5		150		1400	墨玉县
30	39		954			954			皮山县

3-3 续表 41

计量单位：万元

县名称 Name of Counties	县城市政公用设施建设维护管理财政性资金收入 Revenue of urban Construction, Maintenance and Management of Municipal Public Utilities Facilities Fund								
	合计 Completed of Revenue	中央预算资金 Central Budgetary Fund	省级预算资金 Provincial Budgetary Fund	县级预算资金 County-Level Budgetary Fund					
				小计 Subtotal	城市维护建设税 Urban Maintenance and Construction Tax	公用事业附加 Extra-Charges for Municipal Utilities	基础设施配套费 Fees for Supporting Infrastructure	国有土地使用权出让收入 Income Generated from The Transfer of State-owned Land-use Right	市政公用设施有偿使用费 Fee for Use of Municipal Utilities
洛浦县	5648	4227		431	50		50	284	47
策勒县	4864	3381	100	1383	25	5	30		23
于田县	611			581	65		400		116
民丰县	5302	2162		2340	763	100	30	417	60
伊宁县	4209			4209	1183		528		335
察布查尔县	13250			298	30		268		
霍城县	5779	4901		878	30	20	647		
巩留县	8222	860		4862	388		159	4249	66
新源县	8428			8428	1716		615		
昭苏县	1670	1056		614	384		80		
特克斯县	3668		1650	2018	427		153	1274	164
尼勒克县	4106		1530	2576	507		185	1664	220
额敏县	13705	2142	1344	10219	3064	2754	292	2259	1850
沙湾县	18371			18371	1100		241	16882	148
托里县	4096	800	1513	1783	471		362	925	25
裕民县	8278			4912	174		248	4490	
和布克赛尔蒙古自治县	5000			5000	2000		49	2777	
布尔津县	8093			8093	632	119	86		
富蕴县	9142			9142	1667	76	35	7222	142
福海县	5919	1330		4589	2189	20	2200		
哈巴河县	8432			8432	1184	179	505	800	224
青河县	3374		737	2637	250	86	170		385
吉木乃县	9654	600	1000	8054	4	1	1		
新疆生产建设兵团	**481472**	**249716**	**35111**	**163827**	**13036**	**23047**	**72525**	**14564**	**7465**
第一师	100587	61279	2845	26773	532	2883	17024	1494	1156
第二师	55930	38196	1000	10345	1053	188	8515		53
第三师	33030	21989	1612	9404	295	122	3886	40	181
第四师	17924	12565		4518	366	45	405		196
第五师	16620	2951	855	12792	116	123	6586	89	169
第六师	48771	27235	9440	12019	3055	18	7540	47	40
第七师	41828	12414	12800	15758	5069	173	4495	60	3386
第八师	81233	22593	4320	51523	1949	19237	16276	11213	505
第九师	19283	7110	311	1709	53	2	782		463
第十师	14961	8487		6040	206	71	3135	1	190
第十二师	19098	13891	1328	2585	117	33	2201		163
第十三师	27936	18406		9500			1580	1500	807
第十四师	4271	2600	600	861	225	152	100	120	156

continued 41

Measurement Unit: 10,000 RMB

污水处理费 Waste-water Treat-ment Fee	垃圾处理费 Garbage Treat-ment Fee	其他财政资金 Others	县城市政公用设施建设维护管理财政性资金支出 Expenditure of urban Construction, Maintenance and Management of Municipal Public Utilities Facilities Fund: 合计 Comple-ted of Expend-iture	城乡社区规划与管理 Planning and Management of Urban and Rural Communities	市政公用行业市场监管 Market Sup-ervision of Municipal Public Utilities Industry	市政公用设施建设维护与管理 Construction, Maintenance and Management of Municipal Public Utilities Facilities	风景名胜区规划与保护 Planning and Protection of National Parks	其他 Others	县名称 Name of Counties
47		990	5648	37		4761		850	洛浦县
14	9		3381			3381			策勒县
60	56	30	579	52	47	480			于田县
	60	800							民丰县
110	100		4209			4209			伊宁县
		12952	13250	3200		9050		1000	察布查尔县
			5779			5779			霍城县
56	10	2500	8222	401		1550		6271	巩留县
			8428	50		2931		5447	新源县
			1670	91		1579			昭苏县
59	105		3668	170		2497	642	359	特克斯县
195	25		4106	120		3687		299	尼勒克县
			4597	460	339	3798			额敏县
148			6958	530		2213		4215	沙湾县
	25		2407	63		2344			托里县
		3366	6643	52		6591			裕民县
			225	200		25			和布克赛尔蒙古自治县
			7795	95		3328		4372	布尔津县
22	120		4630	188		4442			富蕴县
			5919	100		5469		350	福海县
104	120		8432	68	173	7008		1183	哈巴河县
	385		3373	1952		1421			青河县
			9565	65		2600		6900	吉木乃县
1325	**1349**	**32818**	**240416**	**28292**	**5310**	**138116**	**4605**	**64093**	**新疆生产建设兵团**
170	231	9690	45083	14818	1018	5788	515	22944	第一师
21	32	6389	9823	190	53	6557		3023	第二师
38	93	25	13428	1794	180	8122	10	3322	第三师
86	84	841	6958	4611	173	1295	290	589	第四师
5	86	22	1060	294	33	717		16	第五师
		77	6128	244	53	3011		2820	第六师
208	159	856	47160	3087	2782	22176	1980	17135	第七师
320	149	2797	37058	508	120	34950	80	1400	第八师
34	74	10153	22351	712	273	17900	115	3351	第九师
78	65	434	9646	538	4	3218	1000	4886	第十师
105	28	1294	16546	619	10	11309	6	4602	第十二师
169	283	30	24632	617	511	22904	600		第十三师
91	65	210	543	260	100	169	9	5	第十四师

四、县城市政公用设施建设固定资产投资

4. Fixed Assets Investment in County Seat Service Facilities

简要说明

本部分包含县城市政公用设施建设各行业的固定资产投资完成额，投资的资金来源和投资产生的能力或效益。行业包括县城供水、燃气、集中供热、道路和桥梁、排水和污水处理、园林绿化、市容环卫行业，不含住宅投资。

自 2009 年开始，全国县城市政公用设施建设固定资产投资中不再包括公共交通固定资产投资。

自 2013 年开始，全国县城市政公用设施建设固定资产投资中不再包括防洪固定资产投资。

Brief Introduction

This section includes investment in different utilities facilities, investment sources, and the capacity or benefit produced by the investment. The sectors covered are county seat water supply, county seat gas supply, central heating, public transit, roads and bridges, water drainage and wastewater treatment, landscaping, and urban environmental sanitation. The investment in housing development is not included.

Starting from 2009, the national fixed assets investment in the construction of municipal public utilities facilities has no longer included the fixed assets investment in county seat public transport facilities, expect for the fixed assets investment in county seat rail transit system.

Starting from 2013, the national fixed assets investment in the construction of municipal public utilities facilities has not included the fixed assets investment in county seat flood prevention.

4 全国历年县城市政公用设施建设固定资产投资(2001–2015)
National Fixed Assets Investment in County Seat Service Facilities in Past Years(2001-2015)

计量单位：亿元　　Measurement Unit:100 Million RMB

年份 Year	国内生产总值 Gross Domestic Product		财政收入 Government Revenue		全社会固定资产投资 Tatol Investment in Fixed Assets		县城市政公用设施建设固定资产投资 Fixed Assets Investment in County Seat Service Facilities			
	国内生产总值 GDP	增长速度(%) Growth Rate (%)	财政收入 Gover-nment Revenue	环比增长率(%) Growth Rate (%)	投资完成额 Completed Volume of Investment	环比增长率(%) Growth Rate (%)	投资完成额 Completed Volume of Investment	环比增长率(%) Growth Rate (%)	占同期全社会固定资产投资比重(%) Percentage in Total Investment in Fixed Assets During The Same Period (%)	占同期国内生产总值的比重(%) Percentage in GDP of The Same Period (%)
2001	109655.2	8.3	16386.0	22.3	37213.5	13.0	337.4		0.91	0.31
2002	120332.7	9.1	18903.6	15.4	43499.9	16.9	412.2	22.18	0.95	0.34
2003	135822.8	10.0	21715.3	14.9	55566.6	27.7	555.7	34.79	1.00	0.41
2004	159878.3	10.1	26396.5	21.6	70477.4	26.6	656.8	18.20	0.93	0.41
2005	184937.4	10.4	31649.3	19.9	88773.6	26.0	719.1	9.49	0.81	0.39
2006	216314.4	12.7	38760.2	22.5	109998.2	23.9	730.5	1.59	0.66	0.34
2007	265810.3	14.2	51321.8	32.4	137323.9	24.8	812.0	11.16	0.59	0.31
2008	314045.4	9.6	61330.4	19.5	172828.4	25.9	1146.1	41.15	0.66	0.36
2009	340902.8	9.2	68518.3	11.7	224598.8	30.0	1681.4	46.70	0.75	0.49
2010	401512.8	10.4	83101.5	21.3	278121.9	23.8	2569.8	52.84	0.92	0.64
2011	473104.0	9.3	103874.4	25.0	311485.1	23.8	2859.6	11.28	0.92	0.60
2012	519470.1	7.8	117253.5	12.9	374694.7	20.3	3984.7	39.34	1.06	0.77
2013	588018.8	7.7	129209.6	10.2	446294.1	19.1	3833.6	-3.79	0.86	0.65
2014	635910.2	7.3	140370.0	8.6	512020.7	15.2	3572.9	-6.80	0.70	0.56
2015	676707.8	6.9	152216.7	8.4	561999.8	9.8	3099.8	-13.24	0.55	0.46

注：本表数据除国内生产总值增长速度按可比价格计算外，其余均按当年价格统计。
Note: Data in this table are calculated at current prices(expect GDP Growth Rate).

4-1 按行业分全国历年县城市政公用设施建设固定资产投资（2001–2015）

National Fixed Assets Investment in County Seat Sevice Facilities by Industry in Past Years (2001-2015)

计量单位：亿元　　Measurement Unit：100 million RMB

年份	本年固定资产投资总额	供水	燃气	集中供热	公共交通	道路桥梁	排水		防洪	园林绿化	市容环境卫生		其他
								污水处理及其再生利用				垃圾处理	
Year	Com-pleted Inves-tment of This Year	Water Supply	Gas Supply	Central Heating	Public Trans-port	Road and Bridge	Sewer-age	Waste-water Treatment and Reuse	Flood Control	Landsc-aping	Environ-mental Sanitation	Garbage Treat-ment	Other
2001	337.4	23.6	6.2	8.3	10.0	117.2	20.4	5.3	11.8	18.2	6.9	1.6	114.9
2002	412.2	28.1	10.5	13.2	10.6	152.9	33.0	12.9	13.7	22.0	10.6	3.9	117.7
2003	555.7	38.8	13.9	18.5	11.8	228.3	44.6	16.1	17.5	30.5	14.9	7.0	136.6
2004	656.8	44.4	15.1	24.3	12.3	246.7	52.5	17.2	19.1	41.0	14.7	4.5	186.7
2005	719.1	53.4	21.9	29.8	14.1	285.1	63.5	24.6	20.4	45.0	17.0	5.4	169.8
2006	730.5	44.3	24.1	28.9	10.3	319.1	72.1	37.0	11.6	46.2	42.2	7.6	132.4
2007	812.0	42.3	26.9	42.4	17.7	358.1	107.1	67.2	17.5	76.0	29.2	16.4	94.9
2008	1146.1	48.2	35.7	58.5	18.3	532.1	141.2	80.8	26.4	174.1	37.2	23.2	74.4
2009	1681.4	78.2	37.0	72.9		690.3	305.7	225.7	42.1	222.8	94.7	62.9	137.6
2010	2569.8	88.1	67.2	124.2		1132.1	271.1	165.7	45.8	373.6	121.9	83.4	345.9
2011	2859.6	127.6	112.7	155.7		1393.4	201.6	108.8	49.3	445.7	172.2	67.2	201.5
2012	3984.7	146.6	137.3	167.8		1934.7	229.6	105.0	69.8	581.4	274.6	136.0	442.8
2013	3833.6	164.9	182.3	223.4		1923.5	276.1	114.9		587.4	97.3	44.2	378.7
2014	3572.9	172.6	158.1	187.6		1908.4	296.1	139.2		521.0	97.4	36.0	231.9
2015	3099.8	156.4	112.6	171.0		1663.9	265.8	113.3		480.8	74.0	31.6	175.3

注：1.自2009年开始，全国县城市政公用设施建设固定资产投资中不再包括公共交通固定资产投资。
2.自2013年开始，全国县城市政公用设施建设固定资产投资中不再包括防洪固定资产投资。

Note:1.Starting from 2009, the national fixed assets investment in the construction of municipal public utilities facilities has not included the fixed assets investment in public transport.
2.Starting from 2013, the national fixed assets investment in the construction of municipal public utilities facilities has not included the fixed assets investment in flood prevention.

4-1-1 2015年按行业分全国县城市政公用设施建设固定资产投资分组资料

计量单位：万元

地区名称 Name of Regions		本年完成投资 Completed Investment of This Year	供水 Water Supply	燃气 Gas Supply	集中供热 Central Heating	道路桥梁 Road and Bridge	排水 Sewerage	污水处理 Wastewater Treatment
全国	**National Total**	**30998145**	**1564039**	**1126463**	**1709695**	**16639049**	**2658058**	**1084762**
分类一	**Group one**							
东部地区	East China	7703118	483652	303903	479745	3490421	873244	330716
中部地区	Central China	12690383	707125	492756	792185	6432371	1133971	447508
西部地区	West China	10604644	373262	329804	437765	6716257	650843	306538
分类二	**Group two**							
东部地区	East China	6713961	444436	274588	479745	2855523	713304	289050
中部地区	Central China	10659790	621099	430897	482463	5677892	991396	411636
西部地区	West China	13624394	498504	420978	747487	8105634	953358	384076
分类三	**Group three**							
东部地区	East China	6536793	432773	261448	431222	2806351	696383	280714
中部地区	Central China	10101310	549883	405090	282907	5543095	935287	380683
西部地区	West China	13624394	498504	420978	747487	8105634	953358	384076
东北地区	Northeast China	735648	82879	38947	248079	183969	73030	39289

National Fixed Assets Investment in County Seat Service Facilities by Indurstry(2015)

Measurement Unit:10,000RMB

污泥处置 Sludge Disposal	再生水利用 Wastewater Recycled and Reused	园林绿化 Landscaping	市容环境卫生 Environmental Sanitation	垃圾处理 Domestic Garbage Treatment	其他 Other	本年新增固定资产 Newly Added Fixed Assets of This Year	地区名称 Name of Regions
12316	**48642**	**4807826**	**739533**	**316466**	**1753482**	**27725498**	**全国**
							分类一
5233	5233	1450853	205195	112686	416105	6526062	东部地区
4325	4325	2204824	308314	128226	618837	11633066	中部地区
2758	2758	1152149	226024	75554	718540	9566370	西部地区
							分类二
4770	8301	1338316	191944	104191	416105	5754138	东部地区
3204	17074	1591789	255519	116959	608735	9768959	中部地区
4342	23267	1877721	292070	95316	728642	12202401	西部地区
							分类三
4770	8301	1307476	185035	98719	416105	5598485	东部地区
2684	14374	1553954	222359	94426	608735	9236851	中部地区
4342	23267	1877721	292070	95316	728642	12202401	西部地区
520	2700	68675	40069	28005		687761	东北地区

4-1-2 2015年按行业分全国县城市政公用设施建设固定资产投资(按省分列)

计量单位：万元

地区名称 Name of Regions	本年完成投资 Completed Investment of This Year	供水 Water Supply	燃气 Gas Supply	集中供热 Central Heating	道路桥梁 Road and Bridge	排水 Sewerage	污水处理 Wastewater Treatment
全国	**30998145**	**1564039**	**1126463**	**1709695**	**16639049**	**2658058**	**1084762**
天津	8400						
河北	1723627	143565	88099	287986	522465	130553	50344
山西	1024220	54008	58520	191285	452609	108167	42935
内蒙古	2030593	86026	61859	309722	754479	142575	35872
辽宁	177168	11663	13140	48523	49172	16921	8336
吉林	151628	34600	2217	20995	51694	16021	6721
黑龙江	406852	36616	23590	178561	83103	40088	24232
江苏	575643	40787	14659		218913	89849	27310
浙江	1124597	83860	26636		521137	193158	96973
安徽	3265510	167221	110310	10000	1950056	268879	99020
福建	1440105	66696	33655		920879	105926	39481
江西	2521525	106304	100271		1191175	196733	79405
山东	1386646	59710	89453	143236	433903	165719	61470
河南	1223605	81070	53584	81622	545122	159796	59632
湖北	692385	31065	26969		500437	41528	15284
湖南	1374065	110215	55436		903696	160184	84407
广东	191778	855	8746		151465	8022	1980
广西	989157	39216	29315		634898	159940	41666
海南	85997	37300	200		37589	3156	3156
重庆	437106	16457	20340		301372	28302	380
四川	3900813	68621	40879	2795	3007522	110886	64836
贵州	1715732	53472	55285		1336896	102262	75348
云南	1227773	34281	32460		748785	96158	38316
西藏	38265	8110			15633	1744	150
陕西	1557830	61996	81475	188149	689295	155426	41432
甘肃	493500	39078	35729	34036	246299	30450	23927
青海	170465	8961	13000	19905	83265	35588	25581
宁夏	165155	1485	11328	37741	51794	12015	6622
新疆	544657	39351	36644	100061	153990	62540	27683
新疆生产建设兵团	353348	41450	2664	55078	81406	15472	2263

National Fixed Assets Investment in County Seat Service Facilities by Industry (by Province in Column)(2015)

Measurement Unit:10,000RMB

污泥处置 Sludge Disposal	再生水利用 Wastewater Recycled and Reused	园林绿化 Landscaping	市容环境卫生 Environ-mental Sanitation	垃圾处理 Domestic Garbage Treatment	其他 Other	本年新增固定资产 Newly Added Fixed Assets of This Year	地区名称 Name of Regions
12316	**48642**	**4807826**	**739533**	**316466**	**1753482**	**27725498**	**全国**
		8400				8400	天津
701	1126	374398	63827	33656	112734	1429982	河北
1000	2905	103324	50902	30792	5405	854087	山西
1121	13549	613035	52795	11267	10102	1864107	内蒙古
		30840	6909	5472		155653	辽宁
	2700	22476	3625	1280		139915	吉林
520		15359	29535	21253		392193	黑龙江
		201410	9345	680	680	574942	江苏
400	6	162625	35229	7718	101952	931577	浙江
	1589	641027	42172	10678	75845	3125342	安徽
600		227304	21736	15098	63909	1118786	福建
125		383928	68441	37399	474673	2417776	江西
2983	7169	324448	45424	34979	124753	1299248	山东
1284	9880	245334	19731	10114	37346	1225121	河南
		66889	20015	2487	5482	642629	湖北
275		113452	21098	2956	9984	971896	湖南
86		7269	3344	1408	12077	151007	广东
463		112537	13251	8495		771924	广西
		1622	6130	5180		84543	海南
		62092	5743	685	2800	461016	重庆
1058		263788	20240	7768	386082	3719131	四川
		103217	46533	23106	18067	1478947	贵州
	6647	163102	43727	11480	109260	963217	云南
		1569	4443	2880	6766	9137	西藏
1700	580	313400	67659	13330	430	1328749	陕西
	2491	83446	6089	2570	18373	461670	甘肃
		1982	7764	769		170153	青海
		37381	8439	5308	4972	162955	宁夏
		96099	7964	3476	48008	514713	新疆
		26073	7423	4182	123782	296682	新疆生产建设兵团

4-1-3 2015年按行业分全国县城市政公用设施建设固定资产投资(按县分列)

计量单位：万元

县名称 Name of Counties	本年完成投资 Completed Investment of This Year	供水 Water Supply	燃气 Gas Supply	集中供热 Central Heating	道路桥梁 Road and Bridge	排水 Sewerage
全国	**30998145**	**1564039**	**1126463**	**1709695**	**16639049**	**2658058**
天津	**8400**					
蓟县	8400					
河北	**1723627**	**143565**	**88099**	**287986**	**522465**	**130553**
井陉县	14500		3500			
正定县	10687		137	1004	1745	
行唐县	22411			11500	6928	
灵寿县	3366				605	234
高邑县	3217		65			
深泽县	4700				4700	
赞皇县	4170			1300		2870
无极县	2791	200	1291		300	1000
平山县	10275	18	3155	65	4300	
元氏县	10500			5800	3800	
赵县	10927	1000			3436	
滦县	22794	875		1830	1987	
滦南县	12660	70	2400		7233	
乐亭县	21334		600	270	12176	5100
迁西县	14300		1000		13300	
玉田县	51822	1000	800	47000	1572	310
曹妃甸区	50999	2240		727	27191	7338
青龙满族自治县	6048		338	144	4856	350
昌黎县	14590	865	1125	4120	2330	1900
卢龙县	12138				4350	288
临漳县	35395	2800	820	1000	900	1370
成安县	75000	4000			29000	
大名县	30665	900			18600	
涉县	12620	505	870	2700	5420	
磁县	7800	7800				
肥乡县	19181	3000		2000	2252	3709
永年县	37623	6523	12000		6800	9500
邱县	7589				1509	1080
鸡泽县	3230	1100			118	
广平县	18793		14705		2043	60
馆陶县	14070	2500	500	3000	1210	810
魏县	70181	3905	3000		23058	9879
曲周县	56260	145	300	9000	45655	
临城县	5820	3117	600	300	1125	576
内丘县	1100				1100	
柏乡县	682					682
隆尧县	10230	800	1000	7000	980	450
任县	836	409			352	
南和县	1407				1407	
宁晋县	6307					5307
巨鹿县	16392	5365	390	4500	1781	1814

National Fixed Assets Investment in County Seat Service Facilities by Industry (by County in Column)(2015)

Measurement Unit:10,000RMB

污水处理 Wastewater Treatment	污泥处置 Sludge Disposal	再生水利用 Wastewater Recycled and Reused	园林绿化 Landscaping	市容环境卫生 Environmental Sanitation	垃圾处理 Domestic Garbage Treatment	其他 Other	本年新增固定资产 Newly Added Fixed Assets of This Year	县名称 Name of Counties
1084762	**12316**	**48642**	**4807826**	**739533**	**316466**	**1753482**	**27725498**	**全 国**
			8400				**8400**	**天 津**
			8400				8400	蓟 县
50344	**701**	**1126**	**374398**	**63827**	**33656**	**112734**	**1429982**	**河 北**
			8000			3000	14500	井陉县
			4212	3488	3488	101	10727	正定县
			3806	177	177		22411	行唐县
			450	77		2000	3366	灵寿县
			1662	1490	1110		3217	高邑县
							4700	深泽县
2870							1650	赞皇县
1000							3591	无极县
			2737				2975	平山县
			900				10700	元氏县
			2591	3900	3000		10927	赵 县
			17652			450	22794	滦 县
			772	735	420	1450	12686	滦南县
3900			606	2582	2582		21334	乐亭县
							14300	迁西县
			330	810			41532	玉田县
1829			1786			11717	48708	曹妃甸区
350			360				5698	青龙满族自治县
1900			4250				9240	昌黎县
288			1200	4300		2000	12138	卢龙县
			28000	505			35395	临漳县
			30000			12000	8200	成安县
			8885	2280			30665	大名县
			3125				9510	涉 县
								磁 县
			750			7470	19181	肥乡县
8000						2800	37623	永年县
			5000				7589	邱 县
			1562	450			5515	鸡泽县
60			1963			22	18793	广平县
			4800	900		350	14070	馆陶县
9879			9490	9		20840	70181	魏 县
			900	260			56260	曲周县
			102				8453	临城县
							1100	内丘县
682							682	柏乡县
							10230	隆尧县
						75	618	任 县
							1407	南和县
2926						1000		宁晋县
800			2080	462	82		16392	巨鹿县

4-1-3 续表 1

计量单位：万元

县名称 Name of Counties	本年完成投资 Completed Investment of This Year	供水 Water Supply	燃气 Gas Supply	集中供热 Central Heating	道路桥梁 Road and Bridge	排水 Sewerage
新河县	11721	500	3421		4000	2100
广宗县	10300				10300	
平乡县						
威　县	9381				5095	786
清河县	46784	9089		1000	22650	7720
临西县	35000	1800	700	18000	6500	2000
涞水县	12390			12000		
阜平县	34700	1700	1000	28000		100
定兴县	12011		40			8171
唐　县	26416	210	563	11280	12648	
高阳县	3000				3000	
容城县	15554		1000		5236	2200
涞源县	1669					1000
望都县	25920	2920		9000		
安新县	19338	2325			188	
易　县	4520				4520	
曲阳县	19600			8310	1350	
蠡　县	8020	1200	3000			
顺平县	2232		300			1000
博野县	1395		300	1000	95	
雄　县	24248	5005	833	279	16691	1073
张北县	15500			2800	6800	3100
康保县	13185			2068	8934	
沽源县	16770	1639		3900	1380	1036
尚义县	9000	1750		6500	750	
蔚　县	11785	2013			4220	
阳原县	6652				436	2400
怀安县	6790	1100	690		1700	
万全县	5926	72		4866	88	
怀来县	13550	800	900		2850	1000
涿鹿县	22600				6300	
赤城县	14943					
崇礼县	30539	27000			269	2000
承德县	1700			1000		
兴隆县	12014	500		10500		
平泉县	4200	100		2000	550	150
滦平县	9280			1200	6080	
隆化县	10045		1000	1000		3080
丰宁满族自治县	13090	100		7082	1200	851
宽城满族自治县	18073				15373	2700
围场满族蒙古族自治县	13754	5100	960	1780	952	
青　县	17540	4300	4270	3300	4208	
东光县	3235			185	1900	62
海兴县	5520				1246	1474
盐山县	32770	450	123		885	177

continued 1

Measurement Unit:10,000RMB

污水处理 Wastewater Treatment	污泥处置 Sludge Disposal	再生水利用 Wastewater Recycled and Reused	园林绿化 Landscaping	市容环境卫生 Environmental Sanitation	垃圾处理 Domestic Garbage Treatment	其他 Other	本年新增固定资产 Newly Added Fixed Assets of This Year	县名称 Name of Counties
100			1500	200	200		11721	新河县
							10300	广宗县
							2715	平乡县
			3500				4144	威　县
			4680			1645	4800	清河县
			300	400		5300		临西县
			390				12390	涞水县
			3500	400	400		700	阜平县
80				3800	3800		12011	定兴县
			1715					唐　县
								高阳县
2200			4318			2800	15554	容城县
			230	439			1669	涞源县
			14000				25920	望都县
				16825	16825		19338	安新县
							4520	易　县
			9940				30560	曲阳县
			3000	820			7456	蠡　县
1000			600	332	332		8170	顺平县
							5274	博野县
			115	252			18207	雄　县
			2600	200			15500	张北县
			2183				13185	康保县
1036			8815				16770	沽源县
							9000	尚义县
			5552				11785	蔚　县
			3716	100			6652	阳原县
			3300				6790	怀安县
			900				5926	万全县
			8000				13550	怀来县
			16300				22600	涿鹿县
			1323	13620			14943	赤城县
2000			1000	270			30539	崇礼县
			200			500	1700	承德县
			720			294	11714	兴隆县
			500			900	4200	平泉县
			2000				1200	滦平县
3000			4965				9745	隆化县
150	701		2000			1857	13090	丰宁满族自治县
							16573	宽城满族自治县
			4900	62			10852	围场满族蒙古族自治县
			1360	102			17540	青　县
						1088	3235	东光县
			2800				705	海兴县
		120	31135				32770	盐山县

4-1-3 续表 2

计量单位：万元

县名称 Name of Counties	本年完成投资 Completed Investment of This Year	供水 Water Supply	燃气 Gas Supply	集中供热 Central Heating	道路桥梁 Road and Bridge	排水 Sewerage
肃宁县	1385	425	50	36	796	6
南皮县	12010			11000		
吴桥县	23780	5000		8000	6400	2000
献　县	16097	500	677	3000	2450	2200
孟村回族自治县	1182		150		550	200
固安县	19906		1600		11204	
永清县	1959	360	75		160	1230
香河县	15212	770	8118	2832	652	2734
大城县	9380		500		8480	
文安县	9171	3486	430		3955	
大厂回族自治县	80831	1175	6139	13933	41810	12404
枣强县	10249	1496			2652	242
武邑县	5200				3000	2200
武强县	11130	2000			2400	
饶阳县	37654	520	464	174	2976	71
安平县	29941	650	2000	201	16966	2584
故城县	42961	8373	200	2500	13771	5725
景　县	11179					150
阜城县	16330			6000	1730	
山　西	**1024220**	**54008**	**58520**	**191285**	**452609**	**108167**
阳曲县	17170				17170	
娄烦县	2474			2474		
阳高县	1495	150	320	200	440	85
天镇县	2342				2342	
广灵县	2700					1600
浑源县	200		200			
左云县	1876	78		849		899
大同县	1100				1100	
平定县	27659	2087	5782	2100	9317	1373
盂　县	11672			7600	1872	1000
长治县	7044	3324			130	
襄垣县	64117	7800	974	469	45759	600
屯留县	13798	100	689	2330	5792	4187
平顺县	11296		422	600	5833	1199
黎城县	14615	2000		8000	3100	1080
壶关县	10474	2	436	1022	4200	2314
长子县	9998	1072		5500	1746	210
武乡县	10038	750	830	1550	5158	350
沁　县	11902	77	648	7655	117	1030
沁源县	12618		2793	3510	1113	2565
沁水县	3100		400	1000		
阳城县	15143	980	1741	5000	3005	4161
陵川县	25042	112	400	13632	5037	3500
山阴县	2817	528		443	1548	298
应　县	16066	100	280	9183	1980	4523
右玉县	9689	1078			6011	2600

continued 2

Measurement Unit:10,000RMB

污水处理 Wastewater Treatment	污泥处置 Sludge Disposal	再生水利用 Wastewater Recycled and Reused	园林绿化 Landscaping	市容环境卫生 Environmental Sanitation	垃圾处理 Domestic Garbage Treatment	其他 Other	本年新增固定资产 Newly Added Fixed Assets of This Year	县名称 Name of Counties
		6	72				1385	肃宁县
			390	620			1051	南皮县
			1800			580	18080	吴桥县
		1000	6770	500			16097	献　县
50			170	112			1182	孟村回族自治县
			7102				19906	固安县
				130		4	1959	永清县
				106			15212	香河县
			400				9380	大城县
			1300				5685	文安县
3660			4980	390			78504	大厂回族自治县
			5447	412			10249	枣强县
							5200	武邑县
			5230			1500	9630	武强县
			7599	70		25780	37654	饶阳县
2584			7400	140	140		27357	安平县
			12392				33011	故城县
			5818			5211	11179	景　县
			7500	1100	1100		12190	阜城县
42935	**1000**	**2905**	**103324**	**50902**	**30792**	**5405**	**854087**	**山　西**
								阳曲县
								娄烦县
			300				1495	阳高县
							2342	天镇县
1600			1100					广灵县
							200	浑源县
899				50			1876	左云县
							856	大同县
1373			800	2700		3500	19659	平定县
	1000		1200				11672	盂　县
			3590				1490	长治县
600			480	8035	130		28658	襄垣县
452			700				13798	屯留县
1199			1609	1633			11296	平顺县
1080			435				12615	黎城县
1704			2500				10238	壶关县
210			500	970			8716	长子县
			1400				10038	武乡县
1030			2295	80			3198	沁　县
		2565	2637				12618	沁源县
						1700		沁水县
3861		300		256			9077	阳城县
			2361				25042	陵川县
							298	山阴县
4523							4803	应　县
							5272	右玉县

4-1-3 续表 3

计量单位：万元

县名称 Name of Counties	本年完成投资 Completed Investment of This Year	供水 Water Supply	燃气 Gas Supply	集中供热 Central Heating	道路桥梁 Road and Bridge	排水 Sewerage
怀仁县	8417	724	1793	1550	3800	550
榆社县	1257	343		750		164
左权县	13119	1650	580	4609	2146	810
和顺县	7396	40	320	1500	4749	787
昔阳县	7099	469	479	240	2612	1624
寿阳县	9315		150	9165		
太谷县	16700		3800	5400	4000	1500
祁　县	8223		58		3205	
平遥县	32401				32050	351
灵石县	17224	70	3868		12959	327
临猗县	22706	1255	320		1385	8800
万荣县	2400		1000	300	900	
闻喜县	4812	179	159		2215	
稷山县	1360				1260	
新绛县	7995				6830	1165
绛　县	8075	127	1000	120	5868	800
垣曲县	2679				2679	
夏　县	10225	5000			4340	885
平陆县	19658	108	700	150	17176	1000
芮城县	10404				10404	
定襄县	7406	97	300	3500	3509	
五台县	15957	369	615		13530	761
代　县	9248	273	2993		5309	673
繁峙县	10569	439		2880	5135	1772
宁武县	11087	800		2000	6036	
静乐县	4587	3323			1264	
神池县	15967	720			6000	5334
五寨县	8302			1200	1600	
岢岚县	8065	810			4200	1829
河曲县	30084	430	645	14429	9445	1940
保德县	22097	1558	1238	603	4680	7290
偏关县	18030	1000	300	5725	1320	1299
曲沃县	29509				25400	4109
襄汾县	10445	215			10230	
吉　县	7325	650	360	200	5000	900
大宁县	6054	22	800	548	1744	2398
隰　县	15012	1400	600	550	11768	694
永和县	4190	90	500	3100	500	
蒲　县	16515		1550	1200	10920	40
汾西县	11230			8100	830	1200
文水县	26283	929	77	12800	4402	2697
交城县	22640	3380	3500	4180	4538	3720
兴　县	28056	1615	3000	3228	12845	1244
临　县	33968	500	3000	2000	14264	2600
柳林县	36075	284	5350	14041	9482	2500
石楼县	2290	350			1180	600

continued 3

Measurement Unit:10,000RMB

污水处理 Wastewater Treatment	污泥处置 Sludge Disposal	再生水利用 Wastewater Recycled and Reused	园林绿化 Landscaping	市容环境卫生 Environmental Sanitation	垃圾处理 Domestic Garbage Treatment	其他 Other	本年新增固定资产 Newly Added Fixed Assets of This Year	县名称 Name of Counties
							13881	怀仁县
164							1141	榆社县
226			2824	500	500		13119	左权县
787							9252	和顺县
1000			1675				9685	昔阳县
							9868	寿阳县
			2000				16700	太谷县
			4960				8223	祁　县
							17130	平遥县
							8224	灵石县
8800			246	10700	10700		4446	临猗县
			200				1500	万荣县
			2259				4812	闻喜县
			100				1360	稷山县
1165							6830	新绛县
			160				2607	绛　县
							2679	垣曲县
450							9825	夏　县
1000			324	200	200		8965	平陆县
							10404	芮城县
							7406	定襄县
			570	112			15957	五台县
							7948	代　县
			343				10569	繁峙县
			2251				10187	宁武县
							4587	静乐县
			3463	450	450		15967	神池县
			312	5190	5190		8302	五寨县
			1226				8065	岢岚县
			3095	100			30084	河曲县
			6524	204			22097	保德县
				8386	8100		18030	偏关县
4109							29509	曲沃县
							10445	襄汾县
900			215				2110	吉　县
1658			542				5437	大宁县
285							15012	隰　县
							4190	永和县
		40	2600			205	16515	蒲　县
			1100				11230	汾西县
			2378	3000			26283	文水县
				3322	3322		22640	交城县
			5624	500			27957	兴　县
			11604				33968	临　县
			2704	1714			36075	柳林县
				160			2290	石楼县

4-1-3 续表 4

计量单位：万元

县名称 Name of Counties	本年完成投资 Completed Investment of This Year	供水 Water Supply	燃气 Gas Supply	集中供热 Central Heating	道路桥梁 Road and Bridge	排水 Sewerage
岚　县	41644	1624		9400	24530	5110
方山县	12022	2847	2775		2900	500
中阳县	13845	80	200	3300	6800	2620
交口县	27808		575	1400	1900	4000
内蒙古	**2030593**	**86026**	**61859**	**309722**	**754479**	**142575**
土默特左旗	19935			250	13000	5000
托克托县	42540	750		210	40530	550
和林格尔县	23323				5542	2491
清水河县	19331			251	13290	310
武川县	43741				37241	
土默特右旗	58900	100	2000	1800	29000	1500
固阳县	96970	70	25000		58600	5400
达尔罕茂明安联合旗	15700	300		1000	5000	3400
阿鲁科尔沁旗	6202	200			3882	120
巴林左旗	47899	11421	5800	5000	18252	5500
巴林右旗	52485				48525	3960
林西县	58276				49000	6600
克什克腾旗	4079	150			1989	300
翁牛特旗	21145	122		3860	7832	2201
喀喇沁旗	26296	800		20000	4701	750
宁城县	19978	110		5688	10320	3860
敖汉旗	16389	1100		8500	889	100
科尔沁左翼中旗	69548	50	480	980	15000	1038
科尔沁左翼后旗	46941	110		1155	20000	2338
开鲁县	30973	1500	555	6400	8523	1875
库伦旗	33361	3110		590	7000	1640
奈曼旗	28624	694	3930	2000	18000	
扎鲁特旗	70909	20355	4054	5647	15000	17865
达拉特旗	18271	480	360	80	1178	232
准格尔旗	55006	1141		2831	13916	3455
鄂托克前旗	12969				7858	
鄂托克旗	24684		576	3898	6452	540
杭锦旗	27340	3081	37	4840	16200	350
乌审旗	3320	1200			540	
伊金霍洛旗	13156	1000			3900	
阿荣旗	47167	1201	3074	1638	27764	5190
莫力达瓦达斡尔族自治旗	15587	1717	290	1690	6806	4300
鄂伦春自治旗	55582			16282	17990	4913
鄂温克族自治旗	35207	229	150	1776	17337	412
陈巴尔虎旗	4061	513	890		500	2000
新巴尔虎左旗	12850			5400	1650	4000
新巴尔虎右旗	14448	709		500	10035	900
五原县	33765	4460	44	540	12711	
磴口县	9303	130			4252	

continued 4

Measurement Unit:10,000RMB

污水处理 Wastewater Treatment	污泥处置 Sludge Disposal	再生水利用 Wastewater Recycled and Reused	园林绿化 Landscaping	市容环境卫生 Environmental Sanitation	垃圾处理 Domestic Garbage Treatment	其他 Other	本年新增固定资产 Newly Added Fixed Assets of This Year	县名称 Name of Counties
1460			40	940	900		41644	岚　县
			2500	500	500		12022	方山县
2400			45	800	800		13845	中阳县
			19533	400			27808	交口县
35872	**1121**	**13549**	**613035**	**52795**	**11267**	**10102**	**1864107**	**内蒙古**
			1500	185			19692	土默特左旗
			500				42150	托克托县
			10535	755		4000	22278	和林格尔县
			5480				19105	清水河县
			6500				40741	武川县
			18500	6000			38794	土默特右旗
			7900				56675	固阳县
			6000				10501	达尔罕茂明安联合旗
			2000				6202	阿鲁科尔沁旗
2000			1926				47549	巴林左旗
							52485	巴林右旗
6600			1476	1200			58276	林西县
			1390	250			3963	克什克腾旗
1174			7130				21145	翁牛特旗
750				45			26296	喀喇沁旗
3860							19978	宁城县
	100		3300	2500	2500		16389	敖汉旗
			52000				67069	科尔沁左翼中旗
			20000	3338			46916	科尔沁左翼后旗
			10000	2120			30373	开鲁县
			21000	21			28361	库伦旗
			3000	1000			29124	奈曼旗
			6639	1349			70909	扎鲁特旗
			15300	641			16769	达拉特旗
			33184	479			50330	准格尔旗
			5111				11050	鄂托克前旗
			13140	78			22794	鄂托克旗
350			2832				26240	杭锦旗
			1000	580			2418	乌审旗
			8256				9451	伊金霍洛旗
3321		1869	8100	200			47167	阿荣旗
1800		2500	664	120			15587	莫力达瓦达斡尔族自治旗
3892	1021		7000	9397	7367		41758	鄂伦春自治旗
			14536	767	420		35207	鄂温克族自治旗
			30	128			3911	陈巴尔虎旗
			1800				12850	新巴尔虎左旗
			2304				14448	新巴尔虎右旗
			15538	472			26443	五原县
			4921				4711	磴口县

4-1-3 续表 5

计量单位：万元

县名称 Name of Counties	本年完成投资 Completed Investment of This Year	供水 Water Supply	燃气 Gas Supply	集中供热 Central Heating	道路桥梁 Road and Bridge	排水 Sewerage
乌拉特前旗	42436			620	4500	563
乌拉特中旗	19172			440	1926	200
乌拉特后旗	15800			7100	600	
杭锦后旗	39317	300	1211	19000	5436	400
卓资县	29888	11		1288	4801	197
化德县	3089				1189	
商都县	21620	3770	2800	7500	2842	3208
兴和县	88914	2270		36000	20104	10300
凉城县	36000		1500	4000	22800	
察哈尔右翼前旗	64465	1780		35280	11486	4780
察哈尔右翼中旗	53145	447	60	150	2805	38
察哈尔右翼后旗	10027	1409			7680	916
四子王旗	33480	1220		10300	10465	2990
科尔沁右翼前旗	38400	70	2300		3480	500
科尔沁右翼中旗	4767				1930	740
扎赉特旗	18575	60	1200	5640	7090	1200
突泉县	15450	420	1800	1000	6850	1200
阿巴嘎旗	15861	100		13000	1785	
苏尼特左旗	23947	1120		18300	2927	
苏尼特右旗	7776			2750	540	900
东乌珠穆沁旗	9375	111	300	2958	2617	1481
西乌珠穆沁旗	23869	2487		2040	13335	252
太仆寺旗	10832	320		6600	2160	
镶黄旗	7658	210		5270	733	805
正镶白旗	17726	3600		11320	468	100
正蓝旗	17129	258	269	1360	7959	5445
多伦县	23939	300	192	700	9264	2600
阿拉善左旗	85962	7900	2987	12400	16139	4300
阿拉善右旗	8800					4200
额济纳旗	6913	1060		1900	363	2170
辽　宁	**177168**	**11663**	**13140**	**48523**	**49172**	**16921**
辽中县	14392		4593	950	3600	4666
康平县	2869	1125			1332	307
法库县	8540			4600	3940	
台安县	7861	300	3700	869	826	210
岫岩满族自治县	549				549	
新宾满族自治县	14559	62		13046	730	375
清原满族自治县	5263		300	400	2903	
本溪满族自治县	8701	150	50	1931	3315	1000
桓仁满族自治县	5300				1900	200
宽甸满族自治县	1058	179		45	586	
黑山县	7392	450	200	1200		650
义县	12119	166	600	5742	1424	637
阜新蒙古族自治县	2375			1645	730	
彰武县	3383	357	71	1650	299	430
辽阳县	2067	100		1014	523	360

continued 5

Measurement Unit:10,000RMB

污水处理 Wastewater Treatment	污泥处置 Sludge Disposal	再生水利用 Wastewater Recycled and Reused	园林绿化 Landscaping	市容环境卫生 Environmental Sanitation	垃圾处理 Domestic Garbage Treatment	其他 Other	本年新增固定资产 Newly Added Fixed Assets of This Year	县名称 Name of Counties
			36753				36726	乌拉特前旗
			16476	130			14505	乌拉特中旗
			7500	600			13921	乌拉特后旗
			11765	1205			30648	杭锦后旗
			23591				24888	卓资县
			1900				3089	化德县
			1000	500			21620	商都县
			20000	240			88914	兴和县
			7700				35050	凉城县
		4780	10939	200	200		64465	察哈尔右翼前旗
			49500	145			52145	察哈尔右翼中旗
			22				10027	察哈尔右翼后旗
			8105	400			32090	四子王旗
			32050				37400	科尔沁右翼前旗
500			1897	200			4767	科尔沁右翼中旗
500			3385				18395	扎赉特旗
600		600	1100	780	780	2300	15450	突泉县
			670	306			15861	阿巴嘎旗
			1500	100			22772	苏尼特左旗
		900	3240	346			7210	苏尼特右旗
		300	1908				9375	东乌珠穆沁旗
			5625	130			19384	西乌珠穆沁旗
			400	1352			10832	太仆寺旗
575			640				7658	镶黄旗
			2200	38			17726	正镶白旗
			1579	259			14559	正蓝旗
		2600	9500	1383			17227	多伦县
4300			25578	12856		3802	85762	阿拉善左旗
4200			4600				8800	阿拉善右旗
1450			1420				6736	额济纳旗
8336			**30840**	**6909**	**5472**		**155653**	**辽　宁**
			153	430			11621	辽中县
			79	26			2869	康平县
							8540	法库县
			1956				5536	台安县
							549	岫岩满族自治县
			52	294			13777	新宾满族自治县
			1660				4803	清原满族自治县
1000			2255				355	本溪满族自治县
			3200				5300	桓仁满族自治县
			123	125			467	宽甸满族自治县
			80	4812	4812		7392	黑山县
			3550				12119	义县
							1645	阜新蒙古族自治县
			576				3383	彰武县
			70				2067	辽阳县

4-1-3 续表 6

计量单位：万元

县名称 Name of Counties	本年完成投资 Completed Investment of This Year	供水 Water Supply	燃气 Gas Supply	集中供热 Central Heating	道路桥梁 Road and Bridge	排水 Sewerage
大洼县	33100	6500			18900	4900
西丰县	12034	1200	200	5200	1975	446
昌图县	5539	350	270	700	3829	
建平县	6761		150	5231	613	
喀喇沁左翼蒙古族自治县	14517	45	2025	2080	65	112
绥中县	3584	440	761	1700	293	192
建昌县	5205	239	220	520	840	2436
吉　林	**151628**	**34600**	**2217**	**20995**	**51694**	**16021**
农安县	31481	3549	60	1668	9304	
永吉县	6064		114		4600	500
梨树县	5857	2800		1000	520	1448
伊通满族自治县	9675			9675		
东丰县	6964				6964	
东辽县	3600			200	3400	
通化县	13800	7300	1000	3000		600
辉南县	31	31				
柳河县	3814	1500				
抚松县	3798	470	50	1478	1100	700
靖宇县	12169	4779			7297	
长白朝鲜族自治县	520	70			150	
长岭县	1500				900	
镇赉县	17481	51	453	1996	4304	8900
通榆县	21032	13600	420	778	2483	3473
汪清县	11970	450	120	1200	9200	
安图县	1872				1472	400
黑龙江	**406852**	**36616**	**23590**	**178561**	**83103**	**40088**
依兰县	6976			6500	476	
方正县	5818		102	3196	1760	
宾　县	1433				1269	
巴彦县	2887			500	2387	
木兰县	7995	80		1360	5200	970
通河县	610				410	
延寿县	3358		300	2500	460	30
龙江县	16626	1713	500	6720	5427	1653
依安县	7501	500		5000	1018	200
泰来县	5438	447		701	3301	606
甘南县	1904			1240	163	335
富裕县	15303			12600	2665	
克山县	15281	308	1380	5550	1800	2760
克东县	16186			14302	1000	
拜泉县	4368			4368		
鸡东县	2067			590	328	910
萝北县	12025	2180		8000	1630	
绥滨县	5610	1931	577	1500	1184	
集贤县	11759		1485	8000	1129	

continued 6

Measurement Unit:10,000RMB

污水处理 Wastewater Treatment	污泥处置 Sludge Disposal	再生水利用 Wastewater Recycled and Reused	园林绿化 Landscaping	市容环境卫生 Environmental Sanitation	垃圾处理 Domestic Garbage Treatment	其他 Other	本年新增固定资产 Newly Added Fixed Assets of This Year	县名称 Name of Counties
4900			2800				33100	大洼县
			2906	107			12034	西丰县
			210	180			5539	昌图县
			32	735	660		6761	建平县
			10190				10117	喀喇沁左翼蒙古族自治县
			63	135			2474	绥中县
2436			885	65			5205	建昌县
6721		**2700**	**22476**	**3625**	**1280**		**139915**	**吉　林**
			15900	1000			31481	农安县
500			500	350			5364	永吉县
1448			89				5857	梨树县
							9675	伊通满族自治县
							6964	东丰县
							3600	东辽县
600			1200	700			6868	通化县
								辉南县
			2314				3814	柳河县
700							3798	抚松县
				93			12169	靖宇县
			300				450	长白朝鲜族自治县
			600				1500	长岭县
		2700	295	1482	1280		13501	镇赉县
3473			278				21032	通榆县
			1000				11970	汪清县
							1872	安图县
24232	**520**		**15359**	**29535**	**21253**		**392193**	**黑龙江**
							6976	依兰县
			760				5522	方正县
				164			1433	宾　县
							2887	巴彦县
			385				7995	木兰县
			200				610	通河县
				68			3358	延寿县
890			539	74			14000	龙江县
200			615	168			7501	依安县
			121	262			5438	泰来县
			95	71			1904	甘南县
				38			15303	富裕县
2760				3483			15281	克山县
			400	484	484		16186	克东县
							4368	拜泉县
				239			2007	鸡东县
			38	177			12025	萝北县
			287	131	80		5610	绥滨县
				1145	1145		9429	集贤县

4–1–3 续表 7

计量单位：万元

县名称 Name of Counties	本年完成投资 Completed Investment of This Year	供水 Water Supply	燃气 Gas Supply	集中供热 Central Heating	道路桥梁 Road and Bridge	排水 Sewerage
友谊县	5939	2118		2323	1312	
宝清县	21025	1900	400	2600	5103	4390
饶河县	20622	700	4068	6400	7337	500
肇州县	920		800	120		
肇源县	9000	1000	3000	5000		
林甸县	11532	1091	3160	6600		681
杜尔伯特蒙古自治县	4826	1750	594	195	287	2000
嘉荫县	2845	110		1958	37	90
桦南县	10681	519	480	2332	3800	2010
桦川县	5820		188	3580	1016	515
汤原县	15791	105	3865	6460	5060	
抚远县	12435	1300		3200	5221	
勃利县	17529	500	100	13337	448	2084
东宁县	18781	2797	20	9401	2705	86
林口县	3719	150		2800	174	500
嫩江县	5936		436	2100	1635	776
逊克县	5358	400		4436	140	382
孙吴县	9227	37		3707	2677	2393
望奎县	10493	388		4500	3716	255
兰西县	2131	610		800	309	158
青冈县	16895	2640	390	5000	2560	6000
庆安县	17215	6849	200		1400	3470
明水县	5301	300			1659	68
绥棱县	5963	150		2000	1200	1813
呼玛县	2361	1903			458	
塔河县	5526	400	100	680	996	650
漠河县	3698			2225	1276	
加格达奇区	12138	1740	1445	4180	970	3803
江　苏	**575643**	**40787**	**14659**		**218913**	**89849**
丰　县	50331	250	1176		23100	2396
沛　县	11259	309			9490	1350
睢宁县	65206	1500	2500		1200	12000
海安县	102507	20	10		70550	3880
如东县	75716	3710			23199	40856
东海县	18533	660	435		5000	120
灌云县	10158	1200	600		1082	
灌南县	13410	7000	620		600	
涟水县	24993	4300			1716	6362
洪泽县	14384	239	574		6666	2470
盱眙县	5583		452		1300	174
金湖县	13673				8844	2969
响水县	12080	2500			5536	1217
滨海县	20369	4000	1500		3636	6700
阜宁县	22548	500	500		14279	800
射阳县	5442				4002	

continued 7

Measurement Unit:10,000RMB

污水处理 Wastewater Treatment	污泥处置 Sludge Disposal	再生水利用 Wastewater Recycled and Reused	园林绿化 Landscaping	市容环境卫生 Environmental Sanitation	垃圾处理 Domestic Garbage Treatment	其他 Other	本年新增固定资产 Newly Added Fixed Assets of This Year	县名称 Name of Counties
			80	106			5939	友谊县
			650	5982	5934		18058	宝清县
500			1600	17			20622	饶河县
							1300	肇州县
							9000	肇源县
681							11532	林甸县
2000							4826	杜尔伯特蒙古自治县
				650	650		2845	嘉荫县
	520		1340	200	200		9821	桦南县
515			310	211			5820	桦川县
			35	266			15791	汤原县
			1200	1514	1200		8035	抚远县
2000				1060	1060		17029	勃利县
			3396	376			17781	东宁县
				95			3719	林口县
			400	589			5936	嫩江县
							5358	逊克县
			148	265			9227	孙吴县
			434	1200			10493	望奎县
			254				2131	兰西县
6000			305				16895	青冈县
3470			732	4564	4564		17215	庆安县
			148	3126	3126		5301	明水县
1413			800				5963	绥棱县
							2361	呼玛县
				2700	2700		5526	塔河县
			87	110	110		3698	漠河县
3803							12138	加格达奇区
27310			**201410**	**9345**	**680**	**680**	**574942**	**江　苏**
			22759			650	49817	丰　县
			110				11149	沛　县
5000			45606	2400			65206	睢宁县
			28047				102507	海安县
7130			7951				75716	如东县
			11738	580			18533	东海县
			6826	450			10158	灌云县
			4990	200			13410	灌南县
6200			12535	80			24993	涟水县
			3835	600			14384	洪泽县
			3377	280			1474	盱眙县
			1860				13673	金湖县
1200			2707	120			12080	响水县
6000			4053	480			20369	滨海县
			5069	1400			22548	阜宁县
			1400	40	40		5442	射阳县

4-1-3 续表 8

计量单位：万元

县名称 Name of Counties	本年完成投资 Completed Investment of This Year	供水 Water Supply	燃气 Gas Supply	集中供热 Central Heating	道路桥梁 Road and Bridge	排水 Sewerage
建湖县	25220	8027	1304		2998	1780
宝应县	11891	1099	475		2747	840
沭阳县	39093	3973	713		17208	5484
泗阳县	11354		500		5051	451
泗洪县	21893	1500	3300		10709	
浙　江	**1124597**	**83860**	**26636**		**521137**	**193158**
桐庐县	72981	7198	2394		34256	17433
淳安县	34194	3161			12991	18042
象山县	188398	2000	637		60518	43865
宁海县	102043	1345	2339		67592	3752
永嘉县	5127	160	700		1810	477
平阳县	125146				86400	5582
苍南县	41364	7448	329		7827	5185
文成县	6613	105	2529			2729
泰顺县	7601				2699	
嘉善县	33975	7182	2200		8869	548
海盐县	40491	8385	1044		15422	13240
德清县	16914	1103	361		9150	
长兴县	45968	761	1950		36666	3200
安吉县	16479	200	2705		2134	1855
新昌县	39833	750	900		23495	7896
武义县	31619	11200	1131		4331	9877
浦江县	10776				4412	
磐安县	4258	1510			2148	600
常山县	15143	834	1062		4640	5534
开化县	4240				2884	
龙游县	5801	1000	550		2082	2169
岱山县	4489	200			2200	
嵊泗县	894				377	
玉环县	17989				4309	8400
三门县	14405	1900	2650		2500	3730
天台县	13469	865	155		2210	982
仙居县	22363	4000	3000		7014	6350
青田县	10910	340			3950	4800
缙云县	31852	1139			29194	935
遂昌县	48843	1989			40122	3238
松阳县	31348	6674			8467	4208
云和县	16342	6136			4593	1700
庆元县	20346	3275			9355	6476
景宁县	42383	3000			16520	10355
安　徽	**3265510**	**167221**	**110310**	**10000**	**1950056**	**268879**
长丰县	28264		162		19768	2858
肥西县	114480	28150	3155		80298	1297
肥东县	19644	7000	3277		1601	1500
庐江县	51158	2813	2966		16501	8741
芜湖县	7149	731	1313		1065	2600

continued 8

Measurement Unit:10,000RMB

			园林绿化	市容环境卫生		其他	本年新增固定资产	县名称
污水处理 Wastewater Treatment	污泥处置 Sludge Disposal	再生水利用 Wastewater Recycled and Reused	Landscaping	Environmental Sanitation	垃圾处理 Domestic Garbage Treatment	Other	Newly Added Fixed Assets of This Year	Name of Counties
1780			10911	200			26470	建湖县
			5750	980	640		**11449**	宝应县
			11715				39093	沭阳县
			4091	1231		30	11354	泗阳县
			6080	304			25117	泗洪县
96973	**400**	**6**	**162625**	**35229**	**7718**	**101952**	**931577**	**浙　江**
16133			3900			7800	58380	桐庐县
17912							10000	淳安县
11415			31733	4733		44912	92315	象山县
3673			13293	8432	4933	5290	126479	宁海县
		6	1280	700			4847	永嘉县
			3200	5100		24864	125146	平阳县
2130			20121	454			33711	苍南县
900				670	670	580	6284	文成县
			4780	2		120	13384	泰顺县
			12160	1686	156	1330	52815	嘉善县
13240			1334	1066	1066		27101	海盐县
			6300				14114	德清县
200			3000	391			65008	长兴县
1855			4500	5010		75	15046	安吉县
2700			6193	599			34889	新昌县
1800				692		4388	31619	武义县
			6000	364			10776	浦江县
600							4258	磐安县
4050			1381	160	45	1532	9779	常山县
			1356				4240	开化县
60							5801	龙游县
			320			1769	2289	岱山县
			517				894	嵊泗县
1515			5280				16474	玉环县
1200	400		3290	335			12662	三门县
			8978	279	228		13439	天台县
650			1800	199			19199	仙居县
3000			1500	320			6965	青田县
66			362	222			9658	缙云县
2329			1506	1888		100	33439	遂昌县
2580			2187	620	620	9192	39004	松阳县
1700			3054	859			20188	云和县
500			850	390			4896	庆元县
6765			12450	58			6478	景宁县
99020		**1589**	**641027**	**42172**	**10678**	**75845**	**3125342**	**安　徽**
			5080	96		300	26564	长丰县
			1280	300			86980	肥西县
			6000	266			19644	肥东县
7418			20137				56322	庐江县
2600			1440				4018	芜湖县

4-1-3 续表 9

计量单位：万元

县名称 Name of Counties	本年完成投资 Completed Investment of This Year	供水 Water Supply	燃气 Gas Supply	集中供热 Central Heating	道路桥梁 Road and Bridge	排水 Sewerage
繁昌县	22944	170			21773	150
南陵县	27141	950	2240		12019	4678
无为县	45529	6400	896		21669	2270
怀远县	132998		1392		106580	10000
五河县	125037	9080	1728		92280	5400
固镇县	75578	2750	1650		53478	12800
凤台县	48713	7880	550		31850	7000
当涂县	122842		550		52737	16150
含山县	99230	19150	3250		33630	11300
和　县	85770	1200	3200		34730	9140
濉溪县	4770	960			640	
铜陵县	11415				7655	
怀宁县	53980	3700	720		34000	12000
枞阳县	39436	2770	2376		23589	10701
潜山县	11293				11293	
太湖县	18700		3000		12000	1000
宿松县	53800				37800	6000
望江县	14736				3284	1722
岳西县	7150				6120	1030
歙　县	15360	1250	1610		8700	1900
休宁县	13180	3520	3000		2950	2660
黟　县	12400	2000	2000		3200	2000
祁门县	15230	400	380		10850	3000
来安县	103381	7130	6873		47154	18682
全椒县	127850	6440	4760	10000	52870	26080
定远县	175246	233	1736		89765	1159
凤阳县	100066	3500	23800		60247	450
临泉县	9533				6400	1900
太和县	87066	569	3100		57017	800
阜南县	30886	425	2000		13900	10051
颍上县	136220	1250	1280		117300	8850
砀山县	157391	2200	140		114765	4220
萧　县	157590	1500	3000		141850	9640
灵璧县	74500				49500	10000
泗　县	68380	500	500		63400	
寿　县	46420	4200	600		23320	12750
霍邱县	88854		1620		43971	
舒城县	44648	1400	800		39356	2720
金寨县	244798	26000	2440		86800	5293
霍山县	46500		4300		33646	2919
涡阳县	26579	1160	2000		7855	6824
蒙城县	47451	2600	4000		16404	1880
利辛县	51186				42286	700
东至县	45765	260	1500		34100	1187
石台县	15167	3141	870		3777	
青阳县	15957	785	975		3623	130

continued 9

Measurement Unit:10,000RMB

污水处理 Wastewater Treatment	污泥处置 Sludge Disposal	再生水利用 Wastewater Recycled and Reused	园林绿化 Landscaping	市容环境卫生 Environmental Sanitation	垃圾处理 Domestic Garbage Treatment	其他 Other	本年新增固定资产 Newly Added Fixed Assets of This Year	县名称 Name of Counties
		150	851				22944	繁昌县
4490			7010	244	200		52565	南陵县
2270			14294				63954	无为县
5000			15026				91298	怀远县
5400			14564	1985	1410		120018	五河县
1020			4500	400	360		75578	固镇县
7000			1433				88373	凤台县
			52605	800			75420	当涂县
6600			30700	1200			93630	含山县
			36700	800			85770	和　县
			3018	152	152		4970	濉溪县
			3760				11415	铜陵县
			3560				53980	怀宁县
289							39436	枞阳县
							11293	潜山县
			2700				14000	太湖县
			10000				53800	宿松县
			9730				5486	望江县
1030							6000	岳西县
			1900				15360	歙　县
			1050				13180	休宁县
			2000	1200			12400	黟　县
			600				15230	祁门县
9010			20135	3407	3407		107976	来安县
			18210	4050		5440	127850	全椒县
			81595	758			192820	定远县
450			10269			1800	100066	凤阳县
1900			600	633			9533	临泉县
800			25437	143	143		87066	太和县
8410		1439	4020	490			30886	阜南县
8850			6763	777	626		136220	颍上县
			35801	265			96271	砀山县
8640			1600				148950	萧　县
			15000				74500	灵璧县
			3980				48980	泗　县
			2550	3000	3000		46420	寿　县
			42303	960	850		70484	霍邱县
2000			372				38252	舒城县
5293			62065	17200		45000	255598	金寨县
			3535	1350		750	46500	霍山县
6824			8300	440			26579	涡阳县
1880			22167	400	400		47451	蒙城县
700			8200				50955	利辛县
				50		8668	31295	东至县
			4124			3255	14097	石台县
			1454			8990	15957	青阳县

4-1-3 续表 10

计量单位：万元

县名称 Name of Counties	本年完成投资 Completed Investment of This Year	供水 Water Supply	燃气 Gas Supply	集中供热 Central Heating	道路桥梁 Road and Bridge	排水 Sewerage
郎溪县	11877		2500		6862	1328
广德县	20796	925	1273		8831	1910
泾　县	23659	994	550		17136	198
绩溪县	19836	575	78		18683	200
旌德县	9981	560	200		7178	1111
福　建	**1440105**	**66696**	**33655**		**920879**	**105926**
闽侯县	7961	215	32		2900	
连江县	24700	5600	5800		8800	
罗源县	3296	158	138		3000	
闽清县	2520				2520	
永泰县	35350				14750	
仙游县	45640	1690	800		8000	1700
明溪县	10274	870	340		6000	2434
清流县	22710	1077	450		10995	2798
宁化县	54700	2400	5000		25200	4300
大田县	38881	2640	1550		17330	5150
尤溪县	46376	4760			27676	7060
沙　县	59090	2400	500		27080	3840
将乐县	33726	1018	3500		18013	2893
泰宁县	72702	4400	4188		49542	11482
建宁县	11159	1300			5455	1850
惠安县	1035				1000	
安溪县	19467	200	446		4800	2440
永春县	13118				6790	4265
德化县	31004	2160			21760	7084
云霄县	44054	2015	1170		13829	
漳浦县	60250	1539	4871		43930	1672
诏安县	91150	950	1000		74000	9200
长泰县	57450	10000	600		41900	700
东山县	11917	200			3580	6240
南靖县	15150	400	70		7250	4380
平和县	55579		1500		38529	
华安县	2700				2000	
顺昌县	5933	280			1780	2450
浦城县	20710	3170			5540	3810
光泽县	8720	3000	500		1800	1870
松溪县	6560	1110			2260	3190
政和县	8000	1500			2050	3850
长汀县	6900	1100			1550	2500
上杭县	17575	2100	1200		13425	
武平县	23450	1800			17550	1500
连城县	13078	880			8748	550
霞浦县	5888	146			3122	120
古田县	7922	160			1171	940
屏南县	35084				34400	
寿宁县	4338	78			480	600

continued 10

Measurement Unit:10,000RMB

污水处理 Wastewater Treatment	污泥处置 Sludge Disposal	再生水利用 Wastewater Recycled and Reused	园林绿化 Landscaping	市容环境卫生 Environmental Sanitation	垃圾处理 Domestic Garbage Treatment	其他 Other	本年新增固定资产 Newly Added Fixed Assets of This Year	县名称 Name of Counties
			1187				11877	郎溪县
450			6612	245		1000	19946	广德县
			4530	251			38943	泾　县
			170	130	130		22246	绩溪县
696			110	180		642	7996	旌德县
39481	**600**		**227304**	**21736**	**15098**	**63909**	**1118786**	**福　建**
			4500	314			7961	闽侯县
			4500				18900	连江县
							3296	罗源县
							2520	闽清县
			20600				35350	永泰县
1700			33100	350			45640	仙游县
1460			400	230			9344	明溪县
1149			7240	150	150		24710	清流县
			14700			3100	54700	宁化县
4700			5586	6625	6400		38881	大田县
3860			6880				46376	尤溪县
			23770	1500	1500		59090	沙　县
			7332	970	610		33726	将乐县
			1500	50		1540	71702	泰宁县
			2200	354			11159	建宁县
				35			1035	惠安县
990			11581				19467	安溪县
2500			1063			1000	13118	永春县
1364							22145	德化县
			18100	532	532	8408	6061	云霄县
1000			5823	2200	2200	215	53327	漳浦县
5000			5500	500			18800	诏安县
700			4000			250	36300	长泰县
	600		1897				11917	东山县
800			3050				15150	南靖县
			12650	2500		400	55579	平和县
			700				2700	华安县
2450				706	706	717	1703	顺昌县
810			4900	420		2870	20710	浦城县
1870			800	750	500		8720	光泽县
1200							6560	松溪县
2750			600				5463	政和县
			1000	750			6900	长汀县
			850				17575	上杭县
			2600				23450	武平县
			2600	300			13078	连城县
			2500				4066	霞浦县
			5651				5191	古田县
			590			94		屏南县
380						3180	4338	寿宁县

4-1-3 续表 11

计量单位：万元

县名称 Name of Counties	本年完成投资 Completed Investment of This Year	供水 Water Supply	燃气 Gas Supply	集中供热 Central Heating	道路桥梁 Road and Bridge	排水 Sewerage
周宁县	4174	300			3823	
柘荣县	5545	800			200	260
平潭县	394269	4280			336351	4798
江 西	**2521525**	**106304**	**100271**		**1191175**	**196733**
南昌县	27257				27257	
安义县	2751	100			2151	350
进贤县	37361		331		15930	
浮梁县	22026	5100	245		4095	205
莲花县	28610				4700	6210
上栗县	22675				22254	421
芦溪县	5560	4560				
九江县	3896	500	427		2939	
武宁县	38635	1900	300		10635	6800
修水县	10044	1524	2573		3200	1320
永修县	12130	2000	30		3100	4000
德安县	37700	6250	500		22650	2600
星子县	38520	500	30		36100	1540
都昌县	80840	8260			23150	13125
湖口县	19780	2980	550		8900	3200
彭泽县	16050				16000	
庐山风景区	1000		800		200	
分宜县	6522	465	1200		282	4575
余江县	24030	2800	500		6800	8730
赣 县	7385	678	1023		1209	875
信丰县	24045	1000	100		21045	1700
大余县	13643		320		7093	161
上犹县	51209	1781	3280		29170	1927
崇义县	13068	285			8930	1353
安远县	20971	1800	21		11650	
龙南县	13850	500	1600		8199	621
定南县	22000				20400	
全南县	4675	200	100		1280	2740
宁都县	98500				43000	4000
于都县	244612		100		127792	20605
兴国县	18467	880	1558		13910	1587
会昌县	40603	7000	2290		6330	
寻乌县	36317		11000		12234	4623
石城县	25681	1880	650		13336	2090
吉安县	24013	600	120		14059	2984
吉水县	86750		8000		78750	
峡江县	5705	906	200		1987	294
新干县	48120		9570		23850	1000
永丰县	115536	8871	3800		38000	11410
泰和县	15317		3400		3504	80
遂川县	23030	110			14720	
万安县	21833	1661			10599	

continued 11

Measurement Unit:10,000RMB

			园林绿化	市容环境		其他	本年新增	
污水处理	污泥处置	再生水利用		卫生	垃圾处理		固定资产	县名称
Wastewater Treatment	Sludge Disposal	Wastewater Recycled and Reused	Landscaping	Environmental Sanitation	Domestic Garbage Treatment	Other	Newly Added Fixed Assets of This Year	Name of Counties
			26			25	4174	周宁县
			3695			590	460	柘荣县
4798			4820	2500	2500	41520	277444	平潭县
79405	**125**		**383928**	**68441**	**37399**	**474673**	**2417776**	**江　西**
							29815	南昌县
			150				2680	安义县
			21000	100	100		51191	进贤县
205			185			12196	22026	浮梁县
6210			2200			15500	28610	莲花县
							27675	上栗县
			1000				5500	芦溪县
			30				3896	九江县
6300			7000	10000		2000	38635	武宁县
			903	524			9539	修水县
			3000				12103	永修县
			5700				37700	德安县
850			350				38520	星子县
			2670	2345		31290	80840	都昌县
			4100	50	50		19780	湖口县
				50	50		16050	彭泽县
							1000	庐山风景区
4352							8322	分宜县
			4800			400	14930	余江县
			3600				4015	赣　县
			100	100			31345	信丰县
			5585	400		84	13643	大余县
1055			1366	3713	10	9972	15664	上犹县
			100	2400	2400		14968	崇义县
			3600	500	500	3400	21921	安远县
			2400	530			13850	龙南县
			700	100		800	23200	定南县
500			202	100	100	53	4025	全南县
			3500			48000	87100	宁都县
2000				8452	8452	87663	244647	于都县
1195			500	32			18467	兴国县
			8221	132		16630	40603	会昌县
20	125		600	4860	4860	3000	11500	寻乌县
2090			4286	1866	1600	1573	25881	石城县
			3700			2550	24013	吉安县
							90050	吉水县
			2000	318			5705	峡江县
			13700				48120	新干县
11410			5750			47705	115536	永丰县
75			1590	16		6727	8885	泰和县
			6000			2200	23030	遂川县
			2000	1357		6216	21833	万安县

4-1-3 续表 12

计量单位：万元

县名称 Name of Counties	本年完成投资 Completed Investment of This Year	供水 Water Supply	燃气 Gas Supply	集中供热 Central Heating	道路桥梁 Road and Bridge	排水 Sewerage
安福县	43976		4000		24250	
永新县	5380		520		3410	850
奉新县	1191				1069	
万载县	30869	2000	6800		10369	9800
上高县	12500				7500	
宜丰县	1432				440	716
靖安县	15873	600	1000		8106	6150
铜鼓县						
南城县	112000	4800	5200		55800	8900
黎川县	89171	10123	5624		44237	9307
南丰县	32962	800	5000		9758	2200
崇仁县	187072	11300	4800		33872	11200
乐安县	80200				55500	2100
宜黄县	17448	3278			8630	467
金溪县	20880	7080			3100	
资溪县	8500	182			2843	5341
东乡县	153120		970		69280	16700
广昌县	800				800	
上饶县	2475				206	
玉山县	69987				48297	1770
铅山县	4435				1550	1285
横峰县	61550	1000	2000		12550	2500
弋阳县	21955	50	3000		13065	2940
余干县	55200		5900		26400	
鄱阳县	24703				22803	
万年县	9239				5950	700
婺源县	47890		839			2681
山　东	**1386646**	**59710**	**89453**	**143236**	**433903**	**165719**
平阴县	13730	1208	1013	1680	7946	
济阳县	16908	213	130	12150	3030	
商河县	9455		120		3701	
桓台县	14546	125	230	265	120	2348
高青县	17729		630	210	5039	500
沂源县	25679		1065	1989	4125	9510
垦利县	11140		3000	1000	1440	100
利津县	10410			1910	8500	
广饶县	4724		1000	357		
长岛县	2390		120		220	
临朐县	24560	636	1123	3430	3427	6649
昌乐县	39878	133	710	2435	22018	1872
微山县	18478		1039	7630	1839	3270
鱼台县	9495			520	7379	
金乡县	21748		5100	3000	9160	488
嘉祥县	25779				24307	118
汶上县	10000		1500		4500	
泗水县	40040		6340		13590	1280

continued 12

Measurement Unit:10,000RMB

污水处理 Wastewater Treatment	污泥处置 Sludge Disposal	再生水利用 Wastewater Recycled and Reused	园林绿化 Landscaping	市容环境卫生 Environmental Sanitation	垃圾处理 Domestic Garbage Treatment	其他 Other	本年新增固定资产 Newly Added Fixed Assets of This Year	县名称 Name of Counties
			4680	6000	6000	5046	4896	安福县
400			600				5380	永新县
			122				2171	奉新县
5500			400	1500	1500		29469	万载县
			5000				12500	上高县
			276				1432	宜丰县
3200				17	17		5573	靖安县
							1047	铜鼓县
5000			7700			29600	112000	南城县
			8120			11760	89171	黎川县
2200			4600	3000	3000	7604	32962	南丰县
11200			81100	4200	4200	40600	187072	崇仁县
			22600				74600	乐安县
467			1883	3190	2860		12140	宜黄县
			7100			3600	20880	金溪县
2400						134	8500	资溪县
2700			66170				153120	东乡县
							15060	广昌县
			2269				2475	上饶县
1770			8420	6000		5500	72643	玉山县
1285			1600				4435	铅山县
2500			400			43100	61550	横峰县
1840			750	900	900	1250	21955	弋阳县
			13000	3900		6000	50200	余干县
			1100	800	800		24703	鄱阳县
				989		1600	7139	万年县
2681			23450			20920	47890	婺源县
61470	**2983**	**7169**	**324448**	**45424**	**34979**	**124753**	**1299248**	**山　东**
			1014	869	869		13730	平阴县
			1260	125			16908	济阳县
			5609	25			9455	商河县
1728			11300	158			7018	桓台县
			11350				17729	高青县
6100			8163	827			24529	沂源县
			3500			2100	10990	垦利县
							2710	利津县
			1048	333		1986	4724	广饶县
						2050	2390	长岛县
6500			9295				24560	临朐县
721		911	3870	840	750	8000	39878	昌乐县
3270			4700				18340	微山县
			1596				9495	鱼台县
			4000				25653	金乡县
			1354				25777	嘉祥县
			4000				10000	汶上县
370			18740	90	90		39860	泗水县

4-1-3 续表 13

计量单位：万元

县名称 Name of Counties	本年完成投资 Completed Investment of This Year	供水 Water Supply	燃气 Gas Supply	集中供热 Central Heating	道路桥梁 Road and Bridge	排水 Sewerage
梁山县	12109	2500		2500	5723	
宁阳县	38646	7000	7000	1470	4376	10200
东平县	45280	2000			18980	
五莲县	4158				2147	
莒　县	36753	4285			7528	2138
沂南县	27461	712	1075	12054	4231	1191
郯城县	52245	302	17900	2400	11630	4470
沂水县	51738	864	450	9500	5246	1115
兰陵县	9771	584		150	5771	588
费　县	27214	6000	920	2500	7650	3200
平邑县	13552	270		1400	2091	4431
莒南县	37422	3276	860	10000	4414	4388
蒙阴县	6667	60	600	3000	1184	
临沭县	19848	124	1500		11049	
宁津县	6410	1897				4513
庆云县	4692				615	793
临邑县	5500	2400			2560	
齐河县	63499	6200	625	3100	27005	12198
平原县	42232	750	748	2000	4321	1912
夏津县	37500	5000	8000		14400	5100
武城县	8852	390	1794	5200	968	500
阳谷县	8509	264	1491	335	2677	2570
莘　县	107327	1140	2700	4000	28500	19000
茌平县	32866	1685	589		19365	8087
东阿县	11166	506	321	400	5274	2129
冠　县	13163	45	1283	1170	2620	5758
高唐县	45458		1430	1200	18748	1354
惠民县	16456	280	310	2800	4556	5710
阳信县	26075	1976	300		12120	9839
无棣县	6170	560	231	540	2891	786
博兴县	37412	165	6760	665	2680	6142
邹平县	27847	400	570		24929	400
曹　县	32363	800	300	1776	1221	766
单　县	9005	484			2881	2940
成武县	5190		410		240	1780
巨野县	2260		1000		50	10
郓城县	40662	3430			25661	
鄄城县	21619	696	302		2697	3100
定陶县	56634	300	870	32000	10272	12412
东明县	18226	50	5994	6500	4291	64
河　南	**1223605**	**81070**	**53584**	**81622**	**545122**	**159796**
中牟县	30712		5200	19500	935	
杞　县	28477	240	350		19270	7767
通许县	14297	680	6130		7217	
尉氏县	41590	2027			33806	
兰考县	41713	8000	200		16090	6310

continued 13

Measurement Unit:10,000RMB

污水处理 Wastewater Treatment	污泥处置 Sludge Disposal	再生水利用 Wastewater Recycled and Reused	园林绿化 Landscaping	市容环境卫生 Environmental Sanitation	垃圾处理 Domestic Garbage Treatment	其他 Other	本年新增固定资产 Newly Added Fixed Assets of This Year	县名称 Name of Counties
						1386	12109	梁山县
4700		5500		5600	5600	3000	38646	宁阳县
			4000			20300	45280	东平县
			866			1145	4158	五莲县
1927			11323	3614	1697	7865	36453	莒　县
		200	7960	238			27461	沂南县
1160	2600		10028	5515	5200		52245	郯城县
710			13470	21093	20773		15971	沂水县
	300		2560	118			6126	兰陵县
			6344	600			25864	费　县
4431			5360				13552	平邑县
4388			14154	80		250	37423	莒南县
			1800	23			6667	蒙阴县
			6982	193			19848	临沭县
4000							6410	宁津县
	83					3284	4692	庆云县
			540				5500	临邑县
3300			8841			5530	63499	齐河县
			260	248		31993	11121	平原县
			5000				37500	夏津县
							8852	武城县
			1085	87			8509	阳谷县
300			24600	87		27300	107327	莘　县
			3104			36	32830	茌平县
			2141	159		236	11166	东阿县
5000			2287				13163	冠　县
			22000	726			45458	高唐县
		420	2800				16456	惠民县
1259			1840				22816	阳信县
		138		870		292	6170	无棣县
4622			21000				36941	博兴县
			846	702			27847	邹平县
			27500				32363	曹　县
			1700	1000			9005	单　县
420			2760				5190	成武县
			1200				2260	巨野县
			11571				42145	郓城县
			6400	424		8000	21619	鄄城县
6500				780			56634	定陶县
64			1327				18226	东明县
59632	**1284**	**9880**	**245334**	**19731**	**10114**	**37346**	**1225121**	**河　南**
			4717	360			49672	中牟县
7767			560	290			28477	杞　县
				270			14297	通许县
			2764	2993	2993		41590	尉氏县
			10852	261	120		41623	兰考县

4-1-3 续表 14

计量单位：万元

县名称 Name of Counties	本年完成投资 Completed Investment of This Year	供水 Water Supply	燃气 Gas Supply	集中供热 Central Heating	道路桥梁 Road and Bridge	排水 Sewerage
孟津县	690	351				339
新安县	2720		501	535	1281	
栾川县	840	325				390
汝阳县	1603	270			1050	53
伊川县	24169	396		1548	1371	20854
宝丰县	1154	40	120		149	845
叶　县	8955	570	1900	3500	1730	
鲁山县	2598					2598
郏　县	17699	4236	200		5293	
汤阴县	8328	450	650		5099	
滑　县	31654	5500	2750		3148	280
内黄县	1624	560	200		864	
浚　县	9356				9356	
淇　县	5520				3800	
新乡县	12991	460	3100		1737	7625
获嘉县	7910	245	186		7092	
原阳县	3503	1500	200		257	
延津县	11136		30	4022	2987	
封丘县	6158				5364	282
长垣县	99319	3200	2870	26517	25464	26318
修武县	2400		1425		435	500
博爱县	2108				910	1198
武陟县	8549	1356	893		6300	
温　县	1864	435			200	1100
清丰县	11558		1500		3145	
南乐县	54934		225		8584	
范　县	2028					
台前县	22399	2355	329		14455	360
濮阳县	13018	2300	1300		1600	
鄢陵县	7505	825	1880		1730	340
襄城县	7802	595	2780		1267	1080
舞阳县	5770				4270	600
临颍县	4300				4300	
渑池县	586				479	107
卢氏县	775	155	35		64	155
南召县	10700	600			7800	1650
方城县	30186	350	500		18723	315
西峡县	25379	5990	1500		10581	2998
镇平县	17950	948			5901	839
内乡县	20056	1086			9885	5000
淅川县	10919	4109			681	2284
社旗县	8529	200	153		3102	2360
唐河县	7580	30	760		4120	
新野县	24801	1179	2700		1568	2695
桐柏县	2803	980			1488	
民权县	36050	2300	500	26000	3496	500

continued 14

Measurement Unit:10,000RMB

污水处理 Wastewater Treatment	污泥处置 Sludge Disposal	再生水利用 Wastewater Recycled and Reused	园林绿化 Landscaping	市容环境卫生 Environmental Sanitation	垃圾处理 Domestic Garbage Treatment	其他 Other	本年新增固定资产 Newly Added Fixed Assets of This Year	县名称 Name of Counties
							690	孟津县
				403			3381	新安县
			125				840	栾川县
				230	200		933	汝阳县
							24169	伊川县
							1154	宝丰县
			1255				7955	叶　县
2598							2598	鲁山县
			7700	270			15509	郏　县
			2129				8328	汤阴县
			1368	1268	1000	17340	14024	滑　县
							760	内黄县
							9356	浚　县
			1720				5520	淇　县
				69			12991	新乡县
			387				7910	获嘉县
			1513	33			3503	原阳县
			4097				11136	延津县
282			512				6158	封丘县
6950		9880	13800	1150			104336	长垣县
500				40	40		10058	修武县
1198							2108	博爱县
							8549	武陟县
				18		111	1664	温　县
			6906			7	11558	清丰县
			45675	450	450		45598	南乐县
			2028				2028	范　县
360			3900	1000			24399	台前县
			7818				13018	濮阳县
			2670	60			7505	鄢陵县
			1910	170			7802	襄城县
			900				5770	舞阳县
							4300	临颍县
							586	渑池县
			366				775	卢氏县
			650				10520	南召县
			1860	588		7850	20686	方城县
2998			3980	330			25379	西峡县
			10262				17005	镇平县
2763			3618	467			18970	内乡县
	1284			3845	3845		10254	淅川县
			2594	120			8529	社旗县
			1840	830	70		2580	唐河县
845			16579	80			39493	新野县
				335	260		2830	桐柏县
			3214	40	10		34597	民权县

4-1-3 续表 15

计量单位：万元

县名称 Name of Counties	本年完成投资 Completed Investment of This Year	供水 Water Supply	燃气 Gas Supply	集中供热 Central Heating	道路桥梁 Road and Bridge	排水 Sewerage
睢　县	28620	500			9800	9200
宁陵县	5800				3900	700
柘城县	11800	970	300		4500	330
虞城县	17040	310	830		6420	5830
夏邑县	13560	300	2100		5480	980
罗山县	2330				980	200
光山县	1150	248				
新　县	15569	69			13420	530
商城县	2650	200	150		800	500
固始县	10456				2281	6910
潢川县	12570				11570	
淮滨县	8452				2683	2993
息　县	24094				16085	5541
扶沟县	3909	120	1793		1262	
西华县	10960		2370		8590	
商水县	10170				10170	
沈丘县	25503	900	420		20013	3170
郸城县	3989	280			1487	1558
淮阳县	2213	300			1641	102
太康县	6506	1800	604		4102	
鹿邑县	66975	250	250		49900	4750
西平县	23538	30	500		22640	
上蔡县	21346				21346	
平舆县	29351	14200	1200		1585	5000
正阳县	3822	150			3472	200
确山县	17980				9628	
泌阳县	19457	1150	200		8500	6660
汝南县	14540	2400	200		4900	5800
遂平县	26050	1800	1200		8500	1100
新蔡县	27940	250	400		21023	
湖　北	**692385**	**31065**	**26969**		**500437**	**41528**
阳新县	5000				5000	
竹山县	13249	4200			4490	2500
竹溪县	1789				1789	
房　县	27020	2670			23850	
远安县	11070	667	2984		6538	269
兴山县	7752				2635	962
秭归县	4788				2588	
长阳土家族自治县	10640	64	280		9741	555
五峰土家族自治县	12675	200	5000		5975	1500
南漳县	7202	2000	2000		491	2091
谷城县	16328				1458	6472
保康县	9115	940	1200		4800	1475
京山县	69756	500	2010		62020	1300

continued 15

Measurement Unit:10,000RMB

			园林绿化	市容环境卫生		其他	本年新增固定资产	县名称
污水处理 Wastewater Treatment	污泥处置 Sludge Disposal	再生水利用 Wastewater Recycled and Reused	Landscaping	Environmental Sanitation	垃圾处理 Domestic Garbage Treatment	Other	Newly Added Fixed Assets of This Year	Name of Counties
8000			9090	30			31590	睢　县
			1200				5800	宁陵县
200			5700				11300	柘城县
5000			3650				17040	虞城县
			4600	100			13560	夏邑县
200			880	270			2100	罗山县
				902	702		1500	光山县
310			1550				15784	新　县
500			600	400			2650	商城县
5140			860	405			18238	固始县
			1000					潢川县
2663			2776				15232	淮滨县
			2468				23727	息　县
			734				3909	扶沟县
							2370	西华县
							10170	商水县
			1000				25503	沈丘县
1558						664	3989	郸城县
			80	90			2213	淮阳县
							6506	太康县
			2825	1000		8000	66975	鹿邑县
			310	58	58		23438	西平县
							21346	上蔡县
			7000	366	366		29351	平舆县
							3822	正阳县
			8352				17980	确山县
6000			2807	140			19457	泌阳县
3800			1240				18610	汝南县
			13450				26050	遂平县
			2893			3374	31440	新蔡县
15284			**66889**	**20015**	**2487**	**5482**	**642629**	**湖　北**
							3200	阳新县
			1220	644		195	13249	竹山县
							1789	竹溪县
			500				27020	房　县
269			594	18			8687	远安县
				4155			9460	兴山县
				2200			2688	秭归县
440							9228	长阳土家族自治县
							12675	五峰土家族自治县
2091			620				7202	南漳县
			8398				16328	谷城县
200			700				9115	保康县
1300			3140	786	359		69756	京山县

4-1-3 续表 16

计量单位：万元

县名称 Name of Counties	本年完成投资 Completed Investment of This Year	供水 Water Supply	燃气 Gas Supply	集中供热 Central Heating	道路桥梁 Road and Bridge	排水 Sewerage
沙洋县	55075	5000			38966	800
大悟县	13160	450			4710	
云梦县	14923	1045	111		4873	1980
公安县	6023				2555	
监利县	31420				28420	
江陵县	7429	2279	218		4508	
团风县	8990				8990	
红安县	17997	450	4000		11520	397
罗田县	29550				23550	
英山县	16420				9020	6200
浠水县	6855				6855	
蕲春县	80400				76800	1200
黄梅县	8771				8241	
嘉鱼县	11600	1000	1300		9300	
通城县	15432				12432	3000
崇阳县	20690	90			4300	1000
通山县	21198	3000	3500		10600	
随　县	2600		20		2040	390
建始县	15742		400		12071	2577
巴东县	20862		1372		14700	2000
宣恩县	8344	3800			4244	
咸丰县	3734	870	572		1783	
来凤县	70003	1840	2002		62001	3560
鹤峰县	7183				4983	1300
神农架林区	1600				1600	
湖　南	**1374065**	**110215**	**55436**		**903696**	**160184**
望城县	13120				12320	800
宁乡县	23841	1430	2500		11680	8231
株洲县	30416		1800		24201	400
攸　县	12715	2285			275	9730
茶陵县	8452	800	800		638	3606
炎陵县	21254	4310	720		11989	4235
湘潭县	118411		3541		92954	14107
衡阳县	15730	3500			3500	6230
衡南县	8000				8000	
衡山县	5000					
衡东县	2600					2600
祁东县	27300				22300	5000
南岳区	8250				4700	3390
邵东县	74820	32501			39429	2890
新邵县	1570				1570	
邵阳县	2500	2000			500	
洞口县	1097				558	539
绥宁县	762				68	694
新宁县	8850				8850	
城步苗族自治县	12060				12060	

continued 16

Measurement Unit:10,000RMB

			园林绿化	市容环境		其他	本年新增	
污水处理 Wastewater Treatment	污泥处置 Sludge Disposal	再生水利用 Wastewater Recycled and Reused	Landscaping	卫生 Environ-mental Sanitation	垃圾处理 Domestic Garbage Treatment	Other	固定资产 Newly Added Fixed Assets of This Year	县名称 Name of Counties
800			8200			2109	55075	沙洋县
			8000				3110	大悟县
			1314	5600			14923	云梦县
			3468				6023	公安县
			3000				31420	监利县
			424				7429	江陵县
							8990	团风县
397			850	780			16680	红安县
			6000				23505	罗田县
			1100	100			12100	英山县
							6855	浠水县
1200				2400			80400	蕲春县
			430	100			8771	黄梅县
							11600	嘉鱼县
							10032	通城县
			15000	300			20690	崇阳县
			3500	598	598		21198	通山县
390			150				2600	随　县
2577			70	504	300	120	16022	建始县
2000				30	30	2760	4775	巴东县
				300			7844	宣恩县
			211			298	3404	咸丰县
2320				600	300		70003	来凤县
1300				900	900		7183	鹤峰县
							1600	神农架林区
84407	**275**		**113452**	**21098**	**2956**	**9984**	**971896**	**湖　南**
800							1400	望城县
8231							15610	宁乡县
			3637	378	300		2028	株洲县
8330			425				12715	攸　县
3606			2540	68			8452	茶陵县
4235							9494	炎陵县
			2910	4899			117452	湘潭县
6230			2500				15730	衡阳县
							8000	衡南县
			5000				5000	衡山县
2600							2600	衡东县
							27300	祁东县
3390				160			6970	南岳区
2890							56100	邵东县
							1570	新邵县
							2260	邵阳县
							1097	洞口县
337	275						762	绥宁县
							9668	新宁县
							12060	城步苗族自治县

4-1-3 续表 17

计量单位：万元

县名称 Name of Counties	本年完成投资 Completed Investment of This Year	供水 Water Supply	燃气 Gas Supply	集中供热 Central Heating	道路桥梁 Road and Bridge	排水 Sewerage
岳阳县	23600	6000	780		6280	4000
华容县	5480	810	720			3300
湘阴县	35569	480	890		19180	10019
平江县	9956	680	820		4456	3850
安乡县	15856				14317	1539
汉寿县	42794	6600			31358	3500
澧　县	31369	551			28323	
桃源县	16200				11000	500
石门县	13600	2800			10800	
慈利县	13100	1800			6800	2500
桑植县	14500		8000		6500	
南　县	22600				12150	200
桃江县	58600	2475	1035		44846	5635
安化县	9100				9100	
宜章县	77608				68108	3500
永兴县	47409				38569	
嘉禾县	305				195	
临武县	13505		1500		9000	2940
汝城县	19436	1650			8218	783
桂东县	28460	10400	3740		520	4800
安仁县	3000				3000	
祁阳县	68564	7600	4000		46721	3777
东安县	30500				28500	
双牌县	1880				1880	
道　县	6400				5300	
江永县	8930				6600	
蓝山县	34000	4000	5215		23885	
新田县	424				424	
江华瑶族自治县	41200	2500			12700	26000
中方县	26750				23750	
沅陵县	22078	820	1500		14076	500
辰溪县	200				200	
溆浦县	53508				40154	2354
会同县	13505		115		10915	2395
麻阳苗族自治县	7525	2135			5390	
新晃侗族自治县	46477	1010	9000		36467	
芷江侗族自治县	10969				10969	
通道侗族自治县	6820		700		1020	400
靖州苗族侗族自治县	2250	1400	250			
洪江区	2280	200			2000	80
双峰县	46290	1500	2020		26190	8500
新化县	16200				11380	4820
泸溪县	7100	3500	3000			600
凤凰县	3189				1810	
花垣县	8418	717	2640		1830	371

continued 17

Measurement Unit:10,000RMB

污水处理 Wastewater Treatment	污泥处置 Sludge Disposal	再生水利用 Wastewater Recycled and Reused	园林绿化 Landscaping	市容环境卫生 Environmental Sanitation	垃圾处理 Domestic Garbage Treatment	其他 Other	本年新增固定资产 Newly Added Fixed Assets of This Year	县名称 Name of Counties
4000			6540				23300	岳阳县
			650				21980	华容县
7200			5000				27869	湘阴县
800			150				9956	平江县
							14867	安乡县
			906	430			40794	汉寿县
			1704	367	367	424	31369	澧　县
			4700				16200	桃源县
								石门县
			2000				13100	慈利县
							14500	桑植县
			6350	700	400	3200	22600	南　县
3172			2720	1369	1369	520	20171	桃江县
							2100	安化县
3500			6000				3608	宜章县
			8840				46039	永兴县
				110			305	嘉禾县
940				65			7954	临武县
783			8265	520	520		21831	汝城县
4800			9000				28460	桂东县
							4000	安仁县
			2816	3650			7067	祁阳县
			2000				16500	东安县
							1880	双牌县
			1100				6400	道　县
			2330				5030	江永县
			900				27885	蓝山县
							424	新田县
6000								江华瑶族自治县
			3000				26750	中方县
500				5182			22078	沅陵县
								辰溪县
			11000				51154	溆浦县
2395						80	13505	会同县
							100	麻阳苗族自治县
							18806	新晃侗族自治县
							5769	芷江侗族自治县
400			200			4500	4500	通道侗族自治县
			600				1450	靖州苗族侗族自治县
80							2280	洪江区
4000			4880	3200			47090	双峰县
3680							11380	新化县
600								泸溪县
			1379				486	凤凰县
371			2860				4278	花垣县

4-1-3 续表 18

计量单位：万元

县名称 Name of Counties	本年完成投资 Completed Investment of This Year	供水 Water Supply	燃气 Gas Supply	集中供热 Central Heating	道路桥梁 Road and Bridge	排水 Sewerage
保靖县	3411	88			3223	100
古丈县	4910	3673	150			537
永顺县	232					232
龙山县	1260					
广　东	**191778**	**855**	**8746**		**151465**	**8022**
始兴县	99				99	
仁化县	4304					100
翁源县						
乳源瑶族自治县	378				351	27
新丰县	115				115	
南澳县	597				556	41
遂溪县	468				233	145
徐闻县	680				110	243
广宁县	4650	241	3231		566	
怀集县	31470	346	5000		26124	
封开县	826	50			270	300
德庆县	4336	218	515		2571	1014
博罗县	8290				7202	1088
惠东县	5075				3027	
龙门县	396				296	
五华县	81119				78999	475
平远县	146					
紫金县	3755					3755
连平县	309				253	
东源县	15553				6220	
阳西县	245				245	
佛冈县	377				242	
阳山县	101				101	
连山壮族瑶族自治县	1515				680	173
连南瑶族自治县	3731				1612	211
饶平县	301				301	
惠来县	17600				17150	450
郁南县	5342				4142	
广　西	**989157**	**39216**	**29315**		**634898**	**159940**
武鸣县	13613	1487			9018	2514
隆安县	12598	300	150		3200	6948
马山县	506	70			140	204
上林县	14729	346			10743	
宾阳县	15681	2400			5212	7657
横　县	18174	1586			11703	4651
柳江县	10503				8874	1629
柳城县	3960	1059			2740	
鹿寨县	5162	575			2000	2557
融安县	1890	50			288	1489
融水苗族自治县	7814	119			3945	3632

continued 18

Measurement Unit:10,000RMB

污水处理 Wastewater Treatment	污泥处置 Sludge Disposal	再生水利用 Wastewater Recycled and Reused	园林绿化 Landscaping	市容环境卫生 Environmental Sanitation	垃圾处理 Domestic Garbage Treatment	其他 Other	本年新增固定资产 Newly Added Fixed Assets of This Year	县名称 Name of Counties
							3411	保靖县
537			550				4910	古丈县
							232	永顺县
						1260	1260	龙山县
1980	**86**		**7269**	**3344**	**1408**	**12077**	**151007**	**广　东**
							46	始兴县
100			3090			1114	3090	仁化县
							50	翁源县
							378	乳源瑶族自治县
							115	新丰县
							597	南澳县
			90				468	遂溪县
				41	41	286		徐闻县
			326	286			4650	广宁县
							31470	怀集县
300				206			826	封开县
				10	10	8	3339	德庆县
1088							7208	博罗县
						2048	4825	惠东县
						100		龙门县
			1600			45	81119	五华县
				146	146		146	平远县
							3755	紫金县
						56	309	连平县
			1883			7450		东源县
							245	阳西县
			135				377	佛冈县
							101	阳山县
42	86		70	189	11	403	1515	连山壮族瑶族自治县
			75	1266		567	3731	连南瑶族自治县
							697	饶平县
450							1950	惠来县
				1200	1200			郁南县
41666	**463**		**112537**	**13251**	**8495**		**771924**	**广　西**
2514			319	275			7398	武鸣县
			1600	400	250		12598	隆安县
10			67	25			506	马山县
			3594	46			14729	上林县
7657			353	59			15681	宾阳县
				234			19027	横　县
							10503	柳江县
			96	65			1520	柳城县
1200				30			1962	鹿寨县
				63			1890	融安县
			118				7814	融水苗族自治县

4-1-3 续表 19

计量单位：万元

县名称 Name of Counties	本年完成投资 Completed Investment of This Year	供水 Water Supply	燃气 Gas Supply	集中供热 Central Heating	道路桥梁 Road and Bridge	排水 Sewerage
三江侗族自治县	5435				4148	887
阳朔县	7428	942			5117	1106
灵川县	2600				2600	
全州县	7431				4958	2473
兴安县	4017	250	1000		2767	
永福县	7951					7951
灌阳县	10707				2062	8495
龙胜各族自治县	1588				90	500
资源县	5915	300			1705	2210
平乐县	7610				1800	120
荔浦县	7778	60			1925	
恭城瑶族自治县	8798				8798	
苍梧县	3377	300			1386	1057
藤　县	36109	3077	2262		26781	
蒙山县	3694				1079	120
合浦县	44331	850			36357	4472
上思县	3154	247			2907	
灵山县	25735	1500	2200		19720	1380
浦北县	4787	3224			976	419
平南县	22952	285	1600		17391	3416
容　县	93324				44671	
陆川县	143833				118333	25500
博白县	93000	7800	6660		59390	10300
兴业县	73010				66100	910
田阳县	24425				23745	
田东县	24044	100	37		20635	2414
平果县	9790	800	313			
德保县	11899	795			9822	832
那坡县	4587				2621	1781
凌云县	3913				401	3332
乐业县	3307				77	2975
田林县	7697				5770	587
西林县	2274				143	1889
隆林各族自治县	8386	40			3578	4660
昭平县	637	59			225	309
钟山县	13183	233			12697	
富川瑶族自治县	3627				300	3327
南丹县	3977	342			2950	520
天峨县	1223				30	1055
凤山县	1822					1822
东兰县	8119	3920			359	3500
罗城仫佬族自治县	9085	1843			3802	3440
环江毛南族自治县	8242				4442	3500
巴马瑶族自治县	3838	350			88	3400
都安瑶族自治县	25660	60	2000		18300	
大化瑶族自治县	4010	610	500			

continued 19

Measurement Unit:10,000RMB

污水处理 Wastewater Treatment	污泥处置 Sludge Disposal	再生水利用 Wastewater Recycled and Reused	园林绿化 Landscaping	市容环境卫生 Environmental Sanitation	垃圾处理 Domestic Garbage Treatment	其他 Other	本年新增固定资产 Newly Added Fixed Assets of This Year	县名称 Name of Counties
				400			5435	三江侗族自治县
643	463		110	153			30239	阳朔县
							2600	灵川县
							7431	全州县
							4017	兴安县
							7951	永福县
				150			10707	灌阳县
			70	928	838		1588	龙胜各族自治县
2210			1700				5915	资源县
				5690	5600		7610	平乐县
			5160	633			7778	荔浦县
							8798	恭城瑶族自治县
			634				3297	苍梧县
			3900	89			36109	藤　县
			1036	1459	1259		3694	蒙山县
			2558	94	48		29553	合浦县
							3154	上思县
1000			585	350			14665	灵山县
			149	19			4787	浦北县
1486			18	242	150		4223	平南县
			48653				56698	容　县
13500							73033	陆川县
2500			8850				74500	博白县
			6000				55010	兴业县
			680				19425	田阳县
			715	143			13804	田东县
			8500	177			9790	平果县
			450				2124	德保县
			15	170			2888	那坡县
			180				3913	凌云县
160			245	10			2935	乐业县
			1340				6095	田林县
			242					西林县
			43	65			5386	隆林各族自治县
			24	20			637	昭平县
			154	99			13183	钟山县
							3627	富川瑶族自治县
				165			4647	南丹县
			100	38			1223	天峨县
							1822	凤山县
			60	280			4619	东兰县
							3683	罗城仫佬族自治县
3500			300				8242	环江毛南族自治县
							3838	巴马瑶族自治县
			5250	50			25660	都安瑶族自治县
			2550	350	350		1460	大化瑶族自治县

4-1-3 续表 20

计量单位：万元

县名称 Name of Counties	本年完成投资 Completed Investment of This Year	供水 Water Supply	燃气 Gas Supply	集中供热 Central Heating	道路桥梁 Road and Bridge	排水 Sewerage
忻城县	2550	450			640	810
象州县	3991	550	800		1000	581
武宣县	13177		2860		7992	2325
金秀瑶族自治县	4035	1445				2550
扶绥县	10942		433		6782	3244
宁明县	18396	292			7368	7386
龙州县	7120	80	5000		640	1000
大新县	12065		3000		8955	
天等县	3942	420	500		2612	104
海　南	**85997**	**37300**	**200**		**37589**	**3156**
定安县	3000	300			1750	
屯昌县	2130				2130	
澄迈县	192				192	
临高县	6560				6560	
洋浦开发区	49150	37000	200		10000	1000
白沙黎族自治县	5212				5212	
昌江黎族自治县	1652				1652	
乐东黎族自治县	1055				439	616
陵水黎族自治县	8970				1578	1540
保亭黎族苗族自治县	7688				7688	
琼中黎族苗族自治县	388				388	
重　庆	**437106**	**16457**	**20340**		**301372**	**28302**
梁平县	37613	3050	65		30856	
城口县	4795	890	826		1400	800
丰都县	48914	3008	168		41889	2361
垫江县	33593	162	6300		21969	500
武隆县	16669	195	142		15317	
忠　县	21552	1900	560		6310	2300
开　县	9169	546	2120		2394	702
云阳县	28895	1786	1000		17679	380
奉节县	43423		687		35772	214
巫山县	36807		321		30147	1000
巫溪县	46495	100	96		31655	10400
石柱土家族自治县	15769	3240	5300		439	800
秀山土家族苗族自治县	27798	1080	1500		14750	4200
酉阳土家族自治县	10365		605		1400	500
彭水苗族土家族自治县	55249	500	650		49395	4145
四　川	**3900813**	**68621**	**40879**	**2795**	**3007522**	**110886**
金堂县	13850	300			12295	555
双流县	2088042				1854376	
郫　县	41675				41601	
大邑县	58594	11519	562		42901	1548

continued 20

Measurement Unit:10,000RMB

污水处理 Wastewater Treatment	污泥处置 Sludge Disposal	再生水利用 Wastewater Recycled and Reused	园林绿化 Landscaping	市容环境卫生 Environmental Sanitation	垃圾处理 Domestic Garbage Treatment	其他 Other	本年新增固定资产 Newly Added Fixed Assets of This Year	县名称 Name of Counties
			650				2550	忻城县
			1060				3991	象州县
							15932	武宣县
				40			4035	金秀瑶族自治县
			403	80			13112	扶绥县
5286			3350				18396	宁明县
			400				6480	龙州县
			36	74			12065	大新县
			220	86			3942	天等县
3156			**1622**	**6130**	**5180**		**84543**	**海　南**
			350	600			3000	定安县
							2130	屯昌县
							192	澄迈县
							6560	临高县
1000			600	350			49150	洋浦开发区
							5100	白沙黎族自治县
							1652	昌江黎族自治县
616							381	乐东黎族自治县
1540			672	5180	5180		8690	陵水黎族自治县
							7688	保亭黎族苗族自治县
								琼中黎族苗族自治县
380			**62092**	**5743**	**685**	**2800**	**461016**	**重　庆**
			3498	144			37613	梁平县
				79		800	4795	城口县
			1460	28			44224	丰都县
			4442	220			55808	垫江县
				1015			16669	武隆县
			9800	682			21552	忠　县
			2720	687	30		11909	开　县
380			5320	730		2000	56314	云阳县
			6750				46636	奉节县
			5183	156			12907	巫山县
			3920	324			45495	巫溪县
			5700	290			15769	石柱土家族自治县
			6200	68			27798	秀山土家族苗族自治县
			7074	786	655		8278	酉阳土家族自治县
			25	534			55249	彭水苗族土家族自治县
64836	**1058**		**263788**	**20240**	**7768**	**386082**	**3719131**	**四　川**
			600			100	13850	金堂县
						233666	2086481	双流县
			30	44			34199	郫　县
				760	760	1304	30045	大邑县

4-1-3 续表 21

计量单位：万元

县名称 Name of Counties	本年完成投资 Completed Investment of This Year	供水 Water Supply	燃气 Gas Supply	集中供热 Central Heating	道路桥梁 Road and Bridge	排水 Sewerage
蒲江县	40494				40446	
新津县	755				710	
荣　县	358				38	320
富顺县	18891		4000		10791	
米易县	18532	2474			14013	
盐边县	200					200
泸　县	90703				74498	867
合江县	12240				6900	2340
叙永县	27630					3690
古蔺县	40449	672	600		34362	1414
中江县	12720	55	800		4408	
罗江县	16525				5579	3746
三台县	7060				6780	280
盐亭县	5800				600	
安　县	12840	100			12500	
梓潼县	26050				14250	
北川羌族自治县	70					
平武县	4602	353				3049
旺苍县	32467	5200	686		16898	
青川县	2250		30		600	1500
剑阁县	3726	40	1116		2360	
苍溪县	20349	225	250		12781	2980
蓬溪县	12320		900		1800	
射洪县	18540	640			11400	6500
大英县	5600		150		5450	
威远县	60122	1561	2939		44781	
资中县	71005	1150	1800		67900	
隆昌县	107005	3000	260		69955	
犍为县	31680		100		10817	
井研县	2415	750	820			
夹江县	8802	560	200		6068	
沐川县	3302	850	300		700	200
峨边彝族自治县	1120				1120	
马边彝族自治县	8281	2000	125		2000	700
南部县	44200	3000	3000		20500	10200
营山县	53340	2300	1500		31540	3000
蓬安县	29000	2500	600		12100	8500
仪陇县	21300	800	900		8500	3600
西充县	24400	1300	1100		10000	2300
仁寿县	25926	1525	4375		12430	
洪雅县	8370		89			
丹棱县	8559	3715	630		1002	143
青神县	4780		2500		2280	
宜宾县	9530				9530	
江安县	23168					

continued 21

Measurement Unit:10,000RMB

			园林绿化	市容环境卫生		其他	本年新增固定资产	县名称
污水处理 Wastewater Treatment	污泥处置 Sludge Disposal	再生水利用 Wastewater Recycled and Reused	Landscaping	Environmental Sanitation	垃圾处理 Domestic Garbage Treatment	Other	Newly Added Fixed Assets of This Year	Name of Counties
				48			395	蒲江县
						45	355	新津县
320							358	荥　县
						4100	18891	富顺县
						2045	9424	米易县
								盐边县
			14014	1324			45594	泸　县
			2300			700	12240	合江县
			20940	3000			8830	叙永县
			3300	101			34284	古蔺县
			7457				13970	中江县
2546			7000			200	16665	罗江县
280							5000	三台县
						5200	5800	盐亭县
				240			340	安　县
						11800	26050	梓潼县
						70	70	北川羌族自治县
1835				510	510	690	4602	平武县
			833	350		8500	55329	旺苍县
				120			2250	青川县
				210			4746	剑阁县
1600			57	224		3832	48625	苍溪县
			9020			600	11120	蓬溪县
6500							5000	射洪县
							5600	大英县
			10841				56044	威远县
			5	150			102705	资中县
			33784	6			62882	隆昌县
			20250	513	55		31680	犍为县
			665	180			2415	井研县
			1974				8802	夹江县
			1180	22		50	3832	沐川县
							1120	峨边彝族自治县
			3300	156			8281	马边彝族自治县
6000			5000	2500	1500		44200	南部县
1000			12000	3000	1500		53340	营山县
6000			3500	1800	800		29000	蓬安县
600			6500	1000	500		21300	仪陇县
800			8600	1100	500		24400	西充县
			7596				25926	仁寿县
			844	180		7257	8393	洪雅县
143			2705			364	8559	丹棱县
							12780	青神县
							9530	宜宾县
						23168		江安县

4-1-3 续表 22

计量单位：万元

县名称 Name of Counties	本年完成投资 Completed Investment of This Year	供水 Water Supply	燃气 Gas Supply	集中供热 Central Heating	道路桥梁 Road and Bridge	排水 Sewerage
高　县	13710				7554	4656
珙　县	464		411			
筠连县	1844				1844	
兴文县	4000		2000			1200
屏山县	8541				6380	860
岳池县	14976	129	200		690	1725
武胜县	56400	2259	509		46676	4800
邻水县	17995	8000	5845			4150
宣汉县	12411	1050	400		7273	1740
开江县	42468	400			16113	53
大竹县	25056	770	805		18449	
渠　县	10191				10191	
荥经县	20924		377		20547	
汉源县	25581				14130	
石棉县	1437				645	
天全县	25549				9386	
芦山县	4700					
宝兴县	4331				4080	
南江县	5600				5600	
平昌县	191656	5600			145138	14350
安岳县	6105				6105	
乐至县	85954				67598	258
汶川县	2055					680
理　县	229					
茂　县	887				630	105
松潘县	7284	124		195	2610	559
九寨沟县	2160				1830	
金川县	4610				4050	
小金县	7812				7767	45
黑水县	8500	1500				7000
壤塘县	1800				1800	
阿坝县	3340	1740			1600	
若尔盖县	3890			1000		2790
红原县	3420					3100
泸定县	1900					100
丹巴县	6078				440	
九龙县	498				150	
雅江县	2240				2240	
炉霍县	1000				1000	
甘孜县	4100				4100	
新龙县	8226				8135	
德格县	5450				5450	
白玉县	60					
石渠县	3262				783	
色达县	7206			1600	1411	800

continued 22

Measurement Unit:10,000RMB

			园林绿化	市容环境卫　生		其他	本年新增固定资产	县名称
污水处理	污泥处置	再生水利　用			垃圾处理			
Wastewater Treatment	Sludge Disposal	Wastewater Recycled and Reused	Landscaping	Environ-mental Sanitation	Domestic Garbage Treatment	Other	Newly Added Fixed Assets of This Year	Name of Counties
3450						1500	13710	高　县
						53	443	珙　县
							9300	筠连县
1200			800				4000	兴文县
840			101			1200	8541	屏山县
						12232	14976	岳池县
4800				96		2060	65938	武胜县
4150							17545	邻水县
1540						1948	18353	宣汉县
			25798			104	42468	开江县
			381			4651	10056	大竹县
							19485	渠　县
							27500	荥经县
			11451				430	汉源县
						792	1090	石棉县
			16163				20549	天全县
			4700				4700	芦山县
			78	100		73	4331	宝兴县
							5600	南江县
14350						26568	191656	平昌县
							6105	安岳县
	258		18098				85954	乐至县
680			100	1100	1070	175	2055	汶川县
						229	197	理　县
			32	37		83	260	茂　县
			446			3350	3845	松潘县
			288			42	2160	九寨沟县
						560	4610	金川县
45							7812	小金县
							8450	黑水县
							1800	壤塘县
							3340	阿坝县
2790						100	3890	若尔盖县
3100			320				320	红原县
100						1800	1900	泸定县
						5638	6078	丹巴县
			348				498	九龙县
							2240	雅江县
							1000	炉霍县
							4100	甘孜县
				91			8226	新龙县
							5450	德格县
						60	60	白玉县
						2479	3164	石渠县
	800					3395	7206	色达县

4-1-3 续表 23

计量单位：万元

县名称 Name of Counties	本年完成投资 Completed Investment of This Year	供水 Water Supply	燃气 Gas Supply	集中供热 Central Heating	道路桥梁 Road and Bridge	排水 Sewerage
理塘县	12082				700	
巴塘县	83					
乡城县	5925	460			5465	
稻城县	20755				19300	
得荣县	2177				1038	
木里藏族自治县	480				320	160
德昌县	3557				625	2456
会理县	650				650	
会东县	2200				2000	
宁南县	5300				3800	1500
普格县	398					167
喜德县	194				194	
冕宁县	1460				1460	
甘洛县	15				15	
贵　州	**1715732**	**53472**	**55285**		**1336896**	**102262**
开阳县	52680				52680	
修文县	1900				1500	
水城县	24224				24224	
盘　县	88058				56000	14892
六枝特区	13832	7528			6304	
遵义县	31027				2964	23053
桐梓县	2806				2226	
绥阳县	23500				23500	
正安县	472				214	
道真仡佬族苗族自治县	865				386	
务川仡佬族苗族自治县	1062				40	30
凤冈县	730				110	
湄潭县	7300		1800		4500	
余庆县	2480		880		975	
习水县	104892	1250	13000		69357	10400
普定县	38381				38381	
镇宁布依族苗族自治县	10397				6575	976
关岭布依族苗族自治县	37666		3650		20104	7518
紫云苗族布依族自治县	29418	10000			19033	
江口县	67480	1680	14086		36905	6139
玉屏侗族自治县	500					500
石阡县	27700				27300	400
思南县	6500				6500	

continued 23

Measurement Unit:10,000RMB

污水处理 Wastewater Treatment	污泥处置 Sludge Disposal	再生水利用 Wastewater Recycled and Reused	园林绿化 Landscaping	市容环境卫生 Environmental Sanitation	垃圾处理 Domestic Garbage Treatment	其他 Other	本年新增固定资产 Newly Added Fixed Assets of This Year	县名称 Name of Counties
						11382	12082	理塘县
			83				83	巴塘县
							5925	乡城县
				705		750	20755	稻城县
						1139	2177	得荣县
							240	木里藏族自治县
			106	342	342	28	3557	德昌县
							650	会理县
			200					会东县
							5300	宁南县
167				231	231			普格县
							194	喜德县
							1460	冕宁县
							15	甘洛县
75348			**103217**	**46533**	**23106**	**18067**	**1478947**	**贵　州**
							52680	开阳县
			400				1900	修文县
							24224	水城县
10907			6000	2752		8414		盘　县
							15832	六枝特区
22893			610	3200	200	1200	42452	遵义县
				580			2806	桐梓县
								绥阳县
				258			472	正安县
				479			970	道真仡佬族苗族自治县
30			15	795	146	182	1062	务川仡佬族苗族自治县
				620			730	凤冈县
				1000	600		7300	湄潭县
			93	532			2480	余庆县
10400			950	9600	8400	335	73361	习水县
							38381	普定县
976			160	2686	2530		10397	镇宁布依族苗族自治县
7518				6394	6394		36348	关岭布依族苗族自治县
				385	385		29418	紫云苗族布依族自治县
6139			8670				62662	江口县
500							500	玉屏侗族自治县
400							44300	石阡县
							6500	思南县

4-1-3 续表 24

计量单位：万元

县名称 Name of Counties	本年完成投资 Completed Investment of This Year	供水 Water Supply	燃气 Gas Supply	集中供热 Central Heating	道路桥梁 Road and Bridge	排水 Sewerage
印江土家族苗族自治县	5360					700
德江县	14925				14925	
沿河土家族自治县	48814	3014	2000		31400	2500
兴仁县	4500				4500	
普安县	16200				16200	
晴隆县	38803				38803	
贞丰县	70383				68293	
望谟县	18318				18318	
安龙县	78600				78600	
大方县	165942	19000	7500		121175	2000
黔西县	50332				50219	42
金沙县	19879				11100	6850
织金县	34335				26769	
纳雍县	149243	2000	12000		122300	6800
威宁彝族回族苗族自治县	21359				17126	1028
赫章县	42892				40879	713
黄平县	400				400	
施秉县	300				300	
三穗县	500				500	
镇远县	800				800	
岑巩县	497				497	
天柱县	85000	9000	369		55395	
锦屏县	119				36	
剑河县	102289				82727	8129
台江县	16400				16400	
黎平县	43770				29750	1300
榕江县	13460				2788	7442
从江县	400				400	
雷山县	575				575	
麻江县	350				350	
丹寨县	200				200	
荔波县	36575				36575	
贵定县	58144				46850	850
瓮安县	200					
独山县	200				200	
平塘县	400				400	
罗甸县						
长顺县	88				58	
惠水县	800				800	
三都水族自治县	510				510	
云　南	**1227773**	**34281**	**32460**		**748785**	**96158**
晋宁县	5144				3980	
富民县	3847	391	265		2500	506
宜良县	28					

continued 24

Measurement Unit:10,000RMB

污水处理 Wastewater Treatment	污泥处置 Sludge Disposal	再生水利用 Wastewater Recycled and Reused	园林绿化 Landscaping	市容环境卫生 Environmental Sanitation	垃圾处理 Domestic Garbage Treatment	其他 Other	本年新增固定资产 Newly Added Fixed Assets of This Year	县名称 Name of Counties
700			3860	800			2360	印江土家族苗族自治县
							522	德江县
500			7100			2800	48814	沿河土家族自治县
							4500	兴仁县
							16200	普安县
							38803	晴隆县
				2090	2090		60079	贞丰县
							18318	望谟县
							78600	安龙县
			13000	3267			142243	大方县
			71				50370	黔西县
			1800	129			10209	金沙县
			4630	2936	102		33893	织金县
4300			6100	43			149243	纳雍县
			1240	1965	1650		21359	威宁彝族回族苗族自治县
293			855	445	409		42729	赫章县
								黄平县
								施秉县
								三穗县
								镇远县
							97	岑巩县
			13000	4000		3236	85000	天柱县
				83			36	锦屏县
700			9533			1900	56183	剑河县
							16400	台江县
800			12720				38520	黎平县
7442			3230				13462	榕江县
								从江县
							575	雷山县
								麻江县
							200	丹寨县
							36575	荔波县
850			9150	1294			58144	贵定县
				200	200		200	瓮安县
								独山县
								平塘县
							450	罗甸县
			30				88	长顺县
								惠水县
								三都水族自治县
38316		**6647**	**163102**	**43727**	**11480**	**109260**	**963217**	**云　南**
				1164	827		5144	晋宁县
			185				11097	富民县
						28	60	宜良县

4-1-3 续表 25

计量单位：万元

县名称 Name of Counties	本年完成投资 Completed Investment of This Year	供水 Water Supply	燃气 Gas Supply	集中供热 Central Heating	道路桥梁 Road and Bridge	排水 Sewerage
石林彝族自治县	9342				9342	
禄劝彝族苗族自治县	7879				7000	879
寻甸回族彝族自治县	2798					
阳宗海风景名胜区	700					
倘甸产业园区和轿子山旅游开发区	71080				46029	
嵩明县	8194				7399	795
马龙县	10429				4827	
陆良县	24496	3500			16310	
师宗县	39489				38469	1020
罗平县	25600				25600	
富源县	49321				38541	3080
会泽县	45717				41347	1170
沾益县	47668		4627		28777	4954
江川县	10195					378
澄江县	47919				40500	6800
通海县	4588		1874		240	2474
华宁县	2079				1637	442
易门县	1690				1690	
峨山县	742				742	
新平县	7750				7750	
元江县	669				669	
施甸县	38798	3600	800		34398	
龙陵县	84510	900			53710	
昌宁县	2326				1676	650
鲁甸县	6003				6003	
巧家县	3896				2684	1212
盐津县	275	25				250
大关县	3370		2130			840
永善县	11379	2070	811		6243	1510
绥江县	25714	494			12600	2900
镇雄县	49757		1410		43346	5001
彝良县	7720	500			7000	20
威信县	5173				2280	2650
水富县	4738	25				1615
玉龙纳西族自治县	3989				3442	50
永胜县	19330				19330	
华坪县	19301	1874	637		1240	
宁蒗县	710					
宁洱哈尼族彝族自治县	4149	2529				894
墨江哈尼族自治县	420					390
景东彝族自治县	22100				11700	2100
景谷傣族彝族自治县	981				981	
镇沅彝族哈尼族拉祜族自治县	2300					

continued 25

Measurement Unit:10,000RMB

污水处理 Wastewater Treatment	污泥处置 Sludge Disposal	再生水利用 Wastewater Recycled and Reused	园林绿化 Landscaping	市容环境卫生 Environmental Sanitation	垃圾处理 Domestic Garbage Treatment	其他 Other	本年新增固定资产 Newly Added Fixed Assets of This Year	县名称 Name of Counties
							9342	石林彝族自治县
							7879	禄劝彝族苗族自治县
			2798				2798	寻甸回族彝族自治县
				700	700		700	阳宗海风景名胜区
			4495	20556			71080	倘甸产业园区和轿子山旅游开发区
248		547					9855	嵩明县
			5437	165			10941	马龙县
			4686				24496	陆良县
							39489	师宗县
							25600	罗平县
2850			2700			5000	7432	富源县
			3200				45717	会泽县
			9310				19358	沾益县
378			4817			5000	10195	江川县
700		6100		619	619		28500	澄江县
2474							1740	通海县
442							2079	华宁县
							1690	易门县
							742	峨山县
							7750	新平县
							669	元江县
							28359	施甸县
			29900				55560	龙陵县
							2326	昌宁县
							6003	鲁甸县
350							3856	巧家县
							275	盐津县
						400	840	大关县
			727	18			11379	永善县
			7500			2220	8620	绥江县
5001							49757	镇雄县
20			200				1500	彝良县
2650			243				5173	威信县
1615			400			2698	3123	水富县
						497	2896	玉龙纳西族自治县
							19330	永胜县
			14800			750	31	华坪县
						710		宁蒗县
894				726			4149	宁洱哈尼族彝族自治县
390				30			420	墨江哈尼族自治县
2100			8300				22100	景东彝族自治县
							2793	景谷傣族彝族自治县
			800	1500			2300	镇沅彝族哈尼族拉祜族自治县

4-1-3 续表 26

计量单位：万元

县名称 Name of Counties	本年完成投资 Completed Investment of This Year	供水 Water Supply	燃气 Gas Supply	集中供热 Central Heating	道路桥梁 Road and Bridge	排水 Sewerage
江城哈尼族彝族自治县	3127				1477	1500
孟连傣族拉祜族佤族自治县	1404	650			679	
澜沧拉祜族自治县	2320				1200	
西盟佤族自治县	777				19	681
凤庆县	22700				8000	6700
云　县	55386		3800		13513	2940
永德县	55910				34160	
镇康县	28760	3660			550	
双江拉祜族佤族布朗族傣族自治县	10248	2760			4880	1960
耿马傣族佤族自治县	6050					1850
沧源佤族自治县	64387	660			12630	6700
双柏县	7536	280			6595	600
牟定县	8210		600		4010	
南华县	9745	1450			7720	
姚安县	8410				5276	234
大姚县	5615	95			2580	
永仁县	1100				720	300
元谋县	4639	50	800		3119	670
武定县	3590	10			2000	1500
禄丰县	5474	50	900		1030	1500
屏边苗族自治县	2022				852	
建水县	3062	46			1519	1407
石屏县	4342		30		3034	1278
泸西县	17489				14489	
元阳县	5088	800			2685	393
红河县	2066	1229			177	660
金平苗族瑶族傣族自治县	8692	2000			5270	1422
绿春县	2430					2430
河口县	5422	1136			1590	1407
砚山县	7300				7300	
麻栗坡县	2580				1250	1330
马关县	10620	97	6951		3477	
丘北县	9313		4000		3549	
广南县	8278	185	1625		950	4950
富宁县	19176				16076	3100
勐海县	1025				1025	
勐腊县	2156					2156
漾濞彝族自治县	3200				3200	
祥云县	8515	1500			1806	
宾川县	1778	148			1310	
弥渡县	100				100	
南涧彝族自治县	2618	67			2551	
永平县	6800	200			6000	600

continued 26

Measurement Unit:10,000RMB

污水处理 Wastewater Treatment	污泥处置 Sludge Disposal	再生水利用 Wastewater Recycled and Reused	园林绿化 Landscaping	市容环境卫生 Environmental Sanitation	垃圾处理 Domestic Garbage Treatment	其他 Other	本年新增固定资产 Newly Added Fixed Assets of This Year	县名称 Name of Counties
			150				3127	江城哈尼族彝族自治县
			75				1404	孟连傣族拉祜族佤族自治县
			1120				1520	澜沧拉祜族自治县
			77				777	西盟佤族自治县
3200				8000				凤庆县
			10200	5953	5953	18980	42186	云　县
			3570			18180	55910	永德县
			11800			12750	28760	镇康县
				648			3900	双江拉祜族佤族布朗族傣族自治县
			4200				6050	耿马傣族佤族自治县
3200			5497	1900	1900	37000	64387	沧源佤族自治县
600				61			7536	双柏县
				560	560	3040		牟定县
			575				9745	南华县
234			2900				8549	姚安县
			2940				5615	大姚县
			80				1100	永仁县
							4639	元谋县
				80			3590	武定县
1500			1974	20			4574	禄丰县
			980			190	1832	屏边苗族自治县
1407						90	5943	建水县
790							1662	石屏县
			3000				13061	泸西县
			1210				2962	元阳县
							2066	红河县
							6692	金平苗族瑶族傣族自治县
1530								绿春县
1407			88	933	881	268	5922	河口县
							7300	砚山县
1330							2580	麻栗坡县
			95				10620	马关县
			1764				9313	丘北县
			568				9903	广南县
							4426	富宁县
							1025	勐海县
2156							2156	勐腊县
							3200	漾濞彝族自治县
			5209				8515	祥云县
			320				1778	宾川县
							100	弥渡县
							4042	南涧彝族自治县
							1000	永平县

4-1-3 续表 27

计量单位：万元

县名称 Name of Counties	本年完成投资 Completed Investment of This Year	供水 Water Supply	燃气 Gas Supply	集中供热 Central Heating	道路桥梁 Road and Bridge	排水 Sewerage
云龙县	1960				700	1260
洱源县	930				930	
剑川县	5382	200			2500	
鹤庆县	3351				3351	
梁河县	2513					1000
盈江县	5900				5100	800
陇川县	1760		1200		560	
泸水县	2100				1200	600
贡山独龙族怒族自治县	90					50
兰坪白族普米族自治县	340				340	
德钦县	6960				5730	
维西傈僳族自治县	12724	1100			10024	1600
西　藏	**38265**	**8110**			**15633**	**1744**
当雄县	40					
尼木县	293				293	
墨竹工卡县	461				329	
贡觉县	1800				1800	
左贡县	83					
桑日县	1315					
曲松县	150					150
隆子县	714					
错那县	743	28				
浪卡子县	1547				800	
昂仁县	1000				1000	
白朗县	650	650				
仲巴县	7454	4100			1821	
亚东县	1198				198	
吉隆县	3180				3180	
聂拉木县	800					
聂荣县	286				286	
申扎县	441				441	
尼玛县	4835	1740			1445	1440
普兰县	110					
札达县	3030				2489	154
改则县	424					
措勤县	1400					
工布江达县	2573					
米林县	1328				855	
波密县	1151	660			491	
察隅县	1137	932			205	
朗　县	122					
陕　西	**1557830**	**61996**	**81475**	**188149**	**689295**	**155426**
蓝田县	15678				11028	
周至县	5354				5354	
户　县	27320		2000	2420	16750	4390

continued 27

Measurement Unit:10,000RMB

污水处理 Wastewater Treatment	污泥处置 Sludge Disposal	再生水利用 Wastewater Recycled and Reused	园林绿化 Landscaping	市容环境卫生 Environmental Sanitation	垃圾处理 Domestic Garbage Treatment	其他 Other	本年新增固定资产 Newly Added Fixed Assets of This Year	县名称 Name of Counties
							1960	云龙县
							930	洱源县
			2682				5382	剑川县
							3351	鹤庆县
				54		1459		梁河县
800							5900	盈江县
								陇川县
			300				2100	泸水县
50				40	40		90	贡山独龙族怒族自治县
							340	兰坪白族普米族自治县
			1230				1230	德钦县
							7324	维西傈僳族自治县
150			**1569**	**4443**	**2880**	**6766**	**9137**	**西　藏**
				40			40	当雄县
							293	尼木县
			32	100				墨竹工卡县
							1089	贡觉县
				83	83			左贡县
						1315		桑日县
150								曲松县
						714	714	隆子县
						715		错那县
						747		浪卡子县
								昂仁县
								白朗县
				1533	1533			仲巴县
				1000	1000			亚东县
							3180	吉隆县
			800					聂拉木县
								聂荣县
							441	申扎县
				210	210			尼玛县
						110		普兰县
			387					札达县
						424	424	改则县
				1400				措勤县
						2573		工布江达县
			350			123	1328	米林县
							491	波密县
							1137	察隅县
				77	54	45		朗　县
41432	**1700**	**580**	**313400**	**67659**	**13330**	**430**	**1328749**	**陕　西**
			610	4040			10535	蓝田县
							2603	周至县
			1760				21043	户　县

4-1-3 续表 28

计量单位：万元

县名称 Name of Counties	本年完成投资 Completed Investment of This Year	供水 Water Supply	燃气 Gas Supply	集中供热 Central Heating	道路桥梁 Road and Bridge	排水 Sewerage
宜君县	6617	600	800	800	1320	670
凤翔县	9143	180	201	6300	1670	45
岐山县	9480		210		4900	2300
扶风县	7593	120	1500	1750	3183	460
眉　县	84198			800	35400	4000
陇　县	21900	800	900	8000	6100	5000
千阳县	12200		600	2000	400	4500
麟游县	2884			238	2316	
凤　县	7726	2000	500	400	3496	
太白县	5322	669	292		2188	1336
三原县	46330	300			12100	580
泾阳县	46976	3850	2500	10600	19246	
乾　县	63799	10730	8806	7590	18753	1597
礼泉县	10924		1000		5912	
永寿县	20880	150	240	9700	7420	800
彬　县	29579			2780	15039	7800
长武县	43183			27100	14796	684
旬邑县	9144	580	202	1350	4656	936
淳化县	9604				8394	
武功县	33919	4700	1450	2600	20982	1007
潼关县	11600		50	9600	1404	
大荔县	25582		580		24922	
合阳县	8859	1080	310		1648	1911
澄城县	28850		200	5000	16300	
蒲城县	68475			55610	4350	5365
白水县	21872	3335			8568	9509
富平县	100789				43590	1151
延长县	13169	260	233	2350	9042	1077
延川县	2618			600	590	712
子长县	5167	657	1500		2560	
安塞县	884			660	14	
志丹县	7898				3808	3590
吴起县	14595	1153	3510	90	8667	
甘泉县	4555		1685			2800
富　县	3591				2156	1290
洛川县	3189	29	500	17	2453	
宜川县	13873		80	7446	1095	4309
黄龙县	6162	740	350		1477	464
黄陵县	14561	680		3048	9998	140
南郑县	52940				31020	1600
城固县	4200				4200	
洋　县	9397		1294		6486	861
西乡县	10800				10800	
勉　县	8590				6540	2050
宁强县	9291		4000		5206	

continued 28

Measurement Unit:10,000RMB

污水处理 Wastewater Treatment	污泥处置 Sludge Disposal	再生水利用 Wastewater Recycled and Reused	园林绿化 Landscaping	市容环境卫生 Environmental Sanitation	垃圾处理 Domestic Garbage Treatment	其他 Other	本年新增固定资产 Newly Added Fixed Assets of This Year	县名称 Name of Counties
			1027	1400			6617	宜君县
			617	130			9143	凤翔县
			2000	70			6050	岐山县
				580			6093	扶风县
4000			30238	13760			83048	眉　县
5000			800	300			21750	陇　县
3500			4700				10200	千阳县
			330				2884	麟游县
			780	550			7676	凤　县
917			191	646	579		5412	太白县
			33350				8530	三原县
			4880	5900	5900		7530	泾阳县
			13843	2480			36579	乾　县
			3795	217			10924	礼泉县
			1930	640	520		3380	永寿县
5600			2000	1960			18949	彬　县
			603				43183	长武县
			925	495			9144	旬邑县
			890	320			9604	淳化县
			2420	760			29689	武功县
			400	146			11600	潼关县
				80			25582	大荔县
			3780	130			8859	合阳县
			7000	350			28850	澄城县
4200			2000	1150			68475	蒲城县
			300	160			21872	白水县
			56048				100789	富平县
195			80	127			13169	延长县
712			671	45			2618	延川县
			450				3667	子长县
			115	95			884	安塞县
2890	700			500	500		7898	志丹县
			1000	175			14095	吴起县
			70				5213	甘泉县
				145			3591	富　县
				190			3189	洛川县
1900			800	143	31		13873	宜川县
			1215	1916			4472	黄龙县
140			28	667			3868	黄陵县
			17320	3000	3000		9800	南郑县
							4200	城固县
			236	90		430	2708	洋　县
							10800	西乡县
							4580	勉　县
				85			9291	宁强县

4-1-3 续表 29

计量单位：万元

县名称 Name of Counties	本年完成投资 Completed Investment of This Year	供水 Water Supply	燃气 Gas Supply	集中供热 Central Heating	道路桥梁 Road and Bridge	排水 Sewerage
略阳县	6100				6100	
镇巴县	7700		4000		1800	1100
留坝县	6322			2100	2952	201
佛坪县	6896				2151	915
神木县	78059			10000	45240	2500
府谷县	55650	6300	6800	7200	18600	10600
横山县	35277				31945	226
靖边县	29406	1125	580		18122	
定边县	18148		4110		3002	420
绥德县	16400	1300	1250		10170	480
米脂县	8500		4680		2920	
佳　县	5256	566	1600			
吴堡县	2395				300	
清涧县	22431	3950	3503		6808	580
子洲县	16687	276	4600		9982	
汉阴县	31717	3689	3109		13861	6958
石泉县	28050	1800	3150		8100	5000
宁陕县	12717	2270	1000		6825	1102
紫阳县	5685		1600		400	785
岚皋县	17170	100	1500		7650	5070
平利县	10660	600	900		5760	1800
镇坪县	2440	937			463	730
旬阳县	6300	750	100		1800	3600
白河县	22620	220			7967	8620
洛南县	11500				6000	5000
丹凤县	6339	1000	500		1800	1000
商南县	37000				10000	19000
山阳县	40065	3000	3000		14600	605
镇安县	26900	1500			13500	6200
柞水县	2180				2180	
甘　肃	**493500**	**39078**	**35729**	**34036**	**246299**	**30450**
永登县	1680				1680	
皋兰县	9098			5604	3494	
榆中县	25108			200	24908	
永昌县	13547	1500		1600	5269	2600
靖远县	12231	8890	350	200	1737	800
会宁县	20000	3000		1000	13000	
景泰县	1871				1667	
清水县	5406			3000	2192	
秦安县	29277		1500	1700	18308	3000
甘谷县	6416			300	1676	1200
武山县	1218	600		260	200	
张家川回族自治县	2196	800			1196	200
民勤县	1060		350		710	
古浪县	863			563		

continued 29

Measurement Unit:10,000RMB

			园林绿化	市容环境卫生		其他	本年新增固定资产	县名称
污水处理 Wastewater Treatment	污泥处置 Sludge Disposal	再生水利用 Wastewater Recycled and Reused	Landscaping	Environmental Sanitation	垃圾处理 Domestic Garbage Treatment	Other	Newly Added Fixed Assets of This Year	Name of Counties
							6100	略阳县
				800			7700	镇巴县
			752	317			6319	留坝县
			1000	2830			8396	佛坪县
			17169	3150			78059	神木县
			5800	350			55650	府谷县
			2756	350			35277	横山县
			9579				29406	靖边县
420			9090	1526			18148	定边县
			1800	1400	1400		16400	绥德县
				900	900		8500	米脂县
			600	2490			5256	佳　县
			550	1545			2395	吴堡县
		580	5780	1810			22431	清涧县
			1829				15087	子洲县
6958			3500	600			31417	汉阴县
5000			9700	300			28050	石泉县
			1520				13717	宁陕县
			2400	500	500		5685	紫阳县
			2770	80			15570	岚皋县
			1000	600			10660	平利县
			140	170			2440	镇坪县
			50				6300	旬阳县
			5613	200			22620	白河县
				500			11500	洛南县
			1600	439			9212	丹凤县
	1000		8000				37000	商南县
			15800	3060			40065	山阳县
			5400	300			22700	镇安县
							2180	柞水县
23927		**2491**	**83446**	**6089**	**2570**	**18373**	**461670**	**甘　肃**
								永登县
							9098	皋兰县
							9492	榆中县
2600			2500	78			14247	永昌县
			254				12231	靖远县
			3000				20000	会宁县
			204				1871	景泰县
			214				313	清水县
3000			4769				13458	秦安县
1200			3240				11570	甘谷县
				158			1218	武山县
200							9091	张家川回族自治县
							1060	民勤县
				300	300		863	古浪县

4-1-3 续表 30

计量单位：万元

县名称 Name of Counties	本年完成投资 Completed Investment of This Year	供水 Water Supply	燃气 Gas Supply	集中供热 Central Heating	道路桥梁 Road and Bridge	排水 Sewerage
天祝藏族自治县	14049	3393	1830	1146	5100	
肃南裕固族自治县	1167	99			190	756
民乐县	4476	1530			300	901
临泽县	10067		100	1000	6472	845
高台县	4595				4192	403
山丹县	5707				5000	707
泾川县	2951	26		280	2203	
灵台县	2727			500	1215	
崇信县	3338	1200			567	1305
华亭县	10120			1050	2770	
庄浪县	2240				1940	300
静宁县	4955				3355	
金塔县	4739		800	2300		
瓜州县	3089			800	2289	
肃北蒙古族自治县	4320			2800		
阿克塞哈萨克自治县	1592	342	116	600		482
庆城县	8977	665		190	4200	57
环　县	2045	380			795	20
华池县	1573	35		255	90	87
合水县	6665				4295	218
正宁县	1683	26			837	290
宁　县	3480	20			240	50
镇原县	5712	674	35	53	1454	2896
通渭县	4218	12		21	3455	32
陇西县	57831	2116	14028	4230	6356	6700
渭源县	1638	40		10	712	
临洮县	11377	33			7150	
漳　县	10210	204	1100		550	106
岷　县	1812	12			1800	
成　县	13192	5200			6378	
文　县	13460		1140		5520	2000
宕昌县	9336		4800		644	2392
康　县	1186			100	299	605
西和县	9175				6902	
礼　县	12289	262	5400		4733	100
徽　县	3379		680	80	1859	
两当县	904				647	
临夏县	12760			540	11800	
康乐县	2208				2048	
永靖县	31484				23084	
广河县	12345		3500		8845	
和政县	4350	400			3000	
积石山县	6398	5800			598	
临潭县	2512	1200			1312	
卓尼县	3761				3761	

continued 30

Measurement Unit:10,000RMB

			园林绿化	市容环境卫生		其他	本年新增固定资产	县名称
污水处理 Wastewater Treatment	污泥处置 Sludge Disposal	再生水利用 Wastewater Recycled and Reused	Landscaping	Environmental Sanitation	垃圾处理 Domestic Garbage Treatment	Other	Newly Added Fixed Assets of This Year	Name of Counties
			980	1100		500	14811	天祝藏族自治县
		756		122			1167	肃南裕固族自治县
901			845	900	900		4476	民乐县
		845	1500	150			10067	临泽县
		403					4595	高台县
220		487					5707	山丹县
			442				2951	泾川县
			692			320	2727	灵台县
680			266				3338	崇信县
			6300				10120	华亭县
300							2240	庄浪县
			1600				4955	静宁县
			1129			510	4739	金塔县
							3089	瓜州县
			1520				4320	肃北蒙古族自治县
155			52				1592	阿克塞哈萨克自治县
57			3800	65			8977	庆城县
			800	50			2045	环　县
46			1026	80			1573	华池县
180			1924	228			6665	合水县
290			350	180			1513	正宁县
			3170				3480	宁　县
2800			550	50			5712	镇原县
			88			610	4218	通渭县
6700			19079			5322	57831	陇西县
			6	870			1638	渭源县
			4194				11377	临洮县
106			3000			5250	10120	漳　县
							1812	岷　县
			1414	200			13192	成　县
2000			4800				11320	文　县
2392			1500				9336	宕昌县
			78	104			581	康　县
			2273				9175	西和县
100			1782	12			12289	礼　县
			720	40			3379	徽　县
			225	32			904	两当县
				420	420		12460	临夏县
			160				2208	康乐县
			3000			5400	31484	永靖县
							10425	广河县
				950	950		4350	和政县
							6398	积石山县
							2112	临潭县
							3761	卓尼县

4-1-3 续表 31

计量单位：万元

县名称 Name of Counties	本年完成投资 Completed Investment of This Year	供水 Water Supply	燃气 Gas Supply	集中供热 Central Heating	道路桥梁 Road and Bridge	排水 Sewerage
舟曲县	461					
迭部县	8400				8400	
玛曲县	8593			3654	4939	
碌曲县	3879				3879	
夏河县	6104	619			4087	1398
青　海	**170465**	**8961**	**13000**	**19905**	**83265**	**35588**
大通县	1768				1200	
湟中县	2062				550	
湟源县	5250	450			1100	
民和县	14430	1600	4800		7900	
互助县	14854		8200		4259	1825
化隆县	24145				23685	460
循化县	8630	2680				5950
门源县	3118			3118		
祁连县	558					558
海晏县	500				500	
刚察县	5248			3218	1100	930
西海镇	222					222
共和县	6253			4471	1151	631
同德县	170				170	
贵德县	4520	1500			2530	400
兴海县	1135				1135	
贵南县	3901				3344	517
玛沁县	6349	89				6260
班玛县	3459				1570	1889
甘德县	2200					2200
达日县	8822	700			5272	2850
久治县	7965				5065	2900
玛多县	3300			1320		1980
杂多县	1190					
称多县	2311				2311	
治多县	1704				1624	
囊谦县	7550	350			7200	
曲麻莱县	6167				2555	3367
乌兰县	1686				1686	
都兰县	2119			2000	119	
天峻县	11515	1592		4078	4544	949
茫崖行委	1817			1700		
大柴旦行委	3447				2695	
冷湖行委	2100					1700
宁　夏	**165155**	**1485**	**11328**	**37741**	**51794**	**12015**
永宁县	35098		3300		8065	
贺兰县	5814				1498	2088
平罗县	11584	850		7600	2125	
盐池县	11981	475	518	2939	1365	

continued 31

Measurement Unit:10,000RMB

污水处理 Wastewater Treatment	污泥处置 Sludge Disposal	再生水利用 Wastewater Recycled and Reused	园林绿化 Landscaping	市容环境卫生 Environmental Sanitation	垃圾处理 Domestic Garbage Treatment	其他 Other	本年新增固定资产 Newly Added Fixed Assets of This Year	县名称 Name of Counties
						461	389	舟曲县
							8400	迭部县
							8593	玛曲县
							3879	碌曲县
							4668	夏河县
25581			**1982**	**7764**	**769**		**170153**	**青　海**
			268	300			1768	大通县
				1512			1750	湟中县
				3700			5250	湟源县
				130	130		14430	民和县
			500	70			14854	互助县
							24145	化隆县
4650							8630	循化县
							3118	门源县
							558	祁连县
							500	海晏县
930							5248	刚察县
222							222	西海镇
							6253	共和县
							170	同德县
			90				4520	贵德县
							1135	兴海县
			40				3901	贵南县
6260							6349	玛沁县
1889							3459	班玛县
2200							2200	甘德县
2850							8822	达日县
2900							7965	久治县
1980							3300	玛多县
				1190			1190	杂多县
							2311	称多县
			80				1704	治多县
							7550	囊谦县
			135	110			6167	曲麻莱县
							1686	乌兰县
							2119	都兰县
			352				11515	天峻县
			117				1817	茫崖行委
				752	639		3447	大柴旦行委
1700			400				2100	冷湖行委
6622			**37381**	**8439**	**5308**	**4972**	**162955**	**宁　夏**
			23733				35098	永宁县
			1474	106		648	5814	贺兰县
				1009			11584	平罗县
			6684				11981	盐池县

4-1-3 续表 32

计量单位：万元

县名称 Name of Counties	本年完成投资 Completed Investment of This Year	供水 Water Supply	燃气 Gas Supply	集中供热 Central Heating	道路桥梁 Road and Bridge	排水 Sewerage
同心县	18066			4050	5037	3762
红寺堡开发区	20753		540	4000	13393	1035
西吉县	13719		6844	2894	1615	1170
隆德县	13255			5008	4000	3660
泾源县	12919			1501	6335	
彭阳县	3564	160	126	2778		
中宁县	16236			6971	6195	300
海原县	2166				2166	
新　疆	**544657**	**39351**	**36644**	**100061**	**153990**	**62540**
鄯善县	21419	835	711		13907	
托克逊县	21259	710	2750		17439	
巴里坤哈萨克自治县	1027	387				
伊吾县	6550	1460		160	120	780
呼图壁县	21423	2693	1200	1400	4667	2000
玛纳斯县	14974	1600	500	1000	3674	6311
奇台县	51198	1280	1500	8387	9379	
吉木萨尔县	11150		600	900	4142	4155
木垒县	2221	718	150			1353
精河县	2076				2076	
温泉县	3961				321	
轮台县	3850				500	350
尉犁县	325		325			
若羌县	26640				15040	
且末县	7909	623			3270	2326
焉耆县	6281	1336		700	3245	
和静县	4845	560	878	1020	1309	444
和硕县	4891	833	270	70		1422
博湖县	2083		175	320	800	588
温宿县	17893	2900	680		4372	815
库车县	21166	4000	795	6500	2760	2905
沙雅县	3210		2250		773	
新和县	2390	200	270		1500	300
拜城县	6394			4000	484	
乌什县	2206				1797	
阿瓦提县	4490		960		3530	
柯坪县	600	100				500
阿克陶县	9637	230	150		3295	3405
阿合奇县	8223	370		396	1972	2009
乌恰县	1878	340			1146	
疏附县	5940	1370	260	560		2250
疏勒县	11407	340	500	7100	1847	1120
英吉沙县	21113			6200	1700	4120
泽普县	7290	2500	200	3094	800	
莎车县	10677	1116	285	2600	5332	994
叶城县	8420	300	2200		3570	1500

continued 32

Measurement Unit:10,000RMB

			园林绿化	市容环境		其他	本年新增	
污水处理 Wastewater Treatment	污泥处置 Sludge Disposal	再生水利用 Wastewater Recycled and Reused	Landscaping	卫生 Environ-mental Sanitation	垃圾处理 Domestic Garbage Treatment	Other	固定资产 Newly Added Fixed Assets of This Year	县名称 Name of Counties
2962			4217	1000	1000		15666	同心县
				1785	880		20753	红寺堡开发区
			773	158		265	13719	西吉县
3660				537		50	13255	隆德县
				3428	3428	1655	12919	泾源县
			500				3564	彭阳县
				416		2354	16436	中宁县
							2166	海原县
27683			**96099**	**7964**	**3476**	**48008**	**514713**	**新　疆**
			1309	247		4410	5428	鄯善县
			350	10	10		13609	托克逊县
			140	500			2266	巴里坤哈萨克自治县
300			3920	85		25	6550	伊吾县
			9163	220	220	80	21423	呼图壁县
1499			1200			689	14974	玛纳斯县
			12456			18196	51198	奇台县
2909				1050	1050	303	11150	吉木萨尔县
1353							2221	木垒县
							2076	精河县
			3515	125			3961	温泉县
			3000				3850	轮台县
							325	尉犁县
						11600	26640	若羌县
1163						1690	7909	且末县
			1000				6281	焉耆县
			500			134	4845	和静县
			2296				3448	和硕县
			200				2083	博湖县
			9126				17873	温宿县
			4206				21166	库车县
			187				3210	沙雅县
				120	120		2390	新和县
			1910				6394	拜城县
			409				2206	乌什县
							4490	阿瓦提县
							600	柯坪县
			1500	1057	1057		9637	阿克陶县
			3436	40			8223	阿合奇县
			309			83	1878	乌恰县
			1500				5940	疏附县
1000			500				11407	疏勒县
4120			9093				21110	英吉沙县
			696				7290	泽普县
				350	350		10677	莎车县
1500			600	250			8420	叶城县

4-1-3 续表 33

计量单位：万元

县名称 Name of Counties	本年完成投资 Completed Investment of This Year	供水 Water Supply	燃气 Gas Supply	集中供热 Central Heating	道路桥梁 Road and Bridge	排水 Sewerage
麦盖提县	1253		1126	127		
岳普湖县	9545				4093	5452
伽师县	5122		360	3324	568	870
巴楚县	8100		3500	1300	2300	800
塔什库尔干县	8206			2000	840	1731
墨玉县	261					
皮山县	9156	2245	6000	911		
洛浦县	4816	1290		507	1366	1498
策勒县	4864	512		1225	100	1534
于田县	2276		286	260	1300	
民丰县	1771	634				969
伊宁县	4223	740	2000	958	160	
察布查尔县	11936	13	300	1500	1300	823
霍城县	8570	160	2000	4901	1119	200
巩留县	5416	310	800	570	2876	360
新源县	5395			1800	800	1087
昭苏县	1445	525		120	440	360
特克斯县	4671	160			1166	2440
尼勒克县	11632	2000	430	1000	5774	120
额敏县	13437		600	3000	2200	4237
沙湾县	4705	50	590	768	2320	75
托里县	5140	705		995	940	
裕民县	4643		500	650	3434	
和布克赛尔蒙古自治县	11000			11000		
布尔津县	2810	573	150	240	384	300
富蕴县	4442	30	300			37
福海县	13049			7490	5409	
哈巴河县	5603			900	334	
青河县	6033	2603	93	2608		
吉木乃县	8121			7500		
新疆生产建设兵团	**353348**	**41450**	**2664**	**55078**	**81406**	**15472**
第一师	37424	3073	146	1215	13264	561
第二师	22091	2324		2748	1987	1438
第三师	33359	2328	1100	1596	9808	854
第四师	64518	17250	1350	13272	5094	3866
第五师	3819	205		351	1433	236
第六师	9768				8440	761
第七师	30321	5512		9026	3970	3559
第八师	65501	3477		4504	13495	2194
第九师	33741	3587		11850	11552	1208
第十师	5267	201	68	1245	280	795
第十二师	26028	964		7010	9881	
第十三师	16684	2529		1521	2202	
第十四师	4827			740		

continued 33

Measurement Unit:10,000RMB

			园林绿化	市容环境		其他	本年新增	
污水处理 Wastewater Treatment	污泥处置 Sludge Disposal	再生水利用 Wastewater Recycled and Reused	Landscaping	卫生 Environmental Sanitation	垃圾处理 Domestic Garbage Treatment	Other	固定资产 Newly Added Fixed Assets of This Year	县名称 Name of Counties
							2346	麦盖提县
5452							9545	岳普湖县
							5122	伽师县
800						200	8100	巴楚县
1731			2492	548		595	6475	塔什库尔干县
				128		133	261	墨玉县
							9156	皮山县
			55	100			4816	洛浦县
324			1383	110	110		4864	策勒县
						430	2276	于田县
				40	40	128	1846	民丰县
			306	59	59		4223	伊宁县
			8000				11936	察布查尔县
			110	80			8570	霍城县
			500				5416	巩留县
			1190			518	4422	新源县
							1445	昭苏县
1600			820	85			3071	特克斯县
			500	208		1600	11632	尼勒克县
3932			2200	1200			13437	额敏县
			650	252			4705	沙湾县
						2500	5140	托里县
			59				3993	裕民县
							10000	和布克赛尔蒙古自治县
			525	333		305	2810	布尔津县
			3200	75		800	3452	富蕴县
			150				13049	福海县
			536	460	460	3373	5603	哈巴河县
			497	232			6033	青河县
			405			216	7821	吉木乃县
2263			**26073**	**7423**	**4182**	**123782**	**296682**	**新疆生产建设兵团**
561			11448	155	55	7562	28504	第一师
752			1754			11840	14116	第二师
			348	450	390	16875	33059	第三师
150			2751	3086	2820	17849	58472	第四师
			250	862	862	482	3819	第五师
						567	9768	第六师
			2717	65		5472	28071	第七师
800			425	1427		39979	64521	第八师
			4176			1368	21071	第九师
			842	324		1512	5259	第十师
			775	55	55	7343	22708	第十二师
				399		10033	3087	第十三师
			587	600		2900	4227	第十四师

4-2 按资金来源分全国历年县城市政公用设施建设固定资产投资(2001-2015)

计量单位：亿元

年份 Year	本年资金来源合计 Completed Investment of This Year	上年末结余资金 The Balance of The Previous Year	本年资金来源 小计 Subtotal	中央财政拨款 Financial Allocation from Central Government Budget	地方财政拨款 Financial Allocation from Local Government Budget
2001	306.4	7.6	298.8	13.7	47.4
2002	377.1	4.2	372.9	19.7	74.2
2003	518.1	6.8	511.3	30.2	101.6
2004	619.2	7.3	611.9	20.6	133.4
2005	682.8	9.5	673.3	25.1	170.1
2006	755.2	16.9	738.3	54.8	255.4
2007	833.0	13.1	819.8	34.5	346.7
2008	1126.7	16.3	1110.4	52.5	520.4
2009	1682.9	20.8	1662.1	107.0	662.0
2010	2559.8	34.3	2525.5	325.5	985.8
2011	2872.6	31.7	2840.9	152.4	1523.8
2012	3887.7	51.7	3835.9	205.0	2073.7
2013	3683.0	60.7	3622.2	135.8	1070.7
2014	3690.4	63.2	3627.2	111.8	968.5
2015	3011.2	52.8	2958.4	121.7	930.7

注：1.自2013年起，“本年资金来源合计”为“本年实际到位资金合计”。
2.自2013年起，“中央财政拨款”为“中央预算资金”，“地方财政拨款”为除“中央预算资金”外的“国家预算资金”合计。

National Fixed Assets Investment in County Seat Service Facilities by Capital Source in Past Years(2001-2015)

Measurement Unit：100 million RMB

Sources of Fund					
国内贷款 Domestic Loan	债券 Securities	利用外资 Foreign Investment	自筹资金 Self-Raised Funds	其他资金 Other Funds	年份 Year
33.2	1.5	23.4	116.1	63.5	2001
46.3	1.2	12.6	149.5	69.4	2002
69.0	1.6	25.1	202.2	81.7	2003
84.1	2.2	38.7	222.1	110.7	2004
76.9	2.2	39.9	247.3	111.9	2005
89.6	1.5	26.2	234.2	76.6	2006
88.1	2.2	26.3	240.3	81.8	2007
107.6	1.4	28.0	297.0	103.5	2008
298.6	11.7	32.9	385.5	164.4	2009
332.6	4.1	44.3	606.6	226.6	2010
278.0	3.2	31.8	644.6	207.2	2011
318.1	2.3	85.0	877.2	274.7	2012
277.2	7.7	56.1	1610.4	464.3	2013
315.5	4.1	23.3	1767.7	436.3	2014
222.2	5.1	33.1	1233.3	412.2	2015

Note:1.Since 2013, Completed Investment of This Year is changed to be The Total Funds Actually Available for The Reported Year.
2.Since 2013, Financial Allocation from Central Government Budget is changed to be Central Budgetary Fund, and Financial Allocation from Local Government Budget is State Budgetary Fund excluding Central Budgetary Fund.

4-2-1 2015年按资金来源分全国县城市政公用设施建设固定资产投资分组资料

计量单位:万元

地区名称 Name of Regions		本年实际到位资金合计 The Total Funds Actually Available for The Reported Year	上年末结余资金 The Balance of The Previous Year	本年资金来源 小计 Subtotal	国家预算资金 State Budgetary Fund	中央预算资金 Central Budgetary Fund	国内贷款 Domestic Loan
全国	**National Total**	**30111692**	**528183**	**29583509**	**10524054**	**1216812**	**2221932**
分类一	**Group one**						
东部地区	East China	7902251	112881	7789370	2686513	224851	402083
中部地区	Central China	12130062	165828	11964234	4718029	294767	437772
西部地区	West China	10079379	249474	9829905	3119512	697194	1382077
分类二	**Group two**						
东部地区	East China	6895910	111277	6784633	2320133	196558	344561
中部地区	Central China	10209930	164888	10045042	4375727	271167	437772
西部地区	West China	13005852	252018	12753834	3828194	749087	1439599
分类三	**Group three**						
东部地区	East China	6730019	111277	6618742	2262581	195898	341899
中部地区	Central China	9646791	152523	9494268	4197885	223624	430686
西部地区	West China	13005852	252018	12753834	3828194	749087	1439599
东北地区	Northeast China	729030	12365	716665	235394	48203	9748

National Fixed Assets Investment in County Seat Service Facilities by Capital Source(by Group in Column)(2015)

Measurement Unit:10,000RMB

Sources of Fund						各项应付款	地区名称
债券	利用外资		自筹资金		其他资金		
		外商直接投资		单位自有资金			
Securities	Foreign Investment	Foreign Direct Investment	Self-Raised Funds	Self-Owned Funds	Other Funds	Sum Payable This Year	Name of Regions
50942	**330923**	**211021**	**12333313**	**1617033**	**4122345**	**3847780**	**全国**
							分类一
7411	47452	16977	3755969	507580	889942	670601	东部地区
36305	72229	28975	5430248	578183	1269651	1728228	中部地区
7226	211242	165069	3147096	531270	1962752	1448951	西部地区
							分类二
6261	47452	16977	3229091	492568	837135	631550	东部地区
36305	72229	28975	4014607	565275	1108402	1495966	中部地区
8376	211242	165069	5089615	559190	2176808	1720264	西部地区
							分类三
6261	43510	16977	3137818	480841	826673	606361	东部地区
27394	72229	28975	3740697	520759	1025377	1447360	中部地区
8376	211242	165069	5089615	559190	2176808	1720264	西部地区
8911	3942		365183	56243	93487	73795	东北地区

4-2-2 2015年按资金来源分全国县城市政公用设施建设固定资产投资(按省分列)

计量单位:万元

地区名称 Name of Regions	本年实际到位资金合计 The Total Funds Actually Available for The Reported Year	上年末结余资金 The Balance of The Previous Year	本年资金来源 小计 Subtotal	国家预算资金 Statex Budgetary Fund	中央预算资金 Central Budgetary Fund	国内贷款 Domestic Loan
全国	**30111692**	**528183**	**29583509**	**10524054**	**1216812**	**2221932**
天津	8400		8400	2788		3300
河北	1785621	43750	1741871	308103	21151	16439
山西	821548	1098	820450	294466	1652	1280
内蒙古	1920132	940	1919192	342302	23600	
辽宁	165891		165891	57552	660	2662
吉林	149129		149129	73299	24346	5614
黑龙江	414010	12365	401645	104543	23197	1472
江苏	576810	6116	570694	106136	10974	103778
浙江	1070027	25999	1044028	276077	1896	198279
安徽	3131610	99408	3032202	2123604	50607	213742
福建	1708572	24402	1684170	815295	34535	7215
江西	2513161	34955	2478206	578478	108563	42594
山东	1325557	9164	1316393	656138	44371	9000
河南	1203531	3220	1200311	915929	15763	10070
湖北	633889	3764	630125	141797	22929	16800
湖南	1343052	10078	1332974	143611	24110	146200
广东	162953	350	162603	94920	81944	3500
广西	1006341	1604	1004737	366380	28293	57522
海南	92079	1496	90583	3124	1027	388
重庆	433435	3865	429570	279961	31439	104700
四川	3696455	76449	3620006	765570	185602	997974
贵州	1688979	17670	1671309	132198	12349	101815
云南	928375	94659	833716	127345	37141	35963
西藏	35658		35658	28592	9983	
陕西	1552594	10783	1541811	1184835	61870	14350
甘肃	503192	9858	493334	94875	41156	102188
青海	172215	1130	171085	140095	82529	10532
宁夏	136218	2376	133842	39174	16260	430
新疆	533870	23285	510585	118236	50138	13040
新疆生产建设兵团	398388	9399	388989	208631	168727	1085

National Fixed Assets Investment in County Seat Service Facilities by Capital Source (by Province in Column)(2015)

Measurement Unit:10,000RMB

Sources of Fund						各项应付款	地区名称
债券	利用外资		自筹资金		其他资金		
		外商直接投资		单位自有资金			
Securities	Foreign Investment	Foreign Direct Investment	Self-Raised Funds	Self-Owned Funds	Other Funds	Sum Payable This Year	Name of Regions
50942	**330923**	**211021**	**12333313**	**1617033**	**4122345**	**3847780**	**全　国**
			2312				天　津
	11000	8000	871943	177462	534386	185396	河　北
	6415		437046	59167	81243	249460	山　西
			1415641	12908	161249	232262	内蒙古
	3942		91273	11727	10462	25189	辽　宁
3000			62081	4120	5135	24565	吉　林
5911			211829	40396	77890	24041	黑龙江
	7000		329722	39591	24058	163388	江　苏
	2477	2477	560173	70311	7022	95363	浙　江
			547317	202215	147539	366205	安　徽
	5000		709917	53110	146743	74538	福　建
19694	55049	18210	1358428	60279	423963	579181	江　西
	18033	6500	544934	138597	88288	82497	山　东
			268870	73708	5442	33022	河　南
	1550	1550	348788	53598	121190	126582	湖　北
7700	9215	9215	780248	71792	246000	92910	湖　南
6261			50796	1770	7126	5179	广　东
1150			526878	15012	52807	39051	广　西
			68021		19050		海　南
			44769	9850	140	20389	重　庆
1840	23216	1000	485096	117671	1346310	209801	四　川
	171015	153265	1123909	207961	142372	287326	贵　州
	5640	3640	476870	23657	187898	451831	云　南
			3107		3959	4130	西　藏
			242156	15769	100470	69648	陕　西
			221386	20498	74885	131639	甘　肃
			20103		355	3283	青　海
1500	6844	6844	82177	3600	3717	88491	宁　夏
3886	4207		286116	30405	85100	120669	新　疆
	320	320	161407	101859	17546	61744	新疆生产建设兵团

4-2-3 2015年按资金来源分全国县城市政公用设施建设固定资产投资(按县分列)

计量单位：万元

县名称 Name of Counties	本年实际到位资金合计 The Total Funds Actually Available for The Reported Year	上年末结余资金 The Balance of The Previous Year	本年资金来源 小计 Subtotal	国家预算资金 State Budgetary Fund	中央预算资金 Central Budgetary Fund	国内贷款 Domestic Loan
全　国	**30111692**	**528183**	**29583509**	**10524054**	**1216812**	**2221932**
天　津	**8400**		**8400**	**2788**		**3300**
蓟　县	8400		8400	2788		3300
河　北	**1785621**	**43750**	**1741871**	**308103**	**21151**	**16439**
井陉县	14500		14500			
正定县	10727		10727			3246
行唐县	22411		22411	275	275	
灵寿县	3366		3366	1366		
高邑县	5317		5317			
深泽县	4700		4700			
赞皇县	4170		4170			
无极县	3591		3591	1591		
平山县	10275		10275			
元氏县	10700		10700	10700		
赵　县	11326		11326	7176		
滦　县	22794		22794			
滦南县	12686		12686			
乐亭县	21334		21334			
迁西县	14300		14300	300		
玉田县	51822		51822			
曹妃甸区	54432	34139	20293			
青龙满族自治县	5698		5698			
昌黎县	14590		14590			
卢龙县	11338		11338			
临漳县	35395		35395			
成安县	75000		75000			
大名县	14665		14665			
涉　县	13550		13550			
磁　县	7800		7800			
肥乡县	25422	6400	19022			
永年县	20123		20123			
邱　县	7589		7589			
鸡泽县	5515		5515			
广平县	18793	60	18733	4028		
馆陶县	14070		14070			
魏　县	71831		71831	1493	1493	
曲周县	56260		56260	46815		
临城县	5820		5820	1684	457	2494
内丘县	1100		1100			
柏乡县	682		682			
隆尧县	10230		10230	1430		
任　县	836		836			
南和县	1407		1407			
巨鹿县	16392		16392			

National Fixed Assets Investment in County Seat Service Facilities by Capital Source (by County in Column)(2015)

Measurement Unit：10,000RMB

Sources of Fund						各项应付款	县名称
债券	利用外资		自筹资金		其他资金		
		外商直接投资		单位自有资金			
Securities	Foreign Investment	Foreingn Direct Investment	Self-Raised Funds	Self-Owned Funds	Other Funds	Sum Payable This Year	Name of Counties
50942	**330923**	**211021**	**12333313**	**1617033**	**4122345**	**3847780**	**全　国**
			2312				**天　津**
			2312				蓟　县
	11000	**8000**	**871943**	**177462**	**534386**	**185396**	**河　北**
			14500				井陉县
			7481	2225		543	正定县
			21786		350		行唐县
					2000		灵寿县
			5317				高邑县
			4700				深泽县
			4170	3820		150	赞皇县
			2000			2791	无极县
			10275				平山县
							元氏县
			4150	2350			赵　县
			21919		875		滦　县
			1668		11018		滦南县
			16052	8276	5282		乐亭县
					14000	14300	迁西县
			27800		24022		玉田县
			20293			64924	曹妃甸区
			5698				青龙满族自治县
			14590				昌黎县
			5738		5600		卢龙县
					35395		临漳县
					75000		成安县
			14665	2000			大名县
			13550			13550	涉　县
			7800				磁　县
					19022	159	肥乡县
					20123		永年县
					7589	2589	邱　县
					5515		鸡泽县
			14705	14705			广平县
			7250	7250	6820	11860	馆陶县
					70338		魏　县
			9445	145			曲周县
			1042		600		临城县
			1100	1100			内丘县
					682	682	柏乡县
			8800				隆尧县
			836				任　县
					1407		南和县
			4122		12270		巨鹿县

4-2-3 续表 1

计量单位：万元

县名称 Name of Counties	本年实际到位资金合计 The Total Funds Actually Available for The Reported Year	上年末结余资金 The Balance of The Previous Year	本年资金来源			
			小计 Subtotal	国家预算资金 State Budgetary Fund	中央预算资金 Central Budgetary Fund	国内贷款 Domestic Loan
新河县	9921		9921			
广宗县	10300		10300			
平乡县						
威　县	9381		9381			
清河县	46784		46784	5211		3089
临西县	35000		35000			
涞水县	5390		5390			1860
阜平县	129900		129900	9000	9000	
定兴县	12011		12011	3404		
唐　县	26416		26416			
容城县	2200	2200				
涞源县	1669		1669			
望都县	25920		25920	8000		
安新县	19338		19338			
曲阳县	19650	550	19100			
蠡　县	8020		8020			
顺平县	2232		2232	1932	1932	
博野县	5274		5274			
雄　县	35269		35269	18959		
张北县	15500		15500			
康保县	14185		14185			1000
沽源县	16770		16770			
尚义县	9000		9000			
蔚　县	11785		11785			
阳原县	6652		6652			
怀安县	7820		7820			
万全县	5926		5926			
怀来县	13550		13550			
涿鹿县	22600		22600			
赤城县	14943		14943			
崇礼县	30539		30539			
承德县	1700		1700	1700		
兴隆县	11962	1	11961	764	44	
平泉县	4200		4200			
滦平县	9280		9280	6080		
隆化县	10045		10045			
丰宁满族自治县	13490	400	13090	11083		
宽城满族自治县	18073		18073	18073		
围场满族蒙古族自治县	13754		13754	150	150	
青　县	17540		17540	9970		
东光县	3235		3235	3050		
海兴县	5652		5652	2500		
盐山县	32769		32769			
肃宁县	1385		1385	868		

continued 1

Measurement Unit：10,000RMB

Sources of Fund						各 项 应付款	县名称
债券	利用外资		自筹资金		其他资金		
		外商直接投 资		单位自有资 金			
Securities	Foreign Investment	Foreingn Direct Investment	Self-Raised Funds	Self-Owned Funds	Other Funds	Sum Payable This Year	Name of Counties
			9921			11721	新河县
			10300				广宗县
						1615	平乡县
			9381				威 县
			38229		255		清河县
			35000				临西县
			3530	3530			涞水县
					120900		阜平县
			8607				定兴县
			11963		14453		唐 县
						15554	容城县
			1669				涞源县
			15000		2920	6000	望都县
			1213		18125		安新县
			19100	19100			曲阳县
			7200	1200	820		蠡 县
			300				顺平县
			5179	1000	95		博野县
			16310	449			雄 县
			15500				张北县
			13185				康保县
			16770				沽源县
			9000				尚义县
			11785				蔚 县
			6652				阳原县
			7820				怀安县
			5926				万全县
			13550				怀来县
			22600				涿鹿县
			14943				赤城县
			30539				崇礼县
							承德县
			10697	197	500	340	兴隆县
			4200	4200			平泉县
			3200				滦平县
	3000		7045				隆化县
			2007				丰宁满族自治县
							宽城满族自治县
			6740	960	6864		围场满族蒙古族自治县
			7570	7570			青 县
			185	185			东光县
			3152				海兴县
			32769				盐山县
			86	50	431		肃宁县

4-2-3 续表 2

计量单位：万元

县名称 Name of Counties	本年实际到位资金合计 The Total Funds Actually Available for The Reported Year	上年末结余资金 The Balance of The Previous Year	本年资金来源 小计 Subtotal	国家预算资金 State Budgetary Fund	中央预算资金 Central Budgetary Fund	国内贷款 Domestic Loan
南皮县	12010		12010			
吴桥县	31300		31300	6600	6600	4750
献　县	16097		16097	10660		
孟村回族自治县	1182		1182			
固安县	19906		19906	18306		
永清县	1959		1959	1524		
香河县	15212		15212	3492		
大城县	9380		9380	8880		
文安县	10877		10877	7137	200	
大厂回族自治县	81281		81281	526		
枣强县	10249		10249	10249		
武邑县	5200		5200			
武强县	3900		3900	1105		
饶阳县	37654		37654	36516		
安平县	29357		29357	25506	1000	
故城县	42961		42961			
景　县	11179		11179			
阜城县	16330		16330			
山　西	**821548**	**1098**	**820450**	**294466**	**1652**	**1280**
阳曲县	6500		6500	6500		
娄烦县	1600	500	1100	1100		
阳高县	1795	300	1495	1175		
天镇县	2342		2342			
广灵县	2700		2700	2030		
浑源县	200		200			
左云县	1876		1876			
大同县	1100		1100			
平定县	6970		6970	700		1280
盂　县	2400		2400			
长治县	7044		7044	7044		
襄垣县	28153		28153	28153		
屯留县	13705		13705	700		
平顺县	2921		2921	1899		
黎城县	7600		7600	2600		
壶关县	11874		11874			
长子县	9998		9998	2456		
武乡县	8802		8802			
沁　县	7940	210	7730	967	957	
沁源县	12618		12618	9825		
沁水县	2800		2800			
阳城县	15143		15143	9241		
陵川县	25042		25042			
山阴县	2817		2817			
应　县	16066		16066			
右玉县	9058		9058			

continued 2

Measurement Unit：10,000RMB

Sources of Fund						各项应付款	县名称
债券	利用外资		自筹资金		其他资金		
		外商直接投资		单位自有资金			
Securities	Foreign Investment	Foreingn Direct Investment	Self-Raised Funds	Self-Owned Funds	Other Funds	Sum Payable This Year	Name of Counties
			11000		1010	1010	南皮县
	8000	8000	550		11400	24800	吴桥县
			5437				献　县
			1182	200		1182	孟村回族自治县
			1600				固安县
			435	75			永清县
			11720				香河县
			500				大城县
			3740	3310			文安县
			80755	68862		447	大厂回族自治县
							枣强县
			5200				武邑县
			2795				武强县
					1138		饶阳县
			2851		1000		安平县
			17573	8373	25388		故城县
					11179	11179	景　县
			16330	16330			阜城县
	6415		**437046**	**59167**	**81243**	**249460**	**山　西**
						13350	阳曲县
							娄烦县
					320		阳高县
			2342			2342	天镇县
					670		广灵县
			200				浑源县
			1876				左云县
			1100			1100	大同县
			3367		1623	20689	平定县
					2400	9272	盂　县
							长治县
						31545	襄垣县
					13005		屯留县
			1022			8375	平顺县
			5000			7015	黎城县
			11874				壶关县
			7542				长子县
			2530		6272	1236	武乡县
	6415		348	343		3898	沁　县
			2793				沁源县
					2800		沁水县
			5902	5602			阳城县
			21542		3500		陵川县
			2817	741			山阴县
			16066				应　县
			9058				右玉县

4-2-3 续表 3

计量单位：万元

县名称 Name of Counties	本年实际到位资金合计 The Total Funds Actually Available for The Reported Year	上年末结余资金 The Balance of The Previous Year	本年资金来源 小计 Subtotal	国家预算资金 State Budgetary Fund	中央预算资金 Central Budgetary Fund	国内贷款 Domestic Loan
怀仁县	8417		8417			
榆社县	1291	88	1203			
左权县	13119		13119	13119		
和顺县	2145		2145	1825		
昔阳县	8589		8589	8589		
寿阳县	9315		9315			
太谷县	16700		16700	16700		
祁　县	8223		8223	8165		
平遥县	32401		32401	32401		
灵石县	17224		17224	14424		
临猗县	22236		22236	2170	235	
万荣县	2200		2200	1400		
闻喜县	4812		4812	3933		
稷山县	290		290	290		
新绛县	7995		7995	7842		
绛　县	8075		8075	6955		
垣曲县	1875		1875	1875		
夏　县	10195		10195	1040	460	
平陆县	19658		19658	15176		
芮城县	10404		10404			
定襄县	7406		7406			
五台县	727		727			
代　县	7325		7325			
繁峙县	10569		10569			
宁武县	36751		36751			
静乐县						
神池县	15967		15967	15967		
五寨县	3112		3112			
岢岚县	8065		8065			
河曲县						
保德县	22097		22097			
偏关县	11305		11305			
曲沃县	33465		33465			
襄汾县	10445		10445			
吉　县	1210		1210			
大宁县	6054		6054			
隰　县	15012		15012			
永和县	4190		4190			
蒲　县	16515		16515			
汾西县	10030		10030			
文水县	22306		22306	8500		
交城县	17060		17060	6000		
兴　县	20243		20243	12400		
临　县	33968		33968			
柳林县	29489		29489	8100		

continued 3

Measurement Unit：10,000RMB

Sources of Fund						各项应付款	县名称
债券	利用外资		自筹资金		其他资金		
		外商直接投资		单位自有资金			
Securities	Foreign Investment	Foreingn Direct Investment	Self-Raised Funds	Self-Owned Funds	Other Funds	Sum Payable This Year	Name of Counties
			8417	4067			怀仁县
			1203				榆社县
							左权县
			320			5044	和顺县
						2096	昔阳县
			9315	6000			寿阳县
							太谷县
			58	58			祁　县
							平遥县
			2800				灵石县
			20066			470	临猗县
			800				万荣县
					879	720	闻喜县
							稷山县
			153			153	新绛县
			1120				绛　县
							垣曲县
			9155	2410			夏　县
			1850	850	2632		平陆县
					10404		芮城县
			3606	3606	3800		定襄县
			727			15230	五台县
			6775		550		代　县
			10569				繁峙县
			35251	32000	1500	7016	宁武县
						4587	静乐县
						15967	神池县
			3112			5190	五寨县
			8065				岢岚县
						30084	河曲县
			22097				保德县
			11305			6725	偏关县
			33465				曲沃县
			10445				襄汾县
			1210	560			吉　县
			6054	180			大宁县
			15012				隰　县
					4190		永和县
			16515	2750			蒲　县
			9200		830		汾西县
			13806			3977	文水县
			11060			5580	交城县
			7843			7813	兴　县
			8100		25868		临　县
			21389			6586	柳林县

4-2-3 续表 4

计量单位：万元

县名称 Name of Counties	本年实际到位资金合计 The Total Funds Actually Available for The Reported Year	上年末结余资金 The Balance of The Previous Year	本年资金来源			
			小计 Subtotal	国家预算资金 State Budgetary Fund	中央预算资金 Central Budgetary Fund	国内贷款 Domestic Loan
石楼县	1450		1450	1100		
岚　县	27164		27164	16140		
方山县	6375		6375	3600		
中阳县	13645		13645	2965		
交口县	15375		15375	9400		
内蒙古	**1920132**	**940**	**1919192**	**342302**	**23600**	
土默特左旗	16935		16935	2000	2000	
托克托县	2260		2260			
和林格尔县	19323		19323			
清水河县	19290		19290			
武川县	43741		43741			
土默特右旗	58900		58900			
固阳县	96965		96965			
达尔罕茂明安联合旗	15700		15700			
阿鲁科尔沁旗	6202		6202	1800	1800	
巴林左旗	47899		47899	6840	6840	
巴林右旗	52485		52485	2460	2460	
林西县	58276		58276	1360	1360	
克什克腾旗	4079		4079	260	260	
翁牛特旗	21145		21145	980	980	
喀喇沁旗	26296		26296			
宁城县	19978		19978	2630	2630	
敖汉旗	16389		16389			
科尔沁左翼中旗	69548		69548	18548		
科尔沁左翼后旗	46941		46941	40000		
开鲁县	31094		31094	29973		
库伦旗	28361		28361	18361		
奈曼旗	29634		29634	28624		
扎鲁特旗	70909		70909	70909		
达拉特旗	18451		18451	2351		
准格尔旗	35006		35006			
鄂托克前旗	12969		12969			
鄂托克旗	24544		24544			
杭锦旗	27340		27340	19281		
乌审旗	3420		3420	1120	1120	
伊金霍洛旗	4962		4962			
阿荣旗	47167		47167			
莫力达瓦达斡尔族自治旗	5237	800	4437	1200	800	
鄂伦春自治旗	55582		55582			
鄂温克族自治旗	35207		35207			
陈巴尔虎旗	4061		4061			
新巴尔虎左旗	12850		12850			
新巴尔虎右旗	14448		14448			

continued 4

Measurement Unit：10,000RMB

Sources of Fund						各项应付款	县名称
债券	利用外资		自筹资金		其他资金		
		外商直接投资		单位自有资金			
Securities	Foreign Investment	Foreingn Direct Investment	Self-Raised Funds	Self-Owned Funds	Other Funds	Sum Payable This Year	Name of Counties
			350			840	石楼县
			11024			14480	岚　县
			2775			5647	方山县
			10680				中阳县
			5975			12433	交口县
			1415641	**12908**	**161249**	**232262**	**内蒙古**
			1935		13000		土默特左旗
			2060		200	40330	托克托县
					19323		和林格尔县
			6000		13290		清水河县
			8500		35241		武川县
			58900			58800	土默特右旗
			96965			96900	固阳县
			15700			10000	达尔罕茂明安联合旗
			4402				阿鲁科尔沁旗
			41059				巴林左旗
			50025				巴林右旗
			56916				林西县
			3819				克什克腾旗
			20165				翁牛特旗
			26296				喀喇沁旗
			17348				宁城县
			16389				敖汉旗
			51000				科尔沁左翼中旗
			6941				科尔沁左翼后旗
			1121				开鲁县
			10000				库伦旗
			1010				奈曼旗
							扎鲁特旗
			16100				达拉特旗
			4397		30609		准格尔旗
			500		12469		鄂托克前旗
			24544				鄂托克旗
			8059	5209			杭锦旗
			2300				乌审旗
			4962			758	伊金霍洛旗
			47167				阿荣旗
			1520	790	1717		莫力达瓦达斡尔族自治旗
			55582				鄂伦春自治旗
			35207			64	鄂温克族自治旗
			4061			2061	陈巴尔虎旗
			12850				新巴尔虎左旗
			14448			14448	新巴尔虎右旗

4-2-3 续表 5

计量单位：万元

县名称 Name of Counties	本年实际到位资金合计 The Total Funds Actually Available for The Reported Year	上年末结余资金 The Balance of The Previous Year	本年资金来源 小计 Subtotal	国家预算资金 State Budgetary Fund	中央预算资金 Central Budgetary Fund	国内贷款 Domestic Loan
五原县	33761		33761			
磴口县	9298		9298			
乌拉特前旗	41956		41956			
乌拉特中旗	19172		19172	18972	240	
乌拉特后旗	16200		16200	7700		
杭锦后旗	39317		39317			
卓资县	27888		27888	6888		
化德县	3089		3089			
商都县	21620		21620	8280		
兴和县	88914		88914			
凉城县	36000		36000	36000		
察哈尔右翼前旗	65765		65765			
察哈尔右翼中旗	52145		52145			
察哈尔右翼后旗	10027		10027			
四子王旗	33480		33480			
科尔沁右翼前旗	38400		38400			
科尔沁右翼中旗	4767		4767			
扎赉特旗	19575		19575	11735		
突泉县	15450		15450			
阿巴嘎旗	13366		13366			
苏尼特左旗	23947		23947	790	700	
苏尼特右旗	7536		7536			
东乌珠穆沁旗	13615		13615	130		
西乌珠穆沁旗	23869		23869			
太仆寺旗	745	140	605			
镶黄旗	7658		7658			
正镶白旗	17726		17726			
正蓝旗	5269		5269			
多伦县	24309		24309	3110	2410	
阿拉善左旗	85961		85961			
阿拉善右旗	8800		8800			
额济纳旗	6913		6913			
辽　宁	**165891**		**165891**	**57552**	**660**	**2662**
辽中县	9971		9971	4428		
康平县	2869		2869	2869		
法库县	8540		8540			
台安县	7861		7861	3292		
岫岩满族自治县	549		549			
新宾满族自治县	12603		12603	12541		
清原满族自治县	5263		5263			
本溪满族自治县	8701		8701			
桓仁满族自治县	5300		5300	5300		
宽甸满族自治县	1058		1058	715		
黑山县	7392		7392	1500		2662
义　县	12119		12119	5611		
阜新蒙古族自治县	2375		2375			
彰武县	3383		3383	1662		
辽阳县	2067		2067	1053		

continued 5

Measurement Unit：10,000RMB

Sources of Fund						各项应付款	县名称
债券	利用外资		自筹资金		其他资金		
		外商直接投资		单位自有资金			
Securities	Foreign Investment	Foreingn Direct Investment	Self-Raised Funds	Self-Owned Funds	Other Funds	Sum Payable This Year	Name of Counties
			33761				五原县
			9298				磴口县
			41956				乌拉特前旗
			200				乌拉特中旗
			8500				乌拉特后旗
			39317				杭锦后旗
			21000				卓资县
			3089				化德县
			13340				商都县
			87464		1450		兴和县
							凉城县
			65765				察哈尔右翼前旗
			52145				察哈尔右翼中旗
			10027				察哈尔右翼后旗
			33480				四子王旗
			8180		30220		科尔沁右翼前旗
			4767				科尔沁右翼中旗
			7840	6640			扎赉特旗
			15450				突泉县
			13366			2495	阿巴嘎旗
			23157				苏尼特左旗
			7536				苏尼特右旗
			13485				东乌珠穆沁旗
			23869				西乌珠穆沁旗
			10		595		太仆寺旗
			7658				镶黄旗
			17726			6406	正镶白旗
			5269	269			正蓝旗
			18064		3135		多伦县
			85961				阿拉善左旗
			8800				阿拉善右旗
			6913				额济纳旗
	3942		**91273**	**11727**	**10462**	**25189**	**辽　宁**
			4593	4593	950	4421	辽中县
							康平县
			7540		1000	8540	法库县
			4569				台安县
			549				岫岩满族自治县
			62			12228	新宾满族自治县
			700		4563		清原满族自治县
			8701				本溪满族自治县
							桓仁满族自治县
			343				宽甸满族自治县
			1300		1930		黑山县
	3942		2400	1313	166		义　县
			1645		730		阜新蒙古族自治县
			1721	71			彰武县
			1014	1014			辽阳县

4–2–3 续表 6

计量单位：万元

县名称 Name of Counties	本年实际到位资金合计 The Total Funds Actually Available for The Reported Year	上年末结余资金 The Balance of The Previous Year	本年资金来源 小计 Subtotal	国家预算资金 State Budgetary Fund	中央预算资金 Central Budgetary Fund	国内贷款 Domestic Loan
大洼县	33100		33100			
西丰县	12034		12034	3105		
昌图县	5539		5539	4219		
建平县	6761		6761	1380	660	
喀喇沁左翼蒙古族自治县	9517		9517	5412		
绥中县	3684		3684			
建昌县	5205		5205	4465		
吉　林	**149129**		**149129**	**73299**	**24346**	**5614**
农安县	31481		31481	31481		
永吉县	6534		6534	6420	1000	114
梨树县	5924		5924	1000	1000	
伊通满族自治县	9675		9675			
东丰县	6964		6964			
东辽县	3600		3600	3400		
通化县	13800		13800			
柳河县	3814		3814			1500
抚松县	3798		3798			
靖宇县	16269		16269	7638	7638	
长白朝鲜族自治县	6410		6410			4000
长岭县	1500		1500			
镇赉县	17481		17481	6938	6938	
通榆县	8037		8037	6839		
汪清县	11970		11970	7770	7770	
安图县	1872		1872	1813		
黑龙江	**414010**	**12365**	**401645**	**104543**	**23197**	**1472**
依兰县	6500		6500			
方正县	5558		5558	1602		
宾　县	1433		1433			
巴彦县	5274	2387	2887	500		
木兰县	7995		7995	6555		
通河县	610		610			
延寿县	3358		3358			
龙江县	12402		12402	9248		
依安县	7074		7074			
泰来县	5438		5438			
甘南县	1904		1904	399	328	
富裕县	15337		15337	2724		
克山县	15281		15281	8351	1835	
克东县	16186		16186			
拜泉县	4368		4368			

continued 6

Measurement Unit：10,000RMB

Sources of Fund						各 项 应付款	县名称
债券	利用外资		自筹资金		其他资金		
		外商直接投 资		单位自有资 金			
Securities	Foreign Investment	Foreingn Direct Investment	Self-Raised Funds	Self-Owned Funds	Other Funds	Sum Payable This Year	Name of Counties
			33100				大洼县
			8929				西丰县
			1320				昌图县
			5381	150			建平县
			4105	2025			喀喇沁左翼蒙古族自治县
			2561	2561	1123		绥中县
			740				建昌县
3000			**62081**	**4120**	**5135**	**24565**	**吉　林**
							农安县
							永吉县
			1520		3404		梨树县
			9675				伊通满族自治县
			6964				东丰县
					200		东辽县
			13800				通化县
			2314				柳河县
			3798				抚松县
3000			4872		759		靖宇县
			2410				长白朝鲜族自治县
			1500	1500			长岭县
			10341		202		镇赉县
			1198	420		12995	通榆县
			3630	2200	570	11570	汪清县
			59				安图县
5911			**211829**	**40396**	**77890**	**24041**	**黑龙江**
			6500	6500		476	依兰县
			3196		760	260	方正县
			1433				宾　县
			2387	2387			巴彦县
			1440				木兰县
			610				通河县
			3358	300			延寿县
			3154			4224	龙江县
			6315		759		依安县
			5438				泰来县
			1505			200	甘南县
			12613				富裕县
			6930	6930			克山县
			14786		1400		克东县
			4368				拜泉县

4-2-3 续表 7

计量单位：万元

县名称 Name of Counties	本年实际到位资金合计 The Total Funds Actually Available for The Reported Year	上年末结余资金 The Balance of The Previous Year	本年资金来源 小计 Subtotal	国家预算资金 State Budgetary Fund	中央预算资金 Central Budgetary Fund	国内贷款 Domestic Loan
鸡东县	2067		2067	1347	728	
萝北县	12025		12025	375		
绥滨县	5610		5610	835	835	
集贤县	11759		11759	600	600	
友谊县	5939		5939	**3616**		
宝清县	21025		21025	5703	600	
饶河县	20622		20622			
肇州县	920		920			
肇源县	9000		9000			
林甸县	11532		11532			
杜尔伯特蒙古自治县	4826		4826	1380		
嘉荫县	2845		2845	777		
桦南县	10681		10681	1430	1230	
桦川县	5820		5820			1280
汤原县	15791		15791	5159		
抚远县	19157		19157	15957	1300	
勃利县	18227		18227	4617	3025	
东宁县	21554	9978	11576	9326	6111	
林口县	3719		3719	1495	900	
嫩江县	5347		5347	436		
逊克县	5358		5358	922		
孙吴县	9822		9822	4325	1195	192
望奎县	10493		10493	388		
兰西县	2131		2131	412		
青冈县	16895		16895	2560		
庆安县	16735		16735	5196	1844	
明水县	5301		5301	1000		
绥棱县	5963		5963			
呼玛县	2361		2361	1522		
塔河县	5931		5931	2666	2666	
漠河县	3698		3698			
加格达奇区	12138		12138	3120		
江　苏	**576810**	**6116**	**570694**	**106136**	**10974**	**103778**
丰　县	51223	892	50331	37805		
沛　县	11149		11149			
睢宁县	65206		65206			
海安县	102507		102507			24450
如东县	75716		75716			68716
东海县	18533		18533	580		
灌云县	9358		9358	450		
灌南县	13410		13410			
涟水县	24993		24993	8407	120	
洪泽县	14384		14384			
盱眙县	3495		3495			

continued 7

Measurement Unit：10,000RMB

Sources of Fund						各 项 应付款	县名称
债券	利用外资		自筹资金		其他资金		
		外商直接投 资		单位自有资 金			
Securities	Foreign Investment	Foreingn Direct Investment	Self-Raised Funds	Self-Owned Funds	Other Funds	Sum Payable This Year	Name of Counties
			720	720			鸡东县
3650			8000				萝北县
			3173	2508	1602		绥滨县
			2014		9145	11759	集贤县
					2323	5939	友谊县
			14922		400		宝清县
			20622	13268			饶河县
					920		肇州县
					9000		肇源县
					11532		林甸县
			195	195	3251		杜尔伯特蒙古自治县
			2068	1958			嘉荫县
			3331		5920		桦南县
			1008		3532		桦川县
			10632				汤原县
			3200			314	抚远县
			13610	2473			勃利县
			1295		955	280	东宁县
			2224				林口县
			2100		2811	589	嫩江县
			4436				逊克县
2261			3044	3007			孙吴县
			3167		6938		望奎县
			1719				兰西县
			305		14030		青冈县
			11539				庆安县
			4301				明水县
			3563		2400		绥棱县
			839				呼玛县
			3265	150			塔河县
			3698				漠河县
			8806		212		加格达奇区
	7000		**329722**	**39591**	**24058**	**163388**	**江 苏**
			12526	1426			丰 县
			11149				沛 县
			65206				睢宁县
			78057			102507	海安县
	7000						如东县
			17953	8553		4455	东海县
			8908	45			灌云县
			13410				灌南县
			16586			24993	涟水县
			13024	600	1360		洪泽县
			3495			87	盱眙县

4-2-3 续表 8

计量单位：万元

县名称 Name of Counties	本年实际到位资金合计 The Total Funds Actually Available for The Reported Year	上年末结余资金 The Balance of The Previous Year	本年资金来源 小计 Subtotal	国家预算资金 State Budgetary Fund	中央预算资金 Central Budgetary Fund	国内贷款 Domestic Loan
金湖县	13673		13673			
响水县	12080		12080			10612
滨海县	19169	2000	17169			
阜宁县	22547		22547			
射阳县	5442		5442			
建湖县	26470		26470			
宝应县	11891		11891			
沭阳县	39093		39093	30947		
泗阳县	11354		11354	10854	10854	
泗洪县	25117	3224	21893	17093		
浙　江	**1070027**	**25999**	**1044028**	**276077**	**1896**	**198279**
桐庐县	73087		73087	100		11763
淳安县	15870		15870	15870		
象山县	186626		186626	1291	646	113094
宁海县	75764		75764	2107		5000
永嘉县	5026		5026			
平阳县	125267		125267			
苍南县	45716	10932	34784	1004	550	7000
文成县	6613		6613			
泰顺县	8455		8455	8455		
嘉善县	29269	280	28989	9841		
海盐县	57419	1804	55615	1734		20000
德清县						
长兴县	43078		43078			22956
安吉县	17162		17162			
新昌县	39775		39775	7744		
武义县	25884	17	25867	10877		11200
浦江县	10776		10776			
磐安县	4258		4258	4258		
常山县	15909	900	15009	6147		
开化县	3380		3380	3380		
龙游县	3821		3821	3271		
岱山县	4489		4489			1769
嵊泗县	894		894	894		
玉环县	17989		17989			
三门县	14405		14405	5855		
天台县	13469		13469	1723		
仙居县	22363		22363	15363		
青田县	10910		10910	10910	700	
缙云县	28653	4566	24087	18762		4434
遂昌县	49756	4500	45256	45256		
松阳县	31348		31348	31348		
云和县	21852	3000	18852	9143		1063
庆元县	18361		18361	18361		
景宁县	42383		42383	42383		

continued 8

Measurement Unit：10,000RMB

债券 Securities	利用外资 Foreign Investment	外商直接投资 Foreingn Direct Investment	自筹资金 Self-Raised Funds	单位自有资金 Self-Owned Funds	其他资金 Other Funds	各项应付款 Sum Payable This Year	县名称 Name of Counties
Sources of Fund							
			13673	13673			金湖县
			268		1200		响水县
			17169	5900		14560	滨海县
			22547	2700			阜宁县
			4752		690		射阳县
			11072		15398	15559	建湖县
			6481	2894	5410	1227	宝应县
			8146				沭阳县
			500	500			泗阳县
			4800	3300			泗洪县
	2477	**2477**	**560173**	**70311**	**7022**	**95363**	**浙　江**
			60624	950	600		桐庐县
						21428	淳安县
			72041	6194	200		象山县
			66828	2164	1829	26652	宁海县
			5026				永嘉县
			125267				平阳县
			24634		2146	5397	苍南县
			6613				文成县
							泰顺县
			18783	7182	365	4786	嘉善县
	2477	2477	31163	12699	241		海盐县
						16714	德清县
			19372		750	6130	长兴县
			17162				安吉县
			32031	31331			新昌县
			3790	2091		6462	武义县
			10776				浦江县
							磐安县
			8862			406	常山县
							开化县
			550				龙游县
			2720				岱山县
							嵊泗县
			17989				玉环县
			8550	5900			三门县
			11746				天台县
			7000				仙居县
							青田县
					891	4067	缙云县
							遂昌县
							松阳县
			8646	1800		1336	云和县
						1985	庆元县
							景宁县

4-2-3 续表 9

计量单位：万元

县名称 Name of Counties	本年实际到位资金合计 The Total Funds Actually Available for The Reported Year	上年末结余资金 The Balance of The Previous Year	本年资金来源 小计 Subtotal	国家预算资金 State Budgetary Fund	中央预算资金 Central Budgetary Fund	国内贷款 Domestic Loan
安　徽	**3131610**	**99408**	**3032202**	**2123604**	**50607**	**213742**
长丰县	35121	764	34357	29486		
肥西县	114480		114480	19048		
肥东县	19644		19644	16367		
庐江县	54378	8423	45955	13273		3110
芜湖县	7377		7377	1280		3656
繁昌县	22944		22944	618		
南陵县	23500		23500	15420		1400
无为县	45401		45401	44505	44505	896
怀远县	124934		124934	120985		
五河县	116157		116157	110842	1300	
固镇县	75578		75578	73928		
凤台县	44313	2760	41553	13303		
当涂县	79772	79772				
含山县	114430		114430	86430		
和　县	85818		85818	3220	220	
濉溪县	4970		4970	3910		
铜陵县	10675		10675	10275		
枞阳县	27896		27896	27896		
潜山县	11293		11293			11293
太湖县	18700		18700			
宿松县	46300		46300	46300		
望江县	14736		14736	4410		
岳西县	570		570	570		
歙　县	15360		15360			11250
休宁县	13180		13180	10180		
黟　县	12400		12400	10400		
祁门县	15230		15230	14850		
来安县	107976		107976	30700		7557
全椒县	127850		127850	127850		
定远县	175246		175246	107397		65880
凤阳县	100066		100066	76266		
临泉县	9533		9533	9533	558	
太和县	31032		31032	25725		
阜南县	30696		30696	2149		9500
颍上县	138750	2530	136220	777		60000
砀山县	157391		157391	157251		
萧　县	161590		161590	161590		
灵璧县	106500		106500	106500		
泗　县	68380		68380	67880		
寿　县	46420		46420	42820		
霍邱县	91509		91509	80349		
舒城县	51007	5159	45848	12348		30500
金寨县	244798		244798	204858		
霍山县	46500		46500	46500		

continued 9

Measurement Unit：10,000RMB

Sources of Fund						各项应付款	县名称
债券	利用外资		自筹资金		其他资金		
		外商直接投资		单位自有资金			
Securities	Foreign Investment	Foreingn Direct Investment	Self-Raised Funds	Self-Owned Funds	Other Funds	Sum Payable This Year	Name of Counties
			547317	**202215**	**147539**	**366205**	**安　徽**
			4871			12202	长丰县
			95432				肥西县
			3277				肥东县
			17154	6153	12418	8858	庐江县
			2441				芜湖县
			320	320	22006		繁昌县
			6680	1490			南陵县
							无为县
			3949	1392			怀远县
			5315				五河县
			1650				固镇县
			28250	600		10600	凤台县
						127062	当涂县
			28000				含山县
			70580	70580	12018	84508	和　县
			1060				濉溪县
					400		铜陵县
						11540	枞阳县
							潜山县
			18700	15700			太湖县
						8200	宿松县
			10326				望江县
							岳西县
			3510		600		歙　县
			3000				休宁县
			2000	2000			黟　县
			380	380		15230	祁门县
			42218		27501		来安县
							全椒县
			1969				定远县
			23800	23800			凤阳县
							临泉县
			3669	3669	1638	56034	太和县
			19047			190	阜南县
			75443	66593			颍上县
			140	140			砀山县
							萧　县
							灵璧县
			500				泗　县
					3600	150	寿　县
					11160		霍邱县
			2000		1000	700	舒城县
			2440		37500		金寨县
							霍山县

4-2-3 续表 10

计量单位：万元

县名称 Name of Counties	本年实际到位资金合计 The Total Funds Actually Available for The Reported Year	上年末结余资金 The Balance of The Previous Year	本年资金来源 小计 Subtotal	国家预算资金 State Budgetary Fund	中央预算资金 Central Budgetary Fund	国内贷款 Domestic Loan
涡阳县	26579		26579	12755		
蒙城县	47451		47451	43451		
利辛县	51186		51186	51186		
东至县	45765		45765	7624	3124	100
石台县	15167		15167	12026		
青阳县	15957		15957	253		8600
郎溪县	11877		11877	11877		
广德县	20796		20796	900	900	
泾　县	23614		23614	23064		
绩溪县	12836		12836	12758		
旌德县	9981		9981	9721		
福　建	**1708572**	**24402**	**1684170**	**815295**	**34535**	**7215**
闽侯县	7804		7804	7772		
连江县	35900	11200	24700	24700		
罗源县	3296		3296	3158		
闽清县	2520		2520	2520		
永泰县	35350		35350			
仙游县	45640		45640			
明溪县	10374		10374	9164	750	
清流县	22710		22710	9375	900	
宁化县	54700		54700	30500	850	
大田县	38881		38881	37831	200	
尤溪县	46202		46202	46202		
沙　县	59090		59090	21200		
将乐县	33726		33726	30226		
泰宁县	72702		72702	11576	750	
建宁县	11159		11159	10667	1350	
惠安县	1035		1035			
安溪县	19467		19467	19467	6000	
永春县	13118		13118			
德化县	23345		23345	23345	17020	
云霄县	44054		44054			
漳浦县	60250		60250	11434		
诏安县	91150		91150	13500	1600	
长泰县	50035		50035	48935		
东山县	11917		11917	11917		
南靖县	15150		15150	14280		
平和县	55579		55579			
华安县	2700		2700			
顺昌县	7403	2880	4523	4523		
浦城县	20710		20710	1230	550	
光泽县	8720		8720	5570	550	
松溪县	6560		6560	6560	550	
政和县	7063		7063	7063	550	
长汀县	6900		6900	1000		

continued 10

Measurement Unit：10,000RMB

Sources of Fund						各 项 应付款	
债券	利用外资		自筹资金		其他资金		县名称
		外商直接投 资		单位自有资 金			
Securities	Foreign Investment	Foreingn Direct Investment	Self-Raised Funds	Self-Owned Funds	Other Funds	Sum Payable This Year	Name of Counties
			13824				涡阳县
			4000	4000			蒙城县
							利辛县
			38041	3000		100	东至县
			3141			1000	石台县
			7104			2035	青阳县
							郎溪县
			2198	2198	17698	20796	广德县
			550				泾 县
			78			7000	绩溪县
			260	200			旌德县
	5000		**709917**	**53110**	**146743**	**74538**	**福 建**
			32				闽侯县
							连江县
			138				罗源县
						2520	闽清县
			35350				永泰县
			45290	40290	350		仙游县
			1210				明溪县
			13035		300	2923	清流县
	5000		19200				宁化县
					1050		大田县
							尤溪县
			37890				沙 县
			3500	3500			将乐县
			61126				泰宁县
			492				建宁县
			1035			1035	惠安县
							安溪县
					13118		永春县
							德化县
			44054				云霄县
			48816				漳浦县
					77650		诏安县
			600	600	500	19415	长泰县
							东山县
			870	70			南靖县
			55579				平和县
			2700				华安县
							顺昌县
			19480				浦城县
			3000		150	3170	光泽县
							松溪县
							政和县
			5900	5900		5900	长汀县

4-2-3 续表 11

计量单位：万元

县名称 Name of Counties	本年实际到位资金合计 The Total Funds Actually Available for The Reported Year	上年末结余资金 The Balance of The Previous Year	本年资金来源 小计 Subtotal	国家预算资金 State Budgetary Fund	中央预算资金 Central Budgetary Fund	国内贷款 Domestic Loan
上杭县	17575		17575			
武平县	23500		23500	1780	1780	
连城县	13078		13078	13078	550	
霞浦县	4648		4648	4648		
古田县	7322		7322	7322		
屏南县	35084		35084	20034		
寿宁县	4338		4338	2878		
周宁县	4174		4174	4174	85	
柘荣县	265545		265545	260460		
平潭县	408098	10322	397776	87206	500	7215
江　西	**2513161**	**34955**	**2478206**	**578478**	**108563**	**42594**
南昌县	32815		32815			
安义县	2751	1455	1296			
进贤县	37782		37782			
浮梁县	22026		22026	500	500	
莲花县	28610		28610			
上栗县	22675		22675			
芦溪县	12021		12021			3000
九江县	3896		3896	3896		
武宁县	38635		38635			
修水县	9544		9544	6344		
永修县	12130		12130			
德安县	37700		37700	27950		
星子县	38520		38520	30		
都昌县	71040		71040			
湖口县	19780		19780	19780		
彭泽县	16050		16050	50		
庐山风景区	1700		1700	200		
分宜县	6522		6522			
余江县	24030		24030	8730		
赣　县	4015		4015			
信丰县	31345		31345			20000
大余县	13643	300	13343	5302		
上犹县	51224		51224	51224		
崇义县	13068		13068	2400		
安远县	1471		1471			
龙南县						
定南县	23200		23200			
全南县	4675		4675			
宁都县	95100	26000	69100	55000	24900	12000
于都县	294931		294931	49892		
兴国县	18545		18545	7243	3500	
会昌县	40603		40603			
石城县	25881		25881	340		
吉安县	24013		24013			

continued 11

Measurement Unit: 10,000RMB

Sources of Fund						各项应付款	县名称
债券	利用外资		自筹资金		其他资金		
		外商直接投资		单位自有资金			
Securities	Foreign Investment	Foreingn Direct Investment	Self-Raised Funds	Self-Owned Funds	Other Funds	Sum Payable This Year	Name of Counties
			1200	1200	16375	16375	上杭县
					21720	23200	武平县
							连城县
							霞浦县
							古田县
					15050		屏南县
			980		480		寿宁县
							周宁县
			5085				柘荣县
			303355	1550			平潭县
19694	**55049**	**18210**	**1358428**	**60279**	**423963**	**579181**	**江　西**
					32815		南昌县
			1296	100			安义县
			33282		4500	13130	进贤县
			2222	942	19304		浮梁县
			12910		15700	28610	莲花县
			22675			16175	上栗县
	5000	5000	1500	1500	2521	5500	芦溪县
							九江县
			38635				武宁县
			3200	3195			修水县
			12130	12130			永修县
			9750			32200	德安县
			38490				星子县
			28805		42235		都昌县
							湖口县
	16000						彭泽县
			1500	1500			庐山风景区
			6522				分宜县
			15300				余江县
					4015	4015	赣　县
5200			4845		1300		信丰县
			1286		6755	7916	大余县
						51224	上犹县
			2685		7983	12968	崇义县
					1471	1371	安远县
						13850	龙南县
					23200		定南县
			4075		600		全南县
			2100	2100			宁都县
			237649		7390		于都县
			11302			18467	兴国县
	2290	2290	38313				会昌县
			25541			25693	石城县
			24013			22213	吉安县

4-2-3 续表 12

计量单位：万元

县名称 Name of Counties	本年实际到位资金合计 The Total Funds Actually Available for The Reported Year	上年末结余资金 The Balance of The Previous Year	本年资金来源 小计 Subtotal	国家预算资金 State Budgetary Fund	中央预算资金 Central Budgetary Fund	国内贷款 Domestic Loan
吉水县	86750		86750	86750		
峡江县	5795		5795	5595		
新干县	48120		48120			
永丰县	119096		119096	3560		
泰和县	15317		15317	13557		
遂川县	30030	7000	23030	23030		
万安县	21833		21833	6000		
安福县	43976		43976	39976	39976	
永新县	2960		2960	820		
奉新县	2171		2171			
万载县	31739		31739			
上高县	12500		12500			
宜丰县	1432		1432	1156		
靖安县	15873		15873	11673	11673	
铜鼓县	1047		1047			
南城县	124500		124500	5837		
黎川县	89171		89171			
南丰县	32962		32962	12868	12738	
崇仁县	187072		187072			
乐安县	80200		80200			
宜黄县	11150		11150	11150		
金溪县	20880		20880			
资溪县	8754		8754	920		
东乡县	153120		153120			
广昌县	15060		15060	12300		
上饶县	2477		2477			
玉山县	69987		69987	64643		5344
铅山县	4535	200	4335			
横峰县	38750		38750	6000		850
弋阳县	21531		21531	17081	1276	1400
余干县	51800		51800	14000	14000	
鄱阳县	25503		25503			
万年县	9239		9239			
婺源县	47890		47890	2681		
山　东	**1325557**	**9164**	**1316393**	**656138**	**44371**	**9000**
平阴县	13730		13730	11329		
济阳县	16908		16908	16578		
商河县	9455		9455	9335		
桓台县	13892	1200	12692	8797		
高青县	8098		8098	5040		
沂源县	19988	3000	16988	6117	209	
垦利县	11490		11490	6490		3000
利津县	10410		10410	8500		
广饶县	4724		4724	4724		
长岛县	2170		2170	2050		

continued 12

Measurement Unit：10,000RMB

Sources of Fund						各　项 应付款	
债券 Securities	利用外资 Foreign Investment	外商直接投　资 Foreingn Direct Investment	自筹资金 Self-Raised Funds	单位自有资　金 Self-Owned Funds	其他资金 Other Funds	Sum Payable This Year	县名称 Name of Counties
							吉水县
			200	200			峡江县
					48120	48120	新干县
			115536				永丰县
	1320	1320	440				泰和县
							遂川县
			15833				万安县
	4000	4000				43976	安福县
			2140				永新县
					2171		奉新县
					31739	230	万载县
			12500				上高县
			276			1432	宜丰县
			1000	1000	3200		靖安县
			1047				铜鼓县
	20000				98663		南城县
			84017	32802	5154	164877	黎川县
14494	5600	5600					南丰县
			187072				崇仁县
			50000		30200		乐安县
						10324	宜黄县
			20880	1080			金溪县
			7734		100		资溪县
			153120	970			东乡县
			2760	2760		15060	广昌县
					2477		上饶县
							玉山县
			4335				铅山县
			400		31500		横峰县
			3050				弋阳县
			37800			27000	余干县
			25503				鄱阳县
			9239			14830	万年县
	839		43520		850		婺源县
	18033	**6500**	**544934**	**138597**	**88288**	**82497**	**山　东**
			2401	8			平阴县
			330	180			济阳县
			120				商河县
			3895	495		5226	桓台县
			3058			9731	高青县
			10871	10871		12891	沂源县
			2000	500			垦利县
			1910	1910			利津县
							广饶县
			120	120		220	长岛县

4-2-3 续表 13

计量单位：万元

县名称 Name of Counties	本年实际到位资金合计 The Total Funds Actually Available for The Reported Year	上年末结余资金 The Balance of The Previous Year	本年资金来源 小计 Subtotal	国家预算资金 State Budgetary Fund	中央预算资金 Central Budgetary Fund	国内贷款 Domestic Loan
临朐县	24560		24560	18060		
昌乐县	39878		39878			
微山县	13010		13010	271		
鱼台县	8495		8495			
金乡县	26565	4277	22288	11491		
嘉祥县	25777		25777			
汶上县	8300		8300			
泗水县	40010		40010			
梁山县	12109		12109	150		
宁阳县	38646		38646			
东平县	42280		42280			
五莲县	3704		3704			
莒　县	36753		36753	36753		
沂南县	26796		26796	25721		
郯城县	52245		52245	34184		
沂水县	43423		43423	8493		
兰陵县	9283		9283	9283		
费　县	25734		25734	16314		6000
平邑县	13552		13552	11882		
莒南县	35295	167	35128	1150		
蒙阴县	6667		6667	3007		
临沭县	19982	20	19962	18362	20	
宁津县	5897		5897	432	432	
庆云县	4701		4701			
临邑县	5500		5500			
齐河县	63499		63499	51597		
平原县	42196		42196	39448		
夏津县	37500		37500	37500	900	
武城县	8852		8852	1858		
阳谷县	8509		8509	8509		
莘　县	107327		107327			
茌平县	32866		32866	32277		
东阿县	11166		11166	9512		
冠　县	13163		13163	5605		
高唐县	45458		45458	22828		
惠民县	16456		16456			
阳信县	26375		26375	1064	329	
无棣县	6100		6100	2404		
博兴县	37412		37412			
邹平县	27847		27847	27277		
曹　县	32363		32363	30287	30287	
单　县	9005		9005	8233		
成武县	5152		5152	4742	79	
巨野县	2260		2260			
郓城县	15545		15545	15545	12115	

continued 13

Measurement Unit：10,000RMB

Sources of Fund						各项应付款	县名称
债券	利用外资		自筹资金		其他资金		
		外商直接投资		单位自有资金			
Securities	Foreign Investment	Foreingn Direct Investment	Self-Raised Funds	Self-Owned Funds	Other Funds	Sum Payable This Year	Name of Counties
	6500	6500					临朐县
	133		3266		36479		昌乐县
			12739	5000		6262	微山县
					8495		鱼台县
			10500	8100	297		金乡县
			24777		1000		嘉祥县
			5100		3200	1700	汶上县
			40010				泗水县
					11959	2341	梁山县
	7000		31646				宁阳县
			42280	42280		3000	东平县
					3704		五莲县
							莒　县
			1075			665	沂南县
			18061				郯城县
			34525	34525	405	8316	沂水县
						1995	兰陵县
			3420			1480	费　县
			1670				平邑县
			21483	10551	12495		莒南县
			3660	3660			蒙阴县
			1600	1600			临沭县
	4000				1465	513	宁津县
			4701				庆云县
			5500				临邑县
			3725	113	8177		齐河县
			2748				平原县
							夏津县
			6994				武城县
							阳谷县
			107327				莘　县
			589	66			茌平县
	400		1254	506			东阿县
			7558				冠　县
			22630	2630			高唐县
			16146		310	310	惠民县
			25311				阳信县
			3696	2073			无棣县
			37412	11333			博兴县
			570			27847	邹平县
			2076	2076			曹　县
			772				单　县
			410				成武县
			2260				巨野县
							郓城县

4-2-3 续表 14

计量单位：万元

县名称 Name of Counties	本年实际到位资金合计 The Total Funds Actually Available for The Reported Year	上年末结余资金 The Balance of The Previous Year	本年资金来源 小计 Subtotal	国家预算资金 State Budgetary Fund	中央预算资金 Central Budgetary Fund	国内贷款 Domestic Loan
鄄城县	21619		21619	21317		
定陶县	56634		56634	56634		
东明县	18226	500	17726	4988		
河　南	**1203531**	**3220**	**1200311**	**915929**	**15763**	**10070**
中牟县	30712		30712	6012		
杞　县	28477		28477	27887		
通许县	14297		14297	7487		
尉氏县	41590		41590	37670		
兰考县	41713		41713	33513		
孟津县	690		690	249		
新安县	2720	363	2357	1684		
栾川县	515		515			
汝阳县	1603		1603	1603		
伊川县	24169		24169	1371		
宝丰县	1154		1154	845		
叶　县	8955		8955	2825		
鲁山县	2598		2598	700	700	
郏　县	16601		16601	11323	50	
汤阴县	6911		6911	5811		
滑　县	31667		31667	18575		
内黄县	1624		1624	864		
浚　县	9356		9356	9356		
淇　县	5520		5520	5520		
新乡县	12991		12991	9431		
获嘉县	7910		7910	7910		
原阳县	3503		3503	1803		
延津县	11136		11136	3575		
封丘县	6158		6158	5646		
长垣县	95579		95579	64592		
修武县	2400		2400	435		
博爱县	2108		2108	2108		
武陟县	8549		8549	6300		
温　县	1864		1864	1429		
清丰县	11538		11538	11538		
南乐县	56617		56617	53917		
范　县	2028		2028	2028		
台前县	26754	2355	24399	24070	3280	
濮阳县	13018		13018	13018		
鄢陵县	7505		7505	5625		
襄城县	7802		7802	4462		
舞阳县	5770		5770	5770		
临颍县	4300		4300	4300		
渑池县	586		586	586		
卢氏县	775		775	740		
南召县	10700		10700	10700		

continued 14

Measurement Unit：10,000RMB

Sources of Fund						各项应付款	县名称
债券	利用外资		自筹资金		其他资金		
		外商直接投资		单位自有资金			
Securities	Foreign Investment	Foreingn Direct Investment	Self-Raised Funds	Self-Owned Funds	Other Funds	Sum Payable This Year	Name of Counties
					302		鄄城县
							定陶县
			12738				东明县
			268870	**73708**	**5442**	**33022**	**河　南**
			24700				中牟县
			590				杞　县
			6810				通许县
			2027		1893		尉氏县
			8200	8200			兰考县
			441				孟津县
			501	501	172		新安县
			515	425		325	栾川县
							汝阳县
			22798	1944			伊川县
			309	120			宝丰县
			6130				叶　县
			1898				鲁山县
			5278	3378		40	郏　县
			1100			1417	汤阴县
			12365	2750	727		滑　县
			760				内黄县
							浚　县
							淇　县
			3560				新乡县
							获嘉县
			1700				原阳县
			7561				延津县
			512				封丘县
			30987				长垣县
			1925	1925	40		修武县
							博爱县
			2249				武陟县
			435				温　县
							清丰县
			2200		500		南乐县
							范　县
			329				台前县
							濮阳县
			1880				鄢陵县
			3340				襄城县
							舞阳县
							临颍县
							渑池县
			35				卢氏县
						900	南召县

4-2-3 续表 15

计量单位：万元

县名称 Name of Counties	本年实际到位资金合计 The Total Funds Actually Available for The Reported Year	上年末结余资金 The Balance of The Previous Year	本年资金来源 小计 Subtotal	国家预算资金 State Budgetary Fund	中央预算资金 Central Budgetary Fund	国内贷款 Domestic Loan
方城县	30186		30186	29336		
西峡县	10322		10322	6622		
镇平县	17950		17950	17950		
内乡县	20056		20056	20056	1500	
淅川县	7781		7781	7781	4700	
社旗县	8529		8529	8203		
唐河县	7580		7580	7580		
新野县	29689		29689	24689	120	
桐柏县	2830		2830	2830		
民权县	36050		36050	5796		3500
睢　县	31620		31620	19520		
宁陵县	5800		5800	4500		
柘城县	11800		11800	3930	300	
虞城县	17040		17040	10633	1903	
夏邑县	13360		13360	7060		
罗山县	2600		2600	2600		
光山县	1500		1500	1252		
新　县	15594		15594	15049	1292	
商城县	2650		2650	2500		
固始县	10456		10456	10456		
潢川县	12570		12570	12570		
淮滨县	8452		8452	8032	1918	
息　县	24094		24094	24094		
扶沟县	3909		3909	1996		
西华县	10960		10960	8590		
商水县	10170		10170	10170		
沈丘县	25503		25503	25503		
郸城县	3989		3989	3989		
淮阳县	2213		2213	2213		
太康县	7106	502	6604	6604		
鹿邑县	66975		66975	66975		
西平县	10578		10578	10048		
上蔡县	21346		21346	21346		
平舆县	29851		29851	8951		
正阳县	3822		3822	200		
确山县	17980		17980	17980		
泌阳县	21257		21257	19257		
汝南县	14910		14910			6570
遂平县	26050		26050	20300		
新蔡县	27940		27940	25490		
湖　北	**633889**	**3764**	**630125**	**141797**	**22929**	**16800**
阳新县	5000		5000	5000		
竹山县	14739		14739	6944	6944	
竹溪县	1789		1789	800	800	
房　县	27020		27020			

continued 15

Measurement Unit：10,000RMB

Sources of Fund						各项应付款	
债券	利用外资		自筹资金		其他资金		县名称
		外商直接投资		单位自有资金			
Securities	Foreign Investment	Foreingn Direct Investment	Self-Raised Funds	Self-Owned Funds	Other Funds	Sum Payable This Year	Name of Counties
			850				方城县
			3700			15057	西峡县
							镇平县
							内乡县
						84	淅川县
			326				社旗县
							唐河县
			5000			15199	新野县
							桐柏县
			26444	4100	310		民权县
			12100	12100			睢　县
			1300	1300			宁陵县
			7870	7870			柘城县
			6407	6407			虞城县
			6300	6300			夏邑县
							罗山县
			248	248			光山县
			545				新　县
			150				商城县
							固始县
							潢川县
			420	420			淮滨县
							息　县
			1913				扶沟县
			2370	2370			西华县
							商水县
							沈丘县
							郸城县
							淮阳县
							太康县
							鹿邑县
			530				西平县
							上蔡县
			20900	12000			平舆县
			3622	150			正阳县
							确山县
			200		1800		泌阳县
			8340				汝南县
			5750	1200			遂平县
			2450				新蔡县
	1550	**1550**	**348788**	**53598**	**121190**	**126582**	**湖　北**
							阳新县
			3305	3305	4490	14105	竹山县
					989		竹溪县
			27020	27020		27020	房　县

4-2-3 续表 16

计量单位：万元

县名称 Name of Counties	本年实际到位资金合计 The Total Funds Actually Available for The Reported Year	上年末结余资金 The Balance of The Previous Year	本年资金来源 小计 Subtotal	国家预算资金 State Budgetary Fund	中央预算资金 Central Budgetary Fund	国内贷款 Domestic Loan
远安县	11050		11050	2150	2150	
兴山县	9460		9460			
秭归县	5788	3364	2424	2424		
长阳土家族自治县	10640		10640	5842	1852	3000
五峰土家族自治县	11325		11325			
南漳县	9711		9711	1500	1500	
谷城县	16328		16328	16328		
保康县	9115		9115	970	500	
京山县	69756		69756	57116		
沙洋县						
大悟县	900		900	500		
云梦县	14923		14923	5835	235	
公安县	6023		6023			
监利县	31420		31420			
江陵县	7429		7429	6439		
团风县	8990		8990			
红安县	18527		18527			
罗田县	29550		29550			6000
英山县	16420		16420			4520
浠水县	6765		6765			
蕲春县	80400		80400			
黄梅县	8774		8774			
嘉鱼县	11600		11600			
通城县	10032		10032			
崇阳县	20690		20690			
通山县	18198		18198			980
随　县	2600		2600			
建始县	21394		21394	2700	2200	2300
巴东县	20862		20862	19490		
宣恩县	8300		8300	5078	5078	
咸丰县	5385		5385	1081	870	
来凤县	70003		70003	800	800	
鹤峰县	11383	400	10983			
神农架林区	1600		1600	800		
湖　南	**1343052**	**10078**	**1332974**	**143611**	**24110**	**146200**
望城县	13120		13120	8520		4600
宁乡县	23841		23841	345	345	
株洲县	30416		30416	1438		24958
攸　县	12715		12715			
茶陵县	8452		8452	8452		
炎陵县	9984		9984	9264		
湘潭县	121910	537	121373			
衡阳县	22230		22230			
衡南县	8000		8000			
衡山县	5000		5000	5000		

continued 16

Measurement Unit：10,000RMB

Sources of Fund						各 项 应付款	
债券 Securities	利用外资 Foreign Investment	外商直接投资 Foreingn Direct Investment	自筹资金 Self-Raised Funds	单位自有资金 Self-Owned Funds	其他资金 Other Funds	Sum Payable This Year	县名称 Name of Counties
			8900				远安县
					9460		兴山县
							秭归县
			1798	40			长阳土家族自治县
			11325			2000	五峰土家族自治县
			8211			1281	南漳县
							谷城县
			8145	1200		9115	保康县
			2010		10630		京山县
						19284	沙洋县
			400			13110	大悟县
			111		8977		云梦县
			6023	6023		150	公安县
					31420	31420	监利县
			990	990			江陵县
			8990				团风县
			18527				红安县
			16962		6588		罗田县
			8380		3520		英山县
			6765				浠水县
			80400				蕲春县
			8344		430		黄梅县
			11600	10600			嘉鱼县
			4200		5832		通城县
					20690		崇阳县
	1550	1550	15120	1020	548	6500	通山县
			2600				随 县
					16394	597	建始县
			1372			2000	巴东县
			2800	2800	422		宣恩县
			4304				咸丰县
			69203	600			来凤县
			10983				鹤峰县
					800		神农架林区
7700	**9215**	**9215**	**780248**	**71792**	**246000**	**92910**	**湖 南**
							望城县
			23496	11680			宁乡县
			4020				株洲县
					12715		攸 县
							茶陵县
			720			11270	炎陵县
			121373	6503		2193	湘潭县
			12230		10000		衡阳县
			8000			8000	衡南县
							衡山县

4-2-3 续表 17

计量单位：万元

县名称 Name of Counties	本年实际到位资金合计 The Total Funds Actually Available for The Reported Year	上年末结余资金 The Balance of The Previous Year	本年资金来源 小计 Subtotal	国家预算资金 State Budgetary Fund	中央预算资金 Central Budgetary Fund	国内贷款 Domestic Loan
衡东县	2600		2600			
祁东县	27300		27300			15000
南岳区	8250		8250	160		
邵东县	74333		74333			15000
新邵县	1570		1570			
邵阳县	2500		2500	1000		
洞口县	1097		1097	1097		
绥宁县	2192		2192	2042	1699	
新宁县	2300	1700	600			
城步苗族自治县						
岳阳县	23600		23600			
华容县	22280		22280	18250	17145	
湘阴县	35569		35569	2819	345	
平江县	9571		9571	4274	500	
安乡县	15611		15611	13208		1200
汉寿县	35914		35914	4700		2000
澧　县	31369		31369			
桃源县	16200		16200			
石门县	13600		13600			
慈利县	13100		13100	6300		5000
桑植县	14500		14500	6500		
南　县	22600		22600			
桃江县	58600		58600			
安化县	8600		8600			
宜章县	77608		77608			
永兴县	25981		25981			
嘉禾县	305		305	159		
临武县	17585		17585	4920		1250
汝城县	21831		21831			
桂东县	28460		28460			
安仁县	6000	2000	4000	4000		
祁阳县	68564		68564	1766	1766	5600
东安县	30500		30500			9000
双牌县	1880		1880			
道　县	11700	5300	6400			
江永县	8930		8930			8500
蓝山县	22115		22115			
新田县	424		424			111
江华瑶族自治县	41200		41200			41200
中方县	26750		26750			
沅陵县	22107		22107	1320		
辰溪县	200		200	200		
溆浦县	53508		53508			
会同县	13505		13505			
麻阳苗族自治县	7525		7525	300		4410

continued 17

Measurement Unit：10,000RMB

Sources of Fund						各项应付款	县名称
债券	利用外资		自筹资金		其他资金		
		外商直接投资		单位自有资金			
Securities	Foreign Investment	Foreingn Direct Investment	Self-Raised Funds	Self-Owned Funds	Other Funds	Sum Payable This Year	Name of Counties
			2600				衡东县
			12300				祁东县
			8090				南岳区
			51923		7410		邵东县
			1570	1570			新邵县
			1500				邵阳县
							洞口县
			150				绥宁县
			600				新宁县
						12060	城步苗族自治县
			23600	17400			岳阳县
			4030				华容县
			32750	480			湘阴县
			5297				平江县
			1203			351	安乡县
			565	150	28649	6880	汉寿县
					31369		澧 县
			16200	16200			桃源县
			13600				石门县
			1800				慈利县
			8000				桑植县
			22600				南 县
					58600		桃江县
			8600				安化县
			77608				宜章县
			24083		1898		永兴县
					146	305	嘉禾县
			11350		65		临武县
			21831				汝城县
			18940		9520		桂东县
							安仁县
	4000	4000			57198	7067	祁阳县
			12700	12700	8800		东安县
600			1280			1880	双牌县
			6400				道 县
			430			5030	江永县
	5215	5215	16900			27885	蓝山县
			313			424	新田县
							江华瑶族自治县
			26750				中方县
			20787				沅陵县
							辰溪县
			53508				溆浦县
			13505				会同县
			2815				麻阳苗族自治县

4-2-3 续表 18

计量单位：万元

县名称 Name of Counties	本年实际到位资金合计 The Total Funds Actually Available for The Reported Year	上年末结余资金 The Balance of The Previous Year	本年资金来源 小计 Subtotal	国家预算资金 State Budgetary Fund	中央预算资金 Central Budgetary Fund	国内贷款 Domestic Loan
新晃侗族自治县	39312		39312	17302		8000
芷江侗族自治县	14696		14696			
通道侗族自治县	6820		6820	1620		
靖州苗族侗族自治县	2250	400	1850	200	200	
洪江区	2280		2280			
双峰县	47090		47090	345		
新化县	16200		16200	4820		
泸溪县	7100		7100			
凤凰县	3189		3189	486		
花垣县	8418		8418	3550	500	371
保靖县	3411		3411	3411		
古丈县	4910		4910	4210	1610	
永顺县	514	141	373	373		
龙山县	1260		1260	1260		
广　东	**162953**	**350**	**162603**	**94920**	**81944**	**3500**
始兴县	99		99			
仁化县	2470		2470			
翁源县	17961		17961	8200		3500
乳源瑶族自治县	378		378			
新丰县	115		115			
南澳县	597		597			
遂溪县	468		468			
广宁县	4650		4650			
怀集县	31470		31470			
封开县	826		826	776		
德庆县	4336		4336			
惠东县	2459		2459			
龙门县	396		396			
五华县	81119		81119	81119	81119	
紫金县	3755		3755	3755		
连平县	309		309			
阳西县	245		245	245		
佛冈县	310		310			
阳山县	101		101			
连山壮族瑶族自治县	1515		1515			
连南瑶族自治县	3731		3731	825	825	
惠来县	301		301			
郁南县	5342	350	4992			
广　西	**1006341**	**1604**	**1004737**	**366380**	**28293**	**57522**
武鸣县	8298		8298	5869	251	1100
隆安县	12598		12598	12148		
马山县	506		506			
上林县	14729		14729			

continued 18

Measurement Unit：10,000RMB

Sources of Fund						各 项 应付款	县名称
债券	利用外资		自筹资金		其他资金		
		外商直接投 资		单位自有资 金			
Securities	Foreign Investment	Foreingn Direct Investment	Self-Raised Funds	Self-Owned Funds	Other Funds	Sum Payable This Year	Name of Counties
			14010			9165	新晃侗族自治县
			10969	4042	3727		芷江侗族自治县
			5200				通道侗族自治县
			1450	850	200	400	靖州苗族侗族自治县
			2280				洪江区
			34445		12300		双峰县
			11380				新化县
7100							泸溪县
					2703		凤凰县
			4497	217			花垣县
							保靖县
					700		古丈县
							永顺县
							龙山县
6261			**50796**	**1770**	**7126**	**5179**	**广　东**
					99		始兴县
			2470				仁化县
6261							翁源县
			378				乳源瑶族自治县
			115	115		115	新丰县
					597		南澳县
					468	468	遂溪县
			4083	852	567		广宁县
			31470	803		346	怀集县
			50				封开县
			4336				德庆县
			2459				惠东县
					396		龙门县
							五华县
							紫金县
					309	309	连平县
							阳西县
			310				佛冈县
			101				阳山县
					1515		连山壮族瑶族自治县
			32		2874	3564	连南瑶族自治县
					301	377	惠来县
			4992				郁南县
1150			**526878**	**15012**	**52807**	**39051**	**广　西**
			1130	1130	199	5315	武鸣县
			450				隆安县
					506		马山县
			14729				上林县

4-2-3 续表 19

计量单位：万元

县名称 Name of Counties	本年实际到位资金合计 The Total Funds Actually Available for The Reported Year	上年末结余资金 The Balance of The Previous Year	本年资金来源 小计 Subtotal	国家预算资金 State Budgetary Fund	中央预算资金 Central Budgetary Fund	国内贷款 Domestic Loan
宾阳县	17481		17481	10907	950	
横　县	19871		19871	10572		
柳江县	10503		10503	3684		6539
柳城县	3960		3960	2886		
鹿寨县	5162		5162	4587		
融安县	1890		1890			
融水苗族自治县	7125		7125	1629	1392	
三江侗族自治县	8591		8591	4062		
阳朔县	7428		7428	548		
灵川县	2600		2600			
全州县	7431		7431	4358		
兴安县	4017		4017	3217	1727	
永福县	7951		7951	1194		
灌阳县	10707		10707	8560		
龙胜各族自治县	1588		1588	650	550	
资源县	5915		5915	2210	2210	
平乐县	7610		7610	3000		
荔浦县	7778		7778	7778	440	
恭城瑶族自治县	8798		8798	6723	4175	
苍梧县	3377		3377	3377		
藤　县	36109		36109	23519		
蒙山县	3694		3694	3664		
合浦县	44331		44331	43481		
上思县	3154		3154			
灵山县	25735		25735	1380	1380	
浦北县	4787		4787	788	134	
平南县	22952		22952	21352		
容　县	97134		97134			39973
陆川县	143833		143833	4550		
博白县	93000		93000	2380		
兴业县	73010		73010	300		
田阳县	24425		24425	24425		
田东县	25214		25214	24362		
平果县	9790		9790	8697		
德保县	11899		11899	11104		
那坡县	4587		4587	4587		
凌云县	3913		3913	3913		
乐业县	3307		3307			
田林县	7697		7697	305		
西林县	2692		2692	2350	2350	
隆林各族自治县	8386		8386	8346		
昭平县	637		637	490	490	
钟山县	13183		13183			
富川瑶族自治县	3627		3627	1849		
南丹县	4835		4835	3765		

continued 19

Measurement Unit：10,000RMB

Sources of Fund						各项应付款	县名称
债券	利用外资		自筹资金		其他资金		
		外商直接投资		单位自有资金			
Securities	Foreign Investment	Foreingn Direct Investment	Self-Raised Funds	Self-Owned Funds	Other Funds	Sum Payable This Year	Name of Counties
			6525		49		宾阳县
			9299			8063	横　县
					280		柳江县
			1059		15		柳城县
			575				鹿寨县
					1890		融安县
			89		5407	903	融水苗族自治县
			773		3756	31	三江侗族自治县
			6880				阳朔县
			2600				灵川县
			2863		210		全州县
			800	800			兴安县
			6757	6757			永福县
			2107		40		灌阳县
			938				龙胜各族自治县
			3705				资源县
			4610	90			平乐县
							荔浦县
			2075			8798	恭城瑶族自治县
							苍梧县
			12590				藤　县
			30				蒙山县
			850				合浦县
			3154				上思县
			24355				灵山县
1150			2846		3	50	浦北县
			1600				平南县
			57161				容　县
			139283				陆川县
			90620				博白县
			72710				兴业县
							田阳县
			852				田东县
			1093				平果县
			795	795			德保县
							那坡县
							凌云县
			670		2637		乐业县
			282		7110		田林县
					342	96	西林县
			40	40			隆林各族自治县
			147			490	昭平县
			13183				钟山县
			1778				富川瑶族自治县
			1070			20	南丹县

4-2-3 续表 20

计量单位：万元

县名称 Name of Counties	本年实际到位资金合计 The Total Funds Actually Available for The Reported Year	上年末结余资金 The Balance of The Previous Year	本年资金来源 小计 Subtotal	国家预算资金 State Budgetary Fund	中央预算资金 Central Budgetary Fund	国内贷款 Domestic Loan
天峨县	1348		1348	1348		
凤山县	1822		1822	931		
东兰县	8119		8119	7699	300	
罗城仫佬族自治县	9085		9085	4250		
环江毛南族自治县	8242		8242	8242		
巴马瑶族自治县	3838		3838	1000		
都安瑶族自治县	25660		25660			
大化瑶族自治县	4010		4010	2550		
忻城县	2550		2550			100
象州县	3991		3991			
武宣县	13177		13177	5944	5944	4373
金秀瑶族自治县	4035		4035	1000		
扶绥县	17749		17749	17316		
宁明县	18396		18396	18396	6000	
龙州县	9167		9167	1000		2687
大新县	12065		12065			2750
天等县	5242	1604	3638	3138		
海　南	**92079**	**1496**	**90583**	**3124**	**1027**	**388**
屯昌县	2200		2200			
澄迈县	192		192			
临高县	10221		10221			
洋浦开发区	49150		49150			
白沙黎族自治县	8650		8650			
昌江黎族自治县	1652		1652	1652		
乐东黎族自治县	1472		1472	1472	1027	
陵水黎族自治县	8970		8970			
保亭黎族苗族自治县	7688		7688			
琼中黎族苗族自治县	1884	1496	388			388
重　庆	**433435**	**3865**	**429570**	**279961**	**31439**	**104700**
梁平县	37613		37613	34498		
城口县	4795		4795	3079		
丰都县	46884		46884	13608	4930	29500
垫江县	32593		32593	25131		2000
武隆县	16669		16669	14909		
忠　县	20912		20912	18452		
开　县	8809		8809	6003		
云阳县	28895		28895	19109	9579	4000
奉节县	48137		48137	33250		14200
巫山县	36807		36807	33986	16430	2500
巫溪县	42140		42140	21444		19500
石柱土家族自治县	15769		15769	7194		
秀山土家族苗族自治县	27798		27798	25218		

continued 20

Measurement Unit：10,000RMB

Sources of Fund						各项应付款	
债券 Securities	利用外资 Foreign Investment	外商直接投资 Foreingn Direct Investment	自筹资金 Self-Raised Funds	单位自有资金 Self-Owned Funds	其他资金 Other Funds	Sum Payable This Year	县名称 Name of Counties
							天峨县
			891				凤山县
			420				东兰县
			4835				罗城仫佬族自治县
							环江毛南族自治县
			2750		88		巴马瑶族自治县
			2000	2000	23660	1800	都安瑶族自治县
			1460				大化瑶族自治县
			2450				忻城县
			3991				象州县
			2860			13177	武宣县
			3035				金秀瑶族自治县
			433			308	扶绥县
							宁明县
			5180	400	300		龙州县
			3000	3000	6315		大新县
			500				天等县
			68021		**19050**		**海　南**
					2200		屯昌县
					192		澄迈县
			10221				临高县
			49150				洋浦开发区
			8650				白沙黎族自治县
							昌江黎族自治县
							乐东黎族自治县
					8970		陵水黎族自治县
					7688		保亭黎族苗族自治县
							琼中黎族苗族自治县
			44769	**9850**	**140**	**20389**	**重　庆**
			3115	3115			梁平县
			1716	826			城口县
			3776			2030	丰都县
			5462			1000	垫江县
			1760				武隆县
			2460	2460		640	忠　县
			2666	2666	140	360	开　县
			5786				云阳县
			687	687		12084	奉节县
			321				巫山县
			1196	96		4275	巫溪县
			8575				石柱土家族自治县
			2580				秀山土家族苗族自治县

4-2-3 续表 21

计量单位：万元

县名称 Name of Counties	本年实际到位资金合计 The Total Funds Actually Available for The Reported Year	上年末结余资金 The Balance of The Previous Year	本年资金来源 小计 Subtotal	国家预算资金 State Budgetary Fund	中央预算资金 Central Budgetary Fund	国内贷款 Domestic Loan
酉阳土家族自治县	10365		10365	9501	500	
彭水苗族土家族自治县	55249	3865	51384	14579		33000
四　川	**3696455**	**76449**	**3620006**	**765570**	**185602**	**997974**
金堂县	46291	32441	13850			
双流县	2066732	65	2066667			916000
郫　县	50913	44	50869			
大邑县	49082		49082			
蒲江县	28392		28392	542		
新津县	755		755	657		
荣　县	38		38	38		
富顺县	18891		18891	14891		
米易县	19616	4670	14946	11456		
盐边县	200		200			
泸　县	90703		90703	74512		14351
合江县	17946		17946	10446	9903	
叙永县	27630	2440	25190	2240		
古蔺县	3553		3553	101		
中江县	9270		9270	8415	2000	
罗江县	140		140			
三台县	8903		8903	3940	3940	
盐亭县	5200		5200			
安　县	12840		12840	12740	240	
梓潼县	23450		23450	22950	500	500
北川羌族自治县						
平武县	5155	1063	4092	1767	1214	
旺苍县	15434		15434	9483		
青川县	2250		2250	2220		
剑阁县	3266		3266	1170	140	
苍溪县	19371		19371	14825	2485	2058
蓬溪县	12320		12320	12320		
射洪县	16500		16500			10000
大英县	6100		6100			
威远县	48500	24	48476	14000		28100
资中县	71005		71005	66705		
隆昌县	107005		107005			
犍为县	31680		31680	18463		
井研县	2415		2415	845		
夹江县	2218		2218	80		
沐川县	3302		3302	1130	850	
峨边彝族自治县	1120		1120			
马边彝族自治县	8281		8281	8156		
南部县	44200		44200	30100	2000	5600
营山县	53340		53340	39400	850	10640
蓬安县	29000		29000	16300	700	2800

continued 21

Measurement Unit：10,000RMB

债券 Securities	利用外资 Foreign Investment	外商直接投资 Foreingn Direct Investment	自筹资金 Self-Raised Funds	单位自有资金 Self-Owned Funds	其他资金 Other Funds	各项应付款 Sum Payable This Year	县名称 Name of Counties
Sources of Fund							
			864				酉阳土家族自治县
			3805				彭水苗族土家族自治县
1840	**23216**	**1000**	**485096**	**117671**	**1346310**	**209801**	**四　川**
					13850		金堂县
			14042		1136625		双流县
			50869	11997			郫　县
					49082		大邑县
					27850	12102	蒲江县
			98				新津县
							荣　县
			4000				富顺县
	2870		250		370	155	米易县
					200	200	盐边县
1840							泸　县
			7500	7500			合江县
			22950				叙永县
			3452	3452		36896	古蔺县
			855			3850	中江县
			140	140		5115	罗江县
			4463	2000	500	7060	三台县
	4600				600	1013	盐亭县
					100		安　县
						22450	梓潼县
						70	北川羌族自治县
					2325		平武县
			5951			17033	旺苍县
			30				青川县
			1116		980	460	剑阁县
	2238		250	250		978	苍溪县
							蓬溪县
			5500		1000		射洪县
			6100				大英县
			4476	4476	1900	11622	威远县
	4300						资中县
			106394		611		隆昌县
			2400	2400	10817		犍为县
			1570	1570			井研县
			1760	1760	378	6584	夹江县
			2172	2172		530	沐川县
			1120	1120			峨边彝族自治县
			125	125			马边彝族自治县
			8500	8500		11400	南部县
			3300	3300		9320	营山县
			9900	9900		2600	蓬安县

4-2-3 续表 22

计量单位：万元

县名称 Name of Counties	本年实际到位资金合计 The Total Funds Actually Available for The Reported Year	上年末结余资金 The Balance of The Previous Year	本年资金来源 小计 Subtotal	国家预算资金 State Budgetary Fund	中央预算资金 Central Budgetary Fund	国内贷款 Domestic Loan
仪陇县	21300		21300	16500	800	3100
西充县	24400		24400	17900	1000	4100
仁寿县	13677	619	13058			
洪雅县	6485	185	6300	780		
丹棱县	8559		8559			
青神县	12780	10280	2500			
宜宾县	9530		9530	7330		
江安县	23168		23168			
高　县	13710		13710	7750	2470	
珙　县	464		464			
筠连县	1844		1844			
兴文县	4000		4000	800		
屏山县	8541		8541	20	20	
岳池县	6905		6905			
武胜县	58996		58996	1000	1000	
邻水县	17995		17995	2670	2670	
宣汉县	12411		12411	10998		725
开江县	42558		42558			
大竹县	25056		25056			
渠　县	19485		19485			
荥经县	21730		21730	21353	10317	
汉源县	21700		21700	700		
石棉县	1437	413	1024			
天全县	52248	21505	30743	30743	30743	
芦山县	45267		45267	45267	40567	
宝兴县	4331		4331	4331		
南江县	7500	1900	5600			
安岳县	3405		3405			
乐至县	85954		85954	85954		
汶川县	2055		2055	2055		
理　县	257		257	209	209	
茂　县	952		952	740		
松潘县	7284		7284	6884	6804	
九寨沟县	2460	300	2160	2160		
金川县	4610		4610	4610	1010	
小金县	7812		7812	7812		
黑水县	8393		8393	7306	6263	
阿坝县	3340		3340	2840	2840	
若尔盖县	3890		3890	3890	3790	
红原县	3420		3420	3420	3420	
泸定县	2600	500	2100			
丹巴县	6078		6078	1440	1440	
九龙县	498		498	150	150	
雅江县	2083		2083	600		
道孚县	2200		2200	660	660	

continued 22

Measurement Unit：10,000RMB

Sources of Fund						各项应付款	县名称
债券	利用外资		自筹资金		其他资金		
		外商直接投资		单位自有资金			
Securities	Foreign Investment	Foreingn Direct Investment	Self-Raised Funds	Self-Owned Funds	Other Funds	Sum Payable This Year	Name of Counties
			1700	1700			仪陇县
			2400	2400		720	西充县
			5052	4375	8006	1179	仁寿县
	2408		112	112	3000	3899	洪雅县
			4488		4071		丹棱县
	2500					7280	青神县
					2200		宜宾县
			23168				江安县
					5960		高　县
			464	464		32	珙　县
			1844				筠连县
			3200				兴文县
					8521		屏山县
			574	334	6331	12615	岳池县
			57996	34269			武胜县
					15325		邻水县
			688				宣汉县
			42558	400		18000	开江县
			6938		18118		大竹县
			19485				渠　县
			377			150	荥经县
			11000	11000	10000	350	汉源县
			164		860		石棉县
							天全县
						2000	芦山县
							宝兴县
	3300		400	400	1900		南江县
			3405			3405	安岳县
							乐至县
						1300	汶川县
			48				理　县
					212	145	茂　县
			400				松潘县
						1898	九寨沟县
							金川县
							小金县
					1087	1043	黑水县
					500		阿坝县
							若尔盖县
							红原县
					2100		泸定县
			4638				丹巴县
					348	48	九龙县
			200		1283	1227	雅江县
			1540	1540			道孚县

4-2-3 续表 23

计量单位：万元

县名称 Name of Counties	本年实际到位资金合计 The Total Funds Actually Available for The Reported Year	上年末结余资金 The Balance of The Previous Year	本年资金来源 小计 Subtotal	国家预算资金 State Budgetary Fund	中央预算资金 Central Budgetary Fund	国内贷款 Domestic Loan
炉霍县	1000		1000			
甘孜县	7263		7263	5101	5101	
新龙县	10443		10443	6811	3294	
德格县	8181		8181			
白玉县	60		60			
石渠县	6189		6189	6080	6080	
色达县	6515		6515	6515	6515	
理塘县	8292		8292	3110	3110	
巴塘县	83		83			
乡城县	7300		7300	7300		
稻城县	25955		25955	25955	17255	
得荣县	3663		3663	1727	1727	
木里藏族自治县	960		960			
德昌县	3557		3557	3557	1525	
会理县	650		650	650		
会东县	3000		3000			
宁南县	5300		5300			
喜德县	194		194			
冕宁县	1460		1460			
甘洛县	15		15			
贵　州	**1688979**	**17670**	**1671309**	**132198**	**12349**	**101815**
开阳县	52680		52680			
修文县	1900		1900	800	200	
水城县	24090		24090			
六枝特区	14034		14034			
遵义县	33167		33167	25263	792	
桐梓县						
正安县	472		472	472		
道真仡佬族苗族自治县	970	100	870			
务川仡佬族苗族自治县	1082		1082	8	8	
凤冈县	730		730			
湄潭县	7300		7300	5500		
余庆县	2480		2480			
习水县	104892		104892			
普定县	38381		38381			
镇宁布依族苗族自治县	10487		10487			
关岭布依族苗族自治县	37466		37466	35148	5636	2318
紫云苗族布依族自治县	31101		31101	28784		
江口县	68403		68403	1850		
石阡县	24002		24002	2102	2102	20900

continued 23

Measurement Unit：10,000RMB

Sources of Fund						各项应付款	县名称
债券 Securities	利用外资 Foreign Investment	外商直接投资 Foreingn Direct Investment	自筹资金 Self-Raised Funds	单位自有资金 Self-Owned Funds	其他资金 Other Funds	Sum Payable This Year	Name of Counties
	1000	1000					炉霍县
			2162				甘孜县
			91		3541		新龙县
			8181				德格县
					60		白玉县
			59		50		石渠县
							色达县
			1552		3630		理塘县
					83		巴塘县
							乡城县
							稻城县
					1936	1315	得荣县
			960				木里藏族自治县
						3557	德昌县
							会理县
			3000			200	会东县
			5300				宁南县
			194				喜德县
			1460				冕宁县
			15	15			甘洛县
	171015	**153265**	**1123909**	**207961**	**142372**	**287326**	**贵　州**
					52680		开阳县
			1100				修文县
			24090			133	水城县
			9528		4506		六枝特区
			5904		2000		遵义县
						2806	桐梓县
							正安县
			870				道真仡佬族苗族自治县
					1074		务川仡佬族苗族自治县
			730				凤冈县
			1800	1800			湄潭县
			2480			2480	余庆县
			104892				习水县
			38381				普定县
			10397		90		镇宁布依族苗族自治县
							关岭布依族苗族自治县
			2317				紫云苗族布依族自治县
			66553				江口县
			1000			5400	石阡县

4-2-3 续表 24

计量单位：万元

县名称 Name of Counties	本年实际到位资金合计 The Total Funds Actually Available for The Reported Year	上年末结余资金 The Balance of The Previous Year	本年资金来源 小计 Subtotal	国家预算资金 State Budgetary Fund	中央预算资金 Central Budgetary Fund	国内贷款 Domestic Loan
思南县						
印江土家族苗族自治县	300		300	300		
德江县	28286		28286			
沿河土家族自治县	48814		48814			
兴仁县	7443		7443			
普安县	15600		15600			9100
晴隆县	38803		38803			
贞丰县	70383		70383			
望谟县	18318		18318			
安龙县	78600		78600			
大方县	165342		165342	930	930	
黔西县	50441		50441			
金沙县	28869		28869	7210	1901	3065
织金县	191753		191753	1316		3702
纳雍县	149243		149243			
威宁彝族回族苗族自治县	17994		17994			
赫章县	71525		71525	6795		62730
黄平县	400		400			
施秉县	400		400			
三穗县	300		300			
镇远县	400		400			
岑巩县	497		497			
天柱县	85000		85000			
锦屏县	119		119			
剑河县						
台江县	16400		16400			
黎平县	43220		43220	9200		
榕江县	6020		6020	5740		
从江县	400		400			
雷山县	575		575			
麻江县	350		350			
丹寨县						
荔波县	38315	17570	20745			
贵定县	60544		60544	780	780	
独山县	200		200			
平塘县	200		200			
罗甸县						
长顺县	88		88			
惠水县	200		200			
三都水族自治县						
云　南	**928375**	**94659**	**833716**	**127345**	**37141**	**35963**
晋宁县						

continued 24

Measurement Unit：10,000RMB

Sources of Fund						各 项 应付款	县名称
债券 Securities	利用外资 Foreign Investment	外商直接投 资 Foreingn Direct Investment	自筹资金 Self-Raised Funds	单位自有资 金 Self-Owned Funds	其他资金 Other Funds	Sum Payable This Year	Name of Counties
						6500	思南县
						5060	印江土家族苗族自治县
			28286				德江县
			43214		5600		沿河土家族自治县
			7443				兴仁县
			6500			6600	普安县
			38803				晴隆县
			70383			62020	贞丰县
			18318				望谟县
			78600				安龙县
			164179		233	15	大方县
			441	405	50000		黔西县
			18594	149			金沙县
	136665	136665	50000		70		织金县
			148243	148243	1000		纳雍县
			12200		5794	21359	威宁彝族回族苗族自治县
			2000				赫章县
			400				黄平县
			400				施秉县
			300			200	三穗县
			400			400	镇远县
			497				岑巩县
			85000				天柱县
			119				锦屏县
						56183	剑河县
	16400	16400					台江县
	17950	200			16070		黎平县
					280	13462	榕江县
			400				从江县
					575	575	雷山县
			350				麻江县
						200	丹寨县
			20745			64129	荔波县
			57364	57364	2400	38044	贵定县
			200				独山县
			200			200	平塘县
						450	罗甸县
			88				长顺县
			200			600	惠水县
						510	三都水族自治县
	5640	**3640**	**476870**	**23657**	**187898**	**451831**	**云 南**
						15864	晋宁县

4-2-3 续表 25

计量单位：万元

县名称 Name of Counties	本年实际到位资金合计 The Total Funds Actually Available for The Reported Year	上年末结余资金 The Balance of The Previous Year	本年资金来源 小计 Subtotal	国家预算资金 State Budgetary Fund	中央预算资金 Central Budgetary Fund	国内贷款 Domestic Loan
富民县	3045	1100	1945			
宜良县	28		28			
石林彝族自治县	9342		9342			
禄劝彝族苗族自治县	7879		7879			
寻甸回族彝族自治县	2798		2798	2798	2798	
阳宗海风景名胜区	700		700			
倘甸产业园区和轿子山旅游开发区	44559	17465	27094			
嵩明县	12283	5452	6831			
马龙县	21223		21223	165		
陆良县	24496		24496			
师宗县	39489		39489	1020		
罗平县						
富源县	28941	12855	16086	9320		1971
会泽县	45717		45717	3006	1836	
沾益县	18727		18727			14100
江川县	7465		7465	965		2000
澄江县	5134		5134	3124	2700	
通海县	2396		2396			
华宁县	1837		1837			
易门县	1690		1690	1690		
峨山县	742		742			
新平县	7750		7750			
元江县	669		669			
施甸县	32570		32570	2170		
龙陵县	10842		10842			10842
昌宁县	4212	1436	2776			
鲁甸县	6003		6003	6003	6003	
巧家县	7572		7572	7550	5144	
盐津县	275		275			
大关县	9220		9220	1400		
永善县	11379		11379			
绥江县	20194		20194			
镇雄县	50527	37174	13353	1136		
彝良县	3000		3000			
威信县	5173		5173			
水富县	4738		4738			700
玉龙纳西族自治县	4181		4181			
华坪县	5095	36	5059	936	936	1750
宁洱哈尼族彝族自治县	4149		4149	1294		
墨江哈尼族自治县	3068	890	2178	2178		
景东彝族自治县	22300		22300			3800
景谷傣族彝族自治县	13		13			

continued 25

Measurement Unit：10,000RMB

Sources of Fund						各　项应付款	县名称
债券 Securities	利用外资 Foreign Investment	外商直接投　资 Foreingn Direct Investment	自筹资金 Self-Raised Funds	单位自有资　金 Self-Owned Funds	其他资金 Other Funds	Sum Payable This Year	Name of Counties
			1945				富民县
					28		宜良县
			9342			9342	石林彝族自治县
			4379	3500	3500	3500	禄劝彝族苗族自治县
							寻甸回族彝族自治县
			637	637	63		阳宗海风景名胜区
			27094			32044	倘甸产业园区和轿子山旅游开发区
					6831	5436	嵩明县
					21058	3267	马龙县
			24496				陆良县
			38469				师宗县
						25600	罗平县
					4795	22641	富源县
			42711				会泽县
			4627			28941	沾益县
			4500				江川县
					2010	14000	澄江县
			2396			2115	通海县
			1837			289	华宁县
							易门县
					742		峨山县
					7750		新平县
			669				元江县
			30400	3600		6228	施甸县
						83493	龙陵县
			2776			850	昌宁县
						6003	鲁甸县
			22				巧家县
					275	275	盐津县
			6880		940	840	大关县
			811	811	10568		永善县
					20194	18314	绥江县
	2000		5216		5001		镇雄县
					3000	2000	彝良县
			5173				威信县
			4038				水富县
			704		3477		玉龙纳西族自治县
			2373	1943		1250	华坪县
			2855				宁洱哈尼族彝族自治县
							墨江哈尼族自治县
			18500			580	景东彝族自治县
			13			968	景谷傣族彝族自治县

4-2-3 续表 26

计量单位：万元

县名称 Name of Counties	本年实际到位资金合计 The Total Funds Actually Available for The Reported Year	上年末结余资金 The Balance of The Previous Year	本年资金来源			
			小计 Subtotal	国家预算资金 State Budgetary Fund	中央预算资金 Central Budgetary Fund	国内贷款 Domestic Loan
镇沅彝族哈尼族拉祜族自治县	2300		2300			
江城哈尼族彝族自治县	3127		3127	1000		
孟连傣族拉祜族佤族自治县	1404		1404			
澜沧拉祜族自治县	1081	561	520			
西盟佤族自治县	382	30	352			
云　县	47196		47196	1870	1600	
永德县	55860		55860			
镇康县	28760		28760	20845		
双江拉祜族佤族布朗族傣族自治县	4320		4320	2770	1270	
耿马傣族佤族自治县	6050		6050			
沧源佤族自治县	64387		64387			
双柏县	6536		6536	866		
牟定县	8450	800	7650			
南华县	9745		9745			
姚安县	8010		8010			
大姚县	5615		5615			
永仁县	1540	1540				
元谋县	4639		4639	560	560	
武定县	3590		3590	500	500	
禄丰县	4255		4255	2655		
屏边苗族自治县	1962		1962			
建水县	4804		4804	4804		
石屏县	4342		4342			
泸西县	8976		8976			
元阳县	5088		5088	200	200	800
红河县						
金平苗族瑶族傣族自治县	8692		8692	2240		
绿春县	4300		4300	4300	4300	
河口县	11963	5369	6594	5105	2750	
砚山县	7300		7300			
麻栗坡县	2580		2580			
马关县	11864	4069	7795			
丘北县	9313	1330	7983			
广南县	9335	100	9235			
富宁县	13076		13076			
勐海县	965		965			
勐腊县	2156		2156			
漾濞彝族自治县	3200		3200	3200	3200	
祥云县	8515		8515	1574		
宾川县	1778		1778	1630		

continued 26

Measurement Unit：10,000RMB

Sources of Fund						各 项 应付款	县名称
债券	利用外资		自筹资金		其他资金		
		外商直接投 资		单位自有资 金			
Securities	Foreign Investment	Foreingn Direct Investment	Self-Raised Funds	Self-Owned Funds	Other Funds	Sum Payable This Year	Name of Counties
					2300		镇沅彝族哈尼族拉祜族自治县
			2127				江城哈尼族彝族自治县
			650		754		孟连傣族拉祜族佤族自治县
					520	996	澜沧拉祜族自治县
			171		181	650	西盟佤族自治县
			44936		390	8190	云 县
			55860			55860	永德县
			7915				镇康县
			850	850	700	5170	双江拉祜族佤族布朗族傣族自治县
					6050		耿马傣族佤族自治县
			15200	4900	49187		沧源佤族自治县
					5670	7536	双柏县
	3640	3640	4010				牟定县
			9745			10045	南华县
			2600		5410	8010	姚安县
			125		5490	5585	大姚县
						896	永仁县
					4079		元谋县
			3090	3090			武定县
			1600			1219	禄丰县
			1942		20	80	屏边苗族自治县
							建水县
			4342	1222			石屏县
			8976			21720	泸西县
			4088				元阳县
						2066	红河县
			4732		1720		金平苗族瑶族傣族自治县
							绿春县
			1489				河口县
			7300				砚山县
					2580		麻栗坡县
			7795			11864	马关县
			7983				丘北县
			1435	800	7800	9150	广南县
			13076				富宁县
					965		勐海县
			2156	2156		2156	勐腊县
							漾濞彝族自治县
			6941			1500	祥云县
			148	148			宾川县

4-2-3 续表 27

计量单位：万元

县名称 Name of Counties	本年实际到位资金合计 The Total Funds Actually Available for The Reported Year	上年末结余资金 The Balance of The Previous Year	本年资金来源 小计 Subtotal	国家预算资金 State Budgetary Fund	中央预算资金 Central Budgetary Fund	国内贷款 Domestic Loan
弥渡县	1000		1000			
南涧彝族自治县	3869		3869	3869		
永平县	6800		6800	6800		
云龙县	1960		1960			
洱源县	829		829	470		
剑川县	5382		5382	2682		
鹤庆县	3351		3351			
梁河县	1940	1186	754	700	600	
盈江县	2744		2744	2744	2744	
陇川县	1760		1760			
泸水县	2100		2100	2100		
贡山独龙族怒族自治县	3816	3266	550			
兰坪白族普米族自治县	311		311			
德钦县	5670		5670	1140		
维西傈僳族自治县	7966		7966	7966		
西 藏	**35658**		**35658**	**28592**	**9983**	
当雄县	50		50			
尼木县	420		420	420	420	
墨竹工卡县	587		587			
贡觉县	1737		1737	1737		
左贡县						
琼结县	1843		1843	1843	1843	
曲松县	3500		3500	3500		
错那县	3331		3331	3331		
白朗县	650		650			
吉隆县	3180		3180	3180	3180	
申扎县	441		441	441		
尼玛县	8845		8845	7400		
普兰县						
札达县	2741		2741	2741	2741	
工布江达县	3292		3292	899	899	
米林县	2228		2228	900	900	
波密县	2691		2691	2200		
朗 县	122		122			
陕 西	**1552594**	**10783**	**1541811**	**1184835**	**61870**	**14350**
蓝田县	15678		15678	15678		
周至县	5354		5354			
户 县	24024		24024			
宜君县	6617		6617	700		
凤翔县	9152		9152	2852		3300
岐山县	7580		7580	2000		
扶风县	5513		5513	1260		
眉 县	86798	2600	84198	84198		
陇 县	17240		17240	3070	2040	2600

continued 27

Measurement Unit：10,000RMB

Sources of Fund						各　项 应付款	县名称
债券 Securities	利用外资 Foreign Investment	外商直接投　资 Foreingn Direct Investment	自筹资金 Self-Raised Funds	单位自有资　金 Self-Owned Funds	其他资金 Other Funds	Sum Payable This Year	Name of Counties
			1000				弥渡县
							南涧彝族自治县
						1000	永平县
			1960			1260	云龙县
			359				洱源县
			2700			2700	剑川县
			3351				鹤庆县
			54			2732	梁河县
							盈江县
			1760				陇川县
							泸水县
					550	80	贡山独龙族怒族自治县
			311			340	兰坪白族普米族自治县
			1230		3300	1830	德钦县
						5356	维西傈僳族自治县
			3107		**3959**	**4130**	**西　藏**
			50			50	当雄县
							尼木县
			587				墨竹工卡县
						1737	贡觉县
						5	左贡县
							琼结县
							曲松县
							错那县
					650		白朗县
							吉隆县
							申扎县
					1445		尼玛县
						110	普兰县
							札达县
			2393				工布江达县
					1328	2228	米林县
					491		波密县
			77		45		朗　县
			242156	**15769**	**100470**	**69648**	**陕　西**
						15678	蓝田县
			5354	5354			周至县
					24024	2488	户　县
			5917				宜君县
					3000		凤翔县
			3580	1210	2000	1900	岐山县
			4253			303	扶风县
							眉　县
			10370	1250	1200	4660	陇　县

4-2-3 续表 28

计量单位：万元

县名称 Name of Counties	本年实际到位资金合计 The Total Funds Actually Available for The Reported Year	上年末结余资金 The Balance of The Previous Year	本年资金来源			
			小计 Subtotal	国家预算资金 State Budgetary Fund	中央预算资金 Central Budgetary Fund	国内贷款 Domestic Loan
千阳县	12200		12200	1000		
麟游县	2884		2884	1025		
凤　县	6391		6391			
太白县	5677	1586	4091	3391		250
三原县	46330		46330	46330		
泾阳县	46976		46976	43796		
乾　县	63799		63799	62569	800	
礼泉县	10924		10924	10924		
永寿县	20880		20880	15131		
彬　县	29579		29579	29579		
长武县	43183		43183	43183		
旬邑县	9144		9144	8884		
淳化县	9604		9604	9604		
武功县	33697		33697	32397	222	
潼关县	11600		11600			
大荔县	25582		25582			
合阳县	8859		8859			
澄城县	28850		28850	28850		
蒲城县	68475		68475	68475		
白水县	21872		21872	21872		
富平县	100789		100789	100789		
延长县	9245		9245	2287		
延川县	2618		2618	2618	671	
子长县	8367	2100	6267	450		
安塞县	404		404	69		
志丹县	7898		7898	7898		
吴起县	14595		14595	7129		
甘泉县	5213		5213			
富　县	3151		3151			
洛川县	13407	300	13107	2378		8200
宜川县	12298		12298	3952	1100	
黄龙县	6292		6292	1070	300	
黄陵县	6725		6725	6725	1480	
南郑县	52940		52940			
城固县	4200		4200	600		
洋　县	9207		9207	1130		
西乡县	10800		10800	10800		
勉　县	14564		14564	1010		
宁强县	9291		9291			
略阳县	6100		6100	6000		
镇巴县	9200		9200			
留坝县	6319		6319	1080	1080	
佛坪县	6447	277	6170	6170		
神木县	78059		78059	78059		

continued 28

Measurement Unit：10,000RMB

Sources of Fund						各 项 应付款	县名称
债券 Securities	利用外资 Foreign Investment	外商直接投 资 Foreingn Direct Investment	自筹资金 Self-Raised Funds	单位自有资 金 Self-Owned Funds	其他资金 Other Funds	Sum Payable This Year	Name of Counties
			11200				千阳县
			1859				麟游县
			3741		2650	1489	凤 县
			436		14	448	太白县
							三原县
			3180				泾阳县
			510		720		乾 县
							礼泉县
			5749				永寿县
							彬 县
							长武县
			260				旬邑县
							淳化县
			1300				武功县
			11600				潼关县
			25582				大荔县
			8859				合阳县
						6950	澄城县
							蒲城县
							白水县
						808	富平县
			233	233	6725	16294	延长县
							延川县
			3563	263	2254	3667	子长县
			109	109	226	589	安塞县
							志丹县
			300	300	7166		吴起县
					5213		甘泉县
					3151	440	富 县
			2400		129	774	洛川县
			880		7466		宜川县
					5222		黄龙县
							黄陵县
			52940				南郑县
			1700	800	1900		城固县
			8077				洋 县
							西乡县
			13554				勉 县
			791		8500		宁强县
			100				略阳县
			4000	4000	5200		镇巴县
			4379		860		留坝县
							佛坪县
							神木县

4-2-3 续表 29

计量单位：万元

县名称 Name of Counties	本年实际到位资金合计 The Total Funds Actually Available for The Reported Year	上年末结余资金 The Balance of The Previous Year	本年资金来源 小计 Subtotal	国家预算资金 State Budgetary Fund	中央预算资金 Central Budgetary Fund	国内贷款 Domestic Loan
府谷县	55650		55650	55650		
横山县	35277		35277	35277	35277	
靖边县	29406		29406	29406		
定边县	18148		18148	18148		
绥德县	16400	120	16280	15030	4200	
米脂县	8500		8500	8500	8500	
佳　县	5256		5256	5256		
吴堡县	2395		2395	2395		
清涧县	22341		22341	22341		
子洲县	16687		16687	12087		
汉阴县	31417		31417	31417		
石泉县	28050		28050	28050		
宁陕县	12717		12717	7402		
紫阳县	5585	1200	4385	1600	1200	
岚皋县	15570		15570	15570		
平利县	10660		10660	7560		
镇坪县	2440		2440	2440		
旬阳县	6300		6300	4800	4800	
白河县	22620		22620	22620	200	
洛南县	11500		11500	11500		
丹凤县	8939	2600	6339	739		
商南县	37000		37000	36000		
山阳县	38065		38065	34065		
镇安县	26900		26900			
柞水县	2180		2180			
甘　肃	**503192**	**9858**	**493334**	**94875**	**41156**	**102188**
永登县	1005		1005			
皋兰县	9014		9014	110	110	
榆中县	36133		36133			32500
永昌县	12294	1816	10478	3578	3578	
靖远县	16631	4400	12231	5200	5200	
会宁县	10400		10400	2300	2300	
景泰县	1871		1871			
清水县	5806		5806	4200		1000
秦安县	32938		32938	4360	4360	19809
甘谷县	6216		6216	1000		
武山县	1218		1218			
张家川回族自治县	7000		7000	7000		
民勤县	1060		1060			
古浪县	838		838	375	375	
天祝藏族自治县	15883	700	15183	7865	7865	
肃南裕固族自治县	1167		1167			
民乐县	4476		4476			
临泽县	7537	30	7507	300	300	

continued 29

Measurement Unit：10,000RMB

Sources of Fund						各 项 应付款	县名称
债券 Securities	利用外资 Foreign Investment	外商直接投 资 Foreingn Direct Investment	自筹资金 Self-Raised Funds	单位自有资 金 Self-Owned Funds	其他资金 Other Funds	Sum Payable This Year	Name of Counties
							府谷县
							横山县
							靖边县
							定边县
					1250		绥德县
						720	米脂县
							佳 县
							吴堡县
							清涧县
			4600	1600			子洲县
							汉阴县
							石泉县
					5315		宁陕县
			1200		1585	3960	紫阳县
							岚皋县
			3100				平利县
							镇坪县
			1400	650	100	6300	旬阳县
							白河县
							洛南县
			3500		2100		丹凤县
					1000		商南县
			4000				山阳县
			25400		1500		镇安县
			2180			2180	柞水县
			221386	**20498**	**74885**	**131639**	**甘 肃**
					1005	674	永登县
			8120		784		皋兰县
			200		3433		榆中县
					6900	5965	永昌县
			6651		380		靖远县
			8100			20000	会宁县
			1871				景泰县
			606			6505	清水县
			8769				秦安县
			5216			1500	甘谷县
			1218	320			武山县
						2091	张家川回族自治县
			350	350	710	710	民勤县
			463	463			古浪县
			1830	1830	5488	9195	天祝藏族自治县
			1167			855	肃南裕固族自治县
			2131		2345	30	民乐县
			7207			8967	临泽县

4-2-3 续表 30

计量单位：万元

县名称 Name of Counties	本年实际到位资金合计 The Total Funds Actually Available for The Reported Year	上年末结余资金 The Balance of The Previous Year	本年资金来源 小计 Subtotal	国家预算资金 State Budgetary Fund	中央预算资金 Central Budgetary Fund	国内贷款 Domestic Loan
高台县	3401		3401			
山丹县	5707		5707	2000		2000
泾川县	2951		2951			
灵台县	2727		2727	500		
崇信县	3338		3338	625		
华亭县	10120		10120			
庄浪县	2240		2240	800		
静宁县	5455		5455			
金塔县	4739		4739			
瓜州县	3089		3089			
肃北蒙古族自治县	3400		3400			
阿克塞哈萨克自治县	1592		1592	635		
庆城县	8977		8977			
环 县	2045		2045	800		815
华池县	1573		1573			
合水县	6348		6348			
正宁县	1683		1683			
宁 县	3480		3480			
镇原县	5712		5712	1400		
通渭县	3279		3279	2515		
陇西县	57831		57831			39464
渭源县	1638		1638	525		
临洮县	11377		11377			
漳 县	10010		10010	154		
岷 县	1812		1812			
成 县	13192		13192			5200
文 县	15320		15320	2000		
宕昌县	9336		9336	1842	1842	
康 县	1426	100	1326	1326		
西和县	10748	1573	9175	9175		
礼 县	12289		12289	5800	400	
徽 县	3799		3799			
两当县	904		904			
临夏县	12760		12760	500	500	
康乐县	2208		2208			1400
永靖县	31484		31484			
广河县	12345		12345			
和政县	4350		4350	1120	400	
积石山县	5371		5371	2347	1200	
临潭县	4360		4360	4360		
卓尼县	1363	467	896	896	896	
舟曲县	250		250			
迭部县	7342		7342	7342	7342	
玛曲县	8593		8593	2956	2702	
碌曲县	3637	772	2865	2865	1786	
夏河县	6104		6104	6104		

continued 30

Measurement Unit：10,000RMB

Sources of Fund						各 项 应付款	县名称
债券 Securities	利用外资 Foreign Investment	外商直接投资 Foreingn Direct Investment	自筹资金 Self-Raised Funds	单位自有资金 Self-Owned Funds	其他资金 Other Funds	Sum Payable This Year	Name of Counties
			1992		1409	562	高台县
			1487		220	487	山丹县
			2761		190		泾川县
			2227				灵台县
			2713			3338	崇信县
			10120				华亭县
			1440				庄浪县
			5455				静宁县
			4739				金塔县
			3089				瓜州县
			3400				肃北蒙古族自治县
			957			1592	阿克塞哈萨克自治县
			8730		247	8920	庆城县
					430	2045	环 县
			1368		205	1538	华池县
			3368		2980	4928	合水县
					1683	1683	正宁县
			3480			3480	宁 县
			4150		162	4235	镇原县
			1	1	763	2515	通渭县
					18367		陇西县
			712		401		渭源县
			7150	7150	4227		临洮县
			5656	5550	4200	5704	漳 县
			1800		12		岷 县
			1588		6404		成 县
			10020		3300		文 县
			7494	4800			宕昌县
							康 县
							西和县
			6489				礼 县
			3759		40		徽 县
			34	34	870	870	两当县
			12260				临夏县
			808				康乐县
			31484			16600	永靖县
			7845		4500	3500	广河县
					3230	6019	和政县
			3024			3987	积石山县
							临潭县
						3144	卓尼县
			250				舟曲县
							迭部县
			5637				玛曲县
							碌曲县
							夏河县

4-2-3 续表 31

计量单位：万元

县名称 Name of Counties	本年实际到位资金合计 The Total Funds Actually Available for The Reported Year	上年末结余资金 The Balance of The Previous Year	本年资金来源			
			小计 Subtotal	国家预算资金 State Budgetary Fund	中央预算资金 Central Budgetary Fund	国内贷款 Domestic Loan
青　海	**172215**	**1130**	**171085**	**140095**	**82529**	**10532**
大通县	1768		1768	1335		
湟中县	2062		2062	1712		
湟源县	6659		6659	6209	1060	450
民和县	14430		14430	6630	1600	3000
互助县	14854		14854	5104		1550
化隆县	24145		24145	24145		
循化县	8630	200	8430	7280	5280	1150
门源县	3118		3118	3118	3118	
祁连县	558		558	558	558	
海晏县	500		500	380	380	
刚察县	5248	930	4318	3243	2253	
西海镇	222		222	222	222	
共和县	6253		6253	6253	6253	
同德县	170		170	170	170	
贵德县	4520		4520	2630	2630	
兴海县	1135		1135	1135	1135	
贵南县	3901		3901	3901	3861	
玛沁县	6349		6349	6305	6305	
班玛县	3459		3459	3145	3145	
甘德县	2329		2329	2329	2329	
达日县	8789		8789	2880	2880	4382
久治县	7997		7997	6672	6672	
玛多县	3313		3313	3313	3313	
杂多县	1190		1190	1000	1000	
称多县	2311		2311	2311	2311	
治多县	1704		1704	1704	1704	
囊谦县	7550		7550	7550	7550	
曲麻莱县	6167		6167	6167	6167	
乌兰县	1686		1686	1686	1686	
都兰县	2119		2119	2119		
天峻县	11515		11515	11325	5397	
茫崖行委	1817		1817	1817	1380	
大柴旦行委	3447		3447	3447	1270	
冷湖行委	2300		2300	2300	900	
宁　夏	**136218**	**2376**	**133842**	**39174**	**16260**	**430**
永宁县	35098		35098			
贺兰县	5772		5772			
平罗县	6284		6284	6235		
盐池县	11981		11981			
同心县	22714		22714	7560	7560	
红寺堡开发区	5767		5767	4694		430

continued 31

Measurement Unit：10,000RMB

Sources of Fund						各 项 应付款	县名称
债券	利用外资		自筹资金		其他资金		
		外商直接投 资		单位自有资 金			
Securities	Foreign Investment	Foreingn Direct Investment	Self-Raised Funds	Self-Owned Funds	Other Funds	Sum Payable This Year	Name of Counties
			20103		**355**	**3283**	**青 海**
			433				大通县
			350				湟中县
							湟源县
			4800				民和县
			8200				互助县
							化隆县
							循化县
							门源县
							祁连县
			120				海晏县
			910		165		刚察县
							西海镇
							共和县
							同德县
			1890				贵德县
							兴海县
							贵南县
			44				玛沁县
			314				班玛县
							甘德县
			1527				达日县
			1325				久治县
							玛多县
			190				杂多县
							称多县
							治多县
							囊谦县
							曲麻莱县
							乌兰县
							都兰县
					190		天峻县
						3083	茫崖行委
							大柴旦行委
						200	冷湖行委
1500	**6844**	**6844**	**82177**	**3600**	**3717**	**88491**	**宁 夏**
			34658	3300	440	32298	永宁县
			5772			5818	贺兰县
			49			6150	平罗县
			11981				盐池县
1500			13654			3126	同心县
			300	300	343	20753	红寺堡开发区

4-2-3 续表 32

计量单位：万元

县名称 Name of Counties	本年实际到位资金合计 The Total Funds Actually Available for The Reported Year	上年末结余资金 The Balance of The Previous Year	本年资金来源 小计 Subtotal	国家预算资金 State Budgetary Fund	中央预算资金 Central Budgetary Fund	国内贷款 Domestic Loan
西吉县	13719		13719	6875		
隆德县	13255		13255	8037	7500	
泾源县	11119		11119	1200	1200	
彭阳县	5412	2376	3036	2410		
中宁县	2934		2934			
海原县	2163		2163	2163		
新　疆	**533870**	**23285**	**510585**	**118236**	**50138**	**13040**
鄯善县	21419		21419	17776		
托克逊县	21269	16169	5100	350		
巴里坤哈萨克自治县	2267		2267	1027	140	1240
伊吾县	5980		5980			
呼图壁县	21423		21423			
玛纳斯县	14974		14974	12900	5926	
奇台县	51198		51198	1280		
吉木萨尔县	10697		10697	984	984	
木垒县	6995	400	6595	1645		4800
精河县	2076		2076			
温泉县	4665		4665			
轮台县	3850		3850			
尉犁县	325		325			
若羌县						
且末县	6139	3926	2213	1723	793	
焉耆县	6281	1490	4791			
和静县	4845		4845			
和硕县	4891		4891	2255	2255	
博湖县	2083		2083			
温宿县	17893		17893	600		
库车县	21166		21166			
沙雅县	4110		4110			
新和县	2390		2390	2390	324	
拜城县	6394		6394			
乌什县	2206		2206	1257		
阿瓦提县	4490		4490			
柯坪县	1100		1100	1000	1000	
阿克陶县	9637		9637	3230	3000	
阿合奇县	9723		9723	1700	1700	
乌恰县	2028		2028	400		
疏附县	8605		8605	6105	4910	
疏勒县	11407		11407			
英吉沙县	21640		21640			2700
泽普县	7290		7290			
莎车县	11585		11585	1000	1000	
叶城县	8770	300	8470	1500	1500	
麦盖提县	1253		1253			

continued 32

Measurement Unit：10,000RMB

Sources of Fund						各　项 应付款	县名称
债券	利用外资		自筹资金		其他资金		
		外商直接 投　资		单位自有 资　金			
Securities	Foreign Investment	Foreingn Direct Investment	Self-Raised Funds	Self-Owned Funds	Other Funds	Sum Payable This Year	Name of Counties
	6844	6844				6844	西吉县
			5218				隆德县
			9919				泾源县
			626				彭阳县
					2934	13502	中宁县
							海原县
3886	**4207**		**286116**	**30405**	**85100**	**120669**	**新　疆**
			711		2932		鄯善县
			3920		830		托克逊县
							巴里坤哈萨克自治县
			5980			580	伊吾县
			21423			21423	呼图壁县
					2074		玛纳斯县
			49918				奇台县
			2909		6804	453	吉木萨尔县
			150			150	木垒县
			2076				精河县
			4665				温泉县
			3850				轮台县
			325	325			尉犁县
						26640	若羌县
			490			623	且末县
			4791				焉耆县
			4845				和静县
			2636	270			和硕县
			2083				博湖县
			17293				温宿县
			21166				库车县
			4110				沙雅县
						1800	新和县
			2394		4000		拜城县
			949				乌什县
			3530		960		阿瓦提县
			100			100	柯坪县
			6407	1557			阿克陶县
			8023				阿合奇县
			1628				乌恰县
			2500				疏附县
			9100	1500	2307	11097	疏勒县
			18940	16713			英吉沙县
			7290			7290	泽普县
					10585	10677	莎车县
			6720	6720	250		叶城县
			1253	127			麦盖提县

4-2-3 续表 33

计量单位：万元

县名称 Name of Counties	本年实际到位资金合计 The Total Funds Actually Available for The Reported Year	上年末结余资金 The Balance of The Previous Year	本年资金来源			
			小计 Subtotal	国家预算资金 State Budgetary Fund	中央预算资金 Central Budgetary Fund	国内贷款 Domestic Loan
岳普湖县	7048		7048	6193	6193	
伽师县	5122		5122	4554	4194	
巴楚县	5600		5600	4200	800	900
塔什库尔干县	8206		8206	1731	1731	
墨玉县	261		261			
皮山县	9156		9156			
洛浦县	4816		4816	3395	3395	
策勒县	4864		4864	3481	724	
于田县	2276		2276			
民丰县	6837	1000	5837	5037	2162	
伊宁县	3868		3868			
察布查尔县	11936		11936			
霍城县	8570		8570	4901	4901	
巩留县	5436		5436	880	380	
新源县	5447		5447			
昭苏县	1670		1670	1670		
特克斯县	4671		4671			
尼勒克县	15241		15241	3383		1000
额敏县	14637		14637	5432	500	
沙湾县	4705		4705	2572		
托里县	5140		5140	1052	347	
裕民县	5340		5340			
和布克赛尔蒙古自治县	11000		11000			
布尔津县	2810		2810			
富蕴县	4442		4442	4142		
福海县	13049		13049			
哈巴河县	5603		5603	1880		
青河县	6034		6034	4611	1279	
吉木乃县	7021		7021			2400
新疆生产建设兵团	**398388**	**9399**	**388989**	**208631**	**168727**	**1085**
第一师	55581		55581	12663	8327	
第二师	14844	143	14701	9010	8964	
第三师	34868	800	34068	20935	15185	
第四师	75972	2700	73272	47540	43417	
第五师	3184		3184	1520	1520	
第六师	9768		9768	7240	7010	
第七师	28298	600	27698	22811	22525	
第八师	71096		71096	31309	22329	
第九师	30567		30567	19138	17738	
第十师	8405		8405	3300	1990	
第十二师	32606	2881	29725	12486	4836	1085
第十三师	28790	2075	26715	16673	12773	
第十四师	4409	200	4209	4006	2113	

continued 33

Measurement Unit：10,000RMB

Sources of Fund						各　项 应付款	
债券 Securities	利用外资 Foreign Investment	外商直接投　资 Foreingn Direct Investment	自筹资金 Self-Raised Funds	单位自有资　金 Self-Owned Funds	其他资金 Other Funds	Sum Payable This Year	县名称 Name of Counties
			855			6590	岳普湖县
			568			5122	伽师县
			500	500			巴楚县
			4927		1548	8206	塔什库尔干县
					261		墨玉县
					9156		皮山县
			486		935		洛浦县
			1383				策勒县
			2276			2276	于田县
					800		民丰县
			3868	2393		3708	伊宁县
			11936				察布查尔县
					3669		霍城县
3750			806				巩留县
			5447				新源县
							昭苏县
					4671		特克斯县
			9758		1100		尼勒克县
			9205			13437	额敏县
			1433		700		沙湾县
136			3306		646		托里县
			500		4840		裕民县
					11000		和布克赛尔蒙古自治县
	461				2349		布尔津县
			300	300			富蕴县
			366		12683		福海县
	2416		1307				哈巴河县
	1330		93			497	青河县
			4621				吉木乃县
	320	**320**	**161407**	**101859**	**17546**	**61744**	**新疆生产建设兵团**
	320	320	41588	16347	1010	15925	第一师
			5452	5113	239	6149	第二师
			3846	3749	9287	18051	第三师
			24432	21120	1300	1335	第四师
			1664	1664			第五师
			2528	1971		557	第六师
			4887	4887		8162	第七师
			39787	34491		873	第八师
			7097	4793	4332	7757	第九师
			5037	2350	68	280	第十师
			14844	1956	1310	2655	第十二师
			10042	3418			第十三师
			203				第十四师

4-3 2015年全国县城市政公用设施建设施工规模和新增生产能力(或效益)

指标名称 Index		计量单位 Measurement Unit	
1.供水综合生产能力	1.Integrated Water Production Capacity	万立方米/日	10,000 m^3/day
2.供水管道长度	2.Length of Water Pipelines	公里	Kilometer
3.人工煤气生产能力	3.Production Capacity of Man-made Coal Gas	万立方米/日	10,000 m^3/day
4.人工煤气储气能力	4.Storage Capacity of Man-made Coal Gas	万立方米	10,000 m^3
5.人工煤气供气管道长度	5.Length of Man-made Gas Pipelines	公里	Kilometer
6.天然气储气能力	6.Storage Capacity of Natural Gas	万立方米	10,000 m^3
7.天然气供气管道长度	7.Length of Natural Gas Pipelines	公里	Kilometer
8.液化石油气储气能力	8.LPG Storage Capacity	吨	Ton
9.液化石油气供气管道长度	9.Length of LPG Pipelines	公里	Kilometer
10.集中供热能力：蒸汽	10.Central Heating Capacity (Steam)	吨/小时	Ton/Hour
11.集中供热能力：热水	11.Central Heating Capacity (Hot Water)	兆瓦	Mega Watts
12.集中供热管道长度：蒸汽	12.Length of Central Heating Pipelines (Steam)	公里	Kilometer
13.集中供热管道长度：热水	13.Length of Central Heating Pipelines (Hot Water)	公里	Kilometer
14.桥梁座数	15.Number of Bridges	座	Unit
15.道路新建、扩建长度	16.Length of Extension of Roads and New Roads	公里	Kilometer
16.道路新建、扩建面积	17.Surface Area of Extension of Roads and New Roads	万平方米	10,000 m^2
17.排水管道长度	18.Length of Sewerage Piplines	公里	Kilometer
18.污水处理厂处理能力	19.Wastewater Treatment Capacity	万立方米/日	10,000 m^3/day
19.再生水管道长度	20.Length of Recycled Water Piplinnes	公里	Kilometer
20.再生水生产能力	21.Recycled Water Production Capacity	万立方米/日	10,000 m^3/day
21.绿地面积	22.Area of Green Space	公顷	Hectare
22.垃圾无害化处理能力	23.Garbage Treatment Capacity	吨/日	Ton/day

National County Seat Service Facilities Construction Scale and Newly Added Production Capacity(or Benefits)(2015)

建设规模	本年施工规模		累计新增生产能力(或效益)	
		本年新开工		本年新增
Construction Scale	Construction Scale This Year	Newly Started This Year	Accumulative Newly Added Production Capacity (or Benefits)	Newly Added This Year
43032	12925	12875	230	207
32456	30153	29818	8877	8319
56	56	56	48	48
3814	3256	555	580	564
15326	9496	9233	9141	8556
8826	4326	4326	4215	4215
327	314	153	133	133
1468	1468	1314	1185	1185
51558	27593	27481	7548	6966
549	505	503	437	434
4118	3317	3267	2972	2744
610	531	459	432	412
38947.89	8660.69	8080.27	6968.82	6649.61
41527.64	38871.45	37808.96	10722.72	10147.94
24495.34	21054.19	20370.74	12730.95	11944.97
5817.9	3550.4	3506.1	184.4	173.3
259.38	212.66	197.11	162.41	149.77
37.8	33.8	33.3	24.9	24.9
29086	25521	23825	23176	22350
12422	9771	7266	6441	6022

专 业 数 据

Sectorial Data

五、县城供水

5. County Seat Water Supply

简要说明

县城供水指通过供水设施向单位和居民的生活、生产和其他各项建设提供符合国家标准用水的活动，包括公共供水和自建设施供水。

本部分主要包括县城供水的生产能力、供应量、服务情况等内容，并按公共供水企业和自建设施供水单位分别统计。

Brief Introduction

County Seat water supply refers to supplying water that meets national quality standard to institutions and urban residents through water supply facilities. It includes water supply by public suppliers and by suppliers with self-built facilities.

This section covers such indicators as production capacity, total quantity of water supplied and relevant service etc. Statistics on county seat water supply by water suppliers and by suppliers with self-built facilities is separately presented.

5 全国历年县城供水情况(2000–2015)
National County Seat Water Supply in Past Years (2000-2015)

年份 Year	综合生产能力(万立方米/日) Integrated Production Capacity (10,000 m^3/day)	供水管道长度(公里) Length of Water Supply Pipelines (km)	供水总量(万立方米) Total Quantity of Water Supply (10,000 m^3)	生活用量 Residential Use	用水人口(万人) Population with Access to Water Supply (10,000 persons)	人均日生活用水量(升) Daily Water Consumption Per Capita (liter)	用水普及率(%) Water Coverage Rate (%)
2000	3662	70046	593588	310331	6931.2	122.7	84.83
2001	3754	77316	577948	327081	6889.2	130.1	76.45
2002	3705	78315	567915	338689	7145.7	129.9	80.53
2003	3400	87359	606189	363311	7532.9	132.1	81.57
2004	3680	92867	653814	395181	7931.1	136.5	82.26
2005	3862	98980	676548	409045	8342.2	134.3	83.18
2006	4207	113553	746892	407389	9093.4	122.7	76.43
2007	5744	131541	794495	448943	10218.7	120.4	81.15
2008	5976	142507	826300	459866	10628.4	119.4	81.59
2009	4775	148578	856291	484644	11200.7	118.6	83.72
2010	4683	159905	925705	509266	11811.4	118.9	85.14
2011	5174	173452	977115	534918	12345.0	118.7	86.09
2012	5446	186500	1020298	565835	12971.0	119.5	86.94
2013	5239	194465	1038662	584759	13456.0	119.1	88.14
2014	5437	203514	1063270	600436	13913.4	118.2	88.89
2015	5769	214736	1069191	612383	14048.3	119.4	89.96

注：自2006年起，用水普及率指标按县城人口和县城暂住人口合计为分母计算。

Note: Since 2006,water coverage rate has been calculated based on denominator which combines both permanent and temporary residents in county seats.

5-1 2015年全国县城供水分组资料

地区名称 Name of Regions		综合生产能力（万立方米/日） Integrated Production Capacity ($10,000m^3$/ day)	地下水 Underground Water	供水管道长度（公里） Length of Water Supply Pipelines (km)	供水总量（万立方米） Total Quantity of Water Supply ($10,000m^3$)	生产运营用水 The Quantity of Water for Production and Operation
全国	**National Total**	**5769.24**	**2159.50**	**214731.51**	**1069190.93**	**272420.13**
分类一	**Group one**					
东部地区	East China	2145.11	728.89	76099.23	442386.61	141449.93
中部地区	Central China	2048.99	819.49	78058.22	385249.60	91325.01
西部地区	West China	1575.14	611.12	60574.06	241554.72	39645.19
分类二	**Group two**					
东部地区	East China	1903.07	690.4	68962.93	395835.07	130483.29
中部地区	Central China	1897.28	676.36	68324.88	362157.92	85828.85
西部地区	West China	1968.89	792.74	77443.70	311197.94	56107.99
分类三	**Group three**					
东部地区	East China	1829.35	660.68	64425.17	382245.21	128137.67
中部地区	Central China	1738.96	572.76	60070.44	335434.37	79984.77
西部地区	West China	1968.89	792.74	77443.70	311197.94	56107.99
东北地区	Northeast China	232.04	133.32	12792.20	40313.41	8189.70

National County Seat Water Supply (2015)

公共服务用水 The Quantity of Water for Public Service	居民家庭用水 The Quantity of Water for Household Use	其他用水 The Quantity of Water for Other Purposes	用水户数(户) Number of Households with Access to Water Supply (unit)	家庭用户 Household User	用水人口(万人) Population with Access to Water Supply (10,000 persons)	地区名称 Name of Regions
116748.56	**491449.82**	**43913.41**	**38906458**	**34909566**	**14048.25**	**全国**
						分类一
44113.52	183553.90	17657.45	13086123	11877540	4581.65	东部地区
45278.60	178063.26	14926.75	15069595	13594110	5522.82	中部地区
27356.44	129832.66	11329.21	10750740	9437916	3943.78	西部地区
						分类二
40779.38	158594.11	16796.63	11878951	10741403	4082.67	东部地区
41826.13	167672.82	14075.06	13441188	12157517	5023.26	中部地区
34143.05	165182.89	13041.72	13586319	12010646	4942.32	西部地区
						分类三
38354.74	152774.70	16028.83	11070463	10032315	3845.34	东部地区
38254.6	156058.76	13077.55	11811401	10675718	4565.81	中部地区
34143.05	165182.89	13041.72	13586319	12010646	4942.32	西部地区
5996.17	17433.47	1765.31	2438275	2190887	694.78	东北地区

5-2 2015年按省分列的县城供水

地区名称 Name of Regions	综合生产能力（万立方米/日） Integrated Production Capacity (10,000m³/ day)	地下水 Underground Water	供水管道长度（公里） Length of Water Supply Pipelines (km)	供水总量（万立方米） Total Quantity of Water Supply (10,000m³)	生产运营用水 The Quantity of Water for Production and Operation
全 国	**5769.24**	**2159.50**	**214731.51**	**1069190.93**	**272420.13**
天 津	9.00	9.00	687.66	997.97	46.00
河 北	350.60	298.31	13291.96	74204.91	22804.81
山 西	153.00	135.64	8053.04	30265.49	7583.99
内蒙古	151.71	143.13	9733.34	23091.68	5496.16
辽 宁	73.72	29.72	4537.76	13589.86	2345.62
吉 林	50.23	16.41	2565.22	10709.67	2270.18
黑龙江	108.09	87.19	5689.22	16013.88	3573.90
江 苏	231.82	38.19	10702.41	49017.61	14219.81
浙 江	297.03	9.18	13528.82	55948.37	18836.23
安 徽	296.67	94.04	14133.94	66231.74	17516.07
福 建	217.75	9.36	5506.38	40028.97	7800.68
江 西	318.90	14.16	10187.65	54885.24	9852.81
山 东	477.58	283.63	11368.74	107966.24	48805.38
河 南	376.15	284.72	10360.23	75667.97	23631.27
湖 北	204.81	4.21	4943.35	35350.97	7990.79
湖 南	389.43	39.99	12392.23	73032.96	13409.84
广 东	197.65	12.58	8264.71	39318.43	6743.03
广 西	242.04	38.49	7136.30	46551.54	10966.64
海 南	47.92	0.43	1074.49	14762.71	8881.73
重 庆	63.05		2629.52	13446.22	1609.42
四 川	361.68	35.16	17287.35	77357.53	12477.73
贵 州	123.68	28.13	5473.91	25342.76	3194.59
云 南	164.07	21.43	9235.35	33081.47	4890.27
西 藏	27.23	8.27	647.17	2895.43	235.01
陕 西	152.84	91.93	4917.96	26235.33	4811.12
甘 肃	82.96	41.82	3925.51	12195.92	2212.87
青 海	55.65	18.21	1766.65	6304.28	1349.05
宁 夏	32.77	25.95	1438.60	7457.50	2794.85
新 疆	219.93	109.72	6585.68	24024.01	3443.21
新疆生产建设兵团	291.28	230.50	6666.36	13214.27	2627.07

County Seat Water Supply by Province (2015)

公共服务用水 The Quantity of Water for Public Service	居民家庭用水 The Quantity of Water for Household Use	其他用水 The Quantity of Water for Other Purposes	用水户数(户) Number of Households with Access to Water Supply (unit)	家庭用户 Household User	用水人口(万人) Population with Access to Water Supply (10,000 persons)	地区名称 Name of Regions
116748.56	**491449.82**	**43913.41**	**38906458**	**34909566**	**14048.25**	**全 国**
87.89	530.98		67046	64595	15.86	天 津
8350.05	32946.93	3208.05	2866089	2584434	1016.85	河 北
4104.01	14362.58	923.94	1254790	1053609	609.82	山 西
3452.47	10390.44	851.69	1628407	1436593	499.56	内蒙古
2424.64	5819.41	767.80	808488	709088	237.33	辽 宁
1144.36	4577.86	449.95	577565	523709	146.80	吉 林
2427.17	7036.20	547.56	1052222	958090	310.65	黑龙江
5281.25	20991.58	1692.25	1696113	1607424	537.34	江 苏
3979.33	22631.08	2106.76	1586878	1425439	424.49	浙 江
7036.06	30195.10	2596.90	2506105	2298356	823.44	安 徽
4121.99	19307.69	1489.77	1102809	981274	384.68	福 建
6694.81	26793.54	2935.69	2159046	1941401	791.67	江 西
12612.88	32636.56	5376.63	2467023	2272037	982.62	山 东
10016.46	31693.64	2903.11	2520273	2343512	996.63	河 南
3551.11	16820.74	1060.83	1095889	995714	425.17	湖 北
6852.15	36193.16	2657.08	2275298	2043126	919.08	湖 南
3085.87	20180.37	1904.18	1168362	994348	410.78	广 东
3334.14	24959.79	860.82	1207172	1136137	498.98	广 西
835.48	3549.51	251.19	116143	102764	72.72	海 南
1156.02	7895.13	931.21	817392	646747	242.02	重 庆
7872.09	44012.41	2773.89	3469358	3052292	1041.32	四 川
2382.68	14956.23	1197.36	1046186	844313	486.58	贵 州
3431.11	18454.90	979.39	1267184	1106063	560.87	云 南
403.59	1712.28	389.04	92856	74750	29.06	西 藏
2952.37	14118.42	1509.20	1473241	1361239	544.38	陕 西
1651.84	6484.36	346.49	720055	664787	344.48	甘 肃
1053.71	2753.94	203.89	228275	215647	105.44	青 海
726.09	2360.24	765.66	274666	239715	90.49	宁 夏
3857.14	10614.83	1643.75	781077	697009	338.05	新 疆
1869.80	6469.92	589.33	580450	535354	161.09	新疆生产建设兵团

5-3 2015年按省分列的县城供水(公共供水)

地区名称 Name of Regions	综合生产能力(万立方米/日) Integrated Production Capacity ($10,000m^3$/day)	地下水 Underground Water	水厂个数(个) Number of Water Plants (unit)	地下水 Underground Water	供水管道长度(公里) Length of Water Supply Pipelines (km)	供水总量(万立方米) 合计 Total	售水量 小计 Subtotal	生产运营用水 The Quantity of Water for Production and Operation	公共服务用水 The Quantity of Water for Public Service
全国	**4764.70**	**1363.76**	**2737**	**1362**	**203172.80**	**916996.56**	**772337.55**	**182017.30**	**97308.18**
天津	9.00	9.00	5	5	687.66	997.97	664.87	46.00	87.89
河北	262.26	218.68	169	160	11900.60	55099.01	48203.94	12582.06	6094.21
山西	107.48	93.29	134	119	6924.86	23970.00	20679.03	3822.19	3173.32
内蒙古	110.32	102.47	136	126	9491.05	19514.76	16613.84	3007.17	2851.73
辽宁	67.26	23.48	32	20	4398.68	11799.39	9567.00	1377.02	2133.97
吉林	40.66	8.77	26	10	2356.17	8615.54	6348.22	977.30	934.20
黑龙江	92.00	71.10	66	62	5657.05	13955.80	11526.75	2167.65	1963.47
江苏	199.67	13.00	37	7	10307.30	43338.53	36505.81	10488.13	4511.75
浙江	288.01	5.13	51	2	13286.38	55116.11	46721.14	18112.65	3954.24
安徽	247.25	50.71	84	24	13624.78	53736.68	44849.07	9544.63	5816.29
福建	210.95	7.30	73	10	5389.08	38617.21	31308.37	7163.08	3963.03
江西	299.92	7.90	107	13	9904.45	53350.17	44741.78	9331.59	6489.18
山东	304.94	137.74	153	110	9897.79	66306.33	57771.54	20691.27	7743.14
河南	268.48	184.58	135	102	9221.81	50594.85	43171.36	10006.77	5693.76
湖北	191.44	1.21	64	8	4806.66	33057.72	27130.22	6825.84	3319.21
湖南	362.86	29.08	129	22	12051.15	69757.68	55836.95	11985.27	6485.46
广东	176.07	5.10	56	5	7417.30	36937.84	29532.86	6105.76	2943.27
广西	206.75	23.40	88	16	6785.27	40873.18	34443.03	6413.61	3268.25
海南	47.92	0.43	16	3	1074.49	14762.71	13517.91	8881.73	835.48
重庆	63.05		31		2629.52	13446.22	11591.78	1609.42	1156.02
四川	345.59	27.72	176	36	16997.30	73977.76	63756.35	11082.34	7076.33
贵州	120.48	26.27	126	39	5412.87	24802.89	21190.99	3045.98	2287.90
云南	145.93	12.62	161	33	8751.85	31951.85	26626.05	4737.46	3210.38
西藏	22.53	5.99	108	31	562.93	2557.94	2402.43	200.81	349.46
陕西	114.37	56.93	128	70	4416.20	21751.82	18907.60	2824.63	2442.68
甘肃	67.64	38.29	81	51	3805.51	11264.40	9764.04	1617.57	1517.63
青海	54.95	17.51	52	29	1760.65	6120.28	5176.59	1224.65	1012.71
宁夏	24.64	17.84	23	14	1325.47	5179.10	4368.44	745.15	709.26
新疆	200.52	93.84	110	87	6328.38	22949.19	18484.11	3040.29	3552.73
新疆生产建设兵团	111.76	74.38	180	148	5999.59	12593.63	10935.48	2359.28	1731.23

County Seat Water Supply by Province (Public Water Suppliers)(2015)

Total Quantity of Water Supply($10,000m^3$)					用水户数(户)		用水人口(万人)	
Water Sold		免费供水量		漏损水量		家庭用户		地区名称
居民家庭用水	其他用水		生活用水					
The Quantity of Water for Household Use	The Quantity of Water for Other Purposes	The Quantitiy of Free Water Supply	Domestic Water Use	The Lossed Water	Number of Households with Access to Water Supply (unit)	Household User	Population with Access to Water Supply (10,000 persons)	Name of Regions
456275.56	**36736.51**	**20379.80**	**4184.12**	**124279.21**	**36662012**	**33008636**	**13295.19**	**全　国**
530.98		133.78		199.32	67046	64595	15.86	天　津
27455.71	2071.96	731.98	170.90	6163.09	2482550	2266035	882.20	河　北
12966.38	717.14	506.50	217.80	2784.47	1134487	962349	569.18	山　西
10003.80	751.14	530.18	297.38	2370.74	1573288	1400038	485.87	内蒙古
5343.21	712.80	258.10	93.12	1974.29	768347	670806	219.60	辽　宁
4103.52	333.20	183.80	14.60	2083.52	533434	486264	134.62	吉　林
6912.17	483.46	301.94	36.09	2127.11	1041918	949954	307.99	黑龙江
19940.23	1565.70	536.82	186.40	6295.90	1655457	1572181	523.91	江　苏
22548.91	2105.34	1179.39	45.19	7215.58	1579667	1418387	422.22	浙　江
27125.00	2363.15	802.35	166.13	8085.26	2319500	2119993	761.99	安　徽
18725.05	1457.21	1402.39	61.26	5906.45	1081481	963036	376.59	福　建
26064.19	2856.82	1242.00	254.90	7366.39	2113194	1899838	772.39	江　西
26516.39	2820.74	922.85	252.50	7611.94	2114328	1976386	853.93	山　东
25638.57	1832.26	1039.69	139.07	6383.80	2137797	2021894	860.56	河　南
16067.74	917.43	963.64	241.41	4963.86	1064260	966223	419.61	湖　北
34865.52	2500.70	2572.72	698.57	11348.01	2216309	1990270	893.95	湖　南
18722.75	1761.08	507.84	44.89	6897.14	1075538	920436	387.75	广　东
24028.68	732.49	889.54	56.81	5540.61	1156637	1087449	481.30	广　西
3549.51	251.19	13.00		1231.80	116143	102764	72.72	海　南
7895.13	931.21	165.33	31.00	1689.11	817392	646747	242.02	重　庆
42871.45	2726.23	845.46	154.78	9375.95	3414800	3000063	1026.95	四　川
14793.63	1063.48	571.49	151.86	3040.41	1038445	837720	483.19	贵　州
17748.81	929.40	1058.94	403.17	4266.86	1224906	1069874	551.34	云　南
1478.44	373.72	117.66	68.99	37.85	82913	66629	24.79	西　藏
12446.82	1193.47	392.06	81.42	2452.16	1362065	1258940	508.49	陕　西
6296.94	331.90	227.48	14.25	1272.88	700133	649979	337.38	甘　肃
2749.44	189.79	248.94	115.17	694.75	226773	214535	104.89	青　海
2277.74	636.29	220.23	107.50	590.43	270428	236955	89.45	宁　夏
10324.28	1566.81	1713.74	21.58	2751.34	736955	675073	328.08	新　疆
6284.57	560.40	99.96	57.38	1558.19	555821	513223	156.37	新疆生产建设兵团

5–4 2015年按省分列的县城供水(自建设施供水)

地区名称 Name of Regions	综合生产能力(万立方米/日) Integrated Production Capacity (10,000m³/day)	地下水 Underground Water	供水管道长度(公里) Length of Water Supply Pipelines (km)	供水总量(万立方米) 合计 Total	生产运营用水 The Quantity of Water for Production and Operation
全国	**1004.54**	**795.74**	**11558.71**	**152194.37**	**90402.83**
河北	88.34	79.63	1391.36	19105.90	10222.75
山西	45.52	42.35	1128.18	6295.49	3761.80
内蒙古	41.39	40.66	242.29	3576.92	2488.99
辽宁	6.46	6.24	139.08	1790.47	968.60
吉林	9.57	7.64	209.05	2094.13	1292.88
黑龙江	16.09	16.09	32.17	2058.08	1406.25
江苏	32.15	25.19	395.11	5679.08	3731.68
浙江	9.02	4.05	242.44	832.26	723.58
安徽	49.42	43.33	509.16	12495.06	7971.44
福建	6.80	2.06	117.30	1411.76	637.60
江西	18.98	6.26	283.20	1535.07	521.22
山东	172.64	145.89	1470.95	41659.91	28114.11
河南	107.67	100.14	1138.42	25073.12	13624.50
湖北	13.37	3.00	136.69	2293.25	1164.95
湖南	26.57	10.91	341.08	3275.28	1424.57
广东	21.58	7.48	847.41	2380.59	637.27
广西	35.29	15.09	351.03	5678.36	4553.03
四川	16.09	7.44	290.05	3379.77	1395.39
贵州	3.20	1.86	61.04	539.87	148.61
云南	18.14	8.81	483.50	1129.62	152.81
西藏	4.70	2.28	84.24	337.49	34.20
陕西	38.47	35.00	501.76	4483.51	1986.49
甘肃	15.32	3.53	120.00	931.52	595.30
青海	0.70	0.70	6.00	184.00	124.40
宁夏	8.13	8.11	113.13	2278.40	2049.70
新疆	19.41	15.88	257.30	1074.82	402.92
新疆生产建设兵团	179.52	156.12	666.77	620.64	267.79

County Seat Water Supply by Province (Suppliers with Self-Built Facilities)(2015)

Total Quantity of Water Supply(10,000m³)			用水户数(户)		用水人口(万人)	地区名称
公共服务用水 The Quantity of Water for Public Service	居民家庭用水 The Quantity of Water for Household Use	其他用水 The Quantity of Water for Other Purposes	Number of Households with Access to Water Supply (unit)	家庭用户 Household User	Population with Access to Water Supply (10,000 persons)	Name of Regions
19440.38	**35174.26**	**7176.90**	**2244446**	**1900930**	**753.06**	**全国**
2255.84	5491.22	1136.09	383539	318399	134.65	河北
930.69	1396.20	206.80	120303	91260	40.64	山西
600.74	386.64	100.55	55119	36555	13.69	内蒙古
290.67	476.20	55.00	40141	38282	17.73	辽宁
210.16	474.34	116.75	44131	37445	12.18	吉林
463.70	124.03	64.10	10304	8136	2.66	黑龙江
769.50	1051.35	126.55	40656	35243	13.43	江苏
25.09	82.17	1.42	7211	7052	2.27	浙江
1219.77	3070.10	233.75	186605	178363	61.45	安徽
158.96	582.64	32.56	21328	18238	8.09	福建
205.63	729.35	78.87	45852	41563	19.28	江西
4869.74	6120.17	2555.89	352695	295651	128.69	山东
4322.70	6055.07	1070.85	382476	321618	136.07	河南
231.90	753.00	143.40	31629	29491	5.56	湖北
366.69	1327.64	156.38	58989	52856	25.13	湖南
142.60	1457.62	143.10	92824	73912	23.03	广东
65.89	931.11	128.33	50535	48688	17.68	广西
795.76	1140.96	47.66	54558	52229	14.37	四川
94.78	162.60	133.88	7741	6593	3.39	贵州
220.73	706.09	49.99	42278	36189	9.53	云南
54.13	233.84	15.32	9943	8121	4.27	西藏
509.69	1671.60	315.73	111176	102299	35.89	陕西
134.21	187.42	14.59	19922	14808	7.10	甘肃
41.00	4.50	14.10	1502	1112	0.55	青海
16.83	82.50	129.37	4238	2760	1.04	宁夏
304.41	290.55	76.94	44122	21936	9.97	新疆
138.57	185.35	28.93	24629	22131	4.72	新疆生产建设兵团

5–5 2015年按县分列的县城供水

县名称 Name of Counties	综合生产能力(万立方米/日) Integrated Production Capacity (10,000m³/ day)	地下水 Underground Water	供水管道长度(公里) Length of Water Supply Pipelines (km)	供水总量(万立方米) Total Quantity of Water Supply (10,000m³)	生产运营用水 The Quantity of Water for Production and Operation
全　国	**5769.24**	**2159.50**	**214731.51**	**1069190.93**	**272420.13**
天　津	**9.00**	**9.00**	**687.66**	**997.97**	**46.00**
蓟　县	9.00	9.00	687.66	997.97	46.00
河　北	**350.60**	**298.31**	**13291.96**	**74204.91**	**22804.81**
井陉县	3.20	3.20	57.00	448.00	149.00
正定县	3.76	3.76	80.57	895.00	225.00
行唐县	2.87	2.85	166.00	695.38	187.70
灵寿县	5.40	5.40	76.00	698.00	327.00
高邑县	4.48	4.48	96.50	394.27	50.80
深泽县	2.85	2.85	117.80	949.00	301.60
赞皇县	3.07	1.19	66.50	323.60	91.30
无极县	6.30	6.30	79.00	1712.00	1182.00
平山县	3.75	3.75	134.59	1140.00	68.00
元氏县	3.70	3.70	73.00	1208.00	708.00
赵　县	5.54	5.54	59.00	936.00	421.00
滦　县	6.21	6.21	288.54	1429.00	699.00
滦南县	6.00	6.00	200.69	1185.00	322.00
乐亭县	3.78	2.70	240.19	941.40	246.00
迁西县	4.20	3.50	181.28	577.30	47.80
玉田县	11.76	11.76	136.60	1817.00	742.24
曹妃甸区	5.50	2.00	322.31	1297.52	818.03
青龙满族自治县	1.50	0.36	45.00	398.50	80.00
昌黎县	4.50	4.50	199.60	1045.00	609.50
卢龙县	2.00		75.00	319.56	87.00
临漳县	7.30	4.80	105.30	735.00	97.00
成安县	3.70	3.70	120.00	710.00	168.50
大名县	3.00	3.00	120.90	1058.00	360.01
涉　县	3.60		159.80	972.03	252.86
磁　县	5.02		80.00	1488.00	519.00
肥乡县	3.00	3.00	77.00	1093.00	313.00
永年县	5.00	2.00	381.10	1554.02	134.00
邱　县	3.00	2.95	59.72	1070.24	749.52
鸡泽县	4.70	4.70	178.00	772.00	229.80
广平县	4.53	4.48	114.40	975.40	190.00
馆陶县	2.40	2.40	198.00	869.00	238.00
魏　县	5.50	5.50	308.70	1690.00	410.00
曲周县	2.66	2.66	209.30	932.00	80.80
临城县	2.65	1.15	98.50	419.20	41.50
内丘县	2.14	2.14	106.00	645.20	175.00
柏乡县	1.65	1.65	110.00	352.20	130.50
隆尧县	1.60	1.60	130.30	508.50	146.10
任　县	1.12	1.11	106.50	386.03	39.53
南和县	1.00	1.00	199.00	315.10	
宁晋县	3.95	3.95	275.50	1204.70	418.30
巨鹿县	4.40	2.55	101.60	406.00	115.50
新河县	10.50	10.00	62.00	644.00	189.00

National County Seat Water Supply by County(2015)

公共服务用水 The Quantity of Water for Public Service	居民家庭用水 The Quantity of Water for Household Use	其他用水 The Quantity of Water for Other Purposes	用水户数(户) Number of Households with Access to Water Supply (unit)	家庭用户 Household User	用水人口(万人) Population with Access to Water Supply (10,000 persons)	县名称 Name of Counties
116748.56	**491449.82**	**43913.41**	**38906458**	**34909566**	**14048.25**	**全　国**
87.89	**530.98**		**67046**	**64595**	**15.86**	**天　津**
87.89	530.98		67046	64595	15.86	蓟　县
8350.05	**32946.93**	**3208.05**	**2866089**	**2584434**	**1016.85**	**河　北**
32.20	225.60	5.20	29648	25918	9.93	井陉县
159.00	333.00	55.00	36282	16986	14.61	正定县
138.48	211.60	88.30	19819	19333	7.05	行唐县
11.00	318.00	5.00	11775	11410	6.98	灵寿县
52.49	258.98		13010	12100	5.71	高邑县
274.40	241.00	60.00	12296	11026	8.00	深泽县
72.50	94.00	18.10	10210	8219	4.70	赞皇县
33.00	457.00	2.00	31227	28315	9.05	无极县
90.00	680.00	171.00	14487	14024	12.28	平山县
36.50	395.50	21.00	24074	19685	9.03	元氏县
50.00	416.00	9.00	31273	31158	11.82	赵　县
54.96	578.00	2.54	61033	59756	23.47	滦　县
181.00	599.00		57224	55593	13.65	滦南县
126.00	492.40	18.00	56960	50380	13.98	乐亭县
90.00	367.50	2.00	30857	30124	10.00	迁西县
217.73	760.34	63.69	43428	42842	16.00	玉田县
109.00	240.00	3.00	30606	20681	7.75	曹妃甸区
55.00	170.50	41.00	26384	24048	8.20	青龙满族自治县
50.00	280.50		40699	38078	12.41	昌黎县
65.00	129.00	6.56	14200	13829	6.50	卢龙县
126.00	373.00	24.00	30630	30035	11.83	临漳县
72.50	398.00		39660	32550	9.00	成安县
63.00	501.34	5.50	47592	42175	17.08	大名县
83.31	502.43	36.23	58790	57797	20.52	涉　县
157.00	522.00	146.00	63119	51358	22.30	磁　县
135.00	480.00	10.00	28560	23030	12.30	肥乡县
124.00	1099.10	42.02	47810	45105	20.70	永年县
45.37	167.35		20300	18556	7.60	邱　县
130.00	291.00	32.00	20121	19599	10.06	鸡泽县
123.00	523.00	28.40	27006	22650	8.86	广平县
51.00	468.00	9.00	42822	30030	10.51	馆陶县
154.00	944.00		70738	69767	30.00	魏　县
38.00	712.00	4.00	30512	30133	11.60	曲周县
81.20	179.00	82.50	12329	10940	6.80	临城县
96.20	286.00		4364	304	7.80	内丘县
20.40	173.50	2.90	20715	19852	5.01	柏乡县
63.50	251.30	8.50	24896	20753	9.83	隆尧县
29.72	272.32	14.00	17237	15910	7.66	任　县
	216.00	45.50	20225	19722	7.60	南和县
80.11	571.10	64.50	86327	77393	22.00	宁晋县
109.50	147.00	23.00	27141	24001	12.07	巨鹿县
99.00	311.00		8070	4220	5.60	新河县

5-5 续表 1

县名称 Name of Counties	综合生产能力（万立方米/日） Integrated Production Capacity (10,000m³/ day)	地下水 Underground Water	供水管道长度（公里） Length of Water Supply Pipelines (km)	供水总量（万立方米） Total Quantity of Water Supply (10,000m³)	生产运营用水 The Quantity of Water for Production and Operation
广宗县	1.30	1.30	51.30	461.00	222.60
平乡县	4.38	2.43	62.00	352.80	50.50
威　县	4.00	1.40	281.00	550.95	15.15
清河县	6.90	3.90	163.00	835.00	297.00
临西县	1.93	1.93	121.00	497.00	38.00
涞水县	1.14	1.14	211.63	413.00	36.44
阜平县	3.00	3.00	53.80	515.00	272.00
定兴县	2.70	2.70	62.00	627.00	73.20
唐　县	3.90	2.10	68.10	454.50	4.60
高阳县	2.39	2.39	77.90	486.20	55.00
容城县	3.15	3.15	65.00	520.00	157.00
涞源县	2.40	2.40	104.00	598.00	53.00
望都县	1.10	1.00	16.00	165.77	5.00
安新县	3.50	3.50	25.20	1215.00	382.00
易　县	1.70	1.70	201.00	619.00	62.50
曲阳县	2.16	2.16	34.50	747.70	89.00
蠡　县	2.90	2.90	96.00	868.00	510.00
顺平县	1.82	1.72	14.59	262.90	23.82
博野县	0.79	0.79	15.00	265.00	75.00
雄　县	2.39	2.39	177.00	860.14	535.80
张北县	3.70	3.70	286.21	569.37	137.00
康保县	2.50	2.50	172.00	229.29	47.00
沽源县	1.30	1.30	116.50	393.00	127.00
尚义县	2.25	2.25	88.42	454.80	105.30
蔚　县	1.90	1.90	150.20	387.00	104.40
阳原县	2.30	2.30	128.00	226.00	38.00
怀安县	1.00	1.00	75.70	319.00	30.00
万全县	2.80	2.70	92.19	208.46	55.21
怀来县	2.50	2.50	114.11	645.00	36.87
涿鹿县	2.20	2.20	30.50	289.00	85.00
赤城县	1.60	1.60	36.00	334.41	105.45
崇礼县	2.20	2.20	118.00	347.05	145.32
承德县	3.60	3.60	75.00	850.00	300.00
兴隆县	3.50	1.50	105.00	910.00	494.03
平泉县	4.30	4.30	87.00	921.00	350.00
滦平县	4.20	4.20	80.50	698.00	228.00
隆化县	4.50	4.50	82.55	767.00	88.20
丰宁满族自治县	3.45	3.45	99.27	593.00	132.00
宽城满族自治县	4.70	3.62	103.97	1170.00	523.00
围场满族蒙古族自治县	2.10	2.10	96.25	695.00	212.50
青　县	2.40	2.40	275.60	698.00	130.00
东光县	1.70	0.80	200.00	683.00	220.00
海兴县	3.60		110.00	283.20	68.00
盐山县	2.50		108.04	360.00	16.50
肃宁县	1.41	1.41	112.40	511.50	160.00
南皮县	1.70		86.00	376.00	65.00
吴桥县	1.00	1.00	94.50	272.00	37.00

continued 1

公共服务用水 The Quantity of Water for Public Service	居民家庭用水 The Quantity of Water for Household Use	其他用水 The Quantity of Water for Other Purposes	用水户数(户) Number of Households with Access to Water Supply (unit)	家庭用户 Household User	用水人口(万人) Population with Access to Water Supply (10,000 persons)	县名称 Name of Counties
17.40	155.00	35.00	18757	18625	7.30	广宗县
59.00	162.00	53.40	15475	14700	8.10	平乡县
96.80	385.00	2.00	17000	16830	13.20	威　县
70.00	427.00	34.00	51889	50170	18.44	清河县
22.70	324.80	85.60	21950	12420	8.70	临西县
53.11	241.42	52.80	10900	8751	6.34	涞水县
86.00	112.00		13288	13220	5.77	阜平县
68.20	475.60		23261	21918	9.40	定兴县
31.00	374.00	38.60	17950	14980	7.22	唐　县
69.00	316.90		33675	30030	5.40	高阳县
63.00	237.00	5.00	12212	11970	5.15	容城县
34.00	350.00	101.00	31650	22141	9.10	涞源县
5.00	128.77		15760	15750	6.30	望都县
197.00	300.00	206.00	8403	5430	5.62	安新县
132.00	357.50		18490	18030	8.85	易　县
316.00	340.00	2.70	16900	15860	7.73	曲阳县
40.00	216.00	17.00	12418	10845	6.10	蠡　县
23.18	180.88	0.44	21359	17541	6.69	顺平县
54.00	96.00	40.00	19200	17000	5.82	博野县
53.60	267.00	3.74	14710	12800	6.81	雄　县
160.78	242.72	0.10	46297	43700	16.80	张北县
22.29	140.00		18536	18250	6.32	康保县
125.00	95.00	26.00	16421	16005	6.38	沽源县
122.50	177.00	25.00	17993	15268	6.82	尚义县
22.20	153.00	15.00	29479	21153	8.80	蔚　县
45.00	118.00	9.00	18215	17538	6.25	阳原县
75.00	150.00	32.00	22808	21826	6.10	怀安县
29.02	80.12	5.33	9290	7600	6.25	万全县
180.16	230.29	139.95	38190	36589	10.00	怀来县
40.00	128.00	4.00	28165	26540	9.02	涿鹿县
13.40	123.40	15.16	14770	12005	5.63	赤城县
16.22	146.80	8.71	13172	11282	4.13	崇礼县
100.00	200.00	75.00	28274	26500	7.49	承德县
57.00	213.00	89.47	19018	16000	7.13	兴隆县
172.00	288.00	47.00	56435	55700	15.70	平泉县
105.00	205.00		18000	17800	6.30	滦平县
58.00	278.00	263.00	35198	30072	7.67	隆化县
83.00	236.00	83.00	24234	23605	8.59	丰宁满族自治县
248.00	250.00	77.00	27135	25938	7.23	宽城满族自治县
158.00	149.50	121.00	26823	25900	8.30	围场满族蒙古族自治县
82.00	381.00	4.00	25408	23050	10.50	青　县
75.00	260.00	58.00	43530	39500	8.20	东光县
24.20	165.00		16075	15230	5.20	海兴县
41.00	193.00	7.50	11370	10965	7.10	盐山县
85.30	210.00	5.00	24530	24193	8.60	肃宁县
48.00	236.00		19825	18105	7.00	南皮县
18.00	189.00	4.00	32180	31660	9.70	吴桥县

5–5 续表 2

县名称 Name of Counties	综合生产能力（万立方米/日） Integrated Production Capacity (10,000m³/ day)	地下水 Underground Water	供水管道长度（公里） Length of Water Supply Pipelines (km)	供水总量（万立方米） Total Quantity of Water Supply (10,000m³)	生产运营用水 The Quantity of Water for Production and Operation
献　县	3.41	3.41	105.00	1203.00	354.00
孟村回族自治县	2.00		131.00	209.60	20.70
固安县	3.63	3.63	202.10	651.00	183.00
永清县	1.30	1.30	76.00	442.00	99.00
香河县	6.00	6.00	294.30	739.80	240.60
大城县	2.04	2.04	198.84	743.00	185.00
文安县	1.00	1.00	61.00	284.75	111.69
大厂回族自治县	3.41	3.41	104.91	266.57	127.82
枣强县	3.84	3.84	135.00	1391.00	251.00
武邑县	3.80	3.80	81.00	654.50	127.00
武强县	3.15	3.15	116.10	418.10	150.00
饶阳县	1.40	1.40	155.12	163.00	6.72
安平县	4.90	4.90	112.57	1273.40	540.00
故城县	5.27	5.27	247.80	1243.00	350.00
景　县	4.00	3.54	102.00	1028.00	434.00
阜城县	4.20	4.20	148.50	781.00	265.00
山　西	**153.00**	**135.64**	**8053.04**	**30265.49**	**7583.99**
清徐县	5.34	5.34	174.84	358.42	83.83
阳曲县	0.60	0.60	82.00	170.00	37.00
娄烦县	0.80	0.75	30.38	273.00	32.00
阳高县	1.50	0.92	96.20	422.70	172.60
天镇县	1.00	0.66	58.41	324.64	69.81
广灵县	2.07	1.21	42.30	405.80	71.47
灵丘县	1.50	1.00	180.00	468.00	112.00
浑源县	3.60	3.00	115.00	490.00	139.00
左云县	0.90	0.40	163.37	198.04	33.93
大同县	0.75	0.66	114.40	226.55	44.12
平定县	3.20	2.82	213.00	1023.60	456.00
盂　县	2.06	2.06	159.31	536.00	189.00
长治县	2.30	2.30	112.00	350.00	32.00
襄垣县	2.65	2.65	492.44	355.40	5.70
屯留县	0.90	0.90	41.80	251.00	52.83
平顺县	1.05	1.05	96.26	259.00	40.66
黎城县	4.00	4.00	60.49	328.50	58.50
壶关县	1.46	1.46	86.00	291.00	43.00
长子县	0.95	0.95	113.03	270.00	35.50
武乡县	1.30	1.30	45.20	284.00	71.00
沁　县	1.02	1.02	106.66	189.60	41.10
沁源县	1.22	1.22	110.00	320.00	90.00
沁水县	0.77	0.69	32.70	277.00	137.00
阳城县	2.00	2.00	305.00	392.00	110.20
陵川县	1.50		179.00	145.10	16.00
山阴县	1.50	1.50	255.00	436.00	80.00
应　县	2.00	2.00	93.00	604.00	160.00
右玉县	1.39	1.39	79.07	275.32	50.00
怀仁县	6.00	5.00	477.00	1152.00	378.00
榆社县	2.66	2.25	137.00	254.50	70.08

continued 2

公共服务用水 The Quantity of Water for Public Service	居民家庭用水 The Quantity of Water for Household Use	其他用水 The Quantity of Water for Other Purposes	用水户数(户) Number of Households with Access to Water Supply (unit)	家庭用户 Household User	用水人口(万人) Population with Access to Water Supply (10,000 persons)	县名称 Name of Counties
125.00	369.00		27580	26575	11.19	献　县
21.60	145.00	5.00	11185	9570	3.94	孟村回族自治县
70.00	311.00	21.00	30139	22890	13.73	固安县
67.00	185.75	45.25	15000	14870	4.56	永清县
146.90	266.25		46470	43200	12.75	香河县
72.00	384.00		13610	13100	6.30	大城县
7.86	124.00		20872	10795	5.61	文安县
	111.75		11070	9788	7.22	大厂回族自治县
51.00	920.00	15.00	33305	33216	13.26	枣强县
44.00	353.00	55.00	37896	37586	9.88	武邑县
65.80	153.00	11.50	21115	18730	6.50	武强县
3.36	125.12	3.36	21674	18824	6.40	饶阳县
73.40	520.00	30.00	39870	38400	14.70	安平县
70.00	795.00	10.00	46460	45500	16.30	故城县
26.00	455.00	45.00	30654	25260	10.81	景　县
29.00	408.00	26.00	38115	35760	10.60	阜城县
4104.01	**14362.58**	**923.94**	**1254790**	**1053609**	**609.82**	**山　西**
38.71	201.42	0.46	4241	2899	8.60	清徐县
10.00	88.00	10.00	13580	12130	4.29	阳曲县
32.00	179.00		10110	10060	4.20	娄烦县
33.45	158.13	7.60	19201	18231	8.16	阳高县
66.88	120.85	40.58	14984	14419	7.28	天镇县
88.38	190.32	6.20	20670	20333	8.47	广灵县
134.00	147.00	29.00	28796	19920	9.19	灵丘县
74.00	204.00	28.00	22327	22011	11.94	浑源县
22.91	122.00	2.00	22522	17818	5.68	左云县
21.17	116.00	12.26	16864	12500	5.65	大同县
38.00	475.60	8.00	59544	43460	13.24	平定县
5.00	273.00	1.00	16220	14500	8.02	盂　县
26.00	252.00	15.00	12285	11873	6.83	长治县
84.60	223.50	1.60	21696	21188	8.05	襄垣县
99.35	79.82		7649	7181	5.48	屯留县
126.50	82.00		3673	3317	3.49	平顺县
124.60	129.40	2.00	8645	8384	5.06	黎城县
98.00	112.00	19.00	15343	13442	6.55	壶关县
36.94	169.03	3.53	19062	15495	7.83	长子县
100.00	92.00	2.00	4047	3535	5.08	武乡县
29.70	94.10	2.20	9748	9041	5.30	沁　县
48.00	157.00		11450	10925	4.55	沁源县
1.00	82.00	40.00	8821	8403	4.50	沁水县
20.30	213.50		23060	21442	9.50	阳城县
30.00	85.00		10523	10325	5.01	陵川县
25.00	235.00	13.00	38261	18000	7.66	山阴县
62.00	296.00	16.00	23203	22842	10.93	应　县
21.82	142.50	8.00	9269	8915	5.39	右玉县
48.00	608.00	10.00	50969	44782	17.59	怀仁县
52.51	73.19	20.72	15956	15584	4.37	榆社县

5-5 续表 3

县名称 Name of Counties	综合生产能力(万立方米/日) Integrated Production Capacity (10,000m³/ day)	地下水 Underground Water	供水管道长度(公里) Length of Water Supply Pipelines (km)	供水总量(万立方米) Total Quantity of Water Supply (10,000m³)	生产运营用水 The Quantity of Water for Production and Operation
左权县	1.40	0.20	69.00	328.20	55.00
和顺县	1.55	0.53	83.96	269.40	12.20
昔阳县	2.00	0.80	145.80	353.70	89.75
寿阳县	1.20	1.20	44.84	395.00	180.00
太谷县	1.91	0.47	83.20	462.20	68.00
祁　县	1.37	0.89	138.21	378.48	103.43
平遥县	1.40	1.40	94.00	503.53	70.00
灵石县	0.90	0.75	123.40	320.00	
临猗县	14.32	14.32	73.90	1178.00	556.00
万荣县	3.70	3.70	105.60	491.70	131.70
闻喜县	2.85	2.55	81.15	758.75	480.00
稷山县	2.22	2.12	56.30	657.30	381.50
新绛县	1.76	1.76	185.00	331.00	10.00
绛　县	2.10	2.10	48.48	594.28	54.00
垣曲县	4.00	4.00	42.00	513.00	279.90
夏　县	4.13	3.76	56.31	364.00	172.00
平陆县	1.26	0.71	60.80	261.50	29.00
芮城县	2.60	2.60	57.61	685.61	450.00
定襄县	1.65	1.65	75.40	506.20	246.50
五台县	1.01	0.56	47.47	344.78	124.40
代　县	1.45	1.45	61.81	216.00	40.50
繁峙县	3.48	3.48	82.35	343.00	51.14
宁武县	2.60	2.60	156.50	284.60	79.64
静乐县	1.20	1.20	45.00	283.28	
神池县	1.00	1.00	89.13	247.00	109.00
五寨县	1.01	1.01	36.80	272.00	88.00
岢岚县	0.50		45.00	182.00	35.59
河曲县	1.30	1.30	66.40	254.50	63.17
保德县	0.90	0.90	57.90	273.46	26.36
偏关县	1.00	1.00	41.10	145.10	
曲沃县	1.43	1.33	133.40	319.77	69.10
翼城县	1.60	1.60	65.00	582.61	35.00
襄汾县	0.85	0.85	42.00	274.00	
洪洞县	2.31	2.31	134.11	841.39	122.75
古　县	0.69	0.69	3.00	215.45	
安泽县	0.50	0.50	35.00	168.44	18.00
浮山县	0.66	0.66	35.20	234.01	
吉　县	1.50	1.50	78.00	170.60	21.40
乡宁县	0.80	0.80	70.00	287.20	10.00
大宁县	0.75	0.75	10.60	128.61	33.03
隰　县	0.50	0.50	50.30	135.23	12.10
永和县	0.50	0.50	43.30	42.70	
蒲　县	0.55	0.55	43.75	74.95	
汾西县	0.72	0.72	41.90	99.20	3.15
文水县	1.50	1.50	151.21	377.67	2.02
交城县	1.62	1.62	113.24	460.00	75.58
兴　县	1.20	1.20	31.21	319.00	29.40

continued 3

公共服务用水 The Quantity of Water for Public Service	居民家庭用水 The Quantity of Water for Household Use	其他用水 The Quantity of Water for Other Purposes	用水户数(户) Number of Households with Access to Water Supply (unit)	家庭用户 Household User	用水人口(万人) Population with Access to Water Supply (10,000 persons)	县名称 Name of Counties
83.00	145.00	0.20	16698	16191	6.55	左权县
62.00	118.20	2.00	28454	22648	5.57	和顺县
3.60	220.95	3.20	13527	12448	6.20	昔阳县
19.00	146.00		1792	1578	7.60	寿阳县
40.80	301.40	10.00	29264	26269	15.90	太谷县
76.23	141.82		10350	8041	8.60	祁　县
25.73	310.00	27.80	36733	16089	13.25	平遥县
108.00	174.00	6.00	19333	18480	7.20	灵石县
231.00	338.00	5.00	6030	5585	14.85	临猗县
22.00	217.00	31.00	48794	40666	11.27	万荣县
57.70	178.35	23.20	8367	7740	8.46	闻喜县
73.00	130.40	48.20	14164	11430	8.99	稷山县
5.00	266.00	7.00	12640	11850	12.53	新绛县
9.20	498.68	5.70	10563	7634	6.18	绛　县
29.00	169.60	6.50	9325	7896	9.00	垣曲县
10.00	132.00	7.00	10023	8968	4.20	夏　县
15.30	168.20	18.00	4063	3405	6.46	平陆县
30.40	115.30	7.37	3710	3330	8.80	芮城县
130.20	80.80	16.90	11560	10910	6.93	定襄县
76.76	40.47	31.67	8672	7352	4.11	五台县
48.00	86.50		9590	9157	5.84	代　县
66.30	193.87	1.69	22472	13224	8.58	繁峙县
66.84	119.40	0.72	26070	25852	4.60	宁武县
53.75	118.63	16.40	7230	6686	4.79	静乐县
58.00	62.00	1.00	11851	11465	4.62	神池县
52.00	67.00	20.00	12066	11280	4.39	五寨县
38.94	75.12	10.24	8280	7957	4.11	岢岚县
105.00	55.00	1.33	12962	12513	6.83	河曲县
24.00	166.30	1.30	21499	21023	8.44	保德县
6.99	117.60	4.43	5347	5018	4.67	偏关县
60.00	103.50	30.63	21812	30	8.40	曲沃县
80.00	350.00	50.00	24000	21900	8.41	翼城县
69.80	141.70	6.50	15900	14988	6.90	襄汾县
112.86	423.78	37.34	31012	27825	13.30	洪洞县
34.45	143.00	16.00	4785	3850	2.57	古　县
30.00	90.44		5529	5320	2.98	安泽县
15.00	158.01	36.00	8563	6910	3.73	浮山县
60.20	66.50	2.20	6008	5846	4.60	吉　县
58.00	149.00	40.20	6691	6300	5.72	乡宁县
42.92	36.76	12.48	6691	6259	2.55	大宁县
7.93	80.20	20.00	10900	10590	4.98	隰　县
7.20	25.10	5.00	4357	4256	2.08	永和县
11.00	44.95	9.00	7657	6857	2.98	蒲　县
3.40	81.85	1.10	7452	7271	5.00	汾西县
92.10	243.55	2.00	8183	5931	13.01	文水县
8.65	288.89	8.20	8297	7656	10.80	交城县
45.20	207.48	6.40	15352	14823	10.09	兴　县

5-5 续表 4

县名称 Name of Counties	综合生产能力(万立方米/日) Integrated Production Capacity (10,000m³/ day)	地下水 Underground Water	供水管道长度(公里) Length of Water Supply Pipelines (km)	供水总量(万立方米) Total Quantity of Water Supply (10,000m³)	生产运营用水 The Quantity of Water for Production and Operation
临　县	1.70	0.20	45.01	466.31	20.71
柳林县	2.00	2.00	67.85	420.00	35.00
石楼县	1.10	1.10	39.00	141.00	5.80
岚　县	1.00	1.00	43.00	194.00	4.60
方山县	1.00	1.00	39.10	219.61	2.24
中阳县	1.71	0.60	54.18	380.00	103.40
交口县	1.05	1.05	78.40	185.00	81.60
内蒙古	**151.71**	**143.13**	**9733.34**	**23091.68**	**5496.16**
土默特左旗	1.00	1.00	156.00	183.50	13.10
托克托县	1.00	1.00	245.00	180.00	22.00
和林格尔县	2.80	2.80	274.60	168.00	20.00
清水河县	1.03	1.03	91.50	123.00	
武川县	0.50	0.50	93.00	104.00	3.90
土默特右旗	1.10	1.10	100.00	361.63	17.00
固阳县	0.50	0.40	48.00	150.00	30.00
达尔罕茂明安联合旗	0.73	0.73	61.80	214.72	21.20
阿鲁科尔沁旗	2.67	2.66	257.00	651.10	271.10
巴林左旗	4.16	4.15	395.13	801.50	330.70
巴林右旗	6.50	6.50	85.49	373.67	31.87
林西县	6.30	6.30	225.84	476.60	78.65
克什克腾旗	5.20	5.10	198.60	399.46	55.80
翁牛特旗	5.70	5.60	144.21	1039.13	452.00
喀喇沁旗	5.70	5.60	145.90	490.04	44.08
宁城县	2.00	2.00	78.20	628.00	50.00
敖汉旗	5.00	4.70	122.64	608.00	5.00
科尔沁左翼中旗	1.50	1.50	58.02	162.00	
科尔沁左翼后旗	0.79	0.78	62.00	270.10	80.00
开鲁县	4.49	4.49	274.70	597.50	245.50
库伦旗	0.68	0.68	54.00	180.00	15.00
奈曼旗	2.40	2.40	70.00	261.00	25.00
扎鲁特旗	2.00	2.00	480.50	485.00	90.00
达拉特旗	4.98	4.98	198.21	979.87	162.62
准格尔旗	10.90	5.57	198.38	1442.04	754.00
鄂托克前旗	0.65	0.65	150.00	93.00	4.00
鄂托克旗	2.70	2.70	119.20	120.48	0.50
杭锦旗	1.02	1.02	288.00	137.35	13.80
乌审旗	2.10	2.10	216.10	196.40	29.30
伊金霍洛旗	2.00	2.00	436.00	450.00	85.00
阿荣旗	1.28	1.28	110.11	223.20	22.02
莫力达瓦达斡尔族自治旗	4.10	4.10	56.55	638.50	331.00
鄂伦春自治旗	1.00	1.00	27.00	204.00	15.00
鄂温克族自治旗	1.00	1.00	42.75	138.00	33.84
陈巴尔虎旗	1.00	1.00	57.93	106.08	7.00
新巴尔虎左旗	0.12	0.12	7.38	37.94	1.10
新巴尔虎右旗	0.60	0.38	106.80	85.75	26.00

continued 4

公共服务用水 The Quantity of Water for Public Service	居民家庭用水 The Quantity of Water for Household Use	其他用水 The Quantity of Water for Other Purposes	用水户数(户) Number of Households with Access to Water Supply (unit)	家庭用户 Household User	用水人口(万人) Population with Access to Water Supply (10,000 persons)	县名称 Name of Counties
2.28	397.26	1.06	26224	25235	15.36	临　县
23.00	309.11	4.00	1544	1214	12.11	柳林县
8.49	105.46	4.51	4999	3899	4.57	石楼县
23.14	138.66	8.20	17408	16731	5.32	岚　县
1.58	191.00	0.80	6071	5782	4.61	方山县
74.00	153.40	4.20	15932	4026	8.04	中阳县
6.25	78.03	6.12	5275	4470	4.30	交口县
3452.47	**10390.44**	**851.69**	**1628407**	**1436593**	**499.56**	**内蒙古**
15.10	130.00	4.20	16524	13750	8.10	土默特左旗
23.00	101.00	8.00	25795	25679	6.00	托克托县
10.00	120.00		12921	12405	4.50	和林格尔县
44.00	61.00	10.00	12208	12016	4.27	清水河县
30.00	45.10	5.00	15215	10700	4.35	武川县
30.50	251.87	25.00	75755	52468	12.05	土默特右旗
30.00	70.00		17998	17900	5.32	固阳县
22.60	111.05	31.00	11827	10300	4.20	达尔罕茂明安联合旗
41.00	266.00	37.00	35864	31740	10.29	阿鲁科尔沁旗
10.00	402.00	4.50	37485	36789	14.12	巴林左旗
54.60	142.04	20.00	26832	22801	8.53	巴林右旗
120.35	175.00	42.00	33967	30237	8.32	林西县
30.66	260.00		26282	21788	11.13	克什克腾旗
48.75	444.38	8.00	52422	51150	16.26	翁牛特旗
97.00	250.00	23.04	27420	25010	13.35	喀喇沁旗
165.00	248.00	74.00	66965	63246	25.23	宁城县
214.00	319.00	3.00	43741	38914	21.29	敖汉旗
24.00	79.30	36.00	18800	16300	5.65	科尔沁左翼中旗
74.60	85.00		22712	20930	8.16	科尔沁左翼后旗
172.00	151.00	2.00	32030	26000	8.08	开鲁县
42.00	105.00		16520	14500	8.23	库伦旗
48.00	160.00	10.00	34041	29446	9.98	奈曼旗
100.00	245.00		24494	20500	10.32	扎鲁特旗
151.85	485.50	33.85	49347	48712	17.46	达拉特旗
174.35	260.90	102.29	53697	46000	19.65	准格尔旗
13.00	66.00		15430	14765	3.90	鄂托克前旗
12.80	91.38	3.00	11500	9997	3.79	鄂托克旗
13.50	81.55	6.50	25317	22840	5.03	杭锦旗
21.00	109.10	18.00	15812	14500	6.32	乌审旗
92.00	200.00	20.00	46969	41850	6.72	伊金霍洛旗
21.20	152.21	1.72	30200	24425	6.34	阿荣旗
69.30	198.50	10.20	22871	21956	8.03	莫力达瓦达斡尔族自治旗
15.00	151.00		8666	8034	4.40	鄂伦春自治旗
16.63	38.24	28.59	11170	5143	2.49	鄂温克族自治旗
19.00	69.08		6134	5588	1.87	陈巴尔虎旗
12.00	20.84		3955	3320	1.72	新巴尔虎左旗
10.00	31.75		10456	8756	2.23	新巴尔虎右旗

5-5 续表 5

县名称 Name of Counties	综合生产能力 (万立方米/日) Integrated Production Capacity (10,000m³/ day)	地下水 Underground Water	供水管道长度 (公里) Length of Water Supply Pipelines (km)	供水总量 (万立方米) Total Quantity of Water Supply (10,000m³)	生产运营用水 The Quantity of Water for Production and Operation
五原县	2.35	2.35	198.10	565.06	192.10
磴口县	1.50	1.50	151.30	245.00	28.50
乌拉特前旗	2.00	1.70	226.28	418.21	14.69
乌拉特中旗	0.90	0.90	70.00	239.00	13.00
乌拉特后旗	1.00	1.00	255.00	124.00	
杭锦后旗	5.61	5.61	227.10	900.00	476.00
卓资县	1.05	1.05	69.63	359.25	161.06
化德县	0.75	0.75	22.50	273.00	17.90
商都县	10.74	10.74	119.60	350.87	50.51
兴和县	1.20	0.82	79.50	434.64	2.12
凉城县	1.06	1.06	49.98	259.55	
察哈尔右翼前旗	1.53	1.51	182.00	350.84	97.84
察哈尔右翼中旗	0.40	0.40	51.10	140.00	6.20
察哈尔右翼后旗	1.30	1.30	60.50	253.20	3.20
四子王旗	1.77	1.77	133.86	399.10	39.52
科尔沁右翼前旗	2.40	2.40	84.70	220.00	
科尔沁右翼中旗	1.25	0.85	44.44	324.00	169.00
扎赉特旗	1.20	1.20	97.45	304.00	36.60
突泉县	1.64	1.64	112.92	182.42	2.74
阿巴嘎旗	0.40	0.40	123.60	107.00	22.00
苏尼特左旗	0.50	0.50	30.08	98.70	19.10
苏尼特右旗	2.00	2.00	103.10	220.00	19.00
东乌珠穆沁旗	1.00	1.00	158.43	164.00	
西乌珠穆沁旗	1.20	1.20	126.80	221.00	26.00
太仆寺旗	0.57	0.57	65.59	171.50	15.00
镶黄旗	0.40	0.40	98.89	92.00	15.00
正镶白旗	0.44	0.44	99.60	75.90	1.70
正蓝旗	1.60	1.60	106.14	120.88	5.00
多伦县	0.80	0.80	104.00	219.00	17.30
阿拉善左旗	4.50	3.30	608.30	1138.00	575.00
阿拉善右旗	0.70	0.70	46.97	174.00	60.00
额济纳旗	0.75	0.75	89.34	187.00	23.00
辽 宁	**73.72**	**29.72**	**4537.76**	**13589.86**	**2345.62**
辽中县	4.05	4.05	257.37	702.04	12.10
康平县	2.40	2.40	325.08	372.90	18.92
法库县	3.94	0.94	114.10	926.00	137.00
长海县	3.50	3.50	379.00	80.80	
台安县	2.00	2.00	218.40	548.00	44.00
岫岩满族自治县	1.60	1.60	155.20	358.92	44.00
新宾满族自治县	1.50		93.06	374.50	36.30
清原满族自治县	5.00		162.20	756.20	94.00
本溪满族自治县	7.17	0.45	138.20	942.00	282.00
桓仁满族自治县	3.00		105.50	862.00	240.00
宽甸满族自治县	1.60		234.44	494.80	8.40
黑山县	3.00	3.00	364.00	369.60	28.00
义 县	2.50	2.50	170.20	593.00	82.00

continued 5

公共服务用水 The Quantity of Water for Public Service	居民家庭用水 The Quantity of Water for Household Use	其他用水 The Quantity of Water for Other Purposes	用水户数(户) Number of Households with Access to Water Supply (unit)	家庭用户 Household User	用水人口(万人) Population with Access to Water Supply (10,000 persons)	县名称 Name of Counties
91.06	185.20	23.30	35775	33860	10.65	五原县
	150.50	18.00	27850	21849	5.98	磴口县
32.20	310.00	19.32	31488	31420	10.60	乌拉特前旗
33.00	163.00	6.00	15030	14341	4.49	乌拉特中旗
22.00	89.00		12020	11700	2.90	乌拉特后旗
45.00	177.00		44426	43085	11.27	杭锦后旗
26.55	131.33	3.33	16613	16433	5.28	卓资县
50.50	156.00	20.10	18547	17700	6.40	化德县
90.80	163.18	7.31	29876	27929	8.27	商都县
80.50	306.32	2.20	37745	37025	9.53	兴和县
17.40	216.13		19989	19841	6.95	凉城县
38.97	159.05	18.76	26506	13135	4.85	察哈尔右翼前旗
52.70	54.85	12.25	11835	9950	5.34	察哈尔右翼中旗
36.00	161.00	11.00	15850	12710	6.30	察哈尔右翼后旗
124.67	134.83	14.08	28333	28180	8.70	四子王旗
50.00	120.00	10.00	8200	8139	3.60	科尔沁右翼前旗
18.50	104.00	4.50	18668	13352	7.52	科尔沁右翼中旗
13.40	224.00	1.00	18972	15736	5.70	扎赉特旗
53.40	103.38		17413	16416	6.50	突泉县
15.00	38.00	11.00	10295	8964	2.25	阿巴嘎旗
30.30	24.00	7.40	7774	6556	1.60	苏尼特左旗
32.50	138.00	6.00	13290	12600	3.97	苏尼特右旗
46.98	95.70		14941	14200	3.47	东乌珠穆沁旗
9.00	78.30	40.00	17178	13899	3.84	西乌珠穆沁旗
37.00	98.00	1.50	25482	23395	6.20	太仆寺旗
25.00	37.00		7780	7360	3.10	镶黄旗
8.60	56.00	2.00	7300	6470	2.80	正镶白旗
38.95	50.88	6.75	21822	18979	3.86	正蓝旗
12.70	167.00		17000	15600	5.56	多伦县
189.00	184.00		33668	21115	10.40	阿拉善左旗
19.00	60.00	10.00	10266	9112	1.80	阿拉善右旗
23.00	77.00	29.00	7133	5087	2.20	额济纳旗
2424.64	**5819.41**	**767.80**	**808488**	**709088**	**237.33**	**辽 宁**
118.91	439.32		48740	47612	12.16	辽中县
56.43	182.09	50.00	33987	31126	12.30	康平县
126.00	575.00		40785	36980	18.50	法库县
20.00	44.00		11450	6550	3.38	长海县
136.00	232.00	81.00	45530	40632	11.00	台安县
48.10	170.00	22.00	37815	36080	11.26	岫岩满族自治县
53.70	189.00		20848	18562	6.55	新宾满族自治县
106.00	265.00	66.00	33886	30800	8.20	清原满族自治县
134.00	369.00	65.00	43648	39559	11.91	本溪满族自治县
192.00	275.00	47.00	20642	20012	11.74	桓仁满族自治县
87.00	263.00	28.40	38104	35308	9.17	宽甸满族自治县
93.00	152.00	15.00	35324	30359	9.00	黑山县
72.00	275.00	21.00	36867	36699	11.30	义 县

5–5 续表 6

县名称 Name of Counties	综合生产能力（万立方米/日）Integrated Production Capacity (10,000m³/ day)	地下水 Underground Water	供水管道长度（公里）Length of Water Supply Pipelines (km)	供水总量（万立方米）Total Quantity of Water Supply (10,000m³)	生产运营用水 The Quantity of Water for Production and Operation
阜新蒙古族自治县	1.00	0.50	178.00	285.80	
彰武县	1.00	1.00	198.00	322.00	21.00
辽阳县	5.00		105.50	611.00	23.00
大洼县	4.00	1.00	82.90	550.00	45.00
西丰县	5.00		240.00	556.00	81.00
昌图县	5.00		212.00	962.00	165.00
建平县	3.70	3.70	240.00	990.00	241.00
喀喇沁左翼蒙古族自治县	1.40	0.20	169.02	225.90	19.00
绥中县	4.60	2.88	158.89	1203.40	703.40
建昌县	1.76		236.70	503.00	20.50
吉　林	**50.23**	**16.41**	**2565.22**	**10709.67**	**2270.18**
农安县	4.55	0.10	491.07	504.26	62.18
永吉县	3.30	0.30	120.14	739.00	115.00
梨树县	2.62	2.56	50.50	947.77	429.00
伊通满族自治县	1.35	1.35	83.35	468.00	22.78
东丰县	3.45	0.25	118.14	512.00	28.23
东辽县	2.00		26.10	359.00	21.00
通化县	3.40	0.02	111.84	576.00	48.00
辉南县	2.50		129.88	705.64	99.24
柳河县	2.60		213.00	778.60	31.70
抚松县	1.70		45.84	445.00	51.00
靖宇县	1.53		247.00	558.40	80.00
长白朝鲜族自治县	3.00	0.90	46.74	488.50	66.00
长岭县	3.85	3.85	238.30	482.00	202.00
乾安县	3.00	3.00	154.10	654.00	315.80
镇赉县	2.00	2.00	149.38	362.00	49.00
通榆县	1.70	1.70	127.54	534.50	42.25
汪清县	5.38	0.38	143.30	951.00	420.00
安图县	2.30		69.00	644.00	187.00
黑龙江	**108.09**	**87.19**	**5689.22**	**16013.88**	**3573.90**
依兰县	2.20	1.30	140.00	301.00	46.00
方正县	2.00	2.00	50.00	202.00	6.00
宾　县	4.60	3.00	132.50	362.00	95.00
巴彦县	1.10	1.10	137.54	298.00	74.00
木兰县	1.25	1.25	65.30	245.00	66.00
通河县	1.00	1.00	105.00	176.00	21.00
延寿县	1.10	0.10	107.00	330.00	45.00
龙江县	4.40	4.40	158.70	413.80	97.30
依安县	5.31	5.31	91.64	552.60	194.00
泰来县	2.59	2.59	81.67	462.28	144.75
甘南县	1.62	1.62	152.00	218.82	38.00
富裕县	1.35	1.35	179.24	434.00	125.00
克山县	5.30	5.30	248.00	572.00	224.00
克东县	1.51	1.51	230.00	384.00	277.00
拜泉县	1.70	1.70	193.40	336.60	108.00

continued 6

公共服务用水 The Quantity of Water for Public Service	居民家庭用水 The Quantity of Water for Household Use	其他用水 The Quantity of Water for Other Purposes	用水户数(户) Number of Households with Access to Water Supply (unit)	家庭用户 Household User	用水人口(万人) Population with Access to Water Supply (10,000 persons)	县名称 Name of Counties
73.00	124.00	24.00	25894	22483	6.80	阜新蒙古族自治县
40.00	205.00	6.00	18693	17823	4.80	彰武县
33.00	276.00	108.00	38683	37100	10.60	辽阳县
48.00	316.00	45.00	38017	31676	9.18	大洼县
99.00	252.00	60.00	37426	20300	8.70	西丰县
212.00	400.00	58.00	60100	37616	18.55	昌图县
312.00	292.00		45840	42000	13.20	建平县
60.50	92.00	15.40	19968	19342	6.13	喀喇沁左翼蒙古族自治县
113.00	310.00		52830	47719	13.00	绥中县
191.00	122.00	56.00	23411	22750	9.90	建昌县
1144.36	**4577.86**	**449.95**	**577565**	**523709**	**146.80**	**吉　林**
47.00	355.07	10.01	55236	54378	16.49	农安县
135.50	278.50	4.00	41649	41208	11.00	永吉县
91.34	261.49	47.94	42291	37894	9.60	梨树县
43.21	186.29		46258	41971	7.90	伊通满族自治县
18.51	390.46		34475	29075	10.20	东丰县
21.00	190.00	41.00	8550	6647	3.07	东辽县
135.00	170.00	76.00	21234	19076	6.42	通化县
89.30	146.10	71.20	31786	28275	6.70	辉南县
36.80	621.00	12.10	52700	50598	12.80	柳河县
22.00	95.00	77.00	12657	6010	4.60	抚松县
105.00	190.00	18.00	34082	32609	6.33	靖宇县
104.50	154.10	16.90	11447	9068	3.80	长白朝鲜族自治县
38.00	200.00	12.00	42376	42286	8.18	长岭县
37.20	255.00	4.00	28347	26237	9.81	乾安县
60.00	141.00		40981	36301	6.30	镇赉县
68.00	283.85	11.80	34450	28546	9.00	通榆县
80.00	310.00	30.00	26192	22530	9.00	汪清县
12.00	350.00	18.00	12854	11000	5.60	安图县
2427.17	**7036.20**	**547.56**	**1052222**	**958090**	**310.65**	**黑龙江**
22.00	180.00	15.00	23500	22500	7.80	依兰县
4.00	133.00	2.00	12950	12630	4.50	方正县
30.00	170.00	5.00	33410	33105	10.58	宾　县
31.00	162.98		25434	24961	8.56	巴彦县
24.00	121.00	5.00	20565	16940	5.40	木兰县
31.00	96.00	8.00	13254	12400	5.60	通河县
70.00	170.00	7.00	23762	20312	6.50	延寿县
90.50	187.00	6.00	37920	36648	10.44	龙江县
24.75	235.00	8.85	20051	19641	6.31	依安县
65.20	204.23	14.10	23376	16976	6.13	泰来县
39.20	75.80		21617	19445	5.82	甘南县
85.00	126.00	9.00	33349	28468	7.10	富裕县
69.00	99.00	40.00	33805	31136	8.12	克山县
15.00	70.00	2.00	19032	17000	4.50	克东县
21.30	105.13	21.00	25276	21917	5.67	拜泉县

5-5 续表 7

县名称 Name of Counties	综合生产能力(万立方米/日) Integrated Production Capacity (10,000m³/ day)	地下水 Underground Water	供水管道长度(公里) Length of Water Supply Pipelines (km)	供水总量(万立方米) Total Quantity of Water Supply (10,000m³)	生产运营用水 The Quantity of Water for Production and Operation
鸡东县	2.10	2.10	72.81	500.00	33.00
萝北县	0.95	0.95	143.85	143.32	11.20
绥滨县	2.00	2.00	75.13	161.00	36.00
集贤县	1.60	1.60	129.58	545.40	107.00
友谊县	1.50	1.50	186.00	238.00	6.00
宝清县	4.00	4.00	279.39	668.50	40.00
饶河县	1.00	1.00	173.35	102.51	9.88
肇州县	1.12	1.12	82.65	220.00	7.00
肇源县	3.50	0.90	74.90	426.90	45.90
林甸县	1.76	1.76	64.30	201.63	4.65
杜尔伯特蒙古自治县	2.78	2.78	165.00	345.40	155.10
嘉荫县	1.00	1.00	85.08	182.50	11.00
桦南县	4.60	4.60	113.05	905.00	330.00
桦川县	2.10	2.10	122.30	440.00	80.00
汤原县	1.30	1.30	144.91	346.00	70.00
抚远县	1.00	1.00	60.00	340.00	83.00
勃利县	1.50	1.50	143.32	330.00	32.00
东宁县	6.00		94.80	351.30	15.72
林口县	3.00		147.70	385.00	70.00
嫩江县	2.00	2.00	258.83	540.00	131.00
逊克县	0.30	0.30	96.60	108.80	18.00
孙吴县	2.08	0.08	93.35	193.70	37.40
望奎县	0.87	0.87	77.00	185.50	13.00
兰西县	4.13	4.13	91.00	438.00	72.00
青冈县	2.62	2.62	91.50	162.82	11.00
庆安县	4.90	4.90	79.70	807.00	292.00
明水县	2.60	2.60	52.70	227.20	15.00
绥棱县	2.00		85.00	389.00	46.00
呼玛县	1.35	1.35	54.00	93.50	9.00
塔河县	1.80		90.53	206.50	50.00
漠河县	1.60	1.60	125.90	247.00	86.00
加格达奇区	2.00	2.00	63.00	294.30	85.00
江　苏	**231.82**	**38.19**	**10702.41**	**49017.61**	**14219.81**
丰　县	8.00	7.50	302.70	2245.12	806.00
沛　县	8.50	8.50	846.10	2833.20	673.00
睢宁县	9.00	3.00	543.00	2470.00	920.00
海安县	18.00		1613.41	2912.00	1167.00
如东县	10.00	1.00	1274.80	2558.13	1150.86
东海县	5.00		566.00	1190.00	274.00
灌云县	13.00		554.30	1400.00	198.00
灌南县	5.20	1.05	307.00	1285.00	218.00
涟水县	16.40	1.50	732.72	2362.26	535.48
洪泽县	7.12	1.55	123.91	1975.00	840.00
盱眙县	8.50	1.43	359.67	2627.51	589.09
金湖县	7.05	2.00	218.30	2424.60	1015.60
响水县	5.00		261.45	1637.40	512.58

continued 7

公共服务用水 The Quantity of Water for Public Service	居民家庭用水 The Quantity of Water for Household Use	其他用水 The Quantity of Water for Other Purposes	用水户数(户) Number of Households with Access to Water Supply (unit)	家庭用户 Household User	用水人口(万人) Population with Access to Water Supply (10,000 persons)	县名称 Name of Counties
30.00	367.00	20.00	31074	29391	7.03	鸡东县
15.12	93.00		15922	13540	3.54	萝北县
26.00	55.00	1.00	14045	13667	4.21	绥滨县
100.00	256.00	30.00	22737	17980	7.20	集贤县
20.00	163.00	21.00	9570	7950	3.30	友谊县
85.08	469.81	6.16	53860	45889	12.39	宝清县
23.24	56.10	1.80	14931	12852	3.65	饶河县
28.00	143.00	12.00	19500	18492	7.15	肇州县
175.00	120.00	53.00	24550	22150	6.95	肇源县
49.50	98.35	8.60	21283	19785	6.90	林甸县
12.50	129.40		24942	22036	6.60	杜尔伯特蒙古自治县
58.00	89.38	15.00	7409	6469	1.99	嘉荫县
199.00	116.00	10.00	43527	36975	9.20	桦南县
60.00	250.00	9.00	21038	19360	5.80	桦川县
33.00	190.00	10.00	16930	15800	5.20	汤原县
70.00	150.00	2.00	6455	5700	4.20	抚远县
26.00	143.00	43.00	30500	29640	9.10	勃利县
16.97	203.22	20.00	31805	30241	7.95	东宁县
105.00	95.00	60.00	21151	20900	8.16	林口县
55.00	221.00	20.00	35021	29740	13.00	嫩江县
5.00	65.00	3.10	9243	8970	2.64	逊克县
11.10	99.50	3.95	10770	9988	3.79	孙吴县
17.50	136.00		26587	26317	8.40	望奎县
130.00	171.00		16996	14925	6.54	兰西县
26.31	109.20		21160	20755	7.07	青冈县
160.00	281.00	2.00	34451	32242	9.50	庆安县
60.00	112.20		17850	15900	7.64	明水县
92.00	165.00	26.00	23315	21350	9.55	绥棱县
9.00	63.00	1.00	7365	7150	2.12	呼玛县
44.00	74.50		13667	13000	4.80	塔河县
36.00	64.00	26.00	12269	12011	3.67	漠河县
26.90	152.40		24998	22846	8.38	加格达奇区
5281.25	**20991.58**	**1692.25**	**1696113**	**1607424**	**537.34**	**江　苏**
350.00	879.80	34.82	73415	69103	26.26	丰　县
469.00	1420.20	63.00	96578	78499	33.30	沛　县
185.00	1063.00	87.00	67295	63820	25.30	睢宁县
213.00	1314.50		129003	117904	24.97	海安县
172.18	994.01		98308	95985	24.64	如东县
295.00	437.00	63.00	65354	63506	27.50	东海县
410.00	510.00	93.00	43603	40763	24.80	灌云县
150.00	798.00		61770	60926	23.10	灌南县
163.60	1414.85	24.45	85310	80807	28.52	涟水县
94.00	493.00	18.00	34346	33866	12.33	洪泽县
382.42	690.32	9.32	64757	62804	22.60	盱眙县
175.00	657.70	331.30	65776	63972	12.98	金湖县
228.05	491.35	20.15	47085	45372	13.14	响水县

5-5 续表 8

县名称 Name of Counties	综合生产能力（万立方米/日）Integrated Production Capacity (10,000m³/ day)	地下水 Underground Water	供水管道长度（公里）Length of Water Supply Pipelines (km)	供水总量（万立方米）Total Quantity of Water Supply (10,000m³)	生产运营用水 The Quantity of Water for Production and Operation
滨海县	14.00		296.79	1542.00	108.00
阜宁县	10.00		285.35	2405.00	275.00
射阳县	9.50	1.98	222.80	2607.95	600.00
建湖县	14.72		621.73	2459.50	920.00
宝应县	13.85	0.42	593.78	2536.40	699.40
沭阳县	23.00	3.00	436.80	3789.74	1383.00
泗阳县	16.26	1.26	220.91	3564.80	885.80
泗洪县	9.72	4.00	320.89	2192.00	449.00
浙　江	**297.03**	**9.18**	**13528.82**	**55948.37**	**18836.23**
桐庐县	10.00		502.64	2374.00	974.00
淳安县	8.00		299.88	1301.00	502.00
象山县	23.00		1034.84	4238.00	1282.00
宁海县	23.00		742.53	3400.00	925.95
永嘉县	4.27		322.61	657.48	39.18
平阳县	5.00		257.81	1422.94	358.61
苍南县	7.00		429.07	1814.00	458.00
文成县	3.00		73.00	448.32	25.80
泰顺县	3.00		84.00	568.80	71.00
嘉善县	21.00		278.65	2541.00	1142.00
海盐县	21.00		307.80	4063.10	2738.25
德清县	8.50		823.70	2288.86	579.50
长兴县	15.00		1173.89	3161.15	708.25
安吉县	10.00		210.00	2099.96	688.42
新昌县	12.00		1587.66	3303.00	1451.00
武义县	14.67	0.05	506.24	1874.60	658.17
浦江县	12.00		918.00	3676.00	1631.00
磐安县	3.00		131.83	493.19	174.02
常山县	7.00	7.00	356.00	1212.00	412.00
开化县	5.58		148.17	909.00	376.00
龙游县	11.00	2.00	562.02	1294.00	495.00
岱山县	4.00		116.00	483.60	130.00
嵊泗县	2.66	0.13	68.56	269.00	13.00
玉环县	4.35		408.75	2257.00	412.00
三门县	5.00		342.40	1268.20	437.20
天台县	10.00		257.70	2097.96	587.10
仙居县	5.00		312.55	1814.88	430.96
青田县	6.00		93.12	1015.00	240.00
缙云县	5.00		167.14	993.02	291.58
遂昌县	8.00		251.18	574.10	152.60
松阳县	10.00		383.18	923.26	341.64
云和县	4.00		158.30	347.95	44.00
庆元县	4.00		123.03	440.00	48.00
景宁县	2.00		96.57	324.00	18.00
安　徽	**296.67**	**94.04**	**14133.94**	**66231.74**	**17516.07**
长丰县	6.00		185.24	394.60	12.59
肥西县			652.88	1645.01	226.30

continued 8

公共服务用水 The Quantity of Water for Public Service	居民家庭用水 The Quantity of Water for Household Use	其他用水 The Quantity of Water for Other Purposes	用水户数(户) Number of Households with Access to Water Supply (unit)	家庭用户 Household User	用水人口(万人) Population with Access to Water Supply (10,000 persons)	县名称 Name of Counties
216.00	756.00		71445	68930	22.57	滨海县
130.00	1750.00		126000	125640	32.19	阜宁县
269.50	953.00	217.45	85275	81452	24.61	射阳县
171.50	1060.00	82.00	79940	78185	23.70	建湖县
235.00	1045.27	187.76	102628	97982	25.60	宝应县
491.00	1364.58	201.00	118039	109743	45.56	沭阳县
378.00	1470.00	250.00	93938	92735	37.57	泗阳县
103.00	1429.00	10.00	86248	75430	26.10	泗洪县
3979.33	**22631.08**	**2106.76**	**1586878**	**1425439**	**424.49**	**浙　江**
	1034.00	24.00	76448	65997	16.08	桐庐县
310.00	355.00	13.00	50010	41056	9.90	淳安县
170.00	1235.60	489.40	83220	75203	20.59	象山县
266.08	1522.52	5.04	93729	86814	18.95	宁海县
120.05	380.79	36.12	34691	34101	10.36	永嘉县
51.24	703.50	55.21	49142	44395	14.36	平阳县
43.00	996.00	15.00	50448	49206	16.84	苍南县
9.90	310.30	33.00	18042	17511	5.18	文成县
47.00	326.00	50.50	16158	13686	6.96	泰顺县
68.00	1014.00	16.00	137566	123355	15.06	嘉善县
86.15	754.02	90.64	51513	41480	12.51	海盐县
174.17	612.86	596.76	66731	57276	14.10	德清县
415.78	1314.49	12.35	113248	100029	25.79	长兴县
98.67	1001.38	48.54	68069	65767	23.46	安吉县
42.50	1402.40		62260	53704	20.30	新昌县
459.04	641.00	5.91	75173	67828	17.40	武义县
143.00	1241.00	269.00	70150	64055	21.80	浦江县
	258.01	2.13	11113	10402	4.83	磐安县
47.00	604.00		30532	29305	8.99	常山县
68.00	372.00		32818	28685	11.33	开化县
42.00	489.00	100.00	33422	25040	10.97	龙游县
42.00	247.00	16.00	26070	22295	7.53	岱山县
54.00	123.00	10.00	17977	16117	3.82	嵊泗县
298.00	1275.00	42.00	27850	24731	19.15	玉环县
100.10	526.10	10.00	10762	9750	10.13	三门县
110.06	822.30	8.20	69729	67788	13.35	天台县
130.00	790.00	70.00	49621	46230	12.70	仙居县
105.00	580.00	15.00	21900	18670	9.62	青田县
98.38	437.20	15.16	30189	26077	8.52	缙云县
102.00	249.00	5.00	28854	25775	7.34	遂昌县
109.21	335.61	7.80	23167	22002	7.12	松阳县
48.00	212.00	10.00	23248	20929	6.32	云和县
60.00	289.00	7.00	22388	19980	7.67	庆元县
61.00	177.00	28.00	10640	10200	5.46	景宁县
7036.06	**30195.10**	**2596.90**	**2506105**	**2298356**	**823.44**	**安　徽**
49.75	188.71	35.50	26705	24933	8.65	长丰县
155.36	752.30	115.00	94999	89602	29.88	肥西县

5-5 续表 9

县名称 Name of Counties	综合生产能力（万立方米/日） Integrated Production Capacity (10,000m³/ day)	地下水 Underground Water	供水管道长度（公里） Length of Water Supply Pipelines (km)	供水总量（万立方米） Total Quantity of Water Supply (10,000m³)	生产运营用水 The Quantity of Water for Production and Operation
肥东县	11.00		749.00	2645.00	188.00
庐江县	5.00		193.94	1248.47	352.92
芜湖县	10.50		737.00	1746.00	481.00
繁昌县	5.20	0.30	293.34	883.97	14.05
南陵县	5.30		263.70	1304.25	258.16
无为县	5.00		273.70	1455.00	189.00
怀远县	8.70	1.40	224.50	1468.50	342.50
五河县	6.20	1.20	186.60	1082.30	186.00
固镇县	7.40	5.40	174.51	1068.00	341.80
凤台县	6.90	1.30	141.87	1507.08	572.01
当涂县	6.00		129.46	1062.08	216.64
含山县	5.00		74.60	1046.00	324.00
和　县	5.00		335.59	869.50	149.60
濉溪县	8.00	8.00	330.65	2254.00	1416.00
铜陵县			76.00	527.00	15.00
怀宁县	5.00		371.07	804.68	215.03
枞阳县	2.53		151.30	493.00	93.00
潜山县	5.00	2.49	227.00	729.73	90.10
太湖县	7.50		455.05	680.00	198.50
宿松县	4.00		478.00	1089.80	245.00
望江县	5.00		421.34	700.90	215.19
岳西县	4.50		261.80	676.00	47.20
歙　县	6.81	0.81	159.82	1231.00	548.00
休宁县	2.80	0.80	87.30	727.00	159.00
黟　县	2.40		132.70	246.60	36.00
祁门县	2.00		84.08	391.30	32.00
来安县	9.50	0.70	315.89	2362.29	1411.99
全椒县	7.00		209.45	1158.00	252.00
定远县	4.00		191.99	1327.10	241.00
凤阳县	3.50		225.00	930.00	256.00
临泉县	6.50	6.50	146.00	1880.00	1022.00
太和县	7.00	7.00	175.26	1466.43	371.25
阜南县	4.20	4.20	128.73	1516.00	356.00
颍上县	7.64	7.64	309.83	1521.15	618.50
砀山县	5.20	5.20	253.00	1530.00	430.00
萧　县	7.80	7.80	245.00	2101.60	752.00
灵璧县	5.80	5.80	152.00	1566.00	290.00
泗　县	5.00	5.00	79.00	1316.30	406.00
寿　县	4.50	0.50	404.67	1517.00	265.00
霍邱县	5.50	2.00	288.99	1265.00	52.00
舒城县	4.44		150.37	1219.45	278.35
金寨县	3.00		199.59	745.00	42.00
霍山县	7.00	1.00	237.46	1140.00	235.00
涡阳县	6.00	6.00	213.43	2008.00	230.00
蒙城县	7.50	7.50	236.50	1777.00	870.00
利辛县	5.50	5.50	431.00	1618.00	374.00

continued 9

公共服务用水 The Quantity of Water for Public Service	居民家庭用水 The Quantity of Water for Household Use	其他用水 The Quantity of Water for Other Purposes	用水户数(户) Number of Households with Access to Water Supply (unit)	家庭用户 Household User	用水人口(万人) Population with Access to Water Supply (10,000 persons)	县名称 Name of Counties
570.00	1510.00	93.00	138000	132244	18.80	肥东县
65.75	502.24	15.30	65600	52500	23.10	庐江县
400.00	481.00	154.00	53568	40047	15.00	芜湖县
41.41	437.40	182.61	33599	30690	11.16	繁昌县
45.79	787.76	52.85	46666	41432	16.80	南陵县
198.00	522.00	70.00	55796	52933	20.80	无为县
156.50	831.00	45.00	66355	64006	22.55	怀远县
147.00	622.00	39.00	48653	46683	16.72	五河县
246.70	359.50	32.00	38062	36409	13.30	固镇县
67.78	568.20	54.59	33333	30327	10.41	凤台县
62.10	451.90	156.96	52130	45575	14.27	当涂县
312.00	318.00	7.00	26556	26137	11.63	含山县
81.90	355.70	17.00	42539	37396	14.95	和　县
123.00	529.00	79.00	32580	29316	14.33	濉溪县
	380.00	7.00	16244	15150	4.24	铜陵县
150.00	370.00	9.00	43920	35000	8.80	怀宁县
63.00	267.00	24.00	31926	30457	9.84	枞阳县
124.10	310.00		40125	39000	11.80	潜山县
53.50	385.00	17.40	23690	20952	14.80	太湖县
8.00	430.00	87.00	43350	38000	8.60	宿松县
15.72	409.99		44669	38505	11.85	望江县
69.98	392.80	55.02	31979	27309	12.85	岳西县
110.00	380.00	75.00	40004	36580	9.80	歙　县
130.00	298.00	36.00	15863	14699	5.65	休宁县
60.00	101.00	15.70	15603	13820	4.85	黟　县
48.00	259.00	12.30	18894	16826	5.94	祁门县
71.33	560.00	135.87	53784	49093	13.55	来安县
111.00	518.00	68.00	66337	57603	17.85	全椒县
158.00	608.70	22.00	51886	46088	16.50	定远县
125.00	443.00	14.00	75600	48266	19.00	凤阳县
135.00	632.00		58110	57170	23.10	临泉县
169.74	811.44		71642	68934	24.62	太和县
281.00	679.00		43918	41357	17.00	阜南县
124.00	536.50	40.15	58086	56711	22.40	颍上县
95.00	920.00	15.00	45290	44800	17.63	砀山县
97.00	779.00	33.60	49941	48584	18.10	萧　县
501.00	480.00	174.00	53248	49335	16.20	灵璧县
87.00	740.00	8.30	40287	38742	12.41	泗　县
254.00	800.00	21.00	33641	32553	17.87	寿　县
10.50	1075.50	28.50	46405	45820	19.80	霍邱县
84.40	637.90		35150	32445	19.50	舒城县
52.50	508.50	56.00	45236	44080	17.75	金寨县
133.90	332.08	288.82	30915	28600	9.60	霍山县
28.00	1500.00	21.00	73227	73200	26.40	涡阳县
141.00	666.00		67745	66275	31.00	蒙城县
354.00	795.00	17.00	52305	51816	18.95	利辛县

5-5 续表 10

县名称 Name of Counties	综合生产能力（万立方米/日）Integrated Production Capacity (10,000m³/ day)	地下水 Underground Water	供水管道长度（公里）Length of Water Supply Pipelines (km)	供水总量（万立方米）Total Quantity of Water Supply (10,000m³)	生产运营用水 The Quantity of Water for Production and Operation
东至县	3.00		113.46	690.00	115.00
石台县	2.30		35.30	275.00	74.00
青阳县	4.00		132.73	905.00	185.00
郎溪县	3.00		231.53	931.00	216.00
广德县	6.00		573.54	1419.70	572.30
泾　县	5.00		215.70	1059.71	201.66
绩溪县	4.05		256.22	676.25	185.00
旌德县	4.00		130.26	333.99	49.43
福　建	**217.75**	**9.36**	**5506.38**	**40028.97**	**7800.68**
闽侯县	6.00		144.97	1119.09	341.00
连江县	8.00		96.22	1421.10	195.00
罗源县	17.00		102.23	814.00	58.30
闽清县	3.00		129.31	515.50	120.00
永泰县	3.00		102.00	564.11	65.00
仙游县	8.96	0.56	168.67	1424.60	177.00
明溪县	2.03		85.94	391.26	78.25
清流县	1.75		97.49	406.00	26.00
宁化县	3.00		182.84	734.91	52.85
大田县	5.50	2.50	130.74	763.00	128.65
尤溪县	8.00		119.19	1328.05	510.91
沙　县	5.50		231.16	1452.05	508.19
将乐县	4.10		90.42	625.00	156.00
泰宁县	2.50		198.33	834.00	369.39
建宁县	1.00		111.00	762.00	311.00
惠安县	15.00		205.29	2572.00	1000.00
安溪县	8.00		150.00	2198.00	170.00
永春县	5.51	1.50	165.10	1288.90	104.00
德化县	7.00		250.40	1601.13	131.20
云霄县	5.00		192.30	1336.90	56.20
漳浦县	10.00		181.38	1387.46	142.40
诏安县	4.00		138.00	851.00	130.00
长泰县	5.00		86.60	593.00	230.00
东山县	7.50		61.51	978.00	550.50
南靖县	3.00		79.00	547.00	112.00
平和县	4.40		116.50	1025.00	130.00
华安县	1.70		36.00	266.80	38.90
顺昌县	2.00		143.82	515.00	22.00
浦城县	5.00		89.55	950.00	229.00
光泽县	1.50		46.00	412.43	35.25
松溪县	4.00		68.60	383.00	68.00
政和县	1.50		49.02	356.47	22.40
长汀县	5.40	2.40	158.00	1420.00	365.00
上杭县	6.50		233.44	1229.00	225.00
武平县	4.00		78.18	997.00	400.00
连城县	2.40	2.40	58.00	876.00	127.00
霞浦县	5.00		133.94	1308.16	66.80

continued 10

公共服务用水 The Quantity of Water for Public Service	居民家庭用水 The Quantity of Water for Household Use	其他用水 The Quantity of Water for Other Purposes	用水户数（户） Number of Households with Access to Water Supply (unit)	家庭用户 Household User	用水人口（万人） Population with Access to Water Supply (10,000 persons)	县名称 Name of Counties
40.00	455.00	10.00	20788	20646	8.89	东至县
25.00	141.00	5.00	8002	7650	2.45	石台县
30.00	400.00	35.00	34068	32190	9.20	青阳县
65.00	446.00	11.00	21876	20595	13.64	郎溪县
52.10	532.00	68.50	59161	51906	16.61	广德县
170.12	536.00	21.93	49601	42513	11.34	泾　县
67.15	268.10	3.00	23158	20946	6.21	绩溪县
17.98	194.88	12.00	15290	13910	4.50	旌德县
4121.99	**19307.69**	**1489.77**	**1102809**	**981274**	**384.68**	**福　建**
10.77	593.00	1.32	16821	14888	8.07	闽侯县
5.30	766.10	175.00	19093	16607	17.80	连江县
47.20	590.50	16.50	16230	14761	6.21	罗源县
43.00	278.00	18.00	14472	13881	6.30	闽清县
17.00	358.86	55.00	23569	21425	7.97	永泰县
253.00	888.00	9.60	44055	41099	17.00	仙游县
1.89	242.41	2.96	11030	8374	3.71	明溪县
27.27	266.65	6.50	13234	12394	3.61	清流县
118.90	422.75		27753	25255	8.69	宁化县
2.81	498.54		23963	21474	8.84	大田县
123.43	402.38	8.05	20700	17405	6.39	尤溪县
241.60	479.40		50777	45926	11.70	沙　县
17.00	323.00	51.00	15050	14797	6.04	将乐县
88.00	295.76	0.66	15954	14079	3.94	泰宁县
44.00	314.00	3.00	10365	10100	4.11	建宁县
260.00	950.00	10.00	68642	51542	12.49	惠安县
10.00	1115.00	225.00	59843	51154	20.39	安溪县
11.70	826.00	20.00	50072	49012	19.77	永春县
850.68	196.60		55510	46852	19.95	德化县
43.00	900.50	75.20	47454	41153	15.43	云霄县
112.88	595.05	387.33	27363	24107	12.35	漳浦县
140.00	496.00		21150	20270	7.60	诏安县
122.00	172.00		10560	8160	4.60	长泰县
68.00	250.00	7.30	9697	9600	4.58	东山县
80.30	281.00	10.00	12377	11840	5.66	南靖县
114.00	537.00	51.00	15797	15050	8.20	平和县
28.50	161.40	3.60	6049	5346	3.10	华安县
61.00	281.00	52.00	20776	19514	6.70	顺昌县
51.00	355.00	50.00	37110	36350	9.42	浦城县
53.31	228.13		18892	6542	4.52	光泽县
30.00	213.00	2.00	16751	15142	5.01	松溪县
29.60	236.10	1.00	15256	13000	7.20	政和县
65.00	785.00	20.00	32115	29955	15.42	长汀县
48.00	647.00	12.00	28679	25782	11.36	上杭县
225.00	135.00	27.00	23362	20935	6.80	武平县
11.00	470.00		25360	24870	6.60	连城县
162.16	758.10	94.00	39515	36523	15.55	霞浦县

5-5 续表 11

县名称 Name of Counties	综合生产能力（万立方米/日）Integrated Production Capacity (10,000m³/ day)	地下水 Underground Water	供水管道长度（公里）Length of Water Supply Pipelines (km)	供水总量（万立方米）Total Quantity of Water Supply (10,000m³)	生产运营用水 The Quantity of Water for Production and Operation
古田县	5.00		174.35	978.00	79.20
屏南县	1.40		76.71	407.00	55.00
寿宁县	2.00		72.58	328.00	30.00
周宁县	2.00		82.80	432.00	25.00
柘荣县	2.70		56.80	280.95	22.00
平潭县	11.90		332.00	1356.10	136.29
江　西	**318.90**	**14.16**	**10187.65**	**54885.24**	**9852.81**
南昌县	13.00		294.00	3443.00	1572.00
安义县	2.15		64.12	593.99	1.92
进贤县	6.00		72.00	1545.00	68.00
浮梁县	3.50		128.00	517.00	81.00
莲花县	2.00		122.00	615.00	213.00
上栗县	2.35		97.30	470.40	74.50
芦溪县	5.00		84.00	500.00	48.00
九江县	5.00		52.74	827.00	200.00
武宁县	4.50		98.90	553.10	46.00
修水县	8.20		178.97	990.27	151.05
永修县	4.10		99.77	739.70	162.00
德安县	3.50		164.92	698.81	105.36
星子县	2.10		93.20	591.60	195.00
都昌县	3.00		69.00	816.10	123.00
湖口县	6.00		230.00	654.50	243.50
彭泽县	2.30		83.60	552.00	55.00
庐山风景区	5.00		143.00	180.00	
分宜县	3.00		135.33	708.36	100.20
余江县	3.00		81.00	502.00	88.00
赣　县	5.60	0.60	253.65	1422.29	329.00
信丰县	5.45		132.70	1451.00	121.00
大余县	5.00		97.69	674.79	86.78
上犹县	2.00		170.15	562.06	77.25
崇义县	2.00		80.00	321.40	35.86
安远县	2.50		109.94	546.23	59.48
龙南县	4.00		171.62	1045.00	131.00
定南县	3.50		221.30	637.00	46.00
全南县	3.00		88.50	487.00	59.00
宁都县	8.50		154.55	1077.10	87.20
于都县	4.60		373.00	1464.00	158.00
兴国县	5.80	1.00	114.90	1215.75	312.60
会昌县	4.00		100.43	666.00	129.70
寻乌县	3.50		78.00	645.00	37.00
石城县	2.00		120.50	522.60	17.50
吉安县	8.20	0.30	148.30	814.40	158.60
吉水县	5.50	1.00	265.00	852.00	77.00
峡江县	2.80		52.96	305.00	59.00
新干县	5.00		238.30	654.00	158.00
永丰县	8.00	1.60	153.91	844.60	258.00

continued 11

公共服务用水 The Quantity of Water for Public Service	居民家庭用水 The Quantity of Water for Household Use	其他用水 The Quantity of Water for Other Purposes	用水户数(户) Number of Households with Access to Water Supply (unit)	家庭用户 Household User	用水人口(万人) Population with Access to Water Supply (10,000 persons)	县名称 Name of Counties
80.30	589.00	49.50	31790	29313	8.48	古田县
20.00	227.00	30.00	18743	17005	4.28	屏南县
47.00	143.00	14.00	9811	9289	4.48	寿宁县
40.00	270.00		15428	15017	5.68	周宁县
28.00	185.00	1.25	8915	7310	3.63	柘荣县
288.39	585.46		52726	48176	15.05	平潭县
6694.81	**26793.54**	**2935.69**	**2159046**	**1941401**	**791.67**	**江　西**
680.00	205.00	570.00	69435	65862	23.10	南昌县
401.21	43.60	30.56	12619	5623	5.12	安义县
85.00	680.00	129.00	81145	72158	15.80	进贤县
136.00	140.00	78.00	13947	12180	3.60	浮梁县
43.00	241.00	36.00	13079	11754	5.12	莲花县
67.30	89.80	39.80	17953	15298	4.50	上栗县
34.00	230.00	28.00	17935	14400	3.90	芦溪县
137.00	360.00		20871	20060	8.44	九江县
47.00	226.00	156.00	38094	30470	9.13	武宁县
57.15	598.22	47.65	74930	61651	16.42	修水县
110.00	364.00	26.00	20660	17642	9.03	永修县
144.05	292.17	4.83	34964	30924	7.43	德安县
60.00	253.00	16.00	21761	21086	7.37	星子县
86.00	330.50	59.60	9567	8979	15.58	都昌县
20.00	290.00		40000	39220	9.33	湖口县
30.00	430.00	27.00	31370	30544	7.51	彭泽县
105.00	45.00	8.00	2904	2353	1.57	庐山风景区
45.36	480.10	9.10	34628	31293	11.65	分宜县
83.00	204.00	10.00	53110	50589	6.90	余江县
150.20	635.12	123.97	45414	34899	19.04	赣　县
127.00	936.00	65.00	24776	19360	29.00	信丰县
82.20	295.32	43.52	23255	19568	9.05	大余县
107.71	306.89	1.21	27239	22378	10.00	上犹县
28.75	170.59	54.20	13328	11220	5.10	崇义县
37.91	288.38	19.60	21519	18665	8.73	安远县
104.00	523.00	107.00	36709	30030	13.61	龙南县
34.00	473.00	12.00	26702	26025	9.60	定南县
8.00	288.00	3.00	23076	18692	6.40	全南县
6.90	810.00	75.00	42880	36900	19.20	宁都县
199.00	753.00	30.00	62084	49529	20.58	于都县
171.40	454.92	106.83	52822	45650	24.32	兴国县
84.00	322.30		28465	25000	12.76	会昌县
29.00	489.00	18.00	31981	30833	9.25	寻乌县
27.10	399.50	15.30	18233	17436	8.16	石城县
53.50	420.60	3.70	27785	26257	10.00	吉安县
150.00	405.00	131.00	31496	28166	15.98	吉水县
47.00	161.00	4.00	12344	11960	3.26	峡江县
68.00	263.00	96.00	23775	20453	9.00	新干县
55.30	369.30	76.80	33037	29860	15.11	永丰县

5-5 续表 12

县名称 Name of Counties	综合生产能力（万立方米/日）Integrated Production Capacity (10,000m³/ day)	地下水 Underground Water	供水管道长度（公里）Length of Water Supply Pipelines (km)	供水总量（万立方米）Total Quantity of Water Supply (10,000m³)	生产运营用水 The Quantity of Water for Production and Operation
泰和县	4.60	1.70	228.13	866.85	306.96
遂川县	4.52		203.00	624.00	121.00
万安县	3.55	1.55	137.10	524.77	195.83
安福县	4.00	2.00	120.90	355.50	37.00
永新县	3.90	0.40	238.06	686.23	54.65
奉新县	11.22		77.01	569.84	29.09
万载县	5.50		139.00	1071.20	247.21
上高县	9.00	1.80	127.10	1304.00	159.70
宜丰县	8.00		180.70	663.00	7.00
靖安县	2.71	0.21	133.70	410.70	132.70
铜鼓县	2.10		35.00	283.95	41.35
南城县	4.00		174.10	1074.00	92.00
黎川县	2.50		186.00	511.70	23.30
南丰县	2.80		130.00	890.00	97.00
崇仁县	3.00		185.00	723.10	25.00
乐安县	6.50		82.64	747.31	121.28
宜黄县	2.30		104.00	574.00	293.00
金溪县	3.00		132.50	850.30	132.50
资溪县	1.50		48.50	316.00	11.88
东乡县	6.00		243.47	1740.00	351.43
广昌县	2.50		246.96	803.86	135.33
上饶县	6.50		246.00	565.50	45.00
玉山县	14.00		325.00	1175.00	410.00
铅山县	4.00		170.82	526.28	44.10
横峰县	3.00		85.00	572.90	167.00
弋阳县	4.10		142.95	632.00	75.00
余干县	5.12	2.00	102.96	1093.20	143.00
鄱阳县	6.03		167.80	1354.60	120.00
万年县	4.30		162.00	933.40	182.00
婺源县	4.00		215.00	737.00	126.00
山　东	**477.58**	**283.63**	**11368.74**	**107966.24**	**48805.38**
平阴县	5.24	5.24	126.40	900.00	286.10
济阳县	5.70	5.70	90.42	1385.00	621.00
商河县	1.82	0.99	93.11	575.60	43.00
桓台县	8.00	8.00	238.00	1096.00	250.00
高青县	8.00	1.28	143.55	2247.00	1728.10
沂源县	5.80	2.08	236.05	1667.00	815.59
垦利县	13.00		204.26	975.86	340.00
利津县	6.50		68.38	2370.77	850.00
广饶县	9.00	9.00	146.58	2282.35	1084.35
长岛县	0.54	0.04	86.90	86.38	1.00
临朐县	13.60	7.50	261.00	3680.70	1611.00
昌乐县	13.70	1.10	196.88	3432.00	2498.97
微山县	4.40	4.40	133.70	1311.80	82.26
鱼台县	8.00	5.00	119.20	896.20	207.20
金乡县	3.37	2.81	307.61	1201.58	257.00

continued 12

公共服务用水 The Quantity of Water for Public Service	居民家庭用水 The Quantity of Water for Household Use	其他用水 The Quantity of Water for Other Purposes	用水户数(户) Number of Households with Access to Water Supply (unit)	家庭用户 Household User	用水人口(万人) Population with Access to Water Supply (10,000 persons)	县名称 Name of Counties
44.66	415.00		33468	32589	16.87	泰和县
66.00	291.00	24.00	26070	23571	11.62	遂川县
65.97	188.08	16.99	22073	21760	9.45	万安县
50.50	213.99	14.50	21072	15570	9.19	安福县
126.30	362.70	1.92	34703	33540	12.70	永新县
20.98	451.11	4.26	34360	28881	11.18	奉新县
38.80	537.78	7.93	35524	32113	13.42	万载县
66.20	884.00	56.10	43110	42462	21.50	上高县
83.00	367.00	25.00	34469	30596	8.88	宜丰县
31.00	187.00	5.00	21013	19468	5.04	靖安县
45.64	164.83	1.33	12928	12409	3.30	铜鼓县
130.00	652.00	59.00	22666	20578	17.20	南城县
114.30	301.50	23.30	28726	27560	9.15	黎川县
230.00	330.00	83.00	34240	32440	10.80	南丰县
174.00	425.60	16.00	42315	41056	19.78	崇仁县
54.29	467.78	24.26	21627	20762	11.50	乐安县
50.00	171.00	10.00	21552	20898	6.12	宜黄县
70.50	451.50	43.00	30510	29800	11.59	金溪县
32.80	157.62	16.30	14424	12949	3.13	资溪县
320.00	866.27	22.30	59711	56892	20.06	东乡县
150.93	268.57	50.83	35266	29394	7.80	广昌县
40.00	418.00		24621	23445	12.22	上饶县
58.00	550.00		50150	49721	15.98	玉山县
82.90	307.00	31.00	28325	25722	11.87	铅山县
59.60	260.00	24.00	18366	16919	8.53	横峰县
116.00	336.00	20.00	28130	26250	12.29	弋阳县
76.00	782.00	5.90	44993	44783	17.72	余干县
65.90	852.00	35.10	49242	43010	17.99	鄱阳县
145.50	465.90	33.00	31008	29136	15.03	万年县
143.00	402.00	20.00	38492	32160	10.11	婺源县
12612.88	**32636.56**	**5376.63**	**2467023**	**2272037**	**982.62**	**山　东**
59.20	364.30	120.79	32017	30800	9.99	平阴县
225.00	281.00	161.00	22695	21962	10.00	济阳县
78.00	375.00	9.60	32404	31240	11.22	商河县
105.00	574.00	45.00	53398	41778	12.86	桓台县
66.15	335.70	39.90	25332	24395	8.07	高青县
139.50	478.90	25.01	33541	32396	14.07	沂源县
150.00	253.00	128.00	13783	11182	8.82	垦利县
480.00	432.27	318.50	22465	22250	9.38	利津县
	835.00	103.00	38582	37164	16.00	广饶县
27.20	47.38	1.00	10400	9730	2.18	长岛县
544.10	1301.00	56.00	18624	14522	26.40	临朐县
115.39	712.91		69316	67450	25.02	昌乐县
396.00	635.84	103.73	46307	37398	14.95	微山县
245.00	346.50	48.00	22848	22711	10.15	鱼台县
123.00	497.05	212.73	29047	28156	16.30	金乡县

5-5 续表 13

县名称 Name of Counties	综合生产能力（万立方米/日）Integrated Production Capacity (10,000m³/ day)	地下水 Underground Water	供水管道长度（公里）Length of Water Supply Pipelines (km)	供水总量（万立方米）Total Quantity of Water Supply (10,000m³)	生产运营用水 The Quantity of Water for Production and Operation
嘉祥县	7.00	7.00	75.91	1491.68	570.00
汶上县	7.18	4.71	60.00	2581.08	468.98
泗水县	7.00	7.00	170.35	995.49	242.90
梁山县	4.77	4.77	162.00	1804.32	357.00
宁阳县	7.00	7.00	218.00	1672.00	758.00
东平县	8.00	7.50	255.88	2035.13	838.32
五莲县	5.20		142.62	1069.96	403.00
莒　县	16.81	16.81	210.83	2641.00	1464.00
沂南县	6.65	6.65	109.01	1549.00	664.37
郯城县	8.85	8.85	139.66	1342.32	406.24
沂水县	22.35	13.70	317.90	6324.80	4427.00
兰陵县	5.26	5.26	164.13	1701.76	490.50
费　县	5.10	1.60	226.52	1480.00	459.00
平邑县	7.08	7.08	271.00	1418.00	326.00
莒南县	7.00	1.00	272.60	2451.00	1147.00
蒙阴县	5.40	4.60	112.24	1902.00	655.50
临沭县	8.00	2.50	184.80	2204.20	1048.70
宁津县	8.50		278.00	1294.00	370.00
庆云县	4.30	0.60	130.00	1165.00	205.00
临邑县	8.00	2.00	250.10	1751.25	572.00
齐河县	5.90	1.40	299.00	1043.00	178.00
平原县	8.00	3.83	298.10	1920.00	1095.16
夏津县	5.80	0.80	176.57	1723.00	205.00
武城县	6.40	2.40	159.58	820.00	183.78
阳谷县	5.00	5.00	208.70	1751.00	764.10
莘　县	5.00	5.00	194.97	1151.70	312.00
茌平县	12.50	10.16	278.19	3657.50	2787.58
东阿县	8.52	8.52	129.09	2306.99	1680.55
冠　县	8.12	8.12	242.25	2553.00	1142.74
高唐县	22.02	12.02	217.40	2188.00	1465.00
惠民县	3.32	0.15	205.30	1030.00	560.00
阳信县	4.00		618.70	1265.00	357.00
无棣县	8.80	1.30	233.92	1145.61	507.09
博兴县	11.38	4.06	174.87	3057.65	2186.15
邹平县	29.60	3.00	299.07	5524.70	3266.60
曹　县	20.00	20.00	226.70	2059.00	550.00
单　县	7.00	7.00	269.00	2555.00	1034.00
成武县	4.60	4.60	67.62	1115.00	545.00
巨野县	6.40	1.40	214.00	1751.76	584.76
郓城县	8.50	8.50	226.29	1495.00	445.00
鄄城县	6.00	6.00	213.00	1529.00	770.00
定陶县	4.60	4.60	93.30	747.10	195.60
东明县	10.00	4.00	119.53	2595.00	1441.19
河　南	**376.15**	**284.72**	**10360.23**	**75667.97**	**23631.27**
中牟县	4.30	4.30	113.58	1076.83	152.15
杞　县	2.00	2.00	73.10	697.20	87.00

continued 13

公共服务用水 The Quantity of Water for Public Service	居民家庭用水 The Quantity of Water for Household Use	其他用水 The Quantity of Water for Other Purposes	用水户数(户) Number of Households with Access to Water Supply (unit)	家庭用户 Household User	用水人口(万人) Population with Access to Water Supply (10,000 persons)	县名称 Name of Counties
223.68	487.00	22.00	42245	30275	14.33	嘉祥县
1121.06	740.87	71.17	47451	45429	14.38	汶上县
71.62	534.87	13.00	43317	41398	15.21	泗水县
261.00	700.00	386.32	49880	48919	15.72	梁山县
252.00	336.00	208.00	64838	64257	13.70	宁阳县
292.29	570.37	240.93	67914	54880	20.20	东平县
113.00	337.81	79.57	53882	53141	15.24	五莲县
420.00	439.00	85.00	55320	53942	18.26	莒　县
302.58	393.10	110.95	35314	31147	16.34	沂南县
83.47	623.06	6.55	44876	43810	20.97	郯城县
435.00	744.82	270.00	58143	52773	23.95	沂水县
258.80	753.90	18.56	59656	57057	21.16	兰陵县
158.00	507.00	176.00	56912	55000	21.80	费　县
166.00	683.00	100.00	55094	53232	26.04	平邑县
215.00	860.50	60.50	42284	39421	20.20	莒南县
212.00	823.00	63.50	31486	30638	16.47	蒙阴县
180.00	573.50	240.00	6920	5520	20.56	临沭县
292.00	469.00	55.00	40434	38913	14.32	宁津县
77.00	623.00	160.00	41925	41322	11.79	庆云县
125.00	607.00	80.25	85700	40500	25.00	临邑县
60.00	701.00		64035	63305	27.75	齐河县
191.67	488.40	110.00	43040	42200	14.67	平原县
201.00	906.50	130.50	33839	27257	19.00	夏津县
118.40	445.00	2.42	57560	57300	12.11	武城县
31.00	746.90	130.00	7554	4890	15.30	阳谷县
178.00	552.20	57.00	35755	33510	15.97	莘　县
269.25	513.27	22.40	52365	50617	19.88	茌平县
119.97	399.92		32985	32447	11.42	东阿县
550.06	721.00	6.00	50690	48425	17.66	冠　县
93.00	502.00	42.00	42577	41408	15.69	高唐县
67.50	292.50		38174	36860	12.90	惠民县
298.00	431.00	3.00	34477	33115	17.60	阳信县
85.92	420.71	63.26	32781	29293	11.07	无棣县
53.99	708.66	6.68	59800	56120	18.70	博兴县
38.95	1588.00	23.10	103471	99048	39.12	邹平县
466.00	766.00	127.00	74294	65658	25.37	曹　县
439.00	619.00	235.00	45220	43500	21.70	单　县
185.00	271.00	16.00	26360	25804	10.96	成武县
187.00	724.00	65.00	53472	52395	25.25	巨野县
335.00	493.00	75.00	48385	45493	21.20	郓城县
205.00	296.00	153.00	16444	15843	17.44	鄄城县
168.10	306.80	32.00	8069	2270	13.35	定陶县
258.03	467.05	257.71	51326	50571	17.46	东明县
10016.46	**31693.64**	**2903.11**	**2520273**	**2343512**	**996.63**	**河　南**
81.35	591.75	171.74	30471	26548	10.29	中牟县
112.00	392.00	55.20	39218	38618	14.71	杞　县

5-5 续表 14

县名称 Name of Counties	综合生产能力(万立方米/日) Integrated Production Capacity (10,000m³/ day)	地下水 Underground Water	供水管道长度(公里) Length of Water Supply Pipelines (km)	供水总量(万立方米) Total Quantity of Water Supply (10,000m³)	生产运营用水 The Quantity of Water for Production and Operation
通许县	2.00	2.00	91.20	620.32	127.00
尉氏县	2.30	2.30	103.60	744.51	15.68
兰考县	4.38	4.38	356.77	730.96	183.53
孟津县	4.00	4.00	112.00	581.00	92.00
新安县	4.50	4.50	83.30	1013.60	40.00
栾川县	5.50		188.00	706.00	141.00
嵩　县	3.50	3.50	36.60	741.37	261.20
汝阳县	5.85	5.85	103.53	503.70	125.50
宜阳县	3.00	3.00	256.94	779.00	89.20
洛宁县	6.60	6.60	43.60	441.16	84.68
伊川县	2.12	2.12	104.00	568.50	73.80
宝丰县	2.25		91.00	789.00	291.00
叶　县	2.30	2.30	39.18	823.85	306.70
鲁山县	5.73	2.73	122.40	1283.50	500.00
郏　县	5.70	2.70	176.55	841.05	388.50
汤阴县	3.00	3.00	109.00	924.00	478.00
滑　县	6.10	6.10	137.06	1094.00	423.00
内黄县	3.90	3.90	78.00	638.00	156.00
浚　县	1.60	1.60	57.90	520.00	208.00
淇　县	6.80	1.00	74.00	1086.90	666.45
新乡县	4.00	4.00	93.00	383.00	161.00
获嘉县	4.80	4.80	184.22	1325.00	338.00
原阳县	6.60	6.60	320.00	1220.00	470.00
延津县	3.50	1.00	90.34	1202.00	717.00
封丘县	6.00	6.00	131.00	1215.00	580.00
长垣县	8.00	1.80	360.90	2033.08	342.50
修武县	4.50	1.50	131.06	903.00	347.00
博爱县	5.50	4.50	107.00	1824.00	1145.00
武陟县	4.50	4.50	152.70	1140.00	664.00
温　县	4.72	4.72	97.70	910.00	418.00
清丰县	7.00	7.00	107.16	881.00	217.00
南乐县	1.10	1.10	80.60	347.90	90.00
范　县	3.70	3.70	74.89	461.00	212.00
台前县	3.49	3.11	48.60	685.10	121.00
濮阳县	9.90	5.90	135.70	672.63	166.64
鄢陵县	4.20	4.20	172.00	505.00	131.00
襄城县	1.61	1.61	104.12	383.00	64.00
舞阳县	6.60	6.60	50.50	1217.00	323.00
临颍县	6.00	6.00	102.00	1936.00	930.00
渑池县	2.20	2.20	57.00	749.50	372.00
卢氏县	3.00	3.00	63.51	465.20	230.50
南召县	3.60	1.00	83.58	522.00	155.20
方城县	3.90	3.90	292.90	1085.00	284.00
西峡县	4.00		166.82	1046.20	479.20
镇平县	8.90	1.10	160.70	1276.00	616.00
内乡县	6.50	3.30	126.61	1448.00	810.00

continued 14

公共服务用水 The Quantity of Water for Public Service	居民家庭用水 The Quantity of Water for Household Use	其他用水 The Quantity of Water for Other Purposes	用水户数(户) Number of Households with Access to Water Supply (unit)	家庭用户 Household User	用水人口(万人) Population with Access to Water Supply (10,000 persons)	县名称 Name of Counties
36.89	313.78	67.65	22741	20250	7.22	通许县
117.21	557.72		36241	35554	14.45	尉氏县
107.47	230.75	62.89	39087	36767	14.90	兰考县
68.00	290.00	25.00	14637	14516	8.60	孟津县
174.00	663.60	55.00	54173	29999	13.76	新安县
43.00	381.00	23.00	10448	9407	10.30	栾川县
54.50	286.60	8.87	11423	9378	5.60	嵩　县
89.00	218.00	18.20	19136	14360	7.53	汝阳县
92.60	536.00	18.20	53627	42349	19.86	宜阳县
74.02	219.80	30.36	14502	13806	5.58	洛宁县
91.00	302.00	31.70	10240	9169	10.50	伊川县
53.60	341.00	24.40	15238	13560	7.83	宝丰县
276.00	107.15	38.00	10357	8860	4.13	叶　县
146.00	452.00	35.50	48437	47977	17.00	鲁山县
42.80	280.52	44.26	21732	20973	8.50	郏　县
89.00	320.00		29610	28870	10.75	汤阴县
194.00	410.00		51048	48350	19.30	滑　县
62.00	361.00	10.00	33824	32780	10.93	内黄县
160.00	86.00	40.00	12543	11052	6.25	浚　县
162.90	121.60	53.95	10615	10248	4.35	淇　县
59.00	127.20	25.80	12850	11042	4.30	新乡县
233.00	591.00	37.00	29427	28551	10.94	获嘉县
340.00	370.00	25.00	31500	28215	9.98	原阳县
28.00	294.00	44.00	19709	18955	6.80	延津县
191.00	289.00	5.00	28845	28637	11.00	封丘县
120.60	1199.00	104.18	59882	54697	26.08	长垣县
50.40	199.80	165.00	17817	17480	6.77	修武县
66.00	251.00	216.00	20837	20062	10.25	博爱县
104.00	282.00	5.00	26080	25596	13.44	武陟县
45.00	317.00	26.00	20311	19974	7.81	温　县
305.00	296.00	23.00	32990	31350	10.86	清丰县
36.00	158.00	12.50	22471	22300	8.00	南乐县
89.00	131.00	2.00	16791	16345	5.25	范　县
42.00	450.50	3.30	28994	28600	9.73	台前县
67.67	410.00	10.32	33833	32752	11.03	濮阳县
38.00	239.00		16132	16050	9.15	鄢陵县
121.00	164.00	5.00	16837	15739	9.09	襄城县
333.00	390.00	48.00	21308	20626	8.70	舞阳县
124.00	475.00	73.00	37194	36962	14.88	临颍县
73.50	233.00	12.00	35086	34770	12.00	渑池县
37.00	147.75	3.65	16546	13767	5.27	卢氏县
58.80	230.80	30.20	16857	16341	8.44	南召县
218.00	483.00	14.00	39750	39223	14.43	方城县
75.50	430.00	6.50	45161	40955	14.50	西峡县
95.00	362.00	21.00	47497	44503	15.59	镇平县
128.00	310.00	91.00	21672	20052	10.47	内乡县

5-5 续表 15

县名称 Name of Counties	综合生产能力(万立方米/日) Integrated Production Capacity (10,000m³/ day)	地下水 Underground Water	供水管道长度(公里) Length of Water Supply Pipelines (km)	供水总量(万立方米) Total Quantity of Water Supply (10,000m³)	生产运营用水 The Quantity of Water for Production and Operation
淅川县	4.34	4.09	143.30	1486.22	540.67
社旗县	3.31	3.31	146.90	1053.80	323.00
唐河县	5.07	5.05	88.10	1422.00	301.90
新野县	5.71	3.71	84.48	1051.90	430.00
桐柏县	9.70	0.70	160.16	731.00	295.00
民权县	3.85	3.85	148.15	871.60	163.00
睢　县	5.46	5.46	195.49	1006.00	189.50
宁陵县	3.25	3.25	95.24	668.75	70.00
柘城县	5.44	3.44	98.80	648.00	109.00
虞城县	3.40	3.40	105.60	1035.00	95.00
夏邑县	7.17	7.17	107.20	859.55	137.00
罗山县	5.00		67.00	1441.00	476.00
光山县	3.50	1.00	189.75	1320.60	109.00
新　县	5.41	0.11	67.08	1064.10	570.00
商城县	3.30	0.30	122.00	655.00	150.00
固始县	5.52	0.86	89.00	1199.00	169.00
潢川县	3.50	1.00	43.00	1188.00	156.00
淮滨县	5.94	5.94	44.80	451.65	63.56
息　县	7.00	7.00	202.00	1541.81	874.31
扶沟县	1.99	1.99	54.20	557.00	165.00
西华县	2.24	2.24	48.04	611.20	214.56
商水县	4.21	4.13	91.60	396.75	47.00
沈丘县	5.20	5.20	429.30	1339.00	465.00
郸城县	7.80	7.80	117.00	504.50	177.62
淮阳县	2.50	2.50	317.90	760.00	92.65
太康县	4.50	4.50	180.90	874.00	204.00
鹿邑县	6.30	6.30	144.30	1208.45	53.80
西平县	1.80	1.80	68.65	615.90	128.00
上蔡县	2.20	2.20	52.55	800.36	369.73
平舆县	5.03	5.03	68.00	1266.63	380.00
正阳县	1.66	1.66	67.14	439.00	62.00
确山县	4.50	4.00	45.50	596.50	194.20
泌阳县	5.25	5.25	104.75	859.10	219.20
汝南县	5.45	5.06	86.73	890.54	261.14
遂平县	1.20	1.20	80.00	430.00	65.00
新蔡县	3.20	3.20	159.70	784.00	36.00
湖　北	**204.81**	**4.21**	**4943.35**	**35350.97**	**7990.79**
阳新县	6.00		120.00	787.00	320.00
郧西县	3.60		45.00	720.00	209.00
竹山县	2.50		86.01	857.75	145.99
竹溪县	3.65		142.15	688.05	45.50
房　县	5.31	0.31	77.40	697.00	68.00
远安县	5.50		136.05	480.00	108.20
兴山县	4.31		46.74	359.50	58.55
秭归县	3.90		149.12	806.26	180.00
长阳土家族自治县	2.36		108.65	481.50	40.00

continued 15

公共服务用水 The Quantity of Water for Public Service	居民家庭用水 The Quantity of Water for Household Use	其他用水 The Quantity of Water for Other Purposes	用水户数(户) Number of Households with Access to Water Supply (unit)	家庭用户 Household User	用水人口(万人) Population with Access to Water Supply (10,000 persons)	县名称 Name of Counties
211.50	544.05	76.01	32446	30308	19.15	淅川县
127.00	501.00	20.50	45916	45292	16.20	社旗县
277.10	562.00	94.00	39760	38746	16.60	唐河县
196.80	296.30	40.00	41481	39567	17.88	新野县
181.00	181.60	30.40	19705	18760	9.86	桐柏县
60.00	504.60	69.00	37292	35793	12.71	民权县
88.50	629.50		32914	32697	14.54	睢　县
46.50	435.00	55.00	20920	19620	9.61	宁陵县
135.00	340.00		27483	27145	14.96	柘城县
195.00	640.00		28375	27400	16.60	虞城县
58.20	567.76	10.67	40889	40330	17.60	夏邑县
200.00	470.00	70.00	45235	42116	14.00	罗山县
182.00	720.00	137.60	49940	48336	16.72	光山县
34.50	350.00	3.60	21944	20608	10.25	新　县
69.00	290.00	16.00	26830	25958	9.40	商城县
290.00	596.00	12.00	56324	55756	24.30	固始县
143.00	740.00	4.00	57852	55034	22.49	潢川县
6.60	275.35	65.84	30006	28272	10.74	淮滨县
77.00	497.00	31.50	37840	37555	11.18	息　县
66.00	271.00	15.00	17258	16100	6.58	扶沟县
79.50	238.00	29.64	13990	12555	6.20	西华县
36.55	267.20		9131	9025	6.96	商水县
183.00	472.00	99.00	38319	37813	19.88	沈丘县
72.00	168.00	12.88	7336	6695	5.32	郸城县
325.00	271.35	28.00	46664	44086	20.79	淮阳县
115.00	498.00	3.00	36854	32791	12.90	太康县
96.20	924.00	13.15	90112	89536	28.50	鹿邑县
71.20	357.00	11.00	30960	24500	12.20	西平县
25.50	359.05	11.00	22228	15987	6.35	上蔡县
230.63	493.00		34048	32616	12.90	平舆县
65.00	259.00	13.00	19888	14312	6.37	正阳县
55.00	245.70	23.00	15043	11089	5.89	确山县
240.00	340.00	20.90	27600	25210	11.16	泌阳县
245.37	332.86	7.05	47555	36570	14.64	汝南县
25.00	275.00	20.00	28000	27419	8.60	遂平县
101.00	490.00	38.00	36410	30980	19.50	新蔡县
3551.11	**16820.74**	**1060.83**	**1095889**	**995714**	**425.17**	**湖　北**
100.00	210.00	78.00	58600	35000	14.50	阳新县
74.00	279.00	37.00	29766	28577	9.70	郧西县
133.30	317.37	38.08	24895	23773	10.20	竹山县
84.20	456.30	2.05	26074	23380	6.60	竹溪县
140.00	270.00	1.00	24549	19850	11.09	房　县
29.20	240.00	22.60	16672	16004	4.66	远安县
84.70	127.60	16.65	22265	21837	4.76	兴山县
264.66	266.06	1.68	25591	23263	10.00	秭归县
12.50	367.00		10918	10401	5.85	长阳土家族自治县

5-5 续表 16

县名称 Name of Counties	综合生产能力(万立方米/日) Integrated Production Capacity (10,000m³/ day)	地下水 Underground Water	供水管道长度(公里) Length of Water Supply Pipelines (km)	供水总量(万立方米) Total Quantity of Water Supply (10,000m³)	生产运营用水 The Quantity of Water for Production and Operation
五峰土家族自治县	2.53		51.60	132.00	29.30
南漳县	8.00		280.10	910.00	230.00
谷城县	6.18	0.58	116.20	1707.20	583.00
保康县	1.10		67.50	328.60	3.90
京山县	7.00		266.27	1388.00	234.00
沙洋县	10.20		157.63	1292.64	667.66
孝昌县	3.50		202.70	1171.00	297.70
大悟县	10.00		104.30	1056.60	192.00
云梦县	6.80	1.80	145.60	1963.90	756.00
公安县	7.50		120.00	1373.10	91.00
监利县	7.30		207.30	1473.00	382.00
江陵县	2.22	0.22	162.08	715.07	127.19
团风县	5.00		66.00	1140.00	313.00
红安县	5.00		186.00	1300.00	405.00
罗田县	5.80		114.50	1168.00	282.00
英山县	4.50		61.24	634.00	75.00
浠水县	7.00		115.61	979.00	212.00
蕲春县	5.45		148.64	1742.00	391.00
黄梅县	5.00	1.20	102.50	1427.00	410.00
嘉鱼县	6.00		105.27	1047.00	171.00
通城县	5.20		111.00	813.00	93.00
崇阳县	14.00	0.01	134.91	1359.20	215.00
通山县	6.00		448.00	952.50	145.00
随　县	2.30		22.00	420.00	120.00
建始县	5.00		164.00	575.00	35.00
巴东县	4.20	0.09	84.20	699.00	105.80
宣恩县	1.00		46.00	360.00	35.00
咸丰县	4.90		65.45	489.00	92.00
来凤县	6.00		109.43	442.00	103.00
鹤峰县	1.50		44.20	326.00	19.00
神农架林区	1.50		22.00	90.10	
湖　南	**389.43**	**39.99**	**12392.23**	**73032.96**	**13409.84**
长沙县	18.00	2.00	462.83	6535.40	1768.00
望城县	18.20		279.00	1656.68	725.00
宁乡县	13.00		508.00	3495.96	1393.17
株洲县	3.10		329.00	783.60	129.23
攸　县	8.50		392.04	1300.00	233.00
茶陵县	3.70		359.07	874.10	62.00
炎陵县	2.00		161.80	440.00	51.60
湘潭县	6.00		240.00	1710.60	600.00
衡阳县	5.90	3.70	82.00	1280.08	440.00
衡南县	3.50	0.50	175.00	340.85	80.10
衡山县	6.35	3.68	185.00	1089.70	167.30
衡东县	7.00	1.80	88.00	997.00	159.00
祁东县	7.83	2.23	141.89	1278.76	412.54
南岳区	2.00		88.75	418.62	50.00

continued 16

公共服务用水 The Quantity of Water for Public Service	居民家庭用水 The Quantity of Water for Household Use	其他用水 The Quantity of Water for Other Purposes	用水户数(户) Number of Households with Access to Water Supply (unit)		用水人口(万人) Population with Access to Water Supply (10,000 persons)	县名称 Name of Counties
				家庭用户 Household User		
32.70	50.50		2534	2320	2.81	五峰土家族自治县
80.00	390.00		49930	43600	15.00	南漳县
151.50	681.70	102.00	43154	42840	18.56	谷城县
41.00	224.00	6.00	15366	14990	5.90	保康县
9.75	682.50	48.75	47000	32900	17.27	京山县
109.48	318.51	4.72	19979	18882	12.85	沙洋县
137.90	577.40		30712	29000	14.50	孝昌县
173.00	550.00	16.00	23232	22386	9.80	大悟县
152.00	881.00	19.90	28574	27862	12.88	云梦县
162.00	610.00	25.10	61425	60000	17.80	公安县
61.00	703.00	72.00	40471	38110	15.41	监利县
31.22	330.40	40.00	11931	11594	5.35	江陵县
141.00	422.00	6.00	16354	15778	7.10	团风县
80.00	645.00	19.00	45000	43755	13.70	红安县
103.00	626.00	15.00	30056	29325	12.20	罗田县
156.00	318.00	21.00	25953	24559	11.50	英山县
98.00	528.00	34.00	31871	30764	12.58	浠水县
240.00	880.00	9.00	40675	39184	19.22	蕲春县
65.00	785.00	13.00	38685	37500	16.50	黄梅县
55.00	312.00	200.00	26836	25443	12.00	嘉鱼县
47.00	496.00	64.00	48750	36200	13.15	通城县
126.00	900.00	34.00	36243	35850	12.80	崇阳县
100.00	460.00	5.50	37145	33850	13.67	通山县
48.00	180.00		4175	4106	2.77	随　县
35.00	305.00	25.00	14211	12925	8.69	建始县
51.00	456.40	10.80	12565	10959	10.20	巴东县
24.00	223.00		14354	13027	5.20	宣恩县
83.00	212.00	33.00	20923	18633	8.50	咸丰县
5.00	262.00	12.00	24224	23736	11.20	来凤县
20.00	198.00	28.00	9231	9051	6.50	鹤峰县
10.00	80.00		5000	4500	2.20	神农架林区
6852.15	**36193.16**	**2657.08**	**2275298**	**2043126**	**919.08**	**湖　南**
811.00	2900.00	95.00	22110	21000	35.00	长沙县
11.52	813.00	1.61	41155	37000	15.30	望城县
58.31	1231.00	34.52	96980	85509	38.10	宁乡县
72.70	257.97		25382	22645	6.40	株洲县
129.00	696.40		39204	38312	26.80	攸　县
49.70	515.75	44.00	40926	38756	12.80	茶陵县
10.00	260.00		16723	15450	4.60	炎陵县
	692.00	22.00	55000	50880	15.00	湘潭县
143.00	563.00	44.08	45857	43350	16.42	衡阳县
75.10	135.05	10.00	53400	47590	7.00	衡南县
99.40	620.00	52.00	26082	21609	11.39	衡山县
65.00	614.00	60.00	36580	33246	8.70	衡东县
22.74	644.48	60.00	34067	27014	20.44	祁东县
224.00	30.00	67.00	21762	10886	3.80	南岳区

5–5 续表 17

县名称 Name of Counties	综合生产能力(万立方米/日) Integrated Production Capacity (10,000m³/ day)	地下水 Underground Water	供水管道长度(公里) Length of Water Supply Pipelines (km)	供水总量(万立方米) Total Quantity of Water Supply (10,000m³)	生产运营用水 The Quantity of Water for Production and Operation
邵东县	10.80		397.00	2067.07	192.67
新邵县	5.80		86.00	678.50	97.00
邵阳县	4.08		86.69	1052.12	162.61
隆回县	9.90		99.64	1717.39	392.00
洞口县	3.60	0.10	93.26	904.00	74.00
绥宁县	2.26		95.50	412.50	40.50
新宁县	2.77	0.65	128.58	894.93	205.00
城步苗族自治县	3.66		98.64	588.13	93.26
岳阳县	6.00		143.00	936.00	245.00
华容县	5.50		165.00	1055.00	250.00
湘阴县	4.50	4.50	147.00	843.32	284.00
平江县	7.00		205.00	919.00	135.00
安乡县	6.00		172.62	1159.00	80.00
汉寿县	9.00	3.00	300.00	1348.00	4.00
澧　县	9.80	2.80	162.00	1525.00	205.00
临澧县	3.30		145.48	583.80	125.33
桃源县	6.30		30.00	1146.00	303.00
石门县	9.00		257.00	1443.65	420.45
慈利县	3.50	3.50	106.00	1153.00	125.00
桑植县	2.00		53.00	639.00	120.00
南　县	5.60	5.60	317.14	1088.46	28.60
桃江县	3.80		130.95	894.45	181.00
安化县	8.00		97.40	709.53	113.00
大通湖区	3.43	0.41	67.67	511.40	44.00
桂阳县	9.25		248.30	1717.00	283.00
宜章县	6.30	0.30	141.80	816.10	117.00
永兴县	9.00		176.00	976.00	15.00
嘉禾县	4.00		171.71	550.00	21.00
临武县	3.00		110.00	495.00	50.00
汝城县	1.80		75.00	430.80	41.00
桂东县	8.52		50.00	371.70	27.50
安仁县	2.25	0.11	121.00	460.80	38.10
祁阳县	5.97		351.78	1792.68	279.63
东安县	2.50		214.52	908.20	24.00
双牌县	3.45		68.70	451.15	74.00
道　县	4.80		291.00	1071.00	82.00
江永县	3.46	0.11	116.10	517.78	106.60
宁远县	6.05	1.65	365.34	1361.85	121.00
蓝山县	3.30	0.50	210.00	509.80	16.00
新田县	1.97	0.37	155.10	615.96	58.10
江华瑶族自治县	3.50		124.00	551.70	18.80
中方县	5.00		75.52	503.00	180.00
沅陵县	6.00		236.16	913.00	239.00
辰溪县	3.20		68.56	533.35	
溆浦县	4.80	0.80	60.60	818.00	80.50
会同县	3.00		101.66	364.10	20.00

continued 17

公共服务用水 The Quantity of Water for Public Service	居民家庭用水 The Quantity of Water for Household Use	其他用水 The Quantity of Water for Other Purposes	用水户数(户) Number of Households with Access to Water Supply (unit)	家庭用户 Household User	用水人口(万人) Population with Access to Water Supply (10,000 persons)	县名称 Name of Counties
218.00	1077.40	99.00	57897	55035	27.50	邵东县
36.60	408.00	26.00	17628	13705	11.76	新邵县
54.80	585.80	33.54	19007	16284	10.81	邵阳县
375.00	612.00	165.39	65610	38648	17.60	隆回县
65.00	357.20	86.80	22901	22093	10.54	洞口县
21.00	197.00	11.00	3308	1969	4.61	绥宁县
56.63	559.20	2.10	13275	12812	10.92	新宁县
53.82	360.00	7.64	18676	16736	8.93	城步苗族自治县
31.00	468.00	50.00	46250	43200	15.00	岳阳县
130.00	430.00	50.00	48000	44000	16.25	华容县
95.00	340.04	22.00	35369	33529	12.29	湘阴县
105.00	460.00	21.00	32150	29760	16.90	平江县
153.00	646.00		45000	44670	15.11	安乡县
240.00	604.00	240.00	45000	40000	11.00	汉寿县
320.00	682.00	42.00	55853	55378	15.80	澧　县
10.25	342.35	1.82	28372	21090	11.20	临澧县
92.00	492.00	88.00	40933	40600	12.10	桃源县
120.00	595.20	20.00	34601	34100	14.45	石门县
40.00	711.00	12.00	29811	29363	13.77	慈利县
30.00	250.00	94.00	14950	11330	8.10	桑植县
69.00	626.00	122.16	34774	32153	13.00	南　县
6.00	477.02		32404	31836	10.87	桃江县
97.83	385.10	17.10	45054	36700	12.40	安化县
79.30	205.10	110.00	19909	19500	4.73	大通湖区
249.00	549.00	57.00	53323	48960	18.00	桂阳县
112.00	442.00	5.10	27648	23343	9.25	宜章县
185.00	440.00		36441	35781	12.00	永兴县
45.00	310.00	22.00	25190	12000	11.00	嘉禾县
35.00	314.00	15.00	22474	22000	8.40	临武县
20.00	283.00	2.50	15249	13950	7.80	汝城县
49.00	229.50	28.20	17056	16850	5.35	桂东县
19.00	215.00	6.20	35767	34902	13.21	安仁县
120.61	956.21	30.63	42057	39955	26.74	祁阳县
30.20	708.50	32.50	27916	25627	13.95	东安县
28.00	288.15	8.50	13641	12750	6.93	双牌县
85.00	781.00	3.00	47547	46120	16.28	道　县
23.11	315.20	0.67	9392	9378	5.18	江永县
146.80	879.90	32.15	33043	28590	18.90	宁远县
22.00	415.20	1.00	15812	14060	11.24	蓝山县
7.63	474.21	10.67	15306	14749	8.56	新田县
54.00	379.00	3.50	15527	15163	9.68	江华瑶族自治县
68.00	55.00	70.00	14130	8800	5.50	中方县
5.00	535.00		41767	40052	14.30	沅陵县
32.70	208.11	131.70	36971	36670	9.40	辰溪县
14.90	460.30	42.30	35979	33325	12.30	溆浦县
55.00	220.00	16.00	14200	13680	7.45	会同县

5-5 续表 18

县名称 Name of Counties	综合生产能力 (万立方米/日) Integrated Production Capacity (10,000m³/ day)	地下水 Underground Water	供水管道长度 (公里) Length of Water Supply Pipelines (km)	供水总量 (万立方米) Total Quantity of Water Supply (10,000m³)	生产运营用水 The Quantity of Water for Production and Operation
麻阳苗族自治县	4.00		154.82	517.00	73.00
新晃侗族自治县	2.00		160.00	490.50	72.00
芷江侗族自治县	6.50		91.11	447.00	56.00
通道侗族自治县	1.50		98.50	321.00	97.00
靖州苗族侗族自治县	2.65		129.70	561.00	73.00
洪江区	5.00		159.40	463.00	42.00
双峰县	4.28	0.28	184.05	1340.80	259.00
新化县	4.40	0.40	271.60	1165.40	
泸溪县	1.00		70.54	360.89	18.02
凤凰县	3.30		102.66	919.73	136.78
花垣县	4.50		110.00	705.00	155.00
保靖县	1.60	1.00	60.43	420.00	32.00
古丈县	1.10		61.20	268.12	55.90
永顺县	2.70		55.42	749.95	64.55
龙山县	3.10		73.00	1104.00	192.00
广　东	**197.65**	**12.58**	**8264.71**	**39318.43**	**6743.03**
始兴县	2.60		57.00	684.00	320.00
仁化县	4.00		143.30	666.90	136.00
翁源县	6.00		41.46	1019.00	98.00
乳源瑶族自治县	7.00		192.00	1433.00	869.00
新丰县	2.69	0.18	80.40	780.00	170.00
南澳县	3.20		348.00	480.95	40.00
遂溪县	3.47		182.00	1253.75	119.57
徐闻县	5.37		878.90	1300.44	198.00
广宁县	8.70		448.04	1090.55	277.10
怀集县	4.00		225.75	1101.78	226.04
封开县	2.50		92.60	600.30	138.00
德庆县	3.00		68.73	560.00	58.00
博罗县	9.00		139.67	1731.00	582.00
惠东县	10.00		390.00	2792.00	630.00
龙门县	8.00		84.45	929.00	184.00
大埔县	4.00		119.49	784.75	74.92
丰顺县	12.00	9.10	427.20	2039.12	372.40
五华县	6.00		86.00	1651.22	352.22
平远县	2.00		112.90	575.27	40.00
蕉岭县	6.00		369.30	748.49	63.36
海丰县	10.50		553.00	2883.00	107.00
陆河县	3.00		70.00	283.00	5.00
紫金县	6.00		85.00	1018.00	26.00
龙川县	7.00		142.00	1291.00	64.50
连平县	5.00		71.30	337.00	19.30
和平县	7.00	1.50	93.00	824.50	63.50
东源县			88.68	352.34	68.37
阳西县	6.00		255.43	1383.55	46.15
佛冈县	6.00		91.54	1013.00	221.00
阳山县	5.62		299.80	943.00	118.00

continued 18

公共服务用水 The Quantity of Water for Public Service	居民家庭用水 The Quantity of Water for Household Use	其他用水 The Quantity of Water for Other Purposes	用水户数(户) Number of Households with Access to Water Supply (unit)	家庭用户 Household User	用水人口(万人) Population with Access to Water Supply (10,000 persons)	县名称 Name of Counties
60.00	305.00	4.00	31167	29955	9.15	麻阳苗族自治县
4.00	348.00	6.00	25312	23100	6.80	新晃侗族自治县
41.00	215.00	36.54	20315	12500	9.00	芷江侗族自治县
5.00	159.00	4.00	10296	7550	4.12	通道侗族自治县
84.00	289.00	17.00	12577	11100	9.10	靖州苗族侗族自治县
29.00	185.00	40.00	5587	5470	5.47	洪江区
176.00	557.00	87.00	24109	22528	12.30	双峰县
285.00	585.00		45268	41347	26.80	新化县
46.10	241.70	1.58	11949	9140	6.35	泸溪县
120.26	354.19	39.07	24462	17204	9.93	凤凰县
61.00	275.00	32.00	17801	17232	7.70	花垣县
27.00	222.00	9.00	18652	15586	6.30	保靖县
2.84	156.08	8.90	14770	12737	4.15	古丈县
18.30	364.85	2.61	19164	17860	10.10	永顺县
215.00	635.00	39.00	35473	35374	13.00	龙山县
3085.87	**20180.37**	**1904.18**	**1168362**	**994348**	**410.78**	**广　东**
21.00	263.00	32.00	14060	10250	4.52	始兴县
22.00	405.00	40.00	17824	16115	5.36	仁化县
	697.00	138.00	56225	47525	12.10	翁源县
72.00	301.00	20.00	35563	16500	6.50	乳源瑶族自治县
60.00	440.00	40.00	14623	12115	8.95	新丰县
112.85	162.00	48.00	15781	13057	4.20	南澳县
175.00	835.00	13.00	47800	38250	17.73	遂溪县
90.28	789.00	55.00	43360	36260	17.74	徐闻县
61.22	635.23	10.00	41017	35993	11.58	广宁县
251.05	472.13	5.86	32850	27876	14.48	怀集县
69.00	316.00	4.30	21527	20920	6.86	封开县
51.00	302.00	96.00	19444	17415	5.97	德庆县
94.00	797.00	93.00	36678	33260	16.80	博罗县
10.00	1466.00	200.00	61156	51256	31.00	惠东县
44.00	468.00	12.00	27237	21600	7.10	龙门县
78.90	460.43	19.50	38182	32950	9.79	大埔县
166.60	1180.72	45.40	59424	50180	13.96	丰顺县
127.00	791.00		38858	36114	14.40	五华县
5.00	300.00	103.00	21895	18715	6.55	平远县
100.28	439.47	0.19	33082	28419	7.46	蕉岭县
52.00	1538.00	61.00	80480	76224	32.00	海丰县
170.00	80.00		9750	50	8.10	陆河县
62.00	490.00	38.00	24500	19300	12.80	紫金县
15.00	618.00	247.50	43400	37500	14.48	龙川县
21.70	155.00		18075	16537	7.00	连平县
108.00	505.00	48.40	32820	32220	6.38	和平县
20.12	182.32	14.04	9540	8006	2.40	东源县
255.27	833.17	7.06	39138	36866	10.00	阳西县
4.00	517.00	207.00	34639	28490	6.30	佛冈县
0.60	510.00	164.40	31625	28976	5.12	阳山县

5-5 续表 19

县名称 Name of Counties	综合生产能力 (万立方米/日) Integrated Production Capacity (10,000m³/ day)	地下水 Underground Water	供水管道长度 (公里) Length of Water Supply Pipelines (km)	供水总量 (万立方米) Total Quantity of Water Supply (10,000m³)	生产运营用水 The Quantity of Water for Production and Operation
连山壮族瑶族自治县	1.70		53.20	329.20	35.00
连南瑶族自治县	2.00		146.50	582.00	242.00
饶平县	12.00		510.00	2156.00	448.00
揭西县	2.00	1.80	202.00	506.00	56.00
惠来县	5.00		67.00	765.00	46.00
新兴县	5.80		963.67	1821.72	156.00
郁南县	3.50		85.40	608.60	72.60
广　西	**242.04**	**38.49**	**7136.30**	**46551.54**	**10966.64**
武鸣县	7.00	7.00	216.63	1717.40	245.52
隆安县	3.00		102.00	408.00	65.00
马山县	1.05	0.50	59.00	381.43	38.41
上林县	3.70		41.60	367.00	33.00
宾阳县	7.60	7.60	86.86	932.00	46.00
横　县	4.50		248.60	1068.00	92.40
柳江县	6.60	1.60	115.00	1477.61	667.00
柳城县	4.00		84.34	804.27	342.00
鹿寨县	14.00		137.56	2896.06	2026.70
融安县	4.10		116.24	621.08	136.79
融水苗族自治县	4.00		91.08	660.08	165.64
三江侗族自治县	2.40		353.00	469.45	56.55
阳朔县	3.00		74.87	939.90	288.70
灵川县	4.20		74.03	525.00	65.00
全州县	6.50	0.20	93.23	855.30	223.00
兴安县	4.30	0.20	164.95	850.95	239.20
永福县	1.10		40.00	308.00	20.00
灌阳县	1.00		41.00	193.30	15.00
龙胜各族自治县	1.00		22.47	256.26	19.00
资源县	1.05		33.00	176.00	28.00
平乐县	1.35		147.70	237.25	8.13
荔浦县	4.10		169.00	815.00	324.00
恭城瑶族自治县	2.00		40.00	301.60	18.60
苍梧县	1.00		24.31	364.00	240.00
藤　县	4.50	0.50	188.80	1230.95	187.40
蒙山县	2.00		64.00	557.00	183.09
合浦县	17.94	7.94	335.00	2644.64	1331.31
上思县	2.00		86.88	545.07	53.50
灵山县	5.80	2.50	185.44	1222.00	212.00
浦北县	3.50	1.00	117.79	733.20	170.00
平南县	7.50		195.75	2127.81	125.94
容　县	8.00		125.72	721.04	155.32
陆川县	3.80		132.00	1010.00	143.00
博白县	4.30	0.80	354.93	1413.00	438.00
兴业县	5.75		94.60	418.12	1.11
田阳县	3.00		137.88	768.00	28.00
田东县	5.00		165.00	925.46	155.13
平果县	5.00		184.00	1596.25	385.21

continued 19

公共服务用水 The Quantity of Water for Public Service	居民家庭用水 The Quantity of Water for Household Use	其他用水 The Quantity of Water for Other Purposes	用水户数(户) Number of Households with Access to Water Supply (unit)	家庭用户 Household User	用水人口(万人) Population with Access to Water Supply (10,000 persons)	县名称 Name of Counties
20.00	133.60	47.30	4478	4267	1.56	连山壮族瑶族自治县
77.00	202.00	2.00	14498	9379	3.20	连南瑶族自治县
149.00	936.00		42650	39253	21.37	饶平县
8.00	314.00		16968	16830	15.00	揭西县
51.00	547.00	40.00	27730	22475	24.20	惠来县
461.00	700.30	16.23	41877	35588	10.02	新兴县
	399.00	36.00	19608	17617	7.80	郁南县
3334.14	**24959.79**	**860.82**	**1207172**	**1136137**	**498.98**	**广　西**
65.00	1044.90	6.00	38645	37501	10.90	武鸣县
45.00	252.00	5.00	15003	14480	4.00	隆安县
6.10	295.36		16576	15451	3.50	马山县
43.00	235.00		9251	8768	4.74	上林县
6.00	790.00		21256	21068	10.35	宾阳县
133.40	554.00	19.20	30550	28879	11.80	横　县
99.31	540.20	9.10	30033	28510	10.85	柳江县
107.27	257.00	2.00	15362	14478	6.00	柳城县
38.30	636.17	1.00	30031	27483	12.24	鹿寨县
26.72	307.78	24.28	24301	23155	10.55	融安县
15.75	362.04	13.65	26000	22303	10.67	融水苗族自治县
3.40	315.00	20.00	17387	15670	5.89	三江侗族自治县
56.90	338.00	2.30	13209	11048	4.81	阳朔县
45.00	298.00	60.00	15347	13797	5.90	灵川县
55.00	497.00	6.00	33552	32392	11.83	全州县
2.80	513.95	12.00	27977	27061	7.32	兴安县
14.00	240.36		10117	9525	3.48	永福县
10.00	160.30		11698	11420	3.66	灌阳县
31.00	160.35	9.00	9000	8163	3.20	龙胜各族自治县
12.00	110.00		5613	5008	2.23	资源县
3.55	197.77	21.20	14770	14291	4.85	平乐县
32.00	351.00	8.00	15798	15500	5.26	荔浦县
13.00	220.00		10452	10414	3.78	恭城瑶族自治县
4.00	108.00	2.00	7904	7713	2.70	苍梧县
175.40	717.80	14.00	55275	47050	16.46	藤　县
33.28	246.94	19.97	16437	16126	5.00	蒙山县
49.68	910.11	123.54	51571	51344	16.32	合浦县
103.00	326.00	2.14	13133	12740	6.08	上思县
70.00	670.00	22.00	36950	33719	20.45	灵山县
60.80	379.00	42.40	13982	13365	6.40	浦北县
314.85	818.62		62500	61965	25.00	平南县
50.00	413.02	9.00	24671	21342	15.93	容　县
103.00	644.00	12.00	18836	17530	15.69	陆川县
211.00	599.00	39.00	33592	29991	27.35	博白县
2.21	371.10		10022	10000	9.30	兴业县
42.00	623.00		23417	22860	8.50	田阳县
50.25	626.05		21193	19271	8.60	田东县
131.00	917.70	2.71	30658	29827	15.85	平果县

5-5 续表 20

县名称 Name of Counties	综合生产能力（万立方米/日） Integrated Production Capacity (10,000m³/ day)	地下水 Underground Water	供水管道长度（公里） Length of Water Supply Pipelines (km)	供水总量（万立方米） Total Quantity of Water Supply (10,000m³)	生产运营用水 The Quantity of Water for Production and Operation
德保县	3.50		119.10	576.00	10.00
那坡县	2.00	0.50	108.00	240.00	18.00
凌云县	2.00		31.00	324.00	11.00
乐业县	0.75		30.30	244.68	10.42
田林县	2.10		65.00	396.00	99.00
西林县	1.00		70.35	226.00	29.50
隆林各族自治县	2.50		42.00	409.85	56.62
昭平县	3.00		99.00	396.50	26.00
钟山县	4.50	1.00	137.36	582.55	82.75
富川瑶族自治县	3.00		44.60	396.00	25.00
南丹县	1.70		64.45	525.00	51.00
天峨县	3.00	2.00	30.80	315.00	52.00
凤山县	1.50		45.00	268.00	19.00
东兰县	1.00	1.00	31.50	260.00	7.40
罗城仫佬族自治县	3.20	1.20	106.10	436.00	26.00
环江毛南族自治县	1.85		65.50	566.10	298.00
巴马瑶族自治县	2.60		21.10	457.60	171.00
都安瑶族自治县	4.00		152.55	730.00	35.00
大化瑶族自治县	2.50		74.68	579.00	68.60
忻城县	2.35	0.15	236.15	441.89	72.44
象州县	3.00		39.30	410.00	85.00
武宣县	4.30	1.15	116.20	775.12	231.00
金秀瑶族自治县	0.40		38.88	110.82	26.00
扶绥县	2.50		39.49	867.00	9.00
宁明县	5.90		98.00	811.50	340.00
龙州县	2.80		92.49	779.68	60.00
大新县	2.80		143.74	592.67	62.96
天等县	1.65	1.65	49.40	297.10	11.30
海　南	**47.92**	**0.43**	**1074.49**	**14762.71**	**8881.73**
定安县	2.02		32.20	398.20	25.71
屯昌县	1.50		35.27	328.80	82.00
澄迈县	2.00		135.00	499.00	10.00
临高县	1.40		114.82	467.71	15.02
洋浦开发区	25.00	0.43	78.00	8680.00	7753.00
白沙黎族自治县	1.00		49.00	220.00	20.00
昌江黎族自治县	6.50		245.00	1490.00	756.50
乐东黎族自治县	1.50		85.00	540.00	
陵水黎族自治县	4.80		242.00	1451.00	134.50
保亭黎族苗族自治县	1.20		26.20	328.00	
琼中黎族苗族自治县	1.00		32.00	360.00	85.00
重　庆	**63.05**		**2629.52**	**13446.22**	**1609.42**
梁平县	4.80		220.00	886.50	137.00
城口县	0.55		71.40	197.00	38.80
丰都县	7.20		185.90	904.78	41.00
垫江县	3.70		142.20	1088.40	178.40
武隆县	3.00		45.10	660.71	9.20

continued 20

公共服务用水 The Quantity of Water for Public Service	居民家庭用水 The Quantity of Water for Household Use	其他用水 The Quantity of Water for Other Purposes	用水户数（户） Number of Households with Access to Water Supply (unit)	家庭用户 Household User	用水人口（万人） Population with Access to Water Supply (10,000 persons)	县名称 Name of Counties
19.40	417.60	33.00	15257	14179	5.57	德保县
22.00	163.00	10.00	5854	5600	3.15	那坡县
80.00	183.00	19.00	8549	8160	4.57	凌云县
7.50	195.36	3.00	6511	6158	3.42	乐业县
55.00	190.00	13.00	6745	6504	3.85	田林县
17.40	146.50	7.10	6326	6166	2.49	西林县
71.73	224.80	14.70	10687	10384	6.20	隆林各族自治县
15.00	285.00	14.00	13284	12950	5.85	昭平县
21.77	365.01		15602	14842	4.42	钟山县
79.00	240.00	5.00	9185	8560	4.00	富川瑶族自治县
19.00	384.80	2.20	15657	13752	5.48	南丹县
14.00	220.00		12937	12277	4.26	天峨县
78.00	122.00	17.00	8551	8305	3.90	凤山县
5.70	191.00	26.30	8030	7230	2.82	东兰县
50.00	294.20	7.00	10382	10005	4.86	罗城仫佬族自治县
12.10	195.10	3.90	7438	7115	4.35	环江毛南族自治县
11.00	208.00	1.00	16907	12940	3.48	巴马瑶族自治县
43.00	499.00	16.00	18744	18500	9.45	都安瑶族自治县
29.20	396.30	25.90	23124	21371	9.10	大化瑶族自治县
26.11	286.37	10.95	15665	15508	4.96	忻城县
29.00	223.00	31.00	22415	22000	6.60	象州县
14.76	458.00	8.36	17260	16802	7.65	武宣县
4.00	62.75	0.07	3781	3647	1.18	金秀瑶族自治县
230.00	525.50	16.50	21021	19110	8.00	扶绥县
0.60	357.90	48.00	15314	14639	7.10	宁明县
48.00	497.68	5.00	10633	10402	6.27	龙州县
60.00	340.30	12.05	10670	9800	4.08	大新县
5.90	241.10	3.30	8574	8023	4.48	天等县
835.48	**3549.51**	**251.19**	**116143**	**102764**	**72.72**	**海　南**
5.95	310.01	3.53	6580	6002	6.30	定安县
90.00	125.00		8970	7440	6.65	屯昌县
95.00	294.00	5.00	8522	8338	8.50	澄迈县
91.93	270.50	0.26	13391	10246	7.00	临高县
190.00	312.00	55.00	16467	15204	6.00	洋浦开发区
25.00	173.00		10925	10355	3.20	白沙黎族自治县
12.60	561.00	2.90	17510	16900	10.20	昌江黎族自治县
95.00	291.00	50.00	7183	6609	5.65	乐东黎族自治县
9.00	910.00	134.50	14973	11216	9.00	陵水黎族自治县
116.00	178.00		6081	5354	3.92	保亭黎族苗族自治县
105.00	125.00		5541	5100	6.30	琼中黎族苗族自治县
1156.02	**7895.13**	**931.21**	**817392**	**646747**	**242.02**	**重　庆**
148.00	508.00		52470	48015	17.45	梁平县
27.00	101.00	10.20	12636	11236	5.20	城口县
189.00	531.78	17.00	69168	61859	19.36	丰都县
20.00	877.00	3.00	180186	79210	16.30	垫江县
36.40	432.40	74.68	19046	16702	11.39	武隆县

5-5 续表 21

县名称 Name of Counties	综合生产能力(万立方米/日) Integrated Production Capacity (10,000m³/ day)	地下水 Underground Water	供水管道长度(公里) Length of Water Supply Pipelines (km)	供水总量(万立方米) Total Quantity of Water Supply (10,000m³)	生产运营用水 The Quantity of Water for Production and Operation
忠　县	7.50		170.86	1064.17	144.35
开　县	6.20		400.68	1652.95	281.09
云阳县	5.20		302.14	1135.70	13.30
奉节县	8.00		232.50	1543.00	192.00
巫山县	2.00		71.00	452.00	36.00
巫溪县	2.00		52.80	446.95	58.59
石柱土家族自治县	2.80		414.56	903.56	149.69
秀山土家族苗族自治县	3.00		164.50	973.50	185.00
酉阳土家族自治县	5.00		87.58	1031.00	128.00
彭水苗族土家族自治县	2.10		68.30	506.00	17.00
四　川	**361.68**	**35.16**	**17287.35**	**77357.53**	**12477.73**
金堂县	4.50		712.87	1602.20	141.00
双流县	60.00		4342.96	10053.79	1179.60
郫　县	0.35	0.35	756.76	5069.64	1250.12
大邑县	14.87	4.87	99.64	1503.37	212.20
蒲江县	4.20		800.00	547.00	75.00
新津县	6.50		460.00	1135.00	307.00
荣　县	5.00		253.00	751.00	33.00
富顺县	7.50	0.50	175.42	1258.00	265.02
米易县	2.02	0.02	92.70	448.49	29.70
盐边县	1.20		99.00	275.00	30.00
泸　县	5.00		106.46	743.23	139.34
合江县	7.00		144.73	1967.00	582.00
叙永县	5.00		89.17	837.00	100.00
古蔺县	3.00		170.00	571.00	92.00
中江县	6.20	6.20	138.00	2258.00	580.00
罗江县	4.10	4.10	134.70	636.50	195.60
三台县	4.66	0.10	225.71	979.77	159.50
盐亭县	3.20	1.00	48.00	917.00	352.00
安　县	1.10	1.10	120.00	394.00	27.00
梓潼县	2.50	0.10	102.82	733.00	254.00
北川羌族自治县	1.50	1.50	62.00	318.00	90.20
平武县	1.60		86.00	116.20	2.00
旺苍县	2.50		122.52	642.00	112.00
青川县	1.20		50.67	187.00	
剑阁县	1.50		69.00	180.00	15.00
苍溪县	3.50		136.07	720.70	23.00
蓬溪县	3.00		67.70	514.02	16.54
射洪县	6.20		158.20	1512.29	223.44
大英县	3.00		242.81	875.00	103.00
威远县	5.30		248.70	1095.00	235.00
资中县	5.39		96.82	909.00	178.00
隆昌县	6.00		306.26	1024.00	309.00
犍为县	3.00		89.49	729.55	74.31
井研县	1.05		167.45	420.00	55.00
夹江县	3.00		96.00	532.96	79.25

continued 21

公共服务用水 The Quantity of Water for Public Service	居民家庭用水 The Quantity of Water for Household Use	其他用水 The Quantity of Water for Other Purposes	用水户数(户) Number of Households with Access to Water Supply (unit)	家庭用户 Household User	用水人口(万人) Population with Access to Water Supply (10,000 persons)	县名称 Name of Counties
51.57	594.58	34.01	51648	46274	19.47	忠　县
67.00	1025.86	89.78	72003	64003	31.08	开　县
54.80	591.00	292.00	72640	60100	23.20	云阳县
189.00	724.00	163.00	75582	66832	18.62	奉节县
19.00	330.00	10.00	22855	20027	10.78	巫山县
21.41	264.57	12.99	26038	21795	8.50	巫溪县
52.84	428.94	120.05	50464	45649	14.48	石柱土家族自治县
85.00	532.00	12.50	26661	24935	17.50	秀山土家族苗族自治县
140.00	593.00	68.00	51909	50059	11.05	酉阳土家族自治县
55.00	361.00	24.00	34086	30051	17.64	彭水苗族土家族自治县
7872.09	**44012.41**	**2773.89**	**3469358**	**3052292**	**1041.32**	**四　川**
81.30	1025.30	168.50	74835	69917	23.00	金堂县
1096.48	6724.59	70.97	421897	400112	80.30	双流县
	3080.47	23.80	118606	109580	31.10	郫　县
420.17	515.00	105.00	68496	61769	15.06	大邑县
70.00	285.00	30.00	30198	26298	8.37	蒲江县
85.00	610.00	34.00	58634	32041	11.12	新津县
119.00	523.00	39.00	72956	63190	15.00	荣　县
68.43	693.60	94.95	76118	65575	22.00	富顺县
99.05	256.73		10008	8119	4.05	米易县
50.50	145.50	5.50	8043	6629	2.51	盐边县
78.23	397.70		28925	22015	9.80	泸　县
221.00	944.00	75.00	57507	54599	17.88	合江县
106.00	504.00		49561	41007	12.30	叙永县
35.00	386.00		37263	34187	11.20	古蔺县
273.00	1272.00	16.00	69447	68107	24.27	中江县
21.90	355.00	20.00	19734	19317	6.08	罗江县
24.87	780.85	8.40	70678	64786	26.35	三台县
160.00	240.00	61.00	26205	18520	7.60	盐亭县
5.00	322.00		17272	16770	8.50	安　县
3.00	263.00		23928	16750	7.00	梓潼县
35.00	124.80	36.00	12808	11654	3.20	北川羌族自治县
0.50	96.70	4.00	9097	9000	2.60	平武县
93.00	347.00	12.00	39480	37760	9.90	旺苍县
52.00	106.00	2.20	10347	8874	2.40	青川县
50.00	88.00	6.00	13200	11558	3.00	剑阁县
25.00	544.00	55.00	50152	40491	12.62	苍溪县
20.83	312.00	61.72	39880	17980	11.90	蓬溪县
210.00	877.85	85.00	80855	70025	29.00	射洪县
12.00	608.00	17.00	54177	46542	14.10	大英县
146.00	527.00	68.00	76112	66903	15.62	威远县
118.00	536.00	4.00	18131	17652	12.55	资中县
105.89	453.11		46709	34536	20.64	隆昌县
51.54	450.24	59.23	38617	33665	9.00	犍为县
40.00	220.00	20.00	32890	29500	6.40	井研县
57.00	281.95	5.16	12181	10637	6.00	夹江县

5-5 续表 22

县名称 Name of Counties	综合生产能力（万立方米/日） Integrated Production Capacity (10,000m³/ day)	地下水 Underground Water	供水管道长度（公里） Length of Water Supply Pipelines (km)	供水总量（万立方米） Total Quantity of Water Supply (10,000m³)	生产运营用水 The Quantity of Water for Production and Operation
沐川县	1.00		27.00	355.81	42.70
峨边彝族自治县	1.10		24.00	148.50	15.00
马边彝族自治县	3.00		41.00	382.00	75.00
南部县	8.00		183.00	1945.00	456.00
营山县	4.50		118.00	1273.00	340.00
蓬安县	4.00		96.00	1102.00	336.00
仪陇县	3.00		98.00	987.00	208.00
西充县	4.00		106.00	1326.00	397.00
仁寿县	7.00		413.01	1442.50	245.00
洪雅县	3.49	0.49	66.20	382.38	4.35
丹棱县	3.00		83.67	320.60	67.80
青神县	3.52	0.32	70.80	444.50	65.00
宜宾县	2.40	2.40	83.43	624.30	150.00
江安县	1.17		68.96	425.42	2.31
长宁县	2.60		69.50	547.50	198.00
高　县	4.50	0.50	115.02	706.69	26.64
珙　县	1.57	1.46	66.75	546.37	27.90
筠连县	1.50		34.18	375.00	72.00
兴文县	2.50		41.18	191.33	0.25
屏山县	2.20		45.00	270.00	40.48
岳池县	5.00		383.82	1010.73	85.85
武胜县	4.00		129.78	932.00	116.94
邻水县	5.00		245.01	1431.36	126.58
宣汉县	4.20		116.00	860.00	38.00
开江县	3.00		112.11	515.00	55.00
大竹县	5.00		149.00	1305.00	58.00
渠　县	7.70		122.00	939.60	48.00
荥经县	1.60		32.00	293.00	11.00
汉源县	1.50	1.50	50.00	420.00	99.00
石棉县	2.90	1.50	46.70	420.00	14.00
天全县	2.70	2.20	42.50	269.32	4.00
芦山县	1.50		35.00	246.00	49.00
宝兴县	0.35		13.50	96.10	18.00
通江县	3.30		160.41	691.96	22.12
南江县	4.20		372.00	697.00	32.00
平昌县	4.00		222.00	752.50	6.50
安岳县	4.90		213.70	1316.00	265.32
乐至县	2.35		171.00	834.90	78.00
汶川县	1.99		62.11	298.00	57.00
理　县	0.55		11.51	112.00	15.70
茂　县	2.00		26.25	369.52	21.49
松潘县	1.01	1.01	64.10	185.65	8.00
九寨沟县	2.00		22.20	192.00	35.00
金川县	0.33		15.00	94.75	0.70
小金县	1.00		58.00	150.10	15.60
黑水县	0.33		9.01	112.50	5.50

continued 22

公共服务用水 The Quantity of Water for Public Service	居民家庭用水 The Quantity of Water for Household Use	其他用水 The Quantity of Water for Other Purposes	用水户数(户) Number of Households with Access to Water Supply (unit)	家庭用户 Household User	用水人口(万人) Population with Access to Water Supply (10,000 persons)	县名称 Name of Counties
30.00	126.30	7.30	14754	12632	4.50	沐川县
18.00	98.00		2835	2400	3.55	峨边彝族自治县
22.00	178.00	12.00	9700	9537	3.50	马边彝族自治县
408.00	855.00		102243	89963	26.00	南部县
214.00	583.00		59987	53530	18.00	营山县
219.00	420.00		55951	48928	13.80	蓬安县
232.00	451.00		54560	47530	14.30	仪陇县
250.00	525.00		63303	55967	14.50	西充县
62.00	872.00	40.00	86275	73680	28.00	仁寿县
127.90	211.73	5.57	29296	24506	7.18	洪雅县
27.90	160.80	28.10	11338	9988	4.98	丹棱县
63.00	272.00	11.00	12353	11513	4.64	青神县
5.30	355.00	63.00	18679	15788	9.50	宜宾县
15.89	280.77	83.75	18126	15263	10.00	江安县
57.00	212.70	16.30	21623	17982	6.80	长宁县
54.31	359.45	28.00	31867	30087	9.40	高　县
45.10	298.48	44.50	24470	23134	12.12	珙　县
60.00	198.00		23891	18726	8.00	筠连县
0.59	141.86	22.31	21715	20148	7.26	兴文县
12.00	185.52	10.00	12000	11106	3.70	屏山县
87.35	552.15	76.05	61454	54805	19.57	岳池县
73.03	457.95	90.97	48504	44105	12.20	武胜县
9.32	500.84	287.06	64437	57949	20.20	邻水县
208.00	513.20	20.80	43830	34500	15.12	宣汉县
50.00	320.00	30.00	40600	39390	11.20	开江县
181.00	638.00	116.00	60587	55286	21.50	大竹县
141.00	644.00		64605	59929	23.00	渠　县
12.50	219.50	22.00	19605	15124	3.77	荥经县
60.00	170.00	48.00	12364	11752	3.10	汉源县
42.00	295.00	8.00	12510	11210	4.05	石棉县
5.00	224.32		17856	17751	3.85	天全县
40.00	60.00	26.00	9290	500	2.95	芦山县
5.10	58.00	4.00	2790	2342	1.23	宝兴县
30.24	565.25	4.35	23412	16230	13.00	通江县
71.00	437.00	92.00	51228	46803	13.10	南江县
102.00	498.00	36.00	45693	39805	22.85	平昌县
85.53	675.68	65.75	56278	46593	20.50	安岳县
61.00	596.00	14.90	45527	42156	18.21	乐至县
23.00	165.00	20.00	10766	9235	3.62	汶川县
13.00	58.80	8.00	4888	4180	1.35	理　县
26.00	255.40		6084	5943	3.94	茂　县
15.00	142.65		5688	5322	1.98	松潘县
28.00	99.00	3.00	5731	5278	2.85	九寨沟县
4.05	61.00	6.30	3883	3642	1.46	金川县
11.00	97.80	5.10	4240	4100	1.74	小金县
15.00	78.00	3.00	5592	5050	1.55	黑水县

5-5 续表 23

县名称 Name of Counties	综合生产能力（万立方米/日） Integrated Production Capacity ($10,000m^3$/ day)	地下水 Underground Water	供水管道长度（公里） Length of Water Supply Pipelines (km)	供水总量（万立方米） Total Quantity of Water Supply ($10,000m^3$)	生产运营用水 The Quantity of Water for Production and Operation
壤塘县	0.90		21.41	59.00	
阿坝县	0.75	0.25	33.78	77.60	3.60
若尔盖县	0.30		30.00	65.00	4.00
红原县	0.41		79.52	34.63	3.10
泸定县	0.94		24.61	272.38	16.40
丹巴县	0.40		11.00	69.20	9.20
九龙县	0.10		25.00	42.60	8.00
雅江县	0.20		8.78	72.65	25.00
道孚县	0.72		19.00	62.60	7.46
炉霍县	0.33		42.70	81.63	9.20
甘孜县	0.63		32.00	49.40	6.80
新龙县	0.33		32.00	117.61	15.00
德格县	0.60		23.00	47.60	6.10
白玉县	0.32		21.50	94.36	9.80
石渠县	0.42		15.30	24.13	2.10
色达县	0.42		17.20	54.21	1.50
理塘县	0.50		64.00	162.00	23.00
巴塘县	1.00		23.00	56.30	7.00
乡城县	0.10		17.00	35.48	7.20
稻城县	0.35		18.30	72.62	3.00
得荣县	0.10		8.00	36.30	4.40
木里藏族自治县	1.20		28.50	128.90	2.40
盐源县	1.78		61.25	601.18	196.20
德昌县	2.20		106.50	587.00	80.00
会理县	2.40	0.40	196.05	508.80	84.00
会东县	1.55	1.55	92.12	411.85	70.50
宁南县	1.20		81.45	423.00	16.00
普格县	0.66		78.00	153.00	13.00
布拖县	0.50	0.50	24.08	168.00	7.00
金阳县	0.58	0.58	15.93	125.33	18.72
昭觉县	0.80		29.00	262.00	116.00
喜德县	0.85		34.50	284.00	27.50
冕宁县	1.65		76.40	237.70	22.70
越西县	1.50		19.81	406.00	
甘洛县	0.83	0.10	36.22	230.15	17.40
美姑县	0.56	0.56	17.40	144.52	28.90
雷波县	1.50		16.00	302.20	30.00
贵　州	**123.68**	**28.13**	**5473.91**	**25342.76**	**3194.59**
开阳县	2.18	0.05	162.80	533.70	49.70
息烽县	1.80		92.70	376.00	48.00
修文县	0.85	0.50	53.23	305.00	18.00
水城县	0.50	0.50	96.49	427.59	6.81
盘　县	2.30		276.20	560.20	32.00
六枝特区	2.28	0.51	123.10	565.20	97.50
遵义县	4.20		262.00	1233.00	229.00
桐梓县	3.10		109.00	807.00	120.00

continued 23

公共服务用水 The Quantity of Water for Public Service	居民家庭用水 The Quantity of Water for Household Use	其他用水 The Quantity of Water for Other Purposes	用水户数(户) Number of Households with Access to Water Supply (unit)	家庭用户 Household User	用水人口(万人) Population with Access to Water Supply (10,000 persons)	县名称 Name of Counties
17.00	32.00	5.00	2789	2741	0.53	壤塘县
5.20	56.50	2.00	3074	2708	1.26	阿坝县
12.00	35.00		4202	4195	1.04	若尔盖县
0.59	1.93	0.81	3583	3110	1.32	红原县
8.50	190.00	17.50	3086	2500	2.10	泸定县
7.50	33.50	4.80	2170	1800	1.03	丹巴县
7.50	14.00	4.20	1075	960	0.96	九龙县
5.00	23.65		1490	1150	0.60	雅江县
9.24	32.00	4.00	2175	1950	1.00	道孚县
8.80	36.00	8.56	1077	899	0.76	炉霍县
2.09	29.00	3.10	6718	4611	1.31	甘孜县
23.00	59.59	4.00	927	785	0.85	新龙县
4.40	24.70	6.20	1521	1100	0.47	德格县
11.00	48.00	4.00	16527	15572	0.60	白玉县
2.31	9.22		607	562	0.58	石渠县
7.42	39.00		1121	662	0.62	色达县
27.00	43.00	22.00	6345	4400	1.06	理塘县
4.00	27.10	4.00	1971	1680	1.50	巴塘县
7.60	11.40	4.20	1970	1810	0.49	乡城县
23.00	36.00		868	653	0.66	稻城县
2.10	17.50	2.30	918	770	0.36	得荣县
2.60	99.00	1.30	4827	4816	1.77	木里藏族自治县
13.12	357.30	4.56	9094	8553	7.75	盐源县
56.00	336.00	25.00	22452	21120	5.00	德昌县
52.00	273.80	24.00	14323	11364	8.70	会理县
34.25	206.50		7937	7515	5.70	会东县
31.00	291.00	11.00	7848	7710	3.35	宁南县
10.00	90.00	3.00	5000	4755	2.19	普格县
3.00	141.00		3222	3200	2.67	布拖县
2.67	94.37	3.76	3085	3079	1.92	金阳县
32.00	82.00	5.00	4014	3815	3.01	昭觉县
5.00	220.00	4.00	8650	8500	2.35	喜德县
12.50	163.50	11.20	6062	6021	3.96	冕宁县
26.00	309.00	31.00	16592	15875	4.36	越西县
12.70	174.00	2.25	4369	4326	3.77	甘洛县
17.20	81.81	2.31	3643	3592	2.48	美姑县
9.00	230.50	2.30	6671	5980	3.20	雷波县
2382.68	**14956.23**	**1197.36**	**1046186**	**844313**	**486.58**	**贵　州**
16.80	397.20	6.00	30851	24219	11.09	开阳县
46.00	150.00	50.00	17564	16610	6.25	息烽县
7.00	163.00	67.00	9539	7600	5.82	修文县
187.09	187.51	3.18	21724	17407	7.46	水城县
5.00	390.00	75.00	27504	21125	14.91	盘　县
49.20	309.00	13.50	38850	34126	15.00	六枝特区
159.00	608.00	13.00	42717	32299	18.91	遵义县
130.00	426.00	50.00	40930	35800	11.70	桐梓县

5-5 续表 24

县名称 Name of Counties	综合生产能力(万立方米/日) Integrated Production Capacity (10,000m³/ day)	地下水 Underground Water	供水管道长度(公里) Length of Water Supply Pipelines (km)	供水总量(万立方米) Total Quantity of Water Supply (10,000m³)	生产运营用水 The Quantity of Water for Production and Operation
绥阳县	1.00		75.00	350.00	40.00
正安县	2.00		64.00	425.38	100.00
道真仡佬族苗族自治县	1.50		43.70	305.50	13.70
务川仡佬族苗族自治县	1.10		30.00	288.68	17.50
凤冈县	1.00		50.00	330.00	14.00
湄潭县	2.40		87.00	433.00	90.00
余庆县	2.00		64.00	438.00	38.00
习水县	2.80		110.50	726.90	178.00
普定县	2.95	2.10	94.95	511.50	111.00
镇宁布依族苗族自治县	1.00		111.00	336.70	56.00
关岭布依族苗族自治县	2.00	2.00	35.80	176.00	33.00
紫云苗族布依族自治县	1.55	0.35	111.58	288.11	81.20
江口县	1.40	0.60	122.00	214.20	22.00
玉屏侗族自治县	1.60	0.08	90.25	472.05	103.31
石阡县	1.80		106.44	401.06	
思南县	0.87	0.51	123.00	301.66	13.76
印江土家族苗族自治县	3.20	2.00	103.00	492.00	56.00
德江县	2.30		65.80	565.00	
沿河土家族自治县	2.20	2.20	40.20	444.00	40.00
松桃苗族自治县	1.91		42.32	369.03	67.92
兴仁县	3.00	0.90	183.00	442.00	20.00
普安县	1.00		86.00	194.00	27.00
晴隆县	0.59	0.08	47.35	134.74	12.65
贞丰县	1.15		88.40	287.40	12.10
望谟县	0.65		44.30	257.80	40.00
册亨县	0.50		30.00	123.59	10.00
安龙县	1.20	0.63	100.00	490.00	72.00
大方县	2.00		48.90	297.48	21.80
黔西县	2.70		208.80	851.00	130.00
金沙县	1.80		83.50	608.60	90.00
织金县	2.20		70.95	535.00	105.00
纳雍县	1.20	1.20	46.00	439.00	38.00
威宁彝族回族苗族自治县	3.00	3.00	78.50	444.30	22.30
赫章县	1.60		48.00	197.03	26.03
黄平县	1.40	1.10	37.79	188.20	34.00
施秉县	1.32		25.00	192.10	
三穗县	1.00		68.80	338.00	48.00
镇远县	1.20	1.20	31.38	422.00	89.00
岑巩县	2.20		50.64	173.35	24.70
天柱县	2.30		46.00	553.00	72.00
锦屏县	1.00		36.50	172.30	15.10
剑河县	1.20		48.70	140.10	25.00
台江县	1.00		29.87	93.90	6.50
黎平县	1.80		224.58	492.90	32.00
榕江县	1.60		30.00	344.10	21.00

continued 24

公共服务用水 The Quantity of Water for Public Service	居民家庭用水 The Quantity of Water for Household Use	其他用水 The Quantity of Water for Other Purposes	用水户数(户) Number of Households with Access to Water Supply (unit)	家庭用户 Household User	用水人口(万人) Population with Access to Water Supply (10,000 persons)	县名称 Name of Counties
30.00	245.00		12200	11000	8.29	绥阳县
12.50	262.65	7.23	20079	18772	9.00	正安县
16.40	239.00	4.40	14362	10412	6.96	道真仡佬族苗族自治县
16.00	201.30	7.98	6327	5100	6.00	务川仡佬族苗族自治县
22.00	260.00		12646	12578	6.46	凤冈县
28.00	270.00		11688	9972	8.00	湄潭县
32.00	300.00	24.00	11037	10200	5.27	余庆县
0.90	385.00	30.00	25710	25000	10.83	习水县
86.50	237.00	42.00	15304	13636	8.95	普定县
20.00	219.00	8.00	12145	11619	7.95	镇宁布依族苗族自治县
24.00	60.00	15.00	17529	126	3.45	关岭布依族苗族自治县
28.20	122.68	21.03	7856	7570	6.32	紫云苗族布依族自治县
9.85	159.00	1.35	5742	5234	5.22	江口县
2.47	194.47	71.00	13565	11455	5.60	玉屏侗族自治县
	218.76	139.00	16272	11875	7.20	石阡县
218.70	1.80	7.00	15345	100	7.43	思南县
106.00	268.00		24555	22470	8.00	印江土家族苗族自治县
	350.00	158.00	4203	4179	9.50	德江县
45.00	260.00	23.00	23500	19576	7.21	沿河土家族自治县
15.85	227.17	8.40	37051	203	10.15	松桃苗族自治县
45.00	301.00		23851	17010	8.59	兴仁县
10.00	135.00		8266	6580	4.06	普安县
8.23	92.86		2629	2272	4.15	晴隆县
51.30	157.45	5.30	16500	10000	6.42	贞丰县
16.00	148.30	17.50	9892	9200	5.01	望谟县
1.50	78.00	3.59	6880	5700	3.03	册亨县
30.00	292.00	44.00	7271	6738	7.79	安龙县
30.12	211.00	10.36	12495	11790	10.19	大方县
71.50	561.00		30547	26500	14.85	黔西县
17.60	415.00	25.00	12455	10020	9.80	金沙县
	363.00	12.00	20864	19526	8.80	织金县
25.00	236.00		12926	11561	8.00	纳雍县
17.50	341.00	1.10	18368	18170	12.00	威宁彝族回族苗族自治县
0.30	133.00		12144	11080	6.50	赫章县
9.60	120.80		8536	6461	5.96	黄平县
9.60	126.40	35.10	10079	9866	4.56	施秉县
23.00	181.00	22.00	7711	7321	5.56	三穗县
50.00	149.00	2.00	12800	10100	6.68	镇远县
20.20	91.30	19.00	4943	4334	3.82	岑巩县
49.40	357.00	15.00	21110	17620	9.36	天柱县
14.20	123.40	2.30	11560	9512	4.12	锦屏县
16.00	71.00	4.80	11535	9357	3.82	剑河县
10.00	62.70		5592	4488	2.98	台江县
21.30	340.00	11.00	19081	15339	9.00	黎平县
63.00	220.00	5.10	10519	10022	4.10	榕江县

5-5 续表 25

县名称 Name of Counties	综合生产能力（万立方米/日） Integrated Production Capacity (10,000m³/ day)	地下水 Underground Water	供水管道长度（公里） Length of Water Supply Pipelines (km)	供水总量（万立方米） Total Quantity of Water Supply (10,000m³)	生产运营用水 The Quantity of Water for Production and Operation
从江县	2.10		36.50	160.14	1.45
雷山县	0.50		60.85	160.05	6.80
麻江县	1.10	0.14	87.00	163.30	24.00
丹寨县	1.00		31.90	196.50	12.50
荔波县	1.05		34.61	374.30	38.00
贵定县	2.40	1.52	50.00	471.00	7.00
瓮安县	2.70		114.00	490.00	65.00
独山县	5.00		91.80	452.65	126.10
平塘县	2.23	2.22	31.20	230.02	1.41
罗甸县	3.00	0.24	86.00	152.10	12.00
长顺县	2.20	2.20	23.00	221.35	44.75
龙里县	3.00	0.30	90.00	296.00	45.00
惠水县	2.00	2.00	111.00	647.00	95.00
三都水族自治县	3.00		87.03	240.00	45.00
云　南	**164.07**	**21.43**	**9235.35**	**33081.47**	**4890.27**
晋宁县	1.56		72.03	480.00	1.00
富民县	1.65		61.68	162.40	14.00
宜良县	2.62	0.65	181.30	852.60	292.03
石林彝族自治县	1.80	1.80	65.60	459.00	12.40
禄劝彝族苗族自治县	2.40	0.10	54.80	276.40	19.00
寻甸回族彝族自治县	3.50		186.10	574.00	116.00
倘甸产业园区和轿子山旅游开发区	2.12		149.80	148.33	15.90
嵩明县	3.60		397.00	536.23	79.90
马龙县	0.65		65.00	237.00	15.00
陆良县	2.00	0.80	207.20	587.54	21.60
师宗县	1.10		61.00	392.00	6.00
罗平县	3.10	0.50	253.07	946.55	164.67
富源县	2.20		61.20	590.80	0.70
会泽县	1.30		142.00	450.00	145.00
沾益县	3.50		110.64	403.00	95.80
江川县	1.85	1.44	107.83	485.04	113.05
澄江县	1.00	1.00	196.23	275.00	86.00
通海县	1.92		89.44	398.83	122.30
华宁县	1.30	1.30	159.70	329.60	21.30
易门县	1.20		93.40	325.00	30.00
峨山县	1.40		81.22	278.00	27.00
新平县	2.18		162.26	400.41	41.40
元江县	2.50		88.69	265.00	11.00
施甸县	2.50		75.00	417.80	103.00
龙陵县	2.65	1.65	71.50	478.95	100.00
昌宁县	1.50	0.50	84.87	475.75	86.00
鲁甸县	1.91	0.19	122.00	313.22	12.20
巧家县	1.30	0.30	57.80	322.11	3.74
盐津县	0.80		36.00	281.30	15.60
大关县	0.65		23.00	237.00	30.00

continued 25

公共服务用水 The Quantity of Water for Public Service	居民家庭用水 The Quantity of Water for Household Use	其他用水 The Quantity of Water for Other Purposes	用水户数(户) Number of Households with Access to Water Supply (unit)	家庭用户 Household User	用水人口(万人) Population with Access to Water Supply (10,000 persons)	县名称 Name of Counties
45.00	89.00	0.97	3855	3456	3.70	从江县
22.10	85.78	26.57	5827	5335	3.00	雷山县
0.30	97.00	19.00	6767	5418	2.95	麻江县
36.00	112.90	5.50	3321	2332	4.31	丹寨县
112.00	162.00	18.50	9111	9066	4.28	荔波县
14.00	385.00	8.00	21352	20447	9.30	贵定县
25.00	350.00		35000	32000	13.80	瓮安县
	282.50	0.05	16750	13836	5.91	独山县
0.27	202.00	3.35	11530	10760	3.60	平塘县
9.90	108.00	2.20	9753	9300	4.60	罗甸县
125.30	6.30		7986	7813	4.04	长顺县
20.00	170.00		15800	12000	6.22	龙里县
12.00	376.00	8.00	28020	26291	8.50	惠水县
36.00	111.00	25.00	15765	15429	4.29	三都水族自治县
3431.11	**18454.90**	**979.39**	**1267184**	**1106063**	**560.87**	**云　南**
103.00	332.00		16660	15280	6.08	晋宁县
1.50	109.00	21.40	5602	5329	3.84	富民县
10.00	414.85	5.70	23148	18773	11.94	宜良县
27.10	344.50	12.00	18341	14280	9.70	石林彝族自治县
85.00	132.00	9.40	8776	6660	5.30	禄劝彝族苗族自治县
67.00	230.00	12.00	22577	22237	6.68	寻甸回族彝族自治县
5.20	113.00	6.20	8354	5962	4.04	倘甸产业园区和轿子山旅游开发区
54.50	348.18	17.65	37684	33104	7.64	嵩明县
11.00	121.00	9.00	11782	9862	4.65	马龙县
22.50	373.40	5.04	24405	24100	13.80	陆良县
67.00	193.00		20100	16560	10.50	师宗县
207.81	254.10	8.32	19186	16060	12.65	罗平县
39.00	188.80	2.30	11574	10769	8.40	富源县
1.00	224.00		36179	31869	11.80	会泽县
2.15	253.70	9.85	6662	5130	7.24	沾益县
36.62	235.71	3.73	15845	11944	8.19	江川县
	146.00	2.00	15349	14859	2.85	澄江县
27.79	188.96	2.98	25905	22936	6.80	通海县
38.50	119.30	45.60	16545	13419	3.67	华宁县
63.00	145.00		12231	11789	3.20	易门县
22.00	180.00	11.00	16111	14443	3.91	峨山县
136.07	161.87	2.07	18460	17835	5.29	新平县
18.00	219.00		17664	15903	3.54	元江县
26.00	152.00	10.00	7984	7666	5.00	施甸县
47.00	215.00	36.95	13070	10642	5.75	龙陵县
32.75	175.00	90.00	16622	15544	6.30	昌宁县
2.92	262.50	2.80	10639	10092	7.26	鲁甸县
2.35	252.01	28.01	13240	12610	6.74	巧家县
18.70	203.50	10.50	12313	12100	6.48	盐津县
11.00	171.00		11376	11020	5.12	大关县

5-5 续表 26

县名称 Name of Counties	综合生产能力(万立方米/日) Integrated Production Capacity (10,000m³/ day)	地下水 Underground Water	供水管道长度(公里) Length of Water Supply Pipelines (km)	供水总量(万立方米) Total Quantity of Water Supply (10,000m³)	生产运营用水 The Quantity of Water for Production and Operation
永善县	3.56	0.04	36.30	313.06	58.34
绥江县	1.40		127.00	299.00	78.00
镇雄县	4.45	0.11	148.00	1017.34	104.30
彝良县	0.96	0.96	49.87	293.98	5.60
威信县	1.34		58.00	315.29	16.53
水富县	2.30	0.60	140.00	409.00	22.00
玉龙纳西族自治县			23.00	81.00	23.00
永胜县	1.70	0.20	97.38	340.29	32.00
华坪县	2.00		175.00	321.00	76.00
宁蒗县	1.30	0.10	25.00	322.10	67.00
宁洱哈尼族彝族自治县	1.07		150.46	292.39	10.09
墨江哈尼族自治县	9.02	5.11	52.50	171.24	22.00
景东彝族自治县	0.96		71.20	229.20	6.70
景谷傣族彝族自治县	3.36	1.36	51.50	471.80	9.30
镇沅彝族哈尼族拉祜族自治县	0.33		46.90	120.00	2.90
江城哈尼族彝族自治县	0.48		31.50	125.97	17.70
孟连傣族拉祜族佤族自治县	1.47	0.46	39.00	180.00	6.00
澜沧拉祜族自治县	1.50		77.92	261.86	70.37
西盟佤族自治县	0.15		19.00	47.01	8.80
凤庆县	2.99	1.20	104.00	1031.10	36.00
云　县	2.70		180.40	825.32	62.02
永德县	1.00		58.61	186.38	
镇康县	1.00		75.62	230.68	92.00
双江拉祜族佤族布朗族傣族自治县	0.88		59.80	248.15	49.00
耿马傣族佤族自治县	1.48		60.00	320.03	37.00
沧源佤族自治县	0.50		82.46	180.00	78.95
双柏县	1.01	0.01	92.70	143.65	13.00
牟定县	1.22	0.02	81.20	160.10	14.75
南华县	0.90		145.10	257.00	57.00
姚安县	0.60		43.81	182.08	4.30
大姚县	1.78	0.03	49.30	331.96	8.59
永仁县	0.63		73.78	209.40	23.22
元谋县	1.10	0.10	92.50	286.00	102.00
武定县	1.70	0.31	97.97	256.52	26.50
禄丰县	2.00		76.00	511.00	113.00
屏边苗族自治县	1.35		35.12	202.73	13.24
建水县	4.00		156.45	873.00	202.13
石屏县	2.77		57.00	374.80	112.00
泸西县	2.00	0.32	215.12	460.00	131.00
元阳县	0.60		13.35	126.40	22.00
红河县	1.00		48.00	169.00	38.00
金平苗族瑶族傣族自治县	0.95		24.70	170.34	36.00

continued 26

公共服务用水 The Quantity of Water for Public Service	居民家庭用水 The Quantity of Water for Household Use	其他用水 The Quantity of Water for Other Purposes	用水户数(户) Number of Households with Access to Water Supply (unit)	家庭用户 Household User	用水人口(万人) Population with Access to Water Supply (10,000 persons)	县名称 Name of Counties
92.70	79.46	34.26	13755	11078	6.92	永善县
19.20	165.00	5.00	8921	8874	4.30	绥江县
82.95	702.80	25.29	38837	32286	24.35	镇雄县
1.22	255.04	2.62	9902	9855	7.23	彝良县
61.50	189.00	2.25	13198	12858	6.31	威信县
38.00	257.50	58.50	12030	11417	5.59	水富县
7.00	33.00		4072	3210	1.97	玉龙纳西族自治县
102.29	164.00	6.00	12265	12021	4.25	永胜县
5.00	205.00		14999	12785	3.00	华坪县
49.00	159.00	7.00	8755	8200	3.32	宁蒗县
10.08	202.42	32.20	11098	7958	5.19	宁洱哈尼族彝族自治县
11.00	102.43	6.01	11752	9449	3.91	墨江哈尼族自治县
10.90	169.00	1.60	10831	9785	3.98	景东彝族自治县
64.00	294.50	12.00	13231	11310	6.26	景谷傣族彝族自治县
8.10	97.00		3325	3000	1.98	镇沅彝族哈尼族拉祜族自治县
21.00	70.95	2.72	4940	4191	2.70	江城哈尼族彝族自治县
29.80	88.20	1.50	4784	3808	4.45	孟连傣族拉祜族佤族自治县
	151.90	0.71	15897	14470	6.04	澜沧拉祜族自治县
2.00	27.17	4.04	1862	1600	0.99	西盟佤族自治县
162.00	737.00	1.10	11652	10344	9.34	凤庆县
72.30	586.00	25.00	16610	15110	9.91	云　县
36.76	115.20	0.63	8452	6882	5.34	永德县
0.42	100.00	3.00	9149	5726	2.80	镇康县
3.15	163.00		8109	7019	3.98	双江拉祜族佤族布朗族傣族自治县
20.00	192.08	10.00	7064	5474	4.70	耿马傣族佤族自治县
	75.50	2.01	5675	4268	3.29	沧源佤族自治县
35.00	67.25	1.40	8932	8649	3.27	双柏县
28.75	100.60		10211	9680	3.74	牟定县
	143.00	1.00	6806	6603	5.43	南华县
23.00	117.60	0.18	5747	5360	3.30	姚安县
51.16	224.61	13.80	14171	12206	5.69	大姚县
	78.00	74.38	4399	4140	1.65	永仁县
	136.00	2.00	14218	12895	6.00	元谋县
2.45	168.00	34.80	24889	23395	4.50	武定县
91.00	211.00		13000	10582	6.42	禄丰县
20.76	142.00	2.73	7155	6884	3.25	屏边苗族自治县
113.24	447.54	7.29	40687	32944	16.28	建水县
31.00	175.00	1.00	16749	11943	4.64	石屏县
54.00	199.00	16.00	13120	12348	9.10	泸西县
11.00	74.00	1.80	2748	2392	1.23	元阳县
19.00	84.00	7.30	5778	5312	3.77	红河县
3.40	86.24	25.50	5004	4358	3.90	金平苗族瑶族傣族自治县

5-5 续表 27

县名称 Name of Counties	综合生产能力（万立方米/日）Integrated Production Capacity (10,000m³/ day)	地下水 Underground Water	供水管道长度（公里）Length of Water Supply Pipelines (km)	供水总量（万立方米）Total Quantity of Water Supply (10,000m³)	生产运营用水 The Quantity of Water for Production and Operation
绿春县	0.62		12.20	157.00	42.00
河口县	0.80		31.50	292.00	32.00
砚山县	1.27	0.07	95.30	364.60	1.30
西畴县	0.60		51.60	108.82	
麻栗坡县	0.60		62.00	138.50	30.00
马关县	0.86		61.06	313.80	80.00
丘北县	1.20		75.00	345.20	15.00
广南县	1.98		130.00	435.00	92.00
富宁县	1.70		54.70	394.60	78.60
勐海县	1.30		119.80	378.00	
勐腊县	1.00		71.85	251.50	17.00
漾濞彝族自治县	1.10		34.00	98.51	12.13
祥云县	1.90		195.00	400.00	65.00
宾川县	2.20	0.20	243.10	359.20	67.00
弥渡县	0.80		65.50	269.61	49.00
南涧彝族自治县	1.50		65.00	219.40	35.20
巍山彝族回族自治县	1.00		35.73	168.00	27.00
永平县	1.00		73.00	194.00	4.60
云龙县	0.95		76.00	91.80	0.32
洱源县	0.70		49.00	132.50	31.00
剑川县	0.60		156.90	214.00	
鹤庆县	1.60		102.69	200.00	22.00
梁河县	0.50		17.00	96.00	
盈江县	2.50		209.54	536.00	200.00
陇川县	1.50		68.20	285.67	154.00
泸水县	0.82		74.00	293.31	38.00
福贡县	0.58		10.60	102.66	26.00
贡山独龙族怒族自治县	0.30		17.00	29.86	0.20
兰坪白族普米族自治县	1.00		52.30	247.00	40.00
德钦县	0.60		18.00	69.50	4.00
维西傈僳族自治县	1.72		47.90	169.40	17.00
西　藏	**27.23**	**8.27**	**647.17**	**2895.43**	**235.01**
林周县	0.10	0.10	27.74	65.00	2.30
当雄县	0.05	0.05	15.66	17.10	2.97
尼木县	0.03	0.03	10.10	22.51	0.50
曲水县	0.15		14.27	41.50	4.50
达孜县	0.43	0.43	16.00	38.72	0.05
墨竹工卡县	1.07	1.03	18.60	30.81	0.10
江达县	0.30		2.50	18.70	1.10
贡觉县	0.35		2.00	53.83	0.51
类乌齐县	0.35		9.50	53.83	0.51
丁青县	0.30		2.20	70.00	10.00
察雅县	0.60		2.00	77.50	10.00
八宿县	0.40		1.00	74.00	10.00
左贡县	0.40		2.20	60.00	2.00
芒康县	0.40		6.00	103.30	7.00

continued 27

公共服务用水 The Quantity of Water for Public Service	居民家庭用水 The Quantity of Water for Household Use	其他用水 The Quantity of Water for Other Purposes	用水户数(户) Number of Households with Access to Water Supply (unit)	家庭用户 Household User	用水人口(万人) Population with Access to Water Supply (10,000 persons)	县名称 Name of Counties
32.00	65.00		6504	3390	2.10	绿春县
43.00	154.00	29.00	5475	5311	4.11	河口县
65.50	227.10	2.20	11706	10140	6.60	砚山县
10.00	72.00	0.47	4768	4683	1.60	西畴县
9.00	82.00	1.20	10214	9850	4.35	麻栗坡县
30.00	149.00	17.00	13900	12494	6.00	马关县
12.50	215.90	10.30	13611	11460	8.00	丘北县
23.00	249.00	6.00	18560	16910	9.00	广南县
7.60	239.60	1.00	14385	11994	6.90	富宁县
82.24	254.76		6659	5900	7.55	勐海县
26.00	178.00	3.50	13346	11921	5.57	勐腊县
5.16	64.42	5.02	3160	3001	2.67	漾濞彝族自治县
45.00	265.00	5.00	30992	29850	11.60	祥云县
30.00	201.00	3.00	12311	11260	4.80	宾川县
	193.60	4.00	5460	5250	3.56	弥渡县
10.00	147.20		11028	8979	2.60	南涧彝族自治县
8.00	120.00		11229	10354	4.30	巍山彝族回族自治县
53.00	109.50	3.90	9820	7686	4.50	永平县
40.00	42.72	1.90	2475	2167	1.20	云龙县
32.00	65.00	2.00	6151	5876	2.42	洱源县
	180.00		6240	6240	2.05	剑川县
7.00	152.00		9581	8659	2.67	鹤庆县
50.00	1.00	29.00	5402	400	2.20	梁河县
101.00	185.90	4.10	16885	13043	7.50	盈江县
5.00	74.00		9484	6236	4.00	陇川县
20.00	170.00	5.51	15032	14200	7.00	泸水县
13.88	43.53	4.95	4582	3066	1.01	福贡县
0.04	26.00	0.02	3359	2267	0.60	贡山独龙族怒族自治县
13.00	127.00	42.00	5320	4687	1.91	兰坪白族普米族自治县
12.60	41.30		1744	1344	0.85	德钦县
64.00	65.00	1.20	8638	5999	3.02	维西傈僳族自治县
403.59	**1712.28**	**389.04**	**92856**	**74750**	**29.06**	**西　藏**
1.20	61.20		1433	1321	0.80	林周县
4.81	8.63	0.63	405	334	0.35	当雄县
1.00	18.90	1.10	1335	669	0.27	尼木县
5.00	31.50		3328	3133	0.63	曲水县
0.60	38.00	0.04	1120	901	0.42	达孜县
2.50	26.20	2.00	738	722	0.53	墨竹工卡县
17.00	0.60		1101	58	0.30	江达县
6.00	20.00	15.12	2574	1000	0.29	贡觉县
6.00	20.00	15.12	1603	66	0.34	类乌齐县
18.00	20.00	10.00	1358	1200	0.29	丁青县
12.00	22.00	30.00	1136	1000	0.31	察雅县
16.00	30.00	15.00	829	750	0.31	八宿县
10.00	35.00	10.00	845	800	0.31	左贡县
14.00	3.00	75.00	2641	1500	0.29	芒康县

5-5 续表 28

县名称 Name of Counties	综合生产能力(万立方米/日) Integrated Production Capacity (10,000m³/ day)	地下水 Underground Water	供水管道长度(公里) Length of Water Supply Pipelines (km)	供水总量(万立方米) Total Quantity of Water Supply (10,000m³)	生产运营用水 The Quantity of Water for Production and Operation
洛隆县	1.20		2.00	61.70	10.00
边坝县	0.31		4.00	38.50	2.80
乃东县	1.48	1.48	13.00	409.00	
扎囊县	0.10		8.00	24.20	
贡嘎县	0.12	0.12	4.70	43.20	
桑日县			3.90	31.00	
琼结县	0.13	0.13	10.00	45.70	4.00
曲松县	0.07	0.07	8.00	6.04	0.01
措美县	1.00		13.80	40.00	
洛扎县			7.50		
加查县			2.40	30.53	
隆子县	0.60	0.10	23.00	127.00	32.00
错那县	1.20		13.00	3.33	
南木林县	0.40		15.00	145.00	21.00
江孜县	0.87	0.87	32.00	202.23	20.00
定日县	0.12		5.08		
萨迦县	0.11		6.80	40.00	
昂仁县	0.25		42.00	27.87	0.45
谢通门县	0.50		9.13		
白朗县	0.10	0.10	7.00	32.96	1.00
仁布县	0.20	0.20	5.62	36.20	15.00
康马县	0.05		7.50	16.58	0.04
定结县	0.87	0.80	5.86	22.48	0.12
仲巴县			5.00	25.40	
亚东县	0.50		20.00	44.25	3.90
吉隆县	0.15		3.71	23.90	
聂拉木县	0.05		4.00	1.57	
萨嘎县	0.80	0.80	7.65	16.48	0.15
岗巴县	0.26		6.02	21.65	
嘉黎县	0.03	0.03	6.54	10.95	2.00
聂荣县	1.50	1.30	13.99	7.61	
申扎县	0.15	0.12	7.00	35.00	11.20
索　县	1.00		12.00	174.01	30.00
尼玛县	0.11	0.10	11.40	27.40	0.80
札达县	0.09	0.07	15.00	20.11	
噶尔县	3.20		41.20	161.59	22.00
革吉县	2.60		6.00	31.06	
工布江达县	0.36		37.60	29.55	6.70
米林县	0.40		9.00	25.87	0.30
墨脱县	0.05		3.00	18.20	
波密县	0.67		8.00	21.24	
察隅县	0.36		22.00	13.27	
朗　县	0.34	0.34	29.00	76.00	
陕　西	**152.84**	**91.93**	**4917.96**	**26235.33**	**4811.12**
蓝田县	2.80	2.00	124.92	621.16	137.15
周至县	1.80	1.20	56.00	538.09	12.10

continued 28

公共服务用水 The Quantity of Water for Public Service	居民家庭用水 The Quantity of Water for Household Use	其他用水 The Quantity of Water for Other Purposes	用水户数(户) Number of Households with Access to Water Supply (unit)	家庭用户 Household User	用水人口(万人) Population with Access to Water Supply (10,000 persons)	县名称 Name of Counties
11.80	25.00	10.00	955	800	0.29	洛隆县
5.70	18.00	10.00	815	750	0.27	边坝县
20.00	387.00		13680	13380	3.50	乃东县
1.20	20.00	2.00	1782	1730	0.60	扎囊县
	34.56		1000	1000	0.60	贡嘎县
	20.00		1210	610	0.30	桑日县
2.70	37.00	1.00	4800	4300	0.77	琼结县
0.01	6.00	0.01	1255	762	0.20	曲松县
	40.00		600	600	0.40	措美县
			221	221	0.30	洛扎县
	30.00				0.40	加查县
6.00	36.00	50.00	1300	1000	0.39	隆子县
3.00		0.12			0.04	错那县
24.00	99.99	0.01	3345	3300	1.49	南木林县
72.00	110.00	0.20	4214	1900	0.80	江孜县
						定日县
25.00	10.00		550	500	0.31	萨迦县
0.07	26.50	0.36	1266	1048	0.67	昂仁县
						谢通门县
28.95	2.00	1.00	2131	1835	0.98	白朗县
6.00	11.00	3.00	662	626	0.28	仁布县
	0.04		633	628	0.17	康马县
0.85	21.40		792	767	0.47	定结县
	24.40		710	710	0.55	仲巴县
17.30	23.00		1073	608	1.30	亚东县
0.40	16.00	5.10	144		0.60	吉隆县
0.58	0.74	0.16	481	400	0.22	聂拉木县
1.27	15.00	0.05	237	110	0.35	萨嘎县
	18.00	0.96	841	684	0.47	岗巴县
	8.95		500	460	0.18	嘉黎县
1.00	6.60		903	827	0.62	聂荣县
2.80	14.00	0.06	1314	1260	0.52	申扎县
6.00	28.00	110.00	830	120	0.21	索　县
0.40	17.50		1571	1517	0.18	尼玛县
						札达县
8.50	131.00		13163	13000	1.83	噶尔县
0.05	31.00		619	618	0.40	革吉县
6.25	14.00	2.00	3982	1000	0.68	工布江达县
3.55	16.00	6.00	703	600	0.50	米林县
10.10	8.10		667	337	0.42	墨脱县
	21.22		851	851	0.53	波密县
	13.25		649	649	0.33	察隅县
24.00	36.00	13.00	1961	1788	0.50	朗　县
2952.37	**14118.42**	**1509.20**	**1473241**	**1361239**	**544.38**	**陕　西**
61.23	393.60	3.18	49712	48320	15.28	蓝田县
70.55	399.00	1.44	19743	18680	7.20	周至县

5–5 续表 29

县名称 Name of Counties	综合生产能力（万立方米/日） Integrated Production Capacity ($10,000m^3$/ day)	地下水 Underground Water	供水管道长度（公里） Length of Water Supply Pipelines (km)	供水总量（万立方米） Total Quantity of Water Supply ($10,000m^3$)	生产运营用水 The Quantity of Water for Production and Operation
户　县	5.50	2.25	94.48	1659.00	397.52
宜君县	0.40		35.24	46.18	3.10
凤翔县	2.22	0.12	78.10	244.48	30.35
岐山县	3.90	2.50	39.00	707.00	320.00
扶风县	2.11	2.11	49.08	538.00	163.00
眉　县	1.95	1.95	85.20	359.16	79.54
陇　县	3.24	3.04	66.00	337.08	24.35
千阳县	0.80	0.80	28.90	215.40	38.15
麟游县	0.40		14.00	71.20	14.80
凤　县	1.20		38.40	143.40	25.00
太白县	0.50		39.02	100.00	14.00
三原县	2.40	0.74	107.50	552.88	154.30
泾阳县	4.40	4.40	53.30	720.20	367.38
乾　县	1.98	1.98	80.36	416.20	28.10
礼泉县	2.40	2.40	57.85	472.39	83.25
永寿县	3.70	3.70	46.50	183.00	32.90
彬　县	1.80		52.40	313.15	15.00
长武县	0.58	0.19	61.36	179.40	18.70
旬邑县	0.31		23.00	88.51	8.70
淳化县	0.44	0.44	32.70	102.00	26.20
武功县	2.25	1.17	51.51	444.80	110.64
潼关县	3.10	3.10	60.00	187.40	18.00
大荔县	1.93	1.93	142.24	612.05	16.15
合阳县	5.35	3.50	113.08	523.46	112.13
澄城县	3.46	1.56	49.60	610.70	178.50
蒲城县	3.28	3.28	183.19	594.30	19.30
白水县	1.00	1.00	52.98	281.50	43.40
富平县	4.50	4.50	126.50	589.50	29.50
延长县	1.10		16.70	130.00	1.16
延川县	0.63		25.00	140.00	15.00
子长县	0.82	0.12	105.40	260.78	34.50
安塞县	0.50		54.90	152.30	20.00
志丹县	0.65	0.65	53.50	237.25	24.00
吴起县	1.20	1.20	51.80	318.00	120.00
甘泉县	0.55		20.00	89.70	16.00
富　县	0.56		44.07	155.01	32.00
洛川县	1.50		90.94	227.00	38.00
宜川县	0.60		45.40	115.00	10.50
黄龙县	0.45		34.60	72.00	2.70
黄陵县	0.72		71.00	160.98	20.30
南郑县	3.30	3.30	98.10	710.80	205.00
城固县	2.00	1.20	39.19	601.00	67.00
洋　县	2.50	2.50	39.00	281.35	0.55
西乡县	4.20	1.90	103.56	570.00	75.00
勉　县	6.67	5.00	103.00	1202.56	389.20
宁强县	2.05		68.00	205.70	17.00

continued 29

公共服务用水 The Quantity of Water for Public Service	居民家庭用水 The Quantity of Water for Household Use	其他用水 The Quantity of Water for Other Purposes	用水户数(户) Number of Households with Access to Water Supply (unit)	家庭用户 Household User	用水人口(万人) Population with Access to Water Supply (10,000 persons)	县名称 Name of Counties
220.48	811.81	151.19	40843	39919	16.71	户　县
8.55	23.70	3.39	3975	3867	1.74	宜君县
22.00	152.13	8.00	20398	18676	9.02	凤翔县
86.00	160.00	51.00	16547	14509	4.57	岐山县
57.00	237.00	24.00	13430	11090	4.89	扶风县
34.99	176.13	30.00	17572	16942	5.21	眉　县
55.51	221.20	1.72	14865	14468	6.40	陇　县
58.00	47.70	30.30	16926	16300	4.93	千阳县
16.60	31.00	1.30	5121	4920	2.43	麟游县
9.00	75.00	2.40	6074	6020	2.70	凤　县
6.50	38.10	18.00	3852	3652	1.44	太白县
44.60	295.00	11.72	44231	31250	12.50	三原县
52.50	162.62	53.70	17500	16770	7.30	泾阳县
24.00	313.50	5.30	29038	28763	11.05	乾　县
69.16	271.29	19.23	28701	20570	9.49	礼泉县
36.30	81.70	1.10	10865	10240	4.93	永寿县
15.50	240.00	6.10	29390	27750	11.39	彬　县
35.00	87.40	18.20	11944	10543	5.18	长武县
15.30	51.76	3.32	6792	6680	3.30	旬邑县
19.10	48.00	0.70	9175	8126	3.32	淳化县
20.40	253.00	12.46	34188	34067	9.25	武功县
21.00	119.00	8.10	17433	17176	5.32	潼关县
54.10	338.30	138.00	21121	19200	9.60	大荔县
19.81	202.23	78.39	14774	13120	5.37	合阳县
74.10	304.10	7.20	35160	33720	11.40	澄城县
104.80	342.30	55.90	27186	26630	11.25	蒲城县
40.10	162.80	5.15	17431	16200	5.45	白水县
43.00	340.00	131.00	39776	38500	15.00	富平县
49.43	56.03	9.28	11958	9850	4.88	延长县
43.00	50.00	18.00	10296	9600	4.80	延川县
55.00	94.78	0.50	17166	15600	7.80	子长县
35.00	80.00	2.00	16937	15802	5.74	安塞县
50.05	117.80	20.90	11704	10750	5.36	志丹县
28.00	116.00	14.40	20104	19650	6.96	吴起县
15.00	47.30	1.40	5987	5867	2.90	甘泉县
5.66	92.70	3.50	9611	8500	4.21	富　县
39.50	98.00	18.50	15973	14381	6.69	洛川县
10.00	77.00	3.60	9526	9121	4.53	宜川县
19.00	35.50	4.80	5979	3670	1.74	黄龙县
31.13	65.00	25.00	7575	6950	3.47	黄陵县
77.00	317.30	43.00	22910	22191	9.36	南郑县
66.00	387.00	5.00	37171	36950	12.58	城固县
30.75	191.85	15.40	18536	18200	7.20	洋　县
111.00	281.00	43.00	27192	24000	9.50	西乡县
42.10	680.70	10.56	55120	47290	15.72	勉　县
24.00	118.00	5.30	10770	10044	4.80	宁强县

5–5 续表 30

县名称 Name of Counties	综合生产能力（万立方米/日） Integrated Production Capacity (10,000m³/ day)	地下水 Underground Water	供水管道长度（公里） Length of Water Supply Pipelines (km)	供水总量（万立方米） Total Quantity of Water Supply (10,000m³)	生产运营用水 The Quantity of Water for Production and Operation
略阳县	2.00	1.00	49.97	441.00	65.00
镇巴县	0.66		19.20	208.11	42.50
留坝县	0.20		8.10	68.26	12.80
佛坪县	0.40		15.50	44.02	1.00
神木县	5.50	0.80	235.40	1539.20	328.00
府谷县	3.00	3.00	34.75	600.00	83.00
横山县	1.00	1.00	76.21	230.90	0.53
靖边县	2.54	2.54	123.20	860.83	181.88
定边县	1.50	0.70	41.16	391.80	58.00
绥德县	11.98	11.90	124.52	312.30	16.60
米脂县	3.05	3.05	106.00	268.60	17.80
佳　县	0.39	0.39	20.40	39.50	0.30
吴堡县	4.30	0.30	59.00	71.33	1.03
清涧县	0.37	0.37	13.50	81.50	3.00
子洲县	0.45	0.10	43.77	102.84	2.70
汉阴县	0.91		43.95	250.25	37.63
石泉县	1.13	0.13	37.16	227.23	39.91
宁陕县	0.43		29.69	65.00	3.02
紫阳县	0.95	0.02	22.35	241.80	40.50
岚皋县	0.80		86.80	160.00	12.00
平利县	2.88		36.50	235.30	49.00
镇坪县	0.70		46.49	63.12	3.80
旬阳县	1.26		97.70	306.50	45.50
白河县	0.47		71.00	136.20	7.50
洛南县	1.40		58.00	342.00	34.00
丹凤县	0.68	0.21	48.50	235.37	35.00
商南县	1.55	0.35	51.02	143.35	15.50
山阳县	0.64	0.34	62.55	154.00	15.90
镇安县	1.20		80.00	130.40	7.60
柞水县	0.80		69.00	203.60	41.00
甘　肃	**82.96**	**41.82**	**3925.51**	**12195.92**	**2212.87**
永登县	1.30	0.70	93.60	281.00	4.20
皋兰县	2.35		61.96	225.00	89.60
榆中县	0.60		64.20	217.45	47.95
永昌县	0.88	0.88	51.16	219.99	25.00
靖远县	3.40		138.00	346.80	37.00
会宁县	11.50		107.00	257.00	9.80
景泰县	0.55	0.43	85.00	220.00	22.70
清水县	1.00	1.00	43.00	243.35	32.00
秦安县	1.10	1.10	61.00	241.78	33.20
甘谷县	2.30	2.30	41.02	225.00	32.00
武山县	0.77	0.77	32.00	200.00	3.00
张家川回族自治县	3.80	3.80	17.06	119.70	28.00
民勤县	1.00	1.00	221.30	291.00	9.80
古浪县	1.10	1.10	43.60	363.19	98.00
天祝藏族自治县	1.50	1.50	58.75	139.50	

continued 30

公共服务用水 The Quantity of Water for Public Service	居民家庭用水 The Quantity of Water for Household Use	其他用水 The Quantity of Water for Other Purposes	用水户数(户) Number of Households with Access to Water Supply (unit)	家庭用户 Household User	用水人口(万人) Population with Access to Water Supply (10,000 persons)	县名称 Name of Counties
16.00	261.00	54.00	16139	15650	7.90	略阳县
20.51	102.79	1.31	13440	11007	5.00	镇巴县
8.00	30.80	0.40	5320	4850	1.50	留坝县
7.30	27.72	3.70	2586	2407	0.84	佛坪县
150.20	756.00	158.00	52515	46400	20.00	神木县
14.00	440.00	3.00	29811	29660	14.58	府谷县
28.30	177.37	0.50	28071	28000	11.20	横山县
54.10	546.10	12.15	53732	50811	19.82	靖边县
22.30	208.00	10.50	36455	34998	10.05	定边县
40.20	197.10	30.20	31827	27900	11.16	绥德县
85.50	110.00	40.80	17689	16670	5.62	米脂县
0.20	34.60	0.20	5568	5410	1.90	佳　县
5.20	56.00	2.00	8499	8115	3.24	吴堡县
7.00	59.50	4.00	8711	8575	3.43	清涧县
5.40	78.83	5.91	11540	11075	4.43	子洲县
30.30	154.70	2.02	19212	17352	7.22	汉阴县
12.03	143.02	1.45	15971	12915	6.34	石泉县
4.51	41.64	7.53	4458	4073	1.93	宁陕县
5.10	166.20	2.10	19287	16013	5.90	紫阳县
20.00	95.00	1.00	11041	10420	3.78	岚皋县
56.80	94.00	13.00	15358	14780	5.61	平利县
4.30	46.12	0.50	3170	2500	1.35	镇坪县
24.00	202.70	1.10	18536	18420	9.20	旬阳县
9.20	102.00	1.00	11649	11614	3.56	白河县
25.00	230.60	16.90	30960	26040	11.08	洛南县
59.57	116.00	1.80	18070	17380	6.15	丹凤县
48.55	60.30	1.00	12119	11542	5.75	商南县
34.20	86.70	2.20	12047	11696	5.21	山阳县
19.80	83.30	0.50	11192	10882	3.74	镇安县
8.00	125.00	4.80	9990	9000	5.03	柞水县
1651.84	**6484.36**	**346.49**	**720055**	**664787**	**344.48**	**甘　肃**
30.00	150.00	29.50	24577	24000	8.00	永登县
23.10	71.20	21.10	996	530	3.21	皋兰县
4.85	144.78	2.47	16468	15440	5.78	榆中县
21.00	120.98	30.00	17442	16952	5.34	永昌县
52.30	202.32	20.18	29100	27600	9.50	靖远县
27.70	189.00	1.30	25504	24800	13.21	会宁县
29.40	125.00	16.90	5490	4200	7.73	景泰县
74.80	111.03	1.10	6087	5900	5.90	清水县
28.50	154.00	0.08	15941	15820	11.94	秦安县
13.50	153.00	4.50	14052	13543	12.80	甘谷县
48.20	124.00	4.80	7641	7300	6.50	武山县
32.00	48.00		5115	4360	3.30	张家川回族自治县
15.40	227.40	9.20	20968	20624	5.07	民勤县
66.00	142.60	4.20	8947	8100	3.73	古浪县
53.28	55.12	10.60	14279	13544	4.80	天祝藏族自治县

5-5 续表 31

县名称 Name of Counties	综合生产能力（万立方米/日）Integrated Production Capacity (10,000m³/ day)	地下水 Underground Water	供水管道长度（公里）Length of Water Supply Pipelines (km)	供水总量（万立方米）Total Quantity of Water Supply (10,000m³)	生产运营用水 The Quantity of Water for Production and Operation
肃南裕固族自治县	0.90		31.30	147.50	22.90
民乐县	2.50	1.00	171.20	311.00	27.00
临泽县	0.64	0.64	55.20	232.60	65.80
高台县	1.00	1.00	88.31	171.38	4.40
山丹县	1.50	1.50	79.50	298.00	110.10
泾川县	2.31	2.31	86.18	277.81	61.24
灵台县	0.67	0.41	64.10	94.40	7.70
崇信县	1.90	1.90	65.00	139.50	40.00
华亭县	1.72	1.72	39.20	512.30	220.00
庄浪县	2.70	0.40	60.00	200.60	14.80
静宁县	0.85	0.85	59.40	276.00	32.00
金塔县	0.89	0.89	86.60	269.43	36.77
瓜州县	1.85	1.85	73.78	313.43	85.40
肃北蒙古族自治县	0.50	0.50	28.60	65.00	27.20
阿克塞哈萨克自治县	0.48		20.18	91.05	35.20
庆城县	0.75		80.00	283.13	27.50
环　县	0.70	0.36	76.00	238.16	14.15
华池县	0.41	0.11	76.49	139.80	12.80
合水县	0.60		60.00	182.30	54.00
正宁县	0.64		70.32	151.32	34.85
宁　县	0.60	0.55	31.50	129.68	12.10
镇原县	0.60	0.59	22.68	215.17	84.90
通渭县	0.58		81.25	118.00	7.00
陇西县	3.22	3.06	200.04	537.40	98.96
渭源县	0.75		49.50	72.00	1.10
临洮县	1.00	1.00	68.95	353.80	36.00
漳　县	1.00	1.00	53.90	125.00	5.10
岷　县	1.65	1.65	63.50	182.40	13.90
成　县	0.62	0.42	27.30	158.11	0.55
文　县	0.40	0.40	24.00	118.00	17.00
宕昌县	1.50		74.49	176.00	27.50
康　县	0.82		48.65	66.71	2.00
西和县	0.40	0.40	71.30	117.10	14.00
礼　县	0.60	0.60	76.07	182.00	7.00
徽　县	0.58		53.00	170.84	18.60
两当县	0.77	0.02	21.20	47.49	0.89
临夏县	1.20		10.50	39.90	4.10
康乐县	0.30		32.10	95.62	2.26
永靖县	3.50		66.78	623.16	361.00
广河县	1.10		21.90	89.25	10.60
和政县	0.60		58.01	139.74	31.24
东乡县	0.20		33.35	39.97	3.59
积石山县	0.48		23.32	70.26	5.02
临潭县	0.55	0.55	58.00	49.62	4.20
卓尼县	0.56		48.21	52.10	3.60
舟曲县	1.00		1.80	52.80	9.60

continued 31

公共服务用水 The Quantity of Water for Public Service	居民家庭用水 The Quantity of Water for Household Use	其他用水 The Quantity of Water for Other Purposes	用水户数(户) Number of Households with Access to Water Supply (unit)	家庭用户 Household User	用水人口(万人) Population with Access to Water Supply (10,000 persons)	县名称 Name of Counties
17.95	14.54	7.39	4475	4226	1.32	肃南裕固族自治县
17.00	137.00	38.00	18467	18127	7.49	民乐县
55.10	88.80	4.00	13668	9742	5.54	临泽县
30.40	113.40	2.18	12203	11917	5.58	高台县
16.50	131.50	5.60	39200	19476	7.10	山丹县
13.90	172.15	3.82	12970	12802	8.94	泾川县
12.00	62.30	2.20	8354	8204	3.63	灵台县
9.50	72.00	4.00	7770	7700	3.48	崇信县
40.00	198.00	4.30	12564	12280	8.61	华亭县
10.20	156.10	1.50	13552	13153	5.86	庄浪县
12.90	200.50	3.20	23345	23052	11.76	静宁县
53.51	145.60	6.54	15731	14639	5.85	金塔县
37.60	103.00	1.43	17439	16808	4.60	瓜州县
5.60	24.00	1.20	2479	1857	0.80	肃北蒙古族自治县
8.10	33.20	1.59	3042	2912	1.37	阿克塞哈萨克自治县
30.90	185.73	6.00	16893	16021	6.57	庆城县
61.76	130.75		15328	15100	6.37	环　县
28.80	79.50	4.90	7864	7401	3.96	华池县
18.20	81.00	6.70	15439	14825	5.08	合水县
18.68	79.27		8102	7915	4.28	正宁县
16.98	74.00	11.60	8996	8190	3.91	宁　县
26.87	81.40		8803	7800	3.58	镇原县
45.00	51.00	3.00	5777	5037	5.20	通渭县
204.13	183.00	12.81	35886	35276	21.00	陇西县
14.30	49.20	0.50	8166	5506	3.37	渭源县
19.20	254.60	6.00	11729	10800	14.66	临洮县
20.20	78.80	5.60	4264	3993	5.26	漳　县
5.40	143.00	1.10	16287	16160	7.96	岷　县
3.30	138.01	0.75	14217	13825	7.08	成　县
18.00	71.00		10010	9703	3.89	文　县
36.00	87.50		7275	7065	3.30	宕昌县
9.96	40.60	7.00	6202	5649	2.17	康　县
20.00	69.00	2.10	7255	5900	4.84	西和县
25.00	123.00	1.00	9082	8416	5.14	礼　县
23.13	114.00		12044	11387	5.20	徽　县
4.30	37.00	0.98	2602	2412	1.29	两当县
10.80	18.50	1.30	1754	1418	1.66	临夏县
10.92	67.03	0.68	8249	7886	4.08	康乐县
54.57	162.89	6.20	14741	14432	4.61	永靖县
13.00	55.20	1.20	4129	4050	3.10	广河县
8.69	80.01		4796	4558	3.58	和政县
5.30	26.42	0.66	3340	3304	1.71	东乡县
8.67	48.33	1.12	5647	5523	3.08	积石山县
1.09	33.00	5.33	4608	4000	1.72	临潭县
3.50	33.00	2.00	3009	3000	1.68	卓尼县
3.60	30.50	2.00	5582	5460	1.75	舟曲县

5-5 续表 32

县名称 Name of Counties	综合生产能力(万立方米/日) Integrated Production Capacity (10,000m³/ day)	地下水 Underground Water	供水管道长度(公里) Length of Water Supply Pipelines (km)	供水总量(万立方米) Total Quantity of Water Supply (10,000m³)	生产运营用水 The Quantity of Water for Production and Operation
迭部县	0.30	0.15	52.00	53.00	16.00
玛曲县	0.22	0.21	23.00	32.30	1.00
碌曲县	0.20	0.20	15.20	35.33	2.00
夏河县	1.00	1.00	24.00	67.70	6.00
青 海	**55.65**	**18.21**	**1766.65**	**6304.28**	**1349.05**
大通县	6.00		129.00	593.50	29.00
湟中县	2.35		67.50	351.35	15.00
湟源县	1.11		147.89	317.05	40.12
民和县	0.90		170.00	319.60	48.00
互助县	5.50	0.50	102.42	551.30	124.45
化隆县	0.55		39.80	200.00	25.00
循化县	0.80		75.40	192.00	18.00
门源县	7.00		86.27	129.21	8.30
祁连县	3.40	0.80	22.00	92.28	13.40
海晏县	0.20	0.20	22.80	85.00	9.00
刚察县	0.10		32.20	110.00	4.90
西海镇	7.00	7.00	51.00	90.00	21.50
同仁县	1.00		34.00	307.00	82.00
尖扎县	1.10		21.00	72.10	10.80
泽库县	0.40		12.00	52.00	14.00
河南县	0.45		10.00	83.00	14.00
共和县	1.60	0.80	78.40	336.80	61.00
同德县	0.50		11.00	54.50	14.80
贵德县	1.30		76.00	135.19	18.64
兴海县	1.54		30.00	63.00	5.50
贵南县	0.40		16.62	68.48	2.14
玛沁县	1.00	1.00	56.70	113.90	26.10
班玛县	0.20	0.20	15.50	72.00	40.80
甘德县	0.10	0.10	15.50	36.27	7.85
达日县	0.30	0.30	35.00	37.23	8.12
久治县	1.00	1.00	11.60	38.79	8.55
玛多县	1.00	1.00	27.00	33.09	8.43
杂多县	1.13	0.10	9.00	65.90	3.20
称多县	0.60		34.84	43.20	0.54
治多县	0.80		10.00	60.78	4.10
囊谦县	0.80	0.30	28.50	57.80	2.10
曲麻莱县	0.50	0.20	10.00	27.60	1.00
乌兰县	0.31		19.60	92.85	31.00
都兰县	0.60	0.60	42.00	210.61	90.20
天峻县	0.41	0.41	100.96	149.65	24.61
茫崖行委	2.00	2.00	68.35	730.00	387.90
大柴旦行委	0.70	0.70	18.20	97.71	25.00
冷湖行委	1.00	1.00	28.60	233.54	100.00
宁 夏	**32.77**	**25.95**	**1438.60**	**7457.50**	**2794.85**
永宁县	3.26	3.24	167.89	603.40	239.70
贺兰县	10.50	10.50	126.65	3490.76	2032.21

continued 32

公共服务用水 The Quantity of Water for Public Service	居民家庭用水 The Quantity of Water for Household Use	其他用水 The Quantity of Water for Other Purposes	用水户数(户) Number of Households with Access to Water Supply (unit)	家庭用户 Household User	用水人口(万人) Population with Access to Water Supply (10,000 persons)	县名称 Name of Counties
6.00	22.00	4.00	6433	5947	1.01	迭部县
2.00	24.00	2.00	2707	2560	1.15	玛曲县
3.30	22.60	1.08	1683	1480	0.70	碌曲县
10.00	39.00	6.00	3290	3180	1.80	夏河县
1053.71	**2753.94**	**203.89**	**228275**	**215647**	**105.44**	**青　海**
160.00	338.93	2.07	2750	2237	12.87	大通县
39.50	193.00	1.51	6979	6940	5.95	湟中县
56.60	145.84	17.60	10951	10698	6.89	湟源县
52.00	157.00	9.50	23195	22375	7.30	民和县
94.30	202.60	56.10	22277	21993	8.08	互助县
41.00	74.00	20.00	14468	13982	4.90	化隆县
41.00	90.00	20.00	6678	6335	3.92	循化县
46.00	62.10		12887	12617	5.32	门源县
13.30	53.80	2.30	8071	6924	2.19	祁连县
28.00	39.00		5696	2866	2.47	海晏县
38.30	55.80		4153	4026	1.66	刚察县
3.90	47.10	4.24	6502	5488	2.08	西海镇
45.00	137.00	13.00	8195	7670	3.63	同仁县
9.80	39.00	4.40	5752	5724	1.86	尖扎县
11.00	22.00		2190	2150	0.86	泽库县
17.00	44.00		3487	3260	1.43	河南县
46.50	184.30		13569	13201	4.76	共和县
10.60	23.00		3489	3455	1.18	同德县
17.40	76.10	3.75	9272	8159	2.67	贵德县
13.40	29.00	7.10	5007	4826	1.76	兴海县
10.10	49.50		6004	5927	2.11	贵南县
27.50	55.20		4654	4623	1.89	玛沁县
12.50	15.34		1271	1264	0.48	班玛县
9.34	16.94		1000	973	0.39	甘德县
7.20	19.57		1203	1198	0.43	达日县
6.33	21.44		1315	1212	0.39	久治县
6.71	15.70		933	913	0.33	玛多县
1.70	48.00	2.00	3685	3223	2.00	杂多县
0.64	34.40	0.30	444	326	1.00	称多县
14.00	26.00		2742	2350	1.47	治多县
3.70	43.00		3833	3602	1.90	囊谦县
3.80	20.00		1559	1442	0.88	曲麻莱县
21.00	29.25		3398	3344	1.47	乌兰县
34.43	36.76		3840	3828	1.71	都兰县
52.67	56.03		4432	4420	1.83	天峻县
38.30	205.50	26.00	8501	8495	3.75	茫崖行委
12.19	37.00	14.02	3096	3034	1.37	大柴旦行委
7.00	10.74		797	547	0.26	冷湖行委
726.09	**2360.24**	**765.66**	**274666**	**239715**	**90.49**	**宁　夏**
84.10	191.10	28.80	35363	30293	6.45	永宁县
252.42	491.43	547.93	59821	51273	8.24	贺兰县

5-5 续表 33

县名称 Name of Counties	综合生产能力(万立方米/日) Integrated Production Capacity (10,000m³/ day)	地下水 Underground Water	供水管道长度(公里) Length of Water Supply Pipelines (km)	供水总量(万立方米) Total Quantity of Water Supply (10,000m³)	生产运营用水 The Quantity of Water for Production and Operation
平罗县	2.00	1.60	123.00	624.70	72.00
盐池县	3.00	1.50	239.33	459.00	71.00
同心县	1.20	1.20	145.80	291.00	59.00
红寺堡开发区	1.20	1.20	99.79	170.27	47.00
西吉县	1.50		150.37	401.50	58.00
隆德县	1.66		66.61	139.65	8.71
泾源县	1.40		40.50	110.00	20.00
彭阳县	1.40	1.40	84.00	205.00	31.00
中宁县	5.00	5.00	107.16	784.52	141.23
海原县	0.65	0.31	87.50	177.70	15.00
新　疆	**219.93**	**109.72**	**6585.68**	**24024.01**	**3443.21**
鄯善县	4.35	1.00	316.99	870.00	75.00
托克逊县	0.96	0.94	68.55	304.50	34.00
巴里坤哈萨克自治县	0.56	0.56	56.00	156.40	60.00
伊吾县	0.50	0.50	40.30	145.00	9.25
呼图壁县	2.50	2.50	145.41	390.42	38.00
玛纳斯县	3.00	3.00	84.30	367.00	36.00
奇台县	10.00	10.00	89.46	930.00	99.00
吉木萨尔县	2.50	2.50	77.00	456.00	13.00
木垒县	0.78	0.02	65.54	171.30	22.85
精河县	1.20	1.20	61.00	181.10	7.30
温泉县	0.53	0.53	58.50	63.00	4.30
轮台县	1.66	1.66	121.95	298.05	25.00
尉犁县	75.25	0.30	72.89	116.80	1.80
若羌县	2.00	2.00	79.00	155.00	5.00
且末县	1.30	1.30	56.28	200.00	18.00
焉耆县	1.76	1.76	42.08	507.00	195.00
和静县	3.10	3.10	88.12	575.40	23.00
和硕县	0.50	0.50	70.35	140.00	5.00
博湖县	1.88	1.88	20.87	150.43	53.01
温宿县	1.21	1.21	57.03	222.58	6.58
库车县	20.88	20.88	567.80	3195.50	999.32
沙雅县	1.30	1.30	119.50	335.00	51.80
新和县	1.01	1.01	68.00	218.09	31.96
拜城县	1.50	1.50	54.00	482.00	12.00
乌什县	0.63	0.63	27.80	219.00	24.00
阿瓦提县	1.10	1.10	88.20	160.30	2.00
柯坪县	0.40		68.20	121.00	21.00
阿克陶县	0.72	0.72	70.02	218.50	19.50
阿合奇县	1.54	1.52	105.10	228.20	12.80
乌恰县	2.34		82.91	136.59	45.26
疏附县	1.10	1.10	93.50	267.00	22.00
疏勒县	4.00	4.00	104.86	648.65	228.73
英吉沙县	3.20	3.20	78.00	363.90	33.00
泽普县	2.80	2.00	144.73	499.10	92.00
莎车县	4.10	4.10	76.90	921.71	39.60

continued 33

公共服务用水 The Quantity of Water for Public Service	居民家庭用水 The Quantity of Water for Household Use	其他用水 The Quantity of Water for Other Purposes	用水户数(户) Number of Households with Access to Water Supply (unit)	家庭用户 Household User	用水人口(万人) Population with Access to Water Supply (10,000 persons)	县名称 Name of Counties
110.70	316.00		33189	32012	12.60	平罗县
53.00	210.00		25772	21337	9.15	盐池县
15.00	180.00	6.00	4294	3776	7.59	同心县
22.00	70.00	10.00	6168	5374	3.70	红寺堡开发区
20.00	236.50	12.00	14168	14000	9.60	西吉县
18.62	70.20	1.80	9526	8257	3.76	隆德县
33.50	45.00		4648	3940	1.95	泾源县
30.00	94.00		11360	9912	6.24	彭阳县
82.15	337.01	141.13	53672	43421	14.21	中宁县
4.60	119.00	18.00	16685	16120	7.00	海原县
3857.14	**10614.83**	**1643.75**	**781077**	**697009**	**338.05**	**新　疆**
425.00	266.00	24.00	23272	22125	7.71	鄯善县
57.00	167.00	16.50	19667	19242	6.78	托克逊县
20.00	60.40		9885	9238	1.51	巴里坤哈萨克自治县
11.25	20.20	89.30	1696	1560	0.60	伊吾县
55.00	166.12	88.00	19078	17520	5.10	呼图壁县
40.00	220.00	20.00	17838	15878	5.97	玛纳斯县
24.00	669.30	41.60	36714	36271	15.46	奇台县
33.00	245.00	120.00	12544	11674	5.02	吉木萨尔县
11.29	59.49	57.67	10725	9729	2.08	木垒县
16.20	80.00	59.20	9042	6010	4.70	精河县
2.70	49.00		3600	3573	0.93	温泉县
28.00	209.00	6.05	13395	10470	4.49	轮台县
50.00	55.00		6421	6406	2.01	尉犁县
38.00	60.00	20.00	3631	3400	1.78	若羌县
64.89	89.11	6.20	8756	7866	3.25	且末县
83.00	187.00	3.00	15850	15246	8.36	焉耆县
76.00	242.00	182.00	21578	20780	6.23	和静县
26.00	81.00	8.00	5918	4800	2.30	和硕县
26.50	54.42	5.30	8785	6292	1.78	博湖县
53.00	107.00	33.00	15140	15007	5.30	温宿县
840.10	881.15	11.37	41253	41017	18.59	库车县
54.50	178.20	12.40	19835	19050	6.38	沙雅县
69.03	86.05	6.05	19992	16511	8.22	新和县
40.00	200.00		18788	18728	5.46	拜城县
34.00	125.10		7508	6100	3.10	乌什县
9.60	88.00	44.00	9280	8020	4.95	阿瓦提县
19.00	61.00	3.00	5895	4500	1.70	柯坪县
36.00	128.20	3.00	8802	8534	4.11	阿克陶县
35.00	93.30	27.10	4974	4385	2.33	阿合奇县
25.00	43.26	9.50	6579	5702	1.64	乌恰县
42.00	125.00	43.00	3607	3600	5.55	疏附县
71.74	137.77	101.48	21837	17576	8.18	疏勒县
9.90	270.50		8358	8000	5.33	英吉沙县
106.00	216.00	33.00	6705	6568	5.62	泽普县
38.00	753.11		19564	18674	24.80	莎车县

5-5 续表 34

县名称 Name of Counties	综合生产能力(万立方米/日) Integrated Production Capacity (10,000m³/ day)	地下水 Underground Water	供水管道长度(公里) Length of Water Supply Pipelines (km)	供水总量(万立方米) Total Quantity of Water Supply (10,000m³)	生产运营用水 The Quantity of Water for Production and Operation
叶城县	3.65	2.65	196.00	699.50	28.00
麦盖提县	2.30	2.30	89.20	562.80	38.00
岳普湖县	1.10	1.10	85.40	328.70	74.90
伽师县	1.59	1.59	125.00	295.67	
巴楚县	1.95		83.00	383.20	38.00
塔什库尔干县	0.88	0.14	46.01	131.74	29.83
墨玉县	1.00	1.00	97.88	340.60	50.30
皮山县	0.80	0.80	85.80	114.89	29.80
洛浦县	0.52	0.52	97.00	162.00	8.75
策勒县	0.80	0.80	80.87	143.30	42.04
于田县	1.00	1.00	113.10	220.00	7.50
民丰县	1.00	1.00	40.30	111.68	60.20
伊宁县	2.58		122.05	325.00	95.00
察布查尔县	3.30	3.30	129.04	360.00	17.90
霍城县	2.00		42.99	461.00	70.00
巩留县	3.10	1.30	371.60	370.00	28.00
新源县	6.30	0.30	128.58	672.62	46.50
昭苏县	2.20		83.75	332.20	27.00
特克斯县	1.00		208.00	273.30	27.20
尼勒克县	2.00	2.00	63.70	150.00	34.00
额敏县	0.55	0.55	142.84	133.10	21.10
沙湾县	11.06	8.40	203.50	1893.00	192.00
托里县	0.90	0.15	136.51	150.00	21.00
裕民县	0.60		41.00	198.10	40.00
和布克赛尔蒙古自治县	0.40	0.40	53.60	121.00	7.00
布尔津县	0.50		15.06	80.50	0.80
富蕴县	0.88		47.41	146.75	6.22
福海县	0.96		93.00	72.10	4.80
哈巴河县	1.45		62.08	211.57	3.40
青河县	0.50		32.27	115.17	14.81
吉木乃县	0.90	0.90	48.00	50.00	13.10
新疆生产建设兵团	**291.28**	**230.50**	**6666.36**	**13214.27**	**2627.07**
第一师	17.58	2.60	269.82	1184.59	161.66
第二师	49.85	26.25	621.44	1077.14	275.15
第三师	13.28	6.22	1079.36	1169.85	153.58
第四师	11.76	11.46	813.17	1696.27	474.23
第五师	3.48	3.48	262.75	591.19	48.80
第六师	141.07	140.75	1159.01	1645.61	262.84
第七师	15.65	10.14	387.00	1266.07	259.89
第八师	9.68	9.68	874.81	2096.82	591.30
第九师	4.70	3.71	283.85	571.87	163.58
第十师	6.96	1.18	232.72	223.42	29.51
第十二师	13.63	12.34	329.71	856.55	99.11
第十三师	2.59	1.99	254.38	535.81	33.52
第十四师	1.05	0.70	98.34	299.08	73.90

continued 34

公共服务用水 The Quantity of Water for Public Service	居民家庭用水 The Quantity of Water for Household Use	其他用水 The Quantity of Water for Other Purposes	用水户数(户) Number of Households with Access to Water Supply (unit)	家庭用户 Household User	用水人口(万人) Population with Access to Water Supply (10,000 persons)	县名称 Name of Counties
187.00	390.00	24.50	43810	23000	13.20	叶城县
58.20	291.00	99.10	15592	15332	7.20	麦盖提县
75.00	89.40	1.40	2987	2713	6.00	岳普湖县
80.21	182.90	0.32	18000	16400	7.00	伽师县
71.00	263.00		7687	7631	11.20	巴楚县
18.72	30.80	1.00	3024	2932	1.50	塔什库尔干县
26.42	202.38	19.50	10349	9557	6.12	墨玉县
2.00	65.48		5603	5590	3.03	皮山县
23.00	96.00	17.35	5673	5545	3.15	洛浦县
34.82	44.07	8.57	6020	5885	2.55	策勒县
46.50	130.00	12.00	6471	6076	4.90	于田县
5.10	25.58	2.80	2553	2280	1.64	民丰县
53.00	132.00	1.00	12600	11241	5.00	伊宁县
47.80	257.80		11256	10441	4.00	察布查尔县
62.00	256.00	20.00	14471	13000	7.10	霍城县
21.00	107.00	46.00	12062	11000	4.80	巩留县
92.45	196.50	48.17	22936	18965	8.05	新源县
50.00	198.00	20.00	5396	4775	3.00	昭苏县
40.00	147.30	29.20	7260	6601	3.61	特克斯县
16.00	82.00		8617	8127	4.47	尼勒克县
5.60	88.90	4.00	13496	12501	4.55	额敏县
100.00	282.00	104.40	17879	13446	10.52	沙湾县
28.00	73.00	13.00	7577	6884	2.68	托里县
36.00	66.00	10.00	4659	4338	1.58	裕民县
18.00	80.00		3417	2953	1.35	和布克赛尔蒙古自治县
17.00	50.30	3.50	6500	5320	2.13	布尔津县
16.62	85.60	18.10	9160	8190	2.91	富蕴县
8.50	44.00	2.80	6013	5300	2.30	福海县
17.00	109.00	56.60	11388	10348	2.26	哈巴河县
23.80	50.20	5.36	8095	6701	1.52	青河县
5.70	24.94	1.36	4014	3885	1.41	吉木乃县
1869.80	**6469.92**	**589.33**	**580450**	**535354**	**161.09**	**新疆生产建设兵团**
239.40	565.56	54.95	53801	41657	14.93	第一师
95.78	529.26	40.03	51624	49908	12.43	第二师
155.12	681.79	34.13	50367	49330	13.31	第三师
217.52	713.58	107.27	52556	50291	14.76	第四师
202.84	266.22	1.65	25007	23234	7.72	第五师
161.01	947.01	121.07	66322	63454	17.65	第六师
162.09	536.58	37.64	63684	60538	20.00	第七师
241.60	900.92	137.25	88181	77381	26.45	第八师
83.11	232.40	33.40	26311	22997	6.51	第九师
22.25	136.02	3.17	15045	12775	3.91	第十师
189.56	460.98	6.36	41170	39048	9.31	第十二师
76.72	351.32	8.81	34717	33153	10.28	第十三师
22.80	148.28	3.60	11665	11588	3.83	第十四师

5–6 2015年按县分列的县城供水(公共供水)

县名称 Name of Counties	综合生产能力(万立方米/日) Integrated Production Capacity (10,000m³/day)	地下水 Underground Water	水厂个数(个) Number of Water Plants (unit)	地下水 Underground Water	供水管道长度(公里) Length of Water Supply Pipelines (km)	供水总量(万立方米) 合计 Total	售水量 小计 Subtotal	生产运营用水 The Quantity of Water for Production and Operation
全　国	**4764.70**	**1363.76**	**2737**	**1362**	**203172.80**	**916996.56**	**772337.55**	**182017.30**
天　津	**9.00**	**9.00**	**5**	**5**	**687.66**	**997.97**	**664.87**	**46.00**
蓟　县	9.00	9.00	5	5	687.66	997.97	664.87	46.00
河　北	**262.26**	**218.68**	**169**	**160**	**11900.60**	**55099.01**	**48203.94**	**12582.06**
井陉县	2.20	2.20	12	12	53.20	348.00	312.00	58.00
正定县	2.76	2.76	1	1	79.57	844.00	721.00	175.00
行唐县	2.73	2.73	1	1	154.00	673.30	604.00	183.60
灵寿县	2.90	2.90	3	3	46.00	273.00	236.00	10.00
高邑县	4.00	4.00	1	1	48.20	329.80	297.80	35.00
深泽县	2.00	2.00	1	1	101.50	679.00	607.00	281.00
赞皇县	2.32	0.51	1	1	64.80	149.60	101.90	9.30
无极县	2.80	2.80	2	2	36.00	435.00	397.00	40.00
平山县	3.75	3.75	2	2	134.59	1140.00	1009.00	68.00
元氏县	1.10	1.10	7	7	60.00	348.00	301.00	10.00
赵　县	3.60	3.60	1	1	58.00	400.00	360.00	11.00
滦　县	4.00	4.00	1	1	267.04	715.00	620.50	64.00
滦南县	3.00	3.00	1	1	105.69	645.00	562.00	20.00
乐亭县	2.70	2.70	2	2	203.19	549.00	490.00	97.00
迁西县	3.00	2.80	1	1	158.28	563.80	493.80	43.80
玉田县	5.00	5.00	1	1	20.60	215.46	182.46	26.62
曹妃甸区	5.50	2.00	3	1	322.31	1297.52	1170.03	818.03
青龙满族自治县	1.50	0.36	2	2	45.00	398.50	346.50	80.00
昌黎县	2.80	2.80	1	1	189.60	445.00	340.00	139.50
卢龙县	2.00		1	1	75.00	319.56	287.56	87.00
临漳县	6.00	3.50	1	1	77.30	545.00	430.00	55.00
成安县	3.70	3.70	2	2	120.00	710.00	639.00	168.50
大名县	3.00	3.00	1	1	120.90	1058.00	929.85	360.01
涉　县	3.60		4	4	159.80	972.03	874.83	252.86
磁　县	5.02		2	1	80.00	1488.00	1344.00	519.00
肥乡县	3.00	3.00	1	1	77.00	1093.00	938.00	313.00
永年县	4.00	1.50	2	1	303.00	1450.00	1295.10	116.00
邱　县	3.00	2.95	1	1	59.72	1070.24	962.24	749.52
鸡泽县	4.70	4.70	3	2	178.00	772.00	682.80	229.80
广平县	3.83	3.83	1	1	96.80	971.00	860.00	190.00
馆陶县	2.40	2.40	1	1	198.00	869.00	766.00	238.00
魏　县	5.50	5.50	2	2	308.70	1690.00	1508.00	410.00
曲周县	2.66	2.66	1	1	209.30	932.00	834.80	80.80
临城县	2.65	1.15	3	2	98.50	419.20	384.20	41.50
内丘县	1.64	1.64	3	3	87.00	598.00	510.00	160.00
柏乡县	1.20	1.20	1	1	89.00	247.00	222.10	83.30
隆尧县	1.20	1.20	1	1	125.30	362.50	323.40	40.10
任　县	0.80	0.80	1	1	90.00	274.00	243.54	
南和县	1.00	1.00	1	1	199.00	315.10	261.50	
宁晋县	2.55	2.55	1	1	246.50	730.00	659.31	60.30

County Seat Water Supply by County (Public Water Surpliers)(2015)

Total Quantity of Water Supply(10,000m³)						用水户数(户) Number of Households with Access to Water Supply (unit)		用水人口(万人) Population with Access to Water Supply (10,000 persons)	县名称 Name of Counties
Water Sold			免费供水量 The Quantitiy of Free Water Supply		漏损水量 The Lossed Water				
公共服务用水 The Quantity of Water for Public Service	居民家庭用水 The Quantity of Water for Household Use	其他用水 The Quantity of Water for Other Purposes		生活用水 Domestic Water Use			家庭用户 Household User		
97308.18	**456275.56**	**36736.51**	**20379.80**	**4184.12**	**124279.21**	**36662012**	**33008636**	**13295.19**	**全 国**
87.89	**530.98**		**133.78**		**199.32**	**67046**	**64595**	**15.86**	**天 津**
87.89	530.98		133.78		199.32	67046	64595	15.86	蓟 县
6094.21	**27455.71**	**2071.96**	**731.98**	**170.90**	**6163.09**	**2482550**	**2266035**	**882.20**	**河 北**
32.00	218.00	4.00			36.00	28983	25278	9.69	井陉县
159.00	332.00	55.00	38.00		85.00	36280	16985	14.60	正定县
134.40	199.50	86.50			69.30	19321	18862	6.97	行唐县
11.00	210.00	5.00	10.00		27.00	10975	10760	6.72	灵寿县
51.00	211.80				32.00	8420	7712	3.36	高邑县
90.00	176.00	60.00			72.00	6323	5700	4.10	深泽县
16.50	74.00	2.10	0.25	0.20	47.45	10020	8159	3.50	赞皇县
25.00	330.00	2.00			38.00	18427	18115	6.60	无极县
90.00	680.00	171.00	19.00		112.00	14487	14024	12.28	平山县
15.00	266.00	10.00	12.00		35.00	22698	18555	6.24	元氏县
50.00	290.00	9.00			40.00	24122	24105	9.14	赵 县
54.96	499.00	2.54	12.50		82.00	49513	48694	20.65	滦 县
140.00	402.00				83.00	49135	47825	10.90	滦南县
75.00	318.00				59.00	36000	32500	8.60	乐亭县
90.00	358.00	2.00			70.00	29307	28966	9.40	迁西县
70.67	85.17				33.00	13536	13500	5.73	玉田县
109.00	240.00	3.00	19.99	6.50	107.50	30606	20681	7.75	曹妃甸区
55.00	170.50	41.00			52.00	26384	24048	8.20	青龙满族自治县
50.00	150.50		40.00		65.00	38229	36718	10.71	昌黎县
65.00	129.00	6.56			32.00	14200	13829	6.50	卢龙县
87.00	288.00		60.00		55.00	29050	28565	11.30	临漳县
72.50	398.00				71.00	39660	32550	9.00	成安县
63.00	501.34	5.50	21.50	17.50	106.65	47592	42175	17.08	大名县
83.31	502.43	36.23			97.20	58790	57797	20.52	涉 县
157.00	522.00	146.00			144.00	63119	51358	22.30	磁 县
135.00	480.00	10.00	40.00	38.00	115.00	28560	23030	12.30	肥乡县
105.00	1041.10	33.00	10.00		144.90	40160	37890	18.80	永年县
45.37	167.35				108.00	20300	18556	7.60	邱 县
130.00	291.00	32.00	12.00	6.00	77.20	20121	19599	10.06	鸡泽县
123.00	523.00	24.00			111.00	26258	22650	8.86	广平县
51.00	468.00	9.00	7.00		96.00	42822	30030	10.51	馆陶县
154.00	944.00		7.00	6.00	175.00	70738	69767	30.00	魏 县
38.00	712.00	4.00	4.00		93.20	30512	30133	11.60	曲周县
81.20	179.00	82.50			35.00	12329	10940	6.80	临城县
95.00	255.00				88.00	514	271	4.00	内丘县
14.40	122.50	1.90	0.20	0.20	24.70	15985	15220	3.89	柏乡县
41.50	241.30	0.50	2.90	2.90	36.20	24572	20450	9.28	隆尧县
11.20	222.66	9.68	9.30		21.16	11350	10376	5.28	任 县
	216.00	45.50			53.60	20225	19722	7.60	南和县
52.21	530.30	16.50			70.69	59907	56843	13.20	宁晋县

5-6 续表 1

县名称 Name of Counties	综合生产能力(万立方米/日) Integrated Production Capacity (10,000m³/day)	地下水 Underground Water	水厂个数(个) Number of Water Plants (unit)	地下水 Underground Water	供水管道长度(公里) Length of Water Supply Pipelines (km)	供水总量(万立方米) 合计 Total	售水量 小计 Subtotal	生产运营用水 The Quantity of Water for Production and Operation
巨鹿县	2.20	2.20	1	1	83.60	304.00	293.00	30.50
新河县	10.00	10.00	1	1	62.00	626.00	581.00	189.00
广宗县	0.50	0.50	1	1	42.80	182.00	151.00	16.20
平乡县	1.68	1.68	1	1	50.00	252.30	224.40	46.00
威　县	4.00	1.40	1	1	281.00	550.95	498.95	15.15
清河县	5.00	2.00	1	1	119.00	465.00	458.00	47.00
临西县	1.60	1.60	1	1	106.00	380.00	354.10	31.00
涞水县	0.53	0.53	1	1	121.63	193.00	163.77	
阜平县	1.30	1.30	1	1	40.00	465.00	420.00	265.00
定兴县	1.00	1.00	1	1	62.00	96.00	86.00	3.20
唐　县	2.50	0.70	1	1	61.70	63.40	57.10	
高阳县	1.62	1.62	1	1	62.70	380.80	335.50	49.00
容城县	2.00	2.00	1	1	23.00	374.00	316.00	84.00
涞源县	1.20	1.20	2	2	72.00	390.00	330.00	53.00
望都县	1.10	1.00	2	2	16.00	165.77	138.77	5.00
安新县	3.50	3.50	1	1	25.20	1215.00	1085.00	382.00
易　县	1.70	1.70	1	1	201.00	619.00	552.00	62.50
蠡　县	0.90	0.90	1	1	90.00	328.00	243.00	24.00
顺平县	1.52	1.42	4	4	8.90	154.10	119.52	18.70
张北县	1.00	1.00	1	1	280.21	276.26	247.49	8.49
康保县	1.00	1.00	1	1	156.00	181.29	161.29	36.00
沽源县	1.30	1.30	1	1	116.50	393.00	373.00	127.00
尚义县	1.45	1.45	1	1	86.42	230.80	205.80	8.30
蔚　县	1.00	1.00	1	1	147.20	308.00	215.60	53.40
阳原县	1.40	1.40	1	1	125.00	160.00	144.00	8.00
怀安县	1.00	1.00	1	1	75.70	319.00	287.00	30.00
万全县	2.80	2.70	1	1	92.19	208.46	169.68	55.21
怀来县	2.50	2.50	2	2	114.11	645.00	587.27	36.87
涿鹿县	0.90	0.90	1	1	27.50	249.00	217.00	65.00
赤城县	0.70	0.70	1	1	34.00	243.41	166.41	47.45
崇礼县	1.00	1.00	1	1	116.00	280.34	250.34	102.32
承德县	3.60	3.60	1	1	75.00	850.00	675.00	300.00
兴隆县	1.90	1.00	3	3	95.00	376.50	320.00	85.00
平泉县	2.00	2.00	1	1	72.00	471.00	407.00	119.00
滦平县	4.20	4.20	3	3	80.50	698.00	538.00	228.00
隆化县	2.50	2.50	2	2	82.55	287.00	207.20	33.20
丰宁满族自治县	3.45	3.45	1	1	99.27	593.00	534.00	132.00
宽城满族自治县	2.50	2.50	1	1	103.65	402.00	330.00	73.00
围场满族蒙古族自治县	1.10	1.10	1	1	96.10	330.00	276.00	89.00
青　县	2.40	2.40	1	1	275.60	698.00	597.00	130.00
东光县	1.70	0.80	1	1	200.00	683.00	613.00	220.00
海兴县	3.60		2	2	110.00	283.20	257.20	68.00
盐山县	2.50		1		108.04	360.00	258.00	16.50
肃宁县	1.41	1.41	5	5	112.40	511.50	460.30	160.00

continued 1

Total Quantity of Water Supply($10,000m^3$)						用水户数(户)		用水人口(万人)	县名称
Water Sold			免费供水量		漏损水量	Number of Households with Access to Water Supply (unit)	家庭用户	Population with Access to Water Supply (10,000 persons)	Name of Counties
公共服务用水 The Quantity of Water for Public Service	居民家庭用水 The Quantity of Water for Household Use	其他用水 The Quantity of Water for Other Purposes	The Quantitiy of Free Water Supply	生活用水 Dome-stic Water Use	The Lossed Water		Household User		
92.50	147.00	23.00			11.00	25041	24001	12.07	巨鹿县
99.00	293.00				45.00	6570	2720	5.00	新河县
11.80	123.00				31.00	18601	18521	7.03	广宗县
37.00	131.00	10.40	3.90	1.60	24.00	14255	14000	4.10	平乡县
96.80	385.00	2.00	10.00		42.00	17000	16830	13.20	威　县
42.00	357.00	12.00	1.00		6.00	27747	27122	9.98	清河县
18.70	248.80	55.60			25.90	19450	12220	7.80	临西县
	110.97	52.80	0.84		28.39	5300	3651	3.18	涞水县
80.00	75.00				45.00	13088	13023	5.60	阜平县
2.20	80.60				10.00	10960	10220	4.06	定兴县
	54.00	3.10			6.30	5250	3630	3.02	唐　县
65.50	221.00				45.30	15125	14585	3.82	高阳县
50.00	182.00				58.00	8881	8710	4.15	容城县
34.00	230.00	13.00			60.00	31300	21820	9.00	涞源县
5.00	128.77				27.00	15760	15750	6.30	望都县
197.00	300.00	206.00			130.00	8403	5430	5.62	安新县
132.00	357.50		5.00	5.00	62.00	18490	18030	8.85	易　县
13.00	194.00	12.00	50.00	30.00	35.00	12258	10785	5.50	蠡　县
18.90	81.92				34.58	1299	741	3.00	顺平县
18.78	220.22				28.77	43787	43200	16.48	张北县
8.29	117.00				20.00	15440	15255	5.82	康保县
125.00	95.00	26.00			20.00	16421	16005	6.38	沽源县
22.50	150.00	25.00			25.00	15143	14988	6.29	尚义县
22.20	125.00	15.00	60.90	11.40	31.50	26379	20003	8.30	蔚　县
30.00	97.00	9.00			16.00	16420	15770	5.88	阳原县
75.00	150.00	32.00			32.00	22808	21826	6.10	怀安县
29.02	80.12	5.33	6.77	5.30	32.01	9290	7600	6.25	万全县
180.16	230.29	139.95	7.73		50.00	38190	36589	10.00	怀来县
40.00	108.00	4.00	6.00		26.00	25365	25240	8.37	涿鹿县
13.40	105.40	0.16			77.00	13270	11205	5.33	赤城县
16.22	123.80	8.00			30.00	11172	10382	3.40	崇礼县
100.00	200.00	75.00	28.00		147.00	28274	26500	7.49	承德县
20.00	213.00	2.00	10.00		46.50	19000	16000	7.13	兴隆县
60.00	208.00	20.00	14.00		50.00	48135	48050	11.20	平泉县
105.00	205.00		80.00		80.00	18000	17800	6.30	滦平县
10.00	133.00	31.00	10.00	4.00	69.80	28398	26982	6.72	隆化县
83.00	236.00	83.00			59.00	24234	23605	8.59	丰宁满族自治县
28.00	228.00	1.00			72.00	26585	25416	6.50	宽城满族自治县
29.00	141.00	17.00	7.00	6.00	47.00	25763	25000	7.50	围场满族蒙占族自治县
82.00	381.00	4.00	11.00		90.00	25408	23050	10.50	青　县
75.00	260.00	58.00			70.00	43530	39500	8.20	东光县
24.20	165.00				26.00	16075	15230	5.20	海兴县
41.00	193.00	7.50	30.00		72.00	11370	10965	7.10	盐山县
85.30	210.00	5.00			51.20	24530	24193	8.60	肃宁县

5-6 续表 2

县名称 Name of Counties	综合生产能力(万立方米/日) Integrated Production Capacity (10,000m³/day)	地下水 Underground Water	水厂个数(个) Number of Water Plants (unit)	地下水 Underground Water	供水管道长度(公里) Length of Water Supply Pipelines (km)	供水总量(万立方米) 合计 Total	售水量 小计 Subtotal	生产运营用水 The Quantity of Water for Production and Operation
南皮县	1.70		1		86.00	376.00	349.00	65.00
吴桥县	1.00	1.00	2	2	94.50	272.00	248.00	37.00
献　县	3.00	3.00	1	1	101.00	1075.00	720.00	315.00
孟村回族自治县	2.00		1		131.00	209.60	192.30	20.70
固安县	3.63	3.63	1	1	202.10	651.00	585.00	183.00
永清县	1.30	1.30	1	1	76.00	442.00	397.00	99.00
香河县	6.00	6.00	1	1	294.30	739.80	653.75	240.60
大城县	2.04	2.04	1	1	198.84	743.00	641.00	185.00
文安县	1.00	1.00	1	1	61.00	284.75	243.55	111.69
大厂回族自治县	3.41	3.41	2	2	104.91	266.57	239.57	127.82
枣强县	3.84	3.84	2	2	135.00	1391.00	1237.00	251.00
武邑县	3.80	3.80	1	1	81.00	654.50	579.00	127.00
武强县	1.95	1.95	5	5	93.60	238.10	200.30	78.00
饶阳县	1.40	1.40	1	1	155.12	163.00	138.56	6.72
安平县	3.70	3.70	1	1	100.57	995.00	885.00	400.00
故城县	4.02	4.02	3	3	223.80	993.00	975.00	170.00
景　县	2.00	1.54	1	1	80.00	576.00	508.00	104.00
阜城县	2.60	2.60	5	5	126.00	452.00	399.00	183.00
山　西	**107.48**	**93.29**	**134**	**119**	**6924.86**	**23970.00**	**20679.03**	**3822.19**
清徐县	1.66	1.66	3	3	77.84	354.80	320.80	82.00
阳曲县	0.60	0.60	1	1	82.00	170.00	145.00	37.00
娄烦县	0.80	0.75	1	1	30.38	273.00	243.00	32.00
阳高县	1.50	0.92	1	1	96.20	422.70	371.78	172.60
天镇县	0.70	0.45	1	1	54.85	245.24	218.72	44.20
广灵县	1.54	0.70	1	1	21.10	269.80	220.37	23.47
灵丘县	1.50	1.00	8	8	180.00	468.00	422.00	112.00
浑源县	1.80	1.20	1	1	103.00	422.00	377.00	123.00
左云县	0.55	0.20	3	3	82.37	152.94	135.74	9.93
大同县	0.75	0.66	2	2	114.40	226.55	193.55	44.12
平定县	1.60	1.41	1	1	106.50	445.00	399.00	50.00
盂　县	2.00	2.00	2	2	159.26	516.00	448.00	173.00
长治县	1.50	1.50	2	2	85.00	245.00	220.00	
襄垣县	1.40	1.40	2	2	392.44	328.00	288.00	1.00
屯留县	0.50	0.50	1	1	37.50	157.00	138.00	21.83
平顺县	0.45	0.45	1	1	36.26	82.00	72.16	5.66
黎城县	2.20	2.20	2	2	55.99	138.50	124.50	13.50
壶关县	0.96	0.96	2	2	54.00	189.00	170.00	
长子县	0.80	0.80	2	2	78.93	242.00	217.00	30.50
武乡县	0.50	0.50	1	1	45.20	143.00	124.00	8.00
沁　县	0.60	0.60	1	1	103.46	99.60	77.10	9.10
沁源县	0.52	0.52	1	1	110.00	170.00	145.00	40.00
沁水县	0.48	0.40	2	2	31.70	173.00	156.00	73.00
阳城县	2.00	2.00	2	2	305.00	392.00	344.00	110.20
陵川县	1.50		1		179.00	145.10	131.00	16.00
山阴县	1.50	1.50	2	2	255.00	436.00	353.00	80.00

continued 2

Total Quantity of Water Supply(10,000m³)						用水户数(户) Number of Households with Access to Water Supply (unit)		用水人口(万人) Population with Access to Water Supply (10,000 persons)	县名称 Name of Counties
Water Sold			免费供水量 The Quantitiy of Free Water Supply		漏损水量 The Lossed Water		家庭用户 Household User		
公共服务用水 The Quantity of Water for Public Service	居民家庭用水 The Quantity of Water for Household Use	其他用水 The Quantity of Water for Other Purposes		生活用水 Domestic Water Use					
48.00	236.00		2.00		25.00	19825	18105	7.00	南皮县
18.00	189.00	4.00			24.00	32180	31660	9.70	吴桥县
118.00	287.00				355.00	23875	22950	8.51	献　县
21.60	145.00	5.00			17.30	11185	9570	3.94	孟村回族自治县
70.00	311.00	21.00			66.00	30139	22890	13.73	固安县
67.00	185.75	45.25			45.00	15000	14870	4.56	永清县
146.90	266.25				86.05	46470	43200	12.75	香河县
72.00	384.00				102.00	13610	13100	6.30	大城县
7.86	124.00		2.20		39.00	20872	10795	5.61	文安县
	111.75				27.00	11070	9788	7.22	大厂回族自治县
51.00	920.00	15.00	11.00	5.00	143.00	33305	33216	13.26	枣强县
44.00	353.00	55.00	9.50	9.50	66.00	37896	37586	9.88	武邑县
7.80	113.00	1.50	7.50	3.50	30.30	16115	15530	4.80	武强县
3.36	125.12	3.36			24.44	21674	18824	6.40	饶阳县
70.00	400.00	15.00	10.00		100.00	34370	34000	12.80	安平县
60.00	740.00	5.00	8.00	3.00	10.00	43860	43000	15.50	故城县
22.00	359.00	23.00	9.00	5.70	59.00	20004	19560	8.31	景　县
25.00	186.00	5.00	5.00	3.60	48.00	33805	32310	9.40	阜城县
3173.32	**12966.38**	**717.14**	**506.50**	**217.80**	**2784.47**	**1134487**	**962349**	**569.18**	**山　西**
37.80	201.00				34.00	4128	2865	8.27	清徐县
10.00	88.00	10.00			25.00	13580	12130	4.29	阳曲县
32.00	179.00				30.00	10110	10060	4.20	娄烦县
33.45	158.13	7.60	8.60	8.60	42.32	19201	18231	8.16	阳高县
43.29	104.23	27.00			26.52	14313	14080	7.08	天镇县
49.38	144.32	3.20	16.23	15.13	33.20	20092	20031	8.25	广灵县
134.00	147.00	29.00			46.00	28796	19920	9.19	灵丘县
55.00	182.00	17.00	2.00		43.00	22309	22000	11.61	浑源县
16.81	108.00	1.00	0.20	0.20	17.00	18402	14150	4.83	左云县
21.17	116.00	12.26			33.00	16864	12500	5.65	大同县
32.00	309.00	8.00			46.00	29944	28760	11.64	平定县
1.00	273.00	1.00			68.00	16020	14500	8.02	盂　县
5.00	215.00				25.00	11000	10998	6.24	长治县
80.00	206.00	1.00	2.00	2.00	38.00	21429	20957	7.88	襄垣县
72.35	43.82				19.00	5839	5381	4.31	屯留县
17.50	49.00				9.84	2191	1984	2.60	平顺县
42.60	68.40				14.00	8383	8230	4.29	黎城县
68.00	88.00	14.00			19.00	12900	12400	6.05	壶关县
31.94	151.03	3.53			25.00	14982	12000	6.33	长子县
44.00	70.00	2.00			19.00	1932	1535	4.40	武乡县
10.70	57.30		4.50		18.00	5235	4831	3.96	沁　县
35.00	70.00				25.00	9100	8675	4.00	沁源县
1.00	82.00				17.00	8781	8403	4.50	沁水县
20.30	213.50				48.00	23060	21442	9.50	阳城县
30.00	85.00				14.10	10523	10325	5.01	陵川县
25.00	235.00	13.00	28.00	5.00	55.00	38261	18000	7.66	山阴县

5-6 续表 3

县名称 Name of Counties	综合生产能力(万立方米/日) Integrated Production Capacity (10,000m³/day)	地下水 Underground Water	水厂个数(个) Number of Water Plants (unit)	地下水 Underground Water	供水管道长度(公里) Length of Water Supply Pipelines (km)	供水总量(万立方米) 合计 Total	售水量 小计 Subtotal	生产运营用水 The Quantity of Water for Production and Operation
应　县	1.50	1.50	3	3	93.00	539.00	469.00	120.00
右玉县	1.37	1.37	2	2	77.50	270.00	217.00	45.00
怀仁县	5.00	4.00	4	3	475.40	954.00	846.00	210.00
榆社县	0.80	0.80	1	1	62.00	157.00	119.00	1.78
左权县	1.10		1	1	60.00	268.20	223.20	11.00
和顺县	0.85	0.53	1	1	43.96	268.00	193.00	11.00
昔阳县	2.00	0.80	1	1	145.80	353.70	317.50	89.75
寿阳县	1.20	1.20	2	2	44.84	395.00	345.00	180.00
太谷县	1.60	0.40	3	2	76.50	407.00	365.00	29.00
祁　县	1.08	0.60	3	1	128.21	273.48	216.48	29.43
平遥县	1.40	1.40	2	1	94.00	503.53	433.53	70.00
灵石县	0.90	0.75	1	1	123.40	320.00	288.00	
临猗县	8.12	8.12	1	1	65.90	501.00	453.00	31.00
万荣县	1.50	1.50	1	1	51.10	379.70	289.70	44.70
闻喜县	0.75	0.75	1	1	51.15	195.05	175.55	
稷山县	0.52	0.52	2	2	46.30	189.00	164.80	36.20
新绛县	1.76	1.76	1	1	185.00	331.00	288.00	10.00
绛　县	0.60	0.60	1	1	43.48	216.00	189.30	54.00
垣曲县	2.00	2.00	2	2	42.00	243.00	215.00	43.90
夏　县	3.90	3.53	1	1	28.31	344.00	301.00	172.00
平陆县	0.72	0.54	1	1	59.00	232.00	201.00	19.00
芮城县	2.60	2.60	1	1	57.61	685.61	603.07	450.00
定襄县	1.10	1.10	1	1	64.90	321.00	289.20	110.00
五台县	0.56	0.56	1	1	34.07	199.18	127.70	20.50
代　县	1.45	1.45	1	1	61.81	216.00	175.00	40.50
繁峙县	2.60	2.60	1	1	76.65	303.00	273.00	23.14
宁武县	1.30	1.30	2	1	86.50	180.00	162.00	
静乐县	1.20	1.20	3	1	45.00	283.28	188.78	
神池县	0.50	0.50	1	1	50.13	167.00	150.00	50.00
五寨县	0.80	0.80	1	1	34.00	218.00	173.00	44.00
岢岚县	0.50		2		45.00	182.00	159.89	35.59
河曲县	0.80	0.80	1	1	64.90	207.83	177.83	39.00
保德县	0.90	0.90	1	1	57.90	273.46	217.96	26.36
偏关县	1.00	1.00	2	2	41.10	145.10	129.02	
曲沃县	0.88	0.83	1	1	66.70	301.04	244.50	53.00
翼城县	1.60	1.60	1	1	65.00	582.61	515.00	35.00
襄汾县	0.85	0.85	1	1	42.00	274.00	218.00	
洪洞县	2.31	2.31	1	1	134.11	841.39	696.73	122.75
古　县	0.69	0.69	1	1	3.00	215.45	193.45	
安泽县	0.50	0.50	1	1	35.00	168.44	138.44	18.00
浮山县	0.66	0.66	1	1	35.20	234.01	209.01	
吉　县	0.50	0.50	1	1	78.00	104.50	84.20	
乡宁县	0.80	0.80	1	1	70.00	287.20	257.20	10.00
大宁县	0.25	0.25	1	1	10.60	26.10	22.68	3.18
隰　县	0.50	0.50	1	1	50.30	135.23	120.23	12.10

continued 3

Total Quantity of Water Supply(10,000m^3)						用水户数(户) Number of Households with Access to Water Supply (unit)		用水人口(万人) Population with Access to Water Supply (10,000 persons)	县名称 Name of Counties
Water Sold			免费供水量 The Quantitiy of Free Water Supply		漏损水量 The Lossed Water		家庭用户 Household User		
公共服务用水 The Quantity of Water for Public Service	居民家庭用水 The Quantity of Water for Household Use	其他用水 The Quantity of Water for Other Purposes		生活用水 Domestic Water Use					
62.00	271.00	16.00	15.00		55.00	20700	20342	9.51	应　县
21.70	142.30	8.00	12.00		41.00	9202	8852	5.35	右玉县
48.00	578.00	10.00	10.00		98.00	49459	43313	15.59	怀仁县
32.00	66.00	19.22	11.00		27.00	12356	11996	3.11	榆社县
77.00	135.00	0.20			45.00	16348	15911	6.40	左权县
62.00	118.00	2.00	35.00		40.00	15454	12848	5.47	和顺县
3.60	220.95	3.20			36.20	13527	12448	6.20	昔阳县
19.00	146.00		10.00	10.00	40.00	1792	1578	7.60	寿阳县
38.60	289.40	8.00			42.00	27664	25069	15.25	太谷县
55.23	131.82		2.00	1.20	55.00	7350	6441	4.86	祁　县
25.73	310.00	27.80			70.00	36733	16089	13.25	平遥县
108.00	174.00	6.00			32.00	19333	18480	7.20	灵石县
129.00	288.00	5.00			48.00	5508	5125	11.65	临猗县
14.00	210.00	21.00	50.00	17.00	40.00	43488	36560	9.27	万荣县
7.20	163.35	5.00			19.50	4727	4200	5.16	闻喜县
28.00	98.40	2.20			24.20	8695	6430	7.21	稷山县
5.00	266.00	7.00	9.00		34.00	12640	11850	12.53	新绛县
9.20	120.40	5.70			26.70	10406	7477	5.97	绛　县
11.00	153.60	6.50			28.00	7625	7003	8.10	垣曲县
10.00	117.00	2.00	8.00		35.00	6023	5168	3.60	夏　县
12.00	152.00	18.00	2.00		29.00	3342	2714	5.70	平陆县
30.40	115.30	7.37	7.98	4.30	74.56	3710	3330	8.80	芮城县
96.00	75.00	8.20			31.80	6780	6510	6.12	定襄县
43.06	35.36	28.78	33.86	33.86	37.62	6437	5428	3.14	五台县
48.00	86.50		19.00	19.00	22.00	9590	9157	5.84	代　县
60.30	187.87	1.69	1.00		29.00	21952	12725	8.43	繁峙县
56.64	105.00	0.36			18.00	25624	25426	4.47	宁武县
53.75	118.63	16.40	46.00	16.00	48.50	7230	6686	4.79	静乐县
46.00	53.00	1.00			17.00	9500	9120	3.82	神池县
42.00	67.00	20.00	20.00	20.00	25.00	12060	11280	4.39	五寨县
38.94	75.12	10.24	2.31	2.31	19.80	8280	7957	4.11	岢岚县
88.00	50.50	0.33			30.00	12882	12480	6.80	河曲县
24.00	166.30	1.30	26.00	26.00	29.50	21499	21023	8.44	保德县
6.99	117.60	4.43	1.00	1.00	15.08	5347	5018	4.67	偏关县
60.00	103.50	28.00	1.54		55.00	21802	30	8.40	曲沃县
80.00	350.00	50.00	7.61		60.00	24000	21900	8.41	翼城县
69.80	141.70	6.50	26.00	26.00	30.00	15900	14988	6.90	襄汾县
112.86	423.78	37.34	56.31	10.20	88.35	31012	27825	13.30	洪洞县
34.45	143.00	16.00			22.00	4785	3850	2.57	古　县
30.00	90.44		13.00		17.00	5529	5320	2.98	安泽县
15.00	158.01	36.00			25.00	8563	6910	3.73	浮山县
32.70	51.50				20.30	4518	4368	3.90	吉　县
58.00	149.00	40.20			30.00	6691	6300	5.72	乡宁县
4.66	14.84				3.42	5543	5122	2.11	大宁县
7.93	80.20	20.00			15.00	10900	10590	4.98	隰　县

5-6 续表 4

县名称 Name of Counties	综合生产能力(万立方米/日) Integrated Production Capacity (10,000m³/day)	地下水 Underground Water	水厂个数(个) Number of Water Plants (unit)	地下水 Underground Water	供水管道长度(公里) Length of Water Supply Pipelines (km)	供水总量(万立方米) 合计 Total	售水量 小计 Subtotal	生产运营用水 The Quantity of Water for Production and Operation
永和县	0.50	0.50	1	1	43.30	42.70	37.30	
蒲　县	0.55	0.55	4	4	43.75	74.95	64.95	
汾西县	0.72	0.72	1	1	41.90	99.20	89.50	3.15
文水县	1.50	1.50	2	2	151.21	377.67	339.67	2.02
交城县	1.20	1.20	1	1	88.24	384.00	305.32	20.58
兴　县	1.00	1.00	3	2	23.21	289.00	258.48	3.40
临　县	1.50		2		43.01	441.55	396.55	3.21
柳林县	2.00	2.00	1	1	67.85	420.00	371.11	35.00
石楼县	0.70	0.70	2	2	33.00	133.00	116.26	
岚　县	1.00	1.00	1	1	43.00	194.00	174.60	4.60
方山县	1.00	1.00	1	1	39.10	219.61	195.62	2.24
中阳县	1.71	0.60	3	2	54.18	380.00	335.00	103.40
交口县	0.67	0.67	1	1	69.40	117.00	104.00	31.60
内蒙古	**110.32**	**102.47**	**136**	**126**	**9491.05**	**19514.76**	**16613.84**	**3007.17**
土默特左旗	1.00	1.00	1	1	156.00	183.50	162.40	13.10
托克托县	1.00	1.00	3	1	245.00	180.00	154.00	22.00
和林格尔县	2.80	2.80	1	1	274.60	168.00	150.00	20.00
清水河县	0.90	0.90	1	1	83.00	83.00	75.00	
武川县	0.50	0.50	1	1	93.00	104.00	84.00	3.90
土默特右旗	0.90	0.90	2	2	95.00	326.63	289.37	17.00
固阳县	0.50	0.40	1	1	48.00	150.00	130.00	30.00
达尔罕茂明安联合旗	0.65	0.65	4	4	61.00	188.87	160.00	10.50
阿鲁科尔沁旗	1.67	1.66	2	2	251.50	357.10	321.10	1.10
巴林左旗	2.06	2.05	2	2	365.50	445.30	391.00	21.50
巴林右旗	1.50	1.50	5	5	80.49	321.00	195.84	10.87
林西县	1.30	1.30	2	2	219.84	420.60	360.00	60.00
克什克腾旗	1.70	1.70	1	1	192.40	330.80	277.80	3.80
翁牛特旗	1.70	1.70	2	2	134.21	605.18	519.18	50.00
喀喇沁旗	2.20	2.20	1	1	145.00	450.00	374.08	34.08
宁城县	2.00	2.00	3	3	78.20	628.00	537.00	50.00
敖汉旗	1.50	1.20	1	1	113.64	455.00	388.00	5.00
科尔沁左翼中旗	1.50	1.50	1	1	58.02	162.00	139.30	
科尔沁左翼后旗	0.50	0.50	2	2	57.00	165.10	134.60	
开鲁县	1.50	1.50	2	2	256.70	192.00	165.00	
库伦旗	0.68	0.68	1	1	54.00	180.00	162.00	15.00
奈曼旗	0.90	0.90	2	2	60.00	166.00	148.00	
扎鲁特旗	2.00	2.00	2	2	480.50	485.00	435.00	90.00
达拉特旗	4.90	4.90	3	2	193.21	960.47	814.42	155.72
准格尔旗	10.90	5.57	5	3	198.38	1442.04	1291.54	754.00
鄂托克前旗	0.65	0.65	1	1	150.00	93.00	83.00	4.00
鄂托克旗	2.70	2.70	10	10	119.20	120.48	107.68	0.50
杭锦旗	0.60	0.60	3	3	278.00	114.30	92.30	7.80
乌审旗	1.20	1.20	4	1	213.00	186.00	167.00	21.00
伊金霍洛旗	2.00	2.00	2	2	436.00	450.00	397.00	85.00

continued 4

Total Quantity of Water Supply(10,000m³)						用水户数(户) Number of Households with Access to Water Supply (unit)		用水人口(万人) Population with Access to Water Supply (10,000 persons)	县名称 Name of Counties
Water Sold			免费供水量 The Quantitiy of Free Water Supply		漏损水量 The Lossed Water		家庭用户 Household User		
公共服务用水 The Quantity of Water for Public Service	居民家庭用水 The Quantity of Water for Household Use	其他用水 The Quantity of Water for Other Purposes		生活用水 Domestic Water Use					
7.20	25.10	5.00			5.40	4357	4256	2.08	永和县
11.00	44.95	9.00			10.00	7657	6857	2.98	蒲　县
3.40	81.85	1.10			9.70	7452	7271	5.00	汾西县
92.10	243.55	2.00			38.00	8183	5931	13.01	文水县
8.65	267.89	8.20	16.58		62.10	6789	6254	9.20	交城县
45.20	203.48	6.40			30.52	14810	14582	9.69	兴　县
2.28	390.00	1.06			45.00	26062	25143	15.19	临　县
23.00	309.11	4.00			48.89	1544	1214	12.11	柳林县
8.49	103.26	4.51	2.57		14.17	3997	3058	4.37	石楼县
23.14	138.66	8.20			19.40	17408	16731	5.32	岚　县
1.58	191.00	0.80	0.21		23.78	6071	5782	4.61	方山县
74.00	153.40	4.20			45.00	15932	4026	8.04	中阳县
6.25	60.03	6.12			13.00	4344	3619	3.86	交口县
2851.73	**10003.80**	**751.14**	**530.18**	**297.38**	**2370.74**	**1573288**	**1400038**	**485.87**	**内蒙古**
15.10	130.00	4.20	1.10		20.00	16524	13750	8.10	土默特左旗
23.00	101.00	8.00	8.00		18.00	25795	25679	6.00	托克托县
10.00	120.00				18.00	12921	12405	4.50	和林格尔县
20.00	45.00	10.00			8.00	11472	11297	4.00	清水河县
30.00	45.10	5.00	9.00		11.00	15215	10700	4.35	武川县
30.50	216.87	25.00	4.00		33.26	74255	50968	11.00	土默特右旗
30.00	70.00				20.00	17998	17900	5.32	固阳县
22.50	109.00	18.00	10.00	10.00	18.87	11317	9800	4.05	达尔罕茂明安联合旗
34.00	249.00	37.00			36.00	35164	31140	9.99	阿鲁科尔沁旗
10.00	355.00	4.50			54.30	36417	35900	13.62	巴林左旗
54.60	110.37	20.00			125.16	24832	21201	7.74	巴林右旗
83.00	175.00	42.00	20.00	20.00	40.60	33934	30237	8.32	林西县
14.00	260.00		17.00	17.00	36.00	26267	21788	11.13	克什克腾旗
38.00	425.18	6.00	20.00	6.00	66.00	51142	50000	15.56	翁牛特旗
85.00	250.00	5.00			75.92	27320	25010	13.35	喀喇沁旗
165.00	248.00	74.00	10.00		81.00	66965	63246	25.23	宁城县
68.00	315.00				67.00	43140	38404	20.94	敖汉旗
24.00	79.30	36.00	2.00		20.70	18800	16300	5.65	科尔沁左翼中旗
49.60	85.00		2.50		28.00	22680	20930	8.16	科尔沁左翼后旗
12.00	151.00	2.00	5.00		22.00	32002	26000	8.08	开鲁县
42.00	105.00				18.00	16520	14500	8.23	库伦旗
43.00	105.00				18.00	24011	22346	7.68	奈曼旗
100.00	245.00				50.00	24494	20500	10.32	扎鲁特旗
149.85	476.00	32.85	53.00	22.00	93.05	48547	47962	17.17	达拉特旗
174.35	260.90	102.29	0.50		150.00	53697	46000	19.65	准格尔旗
13.00	66.00				10.00	15430	14765	3.90	鄂托克前旗
12.80	91.38	3.00	0.30	0.30	12.50	11500	9997	3.79	鄂托克旗
8.50	69.50	6.50			22.00	23117	20740	4.40	杭锦旗
21.00	107.00	18.00			19.00	15132	13980	6.10	乌审旗
92.00	200.00	20.00	8.00	6.00	45.00	46969	41850	6.72	伊金霍洛旗

5-6 续表 5

县名称 Name of Counties	综合生产能力(万立方米/日) Integrated Production Capacity (10,000m³/day)	地下水 Underground Water	水厂个数(个) Number of Water Plants (unit)	地下水 Underground Water	供水管道长度(公里) Length of Water Supply Pipelines (km)	供水总量(万立方米) 合计 Total	售水量 小计 Subtotal	生产运营用水 The Quantity of Water for Production and Operation
阿荣旗	1.28	1.28	2	2	110.11	223.20	197.15	22.02
莫力达瓦达斡尔族自治旗	2.10	2.10	2	2	56.55	294.50	265.00	
鄂伦春自治旗	1.00	1.00	1	1	27.00	204.00	181.00	15.00
鄂温克族自治旗	1.00	1.00	1	1	42.75	138.00	117.30	33.84
陈巴尔虎旗	1.00	1.00	2	2	57.93	106.08	95.08	7.00
新巴尔虎左旗	0.12	0.12	1	1	7.38	37.94	33.94	1.10
新巴尔虎右旗	0.50	0.28	1	1	70.80	83.25	65.25	26.00
五原县	1.90	1.90	1	1	189.60	408.00	334.60	72.10
磴口县	1.50	1.50	1	1	151.30	245.00	197.00	28.50
乌拉特前旗	2.00	1.70	1	1	226.28	418.21	376.21	14.69
乌拉特中旗	0.90	0.90	2	2	70.00	239.00	215.00	13.00
乌拉特后旗	1.00	1.00	3	3	255.00	124.00	111.00	
杭锦后旗	4.00	4.00	1	1	224.20	545.00	343.00	163.00
卓资县	1.05	1.05	2	2	69.63	359.25	322.27	161.06
化德县	0.75	0.75	2	2	22.50	273.00	244.50	17.90
商都县	10.15	10.15	2	2	111.10	257.15	218.08	39.91
兴和县	1.20	0.82	1	1	79.50	434.64	391.14	2.12
凉城县	1.06	1.06	3	3	49.98	259.55	233.53	
察哈尔右翼前旗	1.08	1.08	1	1	150.00	270.40	234.18	32.40
察哈尔右翼中旗	0.40	0.40	2	2	51.10	140.00	126.00	6.20
察哈尔右翼后旗	1.30	1.30	1	1	60.50	253.20	211.20	3.20
四子王旗	0.91	0.91	7	7	128.30	332.00	246.00	19.62
科尔沁右翼前旗	2.40	2.40	1	1	84.70	220.00	180.00	
科尔沁右翼中旗	0.65	0.65	5	5	43.44	174.00	146.00	29.00
扎赉特旗	1.00	1.00	1	1	97.45	279.00	250.00	12.80
突泉县	1.50	1.50	1	1	107.72	134.04	111.14	2.74
阿巴嘎旗	0.40	0.40	1	1	123.60	107.00	86.00	22.00
苏尼特左旗	0.50	0.50	1	1	30.08	98.70	80.80	19.10
苏尼特右旗	2.00	2.00	2	2	103.10	220.00	195.50	19.00
东乌珠穆沁旗	1.00	1.00	1	1	158.43	164.00	142.68	
西乌珠穆沁旗	1.00	1.00	1	1	121.80	181.00	113.30	26.00
太仆寺旗	0.57	0.57	1	1	65.59	171.50	151.50	15.00
镶黄旗	0.40	0.40	1	1	98.89	92.00	77.00	15.00
正镶白旗	0.44	0.44	1	1	99.60	75.90	68.30	1.70
正蓝旗	1.60	1.60	1	1	106.14	120.88	101.58	5.00
多伦县	0.80	0.80	1	1	104.00	219.00	197.00	17.30
阿拉善左旗	4.50	3.30	4	2	608.30	1138.00	948.00	575.00
阿拉善右旗	0.70	0.70	1	1	46.97	174.00	149.00	60.00
额济纳旗	0.75	0.75	1	1	89.34	187.00	152.00	23.00
辽　宁	**67.26**	**23.48**	**32**	**20**	**4398.68**	**11799.39**	**9567.00**	**1377.02**
辽中县	2.50	2.50	2	2	153.41	619.07	487.36	11.00
康平县	2.40	2.40	2	2	325.08	372.90	307.44	18.92
法库县	3.00		2		113.60	583.00	495.00	125.00
长海县	3.50	3.50	1	1	379.00	80.80	64.00	

continued 5

Total Quantity of Water Supply(10,000m³)						用水户数（户） Number of Households with Access to Water Supply (unit)		用水人口（万人） Population with Access to Water Supply (10,000 persons)	县名称 Name of Counties
Water Sold			免费供水量 The Quantitiy of Free Water Supply		漏损水量 The Lossed Water		家庭用户 Household User		
公共服务用水 The Quantity of Water for Public Service	居民家庭用水 The Quantity of Water for Household Use	其他用水 The Quantity of Water for Other Purposes		生活用水 Domestic Water Use					
21.20	152.21	1.72			26.05	30200	24425	6.34	阿荣旗
56.30	198.50	10.20			29.50	22847	21956	8.03	莫力达瓦达斡尔族自治旗
15.00	151.00				23.00	8666	8034	4.40	鄂伦春自治旗
16.63	38.24	28.59			20.70	11170	5143	2.49	鄂温克族自治旗
19.00	69.08				11.00	6134	5588	1.87	陈巴尔虎旗
12.00	20.84				4.00	3955	3320	1.72	新巴尔虎左旗
10.00	29.25				18.00	9770	8070	1.93	新巴尔虎右旗
73.50	172.70	16.30	12.20		61.20	34675	33000	10.05	五原县
	150.50	18.00			48.00	27850	21849	5.98	磴口县
32.20	310.00	19.32			42.00	31488	31420	10.60	乌拉特前旗
33.00	163.00	6.00			24.00	15030	14341	4.49	乌拉特中旗
22.00	89.00				13.00	12020	11700	2.90	乌拉特后旗
35.00	145.00		132.00	119.00	70.00	40029	39699	9.94	杭锦后旗
26.55	131.33	3.33			36.98	16613	16433	5.28	卓资县
50.50	156.00	20.10			28.50	18547	17700	6.40	化德县
64.73	108.38	5.06	13.07	12.18	26.00	18076	16229	5.25	商都县
80.50	306.32	2.20			43.50	37745	37025	9.53	兴和县
17.40	216.13				26.02	19989	19841	6.95	凉城县
37.62	149.16	15.00			36.22	12806	12035	4.36	察哈尔右翼前旗
52.70	54.85	12.25			14.00	11835	9950	5.34	察哈尔右翼中旗
36.00	161.00	11.00	8.00		34.00	15850	12710	6.30	察哈尔右翼后旗
77.47	134.83	14.08	50.81	32.20	35.19	28297	28180	8.70	四子王旗
50.00	120.00	10.00	15.00		25.00	8200	8139	3.60	科尔沁右翼前旗
18.00	95.00	4.00	5.00		23.00	18423	13117	7.42	科尔沁右翼中旗
12.20	224.00	1.00	0.20		28.80	18956	15736	5.70	扎赉特旗
20.40	88.00		2.90	2.70	20.00	16613	15766	6.20	突泉县
15.00	38.00	11.00	9.00		12.00	10295	8964	2.25	阿巴嘎旗
30.30	24.00	7.40	7.90		10.00	7774	6556	1.60	苏尼特左旗
32.50	138.00	6.00	1.50		23.00	13290	12600	3.97	苏尼特右旗
46.98	95.70				21.32	14941	14200	3.47	东乌珠穆沁旗
9.00	78.30		32.20		35.50	17176	13899	3.84	西乌珠穆沁旗
37.00	98.00	1.50			20.00	25482	23395	6.20	太仆寺旗
25.00	37.00		5.00		10.00	7780	7360	3.10	镶黄旗
8.60	56.00	2.00			7.60	7300	6470	2.80	正镶白旗
38.95	50.88	6.75			19.30	21822	18979	3.86	正蓝旗
12.70	167.00				22.00	17000	15600	5.56	多伦县
189.00	184.00		50.00	50.00	140.00	33668	21115	10.40	阿拉善左旗
19.00	60.00	10.00			25.00	10266	9112	1.80	阿拉善右旗
23.00	77.00	29.00	15.00		20.00	7133	5087	2.20	额济纳旗
2133.97	**5343.21**	**712.80**	**258.10**	**93.12**	**1974.29**	**768347**	**670806**	**219.60**	**辽　宁**
116.24	360.12		7.00		124.71	44385	43450	10.93	辽中县
56.43	182.09	50.00			65.46	33987	31126	12.30	康平县
125.00	245.00		30.00		58.00	15565	11880	6.40	法库县
20.00	44.00				16.80	11450	6550	3.38	长海县

5-6 续表 6

县名称 Name of Counties	综合生产能力(万立方米/日) Integrated Production Capacity ($10,000m^3$/day)	地下水 Underground Water	水厂个数(个) Number of Water Plants (unit)	地下水 Underground Water	供水管道长度(公里) Length of Water Supply Pipelines (km)	供水总量(万立方米) 合计 Total	售水量 小计 Subtotal	生产运营用水 The Quantity of Water for Production and Operation
台安县	2.00	2.00	1	1	218.40	548.00	493.00	44.00
岫岩满族自治县	1.60	1.60	1	1	155.20	358.92	284.10	44.00
新宾满族自治县	1.50		1		93.06	374.50	279.00	36.30
清原满族自治县	5.00		2		162.20	756.20	531.00	94.00
本溪满族自治县	6.50		1		137.00	705.00	613.00	168.00
桓仁满族自治县	3.00		1	1	105.50	862.00	754.00	240.00
宽甸满族自治县	1.60		1		234.44	494.80	386.80	8.40
黑山县	3.00	3.00	1	1	364.00	369.60	288.00	28.00
义　县	2.50	2.50	1	1	170.20	593.00	450.00	82.00
阜新蒙古族自治县	1.00	0.50	3	3	178.00	285.80	221.00	
彰武县	1.00	1.00	1	1	198.00	322.00	272.00	21.00
辽阳县	5.00		1		105.50	611.00	440.00	23.00
大洼县	4.00	1.00	2	1	82.90	550.00	454.00	45.00
西丰县	5.00		1	1	240.00	556.00	492.00	81.00
昌图县	5.00		1		212.00	962.00	835.00	165.00
建平县	2.60	2.60	2	2	232.00	630.00	485.00	61.00
喀喇沁左翼蒙古族自治县	1.20		1	1	168.60	188.40	149.40	13.50
绥中县	2.60	0.88	2	1	133.89	473.40	396.40	47.40
建昌县	1.76		1		236.70	503.00	389.50	20.50
吉　林	**40.66**	**8.77**	**26**	**10**	**2356.17**	**8615.54**	**6348.22**	**977.30**
农安县	4.40		1		490.42	504.00	474.00	62.00
永吉县	3.00		1		110.14	664.00	458.00	53.00
梨树县	0.68	0.62	1	1	50.50	241.00	123.00	2.00
伊通满族自治县	1.35	1.35	1	1	83.35	468.00	252.28	22.78
东丰县	3.20		2		118.13	438.00	363.20	28.23
东辽县	2.00		1	1	26.10	359.00	273.00	21.00
通化县	3.00		1		111.84	448.00	301.00	24.00
辉南县	2.50		3		129.88	705.64	405.84	99.24
柳河县	1.70		1	1	169.00	619.00	542.00	26.80
抚松县	1.70		1		45.84	445.00	245.00	51.00
靖宇县	1.53		2		247.00	558.40	393.00	80.00
长白朝鲜族自治县	2.00		2		36.20	441.00	294.00	36.00
长岭县	2.00	2.00	1	1	116.00	232.00	202.00	2.00
乾安县	1.50	1.50	2	2	135.10	285.00	243.00	15.00
镇赉县	2.00	2.00	2	2	149.38	362.00	250.00	49.00
通榆县	1.30	1.30	1	1	126.79	474.50	345.90	2.25
汪清县	5.00		2		142.00	831.00	720.00	320.00
安图县	1.80		1		68.50	540.00	463.00	83.00
黑龙江	**92.00**	**71.10**	**66**	**62**	**5657.05**	**13955.80**	**11526.75**	**2167.65**
依兰县	2.20	1.30	2	2	140.00	301.00	263.00	46.00
方正县	2.00	2.00	2	2	50.00	202.00	145.00	6.00
宾　县	4.60	3.00	3	3	132.50	362.00	300.00	95.00
巴彦县	1.10	1.10	1	1	137.54	298.00	267.98	74.00
木兰县	1.25	1.25	3	3	65.30	245.00	216.00	66.00

continued 6

Total Quantity of Water Supply(10,000m^3)						用水户数（户） Number of Households with Access to Water Supply (unit)		用水人口（万人） Population with Access to Water Supply (10,000 persons)	县名称 Name of Counties
Water Sold			免费供水量 The Quantitiy of Free Water Supply		漏损水量 The Lossed Water		家庭用户 Household User		
公共服务用水 The Quantity of Water for Public Service	居民家庭用水 The Quantity of Water for Household Use	其他用水 The Quantity of Water for Other Purposes		生活用水 Domestic Water Use					
136.00	232.00	81.00			55.00	45530	40632	11.00	台安县
48.10	170.00	22.00			74.82	37815	36080	11.26	岫岩满族自治县
53.70	189.00		1.50		94.00	20848	18562	6.55	新宾满族自治县
106.00	265.00	66.00	70.00	58.00	155.20	33886	30800	8.20	清原满族自治县
86.00	342.00	17.00	8.00	7.00	84.00	38148	34539	9.51	本溪满族自治县
192.00	275.00	47.00			108.00	20642	20012	11.74	桓仁满族自治县
87.00	263.00	28.40			108.00	38104	35308	9.17	宽甸满族自治县
93.00	152.00	15.00			81.60	35324	30359	9.00	黑山县
72.00	275.00	21.00	49.00	14.00	94.00	36867	36699	11.30	义　县
73.00	124.00	24.00			64.80	25894	22483	6.80	阜新蒙古族自治县
40.00	205.00	6.00	10.00		40.00	18693	17823	4.80	彰武县
33.00	276.00	108.00			171.00	38683	37100	10.60	辽阳县
48.00	316.00	45.00			96.00	38017	31676	9.18	大洼县
99.00	252.00	60.00	10.00		54.00	37426	20300	8.70	西丰县
212.00	400.00	58.00	25.00		102.00	60100	37616	18.55	昌图县
172.00	252.00		25.00		120.00	40840	38000	11.20	建平县
35.50	92.00	8.40	0.60		38.40	19960	19342	6.13	喀喇沁左翼蒙古族自治县
39.00	310.00		17.00	13.00	60.00	52772	47719	13.00	绥中县
191.00	122.00	56.00	5.00	1.12	108.50	23411	22750	9.90	建昌县
934.20	**4103.52**	**333.20**	**183.80**	**14.60**	**2083.52**	**533434**	**486264**	**134.62**	**吉　林**
47.00	355.00	10.00			30.00	53891	53063	16.20	农安县
130.00	275.00		30.00	5.00	176.00	41018	40608	10.80	永吉县
20.18	100.82		25.00		93.00	31849	27609	6.00	梨树县
43.21	186.29				215.72	46258	41971	7.90	伊通满族自治县
18.51	316.46		31.00		43.80	34340	28940	10.00	东丰县
21.00	190.00	41.00			86.00	8550	6647	3.07	东辽县
80.00	169.00	28.00			147.00	20104	18779	6.40	通化县
89.30	146.10	71.20	34.80		265.00	31786	28275	6.70	辉南县
33.00	473.00	9.20			77.00	41000	39698	10.30	柳河县
22.00	95.00	77.00			200.00	12657	6010	4.60	抚松县
105.00	190.00	18.00	8.40		157.00	34082	32609	6.33	靖宇县
90.00	153.00	15.00	17.00		130.00	10642	9048	3.70	长白朝鲜族自治县
8.00	190.00	2.00			30.00	38416	38386	7.10	长岭县
35.00	191.00	2.00			42.00	20356	18659	6.12	乾安县
60.00	141.00				112.00	40981	36301	6.30	镇赉县
60.00	271.85	11.80	10.60	2.60	118.00	29500	26131	8.50	通榆县
60.00	310.00	30.00	15.00	7.00	96.00	26150	22530	9.00	汪清县
12.00	350.00	18.00	12.00		65.00	11854	11000	5.60	安图县
1963.47	**6912.17**	**483.46**	**301.94**	**36.09**	**2127.11**	**1041918**	**949954**	**307.99**	**黑龙江**
22.00	180.00	15.00	7.00		31.00	23500	22500	7.80	依兰县
4.00	133.00	2.00			57.00	12950	12630	4.50	方正县
30.00	170.00	5.00	15.00	15.00	47.00	33410	33105	10.58	宾　县
31.00	162.98		0.02	0.02	30.00	25434	24961	8.56	巴彦县
24.00	121.00	5.00	3.00		26.00	20565	16940	5.40	木兰县

5-6 续表 7

县名称 Name of Counties	综合生产能力（万立方米/日） Integrated Production Capacity ($10,000m^3$/day)	地下水 Underground Water	水厂个数（个） Number of Water Plants (unit)	地下水 Underground Water	供水管道长度（公里） Length of Water Supply Pipelines (km)	供水总量（万立方米） 合计 Total	售水量 小计 Subtotal	生产运营用水 The Quantity of Water for Production and Operation
通河县	1.00	1.00	1	1	105.00	176.00	156.00	21.00
延寿县	1.10	0.10	1	1	107.00	330.00	292.00	45.00
龙江县	4.00	4.00	1	1	158.70	321.00	288.00	30.00
依安县	1.31	1.31	1	1	84.17	462.60	372.60	134.00
泰来县	2.00	2.00	2	2	80.67	250.00	216.00	23.00
甘南县	1.50	1.50	3	3	152.00	180.82	115.00	
富裕县	0.85	0.85	3	3	179.24	289.00	200.00	
克山县	1.80	1.80	3	3	248.00	360.00	220.00	58.00
克东县	0.51	0.51	1	1	230.00	146.00	126.00	39.00
拜泉县	1.20	1.20	2	2	189.90	218.50	137.33	
鸡东县	2.10	2.10	2	2	72.81	500.00	450.00	33.00
萝北县	0.95	0.95	1	1	143.85	143.32	119.32	11.20
绥滨县	2.00	2.00	1	1	75.13	161.00	118.00	36.00
集贤县	1.50	1.50	1	1	124.58	510.40	458.00	77.00
友谊县	1.50	1.50	1	1	186.00	238.00	210.00	6.00
宝清县	4.00	4.00	3	3	279.39	668.50	601.05	40.00
饶河县	1.00	1.00	1	1	173.35	102.51	91.02	9.88
肇州县	1.12	1.12	1	1	82.65	220.00	190.00	7.00
肇源县	2.60		1	1	68.90	212.90	179.90	28.90
林甸县	1.76	1.76	1	1	64.30	201.63	161.10	4.65
杜尔伯特蒙古自治县	2.78	2.78	1	1	165.00	345.40	297.00	155.10
嘉荫县	1.00	1.00	1	1	85.08	182.50	173.38	11.00
桦南县	3.00	3.00	1	1	109.85	550.00	300.00	90.00
桦川县	1.30	1.30	1	1	117.30	390.00	349.00	50.00
汤原县	1.30	1.30	1	1	144.91	346.00	303.00	70.00
抚远县	1.00	1.00	1	1	60.00	340.00	305.00	83.00
勃利县	1.50	1.50	1	1	143.32	330.00	244.00	32.00
东宁县	6.00		1		94.80	351.30	255.91	15.72
林口县	3.00		1		147.70	385.00	330.00	70.00
嫩江县	2.00	2.00	2	2	258.83	540.00	427.00	131.00
逊克县	0.30	0.30	1	1	96.60	108.80	91.10	18.00
孙吴县	2.00		1		92.35	180.00	138.25	34.20
望奎县	0.87	0.87	1	1	77.00	185.50	166.50	13.00
兰西县	4.13	4.13	1	1	91.00	438.00	373.00	72.00
青冈县	2.62	2.62	1	1	91.50	162.82	146.51	11.00
庆安县	3.90	3.90	2	2	79.70	605.00	533.00	140.00
明水县	1.60	1.60	1	1	52.70	185.00	145.00	5.00
绥棱县	2.00		1	1	85.00	389.00	329.00	46.00
呼玛县	1.35	1.35	1	1	54.00	93.50	82.00	9.00
塔河县	1.80		1		90.53	206.50	168.50	50.00
漠河县	1.60	1.60	1	1	125.90	247.00	212.00	86.00
加格达奇区	2.00	2.00	1	1	63.00	294.30	264.30	85.00

continued 7

Total Quantity of Water Supply(10,000m³)						用水户数(户) Number of Households with Access to Water Supply (unit)		用水人口(万人) Population with Access to Water Supply (10,000 persons)	县名称 Name of Counties
Water Sold			免费供水量 The Quantitiy of Free Water Supply		漏损水量 The Lossed Water		家庭用户 Household User		
公共服务用水 The Quantity of Water for Public Service	居民家庭用水 The Quantity of Water for Household Use	其他用水 The Quantity of Water for Other Purposes		生活用水 Domestic Water Use					
31.00	96.00	8.00			20.00	13254	12400	5.60	通河县
70.00	170.00	7.00	3.00	3.00	35.00	23762	20312	6.50	延寿县
65.00	187.00	6.00	1.00		32.00	37884	36648	10.44	龙江县
24.75	205.00	8.85			90.00	16991	16641	5.30	依安县
35.00	144.00	14.00	7.00		27.00	21983	15676	5.75	泰来县
39.20	75.80		5.50	2.00	60.32	21601	19445	5.82	甘南县
65.00	126.00	9.00			89.00	33330	28468	7.10	富裕县
46.00	87.00	29.00			140.00	31537	28921	7.41	克山县
15.00	70.00	2.00			20.00	19004	17000	4.50	克东县
18.30	101.03	18.00			81.17	24799	21514	5.50	拜泉县
30.00	367.00	20.00			50.00	31074	29391	7.03	鸡东县
15.12	93.00		2.00		22.00	15922	13540	3.54	萝北县
26.00	55.00	1.00	26.00		17.00	14045	13667	4.21	绥滨县
100.00	251.00	30.00	0.40		52.00	22400	17700	7.10	集贤县
20.00	163.00	21.00	4.00		24.00	9570	7950	3.30	友谊县
85.08	469.81	6.16	0.60		66.85	53860	45889	12.39	宝清县
23.24	56.10	1.80	0.17	0.17	11.32	14931	12852	3.65	饶河县
28.00	143.00	12.00			30.00	19500	18492	7.15	肇州县
28.00	120.00	3.00	3.00	2.00	30.00	23400	22150	6.95	肇源县
49.50	98.35	8.60	18.40		22.13	21283	19785	6.90	林甸县
12.50	129.40		8.40	8.40	40.00	24942	22036	6.60	杜尔伯特蒙古自治县
58.00	89.38	15.00			9.12	7409	6469	1.99	嘉荫县
84.00	116.00	10.00	75.00		175.00	43500	36975	9.20	桦南县
40.00	250.00	9.00	1.00		40.00	21019	19360	5.80	桦川县
33.00	190.00	10.00	10.00		33.00	16930	15800	5.20	汤原县
70.00	150.00	2.00			35.00	6455	5700	4.20	抚远县
26.00	143.00	43.00	20.00		66.00	30500	29640	9.10	勃利县
16.97	203.22	20.00	0.70		94.69	31805	30241	7.95	东宁县
105.00	95.00	60.00	40.00	5.00	15.00	21151	20900	8.16	林口县
55.00	221.00	20.00	35.00		78.00	35021	29740	13.00	嫩江县
5.00	65.00	3.10			17.70	9243	8970	2.64	逊克县
11.10	89.00	3.95	2.75	0.50	39.00	10315	9550	3.65	孙吴县
17.50	136.00				19.00	26587	26317	8.40	望奎县
130.00	171.00				65.00	16996	14925	6.54	兰西县
26.31	109.20				16.31	21160	20755	7.07	青冈县
110.00	281.00	2.00	2.00		70.00	34432	32242	9.50	庆安县
30.00	110.00				40.00	16850	15400	7.49	明水县
92.00	165.00	26.00			60.00	23315	21350	9.55	绥棱县
9.00	63.00	1.00	2.00		9.50	7365	7150	2.12	呼玛县
44.00	74.50				38.00	13667	13000	4.80	塔河县
36.00	64.00	26.00	9.00		26.00	12269	12011	3.67	漠河县
26.90	152.40				30.00	24998	22846	8.38	加格达奇区

5-6 续表 8

县名称 Name of Counties	综合生产能力(万立方米/日) Integrated Production Capacity (10,000m³/day)	地下水 Underground Water	水厂个数(个) Number of Water Plants (unit)	地下水 Underground Water	供水管道长度(公里) Length of Water Supply Pipelines (km)	供水总量(万立方米) 合计 Total	售水量 小计 Subtotal	生产运营用水 The Quantity of Water for Production and Operation
江　苏	**199.67**	**13.00**	**37**	**7**	**10307.30**	**43338.53**	**36505.81**	**10488.13**
丰　县	5.50	5.00	1	1	257.70	1683.12	1508.62	486.00
沛　县	6.00	6.00	2	2	677.00	2142.00	1934.00	438.00
睢宁县	6.00		2	1	508.00	2150.00	1935.00	700.00
海安县	18.00		6		1613.41	2912.00	2694.50	1167.00
如东县	10.00	1.00	1	1	1274.80	2558.13	2317.05	1150.86
东海县	5.00		1		566.00	1190.00	1069.00	274.00
灌云县	13.00		2		554.30	1400.00	1211.00	198.00
灌南县	2.50		1		217.00	730.00	611.00	89.00
涟水县	14.00		2		731.87	2019.83	1795.95	320.80
洪泽县	5.00		1		110.91	1396.00	866.00	342.00
盱眙县	7.00		1		356.67	2491.51	1535.15	494.09
金湖县	4.95	1.00	2	2	216.00	1705.60	1460.60	395.60
响水县	5.00		1		261.45	1637.40	1252.13	512.58
滨海县	14.00		2		296.79	1542.00	1080.00	108.00
阜宁县	10.00		2		285.35	2405.00	2155.00	275.00
射阳县	7.50		1		221.30	2259.00	1691.00	375.00
建湖县	12.50		2		611.73	1959.00	1733.00	570.00
宝应县	13.00		1		583.73	2321.40	1952.43	484.40
沭阳县	20.00		3		425.80	3431.74	3081.58	1098.00
泗阳县	15.00		2		220.60	3407.80	2826.80	755.80
泗洪县	5.72		1		316.89	1997.00	1796.00	254.00
浙　江	**288.01**	**5.13**	**51**	**2**	**13286.38**	**55116.11**	**46721.14**	**18112.65**
桐庐县	10.00		1		502.64	2374.00	2032.00	974.00
淳安县	8.00		2		299.88	1301.00	1180.00	502.00
象山县	23.00		4		1034.84	4238.00	3177.00	1282.00
宁海县	23.00		1		742.53	3400.00	2719.59	925.95
永嘉县	4.00		1		216.83	561.22	479.88	31.56
平阳县	5.00		1		257.81	1422.94	1168.56	358.61
苍南县	7.00		1		429.07	1814.00	1512.00	458.00
文成县	3.00		1		73.00	448.32	379.00	25.80
泰顺县	3.00		1		84.00	568.80	494.50	71.00
嘉善县	21.00		1		278.65	2541.00	2240.00	1142.00
海盐县	21.00		2		307.80	4063.10	3669.06	2738.25
德清县	8.50		2		823.70	2288.86	1963.29	579.50
长兴县	15.00		1		1173.89	3161.15	2450.87	708.25
安吉县	10.00		2		210.00	2099.96	1837.01	688.42
新昌县	12.00		3		1587.66	3303.00	2895.90	1451.00
武义县	14.00		4		499.22	1778.60	1668.12	582.21
浦江县	10.50		1		823.00	3224.00	2832.00	1179.00
磐安县	3.00		2		131.83	493.19	434.16	174.02
常山县	5.00	5.00	1	1	341.00	1152.00	1003.00	352.00
开化县	5.00		1		146.17	831.00	738.00	298.00
龙游县	7.00		1		544.38	1244.00	1076.00	445.00
岱山县	4.00		2		116.00	483.60	435.00	130.00

continued 8

Total Quantity of Water Supply(10,000m³)						用水户数(户) Number of Households with Access to Water Supply (unit)		用水人口(万人) Population with Access to Water Supply (10,000 persons)	县名称 Name of Counties
Water Sold			免费供水量 The Quantitiy of Free Water Supply		漏损水量 The Lossed Water		家庭用户 Household User		
公共服务用水 The Quantity of Water for Public Service	居民家庭用水 The Quantity of Water for Household Use	其他用水 The Quantity of Water for Other Purposes		生活用水 Domestic Water Use					
4511.75	**19940.23**	**1565.70**	**536.82**	**186.40**	**6295.90**	**1655457**	**1572181**	**523.91**	**江　苏**
248.00	756.80	17.82	5.00	3.00	169.50	62765	58752	22.30	丰　县
321.00	1121.00	54.00			208.00	90828	72999	29.10	沛　县
120.00	1035.00	80.00			215.00	55095	51950	24.00	睢宁县
213.00	1314.50		1.50		216.00	129003	117904	24.97	海安县
172.18	994.01				241.08	98308	95985	24.64	如东县
295.00	437.00	63.00			121.00	65354	63506	27.50	东海县
410.00	510.00	93.00			189.00	43603	40763	24.80	灌云县
66.00	456.00				119.00	61000	60306	22.89	灌南县
101.10	1350.40	23.65	8.50	8.50	215.38	82020	80357	27.12	涟水县
30.00	476.00	18.00	50.00		480.00	33916	33461	12.18	洪泽县
356.42	675.32	9.32			956.36	64477	62534	22.45	盱眙县
85.00	650.00	330.00	24.00		221.00	65496	63787	12.78	金湖县
228.05	491.35	20.15	32.11	8.35	353.16	47085	45372	13.14	响水县
216.00	756.00		102.00	65.00	360.00	71445	68930	22.57	滨海县
130.00	1750.00				250.00	126000	125640	32.19	阜宁县
260.00	853.00	203.00			568.00	82275	78732	23.90	射阳县
93.00	1038.00	32.00	6.00	2.00	220.00	79010	77615	23.55	建湖县
235.00	1045.27	187.76	62.55	62.55	306.42	102627	97982	25.60	宝应县
451.00	1331.58	201.00	0.16		350.00	115052	107441	44.56	沭阳县
378.00	1470.00	223.00	245.00	37.00	336.00	93916	92735	37.57	泗阳县
103.00	1429.00	10.00			201.00	86182	75430	26.10	泗洪县
3954.24	**22548.91**	**2105.34**	**1179.39**	**45.19**	**7215.58**	**1579667**	**1418387**	**422.22**	**浙　江**
	1034.00	24.00	115.00		227.00	76448	65997	16.08	桐庐县
310.00	355.00	13.00	30.00		91.00	50010	41056	9.90	淳安县
170.00	1235.60	489.40	131.00		930.00	83220	75203	20.59	象山县
266.08	1522.52	5.04	19.00		661.41	93729	86814	18.95	宁海县
115.00	298.62	34.70	12.34	3.45	69.00	27597	27049	8.09	永嘉县
51.24	703.50	55.21	2.53		251.85	49142	44395	14.36	平阳县
43.00	996.00	15.00	14.00		288.00	50448	49206	16.84	苍南县
9.90	310.30	33.00	0.32	0.32	69.00	18042	17511	5.18	文成县
47.00	326.00	50.50	2.30	2.30	72.00	16158	13686	6.96	泰顺县
68.00	1014.00	16.00			301.00	137566	123355	15.06	嘉善县
86.15	754.02	90.64	3.99		390.05	51513	41480	12.51	海盐县
174.17	612.86	596.76	10.39	6.62	315.18	66731	57276	14.10	德清县
415.78	1314.49	12.35	223.46	0.48	486.82	113248	100029	25.79	长兴县
98.67	1001.38	48.54	31.22		231.73	68069	65767	23.46	安吉县
42.50	1402.40		10.10		397.00	62260	53704	20.30	新昌县
439.00	641.00	5.91	10.48		100.00	75157	67828	17.40	武义县
143.00	1241.00	269.00			392.00	70063	64055	21.80	浦江县
	258.01	2.13	3.02	3.02	56.01	11113	10402	4.83	磐安县
47.00	604.00		30.00	5.00	119.00	30525	29305	8.99	常山县
68.00	372.00				93.00	32814	28685	11.33	开化县
42.00	489.00	100.00			168.00	33419	25040	10.97	龙游县
42.00	247.00	16.00	0.60		48.00	26070	22295	7.53	岱山县

5-6 续表 9

县名称 Name of Counties	综合生产能力(万立方米/日) Integrated Production Capacity (10,000m^3/day)	地下水 Underground Water	水厂个数(个) Number of Water Plants (unit)	地下水 Underground Water	供水管道长度(公里) Length of Water Supply Pipelines (km)	供水总量(万立方米) 合计 Total	售水量 小计 Subtotal	生产运营用水 The Quantity of Water for Production and Operation
嵊泗县	2.66	0.13	3	1	68.56	269.00	200.00	13.00
玉环县	4.35		2		408.75	2257.00	2027.00	412.00
三门县	5.00		1		342.40	1268.20	1073.40	437.20
天台县	10.00		1		257.70	2097.96	1527.66	587.10
仙居县	5.00		1		312.55	1814.88	1420.96	430.96
青田县	6.00		1		93.12	1015.00	940.00	240.00
缙云县	5.00		1		167.14	993.02	842.32	291.58
遂昌县	8.00		1		251.18	574.10	508.60	152.60
松阳县	10.00		1		383.18	923.26	794.26	341.64
云和县	4.00		1		158.30	347.95	314.00	44.00
庆元县	4.00		1		123.03	440.00	404.00	48.00
景宁县	2.00		1		96.57	324.00	284.00	18.00
安　徽	**247.25**	**50.71**	**84**	**24**	**13624.78**	**53736.68**	**44849.07**	**9544.63**
长丰县	6.00		1		185.24	394.60	286.55	12.59
肥西县					652.88	1645.01	1248.96	226.30
肥东县	11.00		2		749.00	2645.00	2361.00	188.00
庐江县	5.00		1		193.94	1248.47	936.21	352.92
芜湖县	10.50		1		737.00	1746.00	1516.00	481.00
繁昌县	5.20	0.30	2	1	293.34	883.97	675.47	14.05
南陵县	5.00		1		248.30	1269.87	1110.18	223.78
无为县	5.00		2		273.70	1455.00	979.00	189.00
怀远县	5.10		3	1	152.50	931.00	837.50	222.50
五河县	5.00		1		183.60	864.30	776.00	36.00
固镇县	3.20	1.20	2	1	171.00	470.00	382.00	89.80
凤台县	5.00		1		135.77	913.18	668.68	8.01
当涂县	6.00		1		129.46	1062.08	887.60	216.64
含山县	5.00		1		74.60	1046.00	961.00	324.00
和　县	5.00		1		335.59	869.50	604.20	149.60
濉溪县	4.20	4.20	2	2	317.15	937.00	830.00	248.00
铜陵县					76.00	527.00	402.00	15.00
怀宁县	5.00		1		371.07	804.68	744.03	215.03
枞阳县	2.53		1		151.30	493.00	447.00	93.00
潜山县	5.00	2.49	2	2	227.00	729.73	524.20	90.10
太湖县	7.50		2		455.05	680.00	654.40	198.50
宿松县	4.00		2		478.00	1089.80	770.00	245.00
望江县	5.00		1		421.34	700.90	640.90	215.19
岳西县	4.50		3	2	261.80	676.00	565.00	47.20
歙　县	6.00		1		158.32	978.00	860.00	295.00
休宁县	2.00		2		87.30	707.00	603.00	139.00
黟　县	2.40		2		132.70	246.60	212.70	36.00
祁门县	2.00		1		84.08	391.30	351.30	32.00
来安县	6.00		4		276.89	1434.29	1251.19	581.99
全椒县	7.00		2		209.45	1158.00	949.00	252.00
定远县	4.00		1		191.99	1327.10	1029.70	241.00

continued 9

Total Quantity of Water Supply(10,000m^3)						用水户数(户) Number of Households with Access to Water Supply (unit)		用水人口(万人) Population with Access to Water Supply (10,000 persons)	县名称 Name of Counties
Water Sold			免费供水量 The Quantitiy of Free Water Supply		漏损水量 The Lossed Water		家庭用户 Household User		
公共服务用水 The Quantity of Water for Public Service	居民家庭用水 The Quantity of Water for Household Use	其他用水 The Quantity of Water for Other Purposes		生活用水 Domestic Water Use					
54.00	123.00	10.00	1.60	1.60	67.40	17977	16117	3.82	嵊泗县
298.00	1275.00	42.00			230.00	27850	24731	19.15	玉环县
100.10	526.10	10.00	60.30		134.50	10762	9750	10.13	三门县
110.06	822.30	8.20	180.00		390.30	69729	67788	13.35	天台县
130.00	790.00	70.00	212.42		181.50	49621	46230	12.70	仙居县
105.00	580.00	15.00	2.00	0.80	73.00	21900	18670	9.62	青田县
98.38	437.20	15.16	31.82	0.60	118.88	30189	26077	8.52	缙云县
102.00	249.00	5.00	1.50		64.00	28854	25775	7.34	遂昌县
109.21	335.61	7.80	20.00	19.60	109.00	23167	22002	7.12	松阳县
48.00	212.00	10.00	2.00	0.80	31.95	23248	20929	6.32	云和县
60.00	289.00	7.00	2.00	0.60	34.00	22388	19980	7.67	庆元县
61.00	177.00	28.00	16.00		24.00	10640	10200	5.46	景宁县
5816.29	**27125.00**	**2363.15**	**802.35**	**166.13**	**8085.26**	**2319500**	**2119993**	**761.99**	**安　徽**
49.75	188.71	35.50	20.90		87.15	26705	24933	8.65	长丰县
155.36	752.30	115.00			396.05	94999	89602	29.88	肥西县
570.00	1510.00	93.00	25.00	5.00	259.00	138000	132244	18.80	肥东县
65.75	502.24	15.30			312.26	65600	52500	23.10	庐江县
400.00	481.00	154.00			230.00	53568	40047	15.00	芜湖县
41.41	437.40	182.61			208.50	33599	30690	11.16	繁昌县
45.79	787.76	52.85	11.56		148.13	46665	41432	16.80	南陵县
198.00	522.00	70.00	51.00	40.00	425.00	55796	52933	20.80	无为县
109.00	476.00	30.00			93.50	36412	35424	13.10	怀远县
109.00	601.00	30.00			88.30	47822	45855	16.13	五河县
35.70	239.50	17.00			88.00	24682	23284	8.80	固镇县
63.88	556.20	40.59	52.65		191.85	31713	29117	10.00	凤台县
62.10	451.90	156.96	63.00		111.48	52130	45575	14.27	当涂县
312.00	318.00	7.00			85.00	26556	26137	11.63	含山县
81.90	355.70	17.00	1.00	0.10	264.30	42539	37396	14.95	和　县
123.00	380.00	79.00	6.00		101.00	27240	24946	12.80	濉溪县
	380.00	7.00			125.00	16244	15150	4.24	铜陵县
150.00	370.00	9.00	0.65	0.54	60.00	43920	35000	8.80	怀宁县
63.00	267.00	24.00			46.00	31926	30457	9.84	枞阳县
124.10	310.00		124.10		81.43	40125	39000	11.80	潜山县
53.50	385.00	17.40	5.90		19.70	23690	20952	14.80	太湖县
8.00	430.00	87.00	7.80	7.80	312.00	43350	38000	8.60	宿松县
15.72	409.99				60.00	44669	38505	11.85	望江县
69.98	392.80	55.02			111.00	31979	27309	12.85	岳西县
110.00	380.00	75.00			118.00	40000	36580	9.80	歙　县
130.00	298.00	36.00	6.00		98.00	15860	14699	5.65	休宁县
60.00	101.00	15.70	3.90	2.00	30.00	15603	13820	4.85	黟　县
48.00	259.00	12.30			40.00	18894	16826	5.94	祁门县
71.33	560.00	37.87	1.89	1.89	181.21	53775	49093	13.55	来安县
111.00	518.00	68.00			209.00	66337	57603	17.85	全椒县
158.00	608.70	22.00	87.40		210.00	51886	46088	16.50	定远县

5-6 续表 10

县名称 Name of Counties	综合生产能力(万立方米/日) Integrated Production Capacity (10,000m³/day)	地下水 Underground Water	水厂个数(个) Number of Water Plants (unit)	地下水 Underground Water	供水管道长度(公里) Length of Water Supply Pipelines (km)	供水总量(万立方米) 合计 Total	售水量 小计 Subtotal	生产运营用水 The Quantity of Water for Production and Operation
凤阳县	3.50		1		225.00	930.00	838.00	256.00
临泉县	3.00	3.00	1	1	130.00	820.00	729.00	232.00
太和县	3.93	3.93	2	2	158.26	735.00	621.00	51.04
阜南县	2.50	2.50	1	1	116.73	900.00	700.00	90.00
颍上县	5.69	5.69	1	1	301.88	821.50	619.50	83.00
砀山县	3.50	3.50	1	1	230.00	1140.00	1070.00	210.00
萧　县	3.00	3.00	2	2	205.00	1001.00	561.00	26.00
灵璧县	4.10	4.10	2	2	140.00	1253.00	1132.00	95.00
泗　县	3.00	3.00	1	1	71.00	761.30	686.30	76.00
寿　县	4.00		2		404.67	1420.00	1243.00	245.00
霍邱县	3.50		2		288.99	690.00	591.50	29.00
舒城县	4.30		2		150.37	1216.10	997.30	275.00
金寨县	3.00		1		199.59	745.00	659.00	42.00
霍山县	6.00		2		231.26	915.00	764.80	10.00
涡阳县	6.00	6.00	2	2	213.43	2008.00	1779.00	230.00
蒙城县	4.50	4.50	1	1	222.50	950.00	850.00	150.00
利辛县	3.30	3.30	1	1	236.00	834.00	756.00	168.00
东至县	3.00		2		113.46	690.00	620.00	115.00
石台县	2.30		2		35.30	275.00	245.00	74.00
青阳县	4.00		1		132.73	905.00	650.00	185.00
郎溪县	3.00		1		231.53	931.00	738.00	216.00
广德县	6.00		1		573.54	1419.70	1224.90	572.30
泾　县	5.00		1		215.70	1059.71	929.71	201.66
绩溪县	4.00		2		252.22	658.00	505.00	185.00
旌德县	4.00		2		130.26	333.99	274.29	49.43
福　建	**210.95**	**7.30**	**73**	**10**	**5389.08**	**38617.21**	**31308.37**	**7163.08**
闽侯县	6.00		2		144.97	1119.09	946.09	341.00
连江县	8.00		1		96.22	1421.10	1141.40	195.00
罗源县	17.00		4		102.23	814.00	712.50	58.30
闽清县	3.00		2		129.31	515.50	459.00	120.00
永泰县	3.00		2		102.00	564.11	495.86	65.00
仙游县	8.00		2		162.17	1077.00	980.00	126.00
明溪县	2.00		1		84.94	382.10	316.35	78.25
清流县	1.75		1		97.49	406.00	326.42	26.00
宁化县	3.00		1		182.84	734.91	594.50	52.85
大田县	5.50	2.50	2	1	130.74	763.00	630.00	128.65
尤溪县	6.00		2		116.39	1056.85	773.57	247.71
沙　县	5.50		3		231.16	1452.05	1229.19	508.19
将乐县	3.60		2		89.82	560.00	482.00	94.00
泰宁县	1.50		1		125.13	529.00	448.81	176.39
建宁县	1.00		1		111.00	762.00	672.00	311.00
惠安县	15.00		2		205.29	2572.00	2220.00	1000.00
安溪县	8.00		1		150.00	2198.00	1520.00	170.00
永春县	4.00		1		155.90	918.90	591.70	59.00

continued 10

Total Quantity of Water Supply(10,000m³)						用水户数（户）Number of Households with Access to Water Supply (unit)		用水人口（万人）Population with Access to Water Supply (10,000 persons)	县名称 Name of Counties
Water Sold			免费供水量 The Quantitiy of Free Water Supply		漏损水量 The Lossed Water		家庭用户 Household User		
公共服务用水 The Quantity of Water for Public Service	居民家庭用水 The Quantity of Water for Household Use	其他用水 The Quantity of Water for Other Purposes		生活用水 Domestic Water Use					
125.00	443.00	14.00	2.00		90.00	75600	48266	19.00	凤阳县
45.00	452.00		1.00	1.00	90.00	41910	41250	16.80	临泉县
40.52	529.44		32.10		81.90	49047	47398	17.36	太和县
120.00	490.00		50.00		150.00	32367	31040	13.60	阜南县
90.00	433.50	13.00	60.00	32.00	142.00	47196	46506	19.40	颍上县
80.00	780.00				70.00	38360	37920	15.50	砀山县
33.00	490.00	12.00	30.00	17.00	410.00	33629	32460	12.60	萧　县
450.00	415.00	172.00			121.00	44623	41650	13.40	灵璧县
70.00	532.00	8.30			75.00	27337	25872	8.23	泗　县
202.00	775.00	21.00	12.00		165.00	32509	31703	17.50	寿　县
8.50	541.50	12.50	6.50		92.00	36718	36399	16.50	霍邱县
84.40	637.90		2.80	2.80	216.00	35144	32445	19.50	舒城县
52.50	508.50	56.00			86.00	45236	44080	17.75	金寨县
133.90	332.08	288.82	2.20	1.00	148.00	30911	28600	9.60	霍山县
28.00	1500.00	21.00	21.00	18.00	208.00	73227	73200	26.40	涡阳县
120.00	580.00				100.00	67145	65725	30.50	蒙城县
82.00	489.00	17.00	2.00		76.00	34743	34256	12.80	利辛县
40.00	455.00	10.00	7.00		63.00	20788	20646	8.89	东至县
25.00	141.00	5.00	3.00		27.00	8002	7650	2.45	石台县
30.00	400.00	35.00	95.00	35.00	160.00	34068	32190	9.20	青阳县
65.00	446.00	11.00	5.00	2.00	188.00	21876	20595	13.64	郎溪县
52.10	532.00	68.50			194.80	59161	51906	16.61	广德县
170.12	536.00	21.93	2.00		128.00	49601	42513	11.34	泾　县
56.00	262.00	2.00			153.00	22728	20616	6.13	绩溪县
17.98	194.88	12.00			59.70	15290	13910	4.50	旌德县
3963.03	**18725.05**	**1457.21**	**1402.39**	**61.26**	**5906.45**	**1081481**	**963036**	**376.59**	**福　建**
10.77	593.00	1.32	10.00		163.00	16821	14888	8.07	闽侯县
5.30	766.10	175.00	19.70		260.00	19093	16607	17.80	连江县
47.20	590.50	16.50	6.50		95.00	16230	14761	6.21	罗源县
43.00	278.00	18.00	0.50		56.00	14472	13881	6.30	闽清县
17.00	358.86	55.00	0.25		68.00	23569	21425	7.97	永泰县
138.00	716.00		8.00		89.00	34555	32239	13.40	仙游县
0.93	237.17		8.75		57.00	10892	8252	3.56	明溪县
27.27	266.65	6.50	12.20		67.38	13234	12394	3.61	清流县
118.90	422.75		31.41		109.00	27753	25255	8.69	宁化县
2.81	498.54		22.80		110.20	23963	21474	8.84	大田县
123.43	394.38	8.05	12.28	0.95	271.00	19948	17380	6.38	尤溪县
241.60	479.40		2.43	2.12	220.43	50777	45926	11.70	沙　县
17.00	320.00	51.00	20.00		58.00	14990	14792	6.01	将乐县
48.00	223.76	0.66	12.00	3.50	68.19	15561	14059	3.74	泰宁县
44.00	314.00	3.00	10.00		80.00	10365	10100	4.11	建宁县
260.00	950.00	10.00	30.00		322.00	68642	51542	12.49	惠安县
10.00	1115.00	225.00	340.00		338.00	59843	51154	20.39	安溪县
8.70	524.00		61.20		266.00	40867	40800	16.07	永春县

5-6 续表 11

县名称 Name of Counties	综合生产能力（万立方米/日） Integrated Production Capacity (10,000m³/day)	地下水 Underground Water	水厂个数（个） Number of Water Plants (unit)	地下水 Underground Water	供水管道长度（公里） Length of Water Supply Pipelines (km)	供水总量（万立方米）合计 Total	售水量 小计 Subtotal	生产运营用水 The Quantity of Water for Production and Operation
德化县	7.00		1		250.40	1601.13	1178.48	131.20
云霄县	5.00		1		192.30	1336.90	1074.90	56.20
漳浦县	10.00		1		181.38	1387.46	1237.66	142.40
诏安县	4.00		2		138.00	851.00	766.00	130.00
长泰县	5.00		1		86.60	593.00	524.00	230.00
东山县	7.50		2		61.51	978.00	875.80	550.50
南靖县	3.00		1		79.00	547.00	483.30	112.00
平和县	4.00		1		104.50	992.00	799.00	112.00
华安县	1.30		1		24.00	256.00	221.60	33.50
顺昌县	2.00		1		143.82	515.00	416.00	22.00
浦城县	5.00		2		89.55	950.00	685.00	229.00
光泽县	1.50		1	1	46.00	412.43	316.69	35.25
松溪县	4.00		2		68.60	383.00	313.00	68.00
政和县	1.50		1		49.02	356.47	289.10	22.40
长汀县	5.40	2.40	7	6	158.00	1420.00	1235.00	365.00
上杭县	6.50		2		233.44	1229.00	932.00	225.00
武平县	4.00		2		78.18	997.00	787.00	400.00
连城县	2.40	2.40	2	2	58.00	876.00	608.00	127.00
霞浦县	5.00		1		133.94	1308.16	1081.06	66.80
古田县	5.00		1		174.35	978.00	798.00	79.20
屏南县	1.40		2		76.71	407.00	332.00	55.00
寿宁县	2.00		1		72.58	328.00	234.00	30.00
周宁县	2.00		1		82.80	432.00	335.00	25.00
柘荣县	2.70		2		56.80	280.95	236.25	22.00
平潭县	11.90		3		332.00	1356.10	1010.14	136.29
江　西	**299.92**	**7.90**	**107**	**13**	**9904.45**	**53350.17**	**44741.78**	**9331.59**
南昌县	13.00		2		294.00	3443.00	3027.00	1572.00
安义县	2.15		1		64.12	593.99	477.29	1.92
进贤县	6.00		1		72.00	1545.00	962.00	68.00
浮梁县	3.50		2		128.00	517.00	435.00	81.00
莲花县	2.00		1		122.00	615.00	533.00	213.00
上栗县	2.35		2		97.30	470.40	271.40	74.50
芦溪县	5.00		1		84.00	500.00	340.00	48.00
九江县	5.00		1		52.74	827.00	697.00	200.00
武宁县	4.50		1		98.90	553.10	475.00	46.00
修水县	8.00		2		177.64	956.20	820.00	123.75
永修县	4.10		1		99.77	739.70	662.00	162.00
德安县	3.50		1		164.92	698.81	546.41	105.36
星子县	2.10		1		93.20	591.60	524.00	195.00
都昌县	3.00		1		69.00	816.10	599.10	123.00
湖口县	6.00		2		230.00	654.50	553.50	243.50
彭泽县	2.30		1		83.60	552.00	542.00	55.00
庐山风景区	2.50		1		143.00	180.00	158.00	
分宜县	3.00		1	1	135.33	708.36	634.76	100.20

continued 11

Total Quantity of Water Supply(10,000m³)						用水户数(户) Number of Households with Access to Water Supply (unit)		用水人口(万人) Population with Access to Water Supply (10,000 persons)	县名称 Name of Counties
Water Sold			免费供水量 The Quantitiy of Free Water Supply		漏损水量 The Lossed Water		家庭用户 Household User		
公共服务用水 The Quantity of Water for Public Service	居民家庭用水 The Quantity of Water for Household Use	其他用水 The Quantity of Water for Other Purposes		生活用水 Dome-stic Water Use					
850.68	196.60		36.20		386.45	55510	46852	19.95	德化县
43.00	900.50	75.20	110.00		152.00	47454	41153	15.43	云霄县
112.88	595.05	387.33	2.80		147.00	27363	24107	12.35	漳浦县
140.00	496.00				85.00	21150	20270	7.60	诏安县
122.00	172.00		2.00	0.50	67.00	10560	8160	4.60	长泰县
68.00	250.00	7.30	6.20		96.00	9697	9600	4.58	东山县
80.30	281.00	10.00	9.00		54.70	12377	11840	5.66	南靖县
114.00	522.00	51.00	72.00		121.00	15147	14500	8.00	平和县
28.50	156.00	3.60	2.40	0.50	32.00	5419	4902	2.90	华安县
61.00	281.00	52.00	3.00	0.65	96.00	20776	19514	6.70	顺昌县
51.00	355.00	50.00	85.00		180.00	37110	36350	9.42	浦城县
53.31	228.13		16.56		79.18	18892	6542	4.52	光泽县
30.00	213.00	2.00			70.00	16751	15142	5.01	松溪县
29.60	236.10	1.00	4.37	0.34	63.00	15256	13000	7.20	政和县
65.00	785.00	20.00	46.00	15.00	139.00	32115	29955	15.42	长汀县
48.00	647.00	12.00	20.00		277.00	28679	25782	11.36	上杭县
225.00	135.00	27.00	110.00	10.00	100.00	23362	20935	6.80	武平县
11.00	470.00		73.00		195.00	25360	24870	6.60	连城县
162.16	758.10	94.00	16.70	16.70	210.40	39515	36523	15.55	霞浦县
80.30	589.00	49.50	20.00		160.00	31790	29313	8.48	古田县
20.00	227.00	30.00	25.00		50.00	18743	17005	4.28	屏南县
47.00	143.00	14.00	56.00	11.00	38.00	9811	9289	4.48	寿宁县
40.00	270.00		12.00		85.00	15428	15017	5.68	周宁县
28.00	185.00	1.25	8.70		36.00	8915	7310	3.63	柘荣县
288.39	585.46		57.44		288.52	52726	48176	15.05	平潭县
6489.18	**26064.19**	**2856.82**	**1242.00**	**254.90**	**7366.39**	**2113194**	**1899838**	**772.39**	**江　西**
680.00	205.00	570.00	91.00		325.00	69435	65862	23.10	南昌县
401.21	43.60	30.56	60.24	43.22	56.46	12619	5623	5.12	安义县
85.00	680.00	129.00	1.80		581.20	81145	72158	15.80	进贤县
136.00	140.00	78.00	32.00		50.00	13947	12180	3.60	浮梁县
43.00	241.00	36.00	15.00		67.00	13079	11754	5.12	莲花县
67.30	89.80	39.80	134.70	94.00	64.30	17953	15298	4.50	上栗县
34.00	230.00	28.00	10.00		150.00	17935	14400	3.90	芦溪县
137.00	360.00				130.00	20871	20060	8.44	九江县
47.00	226.00	156.00	23.10		55.00	38094	30470	9.13	武宁县
53.00	595.60	47.65	29.00		107.20	74860	61594	16.40	修水县
110.00	364.00	26.00	3.70	3.70	74.00	20660	17642	9.03	永修县
144.05	292.17	4.83	60.00		92.40	34964	30924	7.43	德安县
60.00	253.00	16.00	7.60		60.00	21761	21086	7.37	星子县
86.00	330.50	59.60	98.00		119.00	9567	8979	15.58	都昌县
20.00	290.00		3.00		98.00	40000	39220	9.33	湖口县
30.00	430.00	27.00	5.00		5.00	31370	30544	7.51	彭泽县
105.00	45.00	8.00	2.00		20.00	2904	2353	1.57	庐山风景区
45.36	480.10	9.10	2.60		71.00	34628	31293	11.65	分宜县

5–6 续表 12

县名称 Name of Counties	综合生产能力（万立方米/日） Integrated Production Capacity (10,000m³/day)	地下水 Underground Water	水厂个数（个） Number of Water Plants (unit)	地下水 Underground Water	供水管道长度（公里） Length of Water Supply Pipelines (km)	供水总量（万立方米） 合计 Total	售水量 小计 Subtotal	生产运营用水 The Quantity of Water for Production and Operation
余江县	3.00		1		81.00	502.00	385.00	88.00
赣　县	5.00		1		215.65	1215.29	1031.29	329.00
信丰县	5.45		1		132.70	1451.00	1249.00	121.00
大余县	5.00		1		97.69	674.79	507.82	86.78
上犹县	2.00		1		170.15	562.06	493.06	77.25
崇义县	2.00		1		80.00	321.40	289.40	35.86
安远县	2.50		2		109.94	546.23	405.37	59.48
龙南县	4.00		2		171.62	1045.00	865.00	131.00
定南县	3.50		1		221.30	637.00	565.00	46.00
全南县	3.00		1		88.50	487.00	358.00	59.00
宁都县	8.50		2		154.55	1077.10	979.10	87.20
于都县	4.60		2		373.00	1464.00	1140.00	158.00
兴国县	2.90	1.00	2	1	113.80	1025.00	855.00	218.00
会昌县	4.00		2		100.43	666.00	536.00	129.70
寻乌县	3.50		1		78.00	645.00	573.00	37.00
石城县	2.00		1		120.50	522.60	459.40	17.50
吉安县	8.00	0.20	1	1	145.30	742.40	564.40	86.60
吉水县	4.50		2		123.00	751.00	662.00	64.00
峡江县	2.80		2		52.96	305.00	271.00	59.00
新干县	5.00		1		238.30	654.00	585.00	158.00
永丰县	4.00		3	1	135.51	704.90	619.70	231.70
泰和县	4.60	1.70	2	1	228.13	866.85	766.62	306.96
遂川县	4.52		1		203.00	624.00	502.00	121.00
万安县	3.00	1.00	2	1	128.00	497.92	440.02	184.00
安福县	4.00	2.00	3	2	120.90	355.50	315.99	37.00
永新县	3.50		2		231.82	628.71	488.05	32.65
奉新县	9.02		1		54.88	526.76	462.36	15.30
万载县	5.50		1		139.00	1071.20	831.72	247.21
上高县	7.20		2		114.10	1223.00	1085.00	117.00
宜丰县	8.00		4		180.70	663.00	482.00	7.00
靖安县	2.50		2		131.00	393.00	338.00	115.00
铜鼓县	2.10		1		35.00	283.95	253.15	41.35
南城县	4.00		1		174.10	1074.00	933.00	92.00
黎川县	2.50		1		186.00	511.70	462.40	23.30
南丰县	2.80		4	4	130.00	890.00	740.00	97.00
崇仁县	3.00		1		185.00	723.10	640.60	25.00
乐安县	6.50		2		82.64	747.31	667.61	121.28
宜黄县	2.00		1		94.00	474.00	424.00	203.00
金溪县	3.00		1		132.50	850.30	697.50	132.50
资溪县	1.50		1		48.50	316.00	218.60	11.88
东乡县	6.00		3		243.47	1740.00	1560.00	351.43
广昌县	2.50		1		246.96	803.86	605.66	135.33
上饶县	6.50		2		246.00	565.50	503.00	45.00
玉山县	14.00		2		325.00	1175.00	1018.00	410.00

continued 12

Total Quantity of Water Supply($10,000m^3$)						用水户数(户) Number of Households with Access to Water Supply (unit)		用水人口(万人) Population with Access to Water Supply (10,000 persons)	县名称 Name of Counties
Water Sold			免费供水量 The Quantitiy of Free Water Supply		漏损水量 The Lossed Water		家庭用户 Household User		
公共服务用水 The Quantity of Water for Public Service	居民家庭用水 The Quantity of Water for Household Use	其他用水 The Quantity of Water for Other Purposes		生活用水 Domestic Water Use					
83.00	204.00	10.00			117.00	53110	50589	6.90	余江县
150.20	428.12	123.97	8.00	3.41	176.00	43015	32500	17.34	赣　县
127.00	936.00	65.00	59.00		143.00	24776	19360	29.00	信丰县
82.20	295.32	43.52	0.50		166.47	23255	19568	9.05	大余县
107.71	306.89	1.21			69.00	27239	22378	10.00	上犹县
28.75	170.59	54.20			32.00	13328	11220	5.10	崇义县
37.91	288.38	19.60	2.08	1.00	138.78	21519	18665	8.73	安远县
104.00	523.00	107.00			180.00	36709	30030	13.61	龙南县
34.00	473.00	12.00	6.00		66.00	26702	26025	9.60	定南县
8.00	288.00	3.00	49.00		80.00	23076	18692	6.40	全南县
6.90	810.00	75.00	10.00		88.00	42880	36900	19.20	宁都县
199.00	753.00	30.00	55.00		269.00	62084	49529	20.58	于都县
129.00	428.00	80.00	14.00	2.80	156.00	32012	27350	14.40	兴国县
84.00	322.30		55.00		75.00	28465	25000	12.76	会昌县
29.00	489.00	18.00	7.00		65.00	31981	30833	9.25	寻乌县
27.10	399.50	15.30			63.20	18233	17436	8.16	石城县
53.50	420.60	3.70			178.00	27784	26257	10.00	吉安县
150.00	325.00	123.00	14.00		75.00	28571	25526	15.05	吉水县
47.00	161.00	4.00	3.00		31.00	12344	11960	3.26	峡江县
68.00	263.00	96.00			69.00	23775	20453	9.00	新干县
43.00	280.00	65.00	13.20		72.00	26737	24060	14.13	永丰县
44.66	415.00				100.23	33468	32589	16.87	泰和县
66.00	291.00	24.00	47.00	47.00	75.00	26070	23571	11.62	遂川县
65.97	178.28	11.77	7.80		50.10	21693	21580	9.35	万安县
50.50	213.99	14.50	1.91	1.32	37.60	21072	15570	9.19	安福县
126.30	329.10				140.66	31643	30726	12.08	永新县
11.90	430.90	4.26	6.90		57.50	33347	27910	10.97	奉新县
38.80	537.78	7.93			239.48	35524	32113	13.42	万载县
60.00	852.00	56.00	15.00	1.00	123.00	41682	41098	20.82	上高县
83.00	367.00	25.00	19.00		162.00	34469	30596	8.88	宜丰县
31.00	187.00	5.00	5.00		50.00	20999	19468	5.04	靖安县
45.64	164.83	1.33	2.60	2.00	28.20	12928	12409	3.30	铜鼓县
130.00	652.00	59.00	27.00	5.90	114.00	22666	20578	17.20	南城县
114.30	301.50	23.30			49.30	28726	27560	9.15	黎川县
230.00	330.00	83.00	10.00		140.00	34240	32440	10.80	南丰县
174.00	425.60	16.00	2.50		80.00	42315	41056	19.78	崇仁县
54.29	467.78	24.26	3.47		76.23	21627	20762	11.50	乐安县
41.00	170.00	10.00			50.00	21480	20877	5.12	宜黄县
70.50	451.50	43.00	16.00		136.80	30510	29800	11.59	金溪县
32.80	157.62	16.30	0.20	0.20	97.20	14424	12949	3.13	资溪县
320.00	866.27	22.30			180.00	59711	56892	20.06	东乡县
150.93	268.57	50.83	50.00	1.00	148.20	35266	29394	7.80	广昌县
40.00	418.00		5.50		57.00	24621	23445	12.22	上饶县
58.00	550.00		40.00		117.00	50150	49721	15.98	玉山县

5–6 续表 13

县名称 Name of Counties	综合生产能力(万立方米/日) Integrated Production Capacity (10,000m³/day)	地下水 Underground Water	水厂个数(个) Number of Water Plants (unit)	地下水 Underground Water	供水管道长度(公里) Length of Water Supply Pipelines (km)	供水总量(万立方米) 合计 Total	售水量 小计 Subtotal	生产运营用水 The Quantity of Water for Production and Operation
铅山县	4.00		1		170.82	526.28	465.00	44.10
横峰县	3.00		1		85.00	572.90	510.60	167.00
弋阳县	3.50		2		140.95	577.00	492.00	65.00
余干县	4.10	2.00	2	1	101.76	831.20	744.90	63.00
鄱阳县	6.03		2		167.80	1354.60	1073.00	120.00
万年县	3.80		1		149.00	786.00	679.00	182.00
婺源县	4.00		3		215.00	737.00	691.00	126.00
山　东	**304.94**	**137.74**	**153**	**110**	**9897.79**	**66306.33**	**57771.54**	**20691.27**
平阴县	3.15	3.15	2	2	126.40	663.07	593.46	68.17
济阳县	4.37	4.37	2	2	89.32	900.00	803.00	385.00
商河县	1.82	0.99	2	1	93.11	575.60	505.60	43.00
桓台县	5.00	5.00	2	2	191.00	640.00	518.00	89.00
高青县	4.00		2		119.20	826.05	748.90	362.20
沂源县	4.00	1.00	11	11	191.05	1092.00	884.00	323.00
垦利县	13.00		3		204.26	975.86	871.00	340.00
利津县	6.50		2		68.38	2370.77	2080.77	850.00
广饶县	9.00	9.00	2	2	146.58	2282.35	2022.35	1084.35
长岛县	0.50		2	2	80.90	75.38	65.58	
临朐县	7.50	2.50	3	2	221.75	1621.70	1453.10	458.00
昌乐县	10.00		1		196.88	2082.94	1978.21	1330.30
微山县	2.20	2.20	1	1	121.70	716.23	622.26	27.92
鱼台县	3.00	3.00	1	1	115.00	364.70	315.20	14.20
金乡县	1.90	1.90	2	2	298.61	668.00	556.20	36.00
嘉祥县	5.00	5.00	2	1	72.11	1201.00	1012.00	310.00
汶上县	3.00	3.00	2	2	60.00	1073.65	894.65	278.98
泗水县	5.00	5.00	8	8	100.35	889.20	756.10	203.70
梁山县	2.00	2.00	1	1	81.00	1046.00	946.00	290.00
宁阳县	3.00	3.00	1	1	204.00	590.00	472.00	99.00
东平县	3.00	3.00	1	1	230.88	635.13	541.91	138.32
五莲县	5.20		4		142.62	1069.96	933.38	403.00
莒　县	15.70	15.70	7	7	210.83	2415.00	2182.00	1238.00
沂南县	5.00	5.00	3	3	103.61	946.75	868.75	242.80
郯城县	6.00	6.00	4	4	134.73	865.00	642.00	80.00
沂水县	12.00	5.00	7	5	244.90	2547.80	2099.82	1330.00
兰陵县	4.50	4.50	2	2	139.83	1530.00	1350.00	390.00
费　县	3.50		2		140.52	930.00	750.00	289.00
平邑县	6.00	6.00	1	1	249.70	1207.00	1064.00	196.00
莒南县	5.50		1		245.60	1936.00	1768.00	732.00
蒙阴县	3.20	2.40	4	3	102.90	1168.00	1020.00	192.00
临沭县	5.50		2		177.80	1298.70	1136.70	436.70
宁津县	7.00		2		185.00	754.00	646.00	68.00
庆云县	3.00		1		130.00	715.00	615.00	
临邑县	6.00		1		250.10	1706.25	1339.25	547.00
齐河县	4.50		3		299.00	687.00	583.00	8.00

continued 13

Total Quantity of Water Supply(10,000m³)						用水户数(户) Number of Households with Access to Water Supply (unit)		用水人口(万人) Population with Access to Water Supply (10,000 persons)	县名称 Name of Counties
Water Sold			免费供水量 The Quantitiy of Free Water Supply		漏损水量 The Lossed Water		家庭用户 Household User		
公共服务用水 The Quantity of Water for Public Service	居民家庭用水 The Quantity of Water for Household Use	其他用水 The Quantity of Water for Other Purposes		生活用水 Domestic Water Use					
82.90	307.00	31.00			61.28	28325	25722	11.87	铅山县
59.60	260.00	24.00	5.80	4.60	56.50	18366	16919	8.53	横峰县
110.00	297.00	20.00	27.00	24.00	58.00	27530	25800	11.89	弋阳县
76.00	600.00	5.90	3.20	2.75	83.10	39193	39106	15.40	余干县
65.90	852.00	35.10	51.60		230.00	49242	43010	17.99	鄱阳县
29.00	460.00	8.00	20.00	17.00	87.00	30028	28246	14.63	万年县
143.00	402.00	20.00			46.00	38492	32160	10.11	婺源县
7743.14	**26516.39**	**2820.74**	**922.85**	**252.50**	**7611.94**	**2114328**	**1976386**	**853.93**	**山 东**
59.20	349.00	117.09			69.61	30147	29300	9.50	平阴县
175.00	243.00		8.20		88.80	22685	21960	9.80	济阳县
78.00	375.00	9.60			70.00	32404	31240	11.22	商河县
26.00	384.00	19.00	4.00		118.00	52198	41418	12.59	桓台县
42.55	321.85	22.30	1.80	0.60	75.35	18272	18025	5.59	高青县
90.00	465.00	6.00	8.00	0.02	200.00	25439	25101	10.72	沂源县
150.00	253.00	128.00			104.86	13783	11182	8.82	垦利县
480.00	432.27	318.50	50.00	46.00	240.00	22465	22250	9.38	利津县
	835.00	103.00	20.00		240.00	38582	37164	16.00	广饶县
26.20	39.38				9.80	7100	6530	1.78	长岛县
483.10	456.00	56.00	12.00		156.60	2390	872	19.76	临朐县
	647.91				104.73	58316	57450	20.11	昌乐县
199.67	394.67				93.97	34207	33877	10.50	微山县
13.00	262.00	26.00	13.00		36.50	21036	21011	9.53	鱼台县
23.00	497.05	0.15	45.00	22.00	66.80	29006	28156	16.30	金乡县
195.00	485.00	22.00	39.00	28.46	150.00	41820	30200	14.01	嘉祥县
253.65	342.87	19.15	15.00		164.00	29351	29000	8.91	汶上县
51.62	497.78	3.00	7.10		126.00	41457	39638	14.51	泗水县
129.00	477.00	50.00			100.00	26366	25926	7.84	梁山县
60.00	313.00		21.00		97.00	64751	64200	13.29	宁阳县
44.29	326.37	32.93	31.67	31.67	61.55	66134	53200	18.19	东平县
113.00	337.81	79.57			136.58	53882	53141	15.24	五莲县
420.00	439.00	85.00	2.00		231.00	55240	53942	18.26	莒　县
199.70	380.20	46.05			78.00	32074	29827	14.94	沂南县
80.00	477.00	5.00	9.00		214.00	34804	33963	16.58	郯城县
225.00	434.82	110.00	32.00		415.98	37921	32831	14.85	沂水县
248.00	700.00	12.00	23.00	12.00	157.00	47971	46200	16.57	兰陵县
38.00	405.00	18.00	30.00		150.00	42910	42000	17.50	费　县
146.00	622.00	100.00	40.00		103.00	43834	43802	21.30	平邑县
130.00	850.00	56.00	28.00		140.00	40274	38271	19.40	莒南县
212.00	558.00	58.00	20.00		128.00	24786	24366	12.07	蒙阴县
130.00	460.00	110.00	17.00		145.00	2718	2540	18.83	临沭县
116.00	445.00	17.00	18.00		90.00	38959	38260	14.10	宁津县
25.00	500.00	90.00			100.00	41135	41101	11.71	庆云县
125.00	587.00	80.25	179.00	50.00	188.00	77700	37000	23.80	临邑县
15.00	560.00		35.00		69.00	62125	62105	27.10	齐河县

5–6 续表 14

县名称 Name of Counties	综合生产能力(万立方米/日) Integrated Production Capacity (10,000m³/day)	地下水 Underground Water	水厂个数(个) Number of Water Plants (unit)	地下水 Underground Water	供水管道长度(公里) Length of Water Supply Pipelines (km)	供水总量(万立方米) 合计 Total	售水量 小计 Subtotal	生产运营用水 The Quantity of Water for Production and Operation
平原县	3.00		1		298.10	440.00	405.23	25.16
夏津县	5.00		1		170.50	1580.00	1300.00	90.00
武城县	4.00		1		130.58	704.00	633.60	140.60
阳谷县	2.00	2.00	1	1	129.70	680.00	601.00	13.10
莘　县	2.90	2.90	2	2	146.97	500.70	448.20	52.00
茌平县	3.50	1.17	1	1	199.19	500.00	435.00	29.58
东阿县	2.32	2.32	2	2	119.14	549.99	443.44	24.55
冠　县	4.12	4.12	5	5	179.25	1299.78	1166.58	231.00
高唐县	10.00		1		148.40	761.00	675.00	94.00
惠民县	3.09	0.15	2	1	179.80	1015.00	905.00	550.00
阳信县	4.00		2		618.70	1265.00	1089.00	357.00
无棣县	7.50		2		233.92	703.61	634.98	135.09
博兴县	2.56	2.56	15	15	76.87	871.50	769.33	
邹平县	29.60	3.00	4	3	299.07	5524.70	4916.65	3266.60
曹　县	3.00	3.00	1	1	126.70	926.00	776.00	156.00
单　县	6.00	6.00	6	6	260.00	2190.00	1962.00	750.00
成武县	2.71	2.71	1	1	63.26	680.00	582.00	235.00
巨野县	6.00	1.00	2	1	202.00	1612.76	1421.76	496.76
郓城县	3.50	3.50	2	2	214.29	840.00	693.00	275.00
鄄城县	3.10	3.10	1	1	180.00	793.00	688.00	325.00
定陶县	1.50	1.50	1	1	80.00	303.20	258.60	20.00
东明县	6.00		2		71.73	1500.00	1328.98	541.19
河　南	**268.48**	**184.58**	**135**	**102**	**9221.81**	**50594.85**	**43171.36**	**10006.77**
中牟县	3.00	3.00	2	2	95.28	790.48	710.64	16.50
杞　县	1.10	1.10	1	1	41.00	370.00	319.00	46.00
通许县	1.50	1.50	1	1	82.00	475.00	400.00	34.00
尉氏县	1.30	1.30	1	1	83.10	380.83	326.93	9.13
兰考县	2.20	2.20	3	3	246.77	450.14	303.82	16.03
孟津县	4.00	4.00	2	2	112.00	581.00	475.00	92.00
新安县	1.50	1.50	2	2	50.00	494.60	413.60	
栾川县	4.50		4		165.00	619.00	501.00	120.00
嵩　县	3.00	3.00	2	2	34.60	558.87	428.67	89.70
汝阳县	3.60	3.60	2	2	80.20	325.80	272.80	27.50
宜阳县	2.00	2.00	2	2	254.94	414.00	371.00	45.60
洛宁县	3.30	3.30	2	2	42.00	270.36	238.06	8.68
伊川县	2.00	2.00	2	2	92.00	530.00	460.00	61.00
宝丰县	2.25		1		91.00	789.00	710.00	291.00
叶　县	2.30	2.30	2	2	39.18	823.85	727.85	306.70
鲁山县	5.00	2.00	2	1	106.60	1032.50	882.50	429.00
郏　县	5.00	2.00	3	2	174.35	741.05	656.08	388.50
汤阴县	1.00	1.00	1	1	109.00	365.00	328.00	26.00
滑　县	4.10	4.10	2	2	131.06	648.00	581.00	88.00
内黄县	3.40	3.40	3	3	72.00	470.00	421.00	84.00
浚　县	0.50	0.50	1	1	48.90	182.00	156.00	

continued 14

Total Quantity of Water Supply(10,000m^3)						用水户数(户) Number of Households with Access to Water Supply (unit)		用水人口(万人) Population with Access to Water Supply (10,000 persons)	县名称 Name of Counties
Water Sold			免费供水量 The Quantitiy of Free Water Supply		漏损水量 The Lossed Water		家庭用户 Household User		
公共服务用水 The Quantity of Water for Public Service	居民家庭用水 The Quantity of Water for Household Use	其他用水 The Quantity of Water for Other Purposes		生活用水 Dome-stic Water Use					
141.67	238.40				34.77	39540	38990	13.37	平原县
180.00	900.00	130.00	30.00		250.00	26830	22000	16.90	夏津县
103.00	390.00				70.40	33360	33300	10.11	武城县
21.00	476.90	90.00	10.00	10.00	69.00	5154	3060	13.30	阳谷县
83.00	297.20	16.00	3.00		49.50	32045	31820	12.20	莘　县
24.25	366.77	14.40	7.30		57.70	45486	44939	17.70	茌平县
119.97	298.92		43.63	16.90	62.92	26705	26287	10.50	东阿县
468.58	461.00	6.00	3.20	0.90	130.00	44143	42111	15.45	冠　县
47.00	502.00	32.00			86.00	42548	41408	15.69	高唐县
65.00	290.00				110.00	37524	36370	12.80	惠民县
298.00	431.00	3.00			176.00	34477	33115	17.60	阳信县
15.92	420.71	63.26			68.63	32546	29293	11.07	无棣县
53.99	708.66	6.68	8.95	8.95	93.22	59620	56120	18.70	博兴县
38.95	1588.00	23.10	10.00	10.00	598.05	103471	99048	39.12	邹平县
142.00	411.00	67.00			150.00	36753	35625	12.67	曹　县
416.00	600.00	196.00	18.00	13.00	210.00	44220	43000	21.60	单　县
135.00	205.00	7.00	25.00		73.00	22000	21556	9.17	成武县
182.00	692.00	51.00			191.00	52954	52000	24.81	巨野县
115.00	275.00	28.00	6.00	2.00	141.00	35785	34893	14.90	郓城县
120.00	158.00	85.00	26.00		79.00	10057	9700	15.34	鄄城县
12.80	225.80				44.60	1760	1738	9.12	定陶县
158.03	427.05	202.71	23.00		148.02	33108	32964	11.21	东明县
5693.76	**25638.57**	**1832.26**	**1039.69**	**139.07**	**6383.80**	**2137797**	**2021894**	**860.56**	**河　南**
40.68	536.07	117.39			79.84	25324	22681	8.95	中牟县
56.00	186.00	31.00			51.00	17603	17218	7.60	杞　县
10.80	295.20	60.00	29.00		46.00	21241	18830	6.50	通许县
98.00	219.80		15.00	1.10	38.90	17745	17228	7.09	尉氏县
61.24	198.22	28.33			146.32	31077	30267	12.50	兰考县
68.00	290.00	25.00			106.00	14637	14516	8.60	孟津县
70.00	300.60	43.00			81.00	25817	24120	11.50	新安县
13.00	345.00	23.00	48.00	19.00	70.00	10068	9067	9.90	栾川县
43.50	286.60	8.87	31.00		99.20	10700	9378	5.60	嵩　县
34.00	198.00	13.30	21.00	15.00	32.00	17746	13080	7.00	汝阳县
46.30	270.00	9.10			43.00	26922	21283	11.20	宜阳县
8.02	212.00	9.36	5.00		27.30	13901	13238	5.36	洛宁县
74.00	295.00	30.00			70.00	8912	8246	10.00	伊川县
53.60	341.00	24.40			79.00	15238	13560	7.83	宝丰县
276.00	107.15	38.00			96.00	10357	8860	4.13	叶　县
86.00	332.00	35.50			150.00	46413	46154	16.20	鲁山县
42.80	180.52	44.26	12.70	12.30	72.27	17832	17073	7.00	郏　县
14.00	288.00				37.00	26410	25850	9.75	汤阴县
129.00	364.00		5.00		62.00	46936	45138	17.80	滑　县
34.00	303.00				49.00	28774	27800	9.12	内黄县
30.00	86.00	40.00			26.00	12451	11052	6.25	浚　县

5-6 续表 15

县名称 Name of Counties	综合生产能力(万立方米/日) Integrated Production Capacity (10,000m³/day)	地下水 Underground Water	水厂个数(个) Number of Water Plants (unit)	地下水 Underground Water	供水管道长度(公里) Length of Water Supply Pipelines (km)	供水总量(万立方米) 合计 Total	售水量 小计 Subtotal	生产运营用水 The Quantity of Water for Production and Operation
淇　县	3.50		1		66.00	265.80	183.80	16.45
新乡县	3.00	3.00	1	1	74.00	127.00	117.00	16.00
获嘉县	3.00	3.00	1	1	114.22	690.00	564.00	30.00
原阳县	3.00	3.00	1	1	320.00	145.00	130.00	60.00
延津县	2.50		1	1	90.34	859.00	740.00	430.00
封丘县	3.00	3.00	1	1	131.00	510.00	360.00	
长垣县	6.20		1		337.90	1735.50	1468.70	199.50
修武县	3.00		1		117.06	594.80	454.00	119.00
博爱县	2.50	1.50	2	1	55.00	749.00	603.00	307.00
武陟县	2.00	2.00	1	1	145.40	589.00	504.00	226.00
温　县	2.72	2.72	1	1	77.00	719.00	615.00	259.00
清丰县	4.00	4.00	3	3	91.16	361.00	321.00	67.00
南乐县	1.10	1.10	1	1	80.60	347.90	296.50	90.00
范　县	2.50	2.50	2	2	65.89	254.00	227.00	84.00
台前县	3.00	3.00	1	1	40.00	632.10	563.80	95.00
濮阳县	4.00		1		87.70	151.63	133.63	0.64
鄢陵县	2.40	2.40	1	1	159.00	374.00	277.00	
襄城县	1.10	1.10	1	1	71.32	198.00	169.00	5.00
舞阳县	4.60	4.60	2	2	50.50	597.00	474.00	123.00
临颍县	3.90	3.90	1	1	83.00	1232.00	898.00	450.00
渑池县	1.60	1.60	1	1	52.00	584.00	525.00	238.00
卢氏县	2.00	2.00	2	2	60.52	406.70	360.40	184.00
南召县	2.60		2		72.58	290.00	243.00	5.20
方城县	2.10	2.10	1	1	286.90	435.00	349.00	14.00
西峡县	2.00		2		140.82	536.00	481.00	49.20
镇平县	7.80		2		143.70	891.00	709.00	304.00
内乡县	4.50	1.50	2	1	102.81	778.00	669.00	260.00
淅川县	2.25	2.00	3	3	133.80	730.22	616.23	221.67
社旗县	2.00	2.00	1	1	137.80	635.80	553.50	103.00
唐河县	4.85	4.85	2	2	86.00	1369.00	1182.00	270.00
新野县	4.21	2.21	2	1	77.98	707.60	618.80	150.00
桐柏县	8.50		4	2	151.96	497.00	454.00	175.00
民权县	3.50	3.50	2	2	143.35	785.00	710.00	105.00
睢　县	5.00	5.00	2	2	188.19	915.00	816.50	189.50
宁陵县	2.50	2.50	1	1	89.00	543.75	481.50	70.00
柘城县	5.00	3.00	2	1	93.50	498.00	434.00	79.00
虞城县	3.00	3.00	2	2	100.00	895.00	790.00	95.00
夏邑县	6.80	6.80	3	3	101.00	724.62	638.70	58.00
罗山县	5.00		1		67.00	1441.00	1216.00	476.00
光山县	2.50		2		174.75	985.60	813.60	109.00
新　县	5.30		1		65.08	1044.10	938.10	550.00
商城县	3.00		2		117.00	610.00	480.00	120.00
固始县	4.50		1		81.00	949.00	817.00	89.00
潢川县	2.50		1		33.00	878.00	733.00	47.00

continued 15

Total Quantity of Water Supply($10,000m^3$) Water Sold 公共服务用水 The Quantity of Water for Public Service	居民家庭用水 The Quantity of Water for Household Use	其他用水 The Quantity of Water for Other Purposes	免费供水量 The Quantitiy of Free Water Supply	生活用水 Domestic Water Use	漏损水量 The Lossed Water	用水户数(户) Number of Households with Access to Water Supply (unit)	家庭用户 Household User	用水人口(万人) Population with Access to Water Supply (10,000 persons)	县名称 Name of Counties
43.90	119.00	4.45			82.00	10415	10145	4.30	淇 县
19.00	78.20	3.80			10.00	7350	6980	3.00	新乡县
17.00	516.00	1.00	48.00		78.00	26562	25763	10.00	获嘉县
10.00	55.00	5.00			15.00	15000	14915	3.58	原阳县
5.00	294.00	11.00	35.00		84.00	19691	18955	6.80	延津县
71.00	289.00				150.00	28820	28637	11.00	封丘县
96.20	1099.00	74.00	81.80	0.77	185.00	53489	50582	23.98	长垣县
35.00	180.00	120.00	11.00		129.80	16205	15961	6.23	修武县
57.00	206.00	33.00	9.00		137.00	17477	16832	8.99	博爱县
41.00	232.00	5.00	28.00		57.00	20293	20172	11.80	武陟县
38.00	293.00	25.00	15.00		89.00	18021	17781	6.95	温 县
45.00	206.00	3.00			40.00	15710	14950	5.01	清丰县
36.00	158.00	12.50	1.40	1.00	50.00	22471	22300	8.00	南乐县
16.00	125.00	2.00			27.00	14931	14865	4.80	范 县
29.00	436.50	3.30	3.30		65.00	22194	22100	7.73	台前县
17.67	115.00	0.32			18.00	21813	21352	6.83	濮阳县
38.00	239.00		60.00		37.00	16086	16050	9.15	鄢陵县
58.00	103.00	3.00	9.00	7.10	20.00	10359	9530	6.09	襄城县
133.00	170.00	48.00	28.00	21.00	95.00	16308	15826	6.70	舞阳县
78.00	340.00	30.00	18.00		316.00	34912	34860	13.97	临颍县
65.00	210.00	12.00			59.00	32975	32710	11.11	渑池县
31.00	141.75	3.65			46.30	15801	13242	5.04	卢氏县
22.80	184.80	30.20			47.00	15237	14911	7.76	南召县
90.00	233.00	12.00			86.00	27850	27428	10.48	方城县
35.30	390.00	6.50			55.00	40433	37275	13.20	西峡县
75.00	318.00	12.00	46.00		136.00	45177	42323	14.81	镇平县
79.00	272.00	58.00	19.00		90.00	19912	18522	10.00	内乡县
137.50	223.05	34.01	22.99		91.00	26186	24058	9.15	淅川县
82.00	348.00	20.50	11.30	0.30	71.00	39506	38955	13.10	社旗县
264.00	556.00	92.00	50.00		137.00	39550	38600	16.40	唐河县
158.80	280.00	30.00	18.80	17.50	70.00	40081	38687	17.50	新野县
76.00	178.00	25.00	19.00	7.00	24.00	19375	18500	9.20	桐柏县
60.00	476.00	69.00			75.00	36154	34681	12.31	民权县
88.50	538.50				98.50	29054	28837	13.00	睢 县
46.50	365.00				62.25	14802	13622	7.52	宁陵县
55.00	300.00				64.00	24983	24845	14.00	柘城县
195.00	500.00				105.00	23975	23000	14.60	虞城县
35.00	536.00	9.70	12.00		73.92	38739	38580	16.80	夏邑县
200.00	470.00	70.00	45.00		180.00	45235	42116	14.00	罗山县
182.00	515.00	7.60	22.00	20.00	150.00	42650	41236	14.22	光山县
34.50	350.00	3.60	4.00	1.00	102.00	21894	20608	10.25	新 县
69.00	275.00	16.00	60.00		70.00	26200	25348	9.20	商城县
240.00	486.00	2.00	36.00		96.00	52204	51900	23.10	固始县
122.00	560.00	4.00	15.00		130.00	47352	45934	18.89	潢川县

5-6 续表 16

县名称 Name of Counties	综合生产能力(万立方米/日) Integrated Production Capacity ($10,000m^3$/day)	地下水 Underground Water	水厂个数(个) Number of Water Plants (unit)	地下水 Underground Water	供水管道长度(公里) Length of Water Supply Pipelines (km)	供水总量(万立方米) 合计 Total	售水量 小计 Subtotal	生产运营用水 The Quantity of Water for Production and Operation
淮滨县	5.80	5.80	2	2	41.80	405.20	364.90	38.00
息　县	2.00	2.00	1	1	189.00	425.00	363.00	17.00
扶沟县	1.49	1.49	1	1	51.00	382.00	342.00	14.00
西华县	1.64	1.64	1	1	43.04	392.20	342.70	54.60
商水县	4.03	4.03	2	1	88.00	383.00	337.00	47.00
沈丘县	4.30	4.30	1	1	423.00	1054.00	934.00	250.00
郸城县	5.70	5.70	1	1	94.00	304.50	230.50	11.00
淮阳县	1.30	1.30	1	1	183.90	430.00	387.00	91.00
太康县	3.00	3.00	1	1	171.50	454.00	400.00	34.00
鹿邑县	5.20	5.20	1	1	139.00	1036.45	915.15	0.80
西平县	1.20	1.20	1	1	56.65	430.00	381.30	38.00
上蔡县	1.00	1.00	1	1	48.00	364.96	329.88	116.03
平舆县	3.03	3.03	2	2	59.00	1066.63	903.63	290.00
正阳县	1.55	1.55	1	1	62.31	399.00	359.00	52.00
确山县	4.00	4.00	1	1	44.00	420.90	342.30	24.20
泌阳县	4.00	4.00	2	1	99.55	402.90	363.90	28.50
汝南县	4.26	4.26	2	2	80.55	457.51	413.39	81.14
遂平县	1.20	1.20	1	1	80.00	430.00	385.00	65.00
新蔡县	3.20	3.20	2	2	159.70	784.00	665.00	36.00
湖　北	**191.44**	**1.21**	**64**	**8**	**4806.66**	**33057.72**	**27130.22**	**6825.84**
阳新县	6.00		1		120.00	787.00	708.00	320.00
郧西县	3.60		2		45.00	720.00	599.00	209.00
竹山县	2.50		3		86.01	857.75	634.74	145.99
竹溪县	3.60		2		140.00	677.00	577.00	45.00
房　县	5.00		2		77.40	587.00	369.00	68.00
远安县	5.50		1		136.05	480.00	400.00	108.20
兴山县	4.10		1		38.50	297.00	225.00	50.00
秭归县	3.40		3		144.12	626.26	532.40	
长阳土家族自治县	2.36		2		108.65	481.50	419.50	40.00
五峰土家族自治县	2.53		1		51.60	132.00	112.50	29.30
南漳县	8.00		2		280.10	910.00	700.00	230.00
谷城县	5.60		1		93.20	1495.50	1306.50	583.00
保康县	0.80		5	2	65.50	291.60	237.90	2.90
京山县	7.00		2		266.27	1388.00	975.00	234.00
沙洋县	9.00		1		153.13	910.54	718.27	285.56
孝昌县	3.50		1		202.70	1171.00	1013.00	297.70
大悟县	10.00		1		104.30	1056.60	931.00	192.00
云梦县	5.00		1		138.00	1434.00	1279.00	262.00
公安县	7.50		1		120.00	1373.10	888.10	91.00
监利县	6.50		3		205.30	1428.00	1173.00	374.00
江陵县	2.00		1		162.08	636.07	449.81	127.19
团风县	5.00		2		66.00	1140.00	882.00	313.00
红安县	5.00		2		186.00	1300.00	1149.00	405.00
罗田县	5.80		1	1	114.50	1168.00	1026.00	282.00

continued 16

Total Quantity of Water Supply(10,000m³)						用水户数(户) Number of Households with Access to Water Supply (unit)		用水人口(万人) Population with Access to Water Supply (10,000 persons)	县名称 Name of Counties
Water Sold			免费供水量 The Quantitiy of Free Water Supply		漏损水量 The Lossed Water		家庭用户 Household User		
公共服务用水 The Quantity of Water for Public Service	居民家庭用水 The Quantity of Water for Household Use	其他用水 The Quantity of Water for Other Purposes		生活用水 Domestic Water Use					
4.15	259.50	63.25			40.30	27604	26187	9.91	淮滨县
38.00	290.00	18.00			62.00	29435	29310	8.72	息　县
42.00	271.00	15.00			40.00	16398	16100	6.58	扶沟县
47.50	220.00	20.60	10.00		39.50	11840	10695	5.36	西华县
36.00	254.00				46.00	8371	8340	6.57	商水县
148.00	472.00	64.00	10.00	10.00	110.00	38265	37813	19.88	沈丘县
55.00	152.00	12.50	40.00		34.00	6936	6450	5.15	郸城县
66.00	211.00	19.00			43.00	25867	25066	11.79	淮阳县
28.00	338.00		9.00		45.00	30154	29671	10.50	太康县
12.20	900.00	2.15	11.10		110.20	86526	86500	26.50	鹿邑县
67.60	267.00	8.70	2.70		46.00	26660	20500	10.67	西平县
20.70	182.15	11.00			35.08	19039	13001	5.16	上蔡县
150.63	463.00				163.00	29428	28836	11.70	平舆县
65.00	229.00	13.00			40.00	15600	10982	4.96	正阳县
55.00	240.10	23.00	31.60	6.00	47.00	14730	10796	5.79	确山县
55.00	265.00	15.40			39.00	22600	20710	9.40	泌阳县
60.37	265.86	6.02			44.12	44398	33425	13.39	汝南县
25.00	275.00	20.00			45.00	28000	27419	8.60	遂平县
101.00	490.00	38.00	30.00		89.00	36410	30980	19.50	新蔡县
3319.21	**16067.74**	**917.43**	**963.64**	**241.41**	**4963.86**	**1064260**	**966223**	**419.61**	**湖　北**
100.00	210.00	78.00			79.00	58600	35000	14.50	阳新县
74.00	279.00	37.00	51.00	21.00	70.00	29766	28577	9.70	郧西县
133.30	317.37	38.08	51.46	30.11	171.55	24895	23773	10.20	竹山县
75.00	455.00	2.00	16.00	3.00	84.00	24844	22180	6.30	竹溪县
30.00	270.00	1.00	15.00		203.00	24540	19850	11.09	房　县
29.20	240.00	22.60			80.00	16672	16004	4.66	远安县
56.00	103.00	16.00	38.00		34.00	19297	19231	3.86	兴山县
264.66	266.06	1.68			93.86	25586	23263	10.00	秭归县
12.50	367.00		8.00		54.00	10918	10401	5.85	长阳土家族自治县
32.70	50.50				19.50	2534	2320	2.81	五峰土家族自治县
80.00	390.00				210.00	49930	43600	15.00	南漳县
129.50	536.00	58.00	50.00		139.00	39585	39485	18.05	谷城县
39.00	190.00	6.00	10.70		43.00	12596	12490	5.27	保康县
9.75	682.50	48.75	98.00	46.00	315.00	47000	32900	17.27	京山县
109.48	318.51	4.72	101.06		91.21	19972	18882	12.85	沙洋县
137.90	577.40				158.00	30712	29000	14.50	孝昌县
173.00	550.00	16.00	13.60	7.30	112.00	23232	22386	9.80	大悟县
141.00	860.00	16.00	15.00	9.00	140.00	27699	27000	12.50	云梦县
162.00	610.00	25.10	55.00		430.00	61425	60000	17.80	公安县
61.00	678.00	60.00	110.00		145.00	40351	37995	15.27	监利县
31.22	291.40		28.62		157.64	11900	11573	5.20	江陵县
141.00	422.00	6.00			258.00	16354	15778	7.10	团风县
80.00	645.00	19.00	21.00		130.00	45000	43755	13.70	红安县
103.00	626.00	15.00	22.00	22.00	120.00	30056	29325	12.20	罗田县

5-6 续表 17

县名称 Name of Counties	综合生产能力(万立方米/日) Integrated Production Capacity (10,000m³/day)	地下水 Underground Water	水厂个数(个) Number of Water Plants (unit)	地下水 Underground Water	供水管道长度(公里) Length of Water Supply Pipelines (km)	供水总量(万立方米) 合计 Total	售水量 小计 Subtotal	生产运营用水 The Quantity of Water for Production and Operation
英山县	4.50		1	1	61.24	634.00	570.00	75.00
浠水县	7.00		2	2	115.61	979.00	872.00	212.00
蕲春县	5.45		2		148.64	1742.00	1520.00	391.00
黄梅县	5.00	1.20	1	1	102.50	1427.00	1273.00	410.00
嘉鱼县	6.00		1		105.27	1047.00	738.00	171.00
通城县	5.00		1		99.00	743.00	630.00	93.00
崇阳县	7.00	0.01	2	1	66.91	793.20	709.00	130.00
通山县	6.00		2		448.00	952.50	710.50	145.00
随　县	2.30		1		22.00	420.00	348.00	120.00
建始县	5.00		1		164.00	575.00	400.00	35.00
巴东县	4.00		2		82.00	690.00	615.00	100.00
宣恩县	1.00		1		46.00	360.00	282.00	35.00
咸丰县	4.90		2		65.45	489.00	420.00	92.00
来凤县	6.00		1		109.43	442.00	382.00	103.00
鹤峰县	1.50		1		44.20	326.00	265.00	19.00
神农架林区	1.50		1		22.00	90.10	90.00	
湖　南	**362.86**	**29.08**	**129**	**22**	**12051.15**	**69757.68**	**55836.95**	**11985.27**
长沙县	18.00	2.00	2	1	462.83	6535.40	5574.00	1768.00
望城县	18.20		1		279.00	1656.68	1551.13	725.00
宁乡县	13.00		1		508.00	3495.96	2717.00	1393.17
株洲县	3.10		1		329.00	783.60	459.90	129.23
攸　县	8.50		3		392.04	1300.00	1058.40	233.00
茶陵县	3.70		2		359.07	874.10	671.45	62.00
炎陵县	2.00		1		161.80	440.00	321.60	51.60
湘潭县	6.00		1		240.00	1710.60	1314.00	600.00
衡阳县	4.20	2.70	2	2	76.80	765.00	675.00	110.00
衡南县	3.00		1		160.00	340.60	300.00	80.00
衡山县	5.35	3.28	2	1	130.00	931.00	780.00	137.00
衡东县	5.00		2		68.00	605.00	506.00	92.00
祁东县	6.70	1.10	3	2	132.68	1200.25	1061.25	386.00
南岳区	2.00		1		88.75	418.62	371.00	50.00
邵东县	10.80		4		397.00	2067.07	1587.07	192.67
新邵县	5.80		1		86.00	678.50	567.60	97.00
邵阳县	3.80		2		82.82	968.02	752.65	123.31
隆回县	9.90		3		99.64	1717.39	1544.39	392.00
洞口县	3.50		2		89.00	885.00	564.00	62.00
绥宁县	2.00		2		92.00	403.00	260.00	40.00
新宁县	2.00		1		125.40	688.00	616.00	13.00
城步苗族自治县	3.66		1		98.64	588.13	514.72	93.26
岳阳县	6.00		2		143.00	936.00	794.00	245.00
华容县	5.50		1		165.00	1055.00	860.00	250.00
湘阴县	4.50	4.50	3	3	147.00	843.32	741.04	284.00
平江县	7.00		1		205.00	919.00	721.00	135.00
安乡县	6.00		1		172.62	1159.00	879.00	80.00

continued 17

Total Quantity of Water Supply(10,000m³)						用水户数(户) Number of Households with Access to Water Supply (unit)		用水人口(万人) Population with Access to Water Supply (10,000 persons)	县名称 Name of Counties
Water Sold			免费供水量 The Quantitiy of Free Water Supply		漏损水量 The Lossed Water		家庭用户 Household User		
公共服务用水 The Quantity of Water for Public Service	居民家庭用水 The Quantity of Water for Household Use	其他用水 The Quantity of Water for Other Purposes		生活用水 Domestic Water Use					
156.00	318.00	21.00			64.00	25953	24559	11.50	英山县
98.00	528.00	34.00			107.00	31871	30764	12.58	浠水县
240.00	880.00	9.00	30.00		192.00	40675	39184	19.22	蕲春县
65.00	785.00	13.00	7.00		147.00	38685	37500	16.50	黄梅县
55.00	312.00	200.00	69.00	14.00	240.00	26836	25443	12.00	嘉鱼县
47.00	450.00	40.00	35.00	25.00	78.00	42750	31250	12.55	通城县
78.00	485.00	16.00	2.20	2.00	82.00	23293	23000	11.35	崇阳县
100.00	460.00	5.50	55.00	23.00	187.00	37145	33850	13.67	通山县
48.00	180.00				72.00	4175	4106	2.77	随　县
35.00	305.00	25.00	15.00	10.00	160.00	14211	12925	8.69	建始县
50.00	455.00	10.00			75.00	11470	9927	9.70	巴东县
24.00	223.00				78.00	14354	13027	5.20	宣恩县
83.00	212.00	33.00	20.00	15.00	49.00	20923	18633	8.50	咸丰县
5.00	262.00	12.00	12.00		48.00	24224	23736	11.20	来凤县
20.00	198.00	28.00	14.00	14.00	47.00	9231	9051	6.50	鹤峰县
10.00	80.00				0.10	5000	4500	2.20	神农架林区
6485.46	**34865.52**	**2500.70**	**2572.72**	**698.57**	**11348.01**	**2216309**	**1990270**	**893.95**	**湖　南**
811.00	2900.00	95.00	21.40	21.40	940.00	22110	21000	35.00	长沙县
11.52	813.00	1.61	0.55		105.00	41155	37000	15.30	望城县
58.31	1231.00	34.52	52.00		726.96	96980	85509	38.10	宁乡县
72.70	257.97		212.82		110.88	25382	22645	6.40	株洲县
129.00	696.40		9.60		232.00	39204	38312	26.80	攸　县
49.70	515.75	44.00	35.65	12.00	167.00	40926	38756	12.80	茶陵县
10.00	260.00	4.00	1.00		114.40	16723	15450	4.60	炎陵县
	692.00	22.00	10.60		386.00	55000	50880	15.00	湘潭县
112.00	410.00	43.00	10.00	8.00	80.00	41832	39450	12.60	衡阳县
75.00	135.00	10.00	0.60	0.60	40.00	51000	45590	6.00	衡南县
69.00	532.00	42.00	54.00	47.00	97.00	19418	16093	10.08	衡山县
50.00	334.00	30.00	32.00	26.00	67.00	27680	25046	7.50	衡东县
2.00	613.25	60.00			139.00	33144	26380	19.80	祁东县
224.00	30.00	67.00	2.50	1.50	45.12	21762	10886	3.80	南岳区
218.00	1077.40	99.00	30.00	3.30	450.00	57897	55035	27.50	邵东县
36.60	408.00	26.00	42.00	38.60	68.90	17628	13705	11.76	新邵县
45.43	560.29	23.62	109.04		106.33	18067	15462	10.15	邵阳县
375.00	612.00	165.39			173.00	65610	38648	17.60	隆回县
65.00	353.00	84.00	99.75	9.00	221.25	22655	21854	10.40	洞口县
20.00	189.00	11.00	62.40		80.60	2387	1134	4.10	绥宁县
56.00	546.00	1.00	1.00	1.00	71.00	12697	12260	10.46	新宁县
53.82	360.00	7.64	12.78	6.84	60.63	18676	16736	8.93	城步苗族自治县
31.00	468.00	50.00	10.99	10.00	131.01	46250	43200	15.00	岳阳县
130.00	430.00	50.00	47.28	10.00	147.72	48000	44000	16.25	华容县
95.00	340.04	22.00	2.00	2.00	100.28	35369	33529	12.29	湘阴县
105.00	460.00	21.00	80.37	4.00	117.63	32150	29760	16.90	平江县
153.00	646.00		70.00	70.00	210.00	45000	44670	15.11	安乡县

5–6 续表 18

县名称 Name of Counties	综合生产能力(万立方米/日) Integrated Production Capacity ($10,000m^3$/day)	地下水 Underground Water	水厂个数(个) Number of Water Plants (unit)	地下水 Underground Water	供水管道长度(公里) Length of Water Supply Pipelines (km)	供水总量(万立方米) 合计 Total	售水量 小计 Subtotal	生产运营用水 The Quantity of Water for Production and Operation
汉寿县	9.00	3.00	2	1	300.00	1348.00	1088.00	4.00
澧　县	9.00	2.00	3	2	146.00	1300.00	1024.00	80.00
临澧县	3.30		2		145.48	583.80	479.75	125.33
桃源县	4.50		1		10.00	887.00	716.00	53.00
石门县	6.00		1		235.00	1441.00	1153.00	420.00
慈利县	3.50	3.50	1	1	106.00	1153.00	888.00	125.00
桑植县	2.00		1		53.00	639.00	494.00	120.00
南　县	5.60	5.60	3	3	317.14	1088.46	845.76	28.60
桃江县	3.80		2		130.95	894.45	664.02	181.00
安化县	5.00		2		83.40	631.60	535.10	90.00
大通湖区	3.02		1	1	61.57	374.00	301.00	26.00
桂阳县	9.25		2		248.30	1717.00	1138.00	283.00
宜章县	6.00		2		136.80	712.10	572.10	90.00
永兴县	9.00		3		176.00	976.00	640.00	15.00
嘉禾县	4.00		2		171.71	550.00	398.00	21.00
临武县	3.00		1		110.00	495.00	414.00	50.00
汝城县	1.80		1		75.00	430.80	346.50	41.00
桂东县	8.00		2		23.00	255.50	218.00	6.50
安仁县	1.85		1	1	121.00	393.80	211.30	6.10
祁阳县	5.00		2		345.02	1639.96	1234.36	200.00
东安县	2.50		3		214.52	908.20	795.20	24.00
双牌县	2.90		2		62.10	416.00	363.50	70.00
道　县	4.80		2		291.00	1071.00	951.00	82.00
江永县	2.73		1		87.10	464.47	392.27	72.60
宁远县	4.40		3		358.74	1258.50	1076.50	107.80
蓝山县	2.80		2		190.00	485.60	430.00	16.00
新田县	1.60		1		133.60	526.41	461.06	58.10
江华瑶族自治县	3.50		2		124.00	551.70	455.30	18.80
中方县	5.00		1	1	75.52	503.00	373.00	180.00
沅陵县	6.00		4		236.16	913.00	779.00	239.00
辰溪县	3.20		2		68.56	533.35	372.51	
溆浦县	4.00		1		60.60	750.00	530.00	80.50
会同县	3.00		1		101.66	364.10	311.00	20.00
麻阳苗族自治县	2.00		2		153.32	431.00	356.00	50.00
新晃侗族自治县	2.00		2		160.00	490.50	430.00	72.00
芷江侗族自治县	6.50		1		91.11	447.00	348.54	56.00
通道侗族自治县	1.50		2		98.50	321.00	265.00	97.00
靖州苗族侗族自治县	2.10		1		111.70	438.00	340.00	53.00
洪江区	5.00		1		159.40	463.00	296.00	42.00
双峰县	4.00		1		184.05	1262.80	1001.00	208.00
新化县	4.40	0.40	2	1	271.60	1165.40	870.00	
泸溪县	1.00		1		70.54	360.89	307.40	18.02
凤凰县	3.30		1		102.66	919.73	650.30	136.78

continued 18

Total Quantity of Water Supply(10,000m³) Water Sold 公共服务用水 The Quantity of Water for Public Service	居民家庭用水 The Quantity of Water for Household Use	其他用水 The Quantity of Water for Other Purposes	免费供水量 The Quantitiy of Free Water Supply	生活用水 Domestic Water Use	漏损水量 The Lossed Water	用水户数(户) Number of Households with Access to Water Supply (unit)	家庭用户 Household User	用水人口(万人) Population with Access to Water Supply (10,000 persons)	县名称 Name of Counties
240.00	604.00	240.00	80.00	30.00	180.00	45000	40000	11.00	汉寿县
250.00	652.00	42.00	8.00	4.00	268.00	54703	54258	13.80	澧　县
10.25	342.35	1.82	6.75	4.04	97.30	28372	21090	11.20	临澧县
85.00	492.00	86.00	71.00		100.00	40930	40600	12.10	桃源县
120.00	593.00	20.00			288.00	33601	33250	14.20	石门县
40.00	711.00	12.00	35.00		230.00	29811	29363	13.77	慈利县
30.00	250.00	94.00	30.00		115.00	14950	11330	8.10	桑植县
69.00	626.00	122.16	8.70	1.06	234.00	34774	32153	13.00	南　县
6.00	477.02		1.45	1.45	228.98	32404	31836	10.87	桃江县
92.00	336.00	17.10	25.50	2.61	71.00	43298	35108	11.75	安化县
69.00	172.00	34.00	12.00		61.00	12409	12300	3.52	大通湖区
249.00	549.00	57.00	340.00		239.00	53323	48960	18.00	桂阳县
85.00	392.00	5.10	60.00	0.67	80.00	26648	22553	9.00	宜章县
185.00	440.00		60.00	7.00	276.00	36441	35781	12.00	永兴县
45.00	310.00	22.00	22.00	8.00	130.00	25190	12000	11.00	嘉禾县
35.00	314.00	15.00	31.00	9.60	50.00	22474	22000	8.40	临武县
20.00	283.00	2.50	6.00	3.50	78.30	15249	13950	7.80	汝城县
33.00	153.50	25.00	12.40		25.10	14806	14750	4.93	桂东县
11.00	190.00	4.20	12.50	8.50	170.00	32987	32192	12.00	安仁县
115.00	890.36	29.00	72.00		333.60	39948	38898	24.43	祁阳县
30.20	708.50	32.50	11.00	11.00	102.00	27916	25627	13.95	东安县
26.00	259.00	8.50	2.50		50.00	12431	11550	6.20	双牌县
85.00	781.00	3.00	25.00	23.00	95.00	47547	46120	16.28	道　县
23.00	296.00	0.67	15.20	11.66	57.00	8461	8456	4.97	江永县
106.20	835.00	27.50	63.00	57.20	119.00	30423	26680	17.58	宁远县
22.00	391.00	1.00	6.10	4.50	49.50	14052	12300	10.92	蓝山县
7.63	384.66	10.67	11.35		54.00	12407	11850	6.95	新田县
54.00	379.00	3.50	20.40	1.90	76.00	15527	15163	9.68	江华瑶族自治县
68.00	55.00	70.00	30.00	26.00	100.00	14130	8800	5.50	中方县
5.00	535.00		36.00	27.00	98.00	41767	40052	14.30	沅陵县
32.70	208.11	131.70	0.84	0.84	160.00	36971	36670	9.40	辰溪县
14.90	392.30	42.30	40.00		180.00	34619	31965	11.50	溆浦县
55.00	220.00	16.00	13.50	7.60	39.60	14200	13680	7.45	会同县
40.00	264.00	2.00			75.00	30647	29585	8.90	麻阳苗族自治县
4.00	348.00	6.00	2.50		58.00	25312	23100	6.80	新晃侗族自治县
41.00	215.00	36.54	18.00	13.00	80.46	20315	12500	9.00	芷江侗族自治县
5.00	159.00	4.00			56.00	10296	7550	4.12	通道侗族自治县
62.00	216.00	9.00			98.00	10277	9000	8.00	靖州苗族侗族自治县
29.00	185.00	40.00	40.00		127.00	5587	5470	5.47	洪江区
152.00	556.00	85.00	57.00	32.00	204.80	24080	22518	12.05	双峰县
285.00	585.00		110.08	84.00	185.32	45268	41347	26.80	新化县
46.10	241.70	1.58	7.99	1.74	45.50	11949	9140	6.35	泸溪县
120.26	354.19	39.07	4.66	4.24	264.77	24462	17204	9.93	凤凰县

5–6 续表 19

县名称 Name of Counties	综合生产能力(万立方米/日) Integrated Production Capacity (10,000m³/day)	地下水 Underground Water	水厂个数(个) Number of Water Plants (unit)	地下水 Underground Water	供水管道长度(公里) Length of Water Supply Pipelines (km)	供水总量(万立方米) 合计 Total	售水量 小计 Subtotal	生产运营用水 The Quantity of Water for Production and Operation
花垣县	4.50		2		110.00	705.00	523.00	155.00
保靖县	1.60	1.00	2	2	60.43	420.00	290.00	32.00
古丈县	1.10		1		61.20	268.12	223.72	55.90
永顺县	2.50		1		53.62	741.20	441.56	59.00
龙山县	3.10		2		73.00	1104.00	1081.00	192.00
广　东	**176.07**	**5.10**	**56**	**5**	**7417.30**	**36937.84**	**29532.86**	**6105.76**
始兴县	1.60		1		56.00	488.00	440.00	125.00
仁化县	4.00		1		143.30	666.90	603.00	136.00
翁源县	3.00		2		41.46	594.00	508.00	98.00
乳源瑶族自治县	7.00		1		192.00	1433.00	1262.00	869.00
新丰县	2.50		2		75.00	740.00	670.00	150.00
南澳县	3.20		4		348.00	480.95	362.85	40.00
遂溪县	3.20		1		162.00	1156.18	1045.00	80.00
徐闻县	2.57		2		439.45	858.44	690.28	102.00
广宁县	6.00		1		416.48	932.33	825.33	245.10
怀集县	4.00		1		225.75	1101.78	955.08	226.04
封开县	2.50		1		92.60	600.30	527.30	138.00
德庆县	3.00		1		68.73	560.00	507.00	58.00
博罗县	9.00		2		139.67	1731.00	1566.00	582.00
惠东县	10.00		1		390.00	2792.00	2306.00	630.00
龙门县	8.00		1		84.45	929.00	708.00	184.00
大埔县	4.00		1		119.49	784.75	633.75	74.92
丰顺县	6.00	3.30	3	3	212.20	1221.52	947.52	206.20
五华县	6.00		1		86.00	1651.22	1270.22	352.22
平远县	2.00		1		112.90	575.27	448.00	40.00
蕉岭县	3.00		1		369.30	748.49	603.30	63.36
海丰县	10.50		2		553.00	2883.00	1758.00	107.00
陆河县	3.00		1		70.00	283.00	255.00	5.00
紫金县	6.00		2		85.00	1018.00	616.00	26.00
龙川县	7.00		3		142.00	1291.00	945.00	64.50
连平县	5.00		2		71.30	337.00	196.00	19.30
和平县	5.00		1	1	64.00	750.00	650.40	60.00
东源县					88.68	352.34	284.85	68.37
阳西县	6.00		1		255.43	1383.55	1141.65	46.15
佛冈县	6.00		2		91.54	1013.00	949.00	221.00
阳山县	5.00		2		193.80	813.30	663.30	33.00
连山壮族瑶族自治县	1.70		2		53.20	329.20	235.90	35.00
连南瑶族自治县	2.00		1		146.50	582.00	523.00	242.00
饶平县	12.00		2		510.00	2156.00	1533.00	448.00
揭西县	2.00	1.80	1	1	202.00	506.00	378.00	56.00
惠来县	5.00		2		67.00	765.00	684.00	46.00
新兴县	5.80		2		963.67	1821.72	1333.53	156.00
郁南县	3.50		1		85.40	608.60	507.60	72.60

continued 19

Total Quantity of Water Supply(10,000m³)						用水户数(户) Number of Households with Access to Water Supply (unit)		用水人口(万人) Population with Access to Water Supply (10,000 persons)	县名称 Name of Counties
Water Sold			免费供水量 The Quantitiy of Free Water Supply		漏损水量 The Lossed Water		家庭用户 Household User		
公共服务用水 The Quantity of Water for Public Service	居民家庭用水 The Quantity of Water for Household Use	其他用水 The Quantity of Water for Other Purposes		生活用水 Dome-stic Water Use					
61.00	275.00	32.00	95.00	6.43	87.00	17801	17232	7.70	花垣县
27.00	222.00	9.00	30.00	18.00	100.00	18652	15586	6.30	保靖县
2.84	156.08	8.90	1.54	0.79	42.86	14770	12737	4.15	古丈县
18.30	361.65	2.61	8.43		291.21	18949	17652	9.60	永顺县
215.00	635.00	39.00	15.00	15.00	8.00	35473	35374	13.00	龙山县
2943.27	**18722.75**	**1761.08**	**507.84**	**44.89**	**6897.14**	**1075538**	**920436**	**387.75**	**广　东**
21.00	262.00	32.00			48.00	13457	9650	4.27	始兴县
22.00	405.00	40.00			63.90	17824	16115	5.36	仁化县
	347.00	63.00	28.00		58.00	30825	30407	6.30	翁源县
72.00	301.00	20.00	1.00	1.00	170.00	35563	16500	6.50	乳源瑶族自治县
50.00	430.00	40.00			70.00	14359	11950	8.80	新丰县
112.85	162.00	48.00	70.00		48.10	15781	13057	4.20	南澳县
170.00	785.00	10.00			111.18	47400	38000	17.43	遂溪县
54.28	479.00	55.00	5.66	2.82	162.50	19340	16960	10.16	徐闻县
61.22	519.01				107.00	37902	33304	10.33	广宁县
251.05	472.13	5.86	0.58	0.58	146.12	32850	27876	14.48	怀集县
69.00	316.00	4.30			73.00	21527	20920	6.86	封开县
51.00	302.00	96.00	18.00		35.00	19444	17415	5.97	德庆县
94.00	797.00	93.00			165.00	36678	33260	16.80	博罗县
10.00	1466.00	200.00	100.00		386.00	61156	51256	31.00	惠东县
44.00	468.00	12.00			221.00	27237	21600	7.10	龙门县
78.90	460.43	19.50	35.00		116.00	38182	32950	9.79	大埔县
93.30	615.32	32.70	50.00		224.00	29712	25090	8.46	丰顺县
127.00	791.00				381.00	38858	36114	14.40	五华县
5.00	300.00	103.00	3.80		123.47	21895	18715	6.55	平远县
100.28	439.47	0.19	20.10		125.09	33082	28419	7.46	蕉岭县
52.00	1538.00	61.00			1125.00	80480	76224	32.00	海丰县
170.00	80.00				28.00	9750	50	8.10	陆河县
62.00	490.00	38.00			402.00	24500	19300	12.80	紫金县
15.00	618.00	247.50	7.00		339.00	43400	37500	14.48	龙川县
21.70	155.00		23.00		118.00	18075	16537	7.00	连平县
90.00	480.00	20.40			99.60	25610	25370	4.48	和平县
20.12	182.32	14.04	0.21	0.19	67.28	9540	8006	2.40	东源县
255.27	833.17	7.06			241.90	39138	36866	10.00	阳西县
4.00	517.00	207.00			64.00	34639	28490	6.30	佛冈县
0.30	480.00	150.00			150.00	29525	27126	4.82	阳山县
20.00	133.60	47.30	3.30	3.30	90.00	4478	4267	1.56	连山壮族瑶族自治县
77.00	202.00	2.00			59.00	14498	9379	3.20	连南瑶族自治县
149.00	936.00				623.00	42650	39253	21.37	饶平县
8.00	314.00		98.00	1.00	30.00	16968	16830	15.00	揭西县
51.00	547.00	40.00			81.00	27730	22475	24.20	惠来县
461.00	700.30	16.23	8.19		480.00	41877	35588	10.02	新兴县
	399.00	36.00	36.00	36.00	65.00	19608	17617	7.80	郁南县

5-6 续表 20

县名称 Name of Counties	综合生产能力(万立方米/日) Integrated Production Capacity (10,000m³/day)	地下水 Underground Water	水厂个数(个) Number of Water Plants (unit)	地下水 Underground Water	供水管道长度(公里) Length of Water Supply Pipelines (km)	供水总量(万立方米) 合计 Total	售水量 小计 Subtotal	生产运营用水 The Quantity of Water for Production and Operation
广 西	**206.75**	**23.40**	**88**	**16**	**6785.27**	**40873.18**	**34443.03**	**6413.61**
武鸣县	7.00	7.00	1	1	216.63	1717.40	1361.42	245.52
隆安县	3.00		1		102.00	408.00	367.00	65.00
马山县	1.05	0.50	2	1	59.00	381.43	339.87	38.41
上林县	3.70		1		41.60	367.00	311.00	33.00
宾阳县	7.60	7.60	1	1	86.86	932.00	842.00	46.00
横　县	4.50		1		248.60	1068.00	799.00	92.40
柳江县	5.00		1		106.00	1162.30	1000.30	435.00
柳城县	2.00		1		81.14	641.27	545.27	179.00
鹿寨县	4.00		1		124.46	1041.06	847.17	357.70
融安县	3.10		2		101.24	559.80	434.29	77.50
融水苗族自治县	4.00		1		91.08	660.08	557.08	165.64
三江侗族自治县	2.00		2		130.00	377.45	302.95	56.55
阳朔县	3.00		1		74.87	939.90	685.90	288.70
灵川县	4.20		1		74.03	525.00	468.00	65.00
全州县	4.50		2		82.23	672.30	598.00	71.00
兴安县	4.00		1		160.95	845.00	762.00	235.00
永福县	1.10		1		40.00	308.00	274.36	20.00
灌阳县	1.00		1		41.00	193.30	185.30	15.00
龙胜各族自治县	1.00		1		22.47	256.26	219.35	19.00
资源县	1.05		2		33.00	176.00	150.00	28.00
平乐县	1.35		1		147.70	237.25	230.65	8.13
荔浦县	4.10		2		169.00	815.00	715.00	324.00
恭城瑶族自治县	2.00		1		40.00	301.60	251.60	18.60
苍梧县	1.00		1		24.31	364.00	354.00	240.00
藤　县	4.50	0.50	2	1	188.80	1230.95	1094.60	187.40
蒙山县	2.00		1		64.00	557.00	483.28	183.09
合浦县	10.00		1		325.00	850.00	620.00	68.31
上思县	2.00		1		86.88	545.07	484.64	53.50
灵山县	3.30		2		170.44	1192.00	944.00	212.00
浦北县	2.50		1		117.79	666.20	585.20	145.00
平南县	7.50		1		195.75	2127.81	1259.41	125.94
容　县	8.00		3		125.72	721.04	627.34	155.32
陆川县	3.80		1		132.00	1010.00	902.00	143.00
博白县	3.50		1		352.93	1153.00	1027.00	255.00
兴业县	5.75		1		94.60	418.12	374.42	1.11
田阳县	3.00		1		137.88	768.00	693.00	28.00
田东县	5.00		1		165.00	925.46	831.43	155.13
平果县	5.00		1		184.00	1596.25	1436.62	385.21
德保县	3.50		1		119.10	576.00	480.00	10.00
那坡县	2.00	0.50	2	1	108.00	240.00	213.00	18.00
凌云县	2.00		1		31.00	324.00	293.00	11.00
乐业县	0.75		1		30.30	244.68	216.28	10.42
田林县	2.10		1		65.00	396.00	357.00	99.00

continued 20

Total Quantity of Water Supply(10,000m^3) Water Sold 公共服务用水 The Quantity of Water for Public Service	居民家庭用水 The Quantity of Water for Household Use	其他用水 The Quantity of Water for Other Purposes	免费供水量 The Quantitiy of Free Water Supply	生活用水 Domestic Water Use	漏损水量 The Lossed Water	用水户数(户) Number of Households with Access to Water Supply (unit)	家庭用户 Household User	用水人口(万人) Population with Access to Water Supply (10,000 persons)	县名称 Name of Counties
3268.25	**24028.68**	**732.49**	**889.54**	**56.81**	**5540.61**	**1156637**	**1087449**	**481.30**	**广 西**
65.00	1044.90	6.00	45.00		310.98	38645	37501	10.90	武鸣县
45.00	252.00	5.00			41.00	15003	14480	4.00	隆安县
6.10	295.36				41.56	16576	15451	3.50	马山县
43.00	235.00				56.00	9251	8768	4.74	上林县
6.00	790.00				90.00	21256	21068	10.35	宾阳县
133.40	554.00	19.20			269.00	30550	28879	11.80	横 县
96.00	460.20	9.10	45.00	0.08	117.00	28380	26900	10.50	柳江县
107.27	257.00	2.00			96.00	15361	14478	6.00	柳城县
5.30	484.17		35.00	2.50	158.89	23129	21903	10.55	鹿寨县
25.70	307.78	23.31	67.51		58.00	24191	23155	10.55	融安县
15.75	362.04	13.65	8.00	2.84	95.00	26000	22303	10.67	融水苗族自治县
3.40	223.00	20.00	3.50		71.00	12612	10895	3.86	三江侗族自治县
56.90	338.00	2.30			254.00	13209	11048	4.81	阳朔县
45.00	298.00	60.00			57.00	15347	13797	5.90	灵川县
54.00	468.00	5.00	9.30		65.00	26867	25837	10.91	全州县
2.00	513.00	12.00	1.50		81.50	27932	27017	7.30	兴安县
14.00	240.36		5.50		28.14	10117	9525	3.48	永福县
10.00	160.30				8.00	11698	11420	3.66	灌阳县
31.00	160.35	9.00			36.91	9000	8163	3.20	龙胜各族自治县
12.00	110.00		8.00		18.00	5613	5008	2.23	资源县
3.55	197.77	21.20	0.50	0.50	6.10	14770	14291	4.85	平乐县
32.00	351.00	8.00	20.00		80.00	15798	15500	5.26	荔浦县
13.00	220.00				50.00	10452	10414	3.78	恭城瑶族自治县
4.00	108.00	2.00			10.00	7904	7713	2.70	苍梧县
175.40	717.80	14.00			136.35	55275	47050	16.46	藤 县
33.28	246.94	19.97	18.17		55.55	16437	16126	5.00	蒙山县
49.68	486.57	15.44	1.00	0.70	229.00	31000	30833	10.00	合浦县
103.00	326.00	2.14	5.43	1.00	55.00	13133	12740	6.08	上思县
70.00	640.00	22.00	10.00		238.00	33850	30619	18.80	灵山县
60.80	337.00	42.40	9.30	0.50	71.70	12912	12309	5.10	浦北县
314.85	818.62		442.84		425.56	62500	61965	25.00	平南县
50.00	413.02	9.00	17.70	2.60	76.00	24671	21342	15.93	容 县
103.00	644.00	12.00	8.00		100.00	18836	17530	15.69	陆川县
200.00	543.00	29.00	8.00		118.00	28842	25376	24.20	博白县
2.21	371.10				43.70	10022	10000	9.30	兴业县
42.00	623.00				75.00	23417	22860	8.50	田阳县
50.25	626.05				94.03	21193	19271	8.60	田东县
131.00	917.70	2.71			159.63	30658	29827	15.85	平果县
19.40	417.60	33.00	0.72		95.28	15257	14179	5.57	德保县
22.00	163.00	10.00	2.00	2.00	25.00	5854	5600	3.15	那坡县
80.00	183.00	19.00			31.00	8549	8160	4.57	凌云县
7.50	195.36	3.00	3.10		25.30	6511	6158	3.42	乐业县
55.00	190.00	13.00			39.00	6745	6504	3.85	田林县

5-6 续表 21

县名称 Name of Counties	综合生产能力(万立方米/日) Integrated Production Capacity (10,000m³/day)	地下水 Underground Water	水厂个数(个) Number of Water Plants (unit)	地下水 Underground Water	供水管道长度(公里) Length of Water Supply Pipelines (km)	供水总量(万立方米) 合计 Total	售水量 小计 Subtotal	生产运营用水 The Quantity of Water for Production and Operation
西林县	1.00		1		70.35	226.00	200.50	29.50
隆林各族自治县	2.50		1		42.00	409.85	367.85	56.62
昭平县	3.00		1		99.00	396.50	340.00	26.00
钟山县	4.50	1.00	2	1	137.36	582.55	469.53	82.75
富川瑶族自治县	3.00		1		44.60	396.00	349.00	25.00
南丹县	1.70		5		64.45	525.00	457.00	51.00
天峨县	3.00	2.00	2	1	30.80	315.00	286.00	52.00
凤山县	1.50		1		45.00	268.00	236.00	19.00
东兰县	1.00	1.00	1	1	31.50	260.00	230.40	7.40
罗城仫佬族自治县	3.20	1.20	3	3	106.10	436.00	377.20	26.00
环江毛南族自治县	1.10		1		40.00	300.00	243.00	48.00
巴马瑶族自治县	2.60		1		21.10	457.60	391.00	171.00
都安瑶族自治县	4.00		1		152.55	730.00	593.00	35.00
大化瑶族自治县	2.50		4	2	74.68	579.00	520.00	68.60
忻城县	2.20		1	1	236.00	395.58	349.56	41.90
象州县	3.00		1		39.30	410.00	368.00	85.00
武宣县	2.10	0.60	1	1	111.20	566.10	503.10	33.00
金秀瑶族自治县	0.30		1		34.80	105.07	87.07	25.00
扶绥县	2.50		1		39.49	867.00	781.00	9.00
宁明县	3.50		1		90.00	497.50	432.50	27.00
龙州县	2.80		1		92.49	779.68	610.68	60.00
大新县	2.80		1		143.74	592.67	475.31	62.96
天等县	1.50	1.50	1	1	46.40	287.10	251.60	1.30
海　南	**47.92**	**0.43**	**16**	**3**	**1074.49**	**14762.71**	**13517.91**	**8881.73**
定安县	2.02		1		32.20	398.20	345.20	25.71
屯昌县	1.50		1		35.27	328.80	297.00	82.00
澄迈县	2.00		1		135.00	499.00	404.00	10.00
临高县	1.40		1		114.82	467.71	377.71	15.02
洋浦开发区	25.00	0.43	4	3	78.00	8680.00	8310.00	7753.00
白沙黎族自治县	1.00		1		49.00	220.00	218.00	20.00
昌江黎族自治县	6.50		3		245.00	1490.00	1333.00	756.50
乐东黎族自治县	1.50		1		85.00	540.00	436.00	
陵水黎族自治县	4.80		1		242.00	1451.00	1188.00	134.50
保亭黎族苗族自治县	1.20		1		26.20	328.00	294.00	
琼中黎族苗族自治县	1.00		1		32.00	360.00	315.00	85.00
重　庆	**63.05**		**31**		**2629.52**	**13446.22**	**11591.78**	**1609.42**
梁平县	4.80		3		220.00	886.50	793.00	137.00
城口县	0.55		1		71.40	197.00	177.00	38.80
丰都县	7.20		5		185.90	904.78	778.78	41.00
垫江县	3.70		3		142.20	1088.40	1078.40	178.40
武隆县	3.00		1		45.10	660.71	552.68	9.20
忠　县	7.50		2		170.86	1064.17	824.51	144.35

continued 21

Total Quantity of Water Supply(10,000m³)						用水户数(户) Number of Households with Access to Water Supply (unit)		用水人口(万人) Population with Access to Water Supply (10,000 persons)	县名称 Name of Counties
Water Sold			免费供水量 The Quantitiy of Free Water Supply		漏损水量 The Lossed Water		家庭用户 Household User		
公共服务用水 The Quantity of Water for Public Service	居民家庭用水 The Quantity of Water for Household Use	其他用水 The Quantity of Water for Other Purposes		生活用水 Domestic Water Use					
17.40	146.50	7.10	7.50	6.30	18.00	6326	6166	2.49	西林县
71.73	224.80	14.70			42.00	10687	10384	6.20	隆林各族自治县
15.00	285.00	14.00	5.50		51.00	13284	12950	5.85	昭平县
21.77	365.01				113.02	15602	14842	4.42	钟山县
79.00	240.00	5.00	2.00		45.00	9185	8560	4.00	富川瑶族自治县
19.00	384.80	2.20	6.00		62.00	15657	13752	5.48	南丹县
14.00	220.00				29.00	12937	12277	4.26	天峨县
78.00	122.00	17.00	4.00		28.00	8551	8305	3.90	凤山县
5.70	191.00	26.30	2.60	0.72	27.00	8030	7230	2.82	东兰县
50.00	294.20	7.00	6.80		52.00	10382	10005	4.86	罗城仫佬族自治县
5.00	190.00				57.00	7123	6803	4.20	环江毛南族自治县
11.00	208.00	1.00	11.60	11.60	55.00	16907	12940	3.48	巴马瑶族自治县
43.00	499.00	16.00	14.00		123.00	18744	18500	9.45	都安瑶族自治县
29.20	396.30	25.90			59.00	23124	21371	9.10	大化瑶族自治县
26.11	270.60	10.95	7.47	0.47	38.55	15377	15230	4.92	忻城县
29.00	223.00	31.00			42.00	22415	22000	6.60	象州县
6.10	458.00	6.00			63.00	17259	16802	7.65	武宣县
4.00	58.00	0.07			18.00	3515	3395	1.12	金秀瑶族自治县
230.00	525.50	16.50			86.00	21021	19110	8.00	扶绥县
0.60	357.90	47.00	10.00		55.00	15312	14639	7.10	宁明县
48.00	497.68	5.00	21.00	16.00	148.00	10633	10402	6.27	龙州县
60.00	340.30	12.05	16.00	9.00	101.36	10670	9800	4.08	大新县
5.90	241.10	3.30			35.50	8573	8023	4.48	天等县
835.48	**3549.51**	**251.19**	**13.00**		**1231.80**	**116143**	**102764**	**72.72**	**海　南**
5.95	310.01	3.53	13.00		40.00	6580	6002	6.30	定安县
90.00	125.00				31.80	8970	7440	6.65	屯昌县
95.00	294.00	5.00			95.00	8522	8338	8.50	澄迈县
91.93	270.50	0.26			90.00	13391	10246	7.00	临高县
190.00	312.00	55.00			370.00	16467	15204	6.00	洋浦开发区
25.00	173.00				2.00	10925	10355	3.20	白沙黎族自治县
12.60	561.00	2.90			157.00	17510	16900	10.20	昌江黎族自治县
95.00	291.00	50.00			104.00	7183	6609	5.65	乐东黎族自治县
9.00	910.00	134.50			263.00	14973	11216	9.00	陵水黎族自治县
116.00	178.00				34.00	6081	5354	3.92	保亭黎族苗族自治县
105.00	125.00				45.00	5541	5100	6.30	琼中黎族苗族自治县
1156.02	**7895.13**	**931.21**	**165.33**	**31.00**	**1689.11**	**817392**	**646747**	**242.02**	**重　庆**
148.00	508.00				93.50	52470	48015	17.45	梁平县
27.00	101.00	10.20			20.00	12636	11236	5.20	城口县
189.00	531.78	17.00	30.00		96.00	69168	61859	19.36	丰都县
20.00	877.00	3.00			10.00	180186	79210	16.30	垫江县
36.40	432.40	74.68	32.73		75.30	19046	16702	11.39	武隆县
51.57	594.58	34.01	30.00		209.66	51648	46274	19.47	忠　县

5–6 续表 22

县名称 Name of Counties	综合生产能力(万立方米/日) Integrated Production Capacity (10,000m³/day)	地下水 Underground Water	水厂个数(个) Number of Water Plants (unit)	地下水 Underground Water	供水管道长度(公里) Length of Water Supply Pipelines (km)	供水总量(万立方米) 合计 Total	售水量 小计 Subtotal	生产运营用水 The Quantity of Water for Production and Operation
开　县	6.20		2		400.68	1652.95	1463.73	281.09
云阳县	5.20		1		302.14	1135.70	951.10	13.30
奉节县	8.00		3		232.50	1543.00	1268.00	192.00
巫山县	2.00		1		71.00	452.00	395.00	36.00
巫溪县	2.00		1		52.80	446.95	357.56	58.59
石柱土家族自治县	2.80		1		414.56	903.56	751.52	149.69
秀山土家族苗族自治县	3.00		1		164.50	973.50	814.50	185.00
酉阳土家族自治县	5.00		5		87.58	1031.00	929.00	128.00
彭水苗族土家族自治县	2.10		1		68.30	506.00	457.00	17.00
四　川	**345.59**	**27.72**	**176**	**36**	**16997.30**	**73977.76**	**63756.35**	**11082.34**
金堂县	4.50		1		712.87	1602.20	1416.10	141.00
双流县	60.00		2		4342.96	10053.79	9071.64	1179.60
郫　县					752.36	4943.00	4227.75	1143.48
大邑县	13.00	3.00	2	2	99.64	1052.00	801.00	106.00
蒲江县	4.20		2		800.00	547.00	460.00	75.00
新津县	6.50		1		460.00	1135.00	1036.00	307.00
荣　县	5.00		1		253.00	751.00	714.00	33.00
富顺县	7.50	0.50	1	1	175.42	1258.00	1122.00	265.02
米易县	2.00		1		91.20	444.56	381.55	28.75
盐边县	1.20		1		99.00	275.00	231.50	30.00
泸　县	5.00		1		106.46	743.23	615.27	139.34
合江县	5.00		2		140.73	1431.00	1286.00	431.00
叙永县	5.00		2		89.17	837.00	710.00	100.00
古蔺县	3.00		2		170.00	571.00	513.00	92.00
中江县	3.04	3.04	1	1	120.00	1107.00	990.00	75.00
罗江县	3.10	3.10	1	1	128.00	442.00	398.00	45.60
三台县	2.33	0.05	2	1	217.00	847.15	841.00	64.50
盐亭县	3.20	1.00	2	1	48.00	917.00	813.00	352.00
安　县	1.10	1.10	1	1	120.00	394.00	354.00	27.00
梓潼县	2.50	0.10	2	1	102.82	733.00	520.00	254.00
北川羌族自治县	1.50	1.50	1	1	62.00	318.00	286.00	90.20
平武县	1.60		3		86.00	116.20	103.20	2.00
旺苍县	2.50		1		122.52	642.00	564.00	112.00
青川县	1.20		1		50.67	187.00	160.20	
剑阁县	1.50		1		69.00	180.00	159.00	15.00
苍溪县	3.50		2		136.07	720.70	647.00	23.00
蓬溪县	3.00		1		67.70	514.02	411.09	16.54
射洪县	6.20		1		158.20	1512.29	1396.29	223.44
大英县	3.00		1		242.81	875.00	740.00	103.00
威远县	5.30		3		248.70	1095.00	976.00	235.00
资中县	5.00		1		86.82	768.00	695.00	83.00
隆昌县	6.00		2		306.26	1024.00	868.00	309.00

continued 22

Total Quantity of Water Supply($10,000m^3$)						用水户数(户) Number of Households with Access to Water Supply (unit)		用水人口(万人) Population with Access to Water Supply (10,000 persons)	县名称 Name of Counties
Water Sold			免费供水量 The Quantitiy of Free Water Supply		漏损水量 The Lossed Water		家庭用户 Household User		
公共服务用水 The Quantity of Water for Public Service	居民家庭用水 The Quantity of Water for Household Use	其他用水 The Quantity of Water for Other Purposes		生活用水 Domestic Water Use					
67.00	1025.86	89.78	31.00	28.00	158.22	72003	64003	31.08	开　县
54.80	591.00	292.00	22.60		162.00	72640	60100	23.20	云阳县
189.00	724.00	163.00			275.00	75582	66832	18.62	奉节县
19.00	330.00	10.00	13.00	3.00	44.00	22855	20027	10.78	巫山县
21.41	264.57	12.99	6.00		83.39	26038	21795	8.50	巫溪县
52.84	428.94	120.05			152.04	50464	45649	14.48	石柱土家族自治县
85.00	532.00	12.50			159.00	26661	24935	17.50	秀山土家族苗族自治县
140.00	593.00	68.00			102.00	51909	50059	11.05	酉阳土家族自治县
55.00	361.00	24.00			49.00	34086	30051	17.64	彭水苗族土家族自治县
7076.33	**42871.45**	**2726.23**	**845.46**	**154.78**	**9375.95**	**3414800**	**3000063**	**1026.95**	**四　川**
81.30	1025.30	168.50	12.60		173.50	74835	69917	23.00	金堂县
1096.48	6724.59	70.97			982.15	421897	400112	80.30	双流县
	3060.47	23.80			715.25	116086	107568	30.70	郫　县
80.00	510.00	105.00	1.00		250.00	68426	61764	15.00	大邑县
70.00	285.00	30.00	17.00		70.00	30198	26298	8.37	蒲江县
85.00	610.00	34.00	21.00		78.00	58634	32041	11.12	新津县
119.00	523.00	39.00			37.00	72956	63190	15.00	荣　县
68.43	693.60	94.95			136.00	76118	65575	22.00	富顺县
97.25	255.55				63.01	9758	7911	3.99	米易县
50.50	145.50	5.50	14.50		29.00	8043	6629	2.51	盐边县
78.23	397.70		2.32	1.08	125.64	28925	22015	9.80	泸　县
92.00	731.00	32.00			145.00	51082	48288	15.82	合江县
106.00	504.00		43.00		84.00	49561	41007	12.30	叙永县
35.00	386.00		1.00	1.00	57.00	37263	34187	11.20	古蔺县
88.00	814.00	13.00	6.00		111.00	57629	56509	20.17	中江县
17.40	315.00	20.00			44.00	18504	18261	5.89	罗江县
	768.10	8.40	0.05	0.05	6.10	70605	64747	24.70	三台县
160.00	240.00	61.00	14.00	11.00	90.00	26205	18520	7.60	盐亭县
5.00	322.00				40.00	17272	16770	8.50	安　县
3.00	263.00		110.00		103.00	23928	16750	7.00	梓潼县
35.00	124.80	36.00			32.00	12808	11654	3.20	北川羌族自治县
0.50	96.70	4.00	1.00		12.00	9097	9000	2.60	平武县
93.00	347.00	12.00			78.00	39480	37760	9.90	旺苍县
52.00	106.00	2.20	8.80		18.00	10347	8874	2.40	青川县
50.00	88.00	6.00			21.00	13200	11558	3.00	剑阁县
25.00	544.00	55.00	0.50	0.50	73.20	50152	40491	12.62	苍溪县
20.83	312.00	61.72			102.93	39880	17980	11.90	蓬溪县
210.00	877.85	85.00			116.00	80855	70025	29.00	射洪县
12.00	608.00	17.00	14.00		121.00	54177	46542	14.10	大英县
146.00	527.00	68.00			119.00	76112	66903	15.62	威远县
118.00	490.00	4.00			73.00	17520	17101	12.38	资中县
105.89	453.11				156.00	46709	34536	20.64	隆昌县

5-6 续表 23

县名称 Name of Counties	综合生产能力(万立方米/日) Integrated Production Capacity (10,000m³/day)	地下水 Underground Water	水厂个数(个) Number of Water Plants (unit)	地下水 Underground Water	供水管道长度(公里) Length of Water Supply Pipelines (km)	供水总量(万立方米) 合计 Total	售水量 小计 Subtotal	生产运营用水 The Quantity of Water for Production and Operation
犍为县	3.00		1		89.49	729.55	635.32	74.31
井研县	1.05		1		167.45	420.00	335.00	55.00
夹江县	3.00		1		96.00	532.96	423.36	79.25
沐川县	1.00		1		27.00	355.81	206.30	42.70
峨边彝族自治县	1.10		1	1	24.00	148.50	131.00	15.00
马边彝族自治县	3.00		2		41.00	382.00	287.00	75.00
南部县	8.00		2		183.00	1945.00	1719.00	456.00
营山县	4.50		1		118.00	1273.00	1137.00	340.00
蓬安县	4.00		1		96.00	1102.00	975.00	336.00
仪陇县	3.00		1		98.00	987.00	891.00	208.00
西充县	4.00		1		106.00	1326.00	1172.00	397.00
仁寿县	7.00		2		413.01	1442.50	1219.00	245.00
洪雅县	3.00		2		63.20	292.38	259.55	0.85
丹棱县	2.00		1		75.67	306.00	270.00	65.00
青神县	3.20		2		47.80	339.50	306.00	24.00
宜宾县	2.40	2.40	1	1	83.43	624.30	573.30	150.00
江安县	1.17		2		68.96	425.42	382.72	2.31
长宁县	2.60		2		69.50	547.50	484.00	198.00
高　县	4.50	0.50	3	1	115.02	706.69	468.40	26.64
珙　县	1.49	1.38	2	1	63.75	546.29	415.90	27.90
筠连县	1.50		2		34.18	375.00	330.00	72.00
兴文县	2.50		1		41.18	191.33	165.01	0.25
屏山县	2.20		1		45.00	270.00	248.00	40.48
岳池县	5.00		2		383.82	1010.73	801.40	85.85
武胜县	4.00		1		129.78	932.00	738.89	116.94
邻水县	5.00		1		245.01	1431.36	923.80	126.58
宣汉县	4.20		1		116.00	860.00	780.00	38.00
开江县	3.00		1		112.11	515.00	455.00	55.00
大竹县	5.00		2		149.00	1305.00	993.00	58.00
渠　县	7.70		5		122.00	939.60	833.00	48.00
荥经县	1.60		1		32.00	293.00	265.00	11.00
汉源县	1.50	1.50	1	1	50.00	420.00	377.00	99.00
石棉县	2.90	1.50	4	3	46.70	420.00	359.00	14.00
天全县	2.70	2.20	2	2	42.50	269.32	233.32	4.00
芦山县	1.50		3		35.00	246.00	175.00	49.00
宝兴县	0.25		1		10.90	86.10	75.10	10.00
通江县	3.30		1		160.41	691.96	621.96	22.12
南江县	2.20		1		192.00	612.00	547.00	32.00
平昌县	4.00		2		222.00	752.50	642.50	6.50
安岳县	4.90		2		213.70	1316.00	1092.28	265.32
乐至县	2.35		2		171.00	834.90	749.90	78.00
汶川县	1.99		1		62.11	298.00	265.00	57.00
理　县	0.55		1		11.51	112.00	95.50	15.70
茂　县	2.00		1		26.25	369.52	302.89	21.49

continued 23

Total Quantity of Water Supply($10,000m^3$)						用水户数（户）Number of Households with Access to Water Supply (unit)		用水人口（万人）Population with Access to Water Supply (10,000 persons)	县名称 Name of Counties
Water Sold			免费供水量 The Quantitiy of Free Water Supply		漏损水量 The Lossed Water				
公共服务用水 The Quantity of Water for Public Service	居民家庭用水 The Quantity of Water for Household Use	其他用水 The Quantity of Water for Other Purposes		生活用水 Domestic Water Use			家庭用户 Household User		
51.54	450.24	59.23			94.23	38617	33665	9.00	犍为县
40.00	220.00	20.00	5.00		80.00	32890	29500	6.40	井研县
57.00	281.95	5.16			109.60	12181	10637	6.00	夹江县
30.00	126.30	7.30	43.70		105.81	14754	12632	4.50	沐川县
18.00	98.00		3.00		14.50	2835	2400	3.55	峨边彝族自治县
22.00	178.00	12.00	55.00		40.00	9700	9537	3.50	马边彝族自治县
408.00	855.00		5.00	3.10	221.00	102243	89963	26.00	南部县
214.00	583.00		3.00	2.00	133.00	59987	53530	18.00	营山县
219.00	420.00		3.00	2.00	124.00	55951	48928	13.80	蓬安县
232.00	451.00		3.00	2.00	93.00	54560	47530	14.30	仪陇县
250.00	525.00		3.00	1.00	151.00	63303	55967	14.50	西充县
62.00	872.00	40.00	79.00		144.50	86275	73680	28.00	仁寿县
60.00	193.13	5.57			32.83	28196	23421	6.86	洪雅县
25.00	153.00	27.00			36.00	11058	9788	4.90	丹棱县
37.00	234.00	11.00			33.50	11903	11198	4.50	青神县
5.30	355.00	63.00			51.00	18679	15788	9.50	宜宾县
15.89	280.77	83.75			42.70	18126	15263	10.00	江安县
57.00	212.70	16.30			63.50	21623	17982	6.80	长宁县
54.31	359.45	28.00			238.29	31867	30087	9.40	高　县
45.10	298.40	44.50	2.60		127.79	24387	23051	12.10	珙　县
60.00	198.00		20.00		25.00	23891	18726	8.00	筠连县
0.59	141.86	22.31			26.32	21715	20148	7.26	兴文县
12.00	185.52	10.00			22.00	12000	11106	3.70	屏山县
87.35	552.15	76.05			209.33	61454	54805	19.57	岳池县
73.03	457.95	90.97			193.11	48504	44105	12.20	武胜县
9.32	500.84	287.06	1.93	1.93	505.63	64437	57949	20.20	邻水县
208.00	513.20	20.80			80.00	43830	34500	15.12	宣汉县
50.00	320.00	30.00			60.00	40600	39390	11.20	开江县
181.00	638.00	116.00			312.00	60587	55286	21.50	大竹县
141.00	644.00		13.50		93.10	64605	59929	23.00	渠　县
12.50	219.50	22.00			28.00	19605	15124	3.77	荥经县
60.00	170.00	48.00	2.00	2.00	41.00	12364	11752	3.10	汉源县
42.00	295.00	8.00	18.00	5.00	43.00	12510	11210	4.05	石棉县
5.00	224.32		7.00		29.00	17856	17751	3.85	天全县
40.00	60.00	26.00	39.00	39.00	32.00	9290	500	2.95	芦山县
5.10	56.00	4.00	2.00		9.00	2240	2230	1.02	宝兴县
30.24	565.25	4.35			70.00	23412	16230	13.00	通江县
71.00	352.00	92.00			65.00	27198	22773	12.10	南江县
102.00	498.00	36.00	16.00		94.00	45693	39805	22.85	平昌县
85.53	675.68	65.75			223.72	56278	46593	20.50	安岳县
61.00	596.00	14.90			85.00	45527	42156	18.21	乐至县
23.00	165.00	20.00			33.00	10766	9235	3.62	汶川县
13.00	58.80	8.00	4.50	2.45	12.00	4888	4180	1.35	理　县
26.00	255.40				66.63	6084	5943	3.94	茂　县

5–6 续表 24

县名称 Name of Counties	综合生产能力(万立方米/日) Integrated Production Capacity (10,000m³/day)	地下水 Underground Water	水厂个数(个) Number of Water Plants (unit)	地下水 Underground Water	供水管道长度(公里) Length of Water Supply Pipelines (km)	供水总量(万立方米) 合计 Total	售水量 小计 Subtotal	生产运营用水 The Quantity of Water for Production and Operation
松潘县	1.01	1.01	2	2	64.10	185.65	165.65	8.00
九寨沟县	2.00		1		22.20	192.00	165.00	35.00
金川县	0.33		2		15.00	94.75	72.05	0.70
小金县	1.00		1		58.00	150.10	129.50	15.60
黑水县	0.33		1		9.01	112.50	101.50	5.50
壤塘县	0.90		1		21.41	59.00	54.00	
阿坝县	0.75	0.25	1	1	33.78	77.60	67.30	3.60
若尔盖县	0.30		1		30.00	65.00	51.00	4.00
红原县	0.40		1	1	72.80	30.98	2.78	
泸定县	0.94		2	2	24.61	272.38	232.40	16.40
丹巴县	0.40		1		11.00	69.20	55.00	9.20
九龙县	0.10		2		25.00	42.60	33.70	8.00
雅江县	0.20		1		8.78	72.65	53.65	25.00
道孚县	0.72		1		19.00	62.60	52.70	7.46
炉霍县	0.33		1	1	42.70	81.63	62.56	9.20
甘孜县	0.63		1	1	32.00	49.40	40.99	6.80
新龙县	0.33		2		32.00	117.61	101.59	15.00
德格县	0.60		2		23.00	47.60	41.40	6.10
白玉县	0.32		2		21.50	94.36	72.80	9.80
石渠县	0.42		1		15.30	24.13	13.63	2.10
色达县	0.42		1		17.20	54.21	47.92	1.50
理塘县	0.50		1		64.00	162.00	115.00	23.00
巴塘县	1.00		1		23.00	56.30	42.10	7.00
乡城县	0.10		1		17.00	35.48	30.40	7.20
稻城县	0.35		1		18.30	72.62	62.00	3.00
得荣县	0.10		1		8.00	36.30	26.30	4.40
木里藏族自治县	1.20		2		28.50	128.90	105.30	2.40
盐源县	0.91		1		52.05	302.80	272.80	78.00
德昌县	2.20		4		106.50	587.00	497.00	80.00
会理县	2.40	0.40	3	1	196.05	508.80	433.80	84.00
会东县	1.55	1.55	1	1	92.12	411.85	311.25	70.50
宁南县	1.20		2	2	81.45	423.00	349.00	16.00
普格县	0.66		1		78.00	153.00	116.00	13.00
布拖县	0.50	0.50	1	1	24.08	168.00	151.00	7.00
金阳县	0.58	0.58	1	1	15.93	125.33	119.52	18.72
昭觉县	0.80		1		29.00	262.00	235.00	116.00
喜德县	0.85		1		34.50	284.00	256.50	27.50
冕宁县	1.65		3		76.40	237.70	209.90	22.70
越西县	1.50		2		19.81	406.00	366.00	
甘洛县	0.73		1	1	35.00	194.15	170.35	8.40
美姑县	0.56	0.56	1	1	17.40	144.52	130.22	28.90
雷波县	1.50		2		16.00	302.20	271.80	30.00
贵　州	**120.48**	**26.27**	**126**	**39**	**5412.87**	**24802.89**	**21190.99**	**3045.98**
开阳县	2.04		2		157.80	520.00	456.00	47.00

continued 24

Total Quantity of Water Supply(10,000m³)						用水户数(户) Number of Households with Access to Water Supply (unit)		用水人口(万人) Population with Access to Water Supply (10,000 persons)	县名称 Name of Counties
Water Sold			免费供水量 The Quantitiy of Free Water Supply		漏损水量 The Lossed Water		家庭用户 Household User		
公共服务用水 The Quantity of Water for Public Service	居民家庭用水 The Quantity of Water for Household Use	其他用水 The Quantity of Water for Other Purposes		生活用水 Domestic Water Use					
15.00	142.65				20.00	5688	5322	1.98	松潘县
28.00	99.00	3.00			27.00	5731	5278	2.85	九寨沟县
4.05	61.00	6.30	8.50	0.90	14.20	3883	3642	1.46	金川县
11.00	97.80	5.10	5.60	4.80	15.00	4240	4100	1.74	小金县
15.00	78.00	3.00			11.00	5592	5050	1.55	黑水县
17.00	32.00	5.00			5.00	2789	2741	0.53	壤塘县
5.20	56.50	2.00			10.30	3074	2708	1.26	阿坝县
12.00	35.00		4.00	4.00	10.00	4202	4195	1.04	若尔盖县
0.59	1.38	0.81	25.10	22.10	3.10	3473	3012	1.27	红原县
8.50	190.00	17.50	11.00	11.00	28.98	3086	2500	2.10	泸定县
7.50	33.50	4.80	3.20	3.00	11.00	2170	1800	1.03	丹巴县
7.50	14.00	4.20	3.90		5.00	1075	960	0.96	九龙县
5.00	23.65		6.00	4.00	13.00	1490	1150	0.60	雅江县
9.24	32.00	4.00	3.00		6.90	2175	1950	1.00	道孚县
8.80	36.00	8.56	9.70	3.40	9.37	1077	899	0.76	炉霍县
2.09	29.00	3.10	3.10	3.10	5.31	6718	4611	1.31	甘孜县
23.00	59.59	4.00	2.00	2.00	14.02	927	785	0.85	新龙县
4.40	24.70	6.20	3.00	2.00	3.20	1521	1100	0.47	德格县
11.00	48.00	4.00	2.00	1.30	19.56	16527	15572	0.60	白玉县
2.31	9.22		1.30	1.10	9.20	607	562	0.58	石渠县
7.42	39.00				6.29	1121	662	0.62	色达县
27.00	43.00	22.00	15.00		32.00	6345	4400	1.06	理塘县
4.00	27.10	4.00	3.00		11.20	1971	1680	1.50	巴塘县
7.60	11.40	4.20	0.98		4.10	1970	1810	0.49	乡城县
23.00	36.00		3.32	3.27	7.30	868	653	0.66	稻城县
2.10	17.50	2.30	2.00	1.70	8.00	918	770	0.36	得荣县
2.60	99.00	1.30	2.60	2.00	21.00	4827	4816	1.77	木里藏族自治县
8.50	182.30	4.00			30.00	4394	4253	4.00	盐源县
56.00	336.00	25.00	20.00		70.00	22452	21120	5.00	德昌县
52.00	273.80	24.00	11.00	11.00	64.00	14323	11364	8.70	会理县
34.25	206.50		58.50		42.10	7937	7515	5.70	会东县
31.00	291.00	11.00	31.00		43.00	7848	7710	3.35	宁南县
10.00	90.00	3.00	4.00		33.00	5000	4755	2.19	普格县
3.00	141.00				17.00	3222	3200	2.67	布拖县
2.67	94.37	3.76	2.36		3.45	3085	3079	1.92	金阳县
32.00	82.00	5.00			27.00	4014	3815	3.01	昭觉县
5.00	220.00	4.00			27.50	8650	8500	2.35	喜德县
12.50	163.50	11.20			27.80	6062	6021	3.96	冕宁县
26.00	309.00	31.00			40.00	16592	15875	4.36	越西县
3.70	156.00	2.25	4.30		19.50	4111	4100	3.66	甘洛县
17.20	81.81	2.31			14.30	3643	3592	2.48	美姑县
9.00	230.50	2.30			30.40	6671	5980	3.20	雷波县
2287.90	**14793.63**	**1063.48**	**571.49**	**151.86**	**3040.41**	**1038445**	**837720**	**483.19**	**贵州**
12.00	391.00	6.00	12.00		52.00	29526	23343	10.78	开阳县

5-6 续表 25

县名称 Name of Counties	综合生产能力(万立方米/日) Integrated Production Capacity (10,000m³/day)	地下水 Underground Water	水厂个数(个) Number of Water Plants (unit)	地下水 Underground Water	供水管道长度(公里) Length of Water Supply Pipelines (km)	供水总量(万立方米) 合计 Total	售水量 小计 Subtotal	生产运营用水 The Quantity of Water for Production and Operation
息烽县	1.80		2		92.70	376.00	294.00	48.00
修文县	0.85	0.50	2	2	53.23	305.00	255.00	18.00
水城县	0.50	0.50	1	1	96.49	427.59	384.59	6.81
盘　县	2.30		2		276.20	560.20	502.00	32.00
六枝特区	2.20	0.45	5	3	120.00	536.00	440.00	84.00
遵义县	4.20		4		262.00	1233.00	1009.00	229.00
桐梓县	3.10		1		109.00	807.00	726.00	120.00
绥阳县	1.00		1	1	75.00	350.00	315.00	40.00
正安县	2.00		2		64.00	425.38	382.38	100.00
道真仡佬族苗族自治县	1.50		1	1	43.70	305.50	273.50	13.70
务川仡佬族苗族自治县	1.10		2		30.00	288.68	242.78	17.50
凤冈县	1.00		1		50.00	330.00	296.00	14.00
湄潭县	2.40		1		87.00	433.00	388.00	90.00
余庆县	2.00		1		64.00	438.00	394.00	38.00
习水县	2.80		3		110.50	726.90	593.90	178.00
普定县	1.70	1.00	3	3	85.00	302.50	267.50	46.00
镇宁布依族苗族自治县	1.00		1		111.00	336.70	303.00	56.00
关岭布依族苗族自治县	2.00	2.00	1	1	35.80	176.00	132.00	33.00
紫云苗族布依族自治县	1.00		2		107.00	271.00	236.00	75.00
江口县	1.40	0.60	2	1	122.00	214.20	192.20	22.00
玉屏侗族自治县	1.20	0.08	2	1	79.25	359.00	258.20	86.31
石阡县	1.80		2		106.44	401.06	357.76	
思南县	0.87	0.51	3	1	123.00	301.66	241.26	13.76
印江土家族苗族自治县	3.20	2.00	2	1	103.00	492.00	430.00	56.00
德江县	2.30		2		65.80	565.00	508.00	
沿河土家族自治县	2.20	2.20	2	2	40.20	444.00	368.00	40.00
松桃苗族自治县	1.78		1		39.43	324.06	274.37	35.36
兴仁县	3.00	0.90	4	2	183.00	442.00	366.00	20.00
普安县	1.00		1		86.00	194.00	172.00	27.00
晴隆县	0.47		3	2	41.83	111.60	90.60	8.50
贞丰县	1.15		2		88.40	287.40	226.15	12.10
望谟县	0.55		1		38.50	245.50	209.50	40.00
册亨县	0.50		2		30.00	123.59	93.09	10.00
安龙县	1.20	0.63	2	2	100.00	490.00	438.00	72.00
大方县	1.80		1		38.90	245.28	221.08	14.80
黔西县	2.70		4		208.80	851.00	762.50	130.00
金沙县	1.80		3		83.50	608.60	547.60	90.00
织金县	2.20		2		70.95	535.00	480.00	105.00

continued 25

Total Quantity of Water Supply(10,000m³)						用水户数(户) Number of Households with Access to Water Supply (unit)		用水人口(万人) Population with Access to Water Supply (10,000 persons)	县名称 Name of Counties
Water Sold			免费供水量 The Quantitiy of Free Water Supply		漏损水量 The Lossed Water		家庭用户 Household User		
公共服务用水 The Quantity of Water for Public Service	居民家庭用水 The Quantity of Water for Household Use	其他用水 The Quantity of Water for Other Purposes		生活用水 Dome-stic Water Use					
46.00	150.00	50.00	42.00	5.00	40.00	17564	16610	6.25	息烽县
7.00	163.00	67.00	9.00		41.00	9539	7600	5.82	修文县
187.09	187.51	3.18			43.00	21724	17407	7.46	水城县
5.00	390.00	75.00			58.20	27504	21125	14.91	盘　县
45.00	301.00	10.00	32.00	0.60	64.00	37575	32981	14.50	六枝特区
159.00	608.00	13.00	3.00	0.50	221.00	42717	32299	18.91	遵义县
130.00	426.00	50.00			81.00	40930	35800	11.70	桐梓县
30.00	245.00				35.00	12200	11000	8.29	绥阳县
12.50	262.65	7.23			43.00	20079	18772	9.00	正安县
16.40	239.00	4.40			32.00	14362	10412	6.96	道真仡佬族苗族自治县
16.00	201.30	7.98	2.70	1.45	43.20	6327	5100	6.00	务川仡佬族苗族自治县
22.00	260.00				34.00	12646	12578	6.46	凤冈县
28.00	270.00				45.00	11688	9972	8.00	湄潭县
32.00	300.00	24.00			44.00	11037	10200	5.27	余庆县
0.90	385.00	30.00	60.00	55.00	73.00	25710	25000	10.83	习水县
20.50	200.00	1.00			35.00	13772	12465	8.47	普定县
20.00	219.00	8.00			33.70	12145	11619	7.95	镇宁布依族苗族自治县
24.00	60.00	15.00	24.00	24.00	20.00	17529	126	3.45	关岭布依族苗族自治县
24.00	121.00	16.00	8.30		26.70	7436	7158	6.10	紫云苗族布依族自治县
9.85	159.00	1.35			22.00	5742	5234	5.22	江口县
2.42	169.47		4.50	1.13	96.30	12145	10085	4.50	玉屏侗族自治县
	218.76	139.00			43.30	16272	11875	7.20	石阡县
218.70	1.80	7.00	30.40	7.00	30.00	15345	100	7.43	思南县
106.00	268.00		9.00	6.00	53.00	24555	22470	8.00	印江土家族苗族自治县
	350.00	158.00			57.00	4203	4179	9.50	德江县
45.00	260.00	23.00	20.00		56.00	23500	19576	7.21	沿河土家族自治县
13.75	218.61	6.65	7.33	1.39	42.36	36943	123	10.11	松桃苗族自治县
45.00	301.00				76.00	23851	17010	8.59	兴仁县
10.00	135.00		3.00	3.00	19.00	8266	6580	4.06	普安县
6.10	76.00				21.00	2431	2083	4.07	晴隆县
51.30	157.45	5.30	1.05		60.20	16500	10000	6.42	贞丰县
16.00	136.00	17.50	8.50	4.30	27.50	9142	8450	4.74	望谟县
1.50	78.00	3.59			30.50	6880	5700	3.03	册亨县
30.00	292.00	44.00			52.00	7271	6738	7.79	安龙县
18.92	187.00	0.36			24.20	11845	11250	9.92	大方县
71.50	561.00		3.50		85.00	30547	26500	14.85	黔西县
17.60	415.00	25.00			61.00	12455	10020	9.80	金沙县
	363.00	12.00			55.00	20864	19526	8.80	织金县

5-6 续表 26

县名称 Name of Counties	综合生产能力（万立方米/日） Integrated Production Capacity (10,000m³/day)	地下水 Underground Water	水厂个数（个） Number of Water Plants (unit)	地下水 Underground Water	供水管道长度（公里） Length of Water Supply Pipelines (km)	供水总量(万立方米) 合计 Total	售水量 小计 Subtotal	生产运营用水 The Quantity of Water for Production and Operation
纳雍县	1.20	1.20	1	1	46.00	439.00	299.00	38.00
威宁彝族回族苗族自治县	3.00	3.00	1	1	78.50	444.30	381.90	22.30
赫章县	1.60		2		48.00	197.03	159.33	26.03
黄平县	1.40	1.10	3	1	37.79	188.20	164.40	34.00
施秉县	1.32		2		25.00	192.10	171.10	
三穗县	1.00		2	1	68.80	338.00	274.00	48.00
镇远县	1.20	1.20	1	1	31.38	422.00	290.00	89.00
岑巩县	2.20		3		50.64	173.35	155.20	24.70
天柱县	2.30		2		46.00	553.00	493.40	72.00
锦屏县	1.00		1		36.50	172.30	155.00	15.10
剑河县	1.20		1		48.70	140.10	116.80	25.00
台江县	1.00		1		29.87	93.90	79.20	6.50
黎平县	1.80		2		224.58	492.90	404.30	32.00
榕江县	1.60		1		30.00	344.10	309.10	21.00
从江县	2.10		1		36.50	160.14	136.42	1.45
雷山县	0.50		1		60.85	160.05	141.25	6.80
麻江县	1.10	0.14	2	1	87.00	163.30	140.30	24.00
丹寨县	1.00		2		31.90	196.50	166.90	12.50
荔波县	1.05		1		34.61	374.30	330.50	38.00
贵定县	2.40	1.52	2	2	50.00	471.00	414.00	7.00
瓮安县	2.70		4		114.00	490.00	440.00	65.00
独山县	5.00		2		91.80	452.65	408.65	126.10
平塘县	2.00	2.00	1	1	28.00	204.82	181.83	0.91
罗甸县	3.00	0.24	2	1	86.00	152.10	132.10	12.00
长顺县	2.20	2.20	1	1	23.00	221.35	176.35	44.75
龙里县	3.00	0.30	1	1	90.00	296.00	235.00	45.00
惠水县	2.00	2.00	3	3	111.00	647.00	491.00	95.00
三都水族自治县	3.00		1		87.03	240.00	217.00	45.00
云　南	**145.93**	**12.62**	**161**	**33**	**8751.85**	**31951.85**	**26626.05**	**4737.46**
晋宁县	1.45		3		71.23	440.00	396.00	1.00
富民县	1.65		3		61.68	162.40	145.90	14.00
宜良县	2.62	0.65	2	1	181.30	852.60	722.58	292.03
石林彝族自治县	1.80	1.80	1	1	65.60	459.00	396.00	12.40
禄劝彝族苗族自治县	2.40	0.10	3	1	54.80	276.40	245.40	19.00
寻甸回族彝族自治县	3.50		1		186.10	574.00	425.00	116.00
倘甸产业园区和轿子山旅游开发区	1.12		2		87.80	74.13	66.10	5.90
嵩明县	1.80		2		198.50	365.00	329.00	59.00
马龙县	0.65		1		65.00	237.00	156.00	15.00
陆良县	2.00	0.80	4	3	207.20	587.54	422.54	21.60
师宗县	1.10		1		61.00	392.00	266.00	6.00

continued 26

Total Quantity of Water Supply(10,000m³)						用水户数(户) Number of Households with Access to Water Supply (unit)		用水人口(万人) Population with Access to Water Supply (10,000 persons)	县名称 Name of Counties
Water Sold			免费供水量 The Quantitiy of Free Water Supply		漏损水量 The Lossed Water		家庭用户 Household User		
公共服务用水 The Quantity of Water for Public Service	居民家庭用水 The Quantity of Water for Household Use	其他用水 The Quantity of Water for Other Purposes		生活用水 Domestic Water Use					
25.00	236.00		80.00		60.00	12926	11561	8.00	纳雍县
17.50	341.00	1.10	11.40	0.01	51.00	18368	18170	12.00	威宁彝族回族苗族自治县
0.30	133.00		17.50	1.60	20.20	12144	11080	6.50	赫章县
9.60	120.80				23.80	8536	6461	5.96	黄平县
9.60	126.40	35.10			21.00	10079	9866	4.56	施秉县
23.00	181.00	22.00	12.00		52.00	7711	7321	5.56	三穗县
50.00	149.00	2.00	82.00		50.00	12800	10100	6.68	镇远县
20.20	91.30	19.00			18.15	4943	4334	3.82	岑巩县
49.40	357.00	15.00	3.60		56.00	21110	17620	9.36	天柱县
14.20	123.40	2.30			17.30	11560	9512	4.12	锦屏县
16.00	71.00	4.80	7.30	0.90	16.00	11535	9357	3.82	剑河县
10.00	62.70		1.50	1.50	13.20	5592	4488	2.98	台江县
21.30	340.00	11.00	6.60	4.00	82.00	19081	15339	9.00	黎平县
63.00	220.00	5.10			35.00	10519	10022	4.10	榕江县
45.00	89.00	0.97	7.92		15.80	3855	3456	3.70	从江县
22.10	85.78	26.57			18.80	5827	5335	3.00	雷山县
0.30	97.00	19.00			23.00	6767	5418	2.95	麻江县
36.00	112.90	5.50			29.60	3321	2332	4.31	丹寨县
112.00	162.00	18.50	5.20	3.80	38.60	9111	9066	4.28	荔波县
14.00	385.00	8.00	11.00	3.00	46.00	21352	20447	9.30	贵定县
25.00	350.00				50.00	35000	32000	13.80	瓮安县
	282.50	0.05			44.00	16750	13836	5.91	独山县
0.17	179.00	1.75	2.19	2.18	20.80	11467	10700	3.48	平塘县
9.90	108.00	2.20	4.00	3.50	16.00	9753	9300	4.60	罗甸县
125.30	6.30		22.00	22.00	23.00	7986	7813	4.04	长顺县
20.00	170.00		10.00		51.00	15800	12000	6.22	龙里县
12.00	376.00	8.00	7.00		149.00	28020	26291	8.50	惠水县
36.00	111.00	25.00			23.00	15765	15429	4.29	三都水族自治县
3210.38	**17748.81**	**929.40**	**1058.94**	**403.17**	**4266.86**	**1224906**	**1069874**	**551.34**	**云　南**
103.00	292.00				44.00	16375	14995	6.00	晋宁县
1.50	109.00	21.40			16.50	5602	5329	3.84	富民县
10.00	414.85	5.70	20.00		110.02	23148	18773	11.94	宜良县
27.10	344.50	12.00	10.00		53.00	18341	14280	9.70	石林彝族自治县
85.00	132.00	9.40	3.00		28.00	8776	6660	5.30	禄劝彝族苗族自治县
67.00	230.00	12.00	1.00		148.00	22577	22237	6.68	寻甸回族彝族自治县
1.20	55.00	4.00	0.03		8.00	6874	4700	2.73	倘甸产业园区和轿子山旅游开发区
38.00	224.00	8.00			36.00	18842	16552	7.26	嵩明县
11.00	121.00	9.00	15.00	15.00	66.00	11782	9862	4.65	马龙县
22.50	373.40	5.04	64.00	51.00	101.00	24405	24100	13.80	陆良县
67.00	193.00		45.00	42.00	81.00	20100	16560	10.50	师宗县

5-6 续表 27

县名称 Name of Counties	综合生产能力(万立方米/日) Integrated Production Capacity (10,000m³/day)	地下水 Underground Water	水厂个数(个) Number of Water Plants (unit)	地下水 Underground Water	供水管道长度(公里) Length of Water Supply Pipelines (km)	供水总量(万立方米) 合计 Total	售水量 小计 Subtotal	生产运营用水 The Quantity of Water for Production and Operation
罗平县	1.50	0.30	1	1	199.07	728.67	417.02	86.00
富源县	2.20		2		61.20	590.80	230.80	0.70
会泽县	1.30		2		142.00	450.00	370.00	145.00
沾益县	3.50		2		110.64	403.00	361.50	95.80
江川县	1.85	1.44	2	2	107.83	485.04	389.11	113.05
澄江县	1.00	1.00	1	1	196.23	275.00	234.00	86.00
通海县	1.92		3	2	89.44	398.83	342.03	122.30
华宁县	1.30	1.30	1	1	159.70	329.60	224.70	21.30
易门县	1.20		1		93.40	325.00	238.00	30.00
峨山县	1.40		1		81.22	278.00	240.00	27.00
新平县	1.70		1		150.26	400.00	341.00	41.40
元江县	2.50		2		88.69	265.00	248.00	11.00
施甸县	2.50		3		75.00	417.80	291.00	103.00
龙陵县	2.00	1.00	2	2	66.00	410.00	330.00	100.00
昌宁县	1.50	0.50	2	1	84.87	475.75	383.75	86.00
鲁甸县	1.80	0.14	2	1	122.00	294.20	261.40	7.00
巧家县	1.00		1	1	55.80	321.80	285.80	3.50
盐津县	0.80		2		36.00	281.30	248.30	15.60
大关县	0.65		1		23.00	237.00	212.00	30.00
永善县	3.50		2		36.30	295.81	247.51	57.90
绥江县	1.40		1	1	127.00	299.00	267.20	78.00
镇雄县	3.81		2		108.50	1011.00	909.00	103.00
彝良县	0.90	0.90	1	1	47.47	293.94	264.44	5.60
威信县	1.22		3		56.00	271.89	225.88	16.53
水富县	2.00	0.30	1	1	140.00	387.00	354.00	22.00
玉龙纳西族自治县					23.00	81.00	63.00	23.00
永胜县	1.50		1		97.38	270.29	234.29	32.00
华坪县	2.00		1		175.00	321.00	286.00	76.00
宁蒗县	1.20		1		25.00	292.10	252.00	67.00
宁洱哈尼族彝族自治县	0.80		2		142.46	235.19	197.59	8.29
墨江哈尼族自治县	1.22		2		49.00	166.00	136.20	22.00
景东彝族自治县	0.96		2	2	71.20	229.20	188.20	6.70
景谷傣族彝族自治县	2.00		2		51.00	449.30	357.30	9.30
镇沅彝族哈尼族拉祜族自治县	0.33		1		46.90	120.00	108.00	2.90
江城哈尼族彝族自治县	0.40		1		20.50	107.75	94.15	15.70
孟连傣族拉祜族佤族自治县	1.47	0.46	3	2	39.00	180.00	125.50	6.00
澜沧拉祜族自治县	1.50		1		77.92	261.86	222.98	70.37
西盟佤族自治县	0.15		1	1	19.00	47.01	42.01	8.80
凤庆县	2.64	1.20	2	1	72.00	904.10	809.10	36.00

continued 27

Total Quantity of Water Supply(10,000m³)						用水户数(户) Number of Households with Access to Water Supply (unit)	家庭用户 Household User	用水人口(万人) Population with Access to Water Supply (10,000 persons)	县名称 Name of Counties
Water Sold			免费供水量 The Quantitiy of Free Water Supply		漏损水量 The Lossed Water				
公共服务用水 The Quantity of Water for Public Service	居民家庭用水 The Quantity of Water for Household Use	其他用水 The Quantity of Water for Other Purposes		生活用水 Domestic Water Use					
155.00	170.90	5.12	24.00	5.10	287.65	15418	13805	12.00	罗平县
39.00	188.80	2.30	130.00	20.00	230.00	11574	10769	8.40	富源县
1.00	224.00		35.00	35.00	45.00	36179	31869	11.80	会泽县
2.15	253.70	9.85			41.50	6662	5130	7.24	沾益县
36.62	235.71	3.73			95.93	15845	11944	8.19	江川县
	146.00	2.00	28.00	20.00	13.00	15349	14859	2.85	澄江县
27.79	188.96	2.98			56.80	25905	22936	6.80	通海县
38.50	119.30	45.60	19.00		85.90	16545	13419	3.67	华宁县
63.00	145.00		46.00	3.00	41.00	12231	11789	3.20	易门县
22.00	180.00	11.00	23.00	15.00	15.00	16111	14443	3.91	峨山县
136.07	161.46	2.07			59.00	14634	14009	4.12	新平县
18.00	219.00				17.00	17664	15903	3.54	元江县
26.00	152.00	10.00	85.00	75.00	41.80	7984	7666	5.00	施甸县
47.00	155.00	28.00	41.00	18.00	39.00	8890	6970	4.45	龙陵县
32.75	175.00	90.00	40.00	20.00	52.00	16622	15544	6.30	昌宁县
2.60	250.00	1.80	1.80		31.00	9606	9287	7.10	鲁甸县
2.30	252.00	28.00	3.00		33.00	13140	12600	6.72	巧家县
18.70	203.50	10.50	2.00		31.00	12313	12100	6.48	盐津县
11.00	171.00				25.00	11376	11020	5.12	大关县
87.11	76.30	26.20	17.50	5.00	30.80	13614	10957	6.87	永善县
19.20	165.00	5.00	1.80	1.20	30.00	8921	8874	4.30	绥江县
82.00	701.00	23.00			102.00	38545	32045	24.08	镇雄县
1.22	255.00	2.62			29.50	9869	9822	7.22	彝良县
58.00	150.00	1.35	19.01	0.65	27.00	12838	12518	6.15	威信县
33.00	240.50	58.50	1.00		32.00	11800	11197	5.00	水富县
7.00	33.00				18.00	4072	3210	1.97	玉龙纳西族自治县
32.29	164.00	6.00	5.00	5.00	31.00	12262	12021	4.25	永胜县
5.00	205.00				35.00	14999	12785	3.00	华坪县
19.00	159.00	7.00	5.10		35.00	8753	8200	3.32	宁蒗县
8.58	160.52	20.20	10.00		27.60	9598	7058	5.07	宁洱哈尼族彝族自治县
11.00	97.20	6.00	14.00	13.00	15.80	11532	9241	3.71	墨江哈尼族自治县
10.90	169.00	1.60	10.00	2.00	31.00	10831	9785	3.98	景东彝族自治县
64.00	272.00	12.00	10.00		82.00	11831	9910	5.76	景谷傣族彝族自治县
8.10	97.00				12.00	3325	3000	1.98	镇沅彝族哈尼族拉祜族自治县
20.00	56.45	2.00	1.60	0.50	12.00	3886	3187	2.08	江城哈尼族彝族自治县
29.80	88.20	1.50	27.50	18.00	27.00	4784	3808	4.45	孟连傣族拉祜族佤族自治县
	151.90	0.71			38.88	15897	14470	6.04	澜沧拉祜族自治县
2.00	27.17	4.04			5.00	1862	1600	0.99	西盟佤族自治县
162.00	610.00	1.10			95.00	10785	9477	8.98	凤庆县

5-6 续表 28

县名称 Name of Counties	综合生产能力(万立方米/日) Integrated Production Capacity (10,000m³/day)	地下水 Underground Water	水厂个数(个) Number of Water Plants (unit)	地下水 Underground Water	供水管道长度(公里) Length of Water Supply Pipelines (km)	供水总量(万立方米) 合计 Total	售水量 小计 Subtotal	生产运营用水 The Quantity of Water for Production and Operation
云县	2.70		2		180.40	825.32	745.32	62.02
永德县	1.00		1		58.61	186.38	152.59	
镇康县	1.00		1		75.62	230.68	195.42	92.00
双江拉祜族佤族布朗族傣族自治县	0.88		1		59.80	248.15	215.15	49.00
耿马傣族佤族自治县	1.48		2		60.00	320.03	259.08	37.00
沧源佤族自治县	0.50		2		82.46	180.00	156.46	78.95
双柏县	1.00		1		73.50	140.00	113.00	13.00
牟定县	1.20		1		81.20	156.60	140.60	12.00
南华县	0.90		2		145.10	257.00	201.00	57.00
姚安县	0.60		2		43.81	182.08	145.08	4.30
大姚县	1.75		2		49.30	323.18	289.38	2.08
永仁县	0.63		1		73.78	209.40	175.60	23.22
元谋县	1.10	0.10	2	1	92.50	286.00	240.00	102.00
武定县	1.70	0.31	2	1	97.97	256.52	231.75	26.50
禄丰县	2.00		1		76.00	511.00	415.00	113.00
屏边苗族自治县	1.35		1		35.12	202.73	178.73	13.24
建水县	4.00		1		156.45	873.00	770.20	202.13
石屏县	2.77		2		57.00	374.80	319.00	112.00
泸西县	2.00	0.32	2	1	215.12	460.00	400.00	131.00
元阳县	0.60		1		13.35	126.40	108.80	22.00
红河县	1.00		1		48.00	169.00	148.30	38.00
金平苗族瑶族傣族自治县	0.95		1		24.70	170.34	151.14	36.00
绿春县	0.62		1		12.20	157.00	139.00	42.00
河口县	0.80		1		31.50	292.00	258.00	32.00
砚山县	1.20		1		93.00	341.00	272.50	1.30
西畴县	0.60		1		51.60	108.82	82.47	
麻栗坡县	0.60		1		62.00	138.50	122.20	30.00
马关县	0.86		2	1	61.06	313.80	276.00	80.00
丘北县	1.20		2		75.00	345.20	253.70	15.00
广南县	1.98		2		130.00	435.00	370.00	92.00
富宁县	1.70		1		54.70	394.60	326.80	78.60
勐海县	1.30		1		119.80	378.00	337.00	
勐腊县	1.00		1		71.85	251.50	224.50	17.00
漾濞彝族自治县	1.10		1		34.00	98.51	86.73	12.13
祥云县	1.90		2		195.00	400.00	380.00	65.00
宾川县	2.00		2		224.70	306.20	248.00	44.00
弥渡县	0.80		2	1	65.50	269.61	246.60	49.00
南涧彝族自治县	1.50		1		65.00	219.40	192.40	35.20
巍山彝族回族自治县	1.00		1		35.73	168.00	155.00	27.00
永平县	1.00		2	1	73.00	194.00	171.00	4.60

continued 28

Total Quantity of Water Supply($10,000m^3$) Water Sold 公共服务用水 The Quantity of Water for Public Service	Total Quantity of Water Supply($10,000m^3$) Water Sold 居民家庭用水 The Quantity of Water for Household Use	Total Quantity of Water Supply($10,000m^3$) Water Sold 其他用水 The Quantity of Water for Other Purposes	免费供水量 The Quantitiy of Free Water Supply	生活用水 Domestic Water Use	漏损水量 The Lossed Water	用水户数(户) Number of Households with Access to Water Supply (unit)	家庭用户 Household User	用水人口(万人) Population with Access to Water Supply (10,000 persons)	县名称 Name of Counties
72.30	586.00	25.00			80.00	16610	15110	9.91	云　县
36.76	115.20	0.63	15.00		18.79	8452	6882	5.34	永德县
0.42	100.00	3.00	0.26	0.26	35.00	9149	5726	2.80	镇康县
3.15	163.00		5.00	1.00	28.00	8109	7019	3.98	双江拉祜族佤族布朗族傣族自治县
20.00	192.08	10.00	12.00	6.20	48.95	7064	5474	4.70	耿马傣族佤族自治县
	75.50	2.01			23.54	5675	4268	3.29	沧源佤族自治县
35.00	63.60	1.40	10.00	1.00	17.00	8492	8209	2.94	双柏县
28.00	100.60		1.00		15.00	10186	9680	3.74	牟定县
	143.00	1.00	14.00		42.00	6806	6603	5.43	南华县
23.00	117.60	0.18	17.00	0.01	20.00	5747	5360	3.30	姚安县
50.50	223.00	13.80			33.80	14043	12088	5.64	大姚县
	78.00	74.38	0.80	0.80	33.00	4399	4140	1.65	永仁县
	136.00	2.00	2.30		43.70	14218	12895	6.00	元谋县
2.45	168.00	34.80	0.35		24.42	24889	23395	4.50	武定县
91.00	211.00		6.00	6.00	90.00	13000	10582	6.42	禄丰县
20.76	142.00	2.73			24.00	7155	6884	3.25	屏边苗族自治县
113.24	447.54	7.29	2.20		100.60	40687	32944	16.28	建水县
31.00	175.00	1.00	20.00		35.80	16749	11943	4.64	石屏县
54.00	199.00	16.00	9.00		51.00	13120	12348	9.10	泸西县
11.00	74.00	1.80	5.00		12.60	2748	2392	1.23	元阳县
19.00	84.00	7.30	4.00	1.20	16.70	5778	5312	3.77	红河县
3.40	86.24	25.50	7.20		12.00	5004	4358	3.90	金平苗族瑶族傣族自治县
32.00	65.00		2.00		16.00	6504	3390	2.10	绿春县
43.00	154.00	29.00	3.00		31.00	5475	5311	4.11	河口县
65.00	205.00	1.20			68.50	11496	9960	6.00	砚山县
10.00	72.00	0.47	9.35	1.00	17.00	4768	4683	1.60	西畴县
9.00	82.00	1.20	2.00	1.70	14.30	10214	9850	4.35	麻栗坡县
30.00	149.00	17.00	6.50	3.60	31.30	13900	12494	6.00	马关县
12.50	215.90	10.30	39.00		52.50	13611	11460	8.00	丘北县
23.00	249.00	6.00	20.00		45.00	18560	16910	9.00	广南县
7.60	239.60	1.00	13.40		54.40	14385	11994	6.90	富宁县
82.24	254.76		5.00	0.15	36.00	6659	5900	7.55	勐海县
26.00	178.00	3.50			27.00	13346	11921	5.57	勐腊县
5.16	64.42	5.02	3.00	3.00	8.78	3160	3001	2.67	漾濞彝族自治县
45.00	265.00	5.00			20.00	30992	29850	11.60	祥云县
17.00	184.00	3.00	1.20	0.85	57.00	10561	9910	4.25	宾川县
	193.60	4.00	0.01	0.01	23.00	5460	5250	3.56	弥渡县
10.00	147.20				27.00	11028	8979	2.60	南涧彝族自治县
8.00	120.00				13.00	11229	10354	4.30	巍山彝族回族自治县
53.00	109.50	3.90			23.00	9820	7686	4.50	永平县

5-6 续表 29

县名称 Name of Counties	综合生产能力(万立方米/日) Integrated Production Capacity (10,000m³/day)	地下水 Underground Water	水厂个数(个) Number of Water Plants (unit)	地下水 Underground Water	供水管道长度(公里) Length of Water Supply Pipelines (km)	供水总量(万立方米) 合计 Total	售水量 小计 Subtotal	生产运营用水 The Quantity of Water for Production and Operation
云龙县	0.95		2		76.00	91.80	84.94	0.32
洱源县	0.70		1		49.00	132.50	130.00	31.00
剑川县	0.60		2		156.90	214.00	180.00	
鹤庆县	1.60		2		102.69	200.00	181.00	22.00
梁河县	0.50		1		17.00	96.00	80.00	
盈江县	2.50		2		209.54	536.00	491.00	200.00
陇川县	1.50		1		68.20	285.67	233.00	154.00
泸水县	0.82		2		74.00	293.31	233.51	38.00
福贡县	0.58		1		10.60	102.66	88.36	26.00
贡山独龙族怒族自治县	0.30		1		17.00	29.86	26.26	0.20
兰坪白族普米族自治县	1.00		1		52.30	247.00	222.00	40.00
德钦县	0.40		1		16.00	67.60	56.00	4.00
维西傈僳族自治县	1.50		2		40.00	145.40	123.20	17.00
西　藏	**22.53**	**5.99**	**108**	**31**	**562.93**	**2557.94**	**2402.43**	**200.81**
林周县	0.10	0.10	1	1	27.74	65.00	64.70	2.30
当雄县	0.05	0.05	1	1	15.66	17.10	17.04	2.97
尼木县	0.03	0.03	1	1	10.10	22.51	21.50	0.50
曲水县	0.10		1		9.77	36.00	35.50	
达孜县	0.43	0.43	1	1	16.00	38.72	38.69	0.05
墨竹工卡县	0.07	0.03	2	2	18.60	27.61	27.60	0.10
江达县	0.30		1		2.50	18.70	18.70	1.10
贡觉县	0.35		1		2.00	53.83	41.63	0.51
类乌齐县	0.35		1		9.50	53.83	41.63	0.51
丁青县	0.30		1		2.20	70.00	58.00	10.00
察雅县	0.60		1		2.00	77.50	74.00	10.00
八宿县	0.40		1		1.00	74.00	71.00	10.00
左贡县	0.40		1		2.20	60.00	57.00	2.00
芒康县	0.40		1		6.00	103.30	99.00	7.00
洛隆县	1.20		1		2.00	61.70	56.80	10.00
边坝县	0.31		1		4.00	38.50	36.50	2.80
乃东县	1.48	1.48	1	1	13.00	409.00	407.00	
扎囊县	0.10		1		8.00	24.20	23.20	
贡嘎县	0.12	0.12	1	1	4.70	43.20	34.56	
桑日县					3.90	31.00	20.00	
琼结县	0.13	0.13	1	1	10.00	45.70	44.70	4.00
曲松县	0.07	0.07	2	2	8.00	6.04	6.03	0.01
措美县	1.00		1	1	13.80	40.00	40.00	
洛扎县			2		7.50			
加查县			1	1	2.40	30.53	30.00	
隆子县	0.60	0.10	1	1	23.00	127.00	124.00	32.00
错那县	1.20		2	1	13.00	3.33	3.12	
江孜县	0.87	0.87	1	1	32.00	202.23	202.20	20.00

continued 29

Total Quantity of Water Supply(10,000m³)						用水户数(户) Number of Households with Access to Water Supply (unit)		用水人口(万人) Population with Access to Water Supply (10,000 persons)	县名称 Name of Counties
Water Sold			免费供水量 The Quantitiy of Free Water Supply		漏损水量 The Lossed Water		家庭用户 Household User		
公共服务用水 The Quantity of Water for Public Service	居民家庭用水 The Quantity of Water for Household Use	其他用水 The Quantity of Water for Other Purposes		生活用水 Domestic Water Use					
40.00	42.72	1.90	0.06	0.06	6.80	2475	2167	1.20	云龙县
32.00	65.00	2.00			2.50	6151	5876	2.42	洱源县
	180.00				34.00	6240	6240	2.05	剑川县
7.00	152.00		8.00	2.00	11.00	9581	8659	2.67	鹤庆县
50.00	1.00	29.00	7.00	7.00	9.00	5402	400	2.20	梁河县
101.00	185.90	4.10			45.00	16885	13043	7.50	盈江县
5.00	74.00		32.67		20.00	9484	6236	4.00	陇川县
20.00	170.00	5.51	4.80		55.00	15032	14200	7.00	泸水县
13.88	43.53	4.95	4.50	2.88	9.80	4582	3066	1.01	福贡县
0.04	26.00	0.02			3.60	3359	2267	0.60	贡山独龙族怒族自治县
13.00	127.00	42.00			25.00	5320	4687	1.91	兰坪白族普米族自治县
12.00	40.00		4.80		6.80	1689	1290	0.82	德钦县
50.00	55.00	1.20	3.20		19.00	8584	5953	3.00	维西傈僳族自治县
349.46	**1478.44**	**373.72**	**117.66**	**68.99**	**37.85**	**82913**	**66629**	**24.79**	**西　藏**
1.20	61.20				0.30	1433	1321	0.80	林周县
4.81	8.63	0.63	0.05		0.01	405	334	0.35	当雄县
1.00	18.90	1.10			1.01	1335	669	0.27	尼木县
4.00	31.50				0.50	3178	3133	0.63	曲水县
0.60	38.00	0.04			0.03	1120	901	0.42	达孜县
2.50	25.00				0.01	714	700	0.52	墨竹工卡县
17.00	0.60					1101	58	0.30	江达县
6.00	20.00	15.12	11.00	1.05	1.20	2574	1000	0.29	贡觉县
6.00	20.00	15.12	11.00	1.05	1.20	1603	66	0.34	类乌齐县
18.00	20.00	10.00	10.00	0.50	2.00	1358	1200	0.29	丁青县
12.00	22.00	30.00	2.00	0.50	1.50	1136	1000	0.31	察雅县
16.00	30.00	15.00	2.00	1.00	1.00	829	750	0.31	八宿县
10.00	35.00	10.00	1.00	0.50	2.00	845	800	0.31	左贡县
14.00	3.00	75.00	3.00	2.00	1.30	2641	1500	0.29	芒康县
11.80	25.00	10.00	3.90	2.95	1.00	955	800	0.29	洛隆县
5.70	18.00	10.00	1.00	0.50	1.00	815	750	0.27	边坝县
20.00	387.00		2.00			13680	13380	3.50	乃东县
1.20	20.00	2.00			1.00	1782	1730	0.60	扎囊县
	34.56				8.64	1000	1000	0.60	贡嘎县
	20.00		11.00	10.00		1210	610	0.30	桑日县
2.70	37.00	1.00			1.00	4800	4300	0.77	琼结县
0.01	6.00	0.01			0.01	1255	762	0.20	曲松县
	40.00					600	600	0.40	措美县
						221	221	0.30	洛扎县
	30.00				0.53			0.40	加查县
6.00	36.00	50.00			3.00	1300	1000	0.39	隆子县
3.00		0.12	0.13	0.13	0.08			0.04	错那县
72.00	110.00	0.20	0.02	0.02	0.01	4214	1900	0.80	江孜县

5-6 续表 30

县名称 Name of Counties	综合生产能力(万立方米/日) Integrated Production Capacity ($10,000m^3$/day)	地下水 Underground Water	水厂个数(个) Number of Water Plants (unit)	地下水 Underground Water	供水管道长度(公里) Length of Water Supply Pipelines (km)	供水总量(万立方米) 合计 Total	售水量 小计 Subtotal	生产运营用水 The Quantity of Water for Production and Operation
定日县	0.12		1	1	5.08			
萨迦县	0.11		1		6.80	40.00	35.00	
昂仁县	0.20		1		11.00	23.03	22.54	0.45
谢通门县	0.50		1		9.13			
白朗县	0.10	0.10	1	1	7.00	32.96	32.95	1.00
仁布县	0.20	0.20	1	1	5.62	36.20	35.00	15.00
康马县	0.05		1	1	7.50	16.58	0.08	0.04
定结县	0.87	0.80	1	1	5.86	22.48	22.37	0.12
仲巴县					5.00	25.40	24.40	
亚东县	0.50		51		20.00	44.25	44.20	3.90
吉隆县	0.15		1		3.71	23.90	21.50	
聂拉木县	0.05		1		4.00	1.57	1.48	
萨嘎县	0.80	0.80	1	1	7.65	16.48	16.47	0.15
岗巴县	0.26		1		6.02	21.65	18.96	
聂荣县	0.30	0.30	1	1	11.99	6.01	6.00	
申扎县	0.15	0.12	1	1	7.00	35.00	28.06	11.20
索　县	1.00		1		12.00	174.01	174.00	30.00
尼玛县	0.05	0.05	1	1	8.00	15.90	7.20	0.80
札达县	0.09	0.07	1	1	15.00	20.11		
噶尔县	1.90		3	3	41.20	101.59	101.50	22.00
革吉县	2.60		1		6.00	31.06	31.05	
工布江达县					18.80	0.85	0.25	
米林县	0.40		1		9.00	25.87	25.85	0.30
波密县	0.67		1		8.00	21.24	21.22	
察隅县	0.36		1		22.00	13.27	13.25	
朗　县	0.14	0.14	2	2	29.00	28.00	25.00	
陕　西	**114.37**	**56.93**	**128**	**70**	**4416.20**	**21751.82**	**18907.60**	**2824.63**
蓝田县	0.80		1	1	64.46	259.76	233.76	29.55
周至县	0.80	0.20	1	1	44.00	379.10	324.10	4.10
户　县	2.50		1	1	92.60	773.00	695.00	114.00
宜君县	0.40		1		35.24	46.18	38.74	3.10
凤翔县	2.10		1		71.80	222.48	190.48	24.35
岐山县	2.50	1.10	2	2	25.00	516.00	426.00	208.00
扶风县	1.45	1.45	8	8	47.00	346.00	289.00	45.00
眉　县	1.84	1.84	2	2	50.20	325.00	286.50	62.80
陇　县	2.49	2.49	2	1	62.50	333.00	298.70	23.80
千阳县	0.80	0.80	1	1	28.90	215.40	174.15	38.15
麟游县	0.40		1		14.00	71.20	63.70	14.80
凤　县	1.20		1		38.40	143.40	111.40	25.00
太白县	0.50		1		39.02	100.00	76.60	14.00
三原县	2.00	0.38	1	1	104.50	416.23	368.97	33.30
泾阳县	1.00	1.00	2	2	38.30	240.00	156.00	37.00
乾　县	1.98	1.98	3	3	80.36	416.20	370.90	28.10
礼泉县	1.30	1.30	3	3	46.85	287.39	257.93	44.25

continued 30

公共服务用水 The Quantity of Water for Public Service	居民家庭用水 The Quantity of Water for Household Use	其他用水 The Quantity of Water for Other Purposes	免费供水量 The Quantitiy of Free Water Supply	生活用水 Domestic Water Use	漏损水量 The Lossed Water	用水户数(户) Number of Households with Access to Water Supply (unit)	家庭用户 Household User	用水人口(万人) Population with Access to Water Supply (10,000 persons)	县名称 Name of Counties
Total Quantity of Water Supply(10,000m³): Water Sold									
									定日县
25.00	10.00				5.00	550	500	0.31	萨迦县
0.04	22.00	0.05	0.45	0.04	0.04	640	524	0.54	昂仁县
									谢通门县
28.95	2.00	1.00			0.01	2131	1835	0.98	白朗县
6.00	11.00	3.00	1.00	1.00	0.20	662	626	0.28	仁布县
	0.04		16.00	15.05	0.50	633	628	0.17	康马县
0.85	21.40		0.06	0.05	0.05	792	767	0.47	定结县
	24.40				1.00	710	710	0.55	仲巴县
17.30	23.00				0.05	1073	608	1.30	亚东县
0.40	16.00	5.10	1.20	1.20	1.20	144		0.60	吉隆县
0.58	0.74	0.16			0.09	481	400	0.22	聂拉木县
1.27	15.00	0.05			0.01	237	110	0.35	萨嘎县
	18.00	0.96	2.65	2.65	0.04	841	684	0.47	岗巴县
	6.00				0.01	555	555	0.30	聂荣县
2.80	14.00	0.06	6.20		0.74	1314	1260	0.52	申扎县
6.00	28.00	110.00			0.01	830	120	0.21	索　县
0.40	6.00		8.60	8.60	0.10	1259	1205	0.10	尼玛县
			20.10	20.10	0.01				札达县
8.50	71.00				0.09	12163	12000	0.97	噶尔县
0.05	31.00				0.01	619	618	0.40	革吉县
0.25			0.50	0.10	0.10	1991			工布江达县
3.55	16.00	6.00			0.02	703	600	0.50	米林县
	21.22				0.02	851	851	0.53	波密县
	13.25				0.02	649	649	0.33	察隅县
12.00	11.00	2.00	2.80		0.20	981	894	0.40	朗　县
2442.68	**12446.82**	**1193.47**	**392.06**	**81.42**	**2452.16**	**1362065**	**1258940**	**508.49**	**陕　西**
39.73	163.60	0.88			26.00	31473	30320	8.98	蓝田县
45.00	274.00	1.00	7.00		48.00	17383	16380	6.52	周至县
61.00	515.00	5.00			78.00	39068	38424	16.15	户　县
8.55	23.70	3.39	1.44	0.35	6.00	3975	3867	1.74	宜君县
11.00	147.13	8.00	7.00	6.00	25.00	19200	17600	8.50	凤翔县
64.00	116.00	38.00			90.00	13445	12000	3.60	岐山县
40.00	185.00	19.00	21.00		36.00	11910	9890	4.50	扶风县
34.70	160.00	29.00	6.50	4.60	32.00	16871	16524	5.03	眉　县
54.90	219.80	0.20	1.00		33.30	14318	14100	6.25	陇　县
58.00	47.70	30.30	15.00	6.50	26.25	16926	16300	4.93	千阳县
16.60	31.00	1.30			7.50	5121	4920	2.43	麟游县
9.00	75.00	2.40	13.00	6.00	19.00	6074	6020	2.70	凤　县
6.50	38.10	18.00	12.40	6.10	11.00	3852	3652	1.44	太白县
37.60	295.00	3.07	5.26	5.26	42.00	44206	31250	12.50	三原县
15.50	102.50	1.00	49.00		35.00	14450	13880	6.10	泾阳县
24.00	313.50	5.30	3.30		42.00	29038	28763	11.05	乾　县
38.16	158.29	17.23			29.46	27239	19612	9.12	礼泉县

5-6 续表 31

县名称 Name of Counties	综合生产能力(万立方米/日) Integrated Production Capacity ($10,000m^3$/day)	地下水 Underground Water	水厂个数(个) Number of Water Plants (unit)	地下水 Underground Water	供水管道长度(公里) Length of Water Supply Pipelines (km)	供水总量(万立方米) 合计 Total	售水量 小计 Subtotal	生产运营用水 The Quantity of Water for Production and Operation
永寿县	1.70	1.70	2	2	42.20	155.00	124.00	10.50
彬　县	1.80		2		52.40	313.15	276.60	15.00
长武县	0.58	0.19	1	1	61.36	179.40	159.30	18.70
旬邑县	0.31		1		23.00	88.51	79.08	8.70
淳化县	0.25	0.25	1	1	29.70	77.80	69.80	5.00
武功县	2.13	1.05	3	2	50.43	416.84	368.54	89.64
潼关县	3.00	3.00	1	1	49.00	178.40	157.10	18.00
大荔县	1.50	1.50	1	1	119.24	530.00	464.50	12.50
合阳县	3.85	2.00	2	1	99.27	431.23	320.33	76.76
澄城县	2.80	0.90	2	1	40.90	386.70	339.90	57.50
蒲城县	3.12	3.12	2	2	179.69	546.70	474.70	11.00
白水县	1.00	1.00	1	1	52.98	281.50	251.45	43.40
富平县	3.00	3.00	3	3	90.50	459.50	413.50	26.50
延长县	1.10		2		16.70	130.00	115.90	1.16
延川县	0.63		1	1	25.00	140.00	126.00	15.00
子长县	0.82	0.12	2	1	105.40	260.78	184.78	34.50
安塞县	0.50		1		54.90	152.30	137.00	20.00
志丹县	0.65	0.65	1	1	53.50	237.25	212.75	24.00
吴起县	1.20	1.20	2	2	51.80	318.00	278.40	120.00
甘泉县	0.55		1	1	20.00	89.70	79.70	16.00
富　县	0.56		1		44.07	155.01	133.86	32.00
洛川县	1.50		1		90.94	227.00	194.00	38.00
宜川县	0.60		1		45.40	115.00	101.10	10.50
黄龙县	0.45		1		34.60	72.00	62.00	2.70
黄陵县	0.72		1		71.00	160.98	141.43	20.30
南郑县	3.00	3.00	2	1	96.60	652.50	584.00	168.00
城固县	2.00	1.20	1	1	39.19	601.00	525.00	67.00
洋　县	2.50	2.50	1	1	39.00	281.35	238.55	0.55
西乡县	2.20		1		55.48	340.00	280.00	40.00
勉　县	5.00	5.00	1	1	66.00	834.16	754.16	84.20
宁强县	2.05		4		68.00	205.70	164.30	17.00
略阳县	2.00	1.00	1	1	49.97	441.00	396.00	65.00
镇巴县	0.66		2		19.20	208.11	167.11	42.50
留坝县	0.20		2	1	8.10	68.26	52.00	12.80
佛坪县	0.40		1		15.50	44.02	39.72	1.00
神木县	4.50		2		215.40	1505.00	1358.00	300.00
府谷县	3.00	3.00	2	2	34.75	600.00	540.00	83.00
横山县	1.00	1.00	1	1	76.21	230.90	206.70	0.53
靖边县	1.94	1.94	1	1	118.20	643.33	576.73	6.88
定边县	1.50	0.70	4	2	41.16	391.80	298.80	58.00
绥德县	1.90	1.90	1	1	118.92	281.20	253.00	5.60
米脂县	2.30	2.30	2	1	49.00	138.60	124.10	17.80
佳　县	0.39	0.39	1	1	20.40	39.50	35.30	0.30
吴堡县	4.20	0.20	1	1	38.00	70.30	63.20	1.00

continued 31

Total Quantity of Water Supply(10,000m³)						用水户数(户) Number of Households with Access to Water Supply (unit)		用水人口(万人) Population with Access to Water Supply (10,000 persons)	县名称 Name of Counties
Water Sold			免费供水量 The Quantitiy of Free Water Supply		漏损水量 The Lossed Water		家庭用户 Household User		
公共服务用水 The Quantity of Water for Public Service	居民家庭用水 The Quantity of Water for Household Use	其他用水 The Quantity of Water for Other Purposes		生活用水 Dome-stic Water Use					
36.30	76.10	1.10	0.20	0.20	30.80	9873	9265	4.54	永寿县
15.50	240.00	6.10	5.15	3.00	31.40	29390	27750	11.39	彬　县
35.00	87.40	18.20	0.10	0.10	20.00	11944	10543	5.18	长武县
15.30	51.76	3.32	0.78	0.70	8.65	6792	6680	3.30	旬邑县
19.10	45.00	0.70			8.00	8912	7870	3.20	淳化县
18.90	248.00	12.00	8.00	8.00	40.30	33356	33320	8.94	武功县
21.00	110.00	8.10	2.00	1.00	19.30	16383	16126	4.90	潼关县
52.00	262.00	138.00	13.50		52.00	14915	13400	6.70	大荔县
8.95	181.07	53.55	32.80	10.28	78.10	12184	11912	4.95	合阳县
56.10	224.10	2.20	8.00		38.80	24840	24270	9.50	澄城县
75.50	342.30	45.90	18.00		54.00	27148	26630	11.25	蒲城县
40.10	162.80	5.15			30.05	17431	16200	5.45	白水县
41.00	215.00	131.00	2.00		44.00	26250	25000	10.00	富平县
49.43	56.03	9.28			14.10	11958	9850	4.88	延长县
43.00	50.00	18.00			14.00	10296	9600	4.80	延川县
55.00	94.78	0.50	48.00		28.00	17166	15600	7.80	子长县
35.00	80.00	2.00			15.30	16937	15802	5.74	安塞县
50.05	117.80	20.90			24.50	11704	10750	5.36	志丹县
28.00	116.00	14.40	8.80		30.80	20104	19650	6.96	吴起县
15.00	47.30	1.40			10.00	5987	5867	2.90	甘泉县
5.66	92.70	3.50	4.80		16.35	9611	8500	4.21	富　县
39.50	98.00	18.50			33.00	15973	14381	6.69	洛川县
10.00	77.00	3.60	1.10	0.50	12.80	9526	9121	4.53	宜川县
19.00	35.50	4.80			10.00	5979	3670	1.74	黄龙县
31.13	65.00	25.00	0.55		19.00	7575	6950	3.47	黄陵县
77.00	301.00	38.00	2.50		66.00	22550	21841	9.20	南郑县
66.00	387.00	5.00	17.00		59.00	37171	36950	12.58	城固县
30.75	191.85	15.40	3.50		39.30	18536	18200	7.20	洋　县
56.00	142.00	42.00	10.00		50.00	13596	12000	6.00	西乡县
42.10	627.20	0.66			80.00	52860	45230	14.86	勉　县
24.00	118.00	5.30	19.00	3.50	22.40	10770	10044	4.80	宁强县
16.00	261.00	54.00			45.00	16139	15650	7.90	略阳县
20.51	102.79	1.31	0.33	0.33	40.67	13440	11007	5.00	镇巴县
8.00	30.80	0.40	9.26		7.00	5320	4850	1.50	留坝县
7.30	27.72	3.70			4.30	2586	2407	0.84	佛坪县
150.00	750.00	158.00			147.00	51015	45000	19.50	神木县
14.00	440.00	3.00			60.00	29811	29660	14.58	府谷县
28.30	177.37	0.50			24.20	28071	28000	11.20	横山县
54.10	503.60	12.15			66.60	49527	47126	17.98	靖边县
22.30	208.00	10.50	18.00	16.00	75.00	36455	34998	10.05	定边县
37.20	185.00	25.20			28.20	29727	25900	10.36	绥德县
40.50	45.00	20.80			14.50	11679	10860	4.32	米脂县
0.20	34.60	0.20			4.20	5568	5410	1.90	佳　县
5.20	55.00	2.00	0.10	0.10	7.00	8239	8000	3.20	吴堡县

5–6 续表 32

县名称 Name of Counties	综合生产能力(万立方米/日) Integrated Production Capacity ($10,000m^3$/day)	地下水 Underground Water	水厂个数(个) Number of Water Plants (unit)	地下水 Underground Water	供水管道长度(公里) Length of Water Supply Pipelines (km)	供水总量(万立方米) 合计 Total	售水量 小计 Subtotal	生产运营用水 The Quantity of Water for Production and Operation
清涧县	0.22	0.22	1	1	12.50	74.00	66.00	3.00
子洲县	0.35		1		36.07	92.84	82.84	1.50
汉阴县	0.68		2		35.80	248.73	223.13	37.58
石泉县	1.00		2		35.86	227.11	196.29	39.91
宁陕县	0.43		2		29.69	65.00	56.70	3.02
紫阳县	0.85		2		15.55	232.50	204.60	38.50
岚皋县	0.80		2		86.80	160.00	128.00	12.00
平利县	2.80		1		34.20	212.30	189.80	47.00
镇坪县	0.70		2		46.49	63.12	54.72	3.80
旬阳县	1.25		1		96.70	305.00	271.80	44.00
白河县	0.47		1		71.00	136.20	119.70	7.50
洛南县	1.40		2	1	58.00	342.00	306.50	34.00
丹凤县	0.60	0.16	3	2	42.00	218.20	195.20	35.00
商南县	1.20		1		51.00	143.00	125.00	15.50
山阳县	0.50	0.20	3	2	59.35	128.00	113.00	5.90
镇安县	1.20		1		80.00	130.40	111.20	7.60
柞水县	0.80		1		69.00	203.60	178.80	41.00
甘　肃	**67.64**	**38.29**	**81**	**51**	**3805.51**	**11264.40**	**9764.04**	**1617.57**
永登县	1.30	0.70	1	1	93.60	281.00	213.70	4.20
皋兰县	2.35		1		61.96	225.00	205.00	89.60
榆中县	0.60		1		64.20	217.45	200.05	47.95
永昌县	0.88	0.88	1	1	51.16	219.99	196.98	25.00
靖远县	3.20		1		130.00	296.00	261.00	35.00
会宁县	2.50		1		107.00	248.00	218.80	9.80
景泰县	0.55	0.43	1	1	85.00	220.00	194.00	22.70
清水县	1.00	1.00	1	1	43.00	243.35	218.93	32.00
秦安县	1.10	1.10	2	2	61.00	241.78	215.78	33.20
甘谷县	2.30	2.30	1	1	41.02	225.00	203.00	32.00
武山县	0.77	0.77	1	1	32.00	200.00	180.00	3.00
张家川回族自治县	3.80	3.80	1	1	17.06	119.70	108.00	28.00
民勤县	1.00	1.00	1	1	221.30	291.00	261.80	9.80
古浪县	0.86	0.86	2	1	40.10	290.19	237.80	25.00
天祝藏族自治县	1.50	1.50	1	1	58.75	139.50	119.00	
肃南裕固族自治县	0.90		1		31.30	147.50	62.78	22.90
民乐县	2.50	1.00	1	1	171.20	311.00	219.00	27.00
临泽县	0.29	0.29	1	1	50.20	105.60	86.70	14.80
高台县	1.00	1.00	1	1	88.31	171.38	150.38	4.40
山丹县	1.50	1.50	1	1	79.50	298.00	263.70	110.10
泾川县	2.10	2.10	2	2	80.74	258.00	231.30	44.03
灵台县	0.67	0.41	2	1	64.10	94.40	84.20	7.70
崇信县	1.90	1.90	1	1	65.00	139.50	125.50	40.00
华亭县	1.72	1.72	2	2	39.20	512.30	462.30	220.00
庄浪县	2.60	0.30	2	1	57.00	185.50	167.50	13.00
静宁县	0.85	0.85	1	1	59.40	276.00	248.60	32.00

continued 32

Total Quantity of Water Supply(10,000m³)						用水户数(户) Number of Households with Access to Water Supply (unit)		用水人口(万人) Population with Access to Water Supply (10,000 persons)	县名称 Name of Counties
Water Sold			免费供水量 The Quantitiy of Free Water Supply		漏损水量 The Lossed Water		家庭用户 Household User		
公共服务用水 The Quantity of Water for Public Service	居民家庭用水 The Quantity of Water for Household Use	其他用水 The Quantity of Water for Other Purposes		生活用水 Domestic Water Use					
5.00	54.00	4.00			8.00	8001	7875	3.15	清涧县
3.00	72.53	5.81			10.00	10140	9750	3.90	子洲县
30.21	153.34	2.00			25.60	18278	16435	6.87	汉阴县
11.94	143.00	1.44	6.49		24.33	15551	12500	6.25	石泉县
4.51	41.64	7.53			8.30	4458	4073	1.93	宁陕县
4.00	161.00	1.10	3.30		24.60	18286	15211	5.60	紫阳县
20.00	95.00	1.00			32.00	11041	10420	3.78	岚皋县
56.80	73.00	13.00	0.50		22.00	13358	12800	5.00	平利县
4.30	46.12	0.50	0.90	0.90	7.50	3170	2500	1.35	镇坪县
24.00	202.70	1.10	2.20		31.00	18534	18420	9.20	旬阳县
9.20	102.00	1.00			16.50	11649	11614	3.56	白河县
25.00	230.60	16.90	0.50		35.00	30960	26040	11.08	洛南县
58.00	101.00	1.20			23.00	16370	15700	5.50	丹凤县
48.50	60.00	1.00			18.00	11539	11012	5.50	商南县
31.20	73.70	2.20			15.00	9705	9366	4.16	山阳县
19.80	83.30	0.50			19.20	11192	10882	3.74	镇安县
8.00	125.00	4.80	2.80	2.00	22.00	9990	9000	5.03	柞水县
1517.63	**6296.94**	**331.90**	**227.48**	**14.25**	**1272.88**	**700133**	**649979**	**337.38**	**甘　肃**
30.00	150.00	29.50	18.80		48.50	24577	24000	8.00	永登县
23.10	71.20	21.10			20.00	996	530	3.21	皋兰县
4.85	144.78	2.47			17.40	16468	15440	5.78	榆中县
21.00	120.98	30.00	0.01	0.01	23.00	17442	16952	5.34	永昌县
47.00	161.00	18.00			35.00	26100	25100	9.10	靖远县
27.70	180.00	1.30	3.20		26.00	24704	24000	12.95	会宁县
29.40	125.00	16.90			26.00	5490	4200	7.73	景泰县
74.80	111.03	1.10			24.42	6087	5900	5.90	清水县
28.50	154.00	0.08	1.00	1.00	25.00	15941	15820	11.94	秦安县
13.50	153.00	4.50			22.00	14052	13543	12.80	甘谷县
48.20	124.00	4.80			20.00	7641	7300	6.50	武山县
32.00	48.00				11.70	5115	4360	3.30	张家川回族自治县
15.40	227.40	9.20			29.20	20968	20624	5.07	民勤县
66.00	142.60	4.20	9.60	2.56	42.79	8897	8100	3.73	古浪县
53.28	55.12	10.60			20.50	14279	13544	4.80	天祝藏族自治县
17.95	14.54	7.39	67.06		17.66	4475	4226	1.32	肃南裕固族自治县
17.00	137.00	38.00	50.00	2.00	42.00	18467	18127	7.49	民乐县
23.10	44.80	4.00	1.90	0.20	17.00	8655	8064	2.74	临泽县
30.40	113.40	2.18			21.00	12203	11917	5.58	高台县
16.50	131.50	5.60	1.30		33.00	39200	19476	7.10	山丹县
13.90	169.55	3.82			26.70	12894	12765	8.86	泾川县
12.00	62.30	2.20			10.20	8354	8204	3.63	灵台县
9.50	72.00	4.00			14.00	7770	7700	3.48	崇信县
40.00	198.00	4.30			50.00	12564	12280	8.61	华亭县
10.20	143.10	1.20			18.00	13279	12900	5.67	庄浪县
12.90	200.50	3.20			27.40	23345	23052	11.76	静宁县

5-6 续表 33

县名称 Name of Counties	综合生产能力(万立方米/日) Integrated Production Capacity (10,000m³/day)	地下水 Underground Water	水厂个数(个) Number of Water Plants (unit)	地下水 Underground Water	供水管道长度(公里) Length of Water Supply Pipelines (km)	供水总量(万立方米) 合计 Total	售水量 小计 Subtotal	生产运营用水 The Quantity of Water for Production and Operation
金塔县	0.80	0.80	1	1	71.29	244.18	217.17	35.04
瓜州县	0.85	0.85	1	1	70.58	309.23	223.23	83.00
肃北蒙古族自治县	0.50	0.50	1	1	28.60	65.00	58.00	27.20
阿克塞哈萨克自治县	0.48		1		20.18	91.05	78.09	35.20
庆城县	0.75		1		80.00	283.13	250.13	27.50
环　县	0.70	0.36	2	1	76.00	238.16	206.66	14.15
华池县	0.41	0.11	1	1	76.49	139.80	126.00	12.80
合水县	0.60		1	1	60.00	182.30	159.90	54.00
正宁县	0.64		1		70.32	151.32	132.80	34.85
宁　县	0.60	0.55	1	1	31.50	129.68	114.68	12.10
镇原县	0.60	0.59	1	1	22.68	215.17	193.17	84.90
通渭县	0.58		2		81.25	118.00	106.00	7.00
陇西县	1.61	1.61	4	4	147.54	382.63	344.13	14.80
渭源县	0.75		1		49.50	72.00	65.10	1.10
临洮县	1.00	1.00	1	1	68.95	353.80	315.80	36.00
漳　县	1.00	1.00	1	1	53.90	125.00	109.70	5.10
岷　县	1.65	1.65	1	1	63.50	182.40	163.40	13.90
成　县	0.60	0.40	2	1	26.75	154.10	138.60	0.55
文　县	0.40	0.40	1	1	24.00	118.00	106.00	17.00
宕昌县	1.50		1		74.49	176.00	151.00	27.50
康　县	0.82		2		48.65	66.71	59.56	2.00
西和县	0.40	0.40	2	2	71.30	117.10	105.10	14.00
礼　县	0.60	0.60	1	1	76.07	182.00	156.00	7.00
徽　县	0.50		2		53.00	150.84	135.73	14.60
两当县	0.75		1		21.20	43.19	38.87	0.89
临夏县	1.20		1		10.50	39.90	34.70	4.10
康乐县	0.30		1		32.10	95.62	80.89	2.26
永靖县	1.20		1		61.28	222.88	184.38	11.00
广河县	1.10		1		21.90	89.25	80.00	10.60
和政县	0.60		1		58.01	139.74	119.94	31.24
东乡县	0.20		1		33.35	39.97	35.97	3.59
积石山县	0.48		2		23.32	70.26	63.14	5.02
临潭县	0.55	0.55	1	1	58.00	49.62	43.62	4.20
卓尼县	0.56		1	1	48.21	52.10	42.10	3.60
舟曲县	1.00		1	1	1.80	52.80	45.70	9.60
迭部县	0.20	0.10	1	1	34.00	29.00	24.00	8.00
玛曲县	0.22	0.21	1	1	23.00	32.30	29.00	1.00
碌曲县	0.20	0.20	1	1	15.20	35.33	28.98	2.00
夏河县	1.00	1.00	1	1	24.00	67.70	61.00	6.00
青　海	**54.95**	**17.51**	**52**	**29**	**1760.65**	**6120.28**	**5176.59**	**1224.65**
大通县	6.00		1	1	129.00	593.50	530.00	29.00
湟中县	2.35		2	2	67.50	351.35	249.01	15.00
湟源县	1.11		1	1	147.89	317.05	260.16	40.12

continued 33

Total Quantity of Water Supply($10,000m^3$)						用水户数(户) Number of Households with Access to Water Supply (unit)		用水人口(万人) Population with Access to Water Supply (10,000 persons)	县名称 Name of Counties
Water Sold			免费供水量 The Quantitiy of Free Water Supply		漏损水量 The Lossed Water		家庭用户 Household User		
公共服务用水 The Quantity of Water for Public Service	居民家庭用水 The Quantity of Water for Household Use	其他用水 The Quantity of Water for Other Purposes		生活用水 Domestic Water Use					
36.29	139.30	6.54	2.10	0.90	24.91	14642	14293	5.59	金塔县
36.80	102.00	1.43	39.00		47.00	17253	16698	4.39	瓜州县
5.60	24.00	1.20			7.00	2479	1857	0.80	肃北蒙古族自治县
8.10	33.20	1.59	2.66		10.30	3042	2912	1.37	阿克塞哈萨克自治县
30.90	185.73	6.00			33.00	16893	16021	6.57	庆城县
61.76	130.75		8.50	0.08	23.00	15328	15100	6.37	环　县
28.80	79.50	4.90			13.80	7864	7401	3.96	华池县
18.20	81.00	6.70			22.40	15439	14825	5.08	合水县
18.68	79.27				18.52	8102	7915	4.28	正宁县
16.98	74.00	11.60			15.00	8996	8190	3.91	宁　县
26.87	81.40				22.00	8803	7800	3.58	镇原县
45.00	51.00	3.00			12.00	5777	5037	5.20	通渭县
170.13	154.00	5.20	1.30	1.30	37.20	32189	31650	19.59	陇西县
14.30	49.20	0.50			6.90	8166	5506	3.37	渭源县
19.20	254.60	6.00			38.00	11729	10800	14.66	临洮县
20.20	78.80	5.60	1.30		14.00	4264	3993	5.26	漳　县
5.40	143.00	1.10	0.80	0.80	18.20	16287	16160	7.96	岷　县
1.30	136.00	0.75			15.50	13887	13500	6.92	成　县
18.00	71.00				12.00	10010	9703	3.89	文　县
36.00	87.50				25.00	7275	7065	3.30	宕昌县
9.96	40.60	7.00	0.50		6.65	6202	5649	2.17	康　县
20.00	69.00	2.10			12.00	7255	5900	4.84	西和县
25.00	123.00	1.00	2.00		24.00	9082	8416	5.14	礼　县
7.13	114.00				15.11	12016	11387	5.20	徽　县
4.30	32.70	0.98			4.32	2399	2209	1.21	两当县
10.80	18.50	1.30	1.10	1.10	4.10	1754	1418	1.66	临夏县
10.92	67.03	0.68	5.15	2.30	9.58	8249	7886	4.08	康乐县
30.68	139.00	3.70			38.50	12741	12452	3.86	永靖县
13.00	55.20	1.20	0.25		9.00	4129	4050	3.10	广河县
8.69	80.01				19.80	4796	4558	3.58	和政县
5.30	26.42	0.66			4.00	3340	3304	1.71	东乡县
8.67	48.33	1.12			7.12	5647	5523	3.08	积石山县
1.09	33.00	5.33	1.00		5.00	4608	4000	1.72	临潭县
3.50	33.00	2.00	4.00		6.00	3009	3000	1.68	卓尼县
3.60	30.50	2.00	2.00	2.00	5.10	5582	5460	1.75	舟曲县
3.00	11.00	2.00	2.00		3.00	3256	2997	0.51	迭部县
2.00	24.00	2.00			3.30	2707	2560	1.15	玛曲县
3.30	22.60	1.08	0.95		5.40	1683	1480	0.70	碌曲县
10.00	39.00	6.00			6.70	3290	3180	1.80	夏河县
1012.71	**2749.44**	**189.79**	**248.94**	**115.17**	**694.75**	**226773**	**214535**	**104.89**	**青　海**
160.00	338.93	2.07	1.00	1.00	62.50	2750	2237	12.87	大通县
39.50	193.00	1.51	66.04	65.80	36.30	6979	6940	5.95	湟中县
56.60	145.84	17.60	21.56	18.10	35.33	10951	10698	6.89	湟源县

5–6 续表 34

县名称 Name of Counties	综合生产能力(万立方米/日) Integrated Production Capacity (10,000m³/day)	地下水 Underground Water	水厂个数(个) Number of Water Plants (unit)	地下水 Underground Water	供水管道长度(公里) Length of Water Supply Pipelines (km)	供水总量(万立方米) 合计 Total	售水量 小计 Subtotal	生产运营用水 The Quantity of Water for Production and Operation
民和县	0.90		2		170.00	319.60	266.50	48.00
互助县	5.00		1		97.42	371.50	297.65	1.05
化隆县	0.55		1		39.80	200.00	160.00	25.00
循化县	0.80		1		75.40	192.00	169.00	18.00
门源县	7.00		1		86.27	129.21	116.40	8.30
祁连县	3.20	0.60	2	1	21.00	88.08	78.60	12.40
海晏县	0.20	0.20	6	6	22.80	85.00	76.00	9.00
刚察县	0.10		1	1	32.20	110.00	99.00	4.90
西海镇	7.00	7.00	1	1	51.00	90.00	76.74	21.50
同仁县	1.00		1		34.00	307.00	277.00	82.00
尖扎县	1.10		1		21.00	72.10	64.00	10.80
泽库县	0.40		1		12.00	52.00	47.00	14.00
河南县	0.45		1		10.00	83.00	75.00	14.00
共和县	1.60	0.80	2	1	78.40	336.80	291.80	61.00
同德县	0.50		1		11.00	54.50	48.40	14.80
贵德县	1.30		3		76.00	135.19	115.89	18.64
兴海县	1.54		1		30.00	63.00	55.00	5.50
贵南县	0.40		1		16.62	68.48	61.74	2.14
玛沁县	1.00	1.00	1	1	56.70	113.90	108.80	26.10
班玛县	0.20	0.20	1	1	15.50	72.00	68.64	40.80
甘德县	0.10	0.10	1	1	15.50	36.27	34.13	7.85
达日县	0.30	0.30	1	1	35.00	37.23	34.89	8.12
久治县	1.00	1.00	1	1	11.60	38.79	36.32	8.55
玛多县	1.00	1.00	1	1	27.00	33.09	30.84	8.43
杂多县	1.13	0.10	3	1	9.00	65.90	54.90	3.20
称多县	0.60		1	1	34.84	43.20	35.88	0.54
治多县	0.80		1		10.00	60.78	44.10	4.10
囊谦县	0.80	0.30	1	1	28.50	57.80	48.80	2.10
曲麻莱县	0.50	0.20	1	1	10.00	27.60	24.80	1.00
乌兰县	0.31		2		19.60	92.85	81.25	31.00
都兰县	0.60	0.60	1	1	42.00	210.61	161.39	90.20
天峻县	0.41	0.41	1	1	100.96	149.65	133.31	24.61
茫崖行委	2.00	2.00	1	1	68.35	730.00	657.70	387.90
大柴旦行委	0.70	0.70	1	1	18.20	97.71	88.21	25.00
冷湖行委	1.00	1.00	1	1	28.60	233.54	117.74	100.00
宁　夏	**24.64**	**17.84**	**23**	**14**	**1325.47**	**5179.10**	**4368.44**	**745.15**
永宁县	1.63	1.63	1	1	101.16	450.00	390.30	91.70
贺兰县	5.00	5.00	2	2	98.65	1492.76	1325.99	222.21
平罗县	2.00	1.60	1	1	123.00	624.70	498.70	72.00
盐池县	3.00	1.50	2	1	239.33	459.00	334.00	71.00
同心县	1.20	1.20	2	2	145.80	291.00	260.00	59.00
红寺堡开发区	1.20	1.20	1	1	99.79	170.27	149.00	47.00
西吉县	1.50		2		150.37	401.50	326.50	58.00
隆德县	1.66		3		66.61	139.65	99.33	8.71

continued 34

Total Quantity of Water Supply($10,000m^3$) Water Sold 公共服务用水 The Quantity of Water for Public Service	居民家庭用水 The Quantity of Water for Household Use	其他用水 The Quantity of Water for Other Purposes	免费供水量 The Quantitiy of Free Water Supply	生活用水 Domestic Water Use	漏损水量 The Lossed Water	用水户数(户) Number of Households with Access to Water Supply (unit)	家庭用户 Household User	用水人口(万人) Population with Access to Water Supply (10,000 persons)	县名称 Name of Counties
52.00	157.00	9.50	21.10	21.10	32.00	23195	22375	7.30	民和县
54.30	200.30	42.00	36.35		37.50	22166	21893	8.05	互助县
41.00	74.00	20.00			40.00	14468	13982	4.90	化隆县
41.00	90.00	20.00			23.00	6678	6335	3.92	循化县
46.00	62.10		0.31	0.11	12.50	12887	12617	5.32	门源县
12.30	51.60	2.30	0.48	0.23	9.00	6680	5912	1.67	祁连县
28.00	39.00				9.00	5696	2866	2.47	海晏县
38.30	55.80				11.00	4153	4026	1.66	刚察县
3.90	47.10	4.24	0.86	0.11	12.40	6502	5488	2.08	西海镇
45.00	137.00	13.00			30.00	8195	7670	3.63	同仁县
9.80	39.00	4.40			8.10	5752	5724	1.86	尖扎县
11.00	22.00				5.00	2190	2150	0.86	泽库县
17.00	44.00				8.00	3487	3260	1.43	河南县
46.50	184.30				45.00	13569	13201	4.76	共和县
10.60	23.00				6.10	3489	3455	1.18	同德县
17.40	76.10	3.75	1.80		17.50	9272	8159	2.67	贵德县
13.40	29.00	7.10	2.00		6.00	5007	4826	1.76	兴海县
10.10	49.50				6.74	6004	5927	2.11	贵南县
27.50	55.20				5.10	4654	4623	1.89	玛沁县
12.50	15.34				3.36	1271	1264	0.48	班玛县
9.34	16.94				2.14	1000	973	0.39	甘德县
7.20	19.57				2.34	1203	1198	0.43	达日县
6.33	21.44				2.47	1315	1212	0.39	久治县
6.71	15.70				2.25	933	913	0.33	玛多县
1.70	48.00	2.00			11.00	3685	3223	2.00	杂多县
0.64	34.40	0.30	0.22	0.22	7.10	444	326	1.00	称多县
14.00	26.00		5.00		11.68	2742	2350	1.47	治多县
3.70	43.00				9.00	3833	3602	1.90	囊谦县
3.80	20.00				2.80	1559	1442	0.88	曲麻莱县
21.00	29.25		2.20	1.72	9.40	3398	3344	1.47	乌兰县
34.43	36.76		10.02	6.78	39.20	3840	3828	1.71	都兰县
52.67	56.03				16.34	4432	4420	1.83	天峻县
38.30	205.50	26.00			72.30	8501	8495	3.75	茫崖行委
12.19	37.00	14.02			9.50	3096	3034	1.37	大柴旦行委
7.00	10.74		80.00		35.80	797	547	0.26	冷湖行委
709.26	**2277.74**	**636.29**	**220.23**	**107.50**	**590.43**	**270428**	**236955**	**89.45**	**宁　夏**
78.70	191.10	28.80			59.70	34363	30293	6.45	永宁县
252.42	429.43	421.93	7.00	2.00	159.77	59579	51118	8.17	贺兰县
110.70	316.00		52.00		74.00	33189	32012	12.60	平罗县
53.00	210.00		75.00	75.00	50.00	25772	21337	9.15	盐池县
15.00	180.00	6.00			31.00	4294	3776	7.59	同心县
22.00	70.00	10.00	1.20		20.07	6168	5374	3.70	红寺堡开发区
20.00	236.50	12.00	25.00	10.00	50.00	14168	14000	9.60	西吉县
18.62	70.20	1.80	25.93	20.50	14.39	9526	8257	3.76	隆德县

5-6 续表 35

县名称 Name of Counties	综合生产能力(万立方米/日) Integrated Production Capacity ($10,000m^3$/day)	地下水 Underground Water	水厂个数(个) Number of Water Plants (unit)	地下水 Underground Water	供水管道长度(公里) Length of Water Supply Pipelines (km)	供水总量(万立方米) 合计 Total	售水量 小计 Subtotal	生产运营用水 The Quantity of Water for Production and Operation
泾源县	1.40		2		40.50	110.00	98.50	20.00
彭阳县	1.40	1.40	2	2	84.00	205.00	155.00	31.00
中宁县	4.00	4.00	2	2	88.76	657.52	574.52	49.53
海原县	0.65	0.31	3	2	87.50	177.70	156.60	15.00
新　疆	**200.52**	**93.84**	**110**	**87**	**6328.38**	**22949.19**	**18484.11**	**3040.29**
鄯善县	4.00	1.00	1	1	274.99	795.00	715.00	75.00
托克逊县	0.84	0.84	1	1	67.35	270.50	240.50	34.00
巴里坤哈萨克自治县	0.56	0.56	1	1	56.00	156.40	140.40	60.00
伊吾县	0.50	0.50	3	3	40.30	145.00	130.00	9.25
呼图壁县	2.50	2.50	2	2	145.41	390.42	347.12	38.00
玛纳斯县	3.00	3.00	2	2	84.30	367.00	316.00	36.00
奇台县	5.00	5.00	2	2	77.16	836.00	739.90	54.00
吉木萨尔县	2.50	2.50	1	1	77.00	456.00	411.00	13.00
木垒县	0.76		1		64.04	164.10	144.10	17.65
精河县	1.20	1.20	2	2	61.00	181.10	162.70	7.30
温泉县	0.53	0.53	1	1	58.50	63.00	56.00	4.30
轮台县	1.50	1.50	1	1	120.85	294.00	264.00	25.00
尉犁县	74.95		1		62.89	86.80	76.80	1.80
若羌县	2.00	2.00	1	1	79.00	155.00	123.00	5.00
且末县	1.30	1.30	1	1	56.28	200.00	178.20	18.00
焉耆县	1.20	1.20	1	1	39.08	352.00	313.00	55.00
和静县	2.10	2.10	1	1	70.12	495.40	443.00	13.00
和硕县	0.50	0.50	2	2	70.35	140.00	120.00	5.00
博湖县	0.60	0.60	1	1	20.87	104.74	93.54	8.21
温宿县	1.21	1.21	2	2	57.03	222.58	199.58	6.58
库车县	15.38	15.38	4	4	508.60	3010.43	2546.87	902.72
沙雅县	1.30	1.30	2	2	119.50	335.00	296.90	51.80
新和县	1.00	1.00	1	1	68.00	215.53	190.53	30.00
拜城县	1.50	1.50	2	2	54.00	482.00	252.00	12.00
乌什县	0.63	0.63	2	2	27.80	219.00	183.10	24.00
阿瓦提县	1.10	1.10	1	1	88.20	160.30	143.60	2.00
柯坪县	0.40		1		68.20	121.00	104.00	21.00
阿克陶县	0.72	0.72	3	3	70.02	218.50	186.70	19.50
阿合奇县	1.54	1.52	3	3	105.10	228.20	168.20	12.80
乌恰县	2.34		1		82.91	136.59	123.02	45.26
疏附县	1.10	1.10	4	4	93.50	267.00	232.00	22.00
疏勒县	3.00	3.00	3	3	83.86	532.90	423.97	225.37
英吉沙县	3.20	3.20	1	1	78.00	363.90	313.40	33.00
泽普县	2.80	2.00	1	1	144.73	499.10	447.00	92.00
莎车县	4.10	4.10	2	2	76.90	921.71	830.71	39.60
叶城县	3.00	2.00	3	2	121.00	530.00	460.00	15.00
麦盖提县	2.30	2.30	1	1	89.20	562.80	486.30	38.00
岳普湖县	1.10	1.10	1	1	85.40	328.70	240.70	74.90

continued 35

Total Quantity of Water Supply(10,000m³)						用水户数(户)		用水人口(万人)	县名称
Water Sold			免费供水量		漏损水量		家庭用户		
公共服务用水 The Quantity of Water for Public Service	居民家庭用水 The Quantity of Water for Household Use	其他用水 The Quantity of Water for Other Purposes	The Quantitiy of Free Water Supply	生活用水 Domestic Water Use	The Lossed Water	Number of Households with Access to Water Supply (unit)	Household User	Population with Access to Water Supply (10,000 persons)	Name of Counties
33.50	45.00				11.50	4648	3940	1.95	泾源县
30.00	94.00		30.00		20.00	11360	9912	6.24	彭阳县
70.72	316.51	137.76			83.00	50676	40816	13.24	中宁县
4.60	119.00	18.00	4.10		17.00	16685	16120	7.00	海原县
3552.73	**10324.28**	**1566.81**	**1713.74**	**21.58**	**2751.34**	**736955**	**675073**	**328.08**	**新　疆**
419.00	219.00	2.00			80.00	17520	16882	5.53	鄯善县
47.00	143.00	16.50			30.00	19167	19120	5.70	托克逊县
20.00	60.40				16.00	9885	9238	1.51	巴里坤哈萨克自治县
11.25	20.20	89.30			15.00	1696	1560	0.60	伊吾县
55.00	166.12	88.00			43.30	19078	17520	5.10	呼图壁县
40.00	220.00	20.00	15.00		36.00	17838	15878	5.97	玛纳斯县
19.00	661.30	5.60	1.10	0.70	95.00	36200	35791	15.28	奇台县
33.00	245.00	120.00			45.00	12544	11674	5.02	吉木萨尔县
11.29	57.49	57.67			20.00	10302	9399	1.98	木垒县
16.20	80.00	59.20			18.40	9042	6010	4.70	精河县
2.70	49.00				7.00	3600	3573	0.93	温泉县
25.00	208.50	5.50			30.00	11995	10250	3.89	轮台县
20.00	55.00				10.00	6420	6406	2.01	尉犁县
38.00	60.00	20.00	6.00	2.50	26.00	3631	3400	1.78	若羌县
64.89	89.11	6.20			21.80	8756	7866	3.25	且末县
74.00	182.00	2.00			39.00	15755	15201	8.20	焉耆县
51.00	201.00	178.00			52.40	18078	17530	5.21	和静县
26.00	81.00	8.00			20.00	5918	4800	2.30	和硕县
26.50	53.53	5.30			11.20	8710	6218	1.76	博湖县
53.00	107.00	33.00			23.00	15140	15007	5.30	温宿县
836.50	807.65				463.56	35651	35491	17.50	库车县
54.50	178.20	12.40			38.10	19835	19050	6.38	沙雅县
69.00	86.00	5.53			25.00	19510	16205	8.10	新和县
40.00	200.00		180.00		50.00	18788	18728	5.46	拜城县
34.00	125.10		13.00		22.90	7508	6100	3.10	乌什县
9.60	88.00	44.00			16.70	9280	8020	4.95	阿瓦提县
19.00	61.00	3.00			17.00	5895	4500	1.70	柯坪县
36.00	128.20	3.00	10.00		21.80	8802	8534	4.11	阿克陶县
35.00	93.30	27.10	28.00	9.70	32.00	4974	4385	2.33	阿合奇县
25.00	43.26	9.50			13.57	6579	5702	1.64	乌恰县
42.00	125.00	43.00			35.00	3607	3600	5.55	疏附县
45.96	51.16	101.48	55.65		53.28	15094	11476	4.86	疏勒县
9.90	270.50		14.00		36.50	8358	8000	5.33	英吉沙县
106.00	216.00	33.00	1.90	1.70	50.20	6705	6568	5.62	泽普县
38.00	753.11				91.00	19564	18674	24.80	莎车县
32.00	390.00	23.00	15.00	3.00	55.00	25360	23000	13.20	叶城县
58.20	291.00	99.10			76.50	15592	15332	7.20	麦盖提县
75.00	89.40	1.40	54.80	0.92	33.20	2987	2713	6.00	岳普湖县

5–6 续表 36

县名称 Name of Counties	综合生产能力(万立方米/日) Integrated Production Capacity (10,000m³/day)	地下水 Underground Water	水厂个数(个) Number of Water Plants (unit)	地下水 Underground Water	供水管道长度(公里) Length of Water Supply Pipelines (km)	供水总量(万立方米) 合计 Total	售水量 小计 Subtotal	生产运营用水 The Quantity of Water for Production and Operation
伽师县	1.59	1.59	1	1	125.00	295.67	263.43	
巴楚县	1.95		2		83.00	383.20	372.00	38.00
塔什库尔干县	0.88	0.14	1	1	46.01	131.74	80.35	29.83
墨玉县	1.00	1.00	1	1	97.88	340.60	298.60	50.30
皮山县	0.80	0.80	1	1	85.80	114.89	97.28	29.80
洛浦县	0.52	0.52	1	1	97.00	162.00	145.10	8.75
策勒县	0.80	0.80	1	1	80.87	143.30	129.50	42.04
于田县	1.00	1.00	1	1	113.10	220.00	196.00	7.50
民丰县	1.00	1.00	1	1	40.30	111.68	93.68	60.20
伊宁县	2.58		1		122.05	325.00	281.00	95.00
察布查尔县	3.30	3.30	2	2	129.04	360.00	323.50	17.90
霍城县	2.00		2		42.99	461.00	408.00	70.00
巩留县	3.10	1.30	5	4	371.60	370.00	202.00	28.00
新源县	5.50		1		127.58	628.62	339.62	34.50
昭苏县	2.20		2		83.75	332.20	295.00	27.00
特克斯县	1.00		3	2	208.00	273.30	243.70	27.20
尼勒克县	2.00	2.00	2	2	63.70	150.00	132.00	34.00
额敏县	0.55	0.55	2	2	142.84	133.10	119.60	21.10
沙湾县	8.40	8.40	2	2	191.50	1860.00	645.40	161.00
托里县	0.90	0.15	4	3	136.51	150.00	135.00	21.00
裕民县	0.60		1		41.00	198.10	152.00	40.00
和布克赛尔蒙古自治县	0.40	0.40	1	1	53.60	121.00	105.00	7.00
布尔津县	0.50		1		15.06	80.50	71.60	0.80
富蕴县	0.88		2		47.41	146.75	126.54	6.22
福海县	0.96		1		93.00	72.10	60.10	4.80
哈巴河县	1.45		1		62.08	211.57	186.00	3.40
青河县	0.50		1		32.27	115.17	94.17	14.81
吉木乃县	0.90	0.90	2	2	48.00	50.00	45.10	13.10
新疆生产建设兵团	**111.76**	**74.38**	**180**	**148**	**5999.59**	**12593.63**	**10935.48**	**2359.28**
第一师	16.38	1.80	16	6	261.82	1183.39	1020.37	161.66
第二师	8.07	6.97	18	15	483.21	1015.64	878.72	251.05
第三师	13.04	5.98	17	13	966.82	1103.79	958.56	140.58
第四师	11.58	11.28	28	26	808.67	1677.27	1493.60	474.23
第五师	2.98	2.98	15	15	225.85	481.19	409.51	41.55
第六师	8.36	8.34	17	16	865.71	1396.46	1242.78	84.44
第七师	15.65	10.14	13	12	387.00	1266.07	996.20	259.89
第八师	9.35	9.35	12	12	874.81	2084.82	1859.07	579.30
第九师	4.70	3.71	13	11	283.85	571.87	512.49	163.58
第十师	6.96	1.18	9	5	232.72	223.42	190.95	29.51
第十二师	11.05	9.96	8	6	256.41	754.82	654.28	66.07
第十三师	2.59	1.99	9	8	254.38	535.81	470.37	33.52
第十四师	1.05	0.70	5	3	98.34	299.08	248.58	73.90

continued 36

Total Quantity of Water Supply($10,000m^3$)						用水户数(户) Number of Households with Access to Water Supply (unit)		用水人口(万人) Population with Access to Water Supply (10,000 persons)	县名称 Name of Counties
Water Sold			免费供水量 The Quantitiy of Free Water Supply		漏损水量 The Lossed Water		家庭用户 Household User		
公共服务用水 The Quantity of Water for Public Service	居民家庭用水 The Quantity of Water for Household Use	其他用水 The Quantity of Water for Other Purposes		生活用水 Domestic Water Use					
80.21	182.90	0.32			32.24	18000	16400	7.00	伽师县
71.00	263.00		3.00		8.20	7687	7631	11.20	巴楚县
18.72	30.80	1.00	0.06	0.06	51.33	3024	2932	1.50	塔什库尔干县
26.42	202.38	19.50			42.00	10349	9557	6.12	墨玉县
2.00	65.48				17.61	5603	5590	3.03	皮山县
23.00	96.00	17.35			16.90	5673	5545	3.15	洛浦县
34.82	44.07	8.57			13.80	6020	5885	2.55	策勒县
46.50	130.00	12.00			24.00	6471	6076	4.90	于田县
5.10	25.58	2.80			18.00	2553	2280	1.64	民丰县
53.00	132.00	1.00	2.00	2.00	42.00	12600	11241	5.00	伊宁县
47.80	257.80				36.50	11256	10441	4.00	察布查尔县
62.00	256.00	20.00	5.00		48.00	14471	13000	7.10	霍城县
21.00	107.00	46.00	120.00		48.00	12062	11000	4.80	巩留县
60.45	196.50	48.17	224.00		65.00	22596	18965	8.05	新源县
50.00	198.00	20.00	2.00		35.20	5396	4775	3.00	昭苏县
40.00	147.30	29.20			29.60	7260	6601	3.61	特克斯县
16.00	82.00		2.00	1.00	16.00	8617	8127	4.47	尼勒克县
5.60	88.90	4.00			13.50	13496	12501	4.55	额敏县
100.00	280.00	104.40	928.00		286.60	17634	13206	10.42	沙湾县
28.00	73.00	13.00			15.00	7577	6884	2.68	托里县
36.00	66.00	10.00	26.30		19.80	4659	4338	1.58	裕民县
18.00	80.00				16.00	3417	2953	1.35	和布克赛尔蒙古自治县
17.00	50.30	3.50	0.90		8.00	6500	5320	2.13	布尔津县
16.62	85.60	18.10	6.03		14.18	9160	8190	2.91	富蕴县
8.50	44.00	2.80			12.00	6013	5300	2.30	福海县
17.00	109.00	56.60			25.57	11388	10348	2.26	哈巴河县
23.80	50.20	5.36			21.00	8095	6701	1.52	青河县
5.70	24.94	1.36			4.90	4014	3885	1.41	吉木乃县
1731.23	**6284.57**	**560.40**	**99.96**	**57.38**	**1558.19**	**555821**	**513223**	**156.37**	**新疆生产建设兵团**
239.40	564.36	54.95	3.01	2.00	160.01	52801	40657	14.68	第一师
92.79	497.96	36.92	12.12	12.10	124.80	46048	44566	11.48	第二师
133.32	653.79	30.87	19.77	1.32	125.46	47179	46232	12.84	第三师
217.52	713.58	88.27	4.22	2.92	179.45	52553	50291	14.76	第四师
129.74	236.57	1.65	9.00	8.31	62.68	21029	19634	6.62	第五师
148.81	891.61	117.92			153.68	60321	59054	16.49	第六师
162.09	536.58	37.64	11.20	0.81	258.67	63684	60538	20.00	第七师
241.60	900.92	137.25	9.00	8.00	216.75	88179	77381	26.45	第八师
83.11	232.40	33.40	0.36	0.27	59.02	26311	22997	6.51	第九师
22.25	136.02	3.17	4.93	3.82	27.54	15045	12775	3.91	第十师
161.08	421.18	5.95	0.05	0.03	100.49	36289	34357	8.52	第十二师
76.72	351.32	8.81	6.30	5.80	59.14	34717	33153	10.28	第十三师
22.80	148.28	3.60	20.00	12.00	30.50	11665	11588	3.83	第十四师

5-7 2015年按县分列的县城供水(自建设施供水)

县名称 Name of Counties	综合生产能力(万立方米/日) Integrated Production Capacity (10,000m³/day)	地下水 Underground Water	供水管道长度(公里) Length of Water Supply Pipelines (km)	供水总量(万立方米) 合计 Total	生产运营用水 The Quantity of Water for Production and Operation
全　国	**1004.54**	**795.74**	**11558.71**	**152194.37**	**90402.83**
河　北	**88.34**	**79.63**	**1391.36**	**19105.90**	**10222.75**
井陉县	1.00	1.00	3.80	100.00	91.00
正定县	1.00	1.00	1.00	51.00	50.00
行唐县	0.14	0.12	12.00	22.08	4.10
灵寿县	2.50	2.50	30.00	425.00	317.00
高邑县	0.48	0.48	48.30	64.47	15.80
深泽县	0.85	0.85	16.30	270.00	20.60
赞皇县	0.75	0.68	1.70	174.00	82.00
无极县	3.50	3.50	43.00	1277.00	1142.00
元氏县	2.60	2.60	13.00	860.00	698.00
赵　县	1.94	1.94	1.00	536.00	410.00
滦　县	2.21	2.21	21.50	714.00	635.00
滦南县	3.00	3.00	95.00	540.00	302.00
乐亭县	1.08		37.00	392.40	149.00
迁西县	1.20	0.70	23.00	13.50	4.00
玉田县	6.76	6.76	116.00	1601.54	715.62
昌黎县	1.70	1.70	10.00	600.00	470.00
临漳县	1.30	1.30	28.00	190.00	42.00
永年县	1.00	0.50	78.10	104.02	18.00
广平县	0.70	0.65	17.60	4.40	
内丘县	0.50	0.50	19.00	47.20	15.00
柏乡县	0.45	0.45	21.00	105.20	47.20
隆尧县	0.40	0.40	5.00	146.00	106.00
任　县	0.32	0.31	16.50	112.03	39.53
宁晋县	1.40	1.40	29.00	474.70	358.00
巨鹿县	2.20	0.35	18.00	102.00	85.00
新河县	0.50			18.00	
广宗县	0.80	0.80	8.50	279.00	206.40
平乡县	2.70	0.75	12.00	100.50	4.50
清河县	1.90	1.90	44.00	370.00	250.00
临西县	0.33	0.33	15.00	117.00	7.00
涞水县	0.61	0.61	90.00	220.00	36.44
阜平县	1.70	1.70	13.80	50.00	7.00
定兴县	1.70	1.70		531.00	70.00
唐　县	1.40	1.40	6.40	391.10	4.60
高阳县	0.77	0.77	15.20	105.40	6.00
容城县	1.15	1.15	42.00	146.00	73.00
涞源县	1.20	1.20	32.00	208.00	
曲阳县	2.16	2.16	34.50	747.70	89.00
蠡　县	2.00	2.00	6.00	540.00	486.00
顺平县	0.30	0.30	5.69	108.80	5.12
博野县	0.79	0.79	15.00	265.00	75.00
雄　县	2.39	2.39	177.00	860.14	535.80

County Seat Water Supply by County (Surplier with Self-Built Facilities) (2015)

Total Quantity of Water Supply(10,000m^3) 公共服务用水 The Quantity of Water for Public Service	居民家庭用水 The Quantity of Water for Household Use	其他用水 The Quantity of Water for Other Purposes	用水户数(户) Number of Households with Access to Water Supply (unit)	家庭用户 Household User	用水人口(万人) Population with Access to Water Supply (10,000 persons)	县名称 Name of Counties
19440.38	**35174.26**	**7176.90**	**2244446**	**1900930**	**753.06**	**全　国**
2255.84	**5491.22**	**1136.09**	**383539**	**318399**	**134.65**	**河　北**
0.20	7.60	1.20	665	640	0.24	井陉县
	1.00		2	1	0.01	正定县
4.08	12.10	1.80	498	471	0.08	行唐县
	108.00		800	650	0.26	灵寿县
1.49	47.18		4590	4388	2.35	高邑县
184.40	65.00		5973	5326	3.90	深泽县
56.00	20.00	16.00	190	60	1.20	赞皇县
8.00	127.00		12800	10200	2.45	无极县
21.50	129.50	11.00	1376	1130	2.79	元氏县
	126.00		7151	7053	2.68	赵　县
	79.00		11520	11062	2.82	滦　县
41.00	197.00		8089	7768	2.75	滦南县
51.00	174.40	18.00	20960	17880	5.38	乐亭县
	9.50		1550	1158	0.60	迁西县
147.06	675.17	63.69	29892	29342	10.27	玉田县
	130.00		2470	1360	1.70	昌黎县
39.00	85.00	24.00	1580	1470	0.53	临漳县
19.00	58.00	9.02	7650	7215	1.90	永年县
		4.40	748			广平县
1.20	31.00		3850	33	3.80	内丘县
6.00	51.00	1.00	4730	4632	1.12	柏乡县
22.00	10.00	8.00	324	303	0.55	隆尧县
18.52	49.66	4.32	5887	5534	2.38	任　县
27.90	40.80	48.00	26420	20550	8.80	宁晋县
17.00			2100			巨鹿县
	18.00		1500	1500	0.60	新河县
5.60	32.00	35.00	156	104	0.27	广宗县
22.00	31.00	43.00	1220	700	4.00	平乡县
28.00	70.00	22.00	24142	23048	8.46	清河县
4.00	76.00	30.00	2500	200	0.90	临西县
53.11	130.45		5600	5100	3.16	涞水县
6.00	37.00		200	197	0.17	阜平县
66.00	395.00		12301	11698	5.34	定兴县
31.00	320.00	35.50	12700	11350	4.20	唐　县
3.50	95.90		18550	15445	1.58	高阳县
13.00	55.00	5.00	3331	3260	1.00	容城县
	120.00	88.00	350	321	0.10	涞源县
316.00	340.00	2.70	16900	15860	7.73	曲阳县
27.00	22.00	5.00	160	60	0.60	蠡　县
4.28	98.96	0.44	20060	16800	3.69	顺平县
54.00	96.00	40.00	19200	17000	5.82	博野县
53.60	267.00	3.74	14710	12800	6.81	雄　县

5-7 续表 1

县名称 Name of Counties	综合生产能力(万立方米/日) Integrated Production Capacity (10,000m³/day)	地下水 Underground Water	供水管道长度(公里) Length of Water Supply Pipelines (km)	供水总量(万立方米) 合计 Total	生产运营用水 The Quantity of Water for Production and Operation
张北县	2.70	2.70	6.00	293.11	128.51
康保县	1.50	1.50	16.00	48.00	11.00
尚义县	0.80	0.80	2.00	224.00	97.00
蔚　县	0.90	0.90	3.00	79.00	51.00
阳原县	0.90	0.90	3.00	66.00	30.00
涿鹿县	1.30	1.30	3.00	40.00	20.00
赤城县	0.90	0.90	2.00	91.00	58.00
崇礼县	1.20	1.20	2.00	66.71	43.00
兴隆县	1.60	0.50	10.00	533.50	409.03
平泉县	2.30	2.30	15.00	450.00	231.00
隆化县	2.00	2.00		480.00	55.00
宽城满族自治县	2.20	1.12	0.32	768.00	450.00
围场满族蒙古族自治县	1.00	1.00	0.15	365.00	123.50
献　县	0.41	0.41	4.00	128.00	39.00
武强县	1.20	1.20	22.50	180.00	72.00
安平县	1.20	1.20	12.00	278.40	140.00
故城县	1.25	1.25	24.00	250.00	180.00
景　县	2.00	2.00	22.00	452.00	330.00
阜城县	1.60	1.60	22.50	329.00	82.00
山　西	**45.52**	**42.35**	**1128.18**	**6295.49**	**3761.80**
清徐县	3.68	3.68	97.00	3.62	1.83
天镇县	0.30	0.21	3.56	79.40	25.61
广灵县	0.53	0.51	21.20	136.00	48.00
浑源县	1.80	1.80	12.00	68.00	16.00
左云县	0.35	0.20	81.00	45.10	24.00
平定县	1.60	1.41	106.50	578.60	406.00
盂　县	0.06	0.06	0.05	20.00	16.00
长治县	0.80	0.80	27.00	105.00	32.00
襄垣县	1.25	1.25	100.00	27.40	4.70
屯留县	0.40	0.40	4.30	94.00	31.00
平顺县	0.60	0.60	60.00	177.00	35.00
黎城县	1.80	1.80	4.50	190.00	45.00
壶关县	0.50	0.50	32.00	102.00	43.00
长子县	0.15	0.15	34.10	28.00	5.00
武乡县	0.80	0.80		141.00	63.00
沁　县	0.42	0.42	3.20	90.00	32.00
沁源县	0.70	0.70		150.00	50.00
沁水县	0.29	0.29	1.00	104.00	64.00
应　县	0.50	0.50		65.00	40.00
右玉县	0.02	0.02	1.57	5.32	5.00
怀仁县	1.00	1.00	1.60	198.00	168.00
榆社县	1.86	1.45	75.00	97.50	68.30
左权县	0.30	0.20	9.00	60.00	44.00
和顺县	0.70	0.70	40.00	1.40	1.20

continued 1

Total Quantity of Water Supply(10,000m³)			用水户数(户) Number of Households with Access to Water Supply (unit)		用水人口(万人) Population with Access to Water Supply (10,000 persons)	县名称 Name of Counties
公共服务用水 The Quantity of Water for Public Service	居民家庭用水 The Quantity of Water for Household Use	其他用水 The Quantity of Water for Other Purposes		家庭用户 Household User		
142.00	22.50	0.10	2510	500	0.32	张北县
14.00	23.00		3096	2995	0.50	康保县
100.00	27.00		2850	280	0.53	尚义县
	28.00		3100	1150	0.50	蔚　县
15.00	21.00		1795	1768	0.37	阳原县
	20.00		2800	1300	0.65	涿鹿县
	18.00	15.00	1500	800	0.30	赤城县
	23.00	0.71	2000	900	0.73	崇礼县
37.00		87.47	18			兴隆县
112.00	80.00	27.00	8300	7650	4.50	平泉县
48.00	145.00	232.00	6800	3090	0.95	隆化县
220.00	22.00	76.00	550	522	0.73	宽城满族自治县
129.00	8.50	104.00	1060	900	0.80	围场满族蒙古族自治县
7.00	82.00		3705	3625	2.68	献　县
58.00	40.00	10.00	5000	3200	1.70	武强县
3.40	120.00	15.00	5500	4400	1.90	安平县
10.00	55.00	5.00	2600	2500	0.80	故城县
4.00	96.00	22.00	10650	5700	2.50	景　县
4.00	222.00	21.00	4310	3450	1.20	阜城县
930.69	**1396.20**	**206.80**	**120303**	**91260**	**40.64**	**山　西**
0.91	0.42	0.46	113	34	0.33	清徐县
23.59	16.62	13.58	671	339	0.20	天镇县
39.00	46.00	3.00	578	302	0.22	广灵县
19.00	22.00	11.00	18	11	0.33	浑源县
6.10	14.00	1.00	4120	3668	0.85	左云县
6.00	166.60		29600	14700	1.60	平定县
4.00			200			盂　县
21.00	37.00	15.00	1285	875	0.59	长治县
4.60	17.50	0.60	267	231	0.17	襄垣县
27.00	36.00		1810	1800	1.17	屯留县
109.00	33.00		1482	1333	0.89	平顺县
82.00	61.00	2.00	262	154	0.77	黎城县
30.00	24.00	5.00	2443	1042	0.50	壶关县
5.00	18.00		4080	3495	1.50	长子县
56.00	22.00		2115	2000	0.68	武乡县
19.00	36.80	2.20	4513	4210	1.34	沁　县
13.00	87.00		2350	2250	0.55	沁源县
		40.00	40			沁水县
	25.00		2503	2500	1.42	应　县
0.12	0.20		67	63	0.04	右玉县
	30.00		1510	1469	2.00	怀仁县
20.51	7.19	1.50	3600	3588	1.26	榆社县
6.00	10.00		350	280	0.15	左权县
	0.20		13000	9800	0.10	和顺县

5-7 续表 2

县名称 Name of Counties	综合生产能力 (万立方米/日) Integrated Production Capacity (10,000m³/day)	地下水 Underground Water	供水管道长度 (公里) Length of Water Supply Pipelines (km)	供水总量(万立方米) 合计 Total	生产运营用水 The Quantity of Water for Production and Operation
太谷县	0.31	0.07	6.70	55.20	39.00
祁　县	0.29	0.29	10.00	105.00	74.00
临猗县	6.20	6.20	8.00	677.00	525.00
万荣县	2.20	2.20	54.50	112.00	87.00
闻喜县	2.10	1.80	30.00	563.70	480.00
稷山县	1.70	1.60	10.00	468.30	345.30
绛　县	1.50	1.50	5.00	378.28	
垣曲县	2.00	2.00		270.00	236.00
夏　县	0.23	0.23	28.00	20.00	
平陆县	0.54	0.17	1.80	29.50	10.00
定襄县	0.55	0.55	10.50	185.20	136.50
五台县	0.45		13.40	145.60	103.90
繁峙县	0.88	0.88	5.70	40.00	28.00
宁武县	1.30	1.30	70.00	104.60	79.64
神池县	0.50	0.50	39.00	80.00	59.00
五寨县	0.21	0.21	2.80	54.00	44.00
河曲县	0.50	0.50	1.50	46.67	24.17
曲沃县	0.55	0.50	66.70	18.73	16.10
吉　县	1.00	1.00		66.10	21.40
大宁县	0.50	0.50		102.51	29.85
交城县	0.42	0.42	25.00	76.00	55.00
兴　县	0.20	0.20	8.00	30.00	26.00
临　县	0.20	0.20	2.00	24.76	17.50
石楼县	0.40	0.40	6.00	8.00	5.80
交口县	0.38	0.38	9.00	68.00	50.00
内蒙古	**41.39**	**40.66**	**242.29**	**3576.92**	**2488.99**
清水河县	0.13	0.13	8.50	40.00	
土默特右旗	0.20	0.20	5.00	35.00	
达尔罕茂明安联合旗	0.08	0.08	0.80	25.85	10.70
阿鲁科尔沁旗	1.00	1.00	5.50	294.00	270.00
巴林左旗	2.10	2.10	29.63	356.20	309.20
巴林右旗	5.00	5.00	5.00	52.67	21.00
林西县	5.00	5.00	6.00	56.00	18.65
克什克腾旗	3.50	3.40	6.20	68.66	52.00
翁牛特旗	4.00	3.90	10.00	433.95	402.00
喀喇沁旗	3.50	3.40	0.90	40.04	10.00
敖汉旗	3.50	3.50	9.00	153.00	
科尔沁左翼后旗	0.29	0.28	5.00	105.00	80.00
开鲁县	2.99	2.99	18.00	405.50	245.50
奈曼旗	1.50	1.50	10.00	95.00	25.00
达拉特旗	0.08	0.08	5.00	19.40	6.90
杭锦旗	0.42	0.42	10.00	23.05	6.00
乌审旗	0.90	0.90	3.10	10.40	8.30
莫力达瓦达斡尔族自治旗	2.00	2.00		344.00	331.00

continued 2

Total Quantity of Water Supply(10,000m³)			用水户数(户) Number of Households with Access to Water Supply (unit)		用水人口(万人) Population with Access to Water Supply (10,000 persons)	县名称 Name of Counties
公共服务用水 The Quantity of Water for Public Service	居民家庭用水 The Quantity of Water for Household Use	其他用水 The Quantity of Water for Other Purposes		家庭用户 Household User		
2.20	12.00	2.00	1600	1200	0.65	太谷县
21.00	10.00		3000	1600	3.74	祁　县
102.00	50.00		522	460	3.20	临猗县
8.00	7.00	10.00	5306	4106	2.00	万荣县
50.50	15.00	18.20	3640	3540	3.30	闻喜县
45.00	32.00	46.00	5469	5000	1.78	稷山县
	378.28		157	157	0.21	绛　县
18.00	16.00		1700	893	0.90	垣曲县
	15.00	5.00	4000	3800	0.60	夏　县
3.30	16.20		721	691	0.76	平陆县
34.20	5.80	8.70	4780	4400	0.81	定襄县
33.70	5.11	2.89	2235	1924	0.97	五台县
6.00	6.00		520	499	0.15	繁峙县
10.20	14.40	0.36	446	426	0.13	宁武县
12.00	9.00		2351	2345	0.80	神池县
10.00			6			五寨县
17.00	4.50	1.00	80	33	0.03	河曲县
		2.63	10			曲沃县
27.50	15.00	2.20	1490	1478	0.70	吉　县
38.26	21.92	12.48	1148	1137	0.44	大宁县
	21.00		1508	1402	1.60	交城县
	4.00		542	241	0.40	兴　县
	7.26		162	92	0.17	临　县
	2.20		1002	841	0.20	石楼县
	18.00		931	851	0.44	交口县
600.74	**386.64**	**100.55**	**55119**	**36555**	**13.69**	**内蒙古**
24.00	16.00		736	719	0.27	清水河县
	35.00		1500	1500	1.05	土默特右旗
0.10	2.05	13.00	510	500	0.15	达尔罕茂明安联合旗
7.00	17.00		700	600	0.30	阿鲁科尔沁旗
	47.00		1068	889	0.50	巴林左旗
	31.67		2000	1600	0.79	巴林右旗
37.35			33			林西县
16.66			15			克什克腾旗
10.75	19.20	2.00	1280	1150	0.70	翁牛特旗
12.00		18.04	100			喀喇沁旗
146.00	4.00	3.00	601	510	0.35	敖汉旗
25.00			32			科尔沁左翼后旗
160.00			28			开鲁县
5.00	55.00	10.00	10030	7100	2.30	奈曼旗
2.00	9.50	1.00	800	750	0.29	达拉特旗
5.00	12.05		2200	2100	0.63	杭锦旗
	2.10		680	520	0.22	乌审旗
13.00			24			莫力达瓦达斡尔族自治旗

5-7 续表 3

县名称 Name of Counties	综合生产能力(万立方米/日) Integrated Production Capacity (10,000m³/day)	地下水 Underground Water	供水管道长度(公里) Length of Water Supply Pipelines (km)	供水总量(万立方米) 合计 Total	生产运营用水 The Quantity of Water for Production and Operation
新巴尔虎右旗	0.10	0.10	36.00	2.50	
五原县	0.45	0.45	8.50	157.06	120.00
杭锦后旗	1.61	1.61	2.90	355.00	313.00
商都县	0.59	0.59	8.50	93.72	10.60
察哈尔右翼前旗	0.45	0.43	32.00	80.44	65.44
四子王旗	0.86	0.86	5.56	67.10	19.90
科尔沁右翼中旗	0.60	0.20	1.00	150.00	140.00
扎赉特旗	0.20	0.20		25.00	23.80
突泉县	0.14	0.14	5.20	48.38	
西乌珠穆沁旗	0.20	0.20	5.00	40.00	
辽　宁	**6.46**	**6.24**	**139.08**	**1790.47**	**968.60**
辽中县	1.55	1.55	103.96	82.97	1.10
法库县	0.94	0.94	0.50	343.00	12.00
本溪满族自治县	0.67	0.45	1.20	237.00	114.00
建平县	1.10	1.10	8.00	360.00	180.00
喀喇沁左翼蒙古族自治县	0.20	0.20	0.42	37.50	5.50
绥中县	2.00	2.00	25.00	730.00	656.00
吉　林	**9.57**	**7.64**	**209.05**	**2094.13**	**1292.88**
农安县	0.15	0.10	0.65	0.26	0.18
永吉县	0.30	0.30	10.00	75.00	62.00
梨树县	1.94	1.94		706.77	427.00
东丰县	0.25	0.25	0.01	74.00	
通化县	0.40	0.02		128.00	24.00
柳河县	0.90		44.00	159.60	4.90
长白朝鲜族自治县	1.00	0.90	10.54	47.50	30.00
长岭县	1.85	1.85	122.30	250.00	200.00
乾安县	1.50	1.50	19.00	369.00	300.80
通榆县	0.40	0.40	0.75	60.00	40.00
汪清县	0.38	0.38	1.30	120.00	100.00
安图县	0.50		0.50	104.00	104.00
黑龙江	**16.09**	**16.09**	**32.17**	**2058.08**	**1406.25**
龙江县	0.40	0.40		92.80	67.30
依安县	4.00	4.00	7.47	90.00	60.00
泰来县	0.59	0.59	1.00	212.28	121.75
甘南县	0.12	0.12		38.00	38.00
富裕县	0.50	0.50		145.00	125.00
克山县	3.50	3.50		212.00	166.00
克东县	1.00	1.00		238.00	238.00
拜泉县	0.50	0.50	3.50	118.10	108.00
集贤县	0.10	0.10	5.00	35.00	30.00
肇源县	0.90	0.90	6.00	214.00	17.00
桦南县	1.60	1.60	3.20	355.00	240.00
桦川县	0.80	0.80	5.00	50.00	30.00

continued 3

Total Quantity of Water Supply(10,000m³)			用水户数(户) Number of Households with Access to Water Supply (unit)		用水人口(万人) Population with Access to Water Supply (10,000 persons)	县名称 Name of Counties
公共服务用水 The Quantity of Water for Public Service	居民家庭用水 The Quantity of Water for Household Use	其他用水 The Quantity of Water for Other Purposes		家庭用户 Household User		
	2.50		686	686	0.30	新巴尔虎右旗
17.56	12.50	7.00	1100	860	0.60	五原县
10.00	32.00		4397	3386	1.33	杭锦后旗
26.07	54.80	2.25	11800	11700	3.02	商都县
1.35	9.89	3.76	13700	1100	0.49	察哈尔右翼前旗
47.20			36			四子王旗
0.50	9.00	0.50	245	235	0.10	科尔沁右翼中旗
1.20			16			扎赉特旗
33.00	15.38		800	650	0.30	突泉县
		40.00	2			西乌珠穆沁旗
290.67	**476.20**	**55.00**	**40141**	**38282**	**17.73**	**辽　宁**
2.67	79.20		4355	4162	1.23	辽中县
1.00	330.00		25220	25100	12.10	法库县
48.00	27.00	48.00	5500	5020	2.40	本溪满族自治县
140.00	40.00		5000	4000	2.00	建平县
25.00		7.00	8			喀喇沁左翼蒙古族自治县
74.00			58			绥中县
210.16	**474.34**	**116.75**	**44131**	**37445**	**12.18**	**吉　林**
	0.07	0.01	1345	1315	0.29	农安县
5.50	3.50	4.00	631	600	0.20	永吉县
71.16	160.67	47.94	10442	10285	3.60	梨树县
	74.00		135	135	0.20	东丰县
55.00	1.00	48.00	1130	297	0.02	通化县
3.80	148.00	2.90	11700	10900	2.50	柳河县
14.50	1.10	1.90	805	20	0.10	长白朝鲜族自治县
30.00	10.00	10.00	3960	3900	1.08	长岭县
2.20	64.00	2.00	7991	7578	3.69	乾安县
8.00	12.00		4950	2415	0.50	通榆县
20.00			42			汪清县
			1000			安图县
463.70	**124.03**	**64.10**	**10304**	**8136**	**2.66**	**黑龙江**
25.50			36			龙江县
	30.00		3060	3000	1.01	依安县
30.20	60.23	0.10	1393	1300	0.38	泰来县
			16			甘南县
20.00			19			富裕县
23.00	12.00	11.00	2268	2215	0.71	克山县
			28			克东县
3.00	4.10	3.00	477	403	0.17	拜泉县
	5.00		337	280	0.10	集贤县
147.00		50.00	1150			肇源县
115.00			27			桦南县
20.00			19			桦川县

5-7 续表 4

县名称 Name of Counties	综合生产能力(万立方米/日) Integrated Production Capacity (10,000m³/day)	地下水 Underground Water	供水管道长度(公里) Length of Water Supply Pipelines (km)	供水总量(万立方米) 合计 Total	生产运营用水 The Quantity of Water for Production and Operation
孙吴县	0.08	0.08	1.00	13.70	3.20
庆安县	1.00	1.00		202.00	152.00
明水县	1.00	1.00		42.20	10.00
江　苏	**32.15**	**25.19**	**395.11**	**5679.08**	**3731.68**
丰　县	2.50	2.50	45.00	562.00	320.00
沛　县	2.50	2.50	169.10	691.20	235.00
睢宁县	3.00	3.00	35.00	320.00	220.00
灌南县	2.70	1.05	90.00	555.00	129.00
涟水县	2.40	1.50	0.85	342.43	214.68
洪泽县	2.12	1.55	13.00	579.00	498.00
盱眙县	1.50	1.43	3.00	136.00	95.00
金湖县	2.10	1.00	2.30	719.00	620.00
射阳县	2.00	1.98	1.50	348.95	225.00
建湖县	2.22		10.00	500.50	350.00
宝应县	0.85	0.42	10.05	215.00	215.00
沭阳县	3.00	3.00	11.00	358.00	285.00
泗阳县	1.26	1.26	0.31	157.00	130.00
泗洪县	4.00	4.00	4.00	195.00	195.00
浙　江	**9.02**	**4.05**	**242.44**	**832.26**	**723.58**
永嘉县	0.27		105.78	96.26	7.62
武义县	0.67	0.05	7.02	96.00	75.96
浦江县	1.50		95.00	452.00	452.00
常山县	2.00	2.00	15.00	60.00	60.00
开化县	0.58		2.00	78.00	78.00
龙游县	4.00	2.00	17.64	50.00	50.00
安　徽	**49.42**	**43.33**	**509.16**	**12495.06**	**7971.44**
南陵县	0.30		15.40	34.38	34.38
怀远县	3.60	1.40	72.00	537.50	120.00
五河县	1.20	1.20	3.00	218.00	150.00
固镇县	4.20	4.20	3.51	598.00	252.00
凤台县	1.90	1.30	6.10	593.90	564.00
濉溪县	3.80	3.80	13.50	1317.00	1168.00
歙　县	0.81	0.81	1.50	253.00	253.00
休宁县	0.80	0.80		20.00	20.00
来安县	3.50	0.70	39.00	928.00	830.00
临泉县	3.50	3.50	16.00	1060.00	790.00
太和县	3.07	3.07	17.00	731.43	320.21
阜南县	1.70	1.70	12.00	616.00	266.00
颍上县	1.95	1.95	7.95	699.65	535.50
砀山县	1.70	1.70	23.00	390.00	220.00
萧　县	4.80	4.80	40.00	1100.60	726.00
灵璧县	1.70	1.70	12.00	313.00	195.00
泗　县	2.00	2.00	8.00	555.00	330.00
寿　县	0.50	0.50		97.00	20.00

continued 4

Total Quantity of Water Supply($10,000m^3$)			用水户数(户) Number of Households with Access to Water Supply (unit)		用水人口(万人) Population with Access to Water Supply (10,000 persons)	县名称 Name of Counties
公共服务用水 The Quantity of Water for Public Service	居民家庭用水 The Quantity of Water for Household Use	其他用水 The Quantity of Water for Other Purposes		家庭用户 Household User		
	10.50		455	438	0.14	孙吴县
50.00			19			庆安县
30.00	2.20		1000	500	0.15	明水县
769.50	**1051.35**	**126.55**	**40656**	**35243**	**13.43**	**江　苏**
102.00	123.00	17.00	10650	10351	3.96	丰　县
148.00	299.20	9.00	5750	5500	4.20	沛　县
65.00	28.00	7.00	12200	11870	1.30	睢宁县
84.00	342.00		770	620	0.21	灌南县
62.50	64.45	0.80	3290	450	1.40	涟水县
64.00	17.00		430	405	0.15	洪泽县
26.00	15.00		280	270	0.15	盱眙县
90.00	7.70	1.30	280	185	0.20	金湖县
9.50	100.00	14.45	3000	2720	0.71	射阳县
78.50	22.00	50.00	930	570	0.15	建湖县
			1			宝应县
40.00	33.00		2987	2302	1.00	沭阳县
		27.00	22			泗阳县
			66			泗洪县
25.09	**82.17**	**1.42**	**7211**	**7052**	**2.27**	**浙　江**
5.05	82.17	1.42	7094	7052	2.27	永嘉县
20.04			16			武义县
			87			浦江县
			7			常山县
			4			开化县
			3			龙游县
1219.77	**3070.10**	**233.75**	**186605**	**178363**	**61.45**	**安　徽**
			1			南陵县
47.50	355.00	15.00	29943	28582	9.45	怀远县
38.00	21.00	9.00	831	828	0.59	五河县
211.00	120.00	15.00	13380	13125	4.50	固镇县
3.90	12.00	14.00	1620	1210	0.41	凤台县
	149.00		5340	4370	1.53	濉溪县
			4			歙　县
			3			休宁县
		98.00	9			来安县
90.00	180.00		16200	15920	6.30	临泉县
129.22	282.00		22595	21536	7.26	太和县
161.00	189.00		11551	10317	3.40	阜南县
34.00	103.00	27.15	10890	10205	3.00	颍上县
15.00	140.00	15.00	6930	6880	2.13	砀山县
64.00	289.00	21.60	16312	16124	5.50	萧　县
51.00	65.00	2.00	8625	7685	2.80	灵璧县
17.00	208.00		12950	12870	4.18	泗　县
52.00	25.00		1132	850	0.37	寿　县

5-7 续表 5

县名称 Name of Counties	综合生产能力(万立方米/日) Integrated Production Capacity (10,000m³/day)	地下水 Underground Water	供水管道长度(公里) Length of Water Supply Pipelines (km)	供水总量(万立方米) 合计 Total	生产运营用水 The Quantity of Water for Production and Operation
霍邱县	2.00	2.00		575.00	23.00
舒城县	0.14			3.35	3.35
霍山县	1.00	1.00	6.20	225.00	225.00
蒙城县	3.00	3.00	14.00	827.00	720.00
利辛县	2.20	2.20	195.00	784.00	206.00
绩溪县	0.05		4.00	18.25	
福　建	**6.80**	**2.06**	**117.30**	**1411.76**	**637.60**
仙游县	0.96	0.56	6.50	347.60	51.00
明溪县	0.03		1.00	9.16	
尤溪县	2.00		2.80	271.20	263.20
将乐县	0.50		0.60	65.00	62.00
泰宁县	1.00		73.20	305.00	193.00
永春县	1.51	1.50	9.20	370.00	45.00
平和县	0.40		12.00	33.00	18.00
华安县	0.40		12.00	10.80	5.40
江　西	**18.98**	**6.26**	**283.20**	**1535.07**	**521.22**
修水县	0.20		1.33	34.07	27.30
庐山风景区	2.50				
赣　县	0.60	0.60	38.00	207.00	
兴国县	2.90		1.10	190.75	94.60
吉安县	0.20	0.10	3.00	72.00	72.00
吉水县	1.00	1.00	142.00	101.00	13.00
永丰县	4.00	1.60	18.40	139.70	26.30
万安县	0.55	0.55	9.10	26.85	11.83
永新县	0.40	0.40	6.24	57.52	22.00
奉新县	2.20		22.13	43.08	13.79
上高县	1.80	1.80	13.00	81.00	42.70
靖安县	0.21	0.21	2.70	17.70	17.70
宜黄县	0.30		10.00	100.00	90.00
弋阳县	0.60		2.00	55.00	10.00
余干县	1.02		1.20	262.00	80.00
万年县	0.50		13.00	147.40	
山　东	**172.64**	**145.89**	**1470.95**	**41659.91**	**28114.11**
平阴县	2.09	2.09		236.93	217.93
济阳县	1.33	1.33	1.10	485.00	236.00
桓台县	3.00	3.00	47.00	456.00	161.00
高青县	4.00	1.28	24.35	1420.95	1365.90
沂源县	1.80	1.08	45.00	575.00	492.59
长岛县	0.04	0.04	6.00	11.00	1.00
临朐县	6.10	5.00	39.25	2059.00	1153.00
昌乐县	3.70	1.10		1349.06	1168.67
微山县	2.20	2.20	12.00	595.57	54.34
鱼台县	5.00	2.00	4.20	531.50	193.00
金乡县	1.47	0.91	9.00	533.58	221.00

continued 5

Total Quantity of Water Supply(10,000m³)			用水户数(户) Number of Households with Access to Water Supply (unit)		用水人口(万人) Population with Access to Water Supply (10,000 persons)	县名称 Name of Counties
公共服务用水 The Quantity of Water for Public Service	居民家庭用水 The Quantity of Water for Household Use	其他用水 The Quantity of Water for Other Purposes		家庭用户 Household User		
2.00	534.00	16.00	9687	9421	3.30	霍邱县
			6			舒城县
			4			霍山县
21.00	86.00		600	550	0.50	蒙城县
272.00	306.00		17562	17560	6.15	利辛县
11.15	6.10	1.00	430	330	0.08	绩溪县
158.96	**582.64**	**32.56**	**21328**	**18238**	**8.09**	**福　建**
115.00	172.00	9.60	9500	8860	3.60	仙游县
0.96	5.24	2.96	138	122	0.15	明溪县
	8.00		752	25	0.01	尤溪县
	3.00		60	5	0.03	将乐县
40.00	72.00		393	20	0.20	泰宁县
3.00	302.00	20.00	9205	8212	3.70	永春县
	15.00		650	550	0.20	平和县
	5.40		630	444	0.20	华安县
205.63	**729.35**	**78.87**	**45852**	**41563**	**19.28**	**江　西**
4.15	2.62		70	57	0.02	修水县
						庐山风景区
	207.00		2399	2399	1.70	赣　县
42.40	26.92	26.83	20810	18300	9.92	兴国县
			1			吉安县
	80.00	8.00	2925	2640	0.93	吉水县
12.30	89.30	11.80	6300	5800	0.98	永丰县
	9.80	5.22	380	180	0.10	万安县
	33.60	1.92	3060	2814	0.62	永新县
9.08	20.21		1013	971	0.21	奉新县
6.20	32.00	0.10	1428	1364	0.68	上高县
			14			靖安县
9.00	1.00		72	21	1.00	宜黄县
6.00	39.00		600	450	0.40	弋阳县
	182.00		5800	5677	2.32	余干县
116.50	5.90	25.00	980	890	0.40	万年县
4869.74	**6120.17**	**2555.89**	**352695**	**295651**	**128.69**	**山　东**
	15.30	3.70	1870	1500	0.49	平阴县
50.00	38.00	161.00	10	2	0.20	济阳县
79.00	190.00	26.00	1200	360	0.27	桓台县
23.60	13.85	17.60	7060	6370	2.48	高青县
49.50	13.90	19.01	8102	7295	3.35	沂源县
1.00	8.00	1.00	3300	3200	0.40	长岛县
61.00	845.00		16234	13650	6.64	临朐县
115.39	65.00		11000	10000	4.91	昌乐县
196.33	241.17	103.73	12100	3521	4.45	微山县
232.00	84.50	22.00	1812	1700	0.62	鱼台县
100.00		212.58	41			金乡县

5-7 续表 6

县名称 Name of Counties	综合生产能力(万立方米/日) Integrated Production Capacity ($10,000m^3$/day)	地下水 Underground Water	供水管道长度(公里) Length of Water Supply Pipelines (km)	供水总量(万立方米) 合计 Total	生产运营用水 The Quantity of Water for Production and Operation
嘉祥县	2.00	2.00	3.80	290.68	260.00
汶上县	4.18	1.71		1507.43	190.00
泗水县	2.00	2.00	70.00	106.29	39.20
梁山县	2.77	2.77	81.00	758.32	67.00
宁阳县	4.00	4.00	14.00	1082.00	659.00
东平县	5.00	4.50	25.00	1400.00	700.00
莒　县	1.11	1.11		226.00	226.00
沂南县	1.65	1.65	5.40	602.25	421.57
郯城县	2.85	2.85	4.93	477.32	326.24
沂水县	10.35	8.70	73.00	3777.00	3097.00
兰陵县	0.76	0.76	24.30	171.76	100.50
费　县	1.60	1.60	86.00	550.00	170.00
平邑县	1.08	1.08	21.30	211.00	130.00
莒南县	1.50	1.00	27.00	515.00	415.00
蒙阴县	2.20	2.20	9.34	734.00	463.50
临沭县	2.50	2.50	7.00	905.50	612.00
宁津县	1.50		93.00	540.00	302.00
庆云县	1.30	0.60		450.00	205.00
临邑县	2.00	2.00		45.00	25.00
齐河县	1.40	1.40		356.00	170.00
平原县	5.00	3.83		1480.00	1070.00
夏津县	0.80	0.80	6.07	143.00	115.00
武城县	2.40	2.40	29.00	116.00	43.18
阳谷县	3.00	3.00	79.00	1071.00	751.00
莘　县	2.10	2.10	48.00	651.00	260.00
茌平县	9.00	8.99	79.00	3157.50	2758.00
东阿县	6.20	6.20	9.95	1757.00	1656.00
冠　县	4.00	4.00	63.00	1253.22	911.74
高唐县	12.02	12.02	69.00	1427.00	1371.00
惠民县	0.23		25.50	15.00	10.00
无棣县	1.30	1.30		442.00	372.00
博兴县	8.82	1.50	98.00	2186.15	2186.15
曹　县	17.00	17.00	100.00	1133.00	394.00
单　县	1.00	1.00	9.00	365.00	284.00
成武县	1.89	1.89	4.36	435.00	310.00
巨野县	0.40	0.40	12.00	139.00	88.00
郓城县	5.00	5.00	12.00	655.00	170.00
鄄城县	2.90	2.90	33.00	736.00	445.00
定陶县	3.10	3.10	13.30	443.90	175.60
东明县	4.00	4.00	47.80	1095.00	900.00
河　南	**107.67**	**100.14**	**1138.42**	**25073.12**	**13624.50**
中牟县	1.30	1.30	18.30	286.35	135.65
杞　县	0.90	0.90	32.10	327.20	41.00
通许县	0.50	0.50	9.20	145.32	93.00

continued 6

Total Quantity of Water Supply(10,000m³)			用水户数(户) Number of Households with Access to Water Supply (unit)		用水人口(万人) Population with Access to Water Supply (10,000 persons)	县名称 Name of Counties
公共服务用水 The Quantity of Water for Public Service	居民家庭用水 The Quantity of Water for Household Use	其他用水 The Quantity of Water for Other Purposes		家庭用户 Household User		
28.68	2.00		425	75	0.32	嘉祥县
867.41	398.00	52.02	18100	16429	5.47	汶上县
20.00	37.09	10.00	1860	1760	0.70	泗水县
132.00	223.00	336.32	23514	22993	7.88	梁山县
192.00	23.00	208.00	87	57	0.41	宁阳县
248.00	244.00	208.00	1780	1680	2.01	东平县
			80			莒　县
102.88	12.90	64.90	3240	1320	1.40	沂南县
3.47	146.06	1.55	10072	9847	4.39	郯城县
210.00	310.00	160.00	20222	19942	9.10	沂水县
10.80	53.90	6.56	11685	10857	4.59	兰陵县
120.00	102.00	158.00	14002	13000	4.30	费　县
20.00	61.00		11260	9430	4.74	平邑县
85.00	10.50	4.50	2010	1150	0.80	莒南县
	265.00	5.50	6700	6272	4.40	蒙阴县
50.00	113.50	130.00	4202	2980	1.73	临沭县
176.00	24.00	38.00	1475	653	0.22	宁津县
52.00	123.00	70.00	790	221	0.08	庆云县
	20.00		8000	3500	1.20	临邑县
45.00	141.00		1910	1200	0.65	齐河县
50.00	250.00	110.00	3500	3210	1.30	平原县
21.00	6.50	0.50	7009	5257	2.10	夏津县
15.40	55.00	2.42	24200	24000	2.00	武城县
10.00	270.00	40.00	2400	1830	2.00	阳谷县
95.00	255.00	41.00	3710	1690	3.77	莘　县
245.00	146.50	8.00	6879	5678	2.18	茌平县
	101.00		6280	6160	0.92	东阿县
81.48	260.00		6547	6314	2.21	冠　县
46.00		10.00	29			高唐县
2.50	2.50		650	490	0.10	惠民县
70.00			235			无棣县
			180			博兴县
324.00	355.00	60.00	37541	30033	12.70	曹　县
23.00	19.00	39.00	1000	500	0.10	单　县
50.00	66.00	9.00	4360	4248	1.79	成武县
5.00	32.00	14.00	518	395	0.44	巨野县
220.00	218.00	47.00	12600	10600	6.30	郓城县
85.00	138.00	68.00	6387	6143	2.10	鄄城县
155.30	81.00	32.00	6309	532	4.23	定陶县
100.00	40.00	55.00	18218	17607	6.25	东明县
4322.70	**6055.07**	**1070.85**	**382476**	**321618**	**136.07**	**河　南**
40.67	55.68	54.35	5147	3867	1.34	中牟县
56.00	206.00	24.20	21615	21400	7.11	杞　县
26.09	18.58	7.65	1500	1420	0.72	通许县

5-7 续表 7

县名称 Name of Counties	综合生产能力(万立方米/日) Integrated Production Capacity (10,000m³/day)	地下水 Underground Water	供水管道长度(公里) Length of Water Supply Pipelines (km)	供水总量(万立方米)合计 Total	生产运营用水 The Quantity of Water for Production and Operation
尉氏县	1.00	1.00	20.50	363.68	6.55
兰考县	2.18	2.18	110.00	280.82	167.50
新安县	3.00	3.00	33.30	519.00	40.00
栾川县	1.00		23.00	87.00	21.00
嵩　县	0.50	0.50	2.00	182.50	171.50
汝阳县	2.25	2.25	23.33	177.90	98.00
宜阳县	1.00	1.00	2.00	365.00	43.60
洛宁县	3.30	3.30	1.60	170.80	76.00
伊川县	0.12	0.12	12.00	38.50	12.80
鲁山县	0.73	0.73	15.80	251.00	71.00
郏　县	0.70	0.70	2.20	100.00	
汤阴县	2.00	2.00		559.00	452.00
滑　县	2.00	2.00	6.00	446.00	335.00
内黄县	0.50	0.50	6.00	168.00	72.00
浚　县	1.10	1.10	9.00	338.00	208.00
淇　县	3.30	1.00	8.00	821.10	650.00
新乡县	1.00	1.00	19.00	256.00	145.00
获嘉县	1.80	1.80	70.00	635.00	308.00
原阳县	3.60	3.60		1075.00	410.00
延津县	1.00	1.00		343.00	287.00
封丘县	3.00	3.00		705.00	580.00
长垣县	1.80	1.80	23.00	297.58	143.00
修武县	1.50	1.50	14.00	308.20	228.00
博爱县	3.00	3.00	52.00	1075.00	838.00
武陟县	2.50	2.50	7.30	551.00	438.00
温　县	2.00	2.00	20.70	191.00	159.00
清丰县	3.00	3.00	16.00	520.00	150.00
范　县	1.20	1.20	9.00	207.00	128.00
台前县	0.49	0.11	8.60	53.00	26.00
濮阳县	5.90	5.90	48.00	521.00	166.00
鄢陵县	1.80	1.80	13.00	131.00	131.00
襄城县	0.51	0.51	32.80	185.00	59.00
舞阳县	2.00	2.00		620.00	200.00
临颍县	2.10	2.10	19.00	704.00	480.00
渑池县	0.60	0.60	5.00	165.50	134.00
卢氏县	1.00	1.00	2.99	58.50	46.50
南召县	1.00	1.00	11.00	232.00	150.00
方城县	1.80	1.80	6.00	650.00	270.00
西峡县	2.00		26.00	510.20	430.00
镇平县	1.10	1.10	17.00	385.00	312.00
内乡县	2.00	1.80	23.80	670.00	550.00
淅川县	2.09	2.09	9.50	756.00	319.00
社旗县	1.31	1.31	9.10	418.00	220.00
唐河县	0.22	0.20	2.10	53.00	31.90

continued 7

Total Quantity of Water Supply(10,000m^3)			用水户数(户) Number of Households with Access to Water Supply (unit)		用水人口(万人) Population with Access to Water Supply (10,000 persons)	县名称 Name of Counties
公共服务用水 The Quantity of Water for Public Service	居民家庭用水 The Quantity of Water for Household Use	其他用水 The Quantity of Water for Other Purposes		家庭用户 Household User		
19.21	337.92		18496	18326	7.36	尉氏县
46.23	32.53	34.56	8010	6500	2.40	兰考县
104.00	363.00	12.00	28356	5879	2.26	新安县
30.00	36.00		380	340	0.40	栾川县
11.00			723			嵩　县
55.00	20.00	4.90	1390	1280	0.53	汝阳县
46.30	266.00	9.10	26705	21066	8.66	宜阳县
66.00	7.80	21.00	601	568	0.22	洛宁县
17.00	7.00	1.70	1328	923	0.50	伊川县
60.00	120.00		2024	1823	0.80	鲁山县
	100.00		3900	3900	1.50	郏　县
75.00	32.00		3200	3020	1.00	汤阴县
65.00	46.00		4112	3212	1.50	滑　县
28.00	58.00	10.00	5050	4980	1.81	内黄县
130.00			92			浚　县
119.00	2.60	49.50	200	103	0.05	淇　县
40.00	49.00	22.00	5500	4062	1.30	新乡县
216.00	75.00	36.00	2865	2788	0.94	获嘉县
330.00	315.00	20.00	16500	13300	6.40	原阳县
23.00		33.00	18			延津县
120.00		5.00	25			封丘县
24.40	100.00	30.18	6393	4115	2.10	长垣县
15.40	19.80	45.00	1612	1519	0.54	修武县
9.00	45.00	183.00	3360	3230	1.26	博爱县
63.00	50.00		5787	5424	1.64	武陟县
7.00	24.00	1.00	2290	2193	0.86	温　县
260.00	90.00	20.00	17280	16400	5.85	清丰县
73.00	6.00		1860	1480	0.45	范　县
13.00	14.00		6800	6500	2.00	台前县
50.00	295.00	10.00	12020	11400	4.20	濮阳县
			46			鄢陵县
63.00	61.00	2.00	6478	6209	3.00	襄城县
200.00	220.00		5000	4800	2.00	舞阳县
46.00	135.00	43.00	2282	2102	0.91	临颍县
8.50	23.00		2111	2060	0.89	渑池县
6.00	6.00		745	525	0.23	卢氏县
36.00	46.00		1620	1430	0.68	南召县
128.00	250.00	2.00	11900	11795	3.95	方城县
40.20	40.00		4728	3680	1.30	西峡县
20.00	44.00	9.00	2320	2180	0.78	镇平县
49.00	38.00	33.00	1760	1530	0.47	内乡县
74.00	321.00	42.00	6260	6250	10.00	淅川县
45.00	153.00		6410	6337	3.10	社旗县
13.10	6.00	2.00	210	146	0.20	唐河县

5-7 续表 8

县名称 Name of Counties	综合生产能力(万立方米/日) Integrated Production Capacity (10,000m³/day)	地下水 Underground Water	供水管道长度(公里) Length of Water Supply Pipelines (km)	供水总量(万立方米) 合计 Total	生产运营用水 The Quantity of Water for Production and Operation
新野县	1.50	1.50	6.50	344.30	280.00
桐柏县	1.20	0.70	8.20	234.00	120.00
民权县	0.35	0.35	4.80	86.60	58.00
睢　县	0.46	0.46	7.30	91.00	
宁陵县	0.75	0.75	6.24	125.00	
柘城县	0.44	0.44	5.30	150.00	30.00
虞城县	0.40	0.40	5.60	140.00	
夏邑县	0.37	0.37	6.20	134.93	79.00
光山县	1.00	1.00	15.00	335.00	
新　县	0.11	0.11	2.00	20.00	20.00
商城县	0.30	0.30	5.00	45.00	30.00
固始县	1.02	0.86	8.00	250.00	80.00
潢川县	1.00	1.00	10.00	310.00	109.00
淮滨县	0.14	0.14	3.00	46.45	25.56
息　县	5.00	5.00	13.00	1116.81	857.31
扶沟县	0.50	0.50	3.20	175.00	151.00
西华县	0.60	0.60	5.00	219.00	159.96
商水县	0.18	0.10	3.60	13.75	
沈丘县	0.90	0.90	6.30	285.00	215.00
郸城县	2.10	2.10	23.00	200.00	166.62
淮阳县	1.20	1.20	134.00	330.00	1.65
太康县	1.50	1.50	9.40	420.00	170.00
鹿邑县	1.10	1.10	5.30	172.00	53.00
西平县	0.60	0.60	12.00	185.90	90.00
上蔡县	1.20	1.20	4.55	435.40	253.70
平舆县	2.00	2.00	9.00	200.00	90.00
正阳县	0.11	0.11	4.83	40.00	10.00
确山县	0.50		1.50	175.60	170.00
泌阳县	1.25	1.25	5.20	456.20	190.70
汝南县	1.19	0.80	6.18	433.03	180.00
湖　北	**13.37**	**3.00**	**136.69**	**2293.25**	**1164.95**
竹溪县	0.05		2.15	11.05	0.50
房　县	0.31	0.31		110.00	
兴山县	0.21		8.24	62.50	8.55
秭归县	0.50		5.00	180.00	180.00
谷城县	0.58	0.58	23.00	211.70	
保康县	0.30		2.00	37.00	1.00
沙洋县	1.20		4.50	382.10	382.10
云梦县	1.80	1.80	7.60	529.90	494.00
监利县	0.80		2.00	45.00	8.00
江陵县	0.22	0.22		79.00	
通城县	0.20		12.00	70.00	
崇阳县	7.00		68.00	566.00	85.00
巴东县	0.20	0.09	2.20	9.00	5.80

continued 8

Total Quantity of Water Supply(10,000m³)			用水户数(户) Number of Households with Access to Water Supply (unit)		用水人口(万人) Population with Access to Water Supply (10,000 persons)	县名称 Name of Counties
公共服务用水 The Quantity of Water for Public Service	居民家庭用水 The Quantity of Water for Household Use	其他用水 The Quantity of Water for Other Purposes		家庭用户 Household User		
38.00	16.30	10.00	1400	880	0.38	新野县
105.00	3.60	5.40	330	260	0.66	桐柏县
	28.60		1138	1112	0.40	民权县
	91.00		3860	3860	1.54	睢　县
	70.00	55.00	6118	5998	2.09	宁陵县
80.00	40.00		2500	2300	0.96	柘城县
	140.00		4400	4400	2.00	虞城县
23.20	31.76	0.97	2150	1750	0.80	夏邑县
	205.00	130.00	7290	7100	2.50	光山县
			50			新　县
	15.00		630	610	0.20	商城县
50.00	110.00	10.00	4120	3856	1.20	固始县
21.00	180.00		10500	9100	3.60	潢川县
2.45	15.85	2.59	2402	2085	0.83	淮滨县
39.00	207.00	13.50	8405	8245	2.46	息　县
24.00			860			扶沟县
32.00	18.00	9.04	2150	1860	0.84	西华县
0.55	13.20		760	685	0.39	商水县
35.00		35.00	54			沈丘县
17.00	16.00	0.38	400	245	0.17	郸城县
259.00	60.35	9.00	20797	19020	9.00	淮阳县
87.00	160.00	3.00	6700	3120	2.40	太康县
84.00	24.00	11.00	3586	3036	2.00	鹿邑县
3.60	90.00	2.30	4300	4000	1.53	西平县
4.80	176.90		3189	2986	1.19	上蔡县
80.00	30.00		4620	3780	1.20	平舆县
	30.00		4288	3330	1.41	正阳县
	5.60		313	293	0.10	确山县
185.00	75.00	5.50	5000	4500	1.76	泌阳县
185.00	67.00	1.03	3157	3145	1.25	汝南县
231.90	**753.00**	**143.40**	**31629**	**29491**	**5.56**	**湖　北**
9.20	1.30	0.05	1230	1200	0.30	竹溪县
110.00			9			房　县
28.70	24.60	0.65	2968	2606	0.90	兴山县
			5			秭归县
22.00	145.70	44.00	3569	3355	0.51	谷城县
2.00	34.00		2770	2500	0.63	保康县
			7			沙洋县
11.00	21.00	3.90	875	862	0.38	云梦县
	25.00	12.00	120	115	0.14	监利县
	39.00	40.00	31	21	0.15	江陵县
	46.00	24.00	6000	4950	0.60	通城县
48.00	415.00	18.00	12950	12850	1.45	崇阳县
1.00	1.40	0.80	1095	1032	0.50	巴东县

5-7 续表 9

县名称 Name of Counties	综合生产能力(万立方米/日) Integrated Production Capacity (10,000m³/day)	地下水 Underground Water	供水管道长度(公里) Length of Water Supply Pipelines (km)	供水总量(万立方米) 合计 Total	生产运营用水 The Quantity of Water for Production and Operation
湖　南	**26.57**	**10.91**	**341.08**	**3275.28**	**1424.57**
衡阳县	1.70	1.00	5.20	515.08	330.00
衡南县	0.50	0.50	15.00	0.25	0.10
衡山县	1.00	0.40	55.00	158.70	30.30
衡东县	2.00	1.80	20.00	392.00	67.00
祁东县	1.13	1.13	9.21	78.51	26.54
邵阳县	0.28		3.87	84.10	39.30
洞口县	0.10	0.10	4.26	19.00	12.00
绥宁县	0.26		3.50	9.50	0.50
新宁县	0.77	0.65	3.18	206.93	192.00
澧　县	0.80	0.80	16.00	225.00	125.00
桃源县	1.80		20.00	259.00	250.00
石门县	3.00		22.00	2.65	0.45
安化县	3.00		14.00	77.93	23.00
大通湖区	0.41	0.41	6.10	137.40	18.00
宜章县	0.30	0.30	5.00	104.00	27.00
桂东县	0.52		27.00	116.20	21.00
安仁县	0.40	0.11		67.00	32.00
祁阳县	0.97		6.76	152.72	79.63
双牌县	0.55		6.60	35.15	4.00
江永县	0.73	0.11	29.00	53.31	34.00
宁远县	1.65	1.65	6.60	103.35	13.20
蓝山县	0.50	0.50	20.00	24.20	
新田县	0.37	0.37	21.50	89.55	
溆浦县	0.80	0.80		68.00	
麻阳苗族自治县	2.00		1.50	86.00	23.00
靖州苗族侗族自治县	0.55		18.00	123.00	20.00
双峰县	0.28	0.28		78.00	51.00
永顺县	0.20		1.80	8.75	5.55
广　东	**21.58**	**7.48**	**847.41**	**2380.59**	**637.27**
始兴县	1.00		1.00	196.00	195.00
翁源县	3.00			425.00	
新丰县	0.19	0.18	5.40	40.00	20.00
遂溪县	0.27		20.00	97.57	39.57
徐闻县	2.80		439.45	442.00	96.00
广宁县	2.70		31.56	158.22	32.00
丰顺县	6.00	5.80	215.00	817.60	166.20
蕉岭县	3.00				
和平县	2.00	1.50	29.00	74.50	3.50
阳山县	0.62		106.00	129.70	85.00
广　西	**35.29**	**15.09**	**351.03**	**5678.36**	**4553.03**
柳江县	1.60	1.60	9.00	315.31	232.00
柳城县	2.00		3.20	163.00	163.00

continued 9

Total Quantity of Water Supply($10,000m^3$)			用水户数(户) Number of Households with Access to Water Supply (unit)		用水人口(万人) Population with Access to Water Supply (10,000 persons)	县名称 Name of Counties
公共服务用水 The Quantity of Water for Public Service	居民家庭用水 The Quantity of Water for Household Use	其他用水 The Quantity of Water for Other Purposes		家庭用户 Household User		
366.69	**1327.64**	**156.38**	**58989**	**52856**	**25.13**	**湖　南**
31.00	153.00	1.08	4025	3900	3.82	衡阳县
0.10	0.05		2400	2000	1.00	衡南县
30.40	88.00	10.00	6664	5516	1.31	衡山县
15.00	280.00	30.00	8900	8200	1.20	衡东县
20.74	31.23		923	634	0.64	祁东县
9.37	25.51	9.92	940	822	0.66	邵阳县
	4.20	2.80	246	239	0.14	洞口县
1.00	8.00		921	835	0.51	绥宁县
0.63	13.20	1.10	578	552	0.46	新宁县
70.00	30.00		1150	1120	2.00	澧　县
7.00		2.00	3			桃源县
	2.20		1000	850	0.25	石门县
5.83	49.10		1756	1592	0.65	安化县
10.30	33.10	76.00	7500	7200	1.21	大通湖区
27.00	50.00		1000	790	0.25	宜章县
16.00	76.00	3.20	2250	2100	0.42	桂东县
8.00	25.00	2.00	2780	2710	1.21	安仁县
5.61	65.85	1.63	2109	1057	2.31	祁阳县
2.00	29.15		1210	1200	0.73	双牌县
0.11	19.20		931	922	0.21	江永县
40.60	44.90	4.65	2620	1910	1.32	宁远县
	24.20		1760	1760	0.32	蓝山县
	89.55		2899	2899	1.61	新田县
	68.00		1360	1360	0.80	溆浦县
20.00	41.00	2.00	520	370	0.25	麻阳苗族自治县
22.00	73.00	8.00	2300	2100	1.10	靖州苗族侗族自治县
24.00	1.00	2.00	29	10	0.25	双峰县
	3.20		215	208	0.50	永顺县
142.60	**1457.62**	**143.10**	**92824**	**73912**	**23.03**	**广　东**
	1.00		603	600	0.25	始兴县
	350.00	75.00	25400	17118	5.80	翁源县
10.00	10.00		264	165	0.15	新丰县
5.00	50.00	3.00	400	250	0.30	遂溪县
36.00	310.00		24020	19300	7.58	徐闻县
	116.22	10.00	3115	2689	1.25	广宁县
73.30	565.40	12.70	29712	25090	5.50	丰顺县
						蕉岭县
18.00	25.00	28.00	7210	6850	1.90	和平县
0.30	30.00	14.40	2100	1850	0.30	阳山县
65.89	**931.11**	**128.33**	**50535**	**48688**	**17.68**	**广　西**
3.31	80.00		1653	1610	0.35	柳江县
			1			柳城县

5-7 续表 10

县名称 Name of Counties	综合生产能力（万立方米/日） Integrated Production Capacity (10,000m³/day)	地下水 Underground Water	供水管道长度（公里） Length of Water Supply Pipelines (km)	供水总量(万立方米) 合计 Total	生产运营用水 The Quantity of Water for Production and Operation
鹿寨县	10.00		13.10	1855.00	1669.00
融安县	1.00		15.00	61.28	59.29
三江侗族自治县	0.40		223.00	92.00	
全州县	2.00	0.20	11.00	183.00	152.00
兴安县	0.30	0.20	4.00	5.95	4.20
合浦县	7.94	7.94	10.00	1794.64	1263.00
灵山县	2.50	2.50	15.00	30.00	
浦北县	1.00	1.00		67.00	25.00
博白县	0.80	0.80	2.00	260.00	183.00
环江毛南族自治县	0.75		25.50	266.10	250.00
忻城县	0.15	0.15	0.15	46.31	30.54
武宣县	2.20	0.55	5.00	209.02	198.00
金秀瑶族自治县	0.10		4.08	5.75	1.00
宁明县	2.40		8.00	314.00	313.00
天等县	0.15	0.15	3.00	10.00	10.00
四　川	**16.09**	**7.44**	**290.05**	**3379.77**	**1395.39**
郫　县	0.35	0.35	4.40	126.64	106.64
大邑县	1.87	1.87		451.37	106.20
米易县	0.02	0.02	1.50	3.93	0.95
合江县	2.00		4.00	536.00	151.00
中江县	3.16	3.16	18.00	1151.00	505.00
罗江县	1.00	1.00	6.70	194.50	150.00
三台县	2.33	0.05	8.71	132.62	95.00
资中县	0.39		10.00	141.00	95.00
洪雅县	0.49	0.49	3.00	90.00	3.50
丹棱县	1.00		8.00	14.60	2.80
青神县	0.32	0.32	23.00	105.00	41.00
珙　县	0.08	0.08	3.00	0.08	
宝兴县	0.10		2.60	10.00	8.00
南江县	2.00		180.00	85.00	
红原县	0.01		6.72	3.65	3.10
盐源县	0.87		9.20	298.38	118.20
甘洛县	0.10	0.10	1.22	36.00	9.00
贵　州	**3.20**	**1.86**	**61.04**	**539.87**	**148.61**
开阳县	0.14	0.05	5.00	13.70	2.70
六枝特区	0.08	0.06	3.10	29.20	13.50
普定县	1.25	1.10	9.95	209.00	65.00
紫云苗族布依族自治县	0.55	0.35	4.58	17.11	6.20
玉屏侗族自治县	0.40		11.00	113.05	17.00
松桃苗族自治县	0.13		2.89	44.97	32.56
晴隆县	0.12	0.08	5.52	23.14	4.15
望谟县	0.10		5.80	12.30	
大方县	0.20		10.00	52.20	7.00
平塘县	0.23	0.22	3.20	25.20	0.50

continued 10

Total Quantity of Water Supply(10,000m^3)			用水户数(户) Number of Households with Access to Water Supply (unit)		用水人口(万人) Population with Access to Water Supply (10,000 persons)	县名称 Name of Counties
公共服务用水 The Quantity of Water for Public Service	居民家庭用水 The Quantity of Water for Household Use	其他用水 The Quantity of Water for Other Purposes		家庭用户 Household User		
33.00	152.00	1.00	6902	5580	1.69	鹿寨县
1.02		0.97	110			融安县
	92.00		4775	4775	2.03	三江侗族自治县
1.00	29.00	1.00	6685	6555	0.92	全州县
0.80	0.95		45	44	0.02	兴安县
	423.54	108.10	20571	20511	6.32	合浦县
	30.00		3100	3100	1.65	灵山县
	42.00		1070	1056	1.30	浦北县
11.00	56.00	10.00	4750	4615	3.15	博白县
7.10	5.10	3.90	315	312	0.15	环江毛南族自治县
	15.77		288	278	0.04	忻城县
8.66		2.36	1			武宣县
	4.75		266	252	0.06	金秀瑶族自治县
		1.00	2			宁明县
			1			天等县
795.76	**1140.96**	**47.66**	**54558**	**52229**	**14.37**	**四　川**
	20.00		2520	2012	0.40	郫　县
340.17	5.00		70	5	0.06	大邑县
1.80	1.18		250	208	0.06	米易县
129.00	213.00	43.00	6425	6311	2.06	合江县
185.00	458.00	3.00	11818	11598	4.10	中江县
4.50	40.00		1230	1056	0.19	罗江县
24.87	12.75		73	39	1.65	三台县
	46.00		611	551	0.17	资中县
67.90	18.60		1100	1085	0.32	洪雅县
2.90	7.80	1.10	280	200	0.08	丹棱县
26.00	38.00		450	315	0.14	青神县
	0.08		83	83	0.02	珙　县
	2.00		550	112	0.21	宝兴县
	85.00		24030	24030	1.00	南江县
	0.55		110	98	0.05	红原县
4.62	175.00	0.56	4700	4300	3.75	盐源县
9.00	18.00		258	226	0.11	甘洛县
94.78	**162.60**	**133.88**	**7741**	**6593**	**3.39**	**贵　州**
4.80	6.20		1325	876	0.31	开阳县
4.20	8.00	3.50	1275	1145	0.50	六枝特区
66.00	37.00	41.00	1532	1171	0.48	普定县
4.20	1.68	5.03	420	412	0.22	紫云苗族布依族自治县
0.05	25.00	71.00	1420	1370	1.10	玉屏侗族自治县
2.10	8.56	1.75	108	80	0.04	松桃苗族自治县
2.13	16.86		198	189	0.08	晴隆县
	12.30		750	750	0.27	望谟县
11.20	24.00	10.00	650	540	0.27	大方县
0.10	23.00	1.60	63	60	0.12	平塘县

5-7 续表 11

县名称 Name of Counties	综合生产能力(万立方米/日) Integrated Production Capacity (10,000m³/day)	地下水 Underground Water	供水管道长度(公里) Length of Water Supply Pipelines (km)	供水总量(万立方米) 合计 Total	生产运营用水 The Quantity of Water for Production and Operation
云　南	**18.14**	**8.81**	**483.50**	**1129.62**	**152.81**
晋宁县	0.11		0.80	40.00	
倘甸产业园区和轿子山旅游开发区	1.00		62.00	74.20	10.00
嵩明县	1.80		198.50	171.23	20.90
罗平县	1.60	0.20	54.00	217.88	78.67
新平县	0.48		12.00	0.41	
龙陵县	0.65	0.65	5.50	68.95	
鲁甸县	0.11	0.05		19.02	5.20
巧家县	0.30	0.30	2.00	0.31	0.24
永善县	0.06	0.04		17.25	0.44
镇雄县	0.64	0.11	39.50	6.34	1.30
彝良县	0.06	0.06	2.40	0.04	
威信县	0.12		2.00	43.40	
水富县	0.30	0.30		22.00	
永胜县	0.20	0.20		70.00	
宁蒗县	0.10	0.10		30.00	
宁洱哈尼族彝族自治县	0.27		8.00	57.20	1.80
墨江哈尼族自治县	7.80	5.11	3.50	5.24	
景谷傣族彝族自治县	1.36	1.36	0.50	22.50	
江城哈尼族彝族自治县	0.08		11.00	18.22	2.00
凤庆县	0.35		32.00	127.00	
双柏县	0.01	0.01	19.20	3.65	
牟定县	0.02	0.02		3.50	2.75
大姚县	0.03	0.03		8.78	6.51
砚山县	0.07	0.07	2.30	23.60	
宾川县	0.20	0.20	18.40	53.00	23.00
德钦县	0.20		2.00	1.90	
维西傈僳族自治县	0.22		7.90	24.00	
西　藏	**4.70**	**2.28**	**84.24**	**337.49**	**34.20**
曲水县	0.05		4.50	5.50	4.50
墨竹工卡县	1.00	1.00		3.20	
南木林县	0.40		15.00	145.00	21.00
昂仁县	0.05		31.00	4.84	
嘉黎县	0.03	0.03	6.54	10.95	2.00
聂荣县	1.20	1.00	2.00	1.60	
尼玛县	0.06	0.05	3.40	11.50	
噶尔县	1.30			60.00	
工布江达县	0.36		18.80	28.70	6.70
墨脱县	0.05		3.00	18.20	
朗　县	0.20	0.20		48.00	

continued 11

Total Quantity of Water Supply(10,000m^3)			用水户数(户) Number of Households with Access to Water Supply (unit)		用水人口(万人) Population with Access to Water Supply (10,000 persons)	县名称 Name of Counties
公共服务用水 The Quantity of Water for Public Service	居民家庭用水 The Quantity of Water for Household Use	其他用水 The Quantity of Water for Other Purposes		家庭用户 Household User		
220.73	**706.09**	**49.99**	**42278**	**36189**	**9.53**	**云 南**
	40.00		285	285	0.08	晋宁县
4.00	58.00	2.20	1480	1262	1.31	倘甸产业园区和轿子山旅游开发区
16.50	124.18	9.65	18842	16552	0.38	嵩明县
52.81	83.20	3.20	3768	2255	0.65	罗平县
	0.41		3826	3826	1.17	新平县
	60.00	8.95	4180	3672	1.30	龙陵县
0.32	12.50	1.00	1033	805	0.16	鲁甸县
0.05	0.01	0.01	100	10	0.02	巧家县
5.59	3.16	8.06	141	121	0.05	永善县
0.95	1.80	2.29	292	241	0.27	镇雄县
	0.04		33	33	0.01	彝良县
3.50	39.00	0.90	360	340	0.16	威信县
5.00	17.00		230	220	0.59	水富县
70.00			3			永胜县
30.00			2			宁蒗县
1.50	41.90	12.00	1500	900	0.12	宁洱哈尼族彝族自治县
	5.23	0.01	220	208	0.20	墨江哈尼族自治县
	22.50		1400	1400	0.50	景谷傣族彝族自治县
1.00	14.50	0.72	1054	1004	0.62	江城哈尼族彝族自治县
	127.00		867	867	0.36	凤庆县
	3.65		440	440	0.33	双柏县
0.75			25			牟定县
0.66	1.61		128	118	0.05	大姚县
0.50	22.10	1.00	210	180	0.60	砚山县
13.00	17.00		1750	1350	0.55	宾川县
0.60	1.30		55	54	0.03	德钦县
14.00	10.00		54	46	0.02	维西傈僳族自治县
54.13	**233.84**	**15.32**	**9943**	**8121**	**4.27**	**西 藏**
1.00			150			曲水县
	1.20	2.00	24	22	0.01	墨竹工卡县
24.00	99.99	0.01	3345	3300	1.49	南木林县
0.03	4.50	0.31	626	524	0.13	昂仁县
	8.95		500	460	0.18	嘉黎县
1.00	0.60		348	272	0.32	聂荣县
	11.50		312	312	0.08	尼玛县
	60.00		1000	1000	0.86	噶尔县
6.00	14.00	2.00	1991	1000	0.68	工布江达县
10.10	8.10		667	337	0.42	墨脱县
12.00	25.00	11.00	980	894	0.10	朗 县

5-7 续表 12

县名称 Name of Counties	综合生产能力(万立方米/日) Integrated Production Capacity (10,000m³/day)	地下水 Underground Water	供水管道长度(公里) Length of Water Supply Pipelines (km)	供水总量(万立方米) 合计 Total	生产运营用水 The Quantity of Water for Production and Operation
陕 西	**38.47**	**35.00**	**501.76**	**4483.51**	**1986.49**
蓝田县	2.00	2.00	60.46	361.40	107.60
周至县	1.00	1.00	12.00	158.99	8.00
户 县	3.00	2.25	1.88	886.00	283.52
凤翔县	0.12	0.12	6.30	22.00	6.00
岐山县	1.40	1.40	14.00	191.00	112.00
扶风县	0.66	0.66	2.08	192.00	118.00
眉 县	0.11	0.11	35.00	34.16	16.74
陇 县	0.75	0.55	3.50	4.08	0.55
三原县	0.40	0.36	3.00	136.65	121.00
泾阳县	3.40	3.40	15.00	480.20	330.38
礼泉县	1.10	1.10	11.00	185.00	39.00
永寿县	2.00	2.00	4.30	28.00	22.40
淳化县	0.19	0.19	3.00	24.20	21.20
武功县	0.12	0.12	1.08	27.96	21.00
潼关县	0.10	0.10	11.00	9.00	
大荔县	0.43	0.43	23.00	82.05	3.65
合阳县	1.50	1.50	13.81	92.23	35.37
澄城县	0.66	0.66	8.70	224.00	121.00
蒲城县	0.16	0.16	3.50	47.60	8.30
富平县	1.50	1.50	36.00	130.00	3.00
南郑县	0.30	0.30	1.50	58.30	37.00
西乡县	2.00	1.90	48.08	230.00	35.00
勉 县	1.67		37.00	368.40	305.00
神木县	1.00	0.80	20.00	34.20	28.00
靖边县	0.60	0.60	5.00	217.50	175.00
绥德县	10.08	10.00	5.60	31.10	11.00
米脂县	0.75	0.75	57.00	130.00	
吴堡县	0.10	0.10	21.00	1.03	0.03
清涧县	0.15	0.15	1.00	7.50	
子洲县	0.10	0.10	7.70	10.00	1.20
汉阴县	0.23		8.15	1.52	0.05
石泉县	0.13	0.13	1.30	0.12	
紫阳县	0.10	0.02	6.80	9.30	2.00
平利县	0.08		2.30	23.00	2.00
旬阳县	0.01		1.00	1.50	1.50
丹凤县	0.08	0.05	6.50	17.17	
商南县	0.35	0.35	0.02	0.35	
山阳县	0.14	0.14	3.20	26.00	10.00
甘 肃	**15.32**	**3.53**	**120.00**	**931.52**	**595.30**
靖远县	0.20		8.00	50.80	2.00
会宁县	9.00			9.00	
古浪县	0.24	0.24	3.50	73.00	73.00

continued 12

Total Quantity of Water Supply(10,000m³)			用水户数(户) Number of Households with Access to Water Supply (unit)		用水人口(万人) Population with Access to Water Supply (10,000 persons)	县名称 Name of Counties
公共服务用水 The Quantity of Water for Public Service	居民家庭用水 The Quantity of Water for Household Use	其他用水 The Quantity of Water for Other Purposes		家庭用户 Household User		
509.69	**1671.60**	**315.73**	**111176**	**102299**	**35.89**	**陕　西**
21.50	230.00	2.30	18239	18000	6.30	蓝田县
25.55	125.00	0.44	2360	2300	0.68	周至县
159.48	296.81	146.19	1775	1495	0.56	户　县
11.00	5.00		1198	1076	0.52	凤翔县
22.00	44.00	13.00	3102	2509	0.97	岐山县
17.00	52.00	5.00	1520	1200	0.39	扶风县
0.29	16.13	1.00	701	418	0.18	眉　县
0.61	1.40	1.52	547	368	0.15	陇　县
7.00		8.65	25			三原县
37.00	60.12	52.70	3050	2890	1.20	泾阳县
31.00	113.00	2.00	1462	958	0.37	礼泉县
	5.60		992	975	0.39	永寿县
	3.00		263	256	0.12	淳化县
1.50	5.00	0.46	832	747	0.31	武功县
	9.00		1050	1050	0.42	潼关县
2.10	76.30		6206	5800	2.90	大荔县
10.86	21.16	24.84	2590	1208	0.42	合阳县
18.00	80.00	5.00	10320	9450	1.90	澄城县
29.30		10.00	38			蒲城县
2.00	125.00		13526	13500	5.00	富平县
	16.30	5.00	360	350	0.16	南郑县
55.00	139.00	1.00	13596	12000	3.50	西乡县
	53.50	9.90	2260	2060	0.86	勉　县
0.20	6.00		1500	1400	0.50	神木县
	42.50		4205	3685	1.84	靖边县
3.00	12.10	5.00	2100	2000	0.80	绥德县
45.00	65.00	20.00	6010	5810	1.30	米脂县
	1.00		260	115	0.04	吴堡县
2.00	5.50		710	700	0.28	清涧县
2.40	6.30	0.10	1400	1325	0.53	子洲县
0.09	1.36	0.02	934	917	0.35	汉阴县
0.09	0.02	0.01	420	415	0.09	石泉县
1.10	5.20	1.00	1001	802	0.30	紫阳县
	21.00		2000	1980	0.61	平利县
			2			旬阳县
1.57	15.00	0.60	1700	1680	0.65	丹凤县
0.05	0.30		580	530	0.25	商南县
3.00	13.00		2342	2330	1.05	山阳县
134.21	**187.42**	**14.59**	**19922**	**14808**	**7.10**	**甘　肃**
5.30	41.32	2.18	3000	2500	0.40	靖远县
	9.00		800	800	0.26	会宁县
			50			古浪县

5-7 续表 13

县名称 Name of Counties	综合生产能力(万立方米/日) Integrated Production Capacity (10,000m³/day)	地下水 Underground Water	供水管道长度(公里) Length of Water Supply Pipelines (km)	供水总量(万立方米) 合计 Total	生产运营用水 The Quantity of Water for Production and Operation
临泽县	0.35	0.35	5.00	127.00	51.00
泾川县	0.21	0.21	5.44	19.81	17.21
庄浪县	0.10	0.10	3.00	15.10	1.80
金塔县	0.09	0.09	15.31	25.25	1.73
瓜州县	1.00	1.00	3.20	4.20	2.40
陇西县	1.61	1.45	52.50	154.77	84.16
成　县	0.02	0.02	0.55	4.01	
徽　县	0.08			20.00	4.00
两当县	0.02	0.02		4.30	
永靖县	2.30		5.50	400.28	350.00
迭部县	0.10	0.05	18.00	24.00	8.00
青　海	**0.70**	**0.70**	**6.00**	**184.00**	**124.40**
互助县	0.50	0.50	5.00	179.80	123.40
祁连县	0.20	0.20	1.00	4.20	1.00
宁　夏	**8.13**	**8.11**	**113.13**	**2278.40**	**2049.70**
永宁县	1.63	1.61	66.73	153.40	148.00
贺兰县	5.50	5.50	28.00	1998.00	1810.00
中宁县	1.00	1.00	18.40	127.00	91.70
新　疆	**19.41**	**15.88**	**257.30**	**1074.82**	**402.92**
鄯善县	0.35		42.00	75.00	
托克逊县	0.12	0.10	1.20	34.00	
奇台县	5.00	5.00	12.30	94.00	45.00
木垒县	0.02	0.02	1.50	7.20	5.20
轮台县	0.16	0.16	1.10	4.05	
尉犁县	0.30	0.30	10.00	30.00	
焉耆县	0.56	0.56	3.00	155.00	140.00
和静县	1.00	1.00	18.00	80.00	10.00
博湖县	1.28	1.28		45.69	44.80
库车县	5.50	5.50	59.20	185.07	96.60
新和县	0.01	0.01		2.56	1.96
疏勒县	1.00	1.00	21.00	115.75	3.36
叶城县	0.65	0.65	75.00	169.50	13.00
新源县	0.80	0.30	1.00	44.00	12.00
沙湾县	2.66		12.00	33.00	31.00
新疆生产建设兵团	**179.52**	**156.12**	**666.77**	**620.64**	**267.79**
第一师	1.20	0.80	8.00	1.20	
第二师	41.78	19.28	138.23	61.50	24.10
第三师	0.24	0.24	112.54	66.06	13.00
第四师	0.18	0.18	4.50	19.00	
第五师	0.50	0.50	36.90	110.00	7.25
第六师	132.71	132.41	293.30	249.15	178.40
第八师	0.33	0.33		12.00	12.00
第十二师	2.58	2.38	73.30	101.73	33.04

continued 13

Total Quantity of Water Supply(10,000m³)			用水户数(户) Number of Households with Access to Water Supply (unit)		用水人口(万人) Population with Access to Water Supply (10,000 persons)	县名称 Name of Counties
公共服务用水 The Quantity of Water for Public Service	居民家庭用水 The Quantity of Water for Household Use	其他用水 The Quantity of Water for Other Purposes		家庭用户 Household User		
32.00	44.00		5013	1678	2.80	临泽县
	2.60		76	37	0.08	泾川县
	13.00	0.30	273	253	0.19	庄浪县
17.22	6.30		1089	346	0.26	金塔县
0.80	1.00		186	110	0.21	瓜州县
34.00	29.00	7.61	3697	3626	1.41	陇西县
2.00	2.01		330	325	0.16	成　县
16.00			28			徽　县
	4.30		203	203	0.08	两当县
23.89	23.89	2.50	2000	1980	0.75	永靖县
3.00	11.00	2.00	3177	2950	0.50	迭部县
41.00	**4.50**	**14.10**	**1502**	**1112**	**0.55**	**青　海**
40.00	2.30	14.10	111	100	0.03	互助县
1.00	2.20		1391	1012	0.52	祁连县
16.83	**82.50**	**129.37**	**4238**	**2760**	**1.04**	**宁　夏**
5.40			1000			永宁县
	62.00	126.00	242	155	0.07	贺兰县
11.43	20.50	3.37	2996	2605	0.97	中宁县
304.41	**290.55**	**76.94**	**44122**	**21936**	**9.97**	**新　疆**
6.00	47.00	22.00	5752	5243	2.18	鄯善县
10.00	24.00		500	122	1.08	托克逊县
5.00	8.00	36.00	514	480	0.18	奇台县
	2.00		423	330	0.10	木垒县
3.00	0.50	0.55	1400	220	0.60	轮台县
30.00			1			尉犁县
9.00	5.00	1.00	95	45	0.16	焉耆县
25.00	41.00	4.00	3500	3250	1.02	和静县
	0.89		75	74	0.02	博湖县
3.60	73.50	11.37	5602	5526	1.09	库车县
0.03	0.05	0.52	482	306	0.12	新和县
25.78	86.61		6743	6100	3.32	疏勒县
155.00		1.50	18450			叶城县
32.00			340			新源县
	2.00		245	240	0.10	沙湾县
138.57	**185.35**	**28.93**	**24629**	**22131**	**4.72**	**新疆生产建设兵团**
	1.20		1000	1000	0.25	第一师
2.99	31.30	3.11	5576	5342	0.95	第二师
21.80	28.00	3.26	3188	3098	0.47	第三师
		19.00	3			第四师
73.10	29.65		3978	3600	1.10	第五师
12.20	55.40	3.15	6001	4400	1.16	第六师
			2			第八师
28.48	39.80	0.41	4881	4691	0.79	第十二师

六、县城节约用水

6. County Seat Water Conservation

简要说明

本部分主要反映县城节约用水情况，只统计设有节约用水管理机构的县城，汇总量均不代表全社会。主要包括设有节约用水管理机构县城的计划用水量、实际用水量、节约用水量等内容。

Brief Introduction

This section mainly demonstrates status of county seat water conservation. Statistics only covers county with water conservation authorities, therefore the data does not represent the situation of the whole society. Main indicators include planned households supplied, actual quantity of water used, quantity of water saved, etc..

6 全国历年县城节约用水情况(2000–2015)
National County Seat Water Conservation in Past Years(2000-2015)

年份 Year	计划用水量(万立方米) Planned Quantity of Water Use ($10,000\ m^3$)	新水取用量(万立方米) Fresh Water Used ($10,000\ m^3$)	工业用水重复利用量(万立方米) Quantity of Industrial Water Recycled ($10,000\ m^3$)	节约用水量(万立方米) Water Saved ($10,000\ m^3$)
2000	115591	109069	95763	20322
2001	161795	133634	24206	28161
2002	110702	91610	26321	19092
2003	120551	94938	24815	25613
2004	123176	98004	25790	25163
2005	155933	118727	32852	37206
2006		122700	32523	21546
2007		127318	99648	22675
2008		122275	53278	20480
2009		139735	130864	23135
2010		157563	133337	35963
2011		119923	95932	26165
2012		180603	52051	30853
2013		136223	159152	22286
2014		140966	164833	30029
2015		126923	173337	32419

注：自2006年起，不统计计划用水量指标。
Note:From 2006, "Planned Quantity of Water Use" has not been counted.

6-1 2015年全国县城节约用水分组资料

计量单位：万立方米

地区名称 Name of Regions		计划用水户数（户） Planned Water Consumers (unit)	自备水计划用水户数 Planned Self-produced Water Consumers	计划用水户实际用水量 合计 Total	工业 Industry	新水取用量 Fresh Water Used	工业 Industry	重复利用量 Water Reused
全国	**National Total**	**1355786**	**162569**	**310612**	**233047**	**126923**	**59710**	**183689**
分类一	**Group one**							
东部地区	East China	544043	72441	236884	199405	72751	41004	164133
中部地区	Central China	393560	71311	47908	22621	36404	14448	11504
西部地区	West China	418183	18817	25820	11021	17768	4258	8052
分类二	**Group two**							
东部地区	East China	544043	72441	236884	199405	72751	41004	164133
中部地区	Central China	337499	71145	45748	20661	34529	12613	11219
西部地区	West China	474244	18983	27980	12981	19643	6093	8337
分类三	**Group three**							
东部地区	East China	505245	72433	235302	199193	71396	40830	163906
中部地区	Central China	336803	70960	41857	18778	31537	11398	10320
西部地区	West China	474244	18983	27980	12981	19643	6093	8337
东北地区	Northeast China	39494	193	5473	2095	4347	1389	1126

National County Seat Water Conservation (2015)

Measurement Unit:10,000m³

Actual Quantity of Water Used				节约用水量		节水措施投资总额(万元)	地区名称
工业 Industry	超计划定额用水量 Water Quantity Consumed in Excess of Quota	重复利用率(%) Reuse Rate (%)	工业 Industry	Water Saved	工业 Industry	Total Investment in Water-Saving Measures (10,000 RMB)	Name of Regions
173337	**1913**	**59.14**	**74.38**	**32419**	**27470**	**38367**	**全国**
							分类一
158401	245	69.29	79.44	22903	20952	24786	东部地区
8173	1410	24.01	36.13	6806	4682	5259	中部地区
6763	258	31.19	61.36	2710	1836	8322	西部地区
							分类二
158401	245	69.29	79.44	22903	20952	24786	东部地区
8048	1403	24.52	38.95	6789	4670	4638	中部地区
6888	265	29.80	53.06	2727	1848	8943	西部地区
							分类三
158363	245	69.66	79.50	22629	20848	24566	东部地区
7380	1403	24.66	39.3	6654	4590	4638	中部地区
6888	265	29.80	53.06	2727	1848	8943	西部地区
706		20.57	33.70	409	184	220	东北地区

6–2 2015年按省分列的全国县城节约用水

计量单位：万立方米

地区名称 Name of Regions	计划用水户数（户） Planned Water Consumers (unit)	自备水计划用水户数 Planned Self-produced Water Consumers	计划用水户实际用水量 合计 Total	工业 Industry	新水取用量 Fresh Water Used	工业 Industry	重复利用量 Water Reused
全 国	**1355786**	**162569**	**310612**	**233047**	**126923**	**59710**	**183689**
河 北	104480	42322	3488	2500	2581	1683	907
山 西	145567	18728	13569	6674	8421	2780	5148
内蒙古	56061	166	2160	1960	1875	1835	285
辽 宁	38798	8	1582	212	1355	174	227
吉 林	696	185	3891	1883	2992	1215	899
江 苏	137628	10674	30661	20671	15895	6615	14766
浙 江	1619	137	21133	18218	4724	1888	16409
福 建	14710		771	88	743	85	28
江 西	4955	4080	896	208	516	121	380
山 东	146641	18280	163372	146310	34371	21653	129001
河 南	169605	43894	21862	9518	17519	6255	4343
湖 北	16569	4255	1130	203	759	142	371
湖 南	107	3	4400	2175	4322	2100	78
广 东	83622	1020	4087	1206	4087	1206	
海 南	16545		11790	10200	8995	7700	2795
四 川	187356	338	16593	8016	10399	2232	6194
贵 州	8550	330	302	45	118	9	184
云 南	25329	905	1158	47	987	40	171
西 藏	2860	1381	103	8	15	1	88
陕 西	70832	10630	1532	592	1305	450	227
甘 肃	42230	3800	1106	556	824	325	282
宁 夏	3	2	837	837	425	425	412
新 疆	81023	1431	4189	920	3695	776	494

County Seat Water Conservation by Province(2015)

Measurement Unit:10,000m³

Actual Quantity of Water Used				节约用水量		节水措施投资总额（万元）	
工业 Industry	超计划定额用水量 Water Quantity Consumed in Excess of Quota	重复利用率(%) Reuse Rate (%)	工业 Industry	Water Saved	工业 Industry	Total Investment in Water-Saving Measures (10,000 RMB)	地区名称 Name of Regions
173337	**1913**	**59.14**	**74.38**	**32419**	**27470**	**38367**	**全国**
817	4	26.00	32.68	868	766	96	河北
3894	518	37.94	58.35	1542	894	2302	山西
125	7	13.19	6.38	17	12	621	内蒙古
38		14.35	17.92	274	104	220	辽宁
668		23.10	35.48	135	80		吉林
14056		48.16	68.00	15870	14930	15246	江苏
16330	17	77.65	89.64	570	459	3855	浙江
3		3.63	3.41	128	83	14	福建
87		42.41	41.83	124			江西
124657	224	78.96	85.20	2680	2102	5321	山东
3263	793	19.87	34.28	4611	3363	1604	河南
61	89	32.83	30.05	82	62	107	湖北
75	3	1.77	3.45	295	271	625	湖南
				13	8	34	广东
2500		23.71	24.51	2500	2500		海南
5784	168	37.33	72.16	1833	1404	1942	四川
36		60.93	80.00	16	4	14	贵州
7	4	14.77	14.89	119	35	341	云南
7		85.44	87.50				西藏
142	36	14.82	23.99	219	145	2592	陕西
231	11	25.50	41.55	252	217	470	甘肃
412		49.22	49.22				宁夏
144	39	11.79	15.65	271	31	2963	新疆

6–3 2015年按县分列的全国县城节约用水

计量单位：万立方米

县名称 Name of Counties	计划用水户数（户）Planned Water Consumers (unit)	自备水计划用水户数 Planned Self-produced Water Consumers	计划用水户实际用水量 合计 Total	工业 Industry	新水取用量 Fresh Water Used	工业 Industry	重复利用量 Water Reused
全　国	**1355786**	**162569**	**310612**	**233047**	**126923**	**59710**	**183689**
河　北	**104480**	**42322**	**3488**	**2500**	**2581**	**1683**	**907**
滦　县	11420	11420	1261	1176	730	668	531
宁晋县	55360	18902	1726	1286	1362	987	364
唐　县	17900	12000	471	25	461	15	10
顺平县	19800		30	13	28	13	2
山　西	**145567**	**18728**	**13569**	**6674**	**8421**	**2780**	**5148**
清徐县	220	25	355	211	205	115	150
阳高县	18360		156	23	119	16	37
天镇县	14510	462	60	12	51	8	9
广灵县	8828	532	75	29	60	23	15
灵丘县	13500		585	285	420	120	165
浑源县	16754	18	572	10	488	8	84
左云县	18120	4000	179	27	174	22	5
平定县	18350	12050	2460	1900	960	400	1500
长治县	245	60	245	55	205	35	40
屯留县	5	5	76	76	53	53	23
黎城县	264	234	340	333	327	323	13
长子县	90	23	70	70	35	35	35
武乡县	135	13	58		40		18
沁　县	117	14	189	70	159	40	30
沁源县	8100	198	407	98	309		98
沁水县	1						
应　县	40	13	44	28	27	12	17
怀仁县	3096	12	608	371	369	192	239
榆社县	12	12	110	15	90	1	20
祁　县	78	4	221	77	194	50	27
临猗县	5500		310	61	280	33	30
万荣县	50		13		12		1
闻喜县	15		827	748	379	303	448
稷山县	107		434		423		11
新绛县	310		154	80	85	30	69
绛　县	96		230	104	134	28	96
垣曲县	7625	893	1654	1182	984	512	670
夏　县	96	50	180	37	130	21	50
平陆县	30		6	6	5	5	1
芮城县	320		266	83	150	47	116
定襄县	112	30	195	114	140	78	55
五台县	650		134	134	62	62	72
代　县	170		280	160	190	110	90
繁峙县	180	22	23	3	20	3	3

County Seat Water Conservation by County(2015)

Measurement Unit:10,000m^3

Actual Quantity of Water Used				节约用水量		节水措施投资总额(万元)	
工业 Industry	超计划定额用水量 Water Quantity Consumed in Excess of Quota	重复利用率(%) Reuse Rate (%)	工业 Industry	Water Saved	工业 Industry	Total Investment in Water-Saving Measures (10,000 RMB)	县名称 Name of Counties
173337	**1913**	**59.14**	**74.38**	**32419**	**27470**	**38367**	**全 国**
817	**4**	**26.00**	**32.68**	**868**	**766**	**96**	**河 北**
508		42.11	43.20	480	457		滦 县
299		21.09	23.25	364	299	81	宁晋县
10		2.12	40.00	24	10	15	唐 县
	4	6.67					顺平县
3894	**518**	**37.94**	**58.35**	**1542**	**894**	**2302**	**山 西**
96	9	42.25	45.50	80	50	90	清徐县
7		23.72	30.43	30			阳高县
4		15.00	33.33	3	3	6	天镇县
6		20.00	20.69	35		7	广灵县
165		28.21	57.89	42	41	33	灵丘县
2	36	14.69	20.00	36	2	180	浑源县
5		2.79	18.52	8	5	26	左云县
1500	230	60.98	78.95	70	70		平定县
20	5	16.33	36.36	35	5		长治县
23		30.26	30.26				屯留县
10		3.82	3.00	7	4	50	黎城县
35		50.00	50.00	7	7	5	长子县
	18	31.03					武乡县
30	1	15.87	42.86	11	9		沁 县
98		24.08	100.00				沁源县
						5	沁水县
16		38.64	57.14	96	84		应 县
179		39.31	48.25	159	93		怀仁县
14	1	18.18	93.33	43	14	300	榆社县
27	1	12.22	35.06	69	11	1	祁 县
28	9	9.68	45.90	24	17		临猗县
	1	7.69				12	万荣县
445		54.17	59.49	210	176	1400	闻喜县
		2.53		26	12		稷山县
50	70	44.81	62.50	2	2		新绛县
76	115	41.74	73.08	15	7		绛 县
670		40.51	56.68				垣曲县
16		27.78	43.24	15	6		夏 县
1		16.67	16.67	1	1	8	平陆县
36		43.61	43.37	80	29		芮城县
36		28.21	31.58	26	24		定襄县
72		53.73	53.73	41	35		五台县
50		32.14	31.25	80	70		代 县
		13.04					繁峙县

6-3 续表 1

计量单位：万立方米

县名称 Name of Counties	计划用水户数(户) Planned Water Consumers (unit)	自备水计划用水户数 Planned Self-produced Water Consumers	计划用水户实际用水量 合 计 Total	工 业 Industry	新水取用量 Fresh Water Used	工 业 Industry	重复利用量 Water Reused
宁武县	160	40	101	34	90	30	11
保德县	214		272		271		1
翼城县	8264		80		60		20
洪洞县	302	12	702	40	20	10	682
隰　县	95		21		21		
文水县	202		197	87	108	29	89
交城县	112	6	296	31	274	18	22
柳林县	132		384	80	298	8	86
内蒙古	**56061**	**166**	**2160**	**1960**	**1875**	**1835**	**285**
土默特右旗	26000		100	20	50	10	50
巴林左旗	30000	146	460	340	230	230	230
科尔沁左翼后旗	61	20	1600	1600	1595	1595	5
辽　宁	**38798**	**8**	**1582**	**212**	**1355**	**174**	**227**
本溪满族自治县	61		932	32	850	20	82
桓仁满族自治县	20562		335	119	235	119	100
义　县	155		135	55	110	30	25
大洼县							
喀喇沁左翼蒙古族自治县	18020	8	180	6	160	5	20
吉　林	**696**	**185**	**3891**	**1883**	**2992**	**1215**	**899**
永吉县	27	27	53	44	48	44	5
东丰县	87	43	806	580	520	421	286
柳河县	420		305		251		54
长岭县	65	65	1280	940	810	470	470
汪清县	47		835	120	815	100	20
安图县	50	50	612	199	548	180	64
江　苏	**137628**	**10674**	**30661**	**20671**	**15895**	**6615**	**14766**
丰　县	53376	10028	2307	1054	1897	644	410
沛　县	68	67	3337	1452	2277	392	1060
睢宁县	75	74	5950	4500	2150	900	3800
海安县	1200		2305	1108	2205	1108	100
如东县	1024	7	1429	709	1244	524	185
东海县	280		341	195	184	113	157
灌云县	335		371	24	341	24	30
灌南县	268		275	136	220	90	55
涟水县	370		7570	6600	1850	891	5720
盱眙县			328	328	328	328	
响水县	530	400	950	760	410	220	540
射阳县	80000	38	4491	3230	1996	1005	2495
宝应县	11	1	309	295	168	166	141
泗阳县	21	21	185	176	157	151	28
泗洪县	70	38	513	104	468	59	45

continued 1

Measurement Unit:10,000m^3

Actual Quantity of Water Used				节约用水量		节水措施投资总额(万元)	
工业 Industry	超计划定额用水量 Water Quantity Consumed in Excess of Quota	重复利用率(%) Reuse Rate (%)	工业 Industry	Water Saved	工业 Industry	Total Investment in Water-Saving Measures (10,000 RMB)	县名称 Name of Counties
4	12	10.89	11.76	44	30		宁武县
		0.37		40		23	保德县
		25.00		30		50	翼城县
30	10	97.15	75.00	10	5	50	洪洞县
				3		1	隰　县
58		45.18	66.67	76	32	24	文水县
13		7.43	41.94	76	48	31	交城县
72		22.40	90.00	12	2		柳林县
125	**7**	**13.19**	**6.38**	**17**	**12**	**621**	**内蒙古**
10	5	50.00	50.00				土默特右旗
110		50.00	32.35	17	12	621	巴林左旗
5	2	0.31	0.31				科尔沁左翼后旗
38		**14.35**	**17.92**	**274**	**104**	**220**	**辽　宁**
12		8.80	37.50	150	30	220	本溪满族自治县
		29.85		30	14		桓仁满族自治县
25		18.52	45.45	30	15		义　县
				44	44		大洼县
1		11.11	16.67	20	1		喀喇沁左翼蒙古族自治县
668		**23.10**	**35.48**	**135**	**80**		**吉　林**
		9.43					永吉县
159		35.48	27.41				东丰县
		17.70					柳河县
470		36.72	50.00	85	55		长岭县
20		2.40	16.67	20	20		汪清县
19		10.46	9.55	30	5		安图县
14056		**48.16**	**68.00**	**15870**	**14930**	**15246**	**江　苏**
410		17.77	38.90	410	410	380	丰　县
1060		31.77	73.00	8460	8040	8460	沛　县
3600		63.87	80.00	3800	3600	22	睢宁县
		4.34		102	87	17	海安县
185		12.95	26.09	185	185	3200	如东县
82		46.04	42.05	1968	1900	212	东海县
		8.09		28	26	17	灌云县
46		20.00	33.82	150	66	21	灌南县
5709		75.56	86.50	200	150	1100	涟水县
							盱眙县
540		56.84	71.05	390	320	150	响水县
2225		55.56	68.89	45	37	302	射阳县
129		45.63	43.73	110	90	30	宝应县
25		15.14	14.20	13	10	35	泗阳县
45		8.77	43.27	9	9	1300	泗洪县

6-3 续表 2

计量单位：万立方米

县名称 Name of Counties	计划用水户数（户） Planned Water Consumers (unit)	自备水计划用水户数 Planned Self-produced Water Consumers	计划用水户实际用水量 合计 Total	工业 Industry	新水取用量 Fresh Water Used	工业 Industry	重复利用量 Water Reused
浙　江	**1619**	**137**	**21133**	**18218**	**4724**	**1888**	**16409**
桐庐县	49	17	16753	14508	2722	477	14031
永嘉县							
嘉善县	296		1123	910	953	749	170
长兴县	127		2666	2409	695	438	1971
岱山县	292		65		61		4
嵊泗县	200		58	15	50	9	8
玉环县	655	120	468	376	243	215	225
福　建	**14710**		**771**	**88**	**743**	**85**	**28**
仙游县	4510		153		141		12
永春县	10200		618	88	602	85	16
江　西	**4955**	**4080**	**896**	**208**	**516**	**121**	**380**
永丰县	3500	3500	576	208	336	121	240
余干县	1455	580	320		180		140
山　东	**146641**	**18280**	**163372**	**146310**	**34371**	**21653**	**129001**
平阴县	18	18	2915	2352	900	337	2015
桓台县	360	275	82069	78704	7167	6689	74902
高青县	188	65	6457	6016	1857	1453	4600
沂源县	213	50	7306	6755	1294	743	6012
广饶县	102	67	10370	9715	1482	970	8888
临朐县	20		2171	351	1820		351
昌乐县	157	157	5810	4351	1685	832	4125
微山县	22	22	3994	3597	3764	3367	230
鱼台县	12	12	476	322	419	265	57
金乡县	11	11	483	163	419	99	64
嘉祥县	35200		670	190	560	80	110
汶上县	7	6	1190	750	830	390	360
泗水县	21	21	980	980	190	190	790
梁山县	550		378		378		
东平县	500	12	1350	1100	315	180	1035
五莲县	53532		780	413	780	413	
莒　县	1015	68	5391	3996	2178	1001	3213
庆云县	27	26	450	318	337	205	113
临邑县	90		1750		1520		230
夏津县	75	20	970	600	900	530	70
武城县	19633	99	450	216	341	107	109
无棣县	515		571	137	439	92	132
博兴县	372	180	2413	2105	1372	1064	1041
邹平县	221	181	22977	22500	2727	2250	20250
成武县	5780	3790	930	655	650	380	280
郓城县	28000	13200	71	24	47	16	24

continued 2

Measurement Unit:10,000m^3

Actual Quantity of Water Used				节约用水量		节水措施投资总额(万元)	
工业 Industry	超计划定额用水量 Water Quantity Consumed in Excess of Quota	重复利用率(%) Reuse Rate (%)	工业 Industry	Water Saved	工业 Industry	Total Investment in Water-Saving Measures (10,000 RMB)	县名称 Name of Counties
16330	**17**	**77.65**	**89.64**	**570**	**459**	**3855**	**浙　江**
14031		83.75	96.71	206	187	419	桐庐县
						290	永嘉县
161		15.14	17.69				嘉善县
1971		73.93	81.82	244	197	3000	长兴县
		6.15		10		50	岱山县
6	5	13.79	40.00	12	5	1	嵊泗县
161	12	48.08	42.82	98	70	95	玉环县
3		**3.63**	**3.41**	**128**	**83**	**14**	**福　建**
		7.84		42		8	仙游县
3		2.59	3.41	86	83	6	永春县
87		**42.41**	**41.83**	**124**			**江　西**
87		41.67	41.83	124			永丰县
		43.75					余干县
124657	**224**	**78.96**	**85.20**	**2680**	**2102**	**5321**	**山　东**
2015		69.13	85.67	230	185	855	平阴县
72015		91.27	91.50	163	163	1113	桓台县
4563	10	71.24	75.85	150	130	300	高青县
6012		82.29	89.00	60	60	98	沂源县
8745		85.71	90.02	125	98	500	广饶县
351		16.17	100.00	21	15		临朐县
3519		71.00	80.88	562	506		昌乐县
230		5.76	6.39				微山县
57		11.97	17.70			16	鱼台县
64		13.25	39.26			23	金乡县
110		16.42	57.89	5	1		嘉祥县
360	138	30.25	48.00			19	汶上县
790		80.61	80.61			32	泗水县
				19		14	梁山县
920		76.67	83.64	360	343	235	东平县
						28	五莲县
2995	12	59.60	74.95	41	36	1452	莒　县
113		25.11	35.53				庆云县
		13.14		240			临邑县
70		7.22	11.67	43	43		夏津县
109		24.22	50.46	21	20	210	武城县
45		23.12	32.85	69	21	245	无棣县
1041	64	43.14	49.45				博兴县
20250		88.13	90.00	326	306	181	邹平县
275		30.11	41.98	168	120		成武县
8		33.80	33.33	77	55		郓城县

6-3 续表 3

计量单位：万立方米

县名称 Name of Counties	计划用水户实际用水量						
	计划用水户数（户） Planned Water Consumers (unit)	自备水计划用水户数 Planned Self-produced Water Consumers	合计 Total	工业 Industry	新水取用量 Fresh Water Used	工业 Industry	重复利用量 Water Reused
河 南	**169605**	**43894**	**21862**	**9518**	**17519**	**6255**	**4343**
孟津县	9600		252	25	250	23	2
嵩 县	70	12	4		2		2
汝阳县	32	2	411	235	231	79	180
洛宁县	17	17	418	16	320	8	98
伊川县	28		244		69		175
鲁山县	83		114	95	103	90	11
郏 县	30	30	215	160	160	115	55
浚 县	80	80	382	270	312	200	70
淇 县	200	200	1096	891	686	535	410
新乡县	9800	5500	500	185	380	75	120
获嘉县	26540	2856	1344	453	1239	385	105
原阳县	22800	16300	1248	201	1200	170	48
延津县	16595	17	1054	604	1000	550	54
封丘县	50		1180	235	1075	138	105
长垣县	41420	6383	308	78	260	41	48
南乐县	23	23	33	15	20	8	13
鄢陵县	28	7	247	163	151	112	96
襄城县	108	108	261	98	245	82	16
渑池县	134	40	75	62	28	22	47
方城县	270	50	935	270	840	195	95
西峡县	48	16	620	472	520	420	100
镇平县	2864	28	1386	652	1276	560	110
内乡县	725	106	720	447	478	268	242
淅川县	6010	5900	945	697	795	550	150
社旗县	570	100	731	335	651	255	80
唐河县	358	77	742	423	176	93	566
新野县	856	200	1367	836	1082	606	285
桐柏县	280	250	191	81	153	43	38
民权县	4400	145	650	643	10	3	640
虞城县	100	100	4	4	3	3	1
扶沟县	10400		469	158	429	148	40
西华县	9810	1050	118	20	96	10	22
商水县	6	2	86	14	85	13	1
沈丘县	206	32	1265	370	1099	204	166
郸城县	38	23	496	198	400	150	96
鹿邑县	11		150		120		30
平舆县	5000	4230	1160	93	1150	85	10
汝南县	15	10	441	19	425	16	16
湖 北	**16569**	**4255**	**1130**	**203**	**759**	**142**	**371**
竹溪县	13000	900	890	44	600	44	290
谷城县	3569	3355	240	159	159	98	81

continued 3

Measurement Unit:10,000m³

Actual Quantity of Water Used				节约用水量		节水措施投资总额(万元)	
工业 Industry	超计划定额用水量 Water Quantity Consumed in Excess of Quota	重复利用率(%) Reuse Rate (%)	工业 Industry	Water Saved	工业 Industry	Total Investment in Water-Saving Measures (10,000 RMB)	县名称 Name of Counties
3263	**793**	**19.87**	**34.28**	**4611**	**3363**	**1604**	**河　南**
2	1	0.79	8.00	8	6		孟津县
		50.00		4			嵩　县
156		43.80	66.38	26	26	3	汝阳县
8	252	23.44	50.00	30	4		洛宁县
		71.72		28	11		伊川县
5		9.65	5.26	6	5	2	鲁山县
45		25.58	28.13	108			郏　县
70		18.32	25.93	70	70		浚　县
356		37.41	39.96	400	400		淇　县
110		24.00	59.46	750	520		新乡县
68		7.81	15.01	82	65		获嘉县
31		3.85	15.42	152	71		原阳县
54		5.12	8.94	60	13		延津县
97		8.90	41.28	35	10	28	封丘县
37		15.58	47.44	21	6	34	长垣县
7		39.39	46.67				南乐县
51		38.87	31.29	36	18		鄢陵县
16		6.13	16.33	16	16	7	襄城县
40	11	62.67	64.52	46	42	23	渑池县
75		10.16	27.78	125	110		方城县
52		16.13	11.02	475	419		西峡县
92		7.94	14.11	128	107	1	镇平县
179		33.61	40.04	187	161	17	内乡县
147		15.87	21.09	370	260	20	淅川县
80	50	10.94	23.88	98	78	19	社旗县
330		76.28	78.01	620	510	39	唐河县
230	479	20.85	27.51	237	197	902	新野县
38		19.90	46.91	62	48	50	桐柏县
640		98.46	99.53	80	25	120	民权县
1		25.00	25.00	4	3	2	虞城县
10		8.53	6.33	108	72		扶沟县
10		18.64	50.00	13		1	西华县
1		1.16	7.14	37	12		商水县
166		13.12	44.86	81	23	78	沈丘县
48		19.35	24.24	64	44		郸城县
		20.00		12		8	鹿邑县
8		0.86	8.60	13	7		平舆县
3		3.63	15.79	19	4	250	汝南县
61	**89**	**32.83**	**30.05**	**82**	**62**	**107**	**湖　北**
		32.58		3			竹溪县
61	89	33.75	38.36	79	62	107	谷城县

6-3 续表 4

计量单位：万立方米

县名称 Name of Counties	计划用水户实际用水量 计划用水户数（户） Planned Water Consumers (unit)	自备水计划用水户数 Planned Self-produced Water Consumers	合计 Total	工业 Industry	新水取用量 Fresh Water Used	工业 Industry	重复利用量 Water Reused
湖　南	**107**	**3**	**4400**	**2175**	**4322**	**2100**	**78**
长沙县	107	3	4400	2175	4322	2100	78
广　东	**83622**	**1020**	**4087**	**1206**	**4087**	**1206**	
翁源县	30407	470	508		508		
乳源瑶族自治县	35563		1433	869	1433	869	
新丰县	14600	200	434	27	434	27	
蕉岭县	52						
海丰县			1712	310	1712	310	
阳山县	3000	350					
海　南	**16545**		**11790**	**10200**	**8995**	**7700**	**2795**
洋浦开发区	16250		11200	10200	8700	7700	2500
琼中黎族苗族自治县	295		590		295		295
四　川	**187356**	**338**	**16593**	**8016**	**10399**	**2232**	**6194**
双流县	172	21	7441	5561	2491	611	4950
郫　县	87	3	770	95	600	25	170
大邑县	565	70	904	571	850	550	54
蒲江县	23530		128	83	50	37	78
新津县	36	24	1718	612	1374	312	344
富顺县	74018		1425		1425		
三台县	70605		1022	175	890	95	132
隆昌县	1614		145	88	115	60	30
南江县			542		542		
安岳县	620		947	630	637	440	310
乐至县	3226		368	115	298	63	70
黑水县	4250		120		120		
木里藏族自治县	4400		116		107		9
冕宁县	41		3	2	2	1	1
越西县	11		396	24	380	8	16
甘洛县	4181	220	548	60	518	30	30
贵　州	**8550**	**330**	**302**	**45**	**118**	**9**	**184**
德江县	330	330	111		83		28
普安县	8220		191	45	35	9	156
云　南	**25329**	**905**	**1158**	**47**	**987**	**40**	**171**
倘甸产业园区和轿子山旅游开发区	4	4	4	3	3	2	1
鲁甸县	158	35	171	2	109	1	62
凤庆县	11026	861	285	32	276	30	9
牟定县							
南华县	15	5	13	10	8	7	5
姚安县	5700		170		164		6
河口县	5426		372		292		80
维西傈僳族自治县	3000		143		135		8

continued 4

Measurement Unit:10,000m³

Actual Quantity of Water Used				节约用水量 Water Saved		节水措施投资总额(万元) Total Investment in Water-Saving Measures (10,000 RMB)	县名称 Name of Counties
工业 Industry	超计划定额用水量 Water Quantity Consumed in Excess of Quota	重复利用率(%) Reuse Rate (%)	工业 Industry		工业 Industry		
75	**3**	**1.77**	**3.45**	**295**	**271**	**625**	**湖　南**
75	3	1.77	3.45	295	271	625	长沙县
				13	**8**	**34**	**广　东**
							翁源县
							乳源瑶族自治县
				8	5	4	新丰县
				5	3	30	蕉岭县
							海丰县
							阳山县
2500		**23.71**	**24.51**	**2500**	**2500**		**海　南**
2500		22.32	24.51	2500	2500		洋浦开发区
		50.00					琼中黎族苗族自治县
5784	**168**	**37.33**	**72.16**	**1833**	**1404**	**1942**	**四　川**
4950	1	66.52	89.01	689	659	1000	双流县
70	5	22.08	73.68	9	4		郫　县
21		5.97	3.68	56	40	20	大邑县
46		60.94	55.42	123	75	110	蒲江县
300		20.02	49.02	344	300		新津县
							富顺县
80		12.92	45.71	131	128	17	三台县
28		20.69	31.82	290	78	6	隆昌县
				18	13	109	南江县
190	160	32.73	30.16	100	63		安岳县
52		19.02	45.22	41	27		乐至县
				9	7	200	黑水县
		7.76		11			木里藏族自治县
1	1	33.33	50.00	1	1	330	冕宁县
16	1	4.04	66.67	11	9	150	越西县
30		5.47	50.00				甘洛县
36		**60.93**	**80.00**	**16**	**4**	**14**	**贵　州**
		25.23		5		14	德江县
36		81.68	80.00	11	4		普安县
7	**4**	**14.77**	**14.89**	**119**	**35**	**341**	**云　南**
1		25.00	33.33	1			倘甸产业园区和轿子山旅游开发区
1		36.26	50.00	66			鲁甸县
2		3.16	6.25	20	20	100	凤庆县
				5	3	83	牟定县
3		38.46	30.00	12	10	150	南华县
	4	3.53		2	2	8	姚安县
		21.51		13			河口县
		5.59					维西傈僳族自治县

6-3 续表 5

计量单位：万立方米

县名称 Name of Counties	计划用水户实际用水量 计划用水户数（户） Planned Water Consumers (unit)	自备水计划用水户数 Planned Self-produced Water Consumers	合计 Total	工业 Industry	新水取用量 Fresh Water Used	工业 Industry	重复利用量 Water Reused
西　藏	**2860**	**1381**	**103**	**8**	**15**	**1**	**88**
墨竹工卡县	1850	376	15	1	15	1	
桑日县	1010	1005	88	7			88
陕　西	**70832**	**10630**	**1532**	**592**	**1305**	**450**	**227**
扶风县	7	7	218	173	173	131	45
陇　县	1400		26	9	18	3	8
三原县	1119		21	6	13	5	8
合阳县	23	5	19	13	11	9	8
澄城县	32915	9750	595	215	550	170	45
蒲城县	38	38	31	6	27	2	4
白水县	16630		216	39	180	27	36
石泉县	600	40	12	2	10	1	2
紫阳县	5300	580	207	96	151	78	56
平利县	12800	210	187	33	172	24	15
甘　肃	**42230**	**3800**	**1106**	**556**	**824**	**325**	**282**
皋兰县	850		192	40	160	32	32
靖远县	26100	1000	38	30	18	15	20
会宁县	980	800	140	46	110	38	30
永靖县	14300	2000	736	440	536	240	200
宁　夏	**3**	**2**	**837**	**837**	**425**	**425**	**412**
永宁县	3	2	837	837	425	425	412
新　疆	**81023**	**1431**	**4189**	**920**	**3695**	**776**	**494**
鄯善县	12367		755	88	600	60	155
巴里坤哈萨克自治县	5400		95		90		5
奇台县	380	16	123	50	78	28	45
轮台县	12620	1400	218	26	214	26	4
若羌县	3295		103	3	100	3	3
焉耆县	150	10	121	10	120	10	1
和静县	478	5	90	2	5		85
库车县	5216		1316	519	1306	519	10
新和县	18500		155	20	150	20	5
柯坪县	4500		92	24	87	20	5
疏附县	26		143	40	120	40	23
麦盖提县	60		42	20	22	20	20
巴楚县	60		270		270		
霍城县	14471		480	30	460	30	20
新源县	150		122	88	11		111
和布克赛尔蒙古自治县	3350		64		62		2

continued 5

Measurement Unit:10,000m^3

Actual Quantity of Water Used				节约用水量		节水措施投资总额（万元）	县名称
工 业 Industry	超计划定额用水量 Water Quantity Consumed in Excess of Quota	重复利用率（%） Reuse Rate (%)	工 业 Industry	Water Saved	工 业 Industry	Total Investment in Water-Saving Measures (10,000 RMB)	Name of Counties
7		**85.44**	**87.50**				**西 藏**
							墨竹工卡县
7		100.00	100.00				桑日县
142	**36**	**14.82**	**23.99**	**219**	**145**	**2592**	**陕 西**
42		20.64	24.28	49	40	24	扶风县
6		30.77	66.67	2	2		陇 县
1		38.10	16.67				三原县
4	9	42.11	30.77	8	4	8	合阳县
45		7.56	20.93	60	53	2020	澄城县
4		12.90	66.67	8	4		蒲城县
12	13	16.67	30.77	36	12	120	白水县
1	1	16.67	50.00				石泉县
18		27.05	18.75	45	21	280	紫阳县
9	13	8.02	27.27	11	9	140	平利县
231	**11**	**25.50**	**41.55**	**252**	**217**	**470**	**甘 肃**
8		16.67	20.00	32	32		皋兰县
15	10	52.63	50.00	50	30		靖远县
8	1	21.43	17.39	20	5	20	会宁县
200		27.17	45.45	150	150	450	永靖县
412		**49.22**	**49.22**				**宁 夏**
412		49.22	49.22				永宁县
144	**39**	**11.79**	**15.65**	**271**	**31**	**2963**	**新 疆**
28		20.53	31.82	29			鄯善县
		5.26					巴里坤哈萨克自治县
22	4	36.59	44.00	5	4	420	奇台县
		1.83		21	6	28	轮台县
		2.91					若羌县
		0.83					焉耆县
2	3	94.44	100.00	11	2		和静县
		0.76					库车县
		3.23		130	15	2500	新和县
4		5.43	16.67	5	4	15	柯坪县
	22	16.08					疏附县
		47.62		40			麦盖提县
							巴楚县
	10	4.17					霍城县
88		90.98	100.00	30			新源县
		3.13					和布克赛尔蒙古自治县

七、县城燃气

7. County Seat Gas

简要说明

县城燃气指符合《城镇燃气设计规范》的规定，供县城生产和生活作燃料使用的人工煤气、天然气和液化石油气等气体能源。

本部分分人工煤气、天然气和液化石油气三部分，主要包括县城燃气的供应能力、供应量、服务情况等内容。

Brief Introduction

County seat gas is a general designation describing gaseous energy such as man-made coal gas, natural gas and LPG, which is provided for county seat production and domestic use according to *Urban Gas Design Code.*

This section includes three parts: statistics on man-made coal gas, statistics on natural gas and statistics on LPG. Indicators such as supply capacity, quantity of gas supplied, service, etc. are used.

7 全国历年县城燃气情况(2000–2015)

年份 Year	人工煤气 Man-Made Coal Gas 供气总量(万立方米) Total Gas Supplied (10,000 m³)	居民家庭 Households	用气人口(万人) Population with Access to Gas (10,000 persons)	管道长度(公里) Length of Gas Supply Pipeline (km)	天然气 供气总量(万立方米) Total Gas Supplied (10,000 m³)	居民家庭 Households
2000	1.72	1.63	73.10	615	3.31	2.25
2001	2.14	1.85	89.85	424	4.37	2.71
2002	1.19	1.13	68.30	493	6.36	3.30
2003	0.73	0.60	51.33	519	7.67	4.16
2004	1.80	1.51	81.91	551	10.97	5.43
2005	3.04	2.01	127.35	830	18.12	5.83
2006	1.26	0.49	54.58	745	16.47	7.11
2007	1.44	0.51	58.52	1158	24.45	7.01
2008	2.68	1.84	72.22	1426	23.26	9.00
2009	1.78	0.97	69.12	1459	32.16	13.79
2010	4.06	1.03	69.97	1520	39.98	17.09
2011	9.51	1.14	66.53	1458	53.87	22.83
2012	8.57	1.08	53.58	1255	70.14	28.11
2013	7.65	2.24	63.15	1345	81.58	31.55
2014	8.49	2.12	56.05	1542	92.65	34.50
2015	8.21	2.29	55.50	1376	102.60	37.97

注：自2006年起，燃气普及率指标按县城人口和县城暂住人口合计为分母计算。
Note:Since 2006, gas coverage rate has been calculated based on denominator which combines both permanent and temporary residents in county seat areas.

National County Seat Gas in Past Years(2000-2015)

Natural Gas		液化石油气 LPG				燃气
用气人口 (万人) Population with Access to Gas (10,000 persons)	管道长度 (公里) Length of Gas Supply Pipeline (km)	供气总量 (吨) Total Gas Supplied (ton)	居民家庭 Households	用气人口 (万人) Population with Access to Gas (10,000 persons)	管道长度 (公里) Length of Gas Supply Pipeline (km)	普及率 (%) Gas Coverage Rate (%)
237	5268	110.84	98.23	2723	96	54.41
274	6400	127.55	109.90	3653	674	44.55
316	7398	142.42	124.23	4025	760	49.69
361	8397	174.45	140.17	4508	1033	53.28
437	9881	188.94	156.37	4961	1172	56.87
519	12602	185.90	147.10	5151	1203	57.80
780	17487	195.04	147.07	5405	1728	52.45
943	21882	203.22	158.60	6217	2355	57.33
1123	27110	202.14	160.60	6504	2899	59.11
1404	34214	212.58	171.00	6776	3136	61.66
1835	42156	218.50	174.97	7098	3053	64.89
2414	52450	242.17	205.23	7058	2594	66.52
2926	66697	256.94	212.13	7241	2773	68.50
3555	77122	241.07	196.89	7208	2236	70.91
4165	88862	235.32	198.38	7242	2538	73.24
4715	106466	230.01	192.99	7081	2068	75.90

7-1-1 2015年全国县城人工煤气分组资料

地区名称 Name of Regions		生产能力(万立方米／日) Production Capacity (10,000 m^3/day)	储气能力(万立方米) Gas Storage Capacity (10,000 m^3)	供气管道长度(公里) Length of Gas Supply Pipeline (km)	自制气量(万立方米) Self-Produced Gas (10,000 m^3)	供气总量(万立方米) 合计 Total
全国	**National Total**	**491.81**	**92.80**	**1375.66**	**111963.47**	**82133.16**
分类一	**Group one**					
东部地区	East China	410.00	11.00	181.00	107812.46	56859.01
中部地区	Central China	50.20	74.30	958.73	1451.00	9598.42
西部地区	West China	31.61	7.50	235.93	2700.01	15675.73
分类二	**Group two**					
东部地区	East China	410.00	11.00	181.00	107812.46	56859.01
中部地区	Central China	50.20	74.30	958.73	1451.00	9598.42
西部地区	West China	31.61	7.50	235.93	2700.01	15675.73
分类三	**Group three**					
东部地区	East China	410.00	11.00	181.00	107812.46	56859.01
中部地区	Central China	49.20	64.30	920.13	1450.00	9129.95
西部地区	West China	31.61	7.50	235.93	2700.01	15675.73
东北地区	Northeast China	1.00	10.00	38.60	1.00	468.47

National County Seat Man-made Coal Gas(2015)

Total Gas Supplied(10,000 m^3) 销售气量 Quantity Sold	居民家庭 Households	燃气损失量 Loss Amount	用气户数(户) Number of Household with Access to Gas (unit)	家庭用户 Household User	用气人口(万人) Population with Access to Gas (10,000persons)	地区名称 Name of Regions
81139.39	**22851.06**	**993.77**	**300734**	**178843**	**55.50**	**全国**
						分类一
56736.21	2851.02	122.80	44520	44396	15.14	东部地区
9347.45	5526.71	250.97	231529	109810	34.05	中部地区
15055.73	14473.33	620.00	24685	24637	6.31	西部地区
						分类二
56736.21	2851.02	122.80	44520	44396	15.14	东部地区
9347.45	5526.71	250.97	231529	109810	34.05	中部地区
15055.73	14473.33	620.00	24685	24637	6.31	西部地区
						分类三
56736.21	2851.02	122.80	44520	44396	15.14	东部地区
8879.45	5485.71	250.50	227850	106146	32.95	中部地区
15055.73	14473.33	620.00	24685	24637	6.31	西部地区
468.00	41.00	0.47	3679	3664	1.10	东北地区

7-1-2 2015年按省分列的县城人工煤气

地区名称 Name of Regions	生产能力（万立方米／日） Production Capacity (10,000 m³/day)	储气能力（万立方米） Gas Storage Capacity (10,000 m³)	供气管道长度（公里） Length of Gas Supply Pipeline (km)	自制气量（万立方米） Self-Produced Gas (10,000 m³)	供气量(万立方米) 合计 Total
全　国	**491.81**	**92.80**	**1375.66**	**111963.47**	**82133.16**
河　北		7.00	143.25		6108.01
山　西	49.20	64.30	897.13	1450	9121.95
黑龙江	1.00	10.00	38.60	1	468.47
江　西			23.00		8.00
山　东	410.00	4.00	37.75	107812.46	50751.00
四　川	13.60	4.50	179.50		2374.00
西　藏	0.01	3	0.03	0.01	1.50
甘　肃	18		29.10	2700	13280.00
新疆生产建设兵团			27.30		20.23

County Seat Man-made Coal Gas by Province(2015)

Total Gas Supplied (10,000 m^3) 销售气量 Quantity Sold	居民家庭 Households	燃气损失量 Loss Amount	用气户数(户) Number of Households with Access to Gas (unit)	家庭用户 Household User	用气人口(万人) Population with Access to Gas (10,000 persons)	地区名称 Name of Regions
81139.39	**22851.06**	**993.77**	**300734**	**178843**	**55.50**	**全 国**
6051.21	2851.02	56.80	44470	44396	15.14	河 北
8871.45	5477.71	250.50	225620	103916	32.17	山 西
468.00	41.00	0.47	3679	3664	1.10	黑龙江
8.00	8.00		2230	2230	0.78	江 西
50685.00		66.00	50			山 东
1824.00	1243.00	550.00	16125	16121	4.98	四 川
1.50	0.10		575	531	0.17	西 藏
13210.00	13210.00	70.00	7012	7012	0.89	甘 肃
20.23	20.23		973	973	0.27	新疆生产建设兵团

7-1-3 2015年按县分列的县城人工煤气

县名称 Name of Counties	生产能力(万立方米/日) Production Capacity (10,000 m^3/day)	储气能力(万立方米) Gas Storage Capacity (10,000 m^3)	供气管道长度(公里) Length of Gas Supply Pipeline (km)	自制气量(万立方米) Self-Produced Gas (10,000 m^3)	供气总量(万立方米) 合计 Total
全　国	**491.81**	**92.80**	**1375.66**	**111963.47**	**82133.16**
河　北		**7.00**	**143.25**		**6108.01**
滦南县			23.16		1824.00
涉　县		7.00	120.09		4284.01
山　西	**49.20**	**64.30**	**897.13**	**1450.00**	**9121.95**
清徐县			138.13		1186.34
阳曲县	5.00	1.50	58.50		580.00
襄垣县		5.00	307.20		2800.00
灵石县		2.50	252.00		2191.11
襄汾县	40.00	3.00	87.00		756.50
古　县		20.00	21.30		1154.00
乡宁县	4.20	32.30	33.00	1450.00	454.00
黑龙江	**1.00**	**10.00**	**38.60**	**1.00**	**468.47**
依兰县	1.00	10.00	38.60	1.00	468.47
江　西			**23.00**		**8.00**
芦溪县			23.00		8.00
山　东	**410.00**	**4.00**	**37.75**	**107812.46**	**50751.00**
临朐县		3.00	27.75		2611.00
邹平县	410.00	1.00	10.00	107812.46	48140.00
四　川	**13.60**	**4.50**	**179.50**		**2374.00**
珙　县	13.60	4.50	179.50		2374.00
西　藏	**0.01**	**3.00**	**0.03**	**0.01**	**1.50**
申扎县	0.01	3.00	0.03	0.01	1.50
甘　肃	**18.00**		**29.10**	**2700.00**	**13280.00**
高台县	18.00		29.10	2700.00	13280.00
新疆生产建设兵团			**27.30**		**20.23**
第三师			27.30		20.23

County Seat Man-made Coal Gas by County(2015)

Total Gas Supplied (10,000 m^3)			用气户数(户)		用气人口(万人)	县名称
销售气量	居民家庭	燃气损失量		家庭用户		
Quantity Sold	Households	Loss Amount	Number of Household with Access to Gas (unit)	Household User	Population with Access to Gas (10,000 persons)	Name of Counties
81139.39	**22851.06**	**993.77**	**300734**	**178843**	**55.50**	**全　国**
6051.21	**2851.02**	**56.80**	**44470**	**44396**	**15.14**	**河　北**
1768.00		56.00	4			滦南县
4283.21	2851.02	0.80	44466	44396	15.14	涉　县
8871.45	**5477.71**	**250.50**	**225620**	**103916**	**32.17**	**山　西**
1186.34	918.25		16283	15568	5.56	清徐县
580.00	480.00		12500	11765	2.85	阳曲县
2700.00	1400.00	100.00	21081	20728	6.02	襄垣县
2083.11	864.46	108.00	23815	22717	6.01	灵石县
752.00	612.00	4.50	132001	13200	4.68	襄汾县
1121.00	1027.00	33.00	6501	6500	2.28	古　县
449.00	176.00	5.00	13439	13438	4.77	乡宁县
468.00	**41.00**	**0.47**	**3679**	**3664**	**1.10**	**黑龙江**
468.00	41.00	0.47	3679	3664	1.10	依兰县
8.00	**8.00**		**2230**	**2230**	**0.78**	**江　西**
8.00	8.00		2230	2230	0.78	芦溪县
50685.00		**66.00**	**50**			**山　东**
2550.00		61.00	32			临朐县
48135.00		5.00	18			邹平县
1824.00	**1243.00**	**550.00**	**16125**	**16121**	**4.98**	**四　川**
1824.00	1243.00	550.00	16125	16121	4.98	珙　县
1.50	**0.10**		**575**	**531**	**0.17**	**西　藏**
1.50	0.10		575	531	0.17	申扎县
13210.00	**13210.00**	**70.00**	**7012**	**7012**	**0.89**	**甘　肃**
13210.00	13210.00	70.00	7012	7012	0.89	高台县
20.23	**20.23**		**973**	**973**	**0.27**	**新疆生产建设兵团**
20.23	20.23		973	973	0.27	第三师

7-2-1 2015年全国县城天然气分组资料

地区名称 Name of Regions		储气能力(万立方米) Gas Storage Capacity ($10,000\ m^3$)	供气管道长度(公里) Length of Gas Supply Pipeline (km)	供气总量(万立方米) 合计 Total	销售气量 Quantity Sold	居民家庭 Households
全国	**National Total**	**6561.46**	**106465.70**	**1026423.66**	**1007123.31**	**379724.38**
分类一	**Group one**					
东部地区	East China	2305.24	29929.68	292245.80	289293.80	78677.82
中部地区	Central China	2106.19	33293.81	256016.19	251637.60	94976.39
西部地区	West China	2150.03	43242.21	478161.67	466191.91	206070.17
分类二	**Group two**					
东部地区	East China	2058.83	29378.41	291504.94	288561.94	78135.68
中部地区	Central China	1906.47	31365.95	232755.75	228651.01	89567.79
西部地区	West China	2596.16	45721.34	502162.97	489910.36	212020.91
分类三	**Group three**					
东部地区	East China	1985.81	28077.80	279951.22	277121.03	75488.93
中部地区	Central China	1775.43	30100.11	225380.68	221355.28	85947.82
西部地区	West China	2596.16	45721.34	502162.97	489910.36	212020.91
东北地区	Northeast China	204.06	2566.45	18928.79	18736.64	6266.72

National County Seat Natural Gas(2015)

Total Gas Supplied(10,000 m^3)			用气户数(户) Number of Household with Access to Gas (unit)		用气人口(万人) Population with Access to Gas (10,000 persons)	天然气汽车加气站(座) Gas Stations for CNG-Fueled Motor Vehicles (unit)	地区名称 Name of Regions
集中供热 Central Heating	燃气汽车 Gas-Powered Automobiles	燃气损失量 Loss Amount		家庭用户 Household User			
68514.59	**223997.18**	**19300.35**	**15699447**	**14500087**	**4715.09**	**1102**	**全国**
							分类一
9040.61	42036.43	2952.00	4147219	3985197	1467.87	332	东部地区
17816.76	54944.95	4378.59	4745735	4319002	1521.65	291	中部地区
41657.22	127015.80	11969.76	6806493	6195888	1725.57	479	西部地区
							分类二
9040.61	42036.11	2943.00	4109866	3948038	1454.39	331	东部地区
16591.49	41834.62	4104.74	4381197	3978935	1402.54	222	中部地区
42882.49	140126.45	12252.61	7208384	6573114	1858.16	549	西部地区
							分类三
8992.11	40613.21	2830.19	3849533	3692172	1372.27	309	东部地区
16552.69	38972.94	4025.40	3962662	3794419	1344.42	199	中部地区
42882.49	140126.45	12252.61	7208384	6573114	1858.16	549	西部地区
87.30	4284.58	192.15	678868	440382	140.24	45	东北地区

7-2-2 2015年按省分列的县城天然气

地区名称 Name of Regions	储气能力(万立方米) Gas Storage Capacity (10,000 m^3)	供气管道长度(公里) Length of Gas Supply Pipeline (km)	供气总量(万立方米) 合计 Total	销售气量 Quantity Sold	居民家庭 Households	集中供热 Central Heating
全　国	**6561.46**	**106465.70**	**1026423.66**	**1007123.31**	**379724.38**	**68514.59**
河　北	674.16	6201.13	57469.13	56830.50	27571.92	4563.57
山　西	171.83	5250.76	61749.21	60268.90	22621.92	8307.76
内蒙古	199.72	1927.86	23260.44	22986.59	5408.60	1225.27
辽　宁	73.02	1300.61	11553.72	11440.91	2646.75	48.50
吉　林	73.09	696.28	4287.46	4233.11	2162.55	
黑龙江	57.95	569.56	3087.61	3062.62	1457.42	38.80
江　苏	277.84	5306.10	30347.55	29951.88	11532.89	92.00
浙　江	194.65	3861.83	22764.50	22551.72	2850.69	44.80
安　徽	335.34	8117.49	51923.56	51227.01	18626.68	130.00
福　建	476.96	1091.14	17630.41	17447.79	1447.12	24.00
江　西	538.1	2855.42	14492.11	14274.88	6152.16	333.65
山　东	142.35	10577.34	136805.31	135422.41	30873.9	4267.74
河　南	349.48	5136.68	49490.53	48675.84	17583.74	240.91
湖　北	116.19	3792.56	13661.25	13232.19	8379.72	275.68
湖　南	264.49	4947.20	34064.02	33676.46	12583.60	7264.69
广　东	139.85	790.26	2834.32	2816.73	1156.41	
广　西	246.41	551.27	740.86	731.86	542.14	
海　南	80.00	250.00	12100.00	12100.00	56.00	
重　庆	56.95	4262.69	29342.08	28414.19	18608.19	831.00
四　川	207.31	21272.44	186998.53	180801.63	106853.53	
贵　州	375.80	968.09	6754.01	6619.67	4639.88	
云　南	141.71	1053.37	2547.29	2529.79	1010.82	
西　藏	10.00		56.00	52.00	52.00	
陕　西	312.10	4618.73	74198.77	73130.73	24120.83	14135.52
甘　肃	222.69	483.53	23128.61	23088.15	2416.64	6310.02
青　海	89.21	474.28	20017.33	19935.60	4360.81	8631.08
宁　夏	99.03	844.72	27005.21	26570.62	6176.60	1600.31
新　疆	501.51	3410.22	87146.66	84719.02	25097.06	9856.28
新疆生产建设兵团	133.72	5854.14	20967.18	20330.51	12733.81	293.01

County Seat Natural Gas by Province(2015)

Total Gas Supplied (10,000 m³) 燃气汽车 Gas-Powered Automobiles	燃气损失量 Loss Amount	用气户数(户) Number of Household with Access to Gas (unit)	家庭用户 Household User	用气人口(万人) Population with Access to Gas (10,000 persons)	天然气汽车加气站(座) Gas Stations for CNG-Fueled Motor Vehicles (unit)	地区名称 Name of Regions
223997.18	**19300.35**	**15699447**	**14500087**	**4715.09**	**1102**	**全　国**
6601.47	638.63	1087725	1053492	380.25	94	河　北
9708.49	1480.31	734078	700752	283.25	37	山　西
13110.33	273.85	364538	340067	119.11	69	内蒙古
1422.90	112.81	260333	255866	82.12	22	辽　宁
1355.88	54.35	343500	110408	39.44	11	吉　林
1505.80	24.99	75035	74108	18.68	12	黑龙江
4340.49	395.67	683692	634219	258.37	41	江　苏
921.11	212.78	259887	253695	100.62	5	浙　江
13759.09	696.55	977293	925478	294.15	52	安　徽
186.86	182.62	153953	147038	39.96	4	福　建
380	217.23	376529	370936	109.43	1	江　西
28563.28	1382.9	1587791	1530151	566.15	165	山　东
10773.61	814.69	852737	798600	306.79	76	河　南
1966.07	429.06	414408	403933	150.27	20	湖　北
2385.68	387.56	607617	594720	200.53	13	湖　南
	17.59	70485	67877	24.47		广　东
0.32	9.00	37353	37159	13.48	1	广　西
		6000	5700	2.45		海　南
4677.51	927.89	606037	574714	174.07	13	重　庆
19719.89	6196.90	3627146	3468431	809.59	65	四　川
1456.55	134.34	138752	131075	40.08	14	贵　州
276.94	17.50	61054	58472	29.05	7	云　南
	4.00	536	536	0.30		西　藏
19325.57	1068.04	850058	718251	271.01	91	陕　西
14129.74	40.46	94869	86928	35.57	30	甘　肃
6413.27	81.73	208074	79348	25.25	18	青　海
9457.47	434.59	179018	174505	33.37	27	宁　夏
45103.16	2427.64	735968	626615	217.93	148	新　疆
6455.70	636.67	304981	277013	89.35	66	新疆生产建设兵团

7-2-3 2015年按县分列的县城天然气

县名称 Name of Counties	储气能力(万立方米) Gas Storage Capacity ($10,000\ m^3$)	供气管道长度(公里) Length of Gas Supply Pipeline (km)	供气总量(万立方米) 合计 Total	销售气量 Quantity Sold	居民家庭 Households	集中供热 Central Heating
全　国	**6561.46**	**106465.70**	**1026423.66**	**1007123.31**	**379724.38**	**68514.59**
河　北	**674.16**	**6201.13**	**57469.13**	**56830.50**	**27571.92**	**4563.57**
井陉县		33.95	488.00	488.00	140.00	105.40
正定县		197.63	1797.00	1755.00	1141.00	
行唐县		17.50	374.60	362.00	66.10	2.90
灵寿县		32.00	59.32	55.44	40.02	15.42
高邑县		77.96	1663.90	1653.40	100.00	780.40
深泽县	80.00	32.73	223.00	221.00	165.00	
无极县	56.00	45.00	481.00	480.00	10.00	
平山县	7.70	77.43	586.30	576.00	240.00	
元氏县		29.00	390.08	390.00	49.00	
赵　县	2.00	66.35	618.60	616.87	323.80	
滦　县	1.10	96.22	139.30	137.00	137.00	
滦南县		46.03	1368.00	1354.00	1354.00	
乐亭县	1.30	159.12	300.00	298.00	238.00	14.90
迁西县	0.72	83.32	84.12	83.05	64.26	
玉田县	1.00	68.60	710.00	710.00	560.00	150.00
曹妃甸区	9.50	323.49	854.35	837.35	149.70	
青龙满族自治县	50.00	71.07	284.70	278.50	160.00	
昌黎县	1.80	160.00	218.00	218.00	175.00	43.00
卢龙县	0.38	7.10	4.97	4.97	4.97	
临漳县	3.70	82.00	204.50	200.00	200.00	
成安县	1.70	123.00	124.66	85.66	85.66	
大名县		29.84	186.10	186.10	179.15	
磁　县		161.00	1585.00	1498.00	1058.00	
永年县		165.00	332.20	332.00	312.00	
邱　县		58.00	1200.00	1200.00	476.00	
鸡泽县	1.30	21.00	305.38	303.28	96.75	116.53
广平县	5.00	80.00	277.80	277.80	277.80	
馆陶县	0.90	25.50	180.36	180.36	22.86	
魏　县	94.00	64.20	321.93	320.33	308.33	12.00
曲周县	3.66	17.70	99.80	98.60	69.96	23.76
临城县	3.95	23.00	82.77	82.59	43.50	
内丘县		66.50	2889.00	2889.00	420.00	200.00
柏乡县		14.20	452.00	450.80	313.00	
隆尧县	0.60	51.30	153.00	152.80	130.00	1.58
任　县	0.30	71.54	456.62	456.42	176.36	135.07
南和县		30.50	1041.40	1041.40	118.90	
宁晋县	2.40	29.80	662.80	652.90	436.00	18.90
巨鹿县		66.00	702.00	702.00	500.00	
新河县	1.60	5.50	4.80	4.80	4.80	
广宗县	80.00	50.00	87.90	87.00	35.00	47.00
平乡县	0.10	8.70	210.00	210.00	68.73	101.00
威　县		75.00	191.76	191.61	82.55	

County Seat Natural Gas by County(2015)

Total Gas Supplied (10,000 m³) 燃气汽车 Gas-Powered Automobiles	燃气损失量 Loss Amount	用气户数(户) Number of Household with Access to Gas (unit)	家庭用户 Household User	用气人口(万人) Population with Access to Gas (10,000 persons)	天然气汽车加气站(座) Gas Stations for CNG-Fueled Motor Vehicles (unit)	县名称 Name of Counties
223997.18	**19300.35**	**15699447**	**14500087**	**4715.09**	**1102**	**全　国**
6601.47	**638.63**	**1087725**	**1053492**	**380.25**	**94**	**河　北**
234.00		7175	6975	2.63	8	井陉县
99.00	42.00	36270	36237	10.21	5	正定县
292.00	12.60	6453	6368	2.87	3	行唐县
	3.88	1439	1434	0.43		灵寿县
730.00	10.50	11012	10880	5.20	7	高邑县
56.00	2.00	13014	10800	3.50	1	深泽县
	1.00	1777	1755	0.50		无极县
336.00	10.30	15580	15500	7.19	2	平山县
86.00	0.08	2092	2031	0.83	2	元氏县
120.00	1.73	25656	25600	9.59	1	赵　县
	2.30	10981	10981	4.39		滦　县
	14.00	29951	29951	9.14		滦南县
	2.00	28500	28300	8.50		乐亭县
	1.07	11090	11070	3.80		迁西县
		32280	29260	10.25		玉田县
	17.00	17682	17589	3.92		曹妃甸区
	6.20	16416	16350	5.48		青龙满族自治县
		28521	28421	8.50		昌黎县
		823	823	0.27		卢龙县
	4.50	17800	17800	6.59		临漳县
	39.00	8566	8566	2.60		成安县
6.95		15129	14929	5.25	2	大名县
	87.00	35029	34810	13.50		磁　县
20.00	0.20	37201	36575	16.73	1	永年县
724.00		1164	945	1.60	2	邱　县
90.00	2.10	3329	2876	8.66	1	鸡泽县
		26700	26700	5.44		广平县
157.50		2700	2286	0.80	1	馆陶县
	1.60	14000	13990	6.02		魏　县
3.55	1.20	8897	8876	3.30	2	曲周县
39.09	0.18	3524	3519	1.78	1	临城县
255.00		13050	10210	4.68	5	内丘县
	1.20	4420	4300	1.39		柏乡县
3.70	0.20	5600	5530	3.50	4	隆尧县
144.99	0.20	11285	11221	4.32	1	任　县
74.90		13043	12991	3.96	1	南和县
	9.90	23884	23880	10.10		宁晋县
102.00		12000	11000	5.40	2	巨鹿县
		550	550	2.10		新河县
5.00	0.90	3600	3500	1.40	2	广宗县
40.27		10080	10000	4.40	1	平乡县
7.72	0.15	9024	9000	3.00	1	威　县

7-2-3 续表 1

县名称 Name of Counties	储气能力(万立方米) Gas Storage Capacity ($10,000\ m^3$)	供气管道长度(公里) Length of Gas Supply Pipeline (km)	供气总量(万立方米) 合计 Total	销售气量 Quantity Sold	居民家庭 Households	集中供热 Central Heating
清河县		41.14	572.75	572.00	306.78	132.94
临西县	8.50	5.50	160.00	159.00	120.00	
涞水县		16.61				
阜平县	2.00	2.51	210.81	186.06	8.96	172.10
定兴县	1.00	22.00	542.00	500.00	425.00	
唐　县		89.30	871.25	870.00	569.00	110.00
容城县	1.00	35.50	270.17	270.00	58.00	210.50
涞源县		13.00	79.00	77.18	67.00	
望都县		100.00	820.00	800.00	300.00	
安新县	0.85	40.00	25.20	23.10	21.00	1.20
易　县	1.00	45.00	90.00	88.50	88.50	
蠡　县	20.00	66.00	571.14	570.00	110.00	110.00
顺平县	11.63	42.28	96.41	94.82	65.00	29.28
博野县	5.50	25.00	99.40	98.00	77.00	21.00
雄　县		38.02	379.55	376.15	297.40	
张北县		20.00				
沽源县		6.80				
尚义县	0.20	28.00	10.04	10.00	10.00	
蔚　县	0.80	26.20	50.50	49.30	49.30	
怀安县	0.19	17.60	19.64	19.60	19.60	
怀来县	2.00	52.47	142.04	139.24	109.43	
涿鹿县	0.13	22.40	50.00	50.00	50.00	
赤城县	0.40	4.00	35.91	35.90	35.90	
崇礼县	18.00	9.61	14.00	12.00	12.00	
承德县	0.80	12.00	13.30	13.00	13.00	
兴隆县	0.60	13.00	30.37	30.37	30.37	
平泉县	2.50	16.00	60.05	60.00	60.00	
隆化县	1.80	49.60	99.00	96.00	96.00	
丰宁满族自治县	10.00	52.90	167.68	162.80	162.80	
围场满族蒙古族自治县	6.00	59.00	110.00	100.00	100.00	
青　县	29.00	455.00	6484.00	6354.00	1100.00	122.00
东光县	0.55	55.00	167.00	165.00	162.00	
海兴县		44.00	42.10	39.20	39.20	
盐山县	2.00	71.37	750.12	750.00	210.00	
肃宁县	3.00	26.06	261.20	261.20	46.03	
南皮县	4.00	66.10	750.05	750.00	586.60	
吴桥县	10.00	98.00	300.05	300.00	99.00	75.00
献　县		76.99	295.00	295.00	100.00	
孟村回族自治县	1.20	66.48	283.51	283.50	123.00	
固安县	50.00	311.05	3950.75	3915.75	3035.00	
永清县		117.00	640.00	635.00	600.00	
香河县		208.00	1812.50	1812.00	826.20	0.06
大城县		132.22	5840.00	5840.00	2696.00	
文安县	5.00	31.60	1584.00	1583.00	927.00	

continued 1

Total Gas Supplied (10,000 m³)		用气户数(户) Number of Household with Access to Gas (unit)		用气人口(万人) Population with Access to Gas (10,000 persons)	天然气汽车加气站(座) Gas Stations for CNG-Fueled Motor Vehicles (unit)	县名称 Name of Counties
燃气汽车 Gas-Powered Automobiles	燃气损失量 Loss Amount		家庭用户 Household User			
132.28	0.75	11081	11061	4.42	1	清河县
38.00	1.00	13780	13680	5.60	5	临西县
						涞水县
	24.75	823	818	0.33		阜平县
	42.00	15890	13420	4.55		定兴县
191.00	1.25	12073	12000	3.58	1	唐　县
	0.17	5093	4803	0.70		容城县
	1.82	1650	1620	0.50		涞源县
	20.00	11060	11000	4.30		望都县
0.80	2.10	2503	2391	1.92	1	安新县
	1.50	9900	9900	3.30		易　县
350.00	1.14	12000	6300	1.50	2	蠡　县
	1.59	3356	3107	1.20		顺平县
	1.40	5230	5120	0.28		博野县
	3.40	6500	6201	2.76		雄　县
						张北县
						沽源县
	0.04	1500	1500	0.55		尚义县
	1.20	7600	7600	3.85		蔚　县
	0.04	2364	2364	0.80		怀安县
1.00	2.80	24653	24566	6.61	1	怀来县
		3000	3000	3.50		涿鹿县
	0.01	1500	1500	3.20		赤城县
	2.00	300	300	0.08		崇礼县
	0.30	1300	1300	0.40		承德县
		2903	2903	0.89		兴隆县
	0.05	2150	2150	1.35		平泉县
	3.00	11060	11060	3.00		隆化县
	4.88	15133	15133	5.44		丰宁满族自治县
	10.00	12051	12051	3.60		围场满族蒙古族自治县
32.00	130.00	27150	24900	8.68	2	青　县
1.00	2.00	4080	3960	1.40	1	东光县
	2.90	6520	6520	2.61		海兴县
540.00	0.12	8410	8380	3.81	1	盐山县
214.90		4024	3520	1.60	2	肃宁县
72.00	0.05	18185	18105	7.00	1	南皮县
27.00	0.05	6500	6200	2.80	1	吴桥县
195.00		11678	9750	4.09	2	献　县
131.50	0.01	8790	8690	2.95	1	孟村回族自治县
	35.00	43882	43320	11.89		固安县
30.00	5.00	7000	5500	3.80	5	永清县
370.00	0.50	68121	67663	11.98	1	香河县
		18195	16839	5.40		大城县
108.00	1.00	9904	9726	3.86	1	文安县

7-2-3 续表 2

县名称 Name of Counties	储气能力(万立方米) Gas Storage Capacity (10,000 m^3)	供气管道长度(公里) Length of Gas Supply Pipeline (km)	供气总量(万立方米) 合计 Total	销售气量 Quantity Sold	居民家庭 Households	集中供热 Central Heating
大厂回族自治县		146.84	1095.29	1095.00	860.00	
枣强县	18.00	28.00	164.08	161.55	158.60	1.63
武邑县		55.00	190.00	190.00	165.00	
饶阳县		29.00	1465.25	1465.25	65.25	1400.00
安平县	10.00	70.00	1938.00	1888.00	1600.00	50.00
故城县	1.80	79.00	351.00	350.00	160.00	60.00
景　县	9.00	35.20	800.00	800.00	5.80	300.00
阜城县	25.00	84.00	318.00	312.00	212.00	
山　西	**171.83**	**5250.76**	**61749.21**	**60268.90**	**22621.92**	**8307.76**
清徐县		61.00	455.00	455.00		
阳曲县	1.88	93.55	1273.30	1268.40	39.48	248.63
阳高县	25.00	22.42	208.40	198.00	38.00	
天镇县	0.50	13.40	49.65	47.25	36.25	
灵丘县	9.00	53.00	125.86	120.00	19.00	43.00
浑源县	4.00	29.40	2.86	2.76	1.35	
大同县	2.00	17.00	29.20	27.80	27.80	
平定县		54.15	4700.00	4500.00	1800.00	1000.00
盂　县		210.00	4573.46	4346.60	140.60	
长治县	0.80	41.97	529.71	514.71	15.10	29.50
屯留县		52.00	286.50	281.00	151.00	111.00
平顺县	0.40	26.12	22.71	22.64	14.25	1.00
黎城县	30.00	100.92	127.30	127.00	103.80	
长子县		37.18	881.13	878.06	57.04	821.02
武乡县	1.30	60.53	550.00	526.00	130.92	
沁　县	0.30	15.08	21.85	21.40	21.40	
沁源县		7.13	136.68	136.20	0.96	
沁水县		32.00	2331.00	2326.00	672.00	1654.00
阳城县	2.00	287.92	1462.99	1415.47	863.00	
陵川县	0.35	154.00	152.70	146.00	93.00	
应　县		89.30	966.20	953.50	556.30	
右玉县		22.54	16.10	16.00	15.00	
怀仁县		223.00	1628.00	1535.00	635.00	197.00
左权县		45.10	158.00	156.00	156.00	
和顺县		39.80	246.44	245.00	81.70	
昔阳县	3.00	130.06	1451.30	1448.40	840.30	
寿阳县		32.25	2553.00	2543.00	70.00	
太谷县		256.00	1835.00	1770.00	1770.00	
祁　县		58.60	3794.14	3778.74	429.00	
平遥县		151.78	2994.80	2845.06	1300.00	182.55
灵石县		35.40	181.26	180.06	0.18	
临猗县		137.70	934.00	910.00	385.00	
万荣县	20.00	56.00	320.98	320.50	300.50	20.00
闻喜县		252.30	730.00	727.00	727.00	
稷山县		89.00	3050.00	2924.00	1800.00	
新绛县		36.00	1235.00	1185.00	1185.00	

continued 2

Total Gas Supplied (10,000 m^3)		用气户数(户) Number of Household with Access to Gas (unit)		用气人口(万人) Population with Access to Gas (10,000 persons)	天然气汽车加气站(座) Gas Stations for CNG-Fueled Motor Vehicles (unit)	县名称 Name of Counties
燃气汽车 Gas-Powered Automobiles	燃气损失量 Loss Amount		家庭用户 Household User			
120.00	0.29	22236	21999	6.00	1	大厂回族自治县
1.32	2.53	8805	8765	2.94	1	枣强县
		4617	4322	1.40		武邑县
		1500	1450	0.51		饶阳县
188.00	50.00	14000	13900	5.60	2	安平县
130.00	1.00	14000	13000	4.50	2	故城县
		1188	956	0.60		景　县
100.00	6.00	5200	4800	4.90	3	阜城县
9708.49	**1480.31**	**734078**	**700752**	**283.25**	**37**	**山　西**
						清徐县
844.31	4.90	3210	3149	0.64	1	阳曲县
135.00	10.40	4521	4476	3.65	1	阳高县
8.70	2.40	2987	2984	2.95	1	天镇县
52.00	5.86	2720	2715	1.27	1	灵丘县
1.26	0.10	231	213	1.15	1	浑源县
	1.40	3790	3790	1.21		大同县
	200.00	49858	48786	11.70		平定县
2270.60	226.86	7200	7000	6.16	1	盂　县
400.00	15.00	4105	3885	1.76	2	长治县
	5.50	3874	3461	2.15		屯留县
7.39	0.07	852	673	0.45	1	平顺县
	0.30	3696	3679	1.80		黎城县
	3.07	4437	4425	2.58		长子县
	24.00	7500	7450	3.46		武乡县
	0.45	1645	1645	0.85		沁　县
	0.48	181	164	0.18		沁源县
	5.00	11500	11486	4.60		沁水县
248.00	47.52	45847	45625	10.00	2	阳城县
53.00	6.70	7500	7400	3.98	1	陵川县
	12.70	18852	18560	8.30		应　县
1.00	0.10	400	380	0.19	1	右玉县
370.00	93.00	40271	40000	10.54	1	怀仁县
	2.00	8600	8600	3.30		左权县
	1.44	6850	6826	2.80		和顺县
	2.90	17616	17600	5.40		昔阳县
2423.00	10.00	3555	3518	4.40	2	寿阳县
	65.00	37200	37200	13.40		太谷县
160.62	15.40	9011	9010	4.40	1	祁　县
520.30	149.74	46756	46618	12.00	5	平遥县
179.88	1.20	19	18	0.01	1	灵石县
20.00	24.00	9420	9080	8.05	1	临猗县
	0.48	21080	20980	6.47		万荣县
	3.00	15300	15300	7.24		闻喜县
5.00	126.00	44817	44305	8.33	1	稷山县
	50.00	28900	28900	11.22		新绛县

7-2-3 续表 3

县名称 Name of Counties	储气能力(万立方米) Gas Storage Capacity (10,000 m^3)	供气管道长度(公里) Length of Gas Supply Pipeline (km)	供气总量(万立方米) 合计 Total	销售气量 Quantity Sold	居民家庭 Households	集中供热 Central Heating
绛　县		59.35	1698.00	1628.00	70.00	
垣曲县		34.00	270.00	260.00	240.00	
夏　县		142.53	1515.00	1500.00	240.00	600.00
平陆县		82.00	86.00	82.00	82.00	
芮城县	6.00	110.55	1218.43	1216.00	839.00	280.00
定襄县	1.80	63.03	565.50	562.00	35.00	91.80
五台县	2.80	18.12	38.50	37.50	22.90	
代　县		35.00	43.70	42.10	20.00	
神池县		3.80				
河曲县		33.54				
保德县		50.60	882.86	862.86	88.00	514.26
偏关县	5.00	21.22	3.70	3.60		
曲沃县	8.20	24.30	575.00	560.00	430.10	
翼城县	5.50	35.00	325.00	310.00	178.00	
襄汾县	4.00	300.00	1556.00	1548.00	195.00	
洪洞县		390.00	1902.00	1874.00	800.00	
安泽县		86.40	54.70	50.70	50.70	
浮山县	0.20	12.82	7.96	7.79	6.69	
吉　县	0.30		531.20	514.00	16.00	
大宁县		14.80				
永和县		9.15	84.88	84.83	8.00	76.00
蒲　县	2.50	84.00	72.00	68.00	68.00	
文水县	2.00	97.80	1133.80	1124.00	735.00	
交城县	2.00	49.58	229.90	223.00	199.00	
兴　县	5.00	46.08	448.80	442.00	341.00	82.00
临　县	5.00	166.40	1665.80	1659.97	592.00	
柳林县	4.20	81.23	4903.00	4851.00	1687.00	2356.00
石楼县	3.50	13.00	195.96	190.60	59.60	
岚　县	4.50	65.16	567.70	561.00	157.00	
方山县	3.60	30.20	507.00	483.00	483.00	
中阳县	0.20	15.00	460.00	438.00	438.00	
交口县	5.00	52.50	192.30	187.40	65.00	
内蒙古	**199.72**	**1927.86**	**23260.44**	**22986.59**	**5408.60**	**1225.27**
土默特左旗		16.70	33.10	33.00	29.00	
和林格尔县		213.10	980.01	980.00	77.00	
清水河县	0.80	10.10	80.00	80.00	80.00	
武川县			0.10	0.10		
土默特右旗	4.50	150.00	4124.00	4100.00	360.00	
固阳县	5.00	14.00	453.79	443.18	29.52	
达尔罕茂明安联合旗	0.60	17.00	37.52	37.51	15.50	
阿鲁科尔沁旗	1.40	21.90	9.25	9.25	9.25	
巴林左旗	3.50	15.90	50.00	50.00	11.80	
林西县	0.51	15.40	10.31	10.31	5.24	
克什克腾旗	0.50	8.36	48.00	48.00	40.00	

continued 3

Total Gas Supplied (10,000 m³)		用气户数(户)		用气人口(万人)	天然气汽车加气站(座)	县名称
燃气汽车 Gas-Powered Automobiles	燃气损失量 Loss Amount	Number of Household with Access to Gas (unit)	家庭用户 Household User	Population with Access to Gas (10,000 persons)	Gas Stations for CNG-Fueled Motor Vehicles (unit)	Name of Counties
	70.00	1766	1538	2.10		绛　县
	10.00	6276	5876	2.74		垣曲县
50.00	15.00	6740	6585	2.00	1	夏　县
	4.00	1864	1864	0.60		平陆县
97.00	2.43	10512	10500	5.22	1	芮城县
	3.50	2252	2200	1.34		定襄县
	1.00	2299	2289	0.81		五台县
	1.60	880	870	0.35		代　县
						神池县
						河曲县
	20.00	6085	5996	4.89		保德县
	0.10					偏关县
3.00	15.00	12402	12400	4.34	1	曲沃县
8.45	15.00	15001	15000	5.33	1	翼城县
678.98	8.00	5001	5000	1.77	4	襄汾县
851.00	28.00	36001	36000	12.60	3	洪洞县
	4.00	8025	8025	2.84		安泽县
	0.17	1090	1089	0.48		浮山县
320.00	17.20	2002	2000	0.70	1	吉　县
						大宁县
	0.05	961	960	0.35		永和县
	4.00	5010	5010	1.75		蒲　县
	9.80	19482	16357	11.81		文水县
	6.90	13592	4461	8.50		交城县
	6.80	9158	7261	6.71		兴　县
	5.83	20150	14880	11.35		临　县
	52.00	39572	35481	10.69		柳林县
	5.36	1561	1422	2.68		石楼县
	6.70	7561	3305	3.55		岚　县
	24.00	11468	11468	2.93		方山县
	22.00	11024	11024	5.34		中阳县
	4.90	2042	1990	2.89		交口县
13110.33	**273.85**	**364538**	**340067**	**119.11**	**69**	**内蒙古**
	0.10	9000	7300	2.22		土默特左旗
521.00	0.01	8783	8558	4.00	1	和林格尔县
		8900	8900	4.85		清水河县
0.10					1	武川县
3600.00	24.00	28560	28300	10.20	3	土默特右旗
413.66	10.61	3500	3200	2.10	1	固阳县
2.00	0.01	1600	1500	0.93	1	达尔罕茂明安联合旗
		2353	2353	1.27		阿鲁科尔沁旗
38.00		450	300	0.10	1	巴林左旗
5.07		2300	2200	0.73	1	林西县
8.00		7007	5901	3.33	1	克什克腾旗

7-2-3 续表 4

县名称 Name of Counties	储气能力（万立方米） Gas Storage Capacity (10,000 m³)	供气管道长度（公里） Length of Gas Supply Pipeline (km)	供气总量(万立方米) 合计 Total	销售气量 Quantity Sold	居民家庭 Households	集中供热 Central Heating
宁城县	0.72	7.10	90.40	90.00	1.20	
敖汉旗	6.00	5.00	138.70	102.20	10.00	
科尔沁左翼中旗	2.90	49.80	37.55	37.55	13.34	
开鲁县	12.00	55.84	860.01	858.57	532.97	
奈曼旗	5.00	25.00	77.40	75.00	40.00	
达拉特旗	5.00	164.60	4270.00	4220.00	1010.00	
准格尔旗	4.50		360.60	359.00		
鄂托克前旗	5.00	143.00	670.46	662.46	219.46	
鄂托克旗		41.90	1230.00	1230.00	211.41	
杭锦旗		24.24	474.94	472.74	109.38	28.00
乌审旗		284.00	1302.62	1300.32	760.00	
伊金霍洛旗		182.50	2418.00	2400.00	700.00	700.00
阿荣旗	2.00	126.63	725.00	698.00	93.00	
莫力达瓦达斡尔族自治旗	3.00	41.54	49.50	49.50	22.00	
鄂温克族自治旗		24.10				
五原县	1.00	17.57	534.40	534.30	80.00	31.27
磴口县	3.00	21.38	55.59	55.59	55.59	
乌拉特前旗	0.40	13.55	77.36	77.00	72.00	
乌拉特中旗	0.80	31.78	84.68	84.68	32.64	
乌拉特后旗	1.50	10.70	290.00	290.00	10.00	
杭锦后旗	6.00	17.32	705.75	692.75	15.75	
卓资县	0.45	3.80	109.55	98.55		
化德县	2.00	17.20	331.80	320.00	178.00	
商都县	2.00	5.00	5.56	5.40		
兴和县	10.00	10.00	425.40	425.40	260.00	
凉城县	2.00	10.00	0.72	0.72		
察哈尔右翼中旗	0.90	11.50	105.00	105.00	30.00	
察哈尔右翼后旗	76.00	1.66	76.00	76.00		
四子王旗			109.05	109.00	39.00	
科尔沁右翼前旗	10.00	12.00	16.80	16.50	8.50	
扎赉特旗	0.60	15.32	3.30	3.30		
突泉县		6.00				
阿巴嘎旗	0.50		2.60	2.50		
苏尼特右旗	0.40		165.00	165.00		
太仆寺旗	1.20	5.60	0.77	0.77		
正蓝旗	2.84	7.28	72.85	69.24	5.35	
多伦县	1.70	5.79	57.00	52.20	6.70	
阿拉善左旗	13.50	46.70	1500.00	1456.00	235.00	466.00
辽 宁	**73.02**	**1300.61**	**11553.72**	**11440.91**	**2646.75**	**48.50**
辽中县	18.00	161.50	1129.05	1072.29	1016.29	
康平县	1.00	57.67	251.70	250.00	7.20	
法库县	18.50	74.00	201.00	200.00	200.00	
台安县	0.60	150.50	2284.00	2283.00	124.60	
清原满族自治县	5.00	41.40	49.40	49.00	15.00	

continued 4

Total Gas Supplied (10,000 m^3)		用气户数(户) Number of Household with Access to Gas (unit)		用气人口(万人) Population with Access to Gas (10,000 persons)	天然气汽车加气站(座) Gas Stations for CNG-Fueled Motor Vehicles (unit)	县名称 Name of Counties
燃气汽车 Gas-Powered Automobiles	燃气损失量 Loss Amount		家庭用户 Household User			
88.80	0.40	2730	1750	0.80	1	宁城县
92.20	36.50	3650	2101	1.50	1	敖汉旗
6.30		2280	2196	0.60	1	科尔沁左翼中旗
325.60	1.44	32000	30000	7.47	1	开鲁县
1.70	2.40	8900	8860	3.35	1	奈曼旗
1606.00	50.00	32607	32277	11.62	4	达拉特旗
359.00	1.60				2	准格尔旗
435.00	8.00	10378	10002	3.30	2	鄂托克前旗
512.79		10452	10300	3.09	1	鄂托克旗
335.36	2.20	14000	13880	4.00	1	杭锦旗
150.00	2.30	23069	20940	6.00	1	乌审旗
1000.00	18.00	31000	30853	6.05	3	伊金霍洛旗
605.00	27.00	9840	7340	3.28	2	阿荣旗
27.50		1966	1850	0.60	1	莫力达瓦达斡尔族自治旗
						鄂温克族自治旗
423.03	0.10	7750	7739	3.10	6	五原县
		6031	6031	4.36		磴口县
5.00	0.36	11000	9800	3.50	2	乌拉特前旗
52.04		7010	6083	2.70	2	乌拉特中旗
280.00		3500	2120	0.64	3	乌拉特后旗
677.00	13.00	4903	4793	2.66	2	杭锦后旗
98.50	11.00	115			1	卓资县
5.20	11.80	15200	15020	4.30	1	化德县
5.40	0.16				1	商都县
165.40		13900	13850	5.55	2	兴和县
0.72					1	凉城县
75.00		5500	5300	2.48	1	察哈尔右翼中旗
76.00		110			1	察哈尔右翼后旗
70.00	0.05	9000	6500	0.50	1	四子王旗
8.00	0.30	5687	3556	1.30	2	科尔沁右翼前旗
3.30		70			3	扎赉特旗
						突泉县
2.50	0.10				1	阿巴嘎旗
165.00		89			1	苏尼特右旗
0.77		19			1	太仆寺旗
63.89	3.61	3212	2381	1.03	1	正蓝旗
45.50	4.80	563	513	0.20	3	多伦县
755.00	44.00	15554	15520	5.40	1	阿拉善左旗
1422.90	**112.81**	**260333**	**255866**	**82.12**	**22**	**辽　宁**
56.00	56.76	37890	37670	10.37	1	辽中县
194.00	1.70	1740	1200	0.36	3	康平县
	1.00	32488	32488	11.50		法库县
58.40	1.00	10925	10923	3.28	3	台安县
34.00	0.40	2500	2480	0.50	2	清原满族自治县

7-2-3 续表 5

县名称 Name of Counties	储气能力(万立方米) Gas Storage Capacity ($10,000\ m^3$)	供气管道长度(公里) Length of Gas Supply Pipeline (km)	供气总量(万立方米) 合计 Total	销售气量 Quantity Sold	居民家庭 Households	集中供热 Central Heating
本溪满族自治县	3.00	15.50	110.10	110.00	50.00	
黑山县	1.00	144.00	169.00	165.00	165.00	
义　县		57.80	94.23	94.20	94.20	
阜新蒙古族自治县	1.00		173.75	165.00	19.00	
彰武县	1.20	68.26	160.50	160.00	28.00	48.50
辽阳县	4.00	93.25	5070.00	5052.00	59.60	
大洼县	1.00	42.00	351.40	350.00	266.00	
西丰县	3.60	28.00	79.40	78.40	60.50	
昌图县	1.15	93.00	521.36	520.36	228.36	
建平县	6.00	66.50	116.00	110.00	104.00	
喀喇沁左翼蒙古族自治县	6.16	40.36	49.55	48.06	11.00	
绥中县	1.21	79.00	647.70	638.60	104.00	
建昌县	0.60	87.87	95.58	95.00	94.00	
吉　林	**73.09**	**696.28**	**4287.46**	**4233.11**	**2162.55**	
农安县	5.58	62.60	30.00	30.00	19.50	
永吉县	6.00	32.50	7.20	7.20	2.50	
梨树县		96.44	277.14	265.00	130.20	
通化县	4.40	170.00	190.00	190.00	100.00	
柳河县	1.00	88.30	276.00	270.00	140.00	
抚松县	0.40	10.58	1.20	1.20	1.20	
前郭尔罗斯蒙古族自治县	0.80	56.00	1482.01	1480.00	1296.00	
长岭县	50.00	62.00	632.53	631.53	280.00	
镇赉县	0.60	51.46	477.38	475.68	93.65	
通榆县	4.30	42.40	899.50	868.00	85.00	
汪清县	0.01	24.00	14.50	14.50	14.50	
黑龙江	**57.95**	**569.56**	**3087.61**	**3062.62**	**1457.42**	**38.80**
方正县		15.60	42.00	42.00	42.00	
通河县		28.50				
延寿县	3.00	19.90	37.00	37.00	14.80	
龙江县	6.00	27.00	40.90	40.90	30.90	
富裕县	3.00		1.50	1.50		
绥滨县	0.20	5.64	1.15	1.15	1.15	
集贤县	3.25	54.10	79.80	79.10	34.00	
友谊县	3.00	5.90				
宝清县	3.00	31.92	882.70	880.00	840.00	
饶河县	1.00	12.00	0.59	0.53	0.32	0.20
肇州县	1.00	23.40	1208.75	1200.00	300.00	30.00
肇源县	1.10	48.36	32.28	32.00	32.00	
林甸县	5.00	24.90	393.70	386.50	5.40	1.10
杜尔伯特蒙古自治县	5.94	29.48	21.84	21.43	5.36	7.50
桦南县	2.63	16.85	94.58	94.18	24.83	
桦川县	1.00	70.07	141.40	140.00	45.60	

continued 5

Total Gas Supplied ($10,000\ m^3$)		用气户数(户) Number of Household with Access to Gas (unit)	家庭用户 Household User	用气人口(万人) Population with Access to Gas (10,000 persons)	天然气汽车加气站(座) Gas Stations for CNG-Fueled Motor Vehicles (unit)	县名称 Name of Counties
燃气汽车 Gas-Powered Automobiles	燃气损失量 Loss Amount					
60.00	0.10	1524	1500	0.44	2	本溪满族自治县
	4.00	18500	18500	6.00		黑山县
	0.03	15700	15700	6.65		义　县
145.00	8.75	700	680	0.18	3	阜新蒙古族自治县
83.00	0.50	4400	4378	1.32	1	彰武县
	18.00	10013	9923	3.00		辽阳县
29.00	1.40	31014	31000	8.00	2	大洼县
17.90	1.00	9160	9100	2.73	1	西丰县
292.00	1.00	31368	31028	11.26	1	昌图县
	6.00	17223	17163	6.40		建平县
	1.49	1863	1826	0.64		喀喇沁左翼蒙古族自治县
453.60	9.10	18875	16057	5.21	3	绥中县
	0.58	14450	14250	4.28		建昌县
1355.88	**54.35**	**343500**	**110408**	**39.44**	**11**	**吉　林**
2.15		1950	1860	0.57	3	农安县
4.70		604	600	0.18	1	永吉县
	12.14	16000	15892	4.50		梨树县
		20700	15700	5.03		通化县
130.00	6.00	21000	19000	9.00	1	柳河县
		136	136	0.04		抚松县
54.00	2.01	238877	24026	7.00	1	前郭尔罗斯蒙古族自治县
	1.00	8350	8210	3.80		长岭县
382.03	1.70	13341	13340	3.47	2	镇赉县
783.00	31.50	20142	9244	4.70	3	通榆县
		2400	2400	1.15		汪清县
1505.80	**24.99**	**75035**	**74108**	**18.68**	**12**	**黑龙江**
		4100	4100	1.30		方正县
						通河县
		4083	4062	0.73		延寿县
		2000	1997	0.60		龙江县
1.50					1	富裕县
		96	96	0.03		绥滨县
45.10	0.70	5666	5656	1.17	1	集贤县
						友谊县
40.00	2.70	18203	17501	4.08	1	宝清县
0.01	0.06	85	84	0.02	1	饶河县
850.00	8.75	15001	15000	3.00	1	肇州县
	0.28	4300	4300	1.23		肇源县
380.00	7.20	705	703	0.21	3	林甸县
8.57	0.41	1117	1100	0.33	1	杜尔伯特蒙古自治县
69.35	0.40	1709	1659	0.49	1	桦南县
86.00	1.40	7700	7600	2.30	1	桦川县

7-2-3 续表 6

县名称 Name of Counties	储气能力(万立方米) Gas Storage Capacity ($10,000\ m^3$)	供气管道长度(公里) Length of Gas Supply Pipeline (km)	供气总量(万立方米) 合计 Total	销售气量 Quantity Sold	居民家庭 Households	集中供热 Central Heating
汤原县	0.68	23.92	10.16	10.16	10.16	
勃利县	9.50	48.00	31.00	31.00	31.00	
东宁县	3.00	16.90	8.89	8.80	8.80	
青冈县		10.90				
庆安县		31.00				
加格达奇区	5.65	25.22	59.37	56.37	31.10	
江　苏	**277.84**	**5306.10**	**30347.55**	**29951.88**	**11532.89**	**92.00**
丰　县	29.00	82.60	4208.96	4198.00	2435.00	32.00
沛　县	9.00	306.00	1042.00	1040.00	968.00	60.00
睢宁县	2.00	94.65	333.07	328.57	232.00	
海安县	22.00	1185.30	4299.00	4109.00	1848.00	
如东县	16.50	122.00	258.00	258.00	122.00	
东海县	0.39	325.17	259.82	259.00	160.00	
灌云县	2.60	181.00	278.00	272.00	145.00	
灌南县	4.50	194.70	297.80	297.80	141.60	
涟水县	2.00	210.03	890.00	890.00	360.00	
洪泽县	1.60	206.20	1278.38	1254.00	146.00	
盱眙县	22.00	252.27	895.86	882.65	323.63	
金湖县	10.12	60.00	312.20	301.00	111.00	
响水县	24.00	74.00	292.02	292.00	136.20	
滨海县	55.40	55.72	1553.64	1529.72	222.76	
阜宁县	20.53	106.07	1034.00	987.00	123.00	
射阳县	4.50	121.11	786.29	781.90	168.80	
建湖县	1.20	121.67	904.00	888.00	380.00	
宝应县	8.50	270.35	4958.52	4955.24	666.90	
沭阳县	12.00	707.26	1930.19	1930.00	509.00	
泗阳县	15.00	200.00	3334.00	3298.00	1644.00	
泗洪县	15.00	430.00	1201.80	1200.00	690.00	
浙　江	**194.65**	**3861.83**	**22764.50**	**22551.72**	**2850.69**	**44.80**
桐庐县	18.00	152.87	692.77	690.77	199.42	
淳安县	10.80	68.35	779.51	778.80	101.00	
宁海县	12.00	307.14	1155.78	1104.57	194.61	
苍南县	12.50	39.98	216.50	216.00	100.00	
嘉善县	36.00	499.43	2400.00	2300.00	390.00	
海盐县	5.51	134.27	4288.00	4283.00	29.67	44.80
德清县	0.62	539.78	1476.42	1476.27	405.50	
长兴县	25.03	601.33	4899.04	4891.52	546.27	
安吉县	1.20	812.48	2720.00	2720.00	382.00	
新昌县	5.20	123.74	365.40	364.40	159.31	
武义县	12.00	193.00	1965.90	1940.35	70.79	
常山县		77.40	258.18	258.16	1.09	
开化县	1.00	6.00	60.00	60.00	60.00	
龙游县	10.00	97.31	752.00	752.00	56.00	
岱山县	5.00	28.00	89.00	86.00	70.00	
三门县	6.40	75.50	199.00	190.00	20.00	

continued 6

Total Gas Supplied (10,000 m³) 燃气汽车 Gas-Powered Automobiles	燃气损失量 Loss Amount	用气户数(户) Number of Household with Access to Gas (unit)	家庭用户 Household User	用气人口(万人) Population with Access to Gas (10,000 persons)	天然气汽车加气站(座) Gas Stations for CNG-Fueled Motor Vehicles (unit)	县名称 Name of Counties
		1500	1500	0.47		汤原县
		5100	5100	1.63		勃利县
	0.09	1091	1091	0.32		东宁县
						青冈县
						庆安县
25.27	3.00	2579	2559	0.77	1	加格达奇区
4340.49	**395.67**	**683692**	**634219**	**258.37**	**41**	**江　苏**
186.00	10.96	72616	71579	25.94	2	丰　县
10.00	2.00	33794	33744	18.90	1	沛　县
20.00	4.50	11896	11838	4.20	1	睢宁县
308.71	190.00	66174	64992	16.90	5	海安县
60.56		19129	19025	5.34	4	如东县
	0.82	19100	18700	12.19		东海县
26.00	6.00	24326	21256	14.80	1	灌云县
		14869	12636	4.96		灌南县
320.00		32294	32195	12.22	1	涟水县
16.50	24.38	17855	17532	5.08	4	洪泽县
56.00	13.21	22562	22023	10.39	3	盱眙县
16.00	11.20	23000	18000	6.86	2	金湖县
0.01	0.02	13814	11314	3.68	1	响水县
151.02	23.92	20967	20885	6.25	2	滨海县
216.00	47.00	20001	6910	19.50	2	阜宁县
322.00	4.39	22142	22046	7.54	1	射阳县
200.00	16.00	31970	31862	10.00	2	建湖县
139.69	3.28	44713	44530	15.59	2	宝应县
1412.00	0.19	58849	51042	19.86	3	沭阳县
680.00	36.00	65621	54310	22.37	1	泗阳县
200.00	1.80	48000	47800	15.80	3	泗洪县
921.11	**212.78**	**259887**	**253695**	**100.62**	**5**	**浙　江**
	2.00	19328	19229	5.96		桐庐县
	0.71	10042	9904	5.00		淳安县
	51.21	18306	18126	6.25		宁海县
	0.50	9150	9100	3.20		苍南县
	100.00	29737	29600	10.30		嘉善县
354.00	5.00	8438	8351	1.78	3	海盐县
	0.15	41047	39062	12.31		德清县
567.11	7.52	54585	51836	24.52	2	长兴县
		24448	24261	15.00		安吉县
	1.00	11072	10834	5.34		新昌县
	25.55	11893	11766	4.27		武义县
	0.02	102	94	0.03		常山县
		2000	2000	0.60		开化县
		8160	8073	2.50		龙游县
	3.00	5110	5099	1.45		岱山县
	9.00	1585	1550	0.56		三门县

7-2-3 续表 7

县名称 Name of Counties	储气能力(万立方米) Gas Storage Capacity ($10,000 m^3$)	供气管道长度(公里) Length of Gas Supply Pipeline (km)	供气总量(万立方米) 合计 Total	销售气量 Quantity Sold	居民家庭 Households	集中供热 Central Heating
天台县	12.00	52.26	400.00	393.00	65.00	
仙居县	18.75	45.00				
云和县	2.64	7.99	47.00	46.88	0.03	
安　徽	**335.34**	**8117.49**	**51923.56**	**51227.01**	**18626.68**	**130.00**
长丰县		61.35	180.00	180.00	68.00	
肥西县	6.50	883.95	926.40	921.44	921.44	
肥东县	30.00	722.26	13311.00	13311.00	3156.00	
庐江县	28.00	222.41	707.25	702.15	234.05	
芜湖县	4.50	281.55	2051.00	1991.00	447.00	
繁昌县		235.46	2479.00	2450.00	334.00	
南陵县	1.50	226.19	1152.79	1096.06	451.65	
无为县	1.60	170.20	954.84	922.00	209.00	
怀远县	23.00	115.00	533.50	530.00	260.00	
五河县	6.00	170.71	639.00	639.00	567.00	
固镇县	22.00	79.02	350.00	347.50	127.50	
凤台县	3.00	92.56	468.92	459.92	225.46	
当涂县	1.50	109.50	700.00	697.00	697.00	
含山县	10.00	96.90	1911.00	1895.70	1176.00	
和　县	3.60	85.60	36.55	36.30	27.48	
濉溪县			985.00	985.00	985.00	
铜陵县			168.00	166.00	166.00	
怀宁县	0.40	250.00	705.00	678.00	101.00	
枞阳县	0.63	55.10	1.43	1.36	1.25	
潜山县	5.10	106.00	308.00	308.00	72.00	
太湖县	1.75	113.40	214.00	213.80	213.80	
宿松县	3.00	170.00	361.10	360.00	152.00	
望江县	1.50	59.00	470.00	470.00	430.00	
岳西县	0.30	71.70	148.30	147.30	30.50	
歙　县	1.00	39.00	99.80	99.00	36.00	
休宁县	0.40	43.50	41.00	41.00	33.00	
黟　县	1.00	8.35	32.30	32.30	32.30	
祁门县	0.48	23.44	37.50	37.00	35.00	
来安县		194.65	2138.00	2017.00	212.00	
全椒县	3.00	281.13	750.00	750.00	386.00	
定远县	2.82	328.25	1095.90	1066.70	744.70	
凤阳县	46.50	366.00	6013.00	5958.00	1290.00	
临泉县	6.00	50.00	834.00	831.00	315.00	
太和县	1.20	105.00	751.50	750.00	240.00	
阜南县	1.10	72.02	550.00	550.00	220.00	
颍上县	1.31	107.95	260.15	258.50	135.50	
砀山县	3.50	95.00	254.00	250.00	45.00	
萧　县	10.00	78.00	229.80	223.00	11.00	
灵璧县	25.00	10.00	18.60	18.50		
泗　县		46.12	109.51	109.50	109.50	
寿　县	0.88	135.33	163.60	161.60	16.40	

continued 7

Total Gas Supplied (10,000 m³)		用气户数（户）		用气人口（万人）	天然气汽车加气站（座）	县名称
燃气汽车 Gas-Powered Automobiles	燃气损失量 Loss Amount	Number of Household with Access to Gas (unit)	家庭用户 Household User	Population with Access to Gas (10,000 persons)	Gas Stations for CNG-Fueled Motor Vehicles (unit)	Name of Counties
	7.00	4821	4750	1.53		天台县
						仙居县
	0.12	63	60	0.02		云和县
13759.09	**696.55**	**977293**	**925478**	**294.15**	**52**	**安　徽**
		12477	12385	4.50		长丰县
	4.96	35906	35906	11.16		肥西县
6075.00		141289	100002	11.00	10	肥东县
460.00	5.10	25535	25454	6.10	2	庐江县
414.00	60.00	32391	32028	6.90	2	芜湖县
156.00	29.00	20985	20681	7.00	1	繁昌县
129.14	56.73	32039	31823	10.50	2	南陵县
174.44	32.84	17369	17177	6.41	2	无为县
270.00	3.50	26000	25700	7.95	1	怀远县
		20990	20950	8.15		五河县
220.00	2.50	9800	9200	4.80	1	固镇县
	9.00	16443	16290	4.71		凤台县
	3.00	35600	35600	13.16		当涂县
223.00	15.30	24680	24362	7.50	1	含山县
8.67	0.25	2100	1950	0.70	1	和　县
		32850	32850	13.20		濉溪县
	2.00	14530	14530	4.04		铜陵县
230.00	27.00	14400	14269	4.40	1	怀宁县
0.04	0.07	1311	1273	0.40	1	枞阳县
108.00		6857	6788	2.40	1	潜山县
	0.20	5722	5722	1.80		太湖县
	1.10	8800	8400	3.05		宿松县
40.00		15000	14820	2.00	1	望江县
	1.00	4830	4760	1.30		岳西县
	0.80	6600	5500	2.80		歙　县
		2020	2000	0.65		休宁县
		1822	1822	0.85		黟　县
	0.50	2490	2489	1.01		祁门县
600.00	121.00	39201	38003	10.49	1	来安县
		58008	56226	17.43		全椒县
322.00	29.20	40419	40167	14.38	2	定远县
570.00	55.00	27000	26580	10.00	2	凤阳县
23.00	3.00	10430	10350	4.90	2	临泉县
510.00	1.50	16100	16000	4.80	1	太和县
330.00		15000	14900	4.50	2	阜南县
123.00	1.65	20007	19872	7.45	1	颍上县
205.00	4.00	5000	4750	2.00	1	砀山县
210.00	6.80	2436	2133	0.86	1	萧　县
18.00	0.10				1	灵璧县
	0.01	2840	2840	1.00		泗　县
	2.00	2766	2690	1.43		寿　县

7-2-3 续表 8

县名称 Name of Counties	储气能力(万立方米) Gas Storage Capacity (10,000 m^3)	供气管道长度(公里) Length of Gas Supply Pipeline (km)	供气总量(万立方米) 合计 Total	销售气量 Quantity Sold	居民家庭 Households	集中供热 Central Heating
霍邱县	0.80	67.90	340.95	336.83	24.03	130.00
舒城县	1.50	131.13	236.96	236.96	130.35	
金寨县	7.00	139.60	126.80	126.80	52.20	
霍山县	3.67	164.56	566.32	553.01	227.20	
涡阳县	30.00	180.40	1020.00	980.00	460.00	
蒙城县	0.85	360.00	2760.00	2664.00	1656.00	
利辛县	3.80	348.40	1591.00	1591.00	811.00	
东至县	0.25	9.00	3.50	3.50	3.50	
石台县		9.00				
青阳县	2.00	105.73	167.00	158.00	128.00	
郎溪县	15.00	80.55	693.22	650.00	150.00	
广德县	4.00	80.16	970.00	960.00	55.00	
泾　县	0.80	39.64	261.00	260.00	10.00	
绩溪县	7.20	8.63	29.32	28.53	2.25	
旌德县	0.40	31.19	16.75	16.75	2.62	
福　建	**476.96**	**1091.14**	**17630.41**	**17447.79**	**1447.12**	**24.00**
闽侯县	0.07	5.70	11.81	11.81	11.81	
连江县	12.77	162.20	720.43	720.05	565.20	
罗源县	1.00	38.28	115.80	115.80	90.80	
闽清县	108.00	19.08	8357.00	8177.00	2.73	
永泰县		13.00				
仙游县	90.00	31.00	88.00	88.00	88.00	
宁化县	80.00	90.70	75.00	73.60	49.60	24.00
沙　县	6.26	93.05	276.65	276.33	96.24	
将乐县	6.00	35.00	21.02	21.00	21.00	
惠安县	27.80	61.00	1870.00	1870.00	47.60	
安溪县	9.18	42.40	233.00	233.00	30.32	
永春县	13.20	27.50	477.40	477.40	20.00	
德化县	72.00	177.68	4800.00	4800.00	45.00	
云霄县		9.50				
漳浦县	30.00	69.13	151.20	151.12	56.83	
长泰县	0.46	44.00	8.31	8.30	8.30	
平和县	5.50	31.96	18.74	18.69	12.00	
上杭县	6.00	95.00	230.00	230.00	230.00	
武平县	6.00	43.28	175.36	175.00	71.00	
平潭县	2.72	1.68	0.69	0.69	0.69	
江　西	**538.10**	**2855.42**	**14492.11**	**14274.88**	**6152.16**	**333.65**
南昌县	75.00	152.71	3569.00	3440.00	1700.00	
安义县	3.50	91.96	1422.12	1422.12	1023.72	0.20
进贤县	6.00	124.00	657.00	657.00	657.00	
浮梁县	15.00	100.64	2282.13	2261.03	93.58	
九江县	28.00	83.41	116.73	116.00	116.00	
修水县	12.00	79.30	248.56	246.30	204.55	41.75
永修县	1.10	56.28	17.00	17.00	17.00	
德安县		12.80	44.00	44.00	44.00	

continued 8

Total Gas Supplied ($10,000\ m^3$) 燃气汽车 Gas-Powered Automobiles	燃气损失量 Loss Amount	用气户数(户) Number of Household with Access to Gas (unit)	家庭用户 Household User	用气人口(万人) Population with Access to Gas (10,000 persons)	天然气汽车加气站(座) Gas Stations for CNG-Fueled Motor Vehicles (unit)	县名称 Name of Counties
182.80	4.12	5456	5400	1.64	3	霍邱县
104.60		12025	11983	3.60	2	舒城县
4.40		6226	6175	3.10	1	金寨县
	13.31	12079	12000	2.50		霍山县
510.00	40.00	19700	19600	6.50	1	涡阳县
1008.00	96.00	51010	50834	22.30	1	蒙城县
300.00		27000	26749	12.00	1	利辛县
		1300	1300	0.39		东至县
						石台县
30.00	9.00	14654	14604	4.40	1	青阳县
	43.22	8800	8716	7.00		郎溪县
	10.00	6964	6938	2.21		广德县
200.00	1.00	1200	1136	0.40	1	泾　县
	0.79	296	282	0.09		绩溪县
		540	519	0.34		旌德县
186.86	**182.62**	**153953**	**147038**	**39.96**	**4**	**福　建**
		1817	1817	0.75		闽侯县
	0.38	67208	67166	7.60		连江县
		12354	12305	3.34		罗源县
	180.00	701	386	1.50		闽清县
						永泰县
		2800	2800	1.41		仙游县
	1.40	4515	4500	2.00		宁化县
	0.32	13784	13669	4.15		沙　县
	0.02	3010	3010	1.50		将乐县
6.00		7600	5680	2.00	1	惠安县
150.00		5446	2355	2.22	1	安溪县
1.45		3574	3300	2.90	1	永春县
		6409	6074	1.55		德化县
						云霄县
29.41	0.08	9158	9135	2.70	1	漳浦县
	0.01	850	850	0.58		长泰县
	0.05	2315	2000	0.52		平和县
		7245	7245	3.25		上杭县
	0.36	4850	4429	1.91		武平县
		317	317	0.08		平潭县
380.00	**217.23**	**376529**	**370936**	**109.43**	**1**	**江　西**
	129.00	103165	102450	13.90		南昌县
		57783	57538	5.60		安义县
		38000	38000	9.50		进贤县
	21.10	6703	6663	2.60		浮梁县
	0.73	5381	5381	1.56		九江县
	2.26	9401	9235	4.22		修水县
		2340	2340	0.71		永修县
		5050	5050	1.25		德安县

7-2-3 续表 9

县名称 Name of Counties	储气能力(万立方米) Gas Storage Capacity (10,000 m^3)	供气管道长度(公里) Length of Gas Supply Pipeline (km)	供气总量(万立方米) 合计 Total	销售气量 Quantity Sold	居民家庭 Households	集中供热 Central Heating
星子县	0.01	14.64	290.65	290.65	5.70	
湖口县	0.01	83.08	131.00	131.00	49.80	
彭泽县	2.00	18.80	0.90	0.88	0.88	
庐山风景区	6.00	6.50	100.00	100.00		
分宜县	6.00	102.90	224.30	218.00	178.90	
赣　县	45.00	40.41	340.11	340.06	116.23	
信丰县	26.00	270.70	189.64	186.00	162.00	
大余县	3.60	16.60	17.01	16.66	0.96	15.70
安远县	6.00	116.83	69.93	68.41	60.56	
龙南县	1.60	15.50	81.00	81.00		
定南县	60.00	65.00	75.00	70.00	70.00	
全南县	10.80	19.00	9.58	8.67	7.76	
于都县	6.00	133.00	65.00	65.00	19.80	
兴国县	5.00	119.02	210.80	210.00	120.00	
吉安县	6.00	71.50	172.55	172.55	25.60	
吉水县		35.00	306.20	300.00	24.00	276.00
峡江县	15.00	24.00	18.73	18.72	18.72	
永丰县	11.00	20.80	2.30	2.30	2.30	
泰和县		289.00	120.00	120.00	120.00	
万安县	0.50	28.04	45.56	45.50	45.50	
安福县		40.00				
奉新县	18.00	25.06	1044.12	1042.10	116.30	
上高县	14.50	102.30	526.50	522.00	72.80	
宜丰县	6.00	37.80	723.00	705.00	134.00	
靖安县	4.50	26.06	143.23	138.77	9.84	
铜鼓县	1.00	35.00	10.30	10.00	9.70	
南城县	4.00	32.20	120.50	120.00	35.00	
黎川县	14.50	18.30	208.00	201.20	88.00	
南丰县	55.00	22.00	227.30	226.50	226.50	
东乡县	16.47	75.98	248.21	247.96	247.96	
上饶县	13.00	38.00	110.00	110.00	110.00	
铅山县	16.00	68.16	151.65	150.00	65.00	
弋阳县	12.00	70.00	33.00	33.00	33.00	
鄱阳县	0.01	30.60	94.50	94.50	94.50	
婺源县	12.00	42.54	25.00	25.00	25.00	
山　东	**142.35**	**10577.34**	**136805.31**	**135422.41**	**30873.90**	**4267.74**
平阴县		177.39	8616.00	8533.00	278.00	
济阳县		89.20	2524.93	2523.54	385.69	
商河县		54.00	712.82	711.20	312.00	
桓台县		245.85	1420.00	1384.00	520.00	
高青县	0.28	211.00	5739.90	5715.90	250.00	
沂源县		90.77	3047.70	3028.00	107.79	
垦利县	0.36	325.63	1036.68	1032.98	905.20	
利津县	1.00	88.60	1090.10	1035.30	748.00	
广饶县	24.00	95.00	2530.00	2500.00	1000.00	

continued 9

Total Gas Supplied (10,000 m^3)		用气户数(户) Number of Household with Access to Gas (unit)		用气人口(万人) Population with Access to Gas (10,000 persons)	天然气汽车加气站(座) Gas Stations for CNG-Fueled Motor Vehicles (unit)	县名称 Name of Counties
燃气汽车 Gas-Powered Automobiles	燃气损失量 Loss Amount		家庭用户 Household User			
		350	335	0.18		星子县
		1303	1269	0.36		湖口县
	0.02	330	330	0.18		彭泽县
						庐山风景区
	6.30	8879	8389	3.66		分宜县
	0.05	9337	9256	2.25		赣　县
	3.64	10975	10798	8.51		信丰县
	0.35	140	137	0.05		大余县
	1.52	5561	5530	1.60		安远县
		9				龙南县
	5.00	11600	11600	1.36		定南县
	0.91	1410	1263	0.36		全南县
		4679	3300	1.80		于都县
	0.80	8126	7972	4.50		兴国县
		4750	4050	3.80		吉安县
	6.20	4000	3970	1.20		吉水县
	0.01	835	835	0.47		峡江县
		300	300	0.30		永丰县
		3300	3300	1.20		泰和县
	0.06	1890	1890	6.58		万安县
						安福县
	2.02	7700	7620	4.82		奉新县
380.00	4.50	4356	4248	2.49	1	上高县
	18.00	8300	8210	2.10		宜丰县
	4.46	753	740	0.25		靖安县
	0.30	1894	1890	0.66		铜鼓县
	0.50	1800	1500	0.75		南城县
	6.80	4560	4000	2.00		黎川县
	0.80	6300	6300	3.50		南丰县
	0.25	7611	7611	6.61		东乡县
		5476	5476	2.00		上饶县
	1.65	7632	7610	2.67		铅山县
		700	700	0.28		弋阳县
		13200	13200	3.30		鄱阳县
		650	650	0.30		婺源县
28563.28	**1382.90**	**1587791**	**1530151**	**566.15**	**165**	**山　东**
178.00	83.00	30935	30803	9.13	1	平阴县
264.00	1.39	8226	7900	4.50	1	济阳县
395.00	1.62	16732	16700	6.45	2	商河县
864.00	36.00	39230	39182	12.86	2	桓台县
275.00	24.00	22001	20850	7.07	4	高青县
327.12	19.70	13306	13283	4.39	2	沂源县
127.78	3.70	17642	16591	7.72	1	垦利县
238.00	54.80	25160	24950	8.38	4	利津县
800.00	30.00	35100	35000	12.00	4	广饶县

7-2-3 续表 10

县名称 Name of Counties	储气能力(万立方米) Gas Storage Capacity ($10,000\ m^3$)	供气管道长度(公里) Length of Gas Supply Pipeline (km)	供气总量(万立方米) 合计 Total	销售气量 Quantity Sold	居民家庭 Households	集中供热 Central Heating
长岛县	6.00	7.00	4.45	3.80	3.80	
临朐县	3.34	331.06	6221.00	6058.00	366.00	606.00
昌乐县	2.20	145.70	1892.60	1881.60	924.90	339.20
微山县	5.00	137.13	570.23	568.53	162.31	
鱼台县	0.80	59.00	191.20	191.00	130.00	
金乡县	3.10	258.87	768.60	756.00	535.00	
嘉祥县	2.00	124.50	210.00	200.00	175.50	
汶上县	2.00	147.00	948.80	940.00	870.00	
泗水县	3.00	65.00	869.92	869.00	325.00	
梁山县	2.22	136.03	800.00	800.00	54.00	
宁阳县		267.10	1243.60	1243.00	420.00	523.00
东平县		81.30	856.32	813.50	428.64	
五莲县	6.00	129.26	565.00	540.00	493.00	20.00
莒　县		199.39	2268.00	2248.00	1730.00	
沂南县		373.86	1669.95	1656.65	251.52	182.59
郯城县		210.00	987.80	981.40	548.70	
沂水县		207.93	6195.00	6084.00	578.00	85.00
兰陵县		93.35	965.23	957.55	315.96	130.59
费　县		167.50	3600.00	3600.00	1100.84	
平邑县		284.59	1125.00	1125.00	380.20	94.50
莒南县		214.00	980.00	980.00	680.00	10.00
蒙阴县		149.06	915.40	914.20	98.10	22.50
临沭县		232.70	1741.08	1739.08	309.80	
宁津县	5.00	174.25	1270.00	1270.00	620.00	150.00
庆云县		41.00	1300.00	1300.00	1124.00	
临邑县		120.00	3449.00	3414.00	1718.00	64.00
齐河县	4.00	211.04	5133.58	5133.58	410.00	100.00
平原县		427.74	3520.88	3520.38	803.29	290.00
夏津县	0.40	218.50	690.00	680.00	230.00	
武城县	1.50	261.83	2065.36	1817.86	1100.00	105.36
阳谷县	32.90	208.55	5970.00	5961.05	588.00	107.00
莘　县	1.70	183.60	1212.00	1140.00	360.00	190.00
茌平县	3.30	228.49	1360.00	1360.00	366.00	50.00
东阿县	3.00	169.88	3225.00	3225.00	429.00	
冠　县		248.20	570.00	570.00	450.00	30.00
高唐县		239.30	2912.90	2844.90	1322.00	
惠民县		63.50	2390.00	2380.00	1160.00	
阳信县		120.12	2493.16	2489.00	745.98	
无棣县		123.59	2410.00	2400.00	1060.00	500.00
博兴县	5.00	325.72	17454.68	17254.05	680.85	
邹平县		539.96	11657.80	11656.60	801.00	592.00
曹　县		93.00	355.02	355.00	95.00	
单　县	1.30	58.80	40.05	40.00	39.95	
成武县	3.80	183.80	449.00	445.00	298.00	
巨野县	3.00	84.57	580.00	580.00	320.00	

continued 10

Total Gas Supplied (10,000 m^3)		用气户数(户) Number of Household with Access to Gas (unit)		用气人口(万人) Population with Access to Gas (10,000 persons)	天然气汽车加气站(座) Gas Stations for CNG-Fueled Motor Vehicles (unit)	县名称 Name of Counties
燃气汽车 Gas-Powered Automobiles	燃气损失量 Loss Amount		家庭用户 Household User			
	0.65	320	320	0.09		长岛县
2510.00	163.00	41911	41399	14.70	4	临朐县
584.00	11.00	57445	57307	14.82	4	昌乐县
314.11	1.70	18442	18426	6.10	1	微山县
	0.20	4760	3600	1.70		鱼台县
221.00	12.60	39357	38575	13.68	4	金乡县
	10.00	38100	22098	12.00		嘉祥县
58.00	8.80	10000	9700	3.30	1	汶上县
544.00	0.92	18246	18181	7.20	2	泗水县
		18314	9000	7.32		梁山县
300.00	0.60	17972	17303	8.20	2	宁阳县
	42.82	31450	31374	12.50		东平县
27.00	25.00	28200	27900	10.13	2	五莲县
438.00	20.00	36172	36142	12.06	6	莒　县
661.00	13.30	17749	17703	6.70	2	沂南县
432.70	6.40	17458	17400	4.90	3	郯城县
1394.00	111.00	53388	48350	16.15	4	沂水县
511.00	7.68	16048	15340	8.70	2	兰陵县
611.00		37794	37700	15.08	1	费　县
649.80		36453	36427	14.14	3	平邑县
280.00		40172	39734	14.90	4	莒南县
314.00	1.20	11350	11283	2.27	2	蒙阴县
939.00	2.00	28960	28650	11.98	1	临沭县
499.00		14550	14450	5.42	2	宁津县
176.00		34402	30502	13.66	5	庆云县
100.00	35.00	41416	39786	11.00	2	临邑县
50.00		49510	46100	19.30	7	齐河县
1140.50	0.50	38877	38715	11.54	7	平原县
450.00	10.00	10800	10600	7.60	2	夏津县
365.00	247.50	29100	28900	6.12	2	武城县
660.00	8.95	36636	36512	8.35	4	阳谷县
590.00	72.00	18040	18000	6.49	3	莘　县
670.00		32046	31827	11.22	9	茌平县
534.00		30650	30371	9.00	3	东阿县
90.00		31500	30463	11.03	3	冠　县
292.00	68.00	49848	49631	12.69	2	高唐县
280.00	10.00	24680	24660	7.88	3	惠民县
612.00	4.16	27960	26963	13.20	2	阳信县
650.00	10.00	32260	31500	9.97	5	无棣县
3333.57	200.63	53940	53895	16.88	15	博兴县
1089.60	1.20	66691	66522	21.83	3	邹平县
240.00	0.02	12070	12020	3.60	3	曹　县
	0.05	6000	5300	21.30		单　县
147.00	4.00	15020	14020	5.14	1	成武县
260.00		36000	33000	17.74	3	巨野县

7-2-3 续表 11

县名称 Name of Counties	储气能力(万立方米) Gas Storage Capacity (10,000 m^3)	供气管道长度(公里) Length of Gas Supply Pipeline (km)	供气总量(万立方米)			
			合计 Total	销售气量 Quantity Sold	居民家庭 Households	集中供热 Central Heating
郓城县	12.00	67.00	1615.00	1600.00	140.00	
鄄城县	3.45	41.84	195.70	195.70	110.10	6.00
定陶县	0.70	143.56	188.01	188.00	64.00	
东明县		600.73	1990.86	1988.06	450.78	70.00
河　南	**349.48**	**5136.68**	**49490.53**	**48675.84**	**17583.74**	**240.91**
中牟县		319.00	1336.80	1283.00	582.00	
杞　县	3.00	41.50	975.00	975.00		
通许县	0.90	22.00	360.00	359.93		
兰考县	5.30	238.00	721.40	720.00	574.00	
孟津县		82.08	601.00	592.00	175.00	
新安县		170.70	6348.00	6157.00	121.60	
嵩　县	1.85	45.10	309.00	300.00	96.00	
宜阳县	6.40	44.75	16.00	16.00	16.00	
宝丰县		32.00	218.00	206.50	155.00	
叶　县	1.00	102.50	321.12	315.88	113.88	159.50
鲁山县		45.00	830.00	830.00	31.00	
郏　县		77.00	1424.20	1400.00	45.00	
汤阴县		130.00	2805.00	2800.00	650.00	
滑　县	2.50	289.37	2562.00	2548.00	560.00	
内黄县		91.50	1076.00	1076.00	690.00	
浚　县		8.00	185.00	185.00	71.00	6.70
淇　县		52.00	660.00	660.00	395.00	
新乡县		108.00	900.00	875.00	350.00	
获嘉县	1.90	231.99	581.63	576.00	268.00	
原阳县		63.08	340.80	314.00	96.00	
延津县	1.85	44.40	381.00	346.50	123.25	
封丘县	1.20		120.30	120.30		
长垣县	15.00	258.65	1450.55	1349.60	1109.00	
修武县		175.41	1040.00	1040.00	94.50	
博爱县	0.25	78.20	2282.70	2280.50	222.30	
武陟县	3.92	72.10	1101.01	1066.85	616.85	
温　县	0.50	44.00	259.00	229.00	229.00	
清丰县	0.89	104.66	1099.00	1010.00	676.00	
南乐县		45.00	665.28	665.28	488.85	
范　县		44.22	518.46	518.00	508.00	
台前县		24.64	369.37	369.00	225.00	
濮阳县		56.24	1806.60	1805.00	1284.00	
鄢陵县	1.20	67.00	578.50	563.50	356.50	
襄城县	1.00	48.80	614.50	609.00	235.00	58.70
舞阳县	0.30	34.40	75.00	74.00	74.00	
临颍县		58.50	156.01	156.00	131.00	
方城县	0.45	24.70	216.30	216.00	54.00	
西峡县		20.00	957.00	950.00	500.00	
淅川县	12.00	19.90	15.21	15.20	13.10	
社旗县	0.65	4.38	6.55	6.50	6.50	

continued 11

Total Gas Supplied (10,000 m³)		用气户数(户)		用气人口(万人)	天然气汽车加气站(座)	
燃气汽车 Gas-Powered Automobiles	燃气损失量 Loss Amount	Number of Household with Access to Gas (unit)	家庭用户 Household User	Population with Access to Gas (10,000 persons)	Gas Stations for CNG-Fueled Motor Vehicles (unit)	县名称 Name of Counties
1460.00	15.00	18000	17900	5.00	2	郓城县
79.60		8462	8445	4.35	2	鄄城县
124.00	0.01	6286	6274	1.88	1	定陶县
413.50	2.80	34654	34624	12.84	5	东明县
10773.61	**814.69**	**852737**	**798600**	**306.79**	**76**	**河　南**
44.00	53.80	20134	17028	5.83	2	中牟县
975.00		3600			4	杞　县
359.93	0.07				1	通许县
76.00	1.40	38528	38382	12.70	1	兰考县
397.00	9.00	4816	4769	1.90	4	孟津县
	191.00	16204	14787	6.02		新安县
	9.00	3750	3632	1.80		嵩　县
		1931	1931	0.97		宜阳县
	11.50	8050	7550	2.58		宝丰县
42.50	5.24	8823	7505	2.28	3	叶　县
		861	855	0.32		鲁山县
300.00	24.20	1100	1000	0.33	1	郏　县
	5.00	18000	17850	6.20		汤阴县
910.00	14.00	39896	38960	17.00	2	滑　县
		19000	18660	6.81		内黄县
4.40		2664	2598	1.00	1	浚　县
260.00		12000	10820	3.85	1	淇　县
	25.00	11280	11260	3.60		新乡县
258.00	5.63	11865	10986	4.72	1	获嘉县
218.00	26.80	6300	6243	2.18	1	原阳县
223.25	34.50	7406	7384	2.58	1	延津县
120.30		2			2	封丘县
230.60	100.95	39236	38551	15.99	3	长垣县
		4483	4424	1.60		修武县
	2.20	8082	8050	3.90		博爱县
450.00	34.16	16850	16727	5.50	3	武陟县
	30.00	5298	5298	2.15		温　县
105.50	89.00	40286	40078	13.09	1	清丰县
176.43		12500	12200	4.07	1	南乐县
	0.46	22545	16435	5.12		范　县
135.00	0.37	6980	6785	2.37	1	台前县
205.00	1.60	30028	29216	12.05	8	濮阳县
190.00	15.00	8200	8000	2.96	1	鄢陵县
10.00	5.50	11300	11220	4.71	1	襄城县
	1.00	2033	2033	0.70		舞阳县
	0.01	3900	3850	1.56		临颍县
162.00	0.30	21150	21000	7.00	2	方城县
200.00	7.00	12000	11000	3.50	2	西峡县
2.10	0.01	2190	1900	0.60	1	淅川县
	0.05	555	555	0.18		社旗县

7-2-3 续表 12

县名称 Name of Counties	储气能力(万立方米) Gas Storage Capacity (10,000 m^3)	供气管道长度(公里) Length of Gas Supply Pipeline (km)	供气总量(万立方米) 合计 Total	销售气量 Quantity Sold	居民家庭 Households	集中供热 Central Heating
唐河县	0.70	49.80	514.40	512.00	28.00	
新野县	0.50	54.00	192.87	192.00	78.00	
民权县	15.20	120.60	490.52	486.10	242.00	15.01
睢　县	9.80	50.30	169.08	164.00	156.30	
柘城县	1.50	47.60	298.50	295.00	85.00	
虞城县	90.00	70.00	870.00	870.00	240.00	
夏邑县	4.00	62.00	166.00	165.00	122.00	
罗山县		36.00	381.00	380.00	160.00	
商城县	0.21	23.50	190.52	190.20	21.32	
固始县		78.00	3110.00	3100.00	800.00	
潢川县	0.90	51.00	405.50	398.00	158.00	
息　县		40.00	265.95	260.00	214.60	
扶沟县		33.66	234.90	234.90	234.90	
西华县		37.04	133.01	133.00	83.00	
商水县		32.50	432.00	432.00	432.00	
沈丘县	2.00	214.30	810.00	810.00	230.00	
郸城县	99.00	51.30	12.54	12.50	11.20	1.00
淮阳县		128.70	858.60	821.80	516.00	
太康县		76.40	710.55	687.55	487.55	
鹿邑县	1.00	117.31	1070.00	1070.00	420.00	
西平县	0.29	45.20	52.00	52.00	20.60	
上蔡县	0.22	10.00	165.71	160.36	31.00	
平舆县	30.00	61.60	830.00	830.00	300.00	
正阳县		32.00	62.50	60.00	56.00	
泌阳县		68.90	9.28	8.18	8.18	
汝南县	32.10	43.80	41.71	41.71	38.26	
遂平县		51.00	130.00	130.00	83.50	
新蔡县		31.40	600.10	600.00	390.00	
湖　北	**116.19**	**3792.56**	**13661.25**	**13232.19**	**8379.72**	**275.68**
阳新县		48.20	203.00	195.00	195.00	
竹溪县		20.30	4.65	4.50	4.50	
远安县	0.80	84.30	70.40	70.00	27.00	
秭归县	2.00	65.00	441.00	439.91	383.91	
长阳土家族自治县	0.34	224.12	1065.00	1033.00	1033.00	
南漳县	2.50	80.50	332.00	332.00	107.00	
谷城县	1.54	54.92	253.47	253.10	113.20	
保康县		8.00	20.35	20.00	5.00	12.50
京山县	0.65	480.78	963.76	918.82	387.39	250.58
沙洋县	38.00	197.85	332.73	330.45	84.00	
孝昌县		353.69	1134.35	1086.28	240.54	
大悟县	1.50	40.50	363.00	350.00	220.00	
云梦县	2.10	11.50	204.00	188.00	186.00	
公安县	3.10	46.50	846.00	830.00	600.00	
监利县	0.11	107.77	118.00	116.50	99.00	
江陵县	0.70	36.17	154.73	152.30	101.00	

continued 12

Total Gas Supplied (10,000 m³)		用气户数(户) Number of Household with Access to Gas (unit)		用气人口(万人) Population with Access to Gas (10,000 persons)	天然气汽车加气站(座) Gas Stations for CNG-Fueled Motor Vehicles (unit)	县名称 Name of Counties
燃气汽车 Gas-Powered Automobiles	燃气损失量 Loss Amount		家庭用户 Household User			
	2.40	13500	11500	4.80		唐河县
38.80	0.87	31020	28058	12.80	1	新野县
229.09	4.42	14753	14673	5.89	1	民权县
	5.08	8500	8358	2.90		睢　县
75.00	3.50	13100	9985	4.00	4	柘城县
630.00		8900	6600	2.60	3	虞城县
42.00	1.00	13200	13150	4.30	1	夏邑县
220.00	1.00	12000	11000	3.30	1	罗山县
168.88	0.32	1902	1875	0.85	1	商城县
1300.00	10.00	30000	29500	11.00	2	固始县
227.00	7.50	8900	8100	3.20	2	潢川县
	5.95	11200	10800	4.50		息　县
		11213	11213	3.90		扶沟县
7.20	0.01	1810	1800	0.67	2	西华县
		32000	32000	12.80		商水县
340.00		15300	15000	6.50	1	沈丘县
	0.04	440	300	0.12		郸城县
276.50	36.80	21759	19762	8.70	1	淮阳县
200.00	23.00	23000	22000	9.00	1	太康县
650.00		18050	17650	8.00	1	鹿邑县
30.40		3550	2350	0.90	2	西平县
27.53	5.35	2076	2055	0.62	1	上蔡县
		27000	20000	6.00		平舆县
	2.50	2560	2421	0.84		正阳县
	1.10	2800	2800	1.20		泌阳县
		4663	3524	1.18		汝南县
46.20		7735	7714	2.70	1	遂平县
210.00	0.10	27980	24890	13.80	1	新蔡县
1966.07	**429.06**	**414408**	**403933**	**150.27**	**20**	**湖　北**
	8.00	18195	18195	5.60		阳新县
	0.15	675	675	0.21		竹溪县
43.00	0.40	3186	3160	1.25	1	远安县
54.80	1.09	20000	19920	7.41	1	秭归县
	32.00	22433	22433	7.28		长阳土家族自治县
112.00		10703	10563	3.80	1	南漳县
136.54	0.37	12648	12504	7.21	1	谷城县
	0.35	1350	1000	0.30		保康县
280.85	44.94	40615	40294	14.10	1	京山县
5.40	2.28	9112	8889	5.35	1	沙洋县
165.29	48.07	14082	13884	4.70	1	孝昌县
2.00	13.00	8120	7030	2.63	1	大悟县
1.00	16.00	4800	4600	2.80	1	云梦县
230.00	16.00	17060	16960	5.90	1	公安县
	1.50	11950	11050	5.30		监利县
51.30	2.43	4122	4103	1.10	1	江陵县

7-2-3 续表 13

县名称 Name of Counties	储气能力(万立方米) Gas Storage Capacity (10,000 m^3)	供气管道长度(公里) Length of Gas Supply Pipeline (km)	供气总量(万立方米) 合计 Total	销售气量 Quantity Sold	居民家庭 Households	集中供热 Central Heating
团风县		9.00	210.00	207.00	180.00	
红安县	12.50	109.30	650.00	619.00	325.00	
罗田县		28.80	218.90	215.00	119.00	
英山县	0.04	35.20	157.00	152.00	85.00	
浠水县	4.26	399.40	708.50	676.00	229.00	
蕲春县	1.50	554.18	1032.55	996.55	779.00	
黄梅县	12.00	120.00	1560.00	1490.00	1030.00	
嘉鱼县	1.09	54.27	210.63	208.13	118.16	
通城县		12.31	60.10	60.00	11.33	
通山县	0.46	25.77	34.95	33.17	18.07	12.60
随　县		3.50				
建始县		97.06	390.02	389.52	118.62	
巴东县	30.00	23.70	0.90	0.80	0.80	
宣恩县	1.00	51.80	247.00	235.00	184.00	
咸丰县		202.97	717.26	713.16	577.20	
来凤县		205.20	957.00	917.00	818.00	
湖　南	**264.49**	**4947.20**	**34064.02**	**33676.46**	**12583.60**	**7264.69**
长沙县	0.60	336.95	10926.73	10826.18	2659.54	7100.48
望城县	23.60		3420.65	3420.25	470.00	
宁乡县	24.00	321.00	3635.00	3635.00	674.00	
株洲县		57.50	779.50	767.80	614.24	
攸　县	11.00	160.00	520.00	520.00	420.00	
茶陵县		89.00	62.00	62.00	56.00	
炎陵县	0.80	69.30	52.00	51.00	41.00	
湘潭县		259.62	2671.80	2600.00	494.00	
衡阳县		170.90	485.32	485.32	195.23	
衡南县		88.78	105.43	96.38	96.38	
衡山县		31.80	190.70	188.10	157.20	
衡东县	14.30	126.00	460.00	460.00	258.00	
祁东县	12.90	78.00	96.66	96.66	96.66	
南岳区		61.23	301.00	289.00	288.00	
邵东县	7.20	13.57	19.26	19.26	19.26	
新邵县	2.80		46.10	45.00	27.00	
邵阳县	6.09	155.78	15.43	15.43	13.37	
隆回县	2.45	83.50	21.23	21.23	17.68	
洞口县	18.00	35.00	75.00	75.00	75.00	
新宁县	12.00	115.50	224.45	223.60	198.00	
岳阳县	0.20	110.00	545.30	545.00	395.00	
华容县	9.00	110.00	603.00	600.00	210.00	96.00
湘阴县	3.37	84.00	494.00	492.00	249.00	
平江县	0.30	87.00	1123.00	1120.00	460.00	
安乡县	1.00	213.08	258.00	258.00	258.00	
汉寿县		445.44	864.00	864.00	540.00	
澧　县	12.00	156.00	1200.00	1200.00	780.00	
临澧县		143.50	234.00	217.00	165.00	

continued 13

Total Gas Supplied (10,000 m³)		用气户数(户)		用气人口(万人)	天然气汽车加气站(座)	县名称
燃气汽车 Gas-Powered Automobiles	燃气损失量 Loss Amount	Number of Household with Access to Gas (unit)	家庭用户 Household User	Population with Access to Gas (10,000 persons)	Gas Stations for CNG-Fueled Motor Vehicles (unit)	Name of Counties
	3.00	10410	10100	4.20		团风县
162.00	31.00	10000	9780	3.50	1	红安县
	3.90	11588	11369	4.80		罗田县
	5.00	13850	13450	4.71		英山县
309.00	32.50	16705	15748	5.99	1	浠水县
217.00	36.00	38000	37984	16.36	1	蕲春县
5.40	70.00	45725	43620	10.20	1	黄梅县
	2.50	10000	9115	2.60		嘉鱼县
17.00	0.10	2025	2024	0.80	1	通城县
2.50	1.78	2335	2050	0.83	1	通山县
						随　县
161.84	0.50	5605	5492	2.00	1	建始县
	0.10	120	120	0.04		巴东县
0.55	12.00	9341	9039	2.50	1	宣恩县
8.60	4.10	18530	18116	7.80	1	咸丰县
	40.00	21123	20666	9.00		来凤县
2385.68	**387.56**	**607617**	**594720**	**200.53**	**13**	**湖　南**
	100.55	153000	152000	30.00		长沙县
	0.40	12402	9820	3.01		望城县
42.00		41605	41234	14.00	1	宁乡县
	11.70	14642	14594	5.32		株洲县
100.00		25000	24900	7.50	1	攸　县
		4217	4175	1.48		茶陵县
	1.00	2488	2467	0.67		炎陵县
212.00	71.80	28600	28271	9.00	1	湘潭县
		7414	7325	2.80		衡阳县
	9.05	7558	7558	3.02		衡南县
	2.60	3469	3454	1.26		衡山县
		12600	12490	4.03		衡东县
		2670	2670	0.32		祁东县
	12.00	7180	7000	2.20		南岳区
		3210	3210	0.70		邵东县
	1.10	2245	1710	2.20		新邵县
		2169	2148	0.88		邵阳县
		1562	1423	0.59		隆回县
		1921	1921	1.80		洞口县
	0.85	12235	12132	4.72		新宁县
150.00	0.30	21100	19500	7.00	1	岳阳县
283.00	3.00	16500	16000	6.60	1	华容县
243.00	2.00	10500	10450	7.20	1	湘阴县
350.00	3.00	11000	10500	6.00	1	平江县
		16360	16360	4.10		安乡县
280.00		26810	26430	9.10	1	汉寿县
108.00		37000	36000	13.10	1	澧　县
52.00	17.00	11000	10900	3.50	1	临澧县

7-2-3 续表 14

县名称 Name of Counties	储气能力(万立方米) Gas Storage Capacity (10,000 m^3)	供气管道长度(公里) Length of Gas Supply Pipeline (km)	供气总量(万立方米) 合计 Total	销售气量 Quantity Sold	居民家庭 Households	集中供热 Central Heating
桃源县	1.00	97.85	860.00	807.00	280.00	
慈利县	19.00	142.00	121.00	121.00	67.00	
桑植县	12.50	27.00	120.00	120.00	80.00	
南　县	8.00	125.00	849.98	842.00	520.00	
桃江县	0.80	65.53	647.14	640.79	422.11	
桂阳县	10.00	135.40	980.00	967.20	467.00	
永兴县	9.00	42.00	53.10	50.00	50.00	
嘉禾县	0.53	28.00	6.40	6.40	6.40	
临武县	6.20	15.50	14.37	14.07	14.07	
祁阳县	0.50	116.00	24.60	24.60	24.60	
双牌县	2.00	19.70	8.02	6.92	6.92	
蓝山县	0.10	18.50	11.30	11.30	11.30	
江华瑶族自治县		20.00				
中方县	3.75	5.94	68.96	68.96	0.75	68.21
沅陵县	8.00	62.00	29.09	29.00	28.00	
麻阳苗族自治县	1.00	20.20	20.01	20.00	20.00	
新晃侗族自治县	10.00	28.77	15.00	15.00	15.00	
通道侗族自治县	3.50	18.50	15.09	15.00	13.80	
靖州苗族侗族自治县	4.80	121.57	139.92	139.92	45.00	
双峰县	1.00	105.00	75.00	74.00	74.00	
新化县	1.20	29.19	55.48	50.09	50.09	
泸溪县		8.50				
龙山县		92.60	520.00	460.00	460.00	
广　东	**139.85**	**790.26**	**2834.32**	**2816.73**	**1156.41**	
始兴县	7.00	43.60	150.00	147.75	91.25	
仁化县	0.02	51.75	463.82	463.82	186.34	
乳源瑶族自治县	30.00	16.60	301.00	300.00	65.00	
徐闻县	3.00	7.50	40.00	40.00	1.00	
广宁县	12.00	26.80	199.85	199.69	4.86	
怀集县	9.00	36.00	49.00	49.00	49.00	
德庆县	3.00	38.16	147.30	147.30	11.60	
大埔县	2.10	6.00	0.55	0.55	0.55	
丰顺县		49.77	82.73	82.73	22.65	
五华县	12.00	58.55	22.29	22.19	11.58	
平远县	2.00	44.18	22.55	22.40	22.40	
蕉岭县	0.03	181.00	147.65	147.30	147.30	
龙川县	5.70	65.87	489.60	480.00	385.00	
和平县	12.00	16.62	38.38	38.00	13.30	
东源县	18.00	24.50	354.00	350.40	20.10	
新兴县	24.00	123.36	325.60	325.60	124.48	
广　西	**246.41**	**551.27**	**740.86**	**731.86**	**542.14**	
隆安县	2.00	18.00	30.10	30.00	6.80	
宾阳县	12.00	105.90	74.70	74.40	74.40	
融安县	6.00	7.00	0.52	0.50	0.50	

continued 14

Total Gas Supplied (10,000 m^3) 燃气汽车 Gas-Powered Automobiles	燃气损失量 Loss Amount	用气户数(户) Number of Household with Access to Gas (unit)	家庭用户 Household User	用气人口(万人) Population with Access to Gas (10,000 persons)	天然气汽车加气站(座) Gas Stations for CNG-Fueled Motor Vehicles (unit)	县名称 Name of Counties
25.00	53.00	11000	10700	3.90	1	桃源县
		1761	1749	7.21		慈利县
		3900	3850	4.20		桑植县
322.00	7.98	20630	20600	5.50	1	南　县
218.68	6.35	13443	13225	4.63	1	桃江县
	12.80	13200	12500	4.00		桂阳县
	3.10	1767	1767	1.30		永兴县
		152	152	0.06		嘉禾县
	0.30	1425	1425	0.82		临武县
		2000	2000	0.43		祁阳县
	1.10	768	768	0.50		双牌县
		620	620	0.17		蓝山县
						江华瑶族自治县
		116	114	0.04		中方县
	0.09	3485	3470	1.60		沅陵县
	0.01	3000	3000	1.15		麻阳苗族自治县
		2000	2000	0.80		新晃侗族自治县
	0.09	1672	1671	0.57		通道侗族自治县
		6754	5000	1.50		靖州苗族侗族自治县
	1.00	7473	7473	3.00		双峰县
	5.39	2994	2994	1.05		新化县
						泸溪县
	60.00	13000	13000	6.00		龙山县
	17.59	**70485**	**67877**	**24.47**		**广　东**
	2.25	4300	4280	1.50		始兴县
		7500	5958	2.10		仁化县
	1.00	2420	2350	1.20		乳源瑶族自治县
		200	166	1.00		徐闻县
	0.16	1383	800	1.50		广宁县
		7000	7000	2.50		怀集县
		1221	1186	0.40		德庆县
		446	446	1.20		大埔县
		2087	2069	0.72		丰顺县
	0.10	1718	1702	0.68		五华县
	0.15	1649	1649	0.61		平远县
	0.35	8649	8649	3.00		蕉岭县
	9.60	20000	19800	6.00		龙川县
	0.38	842	835	0.35		和平县
	3.60	1726	1714	0.69		东源县
		9344	9273	1.02		新兴县
0.32	**9.00**	**37353**	**37159**	**13.48**	**1**	**广　西**
	0.10	425	400	0.15		隆安县
	0.30	7710	7710	2.20		宾阳县
	0.02	418	418	0.13		融安县

7-2-3 续表 15

县名称 Name of Counties	储气能力(万立方米) Gas Storage Capacity (10,000 m^3)	供气管道长度(公里) Length of Gas Supply Pipeline (km)	供气总量(万立方米)			
			合计 Total	销售气量 Quantity Sold	居民家庭 Households	集中供热 Central Heating
三江侗族自治县	90.00	55.00	65.00	62.00	62.00	
兴安县	12.80	115.00	198.98	198.80	151.60	
藤　县	6.50	16.00	0.31	0.30	0.30	
平南县	3.36	13.40	9.00	8.99	8.99	
博白县	0.06	37.50	20.39	19.50	19.50	
田阳县	3.24	13.00	164.30	164.00	45.00	
田东县		17.46	40.38	40.20	40.20	
平果县	60.00	35.00	54.78	52.57	52.57	
都安瑶族自治县		10.00				
大化瑶族自治县		4.73				
象州县	24.00	27.80	36.50	36.00	36.00	
武宣县	20.00	24.20	10.00	9.60	9.60	
扶绥县	0.15	28.00	20.90	20.50	20.50	
龙州县	6.00	11.28	15.00	14.50	14.18	
大新县	0.30	10.00				
天等县		2.00				
海　南	**80.00**	**250.00**	**12100.00**	**12100.00**	**56.00**	
洋浦开发区	80.00	250.00	12100.00	12100.00	56.00	
重　庆	**56.95**	**4262.69**	**29342.08**	**28414.19**	**18608.19**	**831.00**
梁平县	0.45	200.06	2813.00	2690.00	1444.00	831.00
城口县	2.10	25.50	131.00	131.00	82.00	
丰都县		509.13	5087.48	5048.48	1864.48	
垫江县	6.40	423.58	3330.00	3220.00	2706.00	
武隆县	2.50	129.20	641.09	639.09	139.97	
忠　县		164.82	2150.46	2063.68	1037.56	
开　县		544.87	3106.00	2989.00	1930.00	
云阳县	9.10	560.00	3182.01	3050.00	2160.00	
奉节县	10.40	273.70	2269.61	2138.16	1903.76	
巫山县	6.00	232.63	953.48	948.48	858.37	
巫溪县	5.00	26.20	42.24	42.24	35.44	
石柱土家族自治县	1.50	546.00	4116.00	3961.95	3365.24	
秀山土家族苗族自治县	5.00	314.00	606.87	600.38	430.00	
酉阳土家族自治县	7.50	149.00	402.52	398.73	299.00	
彭水苗族土家族自治县	1.00	164.00	510.32	493.00	352.37	
四　川	**207.31**	**21272.44**	**186998.53**	**180801.63**	**106853.53**	
金堂县		1224.50	15469.10	15350.90	4466.50	
双流县		3416.00	27934.00	27931.00	16498.00	
郫　县		389.40	11007.76	11007.76	6076.40	
大邑县		781.00	3047.77	3047.77	2277.00	
蒲江县		157.66	2073.00	1975.00	1208.00	
新津县	0.30	506.00	3507.00	3507.00	1900.00	

continued 15

Total Gas Supplied (10,000 m^3)		用气户数（户）Number of Household with Access to Gas (unit)		用气人口（万人）Population with Access to Gas (10,000 persons)	天然气汽车加气站（座）Gas Stations for CNG-Fueled Motor Vehicles (unit)	县名称 Name of Counties
燃气汽车 Gas-Powered Automobiles	燃气损失量 Loss Amount		家庭用户 Household User			
	3.00	2400	2400	0.50		三江侗族自治县
	0.18	11439	11298	4.30		兴安县
	0.01	100	100	0.04		藤　县
	0.01	579	579	0.20		平南县
	0.89	3100	3100	2.10		博白县
	0.30	1611	1591	0.56		田阳县
	0.18	1254	1254	0.50		田东县
	2.21	2295	2295	0.70		平果县
						都安瑶族自治县
						大化瑶族自治县
	0.50	2190	2190	0.66		象州县
	0.40	1587	1587	0.73		武宣县
	0.40	1745	1745	0.56		扶绥县
0.32	0.50	500	492	0.15	1	龙州县
						大新县
						天等县
		6000	**5700**	**2.45**		**海　南**
		6000	5700	2.45		洋浦开发区
4677.51	**927.89**	**606037**	**574714**	**174.07**	**13**	**重　庆**
415.00	123.00	55178	49606	16.38	1	梁平县
		4368	4318	1.73		城口县
685.83	39.00	66985	64874	17.71	2	丰都县
514.00	110.00	86000	76420	14.28	2	垫江县
262.01	2.00	10269	10159	3.44	1	武隆县
560.00	86.78	60230	55018	17.40	1	忠　县
989.00	117.00	54120	51001	22.00	1	开　县
755.17	132.01	69428	67980	19.50	2	云阳县
194.40	131.45	53588	52846	13.44	1	奉节县
	5.00	30196	29820	8.10		巫山县
		1265	1261	0.40		巫溪县
300.00	154.05	37624	36216	11.41	1	石柱土家族自治县
	6.49	25000	24744	10.00		秀山土家族苗族自治县
	3.79	22086	21918	7.35		酉阳土家族自治县
2.10	17.32	29700	28533	10.93	1	彭水苗族土家族自治县
19719.89	**6196.90**	**3627146**	**3468431**	**809.59**	**65**	**四　川**
853.90	118.20	147436	141582	21.00	4	金堂县
3763.00	3.00	598516	584200	62.32	1	双流县
631.30		254314	241740	26.80	2	郫　县
		78933	77613	12.63		大邑县
284.00	98.00	26738	25113	7.78	1	蒲江县
		32015	31451	9.85		新津县

7-2-3 续表 16

县名称 Name of Counties	储气能力(万立方米) Gas Storage Capacity (10,000 m^3)	供气管道长度(公里) Length of Gas Supply Pipeline (km)	供气总量(万立方米) 合计 Total	销售气量 Quantity Sold	居民家庭 Households	集中供热 Central Heating
荥　县		235.00	2710.40	2708.00	2310.00	
富顺县	3.20	584.10	3129.36	2673.41	2652.41	
米易县	6.00	38.45	50.54	50.54	18.00	
泸　县		152.60	5047.00	4882.00	1032.00	
合江县		159.16	1913.20	1912.00	1354.00	
叙永县		79.00	1088.00	1046.00	452.00	
古蔺县	2.25	70.00	410.00	390.00	360.00	
中江县		398.00	3948.00	3748.00	1402.00	
罗江县		78.30	3624.00	3600.00	643.00	
三台县		1912.69	7647.55	7059.65	6405.40	
盐亭县		87.00	1330.00	1330.00	520.00	
安　县		75.51	823.14	803.64	803.64	
梓潼县		705.00	1639.00	1500.00	1200.00	
北川羌族自治县		40.00	465.00	465.00	369.00	
平武县	1.20	286.38	567.43	557.90	469.00	
旺苍县		180.20	1643.20	1635.00	1289.00	
青川县	1.80	35.09	159.40	158.00	103.00	
剑阁县		26.38	747.09	739.47	229.63	
苍溪县		350.25	2755.00	2610.00	2270.00	
蓬溪县		198.00	1483.00	1380.00	1380.00	
射洪县	1.89	531.50	2818.00	2688.00	2063.00	
大英县	0.80	389.33	3790.00	3700.00	1553.00	
威远县	1.89	265.69	4009.66	3984.06	1632.73	
资中县	1.00	192.98	1641.00	1550.00	745.00	
隆昌县	2.51	257.51	2550.76	2382.71	1326.75	
犍为县		193.96	2176.95	2160.32	988.97	
井研县		171.40	1043.00	886.00	660.00	
夹江县	0.21	283.00	1569.55	1536.00	1028.00	
沐川县	0.20	26.93	483.81	470.81	299.00	
马边彝族自治县	0.38	24.00	50.00	48.00	45.00	
南部县	1.00	180.00	3059.00	2925.00	1790.00	
营山县	1.00	124.00	1925.00	1843.00	1151.00	
蓬安县	1.00	104.00	1500.00	1434.00	900.00	
仪陇县	1.00	98.00	1637.00	1562.00	939.00	
西充县	1.00	106.00	1527.00	1457.00	942.00	
仁寿县	2.00	229.50	5442.78	5211.34	3736.09	
洪雅县		98.01	1449.70	1405.70	547.50	
丹棱县	0.60	202.50	1660.00	1626.00	935.00	
青神县	12.00	78.09	795.30	780.00	268.00	
宜宾县	0.05	143.85	2827.36	2742.14	1296.22	
江安县		62.00	1071.01	1022.37	794.49	
长宁县	3.20	100.00	2118.00	1963.00	982.00	
高　县		420.00	1450.00	1340.00	1080.00	
珙　县	4.60	371.00	1163.00	1086.00	1057.00	
筠连县		111.05	770.00	714.00	714.00	

continued 16

Total Gas Supplied (10,000 m³)		用气户数(户) Number of Household with Access to Gas (unit)		用气人口(万人) Population with Access to Gas (10,000 persons)	天然气汽车加气站(座) Gas Stations for CNG-Fueled Motor Vehicles (unit)	县名称 Name of Counties
燃气汽车 Gas-Powered Automobiles	燃气损失量 Loss Amount		家庭用户 Household User			
298.00	2.40	60000	55500	16.00	1	荥　县
21.00	455.95	83925	78500	22.26	3	富顺县
		2171	2137	0.66		米易县
215.00	165.00	24320	22362	8.60	1	泸　县
400.00	1.20	42325	40597	13.42	1	合江县
322.00	42.00	11831	11008	4.60	1	叙永县
	20.00	13743	13648	4.68		古蔺县
1195.00	200.00	42092	40013	17.57	2	中江县
665.00	24.00	16340	15032	5.10	1	罗江县
551.01	587.90	184510	183780	19.24	3	三台县
54.00		18620	17960	5.93	2	盐亭县
	19.50	23642	23642	7.90		安　县
280.00	139.00	48000	43000	7.80	2	梓潼县
		11190	11185	3.80		北川羌族自治县
88.90	9.53	10835	10445	3.56	1	平武县
243.00	8.20	37403	36098	8.90	1	旺苍县
	1.40	6680	6450	1.71		青川县
164.41	7.62	12141	11528	2.85	1	剑阁县
240.00	145.00	55250	52500	12.00	1	苍溪县
	103.00	37800	37800	12.80		蓬溪县
625.00	130.00	69535	69259	25.30	2	射洪县
1.00	90.00	49468	48653	13.20	1	大英县
623.00	25.60	68751	66945	13.47	2	威远县
414.00	91.00	35121	31560	7.19	1	资中县
316.00	168.05	54331	52531	20.00	1	隆昌县
207.10	16.63	38685	37866	8.34	2	犍为县
150.00	157.00	33607	29800	5.65	2	井研县
336.00	33.55	28216	27304	6.00	1	夹江县
	13.00	10800	10750	2.90		沐川县
	2.00	1440	1400	0.54		马边彝族自治县
705.00	134.00	97060	85129	24.60	2	南部县
360.00	82.00	50503	45624	16.20	2	营山县
352.00	66.00	44590	40112	12.10	2	蓬安县
315.00	75.00	43885	39347	12.80	2	仪陇县
370.00	70.00	51529	47172	13.10	1	西充县
887.47	231.44	119483	118358	30.00	2	仁寿县
276.00	44.00	26220	24122	6.30	1	洪雅县
60.00	34.00	21778	19545	4.30	1	丹棱县
101.00	15.30	10934	10572	4.18	1	青神县
	85.22	43056	41540	11.12		宜宾县
	48.64	32266	31608	9.00		江安县
415.00	155.00	26500	26100	6.50	1	长宁县
	110.00	31500	31000	11.00		高　县
	77.00	24783	24483	6.70		珙　县
	56.00	20408	20408	6.46		筠连县

7-2-3 续表 17

县名称 Name of Counties	储气能力(万立方米) Gas Storage Capacity (10,000 m^3)	供气管道长度(公里) Length of Gas Supply Pipeline (km)	供气总量(万立方米) 合计 Total	销售气量 Quantity Sold	居民家庭 Households	集中供热 Central Heating
兴文县		80.30	719.54	688.54	518.20	
屏山县	0.50	187.80	873.00	831.00	600.00	
岳池县	3.20	611.36	3719.00	3626.00	1657.00	
武胜县	1.00	388.44	2592.75	2384.37	1089.89	
邻水县		300.78	3402.89	2909.47	2473.05	
宣汉县	5.00	246.00	2143.00	2031.00	1652.00	
开江县		146.11	1961.95	1806.68	1349.61	
大竹县		123.29	3766.48	3590.28	2086.34	
渠　县	90.00	122.50	2078.59	1785.59	1267.67	
荥经县		134.04	370.43	282.13	253.92	
天全县		29.00	308.00	308.00	278.00	
芦山县		88.60	90.50	87.00	82.00	
通江县	2.13	235.00	2096.70	2094.00	1712.00	
南江县	24.00	253.00	1850.00	1810.00	1200.00	
平昌县	1.00	471.30	3555.00	3380.00	1980.00	
安岳县	6.40	285.51	2434.00	2410.00	2040.00	
乐至县	3.40	431.00	1671.00	1602.00	1112.00	
汶川县	0.40	18.70	69.50	68.50	68.50	
理　县		5.00				
茂　县	1.20	72.96	144.80	141.00	137.20	
九寨沟县	7.80	14.61	331.00	307.00	100.84	
会理县	10.20	78.86	68.00	68.00	28.00	
金阳县		14.86	5.58	5.58	5.58	
昭觉县		3.45				
贵　州	**375.80**	**968.09**	**6754.01**	**6619.67**	**4639.88**	
开阳县	6.25	60.00	8.43	7.80	7.69	
水城县		30.00	0.60	0.60	0.60	
盘　县	80.00	115.00	60.00	60.00	60.00	
遵义县	62.40	118.00	2187.00	2142.00	1737.40	
桐梓县	7.20	55.46	400.00	400.00	80.00	
正安县	40.81	12.11	1431.09	1428.23	841.50	
道真仡佬族苗族自治县	3.00	17.05	24.20	23.20	21.80	
湄潭县		25.19				
余庆县	3.00	12.17	13.61	13.10	13.10	
习水县	12.60	48.01	1569.04	1501.04	1300.00	
普定县	1.80	64.05	20.27	20.00	13.00	
思南县		27.65				
德江县	8.70	26.00	178.00	175.00	65.00	
沿河土家族自治县	20.00	70.00	150.00	150.00	150.00	
大方县	2.00	20.10	72.10	72.00	5.40	
黔西县	13.00	17.50	2.30	2.30	2.30	
纳雍县		11.00				
岑巩县	30.00	14.00				
丹寨县	12.00	45.00	100.02	99.70	20.00	

continued 17

Total Gas Supplied ($10,000\ m^3$)		用气户数(户) Number of Household with Access to Gas (unit)		用气人口(万人) Population with Access to Gas (10,000 persons)	天然气汽车加气站(座) Gas Stations for CNG-Fueled Motor Vehicles (unit)	县名称 Name of Counties
燃气汽车 Gas-Powered Automobiles	燃气损失量 Loss Amount		家庭用户 Household User			
97.20	31.00	14741	13969	7.23	1	兴文县
36.60	42.00	15325	15068	4.50	1	屏山县
527.00	93.00	68796	66796	18.62	1	岳池县
	208.38	54586	53275	12.31		武胜县
	493.42	86717	85028	15.58		邻水县
	112.00	53610	51950	13.20		宣汉县
200.00	155.27	40108	39210	11.40	1	开江县
870.00	176.20	66571	54586	20.20	2	大竹县
	293.00	53000	51334	18.00		渠　县
	88.30	9413	9129	2.74		荥经县
		10496	10301	3.20		天全县
	3.50	4800	4500	1.50		芦山县
376.00	2.70	38742	34360	13.00	1	通江县
	40.00	33000	27000	8.70		南江县
	175.00	45000	44000	15.10		平昌县
370.00	24.00	49000	47800	20.50	1	安岳县
460.00	69.00	42696	39900	17.20	1	乐至县
	1.00	2315	2315	1.00		汶川县
						理　县
	3.80	4510	3523	2.00		茂　县
	24.00	3430	3322	1.20		九寨沟县
		14961	14883	5.20		会理县
		110	110	0.50		金阳县
						昭觉县
1456.55	**134.34**	**138752**	**131075**	**40.08**	**14**	**贵　州**
	0.63	506	500	0.15		开阳县
		12458	12458	3.74		水城县
		5000	5000	2.00		盘　县
404.60	45.00	38230	37101	11.95	2	遵义县
75.00		2273	2200	0.60	2	桐梓县
483.88	2.86	26820	21280	3.50	1	正安县
1.40	1.00	1420	1405	0.90	1	道真仡佬族苗族自治县
						湄潭县
	0.51	751	751	0.20		余庆县
125.00	68.00	6500	6490	1.80	1	习水县
6.00	0.27	1000	650	0.32	1	普定县
						思南县
110.00	3.00	2385	2278	1.50		德江县
		7374	7374	2.90		沿河土家族自治县
66.00	0.10	200	165	0.06	1	大方县
		132	132	0.05		黔西县
						纳雍县
						岑巩县
24.00	0.32	550	465	0.26	1	丹寨县

7-2-3 续表 18

县名称 Name of Counties	储气能力(万立方米) Gas Storage Capacity (10,000 m^3)	供气管道长度(公里) Length of Gas Supply Pipeline (km)	供气总量(万立方米) 合计 Total	销售气量 Quantity Sold	居民家庭 Households	集中供热 Central Heating
荔波县		21.60				
贵定县	6.00	26.00	71.20	67.50	23.00	
瓮安县	42.00	53.00	301.60	301.20	179.40	
龙里县	11.00	63.50	51.38	43.00	9.19	
惠水县	14.04	15.70	113.17	113.00	110.50	
云　南	**141.71**	**1053.37**	**2547.29**	**2529.79**	**1010.82**	
晋宁县	6.00	140.62	454.70	448.60	30.50	
富民县	0.04	30.00	1.40	1.40		
宜良县	18.00	16.00	65.60	65.60	51.00	
石林彝族自治县	6.25	83.92	67.20	66.35	66.35	
禄劝彝族苗族自治县		45.84	49.80	46.00	25.77	
寻甸回族彝族自治县	3.30	22.38	50.50	47.50	14.60	
阳宗海风景名胜区	21.00	41.98	807.16	807.16		
嵩明县	3.00	48.14	23.32	23.25	21.85	
陆良县	10.00	50.00	72.48	69.50	2.16	
罗平县	1.50	11.08	8.50	8.50	8.50	
富源县		1.52				
会泽县	12.00	20.00	41.80	41.40	28.80	
沾益县	0.16	46.77	0.16	0.16	0.16	
江川县		0.20				
施甸县		9.00				
龙陵县		4.20				
鲁甸县		9.00				
巧家县		37.00				
永善县	0.30	41.07	32.90	32.90	18.66	
绥江县		27.16	8.50	8.50	8.50	
镇雄县	0.60	15.00	3.87	3.80	3.80	
水富县	6.60	48.00	609.00	609.00	480.00	
永胜县	1.56	19.25				
凤庆县	9.00	11.00	210.00	210.00	210.00	
牟定县		11.00	1.53	1.53	1.53	
姚安县		9.95				
大姚县		1.97				
武定县	2.20	8.20	18.24	18.24	18.24	
建水县	12.00	19.91	5.33	5.20	5.20	
石屏县		4.60				
砚山县	6.02	5.57	3.40	3.40	3.40	
马关县		4.30				
丘北县	15.00	150.00	9.00	9.00	9.00	
宾川县		8.00				
鹤庆县		18.72				
盈江县	0.10	18.23	2.00	1.90	1.90	
陇川县	0.08	3.24	0.90	0.90	0.90	

continued 18

Total Gas Supplied (10,000 m^3)		用气户数（户）Number of Household with Access to Gas (unit)		用气人口（万人）Population with Access to Gas (10,000 persons)	天然气汽车加气站（座）Gas Stations for CNG-Fueled Motor Vehicles (unit)	县名称 Name of Counties
燃气汽车 Gas-Powered Automobiles	燃气损失量 Loss Amount		家庭用户 Household User			
						荔波县
25.50	3.70	1920	1862	0.60	1	贵定县
120.80	0.40	28000	27800	8.40	1	瓮安县
11.87	8.38	771	741	0.30	1	龙里县
2.50	0.17	2462	2423	0.85	1	惠水县
276.94	**17.50**	**61054**	**58472**	**29.05**	**7**	**云　南**
14.00	6.10	16473	16412	2.40	1	晋宁县
		128				富民县
5.40		1243	1233	0.41	1	宜良县
	0.85	1891	1891	2.30		石林彝族自治县
19.00	3.80	2620	2400	1.30	1	禄劝彝族苗族自治县
32.85	3.00	1784	446	0.60	1	寻甸回族彝族自治县
		13				阳宗海风景名胜区
	0.07	2939	2929	3.77		嵩明县
64.09	2.98	1003	973	5.20	1	陆良县
		180	180	0.60		罗平县
						富源县
12.60	0.40	1107	980	0.38	1	会泽县
		26	26	0.01		沾益县
						江川县
						施甸县
						龙陵县
						鲁甸县
						巧家县
		1063	890	1.30		永善县
		750	750	0.42		绥江县
	0.07	298	298	0.12		镇雄县
129.00		14472	14000	5.10	1	水富县
						永胜县
		11277	11277	3.10		凤庆县
		220	220	0.08		牟定县
						姚安县
						大姚县
		2050	2050	1.01		武定县
	0.13	781	781	0.35		建水县
						石屏县
		94	94	0.30		砚山县
						马关县
		380	380	0.13		丘北县
						宾川县
						鹤庆县
	0.10	142	142	0.13		盈江县
		120	120	0.04		陇川县

7-2-3 续表 19

县名称 Name of Counties	储气能力(万立方米) Gas Storage Capacity ($10,000\ m^3$)	供气管道长度(公里) Length of Gas Supply Pipeline (km)	供气总量(万立方米) 合计 Total	销售气量 Quantity Sold	居民家庭 Households	集中供热 Central Heating
泸水县		9.05				
兰坪白族普米族自治县	7.00	1.50				
西　藏	**10.00**		**56.00**	**52.00**	**52.00**	
仁布县	10.00		56.00	52.00	52.00	
陕　西	**312.10**	**4618.73**	**74198.77**	**73130.73**	**24120.83**	**14135.52**
蓝田县	2.10	72.20	1302.10	1300.00	760.00	
周至县		42.00	652.00	650.00	130.00	
户　县	0.66	89.00	1845.00	1835.00	210.00	1400.00
宜君县	20.00	25.00	450.20	450.00	180.00	270.00
凤翔县		136.46	1228.00	1200.00	909.00	
岐山县		109.70	886.00	873.00	265.00	
扶风县	0.12	46.70	813.00	803.00	573.00	40.00
眉　县	0.50	41.00	272.50	270.70	170.00	
陇　县	0.37	22.10	162.11	162.00	110.00	
千阳县		14.50	148.60	146.80	123.98	
麟游县	0.80	18.91	63.30	62.50	27.90	
凤　县	0.80	18.82	60.00	60.00	52.00	8.00
太白县		16.90	68.62	65.62	22.28	7.00
三原县	0.55	51.00	118.53	118.50	106.25	
泾阳县		53.18	8178.00	8065.50	278.10	
乾　县	0.43	144.80	2458.03	2458.00	520.00	190.00
礼泉县	38.00	125.40	1600.05	1600.00	681.00	215.00
永寿县	2.01	17.00	335.00	331.50	205.00	
彬　县	0.85	26.00	396.58	396.55	7.50	
长武县	1.30	16.91	244.07	238.07	35.80	2.00
旬邑县	23.00	9.00	223.03	223.00	14.00	
淳化县	2.00	16.30	307.00	306.20	135.00	21.00
武功县		46.29	371.83	371.82	116.82	16.00
潼关县	1.20	12.60	163.00	158.00	112.00	
大荔县	0.85	51.80	746.08	745.68	150.68	
合阳县	0.90	82.13	914.92	910.00	319.02	
澄城县	1.00	16.95	298.20	290.00	55.00	
蒲城县	0.63	41.45	1020.00	980.00	61.50	
白水县	1.00	15.85	147.64	147.32	37.60	34.50
富平县		200.00	1758.00	1700.00	1050.00	
延长县	1.20	24.56	380.16	380.00	185.00	
延川县	1.00	12.90	560.60	559.50	165.30	189.17
子长县	3.00	161.24	1427.00	1392.00	811.28	
安塞县		59.33	1320.10	1317.00	865.00	
志丹县	1.92	25.00	2990.13	2989.35	592.73	1213.20
吴起县	0.43	49.07	1079.06	1074.00	159.00	
甘泉县		208.30	1063.00	1050.00	367.00	
富　县		37.90	1001.61	1000.46	460.00	
洛川县		15.00	1146.07	1144.81	459.00	

continued 19

Total Gas Supplied (10,000 m^3) 燃气汽车 Gas-Powered Automobiles	燃气损失量 Loss Amount	用气户数（户） Number of Household with Access to Gas (unit)	家庭用户 Household User	用气人口（万人） Population with Access to Gas (10,000 persons)	天然气汽车加气站（座） Gas Stations for CNG-Fueled Motor Vehicles (unit)	县名称 Name of Counties
						泸水县
						兰坪白族普米族自治县
	4.00	**536**	**536**	**0.30**		**西　藏**
	4.00	536	536	0.30		仁布县
19325.57	**1068.04**	**850058**	**718251**	**271.01**	**91**	**陕　西**
540.00	2.10	17620	17584	5.27	1	蓝田县
10.40	2.00	5060	4660	1.23	1	周至县
216.96	10.00	30055	29515	9.60	3	户　县
	0.20	4050	3770	1.60		宜君县
263.00	28.00	23040	23021	7.30	1	凤翔县
227.00	13.00	13150	12187	5.04	1	岐山县
190.00	10.00	18455	18308	4.44	1	扶风县
5.60	1.80	15798	15395	4.15	1	眉　县
14.10	0.11	7006	6991	3.44	1	陇　县
19.57	1.80	4356	4076	1.80	1	千阳县
34.60	0.80	3106	2550	0.55	3	麟游县
		4923	4901	1.84		凤　县
	3.00	3069	3017	0.91		太白县
12.25	0.03	21700	17390	8.00	2	三原县
5104.00	112.50	14630	14325	7.05	2	泾阳县
1565.00	0.03	17234	17210	6.21	2	乾　县
319.00	0.05	17018	15306	7.54	2	礼泉县
126.50	3.50	4283	4279	1.60	2	永寿县
389.00	0.03	1355	1200	0.42	1	彬　县
200.00	6.00	5174	5173	2.42	1	长武县
209.00	0.03	2375	2287	0.93	1	旬邑县
150.20	0.80	5528	5520	2.52	1	淳化县
239.00	0.01	17235	17142	5.63	1	武功县
	5.00	4120	3820	0.95		潼关县
595.00	0.40	3752	3723	1.40	2	大荔县
364.30	4.92	15191	13691	4.09	1	合阳县
235.00	8.20	2100	2050	0.85	1	澄城县
500.00	40.00	8450	8400	4.20	3	蒲城县
65.00	0.32	4690	4590	1.70	1	白水县
400.00	58.00	26050	26000	13.00	2	富平县
189.00	0.16	6524	6225	2.62	1	延长县
146.78	1.10	7203	7109	2.10	1	延川县
411.72	35.00	16985	16980	5.85	2	子长县
120.00	3.10	18347	18031	5.70	2	安塞县
156.32	0.78	12854	12846	4.96	1	志丹县
348.00	5.06	12299	12098	5.35	1	吴起县
43.00	13.00	9150	8437	2.90	1	甘泉县
225.00	1.15	9790	9677	3.80	1	富　县
161.28	1.26	10000	9570	4.00	1	洛川县

7-2-3 续表 20

县名称 Name of Counties	储气能力（万立方米）Gas Storage Capacity (10,000 m^3)	供气管道长度（公里）Length of Gas Supply Pipeline (km)	供气总量(万立方米) 合计 Total	销售气量 Quantity Sold	居民家庭 Households	集中供热 Central Heating
宜川县	6.60	32.59	716.56	712.47	393.63	167.32
黄龙县	2.80	35.30	536.00	530.00	167.00	
黄陵县	1.00	81.50	939.00	900.00	380.00	
南郑县		16.42	415.28	415.00	26.00	
城固县		8.33				
洋　县	0.23	17.20	335.30	335.00	137.00	
西乡县		22.55	270.30	270.00	85.00	45.00
勉　县	60.00	8.64	751.12	751.00	30.13	
宁强县	2.55	37.84	170.20	165.00	115.50	
镇巴县	0.16	6.30	4.01	4.00	4.00	
留坝县		18.65	204.80	204.20	10.03	194.17
佛坪县		1.96				
神木县		236.15	7001.00	6965.00	3150.00	1992.00
府谷县		53.91	2325.00	2210.00	1432.56	532.44
横山县	30.00	447.00	4645.12	4575.12	1478.19	
靖边县		502.32	8469.00	8208.00	1729.66	5671.34
定边县	0.36	269.00	2268.00	2200.00	1230.00	197.00
绥德县	0.36	233.50	2025.00	1975.00	890.88	84.12
米脂县		67.00	1207.20	1200.00	494.40	65.60
佳　县	2.00	52.00	1204.00	1200.00	180.00	560.00
吴堡县		7.60	82.00	80.00	40.00	20.00
清涧县	1.05	34.00	268.00	268.00	160.00	108.00
子洲县	60.00	75.19	1204.04	1183.87	255.00	778.35
汉阴县	15.08	9.69	14.08	14.00	14.00	
石泉县	0.60	27.50	240.00	239.00	121.00	
宁陕县	3.00	7.20	8.01	8.00	8.00	
紫阳县	0.17	5.00	8.08	8.00	8.00	
岚皋县	9.82	8.43	8.45	8.15	8.15	
平利县	1.50	17.40	25.61	25.60	25.60	
镇坪县		4.30				
旬阳县	0.20	21.00	45.64	45.59	10.22	
白河县	1.00	2.39	0.21	0.20	0.20	
洛南县	1.50	11.60	302.20	300.00	30.90	103.00
丹凤县		23.00				
商南县	1.00	18.00	130.64	130.00	22.00	6.60
山阳县	4.50	20.02	33.24	32.59	1.04	4.71
镇安县		5.00				
柞水县			142.56	142.06		
甘　肃	**222.69**	**483.53**	**23128.61**	**23088.15**	**2416.64**	**6310.02**
皋兰县	50.00	5.00	104.00	101.00	92.20	
靖远县	35.00	75.30	1663.00	1650.00	100.00	400.00
会宁县	0.38	15.00	260.00	260.00	40.00	
景泰县	0.44	33.38	13000.00	12997.00	606.00	4391.00
民勤县		21.00	189.80	189.80	58.40	
古浪县	3.40	22.60	198.00	193.10	23.10	

continued 20

Total Gas Supplied (10,000 m^3) 燃气汽车 Gas-Powered Automobiles	燃气损失量 Loss Amount	用气户数(户) Number of Household with Access to Gas (unit)	家庭用户 Household User	用气人口(万人) Population with Access to Gas (10,000 persons)	天然气汽车加气站(座) Gas Stations for CNG-Fueled Motor Vehicles (unit)	县名称 Name of Counties
32.59	4.09	12057	9081	3.63	2	宜川县
26.50	6.00	3650	3480	1.74	1	黄龙县
335.00	39.00	10698	9600	3.30	1	黄陵县
188.30	0.28	3824	3812	1.81	1	南郑县
						城固县
198.00	0.30	6770	6765	2.03	1	洋　县
140.00	0.30	9200	9100	4.10	1	西乡县
5.51	0.12	2042	1951	0.92	1	勉　县
	5.20	8627	8592	3.70		宁强县
	0.01	520	520	0.16		镇巴县
	0.60	1313	1303	0.49		留坝县
						佛坪县
1100.00	36.00	67466	66266	17.00	11	神木县
230.00	115.00	30165	29845	11.89	1	府谷县
511.00	70.00	33100	30860	12.80	1	横山县
807.00	261.00	43641	38437	18.71	4	靖边县
705.00	68.00	125856	25685	8.85	2	定边县
143.00	50.00	20086	18560	9.00	2	绥德县
1.20	7.20	10500	10300	2.55	1	米脂县
460.00	4.00	4000	3820	1.90	2	佳　县
20.00	2.00	2400	2300	1.00	2	吴堡县
		5948	5691	2.40		清涧县
150.52	20.17	6064	5398	2.43	1	子洲县
	0.08	400	400	0.12		汉阴县
118.00	1.00	4500	4350	2.00	1	石泉县
	0.01	1002	1002	0.30		宁陕县
	0.08	400	400	0.14		紫阳县
	0.30	715	715	0.22		岚皋县
	0.01	4040	4040	2.02		平利县
						镇坪县
35.37	0.05	1830	1460	0.73	1	旬阳县
	0.01	500	500	0.15		白河县
166.10	2.20	4330	4317	1.66	1	洛南县
						丹凤县
11.00	0.64	500	480	0.22	1	商南县
3.84	0.65	189	167	0.08	1	山阳县
						镇安县
142.06	0.50				1	柞水县
14129.74	**40.46**	**94869**	**86928**	**35.57**	**30**	**甘　肃**
8.80	3.00	848	845	0.21	1	皋兰县
1150.00	13.00	4000	3900	4.70	2	靖远县
220.00		4000	3800	2.50	1	会宁县
8000.00	3.00	12900	12845	5.25	3	景泰县
131.40		5500	5200	1.56	1	民勤县
170.00	4.90	3850	3842	1.55	2	古浪县

7-2-3 续表 21

县名称 Name of Counties	储气能力(万立方米) Gas Storage Capacity (10,000 m³)	供气管道长度(公里) Length of Gas Supply Pipeline (km)	供气总量(万立方米) 合计 Total	销售气量 Quantity Sold	居民家庭 Households	集中供热 Central Heating
天祝藏族自治县	6.30	14.00	109.50	107.86	2.00	
临泽县	0.20	14.83	36.00	34.92	16.92	18.00
灵台县	1.30	5.10	0.72	0.72	0.72	
华亭县	1.00	6.50	107.00	107.00	33.00	
庄浪县	9.37	23.50	110.20	109.00	4.00	
静宁县	0.40	11.34	34.00	34.00	34.00	
瓜州县	6.00	24.50	390.00	390.00	91.90	
肃北蒙古族自治县	0.30	1.60	25.00	25.00	11.70	
阿克塞哈萨克自治县	3.00	21.00	253.00	253.00	31.50	
宁　县		6.75	59.80	59.80	59.80	
镇原县	12.00	20.00	90.00	90.00	75.00	
通渭县	30.00	5.80	2.40	2.27	1.50	
临洮县	16.00	6.80	15.20	15.20	7.40	
漳　县	9.60	10.00				
岷　县			137.90	135.00		
文　县	6.00	21.00	3.10	3.00	3.00	
宕昌县	5.00		29.01	29.00		
临夏县			180.00	180.00		
永靖县	20.00	77.00	5475.00	5475.00	1100.00	1500.00
广河县		34.00	17.35	16.50	16.50	
和政县			616.90	608.25		
舟曲县	2.00	0.53	18.73	18.73	5.00	1.02
迭部县	5.00	7.00	3.00	3.00	3.00	
青　海	**89.21**	**474.28**	**20017.33**	**19935.60**	**4360.81**	**8631.08**
大通县	0.80	57.00	5565.00	5565.00	326.00	2239.00
湟中县	1.71	136.50	7516.00	7493.00	88.00	5024.00
湟源县		6.00	367.80	356.80	128.00	163.13
民和县		55.00	725.13	725.00	480.00	
互助县	18.00	70.80	3325.00	3291.75	2725.65	174.75
共和县		27.12	735.00	734.00	132.00	471.00
贵德县		37.00	481.80	480.00	230.00	90.00
乌兰县		37.90	505.10	505.10	39.00	169.20
茫崖行委	68.70	22.96	437.50	428.95	207.46	
冷湖行委		24.00	359.00	356.00	4.70	300.00
宁　夏	**99.03**	**844.72**	**27005.21**	**26570.62**	**6176.60**	**1600.31**
永宁县		57.40	1200.00	1200.00	979.00	
贺兰县		320.98	8217.00	7878.00	2239.00	
平罗县		160.15	4438.21	4425.21	1872.00	
盐池县		70.50	3111.30	3103.00	650.00	164.31
同心县	0.38		816.60	806.00		
红寺堡开发区	80.00	22.55	1277.00	1225.00	36.00	6.00
西吉县	5.00	35.00	46.60	46.60	1.60	

continued 21

Total Gas Supplied ($10,000\ m^3$)		用气户数(户) Number of Household with Access to Gas (unit)		用气人口(万人) Population with Access to Gas (10,000 persons)	天然气汽车加气站(座) Gas Stations for CNG-Fueled Motor Vehicles (unit)	县名称 Name of Counties
燃气汽车 Gas-Powered Automobiles	燃气损失量 Loss Amount		家庭用户 Household User			
105.86	1.64	301	300	0.10	2	天祝藏族自治县
	1.08	672	668	0.25		临泽县
		103	103	0.05		灵台县
74.00		1765	1125	0.85	2	华亭县
105.00	1.20	980	650	0.51	1	庄浪县
		4674	4674	2.16		静宁县
285.10		9163	9045	2.80	1	瓜州县
6.00		1117	1091	0.80	1	肃北蒙古族自治县
54.00		2450	2420	1.37	1	阿克塞哈萨克自治县
		1640	1640	0.64		宁　县
15.00		5000	4800	1.50	1	镇原县
0.29	0.13	251	249	0.42	1	通渭县
0.16		980	750	0.72	2	临洮县
						漳　县
135.00	2.90				1	岷　县
	0.10	200	200	0.07		文　县
29.00	0.01				1	宕昌县
180.00					1	临夏县
2850.00		33000	28000	4.86	3	永靖县
	0.85	400	400	0.15		广河县
597.42	8.65	1			1	和政县
12.71		968	275	2.51	1	舟曲县
		106	106	0.04		迭部县
6413.27	**81.73**	**208074**	**79348**	**25.25**	**18**	**青　海**
3000.00		89850	13250	4.12	1	大通县
2358.00	23.00	43200	2617	0.90	2	湟中县
65.67	11.00	14379	14350	4.53	1	湟源县
35.00	0.13	18000	17900	5.60	4	民和县
391.20	33.25	13377	12994	4.94	2	互助县
131.00	1.00	3149	2896	1.10	2	共和县
150.00	1.80	5296	4877	1.85	1	贵德县
32.40		10024	975	0.39	1	乌兰县
200.00	8.55	9090	8900	1.58	3	茫崖行委
50.00	3.00	1709	589	0.24	1	冷湖行委
9457.47	**434.59**	**179018**	**174505**	**33.37**	**27**	**宁　夏**
		30000	28000	6.25		永宁县
2500.00	339.00	69655	69516	6.93	3	贺兰县
1500.78	13.00	40000	39000	7.30	2	平罗县
2288.69	8.30	17358	17051	5.62	4	盐池县
806.00	10.60	3			3	同心县
372.00	52.00	1600	1560	1.00	1	红寺堡开发区
45.00		360	350	0.14	1	西吉县

7-2-3 续表 22

县名称 Name of Counties	储气能力(万立方米) Gas Storage Capacity ($10,000\ m^3$)	供气管道长度(公里) Length of Gas Supply Pipeline (km)	供气总量(万立方米) 合计 Total	销售气量 Quantity Sold	居民家庭 Households	集中供热 Central Heating
泾源县	9.05	12.05	60.19	60.00	7.00	
彭阳县	3.00	29.60	555.50	550.00	100.00	
中宁县		131.19	6983.81	6983.81	292.00	1430.00
海原县	1.60	5.30	299.00	293.00		
新 疆	**501.51**	**3410.22**	**87146.66**	**84719.02**	**25097.06**	**9856.28**
鄯善县	1.80	140.33	3875.00	3713.00	897.52	973.00
托克逊县	0.20	52.20	1500.00	1420.00	400.00	
巴里坤哈萨克自治县	40.00	20.50	312.42	309.22	42.42	
伊吾县	4.80	8.59	264.00	244.00	168.00	
呼图壁县	1.41	124.10	3175.00	3121.60	604.80	
玛纳斯县		76.50	1502.00	1500.00	680.00	
奇台县	5.00	70.75	1862.20	1810.00	460.00	
吉木萨尔县	4.00	75.00	743.00	741.00	406.00	
木垒县	0.95	23.30	498.67	496.48	72.73	
精河县	11.85	11.00	1190.80	1169.80	49.01	
温泉县	0.50	9.70	186.00	184.00	36.50	
轮台县	4.00	55.34	3669.75	3495.00	1200.00	1395.00
尉犁县		78.31	1383.00	1232.00	680.00	32.00
若羌县	0.60	40.00	80.65	75.15	68.14	2.00
且末县	2.50	8.69	322.48	314.98	109.45	12.00
焉耆县	1.20	78.20	2614.00	2516.00	560.00	200.00
和静县	2.20	154.13	2714.52	2533.97	783.59	208.34
和硕县	1.44	35.00	865.00	850.00	225.00	75.00
博湖县	70.00	33.90	865.50	852.00	268.00	
温宿县	57.00	58.00	5642.00	5400.00	713.00	2030.00
库车县	45.00	279.00	11259.04	11173.04	4073.92	
沙雅县	10.00	152.80	2901.50	2890.00	230.00	200.00
新和县	95.00	30.00	1800.00	1800.00	650.00	440.00
拜城县		105.93	3093.00	2744.00	763.00	271.00
乌什县	0.73	14.00	423.00	423.00	33.00	
阿瓦提县	5.48	29.50	1069.18	1044.80	162.00	
柯坪县		11.13	460.30	460.30	60.60	
阿克陶县		32.30	721.50	720.00	300.00	
阿合奇县	0.55	15.00	185.72	179.92	159.42	
乌恰县		175.01	3151.00	3150.00	340.00	2280.00
疏附县		29.80	540.75	524.40	122.40	120.00
疏勒县		38.80	1450.34	1443.94	587.26	55.94
英吉沙县		42.00	1486.00	1477.40	70.00	
泽普县		141.65	939.80	930.00	690.00	150.00
莎车县		422.93	1121.31	932.30	767.00	
叶城县		75.00	3423.80	3416.00	1690.00	119.00
麦盖提县	0.60	62.20	652.08	610.08	229.83	
岳普湖县		28.50	350.00	339.00	68.00	

continued 22

Total Gas Supplied (10,000 m^3)		用气户数(户) Number of Household with Access to Gas (unit)		用气人口(万人) Population with Access to Gas (10,000 persons)	天然气汽车加气站(座) Gas Stations for CNG-Fueled Motor Vehicles (unit)	县名称 Name of Counties
燃气汽车 Gas-Powered Automobiles	燃气损失量 Loss Amount		家庭用户 Household User			
53.00	0.19	300	298	0.15	1	泾源县
202.00	5.50	3500	3300	1.35	1	彭阳县
1400.00		16242	15430	4.63	10	中宁县
290.00	6.00				1	海原县
45103.16	**2427.64**	**735968**	**626615**	**217.93**	**148**	**新　疆**
1233.00	162.00	15582	14000	5.21	5	鄯善县
1020.00	80.00	10060	10000	4.10	2	托克逊县
266.80	3.20	2836	2835	0.42	3	巴里坤哈萨克自治县
56.00	20.00	2686	2610	0.60	1	伊吾县
2490.80	53.40	26453	25823	4.19	8	呼图壁县
820.00	2.00	22100	21500	5.70	2	玛纳斯县
1095.00	52.20	31100	30174	10.00	4	奇台县
335.00	2.00	15000	11000	4.50	2	吉木萨尔县
423.75	2.19	5843	5837	1.70	1	木垒县
1120.00	21.00	5125	4800	1.54	2	精河县
146.50	2.00	3980	3975	0.45	1	温泉县
900.00	174.75	14820	13660	4.20	5	轮台县
500.00	151.00	14427	14312	1.92	2	尉犁县
4.00	5.50	4400	4200	1.54	1	若羌县
193.53	7.50	5204	4004	2.12	1	且末县
780.00	98.00	22000	21108	7.42	3	焉耆县
1542.04	180.55	21274	21015	5.56	2	和静县
550.00	15.00	8550	8175	2.15	2	和硕县
486.00	13.50	6751	6312	1.68	2	博湖县
2457.00	242.00	18102	16820	4.40	7	温宿县
6099.12	86.00	37629	37315	12.90	8	库车县
2090.00	11.50	16600	16592	4.84	4	沙雅县
680.00		19620	18650	5.70	2	新和县
1361.00	349.00	16361	15912	5.08	2	拜城县
390.00		5306	5206	1.94	1	乌什县
882.80	24.38	8808	6556	3.92	6	阿瓦提县
399.60		2819	2813	1.00	4	柯坪县
420.00	1.50	10500	9300	2.87	1	阿克陶县
20.50	5.80	4360	4210	1.88	1	阿合奇县
530.00	1.00	8135	7990	1.59	1	乌恰县
282.00	16.35	13350	11500	5.25	2	疏附县
350.46	6.40	71488	26717	7.03	2	疏勒县
1407.00	8.60	7230	7200	4.20	4	英吉沙县
15.60	9.80	16478	15887	4.61	3	泽普县
131.20	189.01	16601	15987	16.20	2	莎车县
1607.00	7.80	48000	35250	12.30	5	叶城县
380.25	42.00	9980	9900	4.40	1	麦盖提县
271.00	11.00	5450	3950	3.10	1	岳普湖县

7-2-3 续表 23

县名称 Name of Counties	储气能力（万立方米）Gas Storage Capacity (10,000 m^3)	供气管道长度（公里）Length of Gas Supply Pipeline (km)	供气总量(万立方米) 合计 Total	销售气量 Quantity Sold	居民家庭 Households	集中供热 Central Heating
伽师县		32.00	201.76	198.76	128.16	
巴楚县		12.50	8.96	8.90	0.89	
塔什库尔干县	5.00	2.60	5.38	5.28	4.28	
墨玉县	0.20	57.64	2911.50	2900.00	830.00	
皮山县		15.00	2346.00	2346.00	1562.00	576.00
洛浦县		42.50	2910.50	2868.00	1717.00	187.00
策勒县		10.50	320.60	318.60	73.90	30.00
于田县		15.00				
民丰县	26.00	9.20	25.19	25.19	5.40	
伊宁县	2.00	17.50	241.08	237.08	5.30	
察布查尔县	14.00	24.05	509.73	508.60	38.50	
霍城县	12.00	19.50	404.00	404.00	40.00	
巩留县	8.00	6.50	874.50	849.50	38.00	
新源县	2.00	26.50	557.34	556.80	268.40	
昭苏县	0.20	6.80	183.67	183.67	1.17	
特克斯县	2.00	7.30	290.19	290.10	35.30	
尼勒克县	2.00	9.30	327.80	327.40	25.00	
额敏县	10.00	30.20	1105.55	1075.55	162.98	
沙湾县	4.00	130.00	2564.70	2397.83	292.00	500.00
托里县	5.00	5.50	266.00	256.00	10.00	
裕民县	3.00	5.80	245.64	245.10	65.00	
和布克赛尔蒙古自治县	7.22	0.56	275.62	267.62	36.90	
布尔津县	5.06	15.60	387.20	351.20	20.75	
富蕴县	10.32	21.15	606.38	596.03	65.03	
福海县	5.00	9.80	459.72	459.50	46.50	
哈巴河县	5.00	8.68	455.94	455.93	133.70	
青河县	6.20	16.92	163.20	160.00	32.43	
吉木乃县	0.50	12.53	204.20	190.00	37.88	
新疆生产建设兵团	**133.72**	**5854.14**	**20967.18**	**20330.51**	**12733.81**	**293.01**
第一师	9.29	161.61	2603.71	2591.51	765.68	222.50
第二师	5.05	133.10	368.78	368.77	307.53	0.51
第三师	3.72	173.45	322.67	322.52	163.43	
第四师	13.20	4656.38	34.11	34.11	32.11	
第五师	2.16	26.90	196.08	194.58	68.03	
第六师	23.45	93.20	1235.83	1235.83	277.06	
第七师	9.42	106.31	9521.68	8909.31	8218.46	
第八师	5.97	239.30	2842.45	2840.28	957.52	10.00
第九师	12.40	76.60	565.60	560.80	119.20	
第十师	14.41	30.96	910.54	910.54	909.99	
第十二师	4.62	54.22	1081.50	1081.10	416.08	
第十三师	10.03	58.11	984.63	982.16	309.72	
第十四师	20.00	44.00	299.60	299.00	189.00	60.00

continued 23

Total Gas Supplied (10,000 m³)		用气户数(户) Number of Household with Access to Gas (unit)		用气人口(万人) Population with Access to Gas (10,000 persons)	天然气汽车加气站(座) Gas Stations for CNG-Fueled Motor Vehicles (unit)	县名称 Name of Counties
燃气汽车 Gas-Powered Automobiles	燃气损失量 Loss Amount		家庭用户 Household User			
70.60	3.00	5855	3827	2.30	2	伽师县
4.50	0.06	9690	560	2.05	3	巴楚县
1.00	0.10	466	266	0.14	1	塔什库尔干县
2070.00	11.50	8795	8380	3.24	2	墨玉县
108.00		4350	4280	1.30	1	皮山县
964.00	42.50	9975	9912	2.91	1	洛浦县
214.70	2.00	2078	1756	0.70	1	策勒县
						于田县
19.79		1800	1500	0.48	1	民丰县
231.78	4.00	5534	5181	1.20	2	伊宁县
467.60	1.13	6150	5650	1.73	2	察布查尔县
364.00		8800	4700	2.50	1	霍城县
807.50	25.00	5400	3100	3.10	3	巩留县
288.40	0.54	13800	12400	4.14	1	新源县
182.50		2233	80	0.03	2	昭苏县
252.90	0.09	1321	1224	0.38	1	特克斯县
302.00	0.40	1905	1672	0.65	2	尼勒克县
882.57	30.00	14500	13350	3.98	2	额敏县
1605.83	166.87	22475	22298	7.50	3	沙湾县
246.00	10.00	1400	1198	0.51	1	托里县
180.10	0.54	1660	1586	0.60	1	裕民县
230.72	8.00	4600	3500	1.20	2	和布克赛尔蒙古自治县
330.45	36.00	3465	3434	1.63	1	布尔津县
531.00	10.35	7751	7271	2.52	2	富蕴县
413.00	0.22	4160	4110	1.52	1	福海县
322.23	0.01	6366	6205	1.77	1	哈巴河县
125.04	3.20	3230	2890	1.03	1	青河县
150.00	14.20	3201	3190	0.61	1	吉木乃县
6455.70	**636.67**	**304981**	**277013**	**89.35**	**66**	**新疆生产建设兵团**
1386.10	12.20	38761	36931	12.22	8	第一师
53.27	0.01	27771	25887	6.82	6	第二师
158.59	0.15	14360	14146	4.69	4	第三师
2.00		8518	8517	2.11	1	第四师
126.55	1.50	7697	7496	4.57	3	第五师
924.15		24643	18406	8.02	8	第六师
610.45	612.37	52197	51436	17.00	7	第七师
1815.42	2.17	71898	57413	15.60	17	第八师
441.60	4.80	10711	10530	2.64	3	第九师
0.05		3020	1598	0.30	1	第十师
223.08	0.40	22957	22950	7.44	2	第十二师
664.44	2.47	15120	14435	4.49	5	第十三师
50.00	0.60	7328	7268	3.45	1	第十四师

7-3-1 2015年全国县城液化石油气分组资料

地区名称 Name of Regions		储气能力(吨) Gas Storage Capacity (ton)	供气管道长度(公里) Length of Gas Supply Pipeline (km)	供气总量(吨) 合计 Total	销售气量 Quantity Sold	居民家庭 Households
全国	**National Total**	**327282.12**	**2068.18**	**2300091.89**	**2283882.95**	**1929867.65**
分类一	**Group one**					
东部地区	East China	134083.32	1604.60	1082315.85	1077696.03	891925.35
中部地区	Central China	122433.56	307.34	887281.24	879199.62	774170.43
西部地区	West China	70765.24	156.24	330494.80	326987.30	263771.87
分类二	**Group two**					
东部地区	East China	123353.63	1462.13	948092.94	945096.00	768266.75
中部地区	Central China	115015.99	268.59	833786.74	826636.26	724495.50
西部地区	West China	88912.50	337.46	518212.21	512150.69	437105.40
分类三	**Group three**					
东部地区	East China	117742.63	1272.35	913975.76	911077.82	740806.57
中部地区	Central China	106672.12	206.87	763362.00	756339.44	660624.69
西部地区	West China	88912.50	337.46	518212.21	512150.69	437105.40
东北地区	Northeast China	13954.87	251.50	104541.92	104315.00	91330.99

National County Seat LPG Supply(2015)

Total Gas Supplied (ton)		用气户数(户)		用气人口(万人)	液化石油气汽车加气站(座)	地区名称
燃气汽车 Gas-Powered Automobiles	燃气损失量 Loss Amount	Number of Household with Access to Gas (unit)	家庭用户 Household User	Population with Access to Gas (10,000 persons)	Gas Stations for LPG- Fueled Motor Vehicles (unit)	Name of Regions
22147.90	**16208.94**	**18189577**	**16720242**	**7081.01**	**129**	**全国**
						分类一
6449.30	4619.82	7634581	7074887	2820.05	20	东部地区
7561.00	8081.62	7876339	7272738	3018.58	46	中部地区
8137.60	3507.50	2678657	2372617	1242.38	63	西部地区
						分类二
6449.30	2996.94	6579045	6051667	2402.68	20	东部地区
6887.00	7150.48	7040753	6476460	2706.74	37	中部地区
8811.60	6061.52	4569779	4192115	1971.59	72	西部地区
						分类三
4768.00	2897.94	6217154	5744291	2289.78	15	东部地区
4433.00	7022.56	6227570	5806154	2434.39	19	中部地区
8811.60	6061.52	4569779	4192115	1971.59	72	西部地区
4135.30	226.92	1175074	977682	385.25	23	东北地区

7-3-2 2015年按省分列的县城液化石油气

地区名称 Name of Regions	储气能力(吨) Gas Storage Capacity (ton)	供气管道长度(公里) Length of Gas Supply Pipeline (km)	供气总量(吨) 合计 Total	销售气量 Quantity Sold	居民家庭 Households
全　国	**327282.12**	**2068.18**	**2300091.89**	**2283882.95**	**1929867.65**
天　津	798.00		14291.72	14291.72	13961.08
河　北	16091.13	188.84	133417.42	132887.57	119146.57
山　西	7469.00	59.59	34863.84	34275.77	31438.77
内蒙古	7417.57	38.75	53494.50	52563.36	49674.93
辽　宁	5611.00	189.78	34117.18	34018.18	27460.18
吉　林	2136.36	60.22	24068.65	24011.00	21877.00
黑龙江	6207.51	1.50	46356.09	46285.82	41993.81
江　苏	19321.50	6.57	120064.00	119081.34	97391.90
浙　江	17514.30	607.66	204400.78	204018.81	154155.65
安　徽	21253.77	44.14	149937.25	149017.80	136156.87
福　建	11585.60	246.70	119184.56	119026.60	100216.80
江　西	19340.22	61.44	183248.40	181841.88	153769.04
山　东	30432.60	69.06	138010.72	137639.73	89977.64
河　南	12958.55	1.55	119839.73	118249.77	103418.81
湖　北	11342.48	40.15	60590.82	59501.32	55968.96
湖　南	34308.10		214881.96	213452.90	179872.24
广　东	20847.50	153.52	168624.37	168187.35	151835.33
广　西	10729.69	142.47	134222.91	132600.03	123658.60
海　南	1152.00		15982.19	15944.70	14121.60
重　庆	3114.00		23685.00	23512.00	17875.00
四　川	11182.27	11.30	42153.62	41675.79	33250.81
贵　州	4050.95	29.5	49773.56	49478.34	47189.44
云　南	18324.90	59	67486.03	66879.31	46945.92
西　藏	951.70	29.71	13176.23	12922.24	2671.35
陕　西	12004.40	3.55	49045.09	48533.65	44774.90
甘　肃	4355.83		23516.42	23086.72	21310.87
青　海	1590.00		3268.52	3227.10	2757.83
宁　夏	5099.00	5.77	12213.05	12170.20	11149.00
新　疆	6428.80	1.41	31576.83	31276.66	22260.25
新疆生产建设兵团	3663.39	16.00	14600.45	14225.29	13586.50

County Seat LPG Supply by Province(2015)

Total Gas Supplied (Ton)		用气户数(户)		用气人口(万人)	液化石油气汽车加气站(座)	地区名称
燃气汽车 Gas-Powered Automobiles	燃气损失量 Loss Amount	Number of Household with Access to Gas (unit)	家庭用户 Household User	Population with Access to Gas (10,000 persons)	Gas Stations for LPG- Fueled Motor Vehicles (unit)	Name of Regions
22147.90	**16208.94**	**18189577**	**16720242**	**7081.01**	**129**	**全　国**
		67300	66375	15.86		天　津
4116.00	529.85	1281192	1230823	533.40	6	河　北
	588.07	340810	325940	160.80		山　西
674.00	931.14	835586	796278	311.84	9	内蒙古
1681.30	99.00	361891	307376	112.90	5	辽　宁
1002.00	57.65	288094	232360	101.19	5	吉　林
1452.00	70.27	525089	437946	171.16	13	黑龙江
256.00	982.66	824613	757096	276.72	1	江　苏
	381.97	1128521	988290	318.47		浙　江
	919.45	1353841	1273926	456.75		安　徽
62.00	157.96	920416	892564	340.44	1	福　建
	1406.52	1341255	1215522	613.30		江　西
203.00	370.99	919335	819452	366.24	6	山　东
3692.00	1589.96	1030303	981092	374.98	7	河　南
100.00	1089.50	649754	572146	239.55	1	湖　北
641.00	1429.06	1511607	1437528	589.01	11	湖　南
	437.02	949594	870986	372.14		广　东
	1622.88	1055536	1023220	417.37		广　西
131.00	37.49	126183	118705	66.51	1	海　南
	173.00	189165	147292	58.12		重　庆
2017.88	477.83	290757	246789	110.20	4	四　川
	295.22	467658	417817	266.48		贵　州
	606.72	543452	478990	261.64		云　南
149.95	253.99	24894	20395	15.06	15	西　藏
45.00	511.44	482343	451782	185.16	1	陕　西
132.42	429.70	288216	257031	175.77	10	甘　肃
21.00	41.42	37149	25400	29.54	1	青　海
	42.85	91309	84764	35.36		宁　夏
5488.00	300.17	203966	184314	83.92	25	新　疆
283.35	375.16	59748	58043	21.13	7	新疆生产建设兵团

7-3-3 2015年按县分列的县城液化石油气

县名称 Name of Counties	储气能力(吨) Gas Storage Capacity (ton)	供气管道长度(公里) Length of Gas Supply Pipeline (km)	供气总量(吨) 合计 Total	销售气量 Quantity Sold	居民家庭 Households
全　国	**327282.12**	**2068.18**	**2300091.89**	**2283882.95**	**1929867.65**
天　津	**798.00**		**14291.72**	**14291.72**	**13961.08**
蓟　县	798.00		14291.72	14291.72	13961.08
河　北	**16091.13**	**188.84**	**133417.42**	**132887.57**	**119146.57**
井陉县	142.50		1250.50	1250.00	1250.00
正定县	60.00		160.00	160.00	160.00
行唐县	125.00		4401.50	4352.00	1246.00
灵寿县	100.00		2411.00	2400.00	1500.00
高邑县	9.70		102.70	100.00	100.00
深泽县	22.20		691.00	680.00	680.00
赞皇县	27.00	5.00	600.00	600.00	600.00
无极县	24.00		2900.00	2900.00	2890.00
平山县	123.00	0.56	910.02	910.00	910.00
元氏县	50.00		3000.80	3000.00	2800.00
赵　县	10.00		424.00	424.00	424.00
滦　县	90.00		2043.66	2043.00	2043.00
滦南县	50.00		602.00	597.00	597.00
乐亭县	41.00		1510.00	1510.00	1390.00
迁西县	45.00		720.00	720.00	710.00
玉田县	92.06		1582.00	1582.00	1582.00
曹妃甸区	147.00		1928.00	1921.00	1470.00
青龙满族自治县	91.00		859.25	853.00	853.00
昌黎县	80.00		902.00	902.00	807.00
卢龙县	21.62		728.59	724.58	724.58
临漳县	45.00	45.00	1380.00	1300.00	1300.00
成安县	30.00		1580.00	1580.00	1580.00
大名县	30.00	2.18	1685.49	1685.49	1685.49
涉　县	75.00		1509.13	1509.13	1509.13
磁　县	32.10		1468.00	1468.00	1468.00
肥乡县	20.00		4000.00	4000.00	4000.00
永年县	30.00		616.00	616.00	616.00
邱　县	75.00		731.26	731.26	731.26
广平县	25.00		840.00	840.00	840.00
馆陶县	50.00		2390.00	2390.00	2390.00
魏　县	94.00		5579.50	5576.90	5576.90
曲周县	50.00		2375.99	2375.72	2375.72
临城县	35.00		650.11	650.00	650.00
内丘县	180.00		780.02	780.00	725.00
柏乡县			286.00	286.00	266.00
隆尧县	185.00		930.00	930.00	930.00
任　县	27.00		995.49	995.49	995.49
南和县	3000.00		1954.00	1934.00	1934.00
宁晋县	730.00		1240.00	1240.00	1240.00
巨鹿县	136.00		815.00	815.00	815.00
新河县	410.00		410.00	410.00	410.00

County Seat LPG Supply by County(2015)

Total Gas Supplied (ton)		用气户数(户)		用气人口(万人)	液化石油气汽车加气站(座)	县名称
燃气汽车 Gas-Powered Automobiles	燃气损失量 Loss Amount	Number of Household with Access to Gas (unit)	家庭用户 Household User	Population with Access to Gas (10,000 persons)	Gas Stations for LPG- Fueled Motor Vehicles (unit)	Name of Counties
22147.90	**16208.94**	**18189577**	**16720242**	**7081.01**	**129**	**全　国**
		67300	**66375**	**15.86**		**天　津**
		67300	66375	15.86		蓟　县
4116.00	**529.85**	**1281192**	**1230823**	**533.40**	**6**	**河　北**
	0.50	18000	18000	6.30		井陉县
		7000	7000	4.00		正定县
3106.00	49.50	9190	9005	4.00	1	行唐县
500.00	11.00	10561	10166	6.71	3	灵寿县
	2.70	1650	1650	0.48		高邑县
	11.00	8630	8630	5.00		深泽县
		9100	9100	4.00		赞皇县
		29230	29020	8.00		无极县
	0.02	9998	9998	4.91		平山县
	0.80	18349	18199	8.20		元氏县
		3466	3466	1.30		赵　县
	0.66	33620	33620	18.62		滦　县
	5.00	9900	9900	3.95		滦南县
		16310	15650	4.70		乐亭县
		24986	8000	7.00		迁西县
		20230	20230	5.30		玉田县
	7.00	29600	25600	3.83		曹妃甸区
	6.25	10828	10828	3.50		青龙满族自治县
		12238	11642	3.81		昌黎县
	4.01	11987	11987	6.23		卢龙县
	80.00	11221	11221	4.15		临漳县
		15866	15866	5.30		成安县
		23649	23649	10.16		大名县
		11736	11736	4.00		涉　县
		14685	14685	6.30		磁　县
		28650	28650	11.00		肥乡县
		6160	6160	2.20		永年县
		9413	9413	5.50		邱　县
		14000	14000	2.80		广平县
		25490	25490	8.92		馆陶县
	2.60	55769	55769	22.78		魏　县
	0.27	17780	17780	7.58		曲周县
	0.11	7290	7290	3.35		临城县
	0.02	4012	4000	3.12		内丘县
		3950	3890	2.10		柏乡县
		8100	8100	4.50		隆尧县
		9357	9357	3.93		任　县
	20.00	12316	12316	4.00		南和县
		13800	13800	11.00		宁晋县
		12000	12000	6.44		巨鹿县
		4510	4510	2.00		新河县

7-3-3 续表 1

县名称 Name of Counties	储气能力(吨) Gas Storage Capacity (ton)	供气管道长度(公里) Length of Gas Supply Pipeline (km)	供气总量(吨) 合计 Total	销售气量 Quantity Sold	居民家庭 Households
广宗县	60.00		810.00	810.00	810.00
平乡县	105.00		775.00	775.00	720.00
威　县	150.00		1225.00	1200.00	1200.00
清河县	250.00		800.00	800.00	800.00
临西县	86.00		1170.00	1170.00	1170.00
阜平县	48.00	24.00	728.00	700.00	665.00
定兴县		4.00	650.00	650.00	650.00
高阳县	48.00		1240.00	1200.00	1200.00
容城县	500.00		500.00	500.00	460.00
涞源县	500.00		5815.00	5790.00	5790.00
望都县			1838.00	1838.00	1000.00
易　县	25.00		760.00	760.00	760.00
曲阳县	138.00		986.00	985.00	883.00
蠡　县	150.00		1760.00	1760.00	1670.00
顺平县	150.00		1120.00	1120.00	1000.00
博野县	48.00		660.00	630.00	630.00
雄　县	108.00		2850.00	2760.00	1825.00
张北县	105.00		580.08	579.00	579.00
康保县	16.00		320.00	320.00	320.00
沽源县		4.50	527.00	527.00	527.00
尚义县	22.00		90.00	90.00	90.00
蔚　县	50.00		600.00	600.00	600.00
阳原县	33.00	8.90	190.00	190.00	190.00
怀安县	331.00	6.70	995.00	995.00	995.00
万全县	30.00		1827.03	1826.00	1826.00
怀来县	190.00	12.00	4500.00	4500.00	2300.00
涿鹿县	200.00		1500.00	1500.00	1500.00
赤城县	62.00		454.00	453.00	453.00
崇礼县	30.00	8.90	615.00	615.00	592.00
承德县	135.00		2200.00	2200.00	1750.00
兴隆县	130.00	38.00	1040.30	1030.00	680.00
平泉县	130.00		4910.00	4900.00	4150.00
滦平县	100.00	5.00	1500.00	1500.00	1000.00
隆化县	107.00	6.10	1232.00	1231.00	1231.00
丰宁满族自治县	120.00		1368.00	1363.00	1175.00
宽城满族自治县	270.00	18.00	1500.00	1500.00	1100.00
围场满族蒙古族自治县	395.00		1916.00	1900.00	1150.00
青　县			550.00	550.00	550.00
东光县			200.00	200.00	70.00
海兴县			450.00	450.00	450.00
盐山县			890.00	890.00	890.00
肃宁县			1368.00	1368.00	1368.00
吴桥县	1100.00		1543.00	1540.00	1300.00
献　县			2144.00	2144.00	1746.00
孟村回族自治县			380.00	380.00	380.00

continued 1

Total Gas Supplied (ton) 燃气汽车 Gas-Powered Automobiles	燃气损失量 Loss Amount	用气户数(户) Number of Household with Access to Gas (unit)	家庭用户 Household User	用气人口(万人) Population with Access to Gas (10,000 persons)	液化石油气汽车加气站(座) Gas Stations for LPG- Fueled Motor Vehicles (unit)	县名称 Name of Counties
		8200	8200	3.60		广宗县
		7650	7420	4.59		平乡县
	25.00	28714	28714	10.05		威　县
		30600	30600	11.74		清河县
		1650	1650	3.00		临西县
	28.00	7102	7087	4.00		阜平县
		7500	7500	4.20		定兴县
	40.00	12500	12500	6.00		高阳县
		6200	5300	4.10		容城县
	25.00	28500	28500	11.00		涞源县
		2881	2842	2.00		望都县
		8100	8100	3.40		易　县
	1.00	10000	9650	4.00		曲阳县
		14100	9450	5.30		蠡　县
		15080	10000	5.00		顺平县
	30.00	10000	10000	5.00		博野县
	90.00	6583	6200	3.95		雄　县
	1.08	6500	6500	12.00		张北县
		5000	5000	5.10		康保县
		7800	7800	5.30		沽源县
		1440	1440	5.45		尚义县
		8000	8000	3.00		蔚　县
		2770	2770	5.20		阳原县
		15001	15001	5.25		怀安县
	1.03	27980	27980	5.70		万全县
		5124	3000	3.09		怀来县
		15000	15000	4.00		涿鹿县
	1.00	6700	6700	2.00		赤城县
		8085	8030	4.00		崇礼县
		16150	15650	7.07		承德县
	10.30	6800	6500	6.32		兴隆县
	10.00	41500	38100	14.70		平泉县
		16756	15984	6.00		滦平县
	1.00	20000	20000	4.32		隆化县
	5.00	10423	9380	2.99		丰宁满族自治县
400.00		18500	17600	6.40	1	宽城满族自治县
	16.00	15600	14600	4.81		围场满族蒙古族自治县
		4200	4200	1.50		青　县
		500	400	1.00		东光县
		5130	5130	2.00		海兴县
		3300	3300	3.30		盐山县
		14150	14150	7.00		肃宁县
	3.00	13500	11700	6.90		吴桥县
		20571	18572	7.10		献　县
		2996	2996	0.90		孟村回族自治县

7-3-3 续表 2

县名称 Name of Counties	储气能力(吨) Gas Storage Capacity (ton)	供气管道长度(公里) Length of Gas Supply Pipeline (km)	供气总量(吔) 合计 Total	 销售气量 Quantity Sold	 居民家庭 Households
枣强县	3470.00		3462.00	3452.00	3452.00
武邑县	15.00		3209.00	3200.00	3150.00
武强县	2.85		915.00	905.00	790.00
饶阳县			1000.00	1000.00	1000.00
安平县	45.00		3000.00	3000.00	3000.00
故城县	12.00		750.00	750.00	750.00
景　县	5.00		1150.00	1150.00	1150.00
阜城县	9.10		912.00	900.00	885.00
山　西	**7469.00**	**59.59**	**34863.84**	**34275.77**	**31438.77**
清徐县	100.00		348.00	348.00	348.00
阳曲县	85.00		720.00	720.00	720.00
娄烦县	160.00	1.25	154.00	154.00	154.00
广灵县		13.00	420.80	401.00	401.00
灵丘县	22.00	12.00	220.40	210.00	210.00
浑源县	70.00	16.00	621.00	592.00	592.00
左云县	35.00	13.00	374.50	357.00	341.00
大同县	6.00	4.00	348.10	331.00	331.00
长治县	58.80		1482.00	1440.00	1440.00
襄垣县	370.00		695.00	690.00	690.00
屯留县	154.00		382.45	382.00	382.00
平顺县	66.00		376.00	362.00	362.00
黎城县	75.00		311.00	300.00	270.00
壶关县	215.00		987.00	986.00	986.00
长子县	240.00		2549.00	2499.00	2499.00
武乡县			279.90	278.00	230.00
沁　县	49.00		257.30	254.00	209.00
沁源县	100.00		216.00	210.00	210.00
陵川县	100.00		364.00	362.00	362.00
山阴县			1500.00	1500.00	1500.00
应　县	30.00		152.00	150.00	150.00
右玉县	105.00		500.00	500.00	500.00
怀仁县	210.00		973.90	963.00	963.00
榆社县	20.00		110.00	109.00	93.00
左权县	20.00		350.00	345.00	345.00
和顺县	60.00		220.40	220.00	220.00
昔阳县	40.00	0.34	210.00	205.00	205.00
寿阳县	73.00		779.00	762.00	762.00
太谷县	80.00		34.01	34.00	20.00
祁　县	50.00		1200.10	1200.00	500.00
平遥县	50.00		2402.40	2400.00	2400.00
灵石县	25.00		920.30	920.00	920.00
临猗县	28.00		1771.00	1750.00	1380.00
万荣县	1100.00		1260.00	1210.00	1210.00
闻喜县	60.00		611.00	610.00	410.00
稷山县	150.00		126.00	120.00	120.00
绛　县	23.00		46.11	46.00	46.00

continued 2

Total Gas Supplied (ton)		用气户数(户) Number of Household with Access to Gas (unit)		用气人口(万人) Population with Access to Gas (10,000 persons)	液化石油气汽车加气站(座) Gas Stations for LPG- Fueled Motor Vehicles (unit)	县名称 Name of Counties
燃气汽车 Gas-Powered Automobiles	燃气损失量 Loss Amount		家庭用户 Household User			
	10.00	36249	36249	9.00		枣强县
	9.00	31280	31055	8.68		武邑县
110.00	10.00	10600	9650	5.98	1	武强县
		11000	11000	3.74		饶阳县
		29000	29000	9.10		安平县
		17000	17000	7.40		故城县
		12300	12300	10.00		景　县
	12.00	4300	4000	5.20		阜城县
	588.07	**340810**	**325940**	**160.80**		**山　西**
		937	937	3.04		清徐县
		2213	2213	0.80		阳曲县
		2600	2600	1.41		娄烦县
	19.80	4742	4742	4.40		广灵县
	10.40	3290	3290	3.30		灵丘县
	29.00	8718	8718	4.25		浑源县
	17.50	3563	3561	2.57		左云县
	17.10	4383	4383	2.18		大同县
	42.00	8465	8465	4.52		长治县
	5.00	3972	3972	1.30		襄垣县
	0.45	6141	6141	2.72		屯留县
	14.00	4386	4386	2.40		平顺县
	11.00	6245	6238	2.64		黎城县
	1.00	16347	16347	5.78		壶关县
	50.00	14032	14032	4.26		长子县
	1.90	3050	2950	1.10		武乡县
	3.30	3416	2567	3.46		沁　县
	6.00	3490	3490	3.52		沁源县
	2.00	2550	2550	1.06		陵川县
		17900	17900	6.15		山阴县
	2.00	2450	2450	1.24		应　县
		4350	4350	3.10		右玉县
	10.90	7623	7623	4.00		怀仁县
	1.00	4039	1524	3.15		榆社县
	5.00	4000	4000	1.17		左权县
	0.40	3500	3500	1.00		和顺县
	5.00	600	600	0.18		昔阳县
	17.00	11510	11510	2.74		寿阳县
	0.01	1200	300	1.00		太谷县
	0.10	2000	1900	0.76		祁　县
	2.40	8000	8000	1.10		平遥县
	0.30	10500	10500	1.00		灵石县
	21.00	5800	5300	6.20		临猗县
	50.00	18000	18000	4.00		万荣县
	1.00	4500	3420	1.00		闻喜县
	6.00	1420	1420	0.66		稷山县
	0.11	130	130	3.75		绛　县

7-3-3 续表 3

县名称 Name of Counties	储气能力(吨) Gas Storage Capacity (ton)	供气管道长度(公里) Length of Gas Supply Pipeline (km)	供气总量(吨) 合计 Total	销售气量 Quantity Sold	居民家庭 Households
垣曲县			463.30	457.00	457.00
夏　县			280.00	275.00	240.00
平陆县	1000.00		940.00	900.00	810.00
芮城县	240.00		190.00	190.00	90.00
定襄县	30.00		625.90	620.00	570.00
五台县	127.00		583.36	579.00	440.00
代　县	288.00		447.70	435.70	435.70
繁峙县	60.00		110.20	110.00	110.00
宁武县	100.00		780.00	750.00	700.00
静乐县	78.00		216.00	208.00	186.00
五寨县	15.00		387.99	384.00	341.00
岢岚县	30.00		286.70	283.00	267.00
偏关县	20.00		200.00	198.00	180.00
曲沃县	800.00		1210.00	1200.00	900.00
翼城县			500.52	485.52	485.52
襄汾县	60.00		120.00	118.80	118.80
洪洞县			773.00	753.00	230.00
古　县			113.00	110.00	110.00
浮山县	45.00		834.00	824.00	824.00
吉　县	40.00		298.00	280.00	280.00
大宁县	42.00		208.00	208.00	208.00
隰　县	30.00		342.00	330.00	318.00
永和县	120.00		200.75	200.00	200.00
蒲　县	50.00		220.00	208.00	208.00
汾西县	264.20		260.75	248.75	248.75
内蒙古	**7417.57**	**38.75**	**53494.50**	**52563.36**	**49674.93**
武川县	2.20		160.00	157.00	136.00
土默特右旗	50.00		1296.00	1296.00	1296.00
固阳县	12.00	9.00	345.00	315.00	273.00
达尔罕茂明安联合旗	60.00		1300.00	1300.00	1300.00
阿鲁科尔沁旗	21.70	8.00	3380.00	3355.00	3080.00
巴林左旗	690.00		1200.30	1200.00	1200.00
巴林右旗	185.00	11.60	611.00	611.00	611.00
林西县	80.00		560.00	560.00	560.00
克什克腾旗	175.00		2620.00	2620.00	2620.00
翁牛特旗	35.00		2520.00	2500.00	2500.00
喀喇沁旗	80.00		2506.00	2500.00	2157.00
宁城县	105.00		4316.00	4310.00	4200.00
敖汉旗	205.00		746.00	745.00	745.00
科尔沁左翼中旗	580.00		580.00	580.00	580.00
科尔沁左翼后旗	380.00		300.00	300.00	300.00
开鲁县	60.00		28.00	28.00	
库伦旗	88.00		160.00	160.00	130.00
奈曼旗	40.00		620.00	610.00	550.00
扎鲁特旗	98.00	5.00	1110.00	1105.00	800.00

continued 3

Total Gas Supplied (ton)		用气户数(户) Number of Household with Access to Gas (unit)		用气人口(万人) Population with Access to Gas (10,000 persons)	液化石油气汽车加气站(座) Gas Stations for LPG- Fueled Motor Vehicles (unit)	县名称 Name of Counties
燃气汽车 Gas-Powered Automobiles	燃气损失量 Loss Amount		家庭用户 Household User			
	6.30	6730	6730	5.61		垣曲县
	5.00	3200	3100	2.00		夏　县
	40.00	9100	8300	5.52		平陆县
		8190	6950	2.70		芮城县
	5.90	7650	7289	4.50		定襄县
	4.36	4860	4786	2.61		五台县
	12.00	11750	11750	4.42		代　县
	0.20	6636	6636	6.28		繁峙县
	30.00	9120	6100	3.35		宁武县
	8.00	3100	3080	0.99		静乐县
	3.99	4200	4000	3.90		五寨县
	3.70	4779	3581	3.10		岢岚县
	2.00	9800	8000	4.20		偏关县
	10.00	3201	3200	1.04		曲沃县
	15.00	3000	3000	1.07		翼城县
	1.20	850	850	0.18		襄汾县
	20.00	1002	1000	0.54		洪洞县
	3.00	500	500	0.20		古　县
	10.00	6000	6000	2.10		浮山县
	18.00	4000	4000	1.40		吉　县
		5152	5152	1.83		大宁县
	12.00	8950	8949	3.18		隰　县
	0.75	3000	3000	1.06		永和县
	12.00	2132	2132	0.75		蒲　县
	12.00	3846	3846	1.36		汾西县
674.00	**931.14**	**835586**	**796278**	**311.84**	**9**	**内蒙古**
	3.00	6900	6880	2.00		武川县
		3976	3976	0.95		土默特右旗
12.00	30.00	4760	4138	1.50	1	固阳县
		3723	3723	1.35		达尔罕茂明安联合旗
	25.00	25000	19635	9.00		阿鲁科尔沁旗
	0.30	52000	52000	14.01		巴林左旗
		23012	23012	8.53		巴林右旗
		20100	20100	7.37		林西县
		19300	19300	7.34		克什克腾旗
	20.00	46000	46000	15.97		翁牛特旗
	6.00	32000	31000	13.37		喀喇沁旗
110.00	6.00	60100	59820	24.49	1	宁城县
	1.00	54300	54300	20.12		敖汉旗
		13000	13000	4.89		科尔沁左翼中旗
		20000	20000	8.10		科尔沁左翼后旗
						开鲁县
		12500	11500	8.05		库伦旗
	10.00	15885	15725	6.10		奈曼旗
130.00	5.00	34600	31000	9.55	1	扎鲁特旗

7-3-3 续表 4

县名称 Name of Counties	储气能力(吨) Gas Storage Capacity (ton)	供气管道长度(公里) Length of Gas Supply Pipeline (km)	供气总量(吨) 合计 Total	销售气量 Quantity Sold	居民家庭 Households
达拉特旗	21.00		710.30	710.30	710.30
准格尔旗	90.00		1956.50	1949.00	1671.00
鄂托克前旗	55.00		260.00	260.00	260.00
鄂托克旗	35.00		140.00	140.00	140.00
杭锦旗	360.00		300.00	300.00	300.00
乌审旗	375.00		373.00	370.00	370.00
伊金霍洛旗	165.00		591.00	585.00	520.00
阿荣旗	25.00		254.10	252.00	220.00
莫力达瓦达斡尔族自治旗	50.00		553.00	551.00	492.00
鄂伦春自治旗	96.00		725.00	725.00	725.00
鄂温克族自治旗	500.00		860.00	860.00	860.00
陈巴尔虎旗	160.00		382.00	381.00	381.00
新巴尔虎左旗	50.00		359.00	359.00	285.00
新巴尔虎右旗			228.00	196.00	196.00
五原县	50.00		370.00	365.00	365.00
乌拉特前旗			3590.00	2960.00	2960.00
乌拉特中旗	10.00		400.00	400.00	350.00
乌拉特后旗	51.00		480.00	475.00	475.00
杭锦后旗	120.00		771.00	760.00	760.00
卓资县			839.80	839.80	839.80
化德县	40.00		185.00	185.00	185.00
商都县			769.10	756.10	738.00
兴和县	10.00	5.00	820.00	820.00	820.00
凉城县			3022.16	3022.16	3022.16
察哈尔右翼前旗			1042.00	1042.00	658.00
察哈尔右翼中旗	50.00		225.00	225.00	220.00
察哈尔右翼后旗			432.00	432.00	365.00
四子王旗	168.67		1090.00	1090.00	1090.00
科尔沁右翼前旗	400.00		406.00	400.00	320.00
科尔沁右翼中旗	200.00		370.00	370.00	370.00
扎赉特旗	108.00		474.24	474.00	296.22
突泉县	50.00		1600.00	1600.00	1450.00
阿巴嘎旗	22.00		212.00	210.00	210.00
苏尼特左旗	40.00		220.00	220.00	220.00
苏尼特右旗	300.00		145.00	145.00	145.00
东乌珠穆沁旗	60.00		700.00	684.00	684.00
西乌珠穆沁旗	48.00		615.00	615.00	590.00
太仆寺旗	105.00		374.00	369.00	369.00
镶黄旗	111.00		450.00	450.00	450.00
正镶白旗	300.00		307.00	307.00	307.00
正蓝旗	30.00		140.00	130.00	130.00
多伦县	140.00		810.00	765.00	742.00
阿拉善左旗	30.00		210.00	200.00	200.00
阿拉善右旗	25.00	0.15	75.00	75.00	75.00
额济纳旗	20.00		300.00	287.00	100.45

continued 4

Total Gas Supplied (ton)		用气户数(户) Number of Household with Access to Gas (unit)		用气人口(万人) Population with Access to Gas (10,000 persons)	液化石油气汽车加气站(座) Gas Stations for LPG- Fueled Motor Vehicles (unit)	县名称 Name of Counties
燃气汽车 Gas-Powered Automobiles	燃气损失量 Loss Amount		家庭用户 Household User			
		4875	4875	1.95		达拉特旗
	7.50	32953	27850	11.00		准格尔旗
		1800	1800	0.55		鄂托克前旗
		1200	1200	0.48		鄂托克旗
		3600	3600	0.91		杭锦旗
	3.00	1360	1360	0.32		乌审旗
	6.00	4500	2670	0.61		伊金霍洛旗
	2.10	9940	9430	3.18		阿荣旗
54.00	2.00	10782	7864	6.69	2	莫力达瓦达斡尔族自治旗
		7800	7800	3.65		鄂伦春自治旗
		6502	6502	2.32		鄂温克族自治旗
	1.00	5598	5598	1.70		陈巴尔虎旗
4.00		3720	3458	1.62	1	新巴尔虎左旗
	32.00	5200	5200	2.09		新巴尔虎右旗
	5.00	15526	15526	5.90		五原县
	630.00	17768	17768	5.10		乌拉特前旗
		4550	4500	1.00		乌拉特中旗
	5.00	5700	5700	1.73		乌拉特后旗
	11.00	20960	20960	7.87		杭锦后旗
		12080	12080	4.27		卓资县
		2200	2200	1.10		化德县
	13.00	16145	12261	6.11		商都县
		9000	9000	3.00		兴和县
		16796	16796	6.05		凉城县
364.00		13002	10367	4.07	3	察哈尔右翼前旗
		5930	4500	2.30		察哈尔右翼中旗
		8131	7961	5.03		察哈尔右翼后旗
		18050	18050	6.06		四子王旗
	6.00	5980	5679	2.20		科尔沁右翼前旗
		15400	15400	7.61		科尔沁右翼中旗
	0.24	18500	12500	6.50		扎赉特旗
		15630	13910	5.10		突泉县
	2.00	3100	3100	1.00		阿巴嘎旗
		2510	2510	1.00		苏尼特左旗
		4350	4350	2.05		苏尼特右旗
	16.00	7750	7750	3.20		东乌珠穆沁旗
		6880	6792	3.00		西乌珠穆沁旗
	5.00	6000	6000	4.00		太仆寺旗
		4400	4400	3.00		镶黄旗
		5070	5070	2.00		正镶白旗
	10.00	3500	3500	2.40		正蓝旗
	45.00	11690	11530	4.30		多伦县
	10.00	8600	8600	3.10		阿拉善左旗
		1402	1402	0.80		阿拉善右旗
	13.00	2000	1800	1.23		额济纳旗

7-3-3 续表 5

县名称 Name of Counties	储气能力(吨) Gas Storage Capacity (ton)	供气管道长度(公里) Length of Gas Supply Pipeline (km)	供气总量(吨) 合计 Total	销售气量 Quantity Sold	居民家庭 Households
辽　宁	**5611.00**	**189.78**	**34117.18**	**34018.18**	**27460.18**
辽中县	150.00		470.00	456.00	370.00
康平县	240.00	2.50	1782.00	1782.00	1083.00
法库县	455.00	27.30	988.10	988.00	982.00
长海县	102.00		565.00	560.00	520.00
岫岩满族自治县	500.00		2100.00	2100.00	1800.00
新宾满族自治县	200.00		1616.00	1600.00	1600.00
清原满族自治县	507.00		1210.00	1210.00	857.00
本溪满族自治县	220.00		2300.00	2300.00	1300.00
桓仁满族自治县	900.00		3560.00	3560.00	3500.00
宽甸满族自治县	195.00	1.05	2210.00	2210.00	2210.00
黑山县	100.00		530.00	530.00	530.00
义　县	330.00		1780.00	1770.00	1600.00
阜新蒙古族自治县	70.00		1166.00	1121.00	1010.00
彰武县	90.00		1200.00	1200.00	1150.00
辽阳县	530.00	158.93	4700.00	4700.00	3500.00
大洼县	100.00		400.18	400.18	400.18
西丰县	85.00		1220.90	1216.00	973.00
昌图县	450.00		2015.00	2015.00	1515.00
建平县	165.00		1250.00	1246.00	747.00
喀喇沁左翼蒙古族自治县	150.00		1757.00	1757.00	537.00
建昌县	72.00		1297.00	1297.00	1276.00
吉　林	**2136.36**	**60.22**	**24068.65**	**24011.00**	**21877.00**
农安县	170.00		3800.00	3800.00	3800.00
永吉县	150.00		2350.00	2340.00	2100.00
伊通满族自治县	8.00		88.85	88.00	85.00
东丰县	186.40		1300.00	1300.00	1300.00
东辽县	86.96		1250.00	1250.00	988.00
通化县	50.00		850.00	850.00	850.00
辉南县	60.00	57.90	250.00	250.00	230.00
柳河县	270.00		377.70	370.00	370.00
抚松县	75.00		780.00	780.00	695.00
靖宇县	90.00		558.00	558.00	390.00
长白朝鲜族自治县	20.00		410.00	410.00	248.00
前郭尔罗斯蒙古族自治县	190.00		3409.00	3378.00	3000.00
长岭县	220.00		1815.00	1815.00	1815.00
乾安县	190.00		2413.10	2412.00	2270.00
镇赉县	40.00		411.00	410.00	407.00
通榆县	80.00		1231.00	1230.00	1230.00
汪清县	100.00	2.32	1955.00	1950.00	1350.00
安图县	150.00		820.00	820.00	749.00
黑龙江	**6207.51**	**1.50**	**46356.09**	**46285.82**	**41993.81**
依兰县	160.00		750.00	750.00	700.00
方正县	40.00		740.00	740.00	740.00

continued 5

Total Gas Supplied (ton)		用气户数(户) Number of Household with Access to Gas (unit)		用气人口(万人) Population with Access to Gas (10,000 persons)	液化石油气汽车加气站(座) Gas Stations for LPG- Fueled Motor Vehicles (unit)	县名称 Name of Counties
燃气汽车 Gas-Powered Automobiles	燃气损失量 Loss Amount		家庭用户 Household User			
1681.30	**99.00**	**361891**	**307376**	**112.90**	**5**	**辽　宁**
	14.00	6723	6160	1.57		辽中县
		21087	16005	5.00		康平县
5.30	0.10	10980	10948	3.10	1	法库县
	5.00	7250	6350	2.00		长海县
		25870	20000	11.00		岫岩满族自治县
	16.00	15200	15200	6.00		新宾满族自治县
		21510	10437	7.00		清原满族自治县
200.00		43000	28300	10.80	2	本溪满族自治县
		36260	34821	11.00		桓仁满族自治县
		21250	21250	10.00		宽甸满族自治县
		5740	5740	2.00		黑山县
	10.00	18000	17200	4.73		义　县
	45.00	13000	11500	5.20		阜新蒙古族自治县
		13160	10240	4.01		彰武县
		24496	22496	6.00		辽阳县
		4200	4200	1.17		大洼县
	4.90	14551	14416	4.00		西丰县
		22200	15700	6.00		昌图县
499.00	4.00	4601	4600	1.38	1	建平县
977.00		18373	17923	5.44	1	喀喇沁左翼蒙古族自治县
		14440	13890	5.50		建昌县
1002.00	**57.65**	**288094**	**232360**	**101.19**	**5**	**吉　林**
		41000	41000	14.50		农安县
	10.00	31000	22000	9.80		永吉县
3.00	0.85	18000	17500	12.00	1	伊通满族自治县
		20833	20833	6.00		东丰县
		7306	6589	2.14		东辽县
		8900	8900	1.00		通化县
20.00		15000	13000	10.00	1	辉南县
	7.70	5100	5100	1.90		柳河县
		25200	7900	4.20		抚松县
		23680	13100	4.80		靖宇县
		3587	2896	1.00		长白朝鲜族自治县
378.00	31.00	8100	8000	2.00	1	前郭尔罗斯蒙古族自治县
		9100	9100	3.00		长岭县
	1.10	25577	25094	8.00		乾安县
	1.00	14900	2585	4.15		镇赉县
	1.00	7386	7386	2.70		通榆县
600.00	5.00	13300	13050	8.00	1	汪清县
1.00		10125	8327	6.00	1	安图县
1452.00	**70.27**	**525089**	**437946**	**171.16**	**13**	**黑龙江**
		10000	7700	4.00		依兰县
		7000	7000	2.70		方正县

7-3-3 续表 6

县名称 Name of Counties	储气能力(吨) Gas Storage Capacity (ton)	供气管道长度(公里) Length of Gas Supply Pipeline (km)	供气总量(吨) 合计 Total	销售气量 Quantity Sold	居民家庭 Households
宾　县	175.00		2350.00	2350.00	2330.00
巴彦县	170.00		890.00	890.00	890.00
木兰县	60.00		675.00	675.00	625.00
通河县	50.00		560.00	560.00	493.00
延寿县	85.00		980.00	980.00	920.00
龙江县	100.00		1450.00	1450.00	1350.00
依安县	120.00	0.50	328.00	328.00	165.00
泰来县	190.00		1151.00	1151.00	957.00
甘南县	25.00		700.00	700.00	622.00
富裕县	200.00		761.10	760.00	730.00
克山县	140.00		854.60	850.00	850.00
克东县	50.00		260.50	260.00	232.00
拜泉县	60.00		600.00	600.00	500.00
鸡东县	100.00		600.00	600.00	380.00
萝北县	142.00		684.00	680.00	680.00
绥滨县	50.00		145.50	140.00	130.00
集贤县	500.00		380.00	380.00	380.00
友谊县	100.00		150.00	150.00	110.00
宝清县	225.00		860.00	860.00	820.00
饶河县	120.00		605.00	605.00	605.00
肇州县	80.00		1920.00	1920.00	1920.00
肇源县	132.50		7805.00	7800.00	6800.00
林甸县	300.00	1.00	2565.00	2565.00	2565.00
杜尔伯特蒙古自治县	200.00		810.00	810.00	570.00
嘉荫县	64.00		300.00	300.00	240.00
桦南县	107.00		80.00	80.00	50.00
桦川县	90.00		1000.00	1000.00	600.00
汤原县	160.00		1470.00	1470.00	1450.00
抚远县	380.00		210.00	210.00	145.00
勃利县	380.00		535.00	518.00	518.00
东宁县	50.00		300.50	300.00	235.00
林口县	160.00		1800.00	1800.00	1800.00
嫩江县	350.00		2204.00	2200.00	2015.00
逊克县	40.00		189.07	189.00	185.00
孙吴县	32.00		107.00	107.00	73.00
望奎县	30.00		429.81	429.81	429.81
兰西县	100.00		2380.00	2380.00	1710.00
青冈县	100.01		720.01	720.01	710.00
庆安县	100.00		911.00	910.00	906.00
明水县	90.00		280.00	280.00	280.00
绥棱县	120.00		410.00	410.00	362.00
呼玛县	50.00		80.00	80.00	80.00
塔河县	80.00		458.00	437.00	368.00
漠河县	60.00		910.00	910.00	910.00
加格达奇区	90.00		2007.00	2001.00	1863.00

continued 6

Total Gas Supplied (ton)		用气户数(户) Number of Household with Access to Gas (unit)		用气人口(万人) Population with Access to Gas (10,000 persons)	液化石油气汽车加气站(座) Gas Stations for LPG- Fueled Motor Vehicles (unit)	县名称 Name of Counties
燃气汽车 Gas-Powered Automobiles	燃气损失量 Loss Amount		家庭用户 Household User			
		31020	31012	9.10		宾　县
		11930	11930	4.88		巴彦县
		6884	6424	4.80		木兰县
		8630	5430	2.00		通河县
		9600	9300	3.01		延寿县
		24600	16261	5.00		龙江县
156.00		2750	2650	2.00	1	依安县
		11456	10298	3.05		泰来县
1.00		7119	6861	2.00	1	甘南县
24.00	1.10	7320	7250	2.00	1	富裕县
	4.60	10000	10000	4.00		克山县
	0.50	3038	2988	2.01		克东县
2.00		8000	7800	3.00	1	拜泉县
		6100	5842	3.00		鸡东县
	4.00	10000	10000	3.60		萝北县
	5.50	1550	1250	1.35		绥滨县
		6300	6300	3.00		集贤县
		1200	1000	2.50		友谊县
		27686	12650	8.31		宝清县
		5995	5995	3.00		饶河县
		32000	32000	6.40		肇州县
310.00	5.00	30330	29285	8.00	1	肇源县
		18025	18025	6.00		林甸县
		21100	5562	2.00		杜尔伯特蒙古自治县
		5930	4800	2.00		嘉荫县
		3500	2500	0.89		桦南县
400.00		2900	2800	1.00	1	桦川县
4.00		12000	11850	3.00	4	汤原县
65.00		6950	1460	3.00	2	抚远县
	17.00	7820	7820	2.35		勃利县
	0.50	2800	2300	0.90		东宁县
		12500	12500	7.00		林口县
	4.00	24000	23500	9.00		嫩江县
	0.07	1150	975	0.40		逊克县
		2270	980	0.81		孙吴县
		4775	4775	1.40		望奎县
490.00		19600	17580	4.70	1	兰西县
		15500	11700	4.00		青冈县
	1.00	24907	15087	4.40		庆安县
		2800	2800	1.27		明水县
		15050	3950	5.70		绥棱县
		895	895	0.37		呼玛县
	21.00	6500	5560	2.40		塔河县
		12966	12966	3.86		漠河县
	6.00	20643	20335	12.00		加格达奇区

7-3-3 续表 7

县名称 Name of Counties	储气能力（吨） Gas Storage Capacity (ton)	供气管道长度（公里） Length of Gas Supply Pipeline (km)	供气总量(吨) 合计 Total	销售气量 Quantity Sold	居民家庭 Households
江 苏	**19321.50**	**6.57**	**120064.00**	**119081.34**	**97391.90**
沛 县	464.80		6000.00	6000.00	6000.00
睢宁县	820.00		7597.00	7585.00	7585.00
海安县	2380.00		8250.00	7890.00	7000.00
如东县	1009.00		9770.00	9770.00	7110.00
东海县	1050.00		13210.00	13040.00	6198.00
灌云县	360.00		2755.00	2700.00	1800.00
灌南县	121.00		5646.00	5560.00	4720.00
涟水县	7000.00		6120.00	6100.00	4500.00
洪泽县	304.50		681.00	674.00	625.00
盱眙县	469.00	0.87	9018.00	9018.00	9018.00
金湖县	675.00	5.70	5534.30	5520.00	5000.00
响水县	405.00		3800.00	3800.00	3200.00
滨海县	292.00		6114.20	6102.80	5248.90
阜宁县	1081.20		6223.00	6098.54	4800.00
射阳县	300.00		4130.00	4130.00	3680.00
建湖县	375.00		3951.50	3944.00	3400.00
宝应县	700.00		5738.00	5738.00	3612.00
沭阳县	675.00		7487.00	7402.00	6400.00
泗阳县	400.00		3800.00	3790.00	3700.00
泗洪县	440.00		4239.00	4219.00	3795.00
浙 江	**17514.30**	**607.66**	**204400.78**	**204018.81**	**154155.65**
桐庐县	500.00		8700.00	8700.00	5800.00
淳安县	276.00		3477.38	3477.00	2736.00
象山县	1180.00	181.86	16579.84	16499.84	10728.35
宁海县	750.00		9261.36	9238.20	7021.00
永嘉县	88.30	3.50	3908.00	3908.00	3908.00
平阳县	67.00	47.04	2797.52	2770.08	2621.77
苍南县	160.00		5330.00	5302.00	4760.00
文成县	150.00	1.57	2727.40	2722.00	2650.00
泰顺县		11.17	2420.00	2420.00	1687.00
嘉善县	300.00		4200.00	4200.00	2500.00
海盐县	4785.00	167.10	10584.00	10569.00	6928.00
德清县	310.00		8260.00	8260.00	8260.00
长兴县	600.00		728.00	720.00	508.20
安吉县	375.00		11790.30	11790.30	7804.00
新昌县	310.00		6500.01	6500.00	6500.00
武义县	200.00		3950.00	3946.00	3760.00
浦江县	760.00	16.70	27180.00	27180.00	7548.00
磐安县	680.00	26.50	3302.00	3300.00	3300.00
常山县	335.00	13.62	4500.00	4500.00	3550.00
开化县	200.00		4450.00	4450.00	4450.00
龙游县	420.00		5067.07	5064.33	5064.33
岱山县	300.00	3.00	3200.00	3200.00	2820.00
嵊泗县	100.00		1300.00	1300.00	1150.00
玉环县	1800.00	130.00	19830.00	19789.00	17220.00

continued 7

Total Gas Supplied (ton) 燃气汽车 Gas-Powered Automobiles	燃气损失量 Loss Amount	用气户数(户) Number of Household with Access to Gas (unit)	家庭用户 Household User	用气人口(万人) Population with Access to Gas (10,000 persons)	液化石油气汽车加气站(座) Gas Stations for LPG- Fueled Motor Vehicles (unit)	县名称 Name of Counties
256.00	**982.66**	**824613**	**757096**	**276.72**	**1**	**江　苏**
		33749	33749	14.50		沛　县
	12.00	51623	51623	20.92		睢宁县
	360.00	36780	32900	8.07		海安县
		50900	46562	19.30		如东县
	170.00	32515	30120	15.10		东海县
	55.00	43500	22500	10.00		灌云县
	86.00	65500	60600	18.03		灌南县
	20.00	50960	43580	16.20		涟水县
	7.00	8731	8292	7.03		洪泽县
		5612	5612	12.12		盱眙县
	14.30	35200	31869	6.10		金湖县
		40100	39000	9.46		响水县
	11.40	53087	50865	16.32		滨海县
256.00	124.46	38000	37500	12.60	1	阜宁县
		48120	46800	17.07		射阳县
	7.50	49800	49400	13.70		建湖县
		35042	32042	9.56		宝应县
	85.00	73334	64357	24.79		沭阳县
	10.00	39210	38865	15.00		泗阳县
	20.00	32850	30860	10.85		泗洪县
	381.97	**1128521**	**988290**	**318.47**		**浙　江**
		34270	32000	10.12		桐庐县
	0.38	34128	32159	5.00		淳安县
	80.00	100664	88483	20.59		象山县
	23.16	42333	30141	12.70		宁海县
		28704	28704	10.08		永嘉县
	27.44	7570	7545	14.36		平阳县
	28.00	45780	44190	13.64		苍南县
	5.40	12310	11899	5.18		文成县
		19185	13405	6.96		泰顺县
		40000	25000	4.00		嘉善县
	15.00	21395	21322	10.73		海盐县
		5967	5967	1.79		德清县
	8.00	4489	4235	1.27		长兴县
		114300	110000	8.46		安吉县
	0.01	50000	50000	15.02		新昌县
	4.00	43406	41360	13.00		武义县
		95375	45658	21.80		浦江县
	2.00	10402	10402	4.83		磐安县
		25060	21060	8.24		常山县
		17400	17400	7.90		开化县
	2.74	34589	34589	8.40		龙游县
		14100	12680	6.05		岱山县
		9368	9256	3.80		嵊泗县
	41.00	82809	75988	19.15		玉环县

7-3-3 续表 8

县名称 Name of Counties	储气能力(吨) Gas Storage Capacity (ton)	供气管道长度(公里) Length of Gas Supply Pipeline (km)	供气总量(吨) 合计 Total	销售气量 Quantity Sold	居民家庭 Households
三门县	742.00		4632.00	4632.00	3459.00
天台县	360.00	5.00	3560.00	3509.00	3458.00
仙居县	375.00		5145.00	5107.00	5107.00
青田县	398.00		5326.00	5319.00	5319.00
缙云县	135.00		1956.32	1956.30	1563.00
遂昌县	210.00		3768.00	3768.00	2995.00
松阳县	210.00		4424.58	4422.76	4238.00
云和县	128.00		2557.00	2540.00	1900.00
庆元县	200.00		949.00	931.00	931.00
景宁县	110.00	0.60	2040.00	2028.00	1911.00
安 徽	**21253.77**	**44.14**	**149937.25**	**149017.80**	**136156.87**
长丰县	240.00		1884.00	1882.00	1780.00
肥西县	320.00		5100.00	5100.00	5100.00
肥东县	800.00		7805.00	7805.00	5100.00
庐江县	1500.00		3570.00	3570.00	3250.00
芜湖县	700.00	1.65	3040.22	3030.00	3030.00
繁昌县			1084.00	1079.00	1022.00
南陵县	250.00		2310.00	2300.00	2300.00
无为县	500.00		4105.00	4055.00	4055.00
怀远县	300.00		4600.00	4600.00	4600.00
五河县	300.00		4241.00	4241.00	3815.00
固镇县	180.00		7929.00	7925.00	7184.00
凤台县	208.00		1526.80	1516.40	1516.40
当涂县	322.00	1.20	598.00	598.00	320.00
含山县			2324.45	2324.00	2324.00
和 县	180.00		2239.60	2230.00	1523.00
濉溪县	164.00		1480.00	1480.00	105.00
铜陵县	170.00		1030.00	950.00	220.00
怀宁县	580.00		3010.00	3000.00	3000.00
枞阳县	343.00		3754.00	3754.00	3754.00
潜山县	100.00	1.80	1300.00	1300.00	1250.00
太湖县	260.00		2619.00	2590.00	2350.00
宿松县	300.00		2294.00	2290.00	2290.00
望江县	320.00		1600.00	1600.00	1600.00
岳西县	510.00		3820.00	3720.00	3350.00
歙 县	280.00	5.40	1802.03	1800.00	1797.97
休宁县	242.00		1185.10	1184.00	1184.00
黟 县	40.00		1245.00	1210.00	910.00
祁门县	190.00	3.20	1576.50	1563.00	1326.00
来安县	640.00	0.30	1401.63	1400.00	1100.00
全椒县	700.00		950.00	950.00	760.00
定远县	110.00		888.34	886.00	886.00
凤阳县	150.00		3479.00	3386.00	2418.00
临泉县	250.00		1069.00	1060.00	1060.00
太和县	300.00		2309.50	2280.50	2280.50
阜南县	200.00		1201.00	1201.00	1083.00

continued 8

Total Gas Supplied (ton)		用气户数(户) Number of Household with Access to Gas (unit)		用气人口(万人) Population with Access to Gas (10,000 persons)	液化石油气汽车加气站(座) Gas Stations for LPG- Fueled Motor Vehicles (unit)	县名称 Name of Counties
燃气汽车 Gas-Powered Automobiles	燃气损失量 Loss Amount		家庭用户 Household User			
		23122	20312	9.57		三门县
	51.00	43180	40270	11.82		天台县
	38.00	36197	36197	12.70		仙居县
	7.00	22388	22388	9.00		青田县
	0.02	25505	17130	8.52		缙云县
		22285	18000	7.30		遂昌县
	1.82	22038	21088	7.12		松阳县
	17.00	14780	14180	6.30		云和县
	18.00	7022	7022	7.61		庆元县
	12.00	18400	18260	5.46		景宁县
	919.45	**1353841**	**1273926**	**456.75**		**安　徽**
	2.00	13540	13460	3.90		长丰县
		50000	50000	18.10		肥西县
		48050	41000	7.60		肥东县
		44600	11700	16.96		庐江县
	10.22	26800	26800	7.80		芜湖县
	5.00	9120	7546	3.99		繁昌县
	10.00	20000	20000	6.50		南陵县
	50.00	38720	38720	11.70		无为县
		31854	31854	14.00		怀远县
		36870	36350	11.80		五河县
	4.00	23600	23578	8.80		固镇县
	10.40	18660	18660	5.78		凤台县
		3700	3265	1.11		当涂县
	0.45	12384	12384	3.80		含山县
	9.60	30880	28650	9.56		和　县
		620	575	0.19		濉溪县
	80.00	982	615	0.20		铜陵县
	10.00	14950	14950	4.30		怀宁县
		28372	28372	9.03		枞阳县
		14800	13600	8.00		潜山县
	29.00	22390	22278	10.00		太湖县
	4.00	20600	20600	6.10		宿松县
		23980	23980	8.50		望江县
	100.00	36000	34500	9.20		岳西县
	2.03	18000	17750	7.00		歙　县
	1.10	13890	13890	5.00		休宁县
	35.00	14680	10680	4.00		黟　县
	13.50	16330	15267	4.93		祁门县
	1.63	13608	12603	3.48		来安县
		2867	1903	0.59		全椒县
	2.34	6089	6089	2.18		定远县
	93.00	27760	27310	9.60		凤阳县
	9.00	11950	11950	5.50		临泉县
	29.00	23011	23011	8.80		太和县
		13198	11874	4.10		阜南县

7-3-3 续表 9

县名称 Name of Counties	储气能力(吨) Gas Storage Capacity (ton)	供气管道长度(公里) Length of Gas Supply Pipeline (km)	供气总量(吨) 合计 Total	销售气量 Quantity Sold	居民家庭 Households
颍上县	593.60		1084.28	1082.00	1082.00
砀山县	634.00		3253.50	3250.00	3250.00
萧　县	1000.00		4739.00	4736.00	4736.00
灵璧县	220.00		4250.00	4125.00	3846.00
泗　县	832.17		2933.90	2930.00	2900.00
寿　县	150.00		1535.00	1530.00	1530.00
霍邱县	515.00		4207.70	4203.00	4035.00
舒城县	1514.00		5080.00	5080.00	5080.00
金寨县	525.00		4824.00	4800.00	4650.00
霍山县	800.00		3550.00	3550.00	3550.00
涡阳县	200.00		4810.00	4810.00	4810.00
蒙城县	200.00		1910.00	1820.00	1820.00
利辛县	300.00		2327.50	2313.00	1464.00
东至县	138.00	2.40	2972.00	2972.00	2972.00
石台县	90.00		673.00	671.00	613.00
青阳县	100.00		1470.00	1370.00	1133.00
郎溪县	593.00		1200.00	1200.00	1193.00
广德县	700.00	1.30	4565.20	4550.00	4120.00
泾　县	300.00	26.89	2780.00	2777.90	2513.00
绩溪县	150.00		921.00	918.00	761.00
旌德县	50.00		480.00	470.00	455.00
福　建	**11585.60**	**246.70**	**119184.56**	**119026.60**	**100216.80**
闽侯县	70.00	6.70	2145.00	2145.00	1543.00
连江县	2780.00	55.00	8065.00	8065.00	7998.00
罗源县	82.00	18.50	1813.00	1801.00	1801.00
闽清县	189.00		2270.00	2270.00	2270.00
永泰县	120.00	6.10	3000.00	3000.00	2700.00
仙游县	100.00		4550.00	4550.00	4460.00
明溪县	72.60	17.29	528.33	525.20	525.20
清流县	75.00		900.00	890.00	870.00
宁化县	374.00		1255.20	1245.00	1245.00
大田县	175.00		1121.00	1108.00	1055.00
尤溪县	285.00		1330.10	1330.00	1330.00
沙　县	200.00		1733.73	1723.40	1711.60
将乐县	150.00		906.00	900.00	890.00
泰宁县	70.00		800.70	800.00	800.00
建宁县	82.00		806.00	805.00	805.00
惠安县	273.00		8657.20	8653.00	8653.00
安溪县	150.00		5000.00	4980.00	4600.00
永春县	300.00		5000.00	5000.00	5000.00
德化县	100.00		11096.00	11096.00	3187.00
云霄县	200.00		4850.00	4850.00	4370.00
漳浦县	300.00		4848.00	4841.00	4206.00
诏安县	220.00		2900.00	2898.00	2653.00
长泰县	100.00		990.00	989.00	950.00
东山县	2200.00	5.50	1215.00	1213.00	1050.00

continued 9

Total Gas Supplied (ton) 燃气汽车 Gas-Powered Automobiles	燃气损失量 Loss Amount	用气户数(户) Number of Household with Access to Gas (unit)	家庭用户 Household User	用气人口(万人) Population with Access to Gas (10,000 persons)	液化石油气汽车加气站(座) Gas Stations for LPG- Fueled Motor Vehicles (unit)	县名称 Name of Counties
	2.28	11064	11064	4.50		颍上县
	3.50	37600	37600	15.00		砀山县
	3.00	46000	46000	18.00		萧　县
	125.00	45450	45150	14.30		灵璧县
	3.90	31300	31100	10.00		泗　县
	5.00	24850	24850	11.50		寿　县
	4.70	48000	42000	16.00		霍邱县
		48000	48000	15.70		舒城县
	24.00	52800	52500	13.40		金寨县
		24000	24000	7.50		霍山县
		52500	52500	19.00		涡阳县
	90.00	17100	17100	8.20		蒙城县
	14.50	14566	13256	5.81		利辛县
		24690	24690	8.61		东至县
	2.00	6600	6100	2.03		石台县
	100.00	15123	9134	4.90		青阳县
		16960	16875	6.95		郎溪县
	15.20	46540	44843	14.35		广德县
	2.10	40125	35680	11.00		泾　县
	3.00	12710	11400	5.90		绩溪县
	10.00	5008	4320	2.00		旌德县
62.00	**157.96**	**920416**	**892564**	**340.44**	**1**	**福　建**
		14092	12903	7.31		闽侯县
62.00		78655	78654	10.10	1	连江县
	12.00	6200	6200	2.80		罗源县
		9433	9433	4.80		闽清县
		21782	21540	8.20		永泰县
		39300	38800	14.25		仙游县
	3.13	8652	8652	3.38		明溪县
	10.00	10000	9580	3.47		清流县
	10.20	18100	18100	6.69		宁化县
	13.00	20040	14437	8.48		大田县
	0.10	14820	14820	6.34		尤溪县
	10.33	19042	18742	7.07		沙　县
	6.00	11600	11280	4.41		将乐县
	0.70	10250	10250	3.96		泰宁县
	1.00	13960	13960	4.08		建宁县
	4.20	42000	42000	11.26		惠安县
	20.00	46000	41000	19.85		安溪县
		34650	34650	14.50		永春县
		24120	23470	18.44		德化县
		41552	41232	15.43		云霄县
	7.00	21394	21005	9.60		漳浦县
	2.00	21510	21000	7.00		诏安县
	1.00	10700	10200	4.00		长泰县
	2.00	7300	6600	4.50		东山县

7-3-3 续表 10

县名称 Name of Counties	储气能力(吨) Gas Storage Capacity (ton)	供气管道长度(公里) Length of Gas Supply Pipeline (km)	供气总量(吨) 合计 Total	销售气量 Quantity Sold	居民家庭 Households
南靖县	250.00		1470.00	1468.00	1440.00
平和县	125.00		1520.00	1520.00	1409.00
华安县	27.00	2.48	796.00	780.00	698.00
顺昌县	100.00		1010.00	1010.00	890.00
浦城县	125.00		3175.00	3175.00	3175.00
光泽县	35.00		7500.00	7500.00	1400.00
松溪县	220.00		1100.00	1100.00	1100.00
政和县	100.00		1260.00	1260.00	1200.00
长汀县	300.00	37.00	2082.00	2080.00	2080.00
上杭县	141.00	0.78	1954.50	1950.00	1950.00
武平县	80.00		1401.00	1400.00	1400.00
连城县	350.00		1826.80	1825.00	1825.00
霞浦县	220.00		5400.00	5400.00	5400.00
古田县	130.00		2330.00	2330.00	1813.00
屏南县	65.00		810.00	810.00	810.00
寿宁县	100.00		1779.00	1778.00	1560.00
周宁县	50.00		1645.00	1638.00	1638.00
柘荣县	50.00		1145.00	1125.00	856.00
平潭县	450.00	97.35	5200.00	5200.00	4900.00
江　西	**19340.22**	**61.44**	**183248.40**	**181841.88**	**153769.04**
南昌县	220.00		6600.00	6550.00	4660.00
安义县	276.00		2768.00	2768.00	2768.00
进贤县	100.00		2757.00	2757.00	2757.00
莲花县	108.00		1322.00	1322.00	1021.00
上栗县	52.00		611.50	605.00	566.00
芦溪县	46.00		1440.00	1440.00	380.00
九江县	1660.00		2231.00	2230.00	2230.00
武宁县	645.70		1992.50	1992.50	1992.50
修水县	208.00		3190.00	3142.00	3008.00
永修县	141.00		1816.90	1810.00	1810.00
德安县	200.00	7.25	2712.00	2706.00	2706.00
星子县	100.00		1350.00	1350.00	1320.00
都昌县	100.00		7160.00	7160.00	3720.00
湖口县	200.00		2248.00	2248.00	2248.00
彭泽县	90.00		720.00	720.00	720.00
庐山风景区	80.00		500.00	500.00	420.00
分宜县	200.00		2744.83	2713.60	2555.00
余江县	140.00		1500.00	1500.00	1500.00
赣　县	260.00		2997.00	2745.00	2745.00
信丰县	153.00		1392.00	1349.00	1108.00
大余县	280.00		1806.89	1626.00	1626.00
上犹县	250.00		2105.40	2100.00	2100.00
崇义县	155.00		1800.49	1798.00	1738.00
安远县	160.00		1820.00	1820.00	1560.00
龙南县	720.00		3230.00	3220.00	2570.00
定南县	424.00		2822.00	2800.00	2800.00

continued 10

Total Gas Supplied (ton)		用气户数(户) Number of Household with Access to Gas (unit)		用气人口(万人) Population with Access to Gas (10,000 persons)	液化石油气汽车加气站(座) Gas Stations for LPG- Fueled Motor Vehicles (unit)	县名称 Name of Counties
燃气汽车 Gas-Powered Automobiles	燃气损失量 Loss Amount		家庭用户 Household User			
	2.00	16770	14715	5.53		南靖县
		17500	16900	7.73		平和县
	16.00	4902	4685	3.14		华安县
		14402	12890	6.79		顺昌县
		35900	35900	9.63		浦城县
		13016	12908	4.53		光泽县
		16000	16000	5.17		松溪县
		12805	12068	7.05		政和县
	2.00	34570	34570	15.42		长汀县
	4.50	23312	23312	8.16		上杭县
	1.00	11690	11690	4.88		武平县
	1.80	21300	21300	6.36		连城县
		45000	45000	15.15		霞浦县
		20109	19812	8.26		古田县
		5500	5500	4.26		屏南县
	1.00	10540	10378	4.46		寿宁县
	7.00	15428	15428	5.43		周宁县
	20.00	7000	6800	3.60		柘荣县
		49520	44200	14.97		平潭县
	1406.52	**1341255**	**1215522**	**613.30**		**江　西**
	50.00	44200	43300	8.50		南昌县
		9423	9423	2.28		安义县
		20000	20000	6.50		进贤县
		5364	5074	4.20		莲花县
	6.50	6216	6050	3.20		上栗县
		6920	6100	3.00		芦溪县
	1.00	11460	11460	6.40		九江县
		19600	19600	8.87		武宁县
	48.00	32903	32853	12.07		修水县
	6.90	16900	16900	8.54		永修县
	6.00	21206	21206	6.00		德安县
		12820	12320	6.80		星子县
		25765	14075	13.82		都昌县
		13720	13720	9.26		湖口县
		8100	8100	6.18		彭泽县
		5200	4800	1.57		庐山风景区
	31.23	23692	23578	7.23		分宜县
		15300	15300	6.50		余江县
	252.00	24630	24630	15.98		赣　县
	43.00	35480	13240	12.70		信丰县
	180.89	26781	26781	9.00		大余县
	5.40	13446	13446	9.00		上犹县
	2.49	8462	7952	3.38		崇义县
		18100	15870	7.86		安远县
	10.00	21700	21100	12.36		龙南县
	22.00	22000	22000	8.65		定南县

7-3-3 续表 11

县名称 Name of Counties	储气能力(吨) Gas Storage Capacity (ton)	供气管道长度(公里) Length of Gas Supply Pipeline (km)	供气总量(吨) 合计 Total	销售气量 Quantity Sold	居民家庭 Households
全南县	82.50		920.00	918.00	685.00
宁都县	150.00		4210.00	4210.00	4210.00
于都县	268.00		4070.00	4070.00	3300.00
兴国县	136.00		656.00	650.00	630.00
会昌县	128.00		2680.00	2610.00	2610.00
寻乌县	240.00		2850.00	2850.00	2268.00
石城县	250.00		1251.00	1250.00	1250.00
吉安县	160.00		1810.00	1810.00	1150.00
吉水县	220.00		2380.00	2315.00	2210.00
峡江县	82.00		520.00	520.00	513.00
新干县	1027.80		5358.00	5358.00	4203.00
永丰县	150.00		2939.00	2931.70	2931.70
泰和县	320.00		2201.39	2200.14	2200.14
遂川县	120.00		1794.18	1782.00	1782.00
万安县	200.00		2228.00	2185.00	2185.00
安福县	602.00		3300.00	3300.00	3300.00
永新县	230.00		1781.50	1760.00	1760.00
奉新县	32.00		4235.21	4235.10	1870.00
万载县	1179.00		18413.47	18258.00	13212.51
上高县	135.00		1927.00	1925.00	1725.00
宜丰县	510.00		2022.00	2010.00	2010.00
靖安县	260.00		1253.00	1253.00	970.00
铜鼓县	97.00		797.00	796.00	756.00
南城县	100.00		1931.60	1930.00	1930.00
黎川县	315.00		920.70	913.00	871.00
南丰县	142.00	20.00	1010.00	1010.00	1010.00
崇仁县	136.00		1998.00	1950.00	1500.00
乐安县	100.00		839.00	839.00	839.00
宜黄县	140.00	16.20	1808.00	1798.00	1288.00
金溪县	400.00		13800.00	13800.00	11900.00
资溪县	45.00		1708.15	1708.15	1512.50
东乡县	175.22	17.99	2416.99	2407.69	2407.69
广昌县	300.00		480.00	480.00	480.00
上饶县	569.00		2876.00	2876.00	2765.00
玉山县	630.00		3380.00	3380.00	3380.00
铅山县	524.00		1854.70	1819.00	1724.00
横峰县	200.00		1490.00	1480.00	1480.00
弋阳县	226.00		2084.00	2080.00	2080.00
余干县	420.00		8050.00	8050.00	3310.00
鄱阳县	600.00		1777.00	1562.00	1562.00
万年县	668.00		2030.00	2030.00	1810.00
婺源县	102.00		1560.00	1560.00	1560.00
山　东	**30432.60**	**69.06**	**138010.72**	**137639.73**	**89977.64**
平阴县	210.00		479.00	478.00	300.00
济阳县	109.00		2400.00	2400.00	2400.00
商河县	40.00		532.20	531.00	531.00

continued 11

Total Gas Supplied (ton)		用气户数(户) Number of Household with Access to Gas (unit)		用气人口(万人) Population with Access to Gas (10,000 persons)	液化石油气汽车加气站(座) Gas Stations for LPG- Fueled Motor Vehicles (unit)	县名称 Name of Counties
燃气汽车 Gas-Powered Automobiles	燃气损失量 Loss Amount		家庭用户 Household User			
	2.00	8203	8201	6.00		全南县
		43900	43900	18.80		宁都县
		13226	12379	19.56		于都县
	6.00	34100	5300	11.00		兴国县
	70.00	27180	27180	10.65		会昌县
		26205	26200	7.86		寻乌县
	1.00	11289	11289	7.60		石城县
		9010	8530	6.05		吉安县
	65.00	24510	23390	15.30		吉水县
		5436	5326	1.99		峡江县
		20088	13158	9.00		新干县
	7.30	19200	19200	9.30		永丰县
	1.25	36669	36669	15.90		泰和县
	12.18	18821	18821	11.23		遂川县
	43.00	17890	17890	2.33		万安县
		21000	21000	9.19		安福县
	21.50	25106	25106	11.20		永新县
	0.11	18430	18390	6.36		奉新县
	155.47	38257	36836	12.60		万载县
	2.00	18895	17819	6.50		上高县
	12.00	18700	18700	6.10		宜丰县
		14966	14959	4.45		靖安县
	1.00	8000	7500	2.25		铜鼓县
	1.60	27360	27360	16.15		南城县
	7.70	26942	11000	7.15		黎川县
		8000	8000	7.10		南丰县
	48.00	16580	12600	19.80		崇仁县
		8975	8975	11.10		乐安县
	10.00	16889	12869	6.10		宜黄县
		33750	33700	10.98		金溪县
		10850	10608	3.12		资溪县
	9.30	26833	26833	13.85		东乡县
		5530	5530	7.60		广昌县
		44657	30124	10.70		上饶县
		35260	35260	16.00		玉山县
	35.70	19923	19782	9.00		铅山县
	10.00	13996	13996	8.00		横峰县
	4.00	24100	24100	10.20		弋阳县
		21311	18200	14.50		余干县
	215.00	15997	15997	12.00		鄱阳县
		20816	18950	9.00		万年县
		15017	15017	9.88		婺源县
203.00	**370.99**	**919335**	**819452**	**366.24**	**6**	**山　东**
	1.00	6250	3000	0.90		平阴县
		10000	10000	4.50		济阳县
	1.20	3550	3550	1.10		商河县

7-3-3 续表 12

县名称 Name of Counties	储气能力(吨) Gas Storage Capacity (ton)	供气管道长度(公里) Length of Gas Supply Pipeline (km)	供气总量(吨) 合计 Total	销售气量 Quantity Sold	居民家庭 Households
高青县	23.00		523.41	523.00	421.80
沂源县	180.00		1313.70	1310.00	1310.00
垦利县	41.00		514.00	510.00	510.00
利津县	2056.00		460.00	460.00	460.00
广饶县	3800.00	22.86	2500.00	2500.00	2500.00
长岛县	180.00		300.00	300.00	250.00
临朐县	1150.00		9200.00	9200.00	4840.00
昌乐县	190.00		2010.00	2010.00	1930.00
微山县	60.00		640.00	620.00	600.00
鱼台县	3200.00		3050.00	3050.00	2850.00
金乡县	98.20		2012.00	2012.00	2012.00
嘉祥县	550.00	26.20	4455.00	4400.00	3500.00
汶上县	380.00	20.00	2950.00	2900.00	2600.00
泗水县	83.00		443.40	442.00	349.00
梁山县	380.00		3880.00	3860.00	3860.00
宁阳县	200.00		1839.43	1837.40	1837.40
东平县	80.00		1710.80	1700.00	1700.00
五莲县	320.00		1420.45	1420.00	1410.00
莒　县	1400.00		3628.00	3608.00	3468.00
沂南县	620.00		2545.69	2545.69	1516.44
郯城县	380.00		3056.10	3050.00	3005.00
沂水县	200.00		1800.00	1800.00	1650.00
兰陵县	288.00		1875.00	1875.00	1875.00
费　县	110.00		1020.00	1020.00	1020.00
平邑县	716.00		1265.00	1265.00	1265.00
莒南县	200.00		1695.00	1695.00	1580.00
蒙阴县	540.00		4400.00	4400.00	3800.00
临沭县	300.00		923.00	923.00	923.00
宁津县	42.00		1000.00	1000.00	850.00
临邑县			750.00	750.00	365.00
齐河县			1900.00	1900.00	1900.00
平原县	1100.00		800.00	800.00	800.00
夏津县	430.00		4270.00	4270.00	3200.00
武城县	260.00		1281.00	1280.00	1278.00
阳谷县	150.00		3133.00	3128.00	3008.00
莘　县	220.00		2240.00	2145.00	2145.00
茌平县	300.00		2530.00	2530.00	2530.00
东阿县	133.60		1350.00	1350.00	1100.00
冠　县	400.00		700.00	699.00	699.00
高唐县	200.00		1480.00	1480.00	1480.00
惠民县	1230.00		1800.00	1800.00	1800.00
阳信县	1633.00		1574.00	1542.00	1372.00
无棣县	45.00		400.00	400.00	400.00
博兴县			560.00	560.00	560.00
邹平县					
曹　县	1948.00		4783.00	4780.00	4500.00

continued 12

Total Gas Supplied (ton) 燃气汽车 Gas-Powered Automobiles	燃气损失量 Loss Amount	用气户数(户) Number of Household with Access to Gas (unit)	家庭用户 Household User	用气人口(万人) Population with Access to Gas (10,000 persons)	液化石油气汽车加气站(座) Gas Stations for LPG- Fueled Motor Vehicles (unit)	县名称 Name of Counties
	0.41	5780	4820	1.00		高青县
	3.70	18910	18910	9.68		沂源县
	4.00	5000	5000	1.10		垦利县
		4410	4410	0.98		利津县
		12000	12000	4.00		广饶县
		6800	6600	2.00		长岛县
		52571	47520	11.70		临朐县
		27700	27530	10.20		昌乐县
	20.00	14650	9985	5.86		微山县
200.00		20050	19050	8.00	3	鱼台县
		5725	5725	2.00		金乡县
	55.00	11500	11020	3.10		嘉祥县
	50.00	27500	26500	11.20		汶上县
	1.40	9536	4353	7.55		泗水县
	20.00	18200	18200	5.57		梁山县
	2.03	21030	21030	5.50		宁阳县
	10.80	4820	4820	7.70		东平县
3.00	0.45	20200	20100	5.11	3	五莲县
	20.00	14316	14286	5.00		莒　县
		17831	14964	9.46		沂南县
	6.10	35679	34986	15.80		郯城县
		24600	23900	7.80		沂水县
		16652	16652	12.00		兰陵县
		17200	17200	6.72		费　县
		11500	11500	10.60		平邑县
		8500	7760	4.90		莒南县
		43000	37000	13.80		蒙阴县
		9720	9720	8.10		临沭县
		4500	4000	0.90		宁津县
		8000	3940	5.00		临邑县
		15000	15000	8.50		齐河县
		9200	9200	3.00		平原县
		41000	38000	7.00		夏津县
	1.00	15700	15500	6.00		武城县
	5.00	32650	32550	7.00		阳谷县
	95.00	25600	25600	9.48		莘　县
		25860	25860	8.55		茌平县
		5120	5000	2.48		东阿县
	1.00	11650	11650	6.64		冠　县
		7599	7599	2.98		高唐县
		15800	15800	5.02		惠民县
	32.00	9400	8965	4.40		阳信县
		4000	4000	1.10		无棣县
		8860	8860	1.82		博兴县
				17.29		邹平县
	3.00	63000	56800	21.64		曹　县

7-3-3 续表 13

县名称 Name of Counties	储气能力(吨) Gas Storage Capacity (ton)	供气管道长度(公里) Length of Gas Supply Pipeline (km)	供气总量(吨) 合计 Total	销售气量 Quantity Sold	居民家庭 Households
成武县	310.00		844.00	840.00	840.00
巨野县	120.00		1200.00	1200.00	1200.00
郓城县	450.00		825.00	825.00	583.00
鄄城县	909.00		915.00	898.00	876.00
定陶县	180.00		624.00	620.00	618.00
东明县	2287.80		38210.54	38197.64	1600.00
河　南	**12958.55**	**1.55**	**119839.73**	**118249.77**	**103418.81**
中牟县	80.00		5988.00	5754.00	3286.00
杞　县	120.00		1670.00	1600.00	816.00
通许县	124.00		908.00	864.00	801.00
尉氏县	110.00		1407.00	1356.00	1356.00
兰考县	119.00		550.00	515.00	515.00
孟津县	90.00		1000.00	1000.00	1000.00
嵩　县	70.00		606.00	596.00	596.00
汝阳县	250.00		1370.91	1370.53	1014.00
洛宁县	48.00		1220.01	1220.00	1220.00
宝丰县	425.00		2614.80	2600.20	2600.20
叶　县	298.00		3212.00	3200.00	1846.00
鲁山县	150.00		2500.00	2500.00	2200.00
郏　县	100.00	1.55	1708.00	1705.00	1705.00
汤阴县			1152.00	1150.00	1000.00
内黄县	17.50		871.00	870.00	832.00
浚　县	105.00		525.00	512.00	512.00
淇　县	80.00		295.00	295.00	208.00
新乡县	120.00		750.00	750.00	750.00
获嘉县	50.00		684.00	654.00	654.00
原阳县	200.00		905.00	903.00	903.00
延津县	180.00		1101.90	1100.00	1100.00
封丘县	120.00		1989.00	1988.00	1698.00
长垣县	180.00		1990.30	1983.70	1983.70
修武县	50.00		240.00	240.00	220.00
博爱县	70.00		1248.00	1248.00	1248.00
温　县	77.00		605.00	605.00	605.00
濮阳县	120.00		460.00	450.00	450.00
鄢陵县	150.00		2019.00	1990.00	1615.00
襄城县	150.00		707.10	705.00	670.00
舞阳县	320.00		651.00	650.00	650.00
临颍县	114.00		935.00	935.00	915.80
渑池县	50.00		994.90	990.00	985.00
卢氏县	100.00		839.10	837.00	786.00
南召县	50.00		923.00	920.00	912.00
方城县	223.00		2960.00	2900.00	2510.00
西峡县	295.00		2276.50	2247.00	2247.00
镇平县	50.00		1365.00	1362.00	1362.00
内乡县	190.00		3368.80	3362.00	1530.00
淅川县	140.00		2125.00	1995.00	1200.00

continued 13

Total Gas Supplied (ton)		用气户数(户) Number of Household with Access to Gas (unit)		用气人口(万人) Population with Access to Gas (10,000 persons)	液化石油气汽车加气站(座) Gas Stations for LPG- Fueled Motor Vehicles (unit)	县名称 Name of Counties
燃气汽车 Gas-Powered Automobiles	燃气损失量 Loss Amount		家庭用户 Household User			
	4.00	7000	7000	5.00		成武县
		17142	17142	7.50		巨野县
		51730	6330	11.00		郓城县
	17.00	13106	11981	7.00		鄄城县
	4.00	12210	6720	10.50		定陶县
	12.90	10028	9864	3.51		东明县
3692.00	**1589.96**	**1030303**	**981092**	**374.98**	**7**	**河　南**
	234.00	19386	16264	3.80		中牟县
	70.00	6650	6625	3.20		杞　县
	44.00	5278	5212	3.01		通许县
	51.00	5520	5520	3.50		尉氏县
	35.00	3590	3590	2.00		兰考县
		4500	4500	6.50		孟津县
	10.00	3260	3260	1.20		嵩　县
	0.38	12790	10572	4.38		汝阳县
	0.01	14000	14000	5.40		洛宁县
	14.60	22561	22561	7.70		宝丰县
1230.00	12.00	21300	18210	7.70	1	叶　县
		23000	21000	7.00		鲁山县
	3.00	18890	18890	7.12		郏　县
	2.00	12000	11000	4.10		汤阴县
	1.00	14052	8610	3.10		内黄县
	13.00	5700	5700	2.20		浚　县
82.00		1855	1836	1.10	2	淇　县
		4500	4500	1.72		新乡县
	30.00	5981	5981	2.20		获嘉县
	2.00	11200	11200	5.50		原阳县
	1.90	11015	11015	3.85		延津县
	1.00	18478	18473	6.00		封丘县
	6.60	18500	18500	7.10		长垣县
		2260	2166	1.09		修武县
		13500	13500	4.92		博爱县
		6850	6850	2.75		温　县
	10.00	2600	2600	0.65		濮阳县
	29.00	30090	25830	7.90		鄢陵县
	2.10	6110	5680	2.03		襄城县
	1.00	7095	7095	2.47		舞阳县
		10186	10156	4.11		临颍县
	4.90	10670	10500	5.00		渑池县
	2.10	8987	8847	3.90		卢氏县
	3.00	12280	11400	5.70		南召县
	60.00	22500	22200	8.90		方城县
	29.50	24360	24360	9.20		西峡县
	3.00	15847	15847	5.50		镇平县
1832.00	6.80	25940	25200	7.56	1	内乡县
	130.00	13500	13150	4.30		淅川县

7-3-3 续表 14

县名称 Name of Counties	储气能力(吨) Gas Storage Capacity (ton)	供气管道长度(公里) Length of Gas Supply Pipeline (km)	供气总量(吨) 合计 Total	销售气量 Quantity Sold	居民家庭 Households
社旗县	230.00		898.20	889.00	790.00
唐河县	468.00		1020.00	1020.00	920.00
新野县	275.00		1533.30	1520.00	1520.00
桐柏县	300.00		752.00	750.00	750.00
民权县	120.00		2680.00	2660.00	2289.00
睢　县	160.00		1743.02	1740.00	1500.00
宁陵县	62.00		1973.00	1950.00	1550.00
柘城县	120.00		2815.00	2796.00	2502.00
虞城县	120.00		2321.00	2300.00	1650.00
夏邑县	230.00		3126.00	3090.00	2300.00
罗山县	140.00		2124.00	2091.00	2091.00
光山县	440.00		2286.00	2210.00	2022.00
新　县	100.00		1386.00	1382.00	1378.00
商城县	360.00		1147.00	1120.00	1120.00
固始县	230.00		3708.00	3642.00	3580.00
潢川县	200.00		8820.00	8695.00	8500.00
淮滨县	105.00		1361.15	1329.00	1181.00
息　县	500.00		661.00	650.00	588.00
扶沟县	50.00		940.00	925.00	835.00
西华县	45.00		433.20	420.00	420.00
商水县	40.00		970.00	950.00	950.00
沈丘县	53.00		399.05	399.00	399.00
郸城县	1100.00		1200.00	1180.00	1160.00
淮阳县	270.00		2969.45	2956.00	1996.00
太康县	100.00		3260.00	3230.00	3030.00
鹿邑县	450.00		3989.00	3955.00	3955.00
西平县	270.00		1192.30	1190.00	880.00
上蔡县	65.00		334.72	331.00	329.00
平舆县	300.00		2100.00	2058.00	2000.00
正阳县	40.00		906.50	902.00	899.00
确山县	100.00		634.00	632.00	632.00
泌阳县	90.00		1608.00	1560.00	1560.00
汝南县	50.05		338.52	335.34	291.11
遂平县	550.00		653.00	650.00	600.00
新蔡县	40.00		822.00	820.00	750.00
湖　北	**11342.48**	**40.15**	**60590.82**	**59501.32**	**55968.96**
阳新县	230.00		3030.00	2950.00	2750.00
郧西县	220.00		1203.00	1128.00	1128.00
竹山县	520.00		2670.00	2660.00	2350.00
竹溪县	167.00		1095.00	1065.00	1065.00
房县	360.00		815.00	810.00	720.00
远安县	167.00		800.00	800.00	800.00
兴山县	60.00		378.99	378.99	325.83
秭归县	20.00		395.50	394.41	394.41
长阳土家族自治县	77.00		770.12	770.12	770.12
五峰土家族自治县	50.00		285.00	285.00	262.00

continued 14

Total Gas Supplied (ton) 燃气汽车 Gas-Powered Automobiles	燃气损失量 Loss Amount	用气户数(户) Number of Household with Access to Gas (unit)	家庭用户 Household User	用气人口(万人) Population with Access to Gas (10,000 persons)	液化石油气汽车加气站(座) Gas Stations for LPG- Fueled Motor Vehicles (unit)	县名称 Name of Counties
	9.20	8230	7870	3.00		社旗县
		10860	10130	4.10		唐河县
	13.30	15000	15000	4.95		新野县
	2.00	8900	8900	4.40		桐柏县
	20.00	30010	23600	9.39		民权县
	3.02	13000	12800	3.96		睢　县
400.00	23.00	10600	8800	4.02	2	宁陵县
	19.00	12000	10000	5.00		柘城县
	21.00	12700	12100	6.00		虞城县
	36.00	19300	18500	6.70		夏邑县
	33.00	22010	22010	6.80		罗山县
	76.00	21360	21296	7.38		光山县
	4.00	13775	13546	5.30		新　县
	27.00	11800	11800	4.10		商城县
	66.00	27450	26100	10.10		固始县
	125.00	66000	64000	23.40		潢川县
148.00	32.15	12644	11982	5.20	1	淮滨县
	11.00	6315	6060	2.80		息　县
	15.00	8392	8265	4.00		扶沟县
	13.20	4530	4530	2.00		西华县
	20.00	7500	7500	5.00		商水县
	0.05	3500	3500	1.63		沈丘县
	20.00	10500	9200	5.40		郸城县
	13.45	23080	19945	9.05		淮阳县
	30.00	27600	27100	8.40		太康县
	34.00	65200	65200	21.00		鹿邑县
	2.30	9500	9190	3.00		西平县
	3.72	3725	3683	1.57		上蔡县
	42.00	19360	18560	4.20		平舆县
	4.50	9380	9292	4.01		正阳县
	2.00	6812	6812	2.71		确山县
	48.00	14786	14786	4.90		泌阳县
	3.18	3373	3235	1.05		汝南县
	3.00	6400	5500	2.00		遂平县
	2.00	7930	7900	3.10		新蔡县
100.00	**1089.50**	**649754**	**572146**	**239.55**	**1**	**湖　北**
	80.00	19050	19000	9.20		阳新县
	75.00	10345	10345	9.50		郧西县
	10.00	15326	14626	8.40		竹山县
	30.00	11580	11580	6.80		竹溪县
	5.00	63700	8100	11.20		房县
		11700	11700	3.40		远安县
		13806	5306	4.00		兴山县
	1.09	6570	6570	2.10		秭归县
		5886	5886	1.88		长阳土家族自治县
		4350	4300	3.00		五峰土家族自治县

7-3-3 续表 15

县名称 Name of Counties	储气能力(吨) Gas Storage Capacity (ton)	供气管道长度(公里) Length of Gas Supply Pipeline (km)	供气总量(吨) 合计 Total	销售气量 Quantity Sold	居民家庭 Households
南漳县	180.00		1567.00	1567.00	1567.00
谷城县	182.00	20.00	2318.65	2315.00	2315.00
保康县	100.00		421.00	420.00	420.00
京山县	50.00		455.00	445.00	445.00
沙洋县	380.00		1605.00	1600.00	1500.00
孝昌县	254.00		2587.00	2587.00	2587.00
大悟县	220.00	10.00	3250.00	3050.00	2890.00
云梦县	260.00		2885.00	2650.00	2550.00
公安县	100.00		2205.00	2200.00	2200.00
监利县	321.23		4586.40	4550.00	3940.00
江陵县	225.00		860.20	850.00	620.00
团风县	120.00		512.20	510.00	510.00
红安县	350.00		3400.00	3230.00	3230.00
罗田县	105.00		881.00	878.00	878.00
英山县	195.00		959.50	952.00	952.00
浠水县	125.00	2.00	1690.76	1684.80	1677.60
蕲春县	60.00		1250.00	1250.00	1200.00
黄梅县	120.00		2689.60	2680.00	2100.00
嘉鱼县	1731.00	8.00	1690.00	1630.00	1520.00
通城县	3500.00		2832.90	2832.00	2832.00
崇阳县	80.00		2501.00	2500.00	2250.00
通山县	120.00		3131.00	3100.00	2650.00
随　县	100.00	0.15	276.50	272.00	218.00
建始县	72.25		512.00	491.00	491.00
巴东县	60.00		1802.50	1800.00	1780.00
宣恩县	125.00		331.00	320.00	320.00
咸丰县	60.00		615.00	600.00	600.00
来凤县	26.00		217.00	211.00	211.00
鹤峰县	150.00		1016.00	985.00	850.00
神农架林区	100.00		100.00	100.00	100.00
湖　南	**34308.10**		**214881.96**	**213452.90**	**179872.24**
长沙县	2943.00		14015.40	14015.40	2610.00
望城县	515.00		29100.00	29100.00	17000.00
宁乡县	1110.00		5369.00	5369.00	5369.00
株洲县	150.00		450.00	448.50	360.00
攸　县	1546.00		3500.00	3500.00	3500.00
茶陵县	60.00		1002.00	1002.00	1002.00
炎陵县	40.00		330.00	330.00	288.00
湘潭县	100.00		1060.00	1060.00	1060.00
衡阳县	293.00		1700.00	1700.00	1700.00
衡南县	5000.00		3560.00	3260.00	2510.00
衡山县	66.00		1722.00	1722.00	1601.00
衡东县	200.00		2263.00	2263.00	1850.00
祁东县	458.00		3067.01	3066.00	3066.00
南岳区			438.00	415.00	394.00
邵东县	270.00		7195.00	6900.00	5730.00

continued 15

Total Gas Supplied (ton)		用气户数(户) Number of Household with Access to Gas (unit)		用气人口(万人) Population with Access to Gas (10,000 persons)	液化石油气汽车加气站(座) Gas Stations for LPG- Fueled Motor Vehicles (unit)	县名称 Name of Counties
燃气汽车 Gas-Powered Automobiles	燃气损失量 Loss Amount		家庭用户 Household User			
		23891	23891	10.90		南漳县
	3.65	28777	28777	11.50		谷城县
	1.00	4500	4500	4.50		保康县
	10.00	7389	7389	3.17		京山县
	5.00	16300	15600	6.50		沙洋县
		33821	33821	9.80		孝昌县
	200.00	15300	14730	5.12		大悟县
	235.00	24400	24205	9.00		云梦县
	5.00	20000	20000	8.01		公安县
	36.40	32500	32020	9.00		监利县
	10.20	4188	4156	4.10		江陵县
	2.20	4750	4750	1.80		团风县
	170.00	33600	33600	9.00		红安县
	3.00	8810	8810	5.90		罗田县
	7.50	15860	15860	6.00		英山县
	5.96	16924	16807	5.00		浠水县
		14200	13243	4.50		蕲春县
	9.60	21000	20000	5.70		黄梅县
100.00	60.00	23066	23000	10.00	1	嘉鱼县
	0.90	30000	30000	12.00		通城县
	1.00	28500	27000	7.60		崇阳县
	31.00	25000	21500	8.30		通山县
	4.50	2310	2112	1.02		随　县
	21.00	8100	8100	5.60		建始县
	2.50	21050	18050	5.90		巴东县
	11.00	5100	5100	2.50		宣恩县
	15.00	7600	7600	0.60		咸丰县
	6.00	3000	3000	1.00		来凤县
	31.00	6505	6112	4.05		鹤峰县
		1000	1000	2.00		神农架林区
641.00	**1429.06**	**1511607**	**1437528**	**589.01**	**11**	**湖　南**
		8372	7899	4.00		长沙县
		48000	47500	13.50		望城县
		45521	45521	13.35		宁乡县
	1.50	3500	3400	1.00		株洲县
		50000	50000	17.91		攸　县
		15000	15000	5.00		茶陵县
		4380	3270	2.00		炎陵县
		7800	7800	2.34		湘潭县
		26000	26000	11.15		衡阳县
	300.00	7800	7000	2.00		衡南县
121.00		34647	26208	9.10	2	衡山县
		22901	18617	5.00		衡东县
	1.01	26899	26899	15.00		祁东县
	23.00	2600	2510	1.00		南岳区
300.00	295.00	65800	59958	22.00	3	邵东县

7-3-3 续表 16

县名称 Name of Counties	储气能力(吨) Gas Storage Capacity (ton)	供气管道长度(公里) Length of Gas Supply Pipeline (km)	供气总量(吨) 合计 Total	销售气量 Quantity Sold	居民家庭 Households
新邵县	120.00		3975.00	3960.00	3960.00
邵阳县	251.25		3718.50	3718.50	3718.50
隆回县	143.35		1038.94	1038.56	1024.82
洞口县	75.00		1160.00	1160.00	1160.00
绥宁县	75.00		1162.00	1159.00	800.00
新宁县	78.00		1602.80	1602.00	1602.00
城步苗族自治县	66.50		1227.02	1226.77	1225.92
岳阳县	390.00		2900.50	2900.00	2900.00
华容县	800.00		5002.10	5000.00	5000.00
湘阴县	895.00		5843.75	5843.00	5843.00
平江县	3800.00		3001.00	3000.00	3000.00
安乡县	1200.00		6000.00	6000.00	6000.00
汉寿县	460.00		410.00	410.00	300.00
澧　县	466.00		1275.00	1275.00	1010.00
临澧县	373.00		1670.00	1670.00	1670.00
桃源县	230.00		1100.00	1100.00	1100.00
石门县	600.00		6150.00	6150.00	6080.00
慈利县	500.00		4500.00	4300.00	4300.00
桑植县	60.00		1300.00	1200.00	1200.00
南　县	300.00		1662.00	1580.00	1580.00
桃江县	200.00		2070.00	2050.00	1950.00
安化县	350.00		2876.00	2876.00	2876.00
大通湖区	200.00		335.00	335.00	288.00
桂阳县	110.00		7000.00	7000.00	7000.00
宜章县	100.00		3206.00	3169.00	3124.00
永兴县	140.00		2100.00	2097.00	1600.00
嘉禾县	90.00		2710.00	2710.00	2710.00
临武县			2230.00	2230.00	2230.00
汝城县	240.00		2460.00	2450.00	2132.00
桂东县	100.00		1350.03	1350.00	1350.00
安仁县	95.00		3290.00	3290.00	3120.00
祁阳县	310.00		2265.00	2265.00	2263.00
东安县	330.00		1825.00	1679.00	1679.00
双牌县	110.00		820.00	820.00	800.00
道　县	1700.00		2395.00	2315.00	2160.00
江永县	55.00		2356.00	2356.00	2356.00
宁远县	462.00		2801.15	2795.10	2750.00
蓝山县	350.00		1390.00	1390.00	1390.00
新田县	452.00		3074.00	3074.00	3074.00
江华瑶族自治县	355.00		2530.00	2530.00	2530.00
中方县			2136.00	2136.00	2136.00
沅陵县	283.00		2680.00	2671.00	2200.00
辰溪县	98.00		818.20	815.00	801.00
溆浦县	300.00		5650.00	5650.00	5650.00
会同县	82.00		1080.00	1080.00	1080.00
麻阳苗族自治县	200.00		1720.00	1720.00	1480.00

continued 16

Total Gas Supplied (ton) 燃气汽车 Gas-Powered Automobiles	燃气损失量 Loss Amount	用气户数(户) Number of Household with Access to Gas (unit)	家庭用户 Household User	用气人口(万人) Population with Access to Gas (10,000 persons)	液化石油气汽车加气站(座) Gas Stations for LPG- Fueled Motor Vehicles (unit)	县名称 Name of Counties
	15.00	35000	35000	9.60		新邵县
		17127	17127	8.12		邵阳县
	0.38	11250	10921	12.91		隆回县
		18470	18470	5.00		洞口县
	3.00	6900	6002	4.30		绥宁县
	0.80	21050	21050	5.95		新宁县
	0.25	17500	13621	8.40		城步苗族自治县
	0.50	20100	20100	8.00		岳阳县
	2.10	35000	35000	10.00		华容县
	0.75	28450	28450	4.90		湘阴县
	1.00	13600	13600	10.55		平江县
		35000	35000	10.60		安乡县
		4200	2880	2.50		汉寿县
		12330	12270	3.98		澧　县
		20000	20000	6.00		临澧县
		17000	17000	6.00		桃源县
60.00		35000	34500	11.00	1	石门县
	200.00	16857	16857	5.90		慈利县
	100.00	12000	12000	3.33		桑植县
	82.00	23000	23000	6.61		南　县
100.00	20.00	18393	12260	6.24	1	桃江县
		35800	35800	8.15		安化县
		9020	3220	3.00		大通湖区
		50000	50000	13.50		桂阳县
	37.00	36000	35295	9.90		宜章县
	3.00	12200	11600	4.27		永兴县
		25100	25100	9.00		嘉禾县
		24000	24000	7.68		临武县
	10.00	20204	19680	6.00		汝城县
	0.03	13000	13000	4.25		桂东县
60.00		33500	33360	10.80	4	安仁县
		23670	23640	21.75		祁阳县
	146.00	23615	23615	12.80		东安县
		10240	10125	4.30		双牌县
	80.00	30800	24760	16.00		道　县
		8500	8500	4.50		江永县
	6.05	23728	23522	12.10		宁远县
		19860	19860	10.10		蓝山县
		13546	13546	7.18		新田县
		20230	20230	8.65		江华瑶族自治县
		8492	8492	3.50		中方县
	9.00	47000	36000	14.00		沅陵县
	3.20	13800	8000	5.15		辰溪县
		29000	29000	8.60		溆浦县
		8000	8000	5.40		会同县
		15030	14812	5.20		麻阳苗族自治县

7-3-3 续表 17

县名称 Name of Counties	储气能力(吨) Gas Storage Capacity (ton)	供气管道长度(公里) Length of Gas Supply Pipeline (km)	供气总量(吨) 合计 Total	销售气量 Quantity Sold	居民家庭 Households
新晃侗族自治县	65.00		702.00	700.00	700.00
芷江侗族自治县	130.00		1900.00	1900.00	1900.00
通道侗族自治县	25.00		465.00	462.00	453.00
靖州苗族侗族自治县	180.00		1610.00	1560.00	1560.00
洪江区	35.00		640.00	640.00	640.00
双峰县	380.00		3300.00	3300.00	2800.00
新化县	2000.00		5000.00	5000.00	1650.00
泸溪县	70.00		1111.00	1101.00	1001.00
凤凰县	110.00		1320.00	1320.00	1178.00
花垣县	457.00		1801.63	1801.00	1801.00
保靖县	110.00		1450.00	1432.00	1370.00
古丈县	50.00		396.13	396.07	396.00
永顺县	230.00		1894.00	1894.00	1730.00
龙山县	120.00		654.80	650.00	450.00
广　东	**20847.50**	**153.52**	**168624.37**	**168187.35**	**151835.33**
始兴县	850.00	0.39	2152.00	2152.00	1990.00
仁化县	180.00	0.54	723.00	723.00	723.00
翁源县	410.00	0.42	3210.00	3100.00	2590.00
乳源瑶族自治县	235.00		1915.00	1890.00	1890.00
新丰县	1820.00		7025.00	6800.00	5800.00
南澳县	2000.00	2.75	1480.00	1480.00	1480.00
遂溪县	600.00		9500.00	9500.00	9500.00
徐闻县	250.00		10533.27	10521.00	7937.68
广宁县	350.00		3008.00	3008.00	2529.00
怀集县	200.00	4.58	2726.04	2723.60	2721.16
封开县	90.00		1320.00	1320.00	1320.00
德庆县	300.00		2859.14	2850.24	2725.00
博罗县	300.00		7568.00	7565.00	6011.00
惠东县	322.50	47.00	15711.00	15711.00	15711.00
龙门县	200.00		1300.00	1300.00	1300.00
大埔县	110.00		3870.00	3870.00	3836.00
丰顺县	200.00	76.00	3601.00	3601.00	3601.00
五华县	200.00		2400.00	2400.00	2400.00
平远县	290.00		2280.00	2280.00	2280.00
蕉岭县	300.00		4402.00	4400.00	4400.00
海丰县	835.00	19.74	8757.00	8730.00	8730.00
陆河县	270.00		2750.00	2750.00	2750.00
紫金县	406.00		3600.00	3600.00	3600.00
龙川县	355.00		3292.10	3286.69	3286.69
连平县	1800.00		1800.00	1800.00	1600.00
和平县	2000.00		1365.00	1350.00	1350.00
阳西县	500.00		4086.55	4086.55	
佛冈县	125.00		3180.00	3180.00	3180.00
阳山县	250.00		5134.00	5134.00	5134.00
连山壮族瑶族自治县	100.00		1490.97	1490.97	1128.00

continued 17

Total Gas Supplied (ton)		用气户数(户) Number of Household with Access to Gas (unit)		用气人口(万人) Population with Access to Gas (10,000 persons)	液化石油气汽车加气站(座) Gas Stations for LPG- Fueled Motor Vehicles (unit)	县名称 Name of Counties
燃气汽车 Gas-Powered Automobiles	燃气损失量 Loss Amount		家庭用户 Household User			
	2.00	5000	5000	4.00		新晃侗族自治县
		17800	17800	6.30		芷江侗族自治县
	3.00	5360	5020	3.00		通道侗族自治县
	50.00	16900	16900	5.10		靖州苗族侗族自治县
		6750	6750	3.80		洪江区
		36200	34200	10.20		双峰县
		6500	6250	27.00		新化县
	10.00	7748	7682	4.30		泸溪县
		13620	11200	9.30		凤凰县
	0.63	14703	14703	6.03		花垣县
	18.00	13257	13187	5.06		保靖县
	0.06	4587	4089	3.20		古丈县
		15400	14700	7.70		永顺县
	4.80	6000	4200	4.00		龙山县
	437.02	**949594**	**870986**	**372.14**		**广　东**
		12300	12040	4.60		始兴县
		8000	8000	2.40		仁化县
	110.00	12000	8800	8.00		翁源县
	25.00	11750	11750	3.60		乳源瑶族自治县
	225.00	16900	16600	8.00		新丰县
		11000	11000	4.24		南澳县
		41000	41000	16.80		遂溪县
	12.27	65700	37833	14.80		徐闻县
		26294	22897	10.00		广宁县
	2.44	19480	19360	12.26		怀集县
		20596	20596	6.31		封开县
	8.90	18703	18692	5.56		德庆县
	3.00	34268	34120	15.20		博罗县
		107000	107000	27.90		惠东县
		7000	7000	7.16		龙门县
		35066	32829	8.93		大埔县
		2000	2000	13.00		丰顺县
		61475	61475	23.00		五华县
		20312	20312	8.01		平远县
	2.00	21500	21500	4.15		蕉岭县
	27.00	48870	48870	32.00		海丰县
		14650	14650	8.00		陆河县
		4000	4000	16.00		紫金县
	5.41	15450	15450	9.00		龙川县
		20250	20050	8.10		连平县
	15.00	15260	15260	2.05		和平县
		34500		9.60		阳西县
		51000	51000	6.80		佛冈县
		28900	28900	4.80		阳山县
		4408	4330	1.01		连山壮族瑶族自治县

7-3-3 续表 18

县名称 Name of Counties	储气能力(吨) Gas Storage Capacity (ton)	供气管道长度(公里) Length of Gas Supply Pipeline (km)	供气总量(吨) 合计 Total	销售气量 Quantity Sold	居民家庭 Households
连南瑶族自治县	50.00		1728.30	1728.30	1572.80
饶平县	300.00	2.10	13478.00	13478.00	10714.00
揭西县	100.00		3600.00	3600.00	3600.00
惠来县	200.00		16191.00	16190.00	14296.00
新兴县	450.00		6689.00	6689.00	6250.00
郁南县	3899.00		3899.00	3899.00	3899.00
广　西	**10729.69**	**142.47**	**134222.91**	**132600.03**	**123658.60**
武鸣县	274.53	2.09	3643.71	3641.15	3641.15
隆安县	81.00		836.00	820.00	710.00
马山县	100.00		1063.02	1063.00	1063.00
上林县	300.00		1614.50	1608.50	1608.50
宾阳县	700.00		4405.70	4402.50	4252.50
横　县	172.00		4300.00	4291.00	4291.00
柳江县			2728.00	2653.00	2342.00
柳城县			784.88	771.98	693.00
鹿寨县	87.00		2249.00	2240.10	1820.00
融安县	164.40		1737.10	1710.00	1710.00
融水苗族自治县	200.00		1850.00	1812.00	1812.00
三江侗族自治县	42.00		978.00	960.00	900.00
阳朔县	90.00		836.01	836.00	836.00
灵川县	300.00		3150.00	3100.00	2000.00
全州县	500.00		2442.65	2431.00	2150.00
兴安县	230.00		1349.50	1345.00	782.00
永福县	40.00		1076.10	1075.00	1075.00
灌阳县	150.00		1150.80	1150.00	1128.00
龙胜各族自治县	50.00		900.00	880.00	820.00
资源县	100.00		680.60	680.00	400.00
平乐县	120.00		1328.00	1328.00	1068.00
荔浦县	320.00		2830.00	2828.31	2685.00
恭城瑶族自治县			1180.00	1177.00	1177.00
苍梧县	50.00		1118.00	1117.00	1044.00
藤　县	1295.50		3045.00	3010.00	2425.00
蒙山县	100.00		1212.00	1201.00	1186.00
合浦县	250.00		5686.00	5683.00	5161.00
上思县	82.00		1800.01	1800.00	1640.00
灵山县	239.50	103.41	5200.00	5195.68	4633.00
浦北县	145.00		1769.00	1767.00	1762.00
平南县	315.00		2114.00	2113.00	1855.00
容　县	500.00		5377.00	5326.00	5011.00
陆川县	300.00		4800.50	4800.00	4660.00
博白县	280.00		8946.00	8641.00	8137.00
兴业县	95.00		2985.30	2900.00	2810.00
田阳县	84.00		1037.00	1025.00	1025.00
田东县	84.00		1802.00	1800.00	1736.00
平果县	130.00	34.97	3297.11	3293.00	3293.00

continued 18

Total Gas Supplied (ton) 燃气汽车 Gas-Powered Automobiles	燃气损失量 Loss Amount	用气户数（户） Number of Household with Access to Gas (unit)	家庭用户 Household User	用气人口（万人） Population with Access to Gas (10,000 persons)	液化石油气汽车加气站（座） Gas Stations for LPG- Fueled Motor Vehicles (unit)	县名称 Name of Counties
		6142	6075	3.01		连南瑶族自治县
		42163	40298	17.16		饶平县
		16830	16830	12.00		揭西县
	1.00	41340	40520	21.71		惠来县
		30125	26587	9.98		新兴县
		23362	23362	7.00		郁南县
	1622.88	**1055536**	**1023220**	**417.37**		**广　西**
	2.56	23852	23852	9.50		武鸣县
	16.00	7860	7420	3.10		隆安县
	0.02	9875	9875	3.05		马山县
	6.00	11050	11050	5.01		上林县
	3.20	36303	36289	11.98		宾阳县
	9.00	45000	45000	17.00		横　县
	75.00	23437	22870	10.02		柳江县
	12.90	8873	7965	3.30		柳城县
	8.90	14380	13267	6.50		鹿寨县
	27.10	9950	9950	4.03		融安县
	38.00	16482	16482	6.20		融水苗族自治县
	18.00	6500	6400	3.00		三江侗族自治县
	0.01	8596	8596	4.00		阳朔县
	50.00	13538	12371	6.00		灵川县
	11.65	19062	17561	8.75		全州县
	4.50	7380	6280	3.00		兴安县
	1.10	8988	8988	3.18		永福县
	0.80	3930	3845	2.10		灌阳县
	20.00	8360	7760	3.12		龙胜各族自治县
	0.60	5120	4435	2.00		资源县
		12687	12265	4.06		平乐县
	1.69	13153	11512	5.43		荔浦县
	3.00	6500	6500	3.00		恭城瑶族自治县
	1.00	5911	5800	2.03		苍梧县
	35.00	47360	46982	16.42		藤　县
	11.00	16475	16225	5.01		蒙山县
	3.00	46585	45696	15.00		合浦县
	0.01	9860	9650	5.03		上思县
	4.32	30396	29166	19.50		灵山县
	2.00	12620	12517	6.00		浦北县
	1.00	18029	14701	7.00		平南县
	51.00	55572	54680	17.70		容　县
	0.50	39804	35714	15.01		陆川县
	305.00	61193	58757	27.50		博白县
	85.30	15370	15000	9.57		兴业县
	12.00	13035	13035	5.01		田阳县
	2.00	17687	15856	5.70		田东县
	4.11	37581	37581	14.28		平果县

7-3-3 续表 19

县名称 Name of Counties	储气能力(吨) Gas Storage Capacity (ton)	供气管道长度(公里) Length of Gas Supply Pipeline (km)	供气总量(吨) 合计 Total	销售气量 Quantity Sold	居民家庭 Households
德保县	67.20		983.00	974.00	884.00
那坡县	42.20		258.80	258.00	242.00
凌云县	42.20		694.00	662.00	653.00
乐业县	44.31		539.10	536.00	536.00
田林县	50.00		1033.25	1023.25	1013.25
西林县	200.00		245.65	245.00	245.00
隆林各族自治县	100.00		988.05	986.00	986.00
昭平县	200.00		1816.00	1750.00	1635.00
钟山县	210.00		3731.00	3602.00	3256.00
富川瑶族自治县	280.00		1880.00	1850.00	1800.00
南丹县	39.10		1646.63	1623.24	1411.00
天峨县	50.00		487.00	470.00	470.00
凤山县	76.00		1194.00	1184.00	1085.00
东兰县	44.00		929.13	929.12	845.00
罗城仫佬族自治县	39.10		1773.60	1768.00	1768.00
环江毛南族自治县	60.00		958.00	940.00	880.00
巴马瑶族自治县	50.00		747.00	735.00	735.00
都安瑶族自治县	175.95		1641.00	1610.00	1580.00
大化瑶族自治县	200.00		1771.00	1731.00	1585.00
忻城县	200.00		2810.00	2803.70	2803.70
象州县	42.20	2.00	1513.00	1440.00	1440.00
武宣县	62.50		2606.00	2605.00	2605.00
金秀瑶族自治县	100.00		365.20	365.00	274.00
扶绥县	43.00		3150.00	3118.00	3118.00
宁明县	100.00		2315.00	2212.00	1790.00
龙州县	46.00		2013.01	2013.00	2013.00
大新县	95.00		2562.00	2434.00	2434.00
天等县	100.00		270.00	257.50	229.50
海　南	**1152.00**		**15982.19**	**15944.70**	**14121.60**
定安县	361.00		1200.61	1200.10	1051.00
屯昌县	389.00		1606.00	1600.00	1600.00
澄迈县	70.00		1768.00	1760.00	750.00
临高县			1506.92	1506.60	1375.60
洋浦开发区			502.00	500.00	400.00
白沙黎族自治县	25.00		900.00	900.00	900.00
昌江黎族自治县	42.00		3500.56	3500.00	3500.00
乐东黎族自治县	45.00		2298.00	2288.00	2288.00
陵水黎族自治县			1838.00	1830.00	1504.00
保亭黎族苗族自治县	40.00		607.00	605.00	605.00
琼中黎族苗族自治县	180.00		255.10	255.00	148.00
重　庆	**3114.00**		**23685.00**	**23512.00**	**17875.00**
梁平县	375.00		1842.00	1816.00	1322.00
城口县	34.00		400.00	400.00	261.00
丰都县	80.00		575.00	575.00	530.00
垫江县	130.00		415.00	400.00	400.00

continued 19

Total Gas Supplied (ton)		用气户数(户) Number of Household with Access to Gas (unit)		用气人口(万人) Population with Access to Gas (10,000 persons)	液化石油气汽车加气站(座) Gas Stations for LPG- Fueled Motor Vehicles (unit)	县名称 Name of Counties
燃气汽车 Gas-Powered Automobiles	燃气损失量 Loss Amount		家庭用户 Household User			
	9.00	6950	6856	2.60		德保县
	0.80	5900	5885	2.06		那坡县
	32.00	8900	8890	3.20		凌云县
	3.10	6250	6250	2.00		乐业县
	10.00	9600	9395	3.10		田林县
	0.65	3600	3600	1.50		西林县
	2.05	11623	11623	4.30		隆林各族自治县
	66.00	17508	15630	8.25		昭平县
	129.00	18521	17712	7.00		钟山县
	30.00	14860	14760	3.60		富川瑶族自治县
	23.39	14522	14303	5.00		南丹县
	17.00	11556	11556	4.01		天峨县
	10.00	7420	7092	3.10		凤山县
	0.01	5901	5789	2.20		东兰县
	5.60	10205	10205	5.00		罗城仫佬族自治县
	18.00	7676	6977	4.01		环江毛南族自治县
	12.00	5620	5620	3.23		巴马瑶族自治县
	31.00	17950	17800	8.15		都安瑶族自治县
	40.00	20222	19492	8.30		大化瑶族自治县
	6.30	15968	15968	5.11		忻城县
	73.00	15533	15533	4.66		象州县
	1.00	15000	15000	6.90		武宣县
	0.20	3507	3368	1.10		金秀瑶族自治县
	32.00	15800	15800	5.00		扶绥县
	103.00	12813	12802	6.05		宁明县
	0.01	12582	12582	5.00		龙州县
	128.00	7853	7853	3.50		大新县
	12.50	3342	2986	1.35		天等县
131.00	**37.49**	**126183**	**118705**	**66.51**	**1**	**海　南**
	0.51	7324	7251	6.00		定安县
	6.00	9211	9211	6.10		屯昌县
	8.00	6310	5861	8.00		澄迈县
131.00	0.32	16171	16165	6.90	1	临高县
	2.00	4450	3550	3.20		洋浦开发区
		6500	6500	3.11		白沙黎族自治县
	0.56	20065	20065	10.00		昌江黎族自治县
	10.00	30000	30000	5.30		乐东黎族自治县
	8.00	17530	11790	8.00		陵水黎族自治县
	2.00	6612	6612	3.80		保亭黎族苗族自治县
	0.10	2010	1700	6.10		琼中黎族苗族自治县
	173.00	**189165**	**147292**	**58.12**		**重　庆**
	26.00	3965	3765	1.14		梁平县
		3900	3670	1.80		城口县
		5120	3570	1.00		丰都县
	15.00	2000	2000	2.02		垫江县

7-3-3 续表 20

县名称 Name of Counties	储气能力(吨) Gas Storage Capacity (ton)	供气管道长度(公里) Length of Gas Supply Pipeline (km)	供气总量(吨) 合计 Total	销售气量 Quantity Sold	居民家庭 Households
武隆县	100.00		2340.00	2340.00	1900.00
忠　县	381.00		1627.00	1627.00	975.00
开　县	590.00		2280.00	2280.00	2180.00
云阳县	174.00		1580.00	1580.00	810.00
奉节县	150.00		2156.00	2077.00	1558.00
巫山县	200.00		935.00	935.00	547.00
巫溪县	140.00		1130.00	1120.00	920.00
石柱土家族自治县	150.00		2817.00	2810.00	2120.00
秀山土家族苗族自治县	110.00		1358.00	1352.00	1352.00
酉阳土家族自治县	300.00		2510.00	2480.00	2000.00
彭水苗族土家族自治县	200.00		1720.00	1720.00	1000.00
四　川	**11182.27**	**11.30**	**42153.62**	**41675.79**	**33250.81**
金堂县	105.00		1533.00	1533.00	1215.00
双流县			3380.00	3380.00	2453.00
郫　县	87.50		5600.00	5600.00	4521.00
大邑县	244.00		1245.00	1245.00	1100.00
新津县	100.00		480.00	480.00	288.00
米易县	75.00		353.00	353.00	257.00
盐边县			558.60	545.00	502.54
泸　县	185.00		604.57	602.00	540.00
合江县	50.00		86.00	86.00	86.00
叙永县	200.00		162.50	161.00	124.00
古蔺县	80.00		131.07	131.00	131.00
中江县	400.00		2065.00	2010.00	1663.00
罗江县	110.00		430.85	430.70	144.60
三台县	77.80		558.00	511.93	511.93
盐亭县	50.00		108.00	108.00	100.00
安　县	120.00		180.00	180.00	180.00
北川羌族自治县	50.00		2500.00	2500.00	
旺苍县	100.00		312.00	312.00	312.00
青川县	550.00		165.00	165.00	130.00
剑阁县			170.00	170.00	135.00
苍溪县			69.00	69.00	55.00
大英县			188.00	188.00	183.00
威远县	125.00		416.00	403.00	403.00
资中县	80.00		535.10	535.00	512.00
犍为县			480.00	480.00	240.00
井研县			250.00	200.00	200.00
沐川县			109.00	108.00	105.00
马边彝族自治县			350.00	350.00	325.00
南部县	80.00	1.00	1088.00	1038.00	1003.00
营山县	60.00	1.00	919.00	881.00	847.00
蓬安县	60.00	1.00	1103.00	1055.00	963.00
仪陇县	85.00		1072.00	1027.00	977.00

continued 20

Total Gas Supplied (ton) 燃气汽车 Gas-Powered Automobiles	燃气损失量 Loss Amount	用气户数(户) Number of Household with Access to Gas (unit)	家庭用户 Household User	用气人口(万人) Population with Access to Gas (10,000 persons)	液化石油气汽车加气站(座) Gas Stations for LPG- Fueled Motor Vehicles (unit)	县名称 Name of Counties
		31378	19095	8.02		武隆县
		8344	6526	2.20		忠　县
		7800	7170	5.80		开　县
		12900	10800	2.80		云阳县
	79.00	8529	7243	5.20		奉节县
		9025	7875	2.76		巫山县
	10.00	33000	25470	8.08		巫溪县
	7.00	8764	6268	3.20		石柱土家族自治县
	6.00	8840	8840	4.23		秀山土家族苗族自治县
	30.00	26000	19000	3.85		酉阳土家族自治县
		19600	16000	6.02		彭水苗族土家族自治县
2017.88	**477.83**	**290757**	**246789**	**110.20**	**4**	**四　川**
		6068	5858	1.59		金堂县
		8980	7630	3.06		双流县
		21320	19325	1.70		郫　县
		10618	9600	0.13		大邑县
		850	800	0.23		新津县
		6703	6523	1.97		米易县
	13.60	4181	3912	1.25		盐边县
1.88	2.57	1589	1502	0.80	1	泸　县
		1000	1000	1.00		合江县
	1.50	506	360	0.92		叙永县
	0.07	1200	1200	0.90		古蔺县
	55.00	9200	9082	4.19		中江县
	0.15	814	740	1.00		罗江县
	46.07	3100	3100	0.93		三台县
		7320	1120	2.00		盐亭县
		632	632	0.95		安　县
1650.00		550			1	北川羌族自治县
		4550	4550	1.25		旺苍县
		2490	1450	0.64		青川县
		1052	1028	0.18		剑阁县
		220	174	0.06		苍溪县
		2012	1880	0.90		大英县
	13.00	2245	2245	0.90		威远县
	0.10	10220	8360	2.20		资中县
		3410	2380	0.70		犍为县
	50.00	1800	1800	0.21		井研县
	1.00	1380	1100	0.50		沐川县
		3100	2950	1.20		马边彝族自治县
	50.00	3620	3460	1.00		南部县
	38.00	2700	2561	1.00		营山县
	48.00	3100	2950	1.00		蓬安县
	45.00	2952	2850	1.00		仪陇县

7-3-3 续表 21

县名称 Name of Counties	储气能力(吨) Gas Storage Capacity (ton)	供气管道长度(公里) Length of Gas Supply Pipeline (km)	供气总量(吨) 合计 Total	销售气量 Quantity Sold	居民家庭 Households
西充县	65.00	1.00	1113.00	1063.00	1013.00
仁寿县	120.00		152.00	150.00	126.00
洪雅县	30.00		111.00	110.00	110.00
丹棱县	32.00		153.00	147.00	147.00
青神县	35.00		265.00	263.00	263.00
宜宾县	50.00		510.00	510.00	510.00
江安县	200.00		210.60	210.00	210.00
长宁县	120.00		617.40	615.00	250.00
兴文县	41.30		293.00	293.00	200.20
屏山县	160.00		30.00	30.00	30.00
岳池县	80.00		39.00	38.00	38.00
邻水县	90.00		598.86	598.86	598.86
宣汉县	78.52		186.72	183.32	150.09
汉源县			162.00	162.00	146.00
石棉县	200.00		166.30	162.00	130.00
天全县			465.00	465.00	465.00
芦山县	200.00		150.00	150.00	100.00
宝兴县			211.00	211.00	172.00
安岳县	493.00	0.45	600.00	600.00	600.00
乐至县	310.00		295.00	295.00	295.00
汶川县	45.00		32.60	32.10	32.10
茂　县	48.00		42.30	41.50	36.50
松潘县	24.00	4.85	177.00	171.00	171.00
九寨沟县	45.00		450.00	450.00	324.00
金川县	41.00		292.10	289.00	289.00
小金县	100.00		315.00	315.00	264.00
黑水县	48.00		91.00	89.00	87.00
壤塘县	16.00		79.30	79.30	79.30
阿坝县	17.50		226.50	223.00	217.00
若尔盖县	8.00		161.10	160.00	140.00
红原县	79.00		169.14	169.00	162.80
泸定县	500.00		159.50	159.50	
丹巴县	77.00		46.80	46.80	46.80
九龙县			90.00	90.00	85.00
雅江县	380.00		360.00	360.00	360.00
道孚县			72.00	72.00	72.00
炉霍县	75.00		73.00	73.00	73.00
甘孜县	220.00		195.00	195.00	195.00
新龙县	51.00		67.00	56.00	56.00
德格县	100.00		100.00	100.00	100.00
白玉县	300.00		296.00	296.00	296.00
石渠县	303.00		410.00	410.00	410.00
色达县	175.00		164.00	163.00	162.00
理塘县	600.00		480.00	480.00	480.00
巴塘县	40.00		42.00	42.00	42.00
乡城县	420.00		420.00	420.00	420.00

continued 21

Total Gas Supplied (ton)		用气户数(户) Number of Household with Access to Gas (unit)		用气人口(万人) Population with Access to Gas (10,000 persons)	液化石油气汽车加气站(座) Gas Stations for LPG- Fueled Motor Vehicles (unit)	县名称 Name of Counties
燃气汽车 Gas-Powered Automobiles	燃气损失量 Loss Amount		家庭用户 Household User			
	50.00	3783	3563	1.00		西充县
	2.00	1500	1300	0.80		仁寿县
	1.00	1300	1300	0.90		洪雅县
	6.00	1210	1210	1.00		丹棱县
	2.00	1356	1356	0.72		青神县
		5590	5590	0.92		宜宾县
	0.60	1200	1200	1.10		江安县
365.00	2.40	3400	3000	1.10	1	长宁县
		3295	2168	1.01		兴文县
		400	400	0.19		屏山县
	1.00	390	390	0.95		岳池县
		9050	9050	4.18		邻水县
	3.40	1312	1012	0.39		宣汉县
		2420	1820	0.87		汉源县
	4.30	1320	1200	0.90		石棉县
		1300	1300	0.52		天全县
		6300	6000	1.00		芦山县
		1180	1164	1.00		宝兴县
		4500	4500	1.35		安岳县
		3230	3230	1.06		乐至县
	0.50	408	408	2.00		汶川县
	0.80	389	377	0.50		茂　县
	6.00	1321	1321	1.11		松潘县
		4200	2980	1.19		九寨沟县
	3.10	1243	1243	1.10		金川县
		3509	2795	1.00		小金县
	2.00	1650	1400	1.00		黑水县
		1160	1160	0.40		壤塘县
	3.50	5190	3565	1.07		阿坝县
	1.10	1871	1805	0.96		若尔盖县
	0.14	3721	2692	1.02		红原县
		5550	4998	2.63		泸定县
		1450	1450	1.55		丹巴县
		1240	1180	1.20		九龙县
		2000	2000	1.20		雅江县
		350	350	1.70		道孚县
		588	588	0.73		炉霍县
		6100	6100	2.32		甘孜县
	11.00	510	510	0.85		新龙县
		420	420	0.80		德格县
		925	925	0.46		白玉县
		2000	2000	0.52		石渠县
1.00	1.00	1340	1328	0.65	1	色达县
		2667	2667	0.48		理塘县
		410	410	1.53		巴塘县
		1520	1520	3.00		乡城县

7-3-3 续表 22

县名称 Name of Counties	储气能力(吨) Gas Storage Capacity (ton)	供气管道长度(公里) Length of Gas Supply Pipeline (km)	供气总量(吨) 合计 Total	销售气量 Quantity Sold	居民家庭 Households
稻城县	500.00		497.00	497.00	497.00
得荣县			370.00	370.00	370.00
木里藏族自治县	37.00		195.90	195.00	195.00
盐源县	30.00		130.00	127.00	109.00
德昌县	46.00		254.00	254.00	198.00
会理县	220.00		728.00	728.00	437.00
会东县	50.00		260.00	260.00	135.00
宁南县	2.35		135.55	135.49	77.00
普格县	88.00		67.00	67.00	14.00
布拖县	240.00		240.00	240.00	240.00
金阳县	36.00		80.79	80.79	74.39
昭觉县	130.00	2.00	101.80	101.80	101.80
冕宁县	57.10		172.21	168.00	95.00
越西县	130.00		126.00	126.00	126.00
甘洛县	25.00		22.00	21.00	21.00
美姑县	18.20		46.96	46.70	43.90
雷波县	481.00		184.50	182.00	155.00
贵　州	**4050.95**	**29.50**	**49773.56**	**49478.34**	**47189.44**
开阳县			1129.00	1129.00	1003.00
息烽县			2080.00	2080.00	1960.00
修文县			800.00	800.00	800.00
盘　县		24.00	1000.00	1000.00	1000.00
六枝特区	260.00		2600.01	2600.00	2600.00
遵义县	462.00	5.50	1713.00	1632.35	998.00
桐梓县	60.00		1785.00	1780.00	1780.00
绥阳县	150.00		470.00	460.00	460.00
正安县	180.00		420.00	420.00	350.00
道真仡佬族苗族自治县	65.00		231.00	223.00	189.00
务川仡佬族苗族自治县	55.00		520.60	515.00	505.00
凤冈县	100.00		875.00	875.00	750.00
湄潭县	22.00		621.25	621.00	621.00
余庆县	40.00		230.77	230.56	230.56
习水县	90.00		560.00	550.00	540.00
普定县			334.00	334.00	262.00
镇宁布依族苗族自治县	26.50		290.00	290.00	290.00
关岭布依族苗族自治县			380.00	380.00	369.00
紫云苗族布依族自治县			284.00	284.00	185.00
江口县	500.00		440.00	440.00	440.00
玉屏侗族自治县	45.00		426.30	425.00	250.00
石阡县	45.00		2750.00	2750.00	2750.00
思南县			1600.00	1600.00	1600.00
印江土家族苗族自治县	85.00		1100.00	1100.00	1100.00
德江县			583.00	583.00	583.00
沿河土家族自治县			836.00	836.00	836.00

continued 22

Total Gas Supplied (ton)		用气户数(户) Number of Household with Access to Gas (unit)		用气人口(万人) Population with Access to Gas (10,000 persons)	液化石油气汽车加气站(座) Gas Stations for LPG- Fueled Motor Vehicles (unit)	县名称 Name of Counties
燃气汽车 Gas-Powered Automobiles	燃气损失量 Loss Amount		家庭用户 Household User			
		1522	1522	0.60		稻城县
		2000	2000	0.43		得荣县
	0.90	3000	3000	1.10		木里藏族自治县
	3.00	2005	1135	1.10		盐源县
		3600	2080	2.90		德昌县
		30000	18000	3.50		会理县
		1680	1135	2.01		会东县
	0.06	960	790	2.00		宁南县
		196	70	1.00		普格县
		1600	1600	0.51		布拖县
		1593	1553	0.60		金阳县
		1100	1100	1.00		昭觉县
	4.21	1412	1021	1.00		冕宁县
		418	418	1.00		越西县
	1.00	195	195	1.00		甘洛县
	0.26	476	453	0.96		美姑县
	2.50	3750	1650	2.20		雷波县
	295.22	**467658**	**417817**	**266.48**		**贵　州**
		6534	6421	6.80		开阳县
		11501	11500	6.27		息烽县
		5950	5950	4.50		修文县
		4000	4000	4.00		盘　县
	0.01	23769	23769	9.00		六枝特区
	80.65	16855	10500	6.00		遵义县
	5.00	29000	29000	10.00		桐梓县
	10.00	5980	5980	4.53		绥阳县
		10619	5280	4.50		正安县
	8.00	3421	2031	3.60		道真仡佬族苗族自治县
	5.60	6525	5113	2.10		务川仡佬族苗族自治县
		11500	8000	4.39		凤冈县
	0.25	6015	6015	3.20		湄潭县
	0.21	2490	2490	3.60		余庆县
	10.00	5600	5300	4.00		习水县
		2395	2050	2.00		普定县
		4500	4500	2.50		镇宁布依族苗族自治县
		2800	2620	2.00		关岭布依族苗族自治县
		2180	2000	2.00		紫云苗族布依族自治县
		4320	4320	3.80		江口县
	1.30	2410	2125	3.10		玉屏侗族自治县
		9000	9000	7.44		石阡县
		8500	8500	6.00		思南县
		7100	7100	6.30		印江土家族苗族自治县
		6080	6080	3.80		德江县
		6385	6385	3.70		沿河土家族自治县

7-3-3 续表 23

县名称 Name of Counties	储气能力(吨) Gas Storage Capacity (ton)	供气管道长度(公里) Length of Gas Supply Pipeline (km)	供气总量(吨) 合计 Total	销售气量 Quantity Sold	居民家庭 Households
松桃苗族自治县	120.00		1500.00	1500.00	1500.00
兴仁县	25.00		494.00	485.00	406.00
普安县	37.50		510.50	510.00	510.00
晴隆县	2.75		40.00	40.00	38.00
贞丰县	42.00		260.00	260.00	260.00
望谟县	3.00		210.00	210.00	210.00
册亨县			66.00	66.00	66.00
安龙县	25.00		265.00	265.00	265.00
大方县			680.00	680.00	630.00
黔西县	284.20		1000.00	1000.00	1000.00
金沙县			1350.00	1350.00	1350.00
织金县	200.00		1850.00	1850.00	1850.00
纳雍县			800.00	800.00	800.00
威宁彝族回族苗族自治县			1350.00	1350.00	1350.00
赫章县			485.00	485.00	460.00
黄平县			1060.00	1060.00	1060.00
施秉县			260.00	260.00	260.00
三穗县	220.00		200.00	200.00	192.00
镇远县	60.00		687.00	687.00	687.00
岑巩县	80.00		456.20	456.20	361.25
天柱县			1110.00	1110.00	930.00
锦屏县	156.00		632.00	632.00	632.00
剑河县	50.00		613.00	613.00	613.00
台江县	43.00		166.00	166.00	166.00
黎平县			696.73	692.23	692.23
榕江县	82.00		1044.60	1044.00	1043.40
从江县			356.00	356.00	356.00
雷山县			392.00	392.00	392.00
麻江县	20.00		272.00	272.00	272.00
丹寨县			600.00	600.00	600.00
荔波县			536.00	536.00	536.00
贵定县			490.00	490.00	370.00
瓮安县	70.00		950.00	950.00	950.00
独山县	95.00		777.00	762.00	748.00
平塘县	125.00		135.00	135.00	135.00
罗甸县	55.00		975.00	870.00	870.00
长顺县			355.00	355.00	265.00
龙里县	20.00		660.00	660.00	660.00
惠水县			550.00	550.00	550.00
三都水族自治县	50.00		880.60	841.00	702.00
云　南	**18324.90**	**59.00**	**67486.03**	**66879.31**	**46945.92**
晋宁县	750.00		580.00	580.00	
富民县	3.10		15209.00	15209.00	752.00
宜良县	406.60		960.00	960.00	300.00
石林彝族自治县	13.10	2.00	456.50	450.00	450.00

continued 23

Total Gas Supplied (ton)		用气户数(户) Number of Household with Access to Gas (unit)		用气人口(万人) Population with Access to Gas (10,000 persons)	液化石油气汽车加气站(座) Gas Stations for LPG- Fueled Motor Vehicles (unit)	县名称 Name of Counties
燃气汽车 Gas-Powered Automobiles	燃气损失量 Loss Amount		家庭用户 Household User			
		11000	11000	6.00		松桃苗族自治县
	9.00	30000	5400	7.50		兴仁县
	0.50	6840	6840	3.20		普安县
		451	381	1.20		晴隆县
		1900	1900	2.50		贞丰县
		3010	3010	2.12		望谟县
		600	600	2.10		册亨县
		2880	2880	3.50		安龙县
		6420	6200	2.50		大方县
		5000	5000	6.50		黔西县
		20500	20500	6.50		金沙县
		10000	10000	4.10		织金县
		4300	4300	4.50		纳雍县
		15000	15000	8.00		威宁彝族回族苗族自治县
		3860	3100	3.72		赫章县
		4251	4251	3.16		黄平县
		3849	3849	2.10		施秉县
		3865	3156	3.52		三穗县
		7470	7470	4.10		镇远县
		4398	4013	3.30		岑巩县
		5300	5110	4.20		天柱县
		6500	6500	3.00		锦屏县
		9360	9360	4.06		剑河县
		1622	1622	2.07		台江县
	4.50	9959	9959	7.12		黎平县
	0.60	9860	9520	4.20		榕江县
		3000	3000	2.10		从江县
		4500	4500	2.30		雷山县
		2613	2613	2.42		麻江县
		3610	3610	2.50		丹寨县
		4923	4923	2.16		荔波县
		5900	5800	5.00		贵定县
		9200	9200	1.40		瓮安县
	15.00	8209	6304	5.10		独山县
		1350	1350	2.00		平塘县
	105.00	4200	4200	2.20		罗甸县
		3015	2010	3.10		长顺县
		9401	9401	5.80		龙里县
		8900	8900	4.00		惠水县
	39.60	5213	5056	2.50		三都水族自治县
	606.72	**543452**	**478990**	**261.64**		**云　南**
		1425				晋宁县
		2802	2090	0.72		富民县
		25669	1057	7.00		宜良县
	6.50	4950	4950	1.95		石林彝族自治县

7-3-3 续表 24

县名称 Name of Counties	储气能力(吨) Gas Storage Capacity (ton)	供气管道长度(公里) Length of Gas Supply Pipeline (km)	供气总量(吨) 合计 Total	销售气量 Quantity Sold	居民家庭 Households
禄劝彝族苗族自治县	110.00		720.72	720.00	720.00
寻甸回族彝族自治县	700.00		700.00	700.00	700.00
倘甸产业园区和轿子山旅游开发区	85.00		721.10	720.00	720.00
嵩明县	66.48		631.36	631.36	631.36
马龙县	1200.00		1020.00	960.00	880.00
陆良县	75.00		1357.00	1328.50	1300.00
师宗县	600.00		906.00	890.00	810.00
罗平县	55.00	1.20	512.00	510.00	304.00
富源县	983.60		1066.00	985.20	974.60
会泽县	320.00		362.00	360.00	360.00
沾益县	1000.00	14.80	940.00	880.00	880.00
江川县	130.00	0.20	1008.00	1000.00	950.00
澄江县	2000.00		1500.00	1500.00	1500.00
通海县	140.00		1600.00	1560.00	1560.00
华宁县	20.62		231.00	223.50	193.50
易门县	220.00		272.42	272.00	220.00
峨山县	27.00		210.00	210.00	195.00
新平县	50.00		360.00	360.00	180.00
元江县			157.50	157.50	157.50
施甸县	1180.00		426.00	425.00	425.00
龙陵县	460.00		462.00	460.00	460.00
昌宁县	521.00		525.86	524.00	524.00
鲁甸县	60.00		407.70	402.00	342.00
巧家县	15.00		618.02	618.00	602.50
盐津县	50.00		550.00	550.00	550.00
大关县	50.00		290.20	290.20	290.20
永善县	121.00		348.60	340.00	338.00
绥江县	40.00		150.00	150.00	150.00
镇雄县	31.20		264.00	264.00	205.00
彝良县	230.00		766.00	766.00	766.00
威信县	61.00		305.05	304.10	291.00
水富县			360.00	360.00	360.00
玉龙纳西族自治县		20.80	187.50	187.00	187.00
永胜县	120.00		495.00	490.00	390.00
华坪县	70.00	8.00	1324.00	1322.00	900.00
宁蒗县			692.00	690.00	600.00
宁洱哈尼族彝族自治县	80.00		993.85	993.00	993.00
墨江哈尼族自治县	24.00		451.10	448.50	448.50
景东彝族自治县	27.00		466.00	462.00	462.00
景谷傣族彝族自治县	100.00		648.85	642.05	602.00
镇沅彝族哈尼族拉祜族自治县	265.00		175.06	175.00	171.00
江城哈尼族彝族自治县	40.00		356.10	356.00	210.00

continued 24

Total Gas Supplied (ton)		用气户数(户)		用气人口(万人)	液化石油气汽车加气站(座)	县名称
燃气汽车 Gas-Powered Automobiles	燃气损失量 Loss Amount	Number of Household with Access to Gas (unit)	家庭用户 Household User	Population with Access to Gas (10,000 persons)	Gas Stations for LPG- Fueled Motor Vehicles (unit)	Name of Counties
	0.72	8200	8200	4.00		禄劝彝族苗族自治县
		9000	9000	4.30		寻甸回族彝族自治县
	1.10	2520	2520	1.10		倘甸产业园区和轿子山旅游开发区
		2435	2435	3.30		嵩明县
	60.00	6750	6500	3.20		马龙县
	28.50	4389	4210	2.00		陆良县
	16.00	9500	8820	5.80		师宗县
	2.00	3780	3380	12.00		罗平县
	80.80	7980	7551	5.04		富源县
	2.00	4000	4000	1.50		会泽县
	60.00	6150	6150	3.00		沾益县
	8.00	6000	5500	2.00		江川县
		6000	6000	2.00		澄江县
	40.00	15900	15900	3.80		通海县
	7.50	2023	1478	1.01		华宁县
	0.42	7820	7500	3.20		易门县
		4563	3806	3.00		峨山县
		2900	1900	1.00		新平县
		2560	2560	1.00		元江县
	1.00	1650	1650	2.60		施甸县
	2.00	4300	4300	3.61		龙陵县
	1.86	5582	5582	2.87		昌宁县
	5.70	4920	4800	3.20		鲁甸县
	0.02	6270	6235	2.00		巧家县
		4550	4550	2.00		盐津县
		2900	2900	2.01		大关县
	8.60	4898	4896	3.00		永善县
		1500	1500	1.00		绥江县
		8000	6500	4.80		镇雄县
		8145	8145	3.11		彝良县
	0.95	3521	3258	3.13		威信县
		480	480	0.16		水富县
	0.50	3368	3368	1.77		玉龙纳西族自治县
	5.00	8200	6500	4.00		永胜县
	2.00	6200	5700	2.60		华坪县
	2.00	6330	6300	3.00		宁蒗县
	0.85	16520	16520	4.93		宁洱哈尼族彝族自治县
	2.60	5890	5890	2.00		墨江哈尼族自治县
	4.00	7020	7020	3.00		景东彝族自治县
	6.80	6890	6023	2.40		景谷傣族彝族自治县
	0.06	4210	4190	2.08		镇沅彝族哈尼族拉祜族自治县
	0.10	3452	2115	1.50		江城哈尼族彝族自治县

7-3-3 续表 25

县名称 Name of Counties	储气能力(吨) Gas Storage Capacity (ton)	供气管道长度(公里) Length of Gas Supply Pipeline (km)	供气总量(吨) 合计 Total	销售气量 Quantity Sold	居民家庭 Households
孟连傣族拉祜族佤族自治县	60.00		315.00	312.00	312.00
澜沧拉祜族自治县	54.60		347.00	347.00	347.00
西盟佤族自治县	20.00		110.08	110.00	90.00
凤庆县	60.00		1743.00	1698.00	1698.00
云　县	330.00		1522.38	1522.00	1302.00
永德县	90.00		100.00	100.00	100.00
镇康县	50.00		150.00	150.00	60.00
双江拉祜族佤族布朗族傣族自治县	55.60		615.09	615.00	615.00
耿马傣族佤族自治县	90.00		550.00	550.00	550.00
沧源佤族自治县	32.00		264.60	247.10	247.10
双柏县	100.00		332.35	332.00	332.00
牟定县			620.40	620.40	592.00
南华县	150.00		650.00	650.00	580.00
姚安县	300.00		295.00	290.00	290.00
大姚县	75.00		900.00	900.00	900.00
永仁县	50.00		413.00	400.00	150.00
元谋县	60.00		435.00	382.00	382.00
武定县	102.00		394.00	389.00	389.00
禄丰县	65.00		964.40	960.00	850.00
屏边苗族自治县	20.00		89.00	89.00	80.00
建水县	150.00		995.00	960.00	960.00
石屏县	130.00		597.00	597.00	420.60
泸西县	21.00		351.00	350.00	162.00
元阳县	30.00		48.85	48.45	23.02
红河县			49.00	49.00	32.00
金平苗族瑶族傣族自治县	30.00		28.85	28.00	28.00
绿春县			90.00	90.00	60.04
河口县	160.00		722.00	713.00	464.00
砚山县	165.00		149.70	148.00	143.00
西畴县	90.00		189.00	189.00	189.00
麻栗坡县	64.00		335.50	335.00	112.00
马关县	450.00		450.00	450.00	450.00
丘北县	65.00		311.00	310.00	310.00
广南县	120.00		450.65	450.00	450.00
富宁县	300.00		837.00	812.00	576.00
勐海县	100.00		1300.45	1300.45	1210.00
勐腊县	180.00		1600.00	1600.00	1600.00
漾濞彝族自治县			142.00	142.00	128.00
祥云县	340.00		500.90	500.70	500.70
宾川县	70.00	12.00	168.00	168.00	168.00
弥渡县			250.00	250.00	36.00
南涧彝族自治县	60.00		190.00	190.00	190.00

continued 25

Total Gas Supplied (ton)		用气户数（户）Number of Household with Access to Gas (unit)		用气人口（万人）Population with Access to Gas (10,000 persons)	液化石油气汽车加气站（座）Gas Stations for LPG- Fueled Motor Vehicles (unit)	县名称 Name of Counties
燃气汽车 Gas-Powered Automobiles	燃气损失量 Loss Amount		家庭用户 Household User			
	3.00	5700	5700	2.10		孟连傣族拉祜族佤族自治县
		17800	17800	3.50		澜沧拉祜族自治县
	0.08	1530	910	0.65		西盟佤族自治县
	45.00	8893	8893	3.00		凤庆县
	0.38	14365	13950	6.20		云　县
		980	980	0.29		永德县
		3000	1000	0.40		镇康县
	0.09	7016	7016	2.01		双江拉祜族佤族布朗族傣族自治县
		8602	8602	3.40		耿马傣族佤族自治县
	17.50	2886	2886	1.00		沧源佤族自治县
	0.35	5475	5475	2.91		双柏县
		5487	5255	2.14		牟定县
		10378	9635	3.85		南华县
	5.00	3240	3240	2.30		姚安县
		13230	13230	4.51		大姚县
	13.00	3430	1690	1.26		永仁县
	53.00	6200	6200	3.00		元谋县
	5.00	3689	3689	1.11		武定县
	4.40	11251	10207	4.02		禄丰县
		2179	1049	1.00		屏边苗族自治县
	35.00	10000	10000	3.00		建水县
		8262	5631	4.06		石屏县
	1.00	3585	2668	3.00		泸西县
	0.40	1000	371	0.13		元阳县
		220	158	0.90		红河县
	0.85	3869	3869	2.10		金平苗族瑶族傣族自治县
		1137	744	1.00		绿春县
	9.00	5842	5149	2.70		河口县
	1.70	1906	1860	4.60		砚山县
		1792	1792	1.01		西畴县
	0.50	3070	1365	3.30		麻栗坡县
		5000	5000	2.50		马关县
	1.00	5173	5173	3.03		丘北县
	0.65	3800	3800	4.00		广南县
	25.00	6803	6247	6.02		富宁县
		8032	7789	4.90		勐海县
		8394	8394	5.10		勐腊县
		2225	1555	1.01		漾濞彝族自治县
	0.20	8800	8800	3.80		祥云县
		1300	1300	1.29		宾川县
		1430	800	1.07		弥渡县
		1800	1800	1.00		南涧彝族自治县

7-3-3 续表 26

县名称 Name of Counties	储气能力(吨) Gas Storage Capacity (ton)	供气管道长度(公里) Length of Gas Supply Pipeline (km)	供气总量(吨) 合计 Total	销售气量 Quantity Sold	居民家庭 Households
巍山彝族回族自治县			89.00	89.00	70.00
永平县	50.00		375.00	375.00	375.00
云龙县			159.00	159.00	159.00
洱源县	55.00		245.00	245.00	245.00
剑川县	110.00		413.60	412.30	412.30
鹤庆县	32.00		120.00	120.00	120.00
梁河县			39.00	39.00	39.00
盈江县	320.00		680.00	680.00	680.00
陇川县			223.00	223.00	215.00
泸水县	300.00		254.20	250.00	230.00
福贡县	278.00		205.90	205.00	205.00
贡山独龙族怒族自治县	250.00		82.64	82.00	82.00
兰坪白族普米族自治县	60.00		460.00	460.00	460.00
德钦县	20.00		230.00	230.00	230.00
维西傈僳族自治县	60.00		600.00	580.00	340.00
西　藏	**951.70**	**29.71**	**13176.23**	**12922.24**	**2671.35**
林周县	15.50		202.00	180.00	155.00
当雄县	15.00	0.10	145.00	145.00	126.00
尼木县	281.00	15.00	257.00	227.00	227.00
曲水县	5.00		58.00	58.00	37.50
达孜县	25.00		92.00	92.00	92.00
墨竹工卡县	54.20		54.38	54.24	34.00
江达县			1033.50	1033.00	30.00
贡觉县			752.00	750.00	20.00
类乌齐县			752.00	750.00	20.00
丁青县	55.00		901.00	900.00	26.00
察雅县			2030.00	2000.00	30.00
八宿县			270.00	260.00	25.00
左贡县			1701.00	1700.00	500.00
芒康县			1718.00	1673.00	49.00
洛隆县			878.00	850.00	28.00
边坝县			683.00	680.00	26.00
桑日县		0.30	42.10	42.00	42.00
琼结县	27.00	0.15	46.00	45.00	25.00
曲松县	55.00	2.00	52.01	52.00	28.00
浪卡子县			122.30	122.30	122.30
江孜县			310.20	310.00	220.00
定日县		0.07	50.00	50.00	42.00
昂仁县	90.00	12.00	90.00	45.00	45.00
白朗县	10.00		52.04	46.00	31.00
康马县	25.00		77.00	77.00	65.00
仲巴县			32.00	32.00	32.00
吉隆县	6.20		1.50	1.50	1.50
萨嘎县	120.00	0.04	93.00	68.00	2.40
岗巴县	52.00	0.02	40.00	40.00	40.00

continued 26

Total Gas Supplied (ton)		用气户数(户) Number of Household with Access to Gas (unit)		用气人口(万人) Population with Access to Gas (10,000 persons)	液化石油气汽车加气站(座) Gas Stations for LPG- Fueled Motor Vehicles (unit)	县名称 Name of Counties
燃气汽车 Gas-Powered Automobiles	燃气损失量 Loss Amount		家庭用户 Household User			
		720	700	1.20		巍山彝族回族自治县
		3800	3800	1.00		永平县
		1650	1650	1.00		云龙县
		4000	4000	2.10		洱源县
	1.30	3800	3800	1.00		剑川县
		3000	3000	1.00		鹤庆县
		380	380	0.25		梁河县
		4375	4375	3.00		盈江县
		2518	2178	1.00		陇川县
	4.20	5800	700	3.00		泸水县
	0.90	576	576	1.01		福贡县
	0.64	230	230	0.62		贡山独龙族怒族自治县
		4200	4200	1.10		兰坪白族普米族自治县
		820	820	0.50		德钦县
	20.00	6700	2980	3.00		维西傈僳族自治县
149.95	**253.99**	**24894**	**20395**	**15.06**	**15**	**西　藏**
	22.00	622	512	0.34		林周县
		465	370	0.29		当雄县
	30.00	649	649	0.32		尼木县
		230	160	0.45		曲水县
		92	92	0.06		达孜县
	0.14	435	285	1.00		墨竹工卡县
	0.50	300	200	0.10	2	江达县
	2.00	300	200	0.10		贡觉县
	2.00	300	200	0.10		类乌齐县
	1.00	400	360	0.13	2	丁青县
	30.00	400	310	0.15	2	察雅县
	10.00	750	700	0.09		八宿县
	1.00	800	750	0.30		左贡县
	45.00	1000	900	0.15		芒康县
	28.00	900	750	0.20		洛隆县
	3.00	750	700	0.26		边坝县
	0.10	1100	1100	0.30		桑日县
20.00	1.00	4800	4300	0.57	1	琼结县
23.00	0.01	500	300	0.23	4	曲松县
		670	670	0.36		浪卡子县
	0.20	1850	1670	1.30		江孜县
		660	480	0.36		定日县
	45.00	100	100	0.45		昂仁县
	6.04	260	242	0.26		白朗县
		450	410	0.25		康马县
		32	32	0.32		仲巴县
		550	550	0.10		吉隆县
65.60	25.00	80	25	0.49	1	萨嘎县
		496	496	0.13		岗巴县

7-3-3 续表 27

县名称 Name of Counties	储气能力(吨) Gas Storage Capacity (ton)	供气管道长度(公里) Length of Gas Supply Pipeline (km)	供气总量(吠) 合计 Total	销售气量 Quantity Sold	居民家庭 Households
聂荣县	13.00				
申扎县		0.01	34.50	34.50	31.35
噶尔县	50.00		43.20	42.00	3.80
日土县	20.00		90.00	90.00	90.00
革吉县			200.00	200.00	200.00
措勤县					
米林县			120.00	120.00	120.00
波密县	19.00	0.02	56.00	56.00	42.00
察隅县			25.50	25.00	24.50
朗县	13.80		72.00	71.70	38.00
陕　西	**12004.40**	**3.55**	**49045.09**	**48533.65**	**44774.90**
蓝田县	300.00	1.12	802.20	802.00	668.00
周至县	240.00		1150.50	1150.00	1150.00
户　县	310.00	2.24	1103.00	1053.00	1053.00
宜君县			4.52	4.50	
凤翔县	50.00		301.00	300.00	300.00
岐山县	100.00		260.00	256.00	256.00
扶风县	24.50		101.80	100.00	100.00
眉　县			747.00	745.00	735.00
陇　县			1545.30	1540.00	1392.00
千阳县			833.09	832.21	832.21
麟游县			108.13	108.00	108.00
凤　县			113.00	113.00	113.00
太白县			88.09	88.00	75.00
三原县	144.00		1183.02	1183.00	1183.00
泾阳县	128.00		479.50	473.00	235.00
乾　县	70.00		449.20	445.00	445.00
礼泉县	320.00		553.36	553.34	553.34
永寿县	315.00		369.60	367.00	327.00
彬　县			803.50	801.50	799.05
长武县	93.00		163.01	163.00	148.00
旬邑县	223.00		322.01	322.00	288.00
淳化县	70.00	0.10	42.00	42.00	42.00
武功县	40.00		456.50	456.00	456.00
潼关县	45.00		122.50	118.00	118.00
大荔县			598.00	570.00	570.00
合阳县	30.00		218.90	216.00	196.00
澄城县	380.00		1082.30	1080.00	1080.00
蒲城县	225.00		1161.00	1120.00	1102.00
白水县	160.00		439.50	438.00	438.00
富平县	50.00		310.00	300.00	300.00
延长县	42.00		34.05	33.00	32.00
延川县	63.00		654.50	650.00	650.00
子长县	55.00		602.60	600.80	236.00
安塞县			95.08	95.00	14.00

continued 27

Total Gas Supplied (ton)		用气户数(户) Number of Household with Access to Gas (unit)		用气人口(万人) Population with Access to Gas (10,000 persons)	液化石油气汽车加气站(座) Gas Stations for LPG- Fueled Motor Vehicles (unit)	县名称 Name of Counties
燃气汽车 Gas-Powered Automobiles	燃气损失量 Loss Amount		家庭用户 Household User			
		91	91	0.52		聂荣县
3.15		125	118	0.04	1	申扎县
38.20	1.20	1200	10	2.60	2	噶尔县
		756	756	0.30		日土县
		750	750	0.08		革吉县
				0.80		措勤县
		56	56	0.04		米林县
		885	379	1.05		波密县
	0.50	420	212	0.32		察隅县
	0.30	670	510	0.15		朗县
45.00	**511.44**	**482343**	**451782**	**185.16**	**1**	**陕　西**
	0.20	11386	11110	5.00		蓝田县
	0.50	14400	14400	5.50		周至县
	50.00	14654	14654	7.00		户　县
	0.02	45				宜君县
	1.00	3328	3328	1.50		凤翔县
	4.00	740	740	0.28		岐山县
	1.80	480	480	0.21		扶风县
	2.00	13317	2115	0.90		眉　县
45.00	5.30	5098	4140	0.84	1	陇　县
	0.88	4823	4823	2.00		千阳县
	0.13	1217	1217	0.60		麟游县
		1862	1862	0.84		凤　县
	0.09	852	824	0.41		太白县
	0.02	14325	14325	5.00		三原县
	6.50	1897	1723	0.80		泾阳县
	4.20	5900	5900	2.80		乾　县
	0.02	5911	5911	1.62		礼泉县
	2.60	4327	4085	1.97		永寿县
	2.00	8600	8552	4.00		彬　县
	0.01	1523	1305	0.40		长武县
	0.01	2550	2500	1.02		旬邑县
		501	501	0.25		淳化县
	0.50	3268	3268	1.00		武功县
	4.50	1900	1900	0.95		潼关县
	28.00	8200	8200	4.10		大荔县
	2.90	2913	2091	0.91		合阳县
	2.30	18000	18000	9.00		澄城县
	41.00	17420	9100	4.53		蒲城县
	1.50	7300	7300	3.65		白水县
	10.00	2300	2300	1.10		富平县
	1.05	520	510	0.25		延长县
	4.50	8200	8200	4.10		延川县
	1.80	3989	3600	1.80		子长县
	0.08	380	160	0.08		安塞县

7-3-3 续表 28

县名称 Name of Counties	储气能力(吨) Gas Storage Capacity (ton)	供气管道长度(公里) Length of Gas Supply Pipeline (km)	供气总量(吨) 合计 Total	销售气量 Quantity Sold	居民家庭 Households
志丹县	35.00		142.50	140.00	140.00
吴起县	45.00		200.00	198.00	197.00
甘泉县	7.00		64.80	62.00	53.00
富　县	30.00		16.02	16.00	16.00
洛川县	145.00		312.00	310.00	280.00
宜川县	60.00		51.00	48.00	48.00
黄龙县	8.50		30.03	30.00	
黄陵县	300.00		50.35	50.00	50.00
南郑县	130.00		1337.00	1323.00	1323.00
城固县	3600.00		1338.00	1312.00	1312.00
洋　县	220.00		1523.30	1522.00	1337.00
西乡县	160.00		806.00	800.00	800.00
勉　县			4330.00	4280.00	4070.00
宁强县	25.00		160.20	160.00	160.00
略阳县	196.00		240.00	239.80	239.80
镇巴县	88.00		723.65	723.00	723.00
留坝县			5.10	5.00	
佛坪县			120.00	120.00	120.00
神木县	30.00		790.00	780.00	610.00
府谷县			1556.00	1480.00	1170.00
靖边县			621.00	598.00	598.00
定边县	100.00		320.03	320.00	320.00
绥德县	30.00		276.60	276.00	276.00
米脂县	16.00		47.10	47.00	47.00
佳　县	45.00		20.03	20.00	8.00
吴堡县	40.00		32.03	32.00	29.00
清涧县	7.20	0.09	73.02	73.00	71.50
子洲县	78.00		601.30	600.00	600.00
汉阴县			620.32	615.00	615.00
石泉县	100.00		293.14	290.00	290.00
宁陕县	30.70		507.00	505.50	504.00
紫阳县	95.00		2007.80	1988.00	1988.00
岚皋县	76.00		3255.00	3250.00	2500.00
平利县	910.00		3023.00	3000.00	2250.00
镇坪县	60.00		639.10	635.00	635.00
旬阳县	85.00		1391.36	1389.00	1389.00
白河县	900.00		741.20	740.00	740.00
洛南县	165.00		691.00	680.00	653.00
丹凤县	150.00		493.00	492.00	482.00
商南县	158.50		884.50	870.00	800.00
山阳县	150.00		605.00	590.00	550.00
镇安县	101.00		523.00	521.00	501.00
柞水县	150.00		285.85	285.00	285.00
甘　肃	**4355.83**		**23516.42**	**23086.72**	**21310.87**
永昌县	50.00		256.00	254.00	210.00

continued 28

Total Gas Supplied (ton) 燃气汽车 Gas-Powered Automobiles	燃气损失量 Loss Amount	用气户数(户) Number of Household with Access to Gas (unit)	家庭用户 Household User	用气人口(万人) Population with Access to Gas (10,000 persons)	液化石油气汽车加气站(座) Gas Stations for LPG- Fueled Motor Vehicles (unit)	县名称 Name of Counties
	2.50	1840	1840	0.92		志丹县
	2.00	2100	2000	1.00		吴起县
	2.80	550	540	0.27		甘泉县
	0.02	155	155	0.07		富　县
	2.00	2680	1920	0.96		洛川县
	3.00	410	410	0.20		宜川县
	0.03					黄龙县
	0.35	800	800	0.35		黄陵县
	14.00	18712	18712	7.30		南郑县
	26.00	20600	20600	9.35		城固县
	1.30	15072	14004	5.00		洋　县
	6.00	11500	11500	5.20		西乡县
	50.00	43810	42810	13.03		勉　县
	0.20	2600	2600	1.00		宁强县
	0.20	3840	3840	1.80		略阳县
	0.65	9067	9067	4.00		镇巴县
	0.10	20				留坝县
		542	542	0.20		佛坪县
	10.00	7300	6900	2.00		神木县
	76.00	4210	3565	1.00		府谷县
	23.00	6200	6200	1.70		靖边县
	0.03	3290	3290	0.95		定边县
	0.60	3460	3460	0.91		绥德县
	0.10	510	510	0.25		米脂县
	0.03	40	25	0.01		佳　县
	0.03	360	300	0.15		吴堡县
	0.02	780	750	0.30		清涧县
	1.30	4000	4000	2.00		子洲县
	5.32	6754	6754	2.35		汉阴县
	3.14	4300	4300	2.15		石泉县
	1.50	5990	5970	1.60		宁陕县
	19.80	12450	12450	5.02		紫阳县
	5.00	8500	8333	2.00		岚皋县
	23.00	8145	8045	2.93		平利县
	4.10	4100	4100	1.16		镇坪县
	2.36	13560	13560	6.10		旬阳县
	1.20	8700	8700	3.10		白河县
	11.00	11600	10846	5.32		洛南县
	1.00	8800	8000	4.00		丹凤县
	14.50	9800	9600	4.40		商南县
	15.00	9510	8740	4.30		山阳县
	2.00	8960	8320	4.10		镇安县
	0.85	4600	4600	2.30		柞水县
132.42	**429.70**	**288216**	**257031**	**175.77**	**10**	**甘　肃**
	2.00	1040	920	1.02		永昌县

7-3-3 续表 29

县名称 Name of Counties	储气能力(吨) Gas Storage Capacity (ton)	供气管道长度(公里) Length of Gas Supply Pipeline (km)	供气总量(吨)		
			合计 Total	销售气量 Quantity Sold	居民家庭 Households
靖远县	73.00		145.00	144.00	144.00
会宁县	63.00		2000.00	1990.00	1990.00
景泰县	25.00		279.00	278.00	278.00
秦安县			1040.00	995.00	995.00
甘谷县			530.00	510.00	510.00
武山县	320.00		290.00	285.00	245.00
民勤县	125.00		425.00	422.00	422.00
古浪县	20.00		325.00	325.00	325.00
天祝藏族自治县	22.00		375.00	369.38	369.38
肃南裕固族自治县	27.00		81.80	79.80	79.80
民乐县	52.00		1671.00	1669.00	1652.00
临泽县	38.00		370.00	360.00	340.00
高台县	50.00		612.00	602.00	590.00
山丹县	385.00		393.00	376.00	343.00
泾川县	160.00		317.20	305.00	260.00
灵台县	16.50		136.40	131.00	93.00
崇信县	16.50		135.00	134.00	112.00
华亭县	85.00		233.00	228.00	195.00
庄浪县	82.00		157.20	155.00	152.00
静宁县	98.00		772.11	746.00	605.00
金塔县	81.00		131.40	128.00	128.00
瓜州县	500.00		343.40	340.00	340.00
庆城县	11.50		1820.90	1780.00	1368.00
环　县	0.90		1453.00	1451.92	1150.00
华池县	0.53		807.18	806.35	755.32
合水县	0.70		623.40	622.00	622.00
正宁县	10.00		628.50	627.82	590.00
宁　县	28.00		566.00	545.00	457.00
镇原县	2.00		345.50	345.00	345.00
通渭县	165.00		160.00	158.00	120.00
陇西县	113.00		366.00	360.00	360.00
渭源县	15.00		214.00	213.00	197.00
临洮县	270.00		265.00	252.00	236.00
漳　县	14.00		80.00	76.00	76.00
岷　县	135.00		143.00	140.00	140.00
成　县	151.20		162.00	155.00	148.00
文　县	15.00		236.00	225.00	203.00
宕昌县	30.00		376.00	363.00	310.00
康　县	30.00		354.00	339.00	268.00
西和县	24.00		442.00	422.00	422.00
礼　县	54.00		360.00	357.00	354.00
徽　县	13.00		528.00	525.00	525.00
两当县	18.00		84.11	81.11	81.11
临夏县	22.00		161.80	157.00	148.00
康乐县	40.00		156.00	151.00	151.00

continued 29

Total Gas Supplied (ton)		用气户数(户)		用气人口(万人)	液化石油气汽车加气站(座)	县名称
燃气汽车 Gas-Powered Automobiles	燃气损失量 Loss Amount	Number of Household with Access to Gas (unit)	家庭用户 Household User	Population with Access to Gas (10,000 persons)	Gas Stations for LPG- Fueled Motor Vehicles (unit)	Name of Counties
	1.00	2250	2250	0.90		靖远县
	10.00	17220	17220	8.50		会宁县
	1.00	3000	3000	0.90		景泰县
	45.00	8050	8050	2.95		秦安县
	20.00	5345	5345	1.30		甘谷县
	5.00	2530	2460	1.20		武山县
	3.00	4650	4650	2.95		民勤县
		3560	3560	1.85		古浪县
	5.62	11710	11710	4.10		天祝藏族自治县
	2.00	1308	1308	1.32		肃南裕固族自治县
17.00	2.00	18467	18127	7.49	2	民乐县
20.00	10.00	8400	5500	5.29	1	临泽县
12.00	10.00	9200	9180	4.69	1	高台县
33.00	17.00	20600	5600	7.10	3	山丹县
	12.20	3896	3772	4.92		泾川县
	5.40	1365	1225	1.33		灵台县
	1.00	2122	1965	1.52		崇信县
	5.00	1630	1470	2.20		华亭县
	2.20	1590	1550	3.10		庄浪县
	26.11	7055	6945	5.08		静宁县
	3.40	1280	1280	5.85		金塔县
	3.40	3160	3160	1.80		瓜州县
	40.90	13890	13552	5.89		庆城县
	1.08	10800	10000	4.63		环　县
45.32	0.83	6803	6293	2.96	1	华池县
	1.40	5890	5890	4.56		合水县
	0.68	5512	5380	3.52		正宁县
	21.00	5860	4950	2.69		宁　县
	0.50	2010	2010	1.20		镇原县
	2.00	4795	1260	4.00		通渭县
	6.00	3642	3642	12.00		陇西县
	1.00	3680	2067	3.14		渭源县
	13.00	12310	10500	13.42		临洮县
	4.00	4300	4300	2.14		漳　县
	3.00	17250	17250	6.25		岷　县
	7.00	6000	5500	5.40		成　县
	11.00	4970	4905	3.13		文　县
	13.00	4237	3459	2.13		宕昌县
	15.00	3182	2965	2.15		康　县
	20.00	3800	3800	1.45		西和县
	3.00	4655	4538	2.60		礼　县
	3.00	6180	6180	2.90		徽　县
	3.00	810	810	0.48		两当县
	4.80	951	912	0.63		临夏县
	5.00	1684	1684	0.82		康乐县

7-3-3 续表 30

县名称 Name of Counties	储气能力(吨) Gas Storage Capacity (ton)	供气管道长度(公里) Length of Gas Supply Pipeline (km)	供气总量(吨) 合计 Total	销售气量 Quantity Sold	居民家庭 Households
永靖县	29.00		86.01	86.00	86.00
广河县	60.00		104.80	103.60	103.60
和政县	16.00		278.82	274.22	119.36
东乡县	58.00		57.55	57.50	43.30
积石山县	20.00		317.00	305.00	305.00
临潭县	150.00		309.00	302.00	280.00
卓尼县	110.00		107.00	105.00	105.00
舟曲县	205.00		223.00	212.00	206.00
迭部县	21.00		16.32	16.00	16.00
玛曲县	200.00		203.00	195.00	195.00
碌曲县	20.00		152.02	147.02	142.00
夏河县	15.00		311.00	305.00	305.00
青　海	**1590.00**		**3268.52**	**3227.10**	**2757.83**
大通县	350.00		570.00	570.00	570.00
湟中县			180.00	170.00	170.00
湟源县			151.60	150.80	150.80
民和县	12.00		38.00	33.00	33.00
化隆县			60.00	59.00	43.00
循化县			200.50	200.00	110.00
门源县	30.00		132.90	130.00	35.00
祁连县	20.00		127.00	120.00	18.00
海晏县	16.00		42.00	42.00	42.00
刚察县	18.00		95.00	90.00	25.00
西海镇	20.00		94.30	90.20	21.12
同仁县	18.00		16.00	16.00	15.00
尖扎县	24.00		17.00	17.00	14.50
泽库县	15.00		12.00	12.00	12.00
河南县	22.00		22.00	22.00	22.00
共和县	11.00		66.00	66.00	66.00
同德县	4.00		11.30	11.30	11.30
兴海县	2.00		12.00	12.00	9.60
贵南县	8.00		38.00	38.00	35.00
玛沁县	200.00		201.00	200.00	200.00
班玛县			200.10	200.00	200.00
甘德县	150.00		145.10	145.00	145.00
达日县	120.00		114.10	114.00	114.00
久治县	150.00		147.10	147.00	145.00
玛多县	100.00		95.10	95.00	95.00
杂多县	60.00		96.71	96.00	96.00
称多县	60.00		77.73	77.00	77.00
治多县	60.00		75.73	75.00	54.00
囊谦县	60.00		118.70	118.00	118.00
曲麻莱县	60.00		71.75	71.00	71.00
乌兰县			9.00	9.00	9.00
都兰县			23.80	23.80	23.51
天峻县			7.00	7.00	7.00

continued 30

Total Gas Supplied (ton)		用气户数(户) Number of Household with Access to Gas (unit)		用气人口(万人) Population with Access to Gas (10,000 persons)	液化石油气汽车加气站(座) Gas Stations for LPG- Fueled Motor Vehicles (unit)	县名称 Name of Counties
燃气汽车 Gas-Powered Automobiles	燃气损失量 Loss Amount		家庭用户 Household User			
	0.01	1390	1390	0.56		永靖县
	1.20	1106	1106	0.54		广河县
	4.60	1068	912	0.91		和政县
	0.05	472	433	0.28		东乡县
	12.00	1040	1040	0.50		积石山县
	7.00	2316	1920	1.19		临潭县
	2.00	1075	1075	1.10		卓尼县
5.10	11.00	1660	1625	1.01	2	舟曲县
	0.32	200	200	1.00		迭部县
	8.00	1710	1710	1.09		玛曲县
	5.00	1340	1326	1.04		碌曲县
	6.00	2200	2200	1.10		夏河县
21.00	**41.42**	**37149**	**25400**	**29.54**	**1**	**青　海**
		4600	4600	3.80		大通县
	10.00	2305	2305	0.95		湟中县
	0.80	1450	1450	1.10		湟源县
	5.00	500	500	1.00		民和县
	1.00	771	531	1.02		化隆县
	0.50	1230	1100	0.70		循化县
	2.90	9500	120	1.46		门源县
	7.00	100	88	1.00		祁连县
		120	120	0.51		海晏县
	5.00	90	78	1.00		刚察县
	4.10	93	66	1.02		西海镇
		330	240	1.00		同仁县
		250	220	1.00		尖扎县
		200	200	0.50		泽库县
		360	360	1.00		河南县
		732	732	0.91		共和县
		182	182	0.94		同德县
		186	160	1.00		兴海县
		533	500	1.01		贵南县
	1.00	3200	3200	0.90		玛沁县
	0.10	1100	1100	0.30		班玛县
	0.10	1025	1025	0.31		甘德县
	0.10	480	480	0.16		达日县
	0.10	750	744	0.25		久治县
	0.10	97	97	0.20		玛多县
	0.71	998	998	0.60		杂多县
	0.73	1100	1100	1.02		称多县
21.00	0.73	930	866	1.02	1	治多县
	0.70	912	912	0.56		囊谦县
	0.75	998	998	1.03		曲麻莱县
		98	98	1.00		乌兰县
		1839	140	1.22		都兰县
		90	90	0.05		天峻县

7-3-3 续表 31

县名称 Name of Counties	储气能力(吨) Gas Storage Capacity (ton)	供气管道长度(公里) Length of Gas Supply Pipeline (km)	供气总量(吨) 合计 Total	销售气量 Quantity Sold	居民家庭 Households
宁 夏	**5099.00**	**5.77**	**12213.05**	**12170.20**	**11149.00**
贺兰县	765.00		1954.20	1936.00	938.00
平罗县	1400.00		6600.00	6600.00	6600.00
盐池县			727.00	727.00	727.00
同心县	71.50		277.00	275.20	264.00
红寺堡开发区	89.00	0.06	204.50	204.00	200.00
西吉县	50.00		160.00	160.00	160.00
隆德县	150.00		254.00	249.00	241.00
泾源县	65.50		118.50	118.00	118.00
彭阳县	70.00		196.85	185.00	185.00
中宁县	2400.00	0.31	1371.00	1371.00	1371.00
海原县	38.00	5.40	350.00	345.00	345.00
新 疆	**6428.80**	**1.41**	**31576.83**	**31276.66**	**22260.25**
鄯善县	100.00		1000.00	984.00	984.00
托克逊县	76.00		608.90	592.00	443.00
巴里坤哈萨克自治县	35.00	1.10	300.30	300.00	300.00
呼图壁县	25.00	0.31	659.20	658.00	658.00
玛纳斯县	50.00		161.00	160.00	160.00
奇台县	150.00		1653.00	1650.00	1650.00
木垒县	8.00		63.50	62.50	62.50
精河县	80.00		800.40	800.00	775.00
温泉县	45.00		47.05	46.50	46.50
轮台县	45.20		178.10	178.00	89.00
尉犁县	60.00		360.21	360.00	102.00
若羌县	43.00		150.09	150.00	150.00
且末县	102.00		857.10	850.00	750.00
焉耆县	50.00		665.00	660.00	660.00
和静县	35.00		1523.80	1520.00	350.00
和硕县	50.00		110.07	110.00	90.00
博湖县	25.20		53.62	53.59	53.59
温宿县	85.00		460.00	448.00	438.00
库车县	60.00		840.00	830.00	830.00
沙雅县	126.00		302.56	302.00	272.00
新和县	20.00		4323.00	4238.00	786.00
拜城县	30.00		800.70	785.70	785.70
乌什县	30.00		574.50	562.50	562.50
阿瓦提县	100.00		415.00	405.00	405.00
柯坪县	110.00		122.40	120.00	120.00
阿克陶县	8.00		90.80	90.00	90.00
阿合奇县			67.60	67.20	67.20
乌恰县	20.00		11.75	11.70	11.70
疏勒县	200.00		1569.00	1567.91	478.00
英吉沙县			730.00	729.00	200.00
泽普县	750.00		641.70	638.00	288.00

continued 31

Total Gas Supplied (ton) 燃气汽车 Gas-Powered Automobiles	燃气损失量 Loss Amount	用气户数(户) Number of Household with Access to Gas (unit)	家庭用户 Household User	用气人口(万人) Population with Access to Gas (10,000 persons)	液化石油气汽车加气站(座) Gas Stations for LPG- Fueled Motor Vehicles (unit)	县名称 Name of Counties
	42.85	**91309**	**84764**	**35.36**		**宁 夏**
	18.20	20263	15055	2.00		贺兰县
		18500	18500	4.30		平罗县
		5352	5352	3.10		盐池县
	1.80	5008	4208	2.46		同心县
	0.50	3300	3250	2.00		红寺堡开发区
		4200	4200	1.80		西吉县
	5.00	4501	4014	2.10		隆德县
	0.50	1485	1485	0.60		泾源县
	11.85	3000	3000	4.00		彭阳县
		22000	22000	9.00		中宁县
	5.00	3700	3700	4.00		海原县
5488.00	**300.17**	**203966**	**184314**	**83.92**	**25**	**新 疆**
	16.00	10743	10743	1.70		鄯善县
	16.90	4430	4200	2.10		托克逊县
	0.30	2000	2000	1.00		巴里坤哈萨克自治县
	1.20	1832	1832	0.92		呼图壁县
	1.00	850	850	0.28		玛纳斯县
	3.00	9000	9000	3.80		奇台县
	1.00	1000	1000	0.30		木垒县
	0.40	3390	3300	1.72		精河县
	0.55	765	765	0.51		温泉县
89.00	0.10	1080	880	0.29	1	轮台县
	0.21	712	300	0.09		尉犁县
	0.09	425	425	0.19		若羌县
100.00	7.10	4500	4200	1.09	1	且末县
	5.00	10000	10000	1.20		焉耆县
1170.00	3.80	2455	2450	0.65	1	和静县
20.00	0.07	1000	700	0.16	1	和硕县
	0.03	350	350	0.10		博湖县
	12.00	2123	2111	0.72		温宿县
	10.00	9126	9126	4.26		库车县
30.00	0.56	3000	2900	1.00	1	沙雅县
2033.00	85.00	8245	6244	3.00	2	新和县
	15.00	2521	2521	0.39		拜城县
	12.00	5100	5100	1.05		乌什县
	10.00	3450	3450	1.80		阿瓦提县
	2.40	1500	1500	0.60		柯坪县
	0.80	775	775	1.20		阿克陶县
	0.40	1000	1000	0.45		阿合奇县
	0.05	116	116	0.04		乌恰县
409.00	1.09	12968	5518	1.98	2	疏勒县
529.00	1.00	3000	2900	0.80	2	英吉沙县
350.00	3.70	4356	2206	1.00	1	泽普县

7-3-3 续表 32

县名称 Name of Counties	储气能力(吨) Gas Storage Capacity (ton)	供气管道长度(公里) Length of Gas Supply Pipeline (km)	供气总量(吨) 合计 Total	销售气量 Quantity Sold	居民家庭 Households
莎车县	1805.40		1180.42	1178.30	701.60
叶城县	110.00		1005.00	1000.00	600.00
麦盖提县	100.00		467.00	466.00	325.20
岳普湖县	100.00		593.85	593.00	309.00
伽师县	50.00		317.00	316.00	316.00
巴楚县	60.00		1246.80	1245.00	1100.00
塔什库尔干县	35.00		932.36	932.06	932.06
墨玉县	90.00		290.00	290.00	290.00
皮山县	50.00		308.10	305.20	170.20
洛浦县	14.00		18.00	18.00	18.00
策勒县			116.00	116.00	116.00
于田县	20.00		289.50	287.00	273.00
民丰县			74.80	74.80	74.80
伊宁县	30.00		185.05	185.00	185.00
察布查尔县			289.00	289.00	289.00
霍城县	40.00		140.30	140.10	140.10
巩留县	53.00		49.00	48.00	48.00
新源县	300.00		1136.50	1118.00	1088.00
昭苏县	33.00		142.00	142.00	142.00
特克斯县	40.00		208.50	205.60	185.60
尼勒克县	40.00		247.00	242.00	237.00
额敏县	130.00		395.00	380.00	380.00
沙湾县	160.00		681.80	680.00	680.00
托里县	25.00		236.00	233.00	233.00
裕民县	45.00		120.00	110.00	110.00
和布克赛尔蒙古自治县	40.00		30.00	22.00	22.00
布尔津县	30.00		136.40	135.00	124.00
富蕴县	50.00		90.80	90.00	90.00
福海县	30.00		171.80	170.00	170.00
哈巴河县	50.00		200.90	200.00	120.00
青河县	60.00		81.00	80.00	80.00
吉木乃县	320.00		56.60	56.00	53.00
新疆生产建设兵团	**3663.39**	**16.00**	**14600.45**	**14225.29**	**13586.50**
第一师	290.00		808.00	808.00	808.00
第二师	370.10	1.00	116.35	116.35	116.35
第三师	130.00		100.00	100.00	100.00
第四师			4614.40	4614.40	4609.30
第五师	2332.29	8.60	3966.76	3966.76	3689.19
第六师	17.00	1.70	236.00	236.00	224.30
第七师	200.00	4.70	1286.34	1273.32	1110.00
第八师	250.00		656.00	650.00	589.00
第九师			1713.95	1359.81	1359.81
第十师	74.00		482.65	480.65	360.55
第十二师			620.00	620.00	620.00

continued 32

Total Gas Supplied (ton)		用气户数(户) Number of Household with Access to Gas (unit)		用气人口(万人) Population with Access to Gas (10,000 persons)	液化石油气汽车加气站(座) Gas Stations for LPG- Fueled Motor Vehicles (unit)	县名称 Name of Counties
燃气汽车 Gas-Powered Automobiles	燃气损失量 Loss Amount		家庭用户 Household User			
12.00	2.12	4689	4671	3.10	4	莎车县
400.00	5.00	3800	2000	0.60	2	叶城县
138.80	1.00	2100	1920	2.55	1	麦盖提县
8.20	0.85	4200	3680	2.00	1	岳普湖县
	1.00	3334	3334	3.80		伽师县
	1.80	8800	8000	5.70		巴楚县
	0.30	3214	3214	1.16		塔什库尔干县
		2115	2115	1.12		墨玉县
135.00	2.90	3080	1810	1.75	1	皮山县
		238	238	0.14		洛浦县
		3069	3069	1.41		策勒县
14.00	2.50	5710	5430	4.54	2	于田县
		1134	1134	0.88		民丰县
	0.05	4069	4069	1.80		伊宁县
		3570	3570	2.00		察布查尔县
	0.20	1000	1000	1.50		霍城县
	1.00	581	581	0.90		巩留县
30.00	18.50	7600	7500	2.75	1	新源县
		2353	2353	1.04		昭苏县
20.00	2.90	3290	2968	1.99	1	特克斯县
	5.00	1100	1000	1.10		尼勒克县
	15.00	3850	3850	0.68		额敏县
	1.80	9000	9000	1.94		沙湾县
	3.00	2100	2100	1.81		托里县
	10.00	1500	1500	0.80		裕民县
	8.00	160	160	0.06		和布克赛尔蒙古自治县
	1.40	1220	1198	0.41		布尔津县
	0.80	688	688	0.23		富蕴县
	1.80	1550	1550	0.48		福海县
	0.90	1200	700	0.47		哈巴河县
	1.00	910	910	0.36		青河县
	0.60	930	540	0.46		吉木乃县
283.35	**375.16**	**59748**	**58043**	**21.13**	**7**	**新疆生产建设兵团**
		5450	5450	1.91		第一师
		2156	2156	0.66		第二师
		1607	1607	0.29		第三师
5.10		4761	4728	1.69	1	第四师
263.40		11514	10896	5.54	3	第五师
10.00		1480	1438	1.10	1	第六师
4.85	13.02	7867	7563	2.28	2	第七师
	6.00	8534	8019	2.22		第八师
	354.14	8872	8872	2.96		第九师
	2.00	3897	3704	1.48		第十师
		3610	3610	1.00		第十二师

八、县城集中供热

8. County Seat Central Heating

简要说明

县城供热指向热用户供应热能的活动，可分为集中供热和分散供热。本部分只包括集中供热，集中供热指从一个或多个热源通过热网向城市的热用户供给生产和生活热能的方式，要求具有一定的规模。

Brief Introduction

County seat heating is to supply heat energy to urban users in two ways: central heating and individual heating. This section is only about central heating, which is to deliver heat from one or more heat sources through network to urban end-users for industrial and domestic purposes.

8 全国历年县城集中供热情况(2000–2015)
National County Seat Central Heating in Past Years(2000-2015)

年份 Year	供热能力 Heating Capacity 蒸汽(吨/小时) Steam (ton/hour)	供热能力 Heating Capacity 热水(兆瓦) Hot Water (mega watts)	供热总量 Total Heat Supplied 蒸汽(万吉焦) Steam (10,000 gigajoules)	供热总量 Total Heat Supplied 热水(万吉焦) Hot Water (10,000 gigajoules)	管道长度(公里) Length of Pipelines (km) 蒸汽 Steam	管道长度(公里) Length of Pipelines (km) 热水 Hot Water	集中供热面积(万平方米) Heated Area (10,000 m^2)
2000	4418	11548	1409	9076	1144	4187	0.67
2001	3647	11180	1872	20568	658	4478	0.92
2002	4848	14103	2627	27245	881	4778	1.45
2003	5283	19446	2871	22286	904	6136	1.73
2004	5524	20891	3194	21847	991	7094	1.72
2005	8837	20835	8781	18736	1176	8048	2.06
2006	9193	26917	8520	23535	1367	9450	2.37
2007	13461	35794	15780	39071	1564	12795	3.17
2008	12370	44082	14708	75161	1612	14799	3.74
2009	16675	62330	12519	56013	1874	18899	4.81
2010	15091	68858	16729	103005	1773	23737	6.09
2011	14738	81348	8475	63264	1665	28577	7.81
2012	13914	97281	8358	51943	1965	31901	9.05
2013	13285	107498	6413	68193	2929	37169	10.33
2014	13011	129447	5693	63928	2733	41209	11.42
2015	13680	125788	10957	96566	3283	43013	12.31

注：2000年蒸汽供热总量计量单位为万吨。
Note:Heating capacity through steam in 2000 is measured with the unit of 10,000 tons.

8-1 2015年全国县城集中供热分组资料

地区名称 Name of Regions		蒸汽 Steam						
		供热能力 (吨/小时) Heating Capacity (ton/hour)	热电厂供热 Heating by Co-Generation	锅炉房供热 Heating by Boilers	供热总量 (万吉焦) Total Heat Supplied (10,000gcal)	热电厂供热 Heating by Co-Generation	锅炉房供热 Heating by Boilers	管道长度 (公里) Length of Pipelines (km)
全国	**National Total**	**13680**	**8483**	**4839**	**10957**	**3909**	**6740**	**3283**
分类一	**Group one**							
东部地区	East China	9017	5672	3241	2893	2351	451	1490
中部地区	Central China	2781	1962	819	1615	1109	506	989
西部地区	West China	1882	849	779	6449	449	5783	804
分类二	**Group two**							
东部地区	East China	9017	5672	3241	2893	2351	451	1490
中部地区	Central China	2293	1684	609	1250	864	386	702
西部地区	West China	2370	1127	989	6815	694	5904	1090
分类三	**Group three**							
东部地区	East China	8627	5632	2891	2817	2336	390	1487
中部地区	Central China	1646	1170	476	845	505	341	615
西部地区	West China	2370	1127	989	6815	694	5904	1090
东北地区	Northeast China	1037	554	483	481	375	106	91

National County Seat Central Heating(2015)

热水 Hot Water							供热面积		
供热能力 (兆瓦) Heating Capacity (mega watts)	热电厂供热 Heating by Co-Generation	锅炉房供热 Heating by Boilers	供热总量 (万吉焦) Total Heat Supplied (10,000gcal)	热电厂供热 Heating by Co-Generation	锅炉房供热 Heating by Boilers	管道长度 (公里) Length of Pipelines (km)	(万平方米) Heated Area (10,000 m²)	住宅 Housing	地区名称 Name of Regions
125788	**35714**	**87407**	**96566**	**14826**	**80206**	**43013**	**123122**	**92622**	**全国**
									分类一
45266	20669	22242	19548	6548	11615	13943	41725	33992	东部地区
51322	12150	38951	33374	7079	26238	19408	56018	40638	中部地区
29200	2895	26213	43643	1199	42353	9663	25380	17993	西部地区
									分类二
45266	20669	22242	19548	6548	11615	13943	41725	33992	东部地区
30929	8506	22202	19696	5117	14522	12031	37232	27680	中部地区
49593	6538	42963	57321	3161	54069	17040	44165	30951	西部地区
									分类三
37771	18650	16767	15748	5854	8508	10595	34409	28499	东部地区
14769	4899	9870	8784	2344	6440	5595	18412	13595	中部地区
49593	6538	42963	57321	3161	54069	17040	44165	30951	西部地区
23655	5627	17807	14712	3467	11188	9783	26136	19578	东北地区

8-2 2015年按省分列的县城集中供热

地区名称 Name of Regions	蒸汽 Steam							
	供热能力（吨/小时） Heating Capacity (ton/hour)	热电厂供热 Heating by Co-Generation	锅炉房供热 Heating by Boilers	供热总量（万吉焦） Total Heat Supplied (10,000gcal)	热电厂供热 Heating by Co-Generation	锅炉房供热 Heating by Boilers	管道长度（公里） Length of Pipelines (km)	供热能力（兆瓦） Heating Capacity (mega watts)
全 国	**13680**	**8483**	**4839**	**10957**	**3909**	**6740**	**3283**	**125788**
天 津								581
河 北	3696	813	2779	874	444	339	631	22838
山 西	1361	965	396	736	401	335	542	13351
内蒙古	488	278	210	365	245	120	287	20393
辽 宁	390	40	350	76	15	61	3	7495
吉 林	8		8	4		4	3	5201
黑龙江	639	514	125	401	360	41	84	10959
浙 江	250	225	25	34	22	12	29	4
山 东	4681	4594	87	1909	1870	39	827	14348
河 南	285	205	80	109	103	6	73	1418
四 川	21			17			14	15
西 藏								0.12
陕 西	610	430	12	182	45	3	198	3947
甘 肃								4962
青 海								1409
宁 夏	40	40		30	30		0.3	3190
新 疆	120		120	37		37	1	9722
新疆生产建设兵团	1091	379	647	6184	374	5743	590	5954

County Seat Central Heating by Province(2015)

热水 Hot Water						供热面积		
		供热总量			管道长度		住宅	
热电厂供热 Heating by Co-Generation	锅炉房供热 Heating By Boilers	(万吉焦) Total Heat Supplied (10,000gcal)	热电厂供热 Heating by Co-Generation	锅炉房供热 Heating by Boilers	(公里) Length of Pipelines (km)	(万平方米) Heated Area (10,000 m^2)	Housing	地区名称 Name of Regions
35714	**87407**	**96566**	**14826**	**80206**	**43013**	**123122**	**92622**	**全 国**
536	45	314	270	44	429	859	787	天 津
6247	15003	10169	1474	7687	5548	20881	16873	河 北
3850	9501	8480	2195	6285	5248	17566	12960	山 西
3644	16749	13678	1962	11716	7377	18786	12958	内蒙古
2020	5475	3800	694	3107	3347	7316	5493	辽 宁
	5071	3398		3397	2414	5655	4290	吉 林
3607	7261	7514	2773	4684	4022	13166	9795	黑龙江
	4	13		13	6	61	22	浙 江
11867	1715	5252	4110	764	4612	12609	10817	山 东
1049	369	304	149	156	347	846	635	河 南
	15				18	26	6	四 川
0.12		2	2		7	3	2	西 藏
1077	2803	1826	416	1331	768	3427	2558	陕 西
	4962	2839		2839	1603	5424	4043	甘 肃
	1409	1059		1059	663	1517	727	青 海
	3190	1321		1321	953	2474	1759	宁 夏
1419	8301	4565	571	3991	3190	8365	5637	新 疆
399	5534	32032	211	31813	2461	4144	3262	新疆生产建设兵团

8–3 2015年按县分列的县城集中供热

县名称 Name of Counties	蒸汽 Steam							
	供热能力 (吨/小时) Heating Capacity (ton/hour)	热电厂供热 Heating by Co-Generation	锅炉房供热 Heating by Boilers	供热总量 (万吉焦) Total Heat Supplied (10,000gcal)	热电厂供热 Heating by Co-Generation	锅炉房供热 Heating by Boilers	管道长度 (公里) Length of Pipelines (km)	供热能力 (兆瓦) Heating Capacity (mega watts)
全　国	**13680**	**8483**	**4839**	**10957**	**3909**	**6740**	**3283**	**125788**
天　津								**581**
蓟　县								581
河　北	**3696**	**813**	**2779**	**874**	**444**	**339**	**631**	**22838**
井陉县								116
正定县	350	350		218	218		44	240
行唐县								151
灵寿县								154
深泽县								336
赞皇县								84
无极县								198
平山县								389
元氏县	163	163		46	46		29	20
赵　县								235
滦　县								348
滦南县								250
乐亭县								249
迁西县								375
玉田县								300
曹妃甸区								965
青龙满族自治县								319
昌黎县								373
卢龙县								173
临漳县	1850		1850	55		55	63	500
成安县								105
大名县								117
涉　县								460
磁　县	126		126	34		34	10	181
肥乡县	400		400	100		100	175	400
永年县								200
邱　县								90
鸡泽县	54			54			20	
广平县							20	105
馆陶县								115
魏　县	308		308	65		65	98	
曲周县								139
临城县								86
内丘县								130
柏乡县								15
隆尧县								130
任　县								92
南和县								190
宁晋县								65

County Seat Central Heating by County(2015)

热电厂供热 Heating by Co-Generation	锅炉房供热 Heating by Boilers	热水 Hot Water 供热总量（万吉焦） Total Heat Supplied (10,000gcal)	热电厂供热 Heating by Co-Generation	锅炉房供热 Heating by Boilers	管道长度（公里） Length of Pipelines (km)	供热面积（万平方米） Heated Area (10,000 m²)	住宅 Housing	县名称 Name of Counties
35714	**87407**	**96566**	**14826**	**80206**	**43013**	**123122**	**92622**	**全　国**
536	**45**	**314**	**270**	**44**	**429**	**859**	**787**	**天　津**
536	45	314	270	44	429	859	787	蓟　县
6247	**15003**	**10169**	**1474**	**7687**	**5548**	**20881**	**16873**	**河　北**
	116	87		87	53	224	191	井陉县
240		110	110		52	556	402	正定县
	151	151		151	70	349	291	行唐县
		92			60	132	117	灵寿县
	52	182		35	35	285	177	深泽县
	84	45		45	30	140	113	赞皇县
	198	181		181	55	245	200	无极县
389		201	201		88	370	272	平山县
20		20	20		7	142	108	元氏县
235		99	99		29	210	185	赵　县
	348	240		240	276	490	335	滦　县
250		171	171		108	508	398	滦南县
	249	208		208	228	356	306	乐亭县
	375	183		183	125	359	269	迁西县
	300	245		245	132	409	367	玉田县
700	265	486	51	435	169	372	294	曹妃甸区
	319	181		181	94	310	230	青龙满族自治县
	373	235		235	117	580	450	昌黎县
	173	96		96	75	155	121	卢龙县
	500	38		38	22	180	180	临漳县
	105	62		62	33	141	93	成安县
	117	92		92	25	215	204	大名县
260	200	155	68	87	83	401	327	涉　县
25	156	157	1	156	34	298	200	磁　县
	400	110		110	206	320	320	肥乡县
200		220	220		3	320	320	永年县
28	63	36	4	32	22	79	73	邱　县
						108	82	鸡泽县
		85			47	160	160	广平县
	115	112		112	30	210	160	馆陶县
						214	177	魏　县
	139	56		56	32	179	159	曲周县
	86	79		79	23	112	99	临城县
	130	34		34	43	110	103	内丘县
	15	12		12	10	20	9	柏乡县
	130	95		95	58	142	113	隆尧县
		199			21	219	183	任　县
190		81	81		65	157	130	南和县
65		65	65		30	179	120	宁晋县

8-3 续表 1

县名称 Name of Counties	蒸汽 Steam 供热能力 (吨/小时) Heating Capacity (ton/hour)	热电厂供热 Heating by Co-Generation	锅炉房供热 Heating by Boilers	供热总量 (万吉焦) Total Heat Supplied (10,000gcal)	热电厂供热 Heating by Co-Generation	锅炉房供热 Heating by Boilers	管道长度 (公里) Length of Pipelines (km)	供热能力 (兆瓦) Heating Capacity (mega watts)
巨鹿县								74
新河县								
广宗县								34
平乡县								36
威　县								116
清河县								58
临西县								69
涞水县								200
阜平县								116
定兴县								61
唐　县								122
涞源县								283
望都县								46
安新县								96
易　县								10
曲阳县								160
蠡　县								64
顺平县								125
博野县								88
雄　县								14
张北县								150
康保县								39
沽源县								9
尚义县								72
蔚　县								324
阳原县								115
怀安县								393
万全县								150
怀来县								393
涿鹿县								20
赤城县								61
崇礼县								40
承德县								235
兴隆县	300	300		180	180		78	
平泉县								284
滦平县								180
隆化县								116
丰宁满族自治县								400
宽城满族自治县								392
围场满族蒙古族自治县								284
青　县								195
东光县								3200
盐山县								3

continued 1

热电厂供热 Heating by Co-Generation	锅炉房供热 Heating by Boilers	热水 Hot Water 供热总量（万吉焦）Total Heat Supplied (10,000gcal)	热电厂供热 Heating by Co-Generation	锅炉房供热 Heating by Boilers	管道长度（公里）Length of Pipelines (km)	供热面积（万平方米）Heated Area (10,000 m²)	住宅 Housing	县名称 Name of Counties
	74	74		74	56	207	207	巨鹿县
					20	120		新河县
34		25	25		10	50	50	广宗县
	36	47		47	32	144	113	平乡县
	116	60		60	42	280	180	威　县
58		48	48		33	241	223	清河县
	69	71		71	20	155	120	临西县
	200	102		102	75	251	211	涞水县
	116	6		6	5	13	9	阜平县
	56	5		3	19	9	9	定兴县
	122	50		50	30	101	68	唐　县
	283	9		9	19	164	159	涞源县
	46	27		27	20	60	43	望都县
	96	75		75	21	150	114	安新县
	10	76		76	36	170	160	易　县
160		176	176		9	258	235	曲阳县
	64	60		60	29	97	89	蠡　县
	125	65		65	40	111	82	顺平县
	87	77		76	23	245	137	博野县
		75			56	251	220	雄　县
	150	223		223	71	524	417	张北县
	39	39		39	2	74	74	康保县
	9	13		13	12	19	19	沽源县
	72	85		85	73	150	150	尚义县
	324	324		324	20	403	347	蔚　县
	115	70		70	3	132	116	阳原县
393		84	84		58	210	145	怀安县
	150	150		150	32	220	220	万全县
	393	390		390	289	316	256	怀来县
	20	5		5	19	15	15	涿鹿县
	61	58		58	9	85	85	赤城县
	40	55		55	27	82	82	崇礼县
	235	150		150	90	310	256	承德县
						303	273	兴隆县
	284	275		275	73	519	401	平泉县
	180	130		130	80	224	158	滦平县
	116	97		97	73	286	211	隆化县
	400	112		112	74	276	181	丰宁满族自治县
	392	234		234	136	370	274	宽城满族自治县
	284	165		165	99	260	195	围场满族蒙古族自治县
	195	170		170	124	430	300	青　县
	3200	34		34	19	47	47	东光县
	3	6		6	7	11	11	盐山县

8-3 续表 2

县名称 Name of Counties	蒸汽 Steam 供热能力 (吨/小时) Heating Capacity (ton/hour)	热电厂供热 Heating by Co-Generation	锅炉房供热 Heating by Boilers	供热总量 (万吉焦) Total Heat Supplied (10,000gcal)	热电厂供热 Heating by Co-Generation	锅炉房供热 Heating by Boilers	管道长度 (公里) Length of Pipelines (km)	供热能力 (兆瓦) Heating Capacity (mega watts)
肃宁县								76
南皮县								65
吴桥县								3000
献　县								96
孟村回族自治县								3
香河县								480
大厂回族自治县								373
枣强县								180
武强县								63
饶阳县								291
安平县								610
故城县								380
阜城县	145		95	122		85	94	
山　西	**1361**	**965**	**396**	**736**	**401**	**335**	**542**	**13351**
清徐县								321
阳曲县	90		90	90		90	62	80
娄烦县								195
阳高县								20
天镇县								13
广灵县								158
灵丘县								11
浑源县								168
左云县								401
大同县								17
平定县								1737
盂　县								196
长治县	150		150	150		150	50	116
襄垣县								345
屯留县								145
平顺县								81
黎城县								116
壶关县								155
长子县								164
武乡县								254
沁　县								71
沁源县								162
沁水县								97
阳城县								269
陵川县	156		156	95		95	246	
山阴县								230
应　县								410
右玉县								232
怀仁县								522
榆社县								116

continued 2

热水 Hot Water						供热面积		
		供热总量			管道长度		住宅	
热电厂供热 Heating by Co-Generation	锅炉房供热 Heating by Boilers	(万吉焦) Total Heat Supplied (10,000gcal)	热电厂供热 Heating by Co-Generation	锅炉房供热 Heating by Boilers	(公里) Length of Pipelines (km)	(万平方米) Heated Area (10,000 m^2)	Housing	县名称 Name of Counties
	76	39		39	66	129	118	肃宁县
	65	48		48	42	84	79	南皮县
3000		50	50		116	120	100	吴桥县
	96	145		145	51	249	237	献　县
	3	5		5	2	5	5	孟村回族自治县
	480	280		280	291	433	357	香河县
	373	96		96	175	217	182	大厂回族自治县
	180	55		55	35	79	25	枣强县
		35			35	54	19	武强县
	291	78		78	40	174	110	饶阳县
		162			68	460	424	安平县
	120	280		70	56	400	350	故城县
						181	165	阜城县
3850	**9501**	**8480**	**2195**	**6285**	**5248**	**17566**	**12960**	**山　西**
17	304	256	15	241	175	335	325	清徐县
	80	80		80	61	208	203	阳曲县
	195	125		125	39	180	150	娄烦县
	20	245		245	43	370	151	阳高县
	13	91		91	14	140	110	天镇县
158		85	85		100	131	86	广灵县
	11	76		76	20	118	79	灵丘县
	168	61		61	40	202	161	浑源县
	401	186		186	98	322	219	左云县
	17	87		87	36	127	93	大同县
1200	537	283	260	23	537	532	419	平定县
	196	124		124	88	180	120	盂　县
	116	112		112	75	390	269	长治县
345		265	265		43	443	325	襄垣县
145		80	80		73	149	111	屯留县
	81	79		79	43	118	89	平顺县
	116	58		58	30	119	83	黎城县
	155	85		85	27	170	128	壶关县
	164	152		152	32	254	190	长子县
254		125	125		86	208	136	武乡县
	71	48		48	8	106	85	沁　县
162		149	149		167	230	149	沁源县
	97	138		138	48	140	101	沁水县
219	50	95	85	10	235	271	219	阳城县
						230	190	陵川县
150	80	165	130	35	134	273	219	山阴县
	410	123		123	146	273	204	应　县
232		110	110		36	190	99	右玉县
	522	345		345	122	798	575	怀仁县
	116	94		94	75	166	131	榆社县

8-3 续表 3

县名称 Name of Counties	蒸汽 Steam 供热能力 (吨/小时) Heating Capacity (ton/hour)	热电厂供热 Heating by Co-Generation	锅炉房供热 Heating by Boilers	供热总量 (万吉焦) Total Heat Supplied (10,000gcal)	热电厂供热 Heating by Co-Generation	锅炉房供热 Heating by Boilers	管道长度 (公里) Length of Pipelines (km)	供热能力 (兆瓦) Heating Capacity (mega watts)
左权县	240	240		90	90		57	100
和顺县								168
昔阳县								150
寿阳县								342
太谷县								350
祁　县								58
平遥县	400	400		41	41		30	280
灵石县								232
临猗县								320
万荣县								120
闻喜县								6
稷山县								46
绛　县								8
垣曲县	52	52		49	49		12	
夏　县								60
平陆县								6
定襄县								85
五台县								220
代　县								260
繁峙县								246
宁武县								284
静乐县								116
神池县								58
五寨县								290
岢岚县								42
河曲县								300
保德县								220
偏关县								92
曲沃县								4
翼城县								83
襄汾县								230
洪洞县								246
古　县								35
安泽县								38
浮山县								58
吉　县								110
乡宁县								57
大宁县								21
隰　县								116
永和县								42
蒲　县								116
汾西县								80
文水县	200	200		152	152		65	
交城县	73	73		69	69		20	79

continued 3

热水 Hot Water						供热面积		
		供热总量			管道长度		住宅	
热电厂供热 Heating by Co-Generation	锅炉房供热 Heating by Boilers	(万吉焦) Total Heat Supplied (10,000gcal)	热电厂供热 Heating by Co-Generation	锅炉房供热 Heating by Boilers	(公里) Length of Pipelines (km)	(万平方米) Heated Area (10,000 m²)	Housing	县名称 Name of Counties
100		50	50		119	260	198	左权县
	168	122		122	46	245	180	和顺县
150		105	105		65	272	196	昔阳县
	342	268		268	20	383	300	寿阳县
350		470	470		200	677	400	太谷县
	58	67		67	16	180	180	祁　县
	280	90		90	110	391	133	平遥县
	232	180		180	185	374	286	灵石县
	320	185		185	46	452	448	临猗县
	120	26		26	5	42	35	万荣县
	6	50		50	21	165	165	闻喜县
	46	46		46	9	130	91	稷山县
	8	78		78	10	225	177	绛　县
						159	148	垣曲县
	60	66		66	30	126	126	夏　县
	6	36		36	12	117	80	平陆县
	85	51		51	40	126	103	定襄县
	220	138		138	159	214	165	五台县
	260	110		110	76	195	169	代　县
	246	160		160	96	234	191	繁峙县
	284	109		109	95	185	139	宁武县
29	87	60	0	60	70	189	159	静乐县
	58	40		40	11	107	93	神池县
	290	104		104	85	215	150	五寨县
	42	48		48	42	129	92	岢岚县
140	160	108	21	87	62	180	124	河曲县
	220	120		120	74	175	153	保德县
	92	28		28	74	83	63	偏关县
	4	44		44	53	128	103	曲沃县
	83	29		29	7	81	76	翼城县
	230	132		132	61	300	246	襄汾县
	246	259		259	56	400	343	洪洞县
	35	45		45	21	147	114	古　县
	38	31		31	18	85	63	安泽县
	58	30		30	30	96	69	浮山县
	110	38		38	35	88	85	吉　县
	57	56		56	16	186	109	乡宁县
	21	17		17	5	41	30	大宁县
	116	64		64	28	119	87	隰　县
	42	20		20	14	40	21	永和县
	116	59		59	124	148	101	蒲　县
	80	20		20	14	52	42	汾西县
						468	272	文水县
79		68	68		27	303	208	交城县

8-3 续表 4

县名称 Name of Counties	蒸汽 Steam							
	供热能力 (吨/小时) Heating Capacity (ton/hour)	热电厂供热 Heating by Co-Generation	锅炉房供热 Heating by Boilers	供热总量 (万吉焦) Total Heat Supplied (10,000gcal)	热电厂供热 Heating by Co-Generation	锅炉房供热 Heating by Boilers	管道长度 (公里) Length of Pipelines (km)	供热能力 (兆瓦) Heating Capacity (mega watts)
兴　县								80
临　县								140
柳林县								119
石楼县								30
岚　县								80
方山县								87
中阳县								120
交口县								120
内蒙古	**488**	**278**	**210**	**365**	**245**	**120**	**287**	**20393**
土默特左旗								102
托克托县								270
和林格尔县								304
清水河县								70
武川县								42
土默特右旗								1010
固阳县								150
达尔罕茂明安联合旗								50
阿鲁科尔沁旗								381
巴林左旗								453
巴林右旗	145		145	79		79	144	165
林西县								325
克什克腾旗								292
翁牛特旗								400
喀喇沁旗	213	148	65	156	115	41	94	213
宁城县								459
敖汉旗								500
科尔沁左翼中旗								250
科尔沁左翼后旗								270
开鲁县								241
库伦旗								30
奈曼旗								143
扎鲁特旗								243
达拉特旗								930
准格尔旗								310
鄂托克前旗								324
鄂托克旗								310
杭锦旗								280
乌审旗								280
伊金霍洛旗								1465
阿荣旗								870
莫力达瓦达斡尔族自治旗								302

continued 4

热水 Hot Water						供热面积		
		供热总量			管道长度		住宅	
热电厂供热 Heating by Co-Generation	锅炉房供热 Heating by Boilers	(万吉焦) Total Heat Supplied (10,000gcal)	热电厂供热 Heating by Co-Generation	锅炉房供热 Heating by Boilers	(公里) Length of Pipelines (km)	(万平方米) Heated Area (10,000 m^2)	Housing	县名称 Name of Counties
	80	41		41	11	107	80	兴　县
	140	113		113	122	246	175	临　县
	119	137		137	62	236	132	柳林县
	30	23		23	7	62	51	石楼县
	80	43		43	16	125	81	岚　县
	87	52		52	27	81	40	方山县
120		177	177		35	294	177	中阳县
	120	146		146	50	132	91	交口县
3644	**16749**	**13678**	**1962**	**11716**	**7377**	**18786**	**12958**	**内蒙古**
	102	120		120	17	151	108	土默特左旗
	270	410		410	65	250	250	托克托县
	304	149		149	120	256	180	和林格尔县
	70	62		62	14	70	50	清水河县
	42	42		42	47	90	67	武川县
1010		185	185		120	355	249	土默特右旗
	150	80		80	45	123	95	固阳县
	50	40		40	28	68	52	达尔罕茂明安联合旗
	381	221		221	331	369	201	阿鲁科尔沁旗
	453	315		315	118	470	318	巴林左旗
	165	91		91	96	315	192	巴林右旗
	325	211		211	133	320	210	林西县
	292	147		147	237	349	225	克什克腾旗
	400	140		140	110	303	247	翁牛特旗
148	65	156	115	41	64	284	197	喀喇沁旗
	459	205		205	78	347	224	宁城县
	500	260		260	171	400	288	敖汉旗
	250	122		122	145	188	131	科尔沁左翼中旗
	270	167		167	197	257	214	科尔沁左翼后旗
63	178	155	42	113	114	238	154	开鲁县
	30	65		65	106	175	80	库伦旗
	143	68		68	47	180	140	奈曼旗
	243	164		164	119	252	150	扎鲁特旗
610	320	446	300	146	86	845	567	达拉特旗
200	110	397	326	71	143	880	607	准格尔旗
	324	149		149	183	219	157	鄂托克前旗
	310	434		434	505	349	275	鄂托克旗
	280	127		127	79	315	104	杭锦旗
	280	185		185	139	269	156	乌审旗
105	1360	2274	163	2111	243	1013	787	伊金霍洛旗
	870	846		846	229	866	581	阿荣旗
	302	178		178	70	322	209	莫力达瓦达斡尔族自治旗

8-3 续表 5

县名称 Name of Counties	蒸汽 Steam 供热能力 (吨/小时) Heating Capacity (ton/hour)	热电厂供热 Heating by Co-Generation	锅炉房供热 Heating by Boilers	供热总量 (万吉焦) Total Heat Supplied (10,000gcal)	热电厂供热 Heating by Co-Generation	锅炉房供热 Heating by Boilers	管道长度 (公里) Length of Pipelines (km)	供热能力 (兆瓦) Heating Capacity (mega watts)
鄂伦春自治旗								98
鄂温克族自治旗								318
陈巴尔虎旗								108
新巴尔虎左旗								87
新巴尔虎右旗								112
五原县								299
磴口县								300
乌拉特前旗								620
乌拉特中旗								182
乌拉特后旗								220
杭锦后旗	130	130		130	130		50	160
卓资县								75
化德县								98
商都县								611
兴和县								591
凉城县								140
察哈尔右翼前旗								168
察哈尔右翼中旗								158
察哈尔右翼后旗								491
四子王旗								350
科尔沁右翼前旗								215
科尔沁右翼中旗								330
扎赉特旗								314
突泉县								170
阿巴嘎旗								123
苏尼特左旗								100
苏尼特右旗								280
东乌珠穆沁旗								270
西乌珠穆沁旗								300
太仆寺旗								207
镶黄旗								74
正镶白旗								169
正蓝旗								315
多伦县								310
阿拉善左旗								348
阿拉善右旗								130
额济纳旗								119
辽 宁	**390**	**40**	**350**	**76**	**15**	**61**	**3**	**7495**
辽中县								231
康平县								420
法库县								238
长海县								183

continued 5

热水 Hot Water						供热面积		
		供热总量			管道长度（公里）	（万平方米）	住宅	
热电厂供热 Heating by Co-Generation	锅炉房供热 Heating by Boilers	（万吉焦） Total Heat Supplied (10,000gcal)	热电厂供热 Heating by Co-Generation	锅炉房供热 Heating by Boilers	Length of Pipelines (km)	Heated Area (10,000 m^2)	Housing	县名称 Name of Counties
	98	50		50	27	104	73	鄂伦春自治旗
	318	165		165	96	140	64	鄂温克族自治旗
	108	55		55	21	101	72	陈巴尔虎旗
	87	78		78	32	84	72	新巴尔虎左旗
	112	223		223	40	115	75	新巴尔虎右旗
125	174	185	110	75	115	390	253	五原县
300		107	107		77	205	159	磴口县
	620	430		430	111	635	463	乌拉特前旗
	182	135		135	143	220	122	乌拉特中旗
220		95	95		97	160	135	乌拉特后旗
	160	50		50	18	460	382	杭锦后旗
75		78	78		28	136	84	卓资县
	98	98		98	48	147	123	化德县
	611	164		164	96	258	194	商都县
	591	144		144	77	291	261	兴和县
	140	67		67	80	148	139	凉城县
	168	80		80	131	119	48	察哈尔右翼前旗
	158	78		78	65	150	86	察哈尔右翼中旗
	491	117		117	59	199	153	察哈尔右翼后旗
	350	105		105	113	269	150	四子王旗
	215	130		130	76	226	169	科尔沁右翼前旗
330		152	152		99	233	110	科尔沁右翼中旗
	314	381		381	64	351	265	扎赉特旗
	170	90		90	97	205	153	突泉县
	123	45		45	74	134	75	阿巴嘎旗
	100	49		49	49	80	48	苏尼特左旗
	280	117		117	56	181	147	苏尼特右旗
158	112	135	67	69	52	194	123	东乌珠穆沁旗
300		223	223		129	285	188	西乌珠穆沁旗
	207	181		181	45	200	121	太仆寺旗
	74	73		73	88	110	88	镶黄旗
	169	65		65	65	95	50	正镶白旗
	315	419		419	150	155	107	正蓝旗
	310	132		132	64	195	143	多伦县
	348	255		255	520	714	480	阿拉善左旗
	130	30		30	35	92	53	阿拉善右旗
	119	87		87	45	120	68	额济纳旗
2020	**5475**	**3800**	**694**	**3107**	**3347**	**7316**	**5493**	**辽　宁**
	231	163		163	172	304	244	辽中县
420		137	137		217	344	225	康平县
	238	238		238	48	400	372	法库县
	183	44		44	80	65	48	长海县

8-3 续表 6

县名称 Name of Counties	蒸汽 Steam 供热能力（吨/小时） Heating Capacity (ton/hour)	热电厂供热 Heating by Co-Generation	锅炉房供热 Heating by Boilers	供热总量（万吉焦） Total Heat Supplied (10,000gcal)	热电厂供热 Heating by Co-Generation	锅炉房供热 Heating by Boilers	管道长度（公里） Length of Pipelines (km)	供热能力（兆瓦） Heating Capacity (mega watts)
台安县								305
岫岩满族自治县								116
新宾满族自治县								340
清原满族自治县								285
本溪满族自治县								296
桓仁满族自治县								185
宽甸满族自治县								311
黑山县								398
义　县								333
阜新蒙古族自治县								1250
彰武县								121
辽阳县								194
大洼县								246
西丰县								321
昌图县								455
建平县	390	40	350	76	15	61	3	250
喀喇沁左翼蒙古族自治县								328
绥中县								420
建昌县								269
吉　林	**8**		**8**	**4**		**4**	**3**	**5201**
农安县								701
永吉县								533
梨树县	8		8	4		4	3	112
伊通满族自治县								458
东丰县								351
东辽县								95
通化县								355
辉南县								371
柳河县								102
抚松县								173
靖宇县								182
长白朝鲜族自治县								171
长岭县								348
乾安县								235
镇赉县								411
通榆县								226
汪清县								288
安图县								90
黑龙江	**639**	**514**	**125**	**401**	**360**	**41**	**84**	**10959**
依兰县								273
方正县								254
宾　县								317

continued 6

		热水 Hot Water				供热面积		
		供热总量			管道长度		住宅	
热电厂供热 Heating by Co-Generation	锅炉房供热 Heating by Boilers	(万吉焦) Total Heat Supplied (10,000gcal)	热电厂供热 Heating by Co-Generation	锅炉房供热 Heating by Boilers	(公里) Length of Pipelines (km)	(万平方米) Heated Area (10,000 m^2)	Housing	县名称 Name of Counties
	305	143		143	199	307	237	台安县
	116	93		93	107	179	140	岫岩满族自治县
	340	70		70	142	200	148	新宾满族自治县
165	120	168	96	72	27	295	230	清原满族自治县
	296	190		190	382	376	270	本溪满族自治县
185		215	215		47	376	273	桓仁满族自治县
	311	134		134	99	198	151	宽甸满族自治县
	398	225		225	165	322	215	黑山县
	333	215		215	82	307	215	义　县
1250		246	246		137	351	195	阜新蒙古族自治县
	121	125		125	115	220	147	彰武县
	194	140		140	132	425	336	辽阳县
	246	163		163	252	280	220	大洼县
	321	120		120	161	357	249	西丰县
	455	204		204	190	480	420	昌图县
	250	132		132	67	407	339	建平县
	328	224		224	55	360	255	喀喇沁左翼蒙古族自治县
	420	259		259	292	514	391	绥中县
	269	154		154	181	250	174	建昌县
	5071	**3398**		**3397**	**2414**	**5655**	**4290**	**吉　林**
	571	330		329	205	703	525	农安县
	533	260		260	127	490	410	永吉县
	112	45		45	40	142	126	梨树县
	458	458		458	320	670	500	伊通满族自治县
	351	452		452	245	405	344	东丰县
	95	60		60	20	94	75	东辽县
	355	225		225	176	325	256	通化县
	371	230		230	136	361	268	辉南县
	102	173		173	77	252	119	柳河县
	173	64		64	65	160	135	抚松县
	182	105		105	137	249	189	靖宇县
	171	78		78	104	139	107	长白朝鲜族自治县
	348	170		170	290	305	260	长岭县
	235	138		138	64	217	134	乾安县
	411	235		235	82	429	298	镇赉县
	226	120		120	124	206	160	通榆县
	288	175		175	147	330	244	汪清县
	90	80		80	55	178	140	安图县
3607	**7261**	**7514**	**2773**	**4684**	**4022**	**13166**	**9795**	**黑龙江**
	273	265		265	123	387	330	依兰县
	254	175		175	107	252	176	方正县
	317	332		332	88	510	490	宾　县

8-3 续表 7

县名称 Name of Counties	蒸汽 Steam							
	供热能力（吨/小时） Heating Capacity (ton/hour)	热电厂供热 Heating by Co-Generation	锅炉房供热 Heating by Boilers	供热总量（万吉焦） Total Heat Supplied (10,000gcal)	热电厂供热 Heating by Co-Generation	锅炉房供热 Heating by Boilers	管道长度（公里） Length of Pipelines (km)	供热能力（兆瓦） Heating Capacity (mega watts)
巴彦县	75	75		100	100		53	251
木兰县								113
通河县								225
延寿县								245
龙江县								357
依安县								368
泰来县								185
甘南县								175
富裕县	125		125	41		41	11	181
克山县	91	91		87	87		12	133
克东县								364
拜泉县								285
鸡东县								36
萝北县								220
绥滨县	203	203		115	115		7	29
集贤县								347
友谊县								159
宝清县								438
饶河县								205
肇州县								276
肇源县								129
林甸县								162
杜尔伯特蒙古自治县								301
嘉荫县	145	145		58	58		2	37
桦南县								385
桦川县								180
汤原县								237
抚远县								194
勃利县								327
东宁县								92
林口县								354
嫩江县								639
逊克县								165
孙吴县								215
望奎县								287
兰西县								275
青冈县								169
庆安县								228
明水县								160
绥棱县								336
呼玛县								90
塔河县								160
漠河县								100
加格达奇区								302

continued 7

热水 Hot Water						供热面积		
		供热总量			管道长度		住宅	
热电厂供热 Heating by Co-Generation	锅炉房供热 Heating by Boilers	(万吉焦) Total Heat Supplied (10,000gcal)	热电厂供热 Heating by Co-Generation	锅炉房供热 Heating by Boilers	(公里) Length of Pipelines (km)	(万平方米) Heated Area (10,000 m^2)	Housing	县名称 Name of Counties
56	195	197	82	115	53	324	227	巴彦县
113		105	105		95	185	150	木兰县
225		201	201		138	287	246	通河县
	245	164		164	114	245	168	延寿县
	357	126		126	71	252	236	龙江县
	368	178		178	113	291	217	依安县
	185	85		85	58	186	125	泰来县
	175	96		96	81	193	135	甘南县
	181	88		88	97	305	214	富裕县
	42	90		34	48	259	156	克山县
	364	160		160	65	202	131	克东县
	285	170		170	138	324	253	拜泉县
36		165	165		42	260	216	鸡东县
220		120	120		60	185	127	萝北县
29		12	12		57	167	109	绥滨县
9	338	280	50	230	85	529	370	集贤县
	159	110		110	106	195	113	友谊县
438		290	290		69	530	433	宝清县
205		71	71		66	108	71	饶河县
	276	160		160	25	316	263	肇州县
2	127	157	2	155	77	260	166	肇源县
	162	130		130	131	345	268	林甸县
	301	184		184	68	277	195	杜尔伯特蒙古自治县
37		17	17		94	123	77	嘉荫县
	385	180		180	89	442	372	桦南县
60	120	94	45	49	40	182	129	桦川县
	237	214		214	85	307	215	汤原县
194		123	123		137	194	140	抚远县
147	180	226	135	91	97	324	254	勃利县
92		245	245		239	350	266	东宁县
	354	172		172	135	295	210	林口县
639		283	283		124	543	348	嫩江县
	165	84		84	122	145	83	逊克县
215		112	112		41	178	113	孙吴县
	287	235		235	61	380	198	望奎县
	275	211		211	71	332	255	兰西县
110	58	182	140	42	117	265	232	青冈县
228		219	219		110	390	306	庆安县
	160	138		138	53	231	178	明水县
	336	262		262	35	450	370	绥棱县
90		45	45		30	90	74	呼玛县
160		63	63		47	90	70	塔河县
	100	49		49	74	98	79	漠河县
302		249	249		47	383	243	加格达奇区

8-3 续表 8

县名称 Name of Counties	蒸汽 Steam 供热能力 (吨/小时) Heating Capacity (ton/hour)	热电厂供热 Heating by Co-Generation	锅炉房供热 Heating by Boilers	供热总量 (万吉焦) Total Heat Supplied (10,000gcal)	热电厂供热 Heating by Co-Generation	锅炉房供热 Heating by Boilers	管道长度 (公里) Length of Pipelines (km)	供热能力 (兆瓦) Heating Capacity (mega watts)
浙　江	**250**	**225**	**25**	**34**	**22**	**12**	**29**	**4**
象山县	225	225		22	22		17	
海盐县	25		25	12		12	12	4
山　东	**4681**	**4594**	**87**	**1909**	**1870**	**39**	**827**	**14348**
平阴县	150	150		185	185		29	185
济阳县	170	170		92	92		32	5
商河县								58
桓台县	170	170		110	110		28	175
高青县	65	65		69	69		12	120
沂源县	300	300		110	110		38	180
垦利县	100	100		76	76		14	392
利津县	8	8		3	3		5	4500
广饶县	225	225		173	173		2	
长岛县								45
临朐县	190	190		79	79		22	405
昌乐县								216
微山县								200
鱼台县								58
金乡县								116
嘉祥县	22		22	18		18	5	480
汶上县								346
泗水县	80	80		5	5		5	90
梁山县	85	85		80	80		75	120
宁阳县								379
东平县	150	150		49	49		18	550
五莲县	280	280		90	90		26	143
莒　县	355	355		183	183		25	184
沂南县								89
郯城县								50
沂水县								342
兰陵县	50	50		37	37		8	
费　县	70	70		45	45		12	340
平邑县								350
莒南县								132
蒙阴县								150
临沭县								175
宁津县								100
临邑县	210	210		106	106		144	
齐河县								367
平原县	140	140		170	170		90	56
夏津县	90	90		30	30		28	93

continued 8

		热水 Hot Water				供热面积		
		供热总量			管道长度		住宅	
热电厂供热 Heating by Co-Generation	锅炉房供热 Heating by Boilers	(万吉焦) Total Heat Supplied (10,000gcal)	热电厂供热 Heating by Co-Generation	锅炉房供热 Heating by Boilers	(公里) Length of Pipelines (km)	(万平方米) Heated Area (10,000 m^2)	Housing	县名称 Name of Counties
	4	**13**		**13**	**6**	**61**	**22**	**浙　江**
						24		象山县
	4	13		13	6	37	22	海盐县
11867	**1715**	**5252**	**4110**	**764**	**4612**	**12609**	**10817**	**山　东**
185		37	37		162	323	280	平阴县
		35			141	282	227	济阳县
	58	41		41	30	107	75	商河县
	175	70		70	125	422	372	桓台县
120		83	83		55	160	142	高青县
180		180	180		179	420	338	沂源县
232	160	123	77	46	62	285	241	垦利县
4500		80	80		77	206	153	利津县
					83	410	320	广饶县
	45	26		26	85	37	28	长岛县
300	105	242	155	87	115	505	376	临朐县
187	29	199	179	20	123	425	406	昌乐县
100	100	117	57	60	64	177	171	微山县
	58	20		20	60	61	57	鱼台县
	116	65		65	73	160	149	金乡县
480		76	76		183	280	263	嘉祥县
	346	75		75	89	320	280	汶上县
90		86	86		48	200	180	泗水县
	120	52		52	63	217	198	梁山县
379		184	184		127	260	210	宁阳县
550		56	56		26	226	201	东平县
143		65	65		86	223	203	五莲县
184		92	92		170	230	198	莒　县
59	30	138	93	45	97	281	255	沂南县
50		90	90		100	150	135	郯城县
342		266	266		78	431	372	沂水县
					1	85	66	兰陵县
340		426	426		67	426	373	费　县
310	40	172	164	8	191	308	230	平邑县
128	4	160	154	6	117	270	248	莒南县
150		157	157		36	232	211	蒙阴县
175		170	170		57	281	266	临沭县
100		48	48		44	115	108	宁津县
						221	190	临邑县
		146			62	450	403	齐河县
40	16	37	25	12	17	243	197	平原县
93		38	38		80	102	75	夏津县

8-3 续表 9

县名称 Name of Counties	蒸汽 Steam 供热能力 (吨/小时) Heating Capacity (ton/hour)	热电厂供热 Heating by Co-Generation	锅炉房供热 Heating by Boilers	供热总量 (万吉焦) Total Heat Supplied (10,000gcal)	热电厂供热 Heating by Co-Generation	锅炉房供热 Heating by Boilers	管道长度 (公里) Length of Pipelines (km)	供热能力 (兆瓦) Heating Capacity (mega watts)
武城县	100	100		48	48		43	
阳谷县								125
莘　县								142
茌平县	560	560		61	61		21	160
东阿县								147
冠　县								270
高唐县								113
惠民县								266
无棣县								850
博兴县								305
邹平县	260	260		24	24		63	260
曹　县								1
单　县								22
成武县								29
巨野县								58
郓城县	233	168	65	47	26	21	32	
定陶县	558	558		5	5		35	
东明县	60	60		16	16		16	409
河　南	**285**	**205**	**80**	**109**	**103**	**6**	**73**	**1418**
中牟县								200
新安县	160	160		73	73		16	179
宜阳县								350
伊川县								140
叶　县								270
延津县	80		80	6		6	31	29
长垣县	45	45		30	30		26	
渑池县								130
民权县								120
四　川	**21**			**17**			**14**	**15**
松潘县	21			17			14	
红原县								15
西　藏								**-**
当雄县								-
陕　西	**610**	**430**	**12**	**182**	**45**	**3**	**198**	**3947**
户　县	430	430		45	45		22	
宜君县								20
凤翔县								35
岐山县								112
扶风县								211
眉　县								40
陇　县								120
千阳县								56
麟游县								65

continued 9

热水 Hot Water						供热面积		
		供热总量			管道长度		住宅	
热电厂供热	锅炉房供热	(万吉焦)	热电厂供热	锅炉房供热	(公里)	(万平方米)		县名称
Heating by Co-Generation	Heating by Boilers	Total Heat Supplied (10,000gcal)	Heating by Co-Generation	Heating by Boilers	Length of Pipelines (km)	Heated Area (10,000 m^2)	Housing	Name of Counties
					31	80	70	武城县
125		110	110		116	290	254	阳谷县
142		59	59		80	146	124	莘　县
		150			130	310	288	茌平县
147		89	89		51	262	219	东阿县
270		97	97		85	179	154	冠　县
113		117	117		67	225	208	高唐县
150	116	139	94	45	84	212	154	惠民县
850		105	105		129	254	207	无棣县
305		137	137		170	254	214	博兴县
260		230	230		75	364	295	邹平县
	1	17		17	54	25	25	曹　县
	22	10		10	25	30	30	单　县
	29	30		30	90	45	30	成武县
28	30	37	15	22	39	88	77	巨野县
						151	126	郓城县
						8.5		定陶县
60	115	74	20	8	218	154	146	东明县
1049	**369**	**304**	**149**	**156**	**347**	**846**	**635**	**河　南**
	200	90		90	95	193	193	中牟县
179		21	21		54	173	143	新安县
350		4	4		29	11	7	宜阳县
	140	50		50	69	162	110	伊川县
270		2	2		12	4		叶　县
	29	16		16	5	35	35	延津县
						50	45	长垣县
130		114	114		63	191	87	渑池县
120		8	8		21	27	16	民权县
	15				**18**	**26**	**6**	**四　川**
						20	5	松潘县
	15				18	6	1	红原县
-		**2**	**2**		**7**	**3**	**2**	**西　藏**
-		2	2		7	3	2	当雄县
1077	**2803**	**1826**	**416**	**1331**	**768**	**3427**	**2558**	**陕　西**
						65	65	户　县
	20	2		2	2	4	2	宜君县
35		32	32		47	92	79	凤翔县
	112	43		43	16	86	70	岐山县
156	55	102	19	83	24	155	111	扶风县
	40	49		49	20	90	90	眉　县
	120	36		36	53	72	58	陇　县
	56	21		21	14	57	42	千阳县
	65	60		60	20	89	55	麟游县

8-3 续表 10

县名称 Name of Counties	蒸汽 Steam							
	供热能力 (吨/小时) Heating Capacity (ton/hour)	热电厂供热 Heating by Co-Generation	锅炉房供热 Heating by Boilers	供热总量 (万吉焦) Total Heat Supplied (10,000gcal)	热电厂供热 Heating by Co-Generation	锅炉房供热 Heating by Boilers	管道长度 (公里) Length of Pipelines (km)	供热能力 (兆 瓦) Heating Capacity (mega watts)
凤　县								43
太白县								70
乾　县								30
礼泉县								35
永寿县								
彬　县								246
长武县								198
旬邑县								35
淳化县								43
武功县								64
澄城县								
蒲城县								180
白水县								120
延长县								82
延川县								105
子长县								88
安塞县								158
志丹县								22
吴起县								258
洛川县								82
宜川县								47
黄陵县								95
洋　县	12		12	3		3	29	
留坝县								30
神木县								1200
府谷县	130			120			142	
定边县	38			14			6	58
甘　肃								**4962**
永登县								135
皋兰县								205
榆中县								163
永昌县								231
靖远县								186
会宁县								340
景泰县								29
清水县								40
秦安县								29
甘谷县								96
武山县								41
张家川回族自治县								43
民勤县								100
古浪县								95
天祝藏族自治县								183

continued 10

热电厂供热 Heating by Co-Generation	锅炉房供热 Heating by Boilers	热水 Hot Water 供热总量 (万吉焦) Total Heat Supplied (10,000gcal)	热电厂供热 Heating by Co-Generation	锅炉房供热 Heating by Boilers	管道长度 (公里) Length of Pipelines (km)	供热面积 (万平方米) Heated Area (10,000 m²)	住宅 Housing	县名称 Name of Counties
	43	43		43	20	62	42	凤　县
	70	38		38	18	56	37	太白县
	30	17		17	8	41	39	乾　县
	35	9		9	2	18	13	礼泉县
					3			永寿县
246		50	50		46	161	120	彬　县
100	98	32	21	11	8	64	33	长武县
35		36	36		14	70	60	旬邑县
	43	13		13	4	27	24	淳化县
		75			28	111	94	武功县
					10			澄城县
180		50	50		62	100	85	蒲城县
45	75	68	68	—	15	138	36	白水县
	82	27		27	5	38	28	延长县
	105	40		40	23	69	46	延川县
	88	90		90	25	130	63	子长县
	158	93		93	53	136	119	安塞县
	19	23		19	23	62	22	志丹县
	258	96		96	54	192	135	吴起县
	82	28		28	15	40	28	洛川县
	47	25		25	12	46	41	宜川县
	95	39		39	25	85	69	黄陵县
						5	5	洋　县
	30	12		12	15	18	9	留坝县
280	920	560	140	420	77	800	632	神木县
						207	164	府谷县
	58	16		16	10	43	43	定边县
	4962	**2839**		**2839**	**1603**	**5424**	**4043**	**甘　肃**
	135	61		61	38	237	166	永登县
	205	55		55	37	127	122	皋兰县
	163	105		105	65	250	192	榆中县
	231	101		101	46	152	106	永昌县
	186	128		128	55	202	129	靖远县
	340	52		52	26	170	118	会宁县
	29	12		12	6	40	30	景泰县
	40	45		45	18	80	48	清水县
	29	51		51	7	86	26	秦安县
	96	40		40	20	63	54	甘谷县
	41	50		50	11	88	77	武山县
	43	27		27	21	51	25	张家川回族自治县
	100	100		100	61	192	161	民勤县
	95	59		59	25	90	65	古浪县
	183	130		130	48	162	125	天祝藏族自治县

8-3 续表 11

县名称 Name of Counties	蒸汽 Steam 供热能力（吨/小时） Heating Capacity (ton/hour)	热电厂供热 Heating by Co-Generation	锅炉房供热 Heating by Boilers	供热总量（万吉焦） Total Heat Supplied (10,000gcal)	热电厂供热 Heating by Co-Generation	锅炉房供热 Heating by Boilers	管道长度（公里） Length of Pipelines (km)	供热能力（兆瓦） Heating Capacity (mega watts)
肃南裕固族自治县								71
民乐县								104
临泽县								116
山丹县								29
泾川县								134
灵台县								52
崇信县								95
华亭县								58
庄浪县								137
静宁县								101
金塔县								116
瓜州县								108
肃北蒙古族自治县								33
阿克塞哈萨克自治县								17
庆城县								85
环　县								69
华池县								62
合水县								75
正宁县								42
宁　县								33
镇原县								87
通渭县								88
陇西县								200
渭源县								59
临洮县								158
漳　县								90
岷　县								85
康　县								24
西和县								40
礼　县								28
临夏县								21
康乐县								57
永靖县								76
广河县								42
和政县								78
东乡县								20
积石山县								53
临潭县								28
卓尼县								162
迭部县								44
玛曲县								43
碌曲县								12
夏河县								15

continued 11

		热水 Hot Water				供热面积		
		供热总量			管道长度		住宅	
热电厂供热 Heating by Co-Generation	锅炉房供热 Heating by Boilers	(万吉焦) Total Heat Supplied (10,000gcal)	热电厂供热 Heating by Co-Generation	锅炉房供热 Heating by Boilers	(公里) Length of Pipelines (km)	(万平方米) Heated Area (10,000 m^2)	Housing	县名称 Name of Counties
	71	39		39	19	62	40	肃南裕固族自治县
	104	54		54	27	140	96	民乐县
	116	50		50	24	100	87	临泽县
	29	16		16	3	31	30	山丹县
	134	33		33	53	56	52	泾川县
	52	16		16	10	28	22	灵台县
	95	20		20	49	64	49	崇信县
	58	32		32	22	56	45	华亭县
	137	34		34	42	84	66	庄浪县
	101	58		58	103	130	117	静宁县
	116	109		109	71	160	130	金塔县
	108	90		90	87	190	119	瓜州县
	33	20		20	11	29	17	肃北蒙古族自治县
	17	17		17	15	25	14	阿克塞哈萨克自治县
	85	45		45	22	85	51	庆城县
	69	46		46	17	88	51	环　县
	62	23		23	26	61	40	华池县
	75	45		45	27	72	35	合水县
	42	22		22	9	70	46	正宁县
	33	16		16	15	46	20	宁　县
	87	65		65	46	124	85	镇原县
	88	99		99	40	148	143	通渭县
	200	245		245	51	350	340	陇西县
	59	35		35	40	74	64	渭源县
	158	100		100	22	218	187	临洮县
	90	23		23	15	64	44	漳　县
	85	52		52	18	75	59	岷　县
	24	5		5	4	10		康　县
	40	23		23	10	36	22	西和县
	28	20		20	10	40	31	礼　县
	21	7		7	8	13	11	临夏县
	57	24		24	9	45	39	康乐县
	76	35		35	31	99	80	永靖县
	42	21		21	10	36	26	广河县
	78	55		55	18	94	66	和政县
	20	22		22	11	36	19	东乡县
	53	20		20	15	45	31	积石山县
	28	28		28	8	91	52	临潭县
	162	43		43	27	63	40	卓尼县
	44	58		58	22	85	54	迭部县
	43	31		31	33	47	40	玛曲县
	12	12		12	13	23	12	碌曲县
	15	15		15	9	40	30	夏河县

8-3 续表 12

县名称 Name of Counties	蒸汽 Steam 供热能力 (吨/小时) Heating Capacity (ton/hour)	热电厂供热 Heating by Co-Generation	锅炉房供热 Heating by Boilers	供热总量 (万吉焦) Total Heat Supplied (10,000gcal)	热电厂供热 Heating by Co-Generation	锅炉房供热 Heating by Boilers	管道长度 (公里) Length of Pipelines (km)	供热能力 (兆瓦) Heating Capacity (mega watts)
青　海								**1409**
大通县								58
湟源县								2
互助县								80
化隆县								42
循化县								60
门源县								178
祁连县								40
海晏县								42
刚察县								13
西海镇								37
同仁县								39
尖扎县								17
泽库县								18
河南县								7
共和县								69
同德县								89
贵德县								14
兴海县								21
贵南县								55
玛沁县								43
班玛县								5
甘德县								15
久治县								29
玛多县								28
囊谦县								10
乌兰县								45
都兰县								55
天峻县								126
茫崖行委								154
大柴旦行委								13
冷湖行委								4
宁　夏	**40**	**40**		**30**	**30**		**—**	**3190**
永宁县	40	40		30	30		—	122
贺兰县								616
平罗县								314
盐池县								238
同心县								116
红寺堡开发区								87
西吉县								299
隆德县								330
泾源县								145

continued 12

热水 Hot Water						供热面积		
		供热总量			管道长度		住宅	
热电厂供热	锅炉房供热	(万吉焦)	热电厂供热	锅炉房供热	(公里)	(万平方米)		县名称
Heating by Co-Generation	Heating by Boilers	Total Heat Supplied (10,000gcal)	Heating by Co-Generation	Heating by Boilers	Length of Pipelines (km)	Heated Area (10,000 m^2)	Housing	Name of Counties
	1409	**1059**		**1059**	**663**	**1517**	**727**	**青　海**
	58	79		79	6	120	91	大通县
	2	4		4	16	7	6	湟源县
	80	3		3	15	5	4	互助县
	42	4		4	20	6	5	化隆县
	60	80		80	3	160	147	循化县
	178	230		230	41	329	35	门源县
	40	52		52	12	91	33	祁连县
	42	54		54	17	80	26	海晏县
	13	18		18	35	31	13	刚察县
	37	34		34	39	69	34	西海镇
	39	36		36	23	61	36	同仁县
	17	22		22	13	39	13	尖扎县
	18	19		19	3	30		泽库县
	7	9		9	3	15	0	河南县
	69	44		44	79	69	46	共和县
	89	28		28	21	49	45	同德县
	14	6		6	32	13	8	贵德县
	21	13		13	17	24	19	兴海县
	55	16		16	14	46	28	贵南县
	43	54		54	14	7	5	玛沁县
	5	6		6	10	2	2	班玛县
	15	19		19	4	2	1	甘德县
	29	36		36	17	12	4	久治县
	28	34		34	18	2	1	玛多县
	10	11		11	14	16	6	囊谦县
	45	20		20	25	29	1	乌兰县
	55	32		32	28	53	35	都兰县
	126	32		32	82	46	32	天峻县
	154	45		45	31	76	35	茫崖行委
	13	14		14	6	22	13	大柴旦行委
	4	5		5	7	8	3	冷湖行委
	3190	**1321**		**1321**	**953**	**2474**	**1759**	**宁　夏**
	122	44		44	23	169	119	永宁县
	616	368		368	119	620	496	贺兰县
	314	142		142	114	264	198	平罗县
	238	165		165	153	241	167	盐池县
	116	66		66	33	113	78	同心县
	87	56		56	36	87	46	红寺堡开发区
	299	73		73	195	170	106	西吉县
	330	103		103	105	200	125	隆德县
	145	50		50	18	72	53	泾源县

8-3 续表 13

县名称 Name of Counties	蒸汽 Steam 供热能力 (吨/小时) Heating Capacity (ton/hour)	热电厂供热 Heating by Co-Generation	锅炉房供热 Heating by Boilers	供热总量 (万吉焦) Total Heat Supplied (10,000gcal)	热电厂供热 Heating by Co-Generation	锅炉房供热 Heating by Boilers	管道长度 (公里) Length of Pipelines (km)	供热能力 (兆瓦) Heating Capacity (mega watts)
彭阳县								174
中宁县								635
海原县								116
新　疆	**120**		**120**	**37**		**37**	**1**	**9722**
鄯善县								95
托克逊县								92
巴里坤哈萨克自治县								71
伊吾县								75
呼图壁县								600
玛纳斯县								250
奇台县								457
吉木萨尔县								410
木垒县								218
精河县								126
温泉县								62
轮台县								94
尉犁县								78
若羌县								53
且末县								92
焉耆县								124
和静县								196
和硕县								98
博湖县								57
温宿县								113
库车县								554
沙雅县								84
新和县								31
拜城县								244
乌什县								56
阿瓦提县								71
柯坪县								60
阿克陶县								85
阿合奇县								71
乌恰县								157
疏附县								116
疏勒县								184
英吉沙县								114
泽普县								128
莎车县								131
叶城县								106
麦盖提县								165
岳普湖县								126

continued 13

		热水 Hot Water				供热面积		
		供热总量			管道长度		住宅	
热电厂供热 Heating by Co-Generation	锅炉房供热 Heating by Boilers	(万吉焦) Total Heat Supplied (10,000gcal)	热电厂供热 Heating by Co-Generation	锅炉房供热 Heating by Boilers	(公里) Length of Pipelines (km)	(万平方米) Heated Area (10,000 m^2)	Housing	县名称 Name of Counties
	174	87		87	46	187	91	彭阳县
	635	113		113	55	275	240	中宁县
	116	55		55	56	76	40	海原县
1419	**8301**	**4565**	**571**	**3991**	**3190**	**8365**	**5637**	**新　疆**
	95	67		67	81	124	64	鄯善县
	92	33		33	55	88	85	托克逊县
	71	40		40	29	60	50	巴里坤哈萨克自治县
	75	13		13	22	40	25	伊吾县
600		156	156		103	291	222	呼图壁县
250		220	220		97	350	265	玛纳斯县
	457	311		311	164	445	329	奇台县
	410	168		168	91	260	180	吉木萨尔县
	218	48		48	36	120	83	木垒县
	126	70		70	48	109	103	精河县
	62	31		31	41	57	39	温泉县
	94	41		41	35	85	49	轮台县
	77	34		32	34	50	24	尉犁县
	53	31		31	7	50	30	若羌县
	92	42		42	55	75	46	且末县
	124	73		73	74	112	72	焉耆县
	196	120		120	122	231	171	和静县
	98	46		46	71	85	55	和硕县
	57	28		28	23	59	38	博湖县
	113	48		48	22	156	128	温宿县
554		180	180		62	556	335	库车县
	84	77		77	27	110	66	沙雅县
	31	44		44	27	65	32	新和县
	244	170		170	101	246	159	拜城县
	56	48		48	42	85	52	乌什县
	71	39		39	30	129	84	阿瓦提县
	60	23		23	18	48	4	柯坪县
	85	45		45	41	96	69	阿克陶县
	68	46		44	19	74	43	阿合奇县
	157	85		85	55	137	86	乌恰县
	116	56		56	37	93	71	疏附县
	184	60		60	58	147	110	疏勒县
	114	82		82	34	120	95	英吉沙县
	128	91		91	113	134	88	泽普县
	131	68		68	56	220	190	莎车县
	106	55		55	50	80	80	叶城县
	165	88		88	111	180	132	麦盖提县
	126	66		66	47	110	72	岳普湖县

8-3 续表 14

县名称 Name of Counties	蒸汽 Steam 供热能力 (吨/小时) Heating Capacity (ton/hour)	热电厂供热 Heating by Co-Generation	锅炉房供热 Heating by Boilers	供热总量 (万吉焦) Total Heat Supplied (10,000gcal)	热电厂供热 Heating by Co-Generation	锅炉房供热 Heating by Boilers	管道长度 (公里) Length of Pipelines (km)	供热能力 (兆瓦) Heating Capacity (mega watts)
伽师县								48
巴楚县								66
塔什库尔干县								29
皮山县								76
洛浦县								26
策勒县								83
于田县								58
民丰县								70
伊宁县	120		120	37		37	1	135
察布查尔县								187
霍城县								280
巩留县								162
新源县								210
昭苏县								87
特克斯县								146
尼勒克县								70
额敏县								331
沙湾县								466
托里县								195
裕民县								46
和布克赛尔蒙古自治县								116
布尔津县								165
富蕴县								182
福海县								230
哈巴河县								135
青河县								170
吉木乃县								112
新疆生产建设兵团	**1091**	**379**	**647**	**6184**	**374**	**5743**	**590**	**5954**
第一师	98		98	449		449	62	335
第二师								337
第三师	38		38	44		44	50	118
第四师	25	7	16	45	20	19	61	580
第五师	146	110	36	146	110	36	63	1787
第六师	13		13	9		9	6	567
第七师	54		54	19		19	20	633
第八师	453	178	212	468	170	238	202	354
第九师	147	70	77	116	70	46	62	159
第十师	28	14	14	7	5	2	10	146
第十二师								637
第十三师	54		54	4861		4861	26	261
第十四师	36		36	21		21	26	41

continued 14

热水 Hot Water						供热面积		
		供热总量			管道长度（公里）		住宅	
热电厂供热 Heating by Co-Generation	锅炉房供热 Heating by Boilers	（万吉焦） Total Heat Supplied (10,000gcal)	热电厂供热 Heating by Co-Generation	锅炉房供热 Heating by Boilers	Length of Pipelines (km)	（万平方米） Heated Area ($10,000\ m^2$)	Housing	县名称 Name of Counties
	48	73		73	41	201	169	伽师县
	66	33		33	31	52	36	巴楚县
	29	24		24	17	56	56	塔什库尔干县
	76	29		29	20	42	30	皮山县
	26	13		13	17	27	18	洛浦县
	83	35		35	24	74	32	策勒县
	58	38		38	43	61	39	于田县
	70	20		20	15	44	29	民丰县
15	121	46	15	31	57	92	41	伊宁县
	187	73		73	50	111	82	察布查尔县
	280	70		70	43	116	72	霍城县
	162	55		55	41	120	77	巩留县
	210	102		102	50	247	124	新源县
	87	44		44	50	74	39	昭苏县
	146	40		40	35	74	45	特克斯县
	70	48		48	33	88	78	尼勒克县
	331	105		105	94	157	125	额敏县
	466	241		241	74	420	252	沙湾县
	195	52		52	37	91	46	托里县
	46	22		22	20	63	31	裕民县
	116	70		70	28	103	46	和布克赛尔蒙古自治县
	165	80		80	39	101	65	布尔津县
	182	44		44	37	130	69	富蕴县
	230	64		64	58	70	45	福海县
	135	100		100	23	115	70	哈巴河县
	170	58		58	48	104	68	青河县
	112	45		45	32	57	30	吉木乃县
399	**5534**	**32032**	**211**	**31813**	**2461**	**4144**	**3262**	**新疆生产建设兵团**
	335	287		287	153	401	297	第一师
20	317	4881	14	4867	257	215	172	第二师
	107	59		59	238	259	220	第三师
7	570	443	20	417	400	445	361	第四师
	1787	401		401	259	215	155	第五师
30	537	467	80	387	202	556	434	第六师
301	325	231	86	143	166	298	233	第七师
6	348	236	11	225	243	756	637	第八师
	159	152		152	105	185	152	第九师
	146	74		74	100	141	102	第十师
35	602	410	—	410	144	304	206	第十二师
	261	24363		24363	158	324	284	第十三师
	41	29		29	36	47	8	第十四师

九、县城道路和桥梁
9. County Seat Road and Bridge

简要说明

县城道路指城市供车辆、行人通行的，具备一定技术条件的道路、桥梁、隧道及其附属设施。县城道路由车行道和人行道等组成。在统计时只统计路面宽度在 3.5 米（含 3.5 米）以上的各种铺装道路，包括开放型工业区和住宅区道路在内。

本部分包括县城道路、桥梁和防洪，主要包括道路长度和面积、防洪堤长度等内容。

Brief Introduction

County seat roads refer to roads, bridges, tunnels and auxiliary facilities that are provided for vehicles and passengers for transportation. County seat roads consist of drive lanes and sidewalks. Only paved roads with width above 3.5m. including roads within open industrial parks and residential communities are included in statistics.

This section includes statistics on roads, bridges and flood control, employing such indicators as length of roads, surface area of roads, length of flood control dikes, etc..

9 全国历年县城道路和桥梁情况(2000–2015)
National County Seat Road and Bridge in Past Years (2000-2015)

年份 Year	道路长度 (公里) Length of Roads (km)	道路面积 (万平方米) Surface Area of Roads (10,000 m²)	防洪堤长度 (公里) Length of Flood Control Dikes (km)	人均道路面积 (平方米) Road Surface Area Per Capita (m²)
2000	5.04	6.24	0.93	11.20
2001	5.10	7.67	0.90	8.51
2002	5.32	8.31	0.96	9.37
2003	5.77	9.06	0.93	9.82
2004	6.24	9.92	1.00	10.30
2005	6.68	10.83	0.98	10.80
2006	7.36	12.26	1.32	10.30
2007	8.38	13.44	1.17	10.70
2008	8.88	14.60	1.33	11.21
2009	9.50	15.98	1.19	11.95
2010	10.59	17.60	1.25	12.68
2011	10.86	19.24	1.37	13.42
2012	11.80	21.02	1.38	14.09
2013	12.52	22.69		14.86
2014	13.04	24.08		15.39
2015	13.35	24.95		15.98

注：1.自2006年起，人均道路面积按县城人口和县城暂住人口合计为分母计算。
2.自2013年起,不再统计防洪堤长度数据。

Note:1.Since 2006, road surface per capita has been calculated based on denominator which combines both permanent and temporary residents in county seat areas.
2.Starting from 2013, the data on the length of flood prevention dike has been unavailable.

9-1 2015年全国县城道路和桥梁分组资料
National County Seat Road and Bridge(2015)

地区名称 Name of Regions		道路长度（公里）Length of Roads (km)	道路面积（万平方米）Surface Area of Roads (10,000 m^2)	人行道面积 Surface Area of Sidewalks	桥梁数（座）Number of Bridges (unit)	大桥及特大桥 Great Bridge and Grand Bridge	立交桥 Inters-ection	道路照明灯盏数（盏）Number of Road Lamps (unit)	安装路灯道路长度（公里）Length of The Road with Street Lamp (km)
全国	**National Total**	**133514**	**249496**	**61958**	**16049**	**1351**	**442**	**7430149**	**93012.50**
分类一	**Group one**								
东部地区	East China	46527	87682	20556	6667		166	2615094	34940
中部地区	Central China	52239	102286	25555	5484		166	2754990	35692
西部地区	West China	34748	59528	15847	3898		110	2060065	22381
分类二	**Group two**								
东部地区	East China	42304	80239	18665	5943		160	2245906	31902
中部地区	Central China	45950	89002	22116	5142		150	2432465	31990
西部地区	West China	45260	80254	21177	4964		132	2751778	29120
分类三	**Group three**								
东部地区	East China	40526	77138	17878	5714		157	2100736	30529
中部地区	Central China	40770	82428	20640	4766		133	2139557	29073
西部地区	West China	45260	80254	21177	4964		132	2751778	29120
东北地区	Northeast China	6958	9675	2263	605		20	438078	4291

9–2 2015年按省分列的县城道路和桥梁
County Seat Road and Bridge by Province (2015)

地区名称 Name of Regions	道路长度（公里） Length of Roads (km)	道路面积（万平方米） Surface Area of Roads (10,000 m²)	人行道面积 Surface Area of Sidewalks	桥梁数（座） Number of Bridges (unit)	大桥及特大桥 Great Bridge and Grand Bridge	立交桥 Inter-section	道路照明盏数（盏） Number of Road Lamps (unit)	安装路灯道路长度（公里） Length of The Road with Street Lamp (km)
全　国	**133514**	**249496**	**61958**	**16049**	**1351**	**442**	**7430149**	**93012.50**
天　津	156	317	81	36	3	1	12811	134.00
河　北	10776	22764	6005	896	86	50	468958	7165.46
山　西	5002	9268	2456	421	44	26	314700	3283.49
内蒙古	6290	13283	3439	342	2	16	322525	3701.37
辽　宁	1778	3101	787	229	4	3	145170	1373.39
吉　林	1206	1872	520	102	3	3	114851	713.79
黑龙江	3974	4702	956	274	6	14	178057	2203.76
江　苏	5251	10388	2241	830	19	13	319304	4399.75
浙　江	5516	8748	1973	1357	122	32	261831	4864.86
安　徽	7845	17688	4393	1100	62	27	440254	5740.98
福　建	3305	5537	1226	515	31	11	220538	2712.94
江　西	7707	14850	3609	733	120	35	457105	5888.77
山　东	10969	22930	4774	1701	65	45	513816	8028.92
河　南	8938	19675	4672	1613	31	26	439913	6197.05
湖　北	3721	7623	1860	457	36	10	131664	2835.08
湖　南	7556	13324	3651	442	74	9	355921	5127.45
广　东	3888	4882	1169	328	47	5	253182	2628.79
广　西	4222	7443	1891	724	25	6	369188	3038.13
海　南	664	1571	409	51	9		50296	593.96
重　庆	1383	2200	699	264	35	3	99903	1166.88
四　川	6752	12861	3582	970	169	20	587057	5529.39
贵　州	3475	5804	1622	387	34	7	237995	2091.93
云　南	4306	7922	2049	606	54	6	312760	3338.06
西　藏	633	697	190	36	11	5	11403	253.81
陕　西	4435	7889	2302	586	145	50	253565	3150.51
甘　肃	2629	4930	1389	378	70	13	107911	1815.79
青　海	1160	1790	467	117	1		51943	502.48
宁　夏	1248	2903	722	45	4		67070	904.35
新　疆	4016	7212	1632	316	30	4	272732	2397.69
新疆生产建设兵团	4710	5320	1192	193	9	2	57726	1229.67

9–3 2015年按县分列的县城道路和桥梁
County Seat Road and Bridge by County(2015)

县名称 Name of Counties	道路长度（公里） Length of Roads (km)	道路面积（万平方米） Surface Area of Roads ($10,000\ m^2$)	人行道面积 Surface Area of Sidewalks	桥梁数（座） Number of Bridges (unit)	大桥及特大桥 Great Bridge and Grand Bridge	立交桥 Inter-section	道路照明灯盏数（盏） Number of Road Lamps (unit)	安装路灯道路长度（公里） Length of The Road with Street Lamp (km)
全　国	**133514**	**249496**	**61958**	**16049**	**1351**	**442**	**7430149**	**93013**
天　津	**156**	**317**	**81**	**36**	**3**	**1**	**12811**	**134**
蓟　县	156	317	81	36	3	1	12811	134
河　北	**10776**	**22764**	**6005**	**896**	**86**	**50**	**468958**	**7165**
井陉县	119	183	41	16			5510	35
正定县	125	210	48	10	1	4	4801	55
行唐县	63	187	68	16	2	4	2867	26
灵寿县	93	215	45	9			2146	70
高邑县	69	136	26	3		3	6210	66
深泽县	77	166	44				1899	38
赞皇县	50	123	38	2			2005	44
无极县	74	103	13				2118	62
平山县	104	149	22				3618	85
元氏县	84	160	52	4		2	4650	74
赵　县	100	223	37	5			6000	49
滦　县	230	358	116	8		4	16441	188
滦南县	154	289	67	6		2	7231	55
乐亭县	123	275	91	15			9034	96
迁西县	121	165	33	10	1		8306	65
玉田县	73	149	24	10			3018	60
曹妃甸区	199	575	95	5	5		3599	114
青龙满族自治县	87	76	17	14			1570	84
昌黎县	118	254	56	25		5	5301	96
卢龙县	96	192	54	7			3692	53
临漳县	156	363		6			8776	145
成安县	110	258	86				5000	90
大名县	266	411	121	17			4705	203
涉　县	233	524	147	19	2		14019	116
磁　县	272	740	297	23		3	6593	159
肥乡县	103	252	92	13			7014	77
永年县	285	708	183	15	15		33857	31
邱　县	91	216	68	6			4815	58
鸡泽县	91	211	74	6			3663	60
广平县	74	233	69	15			3416	72
馆陶县	105	279	85	5			8666	99
魏　县	276	825	257	47			29430	239
曲周县	114	252	80	23			4327	96
临城县	67	138	40	5			2899	67
内丘县	93	162	32				3365	56
柏乡县	86	146	25	5			3810	35
隆尧县	117	246	57				4280	84
任　县	113	279	77				1947	80
南和县	84	175	34				2278	79
宁晋县	183	359	137	3			8850	94

9–3 续表 1 continued 1

县名称 Name of Counties	道路长度(公里) Length of Roads (km)	道路面积(万平方米) Surface Area of Roads (10,000 m^2)	人行道面积 Surface Area of Sidewalks	桥梁数(座) Number of Bridges (unit)	大桥及特大桥 Great Bridge and Grand Bridge	立交桥 Inter-section	道路照明灯盏数(盏) Number of Road Lamps (unit)	安装路灯道路长度(公里) Length of The Road with Street Lamp (km)
巨鹿县	59	237	83				1590	59
新河县	60	172	25				1450	44
广宗县	65	154	35	3			1300	28
平乡县	112	244	78				5994	66
威　县	141	402	128	12			10143	119
清河县	172	422	220	13	13		5337	153
临西县	80	211	85	9			2740	45
涞水县	58	121	34				6743	38
阜平县	27	65	14	4	4		884	25
定兴县	106	230	85				996	66
唐　县	71	148	29	23			2164	35
高阳县	53	75	25	2			655	21
容城县	73	124	31				1280	65
涞源县	60	137	48	5			1686	35
望都县	62	222	61				1007	43
安新县	117	141	20				1352	59
易　县	60	202	33	4			2732	57
曲阳县	39	113	34	11			4180	30
蠡　县	96	168	5	7			1360	71
顺平县	63	133	34				2082	26
博野县	41	50	9				1114	4
雄　县	80	168	23	3			1000	39
张北县	139	254	43	42		4	4272	40
康保县	76	100	31	2			1320	12
沽源县	59	73	19	2		2	890	15
尚义县	52	81	18	8	5		431	20
蔚　县	76	80	13	8	8		1926	47
阳原县	66	97	20				773	27
怀安县	60	78	17	8		7	4727	60
万全县	59	91	9	4	4		1787	49
怀来县	112	219	27	9	2		2996	110
涿鹿县	65	97	17	1	1		1400	53
赤城县	61	71	18	8			1563	30
崇礼县	34	46	10	7	5		1020	16
承德县	85	152	32	15			2600	52
兴隆县	143	159	18	7	1		1540	34
平泉县	102	250	75	10			5500	80
滦平县	116	115	28	9			2100	50
隆化县	54	99	24	16			2436	47
丰宁满族自治县	100	162	43	24			2043	51
宽城满族自治县	104	178	55	7	6		3974	60
围场满族蒙古族自治县	45	90	13	14			2300	43
青　县	124	262	94	19	11	7	10430	106
东光县	67	169	56	13			3900	61

9-3 续表 2 continued 2

县名称 Name of Counties	道路长度（公里） Length of Roads (km)	道路面积（万平方米） Surface Area of Roads (10,000 m^2)	人行道面积 Surface Area of Sidewalks	桥梁数（座） Number of Bridges (unit)	大桥及特大桥 Great Bridge and Grand Bridge	立交桥 Inter-section	道路照明灯盏数（盏） Number of Road Lamps (unit)	安装路灯道路长度（公里） Length of The Road with Street Lamp (km)
海兴县	46	169	43	3			2115	30
盐山县	62	171	57	10			6364	60
肃宁县	79	171	51	14			3012	47
南皮县	75	180	54	2			3967	73
吴桥县	76	262	73	23		3	3659	68
献　县	102	229	66	22			8010	94
孟村回族自治县	59	88	23	7			1248	40
固安县	124	230	27	12			4663	110
永清县	73	178	69	7			1660	51
香河县	104	135	31	11			2378	100
大城县	72	100	15	7			3650	71
文安县	55	99	6				1510	33
大厂回族自治县	85	219	45	4			9236	83
枣强县	181	227	73	15			6600	72
武邑县	152	392	97	1			3680	88
武强县	109	173	38	16			2300	80
饶阳县	176	258	64				3660	176
安平县	82	256	72	8			10843	82
故城县	215	616	118	27			3810	56
景　县	150	482	133				3250	122
阜城县	127	304	85	5			3900	83
山　西	**5002**	**9268**	**2456**	**421**	**44**	**26**	**314700**	**3283**
清徐县	48	163	75	4			3238	48
阳曲县	29	66	13	3	1		4537	23
娄烦县	40	49	10	4			298	23
阳高县	75	110	34				1513	37
天镇县	122	101	31	3			1643	41
广灵县	67	115	36	6			456	6
灵丘县	59	135	45	1			2350	43
浑源县	104	149	33				2097	39
左云县	44	94	32	1	1		2982	43
大同县	94	111	30				2340	30
平定县	71	71	8	17			2320	40
盂　县	24	43	11	4			7300	13
长治县	84	104	31	1		1	3010	81
襄垣县	104	274	66	26			5708	82
屯留县	37	102	22	4			1800	37
平顺县	56	69	18	14			1339	48
黎城县	28	47	10	3			1315	21
壶关县	47	103	25	1			6507	43
长子县	77	175	52	2	2		3615	61
武乡县	35	65	22	5	5		1865	21
沁　县	34	41	19	2			1919	32
沁源县	55	111	22	18	6		6304	51
沁水县	59	76	15	26			2442	59

9-3 续表 3 continued 3

县名称 Name of Counties	道路长度（公里）Length of Roads (km)	道路面积（万平方米）Surface Area of Roads (10,000 m²)	人行道面积 Surface Area of Sidewalks	桥梁数（座）Number of Bridges (unit)	大桥及特大桥 Great Bridge and Grand Bridge	立交桥 Inter-section	道路照明灯盏数（盏）Number of Road Lamps (unit)	安装路灯道路长度（公里）Length of The Road with Street Lamp (km)
阳城县	47	169	35				4641	46
陵川县	36	68	24				1659	36
山阴县	88	108	31	2		2	5516	68
应　县	148	180	36				2416	51
右玉县	38	83	23	6			3765	32
怀仁县	179	483	128	4		2	16695	123
榆社县	59	64	20	9		3	2361	55
左权县	71	102	34	12			1890	40
和顺县	55	137	37				3400	51
昔阳县	52	87	28	15			3408	45
寿阳县	79	134	39	16			1933	16
太谷县	82	239	49	11		10	6900	82
祁　县	76	112	28	1		1	8381	76
平遥县	158	295	84				13127	60
灵石县	63	87	21				8043	45
临猗县	94	283	68	1		1	5908	88
万荣县	51	202	41				2298	37
闻喜县	77	141	30	11			3100	24
稷山县	65	143	48				1830	28
新绛县	95	175	44	4	4		3440	53
绛　县	27	104	28				1809	22
垣曲县	47	97	25	10			1777	40
夏　县	35	92	24	4			2758	34
平陆县	48	116	27				2700	22
芮城县	59	150	45				4618	28
定襄县	52	97	29				2250	32
五台县	46	87	20	3			2498	43
代　县	52	94	19	4			1636	14
繁峙县	101	99	20	1	1		2980	40
宁武县	59	42	8				3569	35
静乐县	57	89	23	4			1785	50
神池县	42	55	14				1554	30
五寨县	78	91	24	4		1	795	64
岢岚县	54	68	5				1604	39
河曲县	77	158	47				4124	37
保德县	69	109	26	20			2603	64
偏关县	56	46	13				1108	29
曲沃县	41	80	15				5350	34
翼城县	74	117	20				11500	46
襄汾县	46	150	43	6	1	4	2790	30
洪洞县	75	113	45	5	4	1	10633	54
古　县	15	42	10				1683	14
安泽县	20	30	11	6			10831	14
浮山县	29	40	9				5061	23
吉　县	24	33	9	10	1		3000	18

9-3 续表 4 continued 4

县名称 Name of Counties	道路长度（公里） Length of Roads (km)	道路面积（万平方米） Surface Area of Roads (10,000 m^2)	人行道面积 Surface Area of Sidewalks	桥梁数（座） Number of Bridges (unit)	大桥及特大桥 Great Bridge and Grand Bridge	立交桥 Inter-section	道路照明灯盏数（盏） Number of Road Lamps (unit)	安装路灯道路长度（公里） Length of The Road with Street Lamp (km)
乡宁县	36	75	26	7	1		6320	27
大宁县	21	24	6	2			1952	14
隰　县	39	71	16				13799	25
永和县	13	19	4	10			980	9
蒲　县	33	65	22	12			6275	32
汾西县	30	80	19				2700	17
文水县	81	213	47	6			8973	47
交城县	98	140	43	5	5		2376	52
兴　县	67	138	37	5			2104	51
临　县	57	126	36	5			2540	38
柳林县	42	103	31	7			3017	35
石楼县	31	54	18	3			540	13
岚　县	42	81	23	4			780	17
方山县	24	69	24				810	18
中阳县	55	81	25	15	12		1278	27
交口县	42	69	15	26			1631	32
内蒙古	**6290**	**13283**	**3439**	**342**	**2**	**16**	**322525**	**3701**
土默特左旗	49	131	30	4	1		1250	41
托克托县	55	140	27	10			3160	45
和林格尔县	39	40	6	5			5142	31
清水河县	29	30	7	12			664	10
武川县	47	140	64	2			5000	33
土默特右旗	117	276	89	10		2	5850	74
固阳县	90	220	84	9			3126	60
达尔罕茂明安联合旗	18	55	15	3			2010	16
阿鲁科尔沁旗	86	256	75	11			12723	28
巴林左旗	99	323	95	7			2502	39
巴林右旗	73	197	28	11			1517	27
林西县	116	198	42	3			3059	68
克什克腾旗	83	249	44	6			2573	38
翁牛特旗	158	476	96	9			2498	46
喀喇沁旗	76	246	34	9			1399	21
宁城县	170	481	111	7		1	2505	69
敖汉旗	115	435	113	9			1578	36
科尔沁左翼中旗	60	81	41	6		2	1451	35
科尔沁左翼后旗	137	151	60	4			3761	40
开鲁县	93	198	62	2		2	3260	70
库伦旗	83	124	49	1			2370	32
奈曼旗	90	199	65				4505	73
扎鲁特旗	77	103	26	3			24557	70
达拉特旗	164	439	140	4		4	3796	116
准格尔旗	143	388	115	19			11673	103
鄂托克前旗	88	236	69				1750	40
鄂托克旗	58	138	49	4			2897	42

9-3 续表 5 continued 5

县名称 Name of Counties	道路长度(公里) Length of Roads (km)	道路面积(万平方米) Surface Area of Roads (10,000 m^2)	人行道面积 Surface Area of Sidewalks	桥梁数(座) Number of Bridges (unit)	大桥及特大桥 Great Bridge and Grand Bridge	立交桥 Inter-section	道路照明灯盏数(盏) Number of Road Lamps (unit)	安装路灯道路长度(公里) Length of The Road with Street Lamp (km)
杭锦旗	61	160	60	1			4176	12
乌审旗	141	368	82				3220	99
伊金霍洛旗	303	1102	259	13	1	1	24153	183
阿荣旗	168	204	51	11			7562	49
莫力达瓦达斡尔族自治旗	94	167	40	7			3700	69
鄂伦春自治旗	80	83	28	2			1672	13
鄂温克族自治旗	100	134	32	1			2137	41
陈巴尔虎旗	38	72	19				2000	34
新巴尔虎左旗	34	53	10				3600	24
新巴尔虎右旗	43	80		9			1223	25
五原县	196	269	72	9			5246	154
磴口县	75	121	25	5		2	4313	73
乌拉特前旗	98	220	73	6			6522	82
乌拉特中旗	81	177	43	6			6832	72
乌拉特后旗	70	170	67	11			1583	40
杭锦后旗	105	264	111	6			3117	70
卓资县	73	219	44	11		2	1995	44
化德县	117	143	20	3			1433	20
商都县	110	230	52				4754	83
兴和县	155	275	91	4			2900	104
凉城县	204	212	62	7			3583	58
察哈尔右翼前旗	91	181	76				2600	24
察哈尔右翼中旗	55	80	21	2			1585	28
察哈尔右翼后旗	63	148	16	3			5422	45
四子王旗	213	255	71	3			7380	83
科尔沁右翼前旗	71	270	25	1			12318	54
科尔沁右翼中旗	90	185	20				9996	58
扎赉特旗	52	110	25	10			3336	31
突泉县	85	114	19	1			4228	53
阿巴嘎旗	43	79	36				1049	40
苏尼特左旗	31	39	6				2783	25
苏尼特右旗	81	137	32	2			3423	54
东乌珠穆沁旗	53	90	19				2086	51
西乌珠穆沁旗	75	95	30	1			2174	64
太仆寺旗	69	100	40	9			2346	67
镶黄旗	66	87	27	2			1322	33
正镶白旗	33	47	13	4			2035	29
正蓝旗	60	112	37	2			4066	60
多伦县	84	119	6	9			4098	71
阿拉善左旗	126	239	20				29844	112
阿拉善右旗	29	35	5				2363	20
额济纳旗	62	94	19	11			5774	50
辽 宁	**1778**	**3101**	**787**	**229**	**4**	**3**	**145170**	**1373**
辽中县	133	211	35	3	3		4317	84

9-3 续表 6 continued 6

县名称 Name of Counties	道路长度（公里） Length of Roads (km)	道路面积（万平方米） Surface Area of Roads (10,000 m²)	人行道面积 Surface Area of Sidewalks	桥梁数（座） Number of Bridges (unit)	大桥及特大桥 Great Bridge and Grand Bridge	立交桥 Inter-section	道路照明灯盏数（盏） Number of Road Lamps (unit)	安装路灯道路长度（公里） Length of The Road with Street Lamp (km)
康平县	140	246	52				3186	71
法库县	160	327	111	27			7526	140
长海县	15	29	6				1700	11
台安县	62	152	56				2955	52
岫岩满族自治县	80	109	26	14			1305	74
新宾满族自治县	33	57	14	8			3506	33
清原满族自治县	48	91	24				3507	35
本溪满族自治县	92	121	29	16	1	2	11427	83
桓仁满族自治县	77	157	32	13			14187	61
宽甸满族自治县	57	92	27	5			4081	40
黑山县	59	70	13	20			2567	59
义　县	60	116	28	17			3096	39
阜新蒙古族自治县	54	92	28	2		1	3821	32
彰武县	42	56	23	4			1623	39
辽阳县	78	149	36	8			5140	47
大洼县	105	175	43	16			4550	57
西丰县	59	104	21	10			12848	59
昌图县	129	226	46	21			32316	115
建平县	65	102	39	4			3446	54
喀喇沁左翼蒙古族自治县	77	185	35	14			6178	68
绥中县	57	100	33	10			5517	49
建昌县	98	133	33	17			6371	71
吉　林	**1206**	**1872**	**520**	**102**	**3**	**3**	**114851**	**714**
农安县	96	233	42				13034	22
永吉县	74	109	37	15			3152	44
梨树县	79	74	25				8115	53
伊通满族自治县	43	162	64	5			6600	42
东丰县	58	62	7	2	1	1	3753	18
东辽县	17	46	9	3	2		2722	5
通化县	68	88	29	14			8278	31
辉南县	56	77	25	3			1905	34
柳河县	38	58	18	12			17833	32
抚松县	59	67	15				9251	12
靖宇县	52	84	23	13			5283	27
长白朝鲜族自治县	37	31	8	5			5749	29
前郭尔罗斯蒙古族自治县	47	137	42				2600	42
长岭县	120	154	33				5729	43
乾安县	68	133	43	3			2619	57
镇赉县	120	97	40	1		1	6646	63
通榆县	60	81	20	1			3109	50
汪清县	68	104	19	12			2847	64
安图县	47	75	22	13		1	5626	47

9-3 续表 7 continued 7

县名称 Name of Counties	道路长度（公里） Length of Roads (km)	道路面积（万平方米） Surface Area of Roads (10,000 m²)	人行道面积 Surface Area of Sidewalks	桥梁数（座） Number of Bridges (unit)	大桥及特大桥 Great Bridge and Grand Bridge	立交桥 Inter-section	道路照明灯盏数（盏） Number of Road Lamps (unit)	安装路灯道路长度（公里） Length of The Road with Street Lamp (km)
黑龙江	**3974**	**4702**	**956**	**274**	**6**	**14**	**178057**	**2204**
依兰县	156	192	64	1			25681	149
方正县	84	86	8	4			1744	46
宾　县	129	173	33	17			1379	52
巴彦县	189	139	2	8			1073	35
木兰县	125	100	22	6			1423	36
通河县	93	93	13	6			2090	10
延寿县	147	180	52	30			2909	135
龙江县	99	185	43	11		2	2554	83
依安县	98	108	28				3806	42
泰来县	51	69	18	4		1	2750	47
甘南县	45	86	13	2			4475	45
富裕县	64	88	7	1			3849	43
克山县	56	59	17				6900	42
克东县	37	55	8				3080	37
拜泉县	89	73	7	8			640	15
鸡东县	63	71	12	22			2149	14
萝北县	100	94	26	3			1181	59
绥滨县	50	69	21				1650	33
集贤县	130	114	16	9		1	2498	35
友谊县	41	82	24				2842	38
宝清县	173	157	11				2321	86
饶河县	61	63	9	3			3743	43
肇州县	54	53	4				1200	49
肇源县	67	98	43				3556	2
林甸县	127	154	80	1		1	1341	21
杜尔伯特蒙古自治县	75	148	50	3		2	1607	39
嘉荫县	56	51	7	1			1843	40
桦南县	85	95	14	3			9408	75
桦川县	99	85	23	5			5062	57
汤原县	73	123	27	8		1	9214	43
抚远县	60	124	22				6452	57
勃利县	96	96	23	13		1	10973	89
东宁县	124	155	7	10			5295	102
林口县	122	159	15	46		3	2640	40
嫩江县	96	206	68	1		1	10550	96
逊克县	39	47	10	10			2648	12
孙吴县	38	44	8	10			2114	33
望奎县	69	96	6				2674	14
兰西县	66	66	7				1547	13
青冈县	78	66	11				2555	40
庆安县	49	59	7				1366	30
明水县	58	63	14	3			3694	29

9-3 续表 8 continued 8

县名称 Name of Counties	道路长度（公里） Length of Roads (km)	道路面积（万平方米） Surface Area of Roads (10,000 m²)	人行道面积 Surface Area of Sidewalks	桥梁数（座） Number of Bridges (unit)	大桥及特大桥 Great Bridge and Grand Bridge	立交桥 Inter-section	道路照明灯盏数（盏） Number of Road Lamps (unit)	安装路灯道路长度（公里） Length of The Road with Street Lamp (km)
绥棱县	82	91	12				3700	42
呼玛县	40	34	4	1	1		650	18
塔河县	75	69	4	6			858	29
漠河县	60	52	5	5	5		1302	26
加格达奇区	104	132	33	13		1	5071	85
江　苏	**5251**	**10388**	**2241**	**830**	**19**	**13**	**319304**	**4400**
丰　县	230	536	161	29			14690	159
沛　县	337	1055	337	22			12500	225
睢宁县	182	486	110	37			19620	176
海安县	373	668	95	131	10	1	26084	373
如东县	254	597	134	48	3	1	16110	254
东海县	324	647	61	29		6	19134	170
灌云县	197	419	106	50		3	15200	190
灌南县	200	359	36	1			9360	149
涟水县	364	419	51	23	2		9001	236
洪泽县	136	223	43	54	1		8535	116
盱眙县	248	400		29			9756	189
金湖县	176	258	61	30			9811	163
响水县	106	215	67	10	3		10325	106
滨海县	150	340	86	33			6639	147
阜宁县	220	498	147	49			20448	200
射阳县	275	368	102	23		1	14980	226
建湖县	184	397	105	99			12788	145
宝应县	223	439	130	42			13809	223
沭阳县	421	829	182	36		1	26429	420
泗阳县	304	613	144	13			23406	245
泗洪县	347	621	84	42			20679	288
浙　江	**5516**	**8748**	**1973**	**1357**	**122**	**32**	**261831**	**4865**
桐庐县	162	251	62	6	5		11964	162
淳安县	153	214	67	9	1		22210	144
象山县	451	799	188	97			13485	353
宁海县	374	547	88	31	2		26025	368
永嘉县	98	115	35	27	1	12	2643	82
平阳县	101	116	40	119		1	2324	85
苍南县	135	251	65	55	1		5380	116
文成县	30	50	10	24			2019	25
泰顺县	42	74	12	21			3130	42
嘉善县	171	396	122	170	1	4	10548	170
海盐县	162	361	89	89	6		6514	161
德清县	208	569	135	33	16	1	15347	189
长兴县	290	760	162	123	1	4	16388	290
安吉县	449	561		27		1	18073	448
新昌县	225	253	59	44	7	1	5625	122
武义县	439	448	75	41	13	1	11127	281
浦江县	180	329	110	41			8779	180

9-3 续表 9 continued 9

县名称 Name of Counties	道路长度（公里） Length of Roads (km)	道路面积（万平方米） Surface Area of Roads (10,000 m^2)	人行道面积 Surface Area of Sidewalks	桥梁数（座） Number of Bridges (unit)	大桥及特大桥 Great Bridge and Grand Bridge	立交桥 Inter-section	道路照明灯盏数（盏） Number of Road Lamps (unit)	安装路灯道路长度（公里） Length of The Road with Street Lamp (km)
磐安县	51	70	15	16			4256	52
常山县	156	227	47	16	5		6561	156
开化县	115	128	42	51	51		3896	53
龙游县	125	130	48	10	5	5	6650	104
岱山县	95	162	17	30			1957	77
嵊泗县	15	26	4				1838	15
玉环县	225	244	31	43			7074	217
三门县	130	243	62	36		1	4338	115
天台县	123	266	68	50		1	5057	107
仙居县	141	237	101	6			5326	117
青田县	79	108	16	8	3		5950	76
缙云县	93	189	38	11			5406	93
遂昌县	97	134	22	29			6517	82
松阳县	113	136	31	3	3		5404	113
云和县	145	154	31	32	1		3420	145
庆元县	80	98	46	48			2710	60
景宁县	64	103	34	11			3890	64
安　徽	**7845**	**17688**	**4393**	**1100**	**62**	**27**	**440254**	**5741**
长丰县	57	83	13	12	7		4720	35
肥西县	204	410	106	14			6020	96
肥东县	77	183	38	4			8781	65
庐江县	141	296	47	23	10	2	18846	134
芜湖县	262	437	72	9		2	9700	262
繁昌县	115	351	92	15	4	2	10263	101
南陵县	140	358	55	37			10274	113
无为县	104	283	88	5			5105	98
怀远县	214	305	63	10	1	9	2769	67
五河县	163	374	85	26			6239	133
固镇县	117	241	45	15	3	2	4133	90
凤台县	95	164	36	8	1		6873	54
当涂县	121	275	50	17	1	1	4661	109
含山县	103	265	38	8	8		3150	77
和　县	82	166	42				7833	77
濉溪县	183	419	166	18	2		8640	134
铜陵县	31	80	19	3			1950	15
怀宁县	120	340	108	38		1	5518	64
枞阳县	87	238	88	6			8306	49
潜山县	95	260	81	16	1		5215	92
太湖县	86	206	46	15			2689	54
宿松县	171	403	133				5700	95
望江县	117	246	66	10			10199	95
岳西县	29	39	16	5	4	2	6792	13
歙　县	115	160	20	14			5391	48
休宁县	67	115	45	6			4360	66
黟　县	63	177	48	11			3242	44

9–3 续表 10 continued 10

县名称 Name of Counties	道路长度（公里） Length of Roads (km)	道路面积（万平方米） Surface Area of Roads (10,000 m^2)	人行道面积 Surface Area of Sidewalks	桥梁数（座） Number of Bridges (unit)	大桥及特大桥 Great Bridge and Grand Bridge	立交桥 Inter-section	道路照明灯盏数（盏） Number of Road Lamps (unit)	安装路灯道路长度（公里） Length of The Road with Street Lamp (km)
祁门县	38	66	19	16	2	1	1773	15
来安县	287	414	93	17	2		7822	114
全椒县	198	447	155	25			4706	170
定远县	257	563	118	27			17650	209
凤阳县	157	457	178	5			7090	103
临泉县	202	329	52	44			8910	181
太和县	272	627	128	24			11210	126
阜南县	152	323	57	30			6368	113
颍上县	289	639	175	64	4		17189	270
砀山县	197	556	70	40		2	12761	118
萧　县	236	731	185	38	2	1	37127	207
灵璧县	123	396	83	22	2		9206	75
泗　县	172	362	98	25			5136	88
寿　县	118	289	68	13			10738	118
霍邱县	96	228	35	4			7200	88
舒城县	122	314	42	21			6224	66
金寨县	163	411	87	18	2		9129	94
霍山县	144	244	81	8			7678	95
涡阳县	248	569	135	41	1	2	6322	227
蒙城县	240	723	240	82			18850	220
利辛县	168	405	94	73			7905	144
东至县	86	168	34	15			2433	61
石台县	33	42	7	6			1458	28
青阳县	102	225	50	15			2619	94
郎溪县	161	344	107	8			5086	65
广德县	183	488	130	28	5		13256	155
泾　县	89	223	90	20			5274	84
绩溪县	108	154	50	13			7640	94
旌德县	50	79	26	13			4125	41
福　建	**3305**	**5537**	**1226**	**515**	**31**	**11**	**220538**	**2713**
闽侯县	52	80	23	3	1		4232	52
连江县	88	142	38	14			4062	85
罗源县	82	106	26	15			5120	78
闽清县	34	35	5	6	6		1664	30
永泰县	61	68	20	9			1648	30
仙游县	112	242	51	9	5		5690	73
明溪县	40	63	17	10			1652	28
清流县	48	98	27	13			2505	44
宁化县	112	181	38	17			4700	104
大田县	60	85	25	11			3440	55
尤溪县	64	67	20	17	3		3393	61
沙　县	203	319	104	11	5	1	5947	170
将乐县	71	119	24	6			3861	70
泰宁县	38	70	7	12			2555	37
建宁县	46	68	5	8			2126	35

9-3 续表 11 continued 11

县名称 Name of Counties	道路长度(公里) Length of Roads (km)	道路面积(万平方米) Surface Area of Roads (10,000 m^2)	人行道面积 Surface Area of Sidewalks	桥梁数(座) Number of Bridges (unit)	大桥及特大桥 Great Bridge and Grand Bridge	立交桥 Inter-section	道路照明灯盏数(盏) Number of Road Lamps (unit)	安装路灯道路长度(公里) Length of The Road with Street Lamp (km)
惠安县	123	355	50	2			14000	122
安溪县	127	240	35	21		3	25350	127
永春县	262	232	85	23		1	19744	187
德化县	102	251	23	33		3	13105	93
云霄县	101	229	49	4	3		5729	62
漳浦县	88	201	34	17		1	8453	58
诏安县	72	137	25	4			2898	52
长泰县	59	96	29	2			2214	51
东山县	43	99	27				2386	31
南靖县	82	105	38	8			4577	78
平和县	93	167	38	10			8589	88
华安县	40	49	11	8		1	1330	35
顺昌县	45	67	19	9			2533	40
浦城县	64	79	13	8	8		4198	63
光泽县	20	33	8	5			986	20
松溪县	40	67	22	9			1714	40
政和县	30	57	22	8			1850	28
长汀县	85	140	16	15			7961	78
上杭县	73	141	53	1			14378	71
武平县	78	157	41	10			3565	63
连城县	66	88	18	16			3993	51
霞浦县	85	163	31	30			2589	40
古田县	82	105	13	19		1	3690	63
屏南县	78	65	14	29			1895	31
寿宁县	24	35	8	17			876	16
周宁县	76	86	13	14			1659	45
柘荣县	27	39	6	11			1371	12
平潭县	131	311	60	21			6310	115
江西	**7707**	**14850**	**3609**	**733**	**120**	**35**	**457105**	**5889**
南昌县	325	487	16	4		4	17069	300
安义县	88	101	36	18	5		3800	62
进贤县	110	218	18	1		1	8189	85
浮梁县	100	126	13	4			5980	87
莲花县	61	117	29	6	6		9219	59
上栗县	103	148	46	11			3080	64
芦溪县	65	109	26	12			1398	7
九江县	131	216	38	13			9052	60
武宁县	144	341	103	16		1	4393	99
修水县	135	261	67	19	2		6180	102
永修县	88	186	32	6		3	2100	31
德安县	121	201	21	13	1	2	4834	121
星子县	129	232	55	14			8920	107
都昌县	131	215	47				5256	131
湖口县	138	233	57	4			5376	117
彭泽县	80	158	38				4171	68

9-3 续表 12 continued 12

县名称 Name of Counties	道路长度（公里）Length of Roads (km)	道路面积（万平方米）Surface Area of Roads (10,000 m²)	人行道面积 Surface Area of Sidewalks	桥梁数（座）Number of Bridges (unit)	大桥及特大桥 Great Bridge and Grand Bridge	立交桥 Inter-section	道路照明灯盏数（盏）Number of Road Lamps (unit)	安装路灯道路长度（公里）Length of The Road with Street Lamp (km)
庐山风景区	32	33	4				2500	15
分宜县	71	192	48	5		5	5579	71
余江县	103	126	32	8		8	4342	102
赣　县	152	345	118	4			6100	152
信丰县	118	281	46	15	2	2	8975	100
大余县	84	106	23	37			2660	22
上犹县	137	159	56	15			9675	134
崇义县	45	79	20	8			5000	25
安远县	83	122	40	13			4177	83
龙南县	192	309	54	23			13373	187
定南县	131	208	69	36			3989	99
全南县	77	92	23	12	12		5989	52
宁都县	174	298	62	15	15		6800	64
于都县	128	270	76	4	4		6547	112
兴国县	101	377	114	21			4612	85
会昌县	126	201	38	9	9		7620	116
寻乌县	66	141	69	14			6730	59
石城县	82	96	17	20			4013	77
吉安县	129	278	108	6			6949	122
吉水县	141	182	71	13	2		5444	116
峡江县	54	162	48				2700	41
新干县	82	231	63	9	6		7763	82
永丰县	122	258	42	17	2		8900	122
泰和县	121	242	53	6			9783	93
遂川县	131	221	74	5			5832	122
万安县	113	218	49	3			3528	72
安福县	76	160	31	10	10		5548	75
永新县	102	344	83	19			3709	41
奉新县	117	235	37	5	5		14147	71
万载县	102	145	46	16			7847	98
上高县	119	277	46	7			6630	52
宜丰县	54	64	12	4			9164	34
靖安县	94	186	55	14			5560	66
铜鼓县	62	100	16	7	7		2260	56
南城县	166	343	107	15			20988	95
黎川县	96	135	71	5	1		7910	75
南丰县	78	208	57	5			4600	46
崇仁县	150	481	124	4			6254	93
乐安县	79	182	32	14			3717	52
宜黄县	58	197	48	8	8		4932	51
金溪县	110	237	85	18			14550	83
资溪县	36	44	11	12	5		5916	35
东乡县	229	355	80	33			9580	187
广昌县	62	134	32	18	3		4986	59
上饶县	93	258	84				8346	93

9-3 续表 13 continued 13

县名称 Name of Counties	道路长度(公里) Length of Roads (km)	道路面积(万平方米) Surface Area of Roads (10,000 m^2)	人行道面积 Surface Area of Sidewalks	桥梁数(座) Number of Bridges (unit)	大桥及特大桥 Great Bridge and Grand Bridge	立交桥 Inter-section	道路照明灯盏数(盏) Number of Road Lamps (unit)	安装路灯道路长度(公里) Length of The Road with Street Lamp (km)
玉山县	140	395	50	4			5214	129
铅山县	134	215	50	21	13	6	5300	130
横峰县	48	107	32				2620	32
弋阳县	205	270	57	4			4304	108
余干县	175	374	106	2	2		13547	46
鄱阳县	103	347	66	2			14881	53
万年县	175	281	93	27		3	3800	129
婺源县	99	204	39				2198	76
山　东	**10969**	**22930**	**4774**	**1701**	**65**	**45**	**513816**	**8029**
平阴县	84	217	73	16			6143	84
济阳县	95	179	25				5943	93
商河县	74	171	43	22	3		4207	52
桓台县	144	314	83	2			3314	101
高青县	105	232	35	12			3890	47
沂源县	124	384	79	9	9		5158	104
垦利县	194	370	92	40			6030	184
利津县	104	224	55	29			10486	86
广饶县	141	351	63	13			8720	137
长岛县	49	41	18	1		1	3400	36
临朐县	338	864	154	26	6		17394	210
昌乐县	516	826	141	49		14	17114	489
微山县	164	294	72	25			17076	123
鱼台县	102	246	33	8			2659	92
金乡县	188	454	107	17	17		9225	184
嘉祥县	176	314	83	21			8110	85
汶上县	143	201	39	26			9190	58
泗水县	147	240	41	26	3	1	6570	110
梁山县	151	277	47				6860	68
宁阳县	114	349	82	17			12260	104
东平县	159	470	140	22	2		15906	136
五莲县	137	312	35	15			5620	120
莒　县	217	475	43	92			13919	198
沂南县	188	386	85	28			10589	183
郯城县	175	368	92	50			22600	175
沂水县	454	544	151	25			16757	269
兰陵县	213	353	89	37			6227	159
费　县	135	269	40	22			8771	135
平邑县	235	392	139	32			14558	233
莒南县	159	389	86	30	4		8628	149
蒙阴县	120	178	33	21			17121	101
临沭县	108	231	49	82	2		11084	108
宁津县	97	295	64	31			7440	87
庆云县	192	268	94	14			1947	100
临邑县	497	544	158	36			6000	372
齐河县	283	697	117	77		4	4314	245

9–3 续表 14 continued 14

县名称 Name of Counties	道路长度（公里） Length of Roads (km)	道路面积（万平方米） Surface Area of Roads (10,000 m^2)	人行道面积 Surface Area of Sidewalks	桥梁数（座） Number of Bridges (unit)	大桥及特大桥 Great Bridge and Grand Bridge	立交桥 Inter-section	道路照明灯盏数（盏） Number of Road Lamps (unit)	安装路灯道路长度（公里） Length of The Road with Street Lamp (km)
平原县	152	373	62	48		6	8658	34
夏津县	163	571	97	20			11690	162
武城县	167	352	59	32			5600	167
阳谷县	174	520	93	93			9790	118
莘　县	233	416	50	12			10872	141
茌平县	296	526	104	82		1	16412	253
东阿县	118	232	55	13			3718	62
冠　县	376	483	54	22	4		7988	80
高唐县	162	448	62	18			7239	68
惠民县	166	407	73	18			4172	146
阳信县	194	613	152	6			4223	179
无棣县	126	346	112	22			7018	101
博兴县	140	429	99	17			7132	100
邹平县	526	1158	286	53	2	4	7308	230
曹　县	302	432	32	22			16534	193
单　县	158	490	79	62			8199	41
成武县	151	258	79	39			6160	126
巨野县	188	608	81	13	11	5	8650	112
郓城县	194	551	110	24			9427	173
鄄城县	146	321	64	35			3389	75
定陶县	168	290	79	22	1	5	5147	112
东明县	145	387	113	55	1	4	9260	140
河　南	**8938**	**19675**	**4672**	**1613**	**31**	**26**	**439913**	**6197**
中牟县	128	278	79	10		5	9046	126
杞　县	94	231	47	17			1630	35
通许县	77	165	37	18			3477	70
尉氏县	165	405	132	46			4560	85
兰考县	181	357	129	18			6703	80
孟津县	68	122	42	2			4389	47
新安县	55	116	39	3	2	1	2527	50
栾川县	69	146	33	20			6955	62
嵩　县	42	83	18	8			4088	28
汝阳县	64	149	32	16	3		4069	55
宜阳县	74	125	19	7			11487	73
洛宁县	52	96	28	8			2310	34
伊川县	64	192	53	12			11289	59
宝丰县	62	168	36	14			3594	49
叶　县	90	352	23	32			2556	28
鲁山县	80	159	56	31		1	3551	76
郏　县	99	208	57	14			5847	97
汤阴县	131	377	66	26			5964	109
滑　县	170	439	106	39			8205	149
内黄县	83	121	24	5			3766	56
浚　县	94	208	45	13			3196	80
淇　县	80	190	50	6		4	3276	61

9-3 续表 15 continued 15

县名称 Name of Counties	道路长度(公里) Length of Roads (km)	道路面积(万平方米) Surface Area of Roads ($10,000 m^2$)	人行道面积 Surface Area of Sidewalks	桥梁数(座) Number of Bridges (unit)	大桥及特大桥 Great Bridge and Grand Bridge	立交桥 Inter-section	道路照明灯盏数(盏) Number of Road Lamps (unit)	安装路灯道路长度(公里) Length of The Road with Street Lamp (km)
新乡县	54	137	32	7			5065	29
获嘉县	107	337	56	19	1	3	2757	29
原阳县	88	177	46	16			5235	71
延津县	86	252	64	18			5643	60
封丘县	94	260	85	14			2004	24
长垣县	258	507	110	47			15399	254
修武县	111	250	51	15		3	5338	109
博爱县	98	235	57	23			2460	60
武陟县	127	262	85	12			3281	62
温县	104	237	40	9			2692	65
清丰县	98	231	49	13			5511	89
南乐县	71	206	59	8			2949	47
范　县	57	140	36	1			2936	53
台前县	86	164	46	20			1843	29
濮阳县	140	269	40	11			4524	59
鄢陵县	91	195	66	17			6563	62
襄城县	67	96	38	2			4292	60
舞阳县	93	212	69	7			3654	81
临颍县	94	148	49	5		2	3156	76
渑池县	58	120	14	8			1457	29
卢氏县	48	67	13	10			1446	16
南召县	72	131	38	24			1996	34
方城县	130	237	66	16			5431	128
西峡县	121	351	110	36			3376	84
镇平县	103	316	102	51		1	6624	67
内乡县	79	176	46	18			9624	76
淅川县	87	170	56	38			6376	62
社旗县	162	317	67	7			7287	131
唐河县	135	363	108	38			6959	89
新野县	101	236	91	19			3881	95
桐柏县	106	242	27	43			4942	101
民权县	149	355	40	32		2	21015	147
睢　县	105	321	61	16			9752	99
宁陵县	81	198	41	86			5480	75
柘城县	110	215	31	5			9730	84
虞城县	118	203	38	8			5000	88
夏邑县	78	226	59	3			3525	63
罗山县	101	244	37	29			6896	94
光山县	74	147	32				2589	38
新　县	81	156	48	49			4780	60
商城县	81	146	44	14			2458	44
固始县	262	461	41	8			8120	78
潢川县	105	307	63	12			1434	35
淮滨县	61	164	53	1		1	3567	60
息　县	68	191	39	19	2		6154	57

9-3 续表 16 continued 16

县名称 Name of Counties	道路长度（公里） Length of Roads (km)	道路面积（万平方米） Surface Area of Roads (10,000 m²)	人行道面积 Surface Area of Sidewalks	桥梁数（座） Number of Bridges (unit)	大桥及特大桥 Great Bridge and Grand Bridge	立交桥 Inter-section	道路照明灯盏数（盏） Number of Road Lamps (unit)	安装路灯道路长度（公里） Length of The Road with Street Lamp (km)
扶沟县	59	90	25	11			3055	32
西华县	90	164	10	9	9		9650	80
商水县	121	163	55	22			4377	71
沈丘县	142	230	35	2	2		4026	98
郸城县	145	226	42	14			8700	99
淮阳县	186	361	113	34			7717	96
太康县	129	277	77	21			6200	80
鹿邑县	224	515	152	63	3		13030	138
西平县	110	278	58	15			3500	85
上蔡县	182	354	66	39			3793	91
平舆县	162	273	67	40			4400	56
正阳县	78	159	39	23			1111	27
确山县	157	348	68	3		3	3498	77
泌阳县	117	352	61	30	2		2568	60
汝南县	174	279	87	37	7		5394	133
遂平县	99	210	49	8			3474	82
新蔡县	141	337	83	23			7734	134
湖　北	**3721**	**7623**	**1860**	**457**	**36**	**10**	**131664**	**2835**
阳新县	211	260	80	1			3000	90
郧西县	63	120	40	31			5380	58
竹山县	50	85	26	4			4904	49
竹溪县	70	97	24	10			3678	66
房　县	79	127	20	5		4	4150	77
远安县	83	108	29	24	3		4229	80
兴山县	74	66	17	3	3		1093	72
秭归县	71	113	43				1604	48
长阳土家族自治县	46	77	32	4	3		6298	46
五峰土家族自治县	25	20	3	11			439	8
南漳县	78	191	60	22			3010	61
谷城县	101	271	53	2			3779	97
保康县	45	37	13	5	5		1260	34
京山县	314	724	95	73			9466	239
沙洋县	101	212	36	17		1	2995	70
孝昌县	102	200	57	8	3		2754	72
大悟县	107	267	82	5	5		2680	27
云梦县	110	212	19	15		4	2500	44
公安县	100	187	43				2300	84
监利县	146	327	88	13			3636	108
江陵县	60	106	37	9			2346	59
团风县	91	192	50	3			2600	81
红安县	79	271	121	5			2700	73
罗田县	238	366	92	12			4995	188
英山县	140	319	102	5			2876	110

9-3 续表 17 continued 17

县名称 Name of Counties	道路长度(公里) Length of Roads (km)	道路面积(万平方米) Surface Area of Roads (10,000 m²)	人行道面积 Surface Area of Sidewalks	桥梁数(座) Number of Bridges (unit)	大桥及特大桥 Great Bridge and Grand Bridge	立交桥 Inter-section	道路照明灯盏数(盏) Number of Road Lamps (unit)	安装路灯道路长度(公里) Length of The Road with Street Lamp (km)
浠水县	140	329	79	5			4710	95
蕲春县	175	489	62	24	1		5245	124
黄梅县	134	521	78	24			5950	129
嘉鱼县	57	121	54				6234	55
通城县	87	205	72				1800	45
崇阳县	65	190	50	6			3715	63
通山县	93	188	39	22			2195	93
随　县	32	104	46	2			285	15
建始县	56	107	26	10			4220	39
巴东县	80	87	11	18	8		2250	58
宣恩县	33	44	10	7	4	1	1359	32
咸丰县	42	72	21	32			2684	34
来凤县	77	119	25	3			5088	76
鹤峰县	37	52	9	9	1		994	27
神农架林区	32	41	17	8			263	11
湖　南	**7556**	**13324**	**3651**	**442**	**74**	**9**	**355921**	**5127**
长沙县	257	701	176	15			24315	214
望城县	290	600	245	3			7822	111
宁乡县	203	633	91	5	5		11200	200
株洲县	96	151	39	2			4407	95
攸　县	204	402	79	3	3		10010	182
茶陵县	68	139	49				4142	54
炎陵县	54	43	10				3680	28
湘潭县	146	313	48	8		2	6710	107
衡阳县	155	276	50	3	3		7468	40
衡南县	116	260	70	2	1	1	4375	91
衡山县	113	200	76				5950	92
衡东县	123	227	80	2	2		4120	121
祁东县	194	353	107	6			1886	79
南岳区	93	252	55	12			4590	74
邵东县	225	498	158	9			6521	96
新邵县	91	182	62				1578	40
邵阳县	65	90	34				2333	34
隆回县	79	172	69	5			2485	62
洞口县	75	175	81	8	4	1	6938	75
绥宁县	64	92	32	9			4128	58
新宁县	81	158	38	3			8550	72
城步苗族自治县	66	99	22	3			1754	50
岳阳县	141	245	85	3			3200	79
华容县	79	191	73	15	1		6500	75
湘阴县	110	250	75	3			5620	97
平江县	173	295	80	5			4800	140
安乡县	119	227	82	10			4135	73
汉寿县	81	148	35	3			4500	80
澧　县	111	354	134				8438	108

9-3 续表 18 continued 18

县名称 Name of Counties	道路长度(公里) Length of Roads (km)	道路面积(万平方米) Surface Area of Roads (10,000 m^2)	人行道面积 Surface Area of Sidewalks	桥梁数(座) Number of Bridges (unit)	大桥及特大桥 Great Bridge and Grand Bridge	立交桥 Inter-section	道路照明灯盏数(盏) Number of Road Lamps (unit)	安装路灯道路长度(公里) Length of The Road with Street Lamp (km)
临澧县	80	193	55	3	3		5588	66
桃源县	148	142	51				4564	76
石门县	94	160	20	2	2		5322	46
慈利县	55	125	18	9			1803	24
桑植县	47	57	10	9	8		1650	26
南　县	94	115	41	6	2	2	1667	53
桃江县	110	207	50	7			8095	110
安化县	56	54	18				2390	50
大通湖区	40	39					1700	31
桂阳县	84	190	29				15183	1
宜章县	32	87	30	7			15428	32
永兴县	63	118	36	3			2956	50
嘉禾县	65	126	51				6446	33
临武县	74	92	33				2823	60
汝城县	135	89	21	28			1245	85
桂东县	84	69	19	23			2650	45
安仁县	45	118	30	3	2		1770	22
祁阳县	210	406	91				12602	134
东安县	90	162	50	15	11	3	2978	72
双牌县	63	94	33				1350	20
道　县	184	322	72	15			2915	48
江永县	25	88	25	6			913	14
宁远县	277	305	45				5384	194
蓝山县	110	147	42				3853	40
新田县	88	104	20	4	1		1765	66
江华瑶族自治县	79	134	35	1			4415	79
中方县	54	167	45	3			1960	47
沅陵县	50	97	18	4	1		5487	50
辰溪县	50	51					3100	42
溆浦县	64	81	21	4	4		1990	61
会同县	63	83	26	8			2031	53
麻阳苗族自治县	46	79	24	7	1		4120	20
新晃侗族自治县	56	62	5	11			5204	53
芷江侗族自治县	45	84	21				2150	29
通道侗族自治县	80	163	50	11			1489	78
靖州苗族侗族自治县	67	103		5			1900	57
洪江区	66	81	6	5			6360	65
双峰县	125	195	61	5			4985	55
新化县	321	192	48	16	2		6500	160
泸溪县	37	20	9	5			2930	32
凤凰县	91	106	88	28	2		7829	20
花垣县	115	116	25	15			1230	94
保靖县	27	25	4	8	8		2112	24
古丈县	16	23	9	6	6		714	13
永顺县	27	43	10	17	2		2430	22
龙山县	58	85	21	6			1790	50

9-3 续表 19 continued 19

县名称 Name of Counties	道路长度(公里) Length of Roads (km)	道路面积(万平方米) Surface Area of Roads (10,000 m^2)	人行道面积 Surface Area of Sidewalks	桥梁数(座) Number of Bridges (unit)	大桥及特大桥 Great Bridge and Grand Bridge	立交桥 Inter-section	道路照明灯盏数(盏) Number of Road Lamps (unit)	安装路灯道路长度(公里) Length of The Road with Street Lamp (km)
广 东	**3888**	**4882**	**1169**	**328**	**47**	**5**	**253182**	**2629**
始兴县	30	42	14	5	3		2298	29
仁化县	43	80	20	3	2		6519	43
翁源县	62	85	15	54			2600	18
乳源瑶族自治县	49	178	58	10	9		2650	49
新丰县	100	81	20				3760	32
南澳县	156	348	5	4			4505	156
遂溪县	122	144	41				5600	77
徐闻县	97	220	90	5			17594	85
广宁县	96	135	46				8195	95
怀集县	146	148	71	6	5		8000	145
封开县	53	58	14	2			4560	51
德庆县	59	102	38				5291	42
博罗县	57	144	36	26			21497	57
惠东县	449	326	117				16058	439
龙门县	71	92	24	13			4590	71
大埔县	133	124	45	2			16750	95
丰顺县	67	74	13	6	4	2	12500	62
五华县	69	129	46	5	5		9000	69
平远县	61	85	6	16			4554	61
蕉岭县	61	50	10	11			14500	61
海丰县	161	481	95	25	6		9063	120
陆河县	115	115	35	21			2000	80
紫金县	225	202	45	25			7500	20
龙川县	406	199	47	10			3183	56
连平县	52	135	12	15			3200	2
和平县	75	117	3	28	3		4280	70
东源县	23	89	18	3	1		2632	22
阳西县	221	265	39				9547	177
佛冈县	46	80	19				5598	46
阳山县	56	108	39	5		2	9650	48
连山壮族瑶族自治县	28	50	16	7			4334	28
连南瑶族自治县	28	44	7				3381	28
饶平县	39	64	23	2			4587	32
揭西县	125	88	13	6	4		110	56
惠来县	49	42	8	1	1		5340	17
新兴县	194	72	14	12	4	1	4000	46
郁南县	68	89	10				3756	45
广 西	**4222**	**7443**	**1891**	**724**	**25**	**6**	**369188**	**3038**
武鸣县	76	253	100	14			7700	76
隆安县	43	87	48	2			2440	42
马山县	33	70	29	6			5689	33

9-3 续表 20 continued 20

县名称 Name of Counties	道路长度（公里）Length of Roads (km)	道路面积（万平方米）Surface Area of Roads (10,000 m²)	人行道面积 Surface Area of Sidewalks	桥梁数（座）Number of Bridges (unit)	大桥及特大桥 Great Bridge and Grand Bridge	立交桥 Inter-section	道路照明灯盏数（盏）Number of Road Lamps (unit)	安装路灯道路长度（公里）Length of The Road with Street Lamp (km)
上林县	48	59	8	18			1913	44
宾阳县	160	196	56				11976	36
横　县	111	417	102	3			6268	82
柳江县	100	167	37	1			5995	68
柳城县	36	73	29	4			1762	28
鹿寨县	59	89	23	4			9547	59
融安县	59	75	10	5			14251	44
融水苗族自治县	56	49	12	11		1	4748	48
三江侗族自治县	64	55	7	17			2431	32
阳朔县	63	102	22	7			5539	26
灵川县	47	79	26	8			8311	29
全州县	95	167	41	8			7393	78
兴安县	96	135	51	32	1	2	5611	82
永福县	25	33	16	7		2	2010	24
灌阳县	46	90	21	13			7232	29
龙胜各族自治县	22	20	4	9			2520	14
资源县	24	46	13	7			1550	16
平乐县	34	45	10	3	3		9570	33
荔浦县	57	81	16	11	3		6916	41
恭城瑶族自治县	32	54	10	3			2601	31
苍梧县	8	14	-	4			100	8
藤　县	149	264	55	4	1		6260	118
蒙山县	61	83	14	23	3		4020	59
合浦县	161	269	56	68			11422	140
上思县	55	92	27	3			2483	33
灵山县	106	201	67	27			8232	92
浦北县	45	71	16	9			2663	41
平南县	80	168	18	2			8240	69
容　县	144	260	50	13			6803	107
陆川县	132	272	70	31			4880	97
博白县	150	355	86	6			6166	78
兴业县	122	167	32	12			3212	36
田阳县	105	157	36	5			17074	79
田东县	97	176	45	14			13454	73
平果县	100	283	61	23	2		17807	89
德保县	44	71	19	17			1644	26
那坡县	35	35	7	25			3503	34
凌云县	64	67	13	19			4072	46
乐业县	35	44	11	17			6724	31
田林县	35	57	8	9			2147	32
西林县	29	29	6	13			5366	11
隆林各族自治县	57	105	25	11			2232	28
昭平县	33	68	24	8	2		2620	26
钟山县	53	129	34	7	2		1453	36
富川瑶族自治县	47	87	19	7			2150	27

9–3 续表 21 continued 21

县名称 Name of Counties	道路长度(公里) Length of Roads (km)	道路面积(万平方米) Surface Area of Roads (10,000 m²)	人行道面积 Surface Area of Sidewalks	桥梁数(座) Number of Bridges (unit)	大桥及特大桥 Great Bridge and Grand Bridge	立交桥 Inter-section	道路照明灯盏数(盏) Number of Road Lamps (unit)	安装路灯道路长度(公里) Length of The Road with Street Lamp (km)
南丹县	56	123	34	17		1	20698	40
天峨县	42	52	12	8	2		8762	41
凤山县	32	47	16	16			4380	30
东兰县	27	27	9	14			1798	23
罗城仫佬族自治县	51	85	23	2			7810	35
环江毛南族自治县	46	72	19	9			2230	46
巴马瑶族自治县	50	70	14	10			7052	32
都安瑶族自治县	87	112	25	13	4		2870	37
大化瑶族自治县	100	123	42	8			3849	43
忻城县	41	39	11	13			6300	27
象州县	27	46	9	2	2		2704	19
武宣县	63	93	24	3			3420	43
金秀瑶族自治县	20	16	2	17			2718	16
扶绥县	79	148	27	1			6891	65
宁明县	48	170	58	2			1843	33
龙州县	23	32	10	4			1460	18
大新县	50	133	38	8			3682	45
天等县	47	88	30	7			2021	37
海 南	**664**	**1571**	**409**	**51**	**9**		**50296**	**594**
定安县	64	137	42	4			2398	57
屯昌县	47	167	45				4500	36
澄迈县	53	123	28				4734	51
临高县	63	130	27	4			4865	45
洋浦开发区	109	293	59	1	1		6200	100
白沙黎族自治县	36	43	14	3			4100	23
昌江黎族自治县	111	223	69	11	2		3611	103
乐东黎族自治县	35	106	28	5			4576	35
陵水黎族自治县	81	227	47	3	3		9402	81
保亭黎族苗族自治县	41	69	33	16			3280	39
琼中黎族苗族自治县	24	52	17	4	3		2630	24
重 庆	**1383**	**2200**	**699**	**264**	**35**	**3**	**99903**	**1167**
梁平县	113	260	81	37			6359	89
城口县	23	34	11	4			1644	23
丰都县	80	156	53	8	8		5907	45
垫江县	86	213	67	39			8233	49
武隆县	55	74	17	10	5		4158	33
忠 县	98	147	60	12	4		5902	73
开 县	154	215	69	15		1	8900	149
云阳县	164	177	76	7	3	1	16624	147
奉节县	116	165	45	22	7	1	6092	114
巫山县	61	78	31	10	1		6336	61
巫溪县	104	85	28	17			4506	103
石柱土家族自治县	61	117	28	26			4018	60

9-3 续表 22 continued 22

县名称 Name of Counties	道路长度(公里) Length of Roads (km)	道路面积(万平方米) Surface Area of Roads (10,000 m^2)	人行道面积 Surface Area of Sidewalks	桥梁数(座) Number of Bridges (unit)	大桥及特大桥 Great Bridge and Grand Bridge	立交桥 Inter-section	道路照明灯盏数(盏) Number of Road Lamps (unit)	安装路灯道路长度(公里) Length of The Road with Street Lamp (km)
秀山土家族苗族自治县	133	251	85	12			8040	92
酉阳土家族自治县	73	126	21	25			6882	73
彭水苗族土家族自治县	63	102	27	20	7		6302	57
四 川	**6752**	**12861**	**3582**	**970**	**169**	**20**	**587057**	**5529**
金堂县	114	276	53	17	17		8056	74
双流县	694	1156	223	37	3	4	62248	648
郫 县	359	586	125	23			14758	254
大邑县	65	157	41	3	3		10648	65
蒲江县	181	118	11	14			4985	180
新津县	75	170	49				6561	75
荣 县	52	185	69	10			4100	52
富顺县	161	264	79	8		3	3621	74
米易县	40	58	21	3	1		1238	38
盐边县	24	32	7	4		2	1021	24
泸 县	73	184	59	8			3363	72
合江县	88	117	37	2			5238	88
叙永县	49	61	15	15	2	1	2850	25
古蔺县	30	96	27	21	3	1	2309	21
中江县	108	310	111	24			9985	108
罗江县	75	98	25	8	2	2	5720	65
三台县	111	297	104	6			13295	91
盐亭县	56	71	18	11			4870	49
安 县	62	164	67				12154	62
梓潼县	77	172	60	4			12880	48
北川羌族自治县	40	65	10	4	4		4833	40
平武县	28	28	6	7	4		4575	18
旺苍县	80	139	46	6	6		3912	79
青川县	21	42	16	9			2262	21
剑阁县	28	58	24	4	1		1206	21
苍溪县	50	151	43	14	4		4512	48
蓬溪县	82	246	56	11			12500	52
射洪县	191	500	75	19			13450	102
大英县	100	190	106	9			4490	84
威远县	69	227	43	16	9		8814	69
资中县	72	130	41	5			5694	58
隆昌县	178	475	149	17		3	17439	174
犍为县	47	106	27	4	4		14957	46
井研县	39	83	27	12			2362	39
夹江县	65	109	35	17			7148	50
沐川县	39	76	17	18			9118	35
峨边彝族自治县	13	13	2	9	1		698	12
马边彝族自治县	30	38	12	8			5332	30
南部县	90	273	76	15	1	2	5956	90

9-3 续表 23 continued 23

县名称 Name of Counties	道路长度（公里） Length of Roads (km)	道路面积（万平方米） Surface Area of Roads (10,000 m^2)	人行道面积 Surface Area of Sidewalks	桥梁数（座） Number of Bridges (unit)	大桥及特大桥 Great Bridge and Grand Bridge	立交桥 Inter-section	道路照明灯盏数（盏） Number of Road Lamps (unit)	安装路灯道路长度（公里） Length of The Road with Street Lamp (km)
营山县	67	188	52	15			4428	67
蓬安县	53	140	43	13			3388	52
仪陇县	56	150	41	6	2		3750	56
西充县	57	164	46	7			3603	55
仁寿县	130	365	106	30	2		17285	113
洪雅县	48	70	14	16	3		2751	46
丹棱县	33	59	20	10			1990	33
青神县	31	42	12	3			2340	28
宜宾县	38	92	23	6			4384	36
江安县	29	57					2800	26
长宁县	59	140	61	15		2	4950	48
高　县	46	94	35	8			6424	35
珙　县	76	94	16	8	1		2346	54
筠连县	20	30	22	7	7		2116	19
兴文县	40	42	12	5	5		1280	32
屏山县	33	80	14	1	1		1559	30
岳池县	98	231	79	14			10002	88
武胜县	77	115	39	4			8525	77
邻水县	90	83	25	18	17		8334	83
宣汉县	133	255	86	1			13505	128
开江县	48	101	36	25			2744	45
大竹县	57	215	55	19			23189	45
渠　县	45	24	5				8217	45
荥经县	54	90	30	7			2310	40
汉源县	37	60	21	2			3500	36
石棉县	34	53	16	9	5		13600	34
天全县	33	56	24	8			3700	30
芦山县	37	36	10	8			4300	25
宝兴县	19	16	12	11			585	13
通江县	64	144	49				1470	45
南江县	54	50	3	16	13		3131	54
平昌县	98	286	90	4			3100	80
安岳县	111	220	33	25	2		8364	54
乐至县	119	381	110	15			3365	65
汶川县	19	19	2	10			4485	12
理　县	15	8	2	8			3000	8
茂　县	36	57	11	5	4		7272	29
松潘县	56	48	14	17	14		2508	47
九寨沟县	28	35	8	7			7691	19
金川县	21	15	3	6			625	12
小金县	13	14	1	13			900	11
黑水县	9	11	2	9			820	9
壤塘县	4	3	1	1	1		920	4
阿坝县	16	20	4	4	2		3270	13
若尔盖县	14	13	3	6	6		1406	10

9-3 续表 24 continued 24

县名称 Name of Counties	道路长度(公里) Length of Roads (km)	道路面积(万平方米) Surface Area of Roads (10,000 m^2)	人行道面积 Surface Area of Sidewalks	桥梁数(座) Number of Bridges (unit)	大桥及特大桥 Great Bridge and Grand Bridge	立交桥 Inter-section	道路照明灯盏数(盏) Number of Road Lamps (unit)	安装路灯道路长度(公里) Length of The Road with Street Lamp (km)
红原县	25	37	16	3			1405	16
泸定县	48	53	14	9			932	13
丹巴县	16	21	3	4	1		296	8
九龙县	6	7	0	3			762	6
雅江县	23	31	10	8	4		1056	21
道孚县	9	15	6	2	1		500	5
炉霍县	16	22	5	6			562	14
甘孜县	18	20	8	3			800	18
新龙县	11	10	3	4	4		273	6
德格县	10	7	2	3			131	1
白玉县	6	7	1	4			350	4
石渠县	19	25	10	8			372	9
色达县	22	16	6	4			3220	8
理塘县	21	11	2				1054	16
巴塘县	38	36	15	4			825	25
乡城县	13	23	9				236	4
稻城县	28	21	8	4			1156	4
得荣县	4	7	3	7	7		140	2
木里藏族自治县	26	19	6				316	8
盐源县	37	66	18				2150	32
德昌县	69	105	44	8			4868	59
会理县	44	48	17	8			12960	30
会东县	25	36	13	9			1720	19
宁南县	4	4	2	1	1		2193	4
普格县	5	8	4				400	3
布拖县	9	27	11	2			748	8
金阳县	10	9	1				308	10
昭觉县	13	23	6	3			612	12
喜德县	24	31	3	1	1		601	15
冕宁县	27	36	15	5			1690	16
越西县	29	27	4				1500	12
甘洛县	31	20	4	4			2640	20
美姑县	15	11	4	9			296	9
雷波县	40	35	9				595	25
贵 州	**3475**	**5804**	**1622**	**387**	**34**	**7**	**237995**	**2092**
开阳县	98	131	41	5			3627	50
息烽县	29	73	14	14			1920	29
修文县	43	85	26				3500	9
水城县	63	116	34	11			4724	58
盘 县	111	258	77	2	1		1038	11
六枝特区	55	88	35	9			8425	28
遵义县	91	304	92	6		1	15281	91
桐梓县	40	101	26	5			3896	35
绥阳县	44	55	11	8			3061	22
正安县	35	73	12	8		1	9100	9

9–3 续表 25 continued 25

县名称 Name of Counties	道路长度(公里) Length of Roads (km)	道路面积(万平方米) Surface Area of Roads (10,000 m^2)	人行道面积 Surface Area of Sidewalks	桥梁数(座) Number of Bridges (unit)	大桥及特大桥 Great Bridge and Grand Bridge	立交桥 Inter-section	道路照明灯盏数(盏) Number of Road Lamps (unit)	安装路灯道路长度(公里) Length of The Road with Street Lamp (km)
道真仡佬族苗族自治县	27	70	15	12			2850	22
务川仡佬族苗族自治县	27	89.4	28	10	1		2446	26
凤冈县	45	125	40	14			3800	16
湄潭县	57	95	30	15			8127	57
余庆县	50	120	34				2053	37
习水县	42	103	31	7			2625	39
普定县	83	74	23	9			3564	3
镇宁布依族苗族自治县	40	73	13	14		4	2473	23
关岭布依族苗族自治县	39	42	11	4			740	27
紫云苗族布依族自治县	39	44	9	5			3904	15
江口县	69	72	26	6			1746	37
玉屏侗族自治县	42	91	35	7	7		1423	38
石阡县	63	87	32	11	11		10952	52
思南县	69	94	10	4			1200	25
印江土家族苗族自治县	75	69	17	9			2000	43
德江县	50	129	30	6			7580	33
沿河土家族自治县	77	138	53	5			5300	70
松桃苗族自治县	48	68	23	12			2343	35
兴仁县	78	125	18	3			8761	43
普安县	28	26	4				600	18
晴隆县	36	46	10				1660	29
贞丰县	65	113	12				2300	33
望谟县	41	48	11	6			1750	22
册亨县	12	23	7				750	2
安龙县	64	103	30	1			1900	29
大方县	63	72	17	5			1800	30
黔西县	145	204	66	2			16000	40
金沙县	60	114	38	12			2300	55
织金县	74	64					9000	31
纳雍县	65	101	27	2	2		1000	17
威宁彝族回族苗族自治县	105	255	89				1000	10
赫章县	58	86	30	10			1357	17
黄平县	32	59	14	13			2048	22
施秉县	28	42	9	7			2304	15
三穗县	36	81	23	7			2150	31
镇远县	41	68	25	16			1488	30
岑巩县	28	35	11	7			2029	27

9-3 续表 26 continued 26

县名称 Name of Counties	道路长度（公里）Length of Roads (km)	道路面积（万平方米）Surface Area of Roads (10,000 m^2)	人行道面积 Surface Area of Sidewalks	桥梁数（座）Number of Bridges (unit)	大桥及特大桥 Great Bridge and Grand Bridge	立交桥 Inter-section	道路照明灯盏数（盏）Number of Road Lamps (unit)	安装路灯道路长度（公里）Length of The Road with Street Lamp (km)
天柱县	30	68	18	5			1656	24
锦屏县	27	29	6	7	7		1610	23
剑河县	43	46	13	14	2		1340	38
台江县	44	38	13	6			2880	23
黎平县	34	84	34				2928	33
榕江县	54	106	26	4	1		5150	32
从江县	41	45	14	6			1200	22
雷山县	29	41	17				1655	29
麻江县	35	58	22				1079	17
丹寨县	25	34	11				1586	18
荔波县	95	77	15	3	1		5966	39
贵定县	74	99	31	8			5600	70
瓮安县	55	118	28	6	1	1	2307	55
独山县	41	97	12				3066	40
平塘县	24	33	3	7			1167	24
罗甸县	45	44	17				1500	25
长顺县	27	47	19				2050	23
龙里县	45	78	18				4802	35
惠水县	55	73	19	5			7900	49
三都水族自治县	46	56	20	7			2658	33
云　南	**4306**	**7922**	**2049**	**606**	**54**	**6**	**312760**	**3338**
晋宁县	65	142	32	24			4686	55
富民县	49	70	21	4			1259	41
宜良县	60	157	26				3995	48
石林彝族自治县	69	163	51	14		1	3387	45
禄劝彝族苗族自治县	73	77	18	16	16		4975	66
寻甸回族彝族自治县	42	108	11				3980	42
阳宗海风景名胜区	21	48	8				1128	13
倘甸产业园区和轿子山旅游开发区	67	29	1	4			220	9
嵩明县	59	77	25				7593	52
马龙县	49	92	26	26			4844	47
陆良县	105	243	45	15			6155	90
师宗县	73	163	62	4			4712	53
罗平县	155	294	64				7677	113
富源县	42	64	17	15			7824	42
会泽县	66	205	42	14			4360	52
沾益县	79	174	38	4			13343	69
江川县	38	56	23				3391	38
澄江县	50	95	19				3460	17
通海县	75	105	29	4			3901	65
华宁县	37	87	18	9			2072	35

9-3 续表 27 continued 27

县名称 Name of Counties	道路长度 (公里) Length of Roads (km)	道路面积 (万平方米) Surface Area of Roads (10,000 m^2)	人行道面积 Surface Area of Sidewalks	桥梁数 (座) Number of Bridges (unit)	大桥及特大桥 Great Bridge and Grand Bridge	立交桥 Inter-section	道路照明灯盏数 (盏) Number of Road Lamps (unit)	安装路灯道路长度 (公里) Length of The Road with Street Lamp (km)
易门县	43	83	30				11466	42
峨山县	38	80	22				3105	35
新平县	45	95	40	11			9294	43
元江县	30	63	25	4			1919	30
施甸县	33	75	20	9			1556	25
龙陵县	53	64	13	1		1	6199	37
昌宁县	31	82	23	12			6041	31
鲁甸县	51	72	32	6	5		2900	41
巧家县	29	54	16	3			2270	28
盐津县	32	22	2	1			600	3
大关县	33	25	3				1225	31
永善县	32	35	4				1487	21
绥江县	27	58	28	8			1500	27
镇雄县	81	94	24	1	1		3550	66
彝良县	34	40	6	14			1088	25
威信县	35	48	7				1578	17
水富县	39	56	13	3			4000	35
玉龙纳西族自治县	57	199	43	30	3		2652	53
永胜县	27	60	16				1300	20
华坪县	44	44	9	15	5		1956	24
宁蒗县	7	14	2	3			810	7
宁洱哈尼族彝族自治县	40	72	22	15			3130	38
墨江哈尼族自治县	24	38	12	7			1186	22
景东彝族自治县	45	61	12	7	7		7178	40
景谷傣族彝族自治县	55	84	29	4			6193	37
镇沅彝族哈尼族拉祜族自治县	20	29	11	6	1		1550	12
江城哈尼族彝族自治县	17	22	7	20			1420	16
孟连傣族拉祜族佤族自治县	25	45	14	2			1911	24
澜沧拉祜族自治县	21	46	19	12			2150	19
西盟佤族自治县	13	17	4	2			400	6
凤庆县	50	65	22				7351	48
云　县	61	115	31	12	2		3706	54
永德县	25	41	9				1200	21
镇康县	23	76	21				2485	23
双江拉祜族佤族布朗族傣族自治县	33	69	14	12			1009	27
耿马傣族佤族自治县	42	84	30				2090	19
沧源佤族自治县	22	68	12				3188	20

9–3 续表 28 continued 28

县名称 Name of Counties	道路长度(公里) Length of Roads (km)	道路面积(万平方米) Surface Area of Roads (10,000 m²)	人行道面积 Surface Area of Sidewalks	桥梁数(座) Number of Bridges (unit)	大桥及特大桥 Great Bridge and Grand Bridge	立交桥 Inter-section	道路照明灯盏数(盏) Number of Road Lamps (unit)	安装路灯道路长度(公里) Length of The Road with Street Lamp (km)
双柏县	26	40	15				1501	21
牟定县	30	54	14				1878	26
南华县	55	94	21				3101	53
姚安县	26	57	10				2561	20
大姚县	52	114	42	14	6		4710	52
永仁县	19	9	2	4			1000	15
元谋县	36	75	20	5			1323	26
武定县	36	34	8	15			1596	28
禄丰县	62	120	21	4			2368	56
屏边苗族自治县	23	27	10	7			1339	17
建水县	81	176	46	21			8135	78
石屏县	29	66	17				3320	29
泸西县	101	226	68	18			5864	45
元阳县	25	42	15	4			1495	19
红河县	29	38	12				2160	26
金平苗族瑶族傣族自治县	32	34	7	4			1500	32
绿春县	20	20	5				470	14
河口县	32	52	17	2			1599	32
砚山县	121	157	24				3247	41
西畴县	15	29	6				2124	13
麻栗坡县	31	33	5	19			1130	26
马关县	35	75	35				3809	28
丘北县	59	100	18				2626	34
广南县	69	138	23				6455	37
富宁县	39	73	24	12			2452	33
勐海县	30	66	21	5			1202	17
勐腊县	29	51	11	13			1680	15
漾濞彝族自治县	13	13	3	8			1200	8
祥云县	66	164	27	3		3	4684	50
宾川县	40	107	34	5			2874	35
弥渡县	31	62	18	3			3446	29
南涧彝族自治县	25	31	10	2			2644	24
巍山彝族回族自治县	27	30	4	4			1952	26
永平县	22	75	20	4			2741	20
云龙县	22	55	8	5			1494	13
洱源县	24	35	16	13			1360	23
剑川县	24	59	24	5			1815	23
鹤庆县	31	63	15	7			1584	27
梁河县	16	28	7	4			873	12
盈江县	33	100	31	5			1753	24
陇川县	35	72	22	1		1	2127	30
泸水县	47	112	25	9	8		1099	17

9–3 续表 29 continued 29

县名称 Name of Counties	道路长度(公里) Length of Roads (km)	道路面积(万平方米) Surface Area of Roads (10,000 m²)	人行道面积 Surface Area of Sidewalks	桥梁数(座) Number of Bridges (unit)	大桥及特大桥 Great Bridge and Grand Bridge	立交桥 Inter-section	道路照明灯盏数(盏) Number of Road Lamps (unit)	安装路灯道路长度(公里) Length of The Road with Street Lamp (km)
福贡县	15	22	4	3			168	4
贡山独龙族怒族自治县	9	18	3				180	2
兰坪白族普米族自治县	41	75	25	5			2025	30
德钦县	19	18	3				899	18
维西傈僳族自治县	33	38	9				1592	31
西　藏	**633**	**697**	**190**	**36**	**11**	**5**	**11403**	**254**
林周县	36	38	10	1			320	10
当雄县	10	23	9	3	2		288	7
尼木县	7	13	3				386	7
曲水县	14	15	5				571	11
达孜县	9	11	3					
墨竹工卡县	21	10	3	1	1		805	15
江达县	2	2	-				120	2
贡觉县	1	1	-	2		2	130	1
类乌齐县	2	2	-				135	2
丁青县	3	2	-				140	2
察雅县	3	2	-				40	2
八宿县	2	1	-				24	1
左贡县	3	2	-					
芒康县	3	2	-					
洛隆县	2	1	-	3		3	30	2
边坝县	2	2	-					
乃东县	95	95	25					
贡嘎县	6	6	3				112	4
桑日县	2	3	1				15	-
琼结县	13	16	5					9
曲松县	18	19	3				120	16
措美县	5	7	2					
洛扎县	6	9	1				20	1
加查县							300	
隆子县	23	10	4					
错那县	9	7	1				189	8
浪卡子县	8	5	1				170	5
南木林县	23	16	2	2			560	10
江孜县	16	26	4	2			600	11
定日县	19	32	9				380	7
萨迦县	4	3	-	2			560	10
昂仁县	9	7	1					
谢通门县	2	4	1				670	4
白朗县	18	14	3				95	2
仁布县	4	8	4	1			158	4
康马县	4	5	1	3			79	3

9-3 续表 30 continued 30

县名称 Name of Counties	道路长度（公里）Length of Roads (km)	道路面积（万平方米）Surface Area of Roads (10,000 m^2)	人行道面积 Surface Area of Sidewalks	桥梁数（座）Number of Bridges (unit)	大桥及特大桥 Great Bridge and Grand Bridge	立交桥 Inter-section	道路照明灯盏数（盏）Number of Road Lamps (unit)	安装路灯道路长度（公里）Length of The Road with Street Lamp (km)
定结县	12	15	3				128	3
仲巴县	6	15	5	1				
亚东县	14	19	6					
吉隆县	6	7	-	1			120	4
聂拉木县	1	1		2			50	1
萨嘎县	4	4	1				70	1
岗巴县	5	4	1				140	3
嘉黎县	2	6	1				940	2
聂荣县	7	6	1				267	7
申扎县	4	4	-					
索　县	10	5	1	1	1		120	2
班戈县	4	10					120	4
尼玛县	4	9	3				168	4
普兰县	3	9	4				56	3
札达县	13	9	3					
噶尔县	45	55	22	3	3		720	19
日土县	17	20	6				405	19
革吉县	4	4						
改则县	6	4	4					
措勤县	3	7	2					
工布江达县	6	3	-	3	3			
米林县	19	36	10	1	1		98	15
墨脱县	11	14	5					
波密县	14	11	2				105	1
察隅县	9	6	2	1			526	8
朗　县	4	2	-	3			353	6
陕　西	**4435**	**7889**	**2302**	**586**	**145**	**50**	**253565**	**3151**
蓝田县	76	136	59	11			1576	32
周至县	43	84	34	3			4917	40
户　县	128	489	104	7		3	9243	82
宜君县	26	32	8	1			591	14
凤翔县	60	116	49				1887	30
岐山县	24	95	32				1200	23
扶风县	48	83	31	4	1		2057	36
眉　县	69	125	42	4			2325	45
陇　县	38	92	30	8			1657	36
千阳县	22	32	12	3	2		1120	21
麟游县	23	50	20	8			800	19
凤　县	25	35	4	9		1	1275	23
太白县	16	25	7	14			799	10
三原县	101	171	79	4	4		2637	65
泾阳县	44	127	26	1			2640	42
乾　县	66	162	65	11	1	10	3586	56
礼泉县	75	172	66	3	1		3640	50

9–3 续表 31 continued 31

县名称 Name of Counties	道路长度(公里) Length of Roads (km)	道路面积(万平方米) Surface Area of Roads ($10,000\ m^2$)	人行道面积 Surface Area of Sidewalks	桥梁数(座) Number of Bridges (unit)	大桥及特大桥 Great Bridge and Grand Bridge	立交桥 Inter-section	道路照明灯盏数(盏) Number of Road Lamps (unit)	安装路灯道路长度(公里) Length of The Road with Street Lamp (km)
永寿县	38	68	24				987	23
彬　县	58	147	24	7	3	1	3398	52
长武县	56	91	28	5			889	20
旬邑县	29	53	19				1598	28
淳化县	45	53	13	7			1252	12
武功县	66	178	48	9	1	4	2772	60
潼关县	53	156	67				3290	52
大荔县	112	214	63				7365	70
合阳县	38	97	32	2			3809	38
澄城县	58	129	48				1624	40
蒲城县	145	286	51				18764	129
白水县	42	105	50	4	3		6600	42
富平县	92	108	32	7		3	5800	84
延长县	28	30	5	7	5		571	14
延川县	23	22	9	11			1449	13
子长县	46	59	21	9			1201	26
安塞县	32	60	21	6		1	1200	20
志丹县	66	86	22	6	6		6866	52
吴起县	60	89	33	15	2	3	1345	21
甘泉县	21	21	7	7	5		716	4
富　县	43	35	11	8			855	17
洛川县	20	52	20				1547	20
宜川县	21	35	12	13			1971	21
黄龙县	21	24	13	15	13		650	5
黄陵县	18	34	9	10			2014	17
南郑县	72	151	45				6563	68
城固县	101	210	86	2		1	4195	76
洋　县	63	82	20	8	3		4853	61
西乡县	125	149	27	3		1	3861	79
勉　县	59	165	55	3	3		4582	59
宁强县	48	67	11	13	3	2	1206	27
略阳县	40	50	17	13		13	7225	38
镇巴县	40	54	21	15	13	2	2358	37
留坝县	14	18	3	10			1054	11
佛坪县	12	14	4	4	4		701	11
神木县	215	431	80	15			12160	210
府谷县	62	67	7	5	3		9420	47
横山县	60	107	34	2			4212	59
靖边县	148	377	116	5	4		19920	146
定边县	109	210	48				7248	75
绥德县	134	128	19	13	1		1785	45
米脂县	31	37	8	1			1330	16
佳　县	24	24	3	3	2	1	1774	24
吴堡县	24	69	23	4			610	13

9-3 续表 32 continued 32

县名称 Name of Counties	道路长度(公里) Length of Roads (km)	道路面积(万平方米) Surface Area of Roads (10,000 m^2)	人行道面积 Surface Area of Sidewalks	桥梁数(座) Number of Bridges (unit)	大桥及特大桥 Great Bridge and Grand Bridge	立交桥 Inter-section	道路照明灯盏数(盏) Number of Road Lamps (unit)	安装路灯道路长度(公里) Length of The Road with Street Lamp (km)
清涧县	27	33	9	15	12		636	5
子洲县	29	45	15	13	2		1027	16
汉阴县	62	106	36	10	4	1	2653	57
石泉县	40	68	21	10	3	2	1876	35
宁陕县	23	19	6	18			727	18
紫阳县	90	75	15	5	5		5150	30
岚皋县	32	32	7	4	3		1089	26
平利县	30	39	14	5			5096	28
镇坪县	16	13	2	8	8		840	14
旬阳县	93	173	42	8	8		3165	46
白河县	98	49		13	2		971	23
洛南县	71	74	31	16	12	1	2380	44
丹凤县	60	89	27	4	3		4525	28
商南县	63	83	33				1400	35
山阳县	55	96	25	34			2628	49
镇安县	60	86	14	25			2140	54
柞水县	92	143	28	40			1722	42
甘 肃	**2629**	**4930**	**1389**	**378**	**70**	**13**	**107911**	**1816**
永登县	36	85	35	3			3600	36
皋兰县	24	59	27	2			2450	22
榆中县	34	116	37	2			1730	25
永昌县	55	60	11	3			728	19
靖远县	75	128	50	13		4	1756	47
会宁县	72	212	78	5	5		2394	66
景泰县	39	112	44	2			1334	35
清水县	32	55	18	13		1	954	24
秦安县	67	147	50	7			3500	37
甘谷县	61	129	26	4		2	1570	39
武山县	35	77	20	10			1825	24
张家川回族自治县	46	61	17	7			578	16
民勤县	110	158	70	1			1635	25
古浪县	31	42	14	6	3	3	1026	22
天祝藏族自治县	25	43	16	4	3	1	1053	19
肃南裕固族自治县	19	17	2	9	4		484	12
民乐县	36	108	25				1307	28
临泽县	53	132	18	7	4		564	42
高台县	59	113	35				1523	37
山丹县	44	56	15	2			1600	30
泾川县	44	88	27	3			2105	37
灵台县	36	78	15	10	10		1125	26
崇信县	35	65	13	7			1381	27
华亭县	54	89	20	9			2456	46
庄浪县	51	98	19	9			1539	31
静宁县	49	119	26	5			1872	42

9-3 续表 33 continued 33

县名称 Name of Counties	道路长度（公里） Length of Roads (km)	道路面积（万平方米） Surface Area of Roads (10,000 m²)	人行道面积 Surface Area of Sidewalks	桥梁数（座） Number of Bridges (unit)	大桥及特大桥 Great Bridge and Grand Bridge	立交桥 Inter-section	道路照明灯盏数（盏） Number of Road Lamps (unit)	安装路灯道路长度（公里） Length of The Road with Street Lamp (km)
金塔县	50	86	31	20			2030	42
瓜州县	56	97	43				4020	54
肃北蒙古族自治县	10	26	4	2			760	7
阿克塞哈萨克自治县	32	51	20				1015	18
庆城县	29	59	17	1	1		1260	29
环　县	30	69	26	5			2081	17
华池县	39	59	18	3			1845	32
合水县	25	64	27	1	1		833	20
正宁县	43	96	20				1091	36
宁　县	34	96	36	1			1078	23
镇原县	40	86	24	5	5		2283	39
通渭县	25	48	14	3			510	17
陇西县	74	169	32	8			14900	65
渭源县	33	54	5	3			556	14
临洮县	64	147	36	9	6		1428	37
漳　县	27	47	8	3			830	16
岷　县	34	75	11	10			1376	34
成　县	43	65	10	5	4		1819	37
文　县	14	15	4	7	5		780	13
宕昌县	60	73	19	13			2315	56
康　县	48	41	7	25			1577	18
西和县	21	32	10	5			1675	21
礼　县	49	94	35	9			3692	47
徽　县	58	86	14	21			1851	53
两当县	38	39	6	8			1210	15
临夏县	47	92	12	5	1	2	440	18
康乐县	19	43	13	9			488	11
永靖县	78	147	40	9	1		2748	66
广河县	32	56	16	7	7		870	13
和政县	55	82	27	1			678	16
东乡县	11	39	8				120	4
积石山县	26	29	8	2			750	20
临潭县	13	15	3				658	10
卓尼县	53	114	30	7	7		550	15
舟曲县	15	15	4	8			650	13
迭部县	29	18	4	3	3		715	20
玛曲县	20	32	14	4			3080	13
碌曲县	19	17	5	2			700	17
夏河县	13	13	3	11			560	10
青　海	**1160**	**1790**	**467**	**117**	**1**		**51943**	**502**
大通县	37	59	30	6			1986	24
湟中县	55	57	12	9			1289	14
湟源县	85	87	18	16			1680	22

9-3 续表 34 continued 34

县名称 Name of Counties	道路长度（公里） Length of Roads (km)	道路面积（万平方米） Surface Area of Roads (10,000 m^2)	人行道面积 Surface Area of Sidewalks	桥梁数（座） Number of Bridges (unit)	大桥及特大桥 Great Bridge and Grand Bridge	立交桥 Inter-section	道路照明灯盏数（盏） Number of Road Lamps (unit)	安装路灯道路长度（公里） Length of The Road with Street Lamp (km)
民和县	59	91	16	5			3415	5
互助县	61	140	37	12			9119	47
化隆县	53	98	22	4			1681	22
循化县	20	51	15	2			966	15
门源县	44	51	15	2			325	14
祁连县	22	22	11	4			150	5
海晏县	19	41	13	2			544	4
刚察县	20	38	11	3			276	6
西海镇	45	39	11	3			735	9
同仁县	34	48	8	7			1328	27
尖扎县	16	32	5	2			1016	12
泽库县	5	11	1				960	4
河南县	9	10	4	2			800	4
共和县	86	164	52	10			2652	29
同德县	32	40	9	5	1		530	9
贵德县	54	81	18	8			2260	32
兴海县	21	30	7				766	9
贵南县	38	91	20				622	8
玛沁县	17	26	5	2			393	15
班玛县	15	16	3	1			180	6
甘德县	4	6	1	1			20	1
达日县	9	16	3	2			238	8
久治县	9	13	2	3			120	4
玛多县	11	15	1	2			186	3
杂多县	8	16	4				520	5
称多县	25	26	5	1			770	12
治多县	34	32	6	2			754	11
囊谦县	20	40	3				1100	19
曲麻莱县	21	25	5				1110	8
乌兰县	23	24	6				1132	9
都兰县	44	46	11				1441	26
天峻县	37	86	39				5030	17
茫崖行委	38	73	22				2683	20
大柴旦行委	21	36	12	1			2704	13
冷湖行委	9	13	3				462	5
宁　夏	**1248**	**2903**	**722**	**45**	**4**		**67070**	**904**
永宁县	97	332	82	2	2		9072	70
贺兰县	126	262	70	11			17972	126
平罗县	151	536	135				5000	130
盐池县	113	242	56				3843	113
同心县	110	170	58	2	2		7473	78
红寺堡开发区	94	311	52				3283	66
西吉县	96	123	33	10			4082	62
隆德县	37	67	27	7			3250	37

9-3 续表 35 continued 35

县名称 Name of Counties	道路长度（公里） Length of Roads (km)	道路面积（万平方米） Surface Area of Roads (10,000 m²)	人行道面积 Surface Area of Sidewalks	桥梁数（座） Number of Bridges (unit)	大桥及特大桥 Great Bridge and Grand Bridge	立交桥 Inter-section	道路照明灯盏数（盏） Number of Road Lamps (unit)	安装路灯道路长度（公里） Length of The Road with Street Lamp (km)
泾源县	36	37	8	4			1056	25
彭阳县	61	184	44	9			4142	61
中宁县	191	309	102				4850	83
海原县	136	330	56				3047	52
新　疆	**4016**	**7212**	**1632**	**316**	**30**	**4**	**272732**	**2398**
鄯善县	265	340	49	10			4965	60
托克逊县	41	100	30	3		3	2425	24
巴里坤哈萨克自治县	21	40	11				3500	21
伊吾县	21	29	9	4			2339	19
呼图壁县	65	229	66	14	2		16324	58
玛纳斯县	97	172	13				7309	50
奇台县	155	221	34	18			7408	131
吉木萨尔县	85	169	41				7953	54
木垒县	41	63	20				16322	38
精河县	33	52	12	4		1	3182	15
温泉县	22	20	4	1			980	22
轮台县	54	130	23	5	3		7176	49
尉犁县	19	43	7				2411	16
若羌县	69	143	16	3			1697	28
且末县	19	34	5	11			2536	19
焉耆县	35	93	20	1			11316	35
和静县	46	114	32				8221	41
和硕县	40	69	8				4706	17
博湖县	21	32	5				1686	12
温宿县	70	228	35	18			2082	42
库车县	166	416	59				11880	90
沙雅县	75	155	10	34			2316	57
新和县	115	245	56	5	5		7100	35
拜城县	57	223	34	7			2875	57
乌什县	36	70	22				1757	26
阿瓦提县	38	72	20	5			3322	18
柯坪县	25	28	6				630	13
阿克陶县	43	71	8				2496	17
阿合奇县	57	49	14	2			880	6
乌恰县	30	26	4				4241	16
疏附县	53	71	23				2270	24
疏勒县	77	130	28	20	20		3029	44
英吉沙县	57	102	33				2450	56
泽普县	69	128	32				2797	28
莎车县	152	534	211	16			10812	107
叶城县	48	134	14	7			5182	48
麦盖提县	67	122	40	7			3233	42
岳普湖县	60	138	33				4380	44

9-3 续表 36 continued 36

县名称 Name of Counties	道路长度(公里) Length of Roads (km)	道路面积(万平方米) Surface Area of Roads (10,000 m^2)	人行道面积 Surface Area of Sidewalks	桥梁数(座) Number of Bridges (unit)	大桥及特大桥 Great Bridge and Grand Bridge	立交桥 Inter-section	道路照明灯盏数(盏) Number of Road Lamps (unit)	安装路灯道路长度(公里) Length of The Road with Street Lamp (km)
伽师县	70	73	21				2873	34
巴楚县	234	153	56	11			3500	85
塔什库尔干县	41	59	18				2273	36
墨玉县	58	160	41	8			2039	32
皮山县	32	76	21	5			1849	21
洛浦县	31	51	19				1232	21
策勒县	29	50	24	8			3606	22
于田县	45	71	28				2000	19
民丰县	25	38	12				2509	25
伊宁县	81	91	23				10115	57
察布查尔县	46	116	24				3529	42
霍城县	52	56	8	10			2756	40
巩留县	111	132	22	11			6827	51
新源县	115	144	36				4286	18
昭苏县	58	68	9	15			3539	55
特克斯县	64	65	10	2			2529	26
尼勒克县	52	111	33	8			3846	39
额敏县	57	68	14	2			834	27
沙湾县	101	159	39	14			3185	62
托里县	45	63	12	10			9292	25
裕民县	24	38	3	2			808	21
和布克赛尔蒙古自治县	24	38	8				1069	23
布尔津县	30	58	12	3			1585	26
富蕴县	35	51	5	3			1461	25
福海县	41	59	13	1			1592	20
哈巴河县	33	74	18	4			2852	32
青河县	16	26	8	4			3094	16
吉木乃县	22	32	7				1464	20
新疆生产建设兵团	**4710**	**5320**	**1192**	**193**	**9**	**2**	**57726**	**1230**
第一师	266	382	85	11	5		8629	145
第二师	361	285	68	37			2950	71
第三师	643	545	49	6			4491	91
第四师	601	664	147	29	1		4286	99
第五师	221	333	128	2			4368	48
第六师	526	441	109	3	1	2	3835	74
第七师	407	953	290	39			5311	133
第八师	606	617	141	50			7330	241
第九师	171	154	28				2734	67
第十师	148	124	24	11			4629	47
第十二师	394	349	31	2	2		3497	78
第十三师	218	378	63				5097	120
第十四师	150	97	30	3			569	16

十、县城排水和污水处理

10. County Seat Drainage and Wastewater Treatment

简要说明

县城排水指由县城排水系统收集、输送、处理和排放县城污水（生活污水、工业废水）和雨水的方式。

县城污水处理指对县城污水通过排水系统集中于一个或几个处所，并利用污水处理设施进行净化处理，最终使处理后的污水和污泥达到规定要求后排放水体或再利用。

县城污水处理设施包括两类，一是污水处理厂，二是污水处理装置。

Brief Introduction

County seat drainage refers to the collection, delivery, treatment and discharge of wastewater (domestic wastewater and industrial wastewater) and rainwater through county seat drainage system.

County seat wastewater treatment refers to purifying centralized wastewater through wastewater treatment facilities to make wastewater and sludge meet discharge or recycling standards.

County seat wastewater treatment facilities include wastewater treatment plants and wastewater treatment devices.

10 全国历年县城排水和污水处理情况(2000–2015)
National County Seat Drainage and Wastewater Treatment in Past Years(2000-2015)

年份 Year	排水管道长度 (公里) Length of Drainage Pipelines (km)	污水年排放量 (万立方米) Annual Quantity of Wastewater Discharged (10,000 m^3)	污水处理厂 Wastewater Treatment Plant		污水年处理量 (万立方米) Annual Treatment Capacity (10,000 m^3)	污水处理率 (%) Wastewater Treatment Rate (%)
			座数 (座) Number (unit)	处理能力 (万立方米/日) Treatment Capacity (10,000m^3/day)		
2000	4.00	43.20	54	55	3.26	7.55
2001	4.40	40.14	54	455	3.31	8.24
2002	4.44	43.58	97	310	3.18	11.02
2003	5.32	41.87	93	426	4.14	9.88
2004	6.01	46.33	117	273	5.20	11.23
2005	6.04	47.40	158	357	6.75	14.23
2006	6.86	54.63	204	496	6.00	13.63
2007	7.68	60.10	322	725	14.10	23.38
2008	8.39	62.29	427	961	19.70	31.58
2009	9.63	65.70	664	1412	27.36	41.64
2010	10.89	72.02	1052	2040	43.30	60.12
2011	12.18	79.52	1303	2409	55.99	70.41
2012	13.67	85.28	1416	2623	62.18	75.24
2013	14.88	88.09	1504	2691	69.13	78.47
2014	16.03	90.47	1555	2882	74.29	82.12
2015	16.79	92.65	1599	2999	78.95	85.22

10-1 2015年全国县城排水和污水处理分组资料

地区名称 Name of Regions		污水排放量（万立方米） Annual Quantity of Wastewater Discharged (10,000 m³)	排水管道长度（公里） Length of Drainage Pipelines (km)	污水管道 Sewers	雨水管道 Rainwater Drainage Pipeline	雨污合流管道 Combined Drainage Pipeline	污水处理厂 Wastewater Treatment Plant 座数（座） Number of Wastewater Treatment Plant (unit)	二、三级处理 Secondary and Tertiary Treatment	处理能力（万立方米/日） Treatment Capacity (10,000 m³/day)	二、三级处理 Secondary and Tertiary Treatment
全国	**National Total**	**926520**	**167917**	**70254**	**45470**	**52193**	**1599**	**1196**	**2999.1**	**2371.3**
分类一	**Group one**									
东部地区	East China	378680	59640	23709	19708	16223	442	347	1238.1	1027.4
中部地区	Central China	346110	66899	26188	16453	24258	550	425	1135.6	904.9
西部地区	West China	201730	41378	20357	9310	11712	607	424	625.4	439.0
分类二	**Group two**									
东部地区	East China	341123	53428	21290	18601	13537	375	300	1123.5	945.7
中部地区	Central China	323043	59852	22246	14435	23172	482	378	1032.8	832.3
西部地区	West China	262354	54637	26718	12434	15485	742	518	842.8	593.3
分类三	**Group three**									
东部地区	East China	328248	51281	20592	18179	12510	352	283	1068.3	903.1
中部地区	Central China	298139	55121	20687	13637	20796	419	341	934.4	775.6
西部地区	West China	262354	54637	26718	12434	15485	742	518	842.8	593.3
东北地区	Northeast China	37779	6879	2256	1221	3402	86	54	153.6	99.3

National County Seat Drainage and Wastwater Treatment(2015)

污水处理厂 Wastewater Treatment Plant				其他污水处理设施 Other Wastewater Treatment Facilities		污水处理总量	再生水 Recycled Water			
处理量（万立方米） Quantity of Wastewater Treated (10,000 m^3)	二、三级处理 Secondary and Tertiary Treated	干污泥产生量（吨） Quantity of Dry Sludge Produced (ton)	干污泥处置量（吨） Quantity of Dry Sludge Treated (ton)	处理能力（万立方米/日） Treatment Capacity (10,000 m^3/day)	处理量（万立方米） Quantity of Wastewater Treated (10,000 m^3)	（万立方米） Total Quantity of Wastewater Treated (10,000 m^3)	生产能力（万立方米/日） Recycled Water Production Capacity (10,000 m^3/day)	利用量（万立方米） Annual Quantity of Wastewater Recycled and Reused (10,000 m^3)	管道长度（公里） Length of Pipelines (km)	地区名称 Name of Regions
773262	**626970**	**1147901**	**1063064**	**124.6**	**16276**	**789538**	**331.8**	**38632**	**2010**	**全国**
										分类一
330507	278620	522942	501496	64.8	6436	336943	203.0	28412	653	东部地区
297752	247552	415550	367773	33.9	4655	302407	98.5	7893	1053	中部地区
145003	100798	209409	193795	25.9	5185	150188	30.3	2327	303	西部地区
										分类二
299866	256400	508412	486991	43.9	4814	304680	203.0	28412	653	东部地区
276853	232961	387569	346019	33.9	4655	281508	68.3	4541	633	中部地区
196543	137609	251920	230054	46.8	6807	203350	60.5	5679	723	西部地区
										分类三
287856	247115	494815	474004	43.9	4814	292670	200.5	28212	648	东部地区
256088	221435	356008	314796	33.9	4655	260743	66.8	4541	631	中部地区
196543	137609	251920	230054	46.8	6807	203350	60.5	5679	723	西部地区
32775	20811	45158	44210			32775	4.0	200	8	东北地区

10-2 2015年按省分列的县城排水和污水处理

地区名称 Name of Regions	污水排放量（万立方米） Annual Quantity of Wastewater Discharged ($10,000\ m^3$)	排水管道长度（公里） Length of Drainage Pipelines (km)	污水管道 Sewers	雨水管道 Rainwater Drainage Pipeline	雨污合流管道 Combined Drainage Pipeline	污水处理厂 Wastewater Treatment Plant 座数（座） Number of Wastewater Treatment Plant (unit)	二、三级处理 Secondary and Tertiary Treatment	处理能力（万立方米/日） Treatment Capacity ($10,000\ m^3$/day)	二、三级处理 Secondary and Tertiary Treatment
全　国	**926520**	**167917**	**70254**	**45470**	**52193**	**1599**	**1196**	**2999.1**	**2371.3**
天　津	950	299	139	150	10	2	2	3.4	3.4
河　北	74300	11548	3860	3420	4269	109	66	301.3	197.7
山　西	26319	6202	2307	874	3021	84	45	108.3	60.6
内蒙古	23067	7047	3943	2018	1087	68	47	102.8	72.6
辽　宁	12875	2148	698	422	1027	23	17	55.2	42.6
吉　林	9753	1496	404	254	838	18	10	32.8	17.3
黑龙江	15151	3235	1154	545	1537	45	27	65.6	39.4
江　苏	40107	8229	3017	3619	1593	34	28	115.9	94.9
浙　江	46082	8337	4515	2782	1040	37	29	113.8	93.8
安　徽	56333	12751	5490	4492	2768	63	58	168.9	159.9
福　建	33121	4775	2230	1262	1282	46	46	103.2	103.2
江　西	41996	9436	3208	2331	3897	69	68	107.4	105.9
山　东	91772	14334	5624	5950	2761	72	72	315.4	315.4
河　南	70572	12570	4523	2987	5060	86	65	269.6	200.9
湖　北	33071	4076	1327	738	2011	41	29	97.5	65.6
湖　南	69848	10086	3832	2214	4040	76	76	182.7	182.7
广　东	33185	3105	822	771	1512	39	29	88.0	71.1
广　西	37557	6212	2419	1107	2686	67	47	114.6	81.7
海　南	8731	653	385	225	43	13	11	27.3	23.6
重　庆	11065	2541	1464	747	329	20	17	36.5	32.7
四　川	63848	10617	4242	3505	2870	85	55	147.9	86.0
贵　州	20905	3634	2126	781	727	72	56	54.6	44.6
云　南	29946	7239	3324	2046	1869	103	85	103.5	84.8
西　藏	1184	465	72	54	339	79	44	99.3	56.1
陕　西	24126	4771	2116	967	1688	66	44	49.1	31.9
甘　肃	10401	2862	1327	652	883	21	6	9.3	4.2
青　海	4955	1086	431	244	411	12	10	17.1	15.1
宁　夏	6352	1129	286	219	624	54	44	61.8	53.0
新　疆	17721	3947	2453	40	1454	95	63	46.3	30.6
新疆生产建设兵团	11227	3087	2517	54	516				

County Seat Drainage and Wastewater Treatment by Province(2015)

污水处理厂 Wastewater Treatment Plant				其他污水处理设施 Other Wastewater Treatment Facilities		污水处理总量	再生水 Recycled Water			
处理量(万立方米) Quantity of Wastewater Treated (10,000 m³)	二、三级处理 Secondary and Tertiary Treated	干污泥产生量(吨) Quantity of Dry Sludge Produced (ton)	干污泥处置量(吨) Quantity of Dry Sludge Treated (ton)	处理能力(万立方米/日) Treatment Capacity (10,000 m³/day)	处理量(万立方米) Quantity of Wastewater Treated (10,000 m³)	(万立方米) Total Quantity of Wastewater Treated (10,000 m³)	生产能力(万立方米/日) Recycled Water Production Capacity (10,000 m³/day)	利用量(万立方米) Annual Quantity of Wastewater Recycled and Reused (10,000 m³)	管道长度(公里) Length of Pipelines (km)	地区名称 Name of Regions
773262	**626970**	**1147901**	**1063064**	**124.6**	**16276**	**789538**	**331.8**	**38632**	**2010**	**全　国**
914	914	651	651			914				天　津
69590	47349	179968	173566	5.0	35	69625	68.8	7339	258	河　北
23348	14258	34738	30369			23348	35.6	2577	341	山　西
20899	14591	27981	21754			20899	30.2	3352	420	内蒙古
12010	9285	13597	12987			12010	2.5	200	6	辽　宁
7834	4760	14937	14600			7834				吉　林
12931	6766	16624	16623			12931	1.5		2	黑龙江
31391	24700	52559	52330	11.7	1651	33042	16.1	3016	67	江　苏
39101	33345	50496	50496	13.1	1331	40432	9.4	496	73	浙　江
51206	48590	72109	61902	5.7	623	51829	8.5	150	9	安　徽
28231	28231	39028	32639	1.0	75	28306				福　建
33947	33393	50841	50436	3.0	148	34095				江　西
87216	87216	118777	115126	1.8	59	87275	101.3	17354	214	山　东
60762	46993	82727	65112			60762	8.1	1243	120	河　南
25630	17006	30191	26329	10.4	1693	27323	14.5	535	74	湖　北
61195	61195	85402	80648	14.8	2191	63386	0.1	36	87	湖　南
26055	20305	45443	41463	11.3	1663	27718	4.9	7	36	广　东
30641	22220	14530	14505	20.9	1622	32263				广　西
5358	5055	7893	7733			5358				海　南
10526	9935	16467	16342			10526	4.5	298	16	重　庆
43058	24950	65973	64636	11.9	1942	45000	2.3	159	15	四　川
16272	13052	18712	17558			16272				贵　州
22766	18148	34103	30565		60	22826	7.3	697	107	云　南
20294	10986	30079	25356			20294				西　藏
7996	5231	13977	12776			7996	5.5	274	20	陕　西
2341	1339	3065	2898			2341	1.9	503	62	甘　肃
3382	3090	4752	3262	3.4	1138	4520	0.9	148	3	青　海
11688	9697	15074	13643	8.7	1741	13429	4.3	221	48	宁　夏
6680	4370	7207	6759	1.9	304	6984			13	新　疆
							3.6	27	20	新疆生产建设兵团

10–3 2015年按县分列的县城排水和污水处理

县名称 Name of Counties	污水排放量(万立方米) Annual Quantity of Waste-water Discharged (10,000 m^3)	排水管道长度(公里) Length of Drainage Pipelines (km)				污水处理厂 Wastewater Treatment Plant			
			污水管道 Sewers	雨水管道 Rainwater Drainage Pipeline	雨污合流管道 Combined Drainage Pipeline	座数(座) Number of Wastewater Treatment Plant (unit)	二、三级处理 Secondary and Tertiary Treatment	处理能力(万立方米/日) Treatment Capacity (10,000 m^3/day)	二、三级处理 Secondary and Tertiary Treatment
全　国	**926520**	**167917**	**70254**	**45470**	**52193**	**1599**	**1196**	**2999.1**	**2371.3**
天　津	**950**	**299**	**139**	**150**	**10**	**2**	**2**	**3.4**	**3.4**
蓟　县	950	299	139	150	10	2	2	3.4	3.4
河　北	**74300**	**11548**	**3860**	**3420**	**4269**	**109**	**66**	**301.3**	**197.7**
井陉县	412	88	29	2	57	1	1	2.0	2.0
正定县	860	159	60	53	46	1	1	6.0	6.0
行唐县	577	72	25	20	27	1	1	3.0	3.0
灵寿县	698	65	30	35		1	1	4.0	4.0
高邑县	297	95	36	39	19	1	1	1.0	1.0
深泽县	708	58	10		48	1	1	2.0	2.0
赞皇县	322	35	34		1	1		2.0	
无极县	1794	98	3	29	67	1	1	8.0	8.0
平山县	802	131	21	31	80	1	1	3.0	3.0
元氏县	1155	69	35	23	11	1	1	4.0	4.0
赵　县	790	97	41	39	16	1	1	10.0	10.0
滦　县	1093	62	3	13	46	1		4.0	
滦南县	1118	129	61	48	20	1		4.0	
乐亭县	752	130	42	33	56	1	1	4.0	4.0
迁西县	711	93	20	31	42	1	1	3.0	3.0
玉田县	1760	74	15	7	52	1	1	4.0	4.0
曹妃甸区	1000	467	168	197	102	1		5.0	
青龙满族自治县	532	68	38	30		1	1	2.0	2.0
昌黎县	1530	122	72	45	5	1	1	4.0	4.0
卢龙县	301	81	34	42	6	1	1	2.0	2.0
临漳县	819	161	93	68		1	1	5.0	5.0
成安县	500	92			92	1	1	3.2	3.2
大名县	742	249	72	68	109	1	1	2.0	2.0
涉　县	834	173	91	82		1	1	2.5	2.5
磁　县	1140	134	67	68		1	1	6.0	6.0
肥乡县	910	124	26	89	9	1	1	3.0	3.0
永年县	1093	411	45	265	101	1		3.0	
邱　县	993	110	52	57	1	1	1	3.0	3.0
鸡泽县	617	99	38	31	30	1		2.5	
广平县	690	130	47	50	33	1	1	3.0	3.0
馆陶县	675	157	32	34	92	1		3.0	
魏　县	1183	349	156	163	30	1		4.5	
曲周县	758	107	42	37	28	1	1	3.0	3.0
临城县	323	67	44	17	6	1		1.0	
内丘县	452	72	33	33	6	1	1	1.5	1.5
柏乡县	247	56	33	20	3	2	2	1.3	1.3
隆尧县	482	114	15	20	79	1	1	1.5	1.5

County Seat Drainageand Wastewater Treatment by County (2015)

污水处理厂 Wastewater Treatment Plant				其他污水处理设施 Other Wastewater Treatment Facilities		污水处理总量	再生水 Recycled Water			
处理量(万立方米) Quantity of Wastewater Treated (10,000 m^3)	二、三级处理 Secondary and Tertiary Treated	干污泥产生量(吨) Quantity of Dry Sludge Produced (ton)	干污泥处置量(吨) Quantity of Dry Sludge Treated (ton)	处理能力(万立方米/日) Treatment Capacity (10,000 m^3/day)	处理量(万立方米) Quantity of Wastewater Treated (10,000 m^3)	(万立方米) Total Quantity of Wastewater Treated (10,000 m^3)	生产能力(万立方米/日) Recycled Water Production Capacity (10,000 m^3/day)	利用量(万立方米) Annual Quantity of Wastewater Recycled and Reused (10,000 m^3)	管道长度(公里) Length of Pipelines (km)	县名称 Name of Counties
773262	**626970**	**1147901**	**1063064**	**124.6**	**16276**	**789538**	**331.8**	**38632**	**5362**	**全　国**
914	**914**	**651**	**651**			**914**				**天　津**
914	914	651	651			914				蓟　县
69590	**47349**	**179968**	**173566**	**5.0**	**35**	**69625**	**68.8**	**7339**	**2320**	**河　北**
378	378	560	560			378				井陉县
840	840	840	840			840				正定县
532	532	1045	1045			532				行唐县
690	690	950	950			690				灵寿县
290	290	395	395			290				高邑县
691	691	1385	1385			691				深泽县
321		321	321			321	1.0	122	40	赞皇县
1794	1794	2000	2000			1794	6.0	150	150	无极县
798	798	1561	1561			798				平山县
1102	1102	1227	1227			1102				元氏县
774	774	1250	1250			774				赵　县
1017		1905	1905			1017				滦　县
1073		1261	1261			1073	2.0			滦南县
715	715	1212	1212			715				乐亭县
680	680	1200	1200			680				迁西县
1741	1741	3089	3089			1741				玉田县
965	50	440	440	5.0	35	1000	5.0			曹妃甸区
517	517	680	680			517				青龙满族自治县
1464	1464	2913	2913			1464				昌黎县
293	293	520	520			293				卢龙县
807	807	1614	1614			807	2.0	672		临漳县
490	490	490	490			490	1.8	464	464	成安县
605	605	607	607			605	1.2			大名县
751	751	751	751			751				涉　县
1124	1124	1878				1124	5.0			磁　县
872	872	1744	1744			872				肥乡县
1069		1073	1073			1069				永年县
933	933	1866	1866			933	2.0	669	663	邱　县
591		1125	1125			591	0.1	36		鸡泽县
680	680	1360	1360			680				广平县
661		1322	1322			661				馆陶县
1090		1354	1354			1090	0.3	79		魏　县
744	744	1450	1450			744	2.4	9	9	曲周县
275		371	371			275				临城县
452	452	648	648			452	1.0	350	350	内丘县
237	237	239	239			237	1.0	1	1	柏乡县
482	482	483	483			482	1.2	1		隆尧县

10-3 续表 1

县名称 Name of Counties	污水排放量（万立方米） Annual Quantity of Wastewater Discharged (10,000 m^3)	排水管道长度（公里） Length of Drainage Pipelines (km)	污水管道 Sewers	雨水管道 Rainwater Drainage Pipeline	雨污合流管道 Combined Drainage Pipeline	污水处理厂 Wastewater Treatment Plant 座数（座） Number of Wastewater Treatment Plant (unit)	二、三级处理 Secondary and Tertiary Treatment	处理能力（万立方米/日） Treatment Capacity (10,000 m^3/day)	二、三级处理 Secondary and Tertiary Treatment
任　县	305	222	96	126		1		1.0	
南和县	530	115	34	28	53	1		3.0	
宁晋县	946	238	152	86		1		3.0	
巨鹿县	595	95	16	15	63	1		2.0	
新河县	485	23	6	18		1		2.1	
广宗县	369	98		10	88	1	1	2.0	2.0
平乡县	410	80		80		1	1	3.0	3.0
威　县	409	296	134	152	10	1		2.0	
清河县	810	264	97	128	39	2		4.2	
临西县	456	91	77	14		1	1	2.0	2.0
涞水县	703	92	29	27	36	1	1	2.0	2.0
阜平县	370	22	10	7	4	1		1.0	
定兴县	850	105	19	24	63	1	1	3.0	3.0
唐　县	550	57	31	15	11	1	1	2.0	2.0
高阳县	6281	94	10		84	1	1	20.0	20.0
容城县	612	87	28	12	47	1		2.0	
涞源县	702	94	51	22	21	1	1	1.3	1.3
望都县	548	52	25	18	9	1	1	1.5	1.5
安新县	1366	88	58	5	25	1		4.0	
易　县	690	60	49	11		1	1	2.0	2.0
曲阳县	689	58	24	27	7	1	1	1.7	1.7
蠡　县	1064	87	15	24	49	1	1	3.0	3.0
顺平县	916	76	38	25	13	1	1	4.0	4.0
博野县	375	53	18	15	19	1	1	1.0	1.0
雄　县	676	64	20	20	24	1	1	2.0	2.0
张北县	453	125	17	42	67	1		3.0	
康保县	184	65	17		49	1		1.6	
沽源县	361	32	7		25	1		1.0	
尚义县	339	44	31	11	3	1		1.5	
蔚　县	325	79	7	2	70	1		3.0	
阳原县	184	73	42	30	1	1		2.0	
怀安县	224	92	31	20	41	1		1.8	
万全县	158	66	58	2	6	1		1.5	
怀来县	581	144	51	43	50	1		3.0	
涿鹿县	216	61	18	8	35	1		3.0	
赤城县	241	37	34		3	1		2.0	
崇礼县	264	50	16	17	16	1		0.8	
承德县	850	51	33	7	11	1	1	3.0	3.0
兴隆县	805	56	18	10	28	1	1	2.0	2.0
平泉县	770	80	50		30	1	1	3.0	3.0
滦平县	558	59	35	24		1	1	3.0	3.0
隆化县	760	61	13	13	35	1	1	2.0	2.0

continued 1

污水处理厂 Wastewater Treatment Plant				其他污水处理设施 Other Wastewater Treatment Facilities		污水处理总量	再生水 Recycled Water			
处理量（万立方米） Quantity of Wastewater Treated (10,000 m³)	二、三级处理 Secondary and Tertiary Treated	干污泥产生量（吨） Quantity of Dry Sludge Produced (ton)	干污泥处置量（吨） Quantity of Dry Sludge Treated (ton)	处理能力（万立方米/日） Treatment Capacity (10,000 m³/day)	处理量（万立方米） Quantity of Wastewater Treated (10,000 m³)	（万立方米） Total Quantity of Wastewater Treated (10,000 m³)	生产能力（万立方米/日） Recycled Water Production Capacity (10,000 m³/day)	利用量（万立方米） Annual Quantity of Wastewater Recycled and Reused (10,000 m³)	管道长度（公里） Length of Pipelines (km)	县名称 Name of Counties
305		455	455			305				任　县
488		1868	1868			488				南和县
946		4248	4248			946	2.4	470	190	宁晋县
555		1012	1012			555	1.9	265		巨鹿县
420		943	943			420	0.4	146	146	新河县
366	366	698	698			366				广宗县
390	390	780	780			390				平乡县
358		370				358	1.0	358		威　县
810		6419	6419			810	2.0	120		清河县
455	455	2651				455				临西县
668	668	622	622			668				涞水县
342		356	356			342	0.7	27		阜平县
360	360	360	360			360				定兴县
497	497	607	607			497	1.9	112	112	唐　县
5982	5982	74295	74295			5982	0.1	29	29	高阳县
588		1100	1100			588				容城县
448	448	584	584			448				涞源县
546	546	874	874			546				望都县
1210		2375	2375			1210				安新县
690	690	940	940			690				易　县
580	580	1060	1060			580				曲阳县
967	967	1640	1640			967				蠡　县
916	916	1087	1087			916				顺平县
319	319	575	575			319				博野县
643	643	872	872			643				雄　县
394		550	541			394				张北县
160		230	84			160				康保县
314		335	331			314				沽源县
295		300	285			295				尚义县
283		360	360			283				蔚　县
160		220	215			160				阳原县
195		210	210			195	1.0	110		怀安县
137		205	205			137				万全县
558		1060	1060			558				怀来县
188		203	203			188				涿鹿县
209		210	202			209				赤城县
229		272	272			229				崇礼县
800	800	1600	1500			800				承德县
756	756	1260	1260			756				兴隆县
710	710	800	795			710	2.1	180		平泉县
508	508	980	980			508				滦平县
705	705	817	817			705				隆化县

10-3 续表 2

县名称 Name of Counties	污水排放量（万立方米） Annual Quantity of Wastewater Discharged ($10,000\ m^3$)	排水管道长度（公里） Length of Drainage Pipelines (km)				污水处理厂 Wastewater Treatment Plant			
			污水管道 Sewers	雨水管道 Rainwater Drainage Pipeline	雨污合流管道 Combined Drainage Pipeline	座数（座） Number of Wastewater Treatment Plant (unit)	二、三级处理 Secondary and Tertiary Treatment	处理能力（万立方米/日） Treatment Capacity ($10,000\ m^3$/day)	二、三级处理 Secondary and Tertiary Treatment
丰宁满族自治县	416	66	35	17	14	1	1	3.5	3.5
宽城满族自治县	819	88	48	39		1	1	2.0	2.0
围场满族蒙古族自治县	695	58	40	18		1	1	2.5	2.5
青　县	513	123	14		109	2	2	4.0	4.0
东光县	1022	86	22	2	62	1	1	3.0	3.0
海兴县	468	74	71	2		1		1.3	
盐山县	430	95	26	17	52	1		3.0	
肃宁县	643	131	29	48	54	1	1	2.0	2.0
南皮县	329	71	12	12	47	1		3.0	
吴桥县	345	90	34	28	28	1		3.0	
献　县	1033	166	57	32	78	1	1	3.0	3.0
孟村回族自治县	216	88	14	67	7	1	1	2.0	2.0
固安县	585	202	54	17	131	1	1	3.0	3.0
永清县	408	47	17	17	13	1	1	1.5	1.5
香河县	612	71		1	70	1		2.0	
大城县	552	58	12		47	1		2.0	
文安县	280	51		3	48	1	1	2.0	2.0
大厂回族自治县	191	148	44	62	43	2	1	0.7	0.2
枣强县	1168	140	1	1	138	1		3.3	
武邑县	489	123	18	18	88	1		3.0	
武强县	375	64	4	5	56	1	1	2.0	2.0
饶阳县	525	219		25	195	1	1	1.5	1.5
安平县	1190	169			169	1		3.0	
故城县	990	245	87	38	120	1	1	3.0	3.0
景　县	730	157			157	1	1	2.0	2.0
阜城县	626	133	44		89	1		2.0	
山　西	**26319**	**6202**	**2307**	**874**	**3021**	**84**	**45**	**108.3**	**60.6**
清徐县	492	131	53	64	14	1	1	1.5	1.5
阳曲县	216	72	18	13	41	1	1	1.0	1.0
娄烦县	241	99	92	7		1	1	0.8	0.8
阳高县	310	53			53	1	1	1.5	1.5
天镇县	269	85	9	18	58	1		1.0	
广灵县	302	18	18			1	1	1.0	1.0
灵丘县	399	38	1	23	14	1	1	2.0	2.0
浑源县	401	116	12	3	101	1	1	2.0	2.0
左云县	143	109	56	45	8	1	1	0.4	0.4
大同县	174	64	34	12	19	1		0.5	
平定县	967	69	36		34	1	1	3.0	3.0
盂　县	749	56	37		19	1	1	2.0	2.0
长治县	266	59			59	1	1	1.2	1.2
襄垣县	290	151	97	3	51	1		1.5	

continued 2

污水处理厂 Wastewater Treatment Plant				其他污水处理设施 Other Wastewater Treatment Facilities		污水处理总量	再生水 Recycled Water			
处理量(万立方米) Quantity of Wastewater Treated ($10,000\ m^3$)	二、三级处理 Secondary and Tertiary Treated	干污泥产生量(吨) Quantity of Dry Sludge Produced (ton)	干污泥处置量(吨) Quantity of Dry Sludge Treated (ton)	处理能力(万立方米/日) Treatment Capacity ($10,000\ m^3$/day)	处理量(万立方米) Quantity of Wastewater Treated ($10,000\ m^3$)	(万立方米) Total Quantity of Wastewater Treated ($10,000\ m^3$)	生产能力(万立方米/日) Recycled Water Production Capacity ($10,000\ m^3$/day)	利用量(万立方米) Annual Quantity of Wastewater Recycled and Reused ($10,000\ m^3$)	管道长度(公里) Length of Pipelines (km)	县名称 Name of Counties
375	375	507	507			375				丰宁满族自治县
778	778	1029	1029			778	1.5	146		宽城满族自治县
557	557	1078	1078			557				围场满族蒙古族自治县
509	509	795	795			509	1.3	106	68	青　县
971	971	558	558			971	2.2			东光县
468		936	936			468	0.3	94		海兴县
430		400	400			430	1.2	129	30	盐山县
624	624	1000	1000			624	1.8	190	14	肃宁县
323		335	335			323	1.0	73		南皮县
325		400	350			325	2.5	122	30	吴桥县
1002	1002	1540	1540			1002	2.2	518	3	献　县
210	210	210	210			210	2.0	84		孟村回族自治县
557	557	1100	1100			557				固安县
397	397	794	794			397				永清县
545		1090	1090			545				香河县
536		1070	1070			536	1.5	536		大城县
227	227	316	316			227				文安县
174	65	320	320			174				大厂回族自治县
1149		1848	1848			1149	3.0	459		枣强县
475		525				475				武邑县
322	322	500	500			322				武强县
525	525	542	542			525				饶阳县
1107		1107	1107			1107				安平县
700	700	700	700			700	1.1	401	21	故城县
698	698	1100	1100			698				景　县
618		636				618	1.7	111		阜城县
23348	**14258**	**34738**	**30369**			**23348**	**35.6**	**2577**	**84**	**山　西**
453	453	2983	2983			453	1.4	80		清徐县
178	178	1402				178	0.6			阳曲县
193	193	2478	388			193	0.7	137		娄烦县
272	272	435	391			272	0.3	44	7	阳高县
245		347	347			245	0.5	31		天镇县
259	259	290	290			259				广灵县
334	334	410				334	1.5	2		灵丘县
341	341	591	591			341	0.2	27	10	浑源县
116	116	200	200			116	0.3	28		左云县
145		175	175			145	0.2	32		大同县
822	822	850	850			822	2.2	30		平定县
730	730	945	900			730				盂　县
226	226	124	124			226	0.9			长治县
256		141	141			256				襄垣县

10-3 续表 3

县名称 Name of Counties	污水排放量（万立方米） Annual Quantity of Waste-water Discharged (10,000 m^3)	排水管道长度（公里） Length of Drainage Pipelines (km)				污水处理厂 Wastewater Treatment Plant			
			污水管道 Sewers	雨水管道 Rainwater Drainage Pipeline	雨污合流管道 Combined Drainage Pipeline	座数（座） Number of Wastewater Treatment Plant (unit)	二、三级处理 Secondary and Tertiary Treatment	处理能力（万立方米/日） Treatment Capacity (10,000 m^3/day)	二、三级处理 Secondary and Tertiary Treatment
屯留县	204	62	21	6	35	1		2.0	
平顺县	217	39	3		36	1	1	1.0	1.0
黎城县	279	89	67		22	1		2.0	
壶关县	301	46	14		32	1		1.5	
长子县	300	82			82	1		1.5	
武乡县	273	42	8	2	32	1		0.8	
沁　县	246	55	25		30	1		0.8	
沁源县	279	44	15	8	22	1		1.0	
沁水县	323	67	22		44	1		1.0	
阳城县	820	106	4	64	38	1	1	2.2	2.2
陵川县	178	78	47	12	19	1	1	0.6	0.6
山阴县	354	156	64	48	44	1		1.0	
应　县	512	141	71	23	46	1	1	2.0	2.0
右玉县	216	76	7	11	58	1		1.0	
怀仁县	887	402	148		254	1		3.0	
榆社县	214	86	46	20	20	1	1	0.8	0.8
左权县	246	54	13	13	28	1	1	1.0	1.0
和顺县	217	74	34	8	32	1	1	1.0	1.0
昔阳县	282	82	50	7	24	1	1	1.5	1.5
寿阳县	277	78	32	5	41	1	1	1.2	1.2
太谷县	392	103	25	6	71	1	1	1.8	1.8
祁　县	318	98	56		42	1		2.0	
平遥县	370	26	14	12		1		1.5	
灵石县	288	61	23	2	37	1	1	1.0	1.0
临猗县	1000	119	34	11	75	1	1	3.0	3.0
万荣县	354	79	12		67	1	1	1.0	1.0
闻喜县	621	62	13		49	1	1	1.5	1.5
稷山县	497	93	21	4	69	1	1	1.5	1.5
新绛县	233	70	1		69	1		0.7	
绛　县	420	69	69			1	1	1.5	1.5
垣曲县	380	69	10		59	1	1	2.0	2.0
夏　县	256	64	54	5	5	1	1	0.8	0.8
平陆县	210	80	1		79	1	1	1.0	1.0
芮城县	508	77	7		70	1		1.7	
定襄县	355	82	60	5	17	1	1	1.5	1.5
五台县	318	77	56	12	9	1	1	1.5	1.5
代　县	368	59	23	16	20	1		1.0	
繁峙县	331	93	40	19	34	1	1	1.5	1.5
宁武县	265	26	7		19	1		0.8	
静乐县	244	74	24	39	11	1	1	0.8	0.8
神池县	186	62	8	5	49	1	1	0.8	0.8

continued 3

污水处理厂 Wastewater Treatment Plant				其他污水处理设施 Other Wastewater Treatment Facilities		污水处理总量	再生水 Recycled Water			县名称
处理量（万立方米） Quantity of Wastewater Treated (10,000 m^3)	二、三级处理 Secondary and Tertiary Treated	干污泥产生量（吨） Quantity of Dry Sludge Produced (ton)	干污泥处置量（吨） Quantity of Dry Sludge Treated (ton)	处理能力（万立方米／日） Treatment Capacity (10,000 m^3/day)	处理量（万立方米） Quantity of Wastewater Treated (10,000 m^3)	（万立方米） Total Quantity of Wastewater Treated (10,000 m^3)	生产能力（万立方米／日） Recycled Water Production Capacity (10,000 m^3/day)	利用量（万立方米） Annual Quantity of Wastewater Recycled and Reused (10,000 m^3)	管道长度（公里） Length of Pipelines (km)	Name of Counties
168		92	92			168				屯留县
186	186	102	102			186				平顺县
263		144	144			263	1.0			黎城县
247		136	136			247	1.0	99		壶关县
277		152	152			277	1.0			长子县
262		144	144			262	0.5	133		武乡县
233		128	128			233	0.4			沁　县
254		140	140			254	0.7			沁源县
323		342	342			323				沁水县
800	800	1520	1520			800	2.0	57		阳城县
124	124	240	240			124				陵川县
339		180	180			339	0.9	265		山阴县
502	502	220	220			502	1.6			应　县
211		125	125			211	0.8	155		右玉县
858		460	460			858	2.0			怀仁县
206	206	209	209			206	0.5	43		榆社县
234	234	236	236			234	0.5	15		左权县
198	198	223	223			198				和顺县
274	274	320	320			274	0.3	64		昔阳县
232	232	219	219			232				寿阳县
373	373	663	663			373				太谷县
301		602	602			301	0.5			祁　县
303		2309	2309			303				平遥县
271	271	160	160			271	0.9	72		灵石县
970	970	960	960			970	1.0	180		临猗县
329	329	329	329			329				万荣县
534	534	615	615			534				闻喜县
445	445	445	445			445				稷山县
222		222	222			222				新绛县
378	378	378				378				绛　县
350	350	624	624			350	0.9	290	10	垣曲县
239	239	290	290			239				夏　县
189	189	287	287			189	0.1	32		平陆县
457		823	823			457	0.6	100		芮城县
327	327	424	424			327				定襄县
313	313	354	354			313				五台县
357		620	620			357	0.1	33	33	代　县
323	323	342	342			323				繁峙县
250		365	365			250				宁武县
222	222	287	287			222				静乐县
174	174	352	352			174				神池县

10-3 续表 4

县名称 Name of Counties	污水排放量(万立方米) Annual Quantity of Wastewater Discharged ($10,000\ m^3$)	排水管道长度(公里) Length of Drainage Pipelines (km)	污水管道 Sewers	雨水管道 Rainwater Drainage Pipeline	雨污合流管道 Combined Drainage Pipeline	污水处理厂 Wastewater Treatment Plant 座数(座) Number of Wastewater Treatment Plant (unit)	二、三级处理 Secondary and Tertiary Treatment	处理能力(万立方米/日) Treatment Capacity ($10,000\ m^3$/day)	二、三级处理 Secondary and Tertiary Treatment
五寨县	200	37			37	1	1	1.2	1.2
岢岚县	153	71	46	3	22	1	1	0.6	0.6
河曲县	200	96	58	34	4	1	1	1.0	1.0
保德县	195	70	42	4	23	1		1.5	
偏关县	133	46	46			1		0.8	
曲沃县	245	69	19	13	37	1	1	1.6	1.6
翼城县	497	73	15	8	50	1		2.0	
襄汾县	251	101	30	27	44	1	1	2.0	2.0
洪洞县	800	71	6	6	59	1	1	3.0	3.0
古　县	168	41	8	3	30	1		0.5	
安泽县	121	44	14	9	20	1		0.3	
浮山县	183	41	8	6	27	1		1.0	
吉　县	123	65	14	10	41	1	Q	0.7	0.7
乡宁县	212	67	15	9	43	1		1.0	
大宁县	106	38	10	6	23	1		0.3	
隰　县	200	61	10	7	43	1	1	0.5	0.5
永和县	103	28	6	5	17	1		0.5	
蒲　县	173	67	15	12	40	1	1	0.5	0.5
汾西县	233	57	7	15	35	1		1.0	
文水县	266	87	41	21	25	1		2.0	
交城县	339	69	29	27	13	1		2.0	
兴　县	225	49	15	18	15	1		0.8	
临　县	330	73	27	15	31	1		1.5	
柳林县	296	66	30	21	16	1		2.0	
石楼县	108	31	14	6	11	1		0.7	
岚　县	137	39	19	11	9	1		1.4	
方山县	155	37	10	6	20	1		0.6	
中阳县	274	34	10	10	14	1		1.5	
交口县	135	54	28	11	15	1	1	0.6	0.6
内蒙古	**23067**	**7047**	**3943**	**2018**	**1087**	**68**	**47**	**102.8**	**72.6**
土默特左旗	150	144	36	24	84	1	1	2.0	2.0
托克托县	291	112	55	57		1		1.0	
和林格尔县	151	70	50		20	1		1.0	
清水河县	105	15	5	2	8	1	1	1.0	1.0
武川县	200	101	53	38	10	1	1	1.0	1.0
土默特右旗	288	134	83	50	1	1	1	2.0	2.0
固阳县	118	91	54	34	3	1	1	1.0	1.0
达尔罕茂明安联合旗	152	49	34	14		1	1	0.8	0.8
阿鲁科尔沁旗	641	158	111	30	17	1	1	2.0	2.0
巴林左旗	738	94	58	17	20	1	1	2.0	2.0

continued 4

污水处理厂 Wastewater Treatment Plant				其他污水处理设施 Other Wastewater Treatment Facilities		污水处理总量	再生水 Recycled Water			
处理量（万立方米） Quantity of Wastewater Treated (10,000 m^3)	二、三级处理 Secondary and Tertiary Treated	干污泥产生量（吨） Quantity of Dry Sludge Produced (ton)	干污泥处置量（吨） Quantity of Dry Sludge Treated (ton)	处理能力（万立方米/日） Treatment Capacity (10,000 m^3/day)	处理量（万立方米） Quantity of Wastewater Treated (10,000 m^3)	（万立方米） Total Quantity of Wastewater Treated (10,000 m^3)	生产能力（万立方米/日） Recycled Water Production Capacity (10,000 m^3/day)	利用量（万立方米） Annual Quantity of Wastewater Recycled and Reused (10,000 m^3)	管道长度（公里） Length of Pipelines (km)	县名称 Name of Counties
189	189	326	326			189	0.5	39		五寨县
143	143	153	153			143	0.5			岢岚县
181	181	218	218			181	0.5	42	3	河曲县
161		176	176			161				保德县
127		128	128			127				偏关县
195	195	275	275			195				曲沃县
405		350	350			405				翼城县
212	212	391	391			212	1.0	21	21	襄汾县
727	727	800	800			727				洪洞县
138		225	225			138				古　县
89		105	105			89				安泽县
132		146	146			132				浮山县
88	88	100	100			88				吉　县
167		193	193			167				乡宁县
73		85	85			73				大宁县
157	157	170	170			157	0.4			隰　县
69		86	86			69				永和县
134	134	137	137			134				蒲　县
168		188	188			168				汾西县
235		268	268			235	1.0			文水县
289		368	368			289	0.6	61		交城县
200		378	378			200	0.6	37		兴　县
83		128	128			83	1.0			临　县
231		251	251			231	1.0	170		柳林县
87		92	92			87	0.3			石楼县
119		147	147			119	0.5			岚　县
113		154	154			113	0.3			方山县
233		420	420			233	1.0	233		中阳县
115	115	126	126			115	0.3	25		交口县
20899	**14591**	**27981**	**21754**			**20899**	**30.2**	**3352**		**内蒙古**
125	125	150	150			125				土默特左旗
291		330	330			291				托克托县
129		269	269			129	0.9	10		和林格尔县
69	69	60				69				清水河县
186	186	200				186				武川县
256	256	309	309			256	1.0	28		土默特右旗
101	101	131	131			101				固阳县
131	131	217	217			131				达尔罕茂明安联合旗
571	571	651	651			571	1.0	180		阿鲁科尔沁旗
661	661	753	730			661				巴林左旗

10-3 续表 5

县名称 Name of Counties	污水排放量（万立方米） Annual Quantity of Waste-water Discharged ($10,000 m^3$)	排水管道长度（公里） Length of Drainage Pipelines (km)	污水管道 Sewers	雨水管道 Rainwater Drainage Pipeline	雨污合流管道 Combined Drainage Pipeline	污水处理厂 Wastewater Treatment Plant 座数（座） Number of Wastewater Treatment Plant (unit)	二、三级处理 Secondary and Tertiary Treatment	处理能力（万立方米/日） Treatment Capacity ($10,000 m^3$/day)	二、三级处理 Secondary and Tertiary Treatment
巴林右旗	980	49	17	15	17	1	1	3.0	3.0
林西县	768	81	58	7	16	1	1	3.0	3.0
克什克腾旗	446	45	27	1	17	1	1	1.5	1.5
翁牛特旗	922	89	20		69	1	1	3.0	3.0
喀喇沁旗	609	103	19	10	75	1	1	2.0	2.0
宁城县	500	75	48	6	21	1	1	4.0	4.0
敖汉旗	909	87	52	7	28	1	1	3.0	3.0
科尔沁左翼中旗	295	78	27	24	27	1		1.5	
科尔沁左翼后旗	310	144	77	67		1		1.5	
开鲁县	522	170	71	99		1	1	4.0	4.0
库伦旗	156	61	42	19		1		0.8	
奈曼旗	304	89	60	29		1		1.5	
扎鲁特旗	381	114	69	45		1	1	1.5	1.5
达拉特旗	690	164	82	26	56	1	1	3.0	3.0
准格尔旗	1403	311	189	114	9	2		7.0	
鄂托克前旗	66	80	48	30	2	1	1	1.5	1.5
鄂托克旗	96	115	64	51		1	1	1.0	1.0
杭锦旗	108	129	100	29		1	1	0.5	0.5
乌审旗	197	203	115	88		1	1	1.2	1.2
伊金霍洛旗	539	553	234	317	2	1		2.0	
阿荣旗	582	18	12	6		1	1	2.0	2.0
莫力达瓦达斡尔族自治旗	571	122	77	45		1		2.0	
鄂伦春自治旗	193	30	20		10	1		0.6	
鄂温克族自治旗	115	120	47	72					
陈巴尔虎旗	94	65	34	31		1	1	1.0	1.0
新巴尔虎左旗	27	22	11	11					
新巴尔虎右旗	77	36	1	35		1		0.5	
五原县	620	103	100	2		1	1	2.2	2.2
磴口县	363	68	28		40	1		1.5	
乌拉特前旗	488	179	95	1	83	1	1	2.0	2.0
乌拉特中旗	236	80	7		73	1		1.0	
乌拉特后旗	186	79	71	8		1		0.6	
杭锦后旗	643	197	93	89	15	1	1	2.0	2.0
卓资县	293	42	28		14	1		1.2	
化德县	203	60	7		54	1		1.0	
商都县	270	77	12	12	53	1		1.5	
兴和县	333	117	93	24		1	1	1.0	1.0
凉城县	204	73	50	19	5	1	1	1.0	1.0
察哈尔右翼前旗	288	34	31	2	1	1	1	1.0	1.0
察哈尔右翼中旗	110	61	30	31		1	1	1.0	1.0

continued 5

污水处理厂 Wastewater Treatment Plant				其他污水处理设施 Other Wastewater Treatment Facilities		污水处理总量	再生水 Recycled Water			
处理量(万立方米) Quantity of Wastewater Treated (10,000 m^3)	二、三级处理 Secondary and Tertiary Treated	干污泥产生量(吨) Quantity of Dry Sludge Produced (ton)	干污泥处置量(吨) Quantity of Dry Sludge Treated (ton)	处理能力(万立方米/日) Treatment Capacity (10,000 m^3/day)	处理量(万立方米) Quantity of Wastewater Treated (10,000 m^3)	(万立方米) Total Quantity of Wastewater Treated (10,000 m^3)	生产能力(万立方米/日) Recycled Water Production Capacity (10,000 m^3/day)	利用量(万立方米) Annual Quantity of Wastewater Recycled and Reused (10,000 m^3)	管道长度(公里) Length of Pipelines (km)	县名称 Name of Counties
845	845	846	846			845				巴林右旗
671	671	1310	1310			671	1.0	13		林西县
388	388	396	396			388				克什克腾旗
827	827	1000	1000			827				翁牛特旗
533	533	533	533			533				喀喇沁旗
423	423	455	455			423	2.0	135		宁城县
810	810	850	850			810	1.0	90		敖汉旗
272		272	272			272	0.5			科尔沁左翼中旗
310		310	310			310	0.5			科尔沁左翼后旗
470	470	494	494			470	1.8			开鲁县
141		141	141			141	0.5			库伦旗
304		364	364			304				奈曼旗
373	373	500	500			373	0.5			扎鲁特旗
605	605	880	880			605	2.9	479		达拉特旗
1299		2120	2120			1299	4.5	930		准格尔旗
58	58	110	110			58	0.9			鄂托克前旗
83	83	100	100			83	0.5	70		鄂托克旗
100	100	185	185			100				杭锦旗
182	182	343	343			182	0.8	21		乌审旗
520		752	752			520	1.5	520		伊金霍洛旗
550	550	1100	1100			550	1.9	10		阿荣旗
529		671				529				莫力达瓦达斡尔族自治旗
179		250	250			179				鄂伦春自治旗
										鄂温克族自治旗
85	85	110	110			85				陈巴尔虎旗
										新巴尔虎左旗
70		80				70				新巴尔虎右旗
602	602	650	650			602				五原县
363		440	440			363	0.6	60		磴口县
488	488	500				488	1.3			乌拉特前旗
226		558	558			226	0.9	226		乌拉特中旗
180		368	368			180				乌拉特后旗
605	605	773	773			605				杭锦后旗
278		350				278				卓资县
193		250				193				化德县
255		382				255	1.2	63		商都县
318	318	461				318				兴和县
195	195	390				195				凉城县
272	272	435				272				察哈尔右翼前旗
104	104	120				104				察哈尔右翼中旗

10-3 续表 6

县名称 Name of Counties	污水排放量（万立方米）Annual Quantity of Wastewater Discharged (10,000 m³)	排水管道长度（公里）Length of Drainage Pipelines (km)	污水管道 Sewers	雨水管道 Rainwater Drainage Pipeline	雨污合流管道 Combined Drainage Pipeline	污水处理厂 Wastewater Treatment Plant 座数（座）Number of Wastewater Treatment Plant (unit)	二、三级处理 Secondary and Tertiary Treatment	处理能力（万立方米/日）Treatment Capacity (10,000 m³/day)	二、三级处理 Secondary and Tertiary Treatment
察哈尔右翼后旗	221	31	22	3	6	1		2.0	
四子王旗	281	116	98	16	1	1	1	1.0	1.0
科尔沁右翼前旗	255	87	69	9	10	1	1	1.2	1.2
科尔沁右翼中旗	298	93	35	44	15	1		1.0	
扎赉特旗	237	151	84	67		1	1	1.5	1.5
突泉县	175	131	86	45		1	1	1.5	1.5
阿巴嘎旗	86	50	39		11	1	1	0.5	0.5
苏尼特左旗	71	26	5		21	1	1	0.5	0.5
苏尼特右旗	180	59	25		34	1	1	1.0	1.0
东乌珠穆沁旗	245	118	63	53	2	1	1	1.0	1.0
西乌珠穆沁旗	315	114	82	32		1		1.0	
太仆寺旗	130	79	25	24	30	1	1	1.0	1.0
镶黄旗	66	67	10		57	1	1	0.5	0.5
正镶白旗	56	42	32	10		1	1	1.0	1.0
正蓝旗	185	132	121	5	6	1	1	1.2	1.2
多伦县	190	161	94	54	12	1	1	1.3	1.3
阿拉善左旗	865	187	162	19	6	1	1	1.5	1.5
阿拉善右旗	130	31	13	1	18	1	1	0.4	0.4
额济纳旗	150	85	75		10	1	1	0.3	0.3
辽 宁	**12875**	**2148**	**698**	**422**	**1027**	**23**	**17**	**55.2**	**42.6**
辽中县	565	172	52	65	56	1		2.0	
康平县	490	156	37	6	113	1		2.0	
法库县	692	139	18	11	110	1	1	3.2	3.2
长海县	68	27	16	11		1	1	0.2	0.2
台安县	700	51	21	28	1	1	1	3.0	3.0
岫岩满族自治县	320	60	3		57	1	1	2.0	2.0
新宾满族自治县	358	47	34	13		1		1.0	
清原满族自治县	544	37	1		37	1	1	1.5	1.5
本溪满族自治县	826	73	22	21	29	1	1	4.0	4.0
桓仁满族自治县	686	93	64		29	1	1	4.7	4.7
宽甸满族自治县	910	39	2	1	37	1	1	3.0	3.0
黑山县	305	75	1	33	41	1		3.0	
义 县	475	71	19	16	36	1	1	1.5	1.5
阜新蒙古族自治县	320	71	4	4	62	1	1	3.0	3.0
彰武县	255	79	72	2	5	1	1	2.0	2.0
辽阳县	1096	206	93	113		1	1	3.5	3.5
大洼县	599	82	2		80	1		1.6	
西丰县	417	72	2		70	1	1	1.5	1.5
昌图县	677	166	164	3		1	1	2.0	2.0
建平县	707	76	5	20	51	1		3.0	
喀喇沁左翼蒙古族自治县	230	147	32	10	106	1	1	3.0	3.0

continued 6

污水处理厂 Wastewater Treatment Plant				其他污水处理设施 Other Wastewater Treatment Facilities		污水处理总量	再生水 Recycled Water			县名称
处理量（万立方米） Quantity of Wastewater Treated (10,000 m³)	二、三级处理 Secondary and Tertiary Treated	干污泥产生量（吨） Quantity of Dry Sludge Produced (ton)	干污泥处置量（吨） Quantity of Dry Sludge Treated (ton)	处理能力（万立方米/日） Treatment Capacity (10,000 m³/day)	处理量（万立方米） Quantity of Wastewater Treated (10,000 m³)	（万立方米） Total Quantity of Wastewater Treated (10,000 m³)	生产能力（万立方米/日） Recycled Water Production Capacity (10,000 m³/day)	利用量（万立方米） Annual Quantity of Wastewater Recycled and Reused (10,000 m³)	管道长度（公里） Length of Pipelines (km)	Name of Counties
210		210	210			210				察哈尔右翼后旗
265	265	530				265	0.8	196		四子王旗
255	255	260	260			255				科尔沁右翼前旗
290		300	300			290				科尔沁右翼中旗
224	224	558	558			224				扎赉特旗
158	158	251	251			158				突泉县
73	73	96				73				阿巴嘎旗
61	61	110				61				苏尼特左旗
161	161	178				161				苏尼特右旗
233	233	310				233				东乌珠穆沁旗
269		405				269	0.8	107		西乌珠穆沁旗
120	120	144				120				太仆寺旗
56	56	64				56				镶黄旗
48	48	48				48				正镶白旗
165	165	236				165				正蓝旗
169	169	184				169				多伦县
692	692	845	845			692	0.9	214		阿拉善左旗
104	104	120	120			104				阿拉善右旗
120	120	213	213			120				额济纳旗
12010	**9285**	**13597**	**12987**			**12010**	**2.5**	**200**		**辽　宁**
509		522	522			509				辽中县
464		918	918			464				康平县
385	385	395	395			385				法库县
62	62	91	91			62				长海县
621	621	683	683			621				台安县
308	308	340	340			308	0.1			岫岩满族自治县
310		305	305			310				新宾满族自治县
540	540	548	548			540				清原满族自治县
803	803	315	315			803				本溪满族自治县
600	600	610				600				桓仁满族自治县
908	908	820	820			908				宽甸满族自治县
305		500	500			305				黑山县
475	475	475	475			475				义　县
320	320	600	600			320				阜新蒙古族自治县
255	255	321	321			255				彰武县
1096	1096	1341	1341			1096				辽阳县
587		919	919			587				大洼县
417	417	740	740			417				西丰县
661	661	690	690			661				昌图县
550		438	438			550				建平县
230	230	366	366			230				喀喇沁左翼蒙古族自治县

10-3 续表 7

县名称 Name of Counties	污水排放量（万立方米） Annual Quantity of Waste-water Discharged ($10,000\ m^3$)	排水管道长度（公里） Length of Drainage Pipelines (km)	污水管道 Sewers	雨水管道 Rainwater Drainage Pipeline	雨污合流管道 Combined Drainage Pipeline	污水处理厂 Wastewater Treatment Plant：座数（座） Number of Wastewater Treatment Plant (unit)	二、三级处理 Secondary and Tertiary Treatment	处理能力（万立方米/日） Treatment Capacity ($10,000\ m^3$/day)	二、三级处理 Secondary and Tertiary Treatment
绥中县	1200	65	5	-	60	1	1	3.0	3.0
建昌县	435	143	29	65	49	1	1	1.5	1.5
吉 林	**9753**	**1496**	**404**	**254**	**838**	**18**	**10**	**32.8**	**17.3**
农安县	612	105	27	22	56	1		3.0	
永吉县	540	115	44	62	9	1	1	1.4	1.4
梨树县	878	91	12		79	1	1	2.1	2.1
伊通满族自治县	511	74	22	10	43	1	1	1.3	1.3
东丰县	605	100	8	22	70	1	1	1.0	1.0
东辽县	323	33	15	9	9	1		1.0	
通化县	461	65	44	21		1		1.5	
辉南县	580	101	49	7	46	1	1	2.5	2.5
柳河县	546	27	2		24	1		3.0	
抚松县	378	54	9	11	34	1	1	2.0	2.0
靖宇县	391	53	20	23	10	1		2.5	
长白朝鲜族自治县	410	49	21	17	11	1		2.0	
前郭尔罗斯蒙古族自治县		70	4	4	62				
长岭县	480	106			106	1	1	1.5	1.5
乾安县	525	108	48	10	51	1	1	1.5	1.5
镇赉县	482	110	37	11	61	1		1.5	
通榆县	418	52	1	8	43	1		1.0	
汪清县	715	113	32	17	64	1	1	2.5	2.5
安图县	898	71	11	1	59	1	1	1.5	1.5
黑龙江	**15151**	**3235**	**1154**	**545**	**1537**	**45**	**27**	**65.6**	**39.4**
依兰县	260	113	10		103	1		1.0	
方正县	192	57	4	10	43	1	1	0.6	0.6
宾　县	255	60	18		42	1		2.0	
巴彦县	232	68	16	10	42	1	1	1.0	1.0
木兰县	230	52			52	1	1	1.0	1.0
通河县	195	30			30	1	1	1.0	1.0
延寿县	285	99	69	30		1		1.0	
龙江县	360	118	55	63		1	1	2.0	2.0
依安县	422	54			54	1	1	1.0	1.0
泰来县	337	70	44	26		1	1	2.0	2.0
甘南县	245	68	23	1	44	1		1.0	
富裕县	314	125	49	76		1		2.0	
克山县	480	76	12	2	63	1		1.5	
克东县	269	50			50	1		1.0	
拜泉县	256	111	32		80	1	1	2.0	2.0
鸡东县	400	61	16		44	1		1.5	

continued 7

污水处理厂 Wastewater Treatment Plant				其他污水处理设施 Other Wastewater Treatment Facilities		污水处理总量	再生水 Recycled Water			县名称
处理量(万立方米) Quantity of Wastewater Treated (10,000 m^3)	二、三级处理 Secondary and Tertiary Treated	干污泥产生量(吨) Quantity of Dry Sludge Produced (ton)	干污泥处置量(吨) Quantity of Dry Sludge Treated (ton)	处理能力(万立方米/日) Treatment Capacity (10,000 m^3/day)	处理量(万立方米) Quantity of Wastewater Treated (10,000 m^3)	(万立方米) Total Quantity of Wastewater Treated (10,000 m^3)	生产能力(万立方米/日) Recycled Water Production Capacity (10,000 m^3/day)	利用量(万立方米) Annual Quantity of Wastewater Recycled and Reused (10,000 m^3)	管道长度(公里) Length of Pipelines (km)	Name of Counties
1196	1196	1250	1250			1196	2.4	200		绥中县
408	408	410	410			408				建昌县
7834	**4760**	**14937**	**14600**			**7834**				**吉　林**
589		2102	2102			589				农安县
461	461	673	673			461				永吉县
747	747	859	859			747				梨树县
485	485	650	650			485				伊通满族自治县
365	365	264				365				东丰县
224		74	74			224				东辽县
455		676	676			455				通化县
563	563	3653	3653			563				辉南县
442		930	930			442				柳河县
108	108					108				抚松县
277		277	277			277				靖宇县
369		724	724			369				长白朝鲜族自治县
										前郭尔罗斯蒙古族自治县
480	480	535	535			480				长岭县
504	504	790	720			504				乾安县
454		455	455			454				镇赉县
264		452	452			264				通榆县
644	644	1238	1235			644				汪清县
403	403	585	585			403				安图县
12931	**6766**	**16624**	**16623**			**12931**	**1.5**			**黑龙江**
260		480	480			260				依兰县
182	182	256	256			182				方正县
255		500	500			255				宾　县
221	221	220	220			221				巴彦县
230	230	230	230			230				木兰县
195	195	195	195			195				通河县
285		290	290			285				延寿县
135	135	260	260			135				龙江县
263	263	280	280			263				依安县
256	256	256	256			256				泰来县
245		260	260			245				甘南县
203		200	200			203	1.5			富裕县
390		560	560			390				克山县
188		302	302			188				克东县
256	256	256	256			256				拜泉县
396		380	380			396				鸡东县

10-3 续表 8

县名称 Name of Counties	污水排放量（万立方米）Annual Quantity of Wastewater Discharged (10,000 m^3)	排水管道长度（公里）Length of Drainage Pipelines (km)	污水管道 Sewers	雨水管道 Rainwater Drainage Pipeline	雨污合流管道 Combined Drainage Pipeline	污水处理厂 Wastewater Treatment Plant 座数（座）Number of Wastewater Treatment Plant (unit)	二、三级处理 Secondary and Tertiary Treatment	处理能力（万立方米/日）Treatment Capacity (10,000 m^3/day)	二、三级处理 Secondary and Tertiary Treatment
萝北县	324	53	11	8	33	1	1	1.0	1.0
绥滨县	134	39	4	3	32	1	1	1.5	1.5
集贤县	410	60	13	3	44				
友谊县	220	42	13	30		1	1	1.0	1.0
宝清县	534	136	60	51	25	1		2.0	
饶河县	85	50	21		29	1	1	0.5	0.5
肇州县	177	47			47	1	1	2.0	2.0
肇源县	360	64	3	53	8	1	1	2.0	2.0
林甸县	657	67	29		38	1		2.0	
杜尔伯特蒙古自治县	278	91	79	12		1	1	1.0	1.0
嘉荫县	175	46	34		12	1		0.6	
桦南县	720	102	17	19	66	1		1.5	
桦川县	308	81	18		63	1	1	1.0	1.0
汤原县	280	77	40	1	36	1		0.6	
抚远县	300	36			36	1	1	1.0	1.0
勃利县	557	74	20	16	38	1	1	2.0	2.0
东宁县	345	80	2	0	77	1	1	2.0	2.0
林口县	462	67	58	1	9	1		2.0	
嫩江县	448	96	42	9	46	1	1	1.5	1.5
逊克县	97	35	16	10	9	1	1	1.0	1.0
孙吴县	175	48	6		42	1		1.0	
望奎县	140	77	3		74	1	1	2.0	2.0
兰西县	405	55	38	5	12	1		1.5	
青冈县	132	87	50	2	35	1	1	1.3	1.3
庆安县	726	99	61	38		1	1	4.0	4.0
明水县	269	70	5	3	62	1		2.0	
绥棱县	504	70	51		19	1	1	2.0	2.0
呼玛县	85	43	36	8		1	1	1.0	1.0
塔河县	169	32	32						
漠河县	200	17	7	10		1	1	1.0	1.0
加格达奇区	743	84	39	45		1		2.0	
江　苏	**40107**	**8229**	**3017**	**3619**	**1593**	**34**	**28**	**115.9**	**94.9**
丰　县	1841	333	111	162	60	1	1	5.0	5.0
沛　县	2725	694	80	385	229	1	1	8.0	8.0
睢宁县	1750	230	62	128	40	1	1	4.0	4.0
海安县	2620	699	232	408	59	3	3	6.8	6.8
如东县	2038	586	168	368	51	2		6.5	
东海县	852	429	138	181	111	1	1	4.0	4.0
灌云县	1145	249	50	2	197	2	1	4.0	1.5
灌南县	1002	233	9	23	201	1	1	1.5	1.5

continued 8

污水处理厂 Wastewater Treatment Plant				其他污水处理设施 Other Wastewater Treatment Facilities		污水处理总量	再生水 Recycled Water			县名称
处理量（万立方米） Quantity of Wastewater Treated (10,000 m^3)	二、三级处理 Secondary and Tertiary Treated	干污泥产生量（吨） Quantity of Dry Sludge Produced (ton)	干污泥处置量（吨） Quantity of Dry Sludge Treated (ton)	处理能力（万立方米/日） Treatment Capacity (10,000 m^3/day)	处理量（万立方米） Quantity of Wastewater Treated (10,000 m^3)	（万立方米） Total Quantity of Wastewater Treated (10,000 m^3)	生产能力（万立方米/日） Recycled Water Production Capacity (10,000 m^3/day)	利用量（万立方米） Annual Quantity of Wastewater Recycled and Reused (10,000 m^3)	管道长度（公里） Length of Pipelines (km)	Name of Counties
306	306	310	310			306				萝北县
134	134	242	242			134				绥滨县
										集贤县
216	216	360	360			216				友谊县
534		1069	1069			534				宝清县
85	85	160	160			85				饶河县
165	165	314	314			165				肇州县
340	340	55	54			340				肇源县
657		660	660			657				林甸县
278	278	426	426			278				杜尔伯特蒙古自治县
175		185	185			175				嘉荫县
258		219	219			258				桦南县
292	292	524	524			292				桦川县
280		550	550			280				汤原县
168	168	200	200			168				抚远县
451	451	541	541			451				勃利县
345	345	650	650			345				东宁县
462		464	464			462				林口县
447	447	494	494			447				嫩江县
97	97	98	98			97				逊克县
170		225	225			170				孙吴县
140	140	140	140			140				望奎县
395		467	467			395				兰西县
80	80	140	140			80				青冈县
715	715	715	715			715				庆安县
269		269	269			269				明水县
504	504	600	600			504				绥棱县
85	85	100	100			85				呼玛县
										塔河县
180	180	184	184			180				漠河县
743		1338	1338			743				加格达奇区
31391	**24700**	**52559**	**52330**	**11.7**	**1651**	**33042**	**16.1**	**3016**	**70**	**江　苏**
1533	1533	2983	2983			1533	4.0	310		丰　县
2371	2371	4590	4590			2371				沛　县
1173	1173	2200	2200			1173	1.2	260		睢宁县
1984	1984	2882	2882	0.5	160	2144	1.2	406		海安县
1590		1870	1870	0.6	87	1677	0.4	120	20	如东县
738	738	945	945			738	1.0	22		东海县
916	201	1200	1200			916	1.0	24		灌云县
580	580	396	396	1.5	135	715	0.5	12		灌南县

10-3 续表 9

县名称 Name of Counties	污水排放量(万立方米) Annual Quantity of Wastewater Discharged (10,000 m^3)	排水管道长度(公里) Length of Drainage Pipelines (km)	污水管道 Sewers	雨水管道 Rainwater Drainage Pipeline	雨污合流管道 Combined Drainage Pipeline	污水处理厂 Wastewater Treatment Plant 座数(座) Number of Wastewater Treatment Plant (unit)	二、三级处理 Secondary and Tertiary Treatment	处理能力(万立方米/日) Treatment Capacity (10,000 m^3/day)	二、三级处理 Secondary and Tertiary Treatment
涟水县	1868	349	114	235		2	2	8.0	8.0
洪泽县	1540	236	102	54	80	2	2	6.0	6.0
盱眙县	2306	258	258			2	2	6.0	6.0
金湖县	1934	324	149	131	44	1	1	4.0	4.0
响水县	1461	242	190	20	33	1	1	3.0	3.0
滨海县	1388	356	112	208	37	1	1	6.0	6.0
阜宁县	1748	598	248	60	290	1		4.0	
射阳县	2246	275	108	167		1	1	5.0	5.0
建湖县	2242	401	116	272	12	3	3	7.5	7.5
宝应县	2029	250	85	98	67	1	1	5.0	5.0
沭阳县	2767	678	308	370		3	2	9.0	6.0
泗阳县	2851	315	137	128	50	2	1	8.0	3.0
泗洪县	1754	495	242	218	35	2	2	4.6	4.6
浙　江	**46082**	**8337**	**4515**	**2782**	**1040**	**37**	**29**	**113.8**	**93.8**
桐庐县	1897	346	196	147	3	1	1	6.0	6.0
淳安县	1015	156	95	56	5	1		2.5	
象山县	3405	599	287	263	49	2	2	10.0	10.0
宁海县	2751	649	230	113	306	1	1	9.0	9.0
永嘉县	526	80	53	26	1	1		1.0	
平阳县	1077	57	44	12	1	1		6.0	
苍南县	1633	274	61	98	115	1	1	6.0	6.0
文成县	358	51	23	16	12	1	1	1.0	1.0
泰顺县	444	79	39	14	25	1		1.0	
嘉善县	2065	376	221	155					
海盐县	3297	383	267	116					
德清县	1831	351	179	171		1	1	5.0	5.0
长兴县	2845	709	394	266	49	3	3	11.0	11.0
安吉县	1680	333	240	73	20	2		5.0	
新昌县	2808	228	99	119	10				
武义县	1500	503	324	83	96	1		2.5	
浦江县	3308	315	173	62	80	1	1	8.0	8.0
磐安县	445	53	24	20	9	1	1	1.5	1.5
常山县	1090	278	139	120	19	1	1	4.0	4.0
开化县	706	140	76	49	15	1	1	1.0	1.0
龙游县	1008	316	271	45		1		2.0	
岱山县	379	124	80	40	4	1	1	1.0	1.0
嵊泗县	210	38	29	10		1	1	0.7	0.7
玉环县	1840	435	204	189	42	1	1	6.0	6.0
三门县	1015	271	142	87	42	1	1	4.0	4.0
天台县	1741	183	112	62	9	1	1	4.0	4.0
仙居县	1451	231	102	104	25	1	1	4.0	4.0

continued 9

污水处理厂 Wastewater Treatment Plant				其他污水处理设施 Other Wastewater Treatment Facilities		污水处理总量	再生水 Recycled Water			
处理量（万立方米） Quantity of Wastewater Treated (10,000 m^3)	二、三级处理 Secondary and Tertiary Treated	干污泥产生量（吨） Quantity of Dry Sludge Produced (ton)	干污泥处置量（吨） Quantity of Dry Sludge Treated (ton)	处理能力（万立方米／日） Treatment Capacity (10,000 m^3/day)	处理量（万立方米） Quantity of Wastewater Treated (10,000 m^3)	（万立方米） Total Quantity of Wastewater Treated (10,000 m^3)	生产能力（万立方米／日） Recycled Water Production Capacity (10,000 m^3/day)	利用量（万立方米） Annual Quantity of Wastewater Recycled and Reused (10,000 m^3)	管道长度（公里） Length of Pipelines (km)	县名称 Name of Counties
1551	1551	1929	1929			1551	0.4	12		涟水县
1281	1281	2419	2419			1281				洪泽县
1452	1452	3253	3253	2.0	384	1836				盱眙县
1364	1364	6209	6209	1.5	227	1591	0.6	102		金湖县
949	949	949	949	1.1	260	1209				响水县
990	990	1656	1656	2.0	180	1170	1.0	40		滨海县
1415		2733	2733			1415				阜宁县
1855	1855	1890	1818			1855				射阳县
1925	1925	3260	3103			1925	4.8	1708	50	建湖县
1646	1646	2039	2039	2.0	102	1748				宝应县
2348	1163	2886	2886			2348				沭阳县
2404	618	4351	4351			2404				泗阳县
1326	1326	1919	1919	0.5	116	1442				泗洪县
39101	**33345**	**50496**	**50496**	**13.1**	**1331**	**40432**	**9.4**	**496**	**29**	**浙　江**
1691	1691	4637	4637			1691	4.6	168	29	桐庐县
832		3540	3540			832	0.3	36		淳安县
2703	2703	8859	8859			2703	4.5	292		象山县
2434	2434	2747	2747			2434				宁海县
346		230	230	0.3	77	423				永嘉县
898		1345	1345			898				平阳县
1435	1435	1440	1440			1435				苍南县
294	294	340	340			294				文成县
371		682	682			371				泰顺县
1870	1870					1870				嘉善县
3007	3007					3007				海盐县
1666	1666	5628	5628			1666				德清县
2592	2592	3097	3097			2592				长兴县
1517		1783	1783			1517				安吉县
2400	2400					2400				新昌县
1065		459	459	0.8	207	1272				武义县
2964	2964	2391	2391			2964				浦江县
391	391	192	192			391				磐安县
915	915	627	627	1.0	48	963				常山县
264	264	445	445	1.0	350	614				开化县
727		262	262	8.0	125	852				龙游县
303	303	580	580	0.1	20	323				岱山县
185	185	360	360			185				嵊泗县
1658	1658	1875	1875			1658				玉环县
913	913	1123	1123			913				三门县
1569	1569	2300	2300			1569				天台县
1314	1314	1970	1970			1314				仙居县

10–3 续表 10

县名称 Name of Counties	污水排放量（万立方米） Annual Quantity of Wastewater Discharged ($10,000\ m^3$)	排水管道长度（公里） Length of Drainage Pipelines (km)	污水管道 Sewers	雨水管道 Rainwater Drainage Pipeline	雨污合流管道 Combined Drainage Pipeline	污水处理厂 Wastewater Treatment Plant 座数（座） Number of Wastewater Treatment Plant (unit)	二、三级处理 Secondary and Tertiary Treatment	处理能力（万立方米/日） Treatment Capacity ($10,000\ m^3$/day)	二、三级处理 Secondary and Tertiary Treatment
青田县	811	93	43		50	2	2	2.0	2.0
缙云县	839	142	66	62	15	1	1	2.0	2.0
遂昌县	459	136	77	45	14	1	1	2.0	2.0
松阳县	738	140	62	73	5	1	1	2.5	2.5
云和县	279	93	64	19	10	1	1	1.5	1.5
庆元县	352	88	59	24	6	2	2	1.0	1.0
景宁县	279	88	41	43	4	1	1	0.6	0.6
安　徽	**56333**	**12751**	**5490**	**4492**	**2768**	**63**	**58**	**168.9**	**159.9**
长丰县	403	75	41	13	21	1	1	2.0	2.0
肥西县	1234	436	187	130	119	3	3	6.0	6.0
肥东县	2280	174	90	74	10	1	1	5.0	5.0
庐江县	1203	217	90	127		2	2	4.0	4.0
芜湖县	1295	208	82	123	4	1	1	3.0	3.0
繁昌县	867	187	103	53	32	1	1	3.0	3.0
南陵县	933	301	125	101	76	1	1	4.0	4.0
无为县	1606	209	61	105	42	1	1	4.0	4.0
怀远县	1110	210	101	76	33	1	1	3.0	3.0
五河县	760	215	76	102	36	1	1	2.5	2.5
固镇县	933	210	89	61	59	1	1	2.5	2.5
凤台县	1210	105	26	62	17	1	1	2.5	2.5
当涂县	954	110	44	12	54	1	1	3.0	3.0
含山县	842	158	71	73	13	1	1	2.0	2.0
和　县	696	188	39	56	93	1	1	2.5	2.5
濉溪县	1985	148	14	16	118	2	2	8.5	8.5
铜陵县	395	29	28		1				
怀宁县	600	190	105	85		1	1	3.0	3.0
枞阳县	539	160	149		11	1	1	2.0	2.0
潜山县	790	208	67	94	47	1		2.0	
太湖县	640	222	78	102	42	1	1	2.0	2.0
宿松县	840	134	23	36	75	1	1	2.0	2.0
望江县	500	235	97	75	63	1	1	1.0	1.0
岳西县	595	86	33	14	38	1	1	1.5	1.5
歙　县	1168	95	50	34	10	1	1	3.0	3.0
休宁县	636	83	71		12	1		2.0	
黟　县	197	107	66	32	9	1	1	0.5	0.5
祁门县	299	75	20	19	36	1	1	1.0	1.0
来安县	2055	462	190	194	79	1	1	5.7	5.7
全椒县	954	341	181	131	29	1	1	2.5	2.5
定远县	1074	645	283	291	71	1	1	3.0	3.0
凤阳县	928	456	212	198	46	1	1	2.5	2.5
临泉县	1650	211	70	31	110	1	1	4.0	4.0

continued 10

污水处理厂 Wastewater Treatment Plant				其他污水处理设施 Other Wastewater Treatment Facilities		污水处理总量	再生水 Recycled Water			
处理量（万立方米） Quantity of Wastewater Treated (10,000 m³)	二、三级处理 Secondary and Tertiary Treated	干污泥产生量（吨） Quantity of Dry Sludge Produced (ton)	干污泥处置量（吨） Quantity of Dry Sludge Treated (ton)	处理能力（万立方米/日） Treatment Capacity (10,000 m³/day)	处理量（万立方米） Quantity of Wastewater Treated (10,000 m³)	（万立方米） Total Quantity of Wastewater Treated (10,000 m³)	生产能力（万立方米/日） Recycled Water Production Capacity (10,000 m³/day)	利用量（万立方米） Annual Quantity of Wastewater Recycled and Reused (10,000 m³)	管道长度（公里） Length of Pipelines (km)	县名称 Name of Counties
460	460	870	870	1.0	255	715				青田县
722	722	726	726			722				缙云县
191	191	335	335	0.6	213	404				遂昌县
663	663	913	913			663				松阳县
224	224	223	223	0.1	12	236				云和县
300	300	299	299			300				庆元县
217	217	218	218	0.2	24	241				景宁县
51206	**48590**	**72109**	**61902**	**5.7**	**623**	**51829**	**8.5**	**150**		**安 徽**
393	393	387	387			393				长丰县
1220	1220	875	515			1220				肥西县
2220	2220	2610	2610			2220				肥东县
1003	1003	940	940			1003				庐江县
1147	1147	3416	3416			1147				芜湖县
768	768	642	642			768				繁昌县
860	860	860	860			860				南陵县
1457	1457	1540	1540			1457				无为县
1014	1014	1295				1014				怀远县
704	704	1200		0.3	22	726				五河县
795	795	838	838			795				固镇县
1157	1157	2609	2609			1157				凤台县
874	874	1945	1876			874				当涂县
745	745	703	703			745				含山县
604	604	695	695			604				和 县
1796	1796	5693	5693	2.0	155	1951				濉溪县
367	367					367				铜陵县
590	590	704	704			590				怀宁县
376	376	668				376				枞阳县
746		1727	1727			746				潜山县
600	600	1200	1200			600				太湖县
769	769	810	810			769				宿松县
356	356	564	564	1.5	105	461				望江县
530	530	1050	1050			530				岳西县
1010	1010	1050	1050			1010				歙 县
604		656	656			604				休宁县
167	167	232	232			167				黟 县
274	274	280	280			274				祁门县
2013	2013	1775	1775			2013				来安县
936	936	1506	1506			936				全椒县
1056	1056	1087	1087			1056				定远县
883	883	900				883				凤阳县
1435	1435	1650	1650	1.0	110	1545	1.8	150		临泉县

10-3 续表 11

县名称 Name of Counties	污水排放量（万立方米） Annual Quantity of Wastewater Discharged (10,000 m³)	排水管道长度（公里） Length of Drainage Pipelines (km)	污水管道 Sewers	雨水管道 Rainwater Drainage Pipeline	雨污合流管道 Combined Drainage Pipeline	污水处理厂 Wastewater Treatment Plant 座数（座） Number of Wastewater Treatment Plant (unit)	二、三级处理 Secondary and Tertiary Treatment	处理能力（万立方米/日） Treatment Capacity (10,000 m³/day)	二、三级处理 Secondary and Tertiary Treatment
太和县	1057	466	168	116	182	1	1	4.0	4.0
阜南县	1290	296	104	66	125	1	1	4.0	4.0
颍上县	1300	462	90	186	186	2	2	5.0	5.0
砀山县	1420	289	111	107	70	1	1	3.9	3.9
萧　县	1480	207	89	55	63	1	1	3.0	3.0
灵璧县	1180	246	107	53	86	1	1	3.8	3.8
泗　县	926	179	98	57	24	1	1	2.0	2.0
寿　县	1517	249	105	112	32	1	1	4.0	4.0
霍邱县	1220	183	65	47	72	1	1	4.0	4.0
舒城县	997	188	115	51	22	1	1	2.5	2.5
金寨县	595	345	188	136	21	2	2	2.5	2.5
霍山县	799	216	126	67	23	1	1	2.0	2.0
涡阳县	1700	300	154	38	108	1	1	4.0	4.0
蒙城县	2000	365	168	145	52	2	2	5.5	5.5
利辛县	1607	436	203	195	38	1	1	4.0	4.0
东至县	564	170	67	46	56	1		2.0	
石台县	214	53	17	6	30	1		1.0	
青阳县	704	184	74	76	34	1	1	2.0	2.0
郎溪县	705	235	88	120	28	2	2	4.0	4.0
广德县	1091	403	236	167		1	1	3.0	3.0
泾　县	940	188	68	52	68	1	1	4.0	4.0
绩溪县	551	108	53	36	20	1		2.0	
旌德县	305	96	38	37	21	1	1	1.5	1.5
福　建	**33121**	**4775**	**2230**	**1262**	**1282**	**46**	**46**	**103.2**	**103.2**
闽侯县	886	50	24	20	6	1	1	3.0	3.0
连江县	1400	171	102	59	10	1	1	8.0	8.0
罗源县	1000	51	18	23	10	1	1	3.0	3.0
闽清县	517	42	12	2	28	1	1	1.0	1.0
永泰县	399	44	23	9	12	1	1	1.0	1.0
仙游县	1036	209	90	23	96	1	1	3.0	3.0
明溪县	305	75	37	21	18	1	1	1.0	1.0
清流县	285	92	53	20	19	1	1	1.0	1.0
宁化县	516	145	104	36	6	1	1	2.0	2.0
大田县	535	77	48	9	20	1	1	2.0	2.0
尤溪县	1090	71	37	11	22	1	1	3.0	3.0
沙　县	1161	269	109	83	77	1	1	3.0	3.0
将乐县	455	118	52	28	38	1	1	1.0	1.0
泰宁县	584	78	63	11	4	1	1	2.0	2.0
建宁县	534	81	61	16	3	1	1	1.3	1.3
惠安县	2310	127	54	8	65	1	1	7.5	7.5
安溪县	1606	144	51	34	60	1	1	4.5	4.5

continued 11

污水处理厂 Wastewater Treatment Plant				其他污水处理设施 Other Wastewater Treatment Facilities		污水处理总量	再生水 Recycled Water			
处理量（万立方米） Quantity of Wastewater Treated (10,000 m^3)	二、三级处理 Secondary and Tertiary Treated	干污泥产生量（吨） Quantity of Dry Sludge Produced (ton)	干污泥处置量（吨） Quantity of Dry Sludge Treated (ton)	处理能力（万立方米/日） Treatment Capacity (10,000 m^3/day)	处理量（万立方米） Quantity of Wastewater Treated (10,000 m^3)	（万立方米） Total Quantity of Wastewater Treated (10,000 m^3)	生产能力（万立方米/日） Recycled Water Production Capacity (10,000 m^3/day)	利用量（万立方米） Annual Quantity of Wastewater Recycled and Reused (10,000 m^3)	管道长度（公里） Length of Pipelines (km)	县名称 Name of Counties
908	908	1395	1395			908				太和县
1161	1161	1420	1420			1161	4.0			阜南县
1046	1046	1430	1430	0.7	170	1216				颍上县
1230	1230	1800	1800			1230				砀山县
1065	1065	1400	1400			1065				萧　县
974	974	1250	1220			974				灵璧县
739	739	780	780			739				泗　县
1443	1443	1476	1476			1443				寿　县
1103	1103	1258	1258			1103				霍邱县
956	956	975	975			956				舒城县
570	570	1089	1089			570				金寨县
709	709	794	794	0.2	61	770				霍山县
1615	1615	1712	1712			1615				涡阳县
1828	1828	2153	2153			1828				蒙城县
1528	1528	1635	1635			1528	2.7			利辛县
545		380	380			545				东至县
189		212	212			189				石台县
661	661	486	486			661				青阳县
696	696	644	632			696				郎溪县
1069	1069	5673				1069				广德县
889	889	1223	1223			889				泾　县
532		532	532			532				绩溪县
281	281	285	285			281				旌德县
28231	**28231**	**39028**	**32639**	**1.0**	**75**	**28306**				**福　建**
753	753	702	702			753				闽侯县
1186	1186	2737	2737			1186				连江县
879	879	1029	1029			879				罗源县
418	418	418	418			418				闽清县
259	259	217	217			259				永泰县
910	910	984	984			910				仙游县
263	263	272				263				明溪县
161	161	4				161				清流县
439	439	527				439				宁化县
460	460	552	552			460				大田县
938	938	1254				938				尤溪县
994	994	1010				994				沙　县
314	314	330	330	1.0	75	389				将乐县
485	485	495				485				泰宁县
438	438	536				438				建宁县
1987	1987	3500	3500			1987				惠安县
1391	1391	2500	2500			1391				安溪县

10-3 续表 12

县名称 Name of Counties	污水排放量（万立方米）Annual Quantity of Wastewater Discharged (10,000 m³)	排水管道长度（公里）Length of Drainage Pipelines (km)	污水管道 Sewers	雨水管道 Rainwater Drainage Pipeline	雨污合流管道 Combined Drainage Pipeline	污水处理厂 Wastewater Treatment Plant 座数（座）Number of Wastewater Treatment Plant (unit)	二、三级处理 Secondary and Tertiary Treatment	处理能力（万立方米/日）Treatment Capacity (10,000 m³/day)	二、三级处理 Secondary and Tertiary Treatment
永春县	1272	258	144	46	68	1	1	3.0	3.0
德化县	1396	268	119	111	38	1	1	4.0	4.0
云霄县	1020	172	68	48	56	1	1	2.5	2.5
漳浦县	1069	201	88	77	36	1	1	4.0	4.0
诏安县	642	124	33	72	19	1	1	2.0	2.0
长泰县	460	113	55	40	18	1	1	3.0	3.0
东山县	1050	102	55	22	25	2	2	3.0	3.0
南靖县	437	103	61	32	10	1	1	1.0	1.0
平和县	850	132	67	30	36	1	1	2.0	2.0
华安县	187	42	14	3	25	1	1	0.5	0.5
顺昌县	365	54	27	6	21	1	1	1.0	1.0
浦城县	665	82	27	21	34	1	1	1.5	1.5
光泽县	390	58	20	8	30	1	1	1.0	1.0
松溪县	349	73	46	12	15	1	1	1.0	1.0
政和县	250	66	30	13	23	1	1	0.5	0.5
长汀县	1237	121	41		80	1	1	3.5	3.5
上杭县	1102	92	30	32	31	1	1	2.5	2.5
武平县	698	110	42	56	12	1	1	2.0	2.0
连城县	720	87	34	17	36	2	2	2.4	2.4
霞浦县	1032	130	60	32	38	1	1	4.0	4.0
古田县	954	82	30	28	25	1	1	2.0	2.0
屏南县	338	66	35	19	12	1	1	1.0	1.0
寿宁县	290	63	31	4	28	1	1	0.5	0.5
周宁县	430	105	32	24	50	1	1	1.0	1.0
柘荣县	349	65	33	32		1	1	1.0	1.0
平潭县	950	160	72	64	24	2	2	6.0	6.0
江　西	**41996**	**9436**	**3208**	**2331**	**3897**	**69**	**68**	**107.4**	**105.9**
南昌县	2850	133	40	43	50	2	2	5.5	5.5
安义县	496	26	5	12	9	1	1	1.0	1.0
进贤县	1520	56	6	30	20	1	1	4.0	4.0
浮梁县	362	91			91	1	1	1.0	1.0
莲花县	446	50	25	25		1	1	1.5	1.5
上栗县	386	51	17		34	1	1	1.5	1.5
芦溪县	350	107	45	30	32	1	1	1.6	1.6
九江县	635	240	108	121	11	1	1	1.0	1.0
武宁县	392	226	79	82	65	1	1	1.0	1.0
修水县	892	161	36	3	122	1	1	3.0	3.0
永修县	536	87	65	14	8	1	1	1.0	1.0
德安县	524	163	22	10	131	1	1	1.5	1.5
星子县	440	91	34	19	39	1	1	1.0	1.0
都昌县	572	136	15		121	1	1	1.0	1.0

continued 12

污水处理厂 Wastewater Treatment Plant				其他污水处理设施 Other Wastewater Treatment Facilities		污水处理总量	再生水 Recycled Water			
处理量（万立方米） Quantity of Wastewater Treated (10,000 m^3)	二、三级处理 Secondary and Tertiary Treated	干污泥产生量（吨） Quantity of Dry Sludge Produced (ton)	干污泥处置量（吨） Quantity of Dry Sludge Treated (ton)	处理能力（万立方米/日） Treatment Capacity (10,000 m^3/day)	处理量（万立方米） Quantity of Wastewater Treated (10,000 m^3)	（万立方米） Total Quantity of Wastewater Treated (10,000 m^3)	生产能力（万立方米/日） Recycled Water Production Capacity (10,000 m^3/day)	利用量（万立方米） Annual Quantity of Wastewater Recycled and Reused (10,000 m^3)	管道长度（公里） Length of Pipelines (km)	县名称 Name of Counties
1113	1113	2000	2000			1113				永春县
1214	1214	1440	1440			1214				德化县
915	915	1454	1454			915				云霄县
953	953	1524	1524			953				漳浦县
533	533	531	531			533				诏安县
396	396	750	750			396				长泰县
869	869	930	660			869				东山县
393	393	550	550			393				南靖县
755	755	760	760			755				平和县
151	151	160	160			151				华安县
312	312	600				312				顺昌县
576	576	1060				576				浦城县
349	349	350				349				光泽县
309	309	288	288			309				松溪县
211	211	400	400			211				政和县
1095	1095	1356	1356			1095				长汀县
975	975	1191	1191			975				上杭县
608	608	615	615			608				武平县
609	609	857	850			609				连城县
863	863	1626	1626			863				霞浦县
797	797	996	996			797				古田县
282	282	555	553			282				屏南县
237	237	480	480			237				寿宁县
358	358	488	487			358				周宁县
293	293	540	539			293				柘荣县
790	790	460	460			790				平潭县
33947	**33393**	**50841**	**50436**	**3.0**	**148**	**34095**				**江　西**
2341	2341	2960	2960			2341				南昌县
396	396	690	690			396				安义县
1382	1382	4244	4244			1382				进贤县
354	354	424	370			354				浮梁县
324	324	472	472			324				莲花县
275	275	280	280			275				上栗县
298	298	388	388			298				芦溪县
319	319	378	378			319				九江县
343	343	682	682			343				武宁县
742	742	1460	1460	3.0	148	890				修水县
305	305	312	180			305				永修县
462	462	578	578			462				德安县
403	403	410	393			403				星子县
534	534	560	560			534				都昌县

10-3 续表 13

县名称 Name of Counties	污水排放量（万立方米） Annual Quantity of Wastewater Discharged ($10,000\ m^3$)	排水管道长度（公里） Length of Drainage Pipelines (km)	污水管道 Sewers	雨水管道 Rainwater Drainage Pipeline	雨污合流管道 Combined Drainage Pipeline	污水处理厂 Wastewater Treatment Plant：座数（座） Number of Wastewater Treatment Plant (unit)	二、三级处理 Secondary and Tertiary Treatment	处理能力（万立方米/日） Treatment Capacity ($10,000\ m^3$/day)	二、三级处理 Secondary and Tertiary Treatment
湖口县	464	136	54	23	58	1	1	1.0	1.0
彭泽县	448	123	44	26	53	1	1	0.8	0.8
庐山风景区	237	32	14		18	1	1	0.6	0.6
分宜县	612	119	88	28	3	1	1	2.0	2.0
余江县	352	155	37	44	74	1	1	1.0	1.0
赣　县	1010	224	54	87	82	1	1	1.5	1.5
信丰县	1030	124	51	12	61	1	1	3.0	3.0
大余县	661	81	39	17	24	1	1	2.0	2.0
上犹县	399	236	82	95	59	1	1	1.0	1.0
崇义县	254	74	25		49	1	1	0.5	0.5
安远县	418	128	42	31	55	1	1	1.0	1.0
龙南县	742	202	111	10	82	1	1	2.0	2.0
定南县	452	158	32	95	31	1	1	1.0	1.0
全南县	453	138	42	30	66	1	1	1.0	1.0
宁都县	765	166	61	19	87	1	1	2.0	2.0
于都县	1075	129	34	25	71	1	1	4.0	4.0
兴国县	875	157	50	14	93	1	1	2.0	2.0
会昌县	473	117	17	64	35	1	1	1.0	1.0
寻乌县	458	78	24		54	1	1	1.0	1.0
石城县	371	89	44	35	10	1	1	0.8	0.8
吉安县	595	215	118	97		1	1	0.8	0.8
吉水县	620	145	39	8	98	1	1	2.0	2.0
峡江县	233	85	31	24	30	1	1	0.6	0.6
新干县	523	205	113	51	41	1	1	2.0	2.0
永丰县	619	186	59	49	77	1	1	1.5	1.5
泰和县	693	118	72	20	27	1		1.5	
遂川县	437	131	27	3	101	1	1	0.8	0.8
万安县	408	113	64	25	25	1	1	1.0	1.0
安福县	261	112	42	28	42	1	1	1.0	1.0
永新县	506	85	39	35	10	1	1	1.0	1.0
奉新县	400	221	13	110	98	1	1	2.0	2.0
万载县	789	160	60	29	70	1	1	2.3	2.3
上高县	935	273	43		230	1	1	3.0	3.0
宜丰县	465	93	51	10	32	1	1	0.8	0.8
靖安县	311	102	74	28		1	1	1.0	1.0
铜鼓县	375	68	42	26		1	1	1.0	1.0
南城县	780	173	52	46	75	1	1	2.0	2.0
黎川县	359	139	18	53	68	1	1	0.8	0.8
南丰县	695	136	31	40	65	1	1	2.0	2.0
崇仁县	507	146	14	5	127	1	1	2.0	2.0
乐安县	710	109	23	39	47	1	1	2.0	2.0

continued 13

污水处理厂 Wastewater Treatment Plant				其他污水处理设施 Other Wastewater Treatment Facilities		污水处理总量	再生水 Recycled Water			
处理量（万立方米） Quantity of Wastewater Treated (10,000 m^3)	二、三级处理 Secondary and Tertiary Treated	干污泥产生量（吨） Quantity of Dry Sludge Produced (ton)	干污泥处置量（吨） Quantity of Dry Sludge Treated (ton)	处理能力（万立方米/日） Treatment Capacity (10,000 m^3/day)	处理量（万立方米） Quantity of Wastewater Treated (10,000 m^3)	（万立方米） Total Quantity of Wastewater Treated (10,000 m^3)	生产能力（万立方米/日） Recycled Water Production Capacity (10,000 m^3/day)	利用量（万立方米） Annual Quantity of Wastewater Recycled and Reused (10,000 m^3)	管道长度（公里） Length of Pipelines (km)	县名称 Name of Counties
362	362	394	232			362				湖口县
328	328	360	360			328				彭泽县
212	212	280	280			212				庐山风景区
527	527	794	794			527				分宜县
298	298	317	317			298				余江县
573	573	1080	1080			573				赣　县
867	867	2210	2210			867				信丰县
648	648	1982	1982			648				大余县
330	330	1276	1276			330				上犹县
203	203	508	508			203				崇义县
336	336	438	438			336				安远县
675	675	1527	1527			675				龙南县
387	387	998	983			387				定南县
413	413	228	228			413				全南县
706	706	720	720			706				宁都县
935	935	790	790			935				于都县
610	610	2688	2663			610				兴国县
360	360	674	674			360				会昌县
349	349	363	363			349				寻乌县
300	300	500	500			300				石城县
505	505	11	11			505				吉安县
510	510	520	520			510				吉水县
198	198	201	201			198				峡江县
458	458	916	916			458				新干县
549	549	822	822			549				永丰县
554		554	554			554				泰和县
322	322	411	411			322				遂川县
361	361	460	460			361				万安县
230	230	390	390			230				安福县
407	407	630	630			407				永新县
359	359	656	656			359				奉新县
635	635	680	680			635				万载县
846	846	850	850			846				上高县
370	370	476	476			370				宜丰县
280	280	280	280			280				靖安县
275	275	410	410			275				铜鼓县
703	703	844	844			703				南城县
271	271	280	280			271				黎川县
615	615	615	615			615				南丰县
442	442	442	442			442				崇仁县
565	565	565	565			565				乐安县

10-3 续表 14

县名称 Name of Counties	污水排放量(万立方米) Annual Quantity of Wastewater Discharged ($10,000\ m^3$)	排水管道长度(公里) Length of Drainage Pipelines (km)	污水管道 Sewers	雨水管道 Rainwater Drainage Pipeline	雨污合流管道 Combined Drainage Pipeline	污水处理厂 Wastewater Treatment Plant 座数(座) Number of Wastewater Treatment Plant (unit)	二、三级处理 Secondary and Tertiary Treatment	处理能力(万立方米/日) Treatment Capacity ($10,000\ m^3$/day)	二、三级处理 Secondary and Tertiary Treatment
宜黄县	402	129	37	56	36	1	1	1.0	1.0
金溪县	600	115	29	6	80	1	1	1.5	1.5
资溪县	225	48	19	5	24	1	1	0.5	0.5
东乡县	1220	202	68	52	82	1	1	3.0	3.0
广昌县	600	113	35	23	55	1	1	1.5	1.5
上饶县	398	198	82	72	44				
玉山县	860	181	87	68	26	1	1	2.0	2.0
铅山县	372	154	53	49	52	1	1	1.5	1.5
横峰县	403	121	57	4	60	1	1	1.0	1.0
弋阳县	530	178	59	60	59	1	1	2.0	2.0
余干县	970	274	63	65	145	1	1	2.0	2.0
鄱阳县	1001	102	22	32	48	1	1	2.0	2.0
万年县	658	199	65	70	64	1	1	1.5	1.5
婺源县	586	128	66		62	1	1	2.0	2.0
山　东	**91772**	**14334**	**5624**	**5950**	**2761**	**72**	**72**	**315.4**	**315.4**
平阴县	765	105	36	14	55	1	1	2.0	2.0
济阳县	1177	124	59	10	56	1	1	4.0	4.0
商河县	489	155	27	79	49	1	1	2.0	2.0
桓台县	932	200	55	99	46	1	1	5.0	5.0
高青县	1910	209	89	80	40	2	2	10.0	10.0
沂源县	1417	186	85	68	32	1	1	4.0	4.0
垦利县	829	246	118	66	61	1	1	2.0	2.0
利津县	2015	301	190	63	48	1	1	6.0	6.0
广饶县	1940	258	125	133		1	1	7.5	7.5
长岛县	73	48	9	25	14	1	1	0.2	0.2
临朐县	3129	406	232	68	107	2	2	16.0	16.0
昌乐县	2917	344	152	192		3	3	12.0	12.0
微山县	1115	261	91	134	36	1	1	4.0	4.0
鱼台县	762	98	33	45	20	1	1	3.0	3.0
金乡县	1021	258	100	139	19	1	1	3.0	3.0
嘉祥县	1268	280	127	113	39	1	1	4.0	4.0
汶上县	2193	130	59	50	21			7.0	7.0
泗水县	846	269	74	171	24	1	1	4.0	4.0
梁山县	1534	268	106	138	25	1	1	5.0	5.0
宁阳县	1421	212	97	71	44	1	1	4.0	4.0
东平县	1730	176	74	63	39	1	1	5.0	5.0
五莲县	910	357	105	152	99	1	1	2.5	2.5
莒　县	2245	286	77	69	140	1	1	6.0	6.0
沂南县	1317	307	98	149	61	2	2	4.0	4.0
郯城县	1141	221	87	68	65	2	2	4.0	4.0
沂水县	5376	413	141	198	74	2	2	16.0	16.0

continued 14

污水处理厂 Wastewater Treatment Plant				其他污水处理设施 Other Wastewater Treatment Facilities		污水处理总量	再生水 Recycled Water			
处理量（万立方米） Quantity of Wastewater Treated (10,000 m^3)	二、三级处理 Secondary and Tertiary Treated	干污泥产生量（吨） Quantity of Dry Sludge Produced (ton)	干污泥处置量（吨） Quantity of Dry Sludge Treated (ton)	处理能力（万立方米/日） Treatment Capacity (10,000 m^3/day)	处理量（万立方米） Quantity of Wastewater Treated (10,000 m^3)	（万立方米） Total Quantity of Wastewater Treated (10,000 m^3)	生产能力（万立方米/日） Recycled Water Production Capacity (10,000 m^3/day)	利用量（万立方米） Annual Quantity of Wastewater Recycled and Reused (10,000 m^3)	管道长度（公里） Length of Pipelines (km)	县名称 Name of Counties
213	213	281	281			213				宜黄县
252	252	252	252			252				金溪县
184	184	305	305			184				资溪县
977	977	977	977			977				东乡县
488	488	488	488			488				广昌县
312	312					312				上饶县
700	700	985	985			700				玉山县
300	300	598	598			300				铅山县
346	346	379	379			346				横峰县
430	430	430	430			430				弋阳县
740	740	745	745			740				余干县
730	730	753	753			730				鄱阳县
522	522	870	870			522				万年县
401	401	800	800			401				婺源县
87216	**87216**	**118777**	**115126**	**1.8**	**59**	**87275**	**101.3**	**17354**	**1985**	**山　东**
581	581	1176	529			581	2.0	180		平阴县
1142	1142	1456	1324			1142	2.8			济阳县
475	475	521	521			475	1.8			商河县
893	893	1702	1702			893	2.0	390		桓台县
1852	1852	3534	3534			1852	2.0	710		高青县
1374	1374	2622	2622			1374	3.0	650		沂源县
805	805	734	734			805	4.0	764		垦利县
1955	1955	2232	2232			1955	6.0	155		利津县
1882	1882	2308	2308			1882				广饶县
39	39	30	30			39				长岛县
3035	3035	4445	4445			3035				临朐县
2830	2830	4595	4595			2830				昌乐县
1070	1070	1901	1521			1070	1.0	305		微山县
731	731	1344	1075			731	2.0	183	62	鱼台县
990	990	1362	1090			990	1.2	104		金乡县
1205	1205	1360	1088			1205	2.0	315		嘉祥县
2128	2128	2378	1902			2128	2.5	532		汶上县
807	807	1614	1460			807	2.0	266		泗水县
1472	1472	1619	1538			1472				梁山县
1378	1378	1385	1385			1378	2.0	364	12	宁阳县
1627	1627	1654	1654			1627	2.5	387		东平县
882	882	968				882				五莲县
2157	2157	3265	3265			2157	1.0	138		莒　县
1184	1184	1058	1058			1184	1.0	300	30	沂南县
1092	1092	1220	1220			1092	1.0	365		郯城县
5215	5215	8650	8650			5215	2.0	493		沂水县

10–3 续表 15

县名称 Name of Counties	污水排放量（万立方米） Annual Quantity of Wastewater Discharged ($10,000\ m^3$)	排水管道长度（公里） Length of Drainage Pipelines (km)	污水管道 Sewers	雨水管道 Rainwater Drainage Pipeline	雨污合流管道 Combined Drainage Pipeline	污水处理厂 Wastewater Treatment Plant 座数（座） Number of Wastewater Treatment Plant (unit)	二、三级处理 Secondary and Tertiary Treatment	处理能力（万立方米/日） Treatment Capacity ($10,000\ m^3$/day)	二、三级处理 Secondary and Tertiary Treatment
兰陵县	1447	204	67	90	46	1	1	4.0	4.0
费　县	1258	195	60	72	63	1	1	4.0	4.0
平邑县	1205	318	91	118	109	1	1	3.0	3.0
莒南县	2083	239	98	111	30	2	2	9.0	9.0
蒙阴县	1617	168	50	87	31	1	1	4.0	4.0
临沭县	1874	200	33	109	58	2	2	6.0	6.0
宁津县	1100	205	59	77	69	1	1	5.0	5.0
庆云县	990	448	148	272	29	1	1	4.0	4.0
临邑县	1489	192	82	57	53	1	1	5.0	5.0
齐河县	887	308	118	76	114	1	1	2.0	2.0
平原县	1632	278	82	83	113	1	1	6.0	6.0
夏津县	1464	172	38		134	1	1	4.0	4.0
武城县	697	199	76	37	86	1	1	3.0	3.0
阳谷县	1488	290	90	150	51	2	2	5.2	5.2
莘　县	979	294	94	141	59	1	1	4.0	4.0
茌平县	3109	362	92	234	36	2	2	10.0	10.0
东阿县	1961	165	72	55	38	2	2	6.0	6.0
冠　县	2170	255	82	140	32	1	1	8.0	8.0
高唐县	1860	295	112	149	34	1	1	8.0	8.0
惠民县	875	269	139	90	40	1	1	3.0	3.0
阳信县	1075	206	112	77	18	1	1	3.0	3.0
无棣县	974	288	74	178	37	1	1	3.0	3.0
博兴县	2599	329	161	168		1	1	8.0	8.0
邹平县	4696	426	182	176	68	1	1	16.0	16.0
曹　县	1750	265	138	108	19	2	2	6.0	6.0
单　县	2172	322	191	85	46	2	2	8.0	8.0
成武县	948	146	91	35	20	1	1	4.0	4.0
巨野县	1489	233	41	157	35	1	1	4.0	4.0
郓城县	1271	292	132	132	28	1	1	4.0	4.0
鄄城县	1300	254	193	52	9	1	1	4.0	4.0
定陶县	635	179	78	92	9	1	1	2.5	2.5
东明县	2206	218	103	84	31	2	2	7.5	7.5
河　南	**70572**	**12570**	**4523**	**2987**	**5060**	**86**	**65**	**269.6**	**200.9**
中牟县	806	251	95	96	60	1	1	2.0	2.0
杞　县	599	105	36	15	54	1	1	3.0	3.0
通许县	558	151	60	32	59	1	1	2.5	2.5
尉氏县	670	256	73	77	106	1	1	2.5	2.5
兰考县	950	300	145	89	65	1		5.0	
孟津县	551	71	39	20	12	1	1	2.0	2.0
新安县	876	48	26	12	10	1	1	3.0	3.0
栾川县	530	89	53	22	14	1	1	2.0	2.0

continued 15

污水处理厂 Wastewater Treatment Plant				其他污水处理设施 Other Wastewater Treatment Facilities		污水处理总量	再生水 Recycled Water			
处理量(万立方米) Quantity of Wastewater Treated (10,000 m³)	二、三级处理 Secondary and Tertiary Treated	干污泥产生量(吨) Quantity of Dry Sludge Produced (ton)	干污泥处置量(吨) Quantity of Dry Sludge Treated (ton)	处理能力(万立方米/日) Treatment Capacity (10,000 m³/day)	处理量(万立方米) Quantity of Wastewater Treated (10,000 m³)	(万立方米) Total Quantity of Wastewater Treated (10,000 m³)	生产能力(万立方米/日) Recycled Water Production Capacity (10,000 m³/day)	利用量(万立方米) Annual Quantity of Wastewater Recycled and Reused (10,000 m³)	管道长度(公里) Length of Pipelines (km)	县名称 Name of Counties
1335	1335	1781	1781			1335	1.0	326		兰陵县
1153	1153	1272	1272	1.8	59	1212	1.0			费　县
1117	1117	1580	1580			1117	1.0	262		平邑县
2004	2004	3604	3604			2004	1.0	105		莒南县
1546	1546	2864	2864			1546	3.0	1056		蒙阴县
1808	1808	1620	1620			1808	1.1	163	2	临沭县
1067	1067	1356	1356			1067	2.0	180		宁津县
903	903	884	884			903	1.0	360	360	庆云县
1400	1400	820	820			1400	2.0	118		临邑县
727	727	747	747			727	1.0	365		齐河县
1583	1583	1056	1056			1583	3.0	1000	1000	平原县
1245	1245	1550	1550			1245	2.0	681		夏津县
664	664	454	454			664	2.0	588		武城县
1443	1443	2065	2065			1443				阳谷县
915	915	1424	1424			915				莘　县
3016	3016	3205	3205			3016	4.0	1460	460	茌平县
1902	1902	2406	2406			1902	4.0	1318		东阿县
2057	2057	2261	2261			2057				冠　县
1767	1767	1760	1760			1767	8.0	906		高唐县
825	825	1736	1736			825	1.0	360	20	惠民县
1043	1043	1003	1003			1043				阳信县
945	945	678	678			945	0.4	146		无棣县
2521	2521	2579	2579			2521				博兴县
4555	4555	8842	8842			4555	10.0	204		邹平县
1488	1488	2622	2622			1488	1.0	27	27	曹　县
1911	1911	3534	3534			1911	1.0	233		单　县
919	919	1153	1153			919	1.0	186		成武县
1444	1444	1440	1440			1444	1.0	164	12	巨野县
1131	1131	1490	1490			1131	1.0	169		郓城县
1261	1261	1882	1882			1261	1.0	230		鄄城县
616	616	1056	1056			616	1.0			定陶县
2104	2104	2920	2920			2104	2.0	146		东明县
60762	**46993**	**82727**	**65112**			**60762**	**8.1**	**1243**	**52**	**河　南**
728	728	898	898			728				中牟县
547	547	1306	1306			547				杞　县
505	505	1033	1033			505				通许县
610	610	1250	1250			610				尉氏县
942		1400	1400			942				兰考县
547	547	795	795			547				孟津县
811	811	1226	1226			811				新安县
478	478	1307	1307			478				栾川县

10-3 续表 16

县名称 Name of Counties	污水排放量（万立方米） Annual Quantity of Waste-water Discharged (10,000 m^3)	排水管道长度（公里） Length of Drainage Pipelines (km)	污水管道 Sewers	雨水管道 Rainwater Drainage Pipeline	雨污合流管道 Combined Drainage Pipeline	污水处理厂 Wastewater Treatment Plant 座数（座） Number of Wastewater Treatment Plant (unit)	二、三级处理 Secondary and Tertiary Treatment	处理能力（万立方米/日） Treatment Capacity (10,000 m^3/day)	二、三级处理 Secondary and Tertiary Treatment
嵩　县	658	77	57	19	1	1	1	1.5	1.5
汝阳县	362	62	44	17	2	1	1	2.0	2.0
宜阳县	709	68	53	15		1	1	2.0	2.0
洛宁县	510	60	32	28		1	1	2.0	2.0
伊川县	496	120	71	49		1	1	4.0	4.0
宝丰县	1137	134	68	39	26	1	1	4.0	4.0
叶　县	816	83	5		79	1		2.0	
鲁山县	985	115	58	31	26	1		3.0	
郏　县	756	204	102	102		1	1	3.0	3.0
汤阴县	700	263	91	88	84	1	1	2.0	2.0
滑　县	1026	280	102	127	52	1	1	3.0	3.0
内黄县	485	207	67	69	72	1	1	3.0	3.0
浚　县	499	93	43	17	34	1	1	2.5	2.5
淇　县	1079	109	30		79	1	1	3.0	3.0
新乡县	305	76	43	17	16				
获嘉县	985	117	48	6	63	1	1	3.0	3.0
原阳县	973	97	41	56		1	1	2.0	2.0
延津县	1133	210	62	27	120	1	1	3.0	3.0
封丘县	922	134	64	56	14	1		3.0	
长垣县	1606	415	150	141	124	1	1	8.0	8.0
修武县	765	250	111	131	8	2	1	4.0	2.0
博爱县	1635	139	28	22	89	1	1	5.0	5.0
武陟县	1812	185	132	48	5	2	1	6.0	3.0
温　县	1548	189	29	8	152	1		4.0	
清丰县	792	118	68	29	21	1		3.0	
南乐县	314	118	38	38	42	1		8.0	
范　县	389	148	57	57	34	1		2.5	
台前县	565	106	23	19	64	1		2.2	
濮阳县	610	192	44	30	118	1	1	5.0	5.0
鄢陵县	404	102	36	67		1	1	3.0	3.0
襄城县	306	117	29	17	70	1	1	5.0	5.0
舞阳县	865	98	14	8	76	1	1	2.5	2.5
临颍县	1480	123	19	10	94	1	1	3.0	3.0
渑池县	795	66	16	16	33	2		3.0	
卢氏县	384	66	38	22	6	1		1.5	
南召县	510	155	66	48	42	1	1	2.0	2.0
方城县	855	280	147	90	43	1	1	2.5	2.5
西峡县	735	177	49	7	121	1	1	2.8	2.8
镇平县	1077	173	71	45	58	1	1	4.5	4.5
内乡县	1127	206	70	49	87	1	1	6.0	6.0
淅川县	1113	119	47		72	1	1	2.5	2.5

continued 16

污水处理厂 Wastewater Treatment Plant 处理量（万立方米）Quantity of Wastewater Treated (10,000 m³)	二、三级处理 Secondary and Tertiary Treated	干污泥产生量（吨）Quantity of Dry Sludge Produced (ton)	干污泥处置量（吨）Quantity of Dry Sludge Treated (ton)	其他污水处理设施 Other Wastewater Treatment Facilities 处理能力（万立方米/日）Treatment Capacity (10,000 m³/day)	处理量（万立方米）Quantity of Wastewater Treated (10,000 m³)	污水处理总量（万立方米）Total Quantity of Wastewater Treated (10,000 m³)	再生水 Recycled Water 生产能力（万立方米/日）Recycled Water Production Capacity (10,000 m³/day)	利用量（万立方米）Annual Quantity of Wastewater Recycled and Reused (10,000 m³)	管道长度（公里）Length of Pipelines (km)	县名称 Name of Counties
639	639	681	681			639				嵩　县
345	345	362	362			345	0.7	76	52	汝阳县
705	705	1203	1203			705				宜阳县
461	461	601	601			461				洛宁县
447	447	1246	1246			447				伊川县
1092	1092	1386	1386			1092				宝丰县
771		789	789			771				叶　县
916		1040	1040			916				鲁山县
714	714	810	810			714				郏　县
635	635	950	950			635				汤阴县
938	938	1148	1148			938	2.5	162		滑　县
445	445	703	703			445				内黄县
470	470	835	833			470				浚　县
1030	1030	1112	1112			1030				淇　县
										新乡县
980	980	980				980				获嘉县
740	740	751				740				原阳县
1095	1095	1500				1095				延津县
821		778				821				封丘县
1446	1446	1956	1956			1446				长垣县
727	492	1467				727				修武县
1570	1570	1996	1996			1570				博爱县
1754	799	3050	3050			1754				武陟县
1471		1895				1471				温　县
763		860	771			763				清丰县
280		450	450			280				南乐县
370		490	480			370				范　县
536		685	685			536	1.0			台前县
598	598	1165	1165			598				濮阳县
336	336	670	670			336				鄢陵县
245	245	465	465			245				襄城县
850	850	850				850				舞阳县
1080	1080	1180				1080				临颍县
750		1260	1260			750				渑池县
301		527	527			301				卢氏县
434	434	450	450			434				南召县
730	730	738	738			730				方城县
725	725	1130	1130			725				西峡县
765	765	1052	1052			765				镇平县
958	958	960	960			958				内乡县
479	479	490	490			479				淅川县

10-3 续表 17

县名称 Name of Counties	污水排放量 (万立方米) Annual Quantity of Wastewater Discharged (10,000 m^3)	排水管道长度 (公里) Length of Drainage Pipelines (km)	污水管道 Sewers	雨水管道 Rainwater Drainage Pipeline	雨污合流管道 Combined Drainage Pipeline	污水处理厂 Wastewater Treatment Plant 座数 (座) Number of Wastewater Treatment Plant (unit)	二、三级处理 Secondary and Tertiary Treatment	处理能力 (万立方米/日) Treatment Capacity (10,000 m^3/day)	二、三级处理 Secondary and Tertiary Treatment
社旗县	740	213	69	47	97	1	1	2.0	2.0
唐河县	1010	174	47	52	75	1	1	2.0	2.0
新野县	737	149	55	23	70	1	1	3.0	3.0
桐柏县	512	158	72	46	40	1	1	2.0	2.0
民权县	1390	153	78		75	1	1	6.0	6.0
睢　县	1070	80	22	10	48	2	2	4.0	4.0
宁陵县	700	45	12	3	30	1	1	2.0	2.0
柘城县	1125	181	11	16	154	1	1	5.5	5.5
虞城县	1580	143	68	30	45	1	1	5.0	5.0
夏邑县	610	70	10	8	52	1	1	3.0	3.0
罗山县	1180	79	10	3	67	1		3.0	
光山县	1052	90	18	3	69	1	1	3.0	3.0
新　县	745	113	31	7	75	1	1	2.5	2.5
商城县	520	97	38	17	42	1	1	3.0	3.0
固始县	850	181	22	25	135	1	1	4.0	4.0
潢川县	970	121	20	6	95	1	1	3.0	3.0
淮滨县	386	113	22	22	69	1		2.0	
息　县	1080	134	55	30	49	1	1	2.5	2.5
扶沟县	540	70	12	13	46	1	1	2.5	2.5
西华县	616	155	24	7	125	1		4.0	
商水县	320	79	39	29	11				
沈丘县	1289	205	81	17	107	1		3.5	
郸城县	2000	167	22	23	122	1	1	9.0	9.0
淮阳县	750	274	147	102	24	1		7.0	
太康县	1071	153	19	6	128	1	1	3.0	3.0
鹿邑县	1100	344	136	83	126	1	1	4.0	4.0
西平县	522	128	21		108	1	1	1.6	1.6
上蔡县	850	156	60		96	1	1	2.0	2.0
平舆县	973	271	101	41	129	1	1	2.0	2.0
正阳县	310	105	36	47	23	1	1	2.0	2.0
确山县	470	69	43	12	14	1		2.0	
泌阳县	925	148	37	30	81	1		5.0	
汝南县	902	278	70	88	121	1	1	3.5	3.5
遂平县	1054	106	28	8	70	1	1	3.0	3.0
新蔡县	860	246	101	110	36	1	1	2.0	2.0
湖　北	**33071**	**4076**	**1327**	**738**	**2011**	**41**	**29**	**97.5**	**65.6**
阳新县	709	60	35	25		1	1	3.0	3.0
郧西县	630	105	2		103	1	1	2.5	2.5
竹山县	769	77	40		36	1	1	3.0	3.0
竹溪县	605	173	50	19	104	1	1	3.0	3.0
房　县	640	56	1		55	1	1	3.0	3.0

continued 17

污水处理厂 Wastewater Treatment Plant				其他污水处理设施 Other Wastewater Treatment Facilities		污水处理总量	再生水 Recycled Water			县名称
处理量(万立方米) Quantity of Wastewater Treated (10,000 m^3)	二、三级处理 Secondary and Tertiary Treated	干污泥产生量(吨) Quantity of Dry Sludge Produced (ton)	干污泥处置量(吨) Quantity of Dry Sludge Treated (ton)	处理能力(万立方米/日) Treatment Capacity (10,000 m^3/day)	处理量(万立方米) Quantity of Wastewater Treated (10,000 m^3)	(万立方米) Total Quantity of Wastewater Treated (10,000 m^3)	生产能力(万立方米/日) Recycled Water Production Capacity (10,000 m^3/day)	利用量(万立方米) Annual Quantity of Wastewater Recycled and Reused (10,000 m^3)	管道长度(公里) Length of Pipelines (km)	Name of Counties
653	653	708	708			653	1.6	365		社旗县
665	665	890	890			665				唐河县
628	628	830	830			628				新野县
390	390	390	390			390				桐柏县
1288	1288	2433	2433			1288	2.0	640		民权县
1017	1017	1226	1226			1017				睢　县
529	529	691	691			529				宁陵县
657	657	906	906			657				柘城县
1370	1370	2300	2300			1370				虞城县
476	476	532	532			476				夏邑县
960		1050	1030			960				罗山县
892	892	991				892				光山县
572	572	580	548			572				新　县
500	500	946	946			500				商城县
618	618	670				618				固始县
940	940	1270				940				潢川县
347		560	560			347				淮滨县
910	910	954				910				息　县
535	535	540	540			535				扶沟县
605		1100	1100			605				西华县
										商水县
850		1300	1300			850	0.3			沈丘县
908	908	1000	1000			908				郸城县
724		737	737			724				淮阳县
1022	1022	1260	1260			1022				太康县
1051	1051	1470	1470			1051				鹿邑县
522	522	966				522				西平县
682	682	1236	1236			682				上蔡县
788	788	915				788				平舆县
268	268	268				268				正阳县
377		369				377				确山县
795		826				795				泌阳县
799	799	832				799				汝南县
1054	1054	1265	1265			1054				遂平县
790	790	840	840			790				新蔡县
25630	**17006**	**30191**	**26329**	**10.4**	**1693**	**27323**	**14.5**	**535**		**湖　北**
709	709	1088				709				阳新县
560	560	730	675			560				郧西县
654	654	696	696			654				竹山县
506	506	550	550			506				竹溪县
581	581	622	622			581				房　县

10-3 续表 18

县名称 Name of Counties	污水排放量(万立方米) Annual Quantity of Wastewater Discharged (10,000 m^3)	排水管道长度(公里) Length of Drainage Pipelines (km)	污水管道 Sewers	雨水管道 Rainwater Drainage Pipeline	雨污合流管道 Combined Drainage Pipeline	污水处理厂 座数(座) Wastewater Treatment Plant Number of Wastewater Treatment Plant (unit)	二、三级处理 Secondary and Tertiary Treatment	处理能力(万立方米/日) Treatment Capacity (10,000 m^3/day)	二、三级处理 Secondary and Tertiary Treatment
远安县	881	98	28	11	59	1	1	3.0	3.0
兴山县	409	112	73	40		1	1	1.5	1.5
秭归县	878	90	46	43		1	1	3.0	3.0
长阳土家族自治县	360	44	2	8	34	1	1	1.5	1.5
五峰土家族自治县	202	37			37	1	1	1.0	1.0
南漳县	722	163	61	77	25	1	1	1.5	1.5
谷城县	1196	91	11	9	71	1		4.0	
保康县	558	64	53		11	1		2.0	
京山县	1110	299	103	51	145	1	1	3.0	3.0
沙洋县	944	144	54	42	48	1		3.0	
孝昌县	1121	160	20	45	94	1	1	3.0	3.0
大悟县	1390	121	14	105	2	1	1	2.3	2.3
云梦县	1670	94	6	8	80	1		5.0	
公安县	1774	97	18		79	1	1	5.0	5.0
监利县	1342	136	71	40	25	1		3.0	
江陵县	598	146	37	30	79	1		1.9	
团风县	826	49	28	11	10	1		1.5	
红安县	920	168	56	41	71	1	1	3.0	3.0
罗田县	1090	179	73	16	90	1	1	4.4	4.4
英山县	623	128	36	11	81	1		2.0	
浠水县	760	155	5		150	1	1	3.0	3.0
蕲春县	1700	109	14	6	90	1	1	3.0	3.0
黄梅县	1560	138	11		127	1	1	2.0	2.0
嘉鱼县	1455	92	49	19	24	1		4.0	
通城县	639	108	108			1	1	2.0	2.0
崇阳县	1200	80	33		47	1		2.0	
通山县	798	82	42	11	29	1		1.5	
随　县	360	28	18	5	5	1		2.0	
建始县	578	89	42	8	39	2	2	2.0	2.0
巴东县	610	54	14	36	4	2	2	1.9	1.9
宣恩县	255	38	15	8	14	1	1	1.5	1.5
咸丰县	360	74	29	9	35	1	1	1.0	1.0
来凤县	448	100	19	6	75	1	1	1.5	1.5
鹤峰县	311	38	10		28	1	1	1.0	1.0
神农架林区	70	3			3				
湖　南	**69848**	**10086**	**3832**	**2214**	**4040**	**76**	**76**	**182.7**	**182.7**
长沙县	8704	507	46	29	433	3	3	26.0	26.0
望城县	2391	280			280	1	1	8.0	8.0
宁乡县	2448	402	79	182	142	1	1	5.0	5.0
株洲县	552	174	74	89	10	1	1	2.0	2.0
攸　县	1109	401	133	79	190	1	1	3.8	3.8

continued 18

污水处理厂 Wastewater Treatment Plant				其他污水处理设施 Other Wastewater Treatment Facilities		污水处理总量	再生水 Recycled Water			县名称
处理量(万立方米) Quantity of Wastewater Treated (10,000 m³)	二、三级处理 Secondary and Tertiary Treated	干污泥产生量(吨) Quantity of Dry Sludge Produced (ton)	干污泥处置量(吨) Quantity of Dry Sludge Treated (ton)	处理能力(万立方米/日) Treatment Capacity (10,000 m³/day)	处理量(万立方米) Quantity of Wastewater Treated (10,000 m³)	(万立方米) Total Quantity of Wastewater Treated (10,000 m³)	生产能力(万立方米/日) Recycled Water Production Capacity (10,000 m³/day)	利用量(万立方米) Annual Quantity of Wastewater Recycled and Reused (10,000 m³)	管道长度(公里) Length of Pipelines (km)	Name of Counties
794	794	830	830			794				远安县
409	409	586	586			409	0.9	30		兴山县
829	829	1525	1525			829				秭归县
360	360	767	767			360				长阳土家族自治县
197	197	197	1			197				五峰土家族自治县
613	613	141				613				南漳县
960		425	370			960				谷城县
558		242	242			558				保康县
922	922	1847	1847			922				京山县
784		821	821			784				沙洋县
901	901	901	901			901	1.2			孝昌县
740	740	923	921			740				大悟县
1432		1450	1450			1432	4.8			云梦县
1512	1512	1780				1512	4.5			公安县
1152		1187	1187			1152				监利县
509		526	526			509				江陵县
470		475	475	1.0	255	725				团风县
820	820	820	820			820	0.3	80		红安县
1070	1070	2100	2100			1070				罗田县
590		820	820	1.0	32	622				英山县
563	563	796	754	3.2	136	699				浠水县
890	890	1335	1335	2.1	756	1646				蕲春县
730	730	760	760	3.0	480	1210				黄梅县
1287		1375	1375			1287				嘉鱼县
436	436	475				436	1.8	425		通城县
380		638	638			380				崇阳县
402		328	300			402				通山县
100		120	120			100				随　县
498	498	500	500			498				建始县
556	556	565	565			556				巴东县
186	186	255	255			186				宣恩县
292	292	292	292			292				咸丰县
406	406	429	429	0.1	34	440	1.0			来凤县
272	272	274	274			272				鹤峰县
										神农架林区
61195	**61195**	**85402**	**80648**	**14.8**	**2191**	**63386**	**0.1**	**36**		**湖　南**
8684	8684	16639	16634			8684	0.1	36		长沙县
2248	2248	2473	2473			2248				望城县
2139	2139	2353	2353			2139				宁乡县
500	500	847	847			500				株洲县
1013	1013	1870				1013				攸　县

10-3 续表 19

县名称 Name of Counties	污水排放量（万立方米） Annual Quantity of Wastewater Discharged (10,000 m^3)	排水管道长度（公里） Length of Drainage Pipelines (km)	污水管道 Sewers	雨水管道 Rainwater Drainage Pipeline	雨污合流管道 Combined Drainage Pipeline	污水处理厂 Wastewater Treatment Plant 座数（座） Number of Wastewater Treatment Plant (unit)	二、三级处理 Secondary and Tertiary Treatment	处理能力（万立方米/日） Treatment Capacity (10,000 m^3/day)	二、三级处理 Secondary and Tertiary Treatment
茶陵县	820	86	63		22	1	1	2.0	2.0
炎陵县	308	82			82	1	1	1.0	1.0
湘潭县	1956	236	87	89	60	1	1	5.0	5.0
衡阳县	966	211	87	14	110	1	1	2.1	2.1
衡南县	290	167	40	70	57	1	1	1.0	1.0
衡山县	763	129	32	32	65	1	1	2.0	2.0
衡东县	792	82	19		63	1	1	2.0	2.0
祁东县	1638	132	60	40	32	1	1	4.0	4.0
南岳区	401	87	54	34		1	1	2.0	2.0
邵东县	1928	263	80	123	60	1	1	4.0	4.0
新邵县	987	35	35			1	1	2.0	2.0
邵阳县	843	102	22	76	4	1	1	2.0	2.0
隆回县	1711	88	9		79	1	1	3.0	3.0
洞口县	907	185	78	32	75	1	1	1.5	1.5
绥宁县	930	42	36	7		1	1	1.0	1.0
新宁县	1005	133	41	21	71	1	1	1.5	1.5
城步苗族自治县	480	36			36	1	1	1.0	1.0
岳阳县	822	223	104	52	67	1	1	2.0	2.0
华容县	985	252	110	34	108	1	1	2.3	2.3
湘阴县	855	217	121	49	47	1	1	2.0	2.0
平江县	1196	180	60	50	70	1	1	4.0	4.0
安乡县	815	152	46	27	79	1	1	2.0	2.0
汉寿县	1078	86	36	33	18	1	1	2.0	2.0
澧　县	1287	197	49	44	104	1	1	3.0	3.0
临澧县	1113	124	63	44	18	1	1	2.0	2.0
桃源县	950	69	27	17	24	1	1	2.5	2.5
石门县	1092	65	22	25	18	1	1	3.0	3.0
慈利县	914	54	18		36	1	1	2.0	2.0
桑植县	915	70	40	19	11	1	1	2.0	2.0
南　县	766	95	34	11	50	1	1	2.0	2.0
桃江县	793	176	138		38	1	1	2.0	2.0
安化县	520	115	81	23	11	1	1	2.0	2.0
大通湖区	380	58			58				
桂阳县	1208	109	52	57		1	1	3.0	3.0
宜章县	755	77	61	12	4	1	1	2.0	2.0
永兴县	913	149	58	91		1	1	2.5	2.5
嘉禾县	385	177	63	50	64	1	1	1.0	1.0
临武县	470	51	25	19	7	1	1	1.0	1.0
汝城县	394	147	47	20	80	1	1	1.0	1.0
桂东县	335	80	45	20	15	1	1	1.0	1.0
安仁县	340	95	26	39	30	1	1	1.0	1.0

continued 19

污水处理厂 Wastewater Treatment Plant				其他污水处理设施 Other Wastewater Treatment Facilities		污水处理总量	再生水 Recycled Water			县名称
处理量（万立方米） Quantity of Wastewater Treated (10,000 m^3)	二、三级处理 Secondary and Tertiary Treated	干污泥产生量（吨） Quantity of Dry Sludge Produced (ton)	干污泥处置量（吨） Quantity of Dry Sludge Treated (ton)	处理能力（万立方米/日） Treatment Capacity (10,000 m^3/day)	处理量（万立方米） Quantity of Wastewater Treated (10,000 m^3)	（万立方米） Total Quantity of Wastewater Treated (10,000 m^3)	生产能力（万立方米/日） Recycled Water Production Capacity (10,000 m^3/day)	利用量（万立方米） Annual Quantity of Wastewater Recycled and Reused (10,000 m^3)	管道长度（公里） Length of Pipelines (km)	Name of Counties
752	752	1450	1450			752				茶陵县
279	279	342	342			279				炎陵县
1812	1812	1993	1993			1812				湘潭县
879	879	879	879	0.2	37	916				衡阳县
220	220	220	220	0.2	12	232				衡南县
642	642	642	642	0.6	45	687				衡山县
729	729	729	729			729				衡东县
1354	1354	1354	1354	0.5	120	1474				祁东县
338	338	439	437			338				南岳区
1630	1630	2200	2200			1630				邵东县
839	839	880	840			839				新邵县
723	723	730	730			723				邵阳县
1023	1023	1904	1904	2.0	465	1488				隆回县
682	682	1300	1300	2.0	100	782				洞口县
394	394	490	490	2.0	400	794				绥宁县
600	600	976	976	1.0	287	887				新宁县
440	440	442	442			440				城步苗族自治县
724	724	1400	1400			724				岳阳县
867	867	1500	1500	2.3		867				华容县
761	761	1420	1420			761				湘阴县
1053	1053	2001	2001			1053				平江县
794	794	1530	1530			794				安乡县
949	949	1044	1044			949				汉寿县
1094	1094	1203	1203			1094				澧　县
802	802	1102	1102	1.0	200	1002				临澧县
814	814	895	895			814				桃源县
930	930	1500	1500			930				石门县
751	751	826	826			751				慈利县
753	753	828	828			753				桑植县
704	704	757	757			704				南　县
730	730	803	803			730				桃江县
452	452	468	468			452				安化县
				0.5	183	183				大通湖区
1143	1143	1206	1206			1143				桂阳县
728	728	801	801			728				宜章县
845	845	930	930			845				永兴县
360	360	396	396			360				嘉禾县
425	425	468	468			425				临武县
360	360	396	396			360				汝城县
302	302	450	450			302				桂东县
324	324	398	398			324				安仁县

10-3 续表 20

县名称 Name of Counties	污水排放量（万立方米） Annual Quantity of Wastewater Discharged (10,000 m^3)	排水管道长度（公里） Length of Drainage Pipelines (km)	污水管道 Sewers	雨水管道 Rainwater Drainage Pipeline	雨污合流管道 Combined Drainage Pipeline	污水处理厂 Wastewater Treatment Plant：座数（座） Number of Wastewater Treatment Plant (unit)	二、三级处理 Secondary and Tertiary Treatment	处理能力（万立方米/日） Treatment Capacity (10,000 m^3/day)	二、三级处理 Secondary and Tertiary Treatment
祁阳县	1255	265	31	11	224	1	1	3.4	3.4
东安县	1021	121	22	17	83	1	1	2.0	2.0
双牌县	320	43	11	11	21	1	1	1.0	1.0
道　县	751	277	81	40	156	1	1	2.0	2.0
江永县	373	42	39	2		1	1	1.0	1.0
宁远县	956	282	196	80	6	1	1	2.0	2.0
蓝山县	357	145	69	72	3	1	1	1.0	1.0
新田县	432	68	17	17	34	1	1	1.0	1.0
江华瑶族自治县	388	89	17	28	44	1	1	1.0	1.0
中方县	1161	27	12	12	3	1	1	4.5	4.5
沅陵县	796	71	50	21		1	1	2.0	2.0
辰溪县	384	65	65			1	1	1.0	1.0
溆浦县	748	110	91	17	3	1	1	2.0	2.0
会同县	354	80	27	12	41	1	1	1.0	1.0
麻阳苗族自治县	364	114	75	14	25	1	1	1.0	1.0
新晃侗族自治县	369	75	16		59	1	1	0.8	0.8
芷江侗族自治县	369	83	48	19	17	1	1	2.0	2.0
通道侗族自治县	356	70	18	6	46	1	1	0.8	0.8
靖州苗族侗族自治县	573	75	18	2	55	1	1	1.5	1.5
洪江区	738	52	32	20		1	1	1.0	1.0
双峰县	1166	165	77	49	39	1	1	5.0	5.0
新化县	1282	217	137	44	36	1	1	5.0	5.0
泸溪县	317	76	15		61	1	1	1.0	1.0
凤凰县	790	84	34	50		1	1	2.0	2.0
花垣县	711	87	41		46	1	1	2.0	2.0
保靖县	365	44	18	21	6	1	1	1.0	1.0
古丈县	343	78	19		59	1	1	1.0	1.0
永顺县	728	75	56		19	1	1	2.0	2.0
龙山县	871	231	102		129	1	1	2.5	2.5
广　东	**33185**	**3105**	**822**	**771**	**1512**	**39**	**29**	**88.0**	**71.1**
始兴县	598	42	4		38	1	1	1.0	1.0
仁化县	535	43			43	1		1.0	
翁源县	740	11	4		7	1	1	1.6	1.6
乳源瑶族自治县	1080	50	12		38	1	1	1.5	1.5
新丰县	1035	96	18	39	39	1	1	1.5	1.5
南澳县	337	54			54	1		1.2	
遂溪县	1049	124	40	40	44	1	1	3.0	3.0
徐闻县	738	71			71	1	1	3.0	3.0
广宁县	1127	63	11		52	1		1.5	
怀集县	881	102	12	35	55	1	1	1.8	1.8

continued 20

污水处理厂 Wastewater Treatment Plant				其他污水处理设施 Other Wastewater Treatment Facilities		污水处理总量	再生水 Recycled Water			县名称
处理量 (万立方米) Quantity of Wastewater Treated (10,000 m^3)	二、三级处理 Secondary and Tertiary Treated	干污泥产生量 (吨) Quantity of Dry Sludge Produced (ton)	干污泥处置量 (吨) Quantity of Dry Sludge Treated (ton)	处理能力 (万立方米/日) Treatment Capacity (10,000 m^3/day)	处理量 (万立方米) Quantity of Wastewater Treated (10,000 m^3)	(万立方米) Total Quantity of Wastewater Treated (10,000 m^3)	生产能力 (万立方米/日) Recycled Water Production Capacity (10,000 m^3/day)	利用量 (万立方米) Annual Quantity of Wastewater Recycled and Reused (10,000 m^3)	管道长度 (公里) Length of Pipelines (km)	Name of Counties
1205	1205	2337				1205				祁阳县
878	878	966	966			878				东安县
310	310	315	315			310				双牌县
662	662	728	728			662				道　县
352	352	370	370			352				江永县
912	912	950	950			912				宁远县
304	304	312	312			304				蓝山县
407	407	447	447			407				新田县
371	371	450	450			371				江华瑶族自治县
1119	1119	2200	2200			1119				中方县
681	681	683	683			681				沅陵县
332	332	400	400	1.5	1	333				辰溪县
673	673	690	690			673				溆浦县
319	319	351	351			319				会同县
330	330	363	363			330				麻阳苗族自治县
314	314	345	345			314				新晃侗族自治县
336	336	500				336				芷江侗族自治县
314	314	345	345			314				通道侗族自治县
504	504	554	554			504				靖州苗族侗族自治县
338	338	358	358	1.0	341	679				洪江区
1062	1062	1168	1168			1062				双峰县
1147	1147	2064	2064			1147				新化县
295	295	325	325			295				泸溪县
684	684	830	830			684				凤凰县
647	647	781	781			647				花垣县
315	315	398	398			315				保靖县
309	309	438	438			309				古丈县
690	690	1380	1380			690				永顺县
800	800	880	880			800				龙山县
26055	**20305**	**45443**	**41463**	**11.3**	**1663**	**27718**	**4.9**	**7**		**广　东**
180	180	181	153	1.0	285	465				始兴县
241		278	278			241				仁化县
370	370	370		1.5	370	740				翁源县
397	397	430	430	0.5	159	556				乳源瑶族自治县
433	433	4				433				新丰县
324		1307	1307			324				南澳县
989	989	590	590			989				遂溪县
738	738	443	443			738				徐闻县
455		1482	1482	2.6	652	1107				广宁县
562	562	1050	1050			562				怀集县

10-3 续表 21

县名称 Name of Counties	污水排放量(万立方米) Annual Quantity of Wastewater Discharged ($10,000\ m^3$)	排水管道长度(公里) Length of Drainage Pipelines (km)	污水管道 Sewers	雨水管道 Rainwater Drainage Pipeline	雨污合流管道 Combined Drainage Pipeline	污水处理厂 Wastewater Treatment Plant 座数(座) Number of Wastewater Treatment Plant (unit)	二、三级处理 Secondary and Tertiary Treatment	处理能力(万立方米/日) Treatment Capacity ($10,000\ m^3$/day)	二、三级处理 Secondary and Tertiary Treatment
封开县	423	57	13		44	1	1	1.0	1.0
德庆县	503	57	12		45	1	1	1.5	1.5
博罗县	1847	323	137	50	137	1	1	6.0	6.0
惠东县	2560	224	38	29	157	2	1	6.0	4.0
龙门县	361	18	18			1	1	2.0	2.0
大埔县	628	75	30	25	20	1		1.3	
丰顺县	977	81	46	19	16	1	1	4.0	4.0
五华县	1321	125	15	110		1	1	4.0	4.0
平远县	460	59	9		50	1	1	1.0	1.0
蕉岭县	599	69	1	58	10	1	1	2.0	2.0
海丰县	2500	214	34	119	61	1	1	8.0	8.0
陆河县	545	26	11		15	1	1	1.5	1.5
紫金县	934	7	7			1		2.5	
龙川县	945	34	2	5	26	1	1	2.0	2.0
连平县	660	7			7	1		1.5	
和平县	819	10	10			1	1	1.5	1.5
东源县	485	102	55	46		1	1	1.5	1.5
阳西县	975	295	37	44	214	2		2.5	
佛冈县	1102	124	62	8	54	1	1	3.0	3.0
阳山县	738	184	71	89	24	1	1	2.0	2.0
连山壮族瑶族自治县	270	39	5	4	30	1	1	1.0	1.0
连南瑶族自治县	524	43	12	10	21	1	1	1.5	1.5
饶平县	1725	40	2		37	1		3.4	
揭西县	465	35	17	19		1	1	4.2	4.2
惠来县	536	12			12	1	1	2.0	2.0
新兴县	1454	92	70	21		1	1	2.0	2.0
郁南县	709	99	7		93	1	1	2.0	2.0
广　西	**37557**	**6212**	**2419**	**1107**	**2686**	**67**	**47**	**114.6**	**81.7**
武鸣县	1499	98	18	5	75	1		5.0	
隆安县	326	81	38		43	1		1.2	
马山县	268	17			17	1	1	0.6	0.6
上林县	272	50	12	38		1		0.6	
宾阳县	840	186	120		67	1		2.0	
横　县	888	153	61	44	48	2	2	4.0	4.0
柳江县	1182	119	4	4	111	1	1	2.5	2.5
柳城县	643	25	2		23	1		2.0	
鹿寨县	2318	90	65	8	17	1		4.0	
融安县	691	78	7		71	1	1	3.0	3.0
融水苗族自治县	512	55	17	3	36	1	1	2.0	2.0
三江侗族自治县	420	45	7		38	1	1	1.0	1.0

continued 21

污水处理厂 Wastewater Treatment Plant				其他污水处理设施 Other Wastewater Treatment Facilities		污水处理总量	再生水 Recycled Water			县名称
处理量（万立方米） Quantity of Wastewater Treated (10,000 m³)	二、三级处理 Secondary and Tertiary Treated	干污泥产生量（吨） Quantity of Dry Sludge Produced (ton)	干污泥处置量（吨） Quantity of Dry Sludge Treated (ton)	处理能力（万立方米/日） Treatment Capacity (10,000 m³/day)	处理量（万立方米） Quantity of Wastewater Treated (10,000 m³)	（万立方米） Total Quantity of Wastewater Treated (10,000 m³)	生产能力（万立方米/日） Recycled Water Production Capacity (10,000 m³/day)	利用量（万立方米） Annual Quantity of Wastewater Recycled and Reused (10,000 m³)	管道长度（公里） Length of Pipelines (km)	Name of Counties
168	168	260	230			168				封开县
433	433	825	825	1.5	55	488				德庆县
1754	1754	3140	3140			1754				博罗县
2350	1645	4698	4698			2350				惠东县
325	325	315	315			325				龙门县
579		474	474	2.2	1	580				大埔县
910	910	523	523			910				丰顺县
1280	1280	2355	2355			1280	2.0			五华县
428	428	368	368			428				平远县
574	574	512	512			574				蕉岭县
2362	2362	3000	3000			2362				海丰县
436	436	654				436				陆河县
734		3672	3672			734				紫金县
621	621	1935	1935			621				龙川县
390		2057	2057			390				连平县
619	619	2448	2448	1.5	80	699				和平县
423	423	1499	1499			423				东源县
942		3409	3409			942				阳西县
990	990	1790	1790			990	2.9	7		佛冈县
637	637	1250	1200			637				阳山县
251	251	480	480			251				连山壮族瑶族自治县
472	472	3				472				连南瑶族自治县
1380		800	800			1380				饶平县
430	430	331				430				揭西县
350	350	230				350				惠来县
880	880	1568				880				新兴县
648	648	712		0.5	61	709				郁南县
30641	**22220**	**14530**	**14505**	**20.9**	**1622**	**32263**				**广　西**
1081		645	645			1081				武鸣县
298		35	35			298				隆安县
175	175	54	54			175				马山县
159						159				上林县
620		284	282			620				宾阳县
884	884	1602	1602			884				横　县
710	710	426	426	5.0	264	974				柳江县
569		186	186			569				柳城县
599		215	215	10.0	1050	1649				鹿寨县
691	691	254	254			691				融安县
512	512	132	132			512				融水苗族自治县
303	303	114	114			303				三江侗族自治县

10-3 续表 22

县名称 Name of Counties	污水排放量（万立方米） Annual Quantity of Wastewater Discharged (10,000 m^3)	排水管道长度（公里） Length of Drainage Pipelines (km)	污水管道 Sewers	雨水管道 Rainwater Drainage Pipeline	雨污合流管道 Combined Drainage Pipeline	污水处理厂 Wastewater Treatment Plant 座数（座） Number of Wastewater Treatment Plant (unit)	二、三级处理 Secondary and Tertiary Treatment	处理能力（万立方米/日） Treatment Capacity (10,000 m^3/day)	二、三级处理 Secondary and Tertiary Treatment
阳朔县	703	82	74	8		1	1	4.0	4.0
灵川县	410	47	8	3	36	1	1	1.0	1.0
全州县	736	256	137	90	28	1	1	2.5	2.5
兴安县	736	170	102	20	48	1	1	2.5	2.5
永福县	247	119	65	49	6	1		1.0	
灌阳县	155	133	90	43		1	1	1.0	1.0
龙胜各族自治县	203	18	9	5	4	1	1	0.5	0.5
资源县	132	82	52	30		2	2	0.3	0.3
平乐县	190	66	3	7	57	1		1.0	
荔浦县	645	117	27	16	74	1		3.0	
恭城瑶族自治县	241	60	51	9		1	1	1.0	1.0
苍梧县	256	23			23				
藤　县	872	157	48	39	70	1	1	3.0	3.0
蒙山县	395	113	31	42	40	1	1	1.0	1.0
合浦县	2139	292	64	57	171	1	1	5.0	5.0
上思县	490	99	52	22	24	1	1	1.5	1.5
灵山县	1020	213	91	38	84	1	1	5.0	5.0
浦北县	575	54	16	11	26	1	1	2.0	2.0
平南县	1511	100	32	1	67	1		2.5	
容　县	505	188	4	72	112	1	1	1.5	1.5
陆川县	844	174	46	4	125	1	1	2.5	2.5
博白县	1018	173	52	79	42	1	1	3.0	3.0
兴业县	356	96	14	12	70	1	1	1.0	1.0
田阳县	610	100	36	22	42	1	1	2.0	2.0
田东县	794	157	78	50	29	1	1	2.0	2.0
平果县	1275	161	61	9	92	1	1	4.0	4.0
德保县	460	87	43	44	-	1	1	1.5	1.5
那坡县	173	65	64	-		1	1	0.5	0.5
凌云县	258	107	46		62	1	1	1.0	1.0
乐业县	195	103	66	10	27	1	1	0.5	0.5
田林县	316	56	6	16	34	1	1	1.0	1.0
西林县	200	38	32		5	1		0.5	
隆林各族自治县	403	65	48	4	14	1		1.0	
昭平县	398	53	4	3	45	1		1.0	
钟山县	435	72	17	9	46	1	1	1.5	1.5
富川瑶族自治县	280	76	13	2	60	1	1	1.0	1.0
南丹县	508	65	18	4	43	1	1	2.0	2.0
天峨县	309	73	25		48	1		1.0	
凤山县	245	67	21		47	1		0.8	
东兰县	208	33	13	5	16	1	1	0.8	0.8
罗城仫佬族自治县	427	90	25	17	48	1		1.5	

continued 22

污水处理厂 Wastewater Treatment Plant 处理量(万立方米) Quantity of Wastewater Treated (10,000 m^3)	二、三级处理 Secondary and Tertiary Treated	干污泥产生量(吨) Quantity of Dry Sludge Produced (ton)	干污泥处置量(吨) Quantity of Dry Sludge Treated (ton)	其他污水处理设施 Other Wastewater Treatment Facilities 处理能力(万立方米/日) Treatment Capacity (10,000 m^3/day)	处理量(万立方米) Quantity of Wastewater Treated (10,000 m^3)	污水处理总量(万立方米) Total Quantity of Wastewater Treated (10,000 m^3)	再生水 Recycled Water 生产能力(万立方米/日) Recycled Water Production Capacity (10,000 m^3/day)	利用量(万立方米) Annual Quantity of Wastewater Recycled and Reused (10,000 m^3)	管道长度(公里) Length of Pipelines (km)	县名称 Name of Counties
674	674	116	116			674				阳朔县
350	350	55	55			350				灵川县
682	682	136	136			682				全州县
721	721	145	145			721				兴安县
203		41	41			203				永福县
147	147	42	42			147				灌阳县
178	178	140	140			178				龙胜各族自治县
102	102	22	22			102				资源县
145		168	168			145				平乐县
588		122	122			588				荔浦县
186	186	178	178			186				恭城瑶族自治县
										苍梧县
721	721	1347	1347			721				藤　县
389	389	52	48			389				蒙山县
1734	1734	462	462			1734				合浦县
417	417	200	200			417				上思县
969	969	522	522			969				灵山县
568	568	305	305			568				浦北县
1156		411	411			1156				平南县
500	500	173	173			500				容　县
756	756	456	456			756				陆川县
938	938	651	651			938				博白县
338	338	280	280			338				兴业县
542	542	275	275			542				田阳县
740	740	127	127			740				田东县
1221	1221	195	195			1221				平果县
437	437	142	142			437				德保县
139	139	54	54			139				那坡县
239	239	48	48			239				凌云县
177	177	85	85			177				乐业县
300	300	60	60			300				田林县
180		60	60			180				西林县
353		138	138			353				隆林各族自治县
366		125	125			366				昭平县
352	352	215	215			352				钟山县
278	278	154	154			278				富川瑶族自治县
498	498	296	296			498				南丹县
309		113	113			309				天峨县
230		138	138			230				凤山县
182	182	109	109			182				东兰县
323		182	182			323				罗城仫佬族自治县

10-3 续表 23

县名称 Name of Counties	污水排放量(万立方米) Annual Quantity of Wastewater Discharged ($10,000\ m^3$)	排水管道长度(公里) Length of Drainage Pipelines (km)	污水管道 Sewers	雨水管道 Rainwater Drainage Pipeline	雨污合流管道 Combined Drainage Pipeline	污水处理厂 Wastewater Treatment Plant: 座数(座) Number of Wastewater Treatment Plant (unit)	二、三级处理 Secondary and Tertiary Treatment	处理能力(万立方米/日) Treatment Capacity ($10,000\ m^3$/day)	二、三级处理 Secondary and Tertiary Treatment
环江毛南族自治县	408	65	30		36	1	1	1.5	1.5
巴马瑶族自治县	394	82	40	3	38	1		1.5	
都安瑶族自治县	560	95	29	13	54	1	1	1.5	1.5
大化瑶族自治县	500	81	22		59	1		1.5	
忻城县	345	44	17	14	13	1	1	1.0	1.0
象州县	330	31	14	1	16	1	1	1.5	1.5
武宣县	587	136	49	25	62	1	1	1.5	1.5
金秀瑶族自治县	86	18	14	1	3	1		0.3	
扶绥县	720	86	36	41	9	1	1	2.0	2.0
宁明县	649	75	46	23	6	1	1	1.0	1.0
龙州县	623	88	57		31	1	1	2.0	2.0
大新县	415	61	10	29	22	1		1.5	
天等县	208	53	24	4	26	1	1	0.5	0.5
海　南	**8731**	**653**	**385**	**225**	**43**	**13**	**11**	**27.3**	**23.6**
定安县	371	85	3	77	5	1	1	1.7	1.7
屯昌县	320	52	23	14	15	1	1	1.0	1.0
澄迈县	360	50	50			1	1	1.5	1.5
临高县	332	39	16	19	4	1	1	1.5	1.5
洋浦开发区	3380	166	95	71		3	2	13.7	11.0
白沙黎族自治县	159	23	9	7	7	1	1	0.7	0.7
昌江黎族自治县	1190	74	74			1	1	3.0	3.0
乐东黎族自治县	429	8			8	1	1	1.0	1.0
陵水黎族自治县	1460	73	49	24		1	1	1.5	1.5
保亭黎族苗族自治县	230	39	28	7	4	1		1.0	
琼中黎族苗族自治县	500	45	39	7		1	1	0.7	0.7
重　庆	**11065**	**2541**	**1464**	**747**	**329**	**20**	**17**	**36.5**	**32.7**
梁平县	822	210	90	60	60	1	1	2.0	2.0
城口县	139	49	32	16	-	1	1	0.5	0.5
丰都县	795	200	104	96		2	1	4.0	3.0
垫江县	910	251	118	77	55	1	1	3.0	3.0
武隆县	528	178	88	8	82	1	1	1.5	1.5
忠　县	926	181	135	43	3	2	2	3.0	3.0
开　县	1322	266	145	118	3	1	1	4.0	4.0
云阳县	1021	115	88	27		1	1	3.0	3.0
奉节县	1251	216	141	75		3	3	4.5	4.5
巫山县	376	127	78	32	18	1	1	2.0	2.0
巫溪县	357	120	68	24	28	1	1	1.0	1.0
石柱土家族自治县	780	132	78	29	24	1	1	2.0	2.0
秀山土家族苗族自治县	682	269	149	101	20	1	1	1.2	1.2

continued 23

污水处理厂 Wastewater Treatment Plant				其他污水处理设施 Other Wastewater Treatment Facilities		污水处理总量	再生水 Recycled Water			
处理量(万立方米) Quantity of Wastewater Treated (10,000 m^3)	二、三级处理 Secondary and Tertiary Treated	干污泥产生量(吨) Quantity of Dry Sludge Produced (ton)	干污泥处置量(吨) Quantity of Dry Sludge Treated (ton)	处理能力(万立方米/日) Treatment Capacity (10,000 m^3/day)	处理量(万立方米) Quantity of Wastewater Treated (10,000 m^3)	(万立方米) Total Quantity of Wastewater Treated (10,000 m^3)	生产能力(万立方米/日) Recycled Water Production Capacity (10,000 m^3/day)	利用量(万立方米) Annual Quantity of Wastewater Recycled and Reused (10,000 m^3)	管道长度(公里) Length of Pipelines (km)	县名称 Name of Counties
401	401	209	209			401				环江毛南族自治县
379		178	178			379				巴马瑶族自治县
450	450	262	262			450				都安瑶族自治县
420		198	198			420				大化瑶族自治县
335	335	186	186			335				忻城县
265	265	132	132			265				象州县
380	380	180	180	2.5	86	466				武宣县
68		15	15			68				金秀瑶族自治县
652	652	217	217			652				扶绥县
318	318	72	72	3.0	212	530				宁明县
499	499	109	109			499				龙州县
375		225	210			375				大新县
170	170	60	56	0.4	10	180				天等县
5358	**5055**	**7893**	**7733**			**5358**				**海　南**
251	251	251	251			251				定安县
220	220	224	224			220				屯昌县
360	360	537	537			360				澄迈县
130	130	130	130			130				临高县
2703	2593	5296	5291			2703				洋浦开发区
123	123	123	8			123				白沙黎族自治县
520	520	520	520			520				昌江黎族自治县
301	301	35	35			301				乐东黎族自治县
356	356	362	362			356				陵水黎族自治县
193		205	205			193				保亭黎族苗族自治县
201	201	210	170			201				琼中黎族苗族自治县
10526	**9935**	**16467**	**16342**			**10526**	**4.5**	**298**	**26**	**重　庆**
822	822	1231	1231			822				梁平县
129	129	160	153			129				城口县
795	685	1746	1746			795	0.2	60		丰都县
901	901	1524	1524			901				垫江县
528	528	776	776			528	0.1	10		武隆县
909	909	1496	1496			909	2.8	65		忠　县
1268	1268	1788	1778			1268	0.4	45	3	开　县
1019	1019	1793	1793			1019				云阳县
1175	1175	1671	1563			1175	0.1	18		奉节县
362	362	506	506			362	0.5	30	5	巫山县
317	317	464	464			317	0.1	15	15	巫溪县
760	760	1452	1452			760	0.2	51	3	石柱土家族自治县
545	545	586	586			545				秀山土家族苗族自治县

10-3 续表 24

县名称 Name of Counties	污水排放量（万立方米）Annual Quantity of Waste-water Discharged (10,000 m^3)	排水管道长度（公里）Length of Drainage Pipelines (km)	污水管道 Sewers	雨水管道 Rainwater Drainage Pipeline	雨污合流管道 Combined Drainage Pipeline	污水处理厂 Wastewater Treatment Plant 座数（座）Number of Wastewater Treatment Plant (unit)	二、三级处理 Secondary and Tertiary Treatment	处理能力（万立方米/日）Treatment Capacity (10,000 m^3/day)	二、三级处理 Secondary and Tertiary Treatment
酉阳土家族自治县	773	131	97	25	8	2	1	4.0	2.0
彭水苗族土家族自治县	383	97	54	16	27	1		0.8	
四　川	**63848**	**10617**	**4242**	**3505**	**2870**	**85**	**55**	**147.9**	**86.0**
金堂县	1138	156	24		132	1		2.5	
双流县	7206	1401	519	712	170	4	3	18.8	10.8
郫　县	4368	359	162	198		1		10.9	
大邑县	1083	246	79	81	86	1		1.9	
蒲江县	383	104	52	42	9	1		1.0	
新津县	795	322	131	191		1	1	1.0	1.0
荣　县	913	184	114	47	23	1	1	3.0	3.0
富顺县	890	171			171	1	1	1.5	1.5
米易县	314	56	31	25		1		1.0	
盐边县	201	28	28			1	1	0.5	0.5
泸　县	521	140	61	75	4	1	1	0.6	0.6
合江县	1377	116	16	87	14	1		1.0	
叙永县	586	78	22	13	43	1		2.0	
古蔺县	400	53	11	14	29	1		0.8	
中江县	1670	138	26	62	50	1	1	1.5	1.5
罗江县	660	96	28	34	34	1	1	1.0	1.0
三台县	712	192	58	53	82	1	1	2.5	2.5
盐亭县	748	60	34	8	18	1	1	1.5	1.5
安　县	290	160	81	79		1	1	0.7	0.7
梓潼县	657	129	32	33	64	1	1	1.3	1.3
北川羌族自治县	228	104	50	50	4	1		2.0	
平武县	102	54	30	25		1	1	0.8	0.8
旺苍县	463	98	26	17	55	1		1.5	
青川县	150	58	30	28		1	1	0.5	0.5
剑阁县	152	67	27	30	10	1	1	1.0	1.0
苍溪县	510	127	63	41	24	1	1	1.9	1.9
蓬溪县	509	160	66	58	36	2	1	1.5	0.5
射洪县	2850	371	149	149	73	1	1	6.2	6.2
大英县	650	166	78	69	19	1		2.0	
威远县	903	247	81	82	84	1		2.0	
资中县	765	73	64	9		1	1	2.0	2.0
隆昌县	768	123	53	9	60	1		3.0	
犍为县	612	107	27	24	56	1	1	1.5	1.5
井研县	378	37			37	1	1	1.3	1.3
夹江县	469	86	28	6	53	1	1	2.0	2.0
沐川县	305	27	9	2	16	1	1	0.5	0.5

continued 24

污水处理厂 Wastewater Treatment Plant				其他污水处理设施 Other Wastewater Treatment Facilities		污水处理总量	再生水 Recycled Water			
处理量（万立方米） Quantity of Wastewater Treated (10,000 m^3)	二、三级处理 Secondary and Tertiary Treated	干污泥产生量（吨） Quantity of Dry Sludge Produced (ton)	干污泥处置量（吨） Quantity of Dry Sludge Treated (ton)	处理能力（万立方米/日） Treatment Capacity (10,000 m^3/day)	处理量（万立方米） Quantity of Wastewater Treated (10,000 m^3)	（万立方米） Total Quantity of Wastewater Treated (10,000 m^3)	生产能力（万立方米/日） Recycled Water Production Capacity (10,000 m^3/day)	利用量（万立方米） Annual Quantity of Wastewater Recycled and Reused (10,000 m^3)	管道长度（公里） Length of Pipelines (km)	县名称 Name of Counties
673	515	814	814			673				酉阳土家族自治县
323		460	460			323	0.1	4		彭水苗族土家族自治县
43058	**24950**	**65973**	**64636**	**11.9**	**1942**	**45000**	**2.3**	**159**	**69**	**四　川**
822		1603	1603			822				金堂县
6183	3391	9046	9046			6183	0.1	31		双流县
3966		4899	4899			3966				郫　县
860		819	819			860				大邑县
326		308	308			326				蒲江县
401	401	1066	1066			401				新津县
764	764	784	784			764				荣　县
480	480	850	850			480				富顺县
265		210	210			265				米易县
104	104	55	55			104				盐边县
219	219	257	257	2.0	178	397				泸　县
294		548	548	4.0	684	978				合江县
469		384	384	2.3	40	509				叙永县
175		327	327			175				古蔺县
532	532	558	558	1.6	538	1070				中江县
420	420	700	690			420				罗江县
498	498	1825	1825			498				三台县
352	352	700	700			352				盐亭县
278	278	278	278			278				安　县
432	432	450	418			432				梓潼县
224		224	224			224				北川羌族自治县
88	88	88	88			88				平武县
432		433	433			432				旺苍县
107	107	110	110			107				青川县
148	148	182	181			148				剑阁县
439	439	800	800			439				苍溪县
275	198	402	402			275				蓬溪县
2232	2232	4410	4410			2232				射洪县
570		424	424			570				大英县
720		878	878			720				威远县
663	663	663	660			663				资中县
745		1271	1271			745				隆昌县
414	414	454	454			414				犍为县
375	375	700	700			375				井研县
438	438	326	326			438				夹江县
170	170	227	227			170				沐川县

10-3 续表 25

县名称 Name of Counties	污水排放量（万立方米）Annual Quantity of Wastewater Discharged ($10,000\ m^3$)	排水管道长度（公里）Length of Drainage Pipelines (km)	污水管道 Sewers	雨水管道 Rainwater Drainage Pipeline	雨污合流管道 Combined Drainage Pipeline	污水处理厂 Wastewater Treatment Plant 座数（座）Number of Wastewater Treatment Plant (unit)	二、三级处理 Secondary and Tertiary Treatment	处理能力（万立方米/日）Treatment Capacity ($10,000\ m^3$/day)	二、三级处理 Secondary and Tertiary Treatment
峨边彝族自治县	125	14			14	1		0.4	
马边彝族自治县	280	39	13	13	13	1	1	1.0	1.0
南部县	1458	200	79	69	52	1	1	3.5	3.5
营山县	960	128	53	44	31	1	1	2.0	2.0
蓬安县	832	105	41	36	28	1	1	2.0	2.0
仪陇县	765	109	49	35	25	1		2.0	
西充县	1011	118	52	39	27	1	1	2.8	2.8
仁寿县	1083	207	48	53	106	1		3.0	
洪雅县	296	84	48	16	20	1	1	1.0	1.0
丹棱县	300	49	29	20		1	1	0.7	0.7
青神县	312	46	38	8		1	1	1.2	1.2
宜宾县	860	83	45	23	15	1	1	1.9	1.9
江安县	357	45	9	9	28	1	1	1.0	1.0
长宁县	907	83	10	20	54	1		0.9	
高　县	530	122	25	30	66	1		0.3	
珙　县	610	29	11	17	1	1		2.0	
筠连县	263	67	5		62	1		0.5	
兴文县	168	53	16	2	36	1	1	1.0	1.0
屏山县	236	70	35	35		1	1	0.5	0.5
岳池县	746	223	126	61	36	1	1	2.0	2.0
武胜县	749	95	26	25	44	1	1	2.0	2.0
邻水县	1003	216	49	12	155	1	1	2.0	2.0
宣汉县	855	194	105	89		1	1	2.5	2.5
开江县	361	115	42	34	39	1		1.5	
大竹县	914	123	87	20	16	1	1	2.0	2.0
渠　县	1018	88	40	48		1	1	3.0	3.0
荥经县	206	31	9	2	20	1	1	0.5	0.5
汉源县	308	76	38	38		1	1	1.0	1.0
石棉县	315	33	33			1		1.0	
天全县	189	79	25	39	15	1	1	1.6	1.6
芦山县	187	21	9	9	4	1	1	0.7	0.7
宝兴县	68	8	8	-		1	1	0.2	0.2
通江县	530	53	10		43	1	1	1.5	1.5
南江县	564	79	70	9		1	1	1.0	1.0
平昌县	528	89	76	6	6				
安岳县	1090	114	69	33	11	1		2.4	
乐至县	652	154	82	54	18	1		4.3	
汶川县	259	36	17	13	6	1	1	1.2	1.2
理　县	85	4	1	1	2	1	1	0.4	0.4
茂　县	263	56	28	27		1		0.6	
松潘县	180	69	18	18	33				

continued 25

污水处理厂 Wastewater Treatment Plant				其他污水处理设施 Other Wastewater Treatment Facilities		污水处理总量	再生水 Recycled Water			
处理量(万立方米) Quantity of Wastewater Treated (10,000 m^3)	二、三级处理 Secondary and Tertiary Treated	干污泥产生量(吨) Quantity of Dry Sludge Produced (ton)	干污泥处置量(吨) Quantity of Dry Sludge Treated (ton)	处理能力(万立方米/日) Treatment Capacity (10,000 m^3/day)	处理量(万立方米) Quantity of Wastewater Treated (10,000 m^3)	(万立方米) Total Quantity of Wastewater Treated (10,000 m^3)	生产能力(万立方米/日) Recycled Water Production Capacity (10,000 m^3/day)	利用量(万立方米) Annual Quantity of Wastewater Recycled and Reused (10,000 m^3)	管道长度(公里) Length of Pipelines (km)	县名称 Name of Counties
66		54	54			66				峨边彝族自治县
198	198	120	120			198				马边彝族自治县
1210	1210	1404	1404			1210				南部县
730	730	855	855			730				营山县
635	635	730	730			635				蓬安县
635		738	738			635				仪陇县
860	860	996	996			860				西充县
866		996	996			866				仁寿县
245	245	246	246			245				洪雅县
146	146	272	272			146				丹棱县
195	195	258	258			195				青神县
717	717	4827	4827			717				宜宾县
320	320	539	539			320				江安县
325		585	585			325				长宁县
80		7	7			80				高　县
610		739	739			610	1.1	2	1	珙　县
212		77	77			212				筠连县
148	148	204	200			148				兴文县
225	225	420	420			225				屏山县
638	638	1200	1200			638				岳池县
749	749	823	823			749				武胜县
772	772	4445	4445			772				邻水县
710	710	822	822			710				宣汉县
251		254	254			251				开江县
914	914	880	500			914				大竹县
707	707	1132	1132			707				渠　县
133	133	133	131			133				荥经县
208	208	400	400			208				汉源县
275		355	355			275	0.2	65	65	石棉县
189	189	328	328			189				天全县
141	141	271				141				芦山县
59	59	67	67			59	0.1	8	3	宝兴县
450	450	210	70			450				通江县
280	280	384	344			280				南江县
				2.0	502	502				平昌县
836		946	946			836				安岳县
525		911	896			525	0.8	53		乐至县
										汶川县
75	75	77				75				理　县
195		195				195				茂　县
										松潘县

10-3 续表 26

县名称 Name of Counties	污水排放量（万立方米）Annual Quantity of Waste-water Discharged (10,000 m^3)	排水管道长度（公里）Length of Drainage Pipelines (km)	污水管道 Sewers	雨水管道 Rainwater Drainage Pipeline	雨污合流管道 Combined Drainage Pipeline	污水处理厂 Wastewater Treatment Plant 座数（座）Number of Wastewater Treatment Plant (unit)	二、三级处理 Secondary and Tertiary Treatment	处理能力（万立方米/日）Treatment Capacity (10,000 m^3/day)	二、三级处理 Secondary and Tertiary Treatment
九寨沟县	203	39	39			1		1.0	
金川县	74	35			35				
小金县	107	22			22	1	1	0.3	0.3
黑水县	86	16	8		8				
壤塘县	45	2			2				
阿坝县	66	20	6	13	1				
若尔盖县	46	14	13		1				
红原县	26	24	9	2	14				
泸定县	205	16	11		5	1		0.4	
丹巴县	51	5			5				
九龙县	40	10			10				
雅江县	51	7	2		5				
道孚县	52	9			9				
炉霍县	58	16	5	5	5				
甘孜县	271	2			2				
新龙县	83	11	5	4	2				
德格县	89	19	11	8					
白玉县	110	8	2	2	3				
石渠县	68	25	6	13	6				
色达县	45	17	13	3	1				
理塘县	130	18		10	8				
巴塘县	73	2			2				
乡城县	34	5			5				
稻城县	148	4	2		2	1	1	0.4	0.4
得荣县	34	1			1				
木里藏族自治县	130	16		1	15				
盐源县	450	45	45						
德昌县	455	114	26	17	71	1	1	1.0	1.0
会理县	370	85	41	33	11	1		1.0	
会东县	408	36	3	3	31				
宁南县	357	67	64		3				
普格县	180	5	2		4				
布拖县	139	20	20						
金阳县	94	9		2	7				
昭觉县	230	19	16	2	1				
喜德县	260	22	12	5	5				
冕宁县	267	42	17	18	8				
越西县	310	16	2	6	8				
甘洛县	290	60			60				
美姑县	159	8			8				
雷波县	405	7	1	1	5				

continued 26

污水处理厂 Wastewater Treatment Plant 处理量(万立方米) Quantity of Wastewater Treated (10,000 m^3)	二、三级处理 Secondary and Tertiary Treated	干污泥产生量(吨) Quantity of Dry Sludge Produced (ton)	干污泥处置量(吨) Quantity of Dry Sludge Treated (ton)	其他污水处理设施 Other Wastewater Treatment Facilities 处理能力(万立方米/日) Treatment Capacity (10,000 m^3/day)	处理量(万立方米) Quantity of Wastewater Treated (10,000 m^3)	污水处理总量(万立方米) Total Quantity of Wastewater Treated (10,000 m^3)	再生水 Recycled Water 生产能力(万立方米/日) Recycled Water Production Capacity (10,000 m^3/day)	利用量(万立方米) Annual Quantity of Wastewater Recycled and Reused (10,000 m^3)	管道长度(公里) Length of Pipelines (km)	县名称 Name of Counties
122		130	100			122				九寨沟县
										金川县
										小金县
										黑水县
										壤塘县
										阿坝县
										若尔盖县
										红原县
48		72				48				泸定县
										丹巴县
										九龙县
										雅江县
										道孚县
										炉霍县
										甘孜县
										新龙县
										德格县
										白玉县
										石渠县
										色达县
										理塘县
										巴塘县
										乡城县
45	45	65				45				稻城县
										得荣县
										木里藏族自治县
										盐源县
108	108	202	202			108				德昌县
325		345	345			325				会理县
										会东县
										宁南县
										普格县
										布拖县
										金阳县
										昭觉县
										喜德县
										冕宁县
										越西县
										甘洛县
										美姑县
										雷波县

10-3 续表 27

县名称 Name of Counties	污水排放量（万立方米）Annual Quantity of Wastewater Discharged ($10,000\ m^3$)	排水管道长度（公里）Length of Drainage Pipelines (km)	污水管道 Sewers	雨水管道 Rainwater Drainage Pipeline	雨污合流管道 Combined Drainage Pipeline	污水处理厂 Wastewater Treatment Plant 座数（座）Number of Wastewater Treatment Plant (unit)	二、三级处理 Secondary and Tertiary Treatment	处理能力（万立方米/日）Treatment Capacity ($10,000\ m^3$/day)	二、三级处理 Secondary and Tertiary Treatment
贵　州	**20905**	**3634**	**2126**	**781**	**727**	**72**	**56**	**54.6**	**44.6**
开阳县	374	29	21	8		1	1	1.2	1.2
息烽县	278	39	28	11		1	1	0.7	0.7
修文县	244	73	5	32	36	1	1	0.8	0.8
水城县	342	108	28	40	40	2		1.5	
盘　县	466	61	2	2	57	2	2	2.5	2.5
六枝特区	687	80	47		33	1	1	1.8	1.8
遵义县	986	92	81		11	1	1	3.0	3.0
桐梓县	645	89	89			1	1	2.3	2.3
绥阳县	294	57	10		47	1	1	1.5	1.5
正安县	298	40	20		20	1	1	0.6	0.6
道真仡佬族苗族自治县	214	35	2	2	31	1	1	0.5	0.5
务川仡佬族苗族自治县	220	22	18	4		1	1	0.5	0.5
凤冈县	264	18	18			1	1	1.4	1.4
湄潭县	327	37	17	10	10	1	1	0.5	0.5
余庆县	307	113	41	62	10	1	1	0.5	0.5
习水县	509	66	56	10		1	1	1.6	1.6
普定县	400	49	39		10	1		0.6	
镇宁布依族苗族自治县	275	55	24	21	10	1	1	0.6	0.6
关岭布依族苗族自治县	176	28	14	7	7	1	1	0.4	0.4
紫云苗族布依族自治县	240	22	9	8	5	1	1	0.4	0.4
江口县	209	44	29	11	4	1		0.6	
玉屏侗族自治县	331	49	49			1	1	0.5	0.5
石阡县	302	56	21	35		1	1	0.8	0.8
思南县	343	56	19	26	11	1	1	0.8	0.8
印江土家族苗族自治县	407	93	40	28	25	1	1	0.8	0.8
德江县	413	49	49			1	1	0.8	0.8
沿河土家族自治县	320	36	26	10		1		0.7	
松桃苗族自治县	262	41	7	20	13	1	1	0.7	0.7
兴仁县	350	59	34	24		1	1	1.0	1.0
普安县	160	40	27	11	3	1	1	0.4	0.4
晴隆县	122	38	27	2	9	1	1	0.4	0.4
贞丰县	245	41	41			1	1	0.4	0.4
望谟县	185	26	17	6	3	1	1	0.7	0.7
册亨县	92	20	10	10		1	1	0.4	0.4

continued 27

污水处理厂 Wastewater Treatment Plant				其他污水处理设施 Other Wastewater Treatment Facilities		污水处理总量	再生水 Recycled Water			
处理量（万立方米） Quantity of Wastewater Treated (10,000 m^3)	二、三级处理 Secondary and Tertiary Treated	干污泥产生量（吨） Quantity of Dry Sludge Produced (ton)	干污泥处置量（吨） Quantity of Dry Sludge Treated (ton)	处理能力（万立方米/日） Treatment Capacity (10,000 m^3/day)	处理量（万立方米） Quantity of Wastewater Treated (10,000 m^3)	（万立方米） Total Quantity of Wastewater Treated (10,000 m^3)	生产能力（万立方米/日） Recycled Water Production Capacity (10,000 m^3/day)	利用量（万立方米） Annual Quantity of Wastewater Recycled and Reused (10,000 m^3)	管道长度（公里） Length of Pipelines (km)	县名称 Name of Counties
16272	**13052**	**18712**	**17558**			**16272**				**贵　州**
369	369	380	380			369				开阳县
192	192	324	324			192				息烽县
210	210	212	212			210				修文县
224		250	250			224				水城县
425	425	333	249			425				盘　县
550	550	630	630			550				六枝特区
960	960	1031	1031			960				遵义县
550	550	590	590			550				桐梓县
280	280	390	390			280				绥阳县
245	245	250	250			245				正安县
192	192	293	293			192				道真仡佬族苗族自治县
183	183	190	190			183				务川仡佬族苗族自治县
260	260	280	280			260				凤冈县
201	201	290	290			201				湄潭县
198	198	396	396			198				余庆县
436	436	495	495			436				习水县
204		275	275			204				普定县
170	170	187	187			170				镇宁布依族苗族自治县
148	148	163	163			148				关岭布依族苗族自治县
145	145	160	160			145				紫云苗族布依族自治县
150		150	150			150				江口县
187	187	205	205			187				玉屏侗族自治县
243	243	250	250			243				石阡县
291	291	311	311			291				思南县
219	219	251	251			219				印江土家族苗族自治县
291	291	291	291			291				德江县
256		300	300			256				沿河土家族自治县
250	250	260				250				松桃苗族自治县
230	230	230	230			230				兴仁县
100	100	150	150			100				普安县
55	55	56	56			55				晴隆县
135	135	142	142			135				贞丰县
110	110	122	80			110				望谟县
79	79	136				79				册亨县

10-3 续表 28

县名称 Name of Counties	污水排放量(万立方米) Annual Quantity of Wastewater Discharged (10,000 m^3)	排水管道长度(公里) Length of Drainage Pipelines (km)				污水处理厂 Wastewater Treatment Plant			
			污水管道 Sewers	雨水管道 Rainwater Drainage Pipeline	雨污合流管道 Combined Drainage Pipeline	座数(座) Number of Wastewater Treatment Plant (unit)	二、三级处理 Secondary and Tertiary Treatment	处理能力(万立方米/日) Treatment Capacity (10,000 m^3/day)	二、三级处理 Secondary and Tertiary Treatment
安龙县	365	81	55	10	16	2	2	0.8	0.8
大方县	287	63	63			1		0.7	
黔西县	610	111	39	50	22	1		1.0	
金沙县	460	185	66	85	34	1	1	1.0	1.0
织金县	520	50	50			1	1	1.3	1.3
纳雍县	335	124	62	62		2	2	0.7	0.7
威宁彝族回族苗族自治县	360	58	25		34	1	1	1.0	1.0
赫章县	310	45	20		25	1	1	1.0	1.0
黄平县	148	101	79	2	20	1		0.4	
施秉县	140	17	17			1		0.5	
三穗县	250	51	31	20		1	1	0.5	0.5
镇远县	336	35	29		5	1	1	1.0	1.0
岑巩县	166	43	29	15		1		0.5	
天柱县	402	50	34	3	13	1	1	0.6	0.6
锦屏县	150	26	21	5		1	1	0.3	0.3
剑河县	158	48	25	15	8	1		0.3	
台江县	111	23	13		10	1	1	0.3	0.3
黎平县	394	36	9	21	6	1		0.8	
榕江县	262	35	35			1		0.6	
从江县	135	38	19	16	3	1	1	0.4	0.4
雷山县	113	28	26	2		1	1	0.3	0.3
麻江县	145	36	28		8	1	1	0.6	0.6
丹寨县	146	43	24		19	1	1	0.3	0.3
荔波县	301	39	19	4	16	1	1	1.0	1.0
贵定县	330	56	56			1	1	1.0	1.0
瓮安县	676	136	100	31	5	2	2	1.6	1.6
独山县	339	68	30		38	1		0.6	
平塘县	181	29	13		16	1		0.5	
罗甸县	200	8	2	1	5	1	1	0.6	0.6
长顺县	214	47	47			1	1	0.5	0.5
龙里县	376	65	40	10	15	1	1	0.7	0.7
惠水县	485	73	29	29	15	1		0.7	
三都水族自治县	213	27	27			1	1	0.6	0.6
云 南	**29946**	**7239**	**3324**	**2046**	**1869**	**103**	**85**	**103.5**	**84.8**
晋宁县	476	122	68	54		1	1	1.5	1.5
富民县	150	65	25	39		1		0.8	
宜良县	671	106	44	43	19	1	1	2.0	2.0
石林彝族自治县	538	190	120	70		1		2.0	
禄劝彝族苗族自治县	237	59	24	18	17	1		0.6	

continued 28

污水处理厂 Wastewater Treatment Plant				其他污水处理设施 Other Wastewater Treatment Facilities		污水处理总量	再生水 Recycled Water			县名称
处理量(万立方米) Quantity of Wastewater Treated (10,000 m^3)	二、三级处理 Secondary and Tertiary Treated	干污泥产生量(吨) Quantity of Dry Sludge Produced (ton)	干污泥处置量(吨) Quantity of Dry Sludge Treated (ton)	处理能力(万立方米/日) Treatment Capacity (10,000 m^3/day)	处理量(万立方米) Quantity of Wastewater Treated (10,000 m^3)	(万立方米) Total Quantity of Wastewater Treated (10,000 m^3)	生产能力(万立方米/日) Recycled Water Production Capacity (10,000 m^3/day)	利用量(万立方米) Annual Quantity of Wastewater Recycled and Reused (10,000 m^3)	管道长度(公里) Length of Pipelines (km)	Name of Counties
170	170	183	183			170				安龙县
268		450	450			268				大方县
400		600	600			400				黔西县
396	396	537	537			396				金沙县
420	420	440	440			420				织金县
270	270	279	279			270				纳雍县
320	320	340	340			320				威宁彝族回族苗族自治县
216	216	300	280			216				赫章县
131		132	132			131				黄平县
131		133	133			131				施秉县
192	192	200	200			192				三穗县
320	320	320	320			320				镇远县
157		167	167			157				岑巩县
268	268	270	270			268				天柱县
126	126	132	132			126				锦屏县
120		128	128			120				剑河县
100	100	102	102			100				台江县
300		300	300			300				黎平县
215		220	220			215				榕江县
130	130	140	105			130				从江县
90	90	100	100			90				雷山县
120	120	135	135			120				麻江县
110	110	117	117			110				丹寨县
240	240	272	271			240				荔波县
286	286	300	300			286				贵定县
571	571	829	730			571				瓮安县
266		305	305			266				独山县
165		185	27			165				平塘县
195	195	195	183			195				罗甸县
180	180	181	181			180				长顺县
241	241	307				241				龙里县
233		240	240			233				惠水县
187	187	200	200			187				三都水族自治县
22766	**18148**	**34103**	**30565**		**60**	**22826**	**7.3**	**697**	**22**	**云　南**
415	415	477	476			415	1.2	400		晋宁县
134		134				134	0.6			富民县
552	552	1104	1104			552				宜良县
431		431	431			431				石林彝族自治县
214		274	274			214				禄劝彝族苗族自治县

10-3 续表 29

县名称 Name of Counties	污水排放量（万立方米） Annual Quantity of Wastewater Discharged (10,000 m³)	排水管道长度（公里） Length of Drainage Pipelines (km)	污水管道 Sewers	雨水管道 Rainwater Drainage Pipeline	雨污合流管道 Combined Drainage Pipeline	污水处理厂 Wastewater Treatment Plant 座数（座） Number of Wastewater Treatment Plant (unit)	二、三级处理 Secondary and Tertiary Treatment	处理能力（万立方米/日） Treatment Capacity (10,000 m³/day)	二、三级处理 Secondary and Tertiary Treatment
寻甸回族彝族自治县	495	104	53	51		1	1	1.2	1.2
阳宗海风景名胜区	385	73	51	22	1	2		1.0	
倘甸产业园区和轿子山旅游开发区	110	33	-	-	33				
嵩明县	409	165	78	41	46	1	1	1.0	1.0
马龙县	213	56	56			1	1	1.0	1.0
陆良县	773	177	56	7	114	1		2.0	
师宗县	442	113	45	42	26	1	1	1.5	1.5
罗平县	950	146	75	16	55	1	1	2.5	2.5
富源县	957	89	29	14	46	1		2.0	
会泽县	480	88	37	31	20	1	1	2.0	2.0
沾益县	363	159	55	34	70	1	1	2.0	2.0
江川县	388	27		2	25	1		1.0	
澄江县	378	92	50		42	1	1	1.5	1.5
通海县	370	71			71	1	1	1.0	1.0
华宁县	314	64	24	21	19	1	1	1.0	1.0
易门县	271	107	41	26	40	1	1	1.0	1.0
峨山县	209	47	21	14	13	1	1	1.0	1.0
新平县	300	55			55	1		1.0	
元江县	187	71	22	18	31	1		1.0	
施甸县	365	92	35	34	23	1	1	1.0	1.0
龙陵县	362	25	15	10		1	1	1.0	1.0
昌宁县	348	75	21	35	19	1	1	1.0	1.0
鲁甸县	230	105	18	43	44	1		1.5	
巧家县	280	70	34	33	2	1	1	1.0	1.0
盐津县	235	65	50		15	1	1	0.5	0.5
大关县	192	58	44	11	4	1	1	0.4	0.4
永善县	233	45	29	11	4	1	1	1.0	1.0
绥江县	243	96	61	35		1	1	1.0	1.0
镇雄县	1120	120	20	41	59	1	1	2.5	2.5
彝良县	288	56	34	15	7	1	1	0.8	0.8
威信县	256	74	47	14	13	1	1	1.0	1.0
水富县	295	49	31	12	6	1	1	1.5	1.5
玉龙纳西族自治县	72	153	64	89					
永胜县	365	50	25	14	11	1	1	1.0	1.0
华坪县	225	36	36			1	1	0.6	0.6
宁蒗县	264	18	3	10	5	1	1	1.0	1.0
宁洱哈尼族彝族自治县	234	86	33	20	33	1	1	1.0	1.0
墨江哈尼族自治县	138	33	14	7	13	1	1	1.0	1.0

continued 29

污水处理厂 Wastewater Treatment Plant				其他污水处理设施 Other Wastewater Treatment Facilities		污水处理总量	再生水 Recycled Water			
处理量（万立方米） Quantity of Wastewater Treated (10,000 m^3)	二、三级处理 Secondary and Tertiary Treated	干污泥产生量（吨） Quantity of Dry Sludge Produced (ton)	干污泥处置量（吨） Quantity of Dry Sludge Treated (ton)	处理能力（万立方米／日） Treatment Capacity (10,000 m^3/day)	处理量（万立方米） Quantity of Wastewater Treated (10,000 m^3)	（万立方米） Total Quantity of Wastewater Treated (10,000 m^3)	生产能力（万立方米／日） Recycled Water Production Capacity (10,000 m^3/day)	利用量（万立方米） Annual Quantity of Wastewater Recycled and Reused (10,000 m^3)	管道长度（公里） Length of Pipelines (km)	县名称 Name of Counties
391	391	610	600			391				寻甸回族彝族自治县
256		256	256			256				阳宗海风景名胜区
										倘甸产业园区和轿子山旅游开发区
295	295	684	684		20	315				嵩明县
192	192	358	358			192				马龙县
666		770	770			666	1.9	152	16	陆良县
324	324	600	600			324				师宗县
790	790	1260	1260			790				罗平县
814		1290	1290			814				富源县
440	440	500	500			440				会泽县
316	316	569	569			316				沾益县
260		1413	1413			260				江川县
311	311	310	310			311				澄江县
316	316	521	521			316				通海县
267	267	511	511			267	0.1			华宁县
241	241	320	320			241				易门县
179	179	182				179				峨山县
255		268	268			255				新平县
159		705	705			159				元江县
316	316	343	343			316				施甸县
215	215	290	290			215				龙陵县
324	324	635	635			324				昌宁县
205		205				205	1.0	87	1	鲁甸县
165	165	220				165				巧家县
82	82	82	82			82				盐津县
96	96	111				96				大关县
153	153	303	303			153				永善县
163	163	164				163				绥江县
868	868	1120				868				镇雄县
154	154	184				154				彝良县
222	222	250	250			222				威信县
206	206	300	300			206				水富县
										玉龙纳西族自治县
332	332	350	350			332	0.3	7	1	永胜县
177	177	240	240			177				华坪县
220	220	186	186			220	0.9	26	1	宁蒗县
227	227	257	257			227				宁洱哈尼族彝族自治县
126	126	133	133			126				墨江哈尼族自治县

10-3 续表 30

县名称 Name of Counties	污水排放量（万立方米）Annual Quantity of Wastewater Discharged ($10,000 m^3$)	排水管道长度（公里）Length of Drainage Pipelines (km)	污水管道 Sewers	雨水管道 Rainwater Drainage Pipeline	雨污合流管道 Combined Drainage Pipeline	污水处理厂 Wastewater Treatment Plant 座数（座）Number of Wastewater Treatment Plant (unit)	二、三级处理 Secondary and Tertiary Treatment	处理能力（万立方米/日）Treatment Capacity ($10,000 m^3$/day)	二、三级处理 Secondary and Tertiary Treatment
景东彝族自治县	350	70	22		48	1	1	1.0	1.0
景谷傣族彝族自治县	365	68	36	14	19	1	1	1.0	1.0
镇沅彝族哈尼族拉祜族自治县	108	45	23	21	1	1	1	0.5	0.5
江城哈尼族彝族自治县	102	27	19	2	6	1	1	0.4	0.4
孟连傣族拉祜族佤族自治县	160	49	27	13	10	1	1	0.8	0.8
澜沧拉祜族自治县	259	40	16		24	1	1	1.0	1.0
西盟佤族自治县	34	29	18	10	1	1	1	0.3	0.3
凤庆县	730	86	33	52	1	1	1	1.5	1.5
云　县	632	58	54	1	2	1	1	1.4	1.4
永德县	167	41	24	15	2	1	1	0.6	0.6
镇康县	163	64	34	30		1	1	0.8	0.8
双江拉祜族佤族布朗族傣族自治县	201	47	22	3	22	1	1	1.0	1.0
耿马傣族佤族自治县	255	59	37		21	1	1	1.0	1.0
沧源佤族自治县	144	99	57	38	3	1	1	0.8	0.8
双柏县	115	47	19	19	10	1	1	1.0	1.0
牟定县	132	56	21	14	21	1	1	1.2	1.2
南华县	225	99	47	49	3	1	1	1.5	1.5
姚安县	155	38	13	8	17	1	1	1.0	1.0
大姚县	293	66	33	30	3	1	1	1.0	1.0
永仁县	160	58	22	19	17	1	1	0.5	0.5
元谋县	215	69	46	10	13	1		1.5	
武定县	209	29	12	13	4	1		1.0	
禄丰县	421	81	27	15	39	1	1	2.0	2.0
屏边苗族自治县	175	34	14	7	12	1	1	0.6	0.6
建水县	698	193	83	86	24	1	1	2.5	2.5
石屏县	356	94	47	39	9	1	1	1.0	1.0
泸西县	725	183	88	84	11	1	1	2.0	2.0
元阳县	107	41	20	9	12	1	1	0.5	0.5
红河县	141	48	41	7		1	1	0.5	0.5
金平苗族瑶族傣族自治县	145	60	17	1	42	1	1	0.8	0.8
绿春县	122	8	5	1	2	1	1	0.5	0.5
河口县	278	36	7		29	1	1	1.0	1.0
砚山县	260	38	36	2		1	1	0.5	0.5
西畴县	86	54	22	4	28	1	1	0.3	0.3

continued 30

污水处理厂 Wastewater Treatment Plant				其他污水处理设施 Other Wastewater Treatment Facilities		污水处理总量	再生水 Recycled Water			县名称
处理量(万立方米) Quantity of Wastewater Treated (10,000 m^3)	二、三级处理 Secondary and Tertiary Treated	干污泥产生量(吨) Quantity of Dry Sludge Produced (ton)	干污泥处置量(吨) Quantity of Dry Sludge Treated (ton)	处理能力(万立方米/日) Treatment Capacity (10,000 m^3/day)	处理量(万立方米) Quantity of Wastewater Treated (10,000 m^3)	(万立方米) Total Quantity of Wastewater Treated (10,000 m^3)	生产能力(万立方米/日) Recycled Water Production Capacity (10,000 m^3/day)	利用量(万立方米) Annual Quantity of Wastewater Recycled and Reused (10,000 m^3)	管道长度(公里) Length of Pipelines (km)	Name of Counties
306	306	346	346			306				景东彝族自治县
156	156	298	298			156				景谷傣族彝族自治县
92	92	160	160			92				镇沅彝族哈尼族拉祜族自治县
83	83	82	82			83				江城哈尼族彝族自治县
145	145	65	65			145				孟连傣族拉祜族佤族自治县
213	213	254	205			213				澜沧拉祜族自治县
30	30	82	82			30				西盟佤族自治县
296	296	531	531			296				凤庆县
306	306	560	470			306				云　县
134	134	134	134			134				永德县
140	140	240	240			140	0.2			镇康县
193	193	375	375			193				双江拉祜族佤族布朗族傣族自治县
235	235	450	450			235				耿马傣族佤族自治县
128	128	190				128				沧源佤族自治县
88	88	110	110			88				双柏县
117	117	120	120			117				牟定县
185	185	320	320			185				南华县
120	120	171	171			120				姚安县
267	267	270	270			267	0.6			大姚县
100	100	110	91		40	140				永仁县
175		207	207			175				元谋县
180		312	312			180				武定县
295	295	381	381			295				禄丰县
140	140	150	150			140				屏边苗族自治县
620	620	620	620			620				建水县
305	305	418	418			305				石屏县
558	558	617	520			558				泸西县
91	91	182	182			91				元阳县
60	60	98	98			60				红河县
104	104	110	110			104				金平苗族瑶族傣族自治县
74	74	95	26			74				绿春县
222	222	221	221			222				河口县
172	172	210	210			172				砚山县
36	36	36	36			36	0.1	3	3	西畴县

10-3 续表 31

县名称 Name of Counties	污水排放量（万立方米） Annual Quantity of Waste-water Discharged ($10,000\ m^3$)	排水管道长度（公里） Length of Drainage Pipelines (km)	污水管道 Sewers	雨水管道 Rainwater Drainage Pipeline	雨污合流管道 Combined Drainage Pipeline	污水处理厂 Wastewater Treatment Plant：座数（座） Number of Wastewater Treatment Plant (unit)	二、三级处理 Secondary and Tertiary Treatment	处理能力（万立方米/日） Treatment Capacity ($10,000\ m^3$/day)	二、三级处理 Secondary and Tertiary Treatment
麻栗坡县	108	33	20	8	6	1		0.4	
马关县	281	85	22	18	45	1	1	1.0	1.0
丘北县	305	96	26	28	42	1		0.6	
广南县	305	44	18	13	14	1		0.8	
富宁县	314	48	20	19	9	1		1.0	
勐海县	265	48	23	16	9	1	1	1.0	1.0
勐腊县	200	26	16	9	1	1	1	1.0	1.0
漾濞彝族自治县	89	16	3	13		1	1	0.5	0.5
祥云县	286	127	56	58	13	1	1	2.0	2.0
宾川县	323	91	60	30		1	1	1.0	1.0
弥渡县	226	85	42	6	38	1	1	0.6	0.6
南涧彝族自治县	175	28	16	12		1		0.5	
巍山彝族回族自治县	143	21	12	5	3	1	1	0.5	0.5
永平县	153	33	19	7	7	1	1	0.8	0.8
云龙县	68	75	22	2	51	1	1	0.5	0.5
洱源县	221	54	24	27	3	1	1	0.4	0.4
剑川县	157	57	23	9	25	1	1	0.5	0.5
鹤庆县	140	116	60	15	41	1	1	0.8	0.8
梁河县	109	51	28	23		1	1	0.5	0.5
盈江县	410	102	43	31	28	1	1	1.5	1.5
陇川县	203	72	48	23		1	1	0.5	0.5
泸水县	350	65	12	27	26	1	1	1.3	1.3
福贡县	100	17		17		1	1	0.3	0.3
贡山独龙族怒族自治县	36	16	12	1	3	1	1	0.3	0.3
兰坪白族普米族自治县	280	73	33		40	1	1	1.0	1.0
德钦县	52	14	8	2	4	1	1	0.3	0.3
维西傈僳族自治县	148	48	30	13	6	1	1	0.5	0.5
西　藏	**1184**	**465**	**72**	**54**	**339**				
林周县	14	14			14				
当雄县	16	14	5		9				
尼木县	19	2			2				
曲水县	3	13			13				
达孜县	7	-			-				
墨竹工卡县	9	10			10				
江达县	38	3			3				
贡觉县	80	2			2				
类乌齐县	28	2			2				
丁青县	60	3			3				

continued 31

污水处理厂 Wastewater Treatment Plant				其他污水处理设施 Other Wastewater Treatment Facilities		污水处理总量	再生水 Recycled Water			
处理量（万立方米） Quantity of Wastewater Treated (10,000 m³)	二、三级处理 Secondary and Tertiary Treated	干污泥产生量（吨） Quantity of Dry Sludge Produced (ton)	干污泥处置量（吨） Quantity of Dry Sludge Treated (ton)	处理能力（万立方米/日） Treatment Capacity (10,000 m³/day)	处理量（万立方米） Quantity of Wastewater Treated (10,000 m³)	（万立方米） Total Quantity of Wastewater Treated (10,000 m³)	生产能力（万立方米/日） Recycled Water Production Capacity (10,000 m³/day)	利用量（万立方米） Annual Quantity of Wastewater Recycled and Reused (10,000 m³)	管道长度（公里） Length of Pipelines (km)	县名称 Name of Counties
91		40	40			91				麻栗坡县
281	281	449	449			281				马关县
168		300				168	0.1	22		丘北县
262		500	500			262				广南县
236		283	283			236				富宁县
172	172	208	208			172				勐海县
170	170	250	250			170				勐腊县
78	78	82	20			78				漾濞彝族自治县
263	263	635	635			263				祥云县
268	268	273	273			268				宾川县
190	190	1440	1440			190				弥渡县
112		140	140			112				南涧彝族自治县
70	70	72	72			70				巍山彝族回族自治县
111	111	89				111				永平县
55	55	55				55				云龙县
130	130	140	140			130				洱源县
135	135	160	160			135				剑川县
118	118	272	272			118				鹤庆县
105	105	94	94			105	0.3			梁河县
280	280	343	343			280				盈江县
135	135	142	142			135				陇川县
153	153	200	200			153				泸水县
51	51	96	96			51				福贡县
23	23	35	28			23				贡山独龙族怒族自治县
162	162	180	180			162				兰坪白族普米族自治县
39	39	40				39				德钦县
73	73	140				73				维西傈僳族自治县
										西　藏
										林周县
										当雄县
										尼木县
										曲水县
										达孜县
										墨竹工卡县
										江达县
										贡觉县
										类乌齐县
										丁青县

10-3 续表 32

县名称 Name of Counties	污水排放量(万立方米) Annual Quantity of Wastewater Discharged (10,000 m^3)	排水管道长度(公里) Length of Drainage Pipelines (km)	污水管道 Sewers	雨水管道 Rainwater Drainage Pipeline	雨污合流管道 Combined Drainage Pipeline	污水处理厂 Wastewater Treatment Plant 座数(座) Number of Wastewater Treatment Plant (unit)	二、三级处理 Secondary and Tertiary Treatment	处理能力(万立方米/日) Treatment Capacity (10,000 m^3/day)	二、三级处理 Secondary and Tertiary Treatment
察雅县	39	2			2				
八宿县	28	3			3				
左贡县	18	3			3				
芒康县	72	4			4				
洛隆县	46	2			2				
边坝县	17	3			3				
贡嘎县	43	6			6				
桑日县	10	5			5				
琼结县	28	8	5	3					
曲松县		18			18				
措美县		10	5	4	1				
隆子县	100	50	10	20	20				
错那县	1	7	3	1	3				
浪卡子县		7	6	1	-				
南木林县	11	6			6				
江孜县	11	28			28				
定日县		9			9				
萨迦县	11	5			5				
昂仁县	11	23			23				
谢通门县	11	13	11	2					
白朗县	44	10	1		9				
仁布县	50	3			3				
康马县	36	6		6					
定结县		5	1	1	3				
仲巴县		13	7		7				
亚东县		8			8				
吉隆县	36	3			3				
聂拉木县		7	2	1	4				
萨嘎县	62	6		6					
岗巴县	11	10			10				
嘉黎县	10	7			7				
聂荣县		3	3						
申扎县		15			15				
尼玛县	25	3		3					
普兰县	2	3	1	1	1				
札达县	3	1			1				
噶尔县	70	22			22				
日土县	16	4		4					
革吉县		8			8				
措勤县	26								
工布江达县	17	9	4		5				

continued 32

污水处理厂 Wastewater Treatment Plant				其他污水处理设施 Other Wastewater Treatment Facilities		污水处理总量	再生水 Recycled Water			
处理量(万立方米) Quantity of Wastewater Treated (10,000 m^3)	二、三级处理 Secondary and Tertiary Treated	干污泥产生量(吨) Quantity of Dry Sludge Produced (ton)	干污泥处置量(吨) Quantity of Dry Sludge Treated (ton)	处理能力(万立方米/日) Treatment Capacity (10,000 m^3/day)	处理量(万立方米) Quantity of Wastewater Treated (10,000 m^3)	(万立方米) Total Quantity of Wastewater Treated (10,000 m^3)	生产能力(万立方米/日) Recycled Water Production Capacity (10,000 m^3/day)	利用量(万立方米) Annual Quantity of Wastewater Recycled and Reused (10,000 m^3)	管道长度(公里) Length of Pipelines (km)	县名称 Name of Counties
										察雅县
										八宿县
										左贡县
										芒康县
										洛隆县
										边坝县
										贡嘎县
										桑日县
										琼结县
										曲松县
										措美县
										隆子县
										错那县
										浪卡子县
										南木林县
										江孜县
										定日县
										萨迦县
										昂仁县
										谢通门县
										白朗县
										仁布县
										康马县
										定结县
										仲巴县
										亚东县
										吉隆县
										聂拉木县
										萨嘎县
										岗巴县
										嘉黎县
										聂荣县
										申扎县
										尼玛县
										普兰县
										札达县
										噶尔县
										日土县
										革吉县
										措勤县
										工布江达县

10-3 续表 33

县名称 Name of Counties	污水排放量（万立方米）Annual Quantity of Wastewater Discharged (10,000 m^3)	排水管道长度（公里）Length of Drainage Pipelines (km)	污水管道 Sewers	雨水管道 Rainwater Drainage Pipeline	雨污合流管道 Combined Drainage Pipeline	污水处理厂 Wastewater Treatment Plant 座数（座）Number of Wastewater Treatment Plant (unit)	二、三级处理 Secondary and Tertiary Treatment	处理能力（万立方米/日）Treatment Capacity (10,000 m^3/day)	二、三级处理 Secondary and Tertiary Treatment
米林县	21	12	3	1	9				
墨脱县		1			1				
波密县	14	6	6						
察隅县	10	9			9				
朗县		18			18				
陕西	**24126**	**4771**	**2116**	**967**	**1688**	**79**	**44**	**99.3**	**56.1**
蓝田县	472	87	19	12	55	1	1	1.5	1.5
周至县	409	47	28	15	4	1	1	1.1	1.1
户县	1255	163	37	40	86	1		3.0	
宜君县	33	31	26	5		1		0.2	
凤翔县	363	59	30	2	26	1		1.8	
岐山县	496	28	15	3	10	1		1.5	
扶风县	568	44	5		39	1	1	2.0	2.0
眉县	279	119	31	16	72	1		1.5	
陇县	291	75	21	3	51	1	1	1.0	1.0
千阳县	151	65	22	10	33	1		0.4	
麟游县	50	40	19	21		1	1	0.3	0.3
凤县	112	30	15	10	5	1		0.3	
太白县	76	32	11	10	10	1	1	0.4	0.4
三原县	395	111	11		101	1	1	4.5	4.5
泾阳县	549	61	1	8	52	1	1	1.6	1.6
乾县	296	88	14	7	67	1		1.5	
礼泉县	377	50	32	4	14	1		3.3	
永寿县	163	40	7		34	1	1	0.6	0.6
彬县	250	63	32	22	9	1	1	1.0	1.0
长武县	178	66	20	21	25	1	1	0.6	0.6
旬邑县	63	22	10	8	3	1	1	1.0	1.0
淳化县	72	55	44		11	1	1	0.8	0.8
武功县	317	79	35	6	39	1	1	1.0	1.0
潼关县	145	42	13	2	27	1		0.7	
大荔县	492	94	27	21	46	1	1	1.5	1.5
合阳县	466	69	7	14	48	1		1.5	
澄城县	437	98	23	22	53	1		2.0	
蒲城县	480	67	8	6	53	1	1	1.8	1.8
白水县	201	42	27		15	1	1	0.5	0.5
富平县	504	83	77	4	3	1	1	2.5	2.5
延长县	122	34	13	9	12	1	1	0.4	0.4
延川县	105	26	13		13	1		0.5	
子长县	383	40	21		19	1		1.0	
安塞县	110	30	9		21	1		0.5	
志丹县	196	71	56	10	5	1	1	0.6	0.6

continued 33

污水处理厂 Wastewater Treatment Plant				其他污水处理设施 Other Wastewater Treatment Facilities		污水处理总量	再生水 Recycled Water			
处理量（万立方米） Quantity of Wastewater Treated (10,000 m^3)	二、三级处理 Secondary and Tertiary Treated	干污泥产生量（吨） Quantity of Dry Sludge Produced (ton)	干污泥处置量（吨） Quantity of Dry Sludge Treated (ton)	处理能力（万立方米/日） Treatment Capacity (10,000 m^3/day)	处理量（万立方米） Quantity of Wastewater Treated (10,000 m^3)	（万立方米） Total Quantity of Wastewater Treated (10,000 m^3)	生产能力（万立方米/日） Recycled Water Production Capacity (10,000 m^3/day)	利用量（万立方米） Annual Quantity of Wastewater Recycled and Reused (10,000 m^3)	管道长度（公里） Length of Pipelines (km)	县名称 Name of Counties
										米林县
										墨脱县
										波密县
										察隅县
										朗县
20294	**10986**	**30079**	**25356**			**20294**	**5.5**	**274**	**190**	**陕　西**
366	366	657	657			366	0.5	2	2	蓝田县
317	317	355	355			317	0.1	1	1	周至县
974		1426	1426			974	1.1			户　县
29		52	52			29	0.1			宜君县
338		473				338				凤翔县
450		525	525			450	0.7	73		岐山县
528	528	734				528				扶风县
245		356	356			245				眉　县
250	250	313				250				陇　县
140		230				140				千阳县
43	43	67				43				麟游县
97		166	113			97				凤　县
64	64	79	79			64				太白县
352	352	678	678			352				三原县
498	498	570	570			498				泾阳县
272		489	489			272				乾　县
341		394	394			341	1.0	181	181	礼泉县
145	145	223	223			145				永寿县
205	205	380	380			205				彬　县
157	157	221	221			157				长武县
50	50	94	94			50				旬邑县
64	64	105	105			64				淳化县
281	281	460	460			281				武功县
120		203	203			120				潼关县
379	379	650	650			379				大荔县
397		656	656			397				合阳县
370		660	660			370				澄城县
409	409	666	666			409				蒲城县
163	163	220	210			163				白水县
440	440	525	525			440	1.0			富平县
93	93	116	116			93				延长县
84		166	166			84				延川县
313		570	570			313				子长县
91		160	160			91				安塞县
166	166	182	182			166				志丹县

10–3 续表 34

县名称 Name of Counties	污水排放量（万立方米） Annual Quantity of Wastewater Discharged (10,000 m³)	排水管道长度（公里） Length of Drainage Pipelines (km)				污水处理厂 Wastewater Treatment Plant			
			污水管道 Sewers	雨水管道 Rainwater Drainage Pipeline	雨污合流管道 Combined Drainage Pipeline	座数（座） Number of Wastewater Treatment Plant (unit)	二、三级处理 Secondary and Tertiary Treatment	处理能力（万立方米/日） Treatment Capacity (10,000 m³/day)	二、三级处理 Secondary and Tertiary Treatment
吴起县	314	31	27		4	1		1.0	
甘泉县	105	20	12	4	4	1		0.3	
富　县	173	22	16		6	1		0.5	
洛川县	159	32	15	6	11	1		0.6	
宜川县	118	32	30		2	1	1	0.4	0.4
黄龙县	76	41	37		4	1		0.3	
黄陵县	113	54	31		23	1	1	0.5	0.5
南郑县	589	131	73	41	16	1	1	3.4	3.4
城固县	690	98	40	29	29	1	1	3.0	3.0
洋　县	585	82	68	12	2	1	1	2.0	2.0
西乡县	523	125	54	47	23	1	1	3.0	3.0
勉　县	1026	56	11	13	33	1		3.0	
宁强县	356	55	19	10	26	1	1	1.0	1.0
略阳县	309	20	6	6	8	1	1	1.2	1.2
镇巴县	180	24	9	6	8	1	1	0.8	0.8
留坝县	67	31	18	8	5	1	1	0.4	0.4
佛坪县	51	23	13	3	7	1	1	0.4	0.4
神木县	2238	108	35	37	36	2		8.5	
府谷县	420	47	45	1	1	1	1	1.5	1.5
横山县	162	53	19	19	15	1	1	0.5	0.5
靖边县	703	369	166	166	37	1	1	3.0	3.0
定边县	579	61	49	2	9	1	1	3.0	3.0
绥德县	345	40	3	6	32	1		1.0	
米脂县	200	145	80	43	22	1		1.0	
佳　县	28	26	10	12	4	1		0.3	
吴堡县	50	30	6	15	9	1		0.2	
清涧县	68	10	9	1		1		0.3	
子洲县	73	15	9	3	3	1	1	0.3	0.3
汉阴县	200	98	29	23	46	1	1	1.0	1.0
石泉县	221	49	18	1	31	1	1	1.0	1.0
宁陕县	49	40	31	1	9	1	1	0.2	0.2
紫阳县	177	42	28	4	10	1	1	0.8	0.8
岚皋县	145	40	28	6	6	1		0.7	
平利县	201	30	24	1	5	1	1	0.8	0.8
镇坪县	49	32	26	5	1	1		0.5	
旬阳县	235	74	66	4	4	1		1.5	
白河县	141	59	14	6	40	1		1.4	
洛南县	289	55	32	14	9	1	1	1.2	1.2
丹凤县	329	45	16	5	24	1		1.0	
商南县	295	61	16	10	36	1	1	1.0	1.0
山阳县	209	71	24	46		1		1.0	
镇安县	264	43	20	9	15	1	1	1.0	1.0
柞水县	166	102	54	33	15	1		0.4	

continued 34

污水处理厂 Wastewater Treatment Plant				其他污水处理设施 Other Wastewater Treatment Facilities		污水处理总量	再生水 Recycled Water			县名称
处理量(万立方米) Quantity of Wastewater Treated (10,000 m³)	二、三级处理 Secondary and Tertiary Treated	干污泥产生量(吨) Quantity of Dry Sludge Produced (ton)	干污泥处置量(吨) Quantity of Dry Sludge Treated (ton)	处理能力(万立方米/日) Treatment Capacity (10,000 m³/day)	处理量(万立方米) Quantity of Wastewater Treated (10,000 m³)	(万立方米) Total Quantity of Wastewater Treated (10,000 m³)	生产能力(万立方米/日) Recycled Water Production Capacity (10,000 m³/day)	利用量(万立方米) Annual Quantity of Wastewater Recycled and Reused (10,000 m³)	管道长度(公里) Length of Pipelines (km)	Name of Counties
272		460	460			272				吴起县
80		88	88			80				甘泉县
130		234	220			130				富　县
125		238	238			125				洛川县
85	85	110	82			85				宜川县
59		66				59				黄龙县
36	36	50	50			36				黄陵县
538	538	615	585			538				南郑县
584	584	710	710			584				城固县
495	495	880	880			495				洋　县
411	411	778	778			411				西乡县
897		1200	1200			897				勉　县
310	310	345	345			310				宁强县
274	274	535	535			274				略阳县
157	157	240	240			157				镇巴县
59	59	86	86			59				留坝县
37	37	68	68			37				佛坪县
1935		2600				1935				神木县
311	311	398	370			311				府谷县
134	134	242	242			134				横山县
575	575	820	820			575				靖边县
500	500	939	939			500				定边县
256		330	330			256	0.5	1		绥德县
163		178	159			163				米脂县
22		38				22				佳　县
39		53	53			39				吴堡县
58		73	73			58	0.2	16	6	清涧县
64	64	72	72			64				子洲县
163	163	251	251			163				汉阴县
201	201	340	340			201				石泉县
45	45	84	84			45				宁陕县
153	153	247	247			153				紫阳县
122		200	200			122				岚皋县
175	175	220	220			175				平利县
43		50	50			43				镇坪县
213		338	338			213				旬阳县
117		224	224			117	0.3			白河县
263	263	354	354			263				洛南县
200		220	220			200				丹凤县
236	236	450	450			236				商南县
170		329	329			170				山阳县
210	210	240	220			210				镇安县
146		265	265			146				柞水县

10-3 续表 35

县名称 Name of Counties	污水排放量（万立方米） Annual Quantity of Wastewater Discharged ($10,000\ m^3$)	排水管道长度（公里） Length of Drainage Pipelines (km)	污水管道 Sewers	雨水管道 Rainwater Drainage Pipeline	雨污合流管道 Combined Drainage Pipeline	污水处理厂 Wastewater Treatment Plant：座数（座） Number of Wastewater Treatment Plant (unit)	二、三级处理 Secondary and Tertiary Treatment	处理能力（万立方米/日） Treatment Capacity ($10,000\ m^3$/day)	二、三级处理 Secondary and Tertiary Treatment
甘　肃	**10401**	**2862**	**1327**	**652**	**883**	**66**	**44**	**49.1**	**31.9**
永登县	221	35	9	7	19	1	1	0.7	0.7
皋兰县	158	55	23	25	8	1	1	1.0	1.0
榆中县	153	72	20	18	34	1	1	1.5	1.5
永昌县	305	55	55			1	1	1.7	1.7
靖远县	258	49	37	6	7	1		1.0	
会宁县	181	49	17	9	23	1	1	1.0	1.0
景泰县	170	32			32	1	1	0.9	0.9
清水县	214	27	4	4	19	1	1	1.0	1.0
秦安县	170	26	4		22	1	1	1.5	1.5
甘谷县	342	20		20		1		1.3	
武山县	160	16	3	6	7	1	1	0.9	0.9
张家川回族自治县	87	21	6		16	1	1	0.9	0.9
民勤县	290	97	21	1	75	1		1.0	
古浪县	285	31			31	1	1	0.6	0.6
天祝藏族自治县	118	61	38	13	10	1	1	0.6	0.6
肃南裕固族自治县	115	19	16	3		1		0.3	
民乐县	221	34			34	1	1	1.2	1.2
临泽县	245	58	24		34	1	1	0.8	0.8
高台县	160	44	44			1	1	0.6	0.6
山丹县	210	41			41	1		1.5	
泾川县	206	85	55	31		1		1.0	
灵台县	142	75	47	22	7	1		0.4	
崇信县	100	31	20	6	4	1		0.3	
华亭县	389	72	50	22		1		1.4	
庄浪县	143	87	56	14	17	1		0.9	
静宁县	210	118	88	18	13	1		1.0	
金塔县	293	62	46		16	1	1	0.6	0.6
瓜州县	269	45			45	1	1	0.8	0.8
肃北蒙古族自治县	52	11			11	1	1	0.3	0.3
阿克塞哈萨克自治县	66	23	1		22	1	1	0.2	0.2
庆城县	229	64	32	13	19	1		1.0	
环　县	192	32	13	6	13	1	1	0.7	0.7
华池县	109	32	5	5	22	1		0.5	
合水县	128	43	9	30	5	1	1	0.6	0.6
正宁县	137	26	1	25		1		0.5	
宁　县	100	54	36	18		1	1	0.5	0.5
镇原县	169	43	16	16	11	1	1	0.7	0.7

continued 35

污水处理厂 Wastewater Treatment Plant				其他污水处理设施 Other Wastewater Treatment Facilities		污水处理总量	再生水 Recycled Water			
处理量（万立方米） Quantity of Wastewater Treated (10,000 m³)	二、三级处理 Secondary and Tertiary Treated	干污泥产生量（吨） Quantity of Dry Sludge Produced (ton)	干污泥处置量（吨） Quantity of Dry Sludge Treated (ton)	处理能力（万立方米/日） Treatment Capacity (10,000 m³/day)	处理量（万立方米） Quantity of Wastewater Treated (10,000 m³)	（万立方米） Total Quantity of Wastewater Treated (10,000 m³)	生产能力（万立方米/日） Recycled Water Production Capacity (10,000 m³/day)	利用量（万立方米） Annual Quantity of Wastewater Recycled and Reused (10,000 m³)	管道长度（公里） Length of Pipelines (km)	县名称 Name of Counties
7996	**5231**	**13977**	**12776**			**7996**	**1.9**	**503**	**381**	**甘　肃**
219	219	3000	3000			219				永登县
98	98	682	682			98				皋兰县
107	107	200	200			107				榆中县
290	290	540	540			290				永昌县
203		320	320			203				靖远县
181	181	181	181			181				会宁县
170	170	340	340			170				景泰县
214	214	251	251			214				清水县
165	165	292	292			165				秦安县
178		330	330			178				甘谷县
146	146	192	192			146				武山县
87	87	170	170			87				张家川回族自治县
265		266	160			265	0.4	72	42	民勤县
247	247	256	256			247				古浪县
108	108	118	118			108				天祝藏族自治县
108		140	140			108	0.2	73		肃南裕固族自治县
221	221	220	220			221				民乐县
233	233	235	235			233	0.7	223	223	临泽县
144	144	270	270			144	0.1	26	26	高台县
199		201	201			199	0.3	90	88	山丹县
144		151				144				泾川县
100		105	105			100				灵台县
31		40	40			31				崇信县
323		326				323				华亭县
39		75	75			39				庄浪县
95		109				95				静宁县
201	201	450	450			201				金塔县
126	126	240	240			126				瓜州县
24	24	30	30			24				肃北蒙古族自治县
30	30	55	55			30				阿克塞哈萨克自治县
144		150	142			144				庆城县
129	129	146	146			129				环　县
75		106	106			75				华池县
48	48	59	59			48				合水县
37		52				37				正宁县
30	30	42				30				宁　县
21	21	37				21				镇原县

10-3 续表 36

县名称 Name of Counties	污水排放量（万立方米） Annual Quantity of Wastewater Discharged (10,000 m^3)	排水管道长度（公里） Length of Drainage Pipelines (km)				污水处理厂 Wastewater Treatment Plant			
			污水管道 Sewers	雨水管道 Rainwater Drainage Pipeline	雨污合流管道 Combined Drainage Pipeline	座数（座） Number of Wastewater Treatment Plant (unit)	二、三级处理 Secondary and Tertiary Treatment	处理能力（万立方米/日） Treatment Capacity (10,000 m^3/day)	二、三级处理 Secondary and Tertiary Treatment
通渭县	83	35	22	11	2	1	1	0.8	0.8
陇西县	377	97	58	37	2	1	1	0.8	0.8
渭源县	53	41	23	17	1	1	1	0.8	0.8
临洮县	251	125	84	41		1	1	1.7	1.7
漳　县	90	23	12	10	2	1	1	0.4	0.4
岷　县	143	22	7	11	4	1	1	0.9	0.9
成　县	424	76	3	1	72	1	1	1.3	1.3
文　县	85	29	20	4	5	1		0.5	
宕昌县	137	59	22		37	1		0.4	
康　县	56	40	32	7	1	1	1	0.3	0.3
西和县	92	57	33	23	1	1		0.8	
礼　县	131	49	21	17	11	1	1	0.5	0.5
徽　县	168	65	31	34		1	1	0.5	0.5
两当县	52	15	-	-	14	1	1	0.3	0.3
临夏县	31	10	3	8		1	1	0.5	0.5
康乐县	72	18			18	1	1	0.5	0.5
永靖县	466	82	36	40	6	1		1.2	
广河县	65	27	5	4	18	1	1	0.6	0.6
和政县	150	62	40	16	6	1		1.0	
东乡县	30	14	1	2	11	1	1	0.4	0.4
积石山县	55	23			23	1	1	0.5	0.5
临潭县	36	20	4	16		1	1	0.4	0.4
卓尼县	40	15	3	2	9	1	1	0.4	0.4
舟曲县	135	4	2	1	1	2		0.7	
迭部县	50	23	15	7	1	1	1	0.5	0.5
玛曲县	40	29	14		15	1	1	0.4	0.4
碌曲县	27	22	20		3	1	1	0.1	0.1
夏河县	65	38	22	11	5	1		0.5	
青　海	**4955**	**1086**	**431**	**244**	**411**	**21**	**6**	**9.3**	**4.2**
大通县	418	44	16	12	16	1	1	1.5	1.5
湟中县	255	24	9	15		1	1	0.5	0.5
湟源县	266	28	27	1		1	1	0.5	0.5
民和县	230	51	4	27	20	1		0.7	
互助县	403	83	41	27	15	1	1	1.0	1.0
化隆县	295	43	24	8	12				
循化县	137	56	17	3	36	1	1	0.5	0.5
门源县	95	22		14	8	1		0.5	
祁连县	73	28	6	10	12				
海晏县	70	25	11	4	10	1	1	0.2	0.2
刚察县	86	13		4	9	1		0.2	
西海镇	67	29	5	2	22	1		0.2	

continued 36

污水处理厂 Wastewater Treatment Plant				其他污水处理设施 Other Wastewater Treatment Facilities		污水处理总量	再生水 Recycled Water			
处理量（万立方米） Quantity of Wastewater Treated (10,000 m³)	二、三级处理 Secondary and Tertiary Treated	干污泥产生量（吨） Quantity of Dry Sludge Produced (ton)	干污泥处置量（吨） Quantity of Dry Sludge Treated (ton)	处理能力（万立方米/日） Treatment Capacity (10,000 m³/day)	处理量（万立方米） Quantity of Wastewater Treated (10,000 m³)	（万立方米） Total Quantity of Wastewater Treated (10,000 m³)	生产能力（万立方米/日） Recycled Water Production Capacity (10,000 m³/day)	利用量（万立方米） Annual Quantity of Wastewater Recycled and Reused (10,000 m³)	管道长度（公里） Length of Pipelines (km)	县名称 Name of Counties
53	53	27				53				通渭县
336	336	336	268			336				陇西县
51	51	51	51			51				渭源县
239	239	306	306			239				临洮县
53	53	54	54			53				漳　县
125	125	125	125			125				岷　县
424	424	468	468			424				成　县
25		25	25			25				文　县
16		17	17			16				宕昌县
54	54	65	65			54				康　县
91		110	110			91				西和县
84	84	165	165			84				礼　县
163	163	198	128			163				徽　县
49	49	53	53			49				两当县
17	17	32	32			17				临夏县
55	55	94	94			55				康乐县
402		712	712			402				永靖县
44	44	49	49			44				广河县
94		96	96			94				和政县
18	18	25	25			18				东乡县
41	41	55	55			41				积石山县
36	36	36				36				临潭县
36	36	36				36				卓尼县
131		257	257			131	0.2	19	2	舟曲县
49	49	78				49				迭部县
40	40	40				40				玛曲县
25	25	25	25			25				碌曲县
65		65	50			65				夏河县
2341	**1339**	**3065**	**2898**			**2341**	**0.9**	**148**	**17**	**青　海**
389	389	499	499			389	0.5	73	15	大通县
185	185	203	203			185	0.2	38	2	湟中县
233	233	258	258			233	0.2	37		湟源县
175		310	298			175				民和县
359	359	360	348			359				互助县
										化隆县
120	120	240	229			120				循化县
57		57	56			57				门源县
										祁连县
53	53	53	51			53				海晏县
49		49	48			49				刚察县
50		51	49			50				西海镇

10-3 续表 37

县名称 Name of Counties	污水排放量（万立方米） Annual Quantity of Waste-water Discharged (10,000 m^3)	排水管道长度（公里） Length of Drainage Pipelines (km)	污水管道 Sewers	雨水管道 Rainwater Drainage Pipeline	雨污合流管道 Combined Drainage Pipeline	污水处理厂 Wastewater Treatment Plant: 座数（座） Number of Wastewater Treatment Plant (unit)	二、三级处理 Secondary and Tertiary Treatment	处理能力（万立方米/日） Treatment Capacity (10,000 m^3/day)	二、三级处理 Secondary and Tertiary Treatment
同仁县	230	40	19		21	1		0.5	
尖扎县	56	36	11	14	11	1		0.2	
泽库县	41	8		3	5				
河南县	60	19			19				
共和县	251	120	51	48	21	1		1.0	
同德县	43	40	10		30	1		0.3	
贵德县	122	49	24		25	1		0.6	
兴海县	49	22		15	7				
贵南县	48	41	28		13				
玛沁县	87	44	32	12		1		0.2	
班玛县	55	14	6	8		1		0.1	
甘德县	28	3	3			1		0.2	
达日县	28	9	6	3		1		0.2	
久治县	29	1	1			1		0.1	
玛多县	25	7	6	1		1		0.1	
杂多县	47	1			1				
称多县	43	34			34				
治多县	45	7			7				
囊谦县	42	9		7	2				
曲麻莱县	25	21	14	5	3				
乌兰县	69	23	3		20				
都兰县	148	10			10				
天峻县	105	39	19		20				
茫崖行委	601	19	19						
大柴旦行委	69	12	7	1	4				
冷湖行委	214	13	13						
宁 夏	**6352**	**1129**	**286**	**219**	**624**	**12**	**10**	**17.1**	**15.1**
永宁县	882	60	18		42	1	1	1.5	1.5
贺兰县	2551	155	84	54	17	1	1	1.5	1.5
平罗县	580	83	4		79	1	1	3.0	3.0
盐池县	339	103	12		91	1	1	1.5	1.5
同心县	208	57			57	1	1	0.8	0.8
红寺堡开发区	86	127			127	1	1	1.0	1.0
西吉县	320	96	4	4	88	1	1	0.8	0.8
隆德县	105	60			60	1	1	1.0	1.0
泾源县	173	24			24	1		1.0	
彭阳县	146	106	55	51		1		1.0	
中宁县	794	35	10		26	1	1	3.0	3.0
海原县	168	222	100	110	12	1	1	1.0	1.0
新 疆	**17721**	**3947**	**2453**	**40**	**1454**	**54**	**44**	**61.8**	**53.0**
鄯善县	249	104	104			1	1	1.6	1.6

continued 37

污水处理厂 Wastewater Treatment Plant				其他污水处理设施 Other Wastewater Treatment Facilities		污水处理总量	再生水 Recycled Water			
处理量（万立方米） Quantity of Wastewater Treated (10,000 m^3)	二、三级处理 Secondary and Tertiary Treated	干污泥产生量（吨） Quantity of Dry Sludge Produced (ton)	干污泥处置量（吨） Quantity of Dry Sludge Treated (ton)	处理能力（万立方米/日） Treatment Capacity (10,000 m^3/day)	处理量（万立方米） Quantity of Wastewater Treated (10,000 m^3)	（万立方米） Total Quantity of Wastewater Treated (10,000 m^3)	生产能力（万立方米/日） Recycled Water Production Capacity (10,000 m^3/day)	利用量（万立方米） Annual Quantity of Wastewater Recycled and Reused (10,000 m^3)	管道长度（公里） Length of Pipelines (km)	县名称 Name of Counties
200		210	190			200				同仁县
51		60	52			51				尖扎县
										泽库县
										河南县
214		397	358			214				共和县
34		67	57			34				同德县
115		185	167			115				贵德县
										兴海县
										贵南县
57		66	35			57				玛沁县
										班玛县
										甘德县
										达日县
										久治县
										玛多县
										杂多县
										称多县
										治多县
										囊谦县
										曲麻莱县
										乌兰县
										都兰县
										天峻县
										茫崖行委
										大柴旦行委
										冷湖行委
3382	**3090**	**4752**	**3262**	**3.4**	**1138**	**4520**	**4.3**	**221**	**96**	**宁　夏**
341	341	380	369	1.5	541	882	1.2	46	46	永宁县
395	395	444		1.9	597	992				贺兰县
520	520	1000	1000			520	1.2	125		平罗县
294	294	295				294				盐池县
177	177	1				177				同心县
74	74	11	11			74				红寺堡开发区
292	292	580				292	0.7			西吉县
100	100	102	102			100				隆德县
173		200	200			173				泾源县
119		210	210			119				彭阳县
730	730	1370	1370			730	1.2	50	50	中宁县
167	167	159				167				海原县
11688	**9697**	**15074**	**13643**	**8.7**	**1741**	**13429**				**新　疆**
225	225	225				225				鄯善县

10-3 续表 38

县名称 Name of Counties	污水排放量（万立方米） Annual Quantity of Wastewater Discharged ($10,000\ m^3$)	排水管道长度（公里） Length of Drainage Pipelines (km)	污水管道 Sewers	雨水管道 Rainwater Drainage Pipeline	雨污合流管道 Combined Drainage Pipeline	污水处理厂 Wastewater Treatment Plant 座数（座） Number of Wastewater Treatment Plant (unit)	二、三级处理 Secondary and Tertiary Treatment	处理能力（万立方米/日） Treatment Capacity ($10,000\ m^3$/day)	二、三级处理 Secondary and Tertiary Treatment
托克逊县	215	28			28	1	1	1.1	1.1
巴里坤哈萨克自治县	125	29	14	15		1	1	0.4	0.4
伊吾县	98	22	22			1	1	0.2	0.2
呼图壁县	371	164	164			1	1	2.0	2.0
玛纳斯县	330	165	165			1	1	1.0	1.0
奇台县	660	150	150			1	1	2.5	2.5
吉木萨尔县	325	74	74			1	1	1.0	1.0
木垒县	144	47	47			1	1	0.4	0.4
精河县	127	40	40			1		1.8	
温泉县	64	63	58	4		1		0.2	
轮台县	214	52	52			1	1	0.5	0.5
尉犁县	92	13	13			1		0.9	
若羌县	110	52			52	1	1	0.3	0.3
且末县	155	44	44			1	1	0.5	0.5
焉耆县	340	50	2		48	1	1	2.0	2.0
和静县	430	44	25		20	1	1	2.0	2.0
和硕县	138	68			68	1	1	0.4	0.4
博湖县	122	30	30			2	2	3.1	3.1
温宿县	156	49			49				
库车县	2298	157	157			1	1	5.5	5.5
沙雅县	341	82	7	7	68	1	1	1.4	1.4
新和县	185	38			38	1	1	0.5	0.5
拜城县	339	63			63	1	1	0.8	0.8
乌什县	165	45			45	1	1	0.8	0.8
阿瓦提县	121	25			25	1	1	0.9	0.9
柯坪县	92	25	23	1	1	1	1	0.2	0.2
阿克陶县	162	37	24		13	1	1	0.6	0.6
阿合奇县	185	57	42		15	1	1	0.5	0.5
乌恰县	122	91			91	1		0.3	
疏附县	231	95	90	5					
疏勒县	461	55			55	1	1	3.0	3.0
英吉沙县	270	77			77	1	1	1.5	1.5
泽普县	403	94	79		15	1		1.0	
莎车县	770	89			89	1	1	4.0	4.0
叶城县	495	75			75	1	1	1.5	1.5
麦盖提县	395	83			83	1	1	0.9	0.9
岳普湖县	246	57			57	1	1	1.5	1.5
伽师县	219	27			27				
巴楚县	270	35			35	1	1	1.5	1.5
塔什库尔干县	106	27			27				

continued 38

污水处理厂 Wastewater Treatment Plant				其他污水处理设施 Other Wastewater Treatment Facilities		污水处理总量	再生水 Recycled Water			县名称
处理量(万立方米) Quantity of Wastewater Treated (10,000 m³)	二、三级处理 Secondary and Tertiary Treated	干污泥产生量(吨) Quantity of Dry Sludge Produced (ton)	干污泥处置量(吨) Quantity of Dry Sludge Treated (ton)	处理能力(万立方米/日) Treatment Capacity (10,000 m³/day)	处理量(万立方米) Quantity of Wastewater Treated (10,000 m³)	(万立方米) Total Quantity of Wastewater Treated (10,000 m³)	生产能力(万立方米/日) Recycled Water Production Capacity (10,000 m³/day)	利用量(万立方米) Annual Quantity of Wastewater Recycled and Reused (10,000 m³)	管道长度(公里) Length of Pipelines (km)	Name of Counties
172	172	172				172				托克逊县
58	58	58	58	0.1	15	73				巴里坤哈萨克自治县
70	70	75	75	0.1	15	85				伊吾县
368	368	1743	1743			368				呼图壁县
323	323	500	500			323				玛纳斯县
610	610	700	700			610				奇台县
300	300	350	350			300				吉木萨尔县
120	120	120	120			120				木垒县
110		110	17			110				精河县
59		60	60			59				温泉县
210	210	265	255			210				轮台县
90		75	75			90				尉犁县
108	108	108	108			108				若羌县
150	150	152	148			150				且末县
315	315	315	315			315				焉耆县
400	400	408	408			400				和静县
136	136	138	138			136				和硕县
119	119	170	79			119				博湖县
										温宿县
1287	1287	2135	2135			1287				库车县
290	290	320	320			290				沙雅县
180	180	180				180				新和县
265	265	268	268			265				拜城县
115	115	115				115				乌什县
110	110	110				110				阿瓦提县
73	73	73				73				柯坪县
144	144	144	131			144				阿克陶县
179	179	191	175			179				阿合奇县
120		140	125			120				乌恰县
				1.1	190	190				疏附县
48	48	48		1.0	315	363				疏勒县
221	221	230	230			221				英吉沙县
357		406	406			357				泽普县
763	763	794	794			763				莎车县
447	447	578	578			447				叶城县
251	251	495	495	0.9	40	291				麦盖提县
26	26	42		0.8	170	196				岳普湖县
				0.7	188	188				伽师县
				0.6	218	218				巴楚县
				0.5	85	85				塔什库尔干县

10-3 续表 39

县名称 Name of Counties	污水排放量（万立方米） Annual Quantity of Wastewater Discharged ($10,000\ m^3$)	排水管道长度（公里） Length of Drainage Pipelines (km)	污水管道 Sewers	雨水管道 Rainwater Drainage Pipeline	雨污合流管道 Combined Drainage Pipeline	污水处理厂 座数（座） Wastewater Treatment Plant: Number of Wastewater Treatment Plant (unit)	二、三级处理 Secondary and Tertiary Treatment	处理能力（万立方米/日） Treatment Capacity ($10,000\ m^3$/day)	二、三级处理 Secondary and Tertiary Treatment
墨玉县	240	45	45						
皮山县	97	40	40			1		0.5	
洛浦县	114	16	16			1		0.3	
策勒县	125	35	35			1		0.5	
于田县	176	61	61			1		1.0	
民丰县	89	39	39						
伊宁县	237	55	44		11	1	1	1.0	1.0
察布查尔县	258	117	117			1	1	0.5	0.5
霍城县	325	36			36	1	1	1.6	1.6
巩留县	300	81			81	1	1	1.3	1.3
新源县	472	58	58			1	1	1.0	1.0
昭苏县	265	75	75						
特克斯县	193	64		8	56	1	1	0.6	0.6
尼勒克县	120	59			59	1	1	1.2	1.2
额敏县	105	104	95		9	1	1	0.8	0.8
沙湾县	1360	118	118			1		2.3	
托里县	105	75	38		37	1	1	0.3	0.3
裕民县	157	16	16			1	1	0.3	0.3
和布克赛尔蒙古自治县	105	23	23			1	1	0.3	0.3
布尔津县	78	24	24						
富蕴县	113	50	50						
福海县	65	20	20						
哈巴河县	149	57	57						
青河县	88	32	32						
吉木乃县	44	23	23						
新疆生产建设兵团	**11227**	**3087**	**2517**	**54**	**516**	**95**	**63**	**46.3**	**30.6**
第一师	1023	187	145	10	32	14	14	6.2	6.2
第二师	826	280	260		20	9	7	3.1	1.9
第三师	867	268	221		46	9	6	2.1	1.4
第四师	1705	334	235	4	95	15	6	6.9	1.9
第五师	462	163	122	7	34	3	2	0.4	0.3
第六师	1347	416	354		62	8	4	6.8	2.8
第七师	915	317	309	5	4	9	5	6.4	4.9
第八师	1670	423	321	11	92	13	11	7.4	6.9
第九师	598	169	76	7	86				
第十师	195	173	154	1	19	1	1	0.6	0.6
第十二师	653	96	66	5	25	5	4	3.0	2.8
第十三师	401	187	187			7	2	1.2	0.7
第十四师	565	74	66	5	3	2	1	2.2	0.2

continued 39

污水处理厂 Wastewater Treatment Plant				其他污水处理设施 Other Wastewater Treatment Facilities		污水处理总量	再生水 Recycled Water			
处理量（万立方米） Quantity of Wastewater Treated (10,000 m^3)	二、三级处理 Secondary and Tertiary Treated	干污泥产生量（吨） Quantity of Dry Sludge Produced (ton)	干污泥处置量（吨） Quantity of Dry Sludge Treated (ton)	处理能力（万立方米/日） Treatment Capacity (10,000 m^3/day)	处理量（万立方米） Quantity of Wastewater Treated (10,000 m^3)	（万立方米） Total Quantity of Wastewater Treated (10,000 m^3)	生产能力（万立方米/日） Recycled Water Production Capacity (10,000 m^3/day)	利用量（万立方米） Annual Quantity of Wastewater Recycled and Reused (10,000 m^3)	管道长度（公里） Length of Pipelines (km)	县名称 Name of Counties
										墨玉县
55		30				55				皮山县
54		27				54				洛浦县
31		15				31				策勒县
117		59				117				于田县
										民丰县
201	201	380	380			201				伊宁县
157	157	210	210			157				察布查尔县
106	106	120	120			106				霍城县
282	282	285	285			282				巩留县
300	300	310	310			300				新源县
										昭苏县
175	175	182	182			175				特克斯县
98	98	136	136			98				尼勒克县
79	79	93				79				额敏县
998		998	998			998				沙湾县
63	63	63	63			63				托里县
90	90	90	90			90				裕民县
63	63	63	63			63				和布克赛尔蒙古自治县
				0.5	75	75				布尔津县
				0.5	110	110				富蕴县
				0.6	64	64				福海县
				0.8	144	144				哈巴河县
				0.3	70	70				青河县
				0.2	42	42				吉木乃县
6680	**4370**	**7207**	**6759**	**1.9**	**304**	**6984**	**3.6**	**27**	**20**	**新疆生产建设兵团**
855	855	931	563			855	0.2	21	21	第一师
472	299	592	592	0.4	1	473				第二师
382	243	383	364	0.2	15	397	0.4	6		第三师
1264	470	1293	1293	0.1	32	1296				第四师
88	88	113	113	0.4	66	154				第五师
702	261	717	717	0.3	15	717				第六师
695	540	735	735			695	3.0			第七师
1150	1046	1381	1373		38	1188				第八师
142	142				11	153				第九师
33	33	33		0.3	61	94				第十师
233	207	344	344	0.2	65	298				第十二师
220	122	185	165			220				第十三师
444	64	500	500			444				第十四师

十一、县城园林绿化

11. County Seat Landscaping

简要说明

县城绿地指以自然植被和人工植被为主要存在形态的城市用地。它包含两个层次的内容：一是城市建设用地范围内用于绿化的土地；二是城市建设用地之外，对城市生态、景观和居民休闲生活具有积极作用、绿化环境较好的区域。

本部分主要反映县城的园林绿化情况，如绿化覆盖面积、园林绿地面积、公园面积等。

从 2006 年起，根据最新的《城市绿地分类标准》，不再统计公共绿地面积指标，改为公园绿地面积，比原公共绿地面积范围略大。

Brief Introduction

County seat green land refers to urban useable land covered by natural or planted vegetation. It has two implications: one refers to urban construction land specifically designated for landscaping, the other refers to green areas, which are non-construction land and play an active role in protecting urban ecology, and landscape and provide comfortable environment for the people.

This section includes main indicators such as green coverage area, area of green space, and area of park, etc..

Since 2006, according to the latest Standard on Category of Urban Green Space, area of public recreational green space instead of area of public green space is included in statistics.

11 全国历年县城园林绿化情况(2000–2015)
National County Seat Landscaping in Past Years(2000-2015)

计量单位：公顷　　Measurement Unit:Hectare

年份 Year	建成区绿化覆盖面积 Built District Green Coverage Area	建成区绿地面积 Built District Area of Parks and Green Space	公园绿地面积 Area of Public Recreational Green Space	公园面积 Park Area	人均公园绿地面积(平方米) Public Recreational Green Space Per Capita (m^2)	建成区绿化覆盖率(%) Green Coverage Rate of Built District (%)	建成区绿地率(%) Green Space Rate of Built District (%)
2000	142667	85452	31807	15736	5.71	10.86	6.51
2001	138338	94803	35082	69829	3.88	13.24	9.08
2002	148214	102684	38378	73612	4.32	14.12	9.78
2003	169737	119884	44628	28930	4.83	15.27	10.79
2004	193274	137170	50997	33678	5.29	16.42	11.65
2005	210393	151859	56869	32830	5.67	16.99	12.26
2006	247318	185389	59244	39422	4.98	18.70	14.01
2007	288085	219780	70849	54488	5.63	20.20	15.41
2008	317981	249748	79773	51510	6.12	21.52	16.90
2009	365354	285850	92236	56015	6.89	23.48	18.37
2010	412730	330318	106872	67325	7.70	24.89	19.92
2011	465885	385636	121300	80850	8.46	26.81	22.19
2012	519812	436926	134057	85272	8.99	27.74	23.32
2013	566706	482823	144644	96630	9.47	29.06	24.76
2014	599348	520483	155083	105680	9.91	29.80	25.88
2015	617022	542249	163526	114093	10.47	30.78	27.05

注：1.自2006年起，“公共绿地”统计为“公园绿地”。
2.自2006年起，“人均公共绿地面积”统计为以县城人口和县城暂住人口合计为分母计算的“人均公园绿地面积”，括号内数据约为与往年同口径数据。

Note: 1.Since 2006,Public Green Space is changed to Public Recreatinal Green Space.
2.Since 2006,Public recreational green space per capita has been calculated based on denominator which combines both permanent and temporary resiclents in county seat areas, and the datas in brackets are the same index but calculated by the method of past years.

11-1 2015年全国县城园林绿化分组资料
National County Seat Landscaping(2015)

计量单位：公顷　　Measurement Unit:Hectare

地区名称 Name of Regions		绿化覆盖面积 Green Coverage Area	建成区 Built District	绿地面积 Area of Parks and Green Space	建成区 Built District	公园绿地面积 Area of Public Recreational Green Space	公园个数(个) Number of Parks (unit)	公园面积 Park Area
全国	**National Total**	**824426**	**617022**	**668677**	**542249**	**163526**	**6793**	**114093**
分类一	**Group one**							
东部地区	East China	314292	226827	254383	203075	57925	2664	40215
中部地区	Central China	296944	240974	245848	211391	67920	2437	49967
西部地区	West China	213190	149221	168446	127783	37681	1692	23911
分类二	**Group two**							
东部地区	East China	291794	207732	235589	186291	53455	2394	37531
中部地区	Central China	258208	209094	210656	182286	57573	2092	41752
西部地区	West China	274424	200196	222432	173671	52497	2307	34811
分类三	**Group three**							
东部地区	East China	284764	201240	229278	180523	50983	2319	35924
中部地区	Central China	238118	191592	194860	167937	52057	1899	38109
西部地区	West China	274424	200196	222432	173671	52497	2307	34811
东北地区	Northeast China	27120	23994	22107	20117	7989	268	5249

11-2 2015年按省分列的县城园林绿化
County Seat Landscaping by Province(2015)

计量单位：公顷 Measurement Unit:Hectare

地区名称 Name of Regions	绿化覆盖面积 Green Coverage Area	建成区 Built District	绿地面积 Area of Parks and Green Space	建成区 Built District	公园绿地面积 Area of Public Recreational Green Space	公园个数(个) Number of Parks (unit)	公园面积 Park Area
全　国	**824426**	**617022**	**668677**	**542249**	**163526**	**6793**	**114093**
天　津	1408	1408	1234	1234	245	4	192
河　北	63963	54429	53017	48207	12013	817	9134
山　西	29747	26481	25008	23288	7040	296	5123
内蒙古	38736	31880	35192	29104	10347	345	8215
辽　宁	7030	6492	6311	5768	2473	75	1606
吉　林	6377	5645	5236	4594	1567	37	1163
黑龙江	13713	11856	10560	9755	3950	156	2479
江　苏	45288	27455	36778	25588	6477	178	3435
浙　江	40127	21850	36875	19866	5622	406	3928
安　徽	57111	39470	46705	34421	9745	351	7264
福　建	24984	19425	21228	17919	5443	334	4210
江　西	49959	39364	39368	35835	11825	499	9640
山　东	78249	56678	58442	49464	15077	313	9574
河　南	37073	33305	29910	27985	9613	277	6515
湖　北	18413	14789	14571	13205	4429	158	2840
湖　南	45815	38183	39299	33204	9406	318	6727
广　东	22974	15759	17707	14579	5434	231	5013
广　西	22498	19095	18794	16784	4469	270	2685
海　南	7772	4235	3997	3668	672	36	438
重　庆	8635	7642	7783	6914	2924	115	1876
四　川	44596	40800	38469	35219	10932	324	6109
贵　州	33283	12753	24164	10525	3195	128	2114
云　南	26175	20868	21484	18351	5209	392	4446
西　藏	1171	881	946	780	272	25	174
陕　西	28193	21902	22596	18799	5617	217	2712
甘　肃	11407	8067	7916	6539	2827	151	1709
青　海	3016	2524	2041	1736	426	29	181
宁　夏	7667	6113	6992	5325	1413	52	1216
新　疆	22116	20059	20009	18331	3915	157	2554
新疆生产建设兵团	26931	7611	16047	5264	952	102	819

11-3 2015年按县分列的县城园林绿化
County Seat Landscaping by County(2015)

计量单位：公顷 Measurement Unit:Hectare

县名称 Name of Counties	绿化覆盖面积 Green Coverage Area	建成区 Built District	绿地面积 Area of Parks and Green Space	建成区 Built District	公园绿地面积 Area of Public Recreational Green Space	公园个数(个) Number of Parks (unit)	公园面积 Park Area
全　国	**824426**	**617022**	**668677**	**542249**	**163526**	**6793**	**114093**
天　津	**1408**	**1408**	**1234**	**1234**	**245**	**4**	**192**
蓟　县	1408	1408	1234	1234	245	4	192
河　北	**63963**	**54429**	**53017**	**48207**	**12013**	**817**	**9134**
井陉县	489	469	431	401	98	11	89
正定县	765	765	679	679	177	11	87
行唐县	684	360	342	338	96	6	72
灵寿县	548	453	403	403	91	7	48
高邑县	409	343	321	301	64	7	44
深泽县	405	385	316	308	90	7	49
赞皇县	314	249	233	206	59	2	19
无极县	302	262	209	200	65	5	29
平山县	497	431	405	368	114	12	114
元氏县	439	398	424	413	88	8	71
赵　县	577	577	502	502	111	10	85
滦　县	1048	1046	920	918	277	5	277
滦南县	1004	766	744	669	149	6	113
乐亭县	723	663	588	588	230	6	230
迁西县	780	780	685	685	210	4	193
玉田县	712	712	642	642	121	2	54
曹妃甸区	1617	1569	1490	1442	214	15	244
青龙满族自治县	365	365	347	347	127	20	127
昌黎县	586	586	515	515	127	5	115
卢龙县	496	425	472	386	83	3	80
临漳县	1042	1042	878	878	185	5	185
成安县	663	663	601	252	80	6	79
大名县	955	955	877	877	219	4	40
涉　县	1570	1570	1487	1487	395	8	344
磁　县	965	965	883	883	234	13	80
肥乡县	3520	587	527	527	175	3	157
永年县	1220	1014	1147	913	223	43	190
邱　县	698	556	621	510	97	4	65
鸡泽县	472	472	421	421	103	5	63
广平县	627	576	574	495	155	21	143
馆陶县	648	648	555	555	124	36	124
魏　县	1166	1160	1039	1039	429	33	420
曲周县	546	537	510	474	134	1	27
临城县	501	279	246	244	65	3	20
内丘县	485	273	457	242	91	7	71
柏乡县	237	208	170	160	65	6	64
隆尧县	536	531	827	810	455	3	21
任　县	511	511	461	461	84	21	84

11-3 续表 1 continued 1

计量单位：公顷 Measurement Unit:Hectare

县名称 Name of Counties	绿化覆盖面积 Green Coverage Area	建成区 Built District	绿地面积 Area of Parks and Green Space	建成区 Built District	公园绿地面积 Area of Public Recreational Green Space	公园个数(个) Number of Parks (unit)	公园面积 Park Area
南和县	386	386	347	347	95	5	73
宁晋县	861	861	714	714	246	20	238
巨鹿县	591	591	518	518	109	4	109
新河县	165	165	88	88	42		
广宗县	416	277	412	279	59	22	55
平乡县	421	421	356	356	69	5	66
威　县	841	630	818	599	243	23	205
清河县	1150	953	1071	833	168	26	168
临西县	555	555	496	496	132	3	95
涞水县	382	372	344	334	69	4	50
阜平县	187	180	122	118	43	1	59
定兴县	420	420	237	237	71	1	10
唐　县	584	325	284	284	82	3	58
高阳县	445	445	436	436	51	1	9
容城县	411	374	360	333	45	2	45
涞源县	371	371	230	230	86	4	20
望都县	410	399	378	376	87	7	61
安新县	354	353	319	285	62	5	55
易　县	474	474	401	401	95	3	101
曲阳县	554	535	524	499	81	2	51
蠡　县	386	386	370	370	79	2	33
顺平县	623	295	272	270	65	10	65
博野县	676	270	596	238	50	1	22
雄　县	369	368	335	331	87	5	87
张北县	1400	1340	1316	1267	216	2	165
康保县	78	75	91	60	53	6	28
沽源县	80	75	95	93	21	8	8
尚义县	92	92	92	92	25	2	15
蔚　县	498	478	466	449	71	13	65
阳原县	365	365	323	323	71	1	37
怀安县	342	342	294	294	75	5	60
万全县	335	335	299	290	44	1	37
怀来县	739	732	651	648	125	12	133
涿鹿县	315	305	332	321	101	11	77
赤城县	280	256	230	230	57	7	53
崇礼县	170	164	146	139	30	5	30
承德县	431	371	329	329	95	4	85
兴隆县	370	370	340	340	97	10	97
平泉县	732	732	732	650	154	5	148
滦平县	364	364	343	343	67	3	67
隆化县	394	374	349	328	72	5	62
丰宁满族自治县	460	383	417	347	126	9	126
宽城满族自治县	490	462	407	407	83	10	68

11-3 续表 2 continued 2

计量单位：公顷 Measurement Unit:Hectare

县名称 Name of Counties	绿化覆盖面积 Green Coverage Area	建成区 Built District	绿地面积 Area of Parks and Green Space	建成区 Built District	公园绿地面积 Area of Public Recreational Green Space	公园个数(个) Number of Parks (unit)	公园面积 Park Area
围场满族蒙古族自治县	320	201	176	175	80	5	10
青　县	760	716	669	625	113	2	70
东光县	519	519	508	507	70	2	36
海兴县	282	258	261	239	76	3	45
盐山县	567	537	498	455	112	6	112
肃宁县	625	622	547	542	88		
南皮县	550	524	463	453	70	5	70
吴桥县	555	552	497	494	120	7	120
献　县	675	567	489	483	132	4	125
孟村回族自治县	379	361	354	307	39	1	38
固安县	1017	1017	869	869	180	13	161
永清县	328	315	302	302	38	1	9
香河县	613	592	634	511	121	7	94
大城县	329	329	286	286	48	6	48
文安县	396	376	371	343	67	5	49
大厂回族自治县	1212	697	1060	626	98	4	63
枣强县	670	631	600	533	140	27	140
武邑县	1325	415	1159	476	87	5	91
武强县	320	290	330	283	101	7	103
饶阳县	510	375	432	312	78	19	46
安平县	618	543	459	439	85	6	90
故城县	1076	658	911	595	203	15	89
景　县	645	645	448	448	87	6	87
阜城县	583	519	468	445	81	9	26
山　西	**29747**	**26481**	**25008**	**23288**	**7040**	**296**	**5123**
清徐县	338	329	300	289	83		
阳曲县	215	211	243	236	62	2	75
娄烦县	227	223	180	176	26	5	45
阳高县	117	117	94	93	25	3	22
天镇县	362	301	317	308	78	3	13
广灵县	315	315	315	311	71	9	71
灵丘县	249	248	103	102	35	2	21
浑源县	401	401	360	359	94	10	94
左云县	280	280	247	246	85	4	84
大同县	119	118	80	79	43	1	38
平定县	384	384	336	336	85	2	70
盂　县	359	193	177	120	35	2	152
长治县	882	423	833	401	247	2	308
襄垣县	712	662	561	511	145	3	200
屯留县	249	246	222	221	59	1	21
平顺县	165	160	145	141	37	2	25
黎城县	221	189	198	166	84	3	84

11-3 续表 3 continued 3

计量单位：公顷 Measurement Unit:Hectare

县名称 Name of Counties	绿化覆盖面积 Green Coverage Area	建成区 Built District	绿地面积 Area of Parks and Green Space	建成区 Built District	公园绿地面积 Area of Public Recreational Green Space	公园个数(个) Number of Parks (unit)	公园面积 Park Area
壶关县	666	630	597	575	193	1	10
长子县	359	359	324	324	100	4	100
武乡县	722	443	673	394	103	2	43
沁　县	517	262	281	218	86	1	8
沁源县	231	231	212	212	109	1	109
沁水县	243	243	203	203	76	3	76
阳城县	683	683	608	608	126	6	126
陵川县	219	219	170	170	36	3	29
山阴县	666	664	568	568	96	3	82
应　县	424	423	418	416	109	10	92
右玉县	362	327	356	323	61	2	20
怀仁县	1063	1010	1047	931	260	5	246
榆社县	327	278	204	202	53	3	23
左权县	258	237	230	219	65	5	61
和顺县	273	273	256	241	64	12	11
昔阳县	230	230	216	216	88	3	62
寿阳县	476	476	457	457	77	4	77
太谷县	562	548	486	485	98	3	33
祁　县	466	466	429	429	82	2	66
平遥县	604	604	545	545	124	7	46
灵石县	268	267	235	234	74	2	64
临猗县	614	596	531	526	158	2	113
万荣县	1004	418	381	354	40	4	39
闻喜县	657	647	475	473	103	4	85
稷山县	339	334	265	260	53	3	39
新绛县	544	532	334	323	53	7	31
绛　县	223	223	161	161	82		
垣曲县	354	344	293	284	93	5	93
夏　县	229	220	189	186	34	4	34
平陆县	207	207	184	184	45	7	45
芮城县	435	424	384	381	92	7	7
定襄县	193	193	179	179	34	2	5
五台县	171	167	171	167	74	5	74
代　县	200	181	156	156	114	1	36
繁峙县	396	313	379	283	257	4	86
宁武县	288	287	287	287	166	3	163
静乐县	256	221	251	198	61	12	61
神池县	121	119	111	111	30	2	30
五寨县	224	224	205	204	136	4	99
岢岚县	176	174	160	159	41	3	25
河曲县	305	300	300	299	72	3	72
保德县	268	268	240	239	80	3	80
偏关县	600	145	221	143	79	3	79

11-3 续表 4 continued 4

计量单位：公顷 Measurement Unit:Hectare

县名称 Name of Counties	绿化覆盖面积 Green Coverage Area	建成区 Built District	绿地面积 Area of Parks and Green Space	建成区 Built District	公园绿地面积 Area of Public Recreational Green Space	公园个数(个) Number of Parks (unit)	公园面积 Park Area
曲沃县	261	261	229	224	88	1	21
翼城县	511	511	458	458	34	3	18
襄汾县	398	394	305	300	69	3	171
洪洞县	806	648	721	626	209	4	125
古　县	114	93	91	82	31	1	20
安泽县	183	151	130	130	31	5	13
浮山县	152	152	133	133	26	5	21
吉　县	82	70	77	69	35	1	20
乡宁县	293	284	263	263	80		
大宁县	75	74	69	68	19	1	17
隰　县	259	259	237	237	60	4	57
永和县	82	80	77	76	33	1	28
蒲　县	358	357	333	327	65	11	29
汾西县	50	49	46	45	30	3	7
文水县	530	524	485	482	192	3	36
交城县	303	293	271	261	98	1	54
兴　县	261	253	259	230	136	3	113
临　县	317	294	282	275	89	3	48
柳林县	567	563	507	505	124	4	110
石楼县	98	77	63	60	38	1	14
岚　县	387	255	296	231	72	9	61
方山县	230	227	217	215	69	2	30
中阳县	226	219	198	193	86	1	60
交口县	189	186	178	176	55	2	48
内蒙古	**38736**	**31880**	**35192**	**29104**	**10347**	**345**	**8215**
土默特左旗	367	343	365	340	82	4	80
托克托县	513	470	499	454	82	10	82
和林格尔县	1039	739	856	656	128	3	100
清水河县	281	187	273	173	63	13	62
武川县	469	430	457	411	100	8	90
土默特右旗	890	716	757	678	202	2	102
固阳县	216	171	185	165	28		
达尔罕茂明安联合旗	70	66	70	63	64	3	64
阿鲁科尔沁旗	528	528	519	519	199	3	66
巴林左旗	799	791	698	691	271	3	78
巴林右旗	611	610	545	545	155	4	45
林西县	496	496	483	483	143	7	83
克什克腾旗	487	484	441	439	189	7	69
翁牛特旗	550	550	462	459	308	6	60
喀喇沁旗	298	296	273	271	234	9	107
宁城县	610	610	594	594	231	4	69
敖汉旗	497	495	462	460	327	2	88

11-3 续表 5 continued 5

计量单位：公顷 Measurement Unit:Hectare

县名称 Name of Counties	绿化覆盖面积 Green Coverage Area	建成区 Built District	绿地面积 Area of Parks and Green Space	建成区 Built District	公园绿地面积 Area of Public Recreational Green Space	公园个数(个) Number of Parks (unit)	公园面积 Park Area
科尔沁左翼中旗	406	404	389	361	110	3	80
科尔沁左翼后旗	940	724	887	630	152	4	139
开鲁县	430	420	420	405	86	6	121
库伦旗	364	345	360	329	118	4	21
奈曼旗	620	615	571	558	200	4	197
扎鲁特旗	665	533	516	490	212	3	250
达拉特旗	1284	1220	1160	1153	367	8	367
准格尔旗	1075	1074	986	985	339	15	203
鄂托克前旗	503	351	446	313	103	7	101
鄂托克旗	707	417	697	369	208	12	199
杭锦旗	278	242	249	217	45	2	17
乌审旗	1340	944	1230	877	181	7	180
伊金霍洛旗	3756	2274	3563	2219	723	13	1043
阿荣旗	708	603	651	533	100	10	92
莫力达瓦达斡尔族自治旗	568	463	410	408	142	2	32
鄂伦春自治旗	550	536	527	422	125	1	8
鄂温克族自治旗	355	355	327	326	62	9	31
陈巴尔虎旗	390	210	381	196	29	3	19
新巴尔虎左旗	186	185	163	161	29	1	18
新巴尔虎右旗	182	180	164	163	32	1	21
五原县	529	528	480	479	176	15	241
磴口县	429	424	428	401	93	5	113
乌拉特前旗	728	688	672	611	193	3	199
乌拉特中旗	538	280	347	241	73	10	60
乌拉特后旗	311	297	283	270	144	9	128
杭锦后旗	1731	595	1606	541	230	3	329
卓资县	280	228	238	198	143	6	123
化德县	918	554	813	478	141	2	123
商都县	575	483	567	482	231	5	158
兴和县	859	664	702	596	304	7	286
凉城县	340	334	283	281	141	2	131
察哈尔右翼前旗	293	292	254	253	148	2	146
察哈尔右翼中旗	561	474	545	407	108	11	107
察哈尔右翼后旗	542	340	468	280	139	3	120
四子王旗	551	522	551	502	179	3	58
科尔沁右翼前旗	482	465	446	423	105	3	77
科尔沁右翼中旗	348	332	338	324	96	1	73
扎赉特旗	536	536	482	482	141	2	141
突泉县	206	203	190	185	58	5	53
阿巴嘎旗	142	112	107	106	29	2	29
苏尼特左旗	46	39	46	39	20	2	20
苏尼特右旗	146	145	138	137	46	2	46

11-3 续表 6 continued 6

计量单位：公顷 Measurement Unit:Hectare

县名称 Name of Counties	绿化覆盖面积 Green Coverage Area	建成区 Built District	绿地面积 Area of Parks and Green Space	建成区 Built District	公园绿地面积 Area of Public Recreational Green Space	公园个数（个） Number of Parks (unit)	公园面积 Park Area
东乌珠穆沁旗	217	148	177	143	41	5	16
西乌珠穆沁旗	420	281	367	218	53	4	127
太仆寺旗	130	129	129	128	18	1	9
镶黄旗	96	95	80	79	36	4	20
正镶白旗	71	47	50	46	13	1	12
正蓝旗	499	498	497	492	338	5	310
多伦县	295	274	274	252	211	5	151
阿拉善左旗	1469	1467	1224	1223	412	11	325
阿拉善右旗	228	166	212	154	75	2	66
额济纳旗	190	164	164	138	44	1	36
辽 宁	**7030**	**6492**	**6311**	**5768**	**2473**	**75**	**1606**
辽中县	571	558	567	554	174	6	172
康平县	523	413	398	337	86	2	24
法库县	560	540	564	451	282	5	230
长海县	44	44	39	39	39	3	23
台安县	146	146	145	145	104	1	16
岫岩满族自治县	173	168	174	155	50	1	7
新宾满族自治县	60	60	59	59	23	4	23
清原满族自治县	225	225	215	215	114	5	66
本溪满族自治县	521	491	493	463	142	8	138
桓仁满族自治县	528	497	502	468	177	3	94
宽甸满族自治县	237	190	166	136	126	2	94
黑山县	93	93	85	83	70	4	67
义 县	224	130	121	121	84	2	18
阜新蒙古族自治县	131	115	115	108	52	2	45
彰武县	150	138	117	114	48	3	10
辽阳县	171	171	168	168	58	1	39
大洼县	99	95	94	90	56	3	53
西丰县	365	356	436	314	90	3	70
昌图县	891	825	769	727	208	3	69
建平县	225	217	214	206	187	7	151
喀喇沁左翼蒙古族自治县	575	575	504	504	81	3	60
绥中县	246	195	160	105	84	3	81
建昌县	274	253	207	207	138	1	56
吉 林	**6377**	**5645**	**5236**	**4594**	**1567**	**37**	**1163**
农安县	1139	1114	805	775	111	2	78
永吉县	143	86	132	86	49	1	45
梨树县	240	124	218	123	28	2	20
伊通满族自治县	361	291	60	43	15	1	9
东丰县	332	332	308	308	122	3	72
东辽县	65	54	58	47	10	2	4
通化县	173	165	158	150	137	2	105

11-3 续表 7 continued 7

计量单位：公顷 Measurement Unit:Hectare

县名称 Name of Counties	绿化覆盖面积 Green Coverage Area	建成区 Built District	绿地面积 Area of Parks and Green Space	建成区 Built District	公园绿地面积 Area of Public Recreational Green Space	公园个数（个） Number of Parks (unit)	公园面积 Park Area
辉南县	333	333	292	292	135	3	83
柳河县	239	220	247	224	182		
抚松县	215	206	199	199	163	2	138
靖宇县	273	259	231	230	91	1	89
长白朝鲜族自治县	148	147	143	122	43	5	40
前郭尔罗斯蒙古族自治县	85	85	67	65	3		
长岭县	386	386	371	371	63	1	5
乾安县	620	230	569	193	70	1	17
镇赉县	606	606	521	521	109	2	380
通榆县	265	260	184	184	15		
汪清县	458	452	403	390	113	3	17
安图县	296	296	272	272	107	6	61
黑龙江	**13713**	**11856**	**10560**	**9755**	**3950**	**156**	**2479**
依兰县	250	223	208	208	83	3	62
方正县	272	272	233	143	156	2	135
宾　县	175	175	138	138	138	2	31
巴彦县	99	99	65	64	63	3	44
木兰县	63	63	63	63	29	2	5
通河县	148	148	97	97	79	4	51
延寿县	372	338	341	307	93	14	55
龙江县	623	622	486	485	132	1	9
依安县	225	160	148	94	48	4	11
泰来县	548	536	513	453	104	1	87
甘南县	841	279	447	249	126	3	10
富裕县	483	483	385	385	116	4	29
克山县	566	529	519	507	168	4	103
克东县	166	124	123	118	43	1	20
拜泉县	130	130	141	141	52	1	49
鸡东县	192	192	102	94	38		
萝北县	247	133	97	83	12	5	6
绥滨县	238	234	209	205	72	3	41
集贤县	308	308	271	271	54	1	30
友谊县	322	322	272	272	45	3	45
宝清县	584	358	487	299	127	9	65
饶河县	166	166	137	137	61	3	55
肇州县	174	174	97	97	82	5	6
肇源县	481	481	375	375	73	2	43
林甸县	106	106	62	62	30	1	3
杜尔伯特蒙古自治县	170	170	123	123	104	4	104
嘉荫县	192	192	190	190	75	4	68
桦南县	305	305	191	191	78	7	91

11-3 续表 8 continued 8

计量单位：公顷　　Measurement Unit:Hectare

县名称 Name of Counties	绿化覆盖面积 Green Coverage Area	建成区 Built District	绿地面积 Area of Parks and Green Space	建成区 Built District	公园绿地面积 Area of Public Recreational Green Space	公园个数（个）Number of Parks (unit)	公园面积 Park Area
桦川县	249	249	230	230	116	8	94
汤原县	194	152	88	88	51	2	54
抚远县	110	77	70	70	45	7	42
勃利县	379	319	258	248	146	6	135
东宁县	396	267	250	250	82	3	10
林口县	572	345	416	416	127	3	100
嫩江县	320	320	316	316	188	3	180
逊克县	82	77	52	48	14	1	14
孙吴县	179	159	116	114	60	1	80
望奎县	424	357	398	321	91	6	55
兰西县	229	217	161	161	64	1	4
青冈县	218	173	142	142	80	2	27
庆安县	258	248	125	118	70	1	27
明水县	160	160	153	153	89	2	20
绥棱县	523	517	501	501	90	2	89
呼玛县	102	93	102	93	65	2	40
塔河县	180	178	188	188	73	2	45
漠河县	200	148	76	58	17	2	10
加格达奇区	493	479	399	391	203	6	196
江　苏	**45288**	**27455**	**36778**	**25588**	**6477**	**178**	**3435**
丰　县	1546	1219	1374	1118	357	11	294
沛　县	1643	1529	1538	1434	380	6	349
睢宁县	1747	1334	1516	1240	325	3	79
海安县	1779	1296	1601	1193	321	18	196
如东县	1281	1030	1261	994	231	2	26
东海县	1414	1170	1279	1100	301	2	196
灌云县	1746	1109	1455	1014	290	4	116
灌南县	1628	1070	1245	963	274	8	55
涟水县	2418	1430	2220	1349	356	2	138
洪泽县	1005	730	956	673	126	3	88
盱眙县	2241	1446	1650	1381	299	7	172
金湖县	1187	951	1050	882	140	4	27
响水县	1006	887	866	798	173	11	155
滨海县	2025	1343	2092	1211	267	5	139
阜宁县	3105	1810	2601	1710	435	12	207
射阳县	1295	1005	1199	911	365	9	190
建湖县	1322	1100	1222	1029	356	10	227
宝应县	1926	1343	1307	1267	269	2	12
沭阳县	3581	2690	3059	2516	453	17	273
泗阳县	5326	1518	2221	1435	414	22	243
泗洪县	6067	1444	5064	1367	344	20	254
浙　江	**40127**	**21850**	**36875**	**19866**	**5622**	**406**	**3928**
桐庐县	11798	809	11165	770	196	28	95

11-3 续表 9 continued 9

计量单位：公顷 Measurement Unit:Hectare

县名称 Name of Counties	绿化覆盖面积 Green Coverage Area	建成区 Built District	绿地面积 Area of Parks and Green Space	建成区 Built District	公园绿地面积 Area of Public Recreational Green Space	公园个数（个） Number of Parks (unit)	公园面积 Park Area
淳安县	1015	604	950	565	140	20	66
象山县	1012	953	1079	929	296	56	315
宁海县	1494	1474	1379	1369	252	17	233
永嘉县	429	390	410	379	151	13	133
平阳县	371	299	338	294	140	6	27
苍南县	671	632	620	597	213	5	68
文成县	192	180	162	156	82	3	82
泰顺县	575	527	478	466	104	8	95
嘉善县	1338	1309	1178	1149	226	14	70
海盐县	773	773	703	703	195	8	74
德清县	1899	1245	1713	1099	215	10	165
长兴县	2267	2210	2036	2018	409	12	176
安吉县	1163	1137	1099	1080	339	28	289
新昌县	1625	842	1533	794	262	16	223
武义县	1679	819	1556	732	228	13	220
浦江县	3837	868	3517	756	179	6	80
磐安县	307	188	287	169	68	9	48
常山县	572	566	490	488	112	5	72
开化县	531	523	505	497	146	5	123
龙游县	647	575	498	498	119	8	77
岱山县	368	336	352	306	127	6	121
嵊泗县	86	85	87	85	68	3	59
玉环县	877	696	811	620	203	12	133
三门县	513	473	441	413	127	7	123
天台县	885	773	740	672	181	11	98
仙居县	721	704	630	613	166	18	166
青田县	210	202	202	194	110	10	104
缙云县	529	382	494	359	107	16	90
遂昌县	345	273	240	236	92	7	62
松阳县	576	359	488	305	85	8	60
云和县	355	249	308	216	85	8	75
庆元县	293	254	213	197	96	3	3
景宁县	174	141	172	143	103	7	103
安　徽	**57111**	**39470**	**46705**	**34421**	**9745**	**351**	**7264**
长丰县	605	495	456	425	132	3	95
肥西县	2453	2048	2443	1857	378	5	167
肥东县	599	599	482	482	203	7	97
庐江县	1354	1337	1103	1088	239	14	259
芜湖县	1455	1233	1352	1179	194	5	413
繁昌县	671	610	595	576	161	10	161
南陵县	688	648	638	603	149	6	100
无为县	937	917	932	897	249	6	249
怀远县	1423	972	935	895	246	1	147

11-3 续表 10 continued 10

计量单位：公顷 Measurement Unit:Hectare

县名称 Name of Counties	绿化覆盖面积 Green Coverage Area	建成区 Built District	绿地面积 Area of Parks and Green Space	建成区 Built District	公园绿地面积 Area of Public Recreational Green Space	公园个数（个） Number of Parks (unit)	公园面积 Park Area
五河县	1182	807	866	679	221	5	196
固镇县	980	573	613	537	174	5	108
凤台县	575	572	480	406	95	10	96
当涂县	1260	905	1152	762	156	4	124
含山县	766	657	746	517	127	9	123
和　县	769	676	631	570	206	5	249
濉溪县	1374	1364	1076	1074	171	2	94
铜陵县	229	229	218	207	35	2	7
怀宁县	677	557	548	502	76	4	65
枞阳县	1036	473	959	469	135	2	180
潜山县	810	600	503	474	195	5	71
太湖县	672	470	499	495	110	5	21
宿松县	695	315	285	263	80	3	30
望江县	1635	630	1395	530	36	1	15
岳西县	242	208	224	210	60	4	65
歙　县	461	458	409	403	134	13	34
休宁县	342	335	301	292	64	3	34
黟　县	256	221	207	200	71	3	9
祁门县	8280	190	7593	167	79	2	28
来安县	693	686	637	630	127	7	125
全椒县	865	832	844	816	274	10	274
定远县	690	644	545	507	169	8	170
凤阳县	1062	1052	1010	1010	189	14	63
临泉县	369	325	280	261	83	1	22
太和县	1071	962	908	829	300	8	290
阜南县	810	718	583	571	175	5	23
颍上县	959	948	893	883	394	12	300
砀山县	943	872	740	729	174	6	96
萧　县	1093	781	780	673	157	12	152
灵璧县	1480	858	862	718	230	5	189
泗　县	900	766	606	556	129	3	39
寿　县	1031	717	709	707	298	2	522
霍邱县	609	557	447	445	303	8	521
舒城县	1570	700	652	650	97	1	12
金寨县	751	742	732	695	344	7	129
霍山县	976	714	851	627	249	4	249
涡阳县	1240	1190	935	915	298	11	131
蒙城县	1665	1541	1554	1439	371	7	99
利辛县	1511	918	966	836	310	18	121
东至县	369	341	302	290	126	6	55
石台县	134	126	119	115	49	2	45
青阳县	438	406	339	307	103	12	99
郎溪县	790	720	543	520	181	7	54

11-3 续表 11 continued 11

计量单位：公顷 Measurement Unit:Hectare

县名称 Name of Counties	绿化覆盖面积 Green Coverage Area	建成区 Built District	绿地面积 Area of Parks and Green Space	建成区 Built District	公园绿地面积 Area of Public Recreational Green Space	公园个数（个） Number of Parks (unit)	公园面积 Park Area
广德县	1311	1165	1159	1064	216	17	111
泾　县	524	432	353	286	82	9	69
绩溪县	563	430	513	397	78	2	51
旌德县	272	230	202	187	67	3	17
福　建	**24984**	**19425**	**21228**	**17919**	**5443**	**334**	**4210**
闽侯县	331	325	312	306	100	16	99
连江县	966	827	817	727	270	11	268
罗源县	248	231	232	214	91	10	78
闽清县	347	271	289	234	85	6	83
永泰县	393	348	338	324	140	13	126
仙游县	762	742	740	720	208	9	144
明溪县	238	234	221	213	41	7	28
清流县	223	222	201	200	55	8	37
宁化县	372	357	357	344	122	9	37
大田县	346	345	310	309	135	3	89
尤溪县	363	362	316	315	98	10	95
沙　县	1172	1171	1050	1049	164	7	82
将乐县	291	290	266	265	95	7	72
泰宁县	276	266	249	242	71	19	45
建宁县	184	181	159	158	63	11	37
惠安县	1176	1124	1100	1038	174	10	174
安溪县	1095	1095	997	997	308	22	221
永春县	4230	889	3558	836	281	9	181
德化县	1125	1124	1033	1032	279	6	222
云霄县	579	568	554	544	225	10	209
漳浦县	746	717	688	671	185	7	83
诏安县	630	614	607	592	119	9	92
长泰县	213	205	201	192	69	6	64
东山县	246	242	222	219	65	2	54
南靖县	309	298	291	272	84	7	84
平和县	318	301	299	294	115	8	104
华安县	176	168	170	163	42	4	36
顺昌县	602	298	292	280	89	6	79
浦城县	423	410	393	390	92	4	74
光泽县	231	222	220	208	62	5	60
松溪县	317	300	262	258	69	6	65
政和县	1333	159	163	136	103	4	78
长汀县	865	790	733	731	234	9	219
上杭县	588	568	536	536	173	8	120
武平县	334	319	323	300	102	8	103
连城县	322	317	305	293	99	5	71
霞浦县	517	495	461	449	198	2	69
古田县	300	298	274	273	121	5	55

11-3 续表 12 continued 12

计量单位：公顷 Measurement Unit:Hectare

县名称 Name of Counties	绿化覆盖面积 Green Coverage Area	建成区 Built District	绿地面积 Area of Parks and Green Space	建成区 Built District	公园绿地面积 Area of Public Recreational Green Space	公园个数（个） Number of Parks (unit)	公园面积 Park Area
屏南县	217	216	208	202	57	7	57
寿宁县	137	131	131	120	66	3	66
周宁县	260	260	232	232	80	8	79
柘荣县	194	193	183	177	47	1	7
平潭县	990	933	938	867	168	7	164
江　西	**49959**	**39364**	**39368**	**35835**	**11825**	**499**	**9640**
南昌县	1709	1672	1566	1506	280	10	151
安义县	302	281	255	229	77	5	40
进贤县	1258	1127	1004	985	286	2	149
浮梁县	321	321	298	298	63	7	56
莲花县	254	208	256	210	76	8	47
上栗县	320	316	283	277	55	2	10
芦溪县	243	243	231	230	59	9	59
九江县	656	593	591	591	202	6	129
武宁县	494	490	509	490	177	13	138
修水县	924	698	636	636	222	13	125
永修县	611	564	503	503	215	10	251
德安县	638	565	521	521	116	8	117
星子县	498	478	463	421	112	24	120
都昌县	764	723	659	636	212	3	74
湖口县	562	562	558	558	160	4	68
彭泽县	416	344	308	308	125	3	10
庐山风景区	4869	342	367	227	50	2	45
分宜县	683	627	586	586	167	15	83
余江县	432	432	376	376	99	8	96
赣　县	884	884	782	782	347	5	315
信丰县	844	632	823	600	256	6	225
大余县	589	487	554	467	136	3	132
上犹县	816	503	770	455	132	3	81
崇义县	225	196	194	189	54	2	52
安远县	430	364	340	333	121	8	58
龙南县	708	708	640	625	196	6	196
定南县	674	453	592	395	124	8	108
全南县	423	400	380	352	86	7	86
宁都县	1260	770	741	710	284	3	115
于都县	1323	996	990	899	287	5	287
兴国县	876	823	799	670	255	5	125
会昌县	744	582	679	504	153	7	152
寻乌县	418	418	399	399	79	8	76
石城县	334	294	330	281	115	13	113
吉安县	578	503	510	451	220	7	199
吉水县	923	725	617	610	265	12	235
峡江县	294	241	257	215	49	3	40

11-3 续表 13 continued 13

计量单位：公顷 Measurement Unit:Hectare

县名称 Name of Counties	绿化覆盖面积 Green Coverage Area	建成区 Built District	绿地面积 Area of Parks and Green Space	建成区 Built District	公园绿地面积 Area of Public Recreational Green Space	公园个数（个） Number of Parks (unit)	公园面积 Park Area
新干县	669	627	561	561	145	10	145
永丰县	767	625	778	590	231	7	195
泰和县	1100	848	778	760	274	15	235
遂川县	644	505	460	449	171	4	114
万安县	591	500	453	423	150	6	138
安福县	502	502	454	454	142	9	129
永新县	554	521	535	493	188	7	237
奉新县	681	659	675	612	195	7	195
万载县	541	494	495	492	206	6	203
上高县	895	839	784	778	326	10	239
宜丰县	569	506	558	487	131	5	131
靖安县	371	341	339	317	80	3	77
铜鼓县	255	255	212	212	95	7	93
南城县	852	852	759	759	315	5	258
黎川县	463	408	481	374	133	14	123
南丰县	550	540	526	506	100	11	105
崇仁县	580	566	569	560	196	7	169
乐安县	464	434	426	393	139	5	132
宜黄县	305	305	286	286	64	6	64
金溪县	1115	665	656	565	150	7	195
资溪县	186	186	168	167	47	5	54
东乡县	993	948	951	861	283	14	227
广昌县	476	333	432	318	97	5	89
上饶县	734	623	591	591	234	10	231
玉山县	887	794	836	760	304	5	159
铅山县	792	609	611	471	224	5	113
横峰县	758	540	524	507	168	5	168
弋阳县	654	654	635	635	154	7	160
余干县	621	604	646	617	271	10	261
鄱阳县	1359	1077	1264	1006	297	4	303
万年县	1015	723	911	658	248	9	243
婺源县	721	717	648	648	157	6	93
山　东	**78249**	**56678**	**58442**	**49464**	**15077**	**313**	**9574**
平阴县	820	672	642	573	142	6	80
济阳县	897	870	790	753	245	2	145
商河县	705	690	657	642	180	6	155
桓台县	1298	769	1051	715	333	4	190
高青县	849	752	765	692	216	2	113
沂源县	1307	1167	1141	963	326	5	281
垦利县	887	878	856	847	117	4	116
利津县	1024	969	854	801	117	4	45
广饶县	2626	1124	2381	1016	255	8	223
长岛县	1388	238	187	185	58	7	61

11-3 续表 14 continued 14

计量单位：公顷 Measurement Unit:Hectare

县名称 Name of Counties	绿化覆盖面积 Green Coverage Area	建成区 Built District	绿地面积 Area of Parks and Green Space	建成区 Built District	公园绿地面积 Area of Public Recreational Green Space	公园个数（个） Number of Parks (unit)	公园面积 Park Area
临朐县	1719	1389	1390	1159	557	5	224
昌乐县	1578	1160	1090	929	480	5	353
微山县	867	867	829	809	217	17	111
鱼台县	726	530	475	374	148	2	79
金乡县	1693	842	1315	705	248	8	265
嘉祥县	810	740	664	648	227	5	198
汶上县	862	750	693	634	243	2	30
泗水县	792	792	763	715	280	18	231
梁山县	482	482	365	356	174	3	145
宁阳县	939	939	804	804	208	7	71
东平县	1101	951	1054	885	419	13	206
五莲县	863	766	758	670	199	5	97
莒　县	1435	1294	1245	1187	256	3	238
沂南县	2281	1302	1809	1204	273	3	383
郯城县	1048	893	898	755	320	6	92
沂水县	1713	1654	1491	1439	429	4	321
兰陵县	946	816	815	702	258	6	152
费　县	1318	1318	1190	1126	366	7	258
平邑县	1247	1182	1157	1054	483	7	428
莒南县	1165	991	1063	929	484	2	69
蒙阴县	965	866	847	795	257	3	216
临沭县	1002	991	929	925	262	7	116
宁津县	436	415	397	365	86	1	80
庆云县	729	729	353	353	203	2	50
临邑县	982	927	721	717	182	1	25
齐河县	1930	1930	1631	1631	270	17	316
平原县	1234	1223	1063	1052	215	2	95
夏津县	743	732	724	632	243	10	258
武城县	658	535	532	495	150	6	53
阳谷县	1277	962	956	748	233	7	92
莘　县	1165	857	811	768	240	3	200
茌平县	2035	1212	1652	1113	296	4	204
东阿县	990	782	887	681	158	3	121
冠　县	5025	958	1260	761	245	3	103
高唐县	2133	1353	1894	1114	233	2	50
惠民县	1140	802	783	694	183	5	94
阳信县	1581	1120	1561	1030	174	6	168
无棣县	1024	1022	889	888	160	1	90
博兴县	1571	1349	1358	1319	224	3	109
邹平县	7116	2303	2327	2231	593	3	294
曹　县	1558	1430	1262	1134	478	5	259
单　县	1014	1014	976	976	257	15	344
成武县	830	462	377	326	140	7	121

11-3 续表 15 continued 15

计量单位：公顷 Measurement Unit:Hectare

县名称 Name of Counties	绿化覆盖面积 Green Coverage Area	建成区 Built District	绿地面积 Area of Parks and Green Space	建成区 Built District	公园绿地面积 Area of Public Recreational Green Space	公园个数（个） Number of Parks (unit)	公园面积 Park Area
巨野县	1223	1102	1147	1044	380	5	332
郓城县	1190	1135	944	942	206	5	154
鄄城县	1192	1101	1070	983	265	5	81
定陶县	640	600	534	529	107	1	2
东明县	1480	979	1363	947	381	5	188
河　南	**37073**	**33305**	**29910**	**27985**	**9613**	**277**	**6515**
中牟县	406	388	371	357	169	4	96
杞　县	170	162	148	146	5	1	5
通许县	220	207	149	133	58	2	11
尉氏县	267	237	171	162	39	3	23
兰考县	729	707	678	657	158	10	105
孟津县	78	73	43	40	16	3	6
新安县	351	341	318	294	239	8	148
栾川县	477	452	410	392	138	15	128
嵩　县	281	115	126	71	53	4	23
汝阳县	185	183	181	170	72	3	40
宜阳县	824	742	639	639	162	4	147
洛宁县	576	552	536	502	147	4	113
伊川县	797	776	773	704	300	5	225
宝丰县	962	957	841	839	203	6	112
叶　县	113	111	83	81	50	2	27
鲁山县	618	615	538	535	150	1	10
郏　县	466	461	403	398	88		
汤阴县	211	198	197	195	36	1	30
滑　县	1250	1216	1080	1057	264	5	240
内黄县	172	154	96	91	40	1	19
浚　县	348	346	305	303	211	4	210
淇　县	189	178	142	140	20	3	17
新乡县	350	340	281	271	69	2	47
获嘉县	105	101	47	46	20		
原阳县	320	317	234	228	31	6	30
延津县	481	373	346	343	53	2	27
封丘县	232	195	121	120	41	3	30
长垣县	1552	1475	1303	1286	325	6	121
修武县	398	384	350	343	108	3	68
博爱县	177	177	156	156	40	2	62
武陟县	860	821	810	775	171	3	116
温　县	383	352	368	351	117	3	117
清丰县	696	685	610	610	129	5	111
南乐县	465	454	403	398	74	3	68
范　县	260	249	221	218	50	4	17
台前县	105	101	68	60	18	1	17
濮阳县	265	199	153	149	123	4	113

11-3 续表 16 continued 16

计量单位：公顷 Measurement Unit:Hectare

县名称 Name of Counties	绿化覆盖面积 Green Coverage Area	建成区 Built District	绿地面积 Area of Parks and Green Space	建成区 Built District	公园绿地面积 Area of Public Recreational Green Space	公园个数（个） Number of Parks (unit)	公园面积 Park Area
鄢陵县	685	499	597	382	66	2	48
襄城县	405	328	357	240	25	1	22
舞阳县	143	117	100	99	30	2	6
临颍县	243	226	173	172	55	6	23
渑池县	154	113	69	67	19		
卢氏县	243	168	128	127	75	5	50
南召县	78	74	62	61	31	4	47
方城县	180	156	134	132	48		
西峡县	740	680	627	617	276	2	198
镇平县	353	193	197	167	64	1	33
内乡县	145	120	111	109	26	1	2
淅川县	695	692	556	554	426	1	420
社旗县	936	891	821	780	240	2	134
唐河县	278	222	192	155	58	2	28
新野县	158	156	90	89	46	1	23
桐柏县	700	596	420	412	144	7	144
民权县	285	223	258	178	92	1	12
睢　县	1043	971	947	906	238	8	294
宁陵县	129	123	117	114	54	2	17
柘城县	616	581	570	544	193	4	131
虞城县	366	258	295	189	135	4	60
夏邑县	385	376	348	342	213	2	257
罗山县	313	245	157	144	90	2	18
光山县	845	71	390	32	229	3	202
新　县	176	134	118	84	33	13	16
商城县	115	96	82	48	24	3	21
固始县	1752	1655	1557	1503	375	5	234
潢川县	407	381	208	182	54		
淮滨县	275	154	235	116	33	1	30
息　县	111	89	87	80	15		
扶沟县	133	105	62	43	36	1	2
西华县	91	91	54	54	2	2	6
商水县	42	36	29	26	9	1	3
沈丘县	618	586	543	519	206	3	172
郸城县	113	90	81	77	6	1	7
淮阳县	627	602	446	443	262	10	218
太康县	130	84	54	51	25		
鹿邑县	1511	1509	1366	1365	336	3	94
西平县	335	310	227	222	35	1	18
上蔡县	320	228	209	199	102	5	10
平舆县	682	670	563	561	280	7	140
正阳县	168	153	96	88	80	4	32
确山县	528	523	438	433	84	2	24

11-3 续表 17 continued 17

计量单位：公顷 Measurement Unit:Hectare

县名称 Name of Counties	绿化覆盖面积 Green Coverage Area	建成区 Built District	绿地面积 Area of Parks and Green Space	建成区 Built District	公园绿地面积 Area of Public Recreational Green Space	公园个数(个) Number of Parks (unit)	公园面积 Park Area
泌阳县	776	679	637	635	210	3	208
汝南县	322	307	246	242	111	3	110
遂平县	415	402	332	318	115	3	94
新蔡县	970	950	828	825	323	7	229
湖　北	**18413**	**14789**	**14571**	**13205**	**4429**	**158**	**2840**
阳新县	250	240	180	170	170	1	1
郧西县	255	248	222	208	99	10	34
竹山县	499	395	490	341	96	1	72
竹溪县	64	55	48	41	33	2	29
房　县	1309	601	515	510	127	13	251
远安县	338	338	293	293	57	6	57
兴山县	141	135	137	135	40	2	12
秭归县	297	277	267	267	108	13	108
长阳土家族自治县	496	345	438	305	88	4	82
五峰土家族自治县	5	5	5	5	1		
南漳县	567	557	478	470	143	1	6
谷城县	622	336	541	457	148	3	63
保康县	214	192	168	168	59	4	31
京山县	913	892	796	781	248	6	208
沙洋县	672	631	569	549	120	1	13
孝昌县	625	625	537	537	132	4	132
大悟县	934	532	547	453	120	3	32
云梦县	644	640	647	640	143	9	60
公安县	777	766	682	673	184	5	197
监利县	720	675	691	593	208	3	55
江陵县	295	295	261	261	99	4	54
团风县	590	265	231	230	68		
红安县	746	639	608	585	146	1	36
罗田县	707	404	575	440	160	15	121
英山县	306	296	288	286	134	4	23
浠水县	520	489	412	391	136	6	19
蕲春县	752	748	714	714	243	3	200
黄梅县	545	545	486	485	180	3	179
嘉鱼县	500	451	486	429	141	6	110
通城县	300	198	179	167	25	2	19
崇阳县	270	188	230	156	82	2	75
通山县	370	350	357	328	273	3	259
随　县	94	77	83	74	23	1	1
建始县	565	315	360	258	76	3	56
巴东县	199	187	159	115	59	4	44
宣恩县	435	234	247	207	75	2	50
咸丰县	315	213	266	127	77	3	68
来凤县	300	292	264	263	68	4	62
鹤峰县	182	106	80	61	32	1	21
神农架林区	82	12	34	34	8		

11-3 续表 18 continued 18

计量单位：公顷 Measurement Unit:Hectare

县名称 Name of Counties	绿化覆盖面积 Green Coverage Area	建成区 Built District	绿地面积 Area of Parks and Green Space	建成区 Built District	公园绿地面积 Area of Public Recreational Green Space	公园个数(个) Number of Parks (unit)	公园面积 Park Area
湖　南	**45815**	**38183**	**39299**	**33204**	**9406**	**318**	**6727**
长沙县	2202	2088	2102	1931	340	17	340
望城县	568	495	562	494	203	15	203
宁乡县	1766	1766	1654	1654	318	6	115
株洲县	336	307	308	306	36	1	10
攸　县	4314	1195	3766	1075	521	28	521
茶陵县	774	480	734	460	290	3	290
炎陵县	303	273	286	266	95	1	95
湘潭县	528	528	451	451	204	1	99
衡阳县	644	644	618	618	143	2	88
衡南县	398	398	366	366	64	17	64
衡山县	424	424	247	247	166	1	46
衡东县	466	466	395	395	139	3	139
祁东县	946	892	818	764	219	6	175
南岳区	234	234	167	167	40	1	40
邵东县	926	783	754	677	180	3	92
新邵县	417	414	374	363	112	1	39
邵阳县	573	553	378	336	167	2	117
隆回县	710	645	622	537	120	2	87
洞口县	550	468	375	371	130	1	89
绥宁县	242	164	163	157	56	2	16
新宁县	590	468	391	321	191	3	153
城步苗族自治县	623	423	323	289	87	1	40
岳阳县	450	440	432	410	112	2	24
华容县	630	630	593	593	139	1	27
湘阴县	618	618	542	542	138	7	77
平江县	600	462	567	427	120	3	100
安乡县	714	656	637	564	116	12	116
汉寿县	399	399	346	346	60		
澧　县	889	889	779	779	145	5	67
临澧县	615	512	460	349	88	2	58
桃源县	682	682	601	601	112	3	66
石门县	800	795	487	477	120	2	120
慈利县	460	420	434	396	140	4	140
桑植县	409	379	344	313	78	3	78
南　县	607	583	585	562	87	5	62
桃江县	605	585	560	531	111	1	15
安化县	280	278	252	250	119	6	76
大通湖区	140	140	140	135	38	1	30
桂阳县	886	880	828	825	231	5	184

11-3 续表 19 continued 19

计量单位：公顷 Measurement Unit:Hectare

县名称 Name of Counties	绿化覆盖面积 Green Coverage Area	建成区 Built District	绿地面积 Area of Parks and Green Space	建成区 Built District	公园绿地面积 Area of Public Recreational Green Space	公园个数(个) Number of Parks (unit)	公园面积 Park Area
宜章县	595	403	562	375	96	8	96
永兴县	496	496	420	420	84	3	84
嘉禾县	503	488	476	465	151	3	150
临武县	375	340	378	293	106	12	106
汝城县	492	370	412	328	91	7	84
桂东县	316	312	184	180	99	2	99
安仁县	54	44	573	510	141	2	130
祁阳县	1120	1074	1010	955	306	9	250
东安县	1009	778	714	690	133	2	18
双牌县	355	325	317	285	61	2	15
道县	1137	1087	995	935	134	2	37
江永县	342	273	276	244	28		
宁远县	985	907	850	810	155	2	110
蓝山县	683	562	600	493	129	3	126
新田县	482	447	417	401	66	2	25
江华瑶族自治县	688	616	605	560	116	8	97
中方县	563	215	381	194	107	1	16
沅陵县	364	354	334	327	133	4	122
辰溪县	310	271	283	243	133	3	114
溆浦县	500	487	419	415	108	1	68
会同县	375	296	228	84	50	1	26
麻阳苗族自治县	508	480	318	318	108	2	60
新晃侗族自治县	242	216	240	210	105	3	85
芷江侗族自治县	525	368	331	321	50	3	50
通道侗族自治县	400	163	336	151	65	2	65
靖州苗族侗族自治县	490	316	314	290	92	25	92
洪江区	245	215	218	188	38	1	29
双峰县	620	506	525	357	66	7	31
新化县	956	732	702	624	263	2	148
泸溪县	230	185	203	96	41	2	12
凤凰县	314	266	212	212	102	5	56
花垣县	482	472	381	308	64	3	49
保靖县	143	93	113	86	51	3	25
古丈县	67	63	59	59	18	2	14
永顺县	148	124	130	93	74	1	74
龙山县	384	384	343	343	66	1	66
广 东	**22974**	**15759**	**17707**	**14579**	**5434**	**231**	**5013**
始兴县	265	160	156	99	75	3	53
仁化县	248	248	246	246	106	9	106
翁源县	551	551	309	304	132	10	103
乳源瑶族自治县	297	297	294	294	32	4	32

11-3 续表 20 continued 20

计量单位：公顷　　　　Measurement Unit:Hectare

县名称 Name of Counties	绿化覆盖面积 Green Coverage Area	建成区 Built District	绿地面积 Area of Parks and Green Space	建成区 Built District	公园绿地面积 Area of Public Recreational Green Space	公园个数(个) Number of Parks (unit)	公园面积 Park Area
新丰县	250	213	262	209	157	7	104
南澳县	189	189	171	171	37	2	26
遂溪县	1000	556	850	464	223	3	168
徐闻县	788	574	673	493	144	9	175
广宁县	528	497	484	436	172	7	22
怀集县	562	557	554	525	226	3	110
封开县	500	284	254	199	109	5	99
德庆县	704	462	407	407	103	12	77
博罗县	844	844	802	802	189	9	199
惠东县	878	878	910	903	366	4	278
龙门县	265	265	262	262	112	1	218
大埔县	282	272	253	253	164	7	170
丰顺县	420	282	340	282	340	6	150
五华县	593	541	755	755	447	5	447
平远县	379	379	368	368	185	4	155
蕉岭县	358	358	330	330	170	15	175
海丰县	1902	560	2037	682	299	8	231
陆河县	257	257	245	245	45	3	45
紫金县	673	284	507	249	66	3	66
龙川县	524	524	426	426	163	9	180
连平县	415	354	380	319	108	4	91
和平县	1192	659	704	539	197	2	114
东源县	341	341	265	265	52	5	70
阳西县	1245	615	530	499	137	8	590
佛冈县	669	659	597	589	107	10	115
阳山县	597	597	528	528	65	12	54
连山壮族瑶族自治县	145	145	142	142	24	12	21
连南瑶族自治县	377	205	357	168	49	6	65
饶平县	859	711	677	677	195	7	116
揭西县	2866	429	593	424	82	2	14
惠来县	205	205	194	180	51	2	10
新兴县	527	527	514	514	150	4	24
郁南县	280	280	332	332	155	9	341
广　西	**22498**	**19095**	**18794**	**16784**	**4469**	**270**	**2685**
武鸣县	649	648	575	574	103	7	99
隆安县	263	259	233	223	31	1	2
马山县	157	154	147	145	38		
上林县	48	40	50	41	5	2	5
宾阳县	556	554	467	466	108	3	76
横　县	420	345	397	338	63	4	55
柳江县	432	362	392	344	101	2	4

11-3 续表 21 continued 21

计量单位：公顷 Measurement Unit:Hectare

县名称 Name of Counties	绿化覆盖面积 Green Coverage Area	建成区 Built District	绿地面积 Area of Parks and Green Space	建成区 Built District	公园绿地面积 Area of Public Recreational Green Space	公园个数（个） Number of Parks (unit)	公园面积 Park Area
柳城县	157	155	141	140	6	1	3
鹿寨县	506	505	467	442	131	2	105
融安县	260	231	244	192	149	1	60
融水苗族自治县	246	189	153	148	54	3	49
三江侗族自治县	303	182	234	155	71		
阳朔县	309	191	174	171	54	4	54
灵川县	63	63	63	63	7	2	3
全州县	720	420	636	346	60	5	59
兴安县	395	395	380	380	141	3	133
永福县	149	145	136	133	24	2	22
灌阳县	34	31	30	29	16	1	10
龙胜各族自治县	49	37	22	22	14	2	3
资源县	95	92	79	77	13	4	13
平乐县	48	48	39	39	17	2	17
荔浦县	132	128	111	106	75	3	18
恭城瑶族自治县	110	105	97	95	40	1	5
苍梧县	153	122	146	113	0		
藤　县	616	598	583	523	93	4	71
蒙山县	363	190	337	165	61	7	61
合浦县	1130	1130	983	983	131	4	82
上思县	240	134	179	96	78	3	26
灵山县	536	502	460	414	118	4	75
浦北县	238	225	232	205	80	3	50
平南县	650	650	569	569	125	1	53
容　县	725	717	607	599	208	9	85
陆川县	599	582	530	510	176	4	38
博白县	1168	1130	1052	1013	289	1	51
兴业县	435	410	390	371	99	5	8
田阳县	232	231	182	181	31	1	31
田东县	356	354	299	297	47	3	46
平果县	935	934	812	811	155	9	153
德保县	207	175	185	152	39	2	4
那坡县	88	85	80	77	25	2	20
凌云县	182	144	168	126	55	4	52
乐业县	132	122	116	110	51	3	51
田林县	92	88	57	56	27	1	20
西林县	146	106	139	103	16	4	16
隆林各族自治县	225	224	175	174	46	2	45
昭平县	285	280	268	265	78	3	77
钟山县	450	412	397	363	74	5	74
富川瑶族自治县	377	362	347	318	73	3	73
南丹县	277	274	239	237	52	4	32

11-3 续表 22 continued 22

计量单位：公顷　　　　Measurement Unit:Hectare

县名称 Name of Counties	绿化覆盖面积 Green Coverage Area	建成区 Built District	绿地面积 Area of Parks and Green Space	建成区 Built District	公园绿地面积 Area of Public Recreational Green Space	公园个数(个) Number of Parks (unit)	公园面积 Park Area
天峨县	486	115	294	97	35	2	31
凤山县	171	142	168	140	39	2	35
东兰县	187	66	61	58	40	1	20
罗城仫佬族自治县	185	182	180	177	74	2	41
环江毛南族自治县	368	179	343	159	47	2	13
巴马瑶族自治县	160	102	139	96	49	2	42
都安瑶族自治县	486	91	68	67	46	4	41
大化瑶族自治县	462	315	262	260	116	4	55
忻城县	223	211	212	205	59	3	54
象州县	229	201	219	175	23	2	10
武宣县	318	315	292	291	55	2	55
金秀瑶族自治县	75	14	12	11	9		
扶绥县	519	519	466	466	96		
宁明县	775	306	420	281	34	5	61
龙州县	342	306	320	268	74	87	69
大新县	375	375	375	373	82	3	62
天等县	201	198	163	160	44	3	9
海　南	**7772**	**4235**	**3997**	**3668**	**672**	**36**	**438**
定安县	700	290	266	266	60	5	60
屯昌县	256	256	225	225	50	2	16
澄迈县	321	242	236	208	60	2	16
临高县	382	281	324	238	41	2	20
洋浦开发区	1464	1434	1428	1212	82	1	70
白沙黎族自治县	233	156	123	123	45	4	25
昌江黎族自治县	565	565	497	497	73	9	73
乐东黎族自治县	270	270	234	234	40	2	22
陵水黎族自治县	346	346	307	307	130	2	53
保亭黎族苗族自治县	426	221	202	202	60	4	60
琼中黎族苗族自治县	2809	175	157	157	32	3	23
重　庆	**8635**	**7642**	**7783**	**6914**	**2924**	**115**	**1876**
梁平县	636	605	536	536	249	7	71
城口县	188	80	177	78	32	6	12
丰都县	598	598	535	535	210	8	170
垫江县	783	625	734	552	144	5	63
武隆县	340	222	235	195	105	2	84
忠　县	659	659	614	602	216	7	81
开　县	1274	1259	1228	1213	503	8	335
云阳县	768	712	658	640	302	14	220
奉节县	625	494	586	432	162	9	96
巫山县	350	333	267	267	197	5	139

11-3 续表 23 continued 23

计量单位：公顷 Measurement Unit:Hectare

县名称 Name of Counties	绿化覆盖面积 Green Coverage Area	建成区 Built District	绿地面积 Area of Parks and Green Space	建成区 Built District	公园绿地面积 Area of Public Recreational Green Space	公园个数(个) Number of Parks (unit)	公园面积 Park Area
巫溪县	367	269	341	240	86	13	86
石柱土家族自治县	429	330	385	286	132	10	58
秀山土家族苗族自治县	801	716	730	662	265	6	177
酉阳土家族自治县	562	504	526	460	160	10	135
彭水苗族土家族自治县	255	236	231	216	161	5	149
四　川	**44596**	**40800**	**38469**	**35219**	**10932**	**324**	**6109**
金堂县	929	929	815	815	227	8	181
双流县	4985	4714	4333	4062	569	6	484
郫　县	1762	1762	1641	1641	379	5	85
大邑县	824	824	734	734	144	3	46
蒲江县	350	350	319	319	89		
新津县	1397	1397	1271	1271	120	4	58
荣　县	651	563	626	493	192	5	41
富顺县	288	276	273	265	67	4	58
米易县	202	202	182	182	66	4	17
盐边县	254	117	227	97	26	2	16
泸　县	512	496	485	457	98	1	93
合江县	791	728	497	477	250	4	250
叙永县	461	461	366	366	132	2	93
古蔺县	381	327	326	298	147	1	68
中江县	920	920	880	880	326	11	151
罗江县	284	284	263	263	53	2	38
三台县	899	899	701	701	206	3	85
盐亭县	90	90	95	95	63	2	62
安　县	386	386	333	333	74	1	16
梓潼县	293	293	267	267	69	1	7
北川羌族自治县	237	237	220	220	51	8	7
平武县	129	124	124	124	43	1	43
旺苍县	450	450	434	434	147	3	50
青川县	89	89	69	69	25	3	27
剑阁县	303	303	287	287	75	2	46
苍溪县	580	578	541	541	409	4	409
蓬溪县	662	662	574	574	158	13	152
射洪县	1350	1350	1206	1206	307	4	262
大英县	648	589	534	534	60	5	54
威远县	635	635	599	599	136	2	34
资中县	703	647	489	367	135	1	12
隆昌县	1076	975	945	889	233	2	26
犍为县	315	315	261	247	135	5	157
井研县	156	156	126	126	35	7	35

11-3 续表 24 continued 24

计量单位：公顷 Measurement Unit:Hectare

县名称 Name of Counties	绿化覆盖面积 Green Coverage Area	建成区 Built District	绿地面积 Area of Parks and Green Space	建成区 Built District	公园绿地面积 Area of Public Recreational Green Space	公园个数(个) Number of Parks (unit)	公园面积 Park Area
夹江县	314	230	286	209	74	5	13
沐川县	183	183	166	166	53	3	8
峨边彝族自治县	36	36	36	36	6		
马边彝族自治县	101	101	96	96	21	11	30
南部县	1062	1040	928	908	235	6	170
营山县	688	676	605	587	162	5	91
蓬安县	551	531	478	466	126	4	87
仪陇县	565	553	500	489	135	5	100
西充县	618	598	544	529	135	6	110
仁寿县	1108	1068	756	744	352	5	293
洪雅县	472	472	418	418	72	9	16
丹棱县	359	359	264	264	68	2	23
青神县	356	233	284	186	75	1	3
宜宾县	470	470	404	404	109	7	65
江安县	449		354		163	3	65
长宁县	36	36	106	106	20	4	20
高　县	440	439	356	356	115	3	95
珙　县	339	312	282	282	137	7	3
筠连县	315	315	276	276	79	8	11
兴文县	319	319	269	269	101	2	5
屏山县	184	184	167	167	44	1	20
岳池县	791	791	691	691	241	7	100
武胜县	763	763	575	575	111	3	99
邻水县	436	421	549	531	107	2	90
宣汉县	280	262	254	234	165	3	106
开江县	340	340	333	327	163	2	160
大竹县	745	745	671	671	173	2	103
渠　县	664		595		282		
荥经县	256	195	181	177	63	4	51
汉源县	124	122	116	114	46	9	44
石棉县	149	148	133	129	46	2	10
天全县	85	34	83	33	23	3	20
芦山县	132	113	132	102	40	3	4
宝兴县	79	78	71	70	14	2	3
通江县	665	591	503	503	291	2	28
南江县	478	447	287	211	211	6	44
平昌县	520	415	575	338	286	3	246
安岳县	554	526	454	445	174	5	55
乐至县	1410	895	1217	759	236	15	287
汶川县	96	92	84	45	36		
理　县	18	15	13	13	5		
茂　县	120	110	75	75	3		

11-3 续表 25 continued 25

计量单位：公顷 Measurement Unit:Hectare

县名称 Name of Counties	绿化覆盖面积 Green Coverage Area	建成区 Built District	绿地面积 Area of Parks and Green Space	建成区 Built District	公园绿地面积 Area of Public Recreational Green Space	公园个数(个) Number of Parks (unit)	公园面积 Park Area
松潘县	91	86	85	79	20		
九寨沟县	60	60	51	51	35		
金川县	15	15	8	8	6		
小金县	20	16	13	13	10		
黑水县	17	13	9	9	6		
壤塘县	6	6	4	4	4		
阿坝县	30	30	17	17	13		
若尔盖县	342	71	65	65	2		
红原县	116	87	90	78	2		
泸定县	15	13	15	12	7	2	8
丹巴县	5	4	2				
九龙县	4	4	5	5	2		
雅江县	4	4	3	3	2		
道孚县	8	7	10	5	2		
炉霍县	17	13	17	17	8		
甘孜县	19	9	10	5	5	3	23
新龙县	2	2	4	4	2		
德格县	4	2	6	2	5		
白玉县	4	2	5	5	1		
石渠县	1	1	0	0	0		
色达县	3	3	4	2	4		
理塘县	16	12	7	7	3	1	2
巴塘县	18	17	14	14	2		
乡城县	14		4		1		
稻城县	22	18	54	49	23	2	28
得荣县	3	2	5	4	2		
木里藏族自治县	45	29	38	29	14	1	8
德昌县	283	231	191	165	61	2	10
会理县	356	356	300	300	72	2	7
会东县	370	345	301	252	100	1	6
宁南县	153	153	195	160	46	3	23
普格县	50	50	35	35	25	1	60
布拖县	80	80	95	95	20		
金阳县	62	62	28	28	16		
昭觉县	86	82	97	52	20		
喜德县	80	75	36	36	20	1	20
冕宁县	159	159	141	141	26	1	18
越西县	148	142	117	117	36	1	35
甘洛县	165	155	127	116	50	2	18
美姑县			19		5		
雷波县	43		33		10	2	2

11-3 续表 26 continued 26

计量单位：公顷 Measurement Unit:Hectare

县名称 Name of Counties	绿化覆盖面积 Green Coverage Area	建成区 Built District	绿地面积 Area of Parks and Green Space	建成区 Built District	公园绿地面积 Area of Public Recreational Green Space	公园个数(个) Number of Parks (unit)	公园面积 Park Area
贵　州	**33283**	**12753**	**24164**	**10525**	**3195**	**128**	**2114**
开阳县	829	512	752	496	124	2	75
息烽县	335	139	139	83	79	4	45
修文县	128	103	278	188	92	3	40
水城县	676	408	607	373	86	2	41
盘　县	613	546	598	524	143	3	166
六枝特区	595	512	292	154	18	2	25
遵义县	680	505	940	587	231	3	231
桐梓县	761	180	150	80	80	4	65
绥阳县	72	36	67	30	11	2	10
正安县	997	205	162	162	68	3	58
道真仡佬族苗族自治县	180	86	38	32	5		
务川仡佬族苗族自治县	198	80	103	71	30	1	28
凤冈县	235	78	168	38	30	2	14
湄潭县	841	417	519	405	103	9	82
余庆县	458	458	287	287	95	4	94
习水县	240	220	207	191	110	2	133
普定县	2925	330	2730	318	68		
镇宁布依族苗族自治县	2355	102	96	96	17	2	17
关岭布依族苗族自治县	3978	157	3570	20	14	2	6
紫云苗族布依族自治县	3581	193	3317	163	114	3	110
江口县	225	131	199	165	87	2	72
玉屏侗族自治县	180	150	180	145	30	1	30
石阡县	332	165	272	155	7	1	1
思南县	625	350	632	327	30	1	23
印江土家族苗族自治县	221	180	249	194	8	2	8
德江县	430	165	228	130	140	1	15
沿河土家族自治县	300	120	207	118	17	1	3
松桃苗族自治县	442	271	439	215	95	6	55
兴仁县	692	484	644	460	68	4	40
普安县	213	189	201	181	68	1	5
晴隆县	108	75	103	68	45	1	6
贞丰县	236	142	223	141	44	3	44
望谟县	458	204	425	195	34	1	30
册亨县	90	55	67	53	17	1	13
安龙县	830	476	736	452	24	2	24
大方县	219	87	170	83	140	2	6

11-3 续表 27 continued 27

计量单位：公顷 Measurement Unit:Hectare

县名称 Name of Counties	绿化覆盖面积 Green Coverage Area	建成区 Built District	绿地面积 Area of Parks and Green Space	建成区 Built District	公园绿地面积 Area of Public Recreational Green Space	公园个数(个) Number of Parks (unit)	公园面积 Park Area
黔西县	486	486	481	481	112	6	102
金沙县	175	80	36	34	31	1	18
织金县	200	78	189	75	10		
纳雍县	148	148	135	135	86	1	85
威宁彝族回族苗族自治县	162	162	134	134	48	2	36
赫章县	130	116	130	110	10		
黄平县	71	70	75	72	1		
施秉县	143	76	92	63	28	1	1
三穗县	124	56	118	51	3	1	2
镇远县	364	210	204	204	5	4	5
岑巩县	80	50	27	24	15		
天柱县	152	114	130	83	22		
锦屏县	365	37	173	29	27	3	27
剑河县	68	63	68	63	5	4	6
台江县	19	12	7	2	2	1	1
黎平县	615	152	267	136	23	1	20
榕江县	98	45	47	47	8	1	7
从江县	59	25	69	24	5		
雷山县	74	9	8	8	8		
麻江县	11	6	95	7	3	1	3
丹寨县	39	36	39	36	1		
荔波县	348	144	102	102	38	1	1
贵定县	600	220	82	55	39	2	21
瓮安县	463	360	296	261	60	1	25
独山县	248	180	211	112	37	2	20
平塘县	175	123	62	62	25	4	25
罗甸县	287	247	146	103	27	1	19
长顺县	202	120	22	22	7	2	6
龙里县	405	330	388	318	37	2	34
惠水县	387	387	222	222	41	2	4
三都水族自治县	307	101	118	74	60	1	32
云　南	**26175**	**20868**	**21484**	**18351**	**5209**	**392**	**4446**
晋宁县	545	459	483	401	114	6	133
富民县	311	311	291	291	62	5	56
宜良县	791	497	660	450	138	9	138
石林彝族自治县	599	590	578	535	161	5	121
禄劝彝族苗族自治县	431	322	368	288	88	6	88
寻甸回族彝族自治县	309	235	280	202	61	3	51
阳宗海风景名胜区	162	162	156	156	20	2	20
倘甸产业园区和轿子山旅游开发区	1310	88	260	64	17	1	10

11-3 续表 28 continued 28

计量单位：公顷 Measurement Unit:Hectare

县名称 Name of Counties	绿化覆盖面积 Green Coverage Area	建成区 Built District	绿地面积 Area of Parks and Green Space	建成区 Built District	公园绿地面积 Area of Public Recreational Green Space	公园个数(个) Number of Parks (unit)	公园面积 Park Area
嵩明县	329	304	282	275	64	12	63
马龙县	240	231	212	202	51	5	33
陆良县	635	606	572	568	148	6	137
师宗县	466	450	462	434	119	5	113
罗平县	1321	861	1088	748	152	9	212
富源县	413	408	402	356	84	2	39
会泽县	482	460	470	406	135	2	60
沾益县	476	463	432	420	67	3	60
江川县	154	144	142	136	48	13	27
澄江县	145	145	131	131	30	1	30
通海县	333	333	289	289	146	3	98
华宁县	283	191	241	173	33	5	33
易门县	295	199	269	174	59	8	709
峨山县	180	165	164	144	37	4	28
新平县	246	246	217	217	80	9	80
元江县	147	147	127	127	34	1	17
施甸县	193	182	185	181	23		
龙陵县	240	228	231	210	42	6	13
昌宁县	327	290	304	277	58	4	42
鲁甸县	115	108	93	85	50	1	41
巧家县	110	52	28	21	16	1	1
盐津县	33	20	11	10	3	2	3
大关县	66	64	37	35	13	1	10
永善县	138	127	94	92	6	1	1
绥江县	251	241	216	216	52	10	52
镇雄县	416	217	133	121	88	4	56
彝良县	55	46	33	25	18	1	2
威信县	194	35	22	20	12	2	5
水富县	325	322	266	263	70	5	16
玉龙纳西族自治县	320	277	306	262	36	3	9
永胜县	133	124	132	123	33	1	3
华坪县	171	153	154	140	49	6	11
宁蒗县	59	50	57	40	8	1	2
宁洱哈尼族彝族自治县	327	290	310	254	76	10	75
墨江哈尼族自治县	54	53	41	39	22	4	6
景东彝族自治县	72	65	96	50	53	2	18
景谷傣族彝族自治县	315	272	275	268	51	13	50
镇沅彝族哈尼族拉祜族自治县	131	130	121	113	38	13	20
江城哈尼族彝族自治县	183	158	149	134	32	2	24

11-3 续表 29 continued 29

计量单位：公顷　Measurement Unit:Hectare

县名称 Name of Counties	绿化覆盖面积 Green Coverage Area	建成区 Built District	绿地面积 Area of Parks and Green Space	建成区 Built District	公园绿地面积 Area of Public Recreational Green Space	公园个数(个) Number of Parks (unit)	公园面积 Park Area
孟连傣族拉祜族佤族自治县	143	65	140	64	10		
澜沧拉祜族自治县	83	79	57	53	20	1	19
西盟佤族自治县	144	78	140	74	15	1	76
凤庆县	430	382	421	364	73	6	83
云　县	344	331	316	286	62	3	32
永德县	188	183	162	157	54	1	35
镇康县	164	162	148	144	105	7	105
双江拉祜族佤族布朗族傣族自治县	271	233	238	207	54	1	15
耿马傣族佤族自治县	252	191	209	168	41	2	11
沧源佤族自治县	208	208	180	180	39	1	5
双柏县	132	124	114	103	50	1	32
牟定县	236	193	213	171	38	2	28
南华县	288	259	230	222	64	1	32
姚安县	133	112	110	96	49	2	13
大姚县	403	289	377	259	96	6	96
永仁县	263	154	152	141	28	3	26
元谋县	283	184	184	173	10		
武定县	436	138	143	136	48	3	18
禄丰县	302	294	274	269	69	2	40
屏边苗族自治县	48	47	48	45	26	6	8
建水县	741	741	649	649	164	9	62
石屏县	250	250	220	220	58	8	58
泸西县	468	465	437	425	165	3	121
元阳县	75	70	70	64	16		
红河县	53	40	47	24	5	5	5
金平苗族瑶族傣族自治县	68	66	59	51	12	3	6
绿春县	60	48	49	39	9	4	8
河口县	178	148	156	134	59	4	4
砚山县	345	191	344	189	117	3	19
西畴县	19	11	19	6	6		
麻栗坡县	60	48	58	47	26	4	8
马关县	203	46	181	45	29	2	16
丘北县	260	213	242	129	121	3	105
广南县	146	120	112	107	30	15	30
富宁县	154	76	131	71	25	2	23
勐海县	272	271	231	229	67	1	1
勐腊县	209	208	184	183	61	3	60
漾濞彝族自治县	60	56	55	51	30	1	16
祥云县	543	543	471	471	22	1	6

11-3 续表 30 continued 30

计量单位：公顷 Measurement Unit:Hectare

县名称 Name of Counties	绿化覆盖面积 Green Coverage Area	建成区 Built District	绿地面积 Area of Parks and Green Space	建成区 Built District	公园绿地面积 Area of Public Recreational Green Space	公园个数（个） Number of Parks (unit)	公园面积 Park Area
宾川县	306	241	272	213	46	6	43
弥渡县	191	191	167	167	46	3	46
南涧彝族自治县	90	90	87	85	25	7	25
巍山彝族回族自治县	79	76	70	70	36	1	2
永平县	65	65	56	56	15	1	2
云龙县	118	105	101	101	20	7	20
洱源县	97	96	79	76	10	2	2
剑川县	123	119	114	111	24	4	17
鹤庆县	67	60	52	52	19	2	37
梁河县	88	88	74	74	10	6	10
盈江县	215	215	169	169	23	3	35
陇川县	402	263	304	215	39	1	53
泸水县	175	170	151	144	94	3	91
福贡县	38	34	36	33	2	1	2
贡山独龙族怒族自治县	25	25	10	10	10	1	2
兰坪白族普米族自治县	300	150	259	130	7	2	9
德钦县	23	18	21	17	5	2	2
维西傈僳族自治县	30	28	25	20	8	2	8
西　藏	**1171**	**881**	**946**	**780**	**272**	**25**	**174**
林周县	110	2	4	2	1	1	1
当雄县	4	4	4	4	1	1	0
尼木县	10	3	9	1	5	1	2
曲水县	27	25	27	25	5	1	5
墨竹工卡县	17	17	3	3	1	2	1
江达县	35	35	33	33	15		
贡觉县	13	13	7	7	3		
类乌齐县	31	31	24	24	13		
丁青县	15	15	19	19	10		
察雅县	25	25	45	45	20		
八宿县	36	36	48	48	25		
左贡县	13	13	15	15	12		
芒康县	28	28	38	38	20	1	1
洛隆县	22	22	42	42	20		
边坝县	10	10	7	7	4		
贡嘎县	10	10	5	5	2	1	15
桑日县	16	16	32	32	16	1	16
琼结县	185	83	185	83			
曲松县	45	22	44	44	29	2	29
隆子县	1	1	1		1	1	1
南木林县	12	2	6	2	4		
江孜县	18	2	17	2	15	3	12
定日县	8	8	7	7	2	2	8

11-3 续表 31 continued 31

计量单位：公顷 Measurement Unit:Hectare

县名称 Name of Counties	绿化覆盖面积 Green Coverage Area	建成区 Built District	绿地面积 Area of Parks and Green Space	建成区 Built District	公园绿地面积 Area of Public Recreational Green Space	公园个数（个） Number of Parks (unit)	公园面积 Park Area
萨迦县	2	2	2	2	0		
昂仁县	3	3	3	3	2	1	4
谢通门县	83	83	50	50			
白朗县	131	131	42	42	17		
仁布县	12	12	6	6	3	3	3
定结县	13	11	13	11	7		
吉隆县	2	2	2	2	1		
聂拉木县	1	1	1	1	1	3	73
嘉黎县	1	1	3	3			
普兰县	21	21	21	21	3	1	3
噶尔县	14	14	14	14			
日土县	35	35	37	37	2		
革吉县	10	10	10	10	10		
工布江达县	5	5	4	3	1		
米林县	9	9	5	5			
墨脱县	0	0	0	0			
波密县	8	8	8	8	1		
察隅县	19	19	8	8			
朗　县	110	90	96	67			
陕　西	**28193**	**21902**	**22596**	**18799**	**5617**	**217**	**2712**
蓝田县	445	415	365	355	66	2	62
周至县	302	252	225	214	108	1	20
户　县	1068	1059	946	936	162	3	29
宜君县	216	173	172	149	22	3	22
凤翔县	370	332	311	298	97	6	56
岐山县	226	217	201	191	53	2	53
扶风县	230	177	173	159	43	2	34
眉　县	286	262	249	226	52	4	51
陇　县	252	223	209	186	56	2	7
千阳县	223	185	193	175	54	5	32
麟游县	167	132	133	115	55	4	52
凤　县	191	115	170	100	51	1	45
太白县	142	103	107	93	18	2	14
三原县	535	487	462	435	63	1	43
泾阳县	334	332	289	284	51	1	6
乾　县	665	596	580	516	108	1	5
礼泉县	231	185	167	115	110	3	9
永寿县	135	111	84	80	36	1	4
彬　县	348	285	268	255	165	2	20
长武县	276	237	243	209	62	1	32
旬邑县	250	239	230	220	41	5	40
淳化县	237	224	211	198	47	1	25

11-3 续表 32 continued 32

计量单位：公顷 Measurement Unit:Hectare

县名称 Name of Counties	绿化覆盖面积 Green Coverage Area	建成区 Built District	绿地面积 Area of Parks and Green Space	建成区 Built District	公园绿地面积 Area of Public Recreational Green Space	公园个数(个) Number of Parks (unit)	公园面积 Park Area
武功县	196	176	151	136	58	1	3
潼关县	224	201	193	187	69	1	3
大荔县	720	610	591	541	152		
合阳县	349	295	268	264	51	2	8
澄城县	376	290	273	229	86	1	13
蒲城县	450	420	326	325	81	1	22
白水县	400	371	348	334	72	2	3
富平县	750	500	540	433	155	2	150
延长县	244	162	144	132	65	1	35
延川县	234	204	184	172	41	2	3
子长县	473	452	434	415	121	2	57
安塞县	177	145	156	128	62	7	50
志丹县	327	208	279	190	48	1	26
吴起县	366	233	269	207	83	8	30
甘泉县	238	171	193	146	27		
富　县	363	293	309	263	40	2	40
洛川县	330	282	258	246	67	1	41
宜川县	404	126	316	111	60	1	14
黄龙县	193	154	159	132	25	1	23
黄陵县	217	189	176	171	50		
南郑县	580	420	478	373	265	7	190
城固县	720	712	595	562	150	6	22
洋　县	310	270	211	192	22	2	20
西乡县	323	145	132	110	80	1	79
勉　县	1530	610	1292	458	167	6	30
宁强县	268	239	217	199	56	6	35
略阳县	128	75	57	53	33	4	15
镇巴县	196	174	166	161	53	3	50
留坝县	103	38	57	29	6	2	3
佛坪县	74	42	61	39	19	2	12
神木县	1348	1062	1200	926	233	6	142
府谷县	541	409	486	367	162	2	120
横山县	241	214	196	171	87	3	6
靖边县	1152	830	814	752	191	3	188
定边县	299	274	193	180	92	2	34
绥德县	136	79	90	36	16	7	13
米脂县	558	477	438	432	56	1	10
佳　县	122	46	39	34	18		
吴堡县	103	90	85	77	29	2	2
清涧县	36	36	25	24	6	3	5
子洲县	112	80	86	64	70	3	70
汉阴县	382	288	327	251	100	4	90

11-3 续表 33 continued 33

计量单位：公顷 Measurement Unit:Hectare

县名称 Name of Counties	绿化覆盖面积 Green Coverage Area	建成区 Built District	绿地面积 Area of Parks and Green Space	建成区 Built District	公园绿地面积 Area of Public Recreational Green Space	公园个数(个) Number of Parks (unit)	公园面积 Park Area
石泉县	325	310	287	284	66	4	53
宁陕县	310	143	288	128	26	2	2
紫阳县	227	187	196	153	51	1	17
岚皋县	230	184	167	162	52	1	18
平利县	555	289	465	265	71	2	30
镇坪县	165	34	122	30	9	2	9
旬阳县	684	457	473	418	99	2	57
白河县	275	174	233	151	33	2	27
洛南县	640	542	473	461	97	17	24
丹凤县	161	127	113	100	50	4	12
商南县	415	385	360	327	75	4	62
山阳县	250	189	182	158	57	3	20
镇安县	265	232	216	212	53	3	42
柞水县	270	216	221	190	34	6	20
甘　肃	**11407**	**8067**	**7916**	**6539**	**2827**	**151**	**1709**
永登县	321	317	175	152	169	2	169
皋兰县	51	43	48	40	25	2	1
榆中县	107	104	90	86	36	2	29
永昌县	97	64	62	61	24	1	21
靖远县	179	138	132	126	62	3	11
会宁县	190	142	147	135	80	5	78
景泰县	155	150	131	126	51	1	12
清水县	90	89	81	80	20	3	9
秦安县	72	70	68	66	40	3	5
甘谷县	199	150	197	147	47	5	41
武山县	118	111	50	46	28	1	22
张家川回族自治县	28	25	26	18	14	1	1
民勤县	102	100	93	86	39	2	30
古浪县	42	35	38	30	4	1	4
天祝藏族自治县	103	94	84	84	31	1	31
肃南裕固族自治县	53	53	50	48	15	2	15
民乐县	224	223	183	175	99	2	70
临泽县	221	217	217	212	132	4	68
高台县	254	243	235	228	155	5	155
山丹县	276	274	274	260	49	1	49
泾川县	334	275	296	218	78	4	56
灵台县	262	175	135	134	29	1	16
崇信县	401	216	252	181	29	1	23
华亭县	547	465	479	394	74	5	48
庄浪县	457	355	405	316	52	6	42
静宁县	453	328	368	266	96	2	62
金塔县	561	271	526	234	71	1	70

11-3 续表 34 continued 34

计量单位：公顷　　Measurement Unit:Hectare

县名称 Name of Counties	绿化覆盖面积 Green Coverage Area	建成区 Built District	绿地面积 Area of Parks and Green Space	建成区 Built District	公园绿地面积 Area of Public Recreational Green Space	公园个数(个) Number of Parks (unit)	公园面积 Park Area
瓜州县	296	242	221	218	68	3	41
肃北蒙古族自治县	45	42	38	33	19	1	7
阿克塞哈萨克自治县	89	82	58	57	17	3	11
庆城县	160	129	105	92	49	1	22
环　县	183	163	140	125	81	2	6
华池县	258	89	66	62	35	3	30
合水县	147	95	112	73	59	3	25
正宁县	119	115	100	99	27	1	6
宁　县	139	130	96	91	36	1	5
镇原县	137	135	110	109	41	3	4
通渭县	83	74	74	74	24	1	11
陇西县	293	283	269	246	220	3	90
渭源县	92	73	93	62	33	4	8
临洮县	474	349	499	280	143	10	112
漳　县	145	125	113	113	74	1	3
岷　县	140	110	107	85	39	4	21
成　县	108	62	56	55	24	3	6
文　县	132	35	25	23	16	3	3
宕昌县	192	64	81	54	33	4	20
康　县	544	49	46	45	30	1	7
西和县	81	33	30	27	18	2	5
礼　县	271	97	90	63	33	7	22
徽　县	195	35	36	34	16	3	15
两当县	480	73	75	71	39	4	35
临夏县	45	40	30	18	19	2	2
康乐县	36	35	17	17	4	1	3
永靖县	226	209	115	112	7	3	7
广河县	55	54	40	37	23	2	13
和政县	78	77	35	35	6	1	5
东乡县	18	17	21	18	6	1	3
积石山县	39	30	17	14	14	1	13
临潭县	32	31	25	25	1		
卓尼县	33	31	31	29			
舟曲县	25	24	21	20	14	1	2
迭部县	21	21	13	13	0		
玛曲县	51	45	37	35	4		
碌曲县	29	24	18	17	13	1	11
夏河县	23	21	15	14	1		
青　海	**3016**	**2524**	**2041**	**1736**	**426**	**29**	**181**
大通县	379	376	190	185	41	4	23
湟中县	253	218	284	123	51	2	31
湟源县	136	131	128	123	80	4	44

11-3 续表 35 continued 35

计量单位：公顷 Measurement Unit:Hectare

县名称 Name of Counties	绿化覆盖面积 Green Coverage Area	建成区 Built District	绿地面积 Area of Parks and Green Space	建成区 Built District	公园绿地面积 Area of Public Recreational Green Space	公园个数（个） Number of Parks (unit)	公园面积 Park Area
民和县	175	172	126	100	13	1	4
互助县	331	318	309	299	45	1	4
化隆县	56	53	32	31	6		
循化县	168	168	137	137	26		
门源县	137	86	128	65	15		
祁连县	94	90	43	43	5		
海晏县	103	88	40	40	9		
刚察县	24	21	20	20	13	2	4
西海镇	387	72	26	25	9	2	4
同仁县	27	24	13	12	4		
尖扎县	25	16	16	12	6	1	1
泽库县	5	4	3	3	2		
河南县	6	4	5	3	3		
共和县	178	177	101	101	19	2	18
同德县	29	29	22	22	1	1	1
贵德县	201	197	169	169	33	1	30
兴海县	38	38	45	35	3	1	3
贵南县	39	38	31	31	2	2	1
班玛县	6	6	4	4	4		
久治县	3	3	1	1	1		
杂多县	8	8	8	8	7		
称多县	4	4	4	4	0		
治多县	1	1	1	1			
囊谦县	11	6	8	4	2		
曲麻莱县	1	1	1	1	1		
乌兰县	63	55	34	30	8		
都兰县	60	51	51	44	2	1	2
天峻县	6	6	6	6			
茫崖行委	28	28	28	28	2	2	2
大柴旦行委	31	31	21	20	13	2	9
冷湖行委	4	4	4	4			
宁　夏	**7667**	**6113**	**6992**	**5325**	**1413**	**52**	**1216**
永宁县	694	501	662	465	139	4	133
贺兰县	1066	1064	987	982	230	3	176
平罗县	626	614	618	599	109	4	104
盐池县	1600	535	1482	503	94	6	82
同心县	330	316	317	302	67	5	67
红寺堡开发区	591	491	520	443	66	2	66
西吉县	265	259	259	161	122	2	62
隆德县	198	188	176	166	102	4	97
泾源县	256	220	313	167	107	9	65
彭阳县	304	251	283	230	125	2	122
中宁县	676	613	614	546	138	6	147
海原县	1061	1061	761	761	115	5	95

11-3 续表 36 continued 36

计量单位：公顷 Measurement Unit:Hectare

县名称 Name of Counties	绿化覆盖面积 Green Coverage Area	建成区 Built District	绿地面积 Area of Parks and Green Space	建成区 Built District	公园绿地面积 Area of Public Recreational Green Space	公园个数（个） Number of Parks (unit)	公园面积 Park Area
新　疆	**22116**	**20059**	**20009**	**18331**	**3915**	**157**	**2554**
鄯善县	1004	999	922	922	87	3	58
托克逊县	447	383	395	317	80	1	49
巴里坤哈萨克自治县	124	121	107	105	20	3	31
伊吾县	145	142	136	134	9	3	18
呼图壁县	561	463	473	427	66	5	48
玛纳斯县	635	630	575	575	142	8	142
奇台县	750	742	733	733	135	2	59
吉木萨尔县	287	250	277	241	67	3	67
木垒县	263	259	277	277	42	2	42
精河县	270	265	260	258	44	2	32
温泉县	176	175	169	169	25	1	30
轮台县	382	326	355	284	66	1	98
尉犁县	150	109	135	94	19	2	10
若羌县	279	242	236	217	26	2	14
且末县	179	167	175	159	48	2	29
焉耆县	360	360	336	336	93	1	37
和静县	590	590	547	547	90	5	77
和硕县	199	199	185	185	35	3	35
博湖县	126	126	112	112	57	1	53
温宿县	321	297	281	276	61	1	6
库车县	1010	1010	987	987	192	1	24
沙雅县	321	321	284	284	97		
新和县	333	182	319	179	115	1	28
拜城县	421	326	366	308	93	5	120
乌什县	256	229	151	151	32	1	24
阿瓦提县	198	198	176	176	52	1	15
柯坪县	97	96	96	94	26	2	15
阿克陶县	268	247	261	230	48	4	33
阿合奇县	185	171	257	169	13	4	13
乌恰县	279	253	274	247	48	5	46
疏附县	160	146	148	137	28	2	8
疏勒县	654	574	585	482	144	2	144
英吉沙县	391	339	374	338	71	11	100
泽普县	398	387	331	320	87	5	89
莎车县	895	831	851	714	258	4	68
叶城县	210	202	184	155	78	3	68
麦盖提县	462	462	416	416	103	2	63
岳普湖县	127	110	99	87	27	1	20
伽师县	301	286	293	278	94	3	62

11-3 续表 37 continued 37

计量单位：公顷 Measurement Unit:Hectare

县名称 Name of Counties	绿化覆盖面积 Green Coverage Area	建成区 Built District	绿地面积 Area of Parks and Green Space	建成区 Built District	公园绿地面积 Area of Public Recreational Green Space	公园个数（个） Number of Parks (unit)	公园面积 Park Area
巴楚县	350	330	252	230	95	4	15
塔什库尔干县	110	110	71	71	40	1	10
墨玉县	187	187	112	112	15	1	4
皮山县	161	75	64	64	21	1	2
洛浦县	206	149	146	146	12	1	12
策勒县	202	145	180	142	10	1	10
于田县	183	119	98	98	8	1	7
民丰县	48	48	39	39	4		
伊宁县	312	302	305	276	30	1	30
察布查尔县	399	301	286	271	98		
霍城县	536	438	504	415	47	2	47
巩留县	450	416	438	399	68	1	47
新源县	412	402	432	332	58	3	64
昭苏县	357	357	338	338	10	2	10
特克斯县	441	376	387	350	53	3	50
尼勒克县	375	357	317	315	45	2	28
额敏县	487	438	448	425	50	1	50
沙湾县	748	516	644	474	86	1	45
托里县	277	271	276	258	48	2	47
裕民县	247	231	242	231	23	1	12
和布克赛尔蒙古自治县	207	205	195	178	66	5	56
布尔津县	280	272	259	241	45	5	18
富蕴县	250	217	215	215	52	3	31
福海县	114	111	112	107	25	1	23
哈巴河县	226	211	201	196	28	2	19
青河县	134	121	131	120	27	3	26
吉木乃县	206	142	180	170	34	1	16
新疆生产建设兵团	**26931**	**7611**	**16047**	**5264**	**952**	**102**	**819**
第一师	1058	885	796	745	140	17	81
第二师	1083	652	652	370	85	13	67
第三师	180	90	375	198	82	8	59
第四师	9200	935	8900	563	45	12	52
第五师	196	168	240	143	59	3	84
第六师	479	295	286	183	34	5	38
第七师	1261	1167	985	938	164	10	123
第八师	10719	1695	1347	725	208	15	207
第九师	308	292	292	273	37	9	39
第十师	570	570	563	526	20	1	5
第十二师	1461	631	1201	370	40	3	42
第十三师	358	233	266	152	24	5	21
第十四师	60		145	79	14	1	3

十二、县城市容环境卫生

12. County Seat Environmental Sanitation

简要说明

本部分主要包括道路清扫保洁，生活垃圾、粪便的清运、处理等内容。

Brief Introduction

This section mainly includes such indicators as the cleaning and maintenance of roads, the transfer and treatment of domestic garbage, night soil, etc..

12 全国历年县城市容环境卫生情况(2000–2015)
National County Seat Environmental Sanitation in Past Years(2000-2015)

年份 Year	生活垃圾 Domestic Garbage				粪便清运量 (万吨) Volume of Soil Collected and Transported (10,000 ton)	公厕数量 (座) Number of Latrine (unit)	市容环卫专用车辆设备总数 (台) Number of Vehicles and Equipment Designated for Municipal Environmental Sanitation (unit)	每万人拥有公厕 (座) Number of Latrine per 10,000 Population (unit)
	清运量 (万吨) Quantity of Collected and Transported (10,000 ton)	无害化处理场(厂)座数 (座) Number of Harmless Treatment Plants/Grounds (unit)	无害化处理能力 (吨/日) Harmless Treatment Capacity (ton/day)	无害化处理量 (万吨) Quantity of Harmlessly Treated (10,000 ton)				
2000	5560	358	18493	782.52	1301	31309	13118	2.21
2001	7851	489	29300	1551.88	1709	31893	13472	3.54
2002	6503	460	31582	1056.61	1659	31282	13817	3.53
2003	7819	380	29546	1159.35	1699	33139	15114	3.59
2004	8182	295	26032	865.13	1256	34104	16144	3.54
2005	9535	203	23049	688.78	1312	34753	17697	3.46
2006	6266	124	15245	414.30	710	34563	17367	2.91
2007	7110	137	18785	496.56	2507	36542	19220	2.90
2008	6794	211	34983	838.69	1151	37718	20947	2.90
2009	8085	286	45430	1220.15	759	39618	22905	2.96
2010	6317	448	69310	1732.51	811	40818	25249	2.94
2011	6743	683	103583	2728.72	751	40096	28045	2.80
2012	6838	848	126747	3690.65	649	41588	31164	2.09
2013	6506	992	151615	4298.28	553	42217	35096	2.77
2014	6657	1129	168131	4766.44	532	43159	38913	2.76
2015	6655	1187	181429	5259.94	489	43480	42702	2.78

注：自2006年起，生活垃圾填埋场的统计采用新的认定标准，生活垃圾无害化处理数据与往年不可比。

Note:Since 2006, treatment of domestic garbage through sanitary landfill has adopted new certification standard,so the datas of harmless treatmented garbage are not compared with the past years.

12-1 2015年全国县城市容环境卫生分组资料

地区名称 Name of Regions	道路清扫保洁面积(万平方米) Surface Area of Roads Cleaned and Maintained ($10,000m^2$)	机械化 Mechanization	生活垃圾 清运量(万吨) Collected and Transported (10,000 ton)	密闭车(箱)清运量 Quantity of Garbage Transported by Airtight Vehicle	处理量(万吨) Volume of Treated (10,000 ton)	无害化处理厂(场)数(座) Number of Harmless Treatment Plants/Grounds (unit)	卫生填埋 Sanitary Landfill	焚烧 Incineration	其他 other	无害化处理能力(吨/日) Harmless Treatment Capacity (ton/day)	卫生填埋 Sanitary Landfill
全国 National Total	**237499**	**103224**	**6655.10**	**5061.96**	**5967.10**	**1187**	**1108**	**37**	**42**	**181429**	**157615**
分类一 Group one											
东部地区 East China	80859	40582	2118.61	1661.95	2019.69	358	314	25	19	73099	56123
中部地区 Central China	103745	41716	2627.85	1972.88	2261.94	408	390	4	14	65963	61813
西部地区 West China	52895	20926	1908.64	1426.66	1685.49	421	404	8	9	42367	39679
分类二 Group two											
东部地区 East China	74647	38947	1928.85	1507.89	1835.30	303	263	22	18	67434	50818
中部地区 Central China	93219	37036	2397.39	1816.13	2041.33	339	322	4	13	58219	54159
西部地区 West China	69633	27241	2328.86	1737.47	2090.49	545	523	11	11	55776	52638
分类三 Group three											
东部地区 East China	70921	37551	1793.75	1447.58	1720.88	292	252	22	18	64734	48118
中部地区 Central China	85745	34311	2106.81	1659.37	1868.28	309	297	4	8	53499	50289
西部地区 West China	69633	27241	2328.86	1737.47	2090.49	545	523	11	11	55776	52638
东北地区 Northeast China	11200	4121	425.68	217.07	287.47	41	36		5	7420	6570

National County Seat Environmental Sanitation(2015)

Domestic Garbage						粪便Excrement and Urine		公厕数		市容卫生专用	
		无害化				清运量	处理量		三类以上	车辆设备总数(台)	地区名称
焚烧 Incineration	其他 other	处理量(万吨) Volume of Harmlessly Treated (10,000 ton)	卫生填埋 Sanitary Landfill	焚烧 Incineration	其他 other	(万吨) Quantity of Excrement Transported (10,000 ton)	(万吨) Quantity of Excrement Treated (10,000 ton)	(座) Number of Latrines (unit)	Grade Ⅲ and Above	Number of Vehicles and Equipment Designated for Municipal Environmental Sanitation (unit)	Name of Regions
16144	**7670**	**5259.94**	**4688.26**	**401.43**	**170.25**	**489.17**	**153.04**	**43480**	**21369**	**42702**	**全国**
											分类一
13184	3792	1914.25	1565.23	260.04	89.01	160.64	69.78	12596	6725	14756	东部地区
1155	2995	1984.19	1862.16	63.56	58.51	249.50	52.93	18560	7834	15434	中部地区
1805	883	1361.48	1260.88	77.86	22.74	78.81	30.29	12324	6810	12512	西部地区
											分类二
12824	3792	1733.31	1400.63	248.70	84.01	156.84	69.56	11941	6327	13382	东部地区
1155	2905	1768.05	1649.24	63.56	55.28	192.96	40.56	13527	6640	13153	中部地区
2165	973	1758.56	1638.40	89.20	30.97	139.15	42.88	18012	8402	16167	西部地区
											分类三
12824	3792	1663.04	1330.36	248.70	84.01	135.48	63.96	10353	6083	12464	东部地区
1155	2055	1652.78	1547.94	63.56	41.30	120.92	22.80	10766	6262	10591	中部地区
2165	973	1758.56	1638.40	89.20	30.97	139.15	42.88	18012	8402	16167	西部地区
	850	185.54	171.57		13.98	93.40	23.36	4349	622	3480	东北地区

12–2 2015年按省分列的县城市容环境卫生

地区名称 Name of Regions	道路清扫保洁面积(万平方米) Surface Area of Roads Cleaned and Maintained ($10,000m^2$)	机械化 Mechanization	生活垃圾 清运量(万吨) Collected and Transported (10,000 ton)	密闭车(箱)清运量 Quantity of Garbage Transported by Airtight Vehicle	处理量(万吨) Volume of Treated (10,000 ton)	无害化处理厂(场)数(座) Number of Harmless Treatment Plants/ Grounds (unit)	卫生填埋 Sanitary Landfill	焚烧 Incineration	其他 other	无害化处理能力(吨/日) Harmless Treatment Capacity (ton/ day)	卫生填埋 Sanitary Landfill
全国	**237499**	**103224**	**6655.10**	**5061.96**	**5967.10**	**1187**	**1108**	**37**	**42**	**181429**	**157615**
天津	607	243	7.12	7.12	7.12	1	1			200	200
河北	17988	9250	493.52	314.35	468.85	102	95	1	6	16979	15999
山西	26749	12564	341.27	265.94	239.12	62	57	3	2	9517	8087
内蒙古	10526	4680	230.46	156.77	220.61	69	68		1	7744	7654
辽宁	3726	1396	135.10	60.31	114.42	11	11			2700	2700
吉林	2745	871	90.69	72.45	74.41	15	13		2	2610	2190
黑龙江	4729	1854	199.89	84.33	98.64	15	12		3	2110	1680
江苏	9082	5534	193.73	187.66	193.73	20	14	4	2	9945	4615
浙江	8225	4017	266.55	263.36	266.55	34	25	8	1	11364	6520
安徽	13963	8047	317.71	262.17	305.45	37	36		1	7506	7206
福建	4474	1802	184.83	182.54	172.51	40	34	5	1	7840	4740
江西	11263	3029	344.19	267.74	341.88	34	33	1		4567	4342
山东	23592	14292	403.47	344.61	401.95	50	44	4	2	10811	9421
河南	16068	3980	505.90	370.70	422.14	78	78			12987	12987
湖北	5481	2226	196.11	158.10	164.13	26	25		1	3841	3746
湖南	12221	4465	401.63	334.86	395.56	72	68		4	15081	13921
广东	5804	2125	212.58	119.37	178.42	34	28		6	6655	5683
广西	6212	1635	189.76	154.10	184.39	55	51	3	1	5665	5305
海南	1149	288	31.95	28.66	31.75	11	11			940	940
重庆	2358	1554	116.38	113.91	116.18	15	15			2544	2544
四川	14003	6970	478.56	368.75	423.79	76	71	3	2	9387	8671
贵州	5063	2251	232.83	162.15	175.65	66	62	3	1	6096	5476
云南	6998	1138	267.32	220.72	255.10	81	78	1	2	7169	6129
西藏	619	61	19.79	3.92	3.85						
陕西	6838	3157	243.71	220.09	227.56	77	76		1	9363	9284
甘肃	3460	520	164.59	105.07	155.90	48	48			3443	3443
青海	1255	187	55.44	26.57	51.64	23	23			1336	1336
宁夏	2193	889	44.80	35.02	38.68	7	6	1		633	503
新疆	6929	3083	216.72	140.64	198.48	27	24		3	2386	2283
新疆生产建设兵团	3179	1116	68.50	29.98	38.66	1	1			10	10

County Seat Environmental Sanitation by Province(2015)

Domestic Garbage						粪便Excrement and Urine		公厕数		市容卫生专用车辆设备总数(台)	
		无害化				清运量	处理量		三类以上		
焚烧 Incineration	其他 other	处理量(万吨) Volume of Harmlessly Treated (10,000 ton)	卫生填埋 Sanitary Landfill	焚烧 Incineration	其他 other	(万吨) Quantity of Excrement Transported (10,000 ton)	(万吨) Quantity of Excrement Treated (10,000 ton)	(座) Number of Latrines (unit)	Grade Ⅲ and Above	Number of Vehicles and Equipment Designated for Municipal Environmental Sanitation (unit)	地区名称 Name of Regions
16144	**7670**	**5259.94**	**4688.26**	**401.43**	**170.25**	**489.17**	**153.04**	**43480**	**21369**	**42702**	**全　国**
		7.12	7.12			0.43		40	40	82	天　津
120	860	447.38	427.62	4.93	14.83	65.87	12.24	4016	1354	3643	河　北
930	500	221.18	203.26	8.89	9.03	24.73	1.40	1527	967	2653	山　西
	90	216.14	212.92		3.23	56.55	12.35	5033	1194	2281	内蒙古
		70.27	70.27			21.36	5.60	1588	244	918	辽　宁
	420	65.06	59.19		5.87	10.13	4.08	673	97	543	吉　林
	430	50.21	42.11		8.11	61.93	13.68	2088	281	2019	黑龙江
4350	980	187.60	127.34	38.37	21.9	21.60	19.17	1673	1163	1238	江　苏
4594	250	265.07	154.63	99.99	10.46	19.55	16.89	1430	1222	1698	浙　江
	300	264.68	215.98	39.51	9.2	14.05	3.31	1790	1039	1380	安　徽
2900	200	163.20	121.46	38.68	3.07	0.92	0.08	878	744	807	福　建
225		229.12	220.73	8.4		9.88	6.46	1512	863	1329	江　西
860	530	401.95	318.00	66.73	17.22	22.70	12.22	1693	1264	3402	山　东
		422.14	422.14			61.94	7.87	3235	1943	2349	河　南
	95	120.10	109.83	6.76	3.51	9.43	3.76	885	344	886	湖　北
	1160	395.56	376.00		19.56	0.93	0.01	1817	1106	1994	湖　南
	972	158.97	142.44		16.53	4.45	3.37	479	210	1344	广　东
360		180.94	164.60	11.34	5.00	3.80	0.22	655	398	1374	广　西
		31.75	31.75			0.03	0.01	144	86	250	海　南
		116.18	116.18			6.01	0.48	649	536	593	重　庆
455	261	392.91	319.82	62.45	10.64	28.11	17.51	2092	1209	3097	四　川
420	200	172.73	164.91	7.80	0.02	2.40		1036	663	1635	贵　州
800	240	207.50	198.31	3.14	6.05	13.99	9.04	1557	860	1696	云　南
						0.09	0.09	431	38	198	西　藏
	79	220.88	218.67		2.21	11.70	0.94	2541	1738	2131	陕　西
		114.58	114.58			12.77	1.74	1188	627	897	甘　肃
		35.22	35.22					236	35	199	青　海
130		23.01	18.54	4.47		0.47	0.22	423	317	291	宁　夏
	103	77.76	73.94		3.82	3.35	0.30	1209	603	1201	新　疆
		0.71	0.71					962	184	574	新疆生产建设兵团

12–3 2015年按县城分列的县城市容环境卫生

地区名称 Name of Regions	道路清扫保洁面积(万平方米) Surface Area of Roads Cleaned and Maintained ($10,000m^2$)	机械化 Mechanization	生活垃圾 清运量(万吨) Collected and Transported (10,000 ton)	密闭车(箱)清运量 Quantity of Garbage Transported by Airtight Vehicle	处理量(万吨) Volume of Treated (10,000 ton)	无害化处理厂(场)数(座) Number of Harmless Treatment Plants/Grounds (unit)	卫生填埋 Sanitary Land-fill	焚烧 Incineration	其他 other	无害化处理能力(吨/日) Harmless Treatment Capacity (ton/day)	卫生填埋 Sanitary Land-fill
全　国	**237499**	**103224**	**6655.82**	**5061.96**	**5967.70**	**1187**	**1108**	**37**	**42**	**181429**	**157615**
天　津	**607**	**243**	**7.12**	**7.12**	**7.12**	**1**	**1**			**200**	**200**
蓟　县	607	243	7.12	7.12	7.12	1	1			200	200
河　北	**17988**	**9250**	**493.52**	**314.35**	**468.88**	**102**	**95**	**1**	**6**	**16979**	**15999**
井陉县	42	22	3.58	2.92	3.30	1	1			200	200
正定县	328	116	6.08	6.08	4.93	1		1		120	
行唐县	126	76	3.65	3.00	3.65	1	1			150	150
灵寿县	205	52	4.02	4.02	3.94	1	1			180	180
高邑县	164	99	2.34	1.97	2.26	1	1			150	150
深泽县	65		4.56		4.38	1	1			150	150
赞皇县	91	70	4.79		4.56	1	1			120	120
无极县	65	10	4.09	3.68	4.09	1	1			150	150
平山县	157	78	4.85	4.85	4.85	1	1			80	80
元氏县	95	29	3.12	3.12	2.86	1			1	150	
赵　县	187	105	4.00	2.20	3.71	1			1	100	
滦　县	357	297	7.30	7.30	7.28	1	1			200	200
滦南县	265		7.28		7.28	1	1			200	200
乐亭县	288	203	5.48	5.48	5.48	1	1			200	200
迁西县	281	108	8.72	8.10	8.23	1	1			300	300
玉田县	288	201	6.17	6.17	6.17	1	1			300	300
曹妃甸区	563	288	7.20	6.60	7.20	1	1			200	200
青龙满族自治县	97	50	4.15	3.80	4.10	1	1			105	105
昌黎县	166	95	10.43	10.43	9.39	1	1			270	270
卢龙县	152	64	2.20		2.20	1	1			190	190
临漳县	319	175	4.08	4.08	4.08	1	1			150	150
成安县	213	66	3.35	3.06	3.35	1	1			200	200
大名县	204	86	6.85	6.85	6.51	1	1			220	220
涉　县	271	96	6.51	6.51	6.05	1	1			200	200
磁　县	260		9.31		9.31	1	1			200	200
肥乡县	252	132	7.45		6.98	1	1			225	225
永年县	347	197	10.74	10.74	10.74	1	1			300	300
邱　县	98	38	4.24	1.97	3.95	1	1			150	150
鸡泽县	180	99	4.04	4.04	4.04	1	1			105	105
广平县	230	86	3.31	3.00	3.03	1	1			100	100
馆陶县	170	89	4.45	4.45	4.03						
魏　县	482	252	10.20		10.20	1	1			300	300
曲周县	167	65	4.19	4.19	4.16	1	1			170	170
临城县	72	39	3.23		2.92	1	1			150	150
内丘县	91	50	4.20	4.20	4.20	1	1			120	120
柏乡县	97	65	2.13		2.13	1	1			120	120
隆尧县	250	131	3.56		3.56	1	1			220	220
任　县	278	160	4.34	4.34	4.34	1	1			180	180

County Seat Environmental Sanitation by County(2015)

Domestic Garbage						粪便Excrement and Urine		公厕数		市容卫生专用车辆设备总数(台) Number of Vehicles and Equipment Designated for Municipal Environmental Sanitation (unit)	地区名称 Name of Regions
焚烧 Incineration	其他 other	无害化处理量(万吨) Volume of Harmlessly Treated (10,000 ton)	卫生填埋 Sanitary Landfill	焚烧 Incineration	其他 other	清运量(万吨) Quantity of Excrement Transported (10,000 ton)	处理量(万吨) Quantity of Excrement Treated (10,000 ton)	(座) Number of Latrines (unit)	三类以上 Grade Ⅲ and Above		
16144	**7670**	**5260.36**	**4688.67**	**401.42**	**170.27**	**489.17**	**153.04**	**43480**	**21369**	**42702**	**全　国**
		7.12	**7.12**			**0.43**		**40**	**40**	**82**	**天　津**
		7.12	7.12			0.43		40	40	82	蓟　县
120	**860**	**447.40**	**427.63**	**4.93**	**14.84**	**65.87**	**12.24**	**4016**	**1354**	**3643**	**河　北**
		3.30	3.30					27		40	井陉县
120		4.93		4.93		0.19		65		68	正定县
		3.65	3.65			0.52		30		14	行唐县
		3.94	3.94					32		18	灵寿县
		2.26	2.26			0.12		33		55	高邑县
		4.38	4.38					23		18	深泽县
		4.56	4.56					14	11	14	赞皇县
		4.09	4.09					26	9	13	无极县
		4.85	4.85			0.02		45		27	平山县
	150	2.86			2.86			36		21	元氏县
	100	3.71			3.71			48		29	赵　县
		7.28	7.28			0.09		52	45	41	滦　县
		7.28	7.28			0.36		44	44	42	滦南县
		5.48	5.48			0.09	0.09	59	11	41	乐亭县
		8.23	8.23			0.51		25	15	17	迁西县
		6.17	6.17			2.48	2.48	43	19	63	玉田县
		7.20	7.20			0.39	0.36	84	28	37	曹妃甸区
		4.10	4.10			2.00		50	16	44	青龙满族自治县
		9.39	9.39			0.83		65		67	昌黎县
		2.20	2.20			1.64		29		28	卢龙县
		4.08	4.08			0.08		73	15	26	临漳县
		3.35	3.35			0.87		56	19	32	成安县
		6.51	6.51			1.72		31		16	大名县
		6.05	6.05					97		50	涉　县
		9.31	9.31			5.49		18		10	磁　县
		6.98	6.98					46	46	20	肥乡县
		10.74	10.74					85	19	50	永年县
		3.95	3.95					22	22	14	邱　县
		4.04	4.04					40		16	鸡泽县
		3.03	3.03					24		48	广平县
						0.78		38	38	18	馆陶县
		10.20	10.20					105	94	130	魏　县
		4.16	4.16					42	36	16	曲周县
		2.92	2.92					19	19	14	临城县
		4.20	4.20			0.01		21	21	24	内丘县
		2.13	2.13					10		3	柏乡县
		3.56	3.56			0.90		24		30	隆尧县
		4.34	4.34					24		33	任　县

12-3 续表 1

地区名称 Name of Regions	道路清扫保洁面积(万平方米) Surface Area of Roads Cleaned and Maintained ($10,000m^2$)	机械化 Mechanization	生活垃圾 清运量(万吨) Collected and Transported (10,000 ton)	密闭车(箱)清运量 Quantity of Garbage Transported by Airtight Vehicle	处理量(万吨) Volume of Treated (10,000 ton)	无害化处理厂(场)数(座) Number of Harmless Treatment Plants/Grounds (unit)	卫生填埋 Sanitary Landfill	焚烧 Incineration	其他 other	无害化处理能力(吨/日) Harmless Treatment Capacity (ton/day)	卫生填埋 Sanitary Landfill
南和县	558	390	8.14	8.12	8.14	2	2			556	556
宁晋县	412	352	6.10	6.10	6.10	1	1			164	164
巨鹿县	197	63	4.68		4.68	1	1			130	130
新河县	120	55	4.10	3.95	4.10	1	1			100	100
广宗县	154	119	2.59	2.59	2.59	1	1			150	150
平乡县	93	60	3.20		2.96	2	2			400	400
威　县	327	245	5.10	5.10	5.00	1	1			150	150
清河县	246	186	5.84	5.60	5.84	1	1			185	185
临西县	99		3.75		3.75	1	1			150	150
涞水县	114	60	2.59		2.59	1	1			165	165
阜平县	33		3.15		3.15	1	1			86	86
定兴县	140	62	5.97	5.97	5.97	1	1			380	380
唐　县	59	26	2.84	2.16	2.84	2	1		1	450	300
高阳县	200	166	2.68	2.56	2.56	1			1	70	
容城县	132	85	4.61	4.61	4.61	1	1			150	150
涞源县	31	2	4.21	4.21	3.29	1	1			100	100
望都县	150	77	1.98	1.98	1.98	1	1			54	54
安新县	63	51	2.02	2.02	2.02	1			1	300	
易　县	146	60	3.96	1.88	3.96	1	1			120	120
曲阳县	57	13	2.87	2.30	2.87	1	1			150	150
蠡　县	118	60	4.70	3.86	4.70	1	1			150	150
顺平县	159	44	3.60	1.39	3.20	1			1	90	
博野县			2.13	0.81	2.13						
雄　县	104	63	5.87	0.64	5.87						
张北县	125	27	5.20	5.00	4.69	1	1			195	195
康保县	70		3.65		3.29	1	1			110	110
沽源县	53		3.30		2.97	1	1			110	110
尚义县	70		6.35		5.72	1	1			110	110
蔚　县	72	30	2.80	1.05	2.53	1	1			270	270
阳原县	82	30	6.05	2.00	5.45	1	1			120	120
怀安县	94	49	6.94	6.94	6.25	1	1			115	115
万全县	74		4.40		3.96	1	1			150	150
怀来县	279	160	5.55	5.55	5.00	1	1			230	230
涿鹿县	74		6.10	3.00	5.49	1	1			100	100
赤城县	53		4.05	4.05	3.65	1	1			100	100
崇礼县	40	20	2.05		1.85	1	1			105	105
承德县	55	35	3.10	0.22	2.80	1	1			150	150
兴隆县	87	56	6.70	6.55	6.10	1	1			150	150
平泉县	234	128	4.95	4.80	4.80	1	1			150	150
滦平县	60	24	4.20		4.14	1	1			120	120
隆化县	100	75	6.50	6.50	6.40	1	1			150	150
丰宁满族自治县	138	64	3.36	3.36	3.29	1	1			140	140
宽城满族自治县	161	120	3.48	3.28	3.28	1	1			120	120

continued 1

		Domestic Garbage				粪便Excrement and Urine		公厕数		市容卫生专用车辆设备总数（台）	
焚烧 Inci-neration	其他 other	无害化处理量（万吨） Volume of Harmlessly Treated (10,000 ton)	卫生填埋 Sanitary Landfill	焚烧 Inci-neration	其他 other	清运量（万吨） Quantity of Excrement Transported (10,000 ton)	处理量（万吨） Quantity of Excrement Treated (10,000 ton)	（座） Number of Latrines (unit)	三类以上 Grade Ⅲ and Above	Number of Vehicles and Equipment Designated for Municipal Environmental Sanitation (unit)	地区名称 Name of Regions
		8.14	8.14					62	62	76	南和县
		6.10	6.10			0.01		59	58	41	宁晋县
		4.68	4.68					7	6	44	巨鹿县
		4.10	4.10					14	4	11	新河县
		2.59	2.59					22	22	16	广宗县
		2.96	2.96					15		19	平乡县
		5.00	5.00			0.01		38	21	6	威　县
		5.84	5.84			0.08	0.08	77	77	30	清河县
		3.75	3.75					17	15	27	临西县
		2.59	2.59					5		22	涞水县
		3.15	3.15					14			阜平县
		5.97	5.97					30		25	定兴县
	150	2.84	2.35		0.49	0.02		9	9	16	唐　县
	70	2.56			2.56	0.17		20	5	19	高阳县
		4.61	4.61					15		14	容城县
		3.29	3.29					2		18	涞源县
		1.98	1.98					21	21	11	望都县
	300	2.02			2.02			5		133	安新县
		3.96	3.96					6	4	28	易　县
		2.87	2.87			1.11		3	3	26	曲阳县
		4.70	4.70					21		14	蠡　县
	90	3.20			3.20	0.16		9	3	20	顺平县
											博野县
						0.22		28	7	154	雄　县
		4.69	4.69			2.25	2.00	99		22	张北县
		3.29	3.29			1.13	0.90	54	17	4	康保县
		2.97	2.97			2.35	0.55	63	1	5	沽源县
		5.72	5.72			0.55	0.50	67	14	11	尚义县
		2.53	2.53			0.55		22	4	14	蔚　县
		5.45	5.45			0.10	0.09	27		14	阳原县
		6.25	6.25			0.86	0.20	72	3	28	怀安县
		3.96	3.96			0.12	0.10	16	1	18	万全县
		5.00	5.00			0.15		38	23	367	怀来县
		5.49	5.49			1.05	0.40	13	3	14	涿鹿县
		3.65	3.65			1.01	0.74	39	28	19	赤城县
		1.85	1.85			1.41	0.43	25	5	7	崇礼县
		2.80	2.80			2.30		24	2	40	承德县
		6.10	6.10			0.65	0.65	68	14	26	兴隆县
		4.80	4.80			2.60		56	32	33	平泉县
		4.14	4.14			1.50		33	2	23	滦平县
		6.40	6.40			0.60		80	12	27	隆化县
		3.29	3.29			1.79		112	13	35	丰宁满族自治县
		3.28	3.28			1.01	1.01	27	27	25	宽城满族自治县

12-3 续表 2

地区名称 Name of Regions	道路清扫保洁面积（万平方米） Surface Area of Roads Cleaned and Maintained ($10,000m^2$)	机械化 Mechanization	生活垃圾 清运量（万吨） Collected and Transported (10,000 ton)	密闭车(箱)清运量 Quantity of Garbage Transported by Airtight Vehicle	处理量（万吨） Volume of Treated (10,000 ton)	无害化处理厂(场)数（座） Number of Harmless Treatment Plants/ Grounds (unit)	卫生填埋 Sanitary Landfill	焚烧 Incineration	其他 other	无害化处理能力（吨/日） Harmless Treatment Capacity (ton/day)	卫生填埋 Sanitary Landfill
围场满族蒙古族自治县	120	62	3.90	1.00	3.65	1	1			200	200
青　县	251	150	6.53	5.61	6.53	1	1			140	140
东光县	130		3.85	3.85	3.50	1	1			150	150
海兴县	77	66	4.14		3.97	1	1			129	129
盐山县	136	66	4.28	1.28	4.27	1	1			200	200
肃宁县	268	103	5.00	1.27	5.00	1	1			150	150
南皮县	160	96	3.07	1.82	3.07	1	1			140	140
吴桥县	230	115	3.90	3.15	3.90	1	1			140	140
献　县	300	220	5.00	3.77	4.86	1	1			135	135
孟村回族自治县	79	46	3.56	2.90	3.56	1	1			150	150
固安县	247	222	4.54	3.99	4.17	1	1			80	80
永清县	115		2.59								
香河县	330	150	9.13		9.13	1	1			280	280
大城县	130	74	4.95		4.95	1	1			195	195
文安县	85	59	2.58	2.36	2.50	1	1			150	150
大厂回族自治县	244	57	2.11	1.14	2.11	1	1			200	200
枣强县	135	111	4.80	4.80	4.68	1	1			280	280
武邑县	240	98	4.38	3.75							
武强县	117		3.62		3.20	1	1			120	120
饶阳县	150	68	2.10	2.00	2.00	1	1			160	160
安平县	360	252	5.85	4.68	5.85	1	1			160	160
故城县	85	68	9.50	7.50	9.45						
景　县	235	200	4.23		4.23	1	1			140	140
阜城县	168	121	4.31	4.18	4.30	1	1			110	110
山　西	**26749**	**12564**	**341.28**	**265.94**	**239.12**	**62**	**57**	**3**	**2**	**9517**	**8087**
清徐县	155	84	8.03	8.03	8.03	1	1			200	200
阳曲县	104	72	2.48	2.40	2.48	1	1			70	70
娄烦县	60	35	2.96	2.93	0.78	1	1			198	198
阳高县	83	26	4.50	1.29	1.93	1	1			130	130
天镇县	36		2.49	0.13							
广灵县	50	22	2.63	2.43	2.40	1	1			138	138
灵丘县	92		4.35	4.20							
浑源县	130	70	5.91	1.05	4.32						
左云县	153	54	3.68	3.68	0.61	1	1			120	120
大同县	66		1.85	1.49							
平定县	203	15	8.26	4.63							
盂　县	149	42	4.90	4.90	4.90	1	1			82	82
长治县	146	85	2.16	2.16	2.16						
襄垣县	370	111	3.62	3.62	3.62	1	1			200	200
屯留县	112	24	2.49	2.49	2.49	1		1		200	
平顺县	81		1.19	1.19	1.19	1	1			85	85
黎城县	56	27	2.85	2.85	2.85	1	1			100	100

continued 2

焚烧 Incineration	其他 other	Domestic Garbage 无害化处理量（万吨）Volume of Harmlessly Treated (10,000 ton)	卫生填埋 Sanitary Landfill	焚烧 Incineration	其他 other	粪便 Excrement and Urine 清运量（万吨）Quantity of Excrement Transported (10,000 ton)	处理量（万吨）Quantity of Excrement Treated (10,000 ton)	公厕数（座）Number of Latrines (unit)	三类以上 Grade Ⅲ and Above	市容卫生专用车辆设备总数（台）Number of Vehicles and Equipment Designated for Municipal Environmental Sanitation (unit)	地区名称 Name of Regions
		3.65	3.65			1.50		67		67	围场满族蒙古族自治县
		6.53	6.53			2.78		71	40	61	青　县
		3.50	3.50			0.41		29	4	14	东光县
		3.97	3.97			1.89		20		25	海兴县
		4.27	4.27			0.45		30	8	28	盐山县
		5.00	5.00			3.69		24	12	30	肃宁县
		3.07	3.07					24		26	南皮县
		3.90	3.90			1.60		100	24	31	吴桥县
		4.86	4.86			3.20		60	7	45	献　县
		3.56	3.56			1.40		23	15	17	孟村回族自治县
		4.17	4.17			0.96	0.96	86	26	29	固安县
						1.65		30		29	永清县
		9.13	9.13			0.15	0.15	43	21	80	香河县
		4.95	4.95			0.62		43		27	大城县
		2.50	2.50			1.26		58	10	31	文安县
		2.11	2.11			0.20	0.20	66	29	56	大厂回族自治县
		4.68	4.68					26	26	60	枣强县
						0.33		9		16	武邑县
		3.20	3.20					18		60	武强县
		2.00	2.00			0.58		37	18	24	饶阳县
		5.85	5.85					22	14	45	安平县
						0.35	0.35	45	30	27	故城县
		4.23	4.23					10		27	景　县
		4.30	4.30					36	25	39	阜城县
930	**500**	**221.18**	**203.27**	**8.88**	**9.03**	**24.73**	**1.40**	**1527**	**967**	**2653**	**山　西**
		8.03	8.03					22		57	清徐县
		2.48	2.48			0.62		19	6	20	阳曲县
		0.78	0.78			0.21		13	6	14	娄烦县
		1.93	1.93			0.72		47	47	33	阳高县
						0.72		8		35	天镇县
		2.40	2.40					4	4	15	广灵县
						3.00		8			灵丘县
						0.20	0.13	23	19	66	浑源县
		0.61	0.61			1.87		53	7	38	左云县
								49			大同县
						8.01		17	17	27	平定县
		4.90	4.90					4	4	19	盂　县
						0.02		11	11	16	长治县
		3.62	3.62					9	8	186	襄垣县
200		2.49		2.49		0.39		11	5	18	屯留县
		1.19	1.19					18	16	25	平顺县
		2.85	2.85			0.09		13	6	15	黎城县

12-3 续表 3

地区名称 Name of Regions	道路清扫保洁面积(万平方米) Surface Area of Roads Cleaned and Maintained (10,000m²)	机械化 Mechanization	生活垃圾 清运量(万吨) Collected and Transported (10,000 ton)	密闭车(箱)清运量 Quantity of Garbage Transported by Airtight Vehicle	处理量(万吨) Volume of Treated (10,000 ton)	无害化处理厂(场)数(座) Number of Harmless Treatment Plants/Grounds (unit)	卫生填埋 Sanitary Landfill	焚烧 Incineration	其他 other	无害化处理能力(吨/日) Harmless Treatment Capacity (ton/day)	卫生填埋 Sanitary Landfill
壶关县	240	120	3.62	3.62	3.62						
长子县	145	60	5.01	5.01	5.01	1	1			125	125
武乡县	96	70	2.92	2.92	2.92	1	1			120	120
沁　县	59		2.06	2.06	2.06						
沁源县	89	30	3.86	3.86	3.86	1	1			105	105
沁水县	83	71	3.65	3.65	3.65	1	1			100	100
阳城县	106	73	5.81	5.81	5.74	1	1			200	200
陵川县	147		3.49	1.20	1.35						
山阴县	148	90	5.85	5.85	5.85	1	1			140	140
应　县	200	180	4.95	4.95	4.95	1	1			150	150
右玉县	140	119	3.48	3.48							
怀仁县	396	130	8.91	8.91	8.91	1	1			300	300
榆社县	61	24	2.08	0.96	2.03	1	1			85	85
左权县	101	35	3.01	3.01	2.57	1	1			80	80
和顺县	120	70	3.90		3.38	1	1			100	100
昔阳县	82	45	2.33	2.08	2.17	1	1			110	110
寿阳县	105	60	4.32	3.77	3.77	1	1			103	103
太谷县	150	130	5.19	5.19	5.19	1	1			151	151
祁　县	215	185	3.43	3.43	3.43	1		1		230	
平遥县	330	213	7.17		7.17	1	1			260	260
灵石县	87	52	3.20	3.20	2.96	1		1		500	
临猗县	240	150	6.05	5.38	5.57	1	1			130	130
万荣县	83	10	8.19	5.83							
闻喜县	76		4.79	3.42							
稷山县	134		4.33	1.53							
新绛县	56		4.21		4.21	1	1			120	120
绛　县	95	45	6.05	1.81	1.47	1	1			95	95
垣曲县	145	60	5.00	5.00							
夏　县	87	25	4.00	4.00							
平陆县	76	58	5.21	5.21	4.43						
芮城县	156	135	4.88	4.88	4.24	1	1			160	160
定襄县	88	62	3.00	3.00							
五台县	112	90	2.08		1.63	1	1			95	95
代　县	114	61	3.65	3.65	3.65	1	1			70	70
繁峙县	74	37	5.62	5.62	5.62	1	1			156	156
宁武县	140	85	2.90	2.90	2.90	1	1			136	136
静乐县	77	44	3.10	3.10	3.10	1	1			116	116
神池县	106		2.92		2.92	1	1			80	80
五寨县	122	40	2.83	2.83	2.83	1	1			100	100
岢岚县	50		1.71		1.71	1	1			120	120
河曲县	150	90	2.18	2.18	2.18	1	1			110	110
保德县	84	35	3.46	3.46	3.46	1	1			107	107
偏关县	29	7	2.19	2.19	1.35	1	1			75	75

continued 3

焚烧 Incineration	其他 other	无害化处理量（万吨）Volume of Harmlessly Treated (10,000 ton)	卫生填埋 Sanitary Landfill	焚烧 Incineration	其他 other	粪便 Excrement and Urine 清运量（万吨）Quantity of Excrement Transported (10,000 ton)	处理量（万吨）Quantity of Excrement Treated (10,000 ton)	公厕数（座）Number of Latrines (unit)	三类以上 Grade Ⅲ and Above	市容卫生专用车辆设备总数（台）Number of Vehicles and Equipment Designated for Municipal Environmental Sanitation (unit)	地区名称 Name of Regions
Domestic Garbage											
								9	9	15	壶关县
		5.01	5.01			0.44		18	18	36	长子县
		2.92	2.92			0.89		16	11	21	武乡县
						0.18		3	1	15	沁　县
		3.86	3.86			0.21	0.21	10		35	沁源县
		3.65	3.65			0.10		21	21	33	沁水县
		5.74	5.74					21	21	26	阳城县
						2.00		6	2	39	陵川县
		5.85	5.85					12	7	62	山阴县
		4.95	4.95					9	2	25	应　县
								28	11	26	右玉县
		8.91	8.91					30	21	105	怀仁县
		2.03	2.03			0.11		3		11	榆社县
		2.57	2.57					17	8	28	左权县
		3.38	3.38			0.02		8	8	33	和顺县
		2.17	2.17					23	23	42	昔阳县
		3.77	3.77			0.64		23	1	29	寿阳县
		5.19	5.19					15		22	太谷县
230		3.43		3.43				13	13	34	祁　县
		7.17	7.17					39	39	86	平遥县
500		2.96		2.96		0.23	0.23	30	26	55	灵石县
		5.57	5.57					25	18	30	临猗县
								6	5	15	万荣县
								7		10	闻喜县
								3		2	稷山县
		4.21	4.21					10	8	55	新绛县
		1.47	1.47			0.42		8		17	绛　县
								15	6	29	垣曲县
								4		7	夏　县
								16	16	13	平陆县
		4.24	4.24					22	13	13	芮城县
								19	19	43	定襄县
		1.63	1.63					17	17	43	五台县
		3.65	3.65					20	20	37	代　县
		5.62	5.62					28	13	24	繁峙县
		2.90	2.90			0.82	0.82	47	29	38	宁武县
		3.10	3.10			0.01	0.01	16	16	49	静乐县
		2.92	2.92					43	15	64	神池县
		2.83	2.83					16	2	15	五寨县
		1.71	1.71								岢岚县
		2.18	2.18					18	18	36	河曲县
		3.46	3.46					58	26	31	保德县
		1.35	1.35					10	8	31	偏关县

12-3 续表 4

地区名称 Name of Regions	道路清扫保洁面积（万平方米） Surface Area of Roads Cleaned and Maintained ($10,000m^2$)	机械化 Mechanization	生活垃圾								
			清运量（万吨） Collected and Transported (10,000 ton)	密闭车(箱)清运量 Quantity of Garbage Transported by Airtight Vehicle	处理量（万吨） Volume of Treated (10,000 ton)	无害化处理厂(场)数（座） Number of Harmless Treatment Plants/ Grounds (unit)	卫生填埋 Sanitary Landfill	焚烧 Incineration	其他 other	无害化处理能力（吨／日） Harmless Treatment Capacity (ton/ day)	卫生填埋 Sanitary Landfill
曲沃县	78	18	4.32	4.32	0.92	1	1			100	100
翼城县	94	52	6.48								
襄汾县	1471	749	3.69	3.69	3.69	1	1			200	200
洪洞县	169	113	6.98	6.98	6.98	1			1	400	
古　县	29	11	0.97		0.97	1	1			100	100
安泽县	26		4.38								
浮山县	43	24	4.32		3.07	1	1			200	200
吉　县	30	12	0.84		0.84	1	1			100	100
乡宁县	65		2.45		2.45	1	1			200	200
大宁县	22		1.33		1.33	1	1			100	100
隰　县	640		3.12	3.12	3.12	1	1			100	100
永和县	17		1.58	1.58	1.58	1	1			100	100
蒲　县	71	10	2.61	2.61	2.61	1	1			100	100
汾西县	33		2.05		2.05	1			1	100	
文水县	2796	2280	9.35	9.35	9.35	1	1			300	300
交城县	1920	480	6.02	6.02	6.02	1	1			165	165
兴　县	1224	480	6.20	6.20	5.48	1	1			200	200
临　县	585	325	8.85	8.85	3.54	1	1			400	400
柳林县	4343	1766	8.13	8.13	7.78	1	1			300	300
石楼县	483	263	2.04	2.04							
岚　县	1572	420	2.60	2.60	2.56	1	1			150	150
方山县	686	540	3.07	3.07							
中阳县	1500	300	3.80	3.80							
交口县	1412	1263	5.16	5.16	5.16	1	1			150	150
内蒙古	**10526**	**4680**	**230.51**	**156.77**	**220.66**	**69**	**68**		**1**	**7744**	**7654**
土默特左旗	85	10	4.77	1.90	4.72	1	1			150	150
托克托县	126	81	3.77	3.50	3.77	1	1			99	99
和林格尔县	38	28	2.23	2.23	2.21	1	1			80	80
清水河县	29	6	2.25	2.25	2.20	1	1			45	45
武川县	119	33	1.80		1.80	1	1			47	47
土默特右旗	376	151	3.62	3.62	3.47	1	1			100	100
固阳县	80	20	4.80	4.80	4.38	1	1			90	90
达尔罕茂明安联合旗	26	2	1.86	0.98	1.83	1	1			80	80
阿鲁科尔沁旗	140	42	3.87	3.15	3.87	1	1			100	100
巴林左旗	235	167	5.02	4.64	5.02	1	1			100	100
巴林右旗	120		3.48		3.48	1	1			90	90
林西县	170	50	4.77	4.77	4.77	1	1			90	90
克什克腾旗	90	15	4.47	4.14	4.47	1	1			120	120
翁牛特旗	190	90	6.30	6.30	6.30	1	1			100	100
喀喇沁旗	96		3.30	3.30	3.30	1	1			90	90
宁城县	220	48	8.22	3.35	8.22	1	1			150	150
敖汉旗	150	40	3.59	3.20	3.59	1	1			100	100

continued 4

Domestic Garbage						粪便Excrement and Urine		公厕数		市容卫生专用车辆设备总数（台） Number of Vehicles and Equipment Designated for Municipal Environmental Sanitation (unit)	地区名称 Name of Regions
		无害化处理量（万吨） Volume of Harmlessly Treated (10,000 ton)				清运量（万吨） Quantity of Excrement Transported (10,000 ton)	处理量（万吨） Quantity of Excrement Treated (10,000 ton)	（座） Number of Latrines (unit)	三类以上 Grade Ⅲ and Above		
焚烧 Incineration	其他 other		卫生填埋 Sanitary Landfill	焚烧 Incineration	其他 other						
		0.92	0.92					9	6	22	曲沃县
								16	16	37	翼城县
		3.69	3.69					18	18	23	襄汾县
	400	6.98			6.98			59	59	39	洪洞县
		0.97	0.97					10	10		古　县
								15	6	52	安泽县
		3.07	3.07					13	9	10	浮山县
		0.84	0.84					12	12		吉　县
		2.45	2.45					21	15		乡宁县
		1.33	1.33					8	5	10	大宁县
		3.12	3.12					12	12	20	隰　县
		1.58	1.58					12	12	4	永和县
		2.61	2.61					17	15	90	蒲　县
	100	2.05			2.05			10	5	15	汾西县
		9.35	9.35					5		20	文水县
		6.02	6.02					12	10	19	交城县
		5.48	5.48					63	20	22	兴　县
		3.54	3.54					27	25	35	临　县
		7.78	7.78			2.81		36	36	130	柳林县
								6	6	10	石楼县
		2.56	2.56					14	14	29	岚　县
								4	1	12	方山县
								21		49	中阳县
		5.16	5.16					16	8	41	交口县
	90	**216.19**	**212.96**		**3.23**	**56.55**	**12.35**	**5033**	**1194**	**2281**	**内蒙古**
		4.72	4.72			1.54		115	112	26	土默特左旗
		3.77	3.77					16		35	托克托县
		2.21	2.21					86	9	35	和林格尔县
		2.20	2.20					30		15	清水河县
		1.80	1.80					180		20	武川县
		3.47	3.47			0.60	0.60	163	13	30	土默特右旗
		4.38	4.38			0.86	0.86	69	69	15	固阳县
		1.83	1.83			0.18		58	15	25	达尔罕茂明安联合旗
		3.87	3.87			0.78		38	17	17	阿鲁科尔沁旗
		5.02	5.02			0.31		38		45	巴林左旗
		3.48	3.48			0.30		71		29	巴林右旗
		4.77	4.77			0.30	0.04	58	45	22	林西县
		4.47	4.47			0.18		54		11	克什克腾旗
		6.30	6.30			0.32		46	46	28	翁牛特旗
		3.30	3.30			0.15		44	11	8	喀喇沁旗
		3.75	3.75			1.00		51	31	13	宁城县
		3.59	3.59			0.33		48		11	敖汉旗

12-3 续表 5

地区名称 Name of Regions	道路清扫保洁面积(万平方米) Surface Area of Roads Cleaned and Maintained ($10,000m^2$)	机械化 Mechanization	生活垃圾 清运量(万吨) Collected and Transported (10,000 ton)	密闭车(箱)清运量 Quantity of Garbage Transported by Airtight Vehicle	处理量(万吨) Volume of Treated (10,000 ton)	无害化处理厂(场)数(座) Number of Harmless Treatment Plants/Grounds (unit)	卫生填埋 Sanitary Landfill	焚烧 Incineration	其他 other	无害化处理能力(吨/日) Harmless Treatment Capacity (ton/day)	卫生填埋 Sanitary Landfill
科尔沁左翼中旗	100	20	3.62	0.01	3.33	1	1			85	85
科尔沁左翼后旗	186	68	5.75	5.00	5.48	1	1			150	150
开鲁县	140		4.52	4.52	4.33	1	1			130	130
库伦旗	120	33	3.23	1.20	3.00	1	1			80	80
奈曼旗	165	132	4.02		4.02	1	1			95	95
扎鲁特旗	117	30	3.33	3.33	3.23	1			1	90	
达拉特旗	400	80	8.16	8.16	7.69	1	1			180	180
准格尔旗	363	314	12.88	12.88	12.29	1	1			400	400
鄂托克前旗	270	146	2.83	2.61	2.69	1	1			60	60
鄂托克旗	146	97	1.43	1.30	1.37	1	1			50	50
杭锦旗	136	46	2.48	2.07	2.37	1	1			60	60
乌审旗	500	422	2.10	1.72	2.04	1	1			248	248
伊金霍洛旗	970	854	3.07	3.07	3.00	1	1			1200	1200
阿荣旗	271	4	4.70	4.01	4.50	1	1			130	130
莫力达瓦达斡尔族自治旗	129	50	3.69		3.50	1	1			100	100
鄂伦春自治旗	63		2.00	2.00	1.98	1	1			55	55
鄂温克族自治旗	55	28	2.20	2.20	2.11	1	1			100	100
陈巴尔虎旗	79	19	2.08	2.08	1.94	1	1			80	80
新巴尔虎左旗	40	10	0.85		0.80	1	1			40	40
新巴尔虎右旗	82	20	1.80	0.80	1.79	1	1			27	27
五原县	191	101	3.78	3.78	3.55	1	1			138	138
磴口县	145	55	2.70	1.15	2.43	1	1			85	85
乌拉特前旗	137	61	3.80	1.97	3.60	1	1			120	120
乌拉特中旗	150	90	2.95	1.94	2.95	1	1			100	100
乌拉特后旗	165	35	2.30	1.00	2.30	1	1			85	85
杭锦后旗	325	110	3.51		3.28	1	1			100	100
卓资县	68	31	3.15		2.88	1	1			80	80
化德县	69	46	2.89	2.40	2.80	1	1			162	162
商都县	148	52	2.97	2.97	2.80	1	1			100	100
兴和县	137	45	4.43	2.07	4.09	1	1			140	140
凉城县	137	55	2.92		2.69	1	1			80	80
察哈尔右翼前旗	92	44	2.40	2.40	2.34	1	1			60	60
察哈尔右翼中旗	45	20	2.19	2.19	2.02	1	1			60	60
察哈尔右翼后旗	94	27	2.33		2.15	1	1			80	80
四子王旗	110	73	3.87	2.34	3.58	1	1			120	120
科尔沁右翼前旗	204		1.20	1.20	1.17	1	1			50	50
科尔沁右翼中旗	170	30	2.52		2.49	1	1			90	90
扎赉特旗	110	44	4.37		4.26	1	1			90	90
突泉县	160	40	5.68	2.40	5.47	1	1			90	90
阿巴嘎旗	53	3	1.40		1.38	1	1			45	45
苏尼特左旗	35	25	0.72	0.16	0.50	1	1			40	40
苏尼特右旗	168	42	1.62	1.62	1.49	1	1			60	60

continued 5

Domestic Garbage						粪便Excrement and Urine		公厕数		市容卫生专用车辆设备总数(台) Number of Vehicles and Equipment Designated for Municipal Environmental Sanitation (unit)	地区名称 Name of Regions
		无害化处理量(万吨) Volume of Harmlessly Treated (10,000 ton)				清运量(万吨) Quantity of Excrement Transported (10,000 ton)	处理量(万吨) Quantity of Excrement Treated (10,000 ton)	(座) Number of Latrines (unit)	三类以上 Grade III and Above		
焚烧 Incineration	其他 other		卫生填埋 Sanitary Landfill	焚烧 Incineration	其他 other						
		3.33	3.33					8		10	科尔沁左翼中旗
		5.48	5.48					33		32	科尔沁左翼后旗
		4.33	4.33			0.44	0.44	64	2	20	开鲁县
		3.00	3.00					25	12	9	库伦旗
		4.02	4.02			8.10		63		28	奈曼旗
	90	3.23			3.23			17		11	扎鲁特旗
		7.69	7.69			6.31		194	17	38	达拉特旗
		12.29	12.29			0.51	0.51	17	17	36	准格尔旗
		2.69	2.69			1.59	0.12	171	83	23	鄂托克前旗
		1.37	1.37			0.11	0.11	119	41	24	鄂托克旗
		2.37	2.37			0.73		78	39	21	杭锦旗
		2.04	2.04			2.30	2.23	118	45	49	乌审旗
		3.00	3.00			2.81	2.81	197	97	92	伊金霍洛旗
		4.50	4.50			1.10		13	7	33	阿荣旗
		3.50	3.50			0.64		19	4	35	莫力达瓦达斡尔族自治旗
		1.98	1.98					6		10	鄂伦春自治旗
		2.11	2.11					4		29	鄂温克族自治旗
		1.94	1.94					6		38	陈巴尔虎旗
		0.80	0.80					8		12	新巴尔虎左旗
		1.79	1.79			0.02		38		27	新巴尔虎右旗
		3.55	3.55			2.82		102	41	44	五原县
		2.43	2.43			0.58	0.55	130		23	磴口县
		3.60	3.60			2.85		161		36	乌拉特前旗
		2.95	2.95			1.00	1.00	109	18	307	乌拉特中旗
		2.30	2.30			0.29	0.11	40	37	28	乌拉特后旗
		3.28	3.28			1.87	1.74	127	17	36	杭锦后旗
		2.88	2.88			0.32		117		16	卓资县
		2.80	2.80			2.90		118	65	37	化德县
		2.80	2.80			2.94		163		42	商都县
		4.09	4.09			0.48		154		60	兴和县
		2.69	2.69			1.20		65		20	凉城县
		2.34	2.34			1.02		105		23	察哈尔右翼前旗
		2.02	2.02					51		28	察哈尔右翼中旗
		2.15	2.15			0.87		91		25	察哈尔右翼后旗
		3.58	3.58			0.55		117	17	18	四子王旗
		1.17	1.17					8	8	12	科尔沁右翼前旗
		2.49	2.49			0.01		15	5	16	科尔沁右翼中旗
		4.26	4.26			0.52	0.52	14		45	扎赉特旗
		5.47	5.47			0.56		9	3	13	突泉县
		1.38	1.38			0.32		65		9	阿巴嘎旗
		0.50	0.50			0.16		75	8	24	苏尼特左旗
		1.49	1.49			0.37		79	13	30	苏尼特右旗

12-3 续表 6

地区名称 Name of Regions	道路清扫保洁面积(万平方米) Surface Area of Roads Cleaned and Maintained ($10{,}000m^2$)		生活垃圾								
		机械化 Mechanization	清运量(万吨) Collected and Transported (10,000 ton)	密闭车(箱)清运量 Quantity of Garbage Transported by Airtight Vehicle	处理量(万吨) Volume of Treated (10,000 ton)	无害化处理厂(场)数(座) Number of Harmless Treatment Plants/ Grounds (unit)	卫生填埋 Sanitary Landfill	焚烧 Incineration	其他 other	无害化处理能力(吨/日) Harmless Treatment Capacity (ton/ day)	卫生填埋 Sanitary Landfill
东乌珠穆沁旗	125	88	2.21	1.33	1.08	1	1			60	60
西乌珠穆沁旗	103	34	1.65	1.65	1.50	1	1			90	90
太仆寺旗	92	60	4.02	4.02	4.02	1	1			120	120
镶黄旗	42	10	1.83	0.90	1.46	1	1			45	45
正镶白旗	34	13	1.29	0.82	0.78	1	1			60	60
正蓝旗	80	30	1.70	1.70	1.70	1	1			68	68
多伦县	115	50	3.80	3.00	3.80	1	1			90	90
阿拉善左旗	238	210	4.22	3.80	4.10	1	1			150	150
阿拉善右旗	52		0.62	0.62	0.60	1	1			50	50
额济纳旗	110		2.61	0.25	2.54	1	1			45	45
辽　宁	**3726**	**1396**	**135.10**	**60.31**	**114.41**	**11**	**11**			**2700**	**2700**
辽中县	220	81	6.32	6.32	6.32	1	1			300	300
康平县	246	98	6.31	3.50	6.31	1	1			350	350
法库县	152		6.12		6.12	1	1			312	312
长海县	29	10	2.30	2.30							
台安县	167	100	5.47	0.27	5.47						
岫岩满族自治县	140	57	9.08	3.95	5.50						
新宾满族自治县	127	30	2.92	2.18	2.92	1	1			150	150
清原满族自治县	56	28	4.38	3.80	4.38	1	1			150	150
本溪满族自治县	180	68	7.82	2.90	7.82	1	1			220	220
桓仁满族自治县	105	36	7.11	6.70	7.11	1	1			420	420
宽甸满族自治县	98	11	7.50	3.00	4.10	1	1			200	200
黑山县	182		6.57								
义　县	107	63	7.64		7.64						
阜新蒙古族自治县	90		5.20		5.20						
彰武县	127	94	4.93	1.70	4.93						
辽阳县	200	10	5.20	5.20	5.20						
大洼县	459	280	5.50	4.00	3.80						
西丰县	104	27	3.29	3.29	3.29	1	1			120	120
昌图县	197	70	7.30		7.30	1	1			240	240
建平县	190	120	6.94		4.20						
喀喇沁左翼蒙古族自治县	296	197	4.20	4.20	4.20	1	1			238	238
绥中县	136	16	9.00	7.00	8.60						
建昌县	118		4.00		4.00						
吉　林	**2745**	**871**	**90.71**	**72.45**	**74.41**	**15**	**13**		**2**	**2610**	**2190**
农安县	318	50	8.00	7.90	8.00	1	1			250	250
永吉县	85		6.02	6.02							
梨树县	150	65	8.00		3.96						
伊通满族自治县	110	96	3.83	3.20	3.83	1	1			105	105
东丰县	267	177	4.47	4.47	4.47	1			1	240	
东辽县	22	6	1.95	1.20	1.95	1	1			180	180
通化县	94	60	2.82	2.82	2.82	1	1			200	200

continued 6

		Domestic Garbage				粪便Excrement and Urine		公厕数		市容卫生专用车辆设备总数(台) Number of Vehicles and Equipment Designated for Municipal Environmental Sanitation (unit)	地区名称 Name of Regions
焚烧 Incineration	其他 other	无害化处理量(万吨) Volume of Harmlessly Treated (10,000 ton)	卫生填埋 Sanitary Landfill	焚烧 Incineration	其他 other	清运量(万吨) Quantity of Excrement Transported (10,000 ton)	处理量(万吨) Quantity of Excrement Treated (10,000 ton)	(座) Number of Latrines (unit)	三类以上 Grade Ⅲ and Above		
		1.08	1.08			0.06		87	12	60	东乌珠穆沁旗
		1.50	1.50			0.48		58	58	18	西乌珠穆沁旗
		4.02	4.02			0.30		80	12	21	太仆寺旗
		1.46	1.46			0.40		63	9	31	镶黄旗
		0.78	0.78			0.36		74	12	59	正镶白旗
		1.70	1.70			0.67		68	43	55	正蓝旗
		3.80	3.80			0.40		62	16	28	多伦县
		4.10	4.10			0.43	0.42	172	41	117	阿拉善左旗
		0.60	0.60			0.28	0.27	59	9	15	阿拉善右旗
		2.54	2.54			0.03	0.02	32	18	23	额济纳旗
		70.27	**70.27**			**21.36**	**5.60**	**1588**	**244**	**918**	**辽　宁**
		6.32	6.32			0.84	0.84	82	16	39	辽中县
		6.31	6.31			0.04		51	38	44	康平县
		6.12	6.12			1.33	1.28	98	2	37	法库县
						0.01		5		10	长海县
						0.95		22	2	36	台安县
								121		37	岫岩满族自治县
		2.92	2.92			0.23	0.23	15	6	60	新宾满族自治县
		4.38	4.38					34	7	27	清原满族自治县
		7.82	7.82			0.13	0.13	24	12	28	本溪满族自治县
		7.11	7.11			0.40		50		25	桓仁满族自治县
		4.10	4.10			1.80		39	14	32	宽甸满族自治县
						2.20		110		61	黑山县
						2.00		43		29	义　县
		5.20	5.20			2.20		207		35	阜新蒙古族自治县
						0.56		115	41	46	彰武县
		5.20	5.20			0.02		3	3	33	辽阳县
						0.32		42	15	45	大洼县
		3.29	3.29			0.87	0.87	57		30	西丰县
		7.30	7.30			2.30		79	11	52	昌图县
						1.60	0.90	64	18	51	建平县
		4.20	4.20			2.21		159	58	65	喀喇沁左翼蒙古族自治县
						1.10	1.10	112	1	54	绥中县
						0.25	0.25	56		42	建昌县
	420	**65.06**	**59.19**		**5.87**	**10.13**	**4.08**	**673**	**97**	**543**	**吉　林**
		8.00	8.00			0.56		94	32	72	农安县
						3.00		19		28	永吉县
								42	12	24	梨树县
		3.83	3.83					14		25	伊通满族自治县
	240	4.47			4.47	0.19		49		38	东丰县
		1.95	1.95			0.15		7	4	8	东辽县
		2.82	2.82			0.38	0.37	32	13	24	通化县

12-3 续表 7

地区名称 Name of Regions	道路清扫保洁面积(万平方米) Surface Area of Roads Cleaned and Maintained ($10,000m^2$)	机械化 Mechanization	生活垃圾 清运量(万吨) Collected and Transported (10,000 ton)	密闭车(箱)清运量 Quantity of Garbage Transported by Airtight Vehicle	处理量(万吨) Volume of Treated (10,000 ton)	无害化处理厂(场)数(座) Number of Harmless Treatment Plants/Grounds (unit)	卫生填埋 Sanitary Landfill	焚烧 Incineration	其他 other	无害化处理能力(吨/日) Harmless Treatment Capacity (ton/day)	卫生填埋 Sanitary Landfill
辉南县	106	35	6.21	4.02	6.08	1	1			180	180
柳河县	204		5.33	5.33	4.78	1	1			180	180
抚松县	85	50	3.78	3.78	3.73	1	1			180	180
靖宇县	130	65	4.28	4.28	4.28	1	1			125	125
长白朝鲜族自治县	54	23	2.01	2.01	2.01	1	1			110	110
前郭尔罗斯蒙古族自治县	170	70	2.79	2.79							
长岭县	156	16	5.48		5.48	1	1			200	200
乾安县	138		5.00	4.40	4.75	1	1			150	150
镇赉县	238	35	3.87	3.87	1.40	1			1	180	
通榆县	235		5.48	5.47	5.48	1	1			150	150
汪清县	105	68	5.39	5.39	5.39						
安图县	78	55	6.00	5.50	6.00	1	1			180	180
黑龙江	**4729**	**1854**	**199.90**	**84.33**	**98.63**	**15**	**12**		**3**	**2110**	**1680**
依兰县	140	35	3.24	3.24	3.24						
方正县	65		5.10		3.60	1			1	150	
宾　县	48	2	4.50		4.50	1			1	160	
巴彦县	55		6.61								
木兰县	70	14	3.83	0.95	3.83						
通河县	140	65	7.12	7.12	0.01	1			1	120	
延寿县	190	70	3.71	3.59							
龙江县	175	88	5.00		5.00	1	1			245	245
依安县	145	11	5.06	4.56	0.90	1	1			150	150
泰来县	150	40	4.38	4.20	4.38						
甘南县	91	30	5.00	0.13							
富裕县	120	110	4.38	2.19	4.38	1	1			120	120
克山县	75	35	6.00	4.38							
克东县	55	15	3.90								
拜泉县	71	11	2.93								
鸡东县	112	41	3.51	3.51	3.20						
萝北县	120	20	6.00		0.54	1	1			77	77
绥滨县	50	30	2.70	0.40	2.70	1	1			105	105
集贤县	130	90	3.80	2.00							
友谊县	78	48	1.35								
宝清县	145	65	5.95	1.20	5.95	1	1			183	183
饶河县	61	50	1.54	1.10	1.54	1	1			58	58
肇州县	69		3.62	3.62	3.54	1	1			170	170
肇源县	99	38	3.58	3.51	3.52						
林甸县	201	150	3.05		3.05						
杜尔伯特蒙古自治县	120	18	3.24	0.51	3.24						
嘉荫县	24	7	1.00	0.60							
桦南县	130	87	9.53	8.00							

continued 7

Domestic Garbage						粪便Excrement and Urine		公厕数		市容卫生专用车辆设备总数（台） Number of Vehicles and Equipment Designated for Municipal Environmental Sanitation (unit)	地区名称 Name of Regions
		无害化处理量（万吨） Volume of Harmlessly Treated (10,000 ton)				清运量（万吨） Quantity of Excrement Transported (10,000 ton)	处理量（万吨） Quantity of Excrement Treated (10,000 ton)	（座） Number of Latrines (unit)	三类以上 Grade Ⅲ and Above		
焚烧 Incineration	其他 other		卫生填埋 Sanitary Landfill	焚烧 Incineration	其他 other						
		6.08	6.08			0.78		55		44	辉南县
		4.78	4.78			0.06	0.03	104	4	38	柳河县
		3.73	3.73			0.32	0.32	19	12	32	抚松县
		4.28	4.28			1.10	0.90	4	2	20	靖宇县
		2.01	2.01			0.45		10	7	15	长白朝鲜族自治县
								2		22	前郭尔罗斯蒙古族自治县
		5.48	5.48					6		19	长岭县
		4.75	4.75			0.16		13		22	乾安县
	180	1.40			1.40	0.28		55		22	镇赉县
		5.48	5.48					47		29	通榆县
						2.20	2.20	58	4	46	汪清县
		6.00	6.00			0.50	0.26	43	7	15	安图县
	430	**50.21**	**42.10**		**8.11**	**61.93**	**13.68**	**2088**	**281**	**2019**	**黑龙江**
								81	2	68	依兰县
	150	3.60			3.60			9		19	方正县
	160	4.50			4.50	1.10		114		65	宾　县
						1.74		10		6	巴彦县
						0.87		3	2	74	木兰县
	120	0.01			0.01	0.50		24		43	通河县
						1.01		24	3	33	延寿县
		5.00	5.00			3.00		150		44	龙江县
		0.90	0.90			2.55		58		30	依安县
						0.30		96		54	泰来县
						1.15		64		51	甘南县
		4.38	4.38					67		61	富裕县
						1.70		85		72	克山县
						1.20		50		25	克东县
						1.80		140		60	拜泉县
		3.20	3.20			1.08		46	10	28	鸡东县
		0.54	0.54			0.11		11		26	萝北县
		2.70	2.70			1.50	1.50	11		40	绥滨县
						0.60		70		51	集贤县
						7.20		34	22	33	友谊县
		5.95	5.95			0.11		5		61	宝清县
		1.54	1.54			0.58		5	5	37	饶河县
		3.54	3.54			2.18	2.18	85		71	肇州县
						0.72		87	87	38	肇源县
						0.79		30		31	林甸县
						0.72	0.53	23	23	22	杜尔伯特蒙古自治县
						0.75		31	15	41	嘉荫县
						2.00		37	3	49	桦南县

12-3 续表 8

地区名称 Name of Regions	道路清扫保洁面积(万平方米) Surface Area of Roads Cleaned and Maintained ($10,000m^2$)	机械化 Mechanization	生活垃圾 清运量(万吨) Collected and Transported (10,000 ton)	密闭车(箱)清运量 Quantity of Garbage Transported by Airtight Vehicle	处理量(万吨) Volume of Treated (10,000 ton)	无害化处理厂(场)数(座) Number of Harmless Treatment Plants/ Grounds (unit)	卫生填埋 Sanitary Landfill	焚烧 Incineration	其他 other	无害化处理能力(吨/日) Harmless Treatment Capacity (ton/day)	卫生填埋 Sanitary Landfill
桦川县	85	82	3.90								
汤原县	89	66	2.46	0.29	2.19	1	1			110	110
抚远县	73	38	3.60	3.60							
勃利县	200	45	5.23								
东宁县	140	30	5.62	2.05	5.62						
林口县	112	40	3.00	3.00	3.00						
嫩江县	206	120	11.00	4.50	11.00						
逊克县	67		1.55								
孙吴县	36		1.80		1.80						
望奎县	83	30	4.50								
兰西县	26	5	3.52	3.52							
青冈县	59		6.66		6.10	1	1			200	200
庆安县	50	25	4.74		4.74	1	1			162	162
明水县	81	30	4.31	0.80							
绥棱县	140	35	6.25	4.00	4.75						
呼玛县	32	22	0.99		0.99						
塔河县	58	25	4.00	2.20							
漠河县	53	10	1.58		1.32	1	1			100	100
加格达奇区	210	81	5.56	5.56							
江　苏	**9082**	**5534**	**193.75**	**187.66**	**193.75**	**20**	**14**	**4**	**2**	**9945**	**4615**
丰　县	302	270	13.05	13.05	13.05	1	1			500	500
沛　县	596	312	7.57	2.87	7.57	1	1			300	300
睢宁县	480	310	7.00	7.00	7.00	1			1	480	
海安县	1200	895	6.13	6.13	6.13	1		1		750	
如东县	410	325	5.12	5.12	5.12	1		1		1800	
东海县	439	260	14.90	14.90	14.90	1			1	500	
灌云县	320	200	7.30	7.30	7.30						
灌南县	280	180	7.66	7.66	7.66	1	1			300	300
涟水县	378	178	10.05	10.05	10.05	1	1			300	300
洪泽县	240	170	5.68	5.68	5.68	1	1			300	300
盱眙县	356	223	6.12	6.00	6.12						
金湖县	380	268	6.21	6.21	6.21	1	1			380	380
响水县	177	49	5.84	5.84	5.84	1	1			200	200
滨海县	301	210	7.04	7.04	7.04	1	1			300	300
阜宁县	442	258	9.40	8.60	9.40	1	1			350	350
射阳县	360	165	14.40	14.40	14.40	1	1			305	305
建湖县	360	133	8.50	8.03	8.50	1		1		1200	
宝应县	281	144	14.50	14.50	14.50	1	1			300	300
沭阳县	720	385	14.13	14.13	14.13	2	1	1		980	380
泗阳县	440	264	13.56	13.56	13.56	1	1			450	450
泗洪县	620	335	9.59	9.59	9.59	1	1			250	250
浙　江	**8225**	**4017**	**266.55**	**263.36**	**266.55**	**34**	**25**	**8**	**1**	**11364**	**6520**
桐庐县	250	168	11.95	11.95	11.95	1		1		500	

continued 8

Domestic Garbage						粪便Excrement and Urine		公厕数		市容卫生专用车辆设备总数 (台) Number of Vehicles and Equipment Designated for Municipal Environmental Sanitation (unit)	地区名称 Name of Regions
		无害化				清运量	处理量		三类以上		
焚烧 Incineration	其他 other	无害化处理量 (万吨) Volume of Harmlessly Treated (10,000 ton)	卫生填埋 Sanitary Landfill	焚烧 Incineration	其他 other	(万吨) Quantity of Excrement Transported (10,000 ton)	(万吨) Quantity of Excrement Treated (10,000 ton)	(座) Number of Latrines (unit)	Grade Ⅲ and Above		
						2.00		20	13	80	桦川县
		2.19	2.19			1.42		17		66	汤原县
						1.00		15		40	抚远县
						0.80		61	1	37	勃利县
						0.47	0.47	27	15	53	东宁县
						1.50		65		32	林口县
						9.00	9.00	29	20	50	嫩江县
						1.85		43		18	逊克县
						0.20		14	3	22	孙吴县
						0.50		35		65	望奎县
						0.51		56	15	15	兰西县
		6.10	6.10			0.23		40	10	32	青冈县
		4.74	4.74			1.20		5	2	22	庆安县
						0.15		39	15	62	明水县
						0.40		50	1	52	绥棱县
						0.02		9	9	36	呼玛县
						2.90		47	3	18	塔河县
		1.32	1.32			0.20		25		11	漠河县
						2.32		41	2	75	加格达奇区
4350	**980**	**187.63**	**127.37**	**38.36**	**21.90**	**21.60**	**19.17**	**1673**	**1163**	**1238**	**江　苏**
		13.05	13.05			0.66	0.66	93	93	148	丰　县
		7.57	7.57					39	39	20	沛　县
	480	7.00			7.00	0.69	0.69	92	65	47	睢宁县
750		6.13		6.13		1.27	1.27	58	58	210	海安县
1800		5.12		5.12		1.68	1.68	57	48	43	如东县
	500	14.90			14.90	0.08	0.08	76	68	35	东海县
		7.30		7.30		0.45		196	26	31	灌云县
		7.66	7.66			0.98		36	34	46	灌南县
		10.05	10.05			1.24	1.24	76	20	57	涟水县
		5.68	5.68					28	28	44	洪泽县
						0.11	0.11	70	70	43	盱眙县
		6.21	6.21			0.99	0.99	78	60	36	金湖县
		5.84	5.84			1.56	1.54	48	40	48	响水县
		7.04	7.04			4.54	4.54	95	42	46	滨海县
		9.40	9.40					68	68	70	阜宁县
		14.40	14.40					60	60	58	射阳县
1200		8.50		8.50		1.30	0.63	44	37	47	建湖县
		14.50	14.50			2.04	2.04	95	95	44	宝应县
600		14.13	2.82	11.31		0.56	0.55	159	100	44	沭阳县
		13.56	13.56			2.74	2.44	122	51	42	泗阳县
		9.59	9.59			0.71	0.71	83	61	79	泗洪县
4594	**250**	**265.06**	**154.63**	**99.97**	**10.46**	**19.55**	**16.89**	**1430**	**1222**	**1698**	**浙　江**
500		11.59		11.59		0.14		50	46	86	桐庐县

12-3 续表 9

地区名称 Name of Regions	道路清扫保洁面积(万平方米) Surface Area of Roads Cleaned and Maintained ($10,000m^2$)	机械化 Mechanization	生活垃圾 清运量(万吨) Collected and Transported (10,000 ton)	密闭车(箱)清运量 Quantity of Garbage Transported by Airtight Vehicle	处理量(万吨) Volume of Treated (10,000 ton)	无害化处理厂(场)数(座) Number of Harmless Treatment Plants/Grounds (unit)	卫生填埋 Sanitary Landfill	焚烧 Incineration	其他 other	无害化处理能力(吨/日) Harmless Treatment Capacity (ton/day)	卫生填埋 Sanitary Landfill
淳安县	176	62	8.65	8.65	8.65	1	1			200	200
象山县	526	219	20.18	20.18	20.18	1	1			540	540
宁海县	546	313	23.01	23.01	23.01	1	1			650	650
永嘉县	80	50	4.12	4.12	4.12	1		1		500	
平阳县	126	67	4.46	4.46	4.46	1		1		600	
苍南县	189	114	6.15	6.15	6.15	1		1		400	
文成县	50	25	2.55	2.55	2.55	1	1			150	150
泰顺县	198	41	2.77		2.77	1	1			124	124
嘉善县	369	188	11.77	11.77	11.77	1	1			250	250
海盐县	265	91	5.84	5.84	5.84	1	1			400	400
德清县	340	217	6.82	6.82	6.82	1		1		400	
长兴县	564	315	9.78	9.78	9.78	1		1		564	
安吉县	470	315	15.41	15.10	15.41	1		1		600	
新昌县	340	248	10.46	10.46	10.46	1			1	250	
武义县	432	155	6.88	6.88	6.88	1	1			300	300
浦江县	419	63	12.78	12.78	12.78	1	1			500	500
磐安县	116	29	4.86	4.86	4.86	1	1			350	350
常山县	135	81	5.00	5.00	5.00	1	1			200	200
开化县	140	45	4.39	4.39	4.39	1	1			121	121
龙游县	220	114	6.20	6.20	6.20	1	1			240	240
岱山县	157	88	0.28	0.28	0.28	1	1			160	160
嵊泗县	34	15	1.84	1.84	1.84	1	1			200	200
玉环县	215	112	27.20	27.20	27.20	1		1		1030	
三门县	203	106	9.35	9.24	9.35	1	1			440	440
天台县	307	160	10.50	10.50	10.50	1	1			300	300
仙居县	320	167	4.42	4.42	4.42	1	1			200	200
青田县	210	65	5.60	5.60	5.60	1	1			160	160
缙云县	137	77	2.87	2.87	2.87	1	1			290	290
遂昌县	148	79	4.53	4.53	4.53	1	1			200	200
松阳县	182	48	3.21	3.21	3.21	1	1			150	150
云和县	141	71	5.00	5.00	5.00	1	1			140	140
庆元县	130	65	4.32	4.32	4.32	1	1			150	150
景宁县	90	44	3.40	3.40	3.40	1	1			105	105
安　徽	**13963**	**8047**	**317.74**	**262.17**	**305.48**	**37**	**36**		**1**	**7506**	**7206**
长丰县	150	80	2.44	2.44	2.44	1	1			381	381
肥西县	474	345	11.86	11.86	11.86	1	1			320	320
肥东县	232	160	7.12	7.12	7.12						
庐江县	578	457	6.79	6.79	6.61	1	1			200	200
芜湖县	443	402	3.36	3.36	3.36						
繁昌县	308	194	3.10	2.95	2.95						
南陵县	495	349	4.05	3.54	3.54	1	1			208	208
无为县	403	313	6.62	6.62	5.70						
怀远县	150	90	9.20		9.20	1			1	300	

continued 9

Domestic Garbage						粪便Excrement and Urine		公厕数		市容卫生专用车辆设备总数（台）Number of Vehicles and Equipment Designated for Municipal Environmental Sanitation (unit)	地区名称 Name of Regions
焚烧 Incineration	其他 other	无害化处理量（万吨）Volume of Harmlessly Treated (10,000 ton)	卫生填埋 Sanitary Landfill	焚烧 Incineration	其他 other	清运量（万吨）Quantity of Excrement Transported (10,000 ton)	处理量（万吨）Quantity of Excrement Treated (10,000 ton)	（座）Number of Latrines (unit)	三类以上 Grade Ⅲ and Above		
		8.65	8.65			0.22	0.22	40	27	68	淳安县
		20.18	20.18			1.46	1.46	61	51	83	象山县
		23.01	23.01			6.40	6.40	100	100	87	宁海县
500		4.06		4.06				31	31	27	永嘉县
600		4.39		4.39		0.47		25	11	21	平阳县
400		6.15		6.15		0.66	0.66	21	21	32	苍南县
		2.55	2.55			0.17	0.17	16	3	18	文成县
		2.77	2.77			1.03	1.03	14	13	51	泰顺县
		11.77	1.63	10.14		0.82	0.82	49	49	72	嘉善县
		5.66	0.41	5.25		0.96	0.96	54	54	35	海盐县
400		6.82		6.82		1.10	1.10	42	42	68	德清县
564		9.78		9.78		0.29	0.29	57	57	156	长兴县
600		15.41		15.41		0.51		60		49	安吉县
	250	10.46			10.46	0.79	0.79	116	87	76	新昌县
		6.88	6.88					156	141	35	武义县
		12.78	12.78					34	34	60	浦江县
		4.86	4.86					17	9	25	磐安县
		5.00	5.00			0.08	0.08	32	28	20	常山县
		4.39	4.39					30	30	14	开化县
		6.20	6.20			0.30		18	18	13	龙游县
		0.28	0.28			0.09	0.09	38	38	60	岱山县
		1.84	1.84			0.39	0.39	21	18	26	嵊泗县
1030		26.38		26.38		0.96		42	42	63	玉环县
		9.35	9.35			0.88	0.88	26	26	44	三门县
		10.50	10.50					30	30	50	天台县
		4.42	4.42			0.15	0.15	28	15	66	仙居县
		5.60	5.60					48	48	67	青田县
		2.87	2.87			0.19	0.19	43	41	39	缙云县
		4.53	4.53			0.14		38	38	38	遂昌县
		3.21	3.21			0.86	0.86	14	14	30	松阳县
		5.00	5.00					30	30	41	云和县
		4.32	4.32			0.35	0.21	24	24	29	庆元县
		3.40	3.40			0.14	0.14	25	6	49	景宁县
	300	**264.71**	**216.00**	**39.51**	**9.20**	**14.05**	**3.31**	**1790**	**1039**	**1380**	**安　徽**
		2.44	2.44					14	14	12	长丰县
		11.86	11.86					25	10	19	肥西县
		7.12	7.12					14		28	肥东县
		6.61	6.61					81	24	3	庐江县
		3.36		3.36				33	33	25	芜湖县
		2.95		2.95		0.35		29	29	23	繁昌县
		3.54		3.54				18	18	23	南陵县
		5.70		5.70		0.99		16	16	19	无为县
	300	9.20			9.20	0.43		54	41	9	怀远县

12-3 续表 10

地区名称 Name of Regions	道路清扫保洁面积(万平方米) Surface Area of Roads Cleaned and Maintained ($10{,}000m^2$)	机械化 Mechanization	生活垃圾 清运量(万吨) Collected and Transported (10,000 ton)	密闭车(箱)清运量 Quantity of Garbage Transported by Airtight Vehicle	处理量(万吨) Volume of Treated (10,000 ton)	无害化处理厂(场)数(座) Number of Harmless Treatment Plants/Grounds (unit)	卫生填埋 Sanitary Landfill	焚烧 Incineration	其他 other	无害化处理能力(吨/日) Harmless Treatment Capacity (ton/day)	卫生填埋 Sanitary Landfill
五河县	263	170	5.99	5.99	5.99	1	1			130	130
固镇县	95	86	5.09		4.64	1	1			266	266
凤台县	189	132	3.69	3.69	3.50						
当涂县	259	189	8.37	4.18	8.37	1	1			235	235
含山县	126	70	5.00	5.00	5.00	1	1			150	150
和　县	167	128	6.05	6.05	5.45	1	1			200	200
濉溪县	258	32	7.23	7.23	7.23						
铜陵县	85	42	1.06	1.06	1.06						
怀宁县	418	251	3.99	3.99	3.99						
枞阳县	193	116	3.17		3.17	1	1			180	180
潜山县	380	200	4.07	4.07	4.07	1	1			138	138
太湖县	118	106	5.46	5.46	5.46	1	1			174	174
宿松县	280	103	4.98	4.98	4.98	1	1			150	150
望江县	430	130	5.98		5.98						
岳西县	110		2.19	2.19	2.19	1	1			100	100
歙　县	99	62	3.17	3.17	3.17	1	1			300	300
休宁县	141	49	1.88	1.88	1.88						
黟　县	46		1.49	1.49	1.49	1	1			69	69
祁门县	38	13	1.82	1.82	1.82	1	1			110	110
来安县	370	359	6.54	6.54	6.54						
全椒县	409	340	5.26		4.46						
定远县	291	238	7.04	7.04	6.57	1	1			290	290
凤阳县	297	254	8.77	4.09	6.85						
临泉县	280	50	9.69	9.69	9.69	1	1			200	200
太和县	240	115	10.36	6.91	10.36						
阜南县	180	90	10.95	9.50	10.95						
颍上县	220	200	8.60	8.50	8.60	1	1			250	250
砀山县	474	100	9.49	9.49	9.13	1	1			250	250
萧　县	216	125	7.14	5.91	6.92	1	1			476	476
灵璧县	186	49	5.43	5.21	4.96	1	1			300	300
泗　县	210	95	5.23	5.23	5.23						
寿　县	188	8	5.90	4.73	3.08						
霍邱县	223	190	5.91	3.68	5.91	1	1			235	235
舒城县	250	130	5.37	3.60	5.10						
金寨县	277	169	6.19	6.19	5.61	1	1			170	170
霍山县	170	50	4.39	2.30	4.39	1	1			150	150
涡阳县	460	200	10.20	10.20	10.05	1	1			282	282
蒙城县	560	400	11.11	11.11	11.11	1	1			250	250
利辛县	398	202	7.49	7.49	6.61	1	1			233	233
东至县	89	41	4.38	4.38	4.36	1	1			120	120
石台县	24	3	1.56	1.56	1.40						
青阳县	225	41	3.74	3.60	3.63	1	1			100	100
郎溪县	230	105	4.73	4.73	4.73	1	1			120	120

continued 10

Domestic Garbage						粪便Excrement and Urine		公厕数		市容卫生专用车辆设备总数（台） Number of Vehicles and Equipment Designated for Municipal Environmental Sanitation (unit)	地区名称 Name of Regions
焚烧 Incineration	其他 other	无害化处理量（万吨） Volume of Harmlessly Treated (10,000 ton)	卫生填埋 Sanitary Landfill	焚烧 Incineration	其他 other	清运量（万吨） Quantity of Excrement Transported (10,000 ton)	处理量（万吨） Quantity of Excrement Treated (10,000 ton)	（座） Number of Latrines (unit)	三类以上 Grade Ⅲ and Above		
		5.99	5.99					22	22	17	五河县
		4.64	4.64			0.40		42	8	22	固镇县
		3.50		3.50				21	21	28	凤台县
		8.37	8.37			0.05		19	19	20	当涂县
		5.00	5.00					24	24	8	含山县
		5.45	5.45			0.16	0.16	27		17	和　县
		7.23		7.23				46		22	濉溪县
		1.06		1.06				3		12	铜陵县
		3.99		3.99				13		20	怀宁县
		3.17	3.17					26		21	枞阳县
		4.07	4.07					42	42	150	潜山县
		5.46	5.46			0.22		8	7	12	太湖县
		4.98	4.98					7		82	宿松县
						2.01		15	8	9	望江县
		2.19	2.19					11		17	岳西县
		3.17	3.17					25	25	13	歙　县
		1.88	1.88					35	12	4	休宁县
		1.49	1.49					15	15	11	黟　县
		1.82	1.82					10	10	8	祁门县
		6.54	6.54			0.17		28	27	27	来安县
		4.46	4.46					46	43	29	全椒县
		6.57	6.57			0.47	0.47	74	74	32	定远县
						0.07		25	25	25	凤阳县
		9.69	9.69					21	15	14	临泉县
								10	6	68	太和县
						0.42		40	39	42	阜南县
		8.60	8.60			1.48		47	38	26	颍上县
		9.13	9.13					27	15	30	砀山县
		6.92	6.92			0.36		29		7	萧　县
		4.96	4.96			1.19	0.12	75	32	20	灵璧县
						0.67		72	24	14	泗　县
		3.08		3.08		0.88		80	33	15	寿　县
		5.91	5.91			0.65		85	56	4	霍邱县
		5.10		5.10				21	21	30	舒城县
		5.61	5.61			0.51	0.51	84		25	金寨县
		4.39	4.39			0.81	0.80	21	6	22	霍山县
		10.05	10.05			1.25	1.25	26	15	46	涡阳县
		11.11	11.11			0.48		106	26	50	蒙城县
		6.61	6.61					29	29	29	利辛县
		4.36	4.36					15	15	10	东至县
								4	4	5	石台县
		3.63	3.63					39	39	16	青阳县
		4.73	4.73					33	15	9	郎溪县

12-3 续表 11

地区名称 Name of Regions	道路清扫保洁面积(万平方米) Surface Area of Roads Cleaned and Maintained ($10,000m^2$)	机械化 Mechanization	生活垃圾 清运量(万吨) Collected and Transported (10,000 ton)	密闭车(箱)清运量 Quantity of Garbage Transported by Airtight Vehicle	处理量(万吨) Volume of Treated (10,000 ton)	无害化处理厂(场)数(座) Number of Harmless Treatment Plants/Grounds (unit)	卫生填埋 Sanitary Landfill	焚烧 Incineration	其他 other	无害化处理能力(吨/日) Harmless Treatment Capacity (ton/day)	卫生填埋 Sanitary Landfill
广德县	248	80	9.35	5.86	9.35	1	1			155	155
泾　县	139	85	3.59	3.59	3.56	1	1			105	105
绩溪县	102	40	2.56	2.56	2.56	1	1			129	129
旌德县	79	19	1.55	1.55	1.55	1	1			80	80
福　建	**4474**	**1802**	**184.83**	**182.54**	**172.52**	**40**	**34**	**5**	**1**	**7840**	**4740**
闽侯县	78	72	6.30	6.30	1.77						
连江县	138	72	5.45	5.45	5.45	1		1		500	
罗源县	91	25	3.80	3.80	3.76	1		1		200	
闽清县	40	23	3.16	3.16	3.07	1	1			180	180
永泰县	67	59	3.31	3.31	3.31	1	1			150	150
仙游县	230	126	5.18	5.18	5.13	1	1			150	150
明溪县	62	27	1.53	1.53	1.51	1	1			100	100
清流县	70	22	1.49	1.45	1.47	1	1			150	150
宁化县	110	26	3.43	3.14	3.38	1	1			150	150
大田县	66	18	3.12	2.85	3.07	1			1	200	
尤溪县	67	30	3.03	3.02	2.98	1	1			120	120
沙　县	141	73	4.06	4.06	4.00						
将乐县	62	28	3.65	3.65	3.59	1	1			150	150
泰宁县	70	26	3.04	3.03	2.99	1	1			80	80
建宁县	67	16	1.86	1.73	1.83	1	1			130	130
惠安县	130	60	8.24	8.24	8.12	1		1		1200	
安溪县	240	120	14.42	14.42	14.13	1		1		600	
永春县	110	43	8.53	8.53	8.42	1	1			150	150
德化县	182	75	7.81	7.81	7.70	1	1			150	150
云霄县	228	50	4.96	4.96	4.91	1	1			300	300
漳浦县	199	75	6.45	6.45	6.40	2	1	1		550	150
诏安县	110	40	5.00	5.00	4.85	1	1			120	120
长泰县	89	48	2.04	2.04	2.00						
东山县	68		2.53	2.53	2.45	1	1			250	250
南靖县	68	29	2.37	2.37	2.33	1	1			150	150
平和县	158	15	3.12	3.12	3.10	1	1			150	150
华安县	36		1.40		1.37	1	1			90	90
顺昌县	62	32	3.04	3.04	2.74	1	1			120	120
浦城县	60	27	4.15	4.15	4.15	1	1			130	130
光泽县	26	1	1.92	1.90	1.90	1	1			110	110
松溪县	67	35	2.08	1.98	2.08	1	1			80	80
政和县	40	8	3.10	3.10	3.09	1	1			150	150
长汀县	120	100	5.79	5.79	5.76	1	1			180	180
上杭县	128	95	5.03	5.03	5.01	1	1			150	150
武平县	140	75	3.41	3.39	3.39	1	1			150	150
连城县	82	30	2.26	2.26	2.24	1	1			150	150
霞浦县	158	61	5.94	5.94	5.69	1	1			150	150

continued 11

Domestic Garbage						粪便Excrement and Urine		公厕数		市容卫生专用车辆设备总数（台）	
焚 烧 Incineration	其 他 other	无害化处理量（万吨）Volume of Harmlessly Treated (10,000 ton)	卫 生 填 埋 Sanitary Landfill	焚 烧 Incineration	其 他 other	清运量（万吨）Quantity of Excrement Transported (10,000 ton)	处理量（万吨）Quantity of Excrement Treated (10,000 ton)	（座）Number of Latrines (unit)	三 类 以 上 Grade Ⅲ and Above	Number of Vehicles and Equipment Designated for Municipal Environmental Sanitation (unit)	地区名称 Name of Regions
		9.35	9.35			0.03		30	30	18	广德县
		3.56	3.56					14		20	泾　县
		2.56	2.56					5	5	9	绩溪县
		1.55	1.55					9	9	84	旌德县
2900	**200**	**163.21**	**121.47**	**38.67**	**3.07**	**0.92**	**0.08**	**878**	**744**	**807**	**福　建**
		1.77		1.77				12	12	24	闽侯县
500		5.45		5.45				14	14	20	连江县
200		3.76		3.76				15	15	21	罗源县
		3.07	3.07					13	12	18	闽清县
		3.31	3.31					18	18	25	永泰县
		5.13	5.13					22	22	46	仙游县
		1.51	1.51					13	13	14	明溪县
		1.47	1.47					18	18	11	清流县
		3.38	3.38					17	14	15	宁化县
	200	3.07			3.07			29	29	19	大田县
		2.98	2.98					29	18	16	尤溪县
		4.00	4.00					24	24	30	沙　县
		3.59	3.59					24	24	24	将乐县
		2.99	2.99					18	13	9	泰宁县
		1.83	1.83					12	12	13	建宁县
1200		8.12		8.12				24	24	52	惠安县
600		14.13		14.13				36	9	42	安溪县
		8.42	8.42					23	20	17	永春县
		7.70	7.70			0.08	0.08	41	41	24	德化县
		4.91	4.91			0.04		25	15	17	云霄县
400		6.40	3.14	3.26				13	13	10	漳浦县
		4.85	4.85					30	30	14	诏安县
		2.00		2.00				17	17	31	长泰县
		2.45	2.45					14	14	11	东山县
		2.33	2.33					19	19	13	南靖县
		3.10	2.92	0.18				26	20	14	平和县
		1.37	1.37					13	13	8	华安县
		2.74	2.74					26	26	15	顺昌县
		4.15	4.15					30	2	15	浦城县
		1.90	1.90					16	16	10	光泽县
		2.08	2.08					14	9	6	松溪县
		3.09	3.09					22	22	6	政和县
		5.76	5.76					45	45	14	长汀县
		5.01	5.01					36	26	16	上杭县
		3.39	3.39					12	9	19	武平县
		2.24	2.24					16	16	22	连城县
		5.69	5.69					37	21	26	霞浦县

12-3 续表 12

地区名称 Name of Regions	道路清扫保洁面积(万平方米) Surface Area of Roads Cleaned and Maintained ($10,000m^2$)	机械化 Mechanization	生活垃圾 清运量(万吨) Collected and Transported (10,000 ton)	密闭车(箱)清运量 Quantity of Garbage Transported by Airtight Vehicle	处理量(万吨) Volume of Treated (10,000 ton)	无害化处理厂(场)数(座) Number of Harmless Treatment Plants/Grounds (unit)	卫生填埋 Sanitary Landfill	焚烧 Incineration	其他 other	无害化处理能力(吨/日) Harmless Treatment Capacity (ton/day)	卫生填埋 Sanitary Landfill
古田县	101	36	4.51	4.51	4.33	1	1			120	120
屏南县	56	41	1.78	1.78	1.69	1	1			120	120
寿宁县	29		2.72	2.72	2.58	1	1			60	60
周宁县	84		2.89	2.89	2.74	1	1			100	100
柘荣县	34		2.84	2.84	2.73	1	1			100	100
平潭县	310	63	14.09	14.09	9.31						
江　西	**11263**	**3029**	**344.23**	**267.74**	**341.91**	**34**	**33**	**1**		**4567**	**4342**
南昌县	370	280	15.06	15.06	15.06						
安义县	66	29	2.18	2.18	2.18						
进贤县	210	85	8.40	8.40	8.40	1		1		225	
浮梁县	94		4.85	2.04	4.85						
莲花县	94	13	1.76	1.73	1.76	1	1			15	15
上栗县	88	29	2.47	2.47	2.47						
芦溪县	96	39	1.40	1.40	1.40						
九江县	125	42	2.52	2.52	2.52						
武宁县	174	40	3.94	3.78	3.94						
修水县	230	33	2.66	2.66	2.66						
永修县	132		2.91	2.91	2.91						
德安县	198	51	2.99		2.99						
星子县	121	25	2.18	2.18	2.18						
都昌县	154	32	6.95		6.95						
湖口县	164	20	2.87		2.87	1	1			41	41
彭泽县	156	116	6.14		6.14	1	1			71	71
庐山风景区	63		0.72	0.70	0.72						
分宜县	202	56	6.22	3.09	6.22	1	1			230	230
余江县	106	41	2.99		2.99	1	1			2	2
赣　县	345	4	12.90	12.90	12.90						
信丰县	196	71	10.50	5.63	10.50						
大余县	96	35	3.99	3.99	3.99						
上犹县	105	42	4.02	4.02	4.02	1	1			110	110
崇义县	96	38	3.94	3.94	3.94						
安远县	110	40	3.54	3.54	2.33	1	1			150	150
龙南县	285	100	5.38	5.38	5.38	1	1			150	150
定南县	164		5.32	5.32	5.32						
全南县	90		2.63	2.63	2.63	1	1			115	115
宁都县	294	30	6.40	6.40	6.40						
于都县	269	123	10.60	10.60	10.60						
兴国县	310		9.50	6.50	9.21	1	1			260	260
会昌县	185	96	4.50	3.16	4.50	1	1			104	104
寻乌县	160	55	3.53	3.53	3.53	1	1			98	98
石城县	96	53	3.26	3.18	3.26						
吉安县	246	62	3.65	3.65	3.65	1	1			100	100

continued 12

		Domestic Garbage				粪便Excrement and Urine		公厕数		市容卫生专用车辆设备总数(台) Number of Vehicles and Equipment Designated for Municipal Environmental Sanitation (unit)	地区名称 Name of Regions
焚烧 Incineration	其他 other	无害化处理量(万吨) Volume of Harmlessly Treated (10,000 ton)	卫生填埋 Sanitary Landfill	焚烧 Incineration	其他 other	清运量(万吨) Quantity of Excrement Transported (10,000 ton)	处理量(万吨) Quantity of Excrement Treated (10,000 ton)	(座) Number of Latrines (unit)	三类以上 Grade Ⅲ and Above		
		4.33	4.33			0.80		25	23	22	古田县
		1.69	1.69					8	8	10	屏南县
		2.58	2.58					7	7	9	寿宁县
		2.74	2.74					9	9	13	周宁县
		2.73	2.73					3	3	9	柘荣县
								13	9	37	平潭县
225		**229.15**	**220.75**	**8.40**		**9.88**	**6.46**	**1512**	**863**	**1329**	**江　西**
		15.06	15.06					24	24	76	南昌县
		2.18	2.18					3	3	6	安义县
225		8.40		8.40				21	13	19	进贤县
								4		9	浮梁县
		1.76	1.76					6	6	8	莲花县
		2.47	2.47			0.14		4	1	16	上栗县
		1.40	1.40			1.02		15	15	27	芦溪县
		2.52	2.52					5	5	8	九江县
		3.94	3.94					28	19	10	武宁县
		2.66	2.66					27	20	18	修水县
		2.91	2.91					28	20	9	永修县
		2.99	2.99					47	28	14	德安县
		2.18	2.18					22	5	4	星子县
								19		35	都昌县
		2.87	2.87					27	14	8	湖口县
		3.22	3.22					12	8	19	彭泽县
		0.72	0.72					25	12	5	庐山风景区
		6.22	6.22			0.31		46		24	分宜县
		2.99	2.99					16	9	13	余江县
		12.90	12.90			1.47		15	13	20	赣　县
						0.22	0.22	24	6	16	信丰县
								10	10	16	大余县
		4.02	4.02					13	12	109	上犹县
								6	6	26	崇义县
		2.33	2.33			0.01	0.01	12		32	安远县
		5.38	5.38			0.02	0.02	35		32	龙南县
								9		10	定南县
		2.63	2.63					9	9	9	全南县
						0.08	0.08	32	22	18	宁都县
								16	16	55	于都县
		9.21	9.21					16	16	23	兴国县
		4.50	4.50			0.88	0.88	18		31	会昌县
		3.53	3.53					10	10	28	寻乌县
								16	16	13	石城县
		3.65	3.65					28	28	20	吉安县

12–3 续表 13

地区名称 Name of Regions	道路清扫保洁面积(万平方米) Surface Area of Roads Cleaned and Maintained ($10,000m^2$)	机械化 Mechanization	生活垃圾 清运量(万吨) Collected and Transported (10,000 ton)								
				密闭车(箱)清运量 Quantity of Garbage Transported by Airtight Vehicle	处理量(万吨) Volume of Treated (10,000 ton)	无害化处理厂(场)数(座) Number of Harmless Treatment Plants/Grounds (unit)	卫生填埋 Sanitary Landfill	焚烧 Incineration	其他 other	无害化处理能力(吨/日) Harmless Treatment Capacity (ton/day)	卫生填埋 Sanitary Landfill
吉水县	150	9	8.71	8.71	8.50						
峡江县	123	24	2.34	2.34	2.34	1	1			110	110
新干县	250	30	5.50	5.50	5.50	1	1			150	150
永丰县	145	38	5.55	4.60	5.20	1	1			140	140
泰和县	163		6.75	4.39	6.75	1	1			182	182
遂川县	126	24	4.83	4.83	4.83	1	1			136	136
万安县	98	38	3.12	3.12	3.12	1	1			55	55
安福县	230	92	4.11	4.11	4.11	1	1			200	200
永新县	110	33	4.02	4.02	4.02	1	1			120	120
奉新县	160	49	5.18	4.00	5.18	1	1			140	140
万载县	175	80	5.84	3.56	5.84	1	1			200	200
上高县	245	40	9.52	7.81	9.52	1	1			220	220
宜丰县	148	70	4.41	4.33	4.41						
靖安县	64	36	3.65	3.65	3.65						
铜鼓县	83	22	1.84	1.43	1.84	1	1			100	100
南城县	290	126	5.23	5.23	5.23	1	1			140	140
黎川县	137	117	3.85		3.85	1	1			100	100
南丰县	223	60	4.36	4.36	4.36						
崇仁县	125	13	7.37	7.37	7.37						
乐安县	101	20	4.07		4.07						
宜黄县	115		4.24	4.24	4.24						
金溪县	140		4.48	4.48	4.48						
资溪县	79	26	1.15	1.15	1.15	1	1			100	100
东乡县	182	10	7.47	7.47	7.47	1	1			190	190
广昌县	113	18	3.29	3.29	3.29						
上饶县	185	77	6.83	6.83	6.83						
玉山县	164	50	4.92	4.92	4.92						
铅山县	192	43	4.02		4.02	1	1			217	217
横峰县	95	17	4.99	4.99	4.99						
弋阳县	152	51	5.84	5.84	5.84	1	1			120	120
余干县	240		6.57	1.80	6.57	1	1			156	156
鄱阳县	200	45	8.50		8.50						
万年县	146	19	4.93		4.67						
婺源县	224	72	3.88	3.88	3.88	1	1			120	120
山　东	**23592**	**14292**	**403.50**	**344.61**	**401.99**	**50**	**44**	**4**	**2**	**10811**	**9421**
平阴县	230	208	3.85	3.85	3.85	1	1			160	160
济阳县	240	155	4.30	4.30	4.30						
商河县	220	198	3.79	3.79	3.79	1	1			120	120
桓台县	216	180	4.53	4.53	4.53						
高青县	185	95	2.80	2.80	2.80						
沂源县	242	174	4.88	4.88	4.88	1	1			400	400
垦利县	306	70	2.88	2.88	2.88	1		1		200	

continued 13

Domestic Garbage						粪便Excrement and Urine		公厕数		市容卫生专用车辆设备总数（台）Number of Vehicles and Equipment Designated for Municipal Environmental Sanitation (unit)	地区名称 Name of Regions
焚烧 Incineration	其他 other	无害化处理量（万吨）Volume of Harmlessly Treated (10,000 ton)	卫生填埋 Sanitary Landfill	焚烧 Incineration	其他 other	清运量（万吨）Quantity of Excrement Transported (10,000 ton)	处理量（万吨）Quantity of Excrement Treated (10,000 ton)	（座）Number of Latrines (unit)	三类以上 Grade Ⅲ and Above		
		8.50	8.50					26		14	吉水县
		2.34	2.34					14		11	峡江县
		5.50	5.50					28	28	37	新干县
		5.20	5.20			1.10	1.09	22	17	18	永丰县
		6.75	6.75					14		7	泰和县
		4.83	4.83					10		28	遂川县
		3.12	3.12					28	12	12	万安县
		4.11	4.11					8	2	15	安福县
		4.02	4.02					24		20	永新县
		5.18	5.18					40	40	19	奉新县
		5.84	5.84			0.23	0.23	36	22	28	万载县
		9.52	9.52			3.64	3.39	76	76	32	上高县
						0.29	0.29	13	10	12	宜丰县
								10	7	15	靖安县
		1.84	1.84					11	5	15	铜鼓县
		5.23	5.23					42	6	16	南城县
		3.85	3.85					26	26	6	黎川县
								33	33	9	南丰县
								28	11	12	崇仁县
								13		15	乐安县
								27	27	17	宜黄县
								33	15	14	金溪县
		1.15	1.15					7	1	13	资溪县
		7.47	7.47					68	62	9	东乡县
						0.22		24	24	16	广昌县
		6.83	6.83					6	1	13	上饶县
		4.92	4.92					22	22	22	玉山县
		4.02	4.02					26	17	17	铅山县
								7	3	6	横峰县
		5.84	5.84					18	6	15	弋阳县
		6.57	6.57			0.25	0.25	45	3	20	余干县
								50		13	鄱阳县
								8	6	7	万年县
		3.88	3.88					21	15	20	婺源县
860	**530**	**401.99**	**318.04**	**66.73**	**17.22**	**22.70**	**12.22**	**1693**	**1264**	**3402**	**山　东**
		3.85	3.85			0.33		41	32	57	平阴县
		4.30		4.30		0.11	0.11	14	14	29	济阳县
		3.79	3.79					15	15	37	商河县
		4.53		4.53				20	20	79	桓台县
		2.80		2.80				26	26	55	高青县
		4.88	4.88			0.39	0.39	35	35	22	沂源县
200		2.88		2.88				21	21	35	垦利县

12-3 续表 14

地区名称 Name of Regions	道路清扫保洁面积(万平方米) Surface Area of Roads Cleaned and Maintained ($10,000m^2$)	机械化 Mechanization	生活垃圾 清运量(万吨) Collected and Transported (10,000 ton)	密闭车(箱)清运量 Quantity of Garbage Transported by Airtight Vehicle	处理量(万吨) Volume of Treated (10,000 ton)	无害化处理厂(场)数(座) Number of Harmless Treatment Plants/ Grounds (unit)	卫生填埋 Sanitary Landfill	焚烧 Incineration	其他 other	无害化处理能力(吨/日) Harmless Treatment Capacity (ton/ day)	卫生填埋 Sanitary Landfill
利津县	216	196	3.29	3.29	3.29	1	1			80	80
广饶县	330	295	7.47	7.47	7.47	1		1		200	
长岛县	35	16	0.79	0.79	0.79	1	1			30	30
临朐县	873	547	7.42	7.42	7.42	1	1			300	300
昌乐县	1320	930	8.82	8.82	8.82	1			1	300	
微山县	703	432	5.41	5.41	5.41	1	1			120	120
鱼台县	240	93	3.80	3.80	3.80	1	1			110	110
金乡县	834	187	7.13	7.13	7.13	1	1			500	500
嘉祥县	260	240	5.21	5.21	5.21						
汶上县	540	460	5.05	5.05	5.05						
泗水县	270	220	5.29	5.29	5.29	1	1			200	200
梁山县	328	260	6.57	6.57	6.57	1	1			200	200
宁阳县	190	80	3.06	3.06	3.06	1	1			150	150
东平县	289	200	6.83	6.20	6.83	1	1			150	150
五莲县	277	92	5.29	5.29	5.29	1	1			200	200
莒　县	326	310	18.25	18.25	18.25	1	1			500	500
沂南县	496	360	4.37	4.37	4.37						
郯城县	352	129	13.00	13.00	13.00						
沂水县	635	600	8.40	8.40	8.40	1	1			350	350
兰陵县	252	220	5.62	5.62	5.62	1	1			200	200
费　县	220	100	5.86	5.86	5.86	1	1			230	230
平邑县	294	279	8.84	8.84	8.84	1	1			320	320
莒南县	339	203	7.10	7.10	7.10	1	1			200	200
蒙阴县	298	200	5.90	5.90	5.90	1	1			200	200
临沭县	519	156	12.79	12.79	12.79	1	1			200	200
宁津县	300	210	5.20	3.64	5.20	1	1			160	160
庆云县	293	62	4.77	2.14	4.31	1	1			170	170
临邑县	198		9.76		9.76	1	1			200	200
齐河县	345	240	9.61	8.05	9.61	1		1		200	
平原县	360	306	5.19	4.76	5.19	1	1			160	160
夏津县	483	459	7.20	7.20	6.41	1	1			220	220
武城县	150	147	4.39		4.39						
阳谷县	674	430	14.60	14.60	14.60	1	1			200	200
莘　县	561	420	5.66	5.66	5.66	1	1			200	200
茌平县	1082	350	8.67	5.63	8.67	1	1			220	220
东阿县	176	76	4.05	4.05	4.05	1	1			200	200
冠　县	575	200	6.57		6.57	1	1			200	200
高唐县	770	500	5.45	5.45	5.45	1	1			260	260
惠民县	240	230	4.40	4.40	4.40	1	1			200	200
阳信县	192	164	6.11	6.11	6.11	1	1			165	165
无棣县	360	288	6.70	5.50	6.70	1	1			200	200
博兴县	309	189	7.51	7.51	7.51	1	1			216	216

continued 14

Domestic Garbage						粪便Excrement and Urine		公厕数		市容卫生专用车辆设备总数（台） Number of Vehicles and Equipment Designated for Municipal Environmental Sanitation (unit)	地区名称 Name of Regions
		无害化				清运量	处理量		三类以上		
焚烧 Incineration	其他 other	处理量（万吨） Volume of Harmlessly Treated (10,000 ton)	卫生填埋 Sanitary Landfill	焚烧 Incineration	其他 other	（万吨） Quantity of Excrement Transported (10,000 ton)	（万吨） Quantity of Excrement Treated (10,000 ton)	（座） Number of Latrines (unit)	Grade Ⅲ and Above		
		3.29	3.29					8	8	15	利津县
200		7.47		7.47				55	53	61	广饶县
		0.79	0.79					11	11	9	长岛县
		7.42	7.42					17	17	40	临朐县
	300	8.82			8.82	0.28		34	9	65	昌乐县
		5.41	5.41			0.31	0.31	20	20	28	微山县
		3.80	3.80			0.17	0.17	10	9	28	鱼台县
		7.13	7.13					26	18	38	金乡县
		5.21		5.21		0.07	0.07	25	22	33	嘉祥县
		5.05		5.05		0.34	0.34	13	13	62	汶上县
		5.29	5.29			0.08		22	22	30	泗水县
		6.57	6.57					14	14	36	梁山县
		3.06	3.06			0.09		38	38	43	宁阳县
		6.83	6.83			0.65	0.65	66	66	67	东平县
		5.29	5.29					13	13	44	五莲县
		18.25	18.25			0.08		14	14	42	莒　县
		4.37	4.37					37	37	43	沂南县
		13.00		13.00		0.85		31	31	38	郯城县
		8.40	8.40			0.17		124	60	101	沂水县
		5.62	5.62			0.88		34	34	58	兰陵县
		5.86	5.86					93	30	31	费　县
		8.84	8.84			0.28	0.28	63	32	42	平邑县
		7.10	7.10			0.32	0.32	30	29	52	莒南县
		5.90	5.90			0.07		28	17	34	蒙阴县
		12.79	12.79					77	35	55	临沭县
		5.20	5.20			0.53		26	26	38	宁津县
		4.31	4.31			0.72		8		12	庆云县
		9.76	9.76			4.00	4.00				临邑县
200		9.61		9.61				33	11	38	齐河县
		5.19	5.19			0.11	0.11	23	23	36	平原县
		6.41	6.41					27	27	104	夏津县
		4.39		4.39		0.34	0.34	8	2	13	武城县
		14.60	14.60			0.69		33	33	42	阳谷县
		5.66	5.66			0.40		23	18	130	莘　县
		8.67	8.67			1.47		34		712	茌平县
		4.05	4.05					16	16	13	东阿县
		6.57	6.57					24	24	39	冠　县
		5.45	5.45			1.05	1.05	16	16	280	高唐县
		4.40	4.40			1.46	1.46	8	3	25	惠民县
		6.11	6.11			1.82	1.82	8	8	13	阳信县
		6.70	6.70			2.10		13	8	51	无棣县
		7.51	7.51			0.63	0.63	15	15	36	博兴县

12-3 续表 15

地区名称 Name of Regions	道路清扫保洁面积（万平方米） Surface Area of Roads Cleaned and Maintained ($10,000m^2$)	机械化 Mechanization	生活垃圾 清运量（万吨） Collected and Transported (10,000 ton)	密闭车(箱)清运量 Quantity of Garbage Transported by Airtight Vehicle	处理量（万吨） Volume of Treated (10,000 ton)	无害化处理厂(场)数（座） Number of Harmless Treatment Plants/ Grounds (unit)	卫生填埋 Sanitary Landfill	焚烧 Incineration	其他 other	无害化处理能力（吨/日） Harmless Treatment Capacity (ton/day)	卫生填埋 Sanitary Landfill
邹平县	690	362	17.29	17.29	17.29	1	1			400	400
曹　县	586		15.03		15.03	1	1			180	180
单　县	560	365	7.49	7.49	7.49	1		1		260	
成武县	420	245	4.75	4.75	4.75	1	1			150	150
巨野县	609	365	8.40	8.40	8.40	1			1	230	
郓城县	490	240	7.05	7.05	7.05	1	1			250	250
鄄城县	524	430	10.02	8.76	9.76	1	1			200	200
定陶县	244	79	10.20	5.41	10.20	1	1			200	200
东明县	326	50	8.84	2.80	8.84	1	1			150	150
河　南	**16068**	**3980**	**505.92**	**370.70**	**422.20**	**78**	**78**			**12987**	**12987**
中牟县	306	281	5.94	5.94	5.20	1	1			160	160
杞　县	244		6.69	6.69	5.49	1	1			180	180
通许县	110		3.61	3.61	3.61	1	1			150	150
尉氏县	300	30	6.87	5.80	6.20	1	1			170	170
兰考县	265	195	6.57	6.57	6.57	1	1			120	120
孟津县	118	47	3.36	3.36	3.00						
新安县	116	95	5.10	5.10	4.74	1	1			130	130
栾川县	82		4.59	3.27	4.51	1	1			140	140
嵩　县	39	27	3.78	2.62	3.41	1	1			140	140
汝阳县	80	36	3.14	3.14	2.53	1	1			120	120
宜阳县	97	36	5.96	5.96	3.65	1	1			130	130
洛宁县	140	98	4.81	4.81	4.76	1	1			110	110
伊川县	190	80	5.49	5.48	5.48	1	1			150	150
宝丰县	197	99	5.01	5.01	5.00	1	1			150	150
叶　县	190	40	5.30	5.30	5.30	1	1			150	150
鲁山县	131	20	7.40	7.10	7.40	1	1			150	150
郏　县	260	81	5.14	3.63	4.73	1	1			110	110
汤阴县	205		4.00								
滑　县	342	17	7.15	2.80	7.15	1	1			350	350
内黄县	110		4.02		4.02	1	1			145	145
浚　县	180		5.48	5.48	4.84	1	1			130	130
淇　县	125	23	3.60	3.60	2.74	1	1			120	120
新乡县	131	32	4.75	4.75	4.75	1	1			140	140
获嘉县	156		4.16	3.29	2.88	1	1			150	150
原阳县	260	35	3.95	3.95	3.95	1	1			170	170
延津县	290	100	5.45	4.50	5.40	1	1			150	150
封丘县	150		5.58		5.58	1	1			160	160
长垣县	480	235	12.05	9.64	11.09	1	1			200	200
修武县	290	44	2.80	2.80	2.41						
博爱县	302	17	5.70	3.00	5.50	1	1			132	132
武陟县	198		7.29	6.44	6.99	1	1			200	200
温　县	152		3.42	1.14	2.93	1	1			130	130

continued 15

焚烧 Incineration	其他 other	无害化处理量(万吨) Volume of Harmlessly Treated (10,000 ton)	卫生填埋 Sanitary Landfill	焚烧 Incineration	其他 other	粪便 Excrement and Urine 清运量(万吨) Quantity of Excrement Transported (10,000 ton)	处理量(万吨) Quantity of Excrement Treated (10,000 ton)	公厕数(座) Number of Latrines (unit)	三类以上 Grade Ⅲ and Above	市容卫生专用车辆设备总数(台) Number of Vehicles and Equipment Designated for Municipal Environmental Sanitation (unit)	地区名称 Name of Regions
		17.29	17.29					22	22	56	邹平县
		15.03	15.03			0.57		62	49	74	曹　县
260		7.49		7.49		0.12	0.12	91	45	25	单　县
		4.75	4.75			0.10		31	9	20	成武县
	230	8.40			8.40	0.05	0.05	49	49	25	巨野县
		7.05	7.05			0.80		7	4	29	郓城县
		9.76	9.76					14	14	53	鄄城县
		10.20	10.20			0.12		12	12	100	定陶县
		8.84	8.84			0.15		15	15	29	东明县
		422.20	**422.20**			**61.94**	**7.87**	**3235**	**1943**	**2349**	**河　南**
		5.20	5.20					9	9	35	中牟县
		5.49	5.49			1.51	1.20	36	8	17	杞　县
		3.61	3.61					18	12	28	通许县
		6.20	6.20			1.20		24		25	尉氏县
		6.57	6.57					29	29	43	兰考县
		3.00	3.00					13	13	17	孟津县
		4.74	4.74					74	15	30	新安县
		4.51	4.51					19	16	40	栾川县
		3.41	3.41					19		20	嵩　县
		2.53	2.53					21	13	14	汝阳县
		3.65	3.65					34		220	宜阳县
		4.76	4.76					17	17	23	洛宁县
		5.48	5.48					16	1	41	伊川县
		5.00	5.00					49	47	37	宝丰县
		5.30	5.30			1.20	0.15	26	26	38	叶　县
		7.40	7.40			0.50		67	57	18	鲁山县
		4.73	4.73					27	27	28	郏　县
						1.00		119	22	26	汤阴县
		7.15	7.15			0.57		57	57	24	滑　县
		4.02	4.02			0.47		18	9	9	内黄县
		4.84	4.84					24	19	16	浚　县
		2.74	2.74					9		3	淇　县
		4.75	4.75			0.25	0.25	7	7	45	新乡县
		2.88	2.88			0.84		11	6	14	获嘉县
		3.95	3.95			0.60	0.60	21	7	37	原阳县
		5.40	5.40			0.61		34	12	56	延津县
		5.58	5.58			0.40		17	8	17	封丘县
		11.09	11.09			1.11	1.10	27	27	49	长垣县
		2.41	2.41			0.74		17	17	17	修武县
		5.50	5.50					16	16	24	博爱县
		6.99	6.99			0.10		15	15	38	武陟县
		2.93	2.93			0.45		18	14	12	温　县

12-3 续表 16

地区名称 Name of Regions	道路清扫保洁面积(万平方米) Surface Area of Roads Cleaned and Maintained ($10,000m^2$)	机械化 Mechanization	生活垃圾 清运量(万吨) Collected and Transported (10,000 ton)	密闭车(箱)清运量 Quantity of Garbage Transported by Airtight Vehicle	处理量(万吨) Volume of Treated (10,000 ton)	无害化处理厂(场)数(座) Number of Harmless Treatment Plants/ Grounds (unit)	卫生填埋 Sanitary Landfill	焚烧 Incineration	其他 other	无害化处理能力(吨/日) Harmless Treatment Capacity (ton/day)	卫生填埋 Sanitary Landfill
清丰县	260	13	4.44	4.44	4.37	1	1			220	220
南乐县	220	80	3.06	2.90	2.97	1	1			100	100
范　县	127		2.69		2.58	1	1			120	120
台前县	76		4.00		3.90	1	1			120	120
濮阳县	260	95	5.00	5.00							
鄢陵县	160	84	4.76	4.76	4.02	1	1			150	150
襄城县	81	61	3.25	3.25	2.93	1	1			150	150
舞阳县	162	39	3.51	2.36							
临颍县	100	5	5.22	5.22							
渑池县	138		4.47	4.47	4.32	1	1			150	150
卢氏县	62	8	2.86		2.86	1	1			120	120
南召县	81		6.09		5.18	1	1			110	110
方城县	200	130	6.50	3.00	6.00	1	1			145	145
西峡县	253	2	6.10	6.10	6.05	1	1			140	140
镇平县	240	30	6.05	5.41	5.01	1	1			170	170
内乡县	170	50	5.47	0.55	5.03	1	1			140	140
淅川县	121	91	8.96	8.20	6.80	1	1			190	190
社旗县	286	140	5.42	4.14	4.97	1	1			122	122
唐河县	344	90	11.68	10.00	7.82	1	1			180	180
新野县	238	60	6.26	6.26	5.70	1	1			241	241
桐柏县	191	2	6.56	1.33	6.25	1	1			178	178
民权县	310	30	6.50	4.30	5.57	1	1			385	385
睢　县	360	120	4.82	4.76	4.51	1	1			157	157
宁陵县	268	20	3.68		3.53	1	1			100	100
柘城县	105		6.43	5.90	5.52	1	1			160	160
虞城县	175	40	6.04	5.50	5.47	1	1			150	150
夏邑县	324	5	7.10	7.10	6.70	1	1			190	190
罗山县	220	22	5.80		4.61	1	1			210	210
光山县	145		7.54	5.50	4.15	1	1			270	270
新　县	208	59	3.69	2.56	3.69	1	1			140	140
商城县	155	85	5.46	5.46	3.30	1	1			140	140
固始县	219	44	14.45	9.64	9.82	1	1			270	270
潢川县	190		16.60	16.50	6.70	1	1			300	300
淮滨县	196	40	5.72	5.10	5.16	1	1			150	150
息　县	83	31	5.89	5.80	4.72	1	1			130	130
扶沟县	61		5.10		4.70	1	1			170	170
西华县	240		6.48	2.81	5.20	1	1			160	160
商水县	65	30	12.50	10.10	9.26	1	1			140	140
沈丘县	135		8.10		7.50	1	1			210	210
郸城县	143	98	8.70	8.70	6.30	1	1			180	180
淮阳县	211	45	9.00		6.57	1	1			170	170
太康县	150	30	8.82	7.94	6.10	1	1			140	140

continued 16

Domestic Garbage						粪便Excrement and Urine		公厕数		市容卫生专用车辆设备总数(台) Number of Vehicles and Equipment Designated for Municipal Environmental Sanitation (unit)	地区名称 Name of Regions
焚烧 Incineration	其他 other	无害化处理量(万吨) Volume of Harmlessly Treated (10,000 ton)	卫生填埋 Sanitary Landfill	焚烧 Incineration	其他 other	清运量(万吨) Quantity of Excrement Transported (10,000 ton)	处理量(万吨) Quantity of Excrement Treated (10,000 ton)	(座) Number of Latrines (unit)	三类以上 Grade Ⅲ and Above		
		4.37	4.37			1.36	1.36	28	28	18	清丰县
		2.97	2.97			0.70		13	4	19	南乐县
		2.58	2.58			0.04	0.04	27	27	6	范　县
		3.90	3.90					18	6	12	台前县
						2.01		32		22	濮阳县
		4.02	4.02					22	22	25	鄢陵县
		2.93	2.93			0.03		51	51	26	襄城县
						1.32		23	21	31	舞阳县
						2.70		47	40	30	临颍县
		4.32	4.32			0.68	0.68	40		42	渑池县
		2.86	2.86					16	16	13	卢氏县
		5.18	5.18			2.80		19	8	10	南召县
		6.00	6.00			1.20		40	15	43	方城县
		6.05	6.05			1.57		53	37	36	西峡县
		5.01	5.01			2.00		81	64	27	镇平县
		5.03	5.03					43	43	31	内乡县
		6.80	6.80			3.30		28	8	13	淅川县
		4.97	4.97			2.57		196	26	70	社旗县
		7.82	7.82			5.00	1.58	47		33	唐河县
		5.70	5.70					85	71	22	新野县
		6.25	6.25					47	47	19	桐柏县
		5.57	5.57			2.00		78	78	40	民权县
		4.51	4.51			0.94		50	34	55	睢　县
		3.53	3.53					30	3	35	宁陵县
		5.52	5.52					62	24	39	柘城县
		5.47	5.47					50	42	30	虞城县
		6.70	6.70			1.06		24		33	夏邑县
		4.61	4.61			3.05		52	33	21	罗山县
		4.15	4.15					51	40	34	光山县
		3.69	3.69					45	18	24	新　县
		3.30	3.30			1.80		85	75	18	商城县
		9.82	9.82			2.45		68	13	14	固始县
		6.70	6.70					44	15	17	潢川县
		5.16	5.16					12	11	9	淮滨县
		4.72	4.72					20	11	7	息　县
		4.70	4.70					24		7	扶沟县
		5.20	5.20					21	21	22	西华县
		9.26	9.26			1.14		30	5	15	商水县
		7.50	7.50			1.36		24	20	22	沈丘县
		6.30	6.30			1.83		46	24	15	郸城县
		6.57	6.57					44	18	22	淮阳县
		6.10	6.10					49	39	24	太康县

12-3 续表 17

地区名称 Name of Regions	道路清扫保洁面积(万平方米) Surface Area of Roads Cleaned and Maintained ($10,000m^2$)	机械化 Mechanization	生活垃圾 清运量(万吨) Collected and Transported (10,000 ton)	密闭车(箱)清运量 Quantity of Garbage Transported by Airtight Vehicle	处理量(万吨) Volume of Treated (10,000 ton)	无害化处理厂(场)数(座) Number of Harmless Treatment Plants/Grounds (unit)	卫生填埋 Sanitary Landfill	焚烧 Incineration	其他 other	无害化处理能力(吨/日) Harmless Treatment Capacity (ton/day)	卫生填埋 Sanitary Landfill
鹿邑县	330	165	11.35	7.05	11.30	1	1			280	280
西平县	220	80	6.60	6.60	6.60	1	1			200	200
上蔡县	160		6.57	4.92	6.30	1	1			252	252
平舆县	181	46	8.41	8.41	7.92	1	1			140	140
正阳县	104	55	4.30	3.88	3.89	1	1			160	160
确山县	120	7	3.54	2.23	3.54	1	1			180	180
泌阳县	268	130	5.65	5.65	5.65	1	1			160	160
汝南县	251		6.89	6.89	6.22	1	1			140	140
遂平县	145		5.23	5.23	5.23	1	1			206	206
新蔡县	320	150	8.45		7.90	1	1			164	164
湖 北	**5481**	**2226**	**196.11**	**158.10**	**164.13**	**26**	**25**		**1**	**3841**	**3746**
阳新县	220	40	7.60	6.00							
郧西县	45	20	2.89	2.89	2.89						
竹山县	72	42	5.00	4.50	5.00	1	1			150	150
竹溪县	67		3.30	2.55	3.00						
房　县	158	48	5.93	2.65	5.93	1	1			170	170
远安县	108	30	2.53	2.53	2.53	1	1			150	150
兴山县	75	40	2.81	2.81	2.81	1	1			115	115
秭归县	102	37	4.57	4.57	4.53	1	1			128	128
长阳土家族自治县	50		4.28	4.21	4.28	1	1			123	123
五峰土家族自治县	20		1.96	1.95	0.27	1	1			99	99
南漳县	100	50	4.38	4.38							
谷城县	113	64	6.42	6.42							
保康县	36	31	3.51	3.51	3.51	1			1	95	
京山县	320	240	7.20	7.20	7.20	1	1			230	230
沙洋县	175	47	5.55	5.55	5.55	1	1			223	223
孝昌县	130	55	8.10	6.50	8.03	1	1			220	220
大悟县	175	125	3.78	2.26	3.32	1	1			90	90
云梦县	154	92	5.50	5.50	5.50	1	1			190	190
公安县	140	35	5.40	4.98	4.93						
监利县	241	71	11.00	5.59	11.00						
江陵县	90	50	1.83		1.83						
团风县	89	15	3.68	1.20	3.36						
红安县	220	160	5.48	5.48	4.73	1	1			210	210
罗田县	170	70	4.58	4.35	4.58	1	1			260	260
英山县	95	25	3.96	3.96	3.78	1	1			195	195
浠水县	210	61	9.03	4.79	8.87						
蕲春县	297	246	8.52	5.01	7.57						
黄梅县	396	25	9.35	5.15	7.35						
嘉鱼县	228	49	5.02	4.44	5.01	1	1			151	151
通城县	150	30	7.20	5.20	4.99	1	1			120	120
崇阳县	183	67	5.12	5.12	5.12	1	1			272	272

continued 17

Domestic Garbage						粪便Excrement and Urine		公厕数		市容卫生专用车辆设备总数（台） Number of Vehicles and Equipment Designated for Municipal Environmental Sanitation (unit)	地区名称 Name of Regions
焚烧 Incineration	其他 other	无害化处理量（万吨） Volume of Harmlessly Treated (10,000 ton)	卫生填埋 Sanitary Landfill	焚烧 Incineration	其他 other	清运量（万吨） Quantity of Excrement Transported (10,000 ton)	处理量（万吨） Quantity of Excrement Treated (10,000 ton)	（座） Number of Latrines (unit)	三类以上 Grade Ⅲ and Above		
		11.30	11.30			0.70		46	46	27	鹿邑县
		6.60	6.60			0.46		63	36	14	西平县
		6.30	6.30			0.64	0.59	51	50	16	上蔡县
		7.92	7.92					42	42	19	平舆县
		3.89	3.89			1.05		27	23	25	正阳县
		3.54	3.54			0.91		39	24	8	确山县
		5.65	5.65			0.07		55	25	41	泌阳县
		6.22	6.22			2.53		81	69	18	汝南县
		5.23	5.23			0.80		36	26	19	遂平县
		7.90	7.90			0.32	0.32	22	18	50	新蔡县
	95	**120.09**	**109.82**	**6.76**	**3.51**	**9.43**	**3.76**	**885**	**344**	**886**	**湖　北**
								16		40	阳新县
								38	24	13	郧西县
		5.00	5.00					30	3	14	竹山县
								8		4	竹溪县
		5.93	5.93					31	31	25	房　县
		2.53	2.53					25	25	21	远安县
		2.81	2.81			0.10		10	10	10	兴山县
		4.53	4.53					12	12	22	秭归县
		4.28	4.28					10	5	8	长阳土家族自治县
		0.27	0.27					3	3	6	五峰土家族自治县
								13		13	南漳县
						0.87		51	9	17	谷城县
	95	3.51			3.51			4	4	21	保康县
		7.20	7.20					69	69	34	京山县
		5.55	5.55			1.13	1.01	25		20	沙洋县
		8.03	8.03					6	6	20	孝昌县
		3.32	3.32			0.36		14	9	32	大悟县
		5.50	5.50					26	26	35	云梦县
		4.93		4.93				13		25	公安县
						1.21		37		22	监利县
		1.83		1.83				36		84	江陵县
						0.60	0.46	25	4	13	团风县
		4.73	4.73			1.42	1.21	31	21	37	红安县
		4.58	4.58			0.41	0.41	26		22	罗田县
		3.78	3.78			0.91		9	5	21	英山县
						0.72		38	2	37	浠水县
						0.50	0.50	104	26	42	蕲春县
						0.56	0.17	79		35	黄梅县
		5.01	5.01					14	14	15	嘉鱼县
		4.99	4.99					8	8	16	通城县
		5.12	5.12					8		22	崇阳县

12-3 续表 18

地区名称 Name of Regions	道路清扫保洁面积(万平方米) Surface Area of Roads Cleaned and Maintained (10,000m²)	机械化 Mechanization	生活垃圾 清运量(万吨) Collected and Transported (10,000 ton)	密闭车(箱)清运量 Quantity of Garbage Transported by Airtight Vehicle	处理量(万吨) Volume of Treated (10,000 ton)	无害化处理厂(场)数(座) Number of Harmless Treatment Plants/Grounds (unit)	卫生填埋 Sanitary Landfill	焚烧 Incineration	其他 other	无害化处理能力(吨/日) Harmless Treatment Capacity (ton/day)	卫生填埋 Sanitary Landfill
通山县	173	79	5.30	4.65	5.10	1	1			120	120
随　县	58	28	1.67								
建始县	81	35	3.90	3.90	3.90	1	1			110	110
巴东县	58	20	4.43	3.88	3.63	1	1			80	80
宣恩县	208	50	3.10	2.60	3.10	1	1			50	50
咸丰县	65	44	3.63	3.63	3.63	1	1			100	100
来凤县	137	80	4.50	4.50	4.50	1	1			100	100
鹤峰县	45	25	2.80	2.39	2.80	1	1			90	90
神农架林区	27		1.30	1.30							
湖　南	**12221**	**4465**	**401.65**	**334.86**	**395.58**	**72**	**68**		**4**	**15081**	**13921**
长沙县	912	483	22.61	22.61	22.61						
望城县	631	270	11.38		11.38						
宁乡县	393	92	16.30	16.30	16.30	1	1			500	500
株洲县	142	100	2.72	2.72	2.72	1			1	450	
攸　县	283	157	5.66	5.66	5.66	1	1			200	200
茶陵县	155	10	3.55	3.55	3.55	1	1			105	105
炎陵县	110	56	1.28	1.28	1.28	1	1			110	110
湘潭县	314	164	8.24	8.24	8.24	1	1			250	250
衡阳县	300	80	5.78	5.78	5.78	1	1			300	300
衡南县	197	110	3.79	3.79	1.22	1	1			100	100
衡山县	93	36	5.72	5.72	5.72						
衡东县	105	50	3.34		3.34	1	1			150	150
祁东县	186	28	5.31	5.31	5.31	1	1			200	200
南岳区	251	8	4.87	4.87	4.87						
邵东县	384	136	13.63	6.85	13.18	1	1			460	460
新邵县	146		3.58		3.42	1	1			300	300
邵阳县	69		3.56	3.56	3.47	1	1			150	150
隆回县	23	8	6.57	6.51	6.31	1	1			320	320
洞口县	240	50	9.77	9.77	9.28	1	1			260	260
绥宁县	63	8	3.36	0.87	3.25	1	1			106	106
新宁县	76	33	2.99	2.99	2.84	1	1			400	400
城步苗族自治县	60	1	4.43	3.25	4.43	1	1			147	147
岳阳县	200	60	6.30	6.30	6.30	1	1			250	250
华容县	160	25	5.48	5.48	5.48	1	1			260	260
湘阴县	182	40	4.87	4.87	4.87	1	1			200	200
平江县	180	105	3.69	3.69	3.69	1	1			170	170
安乡县	186	20	7.13	7.13	6.76	1	1			190	190
汉寿县	189	80	5.40	5.40	5.40	1			1	150	
澧　县	282	85	7.83	7.83	7.83	1			1	400	
临澧县	79		5.49	5.49	5.49	1	1			300	300
桃源县	138		6.79	6.79	6.79	1	1			200	200
石门县	95	20	4.33	4.33	4.33	1	1			320	320

continued 18

Domestic Garbage						粪便Excrement and Urine		公厕数		市容卫生专用车辆设备总数（台） Number of Vehicles and Equipment Designated for Municipal Environmental Sanitation (unit)	地区名称 Name of Regions
焚烧 Incineration	其他 other	无害化处理量（万吨） Volume of Harmlessly Treated (10,000 ton)	卫生填埋 Sanitary Landfill	焚烧 Incineration	其他 other	清运量（万吨） Quantity of Excrement Transported (10,000 ton)	处理量（万吨） Quantity of Excrement Treated (10,000 ton)	（座） Number of Latrines (unit)	三类以上 Grade Ⅲ and Above		
		5.10	5.10					9	5	12	通山县
								5	5	2	随　县
		3.90	3.90					7	5	23	建始县
		3.63	3.63			0.64		13	9	5	巴东县
		3.10	3.10					7		18	宣恩县
		3.63	3.63					4		25	咸丰县
		4.50	4.50					10	4	38	来凤县
		2.80	2.80					6		10	鹤峰县
								5		7	神农架林区
	1160	**395.58**	**376.02**		**19.56**	**0.93**	**0.01**	**1817**	**1106**	**1994**	**湖　南**
		22.61	22.61					80	80	31	长沙县
		11.38	11.38					67	24	21	望城县
		16.30	16.30					80	80	62	宁乡县
	450	2.72			2.72	0.01	0.01	22	13	26	株洲县
		5.66	5.66					48	48	45	攸　县
		3.55	3.55					35	33	23	茶陵县
		1.28	1.28					11	11	14	炎陵县
		8.24	8.24					14	4	56	湘潭县
		5.78	5.78					22	22	36	衡阳县
		1.22	1.22					5		10	衡南县
		5.72	5.72					18		9	衡山县
		3.34	3.34					9	1	19	衡东县
		5.31	5.31					33		36	祁东县
		4.87	4.87					36	8	57	南岳区
		13.18	13.18					26	21	30	邵东县
		3.42	3.42					7		27	新邵县
		3.47	3.47					16	11	17	邵阳县
		6.31	6.31					21	5	15	隆回县
		9.28	9.28					30	30	51	洞口县
		3.25	3.25					7		18	绥宁县
		2.84	2.84					7	5	16	新宁县
		4.43	4.43					6		12	城步苗族自治县
		6.30	6.30					31	31	25	岳阳县
		5.48	5.48					43		60	华容县
		4.87	4.87					39	39	46	湘阴县
		3.69	3.69					31	31	32	平江县
		6.76	6.76					12		23	安乡县
	150	5.40			5.40			27	27	30	汉寿县
	400	7.83			7.83	0.20		50	50	36	澧　县
		5.49	5.49					22	22	10	临澧县
		6.79	6.79					20	20	18	桃源县
		4.33	4.33					18	5	25	石门县

12-3 续表 19

地区名称 Name of Regions	道路清扫保洁面积（万平方米）Surface Area of Roads Cleaned and Maintained ($10,000m^2$)	机械化 Mechanization	生活垃圾 清运量（万吨）Collected and Transported (10,000 ton)	密闭车(箱)清运量 Quantity of Garbage Transported by Airtight Vehicle	处理量（万吨）Volume of Treated (10,000 ton)	无害化处理厂(场)数（座）Number of Harmless Treatment Plants/Grounds (unit)	卫生填埋 Sanitary Landfill	焚烧 Incineration	其他 other	无害化处理能力（吨／日）Harmless Treatment Capacity (ton/day)	卫生填埋 Sanitary Landfill
慈利县	120	80	8.71	8.71	8.71	1	1			200	200
桑植县	81	53	4.89	4.89	4.89	1	1			125	125
南　县	240	96	3.90	3.90	3.90	1	1			260	260
桃江县	173	61	4.44	4.44	4.44	1	1			280	280
安化县	56	50	4.36		4.36	1	1			112	112
大通湖区	38	21	1.94	0.58	1.94	1	1			120	120
桂阳县	276	234	7.98	7.98	7.98	1	1			250	250
宜章县	86	48	7.35	0.01	7.35	1	1			210	210
永兴县	318		7.42	7.42	7.42	1	1			200	200
嘉禾县	188	108	4.40	4.40	4.40	1	1			200	200
临武县	278	138	7.22	5.49	7.22	2	1		1	320	160
汝城县	41	20	3.74	3.74	3.74	1	1			300	300
桂东县	56	32	1.46	1.46	1.46	1	1			165	165
安仁县	176	22	3.75		3.75	1	1			110	110
祁阳县	460	188	7.55	7.55	7.55	1	1			323	323
东安县	184	20	3.71	3.71	3.71	1	1			200	200
双牌县	29		3.53	1.63	3.53	1	1			160	160
道　县	265	80	6.87	3.00	6.87	1	1			350	350
江永县	57	13	2.28	2.28	2.28	1	1			100	100
宁远县	290	185	5.19	5.19	5.11	1	1			260	260
蓝山县	98	30	2.99	2.99	2.93	1	1			150	150
新田县	79		3.52	3.52	3.45	1	1			300	300
江华瑶族自治县	91		2.86	2.86	2.86	1	1			360	360
中方县	112	8	0.44	0.44	0.44	1	1			31	31
沅陵县	75		5.13	4.36	5.13	1	1			150	150
辰溪县	66	39	3.70	3.70	3.70	1	1			102	102
溆浦县	105	46	4.62	2.79	4.62	1	1			150	150
会同县	62	32	3.26	3.26	3.26	1	1			200	200
麻阳苗族自治县	85	20	5.01	5.01	5.01	1	1			120	120
新晃侗族自治县	50	38	1.56	1.56	1.56	1	1			120	120
芷江侗族自治县	15	13	3.73		3.73	1	1			135	135
通道侗族自治县	68	36	2.85	2.85	2.85	1	1			80	80
靖州苗族侗族自治县	120		4.38	4.20	4.38	1	1			500	500
洪江区	16	7	1.76	0.09	1.76	1	1			200	200
双峰县	307	130	7.74	7.74	7.74	1	1			215	215
新化县	138	90	12.77	12.77	12.77	1	1			350	350
泸溪县	116	50	3.17	3.17	3.17	1	1			70	70
凤凰县	109	51	6.14	4.22	5.88	1	1			110	110
花垣县	95	43	5.28	4.35	4.81	1	1			120	120
保靖县	29	10	2.64	2.64	2.64	1	1			100	100
古丈县	23		2.05		1.97	1	1			75	75
永顺县	60		4.80	4.80	4.80	1	1			140	140
龙山县	66	58	4.81	4.22	4.41	1	1			110	110

continued 19

Domestic Garbage						粪便Excrement and Urine		公厕数		市容卫生专用车辆设备总数（台）	
焚烧 Incineration	其他 other	无害化处理量（万吨） Volume of Harmlessly Treated (10,000 ton)	卫生填埋 Sanitary Landfill	焚烧 Incineration	其他 other	清运量（万吨） Quantity of Excrement Transported (10,000 ton)	处理量（万吨） Quantity of Excrement Treated (10,000 ton)	（座） Number of Latrines (unit)	三类以上 Grade Ⅲ and Above	Number of Vehicles and Equipment Designated for Municipal Environmental Sanitation (unit)	地区名称 Name of Regions
		8.71	8.71					27		33	慈利县
		4.89	4.89					12	12	15	桑植县
		3.90	3.90			0.08		22	14	41	南　县
		4.44	4.44					33	28	46	桃江县
		4.36	4.36					13		33	安化县
		1.94	1.94			0.08		6		9	大通湖区
		7.98	7.98					43	43	50	桂阳县
		7.35	7.35					27		26	宜章县
		7.42	7.42					27	27	27	永兴县
		4.40	4.40					28	13	30	嘉禾县
	160	7.22	3.61		3.61			42	42	50	临武县
		3.74	3.74					24		5	汝城县
		1.46	1.46					13	4	18	桂东县
		3.75	3.75			0.56		17		25	安仁县
		7.55	7.55					64	64	70	祁阳县
		3.71	3.71					21	18	36	东安县
		3.53	3.53					5	2	8	双牌县
		6.87	6.87					35	26	30	道　县
		2.28	2.28					7	3	8	江永县
		5.11	5.11					64		55	宁远县
		2.93	2.93					40	40	28	蓝山县
		3.45	3.45					7	6	18	新田县
		2.86	2.86					9		17	江华瑶族自治县
		0.44	0.44					3	3	4	中方县
		5.13	5.13					26	3	14	沅陵县
		3.70	3.70					8	8	25	辰溪县
		4.62	4.62					12	12	24	溆浦县
		3.26	3.26					20	18	20	会同县
		5.01	5.01					20		22	麻阳苗族自治县
		1.56	1.56					15	15	19	新晃侗族自治县
		3.73	3.73					11		2	芷江侗族自治县
		2.85	2.85					11	11	12	通道侗族自治县
		4.38	4.38					27	20	16	靖州苗族侗族自治县
		1.76	1.76					35	3	12	洪江区
		7.74	7.74					36	15	33	双峰县
		12.77	12.77					42	9	48	新化县
		3.17	3.17					17		12	泸溪县
		5.88	5.88					25	15	35	凤凰县
		4.81	4.81					8	3	20	花垣县
		2.64	2.64					2		10	保靖县
		1.97	1.97					2		10	古丈县
		4.80	4.80					5	5	19	永顺县
		4.41	4.41					13	3	23	龙山县

12–3 续表 20

地区名称 Name of Regions	道路清扫保洁面积(万平方米) Surface Area of Roads Cleaned and Maintained ($10,000m^2$)	机械化 Mechanization	生活垃圾 清运量(万吨) Collected and Transported (10,000 ton)	密闭车(箱)清运量 Quantity of Garbage Transported by Airtight Vehicle	处理量(万吨) Volume of Treated (10,000 ton)	无害化处理厂(场)数(座) Number of Harmless Treatment Plants/Grounds (unit)	卫生填埋 Sanitary Landfill	焚烧 Incineration	其他 other	无害化处理能力(吨/日) Harmless Treatment Capacity (ton/day)	卫生填埋 Sanitary Landfill
广　东	**5804**	**2125**	**212.60**	**119.37**	**178.43**	**34**	**28**		**6**	**6655**	**5683**
始兴县	60	3	2.91	2.91	2.41	1	1			77	77
仁化县	63	30	2.31	1.64	2.31	1			1	100	
翁源县	82	30	4.69	4.38	4.69	1	1			150	150
乳源瑶族自治县	83		2.52		2.52	1	1			196	196
新丰县	65		3.65	3.01	3.65	1	1			100	100
南澳县	40	8	2.92		2.92	1	1			70	70
遂溪县	94		6.94	2.00	6.94	1	1			350	350
徐闻县	78		5.84	4.78	5.84	1	1			160	160
广宁县	120	20	4.58	4.58	4.50	1	1			200	200
怀集县	225	44	5.10	5.10	4.90	1	1			300	300
封开县	28		2.37	1.96	2.26	1	1			100	100
德庆县	96	63	2.09		2.09	1	1			80	80
博罗县	440	343	7.30	7.30	7.30	1	1			300	300
惠东县	610	480	28.47	28.47	28.47	1	1			780	780
龙门县	70	56	5.58	4.83	5.58	1	1			200	200
大埔县	163	31	3.93	3.93	3.93	1	1			110	110
丰顺县	180	13	6.55		6.55	1	1			180	180
五华县	166	60	7.30	7.30	7.30	1	1			300	300
平远县	91	72	6.05	3.90	6.05	1	1			200	200
蕉岭县	108	4	4.38	1.49	4.38	1	1			200	200
海丰县	388	101	12.30	0.96							
陆河县	50		7.58		7.58	1	1			300	300
紫金县	34		7.20		7.20	1			1	200	
龙川县	300	10	4.45	4.05	4.45	1			1	122	
连平县	80	20	3.13			1			1	130	
和平县	93	15	5.84	4.59	0.06	1			1	300	
东源县	84	40	2.51		2.51	1			1	120	
阳西县	260	130	6.21	1.50	6.21	1	1			200	200
佛冈县	190	95	5.48	5.48	5.28	1	1			200	200
阳山县	105	84	2.49	0.30							
连山壮族瑶族自治县	83	33	0.80	0.80	0.80	1	1			100	100
连南瑶族自治县	60	55	1.28	1.28							
饶平县	640		13.60	0.08	5.50						
揭西县	78		10.95		10.95	1	1			300	300
惠来县	83	22	8.82	8.67	8.82	1	1			30	30
新兴县	160	87	1.08	1.08	1.08	1	1			300	300
郁南县	254	176	3.40	3.00	3.40	2	2			200	200

continued 20

Domestic Garbage						粪便Excrement and Urine		公厕数		市容卫生专用车辆设备总数（台）	
		无害化				清运量	处理量		三类以上		
焚烧 Incineration	其他 other	处理量（万吨）Volume of Harmlessly Treated (10,000 ton)	卫生填埋 Sanitary Landfill	焚烧 Incineration	其他 other	（万吨）Quantity of Excrement Transported (10,000 ton)	（万吨）Quantity of Excrement Treated (10,000 ton)	（座）Number of Latrines (unit)	Grade Ⅲ and Above	Number of Vehicles and Equipment Designated for Municipal Environmental Sanitation (unit)	地区名称 Name of Regions
	972	**158.98**	**142.45**		**16.53**	**4.45**	**3.37**	**479**	**210**	**1344**	**广　东**
		2.41	2.41					5		12	始兴县
	100	2.31			2.31	0.10	0.10	8	8	15	仁化县
		4.69	4.69			0.01		10	10	11	翁源县
		2.52	2.52			2.52	2.52	8	2	6	乳源瑶族自治县
		3.65	3.65			0.80		6		7	新丰县
		2.92	2.92					9		22	南澳县
		6.94	6.94					6	6	16	遂溪县
		5.84	5.84					7	5	22	徐闻县
		4.50	4.50			0.21	0.21	36	15	119	广宁县
		4.90	4.90			0.22	0.22	5	5	22	怀集县
		2.26	2.26			0.47	0.32	9		20	封开县
		2.09	2.09					14	14	22	德庆县
		7.30	7.30					10	10	62	博罗县
		28.47	28.47					28	28	41	惠东县
		5.58	5.58					10	10	18	龙门县
		3.93	3.93					18	6	30	大埔县
		6.55	6.55					13	12	50	丰顺县
		7.30	7.30					39		203	五华县
		6.05	6.05			0.12		7	2	16	平远县
		4.38	4.38					10		26	蕉岭县
								26	8	227	海丰县
		7.58	7.58					8		6	陆河县
	200	7.20			7.20			6		49	紫金县
	122	4.45			4.45			9	9	23	龙川县
	130							6		10	连平县
	300	0.06			0.06			5	3	26	和平县
	120	2.51			2.51			4	3	3	东源县
		6.21	6.21							43	阳西县
								10	6	40	佛冈县
								12	12	12	阳山县
		0.80	0.80					9	8	10	连山壮族瑶族自治县
								6	3	12	连南瑶族自治县
								70		55	饶平县
		10.95	10.95					9		12	揭西县
		0.15	0.15					4	4	25	惠来县
		1.08	1.08					5	5	27	新兴县
		3.40	3.40					32	16	24	郁南县

12-3 续表 21

地区名称 Name of Regions	道路清扫保洁面积(万平方米) Surface Area of Roads Cleaned and Maintained (10,000m²)	机械化 Mechanization	生活垃圾 清运量(万吨) Collected and Transported (10,000 ton)	密闭车(箱)清运量 Quantity of Garbage Transported by Airtight Vehicle	处理量(万吨) Volume of Treated (10,000 ton)	无害化处理厂(场)数(座) Number of Harmless Treatment Plants/ Grounds (unit)	卫生填埋 Sanitary Landfill	焚烧 Incineration	其他 other	无害化处理能力(吨/日) Harmless Treatment Capacity (ton/day)	卫生填埋 Sanitary Landfill
广　西	**6212**	**1635**	**189.84**	**154.10**	**184.46**	**55**	**51**	**3**	**1**	**5665**	**5305**
武鸣县	200	195	3.57	3.57	3.45						
隆安县	76	11	2.74	2.74	2.67	1	1			120	120
马山县	75		1.35	0.65	0.47	1	1			100	100
上林县	53		2.23	1.46	2.23	1	1			90	90
宾阳县	150	66	6.02	5.96	5.00	1			1		
横　县	174	45	6.37	6.37	6.09	1	1			200	200
柳江县	94	2	5.50	5.50	5.50						
柳城县	68		2.73	0.36	2.73	1	1			100	100
鹿寨县	190	20	3.53	3.53	3.53	1	1			130	130
融安县	72		3.67		3.45	1	1			100	100
融水苗族自治县	48		3.15	3.15	3.15	1	1			100	100
三江侗族自治县	57	1	1.83	1.38	1.83	1	1			60	60
阳朔县	145	54	3.04	3.04	3.04	1	1			90	90
灵川县	41		2.20	2.00	2.16						
全州县	148	96	4.11	2.78	4.11	1	1			125	125
兴安县	135		3.29	3.29	3.29						
永福县	25	8	1.24	0.74	1.24	1	1			100	100
灌阳县	76	12	1.61		1.61	1	1			60	60
龙胜各族自治县	20	12	1.10	1.10	1.10	1	1			25	25
资源县	35	15	1.53	1.00	1.53	1	1			50	50
平乐县	41	20	2.57	2.57	2.35	1	1			230	230
荔浦县	81	42	2.40	1.44	2.40	1	1			150	150
恭城瑶族自治县	51		1.92	1.92	1.92	1	1			75	75
苍梧县	6		1.10		1.10						
藤　县	125	26	3.18	0.22	3.18	1	1			120	120
蒙山县	74	4	1.70	1.70	1.70	1	1			65	65
合浦县	300	90	6.30	6.30	6.30						
上思县	48	17	2.98		2.88	1	1			100	100
灵山县	151	72	6.74	5.67	6.47	1	1			300	300
浦北县	140	30	2.63	2.63	2.63	1	1			100	100
平南县	250	96	5.47	5.47	5.47	1	1			200	200
容　县	96		5.05	5.05	5.05	1	1			160	160
陆川县	165		5.81	5.81	5.81	1	1			170	170
博白县	275	83	6.34	6.34	6.34	1	1			200	200
兴业县	56		3.54	3.54	3.54						
田阳县	120	108	3.15	3.15	3.15	1	1			95	95
田东县	238	81	3.58	3.58	3.58	1	1			200	200
平果县	312	105	3.67	3.48	3.67						
德保县	40	11	2.42	2.42	2.42	1	1			115	115
那坡县	34	1	2.12		2.12	1	1			60	60
凌云县	40	15	1.80		1.80	1	1			80	80
乐业县	43	20	1.19	1.19	1.19	1	1			33	33

continued 21

焚烧 Incineration	其他 other	无害化处理量(万吨) Volume of Harmlessly Treated (10,000 ton)	卫生填埋 Sanitary Landfill	焚烧 Incineration	其他 other	粪便 Excrement and Urine 清运量(万吨) Quantity of Excrement Transported (10,000 ton)	粪便 Excrement and Urine 处理量(万吨) Quantity of Excrement Treated (10,000 ton)	公厕数(座) Number of Latrines (unit)	三类以上 Grade Ⅲ and Above	市容卫生专用车辆设备总数(台) Number of Vehicles and Equipment Designated for Municipal Environmental Sanitation (unit)	地区名称 Name of Regions
Domestic Garbage											
360		**181.01**	**164.67**	**11.34**	**5.00**	**3.80**	**0.22**	**655**	**398**	**1374**	**广　西**
		3.45	3.45			2.53		11	10	11	武鸣县
		2.67	2.67					5	4	18	隆安县
		0.47	0.47					10		12	马山县
		2.23	2.23					11	7	17	上林县
		5.00			5.00	0.02		10	8	51	宾阳县
		6.09	6.09					18	7	25	横　县
		5.50	5.50					16		6	柳江县
		2.73	2.73			0.15	0.12	10	5	16	柳城县
		3.53	3.53					7	7	21	鹿寨县
		3.45	3.45					15	8	16	融安县
		3.15	3.15					5	5	41	融水苗族自治县
		1.83	1.83					7	6	21	三江侗族自治县
		3.04	3.04					19	19	16	阳朔县
		2.16	2.16					8	2	7	灵川县
		4.11	4.11					25	25	23	全州县
		3.29	3.29					35	25	14	兴安县
		1.24	1.24					9		10	永福县
		1.61	1.61					8		8	灌阳县
		1.10	1.10					14	6	20	龙胜各族自治县
		1.53	1.53					14	14	10	资源县
								7		38	平乐县
		2.40	2.40					12	12	25	荔浦县
		1.92	1.92					11		21	恭城瑶族自治县
								2		2	苍梧县
		3.18	3.18					7	7	17	藤　县
		1.70	1.70					6		8	蒙山县
		6.30	6.30			0.67		30	30	43	合浦县
		2.88	2.88					4	2	10	上思县
		6.47	6.47					12	12	42	灵山县
		2.63	2.63					6	6	19	浦北县
		5.47	5.47			0.03		16	16	19	平南县
		5.05	5.05					11	11	6	容　县
		5.81	5.81					23	23	13	陆川县
		6.34	6.34					8	5	90	博白县
		3.54	3.54					6		11	兴业县
		3.15	3.15					5		13	田阳县
		3.58	3.58					16	16	32	田东县
		3.67	3.67					19	18	32	平果县
		2.42	2.42					6		20	德保县
		2.12	2.12					4	4	16	那坡县
		1.80	1.80					10	3	16	凌云县
		1.19	1.19					14	14	19	乐业县

12-3 续表 22

地区名称 Name of Regions	道路清扫保洁面积(万平方米) Surface Area of Roads Cleaned and Maintained ($10,000m^2$)	机械化 Mechanization	生活垃圾 清运量(万吨) Collected and Transported (10,000 ton)	密闭车(箱)清运量 Quantity of Garbage Transported by Airtight Vehicle	处理量(万吨) Volume of Treated (10,000 ton)	无害化处理厂(场)数(座) Number of Harmless Treatment Plants/Grounds (unit)	卫生填埋 Sanitary Landfill	焚烧 Incineration	其他 other	无害化处理能力(吨/日) Harmless Treatment Capacity (ton/day)	卫生填埋 Sanitary Landfill
田林县	40		1.25	1.25	1.25	1	1			70	70
西林县	45	15	1.08	0.28	1.08	1	1			30	30
隆林各族自治县	53		1.90	1.90	1.90	1	1			70	70
昭平县	45		2.39	2.39	2.39	1	1			60	60
钟山县	135	41	2.46		2.46	1	1			80	80
富川瑶族自治县	63	21	2.20	2.20	2.20	1	1			90	90
南丹县	123	23	3.64	3.64	3.64	1	1			182	182
天峨县	56	18	1.80	1.19	1.80	1	1			60	60
凤山县	65		1.49	0.98	1.29	1	1			40	40
东兰县	19		1.16	1.16	1.16	1	1			50	50
罗城仫佬族自治县	65		2.56		2.50	1	1			90	90
环江毛南族自治县	27	3	1.30	1.30	1.30						
巴马瑶族自治县	65	30	1.38	1.38	1.38	1	1			85	85
都安瑶族自治县	85	20	2.92	1.29	2.22	1		1		80	
大化瑶族自治县	90	20	3.04	2.98	2.98	1	1			120	120
忻城县	35		3.16	3.06	3.16	1	1			80	80
象州县	30		2.20	1.80	1.90	1	1			70	70
武宣县	120		4.96	4.96	4.93						
金秀瑶族自治县	10	7	0.36	0.36	0.36	1	1			50	50
扶绥县	165	40	3.06	2.98	3.06	1		1		200	
宁明县	125	9	2.64	2.32	2.64						
龙州县	31	20	2.74	1.90	2.52	1	1			95	95
大新县	70		2.32	2.32	1.96	1	1			80	80
天等县	82	10	1.36	1.36	1.13	1		1		80	
海　南	**1149**	**288**	**31.95**	**28.66**	**31.76**	**11**	**11**			**940**	**940**
定安县	102		2.45	2.45	2.45	1	1			93	93
屯昌县	55	22	2.78	2.78	2.78	1	1			77	77
澄迈县	135		4.51	3.65	4.51	1	1			185	185
临高县	70	20	3.30	3.19	3.22	1	1			78	78
洋浦开发区	282	10	2.16	2.16	2.16	1	1			100	100
白沙黎族自治县	58	15	1.82	0.90	1.81	1	1			50	50
昌江黎族自治县	94	27	3.50	3.50	3.50	1	1			100	100
乐东黎族自治县	89	63	2.40	1.90	2.30	1	1			46	46
陵水黎族自治县	161	85	4.44	4.44	4.44	1	1			91	91
保亭黎族苗族自治县	56	28	2.34	2.34	2.34	1	1			75	75
琼中黎族苗族自治县	47	18	2.25	1.35	2.25	1	1			45	45
重　庆	**2358**	**1554**	**116.38**	**113.91**	**116.18**	**15**	**15**			**2544**	**2544**
梁平县	186	162	8.60	8.60	8.60	1	1			180	180
城口县	62	24	2.60	2.40	2.50	1	1			60	60
丰都县	112	71	10.11	10.11	10.11	1	1			200	200

continued 22

		Domestic Garbage				粪便Excrement and Urine		公厕数		市容卫生专用车辆设备总数 (台) Number of Vehicles and Equipment Designated for Municipal Environmental Sanitation (unit)	地区名称 Name of Regions
		无害化				清运量	处理量		三类以上		
焚烧 Incineration	其他 other	处理量 (万吨) Volume of Harmlessly Treated (10,000 ton)	卫生填埋 Sanitary Landfill	焚烧 Incineration	其他 other	(万吨) Quantity of Excrement Transported (10,000 ton)	(万吨) Quantity of Excrement Treated (10,000 ton)	(座) Number of Latrines (unit)	Grade Ⅲ and Above		
		1.25	1.25					8	4	16	田林县
		1.08	1.08					6	6	18	西林县
		1.90	1.90					14	14	12	隆林各族自治县
		2.39	2.39			0.10	0.10	7	5	10	昭平县
		2.46	2.46					7	7	18	钟山县
		2.20	2.20					5		13	富川瑶族自治县
		3.64	3.64					21		24	南丹县
		1.80	1.80			0.30		8		11	天峨县
		1.29	1.29					5		6	凤山县
		1.16	1.16					4		19	东兰县
		2.50	2.50					5	2	13	罗城仫佬族自治县
		1.30	1.30					8	8	7	环江毛南族自治县
		1.38	1.38					6		6	巴马瑶族自治县
80		2.22		2.22				5	1	43	都安瑶族自治县
		2.98	2.98					4		10	大化瑶族自治县
		3.16	3.16					6		7	忻城县
		1.90	1.90					5		10	象州县
		4.93		4.93				3		21	武宣县
		0.36	0.36					10	10	8	金秀瑶族自治县
200		3.06		3.06				4	4	44	扶绥县
		2.64	2.64					4		12	宁明县
		2.52	2.52					7		142	龙州县
		1.96	1.96					5		19	大新县
80		1.13		1.13				6		10	天等县
		31.76	**31.76**			**0.03**	**0.01**	**144**	**86**	**250**	**海　南**
		2.45	2.45					10	10	12	定安县
		2.78	2.78					16		20	屯昌县
		4.51	4.51			0.02		10	10	21	澄迈县
		3.22	3.22					11		30	临高县
		2.16	2.16			0.01	0.01	21	21	19	洋浦开发区
		1.81	1.81					5		13	白沙黎族自治县
		3.50	3.50					20	20	36	昌江黎族自治县
		2.30	2.30					11		22	乐东黎族自治县
		4.44	4.44					17	12	40	陵水黎族自治县
		2.34	2.34					13	3	19	保亭黎族苗族自治县
		2.25	2.25					10	10	18	琼中黎族苗族自治县
		116.18	**116.18**			**6.01**	**0.48**	**649**	**536**	**593**	**重　庆**
		8.60	8.60			0.79		35	35	39	梁平县
		2.50	2.50					21		32	城口县
		10.11	10.11			2.90		32	30	28	丰都县

12–3 续表 23

地区名称 Name of Regions	道路清扫保洁面积(万平方米) Surface Area of Roads Cleaned and Maintained ($10,000m^2$)	机械化 Mechanization	生活垃圾 清运量(万吨) Collected and Transported (10,000 ton)	密闭车(箱)清运量 Quantity of Garbage Transported by Airtight Vehicle	处理量(万吨) Volume of Treated (10,000 ton)	无害化处理厂(场)数(座) Number of Harmless Treatment Plants/Grounds (unit)	卫生填埋 Sanitary Landfill	焚烧 Incineration	其他 other	无害化处理能力(吨/日) Harmless Treatment Capacity (ton/day)	卫生填埋 Sanitary Landfill
垫江县	268	208	6.94	6.94	6.94	1	1			190	190
武隆县	72	40	6.40	6.40	6.40	1	1			135	135
忠　县	162	122	11.61	11.61	11.61	1	1			204	204
开　县	109	87	12.00	10.01	12.00	1	1			250	250
云阳县	209	119	9.35	9.25	9.35	1	1			150	150
奉节县	189	110	7.06	7.06	7.06	1	1			300	300
巫山县	67	41	11.01	11.01	11.01	1	1			180	180
巫溪县	93	60	5.28	5.28	5.18	1	1			95	95
石柱土家族自治县	162	96	8.58	8.58	8.58	1	1			200	200
秀山土家族苗族自治县	363	254	5.71	5.71	5.71	1	1			130	130
酉阳土家族自治县	127	80	4.57	4.39	4.57	1	1			120	120
彭水苗族土家族自治县	177	80	6.56	6.56	6.56	1	1			150	150
四　川	**14003**	**6970**	**478.61**	**368.75**	**423.82**	**76**	**71**	**3**	**2**	**9387**	**8671**
金堂县	410	219	6.91		4.25	1	1			158	158
双流县	2363	914	42.15	42.15	42.15						
郫　县	596	353	17.58		17.58						
大邑县	329	180	8.40	0.26	8.40	1	1			364	364
蒲江县	155	80	3.67	3.67	3.67	1	1			100	100
新津县	570	450	12.05	12.05	12.05	1		1		400	
荣　县	89	50	5.87	5.87	5.87	1	1			150	150
富顺县	128	75	7.35	5.56							
米易县	96	60	2.92	2.92	2.88	1	1			80	80
盐边县	32	23	1.22	1.22	1.22						
泸　县	120	60	5.24	5.24	5.24	1	1			110	110
合江县	265	145	7.63	7.63	7.63	1	1			177	177
叙永县	33	21	4.76	4.76	4.04	1	1			154	154
古蔺县	81	53	4.45	4.45							
中江县	310	228	6.84	6.84	6.84						
罗江县	110	22	3.55	3.55	3.27	1	1			150	150
三台县	210	150	7.50	6.50	6.44	1	1			200	200
盐亭县	62	40	3.64		3.64	1	1			100	100
安　县	187	33	4.02	4.02	4.02	1	1			110	110
梓潼县	149	32	3.24	3.24	3.24	1	1			120	120
北川羌族自治县	62	40	1.37	1.37	1.37	1	1			130	130
平武县	28	18	2.60		2.60	1	1			50	50
旺苍县	110	40	5.22	4.90	4.90	1	1			150	150
青川县	40	20	1.23	1.23	1.15	1	1			45	45
剑阁县	50	42	1.35	1.35	1.30	1	1			100	100
苍溪县	180	114	3.75	2.64	3.46	1	1			100	100
蓬溪县	215	96	5.10	3.38	5.10	1			1	100	

continued 23

Domestic Garbage						粪便Excrement and Urine		公厕数		市容卫生专用车辆设备总数(台)	
		无害化				清运量	处理量				
焚烧 Incineration	其他 other	处理量(万吨) Volume of Harmlessly Treated (10,000 ton)	卫生填埋 Sanitary Landfill	焚烧 Incineration	其他 other	(万吨) Quantity of Excrement Transported (10,000 ton)	(万吨) Quantity of Excrement Treated (10,000 ton)	(座) Number of Latrines (unit)	三类以上 Grade Ⅲ and Above	Number of Vehicles and Equipment Designated for Municipal Environmental Sanitation (unit)	地区名称 Name of Regions
		6.94	6.94			0.37	0.37	31	31	28	垫江县
		6.40	6.40					32	26	29	武隆县
		11.61	11.61					46	46	67	忠　县
		12.00	12.00			0.11	0.11	33	18	35	开　县
		9.35	9.35					56	56	35	云阳县
		7.06	7.06			0.65		40	40	49	奉节县
		11.01	11.01					40	40	37	巫山县
		5.18	5.18			0.08		54	23	42	巫溪县
		8.58	8.58					41	41	55	石柱土家族自治县
		5.71	5.71					76	38	26	秀山土家族苗族自治县
		4.57	4.57			0.06		64	64	47	酉阳土家族自治县
		6.56	6.56			1.05		48	48	44	彭水苗族土家族自治县
455	**261**	**392.94**	**319.84**	**62.46**	**10.64**	**28.11**	**17.51**	**2092**	**1209**	**3097**	**四　川**
		4.25	4.25					45	45	30	金堂县
		42.15	3.44	38.71		0.04		140	92	546	双流县
		17.58	17.58					51	51	54	郫　县
		8.40	8.40			0.01		13	13	18	大邑县
		3.67	3.67					15	15	18	蒲江县
400		12.05		12.05		0.15		21	21	35	新津县
		5.87	5.87					47	2	22	荣　县
								44		31	富顺县
		2.88	2.88					25	25	35	米易县
		1.22	1.22					7	7	13	盐边县
		5.24	5.24			0.28	0.28	25	25	26	泸　县
		7.63	7.63			0.29	0.29	64	62	101	合江县
		4.04	4.04			0.35	0.33	35	1	7	叙永县
								10		25	古蔺县
		6.84	6.84			0.46		47	47	112	中江县
		3.27	3.27					22	5	25	罗江县
		6.44	6.44					67	20	105	三台县
		3.64	3.64			0.32		18	14	24	盐亭县
		4.02	4.02					9		17	安　县
		3.24	3.24					19	19	23	梓潼县
		1.37	1.37					12		11	北川羌族自治县
		2.60	2.60					10		9	平武县
		4.90	4.90			0.08		19	16	30	旺苍县
		1.15	1.15					10	7	12	青川县
		1.30	1.30					17	17	35	剑阁县
		3.46	3.46					19	19	29	苍溪县
	100	5.10			5.10			27	27	20	蓬溪县

12-3 续表 24

地区名称 Name of Regions	道路清扫保洁面积（万平方米） Surface Area of Roads Cleaned and Maintained ($10,000m^2$)	机械化 Mechanization	生活垃圾 清运量（万吨） Collected and Transported (10,000 ton)	密闭车(箱)清运量 Quantity of Garbage Transported by Airtight Vehicle	处理量（万吨） Volume of Treated (10,000 ton)	无害化处理厂(场)数（座） Number of Harmless Treatment Plants/ Grounds (unit)	卫生填埋 Sanitary Landfill	焚烧 Incineration	其他 other	无害化处理能力（吨／日） Harmless Treatment Capacity (ton/ day)	卫生填埋 Sanitary Landfill
射洪县	180	160	10.60		9.71	1	1			266	266
大英县	169	93	8.20	8.00	4.75	1	1			100	100
威远县	260	234	5.65	5.65	5.35	1	1			130	130
资中县	84	78	9.26	8.57	8.64	1	1			200	200
隆昌县	220	206	7.84	7.84	7.84	1	1			200	200
犍为县	150	35	5.70	5.70	5.51	1	1			150	150
井研县	75	60	3.10	3.10	2.56						
夹江县	154	47	3.67	3.67	3.67						
沐川县	80		1.32		1.32						
峨边彝族自治县	13	1	1.28	1.28	1.05	1	1			30	30
马边彝族自治县	29		1.47	1.46	1.21						
南部县	232	80	8.89	4.68	8.02	1	1			220	220
营山县	165	78	6.77	5.77	5.75	1	1			250	250
蓬安县	111	36	5.09	2.38	4.33	1	1			200	200
仪陇县	134	42	5.24	3.79	4.55	1	1			120	120
西充县	137	43	5.42	2.35	4.66	1	1			120	120
仁寿县	365	190	9.49	9.49	6.94	1	1			200	200
洪雅县	70	62	2.60	2.60	2.55						
丹棱县	59	36	2.80	2.80	2.80						
青神县	39	33	3.59	3.59	2.63						
宜宾县	96	31	5.23		5.23	1	1			100	100
江安县	208	150	4.02	4.02	4.02	1	1			110	110
长宁县	216	43	4.68	4.68	4.68	1	1			96	96
高　县	74	35	4.97	1.17	4.00	1	1			100	100
珙　县	66	55	4.76	4.33	4.76	1	1			130	130
筠连县	50	28	2.87	2.87	2.87	1	1			120	120
兴文县	84	37	5.88	5.88	5.54	1			1	161	
屏山县	80		3.36	3.36	3.36						
岳池县	231	83	5.33	5.33	5.33						
武胜县	163	100	4.60	4.60	4.60						
邻水县	175	90	6.58	5.40	6.58	1	1			185	185
宣汉县	130	108	6.02	6.02	6.02	1	1			150	150
开江县	124	104	5.76	5.76	5.76	1	1			158	158
大竹县	210	84	7.78	7.78	7.78	1	1			220	220
渠　县	257	210	11.19	11.19	11.19	1	1			307	307
荥经县	45	40	3.83	3.83	3.83	1	1			100	100
汉源县	68	5	1.35		1.30	1	1			100	100
石棉县	46		1.77	1.77	1.77	1	1			70	70
天全县	51	47	1.80	0.58	1.80	1	1			80	80
芦山县	38	36	1.34	1.29	1.34						
宝兴县	9	7	0.62	0.62	0.60	1	1			30	30
通江县	83	29	5.05		4.60						

continued 24

Domestic Garbage						粪便Excrement and Urine		公厕数		市容卫生专用车辆设备总数（台）	
焚 烧 Incineration	其 他 other	无害化处理量（万吨） Volume of Harmlessly Treated (10,000 ton)	卫 生 填 埋 Sanitary Landfill	焚 烧 Incineration	其 他 other	清运量（万吨） Quantity of Excrement Transported (10,000 ton)	处理量（万吨） Quantity of Excrement Treated (10,000 ton)	（座） Number of Latrines (unit)	三 类 以 上 Grade Ⅲ and Above	Number of Vehicles and Equipment Designated for Municipal Environmental Sanitation (unit)	地区名称 Name of Regions
		9.71	9.71			4.24		45	20	30	射洪县
		4.75	4.75					24	15	70	大英县
		5.35	5.35					26		54	威远县
		8.64	8.64					15		46	资中县
		7.84	7.84					30	30	62	隆昌县
		5.51	5.51					23	23	21	犍为县
		2.56	2.56					12	5	35	井研县
								26	26	12	夹江县
								24	21	7	沐川县
		1.05	1.05					14	7	5	峨边彝族自治县
								15	14	23	马边彝族自治县
		8.02	8.02					56	56	27	南部县
		5.75	5.75					41	41	21	营山县
		4.33	4.33					40	40	21	蓬安县
		4.55	4.55					41	41	17	仪陇县
		4.66	4.66					37	37	18	西充县
		6.94	6.94					16	13	70	仁寿县
								12	12	12	洪雅县
		2.80	2.80					12	12	10	丹棱县
		2.63	2.63					12	12	12	青神县
		5.23	5.23					32		29	宜宾县
		4.02	4.02			0.11	0.11	21		55	江安县
		4.68	4.68			10.98	9.86	26	19	46	长宁县
		4.00	4.00					12	10	32	高　县
		4.76	4.76			4.38	3.65	16	16	34	珙　县
		2.87	2.87					8	8	31	筠连县
	161	5.54			5.54			11	8	21	兴文县
						2.86	2.60	8		19	屏山县
		5.33		5.33				44	12	28	岳池县
		4.60		4.60				35		15	武胜县
		6.58	6.58			0.01		12		27	邻水县
		6.02	6.02					14	2	29	宣汉县
		5.76	5.76					13	12	16	开江县
		7.78	7.78			1.00		25		75	大竹县
		11.19	11.19					22	22	43	渠　县
		3.83	3.83					7	7	24	荥经县
		1.30	1.30					10	10	17	汉源县
		1.77	1.77					16		31	石棉县
		1.80	1.80					7		36	天全县
								10	6	30	芦山县
		0.60	0.60					10		10	宝兴县
								11		27	通江县

12-3 续表 25

地区名称 Name of Regions	道路清扫保洁面积（万平方米） Surface Area of Roads Cleaned and Maintained ($10,000m^2$)	机械化 Mechanization	生活垃圾 清运量（万吨） Collected and Transported (10,000 ton)	密闭车(箱)清运量 Quantity of Garbage Transported by Airtight Vehicle	处理量（万吨） Volume of Treated (10,000 ton)	无害化处理厂(场)数（座） Number of Harmless Treatment Plants/ Grounds (unit)	卫生填埋 Sanitary Landfill	焚烧 Incineration	其他 other	无害化处理能力（吨/日） Harmless Treatment Capacity (ton/ day)	卫生填埋 Sanitary Landfill
南江县	95	24	9.48	5.06	7.48	1	1			180	180
平昌县	148	30	9.70	7.31	8.96	1	1			278	278
安岳县	280	126	8.76	8.76	8.76	1	1			260	260
乐至县	336	186	9.36	9.13	4.87	1	1			141	141
汶川县	19	14	2.00	1.92	1.95	1	1			60	60
理　县	6	3	0.57		0.44	1	1			20	20
茂　县	64	13	2.30	2.30	2.22						
松潘县	50		1.48	1.48	1.40	1	1			25	25
九寨沟县	30		1.34		1.32	1	1			80	80
金川县	6		0.53	0.53	0.49						
小金县	13	5	0.56	0.55	0.48						
黑水县	8		0.57		0.55						
壤塘县	3		0.20	0.20	0.19	1	1			26	26
阿坝县	14		0.50	0.50	0.49	1		1		20	
若尔盖县	22		0.36	0.36	0.35						
红原县	25		0.42	0.41	0.41						
泸定县	25		1.98	1.98	1.93	1	1			50	50
丹巴县	8	7	1.98	0.21	0.07						
九龙县	5		0.51	0.20	0.30	1	1			22	22
雅江县	5		1.08	1.08	1.08						
道孚县	12	11	1.00	0.33	0.51	1	1			14	14
炉霍县	22		0.61	0.61	0.13						
甘孜县	16		1.34	1.34	1.28	1		1		35	
新龙县	8		0.51	0.11	0.11	1	1			15	15
德格县	5		0.58	0.58	0.40						
白玉县	5		0.49								
石渠县	21		0.35	0.35	0.11						
色达县	27		0.26	0.20	0.20						
理塘县	17		1.06		1.06						
巴塘县	4	3	0.58		0.55	1	1			25	25
乡城县	11	7	1.64	0.25	0.30						
稻城县	6		0.71	0.71	0.51	1	1			22	22
得荣县	4	3	0.75	0.68	0.65						
木里藏族自治县	26		0.90	0.90							
盐源县	11		3.15		3.05						
德昌县	62		2.74	2.74	2.74	1	1			75	75
会理县	126	91	3.77	3.77	3.77	1	1			125	125
会东县	42	16	2.89	2.89	2.63	1	1			72	72
宁南县	35	16	1.45	1.28	1.28						
普格县	4		1.09	1.09							
布拖县	16		1.07	1.00	0.91	1	1			30	30
金阳县	8		0.83	0.81							

continued 25

焚烧 Incineration	其他 other	Domestic Garbage 无害化处理量(万吨) Volume of Harmlessly Treated (10,000 ton)	卫生填埋 Sanitary Landfill	焚烧 Incineration	其他 other	粪便Excrement and Urine 清运量(万吨) Quantity of Excrement Transported (10,000 ton)	处理量(万吨) Quantity of Excrement Treated (10,000 ton)	公厕数(座) Number of Latrines (unit)	三类以上 Grade Ⅲ and Above	市容卫生专用车辆设备总数(台) Number of Vehicles and Equipment Designated for Municipal Environmental Sanitation (unit)	地区名称 Name of Regions
		7.48	7.48			0.56		21	5	22	南江县
		8.96	8.96					14	14	39	平昌县
		8.76	8.76					23	23	25	安岳县
		4.87	4.87					17	17	14	乐至县
		1.95	1.95					3	1	7	汶川县
		0.44	0.44					5		5	理　县
								4		9	茂　县
		1.40	1.40					10		6	松潘县
		1.32	1.32					7		12	九寨沟县
								2		3	金川县
								4		5	小金县
								5		2	黑水县
		0.19	0.19			0.02	0.02	4		3	壤塘县
20		0.49		0.49				3		10	阿坝县
								6		5	若尔盖县
								5		5	红原县
		1.93	1.93					6	5	15	泸定县
						0.21		8		3	丹巴县
		0.30	0.30					3		7	九龙县
						0.38	0.37	8		3	雅江县
		0.51	0.51					4		4	道孚县
						0.02		5	5	10	炉霍县
35		1.28		1.28		0.43		10		9	甘孜县
		0.11	0.11			0.04		3		11	新龙县
								5		5	德格县
								7		9	白玉县
						0.02		1		3	石渠县
						0.10		8		5	色达县
						0.50		6		4	理塘县
		0.55	0.55			0.13		8		12	巴塘县
								4		8	乡城县
		0.51	0.51					5	2	5	稻城县
						0.10		4		5	得荣县
								4	2	4	木里藏族自治县
								6		8	盐源县
		2.74	2.74					16	16	10	德昌县
		3.77	3.77					29		28	会理县
		2.63	2.63			0.04		13		20	会东县
								13		8	宁南县
								2		4	普格县
		0.91	0.91					2	2	1	布拖县
								7		2	金阳县

12-3 续表 26

地区名称 Name of Regions	道路清扫保洁面积（万平方米）Surface Area of Roads Cleaned and Maintained ($10,000m^2$)	机械化 Mechanization	生活垃圾 清运量（万吨）Collected and Transported (10,000 ton)	密闭车(箱)清运量 Quantity of Garbage Transported by Airtight Vehicle	处理量（万吨）Volume of Treated (10,000 ton)	无害化处理厂(场)数（座）Number of Harmless Treatment Plants/Grounds (unit)	卫生填埋 Sanitary Landfill	焚烧 Incineration	其他 other	无害化处理能力（吨／日）Harmless Treatment Capacity (ton/day)	卫生填埋 Sanitary Landfill
昭觉县	8	7	1.32	1.20							
喜德县	8		1.35	1.35							
冕宁县	28	12	1.62	1.26	1.58	1	1			43	43
越西县	20	2	1.90	1.33	1.80	1	1			120	120
甘洛县	40		1.90	1.90	1.90	1	1			160	160
美姑县	20		1.14	1.14							
雷波县	19		1.55	0.95	1.50	1	1			38	38
贵　州	**5063**	**2251**	**232.86**	**162.15**	**175.63**	**66**	**62**	**3**	**1**	**6096**	**5476**
开阳县	131	122	3.98	0.72	3.19	1	1			120	120
息烽县	70	51	2.91	2.91	2.11	1	1			90	90
修文县	82		4.28	3.69	3.43						
水城县	63	43	3.80	3.80	3.04	2	1		1	300	100
盘　县	85	17	4.48	3.49	4.05	1	1			200	200
六枝特区	63	6	5.12	1.20	3.90	1	1			200	200
遵义县	304	119	6.52	4.70	5.41	1	1			150	150
桐梓县	101	75	4.80	4.00	4.00	1	1			100	100
绥阳县	55	40	5.48	4.88	4.39	1	1			75	75
正安县	42	41	3.87	3.45	3.10	1	1			100	100
道真仡佬族苗族自治县	70	67	2.72	2.46	2.18	1	1			60	60
务川仡佬族苗族自治县	89	60	4.01	3.60	3.26	1	1			55	55
凤冈县	45	20	4.60	2.48	3.63	1	1			60	60
湄潭县	95	28	5.09	4.75	4.08	1	1			100	100
余庆县	110	32	3.10	2.80	2.52	1	1			106	106
习水县	90	65	5.26	4.68	4.21	1	1			400	400
普定县	90		3.39	3.39	2.71	1	1			76	76
镇宁布依族苗族自治县	56	9	3.32		2.66	1	1			75	75
关岭布依族苗族自治县	25	20	2.80	2.00	2.28	1	1			40	40
紫云苗族布依族自治县	54	38	4.55	3.00	3.54	1	1			45	45
江口县	20	5	2.50	2.00	1.80	1	1			70	70
玉屏侗族自治县	48	2	2.76	2.25	1.53	1	1			80	80
石阡县	92	70	2.92	2.40	1.75	1	1			48	48
思南县	120	96	3.30	3.30	2.64	1	1			100	100
印江土家族苗族自治县	100	10	3.00	1.00	1.70	1	1			120	120
德江县	102	15	4.00	3.50	3.31	1	1			110	110
沿河土家族自治县	35	10	2.65		2.12	1	1			120	120
松桃苗族自治县	102	2	3.23	2.56	2.30	1	1			80	80

continued 26

Domestic Garbage						粪便Excrement and Urine		公厕数		市容卫生专用车辆设备总数（台） Number of Vehicles and Equipment Designated for Municipal Environmental Sanitation (unit)	地区名称 Name of Regions
焚 烧 Incineration	其 他 other	无害化处理量（万吨） Volume of Harmlessly Treated (10,000 ton)	卫 生 填 埋 Sanitary Landfill	焚 烧 Incineration	其 他 other	清运量（万吨） Quantity of Excrement Transported (10,000 ton)	处理量（万吨） Quantity of Excrement Treated (10,000 ton)	（座） Number of Latrines (unit)	三 类 以 上 Grade Ⅲ and Above		
								3		4	昭觉县
								4		4	喜德县
		1.58	1.58					10	10	12	冕宁县
		1.80	1.80					5		20	越西县
		1.90	1.90					10		14	甘洛县
								7		5	美姑县
		1.50	1.50					4		2	雷波县
420	**200**	**172.71**	**164.89**	**7.80**	**0.02**	**2.40**		**1036**	**663**	**1635**	**贵 州**
		3.19	3.19			0.33		24	24	32	开阳县
		2.11	2.11			0.34		28	28	36	息烽县
		3.43	3.43					9		18	修文县
	200	3.04	3.02		0.02			12	12	37	水城县
		4.05	4.05			0.99		18	5	36	盘 县
		3.90	3.90					12	9	19	六枝特区
		5.41	5.41					44	34	43	遵义县
		4.00	4.00					26	19	78	桐梓县
		4.39	4.39					23	23	24	绥阳县
		3.10	3.10					14	10	31	正安县
		2.18	2.18					11	11	29	道真仡佬族苗族自治县
		3.26	3.26					18	10	29	务川仡佬族苗族自治县
		3.63	3.63					16		30	凤冈县
		4.08	4.08					31	28	33	湄潭县
		2.52	2.52					13	13	38	余庆县
		4.21	4.21					19	15	38	习水县
		2.71	2.71			0.39		15	14	6	普定县
		2.66	2.66					12		21	镇宁布依族苗族自治县
		2.28	2.28					11	10	15	关岭布依族苗族自治县
		3.54	3.54					6		26	紫云苗族布依族自治县
		1.80	1.80			0.03		5	5	6	江口县
		1.53	1.53					5		14	玉屏侗族自治县
		1.75	1.75					11		36	石阡县
		2.64	2.64					16	13	22	思南县
		1.70	1.70					8	5	6	印江土家族苗族自治县
		3.31	3.31					45	13	40	德江县
		2.12	2.12					27			沿河土家族自治县
		2.30	2.30					4	4	30	松桃苗族自治县

12-3 续表 27

地区名称 Name of Regions	道路清扫保洁面积(万平方米) Surface Area of Roads Cleaned and Maintained ($10,000m^2$)	机械化 Mechanization	生活垃圾 清运量(万吨) Collected and Transported (10,000 ton)	密闭车(箱)清运量 Quantity of Garbage Transported by Airtight Vehicle	处理量(万吨) Volume of Treated (10,000 ton)	无害化处理厂(场)数(座) Number of Harmless Treatment Plants/Grounds (unit)	卫生填埋 Sanitary Landfill	焚烧 Incineration	其他 other	无害化处理能力(吨/日) Harmless Treatment Capacity (ton/day)	卫生填埋 Sanitary Landfill
兴仁县	118	26	4.20	2.90	2.90	1		1		100	
普安县	16	9	2.45	1.69	1.96	1	1			35	35
晴隆县	2	1	1.80	1.20	1.20	1	1			40	40
贞丰县	41	26	3.41	3.10	2.73	1	1			60	60
望谟县	48		2.20		1.50	1	1			70	70
册亨县	30		3.18	3.00	2.16	1	1			60	60
安龙县	100		3.62	2.62	2.90	1	1			80	80
大方县	104	75	5.70	5.11	4.56	1	1			90	90
黔西县	223	120	6.27	5.42	5.02	1	1			120	120
金沙县	203	125	7.62	6.63	6.10	1	1			100	100
织金县	85	74	5.25	4.47	4.20	1	1			190	190
纳雍县	103	82	4.21	4.21	3.37	1	1			80	80
威宁彝族回族苗族自治县	190	133	5.26	5.26	4.26	1	1			180	180
赫章县	75	72	4.03	4.03	2.92						
黄平县	59	10	2.60		2.08	1	1			70	70
施秉县	60		1.83		1.46	1	1			60	60
三穗县	48		2.59	2.59	2.00	1	1			70	70
镇远县	28	17	3.70	0.85	2.96	1	1			105	105
岑巩县	82	32	1.91	1.53	1.53	1	1			80	80
天柱县	49		4.50	1.05	1.13	1	1			80	80
锦屏县	22	16	2.06	1.99	1.65	1	1			48	48
剑河县	36	16	1.60	1.49	1.28	1	1			40	40
台江县	46		1.93		1.55	1	1			40	40
黎平县	75	32	3.24	1.83	2.75	1	1			85	85
榕江县	36		2.29	1.73	0.55	1	1			80	80
从江县	33		1.32	1.32	0.90	1		1		120	
雷山县	32		1.46	1.21	1.02	1	1			35	35
麻江县	25		1.57		1.26	1	1			40	40
丹寨县	43		1.65	0.03	1.10	1	1			28	28
荔波县	52	46	2.31	1.90	1.68	1	1			45	45
贵定县	125	55	5.00		4.00	1		1		200	
瓮安县	100	56	5.48	5.48	4.30	1	1			80	80
独山县	83	12	3.50	3.30	1.99	1	1			85	85
平塘县	40		2.36		1.89	1	1			55	55
罗甸县	32		3.15	2.62	1.30	1	1			65	65
长顺县	43	13	1.48	1.06	1.00	1	1			45	45
龙里县	60	50	2.42	2.42	1.93	1	1			80	80
惠水县	145	90	3.78		3.00	1	1			105	105
三都水族自治县	32		1.49	1.10	0.70	1	1			70	70
云　南	**6998**	**1138**	**267.39**	**220.72**	**255.14**	**81**	**78**	**1**	**2**	**7169**	**6129**
晋宁县	163		4.92	4.92	4.92	1	1			240	240

continued 27

Domestic Garbage						粪便Excrement and Urine		公厕数		市容卫生专用车辆设备总数（台）	
		无害化				清运量	处理量				
焚烧 Incineration	其他 other	处理量（万吨） Volume of Harmlessly Treated (10,000 ton)	卫生填埋 Sanitary Landfill	焚烧 Incineration	其他 other	（万吨） Quantity of Excrement Transported (10,000 ton)	（万吨） Quantity of Excrement Treated (10,000 ton)	（座） Number of Latrines (unit)	三类以上 Grade Ⅲ and Above	Number of Vehicles and Equipment Designated for Municipal Environmental Sanitation (unit)	地区名称 Name of Regions
100		2.90		2.90				15	15	27	兴仁县
		1.96	1.96					14		13	普安县
		1.20	1.20					5	5	7	晴隆县
		2.73	2.73					12	5	7	贞丰县
		1.50	1.50					7	7	8	望谟县
		2.16	2.16					8	8	12	册亨县
		2.90	2.90					16	14	16	安龙县
		4.56	4.56			0.13		26	23	57	大方县
		5.02	5.02					40	35	78	黔西县
		6.10	6.10					25	25	84	金沙县
		4.20	4.20					24	24	41	织金县
		3.37	3.37					15	15	80	纳雍县
		4.26	4.26					25	25	80	威宁彝族回族苗族自治县
								18	18	35	赫章县
		2.08	2.08					11		13	黄平县
		1.46	1.46					7	7	9	施秉县
		2.00	2.00					12	12	28	三穗县
		2.96	2.96					14	1	12	镇远县
		1.53	1.53					15	14	10	岑巩县
		1.13	1.13					20		6	天柱县
		1.65	1.65					14	14	10	锦屏县
		1.28	1.28					6	6	7	剑河县
		1.55	1.55					11	9	10	台江县
		2.75	2.75					5	5	16	黎平县
		0.55	0.55					30		1	榕江县
120		0.90		0.90				8		6	从江县
		1.02	1.02					8	4	11	雷山县
		1.26	1.26					7		5	麻江县
		1.10	1.10					9	8	10	丹寨县
		1.68	1.68			0.19		16		6	荔波县
200		4.00		4.00				10	10	18	贵定县
		4.30	4.30					13	11	37	瓮安县
		1.99	1.99					19	18	17	独山县
		1.89	1.89					8		6	平塘县
		1.30	1.30					8		5	罗甸县
		1.00	1.00					11	11	16	长顺县
		1.93	1.93					10	6	23	龙里县
		3.00	3.00					17		31	惠水县
		0.70	0.70					14	3	4	三都水族自治县
800	**240**	**207.53**	**198.34**	**3.14**	**6.05**	**13.99**	**9.04**	**1557**	**860**	**1696**	**云　南**
		4.92	4.92			0.09	0.09	16	14	7	晋宁县

12-3 续表 28

地区名称 Name of Regions	道路清扫保洁面积(万平方米) Surface Area of Roads Cleaned and Maintained ($10,000m^2$)	机械化 Mechanization	生活垃圾 清运量(万吨) Collected and Transported (10,000 ton)	密闭车(箱)清运量 Quantity of Garbage Transported by Airtight Vehicle	处理量(万吨) Volume of Treated (10,000 ton)	无害化处理厂(场)数(座) Number of Harmless Treatment Plants/ Grounds (unit)	卫生填埋 Sanitary Landfill	焚烧 Incineration	其他 other	无害化处理能力(吨/日) Harmless Treatment Capacity (ton/ day)	卫生填埋 Sanitary Landfill
富民县	43	20	1.48	1.48	1.45						
宜良县	157		4.65		4.60						
石林彝族自治县	157	26	3.55	3.55	3.50						
禄劝彝族苗族自治县	114		2.52	2.52	2.52	1	1			100	100
寻甸回族彝族自治县	140	22	2.99	2.99	2.56						
阳宗海风景名胜区	48		0.83	0.83							
倘甸产业园区和轿子山旅游开发区	15		1.35								
嵩明县	121		2.97	2.97	2.81	1	1			85	85
马龙县	91	50	2.34	2.20	2.34	1	1			70	70
陆良县	222		3.25	3.25	3.25						
师宗县	235	85	3.71	3.71	3.71	1	1			130	130
罗平县	247	42	7.00	7.00	7.00						
富源县	60	58	6.64	6.64	6.64	1	1			70	70
会泽县	185	45	4.75	4.75	4.75	1	1			120	120
沾益县	135	35	3.14	3.14	3.14	1		1		800	
江川县	87	41	3.11	2.08	3.11	1	1			110	110
澄江县	117	18	1.40	0.53	1.33						
通海县	100	40	3.70	3.65	3.65	1	1			165	165
华宁县	88		2.52	2.52	2.52	1	1			107	107
易门县	97	11	1.26	1.26	1.26	1	1			100	100
峨山县	43		1.53	1.53	1.53	1	1			42	42
新平县	100		1.45	1.45	1.45	1	1			80	80
元江县	52		2.45	2.45	2.37						
施甸县	50	8	2.19	2.19	2.19	1	1			60	60
龙陵县	45		2.72	2.72	2.70	1	1			85	85
昌宁县	65		2.93	2.93	2.93	1	1			80	80
鲁甸县	32		3.30	3.30	3.30	1	1			64	64
巧家县	34		3.31	3.31	3.31						
盐津县	20		2.55		2.55	1	1			70	70
大关县	24		2.09	2.03	2.09						
永善县	28		2.56		2.56	1	1			80	80
绥江县	65	30	1.94	1.94	1.94	1	1			60	60
镇雄县	110	14	16.43	16.43	16.43	1	1			170	170
彝良县	32	18	3.80	3.00	3.80						
威信县	43	22	2.65	1.66	2.65						
水富县	21		4.22		4.22	1	1			88	88
玉龙纳西族自治县	130	14	0.97	0.97	0.97						
永胜县	50		2.66	2.66	2.56	1	1			73	73
华坪县	48		2.55	2.55	2.55	1	1			45	45

continued 28

		Domestic Garbage				粪便Excrement and Urine		公厕数		市容卫生专用车辆设备总数(台)	
焚烧 Incineration	其他 other	无害化处理量(万吨) Volume of Harmlessly Treated (10,000 ton)	卫生填埋 Sanitary Landfill	焚烧 Incineration	其他 other	清运量(万吨) Quantity of Excrement Transported (10,000 ton)	处理量(万吨) Quantity of Excrement Treated (10,000 ton)	(座) Number of Latrines (unit)	三类以上 Grade Ⅲ and Above	Number of Vehicles and Equipment Designated for Municipal Environmental Sanitation (unit)	地区名称 Name of Regions
						0.02		18	18	15	富民县
						1.00	1.00	47	42	63	宜良县
						0.73	0.39	25		25	石林彝族自治县
		2.52	2.52			0.12	0.12	12	10	12	禄劝彝族苗族自治县
						0.13		19	14	55	寻甸回族彝族自治县
								4		6	阳宗海风景名胜区
						0.02		22		8	倘甸产业园区和轿子山旅游开发区
		2.81	2.81			0.17	0.15	17	17	7	嵩明县
		2.34	2.34					17	11	9	马龙县
								34	5	14	陆良县
		3.71	3.71			0.15		22		8	师宗县
								64	64	20	罗平县
		6.64	6.64			0.04		24		28	富源县
		4.75	4.75					13	7	22	会泽县
800		3.14		3.14		0.04	0.04	25	25	27	沾益县
		3.11	3.11			0.01	0.01	43	16	12	江川县
						0.09		13	13	26	澄江县
		3.65	3.65					18	17	18	通海县
		2.52	2.52			0.70	0.70	21	5	15	华宁县
		1.26	1.26			0.04		17	13	11	易门县
		1.53	1.53					22	17	10	峨山县
		1.45	1.45					8	8	18	新平县
								6	6	13	元江县
		2.19	2.19			0.18		7	3	4	施甸县
		2.70	2.70					4	4	17	龙陵县
		2.93	2.93					26	5	9	昌宁县
		3.30	3.30					4	3	5	鲁甸县
								18	8	12	巧家县
		2.55	2.55					14		9	盐津县
								6		9	大关县
		2.56	2.56					8		10	永善县
		1.94	1.94					11	11	27	绥江县
		16.43	16.43			5.80	5.80	20	20	42	镇雄县
						0.01	0.01	8	5	6	彝良县
								6	2	36	威信县
		4.22	4.22					16	4	10	水富县
		0.97	0.97					6	4	11	玉龙纳西族自治县
		2.56	2.56					3	2	10	永胜县
		2.55	2.55			0.10		12		28	华坪县

12-3 续表 29

地区名称 Name of Regions	道路清扫保洁面积（万平方米） Surface Area of Roads Cleaned and Maintained ($10,000m^2$)	机械化 Mechanization	生活垃圾								
			清运量（万吨） Collected and Transported (10,000 ton)	密闭车(箱)清运量 Quantity of Garbage Transported by Airtight Vehicle	处理量（万吨） Volume of Treated (10,000 ton)	无害化处理厂(场)数（座） Number of Harmless Treatment Plants/ Grounds (unit)	卫生填埋 Sanitary Landfill	焚烧 Incineration	其他 other	无害化处理能力（吨/日） Harmless Treatment Capacity (ton/ day)	卫生填埋 Sanitary Landfill
宁蒗县	7		1.20		1.10	1	1			45	45
宁洱哈尼族彝族自治县	66		1.37	1.37	1.31	1	1			75	75
墨江哈尼族自治县	29		2.24	2.24	2.13	1	1			90	90
景东彝族自治县	59	2	1.57	1.57	1.51	1	1			60	60
景谷傣族彝族自治县	45		2.00	2.00	1.94	1	1			70	70
镇沅彝族哈尼族拉祜族自治县	33		1.46	1.34	1.39	1	1			65	65
江城哈尼族彝族自治县	21		1.05	1.00	0.95	1	1			30	30
孟连傣族拉祜族佤族自治县	63	15	1.64	0.63	1.54	1	1			47	47
澜沧拉祜族自治县	56		2.92	2.92	2.82	1	1			80	80
西盟佤族自治县	13		0.42		0.39	1	1			30	30
凤庆县	11		3.21	1.92	2.73	1	1			50	50
云　县	47		3.32	0.24	2.20	1	1			60	60
永德县	29		1.88	1.88	1.72	1	1			53	53
镇康县	55		2.74	2.74	2.47	1	1			49	49
双江拉祜族佤族布朗族傣族自治县	23		2.01	2.01	1.83	1	1			50	50
耿马傣族佤族自治县	84		2.56		2.35	1	1			100	100
沧源佤族自治县	53		2.16	2.00	2.00	1	1			60	60
双柏县	27		1.30	1.30	1.25	1	1			45	45
牟定县	31		1.28		1.23	1	1			65	65
南华县	73	15	2.33	2.33	2.21	1	1			85	85
姚安县	55		1.31	1.31	1.21	1	1			68	68
大姚县	93	40	2.43	2.43	2.33	1	1			70	70
永仁县	6	1	0.78	0.78	0.74	1	1			45	45
元谋县	41		2.19	2.19	1.99	1	1			80	80
武定县	34		1.87	1.87	1.75	1	1			80	80
禄丰县	103	18	2.56	1.87	2.36	1	1			80	80
屏边苗族自治县	27		1.15	1.15	1.15	1	1			35	35
建水县	202	122	5.08	5.08	5.08	1			1	200	
石屏县	90	22	3.31	3.10	2.88	1	1			100	100
泸西县	106	50	7.41	4.80	6.73	1	1			100	100
元阳县	42	15	1.19	1.19	1.07	1	1			80	80
红河县	31		2.00	2.00	2.00	1	1			55	55
金平苗族瑶族傣族自治县	41		1.73		1.49						
绿春县	21		1.08	1.08	1.08	1	1			25	25

continued 29

Domestic Garbage						粪便Excrement and Urine		公厕数		市容卫生专用车辆设备总数(台) Number of Vehicles and Equipment Designated for Municipal Environmental Sanitation (unit)	地区名称 Name of Regions
焚烧 Incineration	其他 other	无害化处理量(万吨) Volume of Harmlessly Treated (10,000 ton)	卫生填埋 Sanitary Landfill	焚烧 Incineration	其他 other	清运量(万吨) Quantity of Excrement Transported (10,000 ton)	处理量(万吨) Quantity of Excrement Treated (10,000 ton)	(座) Number of Latrines (unit)	三类以上 Grade Ⅲ and Above		
		1.10	1.10					11	2	8	宁蒗县
		1.31	1.31			0.20		13	8	27	宁洱哈尼族彝族自治县
		2.13	2.13					10	5	5	墨江哈尼族自治县
		1.51	1.51			0.80		13	13	21	景东彝族自治县
		1.94	1.94			0.40		52	52	6	景谷傣族彝族自治县
		1.39	1.39			0.11		12	12	21	镇沅彝族哈尼族拉祜族自治县
		0.95	0.95					14		8	江城哈尼族彝族自治县
		1.54	1.54			0.01	0.01	11	10	11	孟连傣族拉祜族佤族自治县
		2.82	2.82			0.07		10	10	23	澜沧拉祜族自治县
		0.39	0.39			0.05		4	3	7	西盟佤族自治县
		2.73	2.73					17	4	5	凤庆县
		2.20	2.20					4	4	8	云　县
		1.72	1.72					10	10	10	永德县
		2.47	2.47					16		4	镇康县
		1.83	1.83					7		10	双江拉祜族佤族布朗族傣族自治县
		2.35	2.35					17	17	11	耿马傣族佤族自治县
		2.00	2.00					9		19	沧源佤族自治县
		1.25	1.25					6	6	4	双柏县
		1.23	1.23					6	3	4	牟定县
		2.21	2.21			0.05	0.05	12	12	36	南华县
		1.21	1.21			0.01		11		14	姚安县
		2.33	2.33			0.03	0.03	19	16	15	大姚县
		0.74	0.74					10	4	5	永仁县
		1.99	1.99					7	2	13	元谋县
		1.75	1.75					20	8	7	武定县
		2.36	2.36					18	18	14	禄丰县
		1.15	1.15					8		4	屏边苗族自治县
	200	5.08			5.08	0.29		37	37	37	建水县
		2.88	2.88			0.08	0.08	21	21	32	石屏县
		6.73	6.73			0.06	0.06	32		32	泸西县
		1.07	1.07			0.11	0.11	8	8	11	元阳县
		2.00	2.00			0.01	0.01	19	7	9	红河县
						0.23		12	12	14	金平苗族瑶族傣族自治县
		1.08	1.08			0.02	0.02	23	11	2	绿春县

12-3 续表 30

地区名称 Name of Regions	道路清扫保洁面积(万平方米) Surface Area of Roads Cleaned and Maintained ($10,000m^2$)	机械化 Mechanization	生活垃圾 清运量(万吨) Collected and Transported (10,000 ton)	密闭车(箱)清运量 Quantity of Garbage Transported by Airtight Vehicle	处理量(万吨) Volume of Treated (10,000 ton)	无害化处理厂(场)数(座) Number of Harmless Treatment Plants/ Grounds (unit)	卫生填埋 Sanitary Landfill	焚烧 Incineration	其他 other	无害化处理能力(吨/日) Harmless Treatment Capacity (ton/ day)	卫生填埋 Sanitary Landfill
河口县	45	38	2.54	1.81	2.36	1	1			50	50
砚山县	105	17	3.11	3.11	2.92	1	1			90	90
西畴县	30		1.20	1.20	0.97	1			1	40	
麻栗坡县	42		1.52		1.35	1	1			52	52
马关县	80		2.92	2.92	2.74	1	1			80	80
丘北县	124		3.20	3.20	2.96	1	1			76	76
广南县	120	50	3.90	3.90	3.59	1	1			120	120
富宁县	73	36	2.57	2.57	2.36	1	1			70	70
勐海县	76		3.22	3.22	3.22	1	1			105	105
勐腊县	53	21	3.36	3.36	3.36	1	1			90	90
漾濞彝族自治县	15		1.35	0.28	1.20						
祥云县	99	25	2.35	2.35	2.23	1	1			170	170
宾川县	102	36	2.77	2.77	2.77	1	1			135	135
弥渡县	40	1	2.96	2.96	2.73	1	1			70	70
南涧彝族自治县	46		1.10	1.10	1.10	1	1			90	90
巍山彝族回族自治县	34		3.26		3.26	1	1			110	110
永平县	50		1.64		1.64	1	1			75	75
云龙县	22		0.55	0.55	0.55	1	1			17	17
洱源县	45		1.81	1.80	1.80	1	1			38	38
剑川县	34	15	2.45	2.45	2.45	1	1			55	55
鹤庆县	58		2.56	2.56	2.56						
梁河县	25		1.06	1.06	1.06	1	1			50	50
盈江县	100		2.57	2.57	2.57	1	1			75	75
陇川县	70		1.75	1.75	1.75						
泸水县	65		3.13	2.13	2.88	1	1			100	100
福贡县	19		0.59	0.14							
贡山独龙族怒族自治县	1		0.36	0.15	0.25						
兰坪白族普米族自治县	50		1.97	1.97	1.97	1	1			90	90
德钦县	18		1.10		1.10						
维西傈僳族自治县	26		1.39	1.39	1.35						
西　藏	**619**	**61**	**19.83**	**3.92**	**3.87**						
林周县	6	4	0.36								
当雄县	26		0.22	0.21							
尼木县	5	3	0.29		0.10						
曲水县	19		0.22								
达孜县	9	7	0.24								
墨竹工卡县	3		0.35	0.29							
江达县	5	2	0.37								
贡觉县	5	2	0.33								

continued 30

		Domestic Garbage				粪便Excrement and Urine		公厕数		市容卫生专用车辆设备总数（台）Number of Vehicles and Equipment Designated for Municipal Environmental Sanitation (unit)	地区名称 Name of Regions
焚烧 Incineration	其他 other	无害化处理量（万吨）Volume of Harmlessly Treated (10,000 ton)	卫生填埋 Sanitary Landfill	焚烧 Incineration	其他 other	清运量（万吨）Quantity of Excrement Transported (10,000 ton)	处理量（万吨）Quantity of Excrement Treated (10,000 ton)	（座）Number of Latrines (unit)	三类以上 Grade Ⅲ and Above		
		2.36	2.36					7		10	河口县
		2.92	2.92					6	5	29	砚山县
	40	0.97			0.97			6	2	6	西畴县
		1.35	1.35					10		20	麻栗坡县
		2.74	2.74					13		25	马关县
		2.96	2.96			0.48		12	12	33	丘北县
		3.59	3.59			0.08		5		44	广南县
		2.36	2.36			0.04	0.04	7		73	富宁县
		3.22	3.22					10	9	32	勐海县
		3.36	3.36					17	7	17	勐腊县
						0.28		26		6	漾濞彝族自治县
		2.23	2.23					17		42	祥云县
		2.77	2.77					25	25	11	宾川县
		2.73	2.73					23		22	弥渡县
		1.10	1.10					16	16	14	南涧彝族自治县
		3.26	3.26			0.22		13	10	13	巍山彝族回族自治县
		1.64	1.64			0.31	0.31	16		10	永平县
		0.55	0.55					9		3	云龙县
		1.80	1.80			0.05		7	7	7	洱源县
		2.45	2.45					9	9	16	剑川县
								10	10	6	鹤庆县
		1.06	1.06			0.01	0.01	7	6	6	梁河县
		2.57	2.57			0.06		13	13	28	盈江县
						0.03		7	4	24	陇川县
		2.88	2.88			0.45		17	12	16	泸水县
								4		2	福贡县
								8		4	贡山独龙族怒族自治县
		1.97	1.97					24	5	12	兰坪白族普米族自治县
						0.01		8		4	德钦县
								10		10	维西傈僳族自治县
						0.09	**0.09**	**431**	**38**	**198**	**西　藏**
								2		2	林周县
								7	7	3	当雄县
								6		3	尼木县
								1	1	1	曲水县
											达孜县
								6		2	墨竹工卡县
								1			江达县
								1			贡觉县

12-3 续表 31

地区名称 Name of Regions	道路清扫保洁面积（万平方米）Surface Area of Roads Cleaned and Maintained ($10,000m^2$)	机械化 Mechanization	生活垃圾 清运量（万吨）Collected and Transported (10,000 ton)	密闭车(箱)清运量 Quantity of Garbage Transported by Airtight Vehicle	处理量（万吨）Volume of Treated (10,000 ton)	无害化处理厂(场)数(座) Number of Harmless Treatment Plants/Grounds (unit)	卫生填埋 Sanitary Landfill	焚烧 Incineration	其他 other	无害化处理能力（吨／日）Harmless Treatment Capacity (ton/day)	卫生填埋 Sanitary Landfill
类乌齐县	5	2	0.36								
丁青县	4	2	0.33								
察雅县	4	2	0.35								
八宿县	5	2	0.34								
左贡县	4	1	0.37								
芒康县	4	1	0.33								
洛隆县	4	2	0.33								
边坝县	4	2	0.33								
乃东县	95		0.04		0.04						
贡嘎县	6		1.08	0.65							
桑日县	2		0.04	0.04							
琼结县	10		0.33	0.16	0.33						
曲松县	8	3	0.05	0.03							
措美县	15		0.02								
洛扎县	7		0.50	0.22							
加查县	13										
隆子县	11		0.22	0.22	0.22						
错那县	12		0.51		0.51						
浪卡子县	7	6									
南木林县	15	9	0.54		0.12						
江孜县	45		1.05	1.05							
定日县	5		0.13		0.12						
萨迦县	11		0.78		0.11						
昂仁县	6		0.43		0.43						
谢通门县	16	10	0.25	0.25							
白朗县	10		0.36								
仁布县	6		0.12								
康马县	3		0.15								
定结县	19		0.18								
仲巴县	2		0.21								
亚东县	1		1.00								
吉隆县	5		0.25								
聂拉木县	1		0.10		0.10						
萨嘎县	4		0.18		0.10						
岗巴县	13		0.30								
嘉黎县	8										
聂荣县	6		0.35								
申扎县	4		0.22								
索　县	2										
班戈县	8		0.37	0.26							
尼玛县	4		0.13								
普兰县	7		0.18		0.05						

continued 31

Domestic Garbage						粪便Excrement and Urine		公厕数		市容卫生专用车辆设备总数（台）Number of Vehicles and Equipment Designated for Municipal Environmental Sanitation (unit)	地区名称 Name of Regions
焚烧 Incineration	其他 other	无害化处理量（万吨）Volume of Harmlessly Treated (10,000 ton)	卫生填埋 Sanitary Landfill	焚烧 Incineration	其他 other	清运量（万吨）Quantity of Excrement Transported (10,000 ton)	处理量（万吨）Quantity of Excrement Treated (10,000 ton)	（座）Number of Latrines (unit)	三类以上 Grade Ⅲ and Above		
								2			类乌齐县
								1			丁青县
											察雅县
								1			八宿县
											左贡县
								1			芒康县
								1			洛隆县
								1			边坝县
											乃东县
								5	5	4	贡嘎县
								3		1	桑日县
								6		4	琼结县
								5		4	曲松县
								10		2	措美县
								5		3	洛扎县
								7		9	加查县
								8		2	隆子县
								14		8	错那县
								5		1	浪卡子县
								6		10	南木林县
								12		5	江孜县
								2		8	定日县
								9		1	萨迦县
								3		1	昂仁县
								5		4	谢通门县
								6		3	白朗县
								12		3	仁布县
								10		1	康马县
								5			定结县
											仲巴县
								2		10	亚东县
								6		2	吉隆县
						0.01	0.01	2		3	聂拉木县
								8		5	萨嘎县
								13		15	岗巴县
								6		5	嘉黎县
								23		3	聂荣县
								14		2	申扎县
								6		3	索　县
								25	25	27	班戈县
								28		5	尼玛县
											普兰县

12-3 续表 32

地区名称 Name of Regions	道路清扫保洁面积(万平方米) Surface Area of Roads Cleaned and Maintained ($10,000m^2$)	机械化 Mechanization	生活垃圾 清运量(万吨) Collected and Transported (10,000 ton)	密闭车(箱)清运量 Quantity of Garbage Transported by Airtight Vehicle	处理量(万吨) Volume of Treated (10,000 ton)	无害化处理厂(场)数(座) Number of Harmless Treatment Plants/Grounds (unit)	卫生填埋 Sanitary Landfill	焚烧 Incineration	其他 other	无害化处理能力(吨/日) Harmless Treatment Capacity (ton/day)	卫生填埋 Sanitary Landfill
札达县	6		0.26		0.26						
噶尔县	50		1.15		0.01						
日土县	6		0.23		0.23						
革吉县	15		0.30								
改则县	8		0.18								
措勤县	12		0.29								
工布江达县	2		0.29								
米林县	2	1	0.38	0.38	0.38						
墨脱县	5		0.22		0.22						
波密县			1.00		0.32						
察隅县	3		0.12	0.09							
朗　县	11		0.22	0.07	0.22						
陕　西	**6838**	**3157**	**243.75**	**220.09**	**227.58**	**77**	**76**		**1**	**9363**	**9284**
蓝田县	137	30	6.68	5.22	6.68						
周至县	110	51	3.37	3.37	3.37	1	1			300	300
户　县	230	160	7.31	7.31	7.31	1	1			500	500
宜君县	30	12	0.75	0.72	0.72	1	1			50	50
凤翔县	113	60	4.33	4.33	4.30	1	1			110	110
岐山县	135	81	2.08	2.08	2.07	1	1			300	300
扶风县	89	74	2.52	2.52	2.42	1	1			110	110
眉　县	55	20	2.04	2.04	2.02	1	1			100	100
陇　县	78		3.12	3.12	3.02	1	1			80	80
千阳县	42	15	2.01	2.01	1.96	1	1			50	50
麟游县	35	7	1.22	1.22	1.19	1	1			70	70
凤　县	42	31	1.27	1.27	1.20	1	1			51	51
太白县	23	10	0.65	0.65	0.60	1	1			31	31
三原县	112	46	4.67	4.67	4.18	1	1			250	250
泾阳县	186	95	3.61	3.56	3.40	1	1			140	140
乾　县	122	11	4.56	4.56	4.34	1	1			200	200
礼泉县	121		3.73	3.73	3.67	1	1			210	210
永寿县	70	42	2.18	2.18	2.04	1	1			80	80
彬　县	170	130	4.99	4.95	4.62	1	1			170	170
长武县	79	34	1.93	1.93	1.83	1	1			60	60
旬邑县	39	11	1.55	1.49	1.28	1	1			80	80
淳化县	28	8	1.50	1.50	1.46	1	1			100	100
武功县	163	118	3.33		3.06	1	1			130	130
潼关县	60	35	2.30	2.30	2.23	1	1			65	65
大荔县	300	60	4.60	4.60	4.50	1	1			200	200
合阳县	126	54	1.60	1.60	1.48	1	1			69	69
澄城县	120	50	5.21	5.21	4.86	1	1			200	200
蒲城县	157	125	4.12	4.12	4.08	1	1			200	200
白水县	71	37	2.71	2.71	2.56	1	1			90	90

continued 32

焚烧 Incineration	其他 other	无害化处理量（万吨）Volume of Harmlessly Treated (10,000 ton)	卫生填埋 Sanitary Landfill	焚烧 Incineration	其他 other	粪便 Excrement and Urine 清运量（万吨）Quantity of Excrement Transported (10,000 ton)	处理量（万吨）Quantity of Excrement Treated (10,000 ton)	公厕数（座）Number of Latrines (unit)	三类以上 Grade Ⅲ and Above	市容卫生专用车辆设备总数（台）Number of Vehicles and Equipment Designated for Municipal Environmental Sanitation (unit)	地区名称 Name of Regions
		Domestic Garbage									
								14		1	札达县
								15		3	噶尔县
						0.01	0.01	19			日土县
								8			革吉县
						0.04	0.04	46		6	改则县
								9			措勤县
								4		4	工布江达县
						0.03	0.03	5		13	米林县
								2		2	墨脱县
											波密县
								3		2	察隅县
								4		2	朗　县
	79	**220.90**	**218.69**		**2.21**	**11.70**	**0.94**	**2541**	**1738**	**2131**	**陕　西**
								20		14	蓝田县
		3.37	3.37					35	24	34	周至县
		7.31	7.31			0.30		32	32	32	户　县
		0.72	0.72			0.01	0.01	19	19	7	宜君县
		4.30	4.30					35	14	11	凤翔县
		2.07	2.07					19		16	岐山县
		2.42	2.42					26	26	15	扶风县
		2.02	2.02			0.04		26	23	30	眉　县
		3.02	3.02			0.31		35	8	6	陇　县
		1.96	1.96					25	18	7	千阳县
		1.19	1.19					12	9	8	麟游县
		1.20	1.20					18	17	6	凤　县
		0.60	0.60					13		20	太白县
		4.18	4.18					56	56	25	三原县
		3.40	3.40					52	52	55	泾阳县
		4.34	4.34					56	50	54	乾　县
		3.67	3.67					44	44	15	礼泉县
		2.04	2.04					32	32	13	永寿县
		4.62	4.62					57	26	26	彬　县
		1.83	1.83			0.10		15	15	14	长武县
		1.28	1.28			0.07	0.06	18	14	12	旬邑县
		1.46	1.46					19	10	10	淳化县
		3.06	3.06					37	35	34	武功县
		2.23	2.23					30	18	23	潼关县
		4.50	4.50					88	27	92	大荔县
		1.48	1.48					36	30	27	合阳县
		4.86	4.86					26	14	29	澄城县
		4.08	4.08					58	58	38	蒲城县
		2.56	2.56					12	12	5	白水县

12-3 续表 33

地区名称 Name of Regions	道路清扫保洁面积（万平方米）Surface Area of Roads Cleaned and Maintained ($10,000m^2$)	机械化 Mechanization	生活垃圾 清运量（万吨）Collected and Transported (10,000 ton)	密闭车(箱)清运量 Quantity of Garbage Transported by Airtight Vehicle	处理量（万吨）Volume of Treated (10,000 ton)	无害化处理厂(场)数(座) Number of Harmless Treatment Plants/ Grounds (unit)	卫生填埋 Sanitary Landfill	焚烧 Incineration	其他 other	无害化处理能力(吨/日) Harmless Treatment Capacity (ton/ day)	卫生填埋 Sanitary Landfill
富平县	160	83	6.90	6.90	6.35	1	1			189	189
延长县	14		2.19	2.09	2.01	1	1			60	60
延川县	21		2.19		2.01	1	1			110	110
子长县	66	58	4.28	3.90	4.05	1	1			120	120
安塞县	65	44	2.28	2.06	1.97	1	1			60	60
志丹县	54	29	2.89	2.89	2.79	1	1			105	105
吴起县	82	45	3.11	2.90	2.99	1	1			100	100
甘泉县	26		1.40		1.27	1	1			78	78
富　县	33	21	2.28	2.24	2.12	1	1			60	60
洛川县	67	40	3.00	2.99	2.84	1	1			100	100
宜川县	27	12	1.99	1.90	1.85	1	1			67	67
黄龙县	36	30	0.80	0.80	0.74	1	1			30	30
黄陵县	42	26	1.97	1.97	1.85	1	1			53	53
南郑县	76	51	3.58	3.56	3.53	1	1			200	200
城固县	85		6.38	6.32	6.29	1	1			230	230
洋　县	60	22	4.36	4.00	4.29	1	1			100	100
西乡县	95	28	4.20	3.64	4.14	1	1			140	140
勉　县	68		6.54	6.12	5.32	1	1			120	120
宁强县	97	71	3.15	3.15	3.10	1	1			130	130
略阳县	18		3.59	3.59	3.36	1	1			80	80
镇巴县	29	12	1.83	1.83	1.79	1	1			57	57
留坝县	23	12	0.75	0.75	0.72	1	1			30	30
佛坪县	10	9	0.40	0.40	0.38	1	1			75	75
神木县	500	390	8.87	8.87	8.23	1	1			260	260
府谷县	86	60	6.34	5.75	5.75	1	1			210	210
横山县	155	74	5.09	3.25	4.48	1	1			95	95
靖边县	377	123	7.30	7.12	5.99	1	1			360	360
定边县	286	112	4.60	3.13	3.91	1	1			216	216
绥德县	77	30	4.87	2.63	4.50	1	1			194	194
米脂县	38		2.92	0.98	2.52	1	1			160	160
佳　县	30	15	1.13		1.05	1	1			40	40
吴堡县	21	3	1.40	1.30	1.21	1	1			50	50
清涧县	35	28	1.29	1.28	1.13	1	1			55	55
子洲县	39	17	2.12	2.12	1.86	1	1			105	105
汉阴县	103	74	3.02	3.02	2.89	1	1			110	110
石泉县	75		2.66	2.52	2.60	1	1			100	100
宁陕县	15	8	0.89	0.89	0.89	1	1			25	25
紫阳县	82	2	2.22	2.22	2.21	1			1	79	
岚皋县	36	22	1.66	1.66	1.59	1	1			72	72
平利县	34	28	2.41		2.28	1	1			60	60
镇坪县	12	3	0.58	0.58	0.57	1	1			30	30
旬阳县	103		4.16	4.16	4.14	1	1			115	115

continued 33

Domestic Garbage						粪便Excrement and Urine		公厕数		市容卫生专用车辆设备总数（台）Number of Vehicles and Equipment Designated for Municipal Environmental Sanitation (unit)	地区名称 Name of Regions
		无害化处理量				清运量	处理量		三类以上		
焚烧 Incineration	其他 other	无害化处理量（万吨）Volume of Harmlessly Treated (10,000 ton)	卫生填埋 Sanitary Landfill	焚烧 Incineration	其他 other	（万吨）Quantity of Excrement Transported (10,000 ton)	（万吨）Quantity of Excrement Treated (10,000 ton)	（座）Number of Latrines (unit)	Grade Ⅲ and Above		
		6.35	6.35					38	38	20	富平县
		2.01	2.01					17	17	11	延长县
		2.01	2.01			0.30		23		11	延川县
		4.05	4.05			2.22		47	29	43	子长县
		1.97	1.97					23	23	12	安塞县
		2.79	2.79					45	45	25	志丹县
		2.99	2.99			0.13		24	24	17	吴起县
		1.27	1.27			0.85		15	7	3	甘泉县
		2.12	2.12					40	14	24	富　县
		2.84	2.84					12	12	25	洛川县
		1.85	1.85			0.35		27	21	20	宜川县
		0.74	0.74					25	25	25	黄龙县
		1.85	1.85			0.68		23	9	14	黄陵县
		3.53	3.53					31	26	36	南郑县
		6.29	6.29					59	19	22	城固县
		4.29	4.29					40	37	13	洋　县
		4.14	4.14			0.18		41	35	13	西乡县
		5.32	5.32			0.26		37	27	24	勉　县
		3.10	3.10					32	32	25	宁强县
		3.36	3.36					24	5	22	略阳县
		1.79	1.79			0.43		21	21	17	镇巴县
		0.72	0.72					9	8	38	留坝县
		0.38	0.38					14	3	11	佛坪县
		8.23	8.23			0.18	0.18	88	88	136	神木县
		5.75	5.75			0.67	0.60	104		51	府谷县
		4.48	4.48			0.85		52	29	45	横山县
		5.99	5.99			0.25		67	67	80	靖边县
		3.91	3.91			0.80		34	18	265	定边县
		4.50	4.50			0.70		26	14	58	绥德县
		2.52	2.52			0.63		18	1	5	米脂县
		1.05	1.05			0.10		13	13	11	佳　县
		1.21	1.21			0.54		30		15	吴堡县
		1.13	1.13			0.11		43	32	11	清涧县
		1.86	1.86					11	9	16	子洲县
		2.89	2.89					30	30	23	汉阴县
		2.60	2.60			0.09	0.09	38	38	8	石泉县
		0.89	0.89					23	23	93	宁陕县
	79	2.21			2.21			31	5	11	紫阳县
		1.59	1.59					25		12	岚皋县
		2.28	2.28					35		12	平利县
		0.57	0.57					7	7	17	镇坪县
		4.14	4.14					57	49	21	旬阳县

12-3 续表 34

地区名称 Name of Regions	道路清扫保洁面积(万平方米) Surface Area of Roads Cleaned and Maintained ($10,000m^2$)	机械化 Mechanization	生活垃圾 清运量(万吨) Collected and Transported (10,000 ton)	密闭车(箱)清运量 Quantity of Garbage Transported by Airtight Vehicle	处理量(万吨) Volume of Treated (10,000 ton)	无害化处理厂(场)数(座) Number of Harmless Treatment Plants/Grounds (unit)	卫生填埋 Sanitary Landfill	焚烧 Incineration	其他 other	无害化处理能力(吨/日) Harmless Treatment Capacity (ton/day)	卫生填埋 Sanitary Landfill
白河县	45	16	1.35	1.35	1.27	1	1			90	90
洛南县	82	56	4.53	4.05	4.39	1	1			110	110
丹凤县	50	29	3.60	3.50	2.40	1	1			155	155
商南县	85	30	2.85	2.85	2.80	1	1			100	100
山阳县	79	25	3.37	3.37	2.83	1	1			80	80
镇安县	40		2.32	2.32	2.21	1	1			77	77
柞水县	56	12	2.20	2.20	1.67	1	1			125	125
甘　肃	**3460**	**520**	**164.60**	**105.07**	**155.92**	**48**	**48**			**3443**	**3443**
永登县	80		4.04		3.76	1	1			100	100
皋兰县	59	25	2.15	2.01	2.01	1	1			60	60
榆中县	61	7	6.93	3.21	6.70	1	1			185	185
永昌县	76	39	5.70		3.10						
靖远县	58		3.60		3.60	1	1			180	180
会宁县	54		6.20	4.00	5.60	1	1			90	90
景泰县	71		4.38		4.38	1	1			120	120
清水县	45	20	2.16	2.16	2.16						
秦安县	52		3.66	3.66	3.66						
甘谷县	107	8	5.11	5.11	5.11	1	1			130	130
武山县	25	2	3.19	3.19	3.19						
张家川回族自治县	42		1.45	1.45	1.45						
民勤县	33	30	3.43	3.24	3.36	1	1			71	71
古浪县	41		2.53	2.46	2.30	1	1			69	69
天祝藏族自治县	29		3.18	3.18	2.87	1	1			48	48
肃南裕固族自治县	13	5	0.39	0.39	0.39						
民乐县	50	30	2.51		2.51	1	1			45	45
临泽县	145	50	1.72	1.64	1.72	1	1			42	42
高台县	57		1.89	1.34	1.89	1	1			57	57
山丹县	35		3.19	2.30	3.19	1	1			68	68
泾川县	69		3.69	2.63	3.69	1	1			49	49
灵台县	68		1.31		1.31	1	1			62	62
崇信县	48		1.24	0.83	1.24	1	1			55	55
华亭县	87	39	3.10	0.25	3.10	1	1			100	100
庄浪县	110		2.55	2.28	2.55	1	1			135	135
静宁县	98	13	4.04	1.95	4.04	1	1			98	98
金塔县	190	30	2.00	2.00	2.00	1	1			70	70
瓜州县	78	56	1.73	1.73	1.73	1	1			70	70
肃北蒙古族自治县	23		0.32	0.32	0.32	1	1			20	20
阿克塞哈萨克自治县	28	18	0.41	0.41	0.41	1	1			20	20
庆城县	63		5.09	4.42	4.95	1	1			65	65
环　县	91	22	3.82	3.53	3.61						
华池县	24	1	1.58	1.32	1.39						

continued 34

Domestic Garbage 焚烧 Incineration	Domestic Garbage 其他 other	Domestic Garbage 无害化处理量（万吨）Volume of Harmlessly Treated (10,000 ton)	Domestic Garbage 卫生填埋 Sanitary Landfill	Domestic Garbage 焚烧 Incineration	Domestic Garbage 其他 other	粪便 Excrement and Urine 清运量（万吨）Quantity of Excrement Transported (10,000 ton)	粪便 Excrement and Urine 处理量（万吨）Quantity of Excrement Treated (10,000 ton)	公厕数（座）Number of Latrines (unit)	公厕数 三类以上 Grade Ⅲ and Above	市容卫生专用车辆设备总数（台）Number of Vehicles and Equipment Designated for Municipal Environmental Sanitation (unit)	地区名称 Name of Regions
		1.27	1.27			0.55		29	27	6	白河县
		4.39	4.39					34	33	33	洛南县
		2.40	2.40					18	18	15	丹凤县
		2.80	2.80					28	8	9	商南县
		2.83	2.83					34	28	9	山阳县
		2.21	2.21					29	24	10	镇安县
		1.67	1.67					19	17	10	柞水县
		114.59	**114.59**			**12.77**	**1.74**	**1188**	**627**	**897**	**甘　肃**
		3.76	3.76			0.52		20	3	7	永登县
		2.01	2.01			0.46	0.19	8	6	10	皋兰县
		6.70	6.70					14	14	7	榆中县
						1.10		40	7	9	永昌县
		3.60	3.60					17		19	靖远县
		5.60	5.60					44	31	8	会宁县
		4.38	4.38					43	16	30	景泰县
								17	12	9	清水县
								12	8	6	秦安县
		5.11	5.11					12	8	16	甘谷县
								17		5	武山县
								7	4	4	张家川回族自治县
		3.36	3.36					30	21	36	民勤县
		2.30	2.30			0.03		9	3	9	古浪县
		2.87	2.87					15		16	天祝藏族自治县
								14	8	5	肃南裕固族自治县
		2.51	2.51					48	12	7	民乐县
		1.72	1.72			0.02		19	16	18	临泽县
		1.89	1.89					28	11	8	高台县
		3.19	3.19					35	11	10	山丹县
		3.69	3.69			0.80		17	13	15	泾川县
		1.31	1.31			0.79		21	14	2	灵台县
		1.24	1.24			0.53		19	17	7	崇信县
		3.10	3.10			0.96		27	17	20	华亭县
		2.55	2.55			0.77		17	11	28	庄浪县
		4.04	4.04			1.29		21	15	19	静宁县
		2.00	2.00			0.13	0.13	35	26	120	金塔县
		1.73	1.73			0.07	0.07	45	25	21	瓜州县
		0.32	0.32					9	9	49	肃北蒙古族自治县
		0.41	0.41			0.02	0.02	13	7	6	阿克塞哈萨克自治县
		4.95	4.95			0.46	0.46	31	13	12	庆城县
						0.12	0.12	38	33	22	环　县
						0.10	0.09	30	23	15	华池县

12-3 续表 35

地区名称 Name of Regions	道路清扫保洁面积(万平方米) Surface Area of Roads Cleaned and Maintained ($10,000m^2$)	机械化 Mechanization	生活垃圾 清运量(万吨) Collected and Transported (10,000 ton)	密闭车(箱)清运量 Quantity of Garbage Transported by Airtight Vehicle	处理量(万吨) Volume of Treated (10,000 ton)	无害化处理厂(场)数(座) Number of Harmless Treatment Plants/Grounds (unit)	卫生填埋 Sanitary Landfill	焚烧 Incineration	其他 other	无害化处理能力(吨/日) Harmless Treatment Capacity (ton/day)	卫生填埋 Sanitary Landfill
合水县	28		2.75	2.10	2.49						
正宁县	65	4	2.69	2.53	2.36						
宁　县	24	8	2.59	2.57	2.41						
镇原县	40		2.05	1.60	1.85						
通渭县	40	2	2.87	1.35	2.80	1	1			50	50
陇西县	42		6.85	6.85	6.85	1	1			227	227
渭源县	66		3.00	2.95	2.94	1	1			53	53
临洮县	124		4.64		4.26						
漳　县	33		1.67	1.45	0.97	1	1			55	55
岷　县	113		3.80	3.80	3.80						
成　县	62	15	3.10		3.10	1	1			117	117
文　县	12		1.33	1.33	1.33	1	1			40	40
宕昌县	27		1.50	0.45	1.50	1	1			44	44
康　县	41		1.20	0.54	1.20	1	1			45	45
西和县	31		2.29	2.16	2.29	1	1			100	100
礼　县	80	40	1.69	0.95	1.69	1	1			47	47
徽　县	75	19	2.51	2.41	2.51						
两当县	39	37	0.56	0.56	0.56	1	1			37	37
临夏县	37		0.97	0.55	0.89	1	1			108	108
康乐县	17		1.43	1.07	1.20	1	1			47	47
永靖县	105		2.83	2.83	2.56	1	1			93	93
广河县	66		1.29	1.29	1.04	1	1			70	70
和政县	26		1.46		1.17	1	1			41	41
东乡县	9		0.66	0.66	0.58	1	1			30	30
积石山县	25		1.64	0.99	1.50	1	1			50	50
临潭县	9		1.21		1.21						
卓尼县	31		0.98	0.98	0.96	1	1			31	31
舟曲县	6		1.66	0.77	1.66	1	1			22	22
迭部县	12		1.49		1.49						
玛曲县	7		1.19		1.17	1	1			50	50
碌曲县	52		1.20	0.12	1.20	1	1			27	27
夏河县	6		1.21	1.20	1.09	1	1			50	50
青　海	**1255**	**187**	**55.48**	**26.57**	**51.67**	**23**	**23**			**1336**	**1336**
大通县	70		5.50	2.43	5.14	1	1			180	180
湟中县	43		2.45	2.45	2.25	1	1			140	140
湟源县	32		2.56		2.36	1	1			66	66
民和县	150	80	6.21	6.21	6.05	1	1			170	170
互助县	143	40	3.55	3.00	3.40	1	1			150	150
化隆县	33	7	2.89	0.23	2.77						
循化县	52	20	1.34	1.34	1.01						
门源县	8		1.64		1.55	1	1			70	70
祁连县	13	4	0.97	0.97	0.94	1	1			47	47

continued 35

		Domestic Garbage				粪便Excrement and Urine		公厕数		市容卫生专用车辆设备总数(台) Number of Vehicles and Equipment Designated for Municipal Environmental Sanitation (unit)	地区名称 Name of Regions
焚烧 Incineration	其他 other	无害化处理量(万吨) Volume of Harmlessly Treated (10,000 ton)	卫生填埋 Sanitary Landfill	焚烧 Incineration	其他 other	清运量(万吨) Quantity of Excrement Transported (10,000 ton)	处理量(万吨) Quantity of Excrement Treated (10,000 ton)	(座) Number of Latrines (unit)	三类以上 Grade Ⅲ and Above		
						0.08	0.08	19	4	14	合水县
						0.28	0.27	13	12	9	正宁县
						0.17	0.17	13		10	宁　县
						0.15	0.14	13		15	镇原县
		2.80	2.80					8	5	5	通渭县
		6.85	6.85			3.00		20	4	20	陇西县
		2.94	2.94			0.08		10		20	渭源县
								15		5	临洮县
		0.97	0.97					8	8	2	漳　县
								21	5	23	岷　县
		3.10	3.10					32	23	26	成　县
		1.33	1.33					9	1	5	文　县
		1.50	1.50					16	16	10	宕昌县
		1.20	1.20			0.40		15	11	14	康　县
		2.29	2.29					9	5	4	西和县
		1.69	1.69			0.10		38	24	21	礼　县
								15	15	16	徽　县
		0.56	0.56					20	20	8	两当县
		0.89	0.89					2		5	临夏县
		1.20	1.20					10		6	康乐县
		2.56	2.56					22	11	17	永靖县
		1.04	1.04			0.20		6		5	广河县
		1.17	1.17					9	7	17	和政县
		0.58	0.58					8		2	东乡县
		1.50	1.50					6		2	积石山县
								4	4	5	临潭县
		0.96	0.96					4	2	4	卓尼县
		1.66	1.66			0.14		16	13	8	舟曲县
								10	10	4	迭部县
		1.17	1.17					4		2	玛曲县
		1.20	1.20					6	6	9	碌曲县
		1.09	1.09					15	7	9	夏河县
		35.22	**35.22**					**236**	**35**	**199**	**青　海**
		5.14	5.14					13	3	3	大通县
		2.25	2.25					6		5	湟中县
		2.36	2.36					24	3	4	湟源县
		6.05	6.05							8	民和县
		3.40	3.40					11	2	12	互助县
								5		7	化隆县
								6		5	循化县
		1.55	1.55					12	3	12	门源县
		0.94	0.94					4		8	祁连县

12-3 续表 36

地区名称 Name of Regions	道路清扫保洁面积（万平方米）Surface Area of Roads Cleaned and Maintained ($10,000m^2$)	机械化 Mechanization	生活垃圾 清运量（万吨）Collected and Transported (10,000 ton)	密闭车(箱)清运量 Quantity of Garbage Transported by Airtight Vehicle	处理量（万吨）Volume of Treated (10,000 ton)	无害化处理厂(场)数（座）Number of Harmless Treatment Plants/Grounds (unit)	卫生填埋 Sanitary Landfill	焚烧 Incineration	其他 other	无害化处理能力（吨／日）Harmless Treatment Capacity (ton/day)	卫生填埋 Sanitary Landfill
海晏县	16		0.76	0.70	0.76	1	1			30	30
刚察县	16		0.62	0.38	0.60	1	1			33	33
西海镇	38		0.69	0.66	0.68	1	1			50	50
同仁县	20		1.34		1.32	1	1			60	60
尖扎县	13	2	0.80	0.14	0.79	1	1			18	18
泽库县	9		0.31		0.30						
河南县	9		0.47		0.47	1	1			19	19
共和县	113	34	2.05	1.95	1.88	1	1			35	35
同德县	40		0.59	0.45	0.54	1	1			14	14
贵德县	48		1.20	1.08	1.10	1	1			70	70
兴海县	24		0.65	0.33	0.53						
贵南县	45		0.94	0.90	0.85	1	1			23	23
玛沁县	15		0.84		0.78						
班玛县	12		0.23		0.21						
甘德县	6		0.18		0.14						
达日县	11		0.22		0.18						
久治县	11		0.17		0.14						
玛多县	5		0.14		0.14						
杂多县	36		3.57		3.30						
称多县	5		1.32	0.88	0.96						
治多县	11		2.00		1.80						
囊谦县	19		3.67		3.53						
曲麻莱县	9		0.72		0.66						
乌兰县	23		0.64		0.61	1	1			20	20
都兰县	36		0.79		0.78	1	1			23	23
天峻县	70		0.77	0.72	0.72	1	1			15	15
茫崖行委	22		1.79	0.85	1.57	1	1			36	36
大柴旦行委	24		0.79	0.79	0.76	1	1			44	44
冷湖行委	5		0.11	0.11	0.10	1	1			23	23
宁　夏	**2193**	**889**	**44.79**	**35.02**	**38.69**	**7**	**6**	**1**		**633**	**503**
永宁县	262	132	4.47	4.47	4.47	1		1		130	
贺兰县	287	115	4.38	2.75							
平罗县	432	167	5.82	1.50	5.71	1	1			135	135
盐池县	242	40	2.85	2.85	2.81	1	1			78	78
同心县	163	29	3.78	1.31	3.73	1	1			130	130
红寺堡开发区	175	118	1.28	1.00	1.22	1	1			40	40
西吉县	142	30	7.00	7.00	6.54						
隆德县	70	40	1.64	1.64	1.58	1	1			60	60
泾源县	74	30	1.15	1.15	1.04						
彭阳县	69	18	2.20	1.26	2.05						
中宁县	227	170	6.57	6.50	6.04						
海原县	50		3.65	3.59	3.50	1	1			60	60

continued 36

Domestic Garbage						粪便Excrement and Urine		公厕数		市容卫生专用车辆设备总数（台）Number of Vehicles and Equipment Designated for Municipal Environmental Sanitation (unit)	地区名称 Name of Regions
焚烧 Incineration	其他 other	无害化处理量（万吨）Volume of Harmlessly Treated (10,000 ton)	卫生填埋 Sanitary Landfill	焚烧 Incineration	其他 other	清运量（万吨）Quantity of Excrement Transported (10,000 ton)	处理量（万吨）Quantity of Excrement Treated (10,000 ton)	（座）Number of Latrines (unit)	三类以上 Grade Ⅲ and Above		
		0.76	0.76					2		2	海晏县
		0.60	0.60					12	1	5	刚察县
		0.68	0.68					8	4	6	西海镇
		1.32	1.32					5		9	同仁县
		0.79	0.79					3	2	10	尖扎县
								7		4	泽库县
		0.47	0.47					10		5	河南县
		1.88	1.88					15		8	共和县
		0.54	0.54					14	4	4	同德县
		1.10	1.10					14		11	贵德县
								10		2	兴海县
		0.85	0.85					5		4	贵南县
										5	玛沁县
								3		2	班玛县
										2	甘德县
											达日县
								5	5	1	久治县
										2	玛多县
								2		3	杂多县
								3		6	称多县
								4		7	治多县
								2	2	2	囊谦县
								5	5	2	曲麻莱县
		0.61	0.61					2		10	乌兰县
		0.78	0.78					3		2	都兰县
		0.72	0.72					6		12	天峻县
		1.57	1.57					5		2	茫崖行委
		0.76	0.76					9		6	大柴旦行委
		0.10	0.10					1	1	1	冷湖行委
130		**23.02**	**18.55**	**4.47**		**0.47**	**0.22**	**423**	**317**	**291**	**宁　夏**
130		4.47		4.47				16	1	22	永宁县
								24	21	35	贺兰县
		5.71	5.71			0.08	0.07	71	44	38	平罗县
		2.81	2.81			0.15	0.15	67	50	33	盐池县
		3.73	3.73					31	29	41	同心县
		1.22	1.22					27		14	红寺堡开发区
						0.17		41	36	19	西吉县
		1.58	1.58					22	22	13	隆德县
								18	8	18	泾源县
						0.06		29	29	23	彭阳县
								26	26	22	中宁县
		3.50	3.50			0.01		51	51	13	海原县

12-3 续表 37

地区名称 Name of Regions	道路清扫保洁面积（万平方米）Surface Area of Roads Cleaned and Maintained ($10,000m^2$)	机械化 Mechanization	生活垃圾 清运量（万吨）Collected and Transported (10,000 ton)	密闭车(箱)清运量 Quantity of Garbage Transported by Airtight Vehicle	处理量（万吨）Volume of Treated (10,000 ton)	无害化处理厂(场)数（座）Number of Harmless Treatment Plants/ Grounds (unit)	卫生填埋 Sanitary Landfill	焚烧 Incineration	其他 other	无害化处理能力（吨／日）Harmless Treatment Capacity (ton/ day)	卫生填埋 Sanitary Landfill
新　疆	**6929**	**3083**	**216.74**	**140.64**	**198.51**	**27**	**24**		**3**	**2386**	**2283**
鄯善县	126	42	3.63	3.44	3.27	1	1			100	100
托克逊县	71	51	4.30	1.05	3.44	1	1			115	115
巴里坤哈萨克自治县	46	36	0.72	0.72	0.71						
伊吾县	31	12	0.38	0.38	0.36	1			1	15	
呼图壁县	264	115	2.91	2.91	2.68	1	1			130	130
玛纳斯县	135	110	3.29	3.29	3.00	1	1			110	110
奇台县	471	426	6.10	6.10	5.90	1	1			180	180
吉木萨尔县	116	84	3.65	2.40	3.60	1	1			100	100
木垒县	139	69	1.80		1.75	1	1			60	60
精河县	60	36	3.58		2.53	1	1			49	49
温泉县	5		1.18		1.00	1	1			60	60
轮台县	208	122	4.20	4.20	3.80	1	1			120	120
尉犁县	65		3.87	3.56	3.48	1	1			91	91
若羌县	68		1.53		1.38	1	1			48	48
且末县	28	6	2.92	2.92	2.63	1	1			75	75
焉耆县	197	60	4.20	4.20	3.80	1	1			110	110
和静县	134	66	5.20		5.07	1	1			168	168
和硕县	121		1.28	1.28	1.15	1	1			35	35
博湖县	35	8	1.42	1.42	1.28	1	1			48	48
温宿县	192	75	2.49	1.50	2.36						
库车县	494	400	12.67	12.67	12.05						
沙雅县	95	57	3.67	3.00	3.58						
新和县	110	24	4.68	3.90	3.85						
拜城县	236	132	2.40	2.40	2.35						
乌什县	46		1.20	1.15	1.10						
阿瓦提县	75	27	4.85	4.85	3.62						
柯坪县	14		0.72	0.71	0.70						
阿克陶县	56		2.20	1.80	2.15	1			1	60	
阿合奇县	40		1.37	1.37	1.31	1			1	28	
乌恰县	26		1.95	1.86	1.92						
疏附县	88	15	1.86		1.80						
疏勒县	96	20	3.06	1.48	2.91						
英吉沙县	90	45	1.97	1.95	1.48	1	1			90	90
泽普县	110	38	2.51	2.46	2.44						
莎车县	229	113	10.77	8.16	10.43						
叶城县	260	174	5.20	4.80	4.94						
麦盖提县	179	75	6.72	2.00	6.59						
岳普湖县	64	3	1.93		1.82						
伽师县	95		3.10	1.04	2.96						
巴楚县	313		5.21		4.95						

continued 37

Domestic Garbage						粪便Excrement and Urine		公厕数		市容卫生专用车辆设备总数（台） Number of Vehicles and Equipment Designated for Municipal Environmental Sanitation (unit)	地区名称 Name of Regions
焚烧 Incineration	其他 other	无害化处理量（万吨） Volume of Harmlessly Treated (10,000 ton)	卫生填埋 Sanitary Landfill	焚烧 Incineration	其他 other	清运量（万吨） Quantity of Excrement Transported (10,000 ton)	处理量（万吨） Quantity of Excrement Treated (10,000 ton)	（座） Number of Latrines (unit)	三类以上 Grade Ⅲ and Above		
	103	**77.76**	**73.94**		**3.82**	**3.35**	**0.30**	**1209**	**603**	**1201**	**新　疆**
		3.27	3.27					33	4	27	鄯善县
		3.44	3.44					14		18	托克逊县
						0.40		45	5	21	巴里坤哈萨克自治县
	15	0.36			0.36			5	5	10	伊吾县
		2.68	2.68					39	36	49	呼图壁县
		3.00	3.00					18	1	29	玛纳斯县
		5.90	5.90					29		69	奇台县
		3.60	3.60					32	32	41	吉木萨尔县
		1.75	1.75					21		25	木垒县
		2.53	2.53					12	1	9	精河县
		1.00	1.00					8	4	8	温泉县
		3.80	3.80					28	28	26	轮台县
		3.48	3.48					20		17	尉犁县
		1.38	1.38					13	7	16	若羌县
		2.63	2.63					5	5	25	且末县
		3.80	3.80					29	29	19	焉耆县
		5.07	5.07					52	52	21	和静县
		1.15	1.15					19	19	9	和硕县
		1.28	1.28					9	6	13	博湖县
								15	9	12	温宿县
								71	71	59	库车县
								32	28	13	沙雅县
								13	8	6	新和县
								30	30	30	拜城县
								12		3	乌什县
								11		18	阿瓦提县
								8		6	柯坪县
	60	2.15			2.15			10	10	10	阿克陶县
	28	1.31			1.31			7	7	7	阿合奇县
								24		9	乌恰县
								9	9	14	疏附县
								12	8	7	疏勒县
		1.48	1.48					18	10	11	英吉沙县
								12	3	11	泽普县
								36	4	17	莎车县
								26		12	叶城县
								28	28	9	麦盖提县
								2	1	4	岳普湖县
								7		16	伽师县
								18		30	巴楚县

12–3 续表 38

地区名称 Name of Regions	道路清扫保洁面积(万平方米) Surface Area of Roads Cleaned and Maintained ($10,000m^2$)	机械化 Mechanization	生活垃圾 清运量(万吨) Collected and Transported (10,000 ton)	密闭车(箱)清运量 Quantity of Garbage Transported by Airtight Vehicle	处理量(万吨) Volume of Treated (10,000 ton)	无害化处理厂(场)数(座) Number of Harmless Treatment Plants/Grounds (unit)	卫生填埋 Sanitary Landfill	焚烧 Incineration	其他 other	无害化处理能力(吨/日) Harmless Treatment Capacity (ton/day)	卫生填埋 Sanitary Landfill
塔什库尔干县	9		0.75	0.75	0.71						
墨玉县	58	4	3.28		2.32						
皮山县	59		1.12		0.97						
洛浦县	36	7	4.33		3.33						
策勒县	30		2.34	1.45	1.49						
于田县	50	1	2.16	1.50	1.80						
民丰县	23		0.56		0.45						
伊宁县	67	32	4.20	3.90	3.95	1	1			120	120
察布查尔县	51	36	2.75	2.40	2.40	1	1			60	60
霍城县	150	80	4.00	2.50	3.70						
巩留县	72	50	5.46	5.46	5.32	1	1			100	100
新源县	96		9.58		8.10						
昭苏县	66	23	2.55	2.55	2.19	1	1			60	60
特克斯县	87	30	3.45	3.45	3.43	1	1			94	94
尼勒克县	110		3.21	3.21	3.10						
额敏县	120	55	5.84		5.69						
沙湾县	180	110	5.64	5.64	5.41	1	1			160	160
托里县	65	45	2.34	2.00	2.25						
裕民县	37		2.09	0.79	2.01						
和布克赛尔蒙古自治县	45		1.13		1.10						
布尔津县	50	27	2.08	2.08	2.08						
富蕴县	44	28	3.10	3.10	2.81						
福海县	76	29	2.94	2.65	2.92						
哈巴河县	48	47	3.17	1.18	3.03						
青河县	32	30	1.44	0.55	1.30						
吉木乃县	40	8	0.54	0.51	0.51						
新疆生产建设兵团	**3179**	**1116**	**68.50**	**29.98**	**38.66**	**1**	**1**			**10**	**10**
第一师	215	53	6.56	2.50	5.94						
第二师	583	166	4.51	2.80	1.59						
第三师	251	31	5.06	1.71	1.96						
第四师	184	42	6.25	2.35	5.60						
第五师	157	60	5.50	3.28	0.70						
第六师	211	69	8.87	1.32	2.87	1	1			10	10
第七师	503	257	7.09	3.17	7.03						
第八师	327	194	10.93	7.99	7.61						
第九师	114	7	2.60	0.16	0.16						
第十师	94	7	1.80	0.58	0.51						
第十二师	246	172	3.81	1.58	1.47						
第十三师	273	50	3.97	1.64	2.81						
第十四师	21	8	1.63	0.90	0.45						

continued 38

Domestic Garbage						粪便Excrement and Urine		公厕数		市容卫生专用车辆设备总数(台) Number of Vehicles and Equipment Designated for Municipal Environmental Sanitation (unit)	地区名称 Name of Regions
焚烧 Incineration	其他 other	无害化处理量(万吨) Volume of Harmlessly Treated (10,000 ton)	卫生填埋 Sanitary Landfill	焚烧 Incineration	其他 other	清运量(万吨) Quantity of Excrement Transported (10,000 ton)	处理量(万吨) Quantity of Excrement Treated (10,000 ton)	(座) Number of Latrines (unit)	三类以上 Grade Ⅲ and Above		
								7		26	塔什库尔干县
								13		14	墨玉县
								4		3	皮山县
								15		10	洛浦县
								10		9	策勒县
								15		11	于田县
								4		3	民丰县
		3.95	3.95					19		32	伊宁县
		2.40	2.40					9	9	9	察布查尔县
								18	5	18	霍城县
		5.32	5.32					25		26	巩留县
								37	31	22	新源县
		2.19	2.19					10		6	昭苏县
		3.43	3.43					27		12	特克斯县
								15		17	尼勒克县
						2.45		15		10	额敏县
		5.41	5.41			0.30	0.30	30	16	39	沙湾县
						0.20		7	7	45	托里县
								8		13	裕民县
								6		17	和布克赛尔蒙古自治县
								22	22	16	布尔津县
								12	12	20	富蕴县
								16	15	12	福海县
								14	10	21	哈巴河县
								15	15	31	青河县
								4	1	3	吉木乃县
		0.71	**0.71**					**962**	**184**	**574**	**新疆生产建设兵团**
								81	23	39	第一师
								96	21	40	第二师
								109	22	34	第三师
								112	20	71	第四师
								58	17	34	第五师
		0.32	0.32					73	13	27	第六师
		0.39	0.39					76	6	37	第七师
								155	33	134	第八师
								49		21	第九师
								73	17	30	第十师
								47	8	53	第十二师
								22	3	45	第十三师
								11	1	9	第十四师

主要指标解释

Explanatory Notes on Main Indicators

主要指标解释

人口密度

指县城内的人口疏密程度。计算公式：

$$人口密度=\frac{县城人口+县城暂住人口}{县城面积}$$

人均日生活用水量

指每一用水人口平均每天的生活用水量。计算公式：

$$人均日生活用水量=\frac{居民家庭用水量+公共服务用水量}{用水人口}\div 报告期日历日数\times 1000升$$

用水普及率

指报告期末县城内用水人口与总人口的比率。计算公式：

$$用水普及率=\frac{县城用水人口}{县城人口+县城暂住人口}\times 100\%$$

燃气普及率

指报告期末县城内使用燃气的人口与总人口的比率。计算公式：

$$燃气普及率=\frac{县城用气人口}{县城人口+县城暂住人口}\times 100\%$$

建成区供水管道密度

指报告期末建成区内供水管道分布的疏密程度。计算公式：

$$建成区供水管道=\frac{供水管道长度}{建成区面积}$$

人均道路面积

指报告期末县城内平均每人拥有的道路面积。计算公式：

$$人均道路面积=\frac{县城道路面积}{县城人口+县城暂住人口}$$

建成区排水管道密度

指报告期末建成区内的排水管道分布的疏密程度。计算公式：

$$建成区排水管道密度=\frac{排水管道长度}{建成区面积}$$

污水处理率

指报告期内污水处理总量与污水排放总量的比率。计算公式：

$$污水处理率=\frac{污水处理总量}{污水排放总量}\times 100\%$$

污水处理厂集中处理率

指报告期内通过污水处理厂处理的污水量与污水排放总量的比率。计算公式：

$$污水处理厂集中处理率=\frac{污水处理厂处理的污水量}{污水排放总量}\times 100\%$$

人均公园绿地面积

指报告期末县城内平均每人拥有的公园绿地面积。计算公式：

$$人均公园绿地面积=\frac{县城公园绿地面积}{县城人口+县城暂住人口}$$

建成区绿化覆盖率

指报告期末建成区内绿化覆盖面积与建成区面积的比率。计算公式：

$$建成区绿化覆盖率=\frac{建成区绿化覆盖面积}{建成区面积}\times100\%$$

建成区绿地率

指报告期末建成区内绿地面积与建成区面积的比率。计算公式：

$$建成区绿地率=\frac{建成区绿地面积}{建成区面积}\times100\%$$

生活垃圾处理率

指报告期内生活垃圾处理量与生活垃圾产生量的比率。计算公式：

$$生活垃圾处理率=\frac{生活垃圾处理量}{生活垃圾产生量}\times100\%$$

生活垃圾无害化处理率

指报告期内生活垃圾无害化处理量与生活垃圾产生量的比率。计算公式：

$$生活垃圾无害化处理率=\frac{生活垃圾无害化处理量}{生活垃圾产生量}\times100\%$$

在统计时，由于生活垃圾产生量不易取得，用清运量代替。

县面积

指县行政区域内的全部土地面积(包括水域面积)。

县城面积

指包括（1)县政府驻地的镇、乡或街道办事处地域（城关镇)；(2)县城公共设施、居住设施和市政公用设施等连接到的其他镇（乡）地域；(3）常住人口在3000人以上独立的工矿区、开发区、科研单位、大专院校等特殊区域。

连接是指两个区域间可观察到的已建成或在建的公共设施、居住设施、市政设施和其他设施相连，中间没有被水域、农业用地、园地、林地、牧草地等非建设用地隔断。

县城人口

指划定的县城范围的人口数。按公安部门的户籍统计为准。

暂住人口

指离开常住户口地的市区或乡、镇，到本市居住半年以上的人员。一般按公安部门的暂住人口统计为准。

建成区面积

县行政区内实际已成片开发建设、市政公用设施和公共设施基本具备的区域。一般是指建成区外轮廓线所能包括的地区，也就是这个县城实际建设用地所达到的范围。

城市建设用地面积

指城市用地中除水域与其他用地之外的各项用地面积，即居住用地、公共管理与公共服务用地、商业服务业设施用地、工业用地、物流仓储用地、道路交通设施用地、公共设施用地、绿地与广场用地八大类用地。

县城维护建设资金

指用于县城维护和建设的资金，资金来源包括城市维护建设税、公用事业附加、中央和地方财政拨款、国内贷款、债券收入、利用外资、土地出让转让收入、资产置换收入、市政公用企事业单位自筹资金、国家和省规定收取的用于县城维护建设的行政事业性收费、集资收入以及其他收入。资金支出包括固定资产投资支出、维护支出和其他支出。

本年鉴中仅统计了用于县城维护和建设的财政性资金。

城市维护建设税

指依据《中华人民共和国城市维护建设税暂行条例》开征的一种地方性税种。现行的征收办法是以纳税人实际缴纳的增值税、消费税、营业税税额为计税依据，与增值税、消费税、营业税同时缴纳。根据纳税人所在地不同执行不同的纳税率：市区的税率为百分之七；县城、镇的税率为百分之五；不在市区、县城或镇的税率为百分之一。

公用事业附加

指在部分公用事业产品（服务）价外征收的用于县城维护建设的附加收入。包括工业用电、工业用水附加，公共汽车、电车、民用自来水、民用照明用电、电话、煤气、轮渡等附加。

固定资产投资

指建造和购置市政公用设施的经济活动，即市政公用设施固定资产再生产活动。市政公用设施固定资产再生产过程包括固定资产更新（局部更新和全部更新）、改建、扩建、新建等活动。新的企业财务会计制度规定，固定资产局部更新的大修理作为日常生产活动的一部分，发生的大修理费用直接在成本费用中列支。按照现行投资管理体制及有关部门的规定，凡属于养护、维护性质的工程，不纳入固定资产投资统计。对新建和对现有市政公用设施改造工程，应纳入固定资产统计。

新增固定资产

指报告期内交付使用的固定资产价值。包括报告期内建成投入生产或交付使用的工程投资和达到固定资产标准的设备、工具、器具的投资及有关应摊入的费用。

新增生产能力(或效益)

指通过固定资产投资活动而增加的设计能力。计算新增生产能力(或效益)是以能独立发挥生产能力(或效益)的工程为对象。当工程建成，经有关部门验收鉴定合格，正式移交投入生产，即应计算新增生产能力(或效益)。

供水设计综合生产能力

指按供水设施取水、净化、送水、出厂输水干管等环节设计能力计算的综合生产能力。包括在原设计能力的基础上，经挖、革、改增加的生产能力。计算时，以四个环节中最薄弱的环节为主确定能力。

供水管道长度

指从送水泵至用户水表之间所有管道的长度。在同一条街道埋设两条或两条以上管道时，应按每条管道的长度计算。

供水总量

指报告期供水企业（单位）供出的全部水量。包括有效供水量和漏损水量。

有效供水量指水厂将水供出厂外后，各类用户实际使用到的水量。包括售水量和免费供水量。售水量指收费供应的水量。免费供水量指无偿供应的水量。

漏损水量指在供水过程中由于管道及附属设施破损而造成的漏水量、失窃水量以及水表失灵少计算的水量。

按用水用途可分为生产运营用水、公共服务用水、居民家庭用水和消防及其他特殊用水四类。

生产运营用水指在县城范围内生产、运营的农、林、牧、渔业、工业、建筑业、交通运输业等单位在生产、运营过程中的用水。

公共服务用水指为县城社会公共生活服务的用水。包括行政事业单位、部队营区和公共设施服务、社会服务业、批发零售贸易业、旅馆饮食业等单位的用水。

居民家庭用水指县城范围内所有居民家庭的日常生活用水。包括县城居民、农民家庭、公共供水站用水。

消防及其他特殊用水指县城灭火以及除居民家庭、公共服务、生产运营用水范围以外的各种特殊用水。包括消防用水、深井回灌用水、其他用水。

新水取用量

指取自任何水源被第一次利用的水量。新水量就一个县城来说，包括县城供水企业新水量和社会各单位的新水量。

用水重复利用量

指各用水单位在生产和生活中，循环利用的水量和直接或经过处理后回收再利用的水量之和。

节约用水量

指报告期新节水量，通过采用各项节水措施(如改进生产工艺、技术、生产设备、用水方式、换装节水器具、加强管理等)后，用水量和用水效益产生效果，而节约的水量。

人工煤气生产能力

指报告期末燃气生产厂制气、净化、输送等环节的综合生产能力，不包括备用设备能力。一般按设计能力计算，如果实际生产能力大于设计能力时，应按实际测定的生产能力计算。测定时应以制气、净化、输送三个环节中最薄弱的环节为主。

供气管道长度

指报告期末从气源厂压缩机的出口或门站出口至各类用户引入管之间的全部已经通气投入使用的管道长度。不包括煤气生产厂、输配站、液化气储存站、灌瓶站、储配站、气化站、混气站、供应站等厂（站）内的管道。

供气总量

指报告期燃气企业（单位）向用户供应的燃气数量。包括销售量和损失量。

汽车加气站

指专门为燃气机动车（船舶）提供压缩天然气、液化石油气等燃料加气服务的站点。

供热能力

指供热企业（单位）向县城热用户输送热能的设计能力。

供热总量

指在报告期供热企业（单位）向县城热用户输送全部蒸汽和热水的总热量。

供热管道长度

指从各类热源到热用户建筑物接入口之间的全部蒸汽和热水的管道长度。不包括各类热源厂内部的管道长度。

县城道路

指县城供车辆、行人通行的，具备一定技术条件的道路、桥梁、隧道及其附属设施。县城道路由车行道和人行道等组成。在统计时只统计路面宽度在 3.5 米（含 3.5 米）以上的各种铺装道路，包括开放型工业区和住宅区道路在内。

道路长度

指道路长度和与道路相通的桥梁、隧道的长度，按车行道中心线计算。

道路面积

指道路面积和与道路相通的广场、桥梁、隧道的面积（统计时，将人行道面积单独统计）。

人行道面积按道路两侧面积相加计算，包括步行街和广场，不含人车混行的道路。

桥梁

指为跨越天然或人工障碍物而修建的构筑物。包括跨河桥、立交桥、人行天桥以及人行地下通道等。

道路照明灯盏数

指在县城道路设置的各种照明用灯。一根电杆上有几盏即计算几盏。统计时，仅统计功能照明灯，不统计景观照明灯。

防洪堤长度

指实际修筑的防洪堤长度。统计时应按河道两岸的防洪堤相加计算长度，但如河岸一侧有数道防洪堤时，只计算最长一道的长度。

污水排放总量

指生活污水、工业废水的排放总量，包括从排水管道和排水沟（渠）排出的污水量。

（1）可按每条管道、沟（渠）排放口的实际观测的日平均流量与报告期日历日数的乘积。

（2）有排水测量设备的，可按实际测量值计算。

（3）如无观测值，也可按当地供水总量乘以污水排放系数确定。

县城分类污水排放系数

县城污水分类	污水排放系数
县城污水	0.7～0.8
县城综合生活污水	0.8～0.9
县城工业废水	0.7～0.9

排水管道长度

指所有排水总管、干管、支管、检查井及连接井进出口等长度之和。

污水处理量

指污水处理厂（或污水处理装置）实际处理的污水量。包括物理处理量、生物处理量和化学处理量。

污水处理厂干污泥产生量

指报告期内污水处理厂在污水处理过程中干污泥的最终产生量。干污泥是指污水处理过程中分离出来的固体。折算为含水率为 0 的重量。

污水处理厂干污泥处置量

指报告期内经过污泥消化、调理、浓缩、脱水等手段进行处理后，采用土地填埋、焚烧等方法对污泥进行最终安全处置的量。

绿化覆盖面积

指县城中的乔木、灌木、草坪等所有植被的垂直投影面积。包括公园绿地、防护绿地、生产绿地、附属绿地、其他绿地的绿化种植覆盖面积、屋顶绿化覆盖面积以及零散树木的覆盖面积。乔木树冠下重迭的灌木和草本植物不能重复计算。

绿地面积

指报告期末用作园林和绿化的各种绿地面积。包括公园绿地、生产绿地、防护绿地、附属绿地和其他绿地的面积。

公园绿地

县城中向公众开放的、以游憩为主要功能，有一定的游憩设施和服务设施，同时兼有健全生态、美化景观、防灾减灾等综合作用的绿化用地。

公园

指常年开放的供公众游览、观赏、休憩、开展科学、文化及休闲等活动，有较完善的设施和良好的绿化环境、景观优美的公园绿地。包括综合性公园、儿童公园、文物古迹公园、纪念性公园、风景名胜公园、动物园、植物园、带状公园等。不包括居住小区及小区以下的游园。

道路清扫保洁面积

指报告期末对县城道路和公共场所（主要包括县城行车道、人行道、车行隧道、人行过街地下通道、道路附属绿地、地铁站、高架路、人行过街天桥、立交桥、广场、停车场及其他设施等）进行清扫保洁的面积。一天清扫保洁多次的，按清扫保洁面积最大的一次计算。

生活垃圾、粪便清运量

指报告期收集和运送到各生活垃圾、粪便处理场（厂）和生活垃圾、粪便最终消纳点的生活垃圾、粪便的数量。统计时仅计算从生活垃圾、粪便源头和从生活垃圾转运站直接送到处理场和最终消纳点的清运量，对于二次中转的清运量不要重复计算。

公共厕所

指供县城居民和流动人口使用，在道路两旁或公共场所等处设置的厕所。分为独立式、附属式和活动式三种类型。统计时只统计独立式和活动式，不统计附属式公厕。

独立式公共厕所按建筑类别应分为三类，活动式公共厕所按其结构特点和服务对象应分为组装厕所、单体厕所、汽车厕所、拖动厕所和无障碍厕所五种类别。

市容环卫专用车辆设备

指用于环境卫生作业、监察的专用车辆和设备，包括用于道路清扫、冲洗、洒水、除雪、垃圾粪便清运、市容监察以及与其配套使用的车辆和设备。如垃圾车、扫路机（车）、洗路车、洒水车、真空吸粪车、除雪机、装载机、推土机、压实机、垃圾破碎机、垃圾筛选机、盐粉撒布机、吸泥渣车和专用船舶等。对于长期租赁的车辆及设备也统计在内。

Explanatory Notes on Main Indicators

Population Density

It refers to the quality of being dense for population in a given zone. The calculation equation is:

$$\text{Population Density} = \frac{\text{Population in County Seat Areas} + \text{County Seat Temporary Population}}{\text{County Seat Area}}$$

Daily Domestic Water Use Per Capita

It refers to average amount of daily water consumed by each person. The calculation equation is

Daily Domestic Water Use Per Capita=

(Water Consumption by Households + Water Use for Public Service)

÷Population with Access to Water Supply ÷Calendar Days in Reported Period

× 1000 liters

Water Coverage Rate

It refers to proportion of county seat population supplied with water to county seat population. The calculation equation is:

$$\text{Water Coverage} = \frac{\text{County Seat Population with Access to Water Supply}}{\text{County Seat Permanent Population} + \text{County Seat Temporary Population}} \times 100\%$$

Gas Coverage Rate

It refers to the proportion of county seat population supplied with gas to county seat population. The calculation equation is:

$$\text{Gas Coverage} = \frac{\text{County Seat Population with Access to Gas}}{\text{County Seat Permanent Population} + \text{County Seat Temporary Population}} \times 100\%$$

Surface Area of Roads Per Capita

It refers to the average surface area of roads owned by each county seat resident at the end of reported period. The calculation equation is:

$$\text{Surface Area of Roads Per Capita} = \frac{\text{Surface Area of Roads in Given County Seat Areas}}{\text{County Seat Permanent Population} + \text{County Seat Temporary Population}}$$

Density of Road Network

It refers to the extent which roads cover given county seat area built-up districts at the end of reported period. The calculation equation is:

$$\text{Density of Road Network} = \frac{\text{Length of Roads}}{\text{Floor Area of Given County Seat Area(Built-up Districts)}}$$

Density of Drainage Pipelines

It refers to the extent which drainage pipelines cover given county seat area (built-up districts) at the end of reported period. The calculation equation is:

$$\text{Density of Drainage Pipelines} = \frac{\text{Length of Drainage Pipelines}}{\text{Floor Area of Given County Seat Area(Built-up Districts)}}$$

Wastewater Treatment Rate

It refers to the proportion of the quantity of wastewater treated to the total quantity of wastewater discharged at the end of reported period. The calculation equation is:

$$\text{Wastewater Treatment Rate} = \frac{\text{Quantity of Wastewater Treated}}{\text{Quantity of Wastewater Discharged}} \times 100\%$$

Centralized Treatment Rate of Wastewater Treatment Plants

It refers to the proportion of the quantity of wastewater treated in wastewater treatment plants to the total quantity of wastewater discharged at the end of reported period. The calculation equation is:

$$\text{Centralized Treatment Rate of Wastewater Treatment Plants} = \frac{\text{Quantity of Wastewater Treated in Wastewater Treatment Facility}}{\text{Quantity of Wastewater Discharged}} \times 100\%$$

Public Recreational Green Space Per Capita

It refers to the average public recreational green space owned by each county seat dweller in given areas. The calculation equation is:

$$\text{Public Recreational Green Space Per Capita} = \frac{\text{Public Green Space in Given County Seat Areas}}{\text{County Seat Permanent Population} + \text{County Seat Temporary Population}} \times 100\%$$

Green Coverage Rate of Built Districts

It refers to the ratio of green coverage area of built districts to surface area of built districts at the end of reported period. The calculation equation is:

$$\text{Green Coverage Rate of Built Districts} = \frac{\text{Green Coverage Area of Built Districts}}{\text{Area of Built Districts}} \times 100\%$$

Green Space Rate of Built Districts

It refers to the ratio of area of parks and green land of built districts to the area of built up districts at the end of reported period. The calculation equation is:

$$\text{Green Space Rate of Built Districts} = \frac{\text{Area of Parks and Green Land of Built Districts}}{\text{Area of Built Districts}} \times 100\%$$

Domestic Garbage Treatment Rate

It refers to the ratio of quantity of domestic garbage treated to quantity of domestic garbage produced at the end of reported period. The calculation equation is:

$$\text{Domestic Garbage Treatment Rate} = \frac{\text{Quantity of Domestic Garbage Treated}}{\text{Quantity of Domestic Garbage Produced}} \times 100\%$$

Domestic Garbage Harmless Treatment Rate

It refers to the ratio of quantity of domestic garbage treated harmlessly to quantity of domestic garbage produced at the end of reported period. The calculation equation is:

$$\text{Domestic Garbage Harmless Treatment Rate} = \frac{\text{Quantity of Domestic Garbage Treated Harmlessly}}{\text{Quantity of Domestic Garbage Produced}} \times 100\%$$

County District Area

It refers to the total land area (including water area) under jurisdiction of counties.

County seat Area

County seat Areas: (1) towns and townships where county governments are situated and areas under the jurisdiction of neighborhood administration; (2) other towns (townships) connected to county seat public facilities, residential facilities and municipal utilities; (3) special areas like independent industrial and mining districts, development zones, research institutes, and universities and colleges with permanent residents of 3000 and above.

County seat Permanent Population

It refers to permanent residents in county seat areas, which are in compliance with the number of permanent residents registered in public security authorities.

Temporary Population

Temporary population includes people who leave permanent address, and live for over half one year in a place, which are in compliance with the number of temporary residents registered in public security authorities.

Area of Built District

It refers to large scale developed quarters within city jurisdiction with basic public facilities and utilities. For a nucleus city, the built-up district consists of large-scale developed quarters with basic public facilities and utilities, which are either centralized or decentralized. For a city with several towns, the built- up district consists of several developed quarters attached in succession with basic public facilities and utilities. Range of built-up district is the area encircled by the limits of the built-up district, i.e. the range within which the actual developed land of this city exists.

Area of County seat Land for development Purpose

It refers to area of land except water area and land for other purposes, including land for residential development, Administration and Public Services, Commercial and Business Facilities, Industrial, Manufacturing, Logistics and Warehouse, Road, Street and Transportation, Municipal Utilities, Green Space and Square.

County seat Maintenance and Construction Fund

It refers to fund used for county seat construction and maintenance, including county seat maintenance and construction tax, extra-charges for public utilities, financial allocation from the central government and local governments, domestic loan, securities revenue, foreign investment, revenue from land transfer and assets replacement, self-raised fund by municipal utilities, charges by administrative and institutional units for county seat maintenance and construction, pooled revenue and other revenues.

Urban Maintenance and Construction Tax

It is one of local taxes imposed according to *Temporary Regulations of People's Republic of China on Urban Maintenance and Construction Tax*. It is levied based on actual value-added tax, consumption tax and business tax paid by a taxpayer. It is also paid with value-added tax, consumption tax and business tax at the same time. Different rates apply different places. The rate comes to 7% in urban areas, 5% in counties and towns and 1% beyond these places.

Extra Charge from Utilities

It is additional revenue obtained from additional fees imposed on provision of products and service of such county seat utilities as power generation, water supply for the industry, operation of public bus and trolley bus, taped water supply, electricity for lightening, telephone operation, gas and ferry etc. for the purpose of county seat construction and maintenance.

Investment in Fixed Assets

It is the economic activities featuring construction and purchase of fixed assets, i.e. it is an essential means for social reproduction of fixed assets. The process of reproducing fixed assets includes fixed assets renovation (part and full renovation), reconstruction, extension and new construction etc. According to the new industrial financial accounting system, cost of major repairs for part renovation of fixed assets is covered by direct cost. According to the current investment management and administrative regulations, any repair and maintenance works are not included in statistics as investment in fixed assets. Innovation projects on current municipal service facilities should be included in statistics.

Newly Added Fixed Assets

They refer to the newly increased value of fixed assets, including investment in projects completed and put into operation in the reported period, and investment in equipment, tools, vessels considered as fixed assets as well as relevant expenses should be included in.

Newly Added Production Capacity (or Benefits)

It refers to newly added design capacity through investment in fixed assets. Newly added production capacity or benefits is calculated based on projects which can independently produce or bring benefits once projects are put into operation.

Integrated Water Production Design Capacity

It refers to a comprehensive capacity based on the design capacity of components of the process, including water collection, purification, delivery and transmission through mains. The integrated capacity also includes added capacity through reform and renovation of water system based on the original design capacity. In calculation, the capacity of weakest component is the principal determining capacity.

Length of Water Pipelines

It refers to the total length of all pipes from the pumping station to individual water meters. If two or more pipes line in parallel in a same street, the length of water pipelines is the length sum of each line.

Total Quantity of Water Supplied

It refers to the total quantity of water delivered by water suppliers during the reported period, including accounted water and unaccounted water.

Accounted water refers to the actual quantity of water delivered to and used by end users, including water sold and free. Water sold refers to the quantity of water billed. Free water refers to water supplied without charge.

Unaccounted water refers to sum of water leakage, theft water due to degeneration of water pipes and accessories as well as non-billed water due to malfunction of water meters.

Water supplied are classified into four types due to different purposes: water for production and operation, water for public service, water for domestic use, water for fire control and other special purposes.

Water for production and operation refers to the quantity of water used by units in sectors of agriculture, forestry, animal husbandry, industry, construction, and transportation for production and operation within cities.

Water for public service refers to water used for public services by units in administration, military, utilities, retails, hotel and food services etc.

Water for domestic use refers to daily water quantity consumed by all county seat households, such as county seat dwellers, farmers. It also includes water used by public water supply stations.

Water for fire control and other special purposes refers to water used for fire control within cities and other specific purposes, including deep-well recharge, other than for domestic, public service, production and operation purposes.

Quantity of Fresh Water Used

It refers to the quantity of water obtained from any water source for the fist time. As for a city, it includes the quantity of fresh water used by county seat water suppliers and customers in different industries and sectors.

Quantity of Recycled Water

It refers to the sum of water recycled, reclaimed and reused by customers.

Quantity of Water Saved

It refers to the water saved in the reported period through efficient water saving measures, e.g. improvement of production methods, technologies, equipment, water use behavior or replacement of defective and inefficient devices, or strengthening of management etc.

Integrated Gas Production Capacity

It refers to the combined capacity of components of the process such as gas production, purification and delivery with an exception of the capacity of backup facilities at the end of reported period. It is usually calculated based on the design capacity. Where the actual capacity surpluses the design capacity, integrated capacity should be calculated based on the actual capacity, mainly depending on the capacity of the weakest component.

Length of Gas Supply Pipelines

It refers to the length of pipes operated in the distance from a compressor's outlet or a gas station exit to pipes connected to individual households at the end of reported period, excluding pipes through coal gas production plant, delivery station, LPG storage station, bottled station, storage and distribution station, air mixture station and supply station.

Quantity of Gas Supplied

It refers to amount of gas supplied to end users by gas suppliers at the end of reported period. It includes sales amount and loss amount.

Gas Stations for Gas- Fueled Motor Vehicles

They are designated stations that provide such fuels as compressed natural gas, LPG to gas-fueled motor vehicles.

Heating Capacity

It refers to the design capacity of heat delivery by heat suppliers to county seat customers.

Total Quantity of Heat Supplied

It refers to the total quantity of heat obtained from steam and hot water, which is delivered to County seat users by heat suppliers during the reported period.

Length of Heating Pipelines

It refers to the total length of pipes for delivery of steam and hot water from heat sources to entries of buildings, excluding lines within heat sources.

County seat roads

They refer to roads, bridges, tunnels and auxiliary facilities that are provided to vehicles and passengers for transportation. County seat roads consist of drive lanes and sidewalks. Only paved roads with width with and above 3.5 m, including roads within on-limits industrial parks and residential communities are included in statistics.

Length of Roads

It refers to the length of roads and bridges and tunnels connected to roads. It is calculated based on the length of centerlines of traffic lanes.

Surface Area of Roads

It refers to surface area of roads and squares, bridges and tunnels connected to roads (surface area of sidewalks is calculated separately). Surface area of sidewalks is the area sum of each side of sidewalks including pedestrian streets and squares, excluding car-and-pedestrian mixed roads.

Bridges

They refer to constructed works that span natural or man-made barriers. They include bridges spanning over rivers, flyovers, overpasses and underpasses.

Number of Road Lamps

It refers to the sum of road lamps only for illumination, excluding road lamps for landscape lightening.

Length of Flood Control Dikes

It refers to actual length of constructed dikes, which sums up the length of dike on each bank of river. Where each bank has more than one dike, only the longest dike is calculated.

Quantity of Wastewater Discharged

It refers to the total quantity of domestic sewage and industrial wastewater discharged, including effluents of sewers, ditches, and canals.

(1) It is calculated by multiplying the daily average of measured discharges from sewers, ditches and canals with calendar days during the reported period.

(2) If there is a device to read actual quantity of discharge, it is calculated based on reading.

(3) If without such ad device, it is calculated by multiplying total quantity of water supply with wastewater drainage coefficient.

Category of County seat wastewater	Wastewater drainage coefficient
County seat wastewater	0.7-0.8
County seat domestic wastewater	0.8-0.9
County seat industrial wastewater	0.7-0.9

Length of Drainage Pipelines

The total length of drainage pipelines is the length of mains, trunks, branches plus distance between inlet and outlet in manholes and junction wells.

Quantity of Wastewater Treated

It refers to the actual quantity of wastewater treated by wastewater treatment plants and other treatment facilities in a physical, or chemical or biological way.

Quantity of Dry Sludge Produced in Wastewater Treatment Plants

It refers to the final quantity of dry sludge produced in the process of wastewater treatment plants. Dry sludge is the solid mass with moisture below 85%, which is separated from the wastewater treatment process.

Quantity of Dry Sludge Treated in Wastewater Treatment Plants

It refers to total quantity of dry sludge that has been treated through land fill or incinerated after being digested, conditioned, densified and dewatered at reported period.

Green Coverage Area

It refers to the vertical shadow area of vegetation such as trees (arbors), shrubs and grasslands. It is the area sum of public recreational green space, shelter belt green land for production, attached green space and other green space, roof greening and scattered trees coverage. The coverage area of bushes and herbs under the shadow of trees should not be counted for repetitively.

Area of Green Space

It refers to the area of all spaces for parks and greening at the end of reported period, which includes area of public recreational green space, green land for production, shelter belt, attached green spaces, and other green space.

Public Recreational Green Space

It refers to green space with recreation and service facilities. It also serves some comprehensive functions such as improving ecology and landscape and preventing and mitigating disasters. It is an important part of county seat construction land, county seat green space system and county seat service facilities.

Parks

They refer to places open to the public for the purposes of tourism, appreciation, relaxation, and undertaking scientific, cultural and recreational activities. They are fully equipped and beautifully landscaped green spaces. There are different kinds of parks, including general park, Children Park, park featuring historic sites and culture relic, memorial park, scenic park, zoo, botanic garden, and belt park.

Recreational space within communities is not included in statistics, while only general parks, theme parks and belt parks at city or district level are included in statistics.

State-level Scenic Spots and Historic Sites

Scenic spots and historic sites are areas boasting concentrated natural beauty and resources of historic interests, where people could tour, sightsee, rest or conduct scientific and cultural activities. State-level scenic spots and historic sites are scenic spots and historic sites approved and publicized by the State Council.

Area of Scenic Spots and Historic Sites

It is the planned area of scenic spots and historic sites that has been examined and approved by the state council.

Tourism Area

It is the actual area for tourists in scenic spots and historic sites at the end of the reported period.

Area of Roads Cleaned and Maintained

It refers to the area of county seat roads and public places cleaned and maintained at the end of reported period, including drive lanes, sidewalks, drive tunnels, underpasses, green space attached to roads, metro stations, elevated roads, flyovers, overpasses, squares, parking areas and other facilities. Where a place is cleaned and maintained several times a day, only the time with maximum area cleaned is considered.

Quantity of Domestic Garbage and Soil Transferred

It refers to the total quantity of domestic garbage and soil collected and transferred to treatment grounds. Only quantity collected and transferred from domestic garbage and soil sources or from domestic garbage transfer stations to treatment grounds is calculated with exception of quantity of domestic garbage and soil transferred second time.

Latrines

They are used by county seat residents and flowing population, including latrines placed at both sides of a road and public place. They usually consist of detached latrine movable latrine and attached latrine. Only detached latrines rather than latrines attached to public buildings are included in the statistics.

Detached latrine is classified into three types. Moveable latrine is classified into fabricated latrine, separated latrine, motor latrine, trail latrine and barrier-free latrine.

Specific Vehicles and Equipment for County seat Environment Sanitation

They refer to vehicles and equipment specifically for environment sanitation operation and supervision, including vehicles and equipment used to clean, flush and water the roads, remove snow, clean and transfer garbage and soil, environment sanitation monitoring, as well as other vehicles and equipment supplemented, such as garbage truck, road clearing truck, road washing truck, sprinkling car, vacuum soil absorbing car, snow remover, loading machine, bulldozer, compactor, garbage crusher, garbage screening machine, salt powder sprinkling machine, sludge absorbing car and special shipping. Vehicles and equipment for long-term lease are also included in the statistics.